Javier Huerta Calvo (dir.)
# Historia del teatro breve en España

# TEATRO BREVE ESPAÑOL

## 3

DIRECTOR:

Javier Huerta Calvo

CODIRECTORES:

Nigel Dennis
Serge Salaün
Pietro Taravacci

COORDINADORES:

Emilio Peral Vega
Héctor Urzáiz Tortajada

# HISTORIA DEL TEATRO
# BREVE EN ESPAÑA

### DIRECTOR:
Javier Huerta Calvo

### COLABORADORES:

María Angulo Egea
Nathalie Bittoun-Debruyne
Esther Borrego Gutiérrez
Héctor Brioso Santos
Catalina Buezo
Marieta Cantos Casenave
Gema Cienfuegos Antelo
Daniele Crivellari
Javier Cuesta Guadaño
Epicteto Díaz Navarro
Elena Di Pinto
Fernando Doménech Rico
María Pilar Espín Templado
Raquel García Pascual
Francisco Gutiérrez Carbajo
Hub Hermans
Jerónimo Herrera Navarro
Jaeson Kim
Germán Labrador López de Azcona
María Luisa Lobato
Abraham Madroñal Durán

Rafael Martín Martínez
Ramón Martínez
Emilio Palacios Fernández
Emilio Peral Vega
Vicente Pérez de León
Eduardo Pérez-Rasilla
Christian Peytavy
Nuria Plaza Carrero
Manuel Rebollar Barro
Juan Antonio Ríos Carratalá
María Mercedes Romero Peña
Alberto Romero Ferrer
Juan José Ruiz Vázquez
Francisco Saéz Raposo
Josep Maria Sala Valldaura
María del Carmen Sánchez García
Pietro Taravacci
Héctor Urzáiz Tortajada
Julio Vélez-Sainz
Julio Vidanes Díez
Hae-Joon Won

IBEROAMERICANA · VERVUERT · 2008

Bibliographic information published by Die Deutsche Nationalbibliothek.
Die Deutsche Nationalbibliothek lists this publication in the Deutsche
Nationalbibliografie; detailed bibliographic data are available on the Internet at
http://dnb.ddb.de

Esta obra ha sido publicada con una subvención de la Dirección General del Libro,
Archivos y Bibliotecas del Ministerio de Cultura.

© Iberoamericana, 2008
Amor de Dios, 1 – E-28014 Madrid
Tel.: +34 91 429 35 22
Fax: +34 91 429 53 97
info@iberoamericanalibros.com
www.ibero-americana.net

© Vervuert, 2008
Elisabethenstr. 3-9 – D-60594 Frankfurt am Main
Tel.: +49 69 597 46 17
Fax: +49 69 597 87 43
info@iberoamericanalibros.com
www.ibero-americana.net

ISBN 978-84-8489-374-5 (Iberoamericana)
ISBN 978-3-86527-400-7 (Vervuert)

Depósito Legal: S. 1.431-2008

Cubierta: Marcelo Alfaro

Impreso en España
Este libro está impreso íntegramente en papel ecológico sin cloro.

# ÍNDICE

## SEGUNDA PARTE: SIGLO XVIII

## EL ARTE ESCÉNICO EN EL SIGLO XVIII,

## TERCERA PARTE: SIGLO XIX

## CUARTA PARTE: SIGLO XX

# PRESENTACIÓN

El gran compositor e historiador de la música, Francisco Asenjo Barbieri, escribía, en 1863, lo siguiente:

> Entre el vulgo es muy general la idea de tener en poco el valor de un entremés, una tonadilla o un sainete, sin duda porque sus cortas dimensiones parece que requieren menos trabajo o porque su forma es más ligera y sencilla. Requieren sin embargo esta clase de espectáculos satíricos o burlescos, tacto finísimo, soltura de estilo y viveza de imaginación en el poeta; o lo que es lo mismo, una graciosa inspiración hija del más profundo estudio del corazón humano. [...] Desde la fundación de nuestro teatro nacional se cuentan muchísimos autores dramáticos, y sin embargo de haber escrito casi todos ellos más o menos en el género de los Pasos, Entremeses, Bailes y Sainetes, muy pocos han acertado a hacerlo con todas las condiciones que se requieren, y conforme lo hicieron Lope de Rueda, Timoneda, Benavente, Quevedo, Ramón de la Cruz y Castillo, en cuyas obritas, bajo muy sencillos atavíos, suele hallarse casi siempre un pensamiento filosófico, o cuando menos una verdadera fotografía de las costumbres sociales [Asenjo Barbieri, 1864: 30].

Las palabras de Asenjo Barbieri iban dirigidas contra el criterio de su amigo, el académico Rafael Hernando, para quien resultaba imposible producir un teatro musical de calidad en España a base de los argumentos tan triviales de las piezas cortas. Que el más grande de los compositores del siglo XIX reconozca tan claramente el peso histórico de las formas breves en nuestra tradición, asociándolas, además, al desarrollo de la música, es más que significativo y no hace sino continuar una línea que se remonta, al menos, al siglo XVI, y que continúa firme en los siglos XVII y XVIII [Álvarez Barrientos y Lolo, 2008].

Con posterioridad, ya en la Edad de Plata, Manuel de Falla sigue la misma estela de reconocimiento y admiración hacia un teatro, a veces menospreciado con notable injusticia. Pero, como escribe el maestro, «el pequeño teatro recorre la historia de la literatura española con distintos nombres —autos, pasos, entremeses, sainetes, pasillos— y sobrevive incluso al gran teatro. Lo mismo en el XVIII que en el XIX el género dramático nacional parece refugiarse, para subsistir, en este teatro menor, el cual, acompañado de la música (que ya se imbrica en él desde los autos), y con el nombre de "zarzuela", produce en el XIX las mejores óperas cómicas europeas» [en García Lorca, 1981: 308].

Asenjo Barbieri y Falla, desde la actitud de músicos que nutren su inspiración a partir de elementos tradicionales y populares, constatan con estas opiniones la existencia de un largo y denso itinerario, cuya historia afrontamos aquí con el concurso de una serie de estudiosos y especialistas ya consagrados o que se encuentran en las primeras etapas de su carrera académica.

Y es que, en efecto, la presencia de las formas breves es una constante a lo largo de nuestra historia teatral. Si cabe hablar de algún grupo genérico que se haya mantenido incólume con el paso de los siglos, por encima de juicios de la crítica y de gustos del público, ése ha sido el teatro breve, desde Lope de Rueda a González del Castillo, como señalaba Asenjo Barbieri, y desde González del Castillo a Francisco Nieva o José Luis Alonso de Santos, añadimos nosotros.[1] Valga decir, de antemano, que ciertos sectores de la crítica más moralista y elitista han manifestado muchas veces hacia estas formas teatrales, como, en general, ante los llamados por Tomachevski géneros bajos, una clara aversión.[2] Sólo a fines del siglo XX se empieza a observar cierto cambio de actitud: no sólo porque los preceptistas han dejado de existir, sino porque estos géneros, a veces considerados despectivamente como menores [García Lorenzo, 1983], han empezado a gozar del aprecio de los intelectuales y escritores más prestigiosos, y han sido asumidos como una parte muy importante de la historia del teatro español.

---

[1] Para una descripción de las diferentes formas que se agrupan bajo la denominación de Teatro Breve, véase Huerta Calvo [2000 y 2001a].

[2] Para la descalificación moral del sainete dieciochesco, véase Palacios Fernández [1983].

A nuestro juicio, en la historia del teatro breve pueden distinguirse cinco etapas:

1. *Etapa fundacional o renacentista*, que comenzaría con Juan del Encina, continuaría con Lope de Rueda, y culminaría en Miguel de Cervantes, quien, tomando al segundo como modelo, elevó el entremés a sus cotas más altas.

2. *Etapa de madurez o barroca*, caracterizada por el auge extraordinario de los géneros menores en el marco esplendoroso de la fiesta teatral del siglo XVII. De una legión de autores más o menos conocidos sobresale Luis Quiñones de Benavente.[3] La obra dramática corta de Calderón de la Barca —oportunamente reivindicada por varios críticos en este período de entre congresos que acabamos de celebrar (1981 y 2000) serviría de colofón a esta etapa, en la que la producción de piezas breves se disparó hasta extremos increíbles.[4]

3. *Etapa dieciochesca*, determinada por el ataque neoclásico al teatro barroco; ataque del que no se salvaron ni piezas mayores ni menores, pero que sirvió para la revitalización de un género en trance de desaparición, gracias a figuras como Diego de Torres Villarroel, Ramón de la Cruz, Juan Ignacio González del Castillo y Sebastián Vázquez, entre otros.

4. *Etapa de fines del siglo XIX y primeros años del XX*, con la irrupción del género chico y la asociación definitiva de las formas breves al teatro musical, pues la perfecta armonía entre texto y música ha sido uno de los rasgos característicos del teatro breve desde sus orígenes, tal como señalábamos al principio de esta Introducción.

5. *Etapa contemporánea*. A lo largo del siglo XX, como consecuencia del proceso de reteatralización, los autores más renovadores, desde Benavente, Valle-Inclán y Lorca hasta López Mozo, Nieva y otros, recuperan las viejas formas y con ellas el espíritu carnavalesco fundacio-

---

[3] Después de la labor pionera de Bergman [1965] hay que contar ahora con las aportaciones fundamentales de Madroñal Durán [1996]

[4] En estos últimos veinticinco años la bibliografía del teatro breve ha crecido de un modo extraordinario, como puede comprobarse en Granja y Lobato [2000]. Calderón de la Barca ha sido justamente uno de los autores más valorados y reivindicados; un estupendo balance de lo publicado sobre su producción dramática breve puede verse en Rodríguez Cuadros [2000].

nal de los géneros menores [Barrajón Muñoz, 2000]. En muchos de estos autores —Rafael Gordon, Carmen Resino— la naturaleza del teatro breve ha variado sustancialmente.

Cada una de estas etapas presenta una diferente caracterización, que me voy a permitir ir señalando de forma muy sumaria, para ver si es posible descubrir una o varias líneas estéticas.

## Primera etapa: bases de una estética

Los rasgos característicos de esta primera etapa serían los siguientes:

a) Los asuntos de las obras, denominadas al principio de diversos modos —*autos, églogas*— y después *pasos* y, definitivamente, *entremeses,* suelen ser escenificación de burlas, muchas de ellas sacadas de la narrativa folclórica [Huerta Calvo, 1995].

b) Los personajes son todos ellos de condición popular: la máscara principal es el Bobo o Simple, y en torno a ella giran otras como el Vizcaíno, el Médico; a éstas se añaden el Sacristán, la Mujer Malmaridada y el Vejete, hasta el punto de formar un elenco similar al de la *commedia dell'arte,* con la que el entremés guarda indudables paralelismos [Huerta Calvo, 1996; Oliva, 1988].

c) En cuanto al lenguaje, la pieza corta de esta primera hora opta —no sin excepciones, claro— por la prosa como el molde más adecuado para recoger la expresividad de tipo coloquial y, en general, mejor adaptado a las necesidades de lo cómico. No en balde escribía Timoneda, al frente de su edición del *Registro de representantes,* de Lope de Rueda: «cuan apacible sea el estilo cómico para leer puesto en prosa, y cuan propio para pintar los vicios y las virtudes [...], bien lo supo el que compuso los amores de Calisto y Melibea y el otro que hizo la Tebaida».

d) Y es que, ciertamente, *La Celestina* fue un modelo para los iniciales cultivadores del teatro breve:
- por la comicidad subyacente a muchos episodios, tal como puso de manifiesto ya hace muchos años Marcel Bataillon [1961];
- por su lenguaje, del que Rueda pudo tomar la capacidad para recoger la variedad de inflexiones del habla coloquial y toda la rica expresividad folclórica puesta en boca de la vieja alcahueta;

- por la configuración del mundo social, en que obtienen el mayor protagonismo los personajes marginales; rufianes y prostitutas, también la propia Celestina [Huerta Calvo, 2001].

Pero, además de la influencia celestinesca, el mundo imaginario del
entremés —no hay que citar la autoridad de Bajtín si no basta con la
de Eugenio Asensio [1971a]— es deudor del carnaval, y, al igual que la
farsa en otras partes de Europa, supo recoger bien las series temáticas
propias de la visión carnavalesca del mundo. Yo diría también incluso
que tanto los pasos de Rueda y Timoneda como los muy abundantes
anónimos de fines del XVI y, desde luego, los de Cervantes acogieron la
violencia y la misma agresividad verbal y física de las farsas portugue-
sas de Gil Vicente, las anónimas francesas, las italianas de Alione o las
alemanas de Sachs [Tobar, 1983; Rey-Flaud, 1984; Zurdo Ruiz de
Ayúcar, 1996; y, en general, la recopilación de Chiabò y Doglio, 1987].

Como decíamos, con sus ocho entremeses Cervantes señala el punto culminante de esta primera etapa. De la genialidad y la fuerza crítica del teatro breve cervantino no hace falta añadir nada sobre lo mucho
que se ha escrito al respecto (entre la última bibliografía destaco Pérez
de León, 2005). Sí es interesante insistir en la posible alternativa que el
entremés o la comedia a imagen y semejanza de aquél podría haber asegurado frente al modelo de Lope. Sabido es que la consideración que
el entremés tiene en el *Arte nuevo* de Lope es meramente subsidiaria y
funcional: los entremeses sólo sirven para rellenar las distancias entre los
actos y ayudar a crear en el público la sensación del tiempo transcurrido —a veces mucho— entre las jornadas. Además, Lope descarta el entremés de cualquier incorporación a la comedia nueva al considerarla
justamente la forma equivalente de su tiempo a la comedia antigua y al
parecerle por ello limitada.


SEGUNDA ETAPA: ENTRE LO COSTUMBRISTA Y LO GROTESCO

Por tanto, la segunda etapa en la historia del teatro breve se abre con
el panorama bastante clarificado en ese punto: el entremés —como posible modelo de teatro cómico— pierde la batalla ante la comedia. Pero,
al mismo tiempo, vive una época de esplendor, pues en torno a él van
surgiendo otras formas teatrales capaces de llenar el espectáculo o la

fiesta teatral, hasta el punto de constituir un grupo genérico de gran complejidad y riqueza: la loa entremesada, la jácara entremesada, la mojiganga y el baile dramáticos.

Esta segunda etapa vendría caracterizada por los siguientes elementos:

a) Aun cuando no se abandona el esquema de burla clásica, ésta va cediendo terreno a otras formas de lo burlesco —categoría que, como se sabe, contamina toda la literatura barroca—, de modo que se empiezan a preferir aquellos esquemas que tienden a mostrar personajes ridículos o extravagantes —las llamadas *figuras* o *figurones*—, o los que, simplemente, vienen a mostrar animados cuadros de costumbres de la vida urbana. Pues ésta es otra de las características del teatro breve barroco: frente a la ambientación rural de los inicios, tenemos ahora una predilección por los marcos urbanos. Esta paulatina urbanización del género conduce, finalmente, al costumbrismo andaluz o madrileño [Herrero García, 1962].

b) En este sentido, el elenco de *dramatis personæ* resulta significativamente ampliado, pues no se limita a las máscaras del repertorio básico —Sacristán, Vejete, Bobo, Alcalde—, sino que admite otros tipos de la fauna urbana —castañeras, esportilleros, buhoneros, vendedores, verduleras— que parecen sacados del natural.

c) Este naturalismo de los personajes no va acompañado, sin embargo, de un lenguaje realista, sino que éste se va sofisticando, barroquizando cada vez más. El verso triunfa definitivamente sobre la prosa. Se pierden, por tanto, los ecos celestinescos que encontramos no sólo en los entremeses de Cervantes, sino en los de otros autores del primer tercio del siglo como Quevedo [Alonso Hernández, 1999], Salas Barbadillo o esa recién rescatada del olvido Feliciana Enríquez de Guzmán con sus entreactos de *Los jardines y campos sábeos* [Doménech Rico, 1998a].

d) El mundo imaginario del entremés y, sobre todo, el del baile o entremés cantado, se amplía con la introducción de lo fantástico. En este punto hay que tener en cuenta no sólo la urbanización del género, sino, además, la progresiva complicación escenográfica del mismo, al ser cada vez mayor el número de piezas que se representan en teatros palaciegos o formando parte de fiestas cortesanas [Huerta Calvo, 1998a; Urzáiz Tortajada, 2000].

Pero esto no quiere decir, desde luego, que el teatro breve pierda toda la capacidad crítica, revulsiva y hasta transgresora que tuvo en la etapa de los orígenes. El entremés sigue acogiendo en sus límites exiguos un verdadero mundo al revés. La capacidad paródica del género va *in crescendo* a lo largo del XVII: del entremés burlesco surge, por ejemplo, la comedia de disparates, y Calderón se sirve con frecuencia de sus entremeses para poner en solfa las convenciones de la comedia seria y del drama de honor [Rodríguez Cuadros y Tordera, 1983a; Lobato, 1989]. Además, los elementos grotescos propios de la estética barroca son absorbidos con gran facilidad, más que por el entremés, por el baile [Merino Quijano, 1981] y, sobre todo, por la mojiganga: la aparición de enanos, barbudas y toda suerte de personajes monstruosos asegura una visión *feísta* muy relacionada con la estética de las postrimerías del siglo XVII [Buezo, 1993].

## TERCERA ETAPA: ¿HACÍA UN REFINAMIENTO DEL TEATRO BREVE?

Así pues, traspasamos la centuria con un entremés urbano, cada vez más apegado a la ridiculización de tipos y la sátira o el puro reflejo de las costumbres. Los dramaturgos de la transición, tales Vicente Suárez de Deza [Borrego Gutiérrez, 2000], Pedro Francisco Lanini, Francisco de Castro y, sobre todo, José de Cañizares y Antonio de Zamora nos sirven bien para advertir el nuevo cambio de sensibilidad del barroco hacia la mentalidad dieciochesca [Sala Valldaura, 1994a]. Si todavía los sainetes de Torres Villarroel tienen un inconfundible gusto barroco, con Ramón de la Cruz y Juan Ignacio González del Castillo estamos ante un teatro breve remozado, empezando por el elenco de *dramatis personæ*, en el que las viejas máscaras han sido sustituidas por las nuevas: el Abate, el Cortejo, el Petimetre, el Payo, etc. Cabría comparar el papel desempeñado por Cruz en esta tarea renovadora con el de Goldoni en Italia respecto de la *commedia dell'arte*. Cruz abomina, además, del esquema ya mecánico del entremés, en que dominaban la bulla y el ruido, con el característico final a palos que mal podía avenirse con las reglas de la cortesía y de la buena educación que el sainetero quería introducir en las tablas [Sala Valldaura, 1996a].

En este punto las diferencias entre sainetes de ámbito rural y urbano son grandes; en aquéllos aún es posible topar con personajes parecidos a las máscaras primitivas, mientras que los segundos prefieren las figuras de moda y actualidad. Por lo demás, no es extraño que los *dra-*

*matis personæ* resulten a veces muy distintos a los del teatro breve tradicional, habida cuenta del influjo que sobre Cruz ejercen grandes maestros del teatro cómico de gusto neoclásico como son Molière y
Marivaux.

La urbanización, sea en la variante madrileñista de Cruz, sea en la
andalucista de González del Castillo [Sala Valldaura, 1996b], no era nueva. Se dio ya en el teatro breve de Quiñones de Benavente, con una
tendencia a resaltar los aspectos costumbristas, de modo muy particular
los festivos, y también a jugar de forma sofisticada y fantástica con la
geografía madrileña.

Lo que sigue inalterable es la fascinación por los mundos del hampa y de los barrios bajos, el gusto por lo que Leandro Fernández de
Moratín llamaba «el populacho más infeliz: taberneros, castañeras, pellejeros, tripicalleros, besugueras, traperos, pillos, rateros, presidiarios y, en
suma, las heces asquerosas de los arrabales de Madrid». De esta manera, la majeza canalla vuelve a adueñarse de las tablas, como un siglo antes había ocurrido con la jácara. El teatro breve es, en efecto —y caso
excepcional en Europa, en lo que a mí se me alcanza—, un auténtico
teatro de la marginalidad, y el modelo aquí vuelve a ser *La Celestina*. El
rufián Centurio, más los de Rueda, el Mazalquiví, el Escarramán como
arquetipo del jaque o valentón, son los antecedentes del Manolo y más
tarde de los chulapos y pasionales del sainete y de la zarzuela chica. José
María Rodríguez Méndez escribió hace años un sugestivo *Ensayo sobre
el machismo español,* en que los nombres de esos rufianes servían de ja-
lones para la historia de esa fascinación por la virilidad de los «guapos»
tan presente en la escena española de todos los tiempos.

Mas a pesar del sesgo moral que Cruz quiso darle a sus sainetes en
orden a la reforma de las costumbres, creo que los elementos grotescos
del género siguen siendo manifiestos en su teatro breve. Ya han sido señaladas las afinidades de sus sainetes con los caprichos goyescos, su tendencia a la parodia de los géneros neoclásicos, la deformación de la
realidad en piezas que recuperan el esquema de desfile de figuras y que
buscan su ambientación en los espacios de la locura; así, en obritas como
*El hospital de los tontos, El médico de la locura, El regimiento de la locura, La
variedad en la locura, La casa de los locos de Zaragoza* y una porción de ellas
nos habla de la vigencia de esta modalidad entremesil para dar cuenta
de los vicios y defectos de la sociedad [Huerta Calvo, 1998b]. De modo

que la estética del sainete no cabe adscribirla a un realismo más o menos costumbrista, sino que cada vez se ha ido caracterizando más en la línea de su vertiente grotesca: las relaciones de los sainetes de Cruz con los caprichos de Goya, o incluso con los artículos de Larra, ha sido ya advertida, y de ahí a considerar las influencias del autor madrileño en la creación del esperpento por Valle-Inclán no hay más que un paso [Oliva, 1978].

CUARTA ETAPA: ENTRE COSTUMBRISMO Y DENUNCIA SOCIAL

La estela del sainete dieciochesco se prolonga en el género chico, donde el texto cede fuerza frente al poder y mayor atracción de la música. Los temas, sin perder capacidad revulsiva, se tornan más convencionales y melodramáticos. Con todo, los críticos de la época avisaban a cada paso de la capacidad sociológica del sainete lírico o de la zarzuela chica. Con motivo de la aparición de una serie sobre la «Historia del sainete» en *La novela cómica* varios escritores como Jacinto Octavio Picón o Antonio Zozaya subrayaban la dimensión social e incluso socialista de muchas piezas de género chico y saludaban a sus autores como los heraldos de la futura revolución social. Uno de los libretistas más afamados, López Silva, fue respaldado en ésta su poesía cómica social nada menos que por Blasco Ibáñez. Pero el paso más firme por sacar el sainete del reducido marco costumbrista en que había caído se debe a Carlos Arniches, quien con sus sainetes *Del Madrid castizo* levanta un cuadro hosco y amenazador del Madrid y de la España de su tiempo. Escribe Romero Ferrer: «con Arniches el sainete exploraba las raíces de un tipo de comicidad fronteriza con la tragedia, mediante una figuración literaria de la realidad que había superado los límites estrictos de la comedia, gracias a una profunda reflexión teatral en el terreno estético de lo grotesco» [2000; véase, además, Ríos Carratalá, 1990].

Dicha intención social y regeneracionista fue muy valorada por los dramaturgos realistas de los años cincuenta, desde Buero hasta Rodríguez Méndez y Lauro Olmo, quienes, a la altura de los sesenta y con motivo de los primeros estrenos de Valle-Inclán, señalaban la proximidad mayor que los autores de su generación sentían hacia Arniches, por parecerles su mirada sobre las cosas menos deshumanizada y, por tanto, más efectiva de cara al mensaje de denuncia social que ellos perseguían, que la más distanciada e impasible del esperpento.

## Quinta etapa: la vuelta a los orígenes

En realidad, esperpento y otras formas breves rescatadas en el primer tercio del siglo —farsa, entremés, jácara— no son dos mundos incompatibles, aunque sí presentan una clara diferenciación estética. El aprecio por los géneros menores y el mundo estético que comportan tiene su punto de arranque en 1892 con la publicación del *Teatro fantástico,* de Jacinto Benavente, libro con no muy buena fortuna crítica, pero que está cargado de sugerencias y propuestas de renovación, en seguida recogidas por otros dramaturgos, así Valle-Inclán y García Lorca [Huerta Calvo y Peral Vega, 2001]. El acercamiento de ambos al teatro breve, junto con el mencionado de Benavente, abrió nuevas posibilidades al género: no sólo la introducción de temas muy serios y críticos, sino un cambio de rumbo estético, pues la comicidad ya no es el objetivo básico de este tipo de teatro: vuelve la violencia originaria del género —de farsa violenta subtitula Lorca su *Zapatera prodigiosa*— y la farsa puede tener un fin trágico [Peral Vega, 2001].

Esto supone, en fin, la ampliación de los límites dentro de los cuales había discurrido el género, la superación del costumbrismo intrascendente y de vía estrecha en que, a veces, cayó el género, y su aprovechamiento por los dramaturgos más en vanguardia a partir de los sesenta: Ruibal, Martínez Ballesteros y, sobre todo, Nieva [Barrajón Muñoz, 2000].

## Conclusiones

Esta rápida excursión por la historia del teatro breve nos confirma en varias conclusiones:

1. El teatro breve ofrece una tradición muy consolidada desde el siglo XV al XX: bajo términos y mediante formas diversas constituye un mundo muy similar y coherente.

2. Dentro de ese grupo genérico se observan dos actitudes: desde la más realista, que tiende a la humanización —siempre relativa, desde lue-

go— de los tipos y a la descripción de las costumbres, hasta la más grotesca, relacionada con los orígenes ancestrales y carnavalescos del género.

3. Ambas actitudes tienen su correlato ideológico: frente a la tendencia moralista y reformista de la primera, se observa en el segundo esqueje de la tradición una tendencia a los planteamientos, si no soluciones, transgresores e inmorales.

4. El correlato estético de ambas actitudes se manifiesta, en el primer caso, mediante una risa moderada, y, en el segundo, por medio de una risa abierta, transgresora.

5. En ambos casos la comicidad no está exenta de elementos trágicos. Frente a la comedia, que produciría la catástasis o despreocupación —contrariamente a la tragedia, con el efecto de catarsis.

6. Con diferentes estéticas en una historia tan larga, el género se mueve con soltura entre la variedad más estática y tradicional de la pieza de costumbres, y la más dinámica de las burlas de cornudos.

★ ★ ★

Esta *Historia del teatro breve en España* es el fruto de muchas horas de investigación y la suma de esfuerzos investigadores que aparecen aquí reunidos con el propósito de contribuir al mejor conocimiento de una de nuestras más importantes tradiciones dramáticas.[5] Desde el Seminario de Estudios Teatrales, grupo de investigación de la Universidad Complutense de Madrid, venimos trabajando, desde hace años, en aspectos bibliográficos, teóricos e históricos relativos a este rico y singular grupo genérico. Buena parte de

---

[5] Ha habido varios proyectos de investigación en relación directa con la obra que ahora ve la luz. Son los siguientes: proyecto PB96-0616, *Teatro breve español (siglos XVI-XVII). Repertorio bibliográfico y temático* (Ministerio de Educación, Cultura y Deporte, 1997-2000); BFF2000-0702, *Teatro breve español (siglos XVIII-XIX). Repertorio bibliográfico y temático* (Ministerio de Educación, Cultura y Deporte, 2000-2003); AP2000-0993, *Teatro Breve Español (siglo XX). Repertorio bibliográfico* (Universidad Complutense de Madrid, 2000-2001); BFF2003-09737, *Teatro breve español (siglo XX). Repertorio bibliográfico y temático* (Ministerio de Educación, Cultura y Deporte, 2004-2006); HUM2006-00441/FILO, *Edición del corpus. Teatro breve español, siglos XVII-XVIII (Primera fase)* (Ministerio de Educación y Ciencia, 2007-2009) y, sobre todo, 06/HSE/0297/2004, *Historia del teatro breve en Madrid* (Dirección General de Universidades, Consejería de Educación, Comunidad Autónoma de Madrid, 2005).

los colaboradores de este libro han dado sus primeros pasos académicos con tesinas y tesis doctorales sobre diversos autores de teatro breve. A ellos se han unido otros muchos desde otras universidades y otros grupos. Todos merecen mi reconocimiento y gratitud. Permítaseme que, entre todos, destaque la labor de apoyo a la coordinación que ha llevado a cabo Rafael Martín Martínez, así como la revisión meticulosa de Aurore Baltasar. El editor, Klaus Vervuert, merece también mi agradecimiento por haber aguardado con paciencia la culminación de esta obra.

*Javier Huerta Calvo*
Madrid, enero de 2008

PRIMERA PARTE:
SIGLOS DE ORO

# ARTE ESCÉNICO Y TEATRO BREVE EN EL SIGLO DE ORO

## por *Francisco Sáez Raposo*

### I. Los espacios: del corral de comedias al teatro en palacio

La sociedad española del Siglo de Oro estuvo fuertemente teatralizada. Esta teatralidad desbordaba frecuentemente los escenarios propiamente dichos y se implantaba en la cotidianeidad de los ciudadanos pertenecientes a todos los estamentos sociales en una especie de relación simbiótica establecida en torno a los conceptos de teatro, fiesta y liturgia [Díez Borque, 1987]. Usos y maneras sociales, desfiles procesionales, celebraciones litúrgicas, eventos de carácter deportivo como torneos y justas, fiestas de Carnaval, etc., adoptaron una clara afectación teatral que pronto trascendería a otros ámbitos artísticos como la pintura y la escultura. La práctica escénica nunca estuvo supeditada a los edificios teatrales con vocación comercial, ni antes ni tampoco después de su establecimiento a partir de 1565. Las denominadas órbitas de la teatralidad [Díez Borque, 1988] se extendieron mucho más allá de los géneros dramáticos canónicos para componer un panorama teatral caleidoscópico. Díez Borque [2002: 33-71] propuso en su día tres categorías a la hora de estudiar las diferentes variedades escénicas del período áureo: espacios de representación exteriores, interiores y puramente profesionales.

El uso de la calle como espacio teatral fue muy heterogéneo y estuvo sujeto a un ciclo festivo anual que giraba en torno a la Navidad, el Carnaval, el día del Corpus Christi y las diversas celebraciones populares desarrolladas en el período estival. Cada uno de estos períodos transfería a sus manifestaciones teatrales una idiosincrasia particular. Las fuentes en que se pueden encontrar noticias al respecto son, fundamentalmente, las relaciones y testimonios elaborados tanto por los gacetilleros de la época como por algunos viajeros europeos de visita en España. Sin duda, las representaciones callejeras más destacadas serían las que se llevaban a cabo con los autos sacramentales que, en escenarios pertrechados sobre carros en plazas públicas (en Madrid, por ejemplo, era habitual su instalación en la Plaza Mayor, en la de la Villa o en la de San Salvador), se realizaban como parte de las celebraciones de la festividad del Corpus Christi. Pero no eran éstas las únicas ocasiones en que se instalaban escenarios en las calles de las ciudades españolas. Habitual era también disponer tablados en puntos estratégicos de las mismas (a veces, emplazados de acuerdo al recorrido de alguna comitiva) con motivo de celebraciones especiales, tales como bodas, natalicios o entradas reales. De las diversas noticias conservadas al respecto, muy ilustrativo resulta el testimonio que, de los extraordinarios fastos que se llevaron a cabo con motivo del nacimiento del príncipe Felipe Próspero, nos aporta José Félix Barreda en su relación de los mismos (1657):

> Demás del grande y rico adorno de las calles, hubo arrimado a las rejas de palacio hecho un tablado, y en él representando la compañía de Rosa.
> En medio de la plazuela estaba un encumbrado castillo con diversidad de fuegos.
> Estaba junto a Santa María otro tablado, y en él representando la compañía de Pupilo con Juan Rana, tan gracioso como suele.
> A la esquina de la cárcel de la villa hubo hecho otro tablado, y en él estaban cantando con sonoros instrumentos las hijas de Escamilla [...].
> En medio de la Plaza Mayor de esta insigne villa hubo danza de espadas.
> A la esquina de Santa Cruz, en un tablado, otra danza de gitanas.
> A la calle de la Fuente de los Relatores, junto a la Santísima Trinidad, hubo otra danza de niñas.
> En la Plazuela de Antón Martín estuvo hecho otro tablado, y en él representando con otras danzas.
> Al Hospital General hubo otro teatro, donde estaban representando los platicantes de dicho hospital [Alenda y Mira, 1903: 331 a].

Jardines, espacios «acuáticos» (como la representación que la compañía de Roque de Figueroa ejecutó para la reina Mariana de Austria en un barco frente a las costas de Tarragona el 28 de agosto de 1649 [Shergold y Varey, 1985: 29], las que se llevaron a cabo en las galeras que viajaban a América [Urrutia, 1991] o las fastuosas naumaquias ofrecidas en el estanque del Buen Retiro) e incluso caminos (curiosísima es la noticia que refiere el encargo que hizo Felipe IV a una compañía de comediantes para que divirtieran a doña María, reina de Hungría, durante su viaje por España en 1629 [Alenda y Mira, 1903: 265-266]) se convirtieron, en mayor o menor medida, en verdaderos espacios teatrales.

Variopintos fueron también los espacios interiores que acogieron escenificaciones teatrales, oscilando desde el ámbito nobiliario (cuya configuración se transmitirá al entorno burgués ya en pleno siglo XVII) hasta el eclesial, pasando por el universitario. De la Edad Media provenía la costumbre de llevar a cabo representaciones teatrales en los salones, patios y capillas de los palacios y residencias nobiliarias que se extenderá hasta el siglo XVII en las llamadas *particulares*, funciones privadas para las que se contrataba una compañía de actores. Esta afición pronto sería imitada por una incipiente y selecta burguesía de mercaderes y artesanos que gozaban de una patente solvencia económica.

La tradición medieval también transmitió las representaciones (vinculadas, primordialmente, a los ciclos de la Navidad, la Epifanía, la Ascensión y el Pentecostés) dentro de espacios sagrados. Con el paso de los años, la inicial temática religiosa fue dando cabida a elementos cómicos y, finalmente, a puestas en escena de comedias de asunto profano, acompañadas de sus correspondientes piezas breves, en funciones similares a las desarrolladas en los corrales de comedias públicos. Sirvieron de escenario teatral los claustros de catedrales y monasterios, los patios y salones de actos de los colegios religiosos y los locutorios y espacios de clausura de los conventos de monjas [Rodríguez G. de Ceballos, 1991: 105]. Aunque la inclusión de este tipo de obras condujo a una conducta excesivamente relajada, sobre todo en los conventos de clausura, y a la proclamación de continuas prohibiciones que se vieron intensificadas tras el Concilio de Trento, lo cierto es que existe documentación que demuestra que siguieron llevándose a cabo a lo largo de todo el siglo XVII. Quizás, como apunta Rodríguez G. de Ceballos [1991: 103], esta incongruencia fue posible por el brete que a las autoridades eclesiásticas se les planteaba ante la necesidad de decantarse entre la salvaguarda a ultranza de sus principios morales o el destierro de unas prácticas teatrales que, aparte de su valor didáctico para las masas iletradas, podía acarrearles la impopularidad y el distanciamiento de las mismas. Además, ante esta última alternativa verían alejarse la posibilidad de ejercer cualquier tipo de control sobre una actividad potencialmente peligrosa debido a la influencia que era susceptible de ejercer sobre el público.

Por lo que respecta a los espacios teatrales universitarios (colegios mayores, aulas, claustros, paraninfos —denominados «teatros» en la época—, etc.), habría que señalar, por una parte, la importancia que la Compañía de Jesús tuvo en el desarrollo de las prácticas escénicas acometidas en los mismos y, por otra, el componente académico que en su origen poseían las representaciones allí realizadas, pues estaban concebidas como un ejercicio ejecutado por estudiantes en que, a través de piezas de tradición neolatina, se practicaba retórica, memorización y pronunciación. Cuando se produjo el descrédito de éstas (probablemente por su ineficacia para alcanzar los fines previstos), se empezaron a representar, en proceso paralelo al que se dio en el ámbito eclesial, comedias y piezas breves a cargo de actores profesionales.

Sin embargo, los espacios teatrales por antonomasia de los Siglos de Oro serían los corrales de comedias y aquellos contenidos en los ambientes palaciegos. Con el crecimiento de la población de los centros urbanos y el aumento de potenciales espectadores susceptibles de asistir a los espectáculos teatrales llegó la necesidad de controlar el acceso a los mismos, de este modo se aseguró la obtención de un beneficio económico y se produjo el establecimiento de los primeros; la desmedida afición de un público regio y cortesano cuya avidez de ocio y consumo teatral parecía crecer al ritmo en que se multiplicaban los atolladeros y las penurias del país, potenció el desarrollo de los segundos.

El origen de los corrales de comedias hay que situarlo en el Madrid del año 1565 con la fundación de la Cofradía de la Pasión y Sangre de Jesucristo, nacida con el propósito de socorrer a enfermos pobres a través de un hospital de su propiedad. Esta hermandad vio en la representación de obras de teatro en el patio de este edificio (y otros que acondicionó poco después) una importante fuente de ingresos para sufragar su misión. Dos años después, y con la intención de mantener a niños huérfanos y desamparados, surgió la Cofradía de la Soledad de Nuestra Señora que enseguida se asoció con la anterior para la explotación de todos los patios de representación existentes en la ciudad: el corral de la Pacheca, el del Príncipe, de La Puente, Burguillos, Valdivieso, uno que estaba en la Puerta del Sol y otro en la calle del Lobo. No pasaría mucho tiempo hasta que ambas cofradías decidieron construir edificios expresamente concebidos para las necesidades de su aprovechamiento teatral con fines comerciales. Así, el 29 de noviembre de 1579 se inauguró el corral de la Cruz y el 21 de septiembre de 1583 se hizo lo propio con el corral Príncipe, ambos sitos a escasa distancia entre sí, en las calles del mismo nombre del denominado Barrio de las Letras, que era el lugar de residencia de los literatos y miembros de la farándula. Mantendrán el nombre de corrales ya que su estructura repetirá la de los patios de edificios vecinales que habían servido como improvisados espacios teatrales en un principio.

La organización típica de estos corrales giraba en torno a un patio central que daba cabida a los siempre temidos mosqueteros. En los laterales se levantaban las gradas y encima de ellas dos pisos de aposentos de diferente categoría (que contaban entre sus inquilinos con lo más granado de la nobleza) sobre los que aún se levantaban los desvanes. La fachada del escenario solía aparecer dividida en nueve nichos acortinados, en disposición similar a la de los retablos barrocos, con fines escénicos y detrás del tablado se situaba el vestuario de los actores. Justo enfrente, estaba la cazuela o sección destinada al público femenino (que asistía a la función separada del masculino) que tenía por debajo de ella, a nivel del patio, los alojeros (donde se vendía la aloja) y por encima los aposentos destinados a los miembros del Consejo de Castilla y de la Villa de Madrid. Aún en un nivel superior a éstos se encontraba el espacio denominado «tertulia». En total, estos teatros podían llegar a dar cabida (como fue el caso del corral del Príncipe en el primer tercio del siglo XVII) a unos dos mil espectadores. El modelo madrileño se exportó a numerosas localidades de la península (Valladolid, Pamplona, Burgos, Córdoba, Alcalá, Almagro, León, Lisboa, etc.) aunque las ciudades con una mayor actividad teatral serían, junto a la villa y corte, Valencia y Sevilla.

Por lo que respecta a la puesta en escena de las obras allí representadas, los medios con los que se contaban eran prácticamente inexistentes y la escenografía respondía a un planteamiento de carácter
sinecdóquico en que, además, tanto la palabra enunciada como el vestuario empleado adquirían la categoría de signo connotativo fácilmente descifrable por los espectadores. No obstante, no era infrecuente el
empleo de ciertos trucos efectistas tales como tramoyas y el escotillón
situado en el centro del tablado.

Las funciones palaciegas, especialmente tras la inauguración del coliseo del Buen Retiro en 1640, supusieron la apoteosis del teatro como
espectáculo total. Aunque existieron representaciones en los espacios palaciegos de los Austrias Mayores, sería a partir del reinado de Felipe III
cuando el teatro pasó a convertirse en el elemento clave de las diversiones cortesanas. En un primer momento, y a falta de un lugar especialmente acondicionado para ello, estas puestas en escena se llevaban a
cabo en espacios efímeros ubicados tanto en el Alcázar madrileño como
en los diversos Reales Sitios existentes. Además, fueron muy frecuentes
las funciones particulares desarrolladas en las habitaciones privadas de
los miembros de la familia real. Incluso hubo ocasiones en que sirvieron como espacio teatral un patio interno de la Casa del Tesoro, la pieza de las Audiencias o zonas similares de la Armería. Sin embargo, sería
el denominado Salón Grande del Alcázar, que posteriormente se conocería como Salón Dorado debido a unos trabajos de restauración que
se acometieron sobre el artesonado de su techumbre, el que, por la mayor idoneidad conferida por sus características y dimensiones, acabaría
convertido en el Salón de Comedias de palacio durante todo el siglo
XVII.

La llegada en 1626 del ingeniero florentino Cosimo Lotti, al que
Felipe IV, entre otras cosas, encargará el cuidado de la escenografía teatral palaciega, abrirá el camino de la espectacularidad visual de los escenarios. Ante la imposibilidad de trasladar en todo su esplendor a los
tablados españoles la pericia que había adquirido en el mucho más avan-
zado arte escénico italiano, se le encomendó el diseño, como parte del
palacio del Buen Retiro (donde, por otra parte, existía otro Salón Dorado
que albergó funciones teatrales), de un teatro perfectamente concebido
para permitir los más audaces juegos visuales y de tramoya. Así, el coliseo del Buen Retiro, inaugurado el 4 de febrero de 1640 con la obra de

Francisco de Rojas Zorrilla titulada *La gran comedia de los bandos de Verona*, se convertiría en el espacio por antonomasia del teatro cortesano áureo español y llegaría a tener una capacidad estimada en mil quinientas personas. A pesar de la fuerte impronta italiana incorporada por Lotti, la influencia de los corrales públicos se dejó notar en la disposición y denominación de algunas secciones del mismo. De hecho, parece que en el ánimo cortesano estaba el interés por intentar reproducir, en la medida de lo posible, el ambiente y bullicio típicos de los corrales, de ahí que fuera costumbre permitir al público plebeyo, previo pago de entrada, eso sí, la asistencia a ciertos espectáculos allí representados.

Tras la muerte de Lotti llegaría a sustituirle en 1651, también desde Italia, el ingeniero Baccio del Bianco. Con él la espectacularidad de los juegos escénicos (que, en ocasiones, se convertían, muy por encima del componente dramático, en la verdadera excusa de la representación) llegó a unos extremos de complejidad difíciles de imaginar (decorados cambiantes, efectos lumínicos, juegos de perspectivas, vuelos, etc.) en obras que tuvieron como dramaturgo estelar a Pedro Calderón de la Barca. Como no podía ser de otro modo, la puesta en escena de los entremeses y piezas breves incluidos en estas celebraciones se benefició del riquísimo aparato escénico ideado para las mismas.

## II. LOS ACTORES

La profusa e incesante actividad teatral que se desarrolló en la España del Siglo de Oro exigió la existencia de un número de actores y actrices acorde a las necesidades que imponía el próspero negocio escénico. Adorados y odiados por igual, la vida de los profesionales de la farándula se desarrolló siempre en una especie de territorio intermedio entre la fascinación y la reprobación que despertaban unos individuos tan cercanos pero al mismo tiempo tan alejados del común de los ciudadanos. En una época en que las controversias sobre la licitud moral de un espectáculo que se había convertido en un entretenimiento de masas fueron constantes, los cómicos, generalmente referidos como colectivo, se convirtieron en el blanco de furibundos ataques. Férreos moralistas como fray José de Jesús María y el padre Juan de Mariana veían en ellos no sólo la encarnación sobre un escenario de toda una serie de vicios y conductas perniciosas de nefastas consecuencias sociales, a través de la influencia que pudieran causar en el ánimo de los espectadores que asistían a las representaciones, sino también una forma de vida que se desarrollaba con demasiada frecuencia en los siempre peligrosos límites de la moral establecida. La sociedad española de la época fue testigo del irónico e irresoluble pulso que en torno a la licitud moral del espectáculo teatral se vio obligado a mantener el Estado en un complicado equilibrio entre el deber y la praxis, ya que tenía que defender unos principios morales que suscribía con vehemencia pero, a la vez, velar por los intereses de los hospitales municipales cuya principal fuente de ingresos para su manutención y la de sus enfermos provenía del dinero que dejaban en taquilla los espectadores de los corrales de comedias.

Debido, precisamente, a esa presunta amenaza que los cómicos suponían contra el sistema de valores establecido, los mecanismos de control y represión social fueron muy estrictos a la hora de fomentar e imponer al gremio una estructura profesional absolutamente reglada, en un proceso paralelo al que los censores llevaron a cabo con motivo de la vigilancia de los mensajes que se difundían en las comedias que debían ser estrenadas. Los moralistas encontraban perniciosos diversos aspectos de la vida teatral tales como el uso de vestimentas masculinas por parte de las actrices (y, por supuesto, el travestismo masculino que a veces se producía en algunos entremeses), los movimientos lascivos con los que se ejecutaban los bailes (especialmente perverso y de origen infernal se consideraba la zarabanda), la interpretación de personajes píos (santos, ángeles, la Virgen, etc.) o de un considerable calado moral, como los monarcas, por parte de individuos de costumbres reconocidamente laxas, las excesivas horas que los actores y actrices pasaban ensayando (muchas veces escenas amorosas), etc. Sin embargo, el blanco predilecto de todos estos moralistas fueron las actrices, en cuyo cuerpo veían concentradas todas las maldades posibles de concebir.

Las normativas oficiales promulgadas a este respecto podían oscilar entre aquellas relativas a asuntos de carácter legal (como, por ejemplo, el establecimiento del número de compañías con derecho a poder desempeñar su labor en un período de tiempo concreto, generalmente dos años, o la adjudicación de la licencia al respecto) a otras más relacionadas con cuestiones de reglamentación interna (como, por citar un caso, la obligatoriedad de que todas las actrices mayores de doce años debieran estar casadas para poder aparecer sobre un escenario). Los poderes públicos establecieron por primera vez en 1600 el número de compañías que podían coexistir y lo fijaron en cuatro. Con el paso de los años, esta cantidad sufriría diversas oscilaciones hasta que en 1615 se acordó que fueran doce las que gozaran de una licencia oficial para poder representar. Esta normativa se mantuvo en vigor hasta 1644 cuando el número se redujo, parece ser que por última vez, hasta ocho. Sin embargo, paralelamente a estas compañías denominadas *de título* existía una importante cantidad de grupos extraoficiales que desarrollaba su actividad profesional al margen de la legalidad vigente. Eran conocidos como *compañías de la legua* debido, según la opinión generalmente aceptada, a que no podían aproximarse a menos de una legua de las grandes ciudades, ya que éstas eran un territorio reservado en exclusiva para las compañías oficialmente sancionadas. A pesar de que tradicionalmente las compañías de la legua han sido consideradas como grupos marginales compuestos por actores semiprofesionales, investigaciones recientes han demostrado que las diferencias entre éstas y las de título no debían de ser tan insalvables. No sólo existe constancia documental que demuestra que de manera excepcional se permitió a alguna de estas compañías representar incluso en los corrales madrileños, sino que la asociación automática que suele establecerse entre los conceptos compañía de la legua y «compañía mala y pobre» no parece ajustarse fielmente a la realidad ya que, si bien en casos puntuales, en alguna de ellas trabajaron auténticas estrellas como María de Córdoba, *Amarilis*, que formó parte de la compañía de la legua que dirigía su marido, Andrés de la Vega, a la que también perteneció el famosísimo actor Juan Bezón [Davis y Varey, 2003: LXX-LXXXVIII].

Sin embargo, Agustín de Rojas Villandrando [1972: 159-162], en el tantas veces citado fragmento de *El viaje entretenido*, ampliaba de manera considerable las variantes asociativas que podían establecerse entre los actores mostrando un mundo mucho más complejo que el que la bipolaridad antes expuesta pudiera hacernos pensar. Las diversas agrupaciones se definían atendiendo al número de sus integrantes que, obviamente, condicionaba también el repertorio que podían acometer: bululú (compuesta por un único actor), ñaque (dos actores), gangarilla (tres o cuatro), cambaleo («una mujer que canta y cinco hombres que lloran»), garnacha («cinco o seis hombres, una mujer que hace la dama primera y un muchacho la segunda»), bojiganga («dos mujeres y un muchacho, [y] seis o siete compañeros»), farándula (definida como «víspera de compañía») y, finalmente, compañía. Esta última aparece descrita del siguiente modo:

> En las compañías hay todo género de gusarapas y baratijas: entrevan cualquiera costura, saben de mucha cortesía; hay gente muy discreta, hombres muy estimados, personas bien nacidas y aun mujeres muy honradas (que donde hay mucho, es fuerza que haya de todo), traen cincuenta comedias, trescientas arrobas de hato, diez y seis personas que representan, treinta que comen, uno que cobra y Dios sabe el que hurta. Unos piden mulas, otros coches, otros literas, otros palafrenes, y ningunos hay que se contenten con carros, porque dicen que tienen malos estómagos. Sobre esto suele haber muchos disgustos. Son sus trabajos excesivos, por ser los estudios tantos, los ensayos tan continuos y los gustos tan diversos [1972: 162].

Las compañías estaban lideradas por el denominado *autor de comedias*, cuyo cometido era similar al de un empresario teatral y un director de compañía moderno. Se trataba de profesionales polifacéticos que debían desempeñar labores bien dispares: dirigían la compañía y velaban por sus intereses (incluidas las finanzas y los pagos a los actores), se responsabilizaban de aportar el hato y el repertorio teatral (tenían un trato muy directo con los poetas o dramaturgos a los que compraban, en ocasiones previo encargo, sus obras, cuyos derechos de representación poseerían por un período de tiempo determinado), eran los encargados de adaptar dichas piezas de acuerdo a las circunstancias de su compañía o de la audiencia ante la que debían actuar, acordaban con los arrendadores de los corrales el uso de los mismos para sus funciones y, por supuesto, se encargaban de formar la compañía y de solicitar, a las autoridades pertinentes, la correspondiente licencia para poder representar. Eran, por consiguiente, la cabeza visible de la compañía de cara a las relaciones externas y los responsables últimos, de acuerdo a su buena o mala gestión, de su éxito o fracaso. Asimismo, su papel como renovadores del panorama teatral español fue crucial ya que, midiendo o anticipando la respuesta del público, decidían qué dramaturgos debían permanecer en candelero y a cuáles había que dar una oportunidad en el abigarrado y siempre mudable mundillo teatral del Siglo de Oro. La inmensa mayoría de ellos, si no todos, habían iniciado su incursión en el mundo teatral como actores (de hecho, muchos de ellos compaginaban ambas labores), y aunque la documentación conservada no clarifique los motivos que les llevaban a asumir la dirección de una compañía, podemos inferir que la experiencia y estabilidad económica conseguidas tras un exitoso paso por los escenarios les animarían a probar suerte dentro del mundo del negocio teatral. Entre los más destacados autores teatrales de la España áurea podríamos citar a los hermanos Valenciano (Juan Bautista y Juan Jerónimo), Sebastián de Prado, Pedro de la Rosa, Roque de Figueroa, Tomás Fernández Cabredo, Simón Aguado, Antonio de Escamilla, Diego Osorio o Miguel Vallejo. Aunque muchísimo menos numerosas que sus colegas masculinos, también hubo mujeres que dirigieron su propia compañía, como fue el caso de Mariana Vaca, Juana de Espinosa, Bárbara Coronel o Manuela de Escamilla.

Las compañías se constituían entre los períodos de Cuaresma y de Pascua y los conciertos que firmaban las actrices y los actores solían tener como duración una temporada teatral, es decir, hasta la celebración del Carnaval del año siguiente. Algunos de los contratos conservados son muy detallados, pudiéndose encontrar en ellos información relativa al sueldo que percibiría el cómico, el cometido exacto que desempeñará en la compañía, sus obligaciones hacia la misma, la necesidad de viajar que llevaba aparejado su compromiso contractual (a veces, incluso se especifica el medio en que estos viajes se llevarían a cabo), el repertorio a representar, etc. La relación laboral que se entablaba entre el autor y los actores estaba condicionada por el modo en que se gestionaba económicamente la compañía, es decir, por la manera en que se estipulaba el cobro de salarios entre ellos. Así, dentro de las compañías de título existieron dos categorías diferentes: las denominadas *de ración y representación*, por un lado, y las *de partes*, por otro. En las primeras, el autor pagaba a cada miembro de la compañía una ración fija todos los días y, además, una bonificación cada vez que llevaban a cabo una representación. En este tipo de concierto, el autor actuaba como un verdadero jefe y propietario de la compañía que adquiría la responsabilidad de pagar a sus actores por los servicios que éstos prestaban en ella y debía asumir los posibles riesgos económicos derivados de cualquier tipo de contingencia. En las segundas, cada miembro del grupo, incluido el autor, recibía una parte, que solía pactarse en los protocolos de formación de la compañía, de las ganancias obtenidas tras cada representación. La relación que se establecía entre el conjunto de los actores y el autor era la de una asociación profesional en que todos los integrantes debían velar por la consecución de un bien colectivo que redundaría en el suyo propio. Era habitual que estas compañías poseyeran una caja, asegurada por varias cerraduras cuyas llaves custodiaban diferentes miembros de la misma, en que se depositaba una parte similar o proporcional a la que percibían los actores mejor pagados y que iba conformando un fondo común que se repartía al final de la temporada.

El número de integrantes podía variar de unas compañías a otras y la documentación conservada parece demostrar que éste fue aumentado paulatinamente aunque no sobrepasaron nunca la veintena. Sin embargo, solían llegar a treinta e incluso cuarenta el total de individuos que conformaban estas agrupaciones, ya que era habitual que sus miembros fueran acompañados por familiares, criados, etc. [Davis y Varey, 2003: CXXIV]. La estructura interna de las compañías respondía a un modelo absolutamente jerarquizado en que la movilidad profesional dentro de la misma era prácticamente inexistente. El grado de especialización que adquirían los cómicos a la hora de encarnar un tipo determinado los encasillaba en él, por lo que los únicos cambios que se registran en los protocolos redactados al respecto están condicionados bien por cuestiones de edad (por ejemplo, era muy habitual que con el paso de los años los galanes pasaran a interpretar el papel de barba), bien por la especial afición que en un momento dado el público pudiera sentir hacia un determinado comediante (muy frecuente en el caso de las actrices, ya que hay noticias, como las relativas a María de Córdoba, Jacinta de Herbias, Mariana de Vaca o María de Quiñones, que muestran que era posible ser primera dama con más de cuarenta y cincuenta años [Davis y Varey, 2003: CLX]) o bien porque alguno de los miembros de lo que podría llamarse el personal auxiliar de la compañía (guardarropa, músicos, etc.) quisiera probar suerte como actor. De manera más o menos específica, desde el momento mismo en que firmaban su compromiso contractual con el autor de la compañía, los actores y actrices tenían establecido el cometido a desempeñar dentro del plantel de la misma. Así, se podría establecer como modelo ideal de una compañía el siguiente: autor de comedias; primera dama, segunda dama, tercera dama, cuarta dama, quinta dama (música, sobresaliente); primer galán, segundo galán, tercer galán; primer gracioso, segundo gracioso; primer barba, segundo barba; vejete; primer músico, segundo músico, arpista; apuntador, guardarropa y cobrador [Oehrlein, 1993: 81]. Los encargados de protagonizar el repertorio de piezas breves que poseía la compañía serían el responsable de la graciosidad masculina y, generalmente, la tercera dama, que parece ser una posición especial dentro de la jerarquía a tenor de la información aportada en los contratos de formación de compañías.

Por lo que respecta al estatus social de los profesionales de la farándula, y aunque debamos ser cautos a la hora de emitir un juicio en este sentido (debido, fundamentalmente, a que nos encontramos ante un colectivo muy heterogéneo, una época con fluctuaciones económicas constantes y una notable carencia de documentación específica), se puede afirmar que, en general, disfrutaron de una posición económica bastante desahogada y muchos de ellos disponían de unos ingresos notablemente superiores a lo que era habitual en la época. Sin embargo, la particular idiosincrasia de este oficio traía aparejadas la incertidumbre y la inestabilidad propias de una profesión que cifra su éxito o fracaso en la veleidad del público que la sustenta. Especialmente delicada era la posición del autor de comedias que, debido a su papel de empresario teatral (sobre todo en las compañías de ración y representación), debía asumir los riesgos económicos a los que estaba expuesta su compañía y se veía acuciado, con relativa frecuencia, por el elevado número de deudas que generaban tanto su puesta en funcionamiento, al comienzo de la temporada, como su mantenimiento a lo largo de ella. Además, el desempeño del oficio estaba sujeto a ciertas contingencias de carácter político, ya que el colectivo era siempre el principal damnificado en caso del fallecimiento de algún miembro de la realeza, puesto que este tipo de suceso implicaba el cierre de los corrales de comedias y la cancelación de las representaciones. Sea como fuere, e independientemente de la bonanza que hubieran disfrutado a lo largo de su trayectoria, los asientos testamentarios conservados traslucen con demasiada frecuencia una situación económica muy precaria cuando no calamitosa. Aquel relativo bienestar del que hablábamos un poco más arriba desaparecía en el momento mismo en que actores y actrices se veían obligados, generalmente a causa de su vejez, a abandonar los escenarios y, por tanto, a interrumpir su fuente de ingresos.

Pero el atractivo de un oficio que ofrecía la posibilidad de obtener unos beneficios crematísticos estimables tenía como contrapartida unas severas condiciones laborales. Basta recordar aquel pasaje donde Rojas Villandrando, recurriendo en alguna medida a la hipérbole, compara la vida de los cómicos con la de los esclavos:

> ¿Cómo estos farsantes pueden,
> haciendo tanto como hacen,
> tener la fama que tienen?
> Porque no hay negro en España,
> ni esclavo en Argel se vende,
> que no tenga mejor vida
> que un farsante, si se advierte.
> El esclavo que es esclavo
> quiero que trabaje siempre,
> por la mañana y la tarde;
> pero por la noche, duerme.
> No tiene a quien contentar,
> sino a un amo o dos que tiene,
> y haciendo lo que le mandan
> ya cumple con lo que debe.
> Pero estos representantes,
> antes que Dios amanece,
> escribiendo y estudiando
> desde las cinco a las nueve,
> y de las nueve a las doce
> se están ensayando siempre;
> comen, vanse a la comedia
> y salen de allí a las siete.
> Y cuando han de descansar,
> los llaman el presidente,
> los oidores, los alcaldes,
> los fiscales, los regentes,
> y a todos van a servir,
> a cualquier hora que quieren [1972: 289-290].

En cuanto al arte escénico o interpretativo de los comediantes del Siglo de Oro, lo primero que es necesario apuntar es que la escasez de documentación al respecto obliga a intentar reconstruirlo bien a partir de testimonios indirectos, bien a través de las acotaciones textuales que, de esta manera, acaban siendo elevadas «a la categoría de documento» [Rodríguez Cuadros, 1998: 367]. La inexistencia de algún tipo de manual interpretativo hace pensar que la técnica se transmitiría de manera oral en los ensayos de la compañía. En la tercera jornada de su *Pedro de Urdemalas* Cervantes dejaba apuntadas las cualidades que deben adornar a todo buen representante: tener una buena memoria, una «suelta lengua», apostura física (sobre todo si ha de interpretar a los galanes), la capacidad de adecuarse a las necesidades del papel interpretado y la destreza de transmitir al público los afectos experimentados por su personaje. Todo ello lo resumía Lope de Vega, en su comedia *El guante de doña Blanca*, de la siguiente manera:

> Que ha de tener el buen representante [...]
> acción, memoria, lengua y osadía
> [citado en Rodríguez Cuadros, 1998: 145].

El arte interpretativo debía propender hacia una imitación de la naturaleza, entendida como la «naturalidad» a la hora de dar vida a un personaje determinado y que sería la alternativa opuesta a la declamación pura. Este fin se alcanzaba a través de la utilización de toda una serie de recursos que el actor tenía aprendidos y que se pondrían en práctica con mayor o menor fortuna de acuerdo a la gracia o talento natural de cada individuo. Se trataba de una serie de gestos y acciones totalmente codificados, según el personaje encarnado, que permitían la interpretación del papel de acuerdo a unos parámetros de decoro perfectamente establecidos. Todo ello ha llevado a establecer, por lo que respecta al teatro barroco, tres situaciones interpretativas diferentes: «una *doctrinal* (vehiculando un mensaje teológico o político) llevada adelante por el *poderoso* (rey, padre, autoridad), lo que implicaría un tono de convencimiento y viveza declamatoria; otra, *factual y existencial* (enredo amoroso, acción en general), llevada a cabo por el *galán* o los protagonistas centrales, que supondrían un tono de neta verosimilitud aristotélica; y, finalmente, una situación *cómica y burlesca*, potenciada por el gracioso» [Rodríguez Cuadros, 1998: 368-369].

La dificultad de encontrar fuentes relativas a la técnica interpretativa del actor español del Siglo de Oro se acentúa, más si cabe, cuando se intenta esbozar un modelo de técnica vocal (sin entrar aquí a analizar el canto, elemento clave en la representación teatral áurea, y sus posibles técnicas de ejecución). Aún así, a partir de algunas acotaciones susceptibles de ser analizadas bajo esta luz se han podido hallar indicios que señalan la rapidez, la *magnitudo* y la *mollitudo* con la que era necesario recitar cierto fragmento para conseguir un efecto emocional determinado. Parece claro que las pautas establecidas por la oratoria clásica tuvieron una impronta decisiva en el tratamiento de la voz que el actor español de este período planteaba en su personaje [Rodríguez Cuadros, 1998: 419-523].

A pesar de todo lo apuntado con anterioridad con respecto al ideal de mímesis buscado por los comediantes, la desmesura pasional que caracterizó la época que les tocó vivir, que a veces podía llegar al paroxismo, tuvo su inevitable incidencia en su arte. Con relativa frecuencia se achacaba a los actores una marcada tendencia a la sobreactuación en el momento de expresar los afectos emotivos (quizás, también, propiciada por unos espacios de actuación caracterizados por unas notables deficiencias acústicas y visuales) en lo que Rodríguez Cuadros [1998: 415] ha calificado como «hipertrofia» gestual.

Por último, ningún repaso al mundo de las representantas y los representantes del Siglo de Oro estaría completo sin una mención, aunque sea mínima, de la Cofradía de Nuestra Señora de la Novena y el papel que desempeñó para el colectivo. Fundada en 1631, esta hermandad a la que estaban obligados a adscribirse todos los autores, actores y actrices estableció su sede social en la iglesia de San Sebastián, en el corazón del barrio madrileño que acogía la vida teatral del momento. La Cofradía se regía a través de unas directrices perfectamente delineadas y se sufragaba por medio de las cuotas que estaban obligados a abonar todos sus miembros (era común que los autores de compañías que se encontraban de gira fuera de Madrid encargaran a un actor de su máxima confianza el envío de la contribución correspondiente). A pesar de que las normativas de la misma determinaban su responsabilidad a la hora de proporcionar un entierro cristiano a los actores, en caso de fallecer en Madrid, o de celebrar sus honras fúnebres en caso contrario, y de que en sus capitulaciones se mostrara su clara intención de crear una especie de asilo que pudiera dar cabida a dieciséis actores (hombres y mujeres a partes iguales) muy necesitados, su cometido nunca fue el de actuar como una especie de auxilio social del gremio. Podría decirse que su creación respondió a un interés del colectivo por encontrar definitivamente el respaldo social que a veces le negaban los guardianes de la moral imperante a través de una asociación que, bajo una advocación mariana, les proporcionaba un respaldo difícilmente impugnable en ese sentido. A su vez, la propia Iglesia, y con ella las instituciones de poder político (no debemos olvidar, por una parte, la trascendencia que este colectivo tuvo a la hora de mantener el funcionamiento de los hospitales públicos y, por otra, que durante el siglo XVII los monarcas apoyaron económicamente a la Cofradía a base de la concesión de limosnas), podían controlar mucho más fácilmente a un grupo ahora totalmente centralizado desde una sede ubicada en un espacio parroquial. Aunque con carácter meramente testimonial, la Cofradía sigue perviviendo hoy día en el mismo lugar en que fue fundada hace ya casi cuatro siglos.

## III. Una máscara especial: Juan Rana

Entre todos los actores que pisaron los escenarios del Siglo de Oro destaca con luz propia Cosme Pérez. Conocido popularmente como Juan Rana, nombre del personaje que creó y que encarnó durante más de cuatro décadas, se convirtió muy pronto en el actor favorito tanto de los escenarios públicos como de los cortesanos. Algunos de los dramaturgos más destacados del barroco español (como Calderón, Agustín Moreto, Luis Quiñones de Benavente, Jerónimo de Cáncer o Antonio de Solís, sólo por citar al grupo más granado) se sintieron atraídos por el personaje, considerado como la única máscara original que ha producido el teatro español a la largo de su historia, y le escribieron *ex profeso* un importante número de piezas pensadas para ser protagonizadas por él [Sáez Raposo, 2005: 80-89]. Con el paso del tiempo, Juan Rana acabaría convertido en un tipo entremesil propio y perfectamente definido.

Tal fue su éxito que, según noticia aportada por un anónimo biógrafo de actores y actrices coetáneo suyo, «sólo con salir a las tablas, y sin hablar, provocaba a risa y al aplauso a los que le veían» [Shergold y Varey, 1985: 117]. Persona y personaje se fundieron rápidamente y de tal manera en el ánimo colectivo que ya en la década de 1630 al actor se le alude con el nombre de su creación incluso en documentos oficiales. El especial favor que le dispensaron el rey Felipe IV y su familia (principalmente, la segunda esposa de éste, Mariana de Austria) le confirió una especie de estatus singular, a medio camino entre la figura del actor y la del bufón palaciego, que hizo que su concurso se hiciera prácticamente obligatorio, sobre todo durante la década de 1650, en toda celebración cortesana de cierta relevancia.

Cosme Pérez vio la luz del mundo en la villa vallisoletana de Tudela de Duero entre finales de marzo y comienzos de abril del año 1593 en el seno de una familia humilde. Nada sabemos de su infancia y juventud ni tampoco de sus primeros contactos con el mundo de la farándula, que muy bien pudieron verse infundidos por la repercusión que el boato y las suntuosas celebraciones que se llevaron a cabo en la cercana Valladolid, convertida en capital de la monarquía hispánica entre los años 1600 y 1606, tuvieron en toda la región. Es muy probable que el importante incremento de la actividad cultural que trajo aparejada la nueva situación política de la capital castellana sirviera de acicate a la vida teatral que ya existía en Tudela de Duero al menos desde el año 1579 [Sáez Raposo, 2003: 74-76]. Hubo que esperar hasta el año 1617 para volver a tener noticia de Pérez, pues de entonces data la que le sitúa como miembro de la compañía de cómicos que dirigía Juan Bautista Valenciano, con el que continuaría vinculado profesionalmente hasta que en 1624 se incorporase al grupo liderado por Antonio de Prado.

La década de 1620 resulta decisiva para la proyección posterior de la carrera profesional de Pérez. Sería en torno a 1624 cuando encarnara por vez primera (al menos, que se sepa hasta este momento) al personaje de Juan Rana en la comedia de Lope de Vega titulada *Lo que ha de ser*. Aunque su papel en la obra es muy secundario, el Fénix deja ya perfectamente perfilada la que será la idiosincrasia del personaje: su profesión de alcalde (de la que se convertiría en prototipo entremesil por excelencia) y la acentuada estulticia de la que hace gala. Ambas características unidas a su apariencia física (de la que deja constancia, de manera hiperbólica, el retrato conservado en la Real Academia Española) se convertirán en sus rasgos distintivos. Poco tiempo después, contaría con un papel más destacado en la obra de Juan Pérez de Montalbán titulada *El segundo Séneca de España, don Felipe II*, donde parece vislumbrarse el hecho de que el personaje ya empezaba a ser conocido por el público (quizás fuera por ello por lo que el dramaturgo decidiera incluirlo en la misma).

Precisamente el éxito que empezaría a disfrutar gracias a la interpretación de Juan Rana pondría al actor en el brete de tener que decidir el camino por el que encauzar su carrera interpretativa. Es muy probable que las escasas expectativas que se le planteaban a la hora de hacerse un hueco dentro del denominado teatro elevado (donde hasta el momento sólo había interpretado papeles secundarios en obras como *El desdén vengado* o *La nueva victoria de don Gonzalo de Córdoba*, ambas de Lope de Vega), unido a ese incipiente pero prometedor éxito que estaba consiguiendo con su recién creado personaje, le animaran a decantarse por el universo teatral breve buscando unos beneficios que de otro modo le resultarían inalcanzables. Su decisión final le terminaría encumbrando a un nivel de popularidad difícilmente igualable, pero a cambio de verse para siempre encasillado en la interpretación de un personaje del que nunca más se pudo desligar.

La década de 1630 la comenzaría Cosme Pérez casado con la actriz María de Acosta y formando parte de la compañía dirigida por Tomás Fernández Cabredo, con la que continuaría vinculado al menos hasta 1636. De la estrecha relación que se debió entablar entre ambos da buena cuenta el encargo que durante dos años seguidos le hizo el autor para que llevara a Madrid la limosna ordinaria que todas las compañías tenían la obligación de hacer, con carácter anual, a la Cofradía de Nuestra Señora de la Novena. Como señala Emilio Cotarelo [1911: I, CLVIII a], resulta bastante plausible pensar, además, que Pérez habría perfeccionado su técnica interpretativa junto a Fernández Cabredo, ya que éste también estuvo especializado en la interpretación de papeles de gracioso.

En 1631 ya había nacido su hija Francisca María Pérez, pues en el documento que refleja la admisión del matrimonio en la Cofradía de la Novena se la menciona junto a sus padres. La pareja tendría un hijo más que falleció a muy corta edad en el domicilio familiar situado en la calle del Niño, tal y como consta en la partida de defunción que, con fecha del 18 de septiembre de 1634, se conserva en la sede de dicha hermandad. Por aquel entonces, la propia María de Acosta también había muerto ya, probablemente en torno a 1632.

En lo tocante a su trayectoria como actor, a lo largo de esta década se produjo su espaldarazo definitivo dentro del mundo de la farándula. La especie de relación profesional, y seguramente también de amistad, que se entabló entre Pérez y uno de los más sobresalientes entremesistas de todo el Siglo de Oro, Quiñones de Benavente, que por aquel entonces también atravesaba el momento álgido de su carrera, encumbró al actor y a su máscara a la cima de la popularidad. En piezas como *El guardainfante (Primera y Segunda parte)*, *El doctor Juan Rana*, *El ventero*, *Pipote en nombre de Juan Rana* o *Los muertos vivos* (sólo por citar algunas de las más destacadas), la maestría y el enorme ingenio del dramaturgo toledano terminaron por perfilar definitivamente la naturaleza de un personaje que se había convertido ya en el favorito de los corrales de comedias y empezaba a dar sus primeros pasos en los escenarios cortesanos. Todo parece indicar que hacia el año 1634 Juan Rana ya era reconocido unánimemente como el alcalde entremesil por antonomasia, pues en el entremés titulado *La maestra de gracias*, escrito por Luis Belmonte Bermúdez, se recomendaba a los actores que tuvieran que acometer dicha figura que siguieran las pautas establecidas por Cosme Pérez al dar vida a su personaje.

En 1636 Pedro de la Rosa, que también había formado parte hasta ese momento de la compañía de Fernández Cabredo, decide probar suerte como autor de comedias y se establece por cuenta propia. Como apuesta fuerte de cara a su nueva andadura contrata a Cosme Pérez para representar «la parte principal de la graciosidad» dentro de la compañía, por lo cual le ofrece «10 reales de ración y 20 por cada representación; 50 ducados por la fiesta del Corpus y tres caballerías para los viajes» [Pérez Pastor, 1901: 245]. Sin embargo, un lamentable suceso vendría a empañar el dulce momento profesional por el que estaba atravesando el actor. A mediados del mes de octubre de ese mismo año, Pérez se vio envuelto en un proceso a gran escala que las autoridades madrileñas emprendieron con el objetivo de detener y condenar al mayor número posible de homosexuales de la ciudad. El actor fue acusado de practicar el denominado «pecado nefando» y encarcelado por ello. El hecho de que en el proceso se vieran involucradas personas muy cercanas a la nobleza y hasta es posible que alguno de sus miembros, hizo que éstos terciaran en el asunto, con lo que la enorme repercusión social que tuvo en un primer momento se fue mitigando paulatinamente. Un mes más tarde, en un aviso correspondiente a la semana del 22 al 29 de noviembre, hallamos la noticia de la puesta en libertad del actor:

> En cuanto al negocio de los que están presos por el pecado nefando, no se usa del rigor que se esperaba, o sea esto porque el ruido ha sido mayor que las nueces, o sea que verdaderamente el poder y el dinero alcanzan lo que quieren. A don Nicolás, el paje del conde de Castrillo, vemos que anda por la calle, y a Juan Rana, famoso representante, han soltado, y no vemos quemar a ninguno de cuantos presos hay [Rodríguez Villa, 1886: 63].

No parece difícil entrever la intercesión de una mano poderosa detrás de la exculpación de Pérez. Sea como fuere, y aparte de las posibles secuelas anímicas, imposibles de valorar, que este episodio pudo dejar en el actor, lo cierto es que también tuvo un efecto directo en su carrera, ya que a partir de ese momento, y en contra de lo que los dictados de la lógica pudieran hacer sospechar, las referencias a su presunta homosexualidad con un fin cómico serán frecuentes en las piezas breves protagonizadas por Juan Rana. La enorme afición que el público sentía por él, unida a la mayor libertad o relajación moral permitida en este género teatral, hicieron posible que el personaje paseara por los escenarios una ambigüedad sexual que se veía potenciada por la total relación de interdependencia establecida entre Pérez y su creación, con lo que se hacía posible que los espectadores vieran reflejadas en la máscara las circunstancias personales del actor. Así, persona y personaje se movían con inusitada desenvoltura en ese impreciso territorio que separa la realidad de la ficción a lo largo de una frontera que con tanta complacencia se transgredía en la España del Barroco. Las piezas que emplean la supuesta tendencia sexual del actor con fines cómicos van desde aquellas en que se hace referencia al asunto de una forma más o menos velada (como sucede, por ejemplo, en *Los muertos vivos* y *Pipote en nombre de Juan Rana*, obras, como ya sabemos, de Quiñones de Benavente, o en *Una rana hace ciento*, de Luis de Belmonte Bermúdez), a otras en que el personaje aparece travestido en escena (*Juan Rana mujer* y *La boda de Juan Rana*, de Cáncer, o el sainete *Fiestas bacanales*, de Solís), e incluso, como sucede en *El parto de Juan Rana*, entremés de Pedro Francisco Lanini Sagredo, existiría un tercer grupo en que se produce una transformación total, pues aparece en escena como una mujer embarazada (ya que, como se dice en la pieza, «para hembra es mejor que para hombre») que dará a luz, literalmente, sobre el escenario en una de las escenas más hilarantes de todo el corpus *juanranesco*.

Tan popular era el personaje en 1637 que, con motivo de la academia burlesca que se celebró en el Salón de Reinos del palacio del Buen Retiro durante el Carnaval, se decidió que uno de los temas del concurso fuera *Doce redondillas digan la razón por qué las beatas no tienen unto, y si basta la opinión del Doctor Juan Rana para que se crea*. El primer premio del mismo lo obtuvo Luis Quiñones de Benavente con su poema titulado *Juan Rana, insigne doctor*.

Del año 1644 existe una interesante noticia recogida con motivo de la redacción por parte de Pedro de la Rosa de la lista de representantes que iban a formar parte de su compañía durante esa temporada. En ella se incluye a Pérez, que había estado trabajando con dicho autor de manera ininterrumpida hasta ese momento, aunque el propio Rosa dejaba constancia de que «está indeciso porque no quiere representar» [Cotarelo, 1911: I, CLIX a]. Aunque las causas que motivaron esta indecisión nos son desconocidas, resulta muy llamativa la circunstancia de que el actor se estuviera siquiera planteando la posibilidad de abandonar las tablas en el momento álgido de su carrera, sobre todo teniendo en cuenta la idiosincrasia propia de una profesión que puede oscilar del estrellato al olvido en un abrir y cerrar de ojos.

La actividad teatral de la década de 1640 estuvo marcada ineludiblemente por los sucesivos fallecimientos de la reina Isabel de Borbón en 1644 y del infante Baltasar Carlos en 1646, que supusieron la cancelación de la actividad teatral. Sin embargo, dicha prohibición, que puso en serios aprietos económicos a todo el gremio de representantes y a los hospitales que vieron desaparecer su fuente principal de ingresos, no debió de ser tan tajante como tradicionalmente se ha pensado (o, al menos, no tanto fuera de Madrid), ya que sabemos que Pérez siguió actuando, principalmente en Zaragoza, durante estos años de suspensión. El matrimonio de Felipe IV con Mariana de Austria el 9 de octubre de 1649 significó la reanudación de unas representaciones que no harían sino ir escalando en cuanto a su nivel de sofisticación y fastuosidad a partir de ese momento. Esta nueva etapa supuso también un nuevo ciclo en la carrera de Cosme Pérez que a partir de ahora restringiría sus actuaciones al ámbito escénico cortesano y se vincularía a la casa de la reina debido a la enorme afición que Mariana de Austria sintió por él desde muy pronto, ya que existe constancia documental de que éste acompañó a los monarcas a El Escorial en los primeros días que pasaron allí ya como marido y mujer. Poco antes, Pérez había puesto punto y final a la larga relación profesional que le había unido con Pedro de la Rosa y comenzó a trabajar para la compañía de Antonio García de Prado. Esa debilidad que la joven reina sentía por su arte (en realidad, el conjunto de la familia real) se materializó a partir del 26 de abril de 1651 en una asignación económica con carácter vitalicio concedida en agradecimiento «de lo que la hace reír». Dos años y medio después, el 22 de noviembre de 1653, el actor cedía esta renta en beneficio de su hija Francisca María que podría gozar de ella siempre y cuando no «hubiese de andar en la farsa», según su expreso deseo.

A lo largo de estos años, el concurso del personaje Juan Rana en las representaciones palaciegas fue prácticamente obligatorio protagonizando piezas escritas por los más destacados dramaturgos de esta segunda mitad de siglo. Fue también en este momento cuando se produjo el surgimiento del matrimonio escénico formado por Cosme Pérez y la actriz Bernarda Ramírez, cuya relación artística fue tan intensa que durante muchísimo tiempo se llegó a pensar que habían estado casados también en la vida real. Además, nacería el personaje de Juan Ranilla como contrapunto o *alter ego* de Juan Rana. Hubo ocasiones en que se presentó como un personaje adulto, como sucede, por ejemplo, en el entremés de *Juan Ranilla*, de Cáncer, aunque lo más habitual era que se tratara de un niño o remedo infantil de aquél en cuya interpretación se especializó la actriz Manuela de Escamilla, hija del famoso autor y actor Antonio de Escamilla, que por aquel entonces tendría entre cinco y diez años. Ejemplos de esta última posibilidad son los entremeses de *El retrato de Juan Rana*, de Sebastián de Villaviciosa, y *El parto de Juan Rana*, escrito por Pedro Francisco Lanini.

Debió de ser durante la representación del entremés de Cáncer titulado *La noche de San Juan y Juan Rana en el Prado con escribano y alguacil*, puesto en escena el día de San Juan de 1655 en el Buen Retiro durante uno de los descansos de la comedia titulada *La renegada de Valladolid*, que fue escrita en colaboración por Francisco Antonio de Monteser, Solís y Diego de Silva, cuando Pérez, encarnando a Juan Rana, llevó a cabo la anécdota que Juan Caramuel refiere para ejemplificar la tremenda agilidad mental del actor y que, a partir de entonces, se ha empleado como paradigma de capacidad improvisatoria sobre un escenario:

> En Madrid, el salón del palacio llamado el Buen Retiro, donde se representan las comedias, tiene alrededor algunas ventanas o balcones que corresponden a los aposentos donde se sientan los grandes cuando hay comedias. En cierto entremés en que Juan Rana, el gracioso más vivo que hubo en España, haciendo papel de alcaide de aquel palacio, introdujo dos forasteros a quienes mostró todo lo que había digno de verse en él. Y cuando llegó a mostrarles el teatro, colgado de tapicerías y preciosas pinturas entre las ventanas o balcones, les dijo: «Éste es el salón donde se canta y representan las comedias: el rey y la reina se sientan allí; aquí, los infantes; los grandes, en aquella parte». Y volviéndose a mirar las ventanas, donde había dos señoras de la primera nobleza, les dijo: «Contemplad aquellas pinturas. Qué bien y qué al vivo están pintadas aquellas dos viejas. No les falta más que la voz, y si hablasen creería yo que estaban vivas, porque, en efecto, el arte de la pintura ha llegado a lo sumo en nuestro tiempo». Esto dijo, porque las españolas se untan las caras, y se las pintan con varios ingredientes y menjurjes. Y así, con razón, aseguró Juan Rana que aquellas dos señoras grandes eran dos propísimas pinturas [Cotarelo: 1911, CLXII b-CLXIII a].

Como no podía ser de otra forma, Pérez participó en los festejos que se llevaron a cabo con motivo del nacimiento, en 1657, del príncipe Felipe Próspero. El organizador de los mismos, Luis Ulloa, marqués de Heliche, seleccionó, de todas las compañías existentes, a los actores y actrices más distinguidos del momento. Durante la primera celebración pública que se realizó con motivo de la salida de Felipe IV para agradecer a la Virgen de Atocha el feliz suceso, Pérez actuó en uno de los tablados (en concreto, el ubicado delante del Alcázar Real) que se dispusieron en lugares estratégicos de la ciudad. Además, un mes más tarde, el 6 de enero de 1658, y con motivo de la salida de Mariana de Austria para asistir a una misa en la Capilla Real, el cómico protagonizaría el entremés de Moreto titulado *El alcalde de Alcorcón*, en que Juan Rana era elegido como una especie de embajador de alcaldes para presentarse ante la reina a rendirle parabienes por el nacimiento del heredero.

La llegada de la década de 1660 supuso el inicio del declive profesional del actor. Debido a su avanzada edad, sus apariciones escénicas se convertirán en muy esporádicas, circunscritas únicamente a celebraciones muy señaladas, tales como los festejos organizados con motivo del nacimiento del futuro Carlos II o de los cumpleaños tanto de éste como del propio rey. Con fecha del 31 de mayo de 1665 existe un documento que indica que en aquel momento su hija ya había fallecido, ya que en él se estipula que había que restituirle aquella pensión concedida por la reina y que él le había cedido años atrás. Sabedores del especial vínculo que le unía con la reina, el gremio de comediantes le eligió como representante para solicitar en palacio una ayuda para la reedificación de la capilla que éstos tienen en la iglesia madrileña de San Sebastián. Pérez desempeñó el cargo durante tres años seguidos, de 1666 hasta 1668, y por la documentación conservada sabemos que su estado físico estaba ya muy deteriorado por aquel entonces, ya que dichas visitas no pudo hacerlas a pie, sino que hubo que trasladarle en una silla de manos.

Su última aparición escénica se produjo el 29 de enero de 1672 en el coliseo del Buen Retiro cuando protagonizó el entremés de Calderón titulado *El triunfo de Juan Rana*, representado entre las jornadas primera y segunda de la comedia *Fieras afemina amor*, obra también del dramaturgo madrileño. El objetivo de la pieza no fue otro que rendir un homenaje final a un actor al que nadie había podido arrebatar el cetro de la graciosidad durante más de cuatro décadas. Sólo eso y el más que posible interés de Carlos II, que a la sazón tenía poco más de diez años, por volver a disfrutar de sus gracias por última vez, debieron convencer al actor para meterse una vez más en la piel de Juan Rana. La pieza muestra la apoteosis de este último, convertido en estatua (debido a los problemas de movilidad que aquejaban a Pérez) cuya propiedad se disputan nada menos que la Fama, las nueve Musas y el propio Carlos II que será quien, a la postre, haga valer su autoridad y decida colocarla en una fuente que para tal efecto se había construido en la Sala de Burlas del Buen Retiro. De este modo, se dejaba constancia de la magnitud de este personaje irrepetible.

Sólo tres meses más tarde, el 20 de abril de 1672, Cosme Pérez fallecía en su casa de la madrileña calle de Cantarranas, hoy de Lope de Vega. La dimensión alcanzada por su personaje animó a diversos dramaturgos a intentar alargar la vida de Juan Rana en la piel de otros cómicos, pero la excesiva relación de dependencia que había existido entre Cosme Pérez y su máscara escénica hizo imposible que el público olvidara la impronta del primero y aceptara a otro actor dando vida a tan carismático personaje. El paso del tiempo fue creando en torno a la figura de Juan Rana una dimensión mítica que le terminaría convirtiendo en el icono del mundo teatral de una época determinada, el Siglo de Oro, o de un colectivo, el de los actores y las actrices. Esta circunstancia ha hecho posible que el personaje haya sido rescatado de una manera muy intermitente pero ininterrumpida hasta finales del siglo XX, cuando aparece protagonizando piezas como *El canto de la rana* (estrenada en 1998), de José Sanchis Sinisterra, o incluso transformado en un personaje novelesco en la concepción libérrima del mismo que hace Marcelo Soto en *Las bodas tristes* (1999).

## IV. La representación: la fiesta teatral

La imagen que sobre el espectáculo teatral tradicionalmente han podido transmitir los estudios al respecto (con géneros perfectamente individualizados y desligados entre sí) no se corresponde con la realidad del fenómeno de masas por excelencia en la España de los Siglos de Oro. Como es bien sabido, las representaciones de la época eran mucho más complejas, puesto que, en términos generales, la fiesta teatral era un espectáculo constituido por una comedia y una serie de piezas breves de diversa naturaleza a las que habría que añadir algunos interludios musicales o cantados. La consideración de las relaciones establecidas entre los dos grandes elementos del espectáculo también se ha visto modificada a lo largo del tiempo, ya que si lo habitual era considerar a la comedia («teatro elevado») como el eje central en torno al que giraban, supeditadas a ella cuando no directamente enfrentadas, las piezas breves («teatro menor»), las investigaciones que se han desarrollado en las últimas décadas nos han permitido tener una visión del conjunto mucho más fiel a la realidad, pues nos muestran una absoluta relación de interdependencia y complementariedad subordinadas, ahora sí, a una unidad superior que es la fiesta teatral («cada cual [comedia y entremés] independiente y dependiente a su vez, distintas y, sin embargo, complementarias», dirá Javier Huerta Calvo [1980: 74]). La relevancia del teatro breve en el desarrollo de la fiesta teatral queda bien patente en la decisión que muchos autores tomaban de incluir ciertas piezas con el fin de atraer a la mayor cantidad de público a las representaciones, y es que existen testimonios de la época que dejan constancia tanto del efecto que la impresión dejada por los entremeses tenía en la consideración del conjunto del espectáculo, como de la especial predilección que sintió el vulgo por ellos, lo que le hacía acudir a los corrales, en ocasiones, atraído únicamente por las piezas breves que iban a ser representadas. Todo ello fomentaría una paulatina emancipación del género con respecto a la comedia y propiciará el surgimiento de las llamadas *follas*, representaciones de carácter cortesano compuestas únicamente por una sucesión de piezas breves de temática totalmente independiente.

Se considera el corral de comedias como el espacio natural de la fiesta teatral, aunque no fue el único. La estructura típica de una representación en este espacio comenzaba con un redoble o una serie de golpes dados sobre el tablado, que llamaban la atención del público sobre el comienzo del espectáculo, seguidos de una parte musical instrumental (interpretada con guitarra, generalmente) y cantada. Con la loa, una pieza que fue ganando en complejidad con el tiempo y con la que daba comienzo la representación propiamente dicha, se buscaba captar la atención del público y preparar el ambiente para el inicio de la comedia, ya que, acto seguido, se ejecutaba la primera jornada de la misma. Entre ésta y la segunda se llevaba a cabo un entremés, y entre la segunda y la tercera jornada se realizaba un baile. Al final de la comedia se podía concluir el espectáculo con un segundo baile a modo de mojiganga o un segundo sainete. Sin embargo, se produjeron otras variantes de fiesta teatral diferenciadas entre sí de acuerdo al lugar de representación, a la temática de la misma o a la época del año en que se llevaba a cabo.

Uno de los momentos claves en el calendario teatral anual tenía lugar con motivo de la celebración de la festividad del Corpus Christi. Era entonces cuando se escenificaba la denominada fiesta sacramental, punto final de una jornada caracterizada por la marcada teatralidad de la procesión que la precedía. Los momentos álgidos de ésta, organizados en una especie de contienda entre el Bien y el Mal, eran el recorrido de la famosísima Tarasca, en la parte profana de la misma, y, en su parte religiosa, el del Santísimo acompañado por dignidades religiosas, autoridades políticas e incluso los propios monarcas por las principales calles de la ciudad. Esta misma dualidad se daba en la propia fiesta sacramental, donde una parte seria y trascendental (el auto) tenía el contrapunto jocoso aportado por el entremés y la mojiganga que completaban la representación. La estructura típica del espectáculo sería: loa sacramental, entremés, auto sacramental y mojiganga. La representación se realizaba en escenarios montados sobre carros que se instalaban en las principales plazas del lugar. Los moralistas de la época profirieron encendidos ataques contra un espectáculo cuya naturaleza les resultaba imposible de aceptar. No sería éste el único punto de conflicto para ellos, ya que, por un lado, consideraban difícilmente conjugable la encarnación de papeles sagrados por parte de unos actores y actrices cuya moral, en el ámbito privado, era supuestamente disoluta y, por otro, les resultaba aberrante la posibilidad de que un mismo comediante pudiera dar vida a uno de estos personajes divinos en el auto y acto seguido encarnar un papel risible e irreverente en las piezas breves (no olvidemos que uno de los personajes típicos que se satirizaba en los entremeses de estas celebraciones era el sacristán). Por último, la esencia edificante y devota de estas representaciones se diluía en unas puestas en escena cuyos espacios dificultaban, cuando no imposibilitaban, el seguimiento de la trama de las mismas por parte de la inmensa mayoría de los numerosos espectadores que se agolpaban para verlas, lo que obligaba a los actores a recurrir tanto a vistosos elementos visuales (vestuario, etc.), como al empleo de unos gestos, ademanes o movimientos muy exagerados a la hora de conseguir la carcajada del público en las partes cómicas.

El gusto cortesano por el espectáculo teatral propició la aparición de ciertos espacios palaciegos (el Salón Dorado del Alcázar, el coliseo del Buen Retiro, etc.) ideados para llevar a cabo unas representaciones cuya suntuosidad y espectacularidad tuvieron una relación inversamente proporcional al estado de crisis social, política y económica en que continuamente se fue hundiendo la monarquía hispánica. Aunque hubo ocasiones, fundamentalmente durante los primeros momentos de desarrollo de estos espectáculos, en que el repertorio de piezas representadas era idéntico al de los corrales públicos, posteriormente, y de la mano de la asociación creativa que se estableció entre dramaturgos de carácter cortesano como Solís o Calderón con escenógrafos de la talla de los italianos Lotti y Bianco, estos espacios áulicos contaron con sus propias obras, generalmente de temática mitológica, que retaban constantemente los gustos más exquisitos y la cada vez menor capacidad de asombro de nobles y monarcas. Las piezas breves incorporadas a estas fiestas (que, en términos generales, guardaban unos vínculos temáticos muy estrechos con la comedia a la que acompañaban) se vieron, inevitablemente, beneficiadas de la espectacularidad requerida en estas puestas en escena, de ahí que absolutamente nada tengan que ver la escenografía y el figurinismo de estas piezas con los de los corrales públicos donde los objetos que adquirían la condición de sinécdoque, a través de convencionalismos perfectamente conocidos por el público, o el valor semiótico y referencial de la palabra suplían la absoluta carencia de medios. Asombrosas mutaciones escénicas (donde, a los ojos del público, los escenarios se transformaban en jardines o bosques) y juegos de perspectivas, así como arriesgados vuelos y efectos de tramoya, eran parte inherente, como sucedía en la comedia a la que acompañaban, en estas piezas breves. Como muestra, citaremos la acotación final del sainete de Solís titulado *Aguardad supremos dioses*, con el que se concluyó la representación de la comedia *Triunfos de Amor y Fortuna*, también del mismo autor, que se llevó a cabo el 27 de febrero de 1658 en el coliseo del Buen Retiro. La fiesta estuvo compuesta, además, por los entremeses de *El saltaembanco*, *El niño caballero* (ambos, debidos, una vez más, al ingenio de Solís) y, muy probablemente, *El alcalde de Alcorcón*, de Moreto [Sáez Raposo, 2005: 466-467]. La didascalia en cuestión dice así:

> *Vuelan las aves rápidamente cruzando el aire y se descubre una mutación que es la plaza del Palacio con casas y luminarias, y al mismo tiempo la nube en que están las estrellas se divide en siete partes que ande en cada una una estrella. Y en el foro se descubre palacio con un castillo con fuego y cohetes que duran lo que la representación que se sigue. Las estrellas quedan sobre palacio y las aves sobre las casas* [Sánchez Regueira, 1986: 180-181].

Por último, hay que citar la denominada fiesta burlesca, cuya representación se realizaba bien durante Carnaval, bien el día de la festividad de San Juan y siempre en un entorno exclusivamente palaciego. En estas celebraciones, que florecieron durante el reinado de Felipe IV, ya no existía el contrapunto temático que hemos venido señalando entre la pieza

«seria» y las piezas cortas que iban junto a ella, ya que todos los elementos compositivos de la misma tenían un marcado carácter jocoso que se
buscaba por medio de una inversión de los valores sociales establecidos,
la degradación de los personajes, el recurso a lo escatológico, las series de
invectivas, etc. El esquema estructural de la función era paralelo al de las
fiestas celebradas en los corrales y las comedias burlescas o de disparates
aquí escenificadas eran siempre parodias de obras puntuales o modelos
(temas o asuntos de índole diversa) de argumento grave bien conocidos
por el público que, bajo una óptica carnavalesca, presentan un verdadero
mundo al revés. De este modo, la disparidad en la manera de abordar el
asunto en cuestión multiplicaba el efecto que provocaba en el auditorio.
Los grandes dramaturgos burlescos fueron también excelentes entremesistas, pues no en vano se considera el entremés burlesco como el germen de este tipo de composiciones [Huerta Calvo, 2001: 183]. Entre los
más destacados, podríamos citar a Cáncer (autor de *Las mocedades del Cid*,
*La muerte de Valdovinos* y, en colaboración con Juan Vélez de Guevara, *Los
siete infantes de Lara*), Monteser (que parodió *El caballero de Olmedo*), Vicente
Suárez de Deza (*Los amantes de Teruel*), Calderón (*Céfalo y Pocris*), Francisco
Bernardo de Quirós (*El hermano de su hermana* o *El cerco de Tagarete*) o
Juan de Matos Fragoso (que, en colaboración con Juan Vélez y Juan
Bautista Diamante, escribió *El hidalgo de la Mancha*).

Aunque el corpus completo de comedias de disparates conservadas
ronda las cincuenta piezas, la única fiesta burlesca que nos ha llegado de
manera íntegra es la que se llevó a cabo en la localidad toledana de La
Torre de Esteban Hambrán con motivo, en 1685, de una jornada de
caza que Carlos II disfrutó en sus alrededores. Esta fiesta, estudiada en
detalle por Huerta Calvo [1998], es un interesante ejercicio en que queda perfectamente materializado el gusto barroco por la teatralidad, ya
que la ficción traspasa la cuarta pared escénica para diluirse con la vida
o, quizás, justo lo contrario. El anónimo dramaturgo supo imbricar perfectamente su creación como una parte más de una especie de representación mayor, compuesta también por una cacería previa y un
banquete final, que se correspondería con el día de recreo al completo.
Así, en las piezas breves se hacía referencia constante tanto a la figura
regia (uno de los entremeses se tituló, precisamente, *La bienvenida al rey*)
como a los sucesos acaecidos durante la jornada (se representó otro llamado *La batida*).

EDICIONES

COTARELO Y MORI, Emilio, *Colección de entremeses, loas, bailes, jácaras y mojigangas desde fines del siglo XVI a mediados del XVIII*, Madrid, Bailly-Bailliére, 1911, I.

HUERTA CALVO, Javier, *Una fiesta burlesca del Siglo de Oro: «Las bodas de Orlando» (Comedia, Loa y Entremeses)*, Viareggio, Mauro Baroni, 1998.

PÉREZ PASTOR, Cristóbal, *Nuevos datos acerca del histrionismo español en los siglos XVI y XVII. Primera serie,* Madrid, Imprenta de la Revista Española, 1901.

ROJAS VILLANDRANDO, Agustín de, *El viaje entretenido*, ed. Jean-Pierre Ressot, Madrid, Castalia, 1972.

SÁEZ RAPOSO, Francisco, *Juan Rana y el teatro cómico breve del siglo XVII*, Madrid, Fundación Universitaria Española, 2005.

SÁNCHEZ REGUEIRA, Manuela, *Antonio de Solís. Obra dramática menor*, Madrid, CSIC, 1986.

# TIPOLOGÍA DE LAS FORMAS BREVES

por *Catalina Buezo* y *Nuria Plaza Carrero*

## I. AUTO, ÉGLOGA, FARSA, OTRAS DENOMINACIONES
[*Catalina Buezo*]

Los límites entre farsas, autos, coloquios, entremeses y otras piezas no están bien prefigurados. En su estudio sobre los orígenes del teatro en Castilla, López Morales [1968] considera el *Auto del Repelón*, de Juan del Encina, como «cédula entremesil», desprendida de los condicionantes formales y funcionales del género en el siglo XVII. Se detiene en el análisis de la naturaleza rústica de las *dramatis personæ*, que contrasta con la progresiva urbanización que se encuentra en los pasos de Lope de Rueda [224-228]. En el argumento se le llama a la obra «auto» en vez de titularla «representación» o «égloga», como hace Encina con sus otras piezas teatrales. Asimismo, el argumento enumera los personajes («dos pastores, Piernicurto y Johan Paramás», «un estudiante», «otros dos pastores») y las figuras (unos estudiantes congregados en la plaza de la villa, un día de mercado, y un caballero a cuya casa acuden los pastores en busca de refugio), fija el asunto de la obra (la lucha entre letrados e iletrados), se refiere al resultado de los dos encuentros (primero ganan los estudiantes, luego los rústicos) y señala las técnicas que se emplean en la obra (se cuenta el primer encuentro, se recrea el segundo y se canta al final, pues, en efecto, la obra se compone de un argumento en prosa y de un breve villancico al cierre).

Los pastores del *Auto del Repelón* vencen al estudiante después de haber sido repelados. Si en el teatro del primer Cancionero un cambio de vestido, de apariencia exterior, trae consigo un cambio de estado social, de manera análoga, en este auto, un cambio de apariencia señala un cambio de grado académico (los aldeanos se van haciendo más astutos, se acercan más al comportamiento de los estudiantes, a medida que su pelo se pierde a fuerza de repelones). En la glosa segunda del villancico, los dos pastores concluyen que para ascender de bachiller a licenciado lo más cómodo es someterse a un repelón completo: despojado de su gravedad, el tema se maneja ahora con gracia y desenfado. El *Auto del Repelón*, como la *Égloga de las grandes lluvias* (1498), presenta a los personajes rústicos con gran simpatía, frente al primer teatro de Juan del Encina. Encina escribió su primer teatro cuando estaba en el proceso de incorporarse a la corte y de ahí la fascinación por la sociedad refinada de sus primeras obras. Tanto el *Auto del Repelón* como la *Égloga de las grandes lluvias* muestran su desencanto de la ciudad y debieron de escribirse por las mismas fechas, entre 1493, cuando terminó su Cancionero, y 1499, momento en que marchó a Roma.

Una obra breve, rápida, destinada a servir de contrapunto burlesco en una boda señorial es la «farsa» de *Bras Gil y Berenguella*, de Lucas Fernández, que Hermenegildo [1994: 35-36] califica de «comedia breve» protagonizada por rústicos pastores. La preocupación por la genealogía aparece en esta obra de forma grotesca y responde a la preocupación real del público cortesano que asistió a la representación y a la de los españoles de entonces, obsesionados con el problema de la limpieza de sangre. Situados dentro del teatro europeo coetáneo, los entremeses son equivalentes a las «farsas», tal como se desarrollan en Francia o en Italia, y que Petit de Julleville define de la siguiente manera: «petites pièces courtes, d'un comique bas, trivial, burlesque et la plupart du temps très licencieux qui cherchaient surtout à exciter le gros rire de la foule». La misma analogía puede establecerse con el *fastnachspiel* del teatro alemán cultivado por Hans Sachs. No obstante, en castellano la palabra «farsa» —que tiene el mismo significado de algo injerido o embutido en un cuerpo mayor— fue decantándose hacia un valor genérico para designar a la obra teatral en general. Con este sentido se emplea en la mencionada de *Bras Gil y Berenguella*. Lucas Fernández le da al vocablo «farsa» un sentido indeciso, cercano al de «pieza cómica breve» que tenía el término francés *farce* por entonces, situación un tanto similar al del vocablo portugués *farça* empleado por Gil Vicente en los mismos años. Como vemos, en la época términos como *égloga*, *auto* y *quasi comedia* funcionan cono sinónimos de *farsa,* por lo que la *Égloga de Antruejo* y el *Auto del repelón*, de Juan del Encina, responden al modelo de la farsa en Europa: unos personajes populares (pastores, villanos, estudiantes), una acción resuelta en burlas, un lenguaje específico (el sayagués) y una temática de carácter carnavalesco [Huerta Calvo, 2000: 3].

Siguiendo con la variedad de géneros, con fronteras indecisas, todavía casi a mediados del siglo XVII podemos encontrar un «auto» que sigue los modelos primitivos de Juan del Encina y de Lucas Fernández. Se trata del *Auto y coloquio de los pastores de Belén*, de Felipe Godínez, judío converso que repite las formas renacentistas del auto y del coloquio y da un tratamiento marginal al tema frente al oficial de Lope de Vega, en 1611, con *Los pastores de Belén,* novela de tipo cortesano. Para Menéndez Onrubia [1983], la pieza de Godínez, una rareza de hacia 1630, debió conectar con los nuevos movimientos de iluminados del Molinosismo y se caracteriza por su ambigüedad (ya desde el título, pues no son un auto y un coloquio juntos, sino un auto de corte enciniano en la primera parte y un coloquio de estilo erasmista en la segunda), su virtuosismo cultista y su irreverencia rayana en la grosería (parece rechazarse la divinidad de Cristo, al que se dedican chistes y palabras mal sonantes).

En cuanto a la «égloga» [Lihani, 2002: 122-124], la voz procede del término griego *eklogé,* que significa «extracto» o «selección», puesto que Virgilio (78-19 a. C.) seleccionó las mejores de sus traducciones o imitaciones de los idilios del griego siciliano Teócrito (n. ¿300? a. C.), quien fue el primero en cultivar el género pastoril. La primera y tercera églogas, de las varias compuestas por Virgilio, ejemplifican el estilo dramático que serviría de importante modelo para el renacimiento del teatro popular en España. La voz «égloga», con el paso del tiempo, llegó a identificarse con composiciones poéticas cuya versificación podía variar, pero cuyo contenido temático tenía que ser pastoril, y no urbano, y cuyos personajes debían hablar en un dialecto rústico antes que en el habla cortesana. A comienzos del siglo XVI las églogas se escribían en diversas formas: poética, narrativa y dramática. En Italia Boccaccio combinó la prosa y la poesía en una novela pastoril. El género idílico en prosa llegó a España cuando Jorge de Montemayor publicó su novela *La Diana* (¿1559?). Cultivaron este género Garcilaso de la Vega (¿1501?-¿1536?), Miguel de Cervantes (1547-1616) y Leandro Fernández de Moratín

(1760-1828). En la forma dramática, Juan del Encina (1469-1529) fue el primero en escribir sus primeras églogas a imitación de Virgilio. Encina hizo contemporánea la égloga, situando en ella los pastores salmantinos con el llamado dialecto sayagués. Encina aplicó la égloga seudo-virgiliana a la Navidad, a la manera anteriormente publicada por el italiano Antonio Geraldini. Las églogas de Encina (publicadas en su *Cancionero de 1496*) establecieron las características iniciales de la escuela salmantina de dramaturgos.

El imitador y rival de Encina fue Lucas Fernández (1474-1542), cuya obra *Farsas y églogas* (1514) constaba de cuatro piezas seculares y tres religiosas, cada una en un acto. Las primeras églogas de Encina y de Fernández, ambos pertenecientes al grupo de dramaturgos tempranos de los Reyes Católicos, contenían el diálogo junto con canciones y aun algunas danzas, y fueron representadas durante dos decenios, entre fines del siglo XV y principios del XVI, tanto en el palacio particular del duque de Alba como en el palacio eclesiástico del cardenal Arborea en Roma y en la catedral vieja de Salamanca. Otros cultivadores del género fueron Francisco de Madrid, Martín de Herrera, Diego de Ávila, Bachiller de la Pradilla, Diego Sánchez de Badajoz, Hernán López de Yanguas y Pedro Manuel Jiménez de Urrea, todos ellos pertenecientes a este período temprano del drama español. Temáticamente, las églogas se centraban en la Navidad, el amor y la vida cortesana con intenciones satíricas. Las églogas tempranas de los dramaturgos comenzaban con una loa, que además servía de argumento, y frecuentemente concluían con un villancico. Caracterizaban al género el realismo y el lenguaje dialectal. Lope de Rueda (¿1510?-1565) siguió empleando el dialecto sayagués ya estilizado en su representación de los simples en sus pasos y después, este dialecto ya convertido en convención literaria, se encontró en las obras de los dramaturgos del Siglo de Oro. Los pastores, bobos y simples aparecían en ellas sobre todo como alivio cómico.

Se puede concluir este apartado diciendo que, por lo que respecta a la terminología genérica del drama, los dramaturgos del siglo XVI no establecieron diferencias bien delineadas. Para sus obras teatrales Encina empleó los términos «égloga», «representación» o «auto» (por entonces, Fernando de Rojas utilizó para *La Celestina* las voces «comedia» y «tragicomedia», expresando su preferencia por los temas urbanos). Mientras que Bartolomé de Torres Naharro aceptó «comedia», Lucas Fernández alternaba el uso de las voces: auto, farsa, comedia y égloga. Fernández recurrió aún a una clasificación de doble género de sus propias obras: «égloga o farsa», y «farsa o quasi comedia», explicable en parte porque sus obras combinaban los elementos de la égloga enciniana y de la farsa, tal como prevaleció después en Lope de Rueda. Nótese que la «Égloga XIV», de Encina, que trata de Plácida y Vitoriano, no fue denominada «égloga» sino «commedia» en un reportaje contemporáneo de su representación en Roma (1513). La primera obra dramática de Bartolomé de Torres Naharro, *Diálogo del nacimiento*, era una égloga sobre el tema navideño; pero su autor cambió su rumbo teatral al optar por la designación de «comedia» para sus piezas posteriores. El drama pastoril gozó de gran popularidad, aunque tuvo vida breve, y la cesión a favor de «comedia» por parte de Torres Naharro prevaleció con sus nuevas técnicas estructurales de prefiguración y recapitulación que contaban con mayores posibilidades que las de la égloga para el desarrollo de la trama, la caracterización y la liberalización de las restricciones clásicas de tiempo, lugar y acción. Un siglo más tarde, Lope de Vega se estrenó como dramaturgo a los doce años con un drama pastoril. El propio Calderón de la Barca escribió una égloga en un acto sobre un tema clásico derivado de Ulises.

## II. PASO [*Catalina Buezo*]

Lope de Rueda y otros actores profesionales de mediados del siglo XVI (se documenta la actividad de Rueda como representante en el Corpus de Sevilla a partir de 1542 y 1543) actuaban en un tablado provisional con cuatro bancos y una tabla, en el cual una manta vieja hacía de telón de fondo. Escribió Cervantes en el «Prólogo al lector» de sus *Ocho comedias y entremeses nuevos*:

> Me acordaba de haber visto representar al gran Lope de Rueda, varón insigne en la representación y en el entendimiento. Fue natural de Sevilla, y de oficio batihoja, que quiere decir de los que hacen panes de oro; fue admirable en la poesía pastoril, y en este modo, ni entonces ni después acá ninguno le ha llevado ventaja [...]. En el tiempo deste célebre español, todos los aparatos de un autor de comedias se encerraban en un costal, y se

cifraban en cuatro pellicos blancos guarnecidos de guadamecí dorado, y en cuatro barbas y cabelleras, y cuatro cayados, poco más o menos. Las comedias eran unos coloquios como églogas entre dos o tres pastores y alguna pastora; aderezábanlas y dilatábanlas con dos o tres entremeses, ya de negra, ya de rufián, ya de bobo, ya de vizcaíno, que todas estas cuatro figuras y otras muchas hacía el tal Lope con la mayor excelencia y propiedad que pudiera imaginarse [Schevill y Bonilla, 1915: I, 5-6].

Las primeras ediciones de las obras dramáticas de Rueda son las siguientes:

- *Las quatro comedias y dos coloquios pastoriles* (Valencia, Juan de Timoneda, 1567).
- *El deleitoso. Compendio llamado el Deleitoso, en el cual se contienen muchos pasos graciosos del excelente poeta y gracioso representante Lope de Rueda, para poner en principios y entremedias de coloquios y comedias. Recopilados por Ioan Timoneda* (Valencia, Ioan Mey, 1567).
- *Registro de representantes, a do van registrados por Ioan Timoneda muchos y graciosos pasos de Lope de Rueda y otros diversos autores, así de lacayos como de simples y otras diversas figuras* (Valencia, 1570).
- *Comedia llamada discordia y cuestión de amor [...] compuesta por Lope de Rueda, representante* (Barcelona, Sebastián de Comellas, 1617).

No nos vamos a referir ahora a su obra completa, sino exclusivamente a sus «pasos», que son: los pasos insertos en *Eufemia* (*Polo, Vallejo y Grimaldo; Polo y Eulalla*); paso incluido en *Armelina* (*Guadalupe y Mencieta*); paso integrado en *Los engañados* (*Pajares y Verginio*); pasos pertenecientes a *Medora* (*Gargullo, Estela y Logroño; Ortega y Perico; La gitana y Gargullo*); pasos incluidos en *Camila* (*Pablos, Lorenzo y Ginesa; Pablos y Ginesa*); pasos insertos en *Timbria* (*Troico y Leno sobre la mantecada; Isacaro y la negra; Mesiflua y Leno; Trico y Leno; Leno y Sulco sobre el ratón*). A estos hay que añadir un paso en verso (*La invención de las calzas*) y los siguientes pasos en prosa incluidos en *El deleitoso*: 1) *Luquitas, Alameda y Salcedo*; 2) *Alameda y Salcedo*; 3) *Lucio, Jerónimo, Martín de Villalba y Bárbara*; 4) *Caminante, Licenciado Jáquima y Bachiller Brazuelos*; 5) *Honziguera, Panadizo y Mendrugo*; 6) *Brezano, Cebadón y Samadel*; 7) *Torubio, Águeda de Toruégano, Mencigüela y Aloja*. Fernández de Moratín denominó *La carátula, Cornudo y contento, El convidado, Pagar y no pagar* y *Las aceitunas* a los pasos 2, 3, 4, 6 y 7. Los pasos 1 y 5 recibieron los nombres de *Los criados* y *La tierra de Jauja*, respectivamente, por Cayetano Alberto de La Barrera en su *Catálogo*.

Los «pasos», también llamados entremeses [Asensio, 1971a: 25], son breves escenas autónomas, claramente diferenciadas, que se integran en la representación de la comedia o el coloquio, segmentándola y aligerando su tensión interna. Frente a la falta de vigor de comedias y coloquios, los pasos ofrecen un tono festivo y una atmósfera de Carnaval (paso a un primer plano de los instintos, entronización de la comida y la bebida, gusto por los engaños de pareja y situaciones de triángulo, la sátira del prójimo) que suponen una parodia del discurso oficial, el mundo al revés, de acuerdo con la tradición de la fiesta de los locos del medievo. A pesar de su grado de autonomía, los pasos se subordinan a una obra mayor, la comedia o el coloquio, y algunos tienen una función introductoria a la manera del «introito» de Torres Naharro. Por su brevedad, la intriga ha de ser reducida y el uso de la palabra rápido, apoyado con frecuencia en movimientos, golpes, mímica, insultos y engaños. Llegar a la comicidad máxima en unos pocos minutos conllevaba un ejercicio de profesionalismo en el actor, una actuación muy exigente.

Ante el espectador se hacía realidad la ceremonia teatral global con la mezcla en escena, aparentemente caprichosa, de pasos y coloquios o comedias (se encuentra aquí en germen la fiesta teatral barroca que acontece en los corrales en tiempos de Lope de Vega y Calderón). Una de las innovaciones ruedescas estribó en el empleo de la prosa, que permitía «crear texto en el momento mismo de la representación» [Hermenegildo, 1994: 169], inspirándose en las características de un público y de un momento concretos. Se trata de auténticos cuadernos de dirección que se hacen realidad teatral al ser representados. Algunos le han acusado de falta de originalidad. Lo cierto es que, partiendo de comedias del italiano, Rueda llega a una manera propia, dotada de un diálogo vivo, un movimiento rápido, una mezcla de hablas de distintas capas sociales, desmayos, apariciones, ocultamientos, disfraces, etc. El argumento de los pasos difiere del de la obra mayor en que se inserta. De este modo los pasos crean un efecto cercano al distanciamiento brechtiano al romper la posibilidad de identificación con la fábula. Opina Diago [1990: 64] que, más que heredero de la *commedia dell'arte*, Rueda lo sería de autores/actores italianos como Ruzante o Calmo, y asimismo de tipos presentes en el teatro cortesano o religioso anterior (negras, simples, fanfarrones, etc.). Uno de los tipos mejor desarrollados en sus pasos es el del simple o bobo, que le permitiría al propio Rueda lucir sus dotes como actor. Procedente de los rústicos pastores del primitivo teatro salmantino, el personaje tiene el papel de criado en la obra mayor y el de protagonista en el paso, y se caracteriza por ser comilón, cobarde, fanfarrón, ladrón y víctima de otros ladrones más avispados que él. Es, además, el personaje que transporta el mayor número de didascalias u órdenes de representación, por lo que se convierte en un auténtico director escénico o delegado principal de este último.

Entre los pasos más conocidos figuran el de *Las aceitunas*, con el enfrentamiento entre Toruvio y su mujer Águeda Toruégano por el precio de las aceitunas que dará un olivo recién plantado (simboliza la voz de la razón el vecino Aloxa al decir que «las aceitunas no están plantadas, ya las habemos visto reñidas»), y el de *La tierra de Jauja*. Protagonizan este último los ladrones Honciguera y Panarizo, que quieren robar al simple Mendrugo una cazuela contándole cuentos de la tierra de Jauja, donde hay ríos de miel y de leche, árboles con troncos de tocino y cuyos frutos son buñuelos, calles empedradas con yemas de huevo... Otro paso famoso es *Cornudo y contento*. Aquí el simple Martín de Villalba cuenta a Lucio, médico, cómo Bárbara, su mujer, ha mejorado de su enfermedad gracias a los remedios de un estudiante. Este le hace tomar a Martín una purga haciéndole creer que redundará en beneficio de su esposa, a la cual el simple y cornudo Martín no reconoce cuando pasea por la calle junto al estudiante. Finalmente, Bárbara queda en manos de su amante con el pretexto de ir a hacer unas novenas a una santa. En *Cornudo y contento* todos los personajes se encuentran sumidos en la atmósfera festiva del Carnaval, donde el bobo o bufón es el personaje eje.

III. Entremés [*Catalina Buezo*]

La palabra «entremés» contó con diferentes significados (platos variados, diversión musical, danza, torneo, momos) hasta que entre 1545 y 1550 alcanzó una acepción dramática para aludir a los pasajes protagonizados por personajes rústicos o vulgares que no guardaban relación con el asunto principal de la comedia. En el *Diccionario* de Corominas-Pascual se lee que el término «entremés» deriva del catalán 'entremès', que tiene en primer lugar un significado gastronómico —«manjar entre dos platos principales»— y en segundo lugar otro de carácter parateatral — «entretenimiento intercalado en un acto público»—. En ciertos festejos y procesiones de los siglos XIV y XV aparece con esta segunda acepción. Luego en estos entremeses o pasos procesionales las imágenes fueron sustituidas por personas, hasta que a mediados del siglo XVI la palabra «entremés» —en alternancia con «paso»— asegura su significado actual como «pieza jocosa breve», normalmente intercalada en la acción principal de una comedia extensa [Huerta Calvo, 2002: 125]. Con este significado se encuentra la voz por vez primera en el «Prólogo» de la *Comedia de Sepúlveda* (1547): «no os puede dar gusto el sujeto ansí desnudo de aquella gracia con que el proceso dél suelen ornar los recitantes y otros muchos entremeses que intervienen por ornamento de la comedia, que no tienen cuerpo en el sujeto della». Más tarde aparece en obras de Sebastián de Horozco (*c.* 1550), así en la *Representación de la historia evangélica de San Juan*. En una de sus acotaciones se lee: *«mientras buelve el ciego, pasa un entremés entre un procurador y un litigante».* Éste es el significado que tiene en las *Comedias* de Lope de Rueda, donde se denomina a estas piezas «pasos», porque no hay ninguna diferencia entre «paso» y «entremés». Véase el soneto preliminar de *El Deleitoso* (1567), donde escribe Joan Timoneda: «venid alegremente al Deleitoso, / hallarlo heys repleto y caudaloso / de passos y entremeses muy facetos». Ahora bien, en los entremeses de la *Comedia de Sepúlveda* y en los pasos de Lope de Rueda nos encontramos ante piezas dependientes de una acción principal, de igual manera que los «episodios» incardinados en la «fábula» —por decirlo en la terminología clásica—. En el *Entremés* sin título del mencionado Horozco, sin embargo, se trata de una pieza no embebida en otra mayor, anticipadora, por tanto, de la autonomía que el género tendrá a fines del siglo XVI.

Estos breves pasajes, desligados de la acción principal de la primitiva comedia, podían tener distinta ubicación dentro de ella o trasladarse de unas obras a otras. Llenaban los entreactos evitando que cesara el espectáculo y a la vez daban la sensación de tiempo transcurrido. Estas pequeñas piezas festivas y burlescas que entroncan con formas dramáticas medievales fueron perfeccionadas por Lope de Rueda a mediados del XVI. Dio a sus pasos renacentistas un carácter independiente y desarrolló una serie de motivos, tipos y situaciones que heredó Cervantes.

Desde Cotarelo la crítica insiste sobre el carácter entremesil de ciertas piezas anteriores, bien dependientes de una obra más extensa (ciertas obras de Gil Vicente que incluyen episodios cómicos, como la *Floresta de engaños*; obras de Sánchez de Badajoz; las comedias celestinescas; la propia *Tragicomedia*, de Rojas, con atisbos de episodios cómicos que prefigurarían la función de los entremeses), bien obras cortas independientes (así, las de Juan del Encina, como la *Égloga de Antruejo* y, sobre todo, el ya mencionado *Auto del repelón*).

En su *Arte nuevo de hacer comedias* (1609) Lope de Vega califica al entremés de prototipo de «comedia antigua», frente a la comedia nueva de su invención, porque se aviene al canon de la comedia clásica presentando una acción puramente cómica, protagonizada por unos personajes ridículos y de baja condición social. Según esto, la propuesta dramática del entremés difiere de la de la comedia. De la importancia que Cervantes otorga al género del entremés es muy significativa la equiparación que muestra el título de *Ocho comedias y ocho entremeses* (1615), en tanto que Lope subraya el aspecto subsidiario del entremés respecto de la comedia, que serviría solamente como medio de rellenar las distancias o entreactos («en las tres distancias / se hacían tres pequeños entremeses» [vv. 222-223]). De este modo, en la «fiesta teatral» del siglo XVII el entremés tendría una función análoga a la del drama satírico o cuarto drama de las tetralogías trágicas de la Antigüedad, tal como señalan insistentemente diversos preceptistas, desde el Brocense a Pinciano, Cascales o Carballo. La presencia de una pieza cómica era justificable porque aliviaba las tensiones producidas por el argumento de la tragedia e introducía la función de entretenimiento.

Un cambio importante en el género ocurre con el triunfo del verso, que desplaza por completo a la prosa entre 1600 y 1620. Cervantes ya lo emplea en dos de sus ocho «entremeses nuevos» (1615), que juegan con fórmulas espacio-temporales de progresiva complejidad. A principios del siglo empieza a generalizarse la costumbre de acabar los entremeses con bailes (así concluyen *El platillo* y *Los negros*, de Simón Aguado, que datan de 1603). Cervantes opta asimismo en sus piezas por el final feliz, con música o canto y baile, sustituyendo al clásico aporreo (o fin «a palos»). Así pues, desde el punto de vista expresivo, la historia del entremés aparece marcada por una primera etapa, en que el cauce formal predilecto es la prosa —según el modelo ofrecido por *La Celestina* a través de Rueda—, y una segunda, a partir de 1620, en que el verso —quizá por influencia de la comedia— se hace casi exclusivo. Los entremeses cervantinos fueron punto de referencia continuo de entremesistas posteriores en lo que se refiere a personajes y motivos. A partir de Cervantes el género toma otros derroteros. Las nuevas tendencias se pueden ordenar en dos grupos:

- El enfoque satírico-costumbrista, con pérdida de la esencia de lo carnavalesco, de Hurtado de Mendoza. Populariza un tipo de entremés denominado de «figuras». En *El examinador Miser Palomo* (1617), su pieza más conocida, son juzgados por el «satírico» o «examinador» diversos personajes ridículos que representan distintos estados o profesiones y que exponen sus problemas. El mínimo argumento es realmente un pretexto para el desfile de figuras y la crítica del satírico.
- La distinción temática y estilística entre el «entremés representado» y el «entremés cantado» por parte de Quiñones de Benavente. El primero presenta en doscientos o trescientos versos un cuadro satírico de costumbres o un pequeño enredo (normalmente una burla o engaño), y el segundo aligera la sátira por medio de la danza y el canto.

Ahora bien, ambas tendencias ya están prefiguradas en los entremeses de Quevedo, el auténtico renovador de la temática y el estilo de los entremeses en los primeros decenios del siglo XVII. Quevedo influye directamente en Hurtado de Mendoza, su colaborador e imitador, quien trasplanta al entremés el desfile folclórico de figuras con propósito satírico que se daba en la prosa costumbrista de los *Sueños*, por ejemplo. Indirectamente beben de don Francisco autores como Salas Barbadillo, Suárez de Deza o Calderón. Por ello, no duda en escribir Asensio que en los entremeses de 1640 a 1670 reaparecen de continuo Diego Moreno, Tenaza, «caballeros chanflones y viudas consolables», y otras figuras que salieron de su pluma. En segundo lugar, Quevedo lleva el entremés hacia el baile y la mascarada (por ejemplo, en *Los refranes del viejo celoso*, pieza de atribución dudosa, considerado como el primer precedente claro de la mojiganga).

Lo que hizo Quiñones de Benavente, en nuestra opinión, fue fijar las variedades entremesiles que implícitamente encontramos en don Francisco (a la afortunada distinción entre «entremés representado» y «entremés cantado» hay que sumar la denominación «loa entremesada»), al tiempo que su talento musical le lleva a explorar el «entremés cantado», convirtiéndose en la segunda década del siglo XVII en un sobresaliente autor de bailes. Parece probable que buena parte de la fama y éxito de sus bailes y «entremeses cantados» se deba a la melodía que componía para ellos y que ejecutaba a la guitarra. Teniendo en cuenta lo anterior, no sé hasta qué punto puede sostenerse la afirmación de que Calderón, partiendo de unos motivos, tipos y argumentos establecidos, lleva el género hasta su madurez, como opinan Rodríguez Cuadros y Tordera [1983a]. Más bien se trata de un buen imitador —ya lo vio Cotarelo [1911]—, y la peculiaridad de su teatro breve radica en ser un microcosmos invertido de sus obras mayores.

Los géneros del teatro breve acogen unos tipos y un espíritu cómico vinculados a la celebración cristiana del Corpus y a la pagana del Carnaval. No entramos en la discusión acerca de si el rito, a partir del cual nace el teatro, continúa inspirándolo a lo largo de su desarrollo o si, por el contrario, el teatro se alejó del culto para convertirse precisamente en teatro. Lo cierto, sin embargo —así lo ha visto Asensio [1971a: 20]— es que «el alma del entremés originario» se encuentra en el mundo del Carnaval: «[el Carnaval da lugar al] desfogue exaltado de los instintos, la glorificación del comer y beber, la jocosa licencia que se regodea con los engaños conyugales, con el escarnio del prójimo, y la befa tanto más reída cuanto más pesada». Pero la brevedad de los entremeses da pie a una determinada dramaturgia, con esquema bastante fijo de recursos, lo que reduce el «alcance carnavalesco» —en el sentido crítico y subversivo de la expresión— de estas piezas. Además, puntualizamos, lo que es aplicable al entremés del siglo XVI no vale para el de la centuria siguiente, puesto que, si por un lado perviven en el teatro breve ecos y reliquias de una comunidad regida por el ciclo de las estaciones y más próxima a la naturaleza y al Carnaval, no podemos tampoco olvidar que el entremés primitivo, renacentista, y el entremés barroco responden a modelos ideológicos distintos (y aun en el siglo XVII hay sucesivas organizaciones ideológicas, como nota Vitse [1988] al comparar *La cueva de Salamanca*, de Cervantes, y *El dragoncillo*, de Calderón de la Barca).

También debemos tener presente que los límites entre los géneros no están tan claramente definidos como a simple vista pudiera parecer («loa entremesada», «baile entremesado», «jácara entremesada», «mojiganga entremesada»). Las fronteras se desdibujan mucho a lo largo del siglo XVII, produciéndose un verdadero sincretismo de géneros explicable por tratarse de piezas cortas donde cualquier recurso es válido para conseguir una gran tensión dramática (a partir del segundo decenio del siglo XVII el género festivo del baile se introduce sistemáticamente en el resto de los subgéneros, hablándose entonces de «loas zarzuelizadas», «jácaras bailadas» y «bailes ajacarados»). Además, los gustos del público, en nuestra opinión, motivaron muchas interferencias. Lope de Vega se hace eco de la disminución del número de entremeses y de su sustitución por el baile. Escribe en su *Arte nuevo de hacer comedias*, corroborando la opinión de Agustín de Rojas en su *Loa a la comedia* (1603), que antes «en las tres distancias / se hacían tres pequeños entremeses / y agora apenas uno y luego un baile» [vv. 222-224]. En efecto, desde 1615 se inicia la representación en el corral de comedias con música de guitarra y canciones. Seguía a continuación la loa, destinada a captar la atención del público a fin de que la representación de la comedia pudiera dar comienzo. Entre la primera y la segunda jornada de ésta se representaba un entremés, entre la segunda y la tercera un baile, y se concluía con un segundo baile (llamado «mojiganga» desde mediados del XVII) o segundo sainete al fin de la tercera jornada. Estas piezas cómicas y satíricas contribuían al éxito o fracaso de la idealizada comedia y la servían de contrapunto. Así, la representación dramática seguía un orden establecido y era la suma de géneros distintos entre los cuales sobresalía la comedia —o el auto, si se trataba de una escenificación para la fiesta del Corpus—. El auto iba precedido de loa y seguido de un entremés y de un baile (o de dos bailes si era demasiado largo), duplicándose y aun cuadriplicándose a partir de los años cincuenta el número de bailes y de entremeses, rematados asimismo con bailes. Este hecho da cuenta indirectamente de una modificación del público de los autos, como indica Sentaurens [1983]. Por tanto, el teatro breve de los Siglos de Oro, sin desprenderse de los vestigios de un pasado ligado al Carnaval, refleja un modelo ideológico y un momento de la «historia de la risa», y gracias a él se pueden despejar incógnitas relativas a la estructura sociológica del público que lo aplaude.

La comicidad burda de los primitivos entremeses en prosa se basaba en la burla sufrida por el bobo y tramada por un personaje inteligente. El género se va enriqueciendo poco a poco, y en el entremés barroco encontramos varios tipos de estructuras: estructura de acción (burla), estructura de situación (costumbrista), estructura de desfile (figuras), estructura de debate (enfrentamiento de personajes) y estructura de representación. Las modalidades de enredo o burla, costumbrismo y figuras son las más destacadas, si bien las dos últimas, como hemos visto, surgen como respuesta a las necesidades de renovación del género en los primeros decenios del siglo XVII. Establece esta tipología del entremés, según el componente dramático que resulte realzado, Huerta Calvo [1983], para quien los entremeses de acción, aquéllos que se resuelven mediante la práctica de burlas, son las piezas de mayor dinamismo y expresividad carnavalesca (*El retablo de las maravillas*, de Cervantes), en tanto que los de situación, con la presentación escénica de cuadros de costumbres más o menos animados, llegan hasta el sainete del siglo XX (*Las vendedoras en la Puerta del Rastro*, de Armesto). Son entremeses de personaje aquellos que fundamentan su acción en un desfile de personajes estereotipados o figuras ante un personaje central que cumple la función de árbitro o juez (*El examinador Miser Palomo*, de Hurtado de Mendoza). Otras piezas basan su comicidad en el lenguaje, en los recursos lingüísticos extraordinarios —hablas marginales y de minorías— o en el entrecruzamiento de pullas; así, en la serie de *Los alcaldes encontrados*. El quinto tipo, que hace de la representación el componente fundamental, supone prácticamente la disolución del entremés en cuanto tal y su transformación en el baile entremesado o entremés cantado, caracterizado por una presencia más relevante de la música, la danza y una escenografía más sofisticada. Las fórmulas de desenlace de los entremeses del siglo XVII consisten en palos o en baile, aunque con el tiempo prevaleció este último. Los propios personajes con frecuencia subrayan esta convención. Leemos en *Las vendedoras en la Puerta del Rastro*:

ESTUDIANTE    Demos fin al entremés.
SOLDADO         ¿Yéndonos?
OTAÑEZ                        No, porque es ya
               de tabla la seguidilla
               para poderla acabar [vv. 169-172].

Ya hemos visto que los géneros teatrales breves actúan a modo de contrapeso y complemento de la comedia y del auto sacramental. Así, desfilan en ellos no personajes nobles e idealizados sino plebeyos o de los estratos bajos de la sociedad: el sacristán (iglesia), el soldado roto y fanfarrón (milicia), el hidalgo ridículo (nobleza), el estudiante (estamento universitario), el rústico simple, su mujer, el ventero, etc. Se trata de caricaturas cómicas construidas partiendo de la realidad cotidiana y de la tradición literaria, sobre todo del folclore (sin olvidar las coincidencias entre el entremés y la *commedia dell'arte* italiana, que Huerta Calvo [1985] explica por el código cultural común del Carnaval en que ambos géneros se inscriben). Escribe acertadamente Bergman:

> Los entremeses más antiguos, a juzgar por los pocos ejemplos que han quedado, se escribían en prosa más que en verso y eran de una comicidad burda y vulgar. Sus personajes eran figuras tradicionales, su comicidad dependía en gran parte de deformaciones lingüísticas y su asunto preferido era la burla sencilla, practicada en el bobo por un personaje más avispado [1970: 12].

Esas «figuras tradicionales» eran ambivalentes en la cultura cómica popular de la Edad Media y del Renacimiento. Esta afirmación es especialmente válida para el caso de la mujer, materia que dio lugar a un amplio debate. Así, junto a la tendencia idealizante y platónica heredera de la tradición cortesana medieval que ve a la mujer como un dechado de virtudes, la tradición gala desarrolla aparentemente una línea misógina. En realidad, en la tradición gala confluyen dos líneas distintas: la tendencia ascética del cristianismo medieval que considera a la mujer como encarnación del pecado y la ambivalente tradición cómica popular que no juzga negativamente su condición. Puntualiza Bajtín:

> Pero allí donde esta base ambivalente da lugar a una «pintura de costumbres» (fábulas, momos, cuentos, farsas), la ambivalencia de la mujer se convierte en ambigüedad, concupiscencia, falsedad y bajo materialismo. [...] Como la Sibila de Panzoust, la mujer de la «tradición gala» levanta sus faldas y muestra el lugar de donde todo parte (los infiernos, la tumba), y de donde todo viene (el seno maternal).
> A este nivel, la «tradición gala» desarrolla también el 'tema' de los cornudos, sinónimo del derrocamiento de los maridos viejos, del nuevo acto

de concepción con un hombre joven; dentro de este sistema, el «marido cornudo» es reducido al rol de «rey destronado», de año viejo, de «invierno en fuga»: se le quitan los adornos, se le golpea y se le ridiculiza.

[...] Pero, cuando esta imagen es utilizada por las tendencias ascéticas del cristianismo o el pensamiento abstracto y moralizante de los autores satíricos y moralistas de los tiempos modernos [léase Quevedo], pierde su polo positivo y se vuelve puramente negativa [1987: 215-216].

Creemos que esta larga cita sirve para explicar una de las diferencias capitales entre los entremeses primitivos y los del siglo XVII. El paso de Lope de Rueda titulado significativamente *Cornudo y contento* se sitúa de lleno en la ambivalente tradición gala y en él intervienen cuatro de los personajes entremesiles más habituales (el bobo, su mujer, el estudiante y el doctor). A la juventud del estudiante se le añade su visión lúdica del mundo —eran tradicionales las bromas y juegos recreativos de estudiantes y bachilleres—. Originario de Salamanca, lo que explica su conexión con el diablo y con la magia (aquí es «ensalmador» o curandero), será esta figura el prototipo del ingenioso. En este entremés es el amante joven y listo que burla al marido asimismo joven o «mochacho» (es decir, el «marido cornudo» no era «derrocado» necesariamente por «viejo», como señala Bajtín), pero «bobo». En efecto, el bonachón y simple Martín de Villalba toma la purga que el estudiante le manda haciéndole creer que, pues está unido «en una misma carne» con su mujer en santo matrimonio, «tanto provecho le hará a vuestra mujer como si ella la tomase». Al final del entremés se va tan contento dejando a solas al estudiante con su mujer más de una semana. No obstante, le dice a Bárbara que el doctor, que cita autoridades eclesiásticas en un latín deformado para esconder su impericia, le ha asegurado a él su curación, por lo que ella muy pronto dejará de estar enferma. Aquí, pues, la risa es una realidad ambivalente y el burlador es a su vez burlado. En los entremeses del siglo XVII la visión de la mujer es negativa y abundan las viudas, tomajonas y pedidoras, que ofrecen entre sus rasgos comunes la duplicidad de carácter, la liviandad y la codicia. De este tipo es la viuda avinagrada de *La malcontenta,* de Quiñones de Benavente («tanto vine a apurar al tal marido, / que por no verme, al otro mundo es ido» [vv. 58-61]).

El gracioso en la comedia es contrapunto del galán y desempeña un papel de criado. En el teatro breve, como vemos, hace de bobo o simple —en nuestra opinión la figura más representativa del entremés—, es decir, tiene un rol autónomo. La procedencia rústica de la figura del bobo se subraya en su presentación como alcalde rural. Se trata de una autoridad burlesca limitada al tiempo de fiesta («alcalde nuevo»), una variante del bufón o rey de Carnaval, heredero de la tradición cómico-popular del Medievo. Su ignorancia, locura y despropósitos —sus célebres «alcaldadas»— le ligan a la Naturaleza, y su indumentaria es ridícula.

Otro fogoso amador y aun rival del estudiante era el sacristán. Este personaje suplantaba al clérigo o fraile del teatro primitivo y a su costa se podía ejercer la sátira anticlerical. Se han conservado muchos entremeses de Corpus por figurar junto a los autos y pensamos que el sacristán iba asociado a este espectáculo religioso por servirle de contrapunto irreverente y festivo («sacristanejo de entremés de auto», leemos en *Los sacristanes burlados*, de Benavente).

El vejete aparece en el entremés de burlas amorosas como marido achacoso, impotente y cornudo o como padre que guarda celosamente a sus hijas. En *Los refranes del viejo celoso* la risa ha perdido su valor ambivalente. El marido es un «viejo caduco» en absoluto consentidor —se trata ahora de un «cornudo descontento»— que intenta rebelarse contra su rol de «rey destronado» por la fuerza. Por ello acaba apaleado por todas las figuras que conforman el tribunal paródico y satírico que él juzga, un tribunal en que se sienta su propia mujer y que hace salir el estudiante-mago con sus poderes.

El repertorio se completa con otras figuras también proverbiales como el soldado fanfarrón y roto, el barbero charlatán y cantarín —que anticipa el Fígaro dieciochesco—, el escribano, corrector de las alcaldadas, el ventero, el zapatero y tantos otros. Son tipos populares no tanto extraídos de la realidad social como de la tradición folclórica y carnavalesca. Los nombres de los personajes van acordes con la categoría ínfima a la que pertenecen. Los entremesistas ponen con frecuencia al servicio de la sátira de aspectos sociales de su tiempo estas criaturas del imaginario popular. El realismo del entremés y de las formas a él asimiladas es siempre un realismo grotesco, el de la novela picaresca, el de Quevedo, el de Torres Villarroel, el de Goya, el de Valle-Inclán.

Señala Huerta Calvo que «nace el teatro breve en el molde de una prosa muy ágil y dinámica, y finiquita con el verso barroco, pleno de agudeza conceptista» [1985: 42]. Dentro del cauce del verso predomina el endecasílabo dispuesto en silva o en pareados y el octosílabo, en disposición de romance o de redondilla, al parecer el metro más apropiado para el diálogo llano, mientras que para el baile final del entremés se prefieren coplas y seguidillas. Los cambios de versificación normalmente coinciden con una variación de tono y de ambiente, si bien se asocian asimismo con la progresión dramática. De este modo, a una secuencia expositiva en metros largos le sigue un desarrollo y un desenlace en metros cortos.

El término «parodia» es una palabra clave en estos géneros, ya que se desarrolla a todos los niveles. En el terreno del lenguaje literario se consigue la comicidad parodiando determinados discursos (el de los cultos o pedantes) y hablas específicas (de negros, franceses, vizcaínos, etc.) o presentando a los personajes con un habla ridícula y caracterizadora (el latín macarrónico de sacristanes y doctores o la jerga de los jaques). No falta el rebajamiento de personajes mitológicos, que emplean un lenguaje coloquial y humilde o «de capricho», ni tampoco la parodia de los conjuros mágicos, de los pronósticos, de las bendiciones, de refranes y frases hechas y del santoral.

Los géneros del teatro breve hacen uso del vocabulario de la plaza pública en tiempo de Carnaval, frente al léxico empleado en autos, zarzuelas y comedias, exceptuando las burlescas. De ahí la extraordinaria fuerza expresiva de un lenguaje lleno de pullas, insultos, interjecciones, exclamaciones, maldiciones, etc. El hecho de que este tipo de teatro presente la cara grotesca y festiva de la realidad explica asimismo abundantes alusiones gastronómicas y escatológicas. En este sentido, contribuye a la presentación caricaturesca del personaje un nombre caracterizador que se ajusta a la condición ínfima de la figura, sacado de diferentes campos léxicos, como el de los vegetales (Gazpacho, Lechuga), el de los objetos (Tarjeta, Estufa) y el de los animales (Merluza, Truchón). La intencionalidad cómica de los nombres se pone de manifiesto cuando remiten al vocabulario propio de la burla, como ejemplifica Maula, el instigador de la venganza de don Desperdicio en *El aguador*, de Moreto.

En conjunto, si se entiende el fenómeno teatral como una multiplicidad de signos que se desarrollan en diversos niveles, todos ellos reciben un tratamiento paródico en el teatro breve. Es probable que algunas figuras, como el vejete o el marión, tuvieran una caracterización fónica particular, pues en las acotaciones indican que el actor habla «de vejete», «de villano» o «de valiente», como ocurre en las réplicas del gracioso de *Las Carnestolendas,* de Calderón. Una de las subversiones del entremés será convertir la superficie aséptica del tablado en plaza pública, en calle o en mercado. En muchos entremeses perviven ecos del tiempo de Carnaval y la escena se ensucia deliberadamente en tanto que los personajes resultan tiznados o enharinados, llevan máscaras, turbantes burlescos, etc. Por otro lado, las continuas entradas y salidas de las figuras y los movimientos de todo tipo (a veces repetitivos, como el Poeta que se levanta y se sienta treinta y dos veces, encendiendo y apagando la linterna en *Noches de invierno y perdone el enfermo*, de Avellaneda) contribuyen a la presentación de la escena como un lugar dinámico, crean contrastes y evitan la monotonía.

El espacio de la venta como lugar de tránsito y de engaño se repite en abundantes piezas y es asimismo habitual la localización en Sevilla o en Salamanca, ciudades ambas relacionadas con las tretas y la irrisión. Escribe Martínez [1997: 268] que con frecuencia se ensanchan los márgenes del tablado articulando éste con el vestuario y con la primera galería, originando efectos sorpresivos que favorecen lo risible. Sostiene que en el primer caso, gracias a efectos acústicos, se consigue la expansión, «pues la flexibilidad del efecto sonoro permite la evocación de lugares y sucesos que no se representan directamente, en particular en los comienzos de las piezas». En el segundo caso, se ensancha el tablado visualmente.

Por lo general, a personajes tipificados (el sacristán, el alcalde bobo, etc.) les corresponde un maquillaje, un peinado, una indumentaria y un accesorio asimismo fijos y de tipo ridículo. En las piezas «para palacio» se da, por el contrario, una mayor creatividad en estos y otros aspectos. En el terreno escenográfico se emplean la iluminación nocturna, la pintura y los tapices, los bastidores en perspectiva y el telón de boca, y en las versiones «para corrales» de obrillas «para palacio» se introducen los cambios correspondientes.

El entremés desapareció como tal no sin antes dar el relevo a otros géneros dispuestos —bajo nombres diferentes— a seguir concitando el aplauso de los públicos: así, la tonadilla y el sainete dieciochescos. La historia del teatro breve siguió pujante hasta el siglo XX, como lo demuestra la reivindicación del entremés y otras formas de teatro carnavalesco por Valle-Inclán y García Lorca.

## IV. Introito, prólogo, loa [*Nuria Plaza Carrero*]

El concepto teórico o práctico de *loa* definido como género literario no aparece en España hasta la primera mitad del siglo XVII. Anteriormente, la función introductoria recibió otras denominaciones como *introito, prólogo* o *argumento*. No obstante, sea cual sea el término que deseemos emplear, lo cierto es que esta parte inicial resulta un elemento imprescindible de cualquier representación teatral desde bien antiguo en la península. Los escritores españoles recibieron y cultivaron, más o menos fieles al modelo, la herencia clásica, sobre todo la herencia latina, más que la griega, a través de la práctica universitaria, y la influencia italiana que fue notoria por los numerosos viajes y contactos que nuestro país mantuvo con aquél.

La pieza introductoria llamada *prólogo* fue desarrollada por griegos y romanos, aunque los dos máximos representantes y de influencia directa en España fueron Plauto y Terencio, quienes, partiendo de la herencia griega, supieron infundirle un nuevo carácter. Plauto introdujo el personaje de *Prologus* para exponer el prólogo, en que se intenta establecer una conexión entre los comediantes y los asistentes a la representación, se pide la benevolencia del público, el silencio y la atención de los congregados, así como también se explica brevemente el asunto de la comedia mencionando, incluso, los lugares en que se va a desarrollar la acción. La práctica prologal de Terencio es de gran relevancia al asignar al *Prologus* el papel de «abogado», frente a los espectadores a los que se les equipara con los jueces [Flecniakoska, 1975: 18]. La función de la pieza inicial es, pues, determinante porque no se trataba sólo de una introducción, sino también de una defensa del *poeta*, de la comedia y del mismo actor.

Junto a los antecedentes latinos, cabe destacar el prólogo italiano por su notoria influencia en España. En estos monólogos introductorios encontramos una interpelación directa al público a través de exhortaciones y apóstrofes que lo critican, vituperan o insultan, a veces incluso con palabras y expresiones groseras. Estos motivos y otros —como la alabanza a la ciudad donde se representa la obra, o la referencia concreta a la causa de la representación (fiestas palaciegas o bien festejos carnavalescos)— se desarrollaron con posterioridad y muy ampliamente en el teatro español.

Es Juan del Encina, en la introducción que precede a la *Égloga de Plácida y Victoriano* (1513), quien pone en práctica, por primera vez en nuestro país, el género prologal. En ella se establece ya la función de contacto entre los actores y el público. El personaje encargado de recitar el prólogo, en coplas de pie quebrado, es un pastor bobo que pide atención y silencio y presenta a los personajes que intervienen en la obra. En 1517 Torres Naharro escribe *Propaladia* en cuyo texto introductorio, que antecede a varias comedias, aparece bajo otras denominaciones como *introito* y *argumento*. En estas piezas Naharro sigue fielmente el modelo de Plauto. Todas estas piezas eran monólogos que recitaba un solo personaje, ya que el prólogo dialogado tiene su primera manifestación, en 1530, con la *Obra del Pecador*, de Bartholomé Aparicio —llamada también *Obra del santísimo nacimiento de nuestro señor Jesuscrito*—, en que el diálogo se establece entre dos interlocutores, el autor y Rodrigo Bobo.

A mediados del siglo XVI aparece la palabra *loa* junto a otros nombres como el de *introito* y *argumento*. Así, por ejemplo, Bartolomé Palau escribe indistintamente las denominaciones: *introito*, *argumento* y *loa*. En la *Farsa Salmantina* de 1552 emplea *introito y argumento* y en su *Victoria de Cristo* de 1553, *loa*. En Juan de Timoneda, como señala Flecniakoska [1975], se ponen en práctica cuatro tipos de piezas introductorias. Desde los prólogos breves en que se pide silencio, atención y se explica la alegoría de la obra posterior, como es el caso del *Ternario sentimental* (Valencia, 1558); hasta las piezas dialogadas, según ocurre en ciertos pasos (*Paso de los clérigos*) o en algunas comedias profanas que contienen un diálogo entre cuatro personajes, que se acercan bastante a las posteriores loas dialogadas. Pasando también por aquellos prólogos en que es el autor, que no un personaje, el encargado de decir la loa. Es el caso de algunas introducciones del *Ternario sentimental* y el de la *Farsa Paliana* de 1556.

Durante el siglo XVI seguimos encontrando la palabra *loa* (Lupercio Argensola, en *Alejandra*) junto a otras denominaciones como *introito* y *argumento*, como los que escribió Lope de Rueda, en prosa y de breve extensión. El concepto de *loa* se empieza a generalizar a partir del último tercio del siglo XVI. Así, en el *Códice de Autos Viejos* (Biblioteca Nacional de España, ms. 14711), se menciona veintisiete veces, al tiempo que aparecen otras palabras como *argumento* o *loa y argumento*. De igual manera sucede en 1590, o en la *Loa entre un cortesano y un villano*, de 1592 (Biblioteca Nacional de España, mss. 14864 y 3951, respectivamente) [Flecniakoska, 1975: 76].

Al iniciarse el siglo XVII se produce un cambio de denominación. Desaparecen los términos de *prólogo, introito y argumento*, para generalizarse el de *loa*. En *El viaje entretenido,* de Agustín de Rojas, se introducen treinta y cuatro piezas prologales con el nombre de *loa*. Sin embargo, de aquí en adelante, no sólo se habrá producido un cambio de terminología, sino también una transformación en la métrica: de las coplas de pie quebrado y las quintillas —utilizadas entre 1513 y 1533 para las obras profanas las primeras, y para las religiosas las segundas—, pasó a practicarse el romance y las redondillas para las loas dialogadas, según se aprecia en la loa de 1592, a la que nos hemos referido anteriormente, aunque esta última estrofa fuera poco a poco desapareciendo. De este modo, la utilización del romance confirió a la loa un carácter de «relación» [Flecniakoska, 1975: 78].

La loa se convierte en una pieza esencial en el entramado de la fiesta dramática, pese a su brevedad (habitualmente no sobrepasaba los doscientos cincuenta versos). Como umbral de la representación, cumplía, por una parte, la función de introducir la obra posterior y, por otra, establecía un contacto y un ambiente receptivo idóneos. Comenzaba el espectáculo con música y golpes en el tablado y, a continuación, seguía la loa. Más adelante la música también se pospuso a la loa, de modo que esta composición quedaba envuelta por el aparato musical, como sucede en las loas de Quiñones de Benavente, en las sacramentales de Calderón, o en las palaciegas de, entre otros, Bances Candamo, León Marchante, Enríquez Gómez, o Antonio de Solís, autor que además utilizó las partes cantadas y la música «con más frecuencia y mayor viveza que muchos de sus contemporáneos», en palabras de Serralta [1983: 162].

En las loas monologadas, el actor que las recitaba se convertía en el embajador o representante de la compañía o del autor. Iniciaba su declamación mediante la salutación y la alabanza. A partir del siglo XVII, sin embargo, este tipo de comienzo desaparece a causa de tres circunstancias: en primer lugar, la loa se transforma en diálogo por influencia del entremés, convirtiéndose en loa entremesada; en segundo, se produce un cambio de metro y se comienza a practicar el romance en que se inicia directamente con el tema de la pieza; y, por último, hay un cambio en el tipo de público estrechamente ligado al desarrollo de los corrales. A partir de Agustín de Rojas la salutación y la alabanza ya no son tan enfáticas ni desmesuradas y se pasa a utilizar otros términos mucho más familiares, colocados ahora al final de la obra, como la expresión «*señores míos*».

Las dos principales funciones de la loa son intentar el silencio de la cazuela y lograr la benevolencia del público. Al parecer, conseguir el primer objetivo en el teatro áureo era una tarea harto difícil, para la cual incluso se increpaba directamente a los espectadores a los que se clasificaba en dos clases mediante estas palabras: los «necios», que eran vituperados por los comediantes, y los «discretos», a los que se elogiaba. En algunos casos este viejo tópico de la petición de silencio se practicaba pero con cierto distanciamiento, bien por resultar ya una fórmula anticuada, bien por ser innecesaria según en qué contextos, por ejemplo, en las representaciones palaciegas.

Por su parte, la *captatio benevolentiae* venía a cumplir dos objetivos básicos. El primero, la defensa de la compañía de toda posible agresión verbal o física. El tipo de lenguaje empleado, sencillo y directo, lindando en ocasiones con lo grosero y lo chabacano, era el instrumento clave para conseguir este fin. Aun así, el registro lingüístico utilizado era acorde al tipo de público y a la clase de loa en cuestión. De esta forma, en las loas sacramentales y palaciegas aparece una lengua más cuidada y culta, con la práctica de ciertos recursos retóricos como son las repeticiones, los paralelismos y las enumeraciones. El segundo objetivo era buscar el perdón ante los posibles errores que los actores pudieran cometer al recitar el texto o al escenificarlo, así como las faltas que el *poeta* hubiese tenido en la composición de la pieza. Para tal fin, no dudaban en contabilizar todas las dificultades (económicas, climatológicas, de tramoya, etc.) que hubieran sufrido los cómicos y alabar, a su vez, sus propias cualidades.

Así pues, la loa poseía una función «pragmática» primordial [Arellano, Spang y Pinillos, 1994], pues iniciaba la comunicación con el público, captaba su atención y le preparaba para la obra que, a renglón seguido, iba a ver, tratando de despertar su curiosidad. A partir del siglo XVII, sin embargo, este género breve se contagia además de la forma, lenguaje y escenografía de otros géneros menores como el entremés y el baile, o la comedia y la zarzuela. Fruto de la interferencia de la loa y el entremés son las loas de Luis Quiñones de Benavente en que se incorporan los elementos formales entremesiles (golpes, música, bofetadas, apariencias complejas y un lenguaje muy expresivo a base de interjecciones y exclamaciones), aunque como loas siguen cumpliendo su finalidad básica mediante un tono burlesco y jocoso.

En un primer momento la loa dependía temática o argumentalmente de la obra a la que precedía, aunque después se independizó de ella. En otras ocasiones dependía de la circunstancia para la cual se representaba: presentación de una compañía, suceso específico de una casa particular o de la casa Real (bautizos, bodas, llegadas de un largo viaje, victorias militares, mejorías tras una enfermedad, etc.), espacio de la representación (corral, palacio o casas ilustres) y destinatarios. Todos estos factores condicionaban los recursos utilizados y el tratamiento del contenido. Así, en la segunda década del siglo XVII, tal y como menciona Cotarelo [1911: I, XXIV], las loas se clasificaron en los siguientes grupos: loas sacramentales, loas de Nuestra Señora y de los santos, loas de fiestas reales o palaciegas, loas de casas particulares y loas de presentación de compañías.

A partir de entonces, la loa, poco a poco, asimiló la grandiosidad de la comedia y utilizó una decoración ostentosa, la tramoya y la perspectiva, para recrear, de forma más plástica, el juego escénico, el contenido final de carácter filosófico y la caracterización de los personajes, muchas veces alegóricos. Estos nuevos elementos se aprecian en las obras de Calderón, Salazar y Torres, Bances Candamo, Pablo Polop, Marcos de Lanuza, Lanini, Solís, por citar sólo algunos nombres. La loa desarrolló en el siglo XVII, según Rull [1994: 25-35], una función «teológico-política», a la vez que propagandística, de los valores defendidos por la Iglesia y por la monarquía, que desempeñaba el papel de garante de la fe ante la propagación de la herejía. Las obras sacramentales fueron el terreno abonado para exponer toda la doctrina. El recurso alegórico utilizado en éstas facilitaba su comprensión, al mismo tiempo que le proporcionaba un medio serio para su planteamiento. Sin embargo, en las loas palaciegas, sobre todo a partir de la segunda mitad del XVII, también se enaltece a la monarquía, mediante una idealización completa que le otorga un carácter divino, en un período de aguda crisis para España. El empleo de unas metáforas ya tipificadas y de unos símbolos con mensajes claramente panegíricos, que enlazan con la herencia emblemática de la época para realizar el encomio real, ofrece como resultado, en numerosas ocasiones, un espejo de virtudes en que el rey se refleja y del cual el soberano aprende. El fin, pues, de gran número de estas loas de las postrimerías del XVII es la glorificación de la casa de Austria, concebido el teatro como «arte aúlica y política», según expone Bances Candamo en su *Theatro de los theatros*.

En conclusión, la loa cumple una doble función a lo largo de su dilatada historia dramática. Por un lado, sirve de introducción temática, argumental o doctrinal de la obra posterior; por otro, prepara al auditorio para la mejor comprensión de la inminente comedia o auto a representar, mediante la petición de silencio, la *captatio benevolentiae*, la alabanza y la captación de la atención del público. Se trata de un género con una función pragmática esencial que a la vez participa de la condición dramática, sobre todo a partir de la aparición de las loas dialogadas. Asimismo, la loa sufre una evolución en que la influencia y contaminación de otros géneros dramáticos —como el entremés, el baile, la zarzuela, o la presencia considerable y extensa de elementos, como el de la música o el gran aparato escenográfico que se utiliza entrado el siglo XVII— le confieren un carácter multiforme, heterogéneo y poliédrico.

## V. BAILE [*Catalina Buezo*]

Las aristocráticas y populares danzas de la Edad Media se incorporaron al teatro medieval. La intolerancia de moralistas y teólogos, por tratarse de una práctica social muy extendida contraria a la honestidad y decencia, provocó que zarabandas, villanos, chaconas, zapateados y pavanas se eliminaran de las comedias y se permitieran en los entremeses. Sin embargo, el baile estaba en principio desligado del entremés. Era una breve composición lírica cantada por los músicos —por un solista o coro— cuya letra indicaba los movimientos de los bailarines, por lo general los actores. Este tipo de baile descriptivo se ejecutaba suelto o al final del entremés, sin más nexo que una sencilla declaración hecha en los últimos versos del entremés de que había llegado el momento de bailar. El baile no tenía que ser, pues, del mismo autor que el entremés.

Una variación de lo anterior era un segundo baile con un pequeño argumento, con preferencia una metáfora sostenida que se prestaba a la aplicación satírica, pasándose del monólogo cantado al diálogo. Otra variación era ligar el baile al entremés, haciendo en la letra del baile alusión al asunto del mismo. El paso último en su evolución fue el «baile entremesado» o «entremés cantado», en que, con un breve argumento, casi todo el diálogo es cantado, insertando romances, cancioncillas y bailes populares. El «baile entremesado» se aparta del 'realismo' y 'costumbrismo' —deformado por la caricatura— del entremés. El tema más frecuente es el amor, seguido de la sátira moral en forma alegórica, su estructura métrica es más rica y variada e intervienen en él personajes abstractos, alegóricos y fantásticos.

Formalmente, la loa pasa del monólogo recitado y de versificación uniforme al diálogo polimétrico por influencia del entremés. Las loas de Quiñones de Benavente son ya auténticos entremeses con golpes, desmayos, música, apariencias complejas, etc. La intercalación de bailes y de canciones da lugar a que esta «loa entremesada» confluya antes de la segunda mitad del siglo XVII con el «entremés cantado» o «baile entremesado». De hecho, la *Loa para la comedia de «Un bobo hace ciento»* (1652-1653) y la *Loa para la comedia de «Las amazonas»* (1665), de Antonio de Solís, no se diferencian de los bailes entremesados salvo en la petición de atención, en la alabanza del auditorio y en su posición inicial en la fiesta. A este tipo de piezas probablemente les vaya bien la denominación de «loas zarzuelizadas», evolución que sufre el género coincidiendo con el auge del teatro cortesano. Es decir, las fiestas palaciegas del Buen Retiro llevan la comedia hacia la zarzuela y orientan el teatro breve en esa dirección, pudiéndose hablar entonces de «loas zarzuelizadas» o «loas entremesadas cantadas y bailadas».

Cotarelo [1911: I, CLXXXIII] definió el baile como un intermedio literario en que se conjugan la música, el canto y especialmente el baile propiamente dicho, o saltación; pero son estas características que el baile comparte, en mayor o menor grado, con otros subgéneros del teatro breve, desde la loa y el entremés a la jácara y la mojiganga. Se puede concluir diciendo, con Merino Quijano [1981], que para que un baile se convierta en baile dramático, es decir, en una alternativa musical al «entremés representado», hace falta que, junto a la integración simultánea del canto y el baile, se desarrolle a la vez una acción por medio de unos personajes (cuando sólo se da una mera narración de la acción a través de la música hablamos de «bailes narrados» o «descriptivos»).

La independencia del «baile dramático» respecto del entremés se da al menos en 1616, puesto que conservamos bailes impresos de ese año. Así pues, justo cuando el entremés llega a su transformación definitiva y ha de regenerarse, se consolida el final en baile y comienza la andadura del baile como un género en constante evolución que a mediados de siglo estaba en pleno auge, un tipo de intermedio situado entre la segunda y tercera jornadas de la comedia. Escribe Cotarelo:

> Nuevas formas, apenas indicadas en Quiñones, iban a entrar en este juguete. No eran danzas aristocráticas, ni bailes de pueblo, ni comparsas numerosas de negros o indios; eran mudanzas y evoluciones hechas por los mismos actores de la pieza toda o gran parte de ella, expresando muchas veces el fondo o argumento del baile (si consistía en solicitaciones amorosas, desdén, celos y otros afectos), por medio de pasos, vueltas, cruces, cadenas, arcos, cambios de parejas y otros giros y caprichos mímicos, que con nombres extraños figuran en las acotaciones de los nueve bailes [1911: CXCI].

La prehistoria del género es compleja porque la asociación del canto y el baile con la representación teatral se remonta a la Edad Media y llega al teatro renacentista de Juan del Encina y Lucas Fernández. Ahora bien, la inserción de bailes cantados (o de canciones bailadas) en la comedia y en el entremés no permite hablar de bailes dramáticos propiamente dichos. Es necesario, como se ha comentado, que el baile presente un nexo argumental con la obra dramática en que se inserta; de otro modo nos encontramos con bailes yuxtapuestos o entremeses con «bailes de cabo». La integración de la música, la dicción poética y la danza en un discurso global fue el máximo logro de Quiñones de

Benavente, cuya *Jocoseria* (1645) marca un hito importante en la evolución del género. En la década de los treinta, coincidiendo con la inauguración del Buen Retiro, Benavente se hace cortesano y compone entremeses y bailes que se representan en el Real Sitio. Bergman [1965: 30] dice de sus bailes que destacan por la brevedad (por lo general inferiores a ciento cincuenta versos), la riqueza métrica y el contenido alegórico y satírico. El protagonista suele ser un concepto abstracto (la Muerte, el Tiempo) ante el que se presenta una serie de figuras; otras veces se personifican calles, planetas, vinos o ríos, que discuten entre sí hasta que llegan a una solución. Estructuralmente, salen primero los músicos cantando, luego el gracioso dispuesto a solucionar malentendidos y a continuación el desfile de personajes. Éste es el esquema de piezas como *El martinillo* o *La paga del mundo*.

Otros afamados autores de bailes dramáticos en el Siglo de Oro fueron Quevedo, Monteser, Matos Fragoso, Juan Vélez de Guevara, León Merchante y Lanini. Buena parte de las piezas se conservan de forma manuscrita (destacan los mss. 4123, 14088, 14851, 14856, 15788, 16291 y 16292 de la Biblioteca Nacional de España) y una parte importante del repertorio figura como anónimo, lo que tal vez explique que, aparentemente, Calderón no realice incursiones en este género. Compilaciones como *Ramillete gracioso* (Valencia, 1643), *Tardes apacibles* (Madrid, 1663), *Rasgos del ocio, segunda parte* (Madrid, 1664) y *Ociosidad entretenida* (Madrid, 1668) incluyen un buen número de bailes.

Si lo comparamos con el entremés, se incide en la menor extensión del baile dramático, que no es tan breve como a simple vista pudiera parecer si tenemos en cuenta las numerosas repeticiones de versos, estrofas y estribillos. Dentro de la usual polimetría del teatro aurisecular se da una mayor uniformidad métrica que en el entremés y predominan la copla de romance y la seguidilla, formas estróficas propias de la música vocal profana barroca, en detrimento de las silvas, lo cual es explicable por las necesidades coreográficas de este repertorio. Temáticamente, junto al predominio del asunto amoroso, en clave cómica o burlesca, abunda la pintura de costumbres y de ahí los abundantes bailes de «oficios»: letrados, zapateros, pintores, molineros, herbolarios, alcaldes, soldados. Otras veces se trata de forma paródica la comedia pastoril (y asistimos a bailes de amor, celos y desdén entre zagalas y pastores como Gila, Menga, Bras, etc.) o el drama mitológico (bailes de Cupido y Venus, Júpiter y Calisto,

Orfeo y Eurídice). En ocasiones prevalece el componente alegórico y asistimos a bailes de flores, de los elementos o de juegos como los naipes o la esgrima. Finalmente, se puede presentar de forma dramatizada viejos romances, explotar un recurso poético particular (bailes en esdrújulos) o centrarse en un tono musical (bailes del lanturulú, de Marizápalos, sarao del minué francés, etc.). A fines del XVII los temas estaban prácticamente agotados y la influencia francesa se deja notar con la introducción de contradanzas y minués, al tiempo que se prefieren las designaciones «bailete», sarao o dancería. El género muere hacia el primer tercio del XVIII, sustituido por los sainetes costumbristas.

El baile dramático se apoya más en la espectacularidad que en la comicidad, más en los signos escénicos dirigidos a la vista y el oído (evoluciones del baile, adecuación al ritmo musical, cantabilidad de la melodía) que en los aspectos verbales (la frecuente comicidad entremesil basada en los juegos de palabras, insultos, maldiciones y pullas; los disparates adrede de las mojigangas o la marginalidad social y lingüística de la jácara).

En cuanto a la música, si bien se han perdido muchos tonos de baile, a causa de su transmisión oral o de forma manuscrita entre los músicos y actores de las compañías teatrales, conservamos algunas fuentes musicales de bailes dramáticos de la segunda mitad del siglo XVII. Pedrell en su *Teatro lírico español anterior al siglo XIX* (1894-1897) editó por primera vez modernamente melodías, basándose en especial en el manuscrito Gayangos-Barbieri (Biblioteca Nacional de España, ms. 13622). Otros musicólogos que han completado el catálogo de fuentes musicales de estas piezas son Stein, Querol y Caballero. Sin embargo, no disponemos de las necesarias ediciones y de los estudios pertinentes que nos permitan valorar completamente este corpus musical [Caballero, 2002], que se ofrece bajo la forma de «tonos humanos», es decir, canciones estróficas —con o sin un estribillo asociado— a solo, a dúo o a cuatro voces, con acompañamiento continuo. De este modo, musicalmente el baile dramático se presenta como una serie de diferencias (de una a cuatro o cinco como máximo), cada una de las cuales explota, por repetición estricta o por variación estrófica, un determinado «tono». Esta secuencia de canciones musicalmente independientes en el discurrir del baile pueden encontrarse ya yuxtapuestas, sin solución de continuidad, ya separadas por fragmentos representados. Se diferencian de los tonos humanos contemporáneos por las estructuras de frase más regulares y equilibradas (isoperiódicas), unos diseños rítmicos muy marcados y una armonía más clara y sencilla, características, todas ellas, que demanda la música destinada a la danza. El acompañamiento musical era presumiblemente realizado por una o varias guitarras y con frecuencia un arpa, a cargo de los músicos de la compañía. Las actrices emplearían asimismo instrumentos de percusión, especialmente castañetas.

Como sucede con las jácaras y las mojigangas, el corpus del género no se completa si no se atiende al villancico religioso del siglo XVII. Bajo el epígrafe de «bailes» o «sainetes» a la Navidad o al Santísimo Sacramento, se incluyen textos que no son otra cosa que paráfrasis o contrafacta de bailes dramáticos contemporáneos. De hecho, las melodías utilizadas por el maestro de capilla en sus villancicos eran las mismas que cantaban los comediantes en el corral.

Nuestro conocimiento es parcial en lo referente al componente coreográfico del género. En los manuscritos e impresos de bailes únicamente se nos informa de un listado de figuras —bandas, deshechas, cruzados, caramancheles, etc.—, pero desconocemos cómo era el movimiento escénico y cómo se realizan materialmente dichos pasos, que en muchos casos no recogen los escasos tratados de baile editados a lo largo del siglo XVII, centrados normalmente en la descripción de las danzas cortesanas. También desconocemos qué tipo de movimientos lascivos realizaban las comediantas de la época, que motivaron las críticas de eclesiásticos y censores y la descalificación moral del género. En 1615 se establece «que no se representen cosas, bailes ni cantares ni meneos lascivos ni de mal ejemplo, sino que sean conformes a las danzas y bailes antiguos» [Pellicer, 1804: 132]. A pesar de lo anterior, el baile no perdió su popularidad y continuó formando parte de la fiesta teatral barroca hasta las primeras décadas del siglo XVIII, cuando acabó desplazado por otros géneros como la tonadilla escénica y el sainete dieciochesco.

## VI. JÁCARA Y TONADILLA [*Catalina Buezo*]

El término «jácara», procedente del lenguaje de germanía, deriva de «jaque», lance del juego del ajedrez en que el contrario tiene que defender una pieza principal amenazada. Retadores, prontos a sacar la espada y a acosar al primero que se les ponía delante eran asimismo los «jaques», guapos o valentones, denominados también «jácaros», «jacarandos», «jacos» o «jacarandinos». Al conjunto de estos rufianes, a su vida picaresca, alegre y bulliciosa se la llamó «jácara», y con este sentido emplea la voz Cervantes en la tercera jornada de su comedia *El rufián dichoso*, en *El coloquio de los perros* y en *La ilustre fregona*. Derivan de esta palabra, con igual significación, las voces «jacarandana», «jacaranda», «jacarandaina» y «jacarandina», si bien esta última la registra Covarrubias en su *Tesoro* (1610) como lenguaje de los jaques («jacarandina es la germanía o lenguaje de los rufianes, a los cuales llaman jaques»). Con el significado de tono, música o canción Cervantes utiliza la palabra «jacarandina» al comienzo de la jornada segunda de *El rufián dichoso* («la música no es divina, / porque, según voy notando, / al modo vienen cantando / rufo y de jacarandina»).

Los antecedentes de las jácaras hay que buscarlos al parecer en las cancioncillas que se intercalan o sirven de cierre a las obras dramáticas de Juan del Encina, Lucas Fernández y Torres Naharro. Estas composiciones, en principio variadas, acaban cantando la vida de los jaques o maleantes en una lengua también especial y críptica, la germanía. Los orígenes de la jácara como género se encuentran en las poesías germanescas anteriores a Quevedo, destinadas a ser dramatizadas. Las de Quevedo, sin embargo, son recitadas o cantadas por un actor o varios con músicos, de forma narrativa o no dramatizada (de hecho, la famosa de Escarramán, algo anterior a 1613, está escrita siguiendo el modelo de la carta). En segundo lugar, pierden el lenguaje de germanía: los abundantes términos de germanía aparecen en un contexto lingüístico que no lo es, por lo que el género comienza su decadencia en Quevedo, paradójicamente considerado su inventor. Puntualiza esta opinión Alonso Hernández, quien sostiene que la jácara existía como género antes del nacimiento de Quevedo y que la atribución del invento fue obra de su editor póstumo José González de Salas, al tiempo que escribe:

> Y es que, como en otros casos, por ejemplo el Buscón con respecto a la novela picaresca, al descubrir las claves en las que se basa y llevar su explotación al paroxismo ya poco queda por decir [...]. Así, vaciada la jácara del lenguaje —la germanía— de los que le dan nombre al género —los jaques—, desdramatizada por Quevedo, invadida por el baile, lo que supone

un aumento del aspecto musical en detrimento de lo demás, el camino hacia la tonadilla y el baile en la segunda mitad del siglo XVII está abierto [Alonso Hernández, 1989: 619-620].

Es decir, la vinculación de la jácara a la representación se produce paulatinamente y, como la loa o el baile, tampoco en su origen es un género teatral. En un entreacto, o más frecuentemente al acabar la comedia, un actor cantaba un romance que narraba las fechorías y castigos de delincuentes, presidiarios y prostitutas, presentando un mundo degradado y antiheroico diferente por completo al de la comedia. No hay que olvidar, sin embargo, que la jácara se originó del tono con el que los músicos aliviaban la impaciencia del auditorio mientras se acomodaba en sus asientos, por lo que se cantaba al inicio del espectáculo y, como más arriba hemos indicado, también al fin (así, forma parte del cierre del entremés de *Los ciegos*, de Cáncer). Asimismo, hay muchos casos de jácaras intercaladas en los entremeses y bailes, como la que entona Bernardo de Medrano en *Las manos y cuajares*, de Quiñones de Benavente.

La pieza, por tanto, se cantaba y a menudo se bailaba. Cuando los rufianes actúan como personajes en una breve acción escénica se habla de jácara entremesada. Se alternaban los diálogos con el canto y la danza y se ofrecía una visión del mundo degradada y antiheroica, diferente de la presentada en la comedia. Opinan Rodríguez Cuadros y Tordera de la jácara entremesada o dialogada:

> En un primer caso se canta una jácara o se hace de esa misma situación un objeto dramático, es decir, se escenifica el mismo hecho de que se va a cantar una jácara. En el segundo caso se escenifica un conflicto o acción situada entre jaques, coimas, etc. Ambas estructuras dramatúrgicas se mueven dentro del mismo campo semántico, pero escénicamente tienen estructuras distintas ya que actúan procedimientos diferentes para insertar la jácara en el escenario del teatro barroco [1983a: 126].

Quevedo lleva el género a su culminación, y al mismo tiempo a su aniquilación. Quiñones de Benavente da cuenta ya de su decadencia («¿por dónde o qué han de cantar, / que no esté ya hecho o dicho?», *Jácara que se cantó en la compañía de Bartolomé Romero*), a pesar de que se intentan nuevas posibilidades dramáticas que rebasaban los límites del espacio escénico: actores que se mezclan con el público y que dialogan con los del tablado o el cantar la jácara repartida por todo el corral de comedias; en una de ellas salen los actores por diversos escotillones y la graciosa María de Valcázar a caballo por el patio retando a todos los jacaristas presentes y futuros.

Con Quiñones de Benavente las jácaras participan de todo tipo de convenciones dramáticas del teatro breve y se aproximan al baile, lo que motiva muchas confusiones en la designación de las piezas. Por otro lado, Quiñones amenizó algunos entremeses con jácaras, como la del *Talego*, primera parte. Otro tanto hizo Sebastián de Villaviciosa, que en el entremés de *El hambriento* intercala entera la jácara de la Rubilla. O Francisco de Avellaneda, que en el baile de *La rubilla* introduce una jácara en forma de diálogo entre la Rubilla y la Montalvo. En el entremés de *Los valientes*, de Juan Vélez, se incluye al inicio una jácara, notándolo así los interlocutores:

| | |
|---|---|
| CATUJA | Vaya, Cambudio. |
| CAMBUDIO | Alza el bramo. |
| CATUJA | ¿Ha de ser jácara? |
| CAMBUDIO | Sí... |
| | *(Canta.)* «Escribano era Maladros |
| | del charco de los atunes, |
| | que la salobre le tienen |
| | delitos del agua dulce.» |

Algunos piensan, siguiendo un criterio temático, que si una composición se denomina «baile» pero sus protagonistas son jaques y su acción tiene lugar en los círculos del hampa, habremos de considerarla «jácara». La cuestión es, creemos, más compleja: en el siglo XVII la comedia concluía con un segundo baile o un segundo sainete, antes del cual se podía cantar, si el público lo pedía, una jácara. Por otro lado, este segundo baile podía hacerse al son de jácara o de mojiganga. El cansancio de los espectadores por los temas hampescos da lugar al retroceso de la jácara o a los «bailes ajacarados burlescos» (o «mojigangas ajacaradas») como el *Baile para el auto de «La nave»,* que es por su temática una jácara, por el predominio de lo cantado y lo bailado un baile, y por el tono burlesco de éste una mojiganga. En la misma línea se sitúa *La ron-*

*da de amor*, de Avellaneda, a caballo entre el entremés, el baile y la jácara, que concluye con los siguientes versos:

> Pues salgan presos y presas,
> ya que su culpa declaran,
> condenados a bailar
> una jácara cantada.

Por otra parte, mediada la centuria era habitual denominar jácaras a los cantares de los carreteros, cocheros, etc. En el entremés de *Los coches de Sevilla* se lee:

> CATUJA      ¿Qué gente traes en el coche?
> PERICO      Dos hermosas jacareras
> y un portugués derretido
> que valentía profesa,
> y también dos músicos traigo.

Jácaras famosas de Jerónimo de Cáncer fueron las de *Torote el de Andalucía*, la del *Mulato de Andújar*, cuya daifa fue la Escalanta, la del *Zurdillo* y la del *Ñarro*. Comenzaba así esta última:

> Cansose el Ñarro de Andújar,
> que era aliñado en extremo,
> de traer la soga arrastrando
> • y enfaldósela al pescuezo.

Escribió asimismo Cáncer cuatro jácaras a lo divino, la de *Santa Catalina*, la de *San Juan Evangelista*, la de *San Juan Bautista* y la *Jácara de San Francisco*, que describe al santo como «un valiente jaque / [...] que llegó, a puros ayunos, / a darse todo a la yerba». Dos a lo divino se conservan de Antonio de Solís, lo que da cuenta de su popularidad y de que las de esta clase también se cantaron en los teatros, si bien la mejor escrita es *Celos de un jaque y satisfacción de una marca*, que contiene versos que recuerdan a Quevedo («más seguida que diez pleitos, / más meneada que el zarzo»). De Calderón de la Barca se conocen dos: la *Jácara del Mellado*, entremesada, donde dialogan el Mellado y su amante la Chaves al tiempo que se intercala la música; y la *Jácara de Carrasco*, el de Utrera, que sostiene un diálogo con su coima la Pérez de Jerez. De Francisco de Avellaneda es la jácara entremesada *La Flores y el Zurdillo*, donde la primera se despide del Zurdillo y del Ñarro, a los que les leen la sentencia de azotes y de la horca, respectivamente. De Matos Fragoso es la *Jácara retratando a una dama*, que pronto abandona el estilo ajacarado y toma un rumbo lírico.

Entre las últimas jácaras, de tipo entremesado, con diálogo recitado y un conato de acción en ellas se cuentan, a juicio de Cotarelo [1911: I, CCLXXXVI], el *Baile del Mellado*, de Moreto, la de la *Flores y el Zurdillo*, de Avellaneda, y los bailes de Suárez de Deza titulados *El añasquillo* y *El galeote mulato*. En el entremés de *Las jácaras*, de Calderón, se habla de la afición de Mari-Zarpa por este tipo de composiciones: como don Quijote con los libros de caballería, la lectura continua de jácaras ha enloquecido a la protagonista. Buena parte del léxico empleado en las jácaras provenía de la jerga delictiva usada por los maleantes reales, recogida en un *Vocabulario de Germanía* de 1609. Partiendo del corpus de jácaras conservadas, que cifra en treinta y cuatro composiciones, Alonso Hernández [1989: 609] considera que veintiséis están escritas en germanía y las restantes tienen de la germanía algunos términos, ambientes y situaciones o reducen el soporte germanesco por brillantes juegos de palabras, eufemismos y metáforas.

Es interesante anotar en este apartado que hay ejemplos de jácaras intercaladas en el teatro del Siglo de Oro. Urzáiz Tortajada [2000: 11-12] señala los casos de la comedia de Quevedo *Pero Vázquez de Escamilla*, *El alcalde de Zalamea*, de Calderón (se abre la primera jornada con una escena protagonizada por el pícaro Rebolledo y Chispa, la prostituta soldadera, que alegra a la tropa cantando jácaras), y *El águila del agua*, de Vélez de Guevara (el primer acto comienza con una escena entre el jaque Escamilla y su jaque Almendruca). El público acabó cansándose de esta literatura rufianesca y la música y el canto, lo más bello del género, renacieron o continuaron en la tonadilla escénica, en auge en la segunda mitad del siglo XVIII y a la que nos vamos a referir a continuación.

Ya en el siglo XVI se empleaban los nombres de tono o tonada para las piezas breves cantadas que se acompañaban de música. Se emplearon luego en el teatro para designar lo que se cantaba al principio de la función o dentro de ella, y con este sentido encontramos el término en el entremés calderoniano de *La plazuela de Santa Cruz* (1661). Con el tiempo se denominó tonadilla a la música que se empleaba para bailar en el teatro y finalmente significó la letra de lo cantado a lo largo o al fin de los entremeses y bailes [Cotarelo, 1911: I, CCLXXXVII]. En el entremés *Los coches de Sevilla* (hacia 1660) afirma Catuja con referencia a una canción que entona un cochero: «la tonadilla es rebuena». En el entremés *Los pajes golosos*, de León Merchante, se dice: «pues oigan una tonadilla / que les vuelva el alma al cuerpo». Y en la mojiganga de *Las loas*, presumiblemente de Calderón, se canta una tonadilla con el estribillo «¡ala y más ala, / que ésta es la tonadilla / que se usa en La Sagra». Prueba de que esta suerte de intermedio estaba emparentada con la jácara, se encuentra en el baile *El tiro a la discreción*, de José Joaquín Benegasi, de principios del XVIII, donde leemos:

| | |
|---|---|
| VULGO | ¡Muera!... y jácara, señores. |
| NECEDAD | ¡Jácara! y vamos allá. |
| | Acábense los conceptos. |
| VULGO | Tonadillas y no más. |

Esta genealogía se vuelve a rastrear en el anónimo entremés *El colegio de los poetas*, de 1748, donde al final se canta una tonadilla y se llama jácaro al que la ha de cantar: «la tonadilla en esdrújulos / échala, jácaro, cántala». En el entremés *El doctor Borrego*, de 1750, se canta una tonadilla con versos hablados y un pequeño argumento, en lo que será el formato definitivo del género:

> *(Tonadilla.)* Estando en el retamar
> un chusco se llegó a mí.
> Yo le dije: ¿Qué me quiere?
> Y él me dijo: «Cuchi, chi; cuchi, chi.»
> *(Hablado.)* Se puso en planta muy aljamada,
> sacó el cigarro, quieta la espada,
> fumó sin susto, y esta tonada
> la cantó así:
> *(Canta.)* Y éste es el buñuelito
> de majas del Retamar;
> y si os gusta, queriditos,
> yo le tengo de cantar.
> ¡Ay, qué cuco; ay, qué giro; ay, que chairo

viene a estar el buñuelito sabroso,
que es bueno para bailar!
¡Ay, que es bueno para bailar!

Así pues, finalizado el entremés y como pieza aparte aparece la tonadilla a mediados del siglo XVIII, y así leemos que comenta Ayala en
*Los gustos de las mujeres* (hacia 1756):

Mientras a cantar empiezan
entrémonos al vestuario,
pidiendo en voz dulce y tierna
el silencio para el canto,
y para el ingenio venia.

Con los años las tonadillas «a solo», generalmente cantadas por una
mujer, la tercera dama de la compañía, se transformaron en canciones
independientes y finalmente en pequeñas obras musicales. Constaban de
introducción, un cuerpo central de coplas y un final en seguidillas, si
bien con el tiempo se cantaban otras coplas, «tiranas» y boleros. Ahora
bien, la intervención de casi toda la compañía en las tonadillas «generales», los fragmentos hablados y dialogados convertían a algunas piezas
en pequeñas zarzuelas. Estas «tonadillas a tres», «a cuatro» y «generales»
abandonaban el esquema tripartito y se convertían en óperas cómicas
en miniatura con un número variable de piezas cantadas (arias, dúos,
tercetos, cuartetos y concertantes) que se combinaban con partes habladas y recitadas, con o sin música. En su poema didáctico *La Música*
(1779) Tomás de Iriarte comenta esta evolución («antes era / canzoneta vulgar, breve y sencilla, / y es hoy a veces una escena entera / y a
veces todo un acto»). José Subirá [1928] distingue entre los comienzos
del género (1751-1557), su crecimiento (hasta 1770), su apogeo (hasta
1790), su decrepitud (a partir de 1810 sólo se repiten las piezas más famosas) y su ocaso (hasta 1850). González Ruiz la define como «especie de zarzuela abreviada, de asunto trivial, tangente con la actualidad
escénica o de costumbres, y tan fuertemente salpimentada como permitía una vigilante y cuidadosa censura» [1944: 78]. Como ocurría con
los sainetes, el público iba a los teatros a escuchar tonadillas nuevas y así
lo hace notar Francisco Mariano Nipho en 1763 («quien y quien va [a

la comedia] porque Amphrisa hace ciertos ademanes, particularmente en las tonadillas, que encienden suave y peligrosamente el fuego de la sensualidad»).

Se conservan unas mil trescientas tonadillas en la Biblioteca Municipal de Madrid y otras tantas en la Biblioteca Nacional (muchas de ellas están repetidas). Escribieron las músicas compositores como Blas Laserna, Luis Misón y Pablo Esteve y, al parecer, la mayoría de las letras se debieron a los mismos músicos (abundan las tonadillas autógrafas de Laserna). Los libretos en parte son anónimos, si bien nos consta que destacó en su redacción Luciano Francisco Comella [Doménech Rico, 2000: 22]. Asimismo, sabemos que escribieron tonadillas autores conocidos como Luis Moncín, Mariano Nipho, Gaspar Zavala, Ramón de la Cruz y aun Tomás de Iriarte.

## VII. MOJIGANGA [*Catalina Buezo*]

Perviven en la plaza pública algunas formas teatrales a medio camino entre el teatro y la fiesta, como las mascaradas y los carros festivos, y este hecho no puede pasarse por alto a la hora de abordar el estudio de nuestro teatro breve. Realmente el problema es mucho más amplio, como señala Díez Borque [1986], ya que el teatro barroco español está indefectiblemente ligado a otras actividades basadas en el «espectáculo» a las que solemos designar con el término de «fiesta». Sin embargo, la palabra «fiesta» es polisémica, pues con ella se puede hacer referencia a actos públicos organizados (procesiones civiles y religiosas) o a celebraciones folclóricas (carnavales, luchas de moros y cristianos, etc.) y rituales (etiqueta palaciega, ceremonia eclesiástica) de muy diverso tipo.

Por otro lado, junto a la profesionalización de la actividad dramática con los corrales de comedias, el teatro desborda la escena: el hombre barroco concibe la propia vida como representación y el mundo como un teatro en que «sobreactúa» o encarna intencionadamente un papel; tan engalanado y bienandante lo encontramos en las extraordinarias mascaradas a caballo como en sus diarios paseos. Es decir, por un lado se sitúan las diversiones públicas en que el hombre barroco participa de una manera «teatralizada» y de acuerdo con su posición social, ya que el pueblo jugaba a los bolos pero era un simple espectador de los juegos de cañas y las mascaradas, divertimentos propios de la nobleza. Por otra parte, al lado de esa ocupación lúdica de la calle con motivo de determinadas celebraciones, el teatro, en la corte y en las grandes ciudades, aparece como un pasatiempo habitual dotado de un espacio fijo, el corral de comedias. Esto no conlleva, como hemos visto, la desaparición de las formas callejeras, formas en que a veces los límites entre el teatro y la fiesta —el teatro y el parateatro— se borran. O conviven, como ocurre en el auto sacramental del Corpus, con una exuberante escenografía —procesiones, cánticos, gigantes, diablos danzantes, tarascas— que alcanza su máxima espectacularidad en los carros.

La mojiganga dramática no tiene un origen propiamente escénico; se trata de un espectáculo que pasa de la calle a los tablados como pieza teatral breve, si bien pervive en la plaza pública como comitiva burlesca de danzantes o pintoresca procesión profana. No obstante, cuando en las comparsas de diversos enmascarados los distintos danzantes tejen una farsa, se trata de mojigangas con argumento, que con pleno derecho se adscriben a la órbita de lo teatral, lo que lleva a una reconsideración del término «parateatral» en ciertos festejos públicos que aparecen bajo el epígrafe de «mojiganga», que tiene una primera acepción festiva en el *Diccionario de la Real Academia Española*: «fiesta pública que se hace con varios disfraces ridículos, enmascarados los hombres, especialmente en figuras de animales»). Parece que las mojigangas callejeras con motes (versos explicativos) posteriormente dan lugar a las dialogadas, y este acceso a las tablas justifica la segunda acepción, dramática, de la palabra («obrilla dramática muy breve, para hacer reír, en que se introducen figuras ridículas y extravagantes»).

En los propios textos se desgrana abundante teoría teatral. Teniendo en cuenta, además, que bastantes mojigangas son de tipo entremesado o, mejor dicho, entremeses con un estribillo intercalado o un final de mojiganga, proponemos para todo el corpus la definición siguiente: «un texto breve en verso, de carácter cómico-burlesco y musical para fin de fiesta, con predominio de la confusión y el disparate deliberados explicables por su raigambre esencialmente carnavalesca» [Buezo, 1993: 22]. Las piezas dieciochescas, tardías, carecen de la brevedad de las mojigangas dramáticas de mediados del XVII.

Si comparamos la mojiganga con argumento incluida en *Diálogos de apacible entretenimiento,* de Gaspar Lucas Hidalgo, y la «fiesta o mojigan-

ga» —pues así se denomina a todo el divertimento nocturno— ofrecida a sus majestades en las Carnestolendas palaciegas de 1623, notamos
que se trata de versiones privadas de una fiesta cíclica como lo es la de
Carnaval. Los primeros testimonios de mojigangas parateatrales se hallan, pues, ligados a la corte y a la nobleza, y de la documentación coetánea parece desprenderse que su auge en la fiesta pública va asociado
al gusto de las clases dominantes. El mimetismo del pueblo, concretamente de los gremios, llevará a la organización de mojigangas a caballo
como las de las clases altas; pero también al desarrollo de esta fiesta a
pie, ya que serán los principales mantenedores de las mojigangas ciudadanas durante el siglo XVII y buena parte del XVIII.

Del estudio de estas últimas se puede concluir que la mojiganga parateatral se presenta no sólo bajo la forma de la comitiva ridícula de
danzantes —la consabida y originaria mascarada del vulgo—, sino también como el contrapunto burlesco de las máscaras serias y de los espectáculos nobles de toros y cañas. Esto explica la posible interpretación
bufa, por parte del vulgo, de las complicadas alegorías de los carros, lo
que quizá contribuyó a que finalmente muchos festejos públicos graves
contaran con una parte jocosa, es decir, con una mojiganga. Por la misma razón, se corre en caballitos de caña y surgen diferentes tipos de
mojiganga taurina, sin o con argumento.

Una tipología de la mojiganga parateatral barroca según los participantes nos permite hablar de mascarada de autoridades, gremial, de colegios y universidades, eclesiástica y del vulgo. Se explica así la
abundancia relativa de términos con los que la voz «mojiganga» alterna, tales como «máscara», «mascarada» y otros. Del mismo modo, los recintos a los que iban ligados las mojigangas parateatrales parecen
determinar el desarrollo temático de las mojigangas dramáticas. Ahora
bien, en conjunto no difieren en mucho las mojigangas de Navidad de
las del Corpus y de las de Carnaval, entendido éste en sentido amplio:
las primeras y las últimas entroncan con los Carnavales de invierno
(Navidad y Reyes) y de febrero, y las de Corpus son la parte profana,
carnavalizante, de este festejo. De ahí las similitudes en lo que respecta
a personajes, bailes, instrumentos, etc., vistos desde una óptica burlesca.

De acuerdo con la evolución de la mojiganga como género dramático, la mojiganga teatral nace de su homónima callejera, del influjo de
otros géneros (así, las coplas de disparates) y del teatro anterior (del en-

tremés cantado o baile entremesado, desarrollado sobre todo gracias a Quiñones, y aun de algunas loas burlescas cercanas a éste). Si por su temática —personajes de la realeza burlesca como Gaiferos y Melisendra, por ejemplo— ciertos entremeses cantados —que sólo se denominan mojigangas si son de tipo burlesco— están ligados a la corte, ya en la fiesta pública notamos la presencia de estas figuras (danzas burlescas «habladas», de tipo mímico, llamadas «historias» o «reinados»). Es decir, no se ha señalado que en la fiesta pública se documenta también el subtipo más cortesano y palaciego de la mojiganga, cuyo componente musical acerca el género al baile y cuya «historia» lo aproxima al entremés. De ahí que aparezcan como mojigangas algunos bailes y entremeses grotescos.

Resumiendo, la mojiganga era originariamente un tipo de baile burlesco que aparecía, por ejemplo, entre las danzas del Corpus de Sevilla de 1640, como documenta Sentaurens:

> La mojiganga, bien vestida conforme al baile de la comedia, con doce figuras, y el que tañe el tamboril, y en ella ha de haber una cuadrilla de gitanos, otra de negros, con tamborilillos, otra de vizcaínos, con espadas, como bailan en Vizcaya [1983: 73].

Al igual que la jácara, contaba con un tañido o son específico (se emplean «copras de mojiganga» en la *Loa sacramental para la fiesta del Corpus de Valencia*, de Agustín Moreto). Así pues, accede a los escenarios como baile y como baile dramático, situándose entre la segunda y la tercera jornada de la comedia. En efecto, no se especializa como el «baile final de la comedia», contendiendo con la jácara (recordemos el caso del *Baile para el auto de «La nave»*) hasta al menos fines de los cincuenta, y aún en 1660 aparece entre la segunda y la tercera jornada (tal es el caso de *Mojiganga de fiesta y fiesta de mojigangas*, de Francisco de la Torre y Sevil). Aproximadamente por esos años se configura la mojiganga también como el «baile final del auto».

Por otro lado, si el entremés sufrió una estilización, una disminución de sus elementos paraverbales a causa de su fijación literaria como «intermedio», la incorporación de la mojiganga a las tablas pasó por un proceso semejante. De este modo, la reducción de lo paraverbal a un estribillo que se intercala en la pieza o a un baile final deliberadamente desordenado fue acercando más las mojigangas a los entremeses, y si en principio la mojiganga es un baile burlesco que se vincula al «entremés cantado» o «baile entremesado», más tarde se aproximará al «entremés representado» (recordemos que la representación podía acabar con un segundo sainete). De ahí que algunas piezas se editen, dependiendo del impresor, como mojigangas o como entremeses.

La loa desaparece progresivamente de los tablados desde 1617 —las que compone Quiñones de Benavente son asimilables a los entremeses—. Por esos años se afianza como género independiente del entremés el baile dramático. Mediada la centuria surge un género nuevo a partir del anterior: la mojiganga o subtipo burlesco del baile entremesado, con función de cierre de la fiesta teatral barroca. Comparte con la loa el cometido de la *captatio benevolentiae* (la alabanza a la ciudad o al público, la petición de perdón por las faltas cometidas), la comicidad y una misma dimensión social (la mojiganga nos informa igualmente de los gustos de unos espectadores que no se callan; se alude a la vida mísera de los actores, a los cambios de compañías, etc.). Del mismo modo, las características de ambos géneros dependen de la ocasión y del público, aunque también es verdad que la mayor parte de las piezas sirve para cualquier trabajo y se puede escenificar en el corral de comedias (teatro público), en los carros (tablados provisionales colocados en calles y plazas) y en palacio. Así y todo, teniendo en cuenta las circunstancias de la representación, se puede establecer una tipología de la loa. Los propios textos nos informan de ello: la mojiganga titulada precisamente *Las loas* diferencia entre loas sacramentales, para palacio, caseras o para particulares (en salones burgueses, aristocráticos o regios) y loas de las ordinarias compañías, especialmente las que servían de presentación de las mismas. Cotarelo [1911: I, XXX] añade las loas de tipo religioso. Esta clasificación se corresponde en buena medida con la mojiganga dramática: mojigangas sacramentales (de Navidad y de Corpus), para palacio, para particulares, para fiestas religiosas y para fiestas burlescas o de Carnaval.

Por consiguiente, se producen varios fenómenos en la segunda mitad del XVII: las loas se asimilan a los bailes entremesados; por entonces el baile entremesado en boga es la mojiganga, que consigue el estatuto de género independiente; loas y mojigangas tienen funciones y características semejantes. De ello se desprende que presumiblemente la mojiganga dramática recogiera las funciones de la decadente loa, género que se asimila con Quiñones de Benavente al entremés y más tarde al baile teatral. Esto explicaría la inclusión de algunas mojigangas de personajes que solían aparecer en las loas, como el Silencio o el Aplauso (*El alma*). Con todo, los interlocutores de las loas son normalmente los actores, porque en esencia la loa no es un género teatral sino un «prólogo a la representación». De ahí que acabe o confluyendo con el entremés o con otros géneros escénicos con conflicto dramático que de él se derivan (el baile y la mojiganga).

En la consolidación del género de la mojiganga jugó un papel muy importante la corte de Felipe IV, donde abundaban las mascaradas y fiestas burlescas. De hecho, la mojiganga, teniendo presentes los ámbitos de la representación, es un género cortesano que se desarrolla a la par que el drama lírico y la zarzuela, aunque sus orígenes se remonten a la plaza pública. Los mejores cultivadores de la mojiganga teatral mediado el siglo XVII son autores dedicados a la creación de comedias burlescas, como Monteser o Suárez de Deza. No hay que olvidar, empero, a Calderón, quien subvierte en su teatro breve los pilares sobre los que se basaban sus comedias y autos y habla de sus mojigangas como «disparates adrede». Fue imitado por los autores de fin de siglo, aunque a partir de entonces es más correcto hablar de bailetes y de fines de fiesta.

Respecto a la mojiganga en el marco de la representación, establecemos cuatro tipos básicos de fiesta teatral: la fiesta sacramental, la palaciega, la burlesca y la navideña. El auto sacramental y el navideño van precedidos de una mojiganga callejera (comparsas ridículas del Corpus y de Nochebuena) y concluyen con una dramática. Pero si el auto simboliza la salvación, la mojiganga será en todo caso una alegoría de tono jocoso, no una representación del pecado. La mojiganga palaciega escenificada durante los carnavales de febrero se presenta como un anti-ballet de *cour*, porque la presentación de una danza burlesca junto a un diseño coreográfico digno rompe el principio del decoro, o ayuda a subrayar el tono paródico cuando se integra, junto con comedias y entremeses burlescos, en la fiesta burlesca. La mojiganga palaciega representada fuera de Carnaval o es un anti-ballet de *cour* o una anti-ópera o anti-zarzuela —siendo preferible el apelativo de «ópera bufa»—, o el añadido grotesco de una comedia mitológica o de magia.

En cuanto a la morfología del género, la mojiganga es una de las manifestaciones de lo grotesco, tendencia generalizada de la época, en la
doble acepción que tiene la palabra «mojiganga» como fiesta burlesca o
como pieza dramática burlesca. Los paradigmas compositivos propios del
disparate son los mismos que se observan en las mojigangas dramáticas,
especialmente el de la fiesta, que puede presentar varios subtipos: el subtipo I, formado por las piezas que se estructuran como una escenificación de la mojiganga, entendida ésta en su sentido social y festivo; el
subtipo II, donde se incluyen las mojigangas que parodian una realidad
literaria o social de tipo noble y que siguen el esquema de la boda burlesca, y el subtipo III, en que se insertan los torneos y sortijas bufas. Es
I el subtipo básico de este género y gira en torno a la escenificación de
una mojiganga callejera bajo las órdenes de un «alcalde de mojiganga».
Tiene una estructura musical y de baile en desfile o para-desfile: se inicia con una canción y las intervenciones musicales vertebran las escenas, para acabar con una estudiada escenografía grotesca que desborda
el escenario.

En la estructura de la mojiganga teatral, que como su homónima callejera camina hacia una situación de alegría final y bullanga, destaca el
texto dramático denominado ultílogo, que sirve para desmitificar el espectáculo cómico y para teorizar acerca del género. Éste se inscribe,
como vemos, en la estética de lo grotesco y presenta la ficción del espectáculo total y participativo dentro de la fiesta teatral barroca, que tenía una estructura cerrada y aun cíclica, pues la loa y la mojiganga
compartían varias funciones y características.

Como se notó al hablar del entremés, éste y la mojiganga, y en general los restantes géneros del teatro breve, hacen uso del vocabulario
de la plaza pública en tiempo de Carnaval. La parodia en el terreno del
lenguaje literario se consigue parodiando determinados discursos y hablas jergales o dialectales. El hecho de que en la mojiganga se ofrezca
la cara oculta, íntima de la realidad, justifica asimismo las alusiones a lo
demoníaco y la preponderancia de lo escatológico y de lo gastronómico, así como connotaciones sexuales procaces y cierta carga satírica de
tinte sociopolítico.

Como ya se ha indicado, las mojigangas dramáticas o son escenificaciones para época de Carnaval en sentido amplio o incluyen y ponen en
escena mojigangas públicas organizadas para determinadas festividades

que conllevaban un aspecto profano y carnavalesco. Por ello, los personajes de las mojigangas dramáticas —y de muchos entremeses— son en
su mayor parte los que se encontraban en la plaza pública en tiempo de
Carnaval o los que por las mismas fechas actuaban en espectáculos burlescos cortesanos. Ello emparenta a figuras grotescas aparentemente des-
ligadas, como niños de la Rollona y parturientas, junto a sirenas, caimanes
o el Cid, o explica la presencia de personajes procedentes de teatraliza-
ciones, como el fariseo. Es decir, las figuras que pueblan las mojigangas
no son tanto un exponente de la realidad social de la época como una
muestra de una realidad estereotípica: la de los días de Carnaval. La conciencia crítica de pertenecer a ese mundo de locura la pone de manifiesto Calderón haciendo decir al actor Cosme Pérez, que hace el papel
de Alfeo en la *Mojiganga para «El golfo de las sirenas»*: «reconozco / que
hacéis del bosque cuadro del Bosco» [vv. 177-178].

Desempeñan una función estructural en la mojiganga dramática tanto la autoridad burlesca del alcalde mojiganguero como los reyes a quienes éste dedica la mojiganga pública que se inserta. La posible
ambigüedad entre los reyes burlescos de la fiesta pública, que ya encontramos en las Saturnales romanas, y los monarcas de la casa de
Austria, lo que supondría la presentación de los reyes como bufones, se
eliminó en la mojiganga callejera del siglo XVII, perviviendo los reyes
de burlas sólo en algunos festejos locales como el de Graus. Los motes
alusivos a la realeza eran de tipo elogioso y, más tarde, la mojiganga pública evolucionó como un género dramático de raíces populares al amparo de la corte. Recuérdese que en la *Mojiganga para el auto «Las bodas
del cordero»*, de Antonio de Zamora, se insertaron ocho seguidillas que
piropeaban la belleza de Mariana de Neoburgo y las mismas estrofas se
incluyeron en un documento de ese año (*Retrato de la reina madre señora doña Mariana de Neoburg*) [Lobato, 2000: 18].

En el proceso de resemantización y de desplazamiento de la autoridad burlesca de los reyes de la mojiganga (sobre el alcalde de burlas de
la fiesta pública descansa en las tablas toda la carga cómica), hubo de
intervenir la Inquisición. Por otro lado, no descartamos la hipótesis de
una doble lectura por un sector minoritario del público, para quienes
resultaría risible ver presidir a Carlos II, disminuido física y psíquica-
mente, una mojiganga.

Al lado del alcalde «nuevo», de burlas, encontramos al escribano, al regidor o al alcalde vejete —rey destronado del Carnaval y representante del orden oficial—, así como al estudiante-astrólogo o mágico, que controla la naturaleza. No se ha señalado, al estudiar la comedia de magia, ni la influencia ejercida por ésta en el siglo XVIII en la mojiganga dramática y en la taurina ni, a la inversa, la importancia que tuvo la mojiganga con presencia de lo mágico en el desarrollo de la comedia de magia como género. En efecto, a la mojiganga dramática fueron a parar la mayoría de los astrólogos y magos del teatro breve, pues la necesidad de embutir una mojiganga callejera en una teatral era resuelta muchas veces mediante la magia. Por último, los restantes personajes conforman la comitiva burlesca de danzantes o mojiganga propiamente dicha.

Desde un punto de vista semiológico, si se entiende el fenómeno teatral como una multiplicidad de signos que se desarrollan en diversos niveles, todos ellos reciben un tratamiento paródico. En cuanto a la palabra, la llamada de atención al auditorio y el uso del aparte son vistos desde una óptica burlesca. Ésta explica también el «desorden tonal» derivado de escuchar un tono grave en una mujer vestida de hombre y a la inversa.

En la mímica, a la propensión a la exageración gestual se añade el tambaleo, caída y amontonamiento de personajes en el tablado. De ahí que en ciertas piezas predomine por momentos la horizontalidad sobre la verticalidad. Además, las continuas entradas y salidas de las figuras y los movimientos de todo tipo contribuyen a la presentación de la escena como un lugar dinámico, crean contrastes y evitan la monotonía. Por lo general, se trata de personajes tipificados que salen a escena con una indumentaria y un accesorio fijos y de tipo ridículo. Si bien ciertos vestidos de tipo simbólico se harían para fiestas cortesanas donde no se escatimaban medios, era usual en la escenificación de las mojigangas echar mano —en algunas piezas se habla de alquiler— de los disfraces sacados en las mojigangas callejeras y en las danzas del Corpus, al igual que se incluían estas danzas en las mojigangas dramáticas.

En el apartado musical hay que decir que de las mojigangas callejeras procede el desfile individual, por parejas o en forma de comitiva burlesca, y otro tanto ocurre con ciertos bailes populares e instrumentos vinculados a los mismos. Ahora bien, la cristalización literaria separa a la mojiganga dramática de la festiva, dándole, a través de la escritura y de los códigos escénicos, una estructura repetible. Así, aun cuando algunas mojigangas no comienzan con una canción y en otras lo coreográfico se deja a la improvisación, se puede sostener que la mojiganga dramática prototípica tiene una estructura musical y de baile en desfile o para-desfile. Se inicia ésta con una canción y continúa con intervenciones musicales que vertebran las escenas, para acabar con una estudiada coreografía grotesca que desborda el escenario y da pie al o entronca con el baile popular o festivo propiamente dicho.

Todas las mojigangas dramáticas que aluden a alguna circunstancia de la representación se hicieron en recintos palaciegos (a veces incluso para públicos distintos: *El mundi nuevo*, de Suárez de Deza, se escenificó el 19 de enero de 1662 en el Salón del Buen Retiro y los dos días siguientes en el coliseo para el pueblo). Su vinculación a los espectáculos de la corte determina su auténtico carácter, ya que la mojiganga florece como el género más espectacular y abstracto del teatro breve [Rodríguez Cuadros y Tordera, 1983b]. En la puesta en escena de este género cortesano enraizado en la fiesta popular se emplean la iluminación nocturna, la pintura y los tapices, la movilidad dada por los bastidores en perspectiva y las apariencias, el marco del proscenio y el telón de boca. En nuestra opinión, sólo el entendimiento de la dimensión «mojiganga» o carnavalesca, presente en el entremés, en la jácara, en la loa y en la propia mojiganga dramática, permite comprender y reinterpretar todo el teatro breve. Puesto que la constante presencia de lo carnavalesco en el entremés remite directamente a la mojiganga, es aceptable argumentar que es en el entremés callejero o mojiganga pública —que proporciona al entremés dramático la estructura de desfile, los motivos y los personajes, entre otros— donde se encuentra la unidad básica o célula inicial del teatro, cuyos orígenes se pierden con los de la Historia.

## VIII. Sainete [*Catalina Buezo*]

El vocablo «sainete» se emplea para el teatro por primera vez en 1616 [Cotarelo, 1911: I, CXXXIX] y alude a una forma teatral menor, normalmente cantada y bailada, que acompaña a la obra dramática. Suárez de Deza tituló «sainetes» cinco piezas suyas que en realidad son bailes entremesados representados al final de la comedia. En la comedia calderoniana *Hado y divisa*, escenificada en 1680, se lee en el encabezado antiguo: «Comedia con loa, entremés, baile y sainete», pero este último es en realidad el *Entremés del labrador gentilhombre*. Así pues, la alternancia entre los términos «entremés» y «sainete» llega hasta el siglo XVIII, momento en que la segunda voz va desplazando a la primera; a mediados del siglo predomina, de hecho, en el teatro de Ramón de la Cruz. El *Diccionario de autoridades* (1726) todavía registra los dos términos, entremés y sainete cuando ya casi eran equivalentes: «*entremés*. Representación breve, jocosa y burlesca, la cual se entremete de ordinario entre una jornada y otra de la comedia, para mayor variedad, o para divertir y alegrar el auditorio» [III, 519] / «*sainete*. En la comedia es una obra o representación menos seria en que se canta y baila, regularmente acabada en segunda jornada de la comedia» [VI, 19].

Todavía en los primeros decenios del XVIII la voz «sainete» no designaba una clase de piezas de teatro y se aplicaba con un sentido general. Leemos al final del entremés de Zamora *El pleito de la dueña y el rodrigón* (1722):

> Y ahora, si a usted le place,
> podremos, para que sirva
> de sainete al pleito, hacer
> un sarao a pie cojilla.

De hecho, aparece igualmente el término como sinónimo de «baile» en el *Diccionario de autoridades* (1726): «*baile*. Se dice también el intermedio que se hace en las comedias españolas entre la segunda y la tercera jornada, cantado y bailado, y por eso llamado así, que por otro nombre se llama sainete».

En el teatro dieciochesco se cultivó profusamente el sainete, un teatro de corte popular pese a los desvelos reformadores de neoclásicos e ilustrados. Ramón de la Cruz en un comienzo defendió ideas neoclásicas sobre la dramática y calificó en su zarzuela *Quien complace a la deidad, acierta a sacrificar* de «lastimosos» los sainetes, pues en ellos «sólo se solicita la irrisión, con notable ofensa del oyente discreto». Sin embargo, pronto se dedicó al cultivo de este género popular, huyendo, eso sí, del «sainete común y de bulla», atendiendo «a las voces del entendimiento y la razón», como indica en el prólogo a *Los picos de oro* [Doménech Rico, 2000: 20-21]. Estas piezas en un acto, que generalmente no se representaban de manera independiente sino entre los actos de una obra extensa o al final, incluían a su vez diversos intermedios musicales, las «tonadillas», con frecuencia situadas al final, compuestas para la ocasión o tomadas del repertorio existente.

Si muchos entremeses del siglo XVII se escribieron para el famoso Juan Rana, otro tanto puede decirse de los sainetes de Ramón de la Cruz (1731-1794), pensados en buena parte de los casos para los actores que los habían de escenificar, cuyo nombre, y no el del personaje de la obra, figuraba habitualmente en el reparto. Sobresalen la variedad escénica de este autor y sus elementos plásticos, su enorme sentido espectacular (véase la escena muda de pantomima o ballet inserta en *El mal de la niña*). Aunque no sean estrictamente realistas sino cuadros pintorescos de, por lo general, la clase baja de la época —majas, artesanos, vividores y desocupados—, hay en ellos un soplo de vida y, en ocasiones, pinceladas satíricas (así, en Chinica en la aldea contra los caballeros despilfarradores que no dudan en encarcelar a un pobre que les adeuda unos reales). No obstante, la sátira suele recaer en los tópicos más manidos (peluqueros franceses, abates mujeriegos, beatas hipócritas, médicos inoperantes...). Las numerosas censuras conservadas apoyan la idea de que se autorizaba la representación de estas piezas si las actrices actuaban con la conveniente modestia.

Las piezas más logradas de Cruz son las que tratan sobre la vida callejera o multitudinaria de la corte (*El Rastro por la mañana, La Pradera de San Isidro, Las castañeras picadas* y *Las tertulias de Madrid*, entre otras). También escribió, frente a la tragedia que los neoclásicos intentaban aclimatar, sainetes paródicos. Así, *Inesilla la de Castro*, caricatura de la Inés de Castro, y *Zara*, parodia de la *Zaïre*, de Voltaire.

El éxito de la propuesta de Ramón de la Cruz, que incluye el sainete dentro de la literatura útil y amena defendida por la teoría neoclásica, hizo que durante treinta años, hasta 1791, escribiera este tipo de obras cortas (al menos trescientos cuarenta sainetes y otras ciento treinta y cinco piezas breves), atentas a la realidad diaria del pueblo de Madrid, con estructura de comedia abreviada y con énfasis en el detalle realista. Escribe, de este modo, pequeños cuadros de costumbres con un lenguaje cotidiano, lejos ya de los chistes y conceptos del entremés del siglo anterior.

La influencia de Cruz se percibe en Juan Ignacio González del Castillo (1763-1800), que compuso cuarenta y cuatro sainetes, entre ellos algunos cuadros de costumbres callejeras (*El día de toros en Cádiz, El café de Cádiz, La feria del Puerto*). A veces su gracia es más fina pero adolece de fuerza en la expresión de situaciones y la descripción de tipos, lo que le lleva con frecuencia a la caricatura. Otros autores de sainetes fueron Luis Antonio José Moncín, Sebastián Vázquez, Antonio Valladares y Sotomayor y José López de Sedano. La crítica se ha centrado más en estos saineteros destacados que en el género propiamente dicho y escasean estudios de conjunto o específicos relativos a autores menores como Francisco de Castro, José Julián López de Castro, Torres Villarroel, Juan de Agramont y Manuel de Casal, entre otros. Aunque algunos sainetes se editaron junto a las obras mayores de sus autores y otros en colecciones sueltas, muchos continúan inéditos en archivos y bibliotecas.

En la primera mitad del siglo XVIII el sainete busca fórmulas nuevas y mediado el siglo acaba rejueneciéndose y modernizando sus temas, formas y lenguaje en los textos de Ramón de la Cruz y en la versión cantada de la tonadilla. Se trata ésta, como ya se notó, de un sainete adornado de números musicales, heredero de los bailes y jácaras de la centuria pasada, de intención popular y graciosa. José Subirá [1928: 15] se detiene en el estudio de la tonadilla escénica y sostiene que en ella se «aliaban letras llanas, sencillas y casi, con frecuencia, vulgares, a músicas pegadizas, tatareables y muchas veces netamente folclóricas». Con el tiempo se convierte en un sainete cantado y Santos Díez González así lo hace notar en 1790: al deslindar las distintas formas de teatro, añade a la tragedia y comedia la sátira, «que si es dramática la llamamos sainete o entremés y si es cantada la llamamos tonadilla» [Palacios Fernández, 1983: 217].

El sentido espectacular de estos intermedios teatrales no se limitaba a la mera obra teatral y la actuación de determinado cómico de sainetes o la vida airada de cierta tonadillera servían de reclamo para el público tanto o más que el propio texto. Destacaron graciosos como Gabriel López, *Chinita*, y Juan Aldovera, *El segundo Chinita*; José Espejo, que actuó en casi todos los sainetes de don Ramón de la Cruz; Mariano Querol, que incluso fue elogiado por Leandro Fernández de Moratín; y asimismo se recuerda a los grandes actores de sainetes y sobre todo de tonadillas, José Molina, *Entramoro*, Miguel Garrido, Tadeo Palomino y Manuel García. Entre las cómicas de sainetes y, sobre todo, las tonadilleras sobresalieron Casimira Blanco, *La Portuguesa*; María la Chica, *La Granadina*; María de Guzmán, llamada *Guzmana la Buena* por su buen porte; Lorenza Santisteban, *La Navarra*; Catalina Tordesillas, *La Catuja*; y, especialmente, las insuperables María Antonia Fernández, *La Caramba*, y María Ladvenant.

Por otra parte, muchos sainetes eran teatralmente más interesantes que las obras a las que acompañaban. Escribía en 1763 Francisco Mariano Nipho, en su *Diario extranjero*, consternado por el poco éxito de *La vida es sueño*: «ya no se va al teatro por la comedia, sino por los sainetes y las tonadillas». Y un informe de calidad del encargado oficial de seleccionar comedias, Bernardo de Iriarte, decía en 1767, con cierta exageración: «se puede considerar la representación de nuestras comedias como meros pretextos para los sainetes y tonadillas». Estas composiciones pasaban la censura debidamente, para eliminar todo lo que atentara contra las buenas costumbres; se tachaban y se sustituían versos o palabras y se ponían serios reparos a la representación de la obra. El censor Santos Díez González, al revisar la tonadilla *El héroe del Barquillo*, declara que: «en todas o casi todas las piezas cuya materia son acciones de personas de los barrios de Madrid he visto siempre representarse delitos de robos, palos, puñaladas, borracheras, bailes indecentes, poco o ningún temor a la justicia, y prontas disposiciones para motines y alborotos. Y por más que los poetas concluyen con alguna pena en contra de los delincuentes, no sé que en el teatro sea tolerable la pintura desnuda y viva de unas costumbres tan ruines». La *Bibliografía de las controversias sobre la licitud del teatro en España*, de Cotarelo, reúne numerosos ejemplos en que sainetes y tonadillas reciben una crítica violenta.

En 1742 levantó ampollas *La consulta teológica acerca de lo ilícito de representar y ver representar la comedia, como se practica el día de hoy en España* (Cádiz, 1742), del padre Gaspar Díaz. Entre los consultados, el padre José Londoño abomina de los sainetes cuando retóricamente se pregunta: «¿qué provocativas indecencias no se ejecutan en los entremeses de las farsas, afectando con las vestimentas ridículas lo soez de indignas personas, haciéndose, por esta causa, más proporcionadas para la mayor indecencia? ¿Qué ademanes tan obscenos de abrazos, ósculos, etc., no se registran en los teatros, cuando en los entremeses con los vestidos se disimulan los sexos?» [Palacios Fernández, 1983: 221]. Los cómicos respondieron a las ofensas contenidas en la consulta, aunque eran objeto de las mismas críticas por los defensores de la poética clasicista, basada en la verosimilitud y en la identificación del auditorio con lo que ocurre en escena. Para estos, el paso de lo serio de la comedia a lo cómico de los sainetes rompía la concentración dramática del espectador y la credibilidad del espectáculo: a veces los mismos actores representaban la obra larga y la corta, sin tiempo para cambiarse de vestimenta, comenta el barón de Bourgoing en *Un paseo por España durante la Revolución Francesa* («cuando el rey o el guerrero, que acabamos de ver cubierto con una diadema o con un casco, tiene papel en el sainete, conserva a veces una parte de su noble vestidura, y vemos su banda o su escarcela bajo la sucia capa del villano o el coleto del alcalde» [Doménech Rico, 2000: 22]). Al decaer los bailes, los sainetes ocuparon su sitio entre la segunda y la tercera jornada y así siguió durante todo el siglo XVIII. En 1778 se suprimieron los entremeses antiguos y se excluyó este nombre de las representaciones.

## IX. Otras denominaciones (fines de fiesta, matachines, follas) [*Catalina Buezo*]

Pocas mojigangas se encuentran con el subtítulo genérico de «sainete», término que engloba cualquier pieza teatral en el siglo XVII, y menos aún con el de «intermedio», sólo observable en obras tardías del siglo XVIII, junto al vocablo «mojiganga» (*Primer intermedio o mojiganga*). En el caso del «intermedio» se puede hablar realmente de «entremés», pues las características del género «mojiganga» o no se dan o lo hacen muy pálidamente. En cuanto a la mojiganga dramática navideña escrita en forma de villancico, puede alternar este título con el de «ensalada» o «ensaladilla». Se ha señalado que algunas mojigangas, sin dejar de serlo y sin perder por ello su denominación, crean a partir de este género «modos» en apariencia diferentes como la folla y las relaciones; a este grupo asimismo se agregarían los matachines y el fin de fiesta. Hay que matizar que algunos de estos espectáculos van progresivamente deslindándose como géneros autónomos y, en efecto, llegan al menos a serlo el fin de fiesta en el siglo XVII y los matachines y la folla en el siglo

XVIII (no lo son una centuria antes, cuando se incardinan, por ejemplo, en mojigangas).

El fin de fiesta comparte con la mojiganga el carácter de cierre, y es un nombre que se combina con el de «mojiganga» a partir del último tercio del siglo XVII. Presupone un tipo de espectáculo menos chocarrero y vulgar, más refinado y palaciego [Cotarelo, 1911: I, CCCV]. De este tipo son *Fin de fiesta de doña Parva Materia, Fiestas de Valencia en el jardín de Flora* y *Mojiganga y fin de fiesta de la comedia «Más puede amor que los celos»*, entre otras. Los fines de fiestas se dan sobre todo en las funciones reales o particulares, y aun en el teatro, a partir de mediados del siglo XVII. De este tipo es el *Fin de fiesta para la comedia «Fieras afemina amor»*, de Calderón de la Barca, que se representó en el Retiro a los años de la reina Mariana. Consiste fundamentalmente en alabanzas a Carlos II y a su madre cantadas por Manuela de Escamilla, Sebastiana Fernández, la Borja y Antonio de Escamilla. De Antonio de Solís se conserva el *Fin de fiesta de la comedia «Triunfos de amor y fortuna»* (1658), en que aparece Cosme Pérez haciendo el papel de enamorado y celoso, hay un castillo de fuego y cohetes y escenas divertidas de una dama que se asusta de éstos, uno montado en una mula que cocea a los que pasan, hombres de máscara a caballo, etc. De corte asimismo satírico es el *Fin de fiesta para la comedia de «Faetón»* compuesto por Francisco Antonio de Monteser, que retrata las costumbres de Madrid. En esta línea se sitúa el *Fin de fiesta del Serení* (1719), de Zamora, que inserta la famosa tonada del serení y donde desfilan los ciegos más populares en Madrid de aquellos años. Cercano a la parodia es el *Fin de fiesta para la comedia «La fineza en el delito»* (1716), de Juan Salvo, donde se ironiza sobre el grado de doctor y se concluye con un baile de polacos. El anónimo *Fin de fiesta para la comedia burlesca de «Los amantes de Teruel»*, de cerca de 1740, es un diálogo que sirve para preparar un torneo, del mismo modo que en el *Fin de fiesta del juego de la sortija* (1719) se da cuenta de un tiovivo que se empleaba para correr sortijas y se acaba con una tonada.

Los matachines eran un espectáculo intercalado en los entremeses, bailes y mojigangas de fines del siglo XVII que asimismo podía aparecer al fin, consistente en danzas y juegos cómicos mímicos de carácter burlesco, con influencia de la *commedia dell'arte*. El término deriva de *matto*, «loco, fatuo», y tanto esta voz como el divertimento nacieron en Italia

[Cotarelo, 1911: I, CCCVIII], si bien tenemos noticia de su presencia en España a mediados del siglo XVI, pues lo menciona fray Francisco de Alcocer en su *Tratado del juego* (1559). Sebastián de Covarrubias en su *Tesoro de la lengua castellana* (1611) dice que la danza de los matachines se asemeja «a la que antiguamente usaron los de Tracia; los cuales, armados con celadas y coseletes, desnudos de brazos y piernas, con sus escudos y alfanjes, al son de las flautas, salían saltando y danzando, y al compás de ellas se daban tan fieros golpes que a los que los miraban ponían miedo... Algunos caían en tierra, y los vencedores les despojaban... Y por este estrago aparente de matarse unos a otros los podemos llamar matachines».

En la loa de Antonio de Solís para su comedia *Un bobo hace ciento*, representada ante los reyes el Martes de Carnaval de 1656 por la compañía de Diego Osorio salieron las Carnestolendas de matachín entonando la siguiente letra:

Matachín, que yo soy el tiempo,
matachín, que a todos alegra,
matachín, que tiemblan las carnes,
matachín, de verse tolendas.

En la mojiganga *Los sones*, de Cañizares «*[s]ale el Matachín, vestido de pata galana, con el alfanje, y canta:*

El que a mi daifa llegase,
matachín, habré de meterle,
matachín, por esos gaznates,
matachín, cual si fuera un puerco,
matachín, este medio alfanje.»

En su *Teatro de los teatros* Bances Candamo habla de los movimientos ridículos de los matachines, que hacen como si se encontraran de noche y se asustaran uno del otro; riñen con espadas de palo dando golpes al son de la música; se fingen muertos al estruendo del estallido de una vejiga... Las acotaciones de las diferentes piezas inciden en estos aspectos. Así, leemos en el fin de fiesta *Los mudos bailarines*: «*salen los cuatro primeros con espadas y broqueles y hacen una mudanza y los otros cuatro acechando por otras partes diferentes, y entrándose, salen con espadas de palo y tapadores de tinaja y los remedan y se van luego».* Como vemos, normalmente los matachines ejecutaban una danza de espadas que se intercalaba en entremeses, bailes o mojigangas o servía para concluirlos, especialmente a finales del siglo XVII (como ocurre en la mojiganga *Las figuras y lo que pasa en una noche,* de Sebastián de Villaviciosa, y, en concreto, en su versión tardía titulada *El diablo).*

El término «folla», según *Autoridades,* sirve para designar al lance de torneo en que dos cuadrillas arremeten una contra la otra sin ningún tipo de orden, pareciendo estar fuera de sí. Una segunda acepción es la que alude a la mezcla de cosas diversas «con locura, chacota y risa». En *Los guisados,* de Calderón, y en *Las bodas de Proserpina* encontramos un antecedente con ejemplos de torneos paródicos y carnavalescos. Se trata este género de una modalidad poco conocida del teatro breve que asimismo se relaciona con el ámbito carnavalesco y se caracteriza por su composición heterogénea de varios elementos de piezas breves. Covarrubias, en su *Tesoro de la lengua castellana o española,* recoge las connotaciones de confusión desordenada y barahúnda: «los comediantes, cuando representan muchos entremeses juntos sin comedia ni representación grave, la llaman folla, y con razón, porque todo es locura, chacota y risa». Se mezclan, pues, fragmentos de índole cómica de manera desconcertada con el propósito de dar variedad y dinamismo al conjunto, con ribetes de sátira, según recoge Suárez de Figueroa en su *Plaza universal de todas las ciencias y artes.* Cotarelo [1911: I, CCCXIV] las define como mezcla de fragmentos de otros géneros (entremeses, loas, bailes, jácaras, mojigangas), hábil pretexto para el canto y el baile. Estepa, estudioso del género, recuerda que algunas piezas de Quiñones de Benavente, como *Las dueñas,* «no son más que pot-pourris formados con letras de canciones, de la misma manera que *El soldado* apenas tiene asunto. Juan Rana olvida quién es, dando lugar a una indagación acerca de la naturaleza de su oficio [...]. La estructura serial, finalizada en alboroto y confusión, reúne los rasgos definitorios ya aludidos» [1993: 531]. Se desprende de la *Loa para la folla que se dispuso para la Pascua de Resurrección del año 1723 para el Pardillo* que las follas reales tenían mayor extensión:

Hágase una folla real
de varias cosas compuesta;
ya la seria relación,
ya la relación burlesca,
ya el baile, ya el entremés
y otras cosas que diviertan.

En el entremés cantado *Manos y cuajares*, de Quiñones, se define cuál
es el esquema prototípico de estos textos:

Y aquí acaban tres enjertos
que os hemos dado a comer,
una jácara en un baile,
y un baile en un entremés.

EDICIONES

ANDRÉS, Christian, Luis Quiñones de Benavente, *Entremeses*, Madrid, Cátedra, 1991.

ARELLANO, Ignacio, SPANG, Kurt, y PINILLOS, María Carmen, eds., *Apuntes sobre la loa sacramental y cortesana. Loas completas de Bances Candamo*, Kassel, Reichenberger, 1994.

ASENSIO, Eugenio, Miguel de Cervantes, *Entremeses*, Madrid, Castalia, 1971.

BERGMAN, Hannah E., *Ramillete de entremeses y bailes nuevamente recogidos de los antiguos poetas de España. Siglo XVII,* Madrid, Castalia, 1970.

BLECUA, José Manuel, Francisco de Quevedo, *Obra poética*, Madrid, Castalia, vol. 4, 1981.

BUEZO, Catalina, *La mojiganga dramática. De la fiesta al teatro II. Edición*, Kassel, Reichenberger, 2005.

CANAVAGGIO, Jean, Miguel de Cervantes, *Entremeses*, Madrid, Taurus, 1981.

CANET, José Luis, Lope de Rueda, *Pasos*, Madrid, Castalia, 1996.

COTARELO Y MORI, Emilio, *Colección de entremeses, loas, bailes, jácaras y mojigangas desde fines del siglo XVI a mediados del siglo XVII*, Madrid, Bailly-Baillière, 1911 (NBAE, ts. 17 y 18); reimpr. Granada, Universidad de Granada, 2000, con un estudio preliminar de José Luis Suárez Garúa y Abraham Madroñal Durán.

DOMÉNECH RICO, Fernando, *Antología del teatro breve español del siglo XVIII*, Madrid, Biblioteca Nueva, 1997.

GARCÍA VALDÉS, Celsa Carmen, *Obras de Francisco Bernardo de Quirós y aventuras de don Fruela,* Madrid, Instituto de Estudios Madrileños, 1984.

—, *Antología del entremés barroco,* Barcelona, Plaza y Janés, 1985.

HUERTA CALVO, Javier, *Teatro breve de los siglos XVI y XVII,* Madrid, Taurus, 1985.

—, Miguel de Cervantes, *Entremeses,* Madrid, EDAF, 1997.

LOBATO, María Luisa, Pedro Calderón de la Barca, *Entremeses,* Kassel, Reichenberger, 1989.

MADROÑAL, Abraham, Luis Quiñones de Benavente, *Entremeses inéditos,* Kassel, Reichenberger, 1996.

RODRÍGUEZ CUADROS, Evangelina, y TORDERA, Antonio, Calderón de la Barca, *Entremeses, jácaras y mojigangas,* Madrid, Castalia, 1983.

SANZ, Jacobo, Miguel de Cervantes, *Entremeses,* Madrid, Espasa-Calpe, Col. Austral, 1998.

SPADACCINI, Nicolás, Miguel de Cervantes, *Entremeses,* Madrid, Cátedra, 1982.

# LOS AUTORES Y LAS OBRAS

I. EN LOS ORÍGENES DEL TEATRO BREVE, por *Javier Huerta Calvo*

1. *Introducción: en la prehistoria del teatro breve*

En puridad, esta *Historia* tendría que comenzar por el primer texto conservado del teatro castellano, es decir, el *Auto o Representación de los Reyes Magos*, y aun antes quizás con los tropos del ciclo litúrgico, pero lo que los lectores entienden por teatro breve, a partir de las formas tradicionales —paso, entremés, jácara, mojiganga, etc.—, poco o nada tiene que ver, ni estética ni ideológicamente, con estas piezas de carácter religioso. Pertenecen a mundos diferentes, si bien complementarios, que se resumen en uno de los más viejos *agones* de la cultura occidental, el que enfrentaba al Carnaval y la Cuaresma. Las formas que se estudian en esta primera sección tienen en el Carnaval su origen, su modelo cultural, estético, sociológico, como ya percibiera Eugenio Asensio en su magistral *Itinerario del entremés*: «en el Carnaval tiene su hogar el alma del entremés originario, el desfogue exaltado de los instintos, la glorificación del comer y beber [...], la jocosa licencia que se regodea con los engaños conyugales, la befa tanto más reída cuanto más pesada» [1971a: 20].

Es el Carnaval donde surgen ritos muy ancestrales que luego pasan al teatro. Como pusiera de manifiesto otro gran maestro de la filología, Francisco Rodríguez Adrados [1983], la cuestión de los orígenes del teatro no puede reducirse a la consabida tradición textual —por otro lado, inexistente en el caso del teatro castellano—, sino que es preciso considerar los rituales predramáticos. Fiesta y teatro fueron, en efecto, en la Antigüedad, y después en la Edad Media, indisociablemente unidos. El teatro se nutrió de las imágenes y de los temas desplegados en los festejos carnavalescos; y se introdujo en la fiesta misma para dar cauce artístico a la incomparable riqueza de este mundo festivo, basado en la exaltación de la risa, frente a la seriedad y solemnidad de la cultura oficial, así como en la reivindicación del placer frente al rigor trascendente de aquélla. «A semejanza del drama satírico de la Antigüedad —ha escrito Mijaíl Bajtín—, la cultura cómica de la Edad Media era en gran parte el drama de la vida corporal (coito, nacimiento, crecimiento, bebida, comida y necesidades naturales), pero no del cuerpo individual ni de la vida material privada, sino del gran cuerpo popular de la especie, para quien el nacimiento y la muerte no eran ni el comienzo ni el fin absolutos, sino sólo las fases de su crecimiento y una renovación ininterrumpidas» [Bajtín, 1974: 84].

El teatro carnavalesco, del cual las formas breves forman parte, no se entiende, pues, sin este sustrato festivo que recorre la cultura popular medieval y del que formaban parte algunos de los espectáculos juglarescos que con tanta minuciosidad describiera y estudiara don Ramón Menéndez Pidal en su impar *Poesía juglaresca y orígenes de las literaturas románicas.* Así, por ejemplo, las mascaradas que ejecutaban los juglares llamados *zaharrones,* «que en comparsa divertían al público disfrazados fea y grotescamente» [Menéndez Pidal, 1957: 19]. Estos *zaharrones* son los mismos enmascarados que aparecen en procesiones o mascaradas similares y que reciben otros nombres según el lugar de procedencia: *txerreros, cachimorros, ziripotes, zarramacos, birrias, zangarrones, carochos, diablícalos…* Son los locos de Antruejo, figuras de condición bufonesca que suelen portar vejigas hinchadas con que aporrean a todos los que se encuentran a su paso. De hecho, otra de las modalidades del tipo recibe el nombre de *vejiguero* o *vejigón* y, por evolución popular, *mojigón,* de donde procede la mojiganga, o comparsa de carnaval, y de ella la mojiganga dramática.

Tal es la genealogía del que cabe considerar personaje central del teatro renacentista, verdadero productor de comicidad grotesca, el Bobo o Simple, procedente del Pastor, tal como aparece en las églogas y farsas de Juan del Encina y Lucas Fernández: personaje ambiguo, a caballo entre lo religioso y lo profano, y con una importancia extremada como motor de la comicidad popular. Su dimensión sagrada lo relaciona nada menos que con el Pastor por antonomasia, Cristo, a quien cierta iconografía medieval interpretaba como loco, vestido de blanco —color emblemático de la locura—, desde el *mimus albus* del teatro romano hasta el Pulcinella y el Pierrot de la *commedia dell'arte*. Como escribe Rainer Hess, «en el tipo del bobo y del *fol* [su equivalente en el teatro francés] pueden leerse los más importantes fenómenos cómicos del drama religioso: la comicidad profana y la comicidad religiosa. En la comicidad profana él es el tipo gracioso y chistoso, el bufón, en los dramas de Francia, España y Portugal, y en la condición de tal toma a su cargo, asimismo, en los dos últimos países, la función del intermediario entre el acontecer religioso y el público, haciendo el papel de ignorante» [1976: 247-248].

Tal como explica Caro Baroja en su ya clásica monografía sobre el Carnaval [1979], los límites cronológicos de éste no aparecen claros, sino que se amplían a las fechas de Navidad, desde el día de San Nicolás, en que un niño era entronizado como *episcopus puerorum* en la llamada fiesta del obispillo, en una suerte de inversión de la ceremonia solemne de la investidura de obispos. En los días más próximos a la Navidad tenían lugar otros rituales, como la *missa asini* o misa del burro, cuyo ceremonial conocemos bien gracias a Pierre Corbeil, quien hacia 1224 redactó un *officium stultorum* para la fiesta de la Circuncisión. Los *stulti* o *fatui* eran encarnados por clérigos menores (subdiáconos, diáconos, presbíteros), y el espectáculo consistía en una sucesión de cantos paródicos y otras ceremonias irreverentes (*ludi theatrali in contemptum Dei et drisum populi*). Estos ritos continuaron durante mucho tiempo, pues todavía en 1445 un decreto de la Facultad de Teología de París acusaba a los malos sacerdotes de taparse con máscaras monstruosas en los oficios divinos; de vestirse con hábitos de mujeres, de prostitutas y de juglares y dirigirse al coro en procesiones burlescas, mientras entonaban cantilenas deshonestas y lanzaban al aire humo fétido en lugar de incienso [Heers, 1983].

Estos festejos de carácter tan grotesco e irreverente tuvieron también su desarrollo en la Península. Nada menos que del año 663 data la prohibición de la fiesta de locos por el Concilio de Toledo. Y no otra cosa debían ser los llamados juegos de escarnio, que el texto de *Las Partidas* prescribe ejecutar a los sacerdotes. Todavía, en una fecha tan tardía como 1573, encontramos un curioso testimonio de estos espectáculos navideños en la catedral de Gerona, a propósito de unas «comedias que los frailes representan en su convento, en el coro de su iglesia, esa noche para regocijarse del nacimiento de Nuestro Señor» y que conllevaba una mascarada total a base de «grandes narices, barbas postizas, trajes grotescos». Se dice que había entre estos frailes «algunos que llevaban dos imágenes bien vestidas, la una de la Virgen y la otra de San José, a las que hacían bailar; después venía otra que llevaba una cuna donde estaba el Niño Jesús, y después de haber hecho locuras, colocaron al Niño sobre los escalones del altar» [en Schack, 1885: 189]. Este espíritu festivo de la Navidad que permitía licencias tan atrevidas pervivió, de alguna manera, en los villancicos teatrales que, durante los siglos XVI y XVII, se representaban en los principales conventos del Madrid del siglo XVII como el de la Encarnación o las Descalzas Reales.

Entre los rituales carnavalescos de mayor proyección dramática están los *charivaris* o cencerradas, por medio de los cuales las gentes expresaban su protesta desinhibida y violenta contra ciertos sucesos de la colectividad considerados atentatorios contra las leyes naturales; así, por caso, los matrimonios establecidos a la fuerza, en razón de las conveniencias económicas o sociales, y que solían unir a un viejo con una mujer joven. El populacho se dirigía a la casa de los nuevos casados, para delante de ella manifestar su protesta mediante un ruido infernal a base de golpear calderos y tocar cuernos de caza. El desarrollo de estos *charivaris* no era, a menudo, un jocoso e intranscendente pasatiempo, sino que llevaba aparejada una dosis importante de violencia y de escarnio público. No es difícil presumir en estas manifestaciones el origen de las farsas y entremeses de burlas conyugales, como el *Entremés de un viejo que es casado con una mujer moza* o *El viejo celoso*, de Cervantes.

Del Carnaval medieval nace la farsa, cuyos cuatro componentes esenciales ha resumido Patrice Pavis en su *Diccionario del teatro*:

1º. El carácter gastronómico de la etimología —«el alimento condimentado que sirve para rellenar una carne»— y que, según él, indicaría «el carácter de cuerpo extraño de este tipo de alimento espiritual en el arte dramático». Lo mismo podría decirse de las formas análogas del teatro español: el entremés y el sainete.

2º. La condición marginal del género, pues que servía para condimentar y complementar la comida cultural noble, esto es, la tragedia y la alta comedia.

3º. Su naturaleza grotesca: la farsa se opone a la comedia seria como el cuerpo al espíritu.

4°. Su intención subversiva: a través de la farsa el espectador se venga de las limitaciones impuestas por la realidad y la sabia razón. «Los impulsos y la risa liberadora triunfan ante la inhibición y la angustia trágica, bajo la máscara de la bufonería y de la licencia poética» [Pavis, 1980].

De este modo, la farsa se constituye en el eje o el centro mismo del teatro carnavalesco por un doble motivo: a), porque se trata de una forma dramática surgida al socaire de la fiesta de Carnaval; y b), porque este género acoge en su seno la representación imaginaria del mundo y que pudiera sintetizarse en la imagen de un mundo al revés, compendio de todas las acciones inversoras y transgresoras del Carnaval.

Fue en Francia donde ya desde mediados del siglo XV la *farce* tuvo un desarrollo más intenso. Se calcula que entre 1450 y 1550 se representaron unas mil piezas, de las que se conservan en torno a ciento cincuenta. La farsa solía tener una extensión de trescientos a cuatrocientos versos —extensión que será la propia del entremés—, aunque hay alguna más extensa, como la famosísima *Farce du Maître Pathelin*. Su elenco de *dramatis personæ* oscila entre dos y seis personajes, definidos por la función que cumplen en la acción: la mujer, el bobo o gracioso, el cura, el abogado. Su caracterización suele ser la común en la tradición folclórica: los comerciantes son presentados como deshonestos, los soldados son siempre fanfarrones, los curas, glotones y lascivos, etc. El *badin* o bobo suele hacer las veces de criado torpe y entrometido, o bien de marido engañado; lleva la cara enharinada, viste ropas desarrapadas y sucias, se adorna con plumas de gallo y se toca con capuchón para significar su infantilismo. Un ejemplo de este tipo es la *Farce à quatre personnages: le mary, la femme, le badin qui se loue et l'amoureux*, en la que se escenifica un típico adulterio. Un *badin* es también Jacquinot en *La farce nouvelle très bonne et fort joyeuse du Cuvier*. Como se ha dicho, el tema de los cuernos es uno de los más recurridos por los autores de estas farsas francesas.

Otra forma teatral francesa afín a la farsa era la *sottie* (literalmente, gansada o tontada), que protagonizaban los *sots* o locos y que presentaba una intención menos realista y más satírica que la farsa. Su precedente es, sin duda, la fiesta de los locos. Sin argumento definido presenta una acción inconexa, en realidad un mero pretexto para el desfile de estamentos sociales objeto de la crítica: abogados litigantes, médicos ignorantes, curas libidinosos, soldados fanfarrones, etc. Se trata de una estructura que encontraremos en cierta variedad de entremés conocido como desfile de figuras o revista de personajes.

La farsa encontró también desarrollo en Italia. Un buen ejemplo son las *Farsas carnavalescas*, de Giorgio Alione (1460-*c.* 1521); escritas en una mezcla de diferentes dialectos, versan sobre temas eróticos y escatológicos, como la *Farsa de Peron y Cheirina que disputaron por un pedo* (*Farsa de Peiron y Cheirina chi littigoreno per un petto*) y la divertidísima *Comedia del hombre y sus cinco sentidos* (*Comedia de l'omo e de soi cinque sentimentí*), donde, junto a la Boca, el Pie, la Nariz y el Ojo, aparece el Culo como gran protagonista y símbolo del realismo grotesco —las pinturas del Bosco y de Brueghel el Viejo suelen abundar en este motivo.

En territorio germánico la modalidad equivalente a la farsa es el *Fastnachtspiel* o juego de carnaval. Su mayor representante fue Hans Sachs (1494-1576), que escribía estas piezas para amenizar esas fechas: después del desfile de máscaras y carros tenía lugar la representación de las obras en las tabernas. Tras un prólogo, en que el actor saludaba al auditorio, se escenificaba la representación de un modo tosco y primitivo, con personajes proverbiales, como el caballero ignorante, el médico charlatán, el viejo rico, el clérigo lujurioso… El público de estas representaciones tabernarias estaba constituido, en su mayor parte, por artesanos y otros oficios urbanos (el mismo Sachs era zapatero y maestro cantor de la catedral). Se explica así que una de las figuras más ridiculizadas en estas obritas sea la del campesino, como sucede también en las obras de Lucas Fernández o, posteriormente, en los entremeses de Cervantes. Por razones religiosas —Sachs era protestante— otro de los personajes siempre puesto en la picota era el Fraile. Una de sus piezas más divertidas es la titulada en español *El goliardo y el estudiante* (*Der Farendt Schuler mit dem Teufelbannen*), de parecido argumento a *La cueva de Salamanca*, de Cervantes, con alguna significativa variante, como es la sustitución del lascivo Cura por el Sacristán.

En España el término de *farsa* tiene una trayectoria diversa; a veces contradictoria pues que sirve para nombrar aquellas piezas de tema religioso que, por lo común, incluían episodios breves de carácter cómico, destinados a aliviar la monotonía de la acción principal. Según Humberto López Morales, «la primera vez que la palabra farsa aparece documentada en suelo castellano es en 1514, fecha de publicación las

*Farsas y églogas al modo y estilo pastoril castellano*; pero al mismo tiempo el autor utiliza como sinónimos otros términos: *cuasicomedia, égloga* y *auto*. Pero el término existía ya desde mediados del siglo XV, tal como ha documentado Ángel Gómez Moreno, aunque en este testimonio el sentido del término es muy general, pues vale con la acepción de representación» [1991: 212]. En el *Códice de autos viejos*, integrado por noventa y cinco obras religiosas y una profana, se aplica el término a las piezas alegóricas con referencias eucarísticas: *Farsa del sacramento del Amor Divino, Farsa del sacramento de los cinco sentidos* o *Farsa del sacramento de los cuatro evangelistas*, entre otras. La indeterminación genérica del primer teatro renacentista se resuelve con el uso arbitrario de términos poco definidos en cuanto a su relación con un tipo determinado de texto.

A comienzos del siglo XVII el sentido había cambiado sustancialmente, pero difería mucho de la acepción primigenia de farsa. Para Covarrubias, *farsa* es «representación que significa lo mesmo que comedia, aunque no parece sea de tanto artificio; y de farsa decimos farsantes». Con esta acepción general aparece, en efecto, el término en los textos de época. Esto nos lleva a pensar que el término que se utiliza en su lugar es *entremés*. En 1609 Juan de Mariana confirma esta divergencia cuando en su tratado *De rege* sugiere que «se podrían señalar en cada ciudad o diócesis examinadores, los cuales viesen y aprobasen todo lo que se hubiere de representar, no sólo las farsas, sino también los entremeses». A juicio de Eugenio Asensio, sin embargo, la equivalencia entre farsa europea y entremés español no es total: «el parentesco del entremés con la farsa ha llevado a muchos extranjeros y algunos españoles a calificarlo de farsa abreviada. Pero si alguno de ellos admite esta calificación, en conjunto no conviene a una variedad teatral tan movediza y experimental, tan desligada de los modos y tradiciones de la farsa francesa o italiana» [Asensio, 1971a: 17-18]. Sea como fuere, lo cierto es que son modalidades que proceden de un mismo modelo preteatral que lo relaciona con el Carnaval. Además, las similitudes entre farsa y entremés son obvias en gran parte del teatro más primitivo (siglo XVI) y son menores según nos adentramos en el siglo XVII. Esta analogía es más clara si tomamos la definición que de la farsa hiciera el gran historiador del teatro medieval francés, Petit de Julleville: «petites pièces courtes, d'un comique bas, trivial, burlesque et la plupart du temps très licencieux qui cherchaient surtout à exciter le gros rire de la foule» [véase Rey-Flaud, 1984].

La formación del entremés como la farsa española depende, pues, tanto de los elementos predramáticos señalados como de los elementos textuales. Agustín de la Granja ha dedicado un muy inteligente artículo a trazar esta prehistoria del género, del cual extraigo un largo fragmento que viene a coincidir con lo que hasta aquí hemos ido apuntando: «relegada y olvidada la tragedia clásica, el entremés, el único "género teatral" que pervive, fue paulatinamente progresando: desde aquellas breves acciones mímicas que era en sus orígenes y durante la Edad Media —de ahí la penuria de textos por todos lamentada— hasta otras pequeñas piezas en monólogo o dialogadas, de hasta seiscientos versos de extensión y todavía con muy contadas acotaciones, que aunque no siempre ejecuta la "plebeya gente" participan —unas veces poco y otras mucho— de la visión obscena de las cosas. En cuanto a lo primero (el teatro gestual), el entremés tiene su pervivencia a través de las danzas procesionales efectuadas por "ganapanes"; es decir, por actores y actrices de muy dudosa reputación; en cuanto a lo segundo (el teatro gestual con recitación y música) el desarrollo será cada vez mayor, alcanzando un grado admirable a comienzos del siglo XVII, en la llamada "comedia nueva"» [Granja, 1994: 174-175].

## 2. *De Juan del Encina a Lope de Rueda*

En este sentido, nuestro punto de partida sería Juan del Encina (1469-1529), gracias fundamentalmente a dos piezas de su importante repertorio: la llamada *Égloga de Antruejo* (1496) y el *Auto del repelón* (1509). La primera es una pieza paradigmática del teatro carnavalesco, tanto por la circunstancia en que se representó —la noche de Carnaval— como por el tema que desarrolla: la famosa batalla entre Carnal y Cuaresma símbolo del enfrentamiento entre dos culturas y dos concepciones vitales, distintas pero complementarias, referida por unos pastores atiborrados de comida y bebida, que hacen al final un canto a los placeres y el *carpe diem*:

> Oy comamos y bevamos,
> y cantemos y holguemos,
> *que mañana ayunaremos*.

Por onra de San Antruejo
parémonos oy bien anchos,
embutemos estos panchos,
recalquemos el pellejo,
que costumbre es de concejo
que todos oy nos hartemos,
*que mañana ayunaremos* [vv. 201-210].

Que el motivo —el agón— entre Carnaval y Cuaresma era un universal del folclore occidental lo demuestra el hecho de que, hacia las mismas fechas de la composición de la égloga de Encina, se data un *jeu de carnaval* francés, *La dura y cruel batalla y paz del glorioso Santo Panza contra la Cuaresma (La dure et cruelle bataille et paix du glorieux Sainct Pensart à l'encontre de la Caresme).*

Todavía a principios del siglo XVII encontramos un entremés de Andrés de Uztarroz titulado *Entremés del Antruejo y Miércoles Corvillo*, donde asistimos al peculiar desfile de estas imágenes seculares, mezclada con otras más próximas, como la de Don Quijote y Sancho Panza:

> *Salen el Miércoles Corvillo con un capazo de palma, por yelmo, lanza y espada, y en vez de peto y espaldar dos abadejos, y por brazaletes y tonelete algunas legumbres, y la Abstinencia vestida muy a lo penitente con unas disciplinas en la cinta. Y cuando Antruejo contesta al Miércoles Corvillo que le dice:*

| | |
|---|---|
| CORVILLO | Pero que os busquen todos es muy justo, |
| | porque sois hombre de famoso gusto, |
| | y esta casa tan llena de alegría |
| | merece que se busque noche y día. |
| ANTRUEJO | Corvillo, si eso es chasco y fina chanza, |
| | advertid que no soy yo Sancho Panza, |
| | andante caballero, |
| | sino un hombre terrible y muy grosero. |

Por lo que se refiere al *Auto del repelón*, estamos ante la primera pieza que plantea una estructura de burla: unos estudiantes salmantinos gastan una broma pesada —el repelado— a unos campesinos de paso por la ciudad. Es éste el mismo esquema que en adelante se va a repetir con insistencia: unos personajes vinculados dentro de la tradición folclórica con la astucia o la picardía (Estudiante, Clérigo, Mujer) se burlan de otros, asociados a la inocencia y la ignorancia, fundamentalmente el Bobo. Teniendo como fondo el animado ambiente de la plaza pública, el lenguaje del *Auto* es paradigmático de la cultura cómica en que se inscribe: desde los insultos («hideputa, bobarón. / ¿Vos osáis amenazar? / Aparta allá, modorrón, / grande y malo baharón / n'os hago yo ir noramala» [vv. 377-381]), hasta los juramentos y otras expresiones igualmente populares: «¡cuerpo del cielo!», «¡ah, cuerpo de San Antón!»; «yo te juro a San Doval», etc.

Estas dos piezas, en que cabe ver un esbozo del entremés posterior, van tituladas como *égloga* y *auto*, denominaciones que sirven en la época para obras dramáticas de condición pastoril y religiosa, respectivamente. Como ya hemos indicado, es Lucas Fernández (1474-1542) el primero en valerse del término *farsa* en sus *Farsas y églogas al modo y estilo pastoril castellano*. En una de ellas, la conocida como *Farsa o cuasicomedia de la Doncella, el Pastor y el Caballero* (1514) aparece caricaturizada la figura del Pastor, que, a pesar de ser «braguivaxuelo», muere de «cachondiez» cuando tiene ante sus ojos a la remilgada dama, porque sabe repicar bien el «maçuelo». El desenlace de esta pieza, que se traduce en un intercambio de insultos y golpes es un precedente del final a palos característico de muchos entremeses.

Un paso más en esta evolución está representado por el portugués Gil Vicente (*c.* 1465-*c.* 1536), autor de una serie de obras cortas de carácter profano y cómico, las doce que constituyen el quinto libro de la *Copilaçam* (1562), llevada a cabo por su hijo Luis: *Quem ten farelos* (1505), *Farsa chamada da India* (1509), *Farsa chamada auto da Fama* (1510), *O velho da horta* (1512), *La farsa auto das Fadas* (1511), *Farsa das ciganas* (1521), *Farsa de Inés Pereira* (1523), *O Juiz da Beira* (1525), *Farsa dos Almocreves* (1526), *O Clérigo da Beira* (1526), el *Auto chamado Lusitania* (1531), *Auto chamado dos físicos* (1512). Los términos de *auto* y *farsa* son, pues, intercambiables, tal como hemos visto también en Encina.

La burla como motor de la acción y la serie de tipos que desfilan en estas obras son las propias del entremés posterior, aunque —en opinión de María Luisa Tobar— con «un valor ideológico infinitamente superior a los pasos de Rueda y entremeses de Quiñones y sólo comparable al de las obras cortas del teatro de Cervantes» [Tobar, 2003: 340-341].

El corpus vicentino de farsas, todas ellas de intención satírica y burlesca y sin propósito moralizante, contrasta con el de Diego Sánchez de
Badajoz, autor de veintiocho farsas recogidas en la *Recopilación en metro*
(1554), en que nunca falta el sentido doctrinal y alegórico, trufado de
elementos cómicos, así como el elenco de personajes que encontraremos posteriormente en los pasos de Lope de Rueda: «el pastor mordaz,
rústico, nada bucólico; el Clérigo petulante o incontinente; el Soldado
fanfarrón; la Negra servicial y maliciosa; el Ciego y su lazarillo; la
Hechicera celestinesca; etc.» [Pérez Priego, 2003: 375].

La aportación dramática de Sebastián de Horozco (*c.* 1510-*c.* 1578)
consiste en dos importantes entremeses: el primero presenta un carácter dependiente, pues está insertado en la *Representación de la historia evangélica del capítulo nono de San Juan*, con el típico enlace al finalizar el
primer cuadro de la obra: «*mientras vuelve el ciego, pasa un entremés entre
un procurador y un litigante*». Los pleitos y los juicios burlescos son materia común al teatro cómico breve: recordemos la farsa francesa de
*Maître Pathelin* y el cervantino entremés de *El juez de los divorcios*. El segundo entremés es, por el contrario, una pieza exenta e independiente.
Va titulado simplemente como *Entremés* y su escrito para ser representado en un convento de monjas el día de San Juan Evangelista, es decir, en plenas fiestas de Navidad, como una derivación de las famosas
fiestas de locos. La pieza recoge el encuentro y ulterior disputa de cuatro personajes: tres de condición plebeya —un Pregonero, un Villano y
un Buñolero— y un Fraile. En un primer momento la pendencia se limita sólo a las palabras: insultos, alusiones maliciosas tanto a ciertas aficiones no muy edificantes del clérigo —la visita a los burdeles— como
al sospechoso destino de las limosnas recaudadas. En un segundo nivel,
el ataque verbal deriva en el manteo del Fraile, como si se tratara del
pelele de cualquier festejo carnavalesco.

Pero la primera vez en que se utiliza la palabra entremés con el sentido que adquiriría más tarde es en el «Prólogo» de la *Comedia de
Sepúlveda* (1547), donde se habla de ciertos episodios cómicos desglo-
sables de la acción principal; Escobar pregunta a Becerra por el argumento de la comedia que se disponen a ver, y este último contesta del
modo siguiente:

No os puede dar gusto el sujeto ansí desnudo de aquella gracia con que el proceso dél suelen ornar los recitantes y otros muchos entremeses que intervienen por ornamento de la comedia, que no tienen cuerpo en el sujeto della.

Los «entremeses graciosos, que van trovados en la obra», involucran en un juego de burlas al viejo Natera, el criado Parrado, el Nigromante, el Bobo y su mujer [Marín Martínez, 1977].

Esta gran actividad teatral de los primeros años del siglo XVI, en que se inicia la profesionalización de las gentes de teatro, culmina en la labor de Lope de Rueda (c. 1520-c. 1565), en quien los autores posteriores ven el padre del género entremesil, tal como lo atestigua Agustín de Rojas Villandrando:

> Digo que Lope de Rueda,
> gracioso representante
> y en su tiempo gran poeta,
> empezó a poner la farsa
> en buen uso y orden buena;
> porque la repartió en actos,
> haciendo introito en ella,
> que agora llamamos loa;
> y declaraban lo que eran
> las marañas, los amores,
> y entre los pasos de veras
> mezclados otros de risa,
> que, porque iban entremedias
> de la farsa, los llamaron
> entremeses de comedia.

Como Juan del Encina, Gil Vicente y Torres Naharro, Rueda reunía en su personalidad las tres facetas del arte dramático: escritor, *autor* y actor. Desarrolló una intensa actividad por varias ciudades españolas: Córdoba, Sevilla, Valencia, Toledo, Valladolid… En esta última se le encargó, en 1551, que sacara un carro y unas danzas para recibir al príncipe Felipe después de su viaje a Flandes, y un año después el ayuntamiento vallisoletano le contrató para «representar y componer autos». Sabemos que en 1554 interpretaba «regocijados y graciosos entremeses», pero nunca hubiéramos podido leerlos de no ser por el librero y también dramaturgo Juan Timoneda, que se ocupó de recopilarlos tras su muerte: *Quatro comedias y dos Coloquios pastoriles del excellente poeta, y gracioso representante Lope de Rueda* (Valencia, 1567). Contiene el volumen las siguientes piezas: *Comedia Eufemia, Comedia Armelina, Comedia Medora, Comedia de los engañados, Colloquio de Camila y Colloquio de Tymbria*; intercalado hay también un anónimo *Dialogo sobre la invencion de las calças que se usan agora*, que no parece obra de Lope de Rueda. Timoneda se ocupó también de pulir y hasta de censurar los textos: «me vino a la memoria el desseo y affectación que algunos amigos y señores míos tenían de vellas en la provechosa y artificial emprenta. Por do me dispuse (con toda la vigilancia que fue possible) ponellas en orden y sometellas baxo la corrección de la Sancta Madre Yglesia. De las quales, por este respecto, se han quitado algunas cosas no lícitas y malsonantes, que algunos en vida de Lope havrán oydo. Por tanto, miren que no soy de culpar, que mi buena intención es la que me salva». En sus prevenciones dirigidas al lector nos deja también Timoneda estas otras interesantísimas advertencias sobre su ardua tarea de editor, pues tuvo que «escrevir cada una d'ellas dos vezes, y escriviéndolas (como su autor no pensasse imprimirlas) por hallar algunos descuydos o gracias, por mejor dezir, en poder de simples, negras o lacayos reyterados, tuve necessidad de quitar lo que estava dicho dos vezes en alguna d'ellas y poner otros en su lugar, después de yrlas a hazer leer al theólogo que tenía diputado para que las corrigiesse y pudiessen ser impressas». En este sentido, hay que contextualizar la publicación de las comedias de Rueda en una época, la posterior al concilio de Trento, en que estaban vigentes los *Índices* de libros prohibidos por la Inquisición (1551, 1559), donde los textos dramáticos están muy presentes: *Comedia Jacinta, Comedia Orfea, Farsa Custodia, Farsa de dos enamorados, Farsa Josefina*, etc. Por tanto, según Canet, «es fácil explicarnos bajo este aspecto la inexistencia en las obras de Lope de Rueda (pero sobre todo en sus pasos) de personajes como el clérigo, tipo ridículo tan del gusto de las farsas del teatro anterior (Gil Vicente, Diego Sánchez de Badajoz, Jaime de Huete, etc.), de las prostitutas y alcahuetas (procedentes de la comedia humanística y celestinesca) o la aparición de un lenguaje bastante comedido en tipos sociales de tan baja estofa como los rufianes» [Canet, 2003: 441].

Timoneda incluyó también una *Tabla de los pasos graciosos que se pueden sacar de las presentes Comedias, y Coloquios y poner en otras obras*, es decir, la nutrida serie de entremeses intercalados en esas piezas mayores: «de la *Comedia Eufemia: El paso de Polo, Vallejo y Grimaldo* y *El paso de Polo y Olalla, negra*. De la *Comedia Armelina: El paso de Guadalupe y de Mencieta*. De la *Comedia de los engañados: El paso de Pajares y Verginio*. De la *Comedia Medora: El paso de Gargullo, de Estela y de Logroño, El paso de Ortega y Perico* y *El paso de la Gitana y Gargullo*. Del *Coloquio de Camila: El paso de Pablos Lorenço y de Ginesa, su mujer* y *El paso de Pablos y Ginesa*. Del *Coloquio de Timbria: El paso de Troico y Leno sobre la mantecada, El paso de Ysacaro y la negra, El paso de Mesiflua y Leno, El paso de Troyco y Leno* y *El paso de Leno y Sulco, su amo, sobre el ratón*», resume Canet, quien los ha editado añadiendo una decimoquinta pieza, pues —en su opinión— en la *Comedia de los engañados*, escena III, se escenifica un paso, al que da el título de *El paso de Guiomar, Clavela y Julieta*.

El mismo año de 1567 se publicó en Valencia *El deleitoso*, un compendio de esos pasos recopilados por Timoneda, «en el cual se contienen muchos pasos graciosos [...] para poner en principios y entremedias de coloquios y comedias», titulados con un número ordinal, aunque se denominan habitualmente con los siguientes títulos: *Los criados, La carátula, Cornudo y contento, El convidado, La tierra de Jauja, Pagar y no pagar* y *Las aceitunas*; en la segunda edición que se hizo de *El deleitoso* (Logroño, 1588) se incluyó el anónimo *Coloquio llamado prendas de amor*. Timoneda publicó también un *Registro de representantes* (Valencia, 1570), donde se incluyen seis pasos, tres de ellos de Lope de Rueda: *El rufián cobarde, La generosa paliza* y *Los lacayos ladrones*. La finalidad de registrar estos pasos siempre va dirigida a la representación: «de aquí el representante que presuma / hacer que sus coloquios sean gustosos, / puede tomar lo que le conviniere, / y el paso que mejor hacer supiere». Junto al Simple o Bobo, como maestro de la ceremonia cómica y víctima propiciatoria de las burlas que se escenifican, aparecen en los pasos otras figuras relevantes como el Rufián, que Rueda pudo tomar de *La Celestina* y de otras comedias humanísticas, como la Thebayda, la Negra y el Estudiante. El influjo de Rueda se muestra, asimismo, en la conformación de una prosa de gran dinamismo, capaz de recoger los modismos y las inflexiones del habla coloquial, y de la que Cervantes habría de aprovecharse en seguida.

Se trata de piezas que ponen en juego una pequeña burla, ejecutada por ladrones o lacayos pícaros al simple de turno. Un ejemplo antológico es el paso de *La tierra de Jauja*, en que dos ladrones, Honzigera y Panarizo, saquean la cazuela del simple Mendrugo a base de contarle las historias de ese fabuloso país, cuyas «calles están empedradas con yemas de huevos» y los ríos son de leche y miel. En el de *Las aceitunas* un matrimonio de simples, Toruvio y Águeda, contienden absurdamente por el precio que pondrán a unas aceitunas cuando ni siquiera están plantadas, y es la hija Mencigüela la que paga el desacuerdo conyugal. En el titulado *Cornudo y contento* es un marido simple el engañado por su mujer y un avieso estudiante, cumpliendo con su flema la fórmula del refrán. En *El rufián dichoso* recrea un cuadro celestinesco mediante la figura de un lacayo fanfarrón que recuerda al rufián Centurio de la *Tragicomedia*, de Rojas; como aquél, es pendenciero y fanfarrón a la hora de rememorar sus hechos criminales: «viéndome cercado de todos siete, por si acaso viniésemos a las manos no me hiciesen presa en ellas, yo mismo, usando de ardid de guerra, me las arranqué de cuajo, y arrojándoselas a uno que conmigo peleaba, le quebranté once dientes del golpe, y quedó torcido el pescuezo, donde al catorceno día murió, sin que médico ninguno le pudiese dar remedio». Rueda demuestra un conocimiento muy preciso de estos tipos marginales, a los que une el de la negra, que, según Miguel de Cervantes, que le vio representar, hacía él mismo, cuya comicidad está asegurada por su modo de hablar: «¿no mira vosa mercé que preguntar quín sa yo? Mira, mira, fija, ya saber Dios y tora lo mundo que sar yo sabrina na reyna Becasina, cuñados de la marqués de Cucurucú, por an mar y por a tierras». Con estos y otros tipos —gascón, gitana, alguacil, etc.— da vida Rueda a una galería de tipos que están a medio camino entre la *imitatio* folclórica y el retrato costumbrista. Mas, en cualquier caso, no se trata de ningún costumbrismo complaciente, pues aquí y allá aparece la nota de humor negro y de crítica social, luego tan explotadas en otras formas del teatro breve, como la jácara. Otro gran mérito indiscutible de Rueda y que no tiene parangón entre sus coetáneos es el manejo de una prosa ágil y dinámica, que hereda los registros más felices de *La Celestina* y deja el camino expedito a Cervantes, cuyos *Entremeses* tanto deben a los *Pasos* del sevillano. La obra teatral de este autor se configura como una interesante mezcolanza de tradición española y nuevas propuestas italianas, en que la práctica escénica y el conocimiento de primera mano de los gustos del público (a los que se dirigen numerosos guiños en forma de apartes) conforman una serie de personajes básicos que tendrían su continuidad en la comedia del Siglo de Oro. Desde una lectura actual, como apunta Canet, se nos aparece como «un teatro algo ingenuo y poco verosímil, pero analizado desde una perspectiva histórica hizo reír a sus espectadores, conformó un gusto y unos códigos, llevó a las tablas lo mejor de las tradiciones teatrales anteriores y las que estaban gestándose en Italia, la inclusión de la prosa como propuesta de verosimilitud, y por todo ello fue alabado por la mayoría de sus conciudadanos, con lo que siempre ha sido considerado como el primer gran profesional de la escena española» [Canet, 2003: 465].

Por todo ello, se comprende que estas piezas hayan estado siempre vigentes en los repertorios teatrales más renovadores y exigentes: Federico García Lorca los programó para alguna función de La Barraca y otro tanto hizo Alejandro Casona para el «Teatro del Pueblo» de las Misiones Pedagógicas. Del mismo modo, aparecen en los programas de los teatros universitarios de Zaragoza y Murcia, bajo la dirección de Alberto Castilla y César Oliva, o en el de grupos como Los Goliardos, que los programaron bajo el título de *Historias de Juan de Buen Alma*. Recientemente, Ángel Gutiérrez los programa con frecuencia en sus repertorios de verano, junto a sainetes de Arniches o entremeses de los hermanos Álvarez Quintero [Asensio, 1971a; Canet, 1992].

De atribución dudosa son otras varias obras publicadas en diferentes libros: *Comedia llamada discordia y cuestión de Amor, Farsa del Sordo, Entremés del Mundo y No Nadie* y los autos y entremés incluidos en el famoso *Códice de autos viejos* (*Auto de Naval y Abigail, Auto de los desposorios de Moysén, Auto del robo de Digna, Auto del hijo pródigo* y *Entremés de las esteras*).

Como autor, Joan Timoneda (*c.* 1518-1583) sigue la misma técnica de Rueda: en *Las tres comedias* (1559) inserta unos pasos como episodios de la fábula, y en la *Turiana* (1564-1565) incluyó cuatro piezas cortas: *Paso de dos ciegos y un mozo, Paso de un soldado, un moro y un Ermitaño, Paso de dos clérigos, Cura y Beneficiado* y *Entremés de un Ciego, un Mozo y un Pobre*. Los cuatro recogen los ambientes marginales y depauperados del primer siglo de oro: clérigos, moriscos, soldados rotos, pícaros hampones y ciegos avariciosos. Es de destacar también, por lo que tiene de precedente, que Timoneda utilice ya el verso.

El largo período que va de Lope de Rueda a Cervantes es el más complejo de historiar, pues falta, sobre todo, un entremesista de similar envergadura a estos dos maestros, y abundan las piezas anónimas y de difícil datación. Abraham Madroñal ha intentado una síntesis didáctica en su trabajo «El entremés en la época de Felipe II y su relación con el entremés barroco». Además de partir de algunos de los autores de la primera mitad del siglo XVI ya tratado por nosotros, sigue la pista entremesil a través de obras sueltas como el entremés de *Las esteras*, incluido en el *Códice de autos viejos* (1565-1578), el *Paso del portugués*, con el que concluye la *Comedia Fenisa* (1588) y, ya dentro del teatro humanístico de carácter jesuítico, los entremeses intercalados en el *Dialogus de methodo studendi* (1586), del padre Andrés Rodríguez, o el incluido en *Dialogo de praestantissima scientiarum eligendo* (1584) y en otras piezas en que aparecen figuras populares como el Bobo, el Estudiante o el Soldado. Así los intercalados, a modo de entretenimiento, en la *Tragedia de San Hermenegildo*, el *Coloquio de Moisés* (1583) o el *Diálogo a la venida del Padre Visitador* (1589), y otras.

Por su parte, Cotarelo publicó en el primer volumen de su colección un ramillete de estupendos entremeses, la mayoría en prosa, como era lo acostumbrado antes de 1620. Casi todos delatan esa frescura tan característica del entremés cervantino, y tocan todos los asuntos. El erótico, por ejemplo, tiene un desarrollo magistral en el *Entremés de un viejo que es casado con una mujer moza*, que sigue de cerca el asunto de la jornada X del *Decamerón*, de Boccaccio, o en el *Entremés sin título* (núm. 17), en que el gran protagonista es un Sacristán, uno de los mejores que conozco de todo el teatro breve.

Otros entremeses basan su argumento en el mundo de la marginalidad, con ladrones, pícaros y rufianes como protagonistas absolutos. El de *Mazalquiví*, de clara raigambre celestinesca, es uno de los mejores, con una teatralización del mundo del burdel, presidido por el Padre de la Putería, Mazalquiví como gran rufián y los aspirantes a los cargos subalternos. A la misma serie temática pertenecen el *Primer entremés de Celestina*, *El testamento de los ladrones*, *Los ladrones convertidos* (1599), de Martín de Santander, o el entremés de *Golondrino*. Pero de todos ellos el mejor es *La cárcel de Sevilla*, alguna vez atribuido a Cervantes, y en que se juega con el humor negro hasta límites luego no superados. Paisano, su protagonista, es rufián de rufianes, un jayán en la estela de

Centurio y de Escarramán. También se le ha atribuido a Cervantes la autoría de *El hospital de los podridos*. Algo posterior debe ser el de *Los romances*, que Menéndez Pidal consideraba pieza inspiradora del *Quijote*.

## II. AGUSTÍN DE ROJAS VILLANDRANDO, por *Nuria Plaza Carrero*

Agustín de Rojas Villandrando (Madrid, 1572-Paredes de Nava, ¿1635?), hombre aventurero y conocedor de varios países a través de sus viajes, desempeñó múltiples y diversos oficios, como él mismo detalla en «Al vulgo», de *El viaje entretenido*:

> Fui cuatro años estudiante, fui paje, fui soldado, fui pícaro, estuve cautivo, tiré la jábega, anduve al remo, fui mercader, fui caballero, fui escribano y vine a ser representante [«Al vulgo», 66].

De formación autodidacta, a los catorce años se alistó como soldado para luchar en la guerra de Francia. Permaneció cautivo en La Rochela, y aproximadamente entre 1596 y 1597, tras haber pasado mil y un avatares, se introduce en el mundo teatral cuyos entresijos, muy pronto, conoce a la perfección. Trabajó como cobrador y actor, y representó con las compañías de Angulo el de Toledo, Gómez, Antonio de Villegas, Nicolás de los Ríos y Miguel Ramírez. Sus datos biográficos aparecen diseminados en dos de sus tres obras: *El viaje entretenido* (1603) y *El buen repúblico* (1611), no así en su comedia *El natural desdichado* (de difícil datación, si bien puede encuadrarse entre 1597 y 1603). Quiso forjarse, al parecer, un perfil algo novelesco, a juzgar por ciertas informaciones detalladas por el propio autor, que unas veces resultan contradictorias y otras, sin duda alguna, falsas. No obstante, se reconocen como verídicos algunos lances vitales introducidos en las dos primeras obras.

Fue conocido y estimado como escritor de loas:

> Sabes la honra que me han dado, las veces que las he dicho, los hombres de buen entendimiento que las han loado, y la mucha gente que me las ha pedido [«Al vulgo», 66].

Por esta razón, decidió reunir las cuarenta loas que había escrito y publicarlas en un solo libro, *El viaje entretenido*, hecho bastante insólito en el proceder de este género teatral breve:

> Lo que me ha animado a hacer esto, no ha sido confianza de mi ingenio, sino persuasión de mis amigos y voluntad de mis nobles deseos, pareciéndoles que, pues había gastado el tiempo en componer tantas y tan varias loas, y algunas de tanto gusto, hiciese un libro para dejarles algún entretenimiento [«Al lector», 72 y 73].

Las loas están intercaladas a lo largo del relato de un viaje por España realizado por una compañía teatral. En este marco estructural se integran, además, el diálogo —de amplia tradición literaria— entre cuatro personas (Nicolás de los Ríos, Miguel Ramírez, Agustín Solano y Rojas) y la inclusión del cuento de Leonardo y Camila, cuyo desarrollo se fragmenta durante el viaje. En este libro misceláneo (dividido en tres partes), el elemento dialogístico permite a Rojas dotar de una notable cohesión y un firme hilo conductor al conjunto de piezas introductorias.

Si bien, en el caso de Rojas, no tenemos el problema de la adjudicación de una autoría fiable —tan propio del género de la loa—, nos enfrentamos a otro, igualmente inherente a este tipo de obras, como es el de la datación. No obstante, Joset [1977: XXV-XXVII] ofrece una cronología aproximada de algunas de las loas (entre 1597 y 1601), a partir de algunos datos que el mismo Rojas incluye en ellas. Llama la atención, ante todo, la heterogeneidad de las obritas laudatorias de nuestro autor, que se manifiesta en distintos niveles: la presentación formal, la métrica utilizada, los temas tratados y la estructura compositiva. De las cuarenta, seis están escritas en prosa, juzgadas por Cotarelo [1911: I, XX] como «prueba de mal gusto y puerilidad». La XV y la XVI, sobre el vituperio y el elogio de las mujeres, respectivamente, se centran en la tópica invectiva misógina de la época y sus lugares comunes, con la consiguiente ejemplificación a través de la Antigüedad Clásica y la Biblia. Estas referencias bíblicas, que en la edición príncipe eran epígrafes situados en los márgenes —propios de los libros de carácter erudito y no dramáticos, dirigidos a la recitación—, apoyan la tesis de la modificación de las loas para que fueran publicadas en *El viaje entretenido*, Ressot

[1972: 222]. La XXVII, sobre la letra R, es una recopilación de palabras que comienzan por dicha letra y de otras que aparecen en los Libros Sagrados. Las otras tres, escritas en prosa (la XXXII, sobre la fortuna y el lunes; la XXXIV, sobre la envidia y el miércoles; y la XXXVII, sobre la ingratitud y el sábado), son un muestrario de opiniones y sentencias de *Autoridades*, así como un listado de los hechos importantes que acaecieron en el día objeto de la alabanza. El resto de las loas están en verso y, aunque predomina el romance (III, V, VII, VIII, XI, XIII, XIV, XVII, XVIII, XIX, XX, XXI, XXII, XXIII, XXVI, XXX, XXXIII, XXXVIII, XXXIX, XL), prevalece el gusto por la variedad métrica:

- Romance y coplas de 2, 4 ó 6 endecasílabos asonantes o rimados (XXVIII, XXIX).
- Romance y coplas sin cambio de asonancia y estribillo (IV, IX).
- Octavas reales (II).
- Endecasílabos libres (VI, X, XXXI, XXXV, XXXVI).
- Redondillas (I, XII, XXV).

Estas tres últimas son precisamente las únicas loas dialogadas de Rojas. La I trata de la presentación de la compañía de Gómez, en Sevilla. Los distintos componentes de la misma sienten cierto temor de representar en la ciudad. Finalmente, es una niña la que pide licencia para hacerlo al personaje de Sevilla, que aparece en escena al son de chirimías. Se aprovecha la petición de la pequeña para alabar la grandeza y el amparo que la ciudad sabe dispensar a cuantos llegan allí.

En la XXV también se presenta una compañía, esta vez la de Ríos, que tiene preparadas seis comedias en Valladolid. Como en el caso anterior, Rojas forma parte de los personajes que intervienen, y los actores, dialogando en parejas y con cierto movimiento escénico, muestran su humildad y su miedo de representar en la ciudad, después de haber permanecido en ella una larga temporada. Aquí, es el autor Ríos el que disipa esos temores aludiendo al éxito de sus anteriores puestas en escena. Del mismo modo, y como técnica indirecta de petición de benevolencia, se loa a la ciudad pucelana.

La loa XII es un diálogo entre María y el propio Rojas. Éste no sabe cómo resolver el enigma planteado por una dama a la que declaró su amor, y cuya respuesta fue sí y no. María le ayuda a descifrar el significado y le propone ser ella quien diga la loa, para lo cual va representando a diferentes personajes por medio de los parlamentos que los caracterizan: el ángel, la dama, el galán, el rufián (que habla en germanía) y el viejo (no sin antes ponerse la barba correspondiente; hecho que, sin duda, movía a risa al auditorio).

Otro de los rasgos sobresalientes es la diversidad temática y lo insólito del elemento al que se dirige el elogio, como es el caso de las loas dedicadas a la comedia (VIII), a la primavera (X) —estas dos tildadas, por los interlocutores de Rojas, de excesivamente largas—, a la mosca (XVIII), a los vocabularios (XX), a los dientes (XXI), a la letra A (XXVI), a los días de la semana (XXXI-XXXVII), a los ladrones (XXXVIII), al cerdo (XXXIX) y a las cuatro edades del mundo (XL). Algunos de estos objetos de encomio provocaban la hilaridad por lo insignificante e inusual de lo elogiado en este tipo de textos.

En el corpus loísta de Rojas, destacan, por su frescura y diversión, aquellas composiciones que desarrollan un cuento y concluyen con una «aplicación» del mismo a diferentes aspectos de la representación, como los actores, el autor, la petición de silencio o de benevolencia al público [Flecniakoska, 1975: 79 y 89]. En estas loas el relato se hace en primera persona. En ocasiones Rojas figura como protagonista principal de la pequeña historieta narrada; otras veces interviene sucintamente para justificar la posterior escritura de la alabanza. Este recurso le permite captar la atención del público e introducir la comicidad y la amenidad en las piezas introductorias, todo lo cual contribuye a crear un clima favorable para la representación y el juicio benevolente del auditorio. Causaban especialmente risa las situaciones planteadas en la número III (sobre lo que le aconteció con una ramera fea) y la número XXIV (que gira en torno al Amor). En la primera nuestro autor se encuentra con una ramera en un cementerio y ésta le lleva a su casa. Una vez allí, desnudo, debe esconderse debajo de la cama de la mujer ante la llegada del alguacil y sus acompañantes, y soportar esa situación mientras los otros cantan, y le hacen posteriormente objeto de sus burlas. En la segunda expone los razonamientos de quién podría representar en las tablas al Amor. Las interpelaciones y alusiones constantes a los espectadores, llegando incluso a señalar a aquéllos que ilustraban su loa mediante versos del tipo: «como aquel moscatelillo / que está jugando allí enfrente», «como aquel que está sentado / vuelta la cara a la gente» [320 y 321], divertían sobremanera en la época.

A menudo el relato en primera persona contiene datos autobiográficos referidos, por una parte, a su etapa como soldado —es el caso de la loa II, sobre las desventuras del comediante cobrador, en que se alude a su estancia en Bretaña; la VII sobre su cautiverio en La Rochela; o la XXX, en que vuelve a referir los mismos sucesos anteriores y expone cómo vino a dar en amores con una vieja hasta que se arrepintió de estar con ella, y, ante la pregunta que la mujer le hizo sobre el porqué de su apelativo (El Caballero del Milagro), le da una serie de explicaciones dirigidas a espantarla—; y, por otra parte, a su etapa relacionada con el mundo del teatro. Así, en la V Rojas narra la herida que sufrió cuando era cobrador de compañía, al negarse a dar el dinero recaudado a los rufianes que lo pretendían.

El cuento que desarrolla la loa sirve en muchas ocasiones como *exempla* que se puede aplicar a distintos asuntos. De esta manera, en la número XIII Rojas dice haber conocido a una mujer y a su hijo —bellísimos pero ambos tuertos— y, tras compararlos con Venus y Cupido y escuchar de la mujer la sentencia universal «nadie es perfecto», lo relaciona al final con el caso de la comedia y la *captatio benevolentiae*: «asimismo en la comedia, / hay malos representantes» [208]. También en la IX la historia curiosa del sastre de la luna —el cual no puede confeccionarle un traje para su boda debido a la naturaleza cambiante del astro— se aplica, al fin de la pieza, a la mudanza de gustos de los espectadores y a la petición de perdón ante los posibles yerros cometidos: «¿cómo puedo contentar / gustos que menguan y crecen, / aunque os tome la medida / y en serviros me desvele?» [173].

Es curiosa, por la estructura de cajas chinas, la loa del hombre que quería volar (XXII). Un estudiante de Salamanca le contó a Rojas un cuento que éste decide transformar en una loa sobre un labrador que, tras haber visto en una procesión la figura de un águila, resuelve tratar de volar fabricándose unas alas para tal fin. El fracaso en el intento lo atribuye, curiosamente, a la falta de la cola. Rojas conecta este final del cuento con la invectiva contra los murmuradores de la comedia, a los que compara con burros que rebuznan («bien podré decir agora / que entre muchos que aquí hablan / hay algunos a quien sobra / lo que al labrador faltaba» [309]).

Entre tanta variedad métrica, compositiva y temática, nuestro autor escribió dos loas de asunto religioso dedicadas a la fiesta del Corpus en

las ciudades de Toledo (XIV) y Salamanca (XXIX). Trazan el elogio típico al Santísimo Sacramento y a la ciudad correspondiente. Como recurso lingüístico, recurrente y propio del género, Rojas utiliza la
acumulación enumerativa de nombres, adjetivos, verbos, negaciones, interrogaciones y exclamaciones, llegando hasta la extenuación en algunas de las loas como la VI; la XI, alabanza a Granada; y la XXI,
enumeración de ungüentos para conservar sanos los dientes; entre otras
muchas anteriormente comentadas).

Ediciones

Rojas Villandrando, Agustín de, *El viaje entretenido,* ed. Manuel Cañete,
   Madrid, B. Rodríguez Serra, 1901.
—, *El viaje entretenido,* ed. A. Bonilla y San Martín, en M. Menéndez Pelayo,
   *Orígenes de la novela,* t. IV, Madrid, Nueva Biblioteca de Autores Españoles,
   vol. XXI, 1915, pp. 460-614.
—, *El viaje entretenido,* ed. Justo García Morales, Madrid, Aguilar, 1945.
—, *El viaje entretenido,* ed. John V. Falconieri, Madrid, Anaya, 1965.
—, *El viaje entretenido,* ed. Jean-Pierre Ressot, Madrid, Castalia, 1972.
—, *El viaje entretenido,* ed. Federico Carlos Sáinz de Robles, Madrid, Círculo
   de Amigos de la Historia, 1976.
—, *El viaje entretenido,* ed. Jacques Joset, Madrid, Espasa-Calpe, 1977.

III. Cervantes: el entremés (comedia antigua) frente a la
   comedia nueva, por *Vicente Pérez de León* y *Héctor Brioso Santos*

1. *Introducción* [*Vicente Pérez de León*]

   Miguel de Cervantes (Alcalá de Henares, Madrid, 1547-Madrid,
1616) publica ocho entremeses junto a sus ocho comedias en 1615. Este
hecho ha marcado la mayoría de los estudios sobre el teatro breve cervantino, cuyo análisis se ha realizado tradicionalmente asociado a las ocho
comedias [Cotarelo, 1911; Casalduero, 1966; Canavaggio, 1982; Zimic,
1992]. Sólo en los últimos años se ha optado por analizar los ocho entremeses independientemente de las comedias, en unos casos apuntan-

do a su espíritu carnavalesco en otra de las ediciones más citadas [Asensio, 1971b], en otros, señalando su relación con la narrativa cervantina [Spadaccini, 1984; Reed, 1993], o, finalmente, intentando recuperar el contexto en que se publicaron [Pérez de León, 2005]. A esta tendencia se suma la afirmación de que el teatro de Cervantes fue escrito en reacción al de Lope de Vega.[1]

El hecho de estudiar el teatro breve[2] en conjunto con el teatro de larga duración ha contribuido al acercamiento de criterios, en muchos casos forzado, en la apreciación de dos géneros tan dispares y de evolución tan diferente como son el entremés y la comedia. De hecho, debido al privilegio que ha ostentado tradicionalmente la última sobre el primero, en la mayoría de los casos se han aplicado al entremés conclusiones extraídas de los estudios de la comedia tales como, que si la comedia cervantina se anticipa a su tiempo, en el entremés se aprecia un fenómeno similar, o que si las ocho comedias son una respuesta a su frustración ante el de la comedia nueva, este hecho necesariamente ha de manifestarse también en las alusiones al teatro de los entremeses. La mayoría de los entremeses de Cervantes no sólo no se caracteriza tanto por experimentar dentro de su género, sino que son más bien continuistas de una línea del teatro breve en prosa. Además, apenas se aprecian en sus argumentos elementos que se puedan identificar con el teatro de la comedia nueva; de hecho, aunque la inclusión de entremeses de tema de rústicos (*El retablo de las maravillas, La elección de los alcaldes de Daganzo*) ha sido interpretada como una respuesta al teatro de Lope de Vega, existen pocos argumentos basados en los textos que se puedan utilizar para defender esta afirmación.

A poco que se comparen los entremeses cervantinos con cualquiera de los escritos y publicados entre 1605 y 1617, se aprecia que exis-

---

[1] Hay críticos que defienden que existen suficientes elementos de juicio como para afirmar que en una obra como, por ejemplo, *El retablo de las maravillas*, aparte de una sátira contra el que gobierna sin merecerlo por sus méritos, existe una alusión al teatro nuevo de Lope de Vega.

[2] Utilizaremos indistintamente los términos «teatro breve» y «entremés» por razones estilísticas en esta obra. En ningún caso se incluyen, cuando se habla de «teatro breve», mojigangas, loas o cualquiera de sus subgéneros, sino exclusivamente el propio entremés.

ten elementos comunes entre ellos, algo que confirma que siguen las directrices de un género establecido a partir de una fórmula determinada que le garantizaba el éxito. Ésta consistía, en grandes líneas, en la elaboración de una problemática a partir del punto de vista de un personaje apicarado y su posterior desarrollo a través de un conflicto, que en la mayoría de los casos era de «traza de amores» e incluía engaños ingeniosos, adulterios, enfrentamientos, etc. Destaca también una preferencia estética por las intervenciones largas de los personajes en que la exposición del conflicto y su justificación a partir de la existencia previa del individuo tienen un papel fundamental, recurso que se puede justificar por la interrelación y dependencia entre estas obras y uno de los géneros narrativos de más éxito de la segunda mitad del siglo XVI junto a la novela sentimental y pastoril, que es el de la picaresca.[3]

Aunque los entremeses de Cervantes siguen las directrices de un género establecido en busca del éxito en las tablas, no obstante, se pueden apreciar ciertas excepciones en varios de ellos en forma de determinados y sorprendentes giros en sus tramas que los convierten en obras que van más allá de lo esperado en un género como el teatro breve. Concretamente esto ocurre en *La elección de los alcaldes de Daganzo, El retablo de las maravillas* y *El juez de los divorcios*. Las dos primeras son obras en que la ideología supera claramente el sentido primitivo de entretener con simpleza, llevando el mensaje satírico-político, que se encontraba en géneros tales como la poesía[4] o las relaciones, al contexto del teatro breve para atacar y cuestionar abiertamente las actitudes erróneas de los al-

---

[3] En este sentido, existen numerosos «guiños» hacia este subgénero narrativo, como los monólogos en que un personaje cuenta una vida calcada de la de un pícaro, expresiones como la de «arrimarse a los buenos» y conclusiones en que más que un castigo o burla cruel contra un personaje engañado, se busca un sentido «moral» a la broma en la intervención del propio protagonista confundido que asume su «lección». La presencia de estos detalles en los entremeses cervantinos es evidente en *La cueva de Salamanca*, en que el personaje picaresco del estudiante se desarrolla en exceso; en *El viejo celoso*, obra en que el multifacético marido engañado reconoce su culpa y error; y en *El vizcaíno fingido*, en que existe una primera exposición del conflicto por parte de un protagonista que alude inusualmente a la moralidad de la broma que va a llevar a cabo.

[4] En los poemas contra los rústicos poderosos del romancero se les ataca precisamente por las actitudes reflejadas en las obras cervantinas, resumidas en el hecho

deanos. *La elección de los alcaldes de Daganzo* como *El retablo de las maravillas* no sólo comparten este fondo ideológico, sino también unas estructuras un tanto originales para articular sus tramas. En el caso de *La elección de los alcaldes de Daganzo*, la presentación de un grupo de personajes que responde claramente a las características atribuidas a los rústicos por la cultura popular de ser ignorantes y orgullosos contrasta con la aparición de Rana, candidato de una gran memoria que delata su pobre entendimiento, ocurriendo todo ello dentro del esquema del «examen de ingenios rústicos». Por su parte, en el entremés de *El retablo de las maravillas* el mensaje ideológico se incluye también a través de la excesiva caracterización de dos grupos de personajes, uno de farsantes que articulan su engaño a partir de teorías de la manipulación explícitas en obras sobre magia como *De vinculis in genere*, de Giordano Bruno, y otro de villanos engañados, que al igual que los de *El retablo de las maravillas* pretenden ejercer su poder a partir del reconocimiento de su privilegio de tener sangre «pura». Finalmente, en el caso de *El juez de los divorcios* se pone en escena un arbitrio, algo inusitado en los entremeses de la época, con la excepción de *El hospital de los podridos*. En ambas obras el arbitrio llevado a la práctica sirve para reflexionar sobre las consecuencias de su aplicación con diferentes niveles de compromiso; en el caso de *El juez de los divorcios* el final es ambiguo e interrumpido estratégicamente por una canción, quizás por el peligro subyacente de la carga ideológica tratada: el cuestionamiento del matrimonio cristiano. El anónimo *El hospital de los podridos* llega más allá, sin embargo, pretendiendo demostrar cómo al igual que ocurría en *El retablo de las maravillas* nadie está libre de ser acusado, rompiendo la fina línea entre examinadores y examinados al proponer una conclusión en que el rector y los secretarios de un hospital que juzgaban quién estaba o no «podrido», resultan estarlo ellos también, siendo ingresados junto a los personajes anteriormente acusados.

Por lo demás, no se puede decir que el resto de los entremeses cervantinos destaquen entre los de su tiempo. Si comparamos *El rufián viudo* con otras obras de rufianes, *El vizcaíno fingido* y *La guarda cuidadosa*

---

de llevar a gala su pureza de sangre como justificación para poder ejercer posiciones de poder y privilegio.

con las de sus contemporáneos de rivalidad y desengaño, o *La cueva de Salamanca* y *El viejo celoso* con otras de traza de amores, apreciamos detalles formales que las alejan cualitativamente de las que estaban triunfando en las tablas de su época. En los de Cervantes todavía se utiliza, en muchos casos, un humor simple basado en estereotípicos defectos del habla (*El rufián viudo, El vizcaíno fingido*), algo ya casi pasado de moda en el teatro breve post-Rueda, o argumentos de novela italiana llevados a las tablas (*El vizcaíno fingido*) que los hacen demasiado complicados para obras que pedían argumentos de resolución rápida; además, el peso de sus tramas recae en los excesos de unos personajes que no se definen específicamente como cómicos, dejando entrever un aspecto trágico de su existencia, lo que rompe con el ritmo humorístico de la obra (Cañizares en *El viejo celoso* y el soldado de *La guarda cuidadosa*). Otros entremeses cervantinos incluyen incluso personajes bobos, algo que no llamaría tanto la atención si no fuera por el hecho de querer demostrar que no lo son en el transcurso de la obra, quedando marginados por el contraste con otro protagonista demasiado ingenioso y complejo para lo esperado en un entremés, como ocurre con el marido y el estudiante de Salamanca en *La cueva de Salamanca*. Los detalles enumerados en estos cinco entremeses, unidos al excesivo desarrollo y fondo ideológico de los tres anteriores, ponen de manifiesto el deseo de demostrar unas posibilidades de hacer teatro y los recursos de oficio de un escritor quizás no aplicados con medida ni convenientemente, ni ajustados siempre debidamente a lo que pedía el género del teatro breve.[5]

A pesar de que la disparidad temática y estructural hace tarea difícil el encontrar una unidad de criterio en unas obras que se escapan de cualquier tendencia a la unidad, por representar corrientes dentro del teatro breve diversas y dispares, existen diferentes elementos unificadores que ocurren en la mayoría pero nunca en los ocho entremeses cervantinos.

---

[5] Si bien existían entremeses que tenían elementos comunes a los cervantinos, como un desarrollo excesivo de los personajes y tramas demasiado narrativas, las obras compensaban estos detalles con resoluciones llamativamente graciosas, algo de lo que carece, en general, el entremés cervantino, en que incluso se establecen límites al fondo de las bromas, como se aprecia en *El vizcaíno fingido*.

Una primera propuesta de criterio unificador es la presencia de un fondo ideológico común que se aprecia en la creación de los personajes protagonistas de varias de las obras que nos ocupan. En mayor o menor medida, tanto en *La guarda cuidadosa*, como en *El juez de los divorcios*, *La elección de los alcaldes de Daganzo*, *El vizcaíno fingido*, *El rufián viudo*, *La cueva de Salamanca* y *El viejo celoso* se aprecia una materialización o puesta en práctica de algunas ideas o conceptos resumidos en el *Examen de ingenios para las ciencias*, de Juan Huarte de San Juan. Así, un soldado destemplado es el protagonista de *La guarda cuidadosa*; un grupo de letrados convertidos en «filósofos morales», los de *El juez de los divorcios*; un grupo de rústicos que intentan llevar a la práctica un «examen de ingenios», los de *La elección de los alcaldes de Daganzo*; un muy imaginativo par de jóvenes —y, por consiguiente, excesivamente tendenciosos según Huarte de San Juan—, los de *El vizcaíno fingido*. Por otro lado, el protagonista de *El rufián viudo* es un destemplado delincuente en extremo que altera la realidad existencial de todos los personajes alrededor suyo. El entremés de *La cueva de Salamanca* está organizado en torno a varios personajes destemplados hacia los vicios carnales que pretenden engañar a un marido cuyo ingenio se va despertando a medida que transcurre la obra. En el caso de *El viejo celoso* un anciano destemplado por la edad impone su desequilibrio a los habitantes de su casa encontrándose con la oposición de una joven también «destemplada» por su juventud.

Otro criterio de unidad que se puede señalar en los entremeses cervantinos es la apreciación de que en la mayoría se desarrollan diferentes matices de lo expuesto en su prólogo en cuanto al estado de la literatura y, más concretamente, en cuanto a la afirmación de que el autor era buen novelista pero mal poeta. Existen opiniones sobre la literatura contemporánea en la mayoría de los entremeses en forma de sátiras contra excesos cometidos por poetas, abusos de determinadas estéticas o autores consagrados como Garcilaso, ataques contra los bailes y canciones, además de reflexiones sobre los efectos del espectáculo en las audiencias, en el intento de mostrar diferentes detalles sobre lo que era considerado, siempre según el autor, literatura de poca calidad para la época.[6]

---

[6] En este sentido, la afirmación de Gerli sobre *El retablo de las maravillas* —«it can be read as a crucial extension of Cervantes' poetics» [1989: 490] — se puede extender a todos los entremeses con matices. Es decir, se puede afirmar que existe

Una tercera propuesta de agrupación de las ocho piezas se puede basar precisamente en las directrices temáticas de los entremeses de cambio de siglo, que en su mayoría respondía a la demanda de la audiencia de obras de «traza de amores».[7] Este elemento unificador serviría para agrupar a la mayoría de los entremeses cervantinos, que con la excepción de los de «rústico» manifiestan la existencia de algún asunto de amores o amoríos. De cualquier forma, existen afinidades específicas entre los ocho entremeses y los de su tiempo que se pueden utilizar para una propuesta de clasificación de éstos en grupos temáticos que corresponden a diferentes tendencias del teatro breve de la época. Existen así dos entremeses de rústico (*La elección de los alcaldes de Daganzo* y *El retablo de las maravillas*), uno de arbitrio (*El juez de los divorcios,* que serían dos si incluyéramos *El hospital de los podridos*), dos de conflicto amoroso (*La cueva de Salamanca* y *El viejo celoso*), dos de desengaño y rivalidad (*El vizcaíno fingido* y *La guarda cuidadosa*) y, finalmente, uno de rufián (*El rufián viudo*).

Quizás asistimos en las últimas décadas a una revalorización del género del teatro breve en general gracias a los numerosos estudios que se han llevado a cabo explorando nuevas fuentes, proponiendo renovados criterios de clasificación y señalando los diferentes recursos literarios de este género. No cabe duda de que los de Cervantes han participado en esta reivindicación de unas obras que han sido individualizadas y analizadas cada vez más concienzudamente. Son de destacar, en este sentido, los esfuerzos por desvelar la heterogeneidad de la función de la risa en los entremeses, que en muchos casos tiene la misma función adoctrinante y difusora que la comedia; sin embargo, se hace necesaria una reevaluación

---

un deseo del autor del prólogo de mostrar su desacuerdo con diferentes aspectos de un entorno literario concreto. Sin embargo, no existen argumentos concretos para identificar exactamente el objeto de las críticas con el teatro lopesco, por no haber detalles ni elementos que permitan fechar los ocho entremeses cervantinos después de finales del siglo XVI: «*El retablo* especially shows Cervantes' rejection of Lope de Vega's poetics as set down in the *Arte Nuevo de hacer comedias* (1609) and his opposition to a contemporary dramatic repertoire dominated almost exclusively by honor plays in the guise of the so-called *comedias de labradores*» [Gerli, 1989: 478].

[7] Un moralista sobre la audiencia de los entremeses afirma que «aún algunos tienen dictámenes tan errados, que piensan que en no siendo traza de amores son cansados» [Cotarelo, 1904: 228].

del papel del humor en el teatro breve de cambio de siglo XVI al XVII, cuyas conclusiones se podrán aplicar también al resto de los géneros literarios de la época. A partir de la transformación del sentido cómico del entremés se aprecian notables diferencias entre el paso, el reformista entremés de cambio de siglo[8] y el poco ejemplar entremés en verso de principios del siglo XVII. El tópico de la transformación histórica de la risa alienante requiere una atención especial para su adecuado desarrollo, necesaria para reevaluar el canon del teatro breve. Si se tienen en cuenta los criterios ideológicos en que prevalece el mensaje edificante y el humor constructivo, habría que situar por un lado a autores como Lope de Rueda, Cervantes y a los de la mayoría de los entremeses de cambio de siglo y en otro a Quiñones de Benavente, Quevedo y Calderón y al resto de representantes del entremés de humor más burlesco.[9]

---

[8] Se propone establecer una diferencia entre el entremés de cambio de siglo, categoría que engloba una serie de obras caracterizadas por tener un argumento elaborado, desarrollo de los protagonistas a través de diálogos y monólogos en prosa y que están escritas entre el último cuarto del siglo XVI y primeras dos décadas del siglo XVII. A causa de la ausencia de elementos para la datación de estas obras, no se puede ser más específico en cuanto al tiempo de su publicación; a esta dificultad se une el hecho de que la mayoría de ellas son anónimas. Este entremés respondería más o menos al denominado «renacentista» por Huerta Calvo. De cualquier forma, lo que sí se puede deducir es que hacer teatro en prosa en esas fechas se fue paulatinamente rechazando por la mayoría de los representantes, con la excepción de los italianos, como se aprecia en una declaración al respecto del *Zibaldone*, de Stefanello Bottarga [Ojeda Calvo, 1995: 120]. Ante este tipo de obras de clara dependencia narrativa, que estaba aprovechando la popularidad de la novela picaresca para introducir episodios herederos de este género, autores como Quevedo, o posteriormente Quiñones de Benavente, escribieron en las primeras décadas del siglo XVI un tipo de entremés en que se descarta la prosa, decantándose por el verso. En la transición, tanto Quevedo como Cervantes escriben obras así en verso como en prosa. Posteriormente, Quiñones de Benavente y la mayoría de los escritores de entremés burlesco, se decantan por ofrecer toda su obra en verso. El entremés en verso transforma los argumentos narrativos en otros dependientes de recursos dramáticos, acelera las acciones y basa su éxito en la burla, sin pretender construir historias de principios ni finales reformistas. Denominamos, por esta razón, a las obras escritas mayoritariamente en verso, a partir sobre todo de la segunda década del XVI, entremeses burlescos, categoría que correspondería a la identificada por Huerta Calvo como entremés barroco.

[9] El momento clave que afectó, no sólo al teatro de larga duración, sino al entremés, fue la adopción definitiva del verso. La siguiente renovación del género se

Entendiendo el teatro breve a partir de la transformación y adaptación de este género hacia las demandas propagandísticas de un espectáculo represor ante cualquier novedad,[10] se podría situar en el centro del canon a las obras de finales del siglo XVI y principios del XVII, principalmente en prosa, en que se pretende, de alguna manera, cuestionar con calidad y sentido ejemplarizante esta tendencia. En el entremés de cambio de siglo se desarrollan, de un modo individualizado, unos personajes que transcienden las tablas y se acercan a la narrativa de estilo picaresco, manteniendo toda la carga subversiva y moralizante de las manifestaciones de este género, ya bastante evolucionado a finales del siglo XVI, fenómeno que se manifiesta en varios de los entremeses cervantinos.

La versión del teatro breve cervantino que se publica mantiene una distancia estética e ideológica voluntaria con el entremés burlesco, algo corroborado con detalles como la mención de su vínculo nostálgico con Lope de Rueda en el prólogo; aunque el compromiso con el batihoja no se refleja de un modo tan abrumador en los ocho entremeses como se esperaría después de leer el prólogo, éstos tampoco siguen directamente la estética del teatro breve burlesco, sino simplemente se adaptan a temas y estructuras contemporáneas a su publicación, como se aprecia en el posible diálogo de algunos de ellos con las comedias de aldeanos o en la propia escritura de dos entremeses en verso.[11]

asocia a este fenómeno, de tipo ideológico, se lleva a cabo varios años después, como se aprecia en los entremeses posteriores.

[10] Así, a diferencia de lo que propone Asensio en su *Itinerario del entremés*, el teatro breve de Quevedo no sería la cúspide, sino el origen de la decadencia de un género que sustituye lo subversivamente reformista de la novela picaresca del siglo XVI por la risa burlesca.

[11] El uso de la palabra «poeta» en los entremeses tiene dos acepciones. Por un lado, escritor de obras dramáticas; por otro, creador de poesías. Cuando Cervantes es atacado por su mal verso, se alude evidentemente a su pobre capacidad de crear poesías, no a la de hacer obras de teatro. En este sentido, las expectativas de este autor para escribir teatro breve en prosa serían elevadas si atendemos a la afirmación del prólogo de que de ésta se podía esperar mucho, aunque del verso poco, algo que parece era opinión común con respecto a Cervantes entre los comediantes. Así, la publicación de seis de los ocho entremeses en prosa en una época en

El espíritu de difícil adaptación, exclusión y tortuosa aceptación del hecho consumado de un nuevo teatro expuesto en las palabras del prólogo se refleja también en distintos fragmentos y alusiones de los ocho entremeses. La costumbre del autor ficticio de convertirse en un crítico y preceptista también de ficción no es una novedad, ya que se puede apreciar también en otras de sus obras como *Viaje al Parnaso* o la primera parte del *Quijote*. Sin embargo, en el caso de los entremeses lo característico es su fijación en dos temas principales; por un lado la baja calidad y gran cantidad de autores y poetas en el mundo dramático de la época y por otro la estética obscena y poco edificante de los nuevos bailes y canciones. Estas críticas se incluyen dentro de la contradicción entre el citado espíritu de forzada adaptación a una «monarquía» contrastado con el de la apreciación, nunca reconocida explícitamente, de que la calidad del teatro breve publicado por el autor ficticio es superior a la de sus contemporáneos.

El tono crítico contra el mundo del teatro se refleja en unas obras en que se aprecia también una reacción contra tópicos conflictivos de un mundo cerrado, que se eleva como muy distinto a otro distante al tiempo en que el arte dramático cervantino había triunfado. El reflejo de esta crítica a los nuevos tiempos literarios se aprecia más específicamente en *El retablo de las maravillas, La cueva de Salamanca, El vizcaíno fingido, La elección de los alcaldes de Daganzo* y *El rufián viudo*.[12] El sentido final del primero, que sin duda es el entremés en que más se ela-

---

que el verso estaba cada vez más extendido se podría entender como una demostración de lo mejor que podía ofrecer el autor del prólogo a nivel dramático. Un reflejo subconsciente de la fama cervantina en prosa aparece en un verso de *El vizcaíno fingido* en que se menciona su obra cumbre para ilustrar la «sabiduría» de la engañada: «la mujer que más presume / de cortar como navaja / los vocablos repulgados, / entre las godeñas pláticas; / la que sabe de memoria, / a [L]ofraso y a *Diana*, / y al *Caballero del Febo* / con *Olivante de Laura*; / la que seis veces al mes / al gran *Don Quijote* pasa» [129].

[12] Las alusiones a los abusos del teatro pudieron haber sido incluidas poco antes de la publicación de unas obras que ya estaban escritas años atrás. Estas pullas, que aparecen en más de la mitad de los entremeses escritos por Cervantes y en el atribuido *El hospital de los podridos*, no se encuentran en esta profusión ni frecuencia en ningún otro autor de entremés de cambio de siglo, constituyendo una queja contra un negocio teatral que se apoyaba en una estética dramática y un canon

bora este tipo de alegoría satírica, se puede interpretar como una crítica contra el teatro que no respeta la inteligencia de la audiencia al dar
rienda suelta a la imaginación de los comediantes sin ningún tipo de
control acerca del espectáculo ofrecido. Éste incluye escenas eróticas, libertad en cuanto al tiempo, espacio y unidad de acciones, alusiones bíblicas descabaladas y rotura constante de la cuarta pared. En esta obra,
Chirinos aprovecha además el interés del gobernador por publicar sus
comedias para criticar la cantidad de poetas que hay en la corte, tantos
«que quitan el sol, y todos piensan que son famosos», acusándolos de
ser «ladrones unos de los otros» [140]. El teatro sugerido en *El retablo
de las maravillas* contrasta, por exclusión, con otro de tramas elaboradas
y argumentos hijos de fábulas o narraciones cortas que conformaban
historias entretenidas que deleitaban y muchas veces educaban. Por su
parte, en *La cueva de Salamanca* se describe a los poetas como diablos y
a «todos estos bailes de las zarabandas, zambapalo y *Dello me pesa*, con
el famoso del nuevo *Escarramán*» de haber sido inventados en el infierno [168]. En *El vizcaíno fingido* se utiliza la expresión «más vale un ginovés quebrado que cuatro poetas enteros» [117], quizás aludiendo a la
mezquindad de los poetas a la hora de negociar con los autores. En *La
elección de los alcaldes de Daganzo*, después de sorprender a los «ociosos»
aldeanos, el sacristán emite una diatriba contra el abuso del entretenimiento poco edificante que sirve para la evasión de las obligaciones: «señores regidores, ¡voto a dico, / que es de bellacos tanto pasatiempo! /
¿Así se rige el pueblo, noramala, / entre guitarras, bailes y bureos?» [81];
los músicos extienden el tema de la constante mudanza a los bailes en
la conclusión: «como se mudan los vientos, / como se mudan los ramos, / que, desnudos en invierno, / se visten en el verano, / mudare-
mos nuestros bailes / por puntos, y a cada paso» [79]. Por su parte, el
soldado de *La guarda cuidadosa* se muestra como un poeta a lo «sentimental» ridiculizado por tener como fuente de inspiración objetos tales como un zapato.

Finalmente, existe una sátira en *El rufián viudo* contra los poetas que
va acompañada de diversas alusiones a los estilos y autores más imita-

poético que habían excluido forzadamente a autores como el propio Cervantes, que
parece expresar así su desencanto debatiendo los efectos de la risa burlesca y el miedo en el público.

dos, como la tragedia senequista, la poesía amorosa pastoril, las jácaras de Quevedo, latinismos, gongorismos o las églogas de Garcilaso [Graham-Jones, 1992: 152], apreciándose la influencia de la primera [Gaylord, 1982: 183] y de la segunda [Zimic, 1992: 318].[13] La inclusión de alusiones contra el estado de la literatura se puede interpretar como la autocrítica paradójica de un autor implícito acusado de mal poeta que presenta, en un género fácilmente dado a la sátira, varias de ellas contra los poetas deficientes, cuestionando las bases del juicio que le ha acusado de serlo a partir de una propuesta satírica de lo que se considera estéticamente mala poesía.[14] El prólogo al teatro cervantino es un ensayo crítico y preceptista prolongado a varios de los entremeses, en que se ataca a los poetas en diferentes aspectos, tales como la creación de una «monarquía» o grupo de poder, ya que, aunque hubiera «infinitos», los autores siempre contaban con los mismos.[15] Además, también se les

[13] El abuso de las citas de la poesía garcilasiana se produce debido a la extremada popularidad de este poeta. Zimic explica así el sentido de la sátira: «todo el mundo, alto y bajo, conocía y evocaba, bien o mal, la poesía de Garcilaso. Cervantes se refiere a esta popularidad del gran poeta entre sus compatriotas repetidas veces en sus obras y, dependiendo de la motivación y capacidad del emulador y de la naturaleza de la imitación, a veces la aprueba [...] y otras las satiriza» [1992: 320].

[14] Mary Gaylord ha resumido la presencia de alusiones a poetas y poesías en los entremeses, destacando la tensión «entre un concepto elevado del arte poético, y el burlesco retrato del poeta y sus versos» [1982: 199] y apreciando los entremeses como un contrapunto dramático a la celebración de la comedia de los «jóvenes bellos y fuertes, a los ricos y virtuosos», que contrastan con los viejos, feos, enfermos y débiles de los entremeses [200]. En un contexto más amplio, se puede añadir que además de servir como subversión del mensaje de la comedia, los entremeses se utilizan como vía para criticar el estado del mundo literario en particular y del dramático en general. La fijación especial en los poetas se puede entender como una reacción a ciertas opiniones expuestas en el prólogo a los ocho entremeses. Ya que su autor era considerado un mal poeta, se aportan en esta obra ejemplos en los entremeses para poder apreciar que no era el único, como demuestran el rústico y poderoso gobernador de *El retablo de las maravillas*, el soldado de *La guarda cuidadosa* o el protagonista de *El rufián viudo*, que no tienen ningún comedimiento en querer demostrar, a través de mediocres creaciones propias o burdas imitaciones, su «dominio» del arte poético.

[15] En este sentido, Gerli considera que todo *El retablo de las maravillas* es una crítica sobre el estado del drama contemporáneo de la publicación cervantina: «*El retablo* is, as I shall argue, an intertextual commentary on the state of the contem-

ataca por plagiarse entre sí, atribuirse o querer otorgarse obras no escritas por ellos, creerse todos famosos, ser difíciles negociadores, abusar del entretenimiento de bailes y canciones que cambian constantemente con las modas, o de querer hacerse famosos a partir de una abusiva explotación de estilos y autores conocidos. Por tanto, se puede afirmar que la mayoría de los entremeses cervantinos, mediante sus propuestas sobre lo que es o no es el «buen teatro», son partícipes de la polémica sobre las controversias del teatro de la época, estableciéndose un diálogo entre el teatro breve de Cervantes y el discurso de los moralistas del mundo de las tablas.[16] En el encendido debate sobre los aspectos positivos y negativos de la obra teatral, el propósito final era prohibir las obras o defender su representabilidad, llamando la atención que las posturas más intransigentes sobre la prohibición o licitud del teatro no definían *per se* el espíritu conservador o progresista del moralista. Existían, en este sentido, gran variedad de opiniones aparentemente contradictorias, ya que el hecho de que un autor defendiera la existencia de controles como el de los examinadores —censores al fin y al cabo— podía significar en muchos casos, más que una reacción contra una diversión edificante, un ataque contra un teatro que estaba explorando de una

porary drama, an idiom Cervantes knew extraordinary well and one with social and political myths compensating for a dearth of dramatic craftsmanship and staging skills [...] he subversively rewrites the comedia de labradores and Lope's *Arte nuevo* in order to expose their bogus and themes and the limitations and paradoxes of their esthetics» [1989: 478].

[16] Cervantes, en este sentido, se distancia de los moralistas más radicales, algo que se aprecia en las múltiples referencias de los ocho entremeses, *El Quijote* o *Viaje del Parnaso,* en que no se defiende la prohibición, sino la corrección de diferentes aspectos del mundo teatral, alineándose con los censores más moderados: «a primera vista sus ataques contra la peligrosidad de las diversas manifestaciones de la actividad teatral no se diferencian en nada de los de sus detractores absolutos. Pero, en un segundo momento, cuando se considera el conjunto de su argumentación entera, es decir, sin aislar la reprobación de los "abusos de comedias y tragedias" de las consecuencias prácticas que de ella sacan, se ve que se niegan a un cierre definitivo de los teatros. Deseosos de conciliar los imperativos de la moral y los de la conveniencia política, creen posible reducir el divertimiento teatral a los términos de una lícita diversión. Promueven, por lo tanto, un teatro limpio de torpezas, un teatro que responda al ideal aristotélico —y recogido por Santo Tomás— de la *eutrapelia*» [Vitse, 2003: 723].

manera cada vez más explícita los terrenos del erotismo, la burla cruel, y la diversión dramática basada en la confusión al espectador. Entre los que estaban a favor de prohibir el espectáculo teatral había algunos que albergaban un fuerte deseo de educar y deleitar, mientras que entre los que estaban contra la representación dramática, muchos autores salían en su defensa como excelente medio propagador de la ideología católica. Entre los argumentos que utilizaban estos últimos destaca la defensa del teatro aludiendo a que lo único que hace el dramaturgo es imitar lo que ocurre en la sociedad en que vive; es decir, que si el teatro tiende a degenerar en temas y actitudes, es por culpa del mundo que se intenta representar en escena, más que por la imaginación de un poeta que proyecta en su obra acciones verosímiles.

La controversia entre los moralistas favorables y los que estaban en contra del teatro dividió la sociedad teatral del momento y continuó durante varios siglos más. Algunos críticos de los espectáculos, unidos por su afán de defender la pureza de las costumbres en el seno de la moral católica, ven en el conjunto de la representación, incluso en la propia vida de los actores, modelos que amenazan con corromper la moral cristiana de la audiencia.[17] De cualquier forma, la controversia sobre la licitud del entremés va pareja a la de la comedia en general, respondiendo casi siempre a la idea de que ambos se encuadraban dentro de un gran espectáculo teatral.[18] En este sentido, en el teatro breve cervantino se

---

[17] Considerando que la educación y perfección moral del hombre y de la sociedad «es el ideal que anima a tantos tratados sobre el hombre cristiano y la mujer cristiana, sobre espejos de príncipes y óptimas repúblicas» y que la «erudición, letras, doctrinas, saber, son medios para un fin moral: ser mejores» [Maravall, 1986: 91-92], la función de los moralistas es, si cabe, aún más trascendental. Para llevar a cabo sus ataques, éstos tienen como referencia el teatro anterior: «con clara voluntad de negación de la historia y total insensibilidad ante el nuevo fenómeno teatral, los teatrófobos desarrollarán una polimorfa estrategia de sistemática equiparación entre teatro antiguo y comedia nueva» [Vitse, 2003: 722].

[18] En muchos casos se utilizan alegorías muy gráficas para demostrar la influencia de ambos géneros dramáticos en el público. En este ejemplo, José de Jesús María compara la representación teatral del año con la serpiente Anfisbena, «de quien dicen San Isidoro y Plinio que tiene dos cabezas en las dos puntas del cuerpo y por entrambas echa ponzoña: porque la comedia así en la farsa como en los entremeses, está vomitando ponzoña a borbollones en las circunstancias, y abrasándolos en sensualidad con sus acciones y palabras deshonestas» [Cotarelo, 1904: 380].

aprecia una respuesta a la imposición de una estética aceptada y alabada por la audiencia de los corrales de comedias a través de una propuesta dramática que apunta hacia una revalorización de un modo de hacer teatro que reflejaba de un modo verosímil la naturaleza de los protagonistas, su lugar en el mundo y su función en la sociedad. La contradicción entre la filosofía reformista predominante en el corpus cervantino y las obscenidades, tanto en el entremés burlesco como en el teatro de la *commedia dell'arte* se traduce en la picardía de algunas de las escenas eróticas de los entremeses. Además, la tensión entre el espíritu reformista y un género que se apoya fundamentalmente en escenas de adulterio que no siempre se podían interpretar como necesariamente ejemplares ni edificantes es latente en los entremeses cervantinos, aunque no cabe duda de que existen condicionantes ideológicos que determinan más o menos una justicia poética incluso en los propios actos adúlteros, como se aprecia en *El viejo celoso*.

Existe un grupo de obras de teatro breve —la mayoría sin datar, pero que según Cotarelo se escribieron a finales del siglo XVII— con un estilo que perduró, en diferentes casos, a principios del XVII. El citado de *El hospital de los podridos, El entremés de Águeda, Pero Hernández,* etc., son entremeses con argumentos, conclusiones y recursos muy similares a los utilizados por Cervantes en los suyos. La forma de desarrollarse sus tramas y la construcción de sus personajes los vincula al espíritu estético e ideológico de la novela picaresca, con protagonistas que llegan a dirigirse a las audiencias en busca de explicaciones sobre las situaciones sociales y existenciales que les ha tocado vivir, o rectores de hospitales que han de encerrarse entre sí para demostrar que nadie está libre de ser acusado de poder sentirse «podrido». La relación de estas tramas con las propuestas por Cervantes en sus ocho entremeses conduce a especular, siguiendo la intuición de Agustín de la Granja, que parte —o todo— del teatro breve cervantino pudo haberse concebido durante las dos últimas décadas del siglo XVI. Durante estos años, que llegan a principios del XVII, se puede decir que se explota un tipo de arte escénico que presenta obras breves —principalmente en prosa— de unas características particulares, que hemos denominado *entremés de cambio de siglo*. En esta época todavía había compañías itinerantes del teatro italiano de la *commedia dell'arte* pululando por la península. Los temas, personajes y argumentos de la novela picaresca habían calado en todos los géneros literarios con gran fuerza poco antes de la publicación del *Guzmán de Alfarache,* y los diferentes argumentos de *novellas* italianas eran explotados en las tablas con desigual resultado, sin olvidar el extenso legado de humor simple que Lope de Rueda había dejado. Trazos de todas estas influencias se sintetizan, de algún modo, en las obras de teatro breve cervantino, en que incluso parece establecerse una conexión directa con aquéllas, unas veces manteniendo una línea argumental similar a la perseguida por el entremés de cambio de siglo, otras entrando en diálogo con diferentes personajes y argumentos manidos de la estética del entremés en prosa o, finalmente, renovando el género a través de la exploración de los límites de su subversión, como se aprecia en el modelo de *El retablo de las maravillas.* La aparición de todas estas variantes autoconscientes cervantinas y su afinidad estética con el *entremés de cambio de siglo* contribuye a reforzar la idea de una elaboración de los ocho entremeses paulatina y llevada a cabo durante finales del siglo XVI. La inclusión de escenas como la de la presencia de Escarramán en *El rufián viudo* o la de los bailes a la moda de principios del siglo XVII en las conclusiones del teatro breve cervantino se pueden deber al hecho de que fueran incluidas en fechas cercanas a la publicación de unas obras, que según el propio autor del prólogo, habían estado olvidadas en un cofre y fueron «resucitadas».

Aun así, la pregunta sobre qué es lo esencialmente cervantino de los ocho entremeses tiene difícil y compleja respuesta. En primer lugar, se puede apreciar en estas obras una reflexión sobre las destemplanzas del ser humano que aflora de las actitudes desequilibradas y desequilibrantes de varios de sus protagonistas, con una caracterización que se elabora en demasía para lo esperado en este género. En este sentido, varias teorías de médicos y médicos-filósofos del XVI, entre los que destaca Juan Huarte de San Juan y su *Examen de ingenios para las ciencias,* están, de una manera u otra, presentes en los entremeses cervantinos, sin querer ni poder afirmar nunca que Cervantes leyera directamente textos de estos autores, sino más bien reconociendo que el autor del *Quijote* puede estar vertiendo en su obra lugares comunes y planteamientos que eran parte del imaginario colectivo sobre la concepción del ser humano y su sentido orgánico dentro del universo, ilustrándose los desequilibrios a que es sometido en diferentes etapas de su vida.

El contexto cultural y literario en que fueron gestados los ocho entremeses no cabe duda que es una de las claves fundamentales para cualquier tentativa de análisis e interpretación, especialmente por ser unas obras que destacan, y a la vez se distancian notablemente, de las de sus contemporáneos. Publicados en 1615 no corresponden, ni se parecen apenas, al teatro breve que se representaba durante las primeras décadas del siglo XVII, especialmente al de autores representativos como Quiñones de Benavente o Quevedo, cuyas obras tendían a representar los deseos más escabrosos del público de un modo abierto y que se acabarían transformando, a medida que avanzó el siglo, en obras originarias de un teatro breve de estética muy poco edificante. Es sorprendente apreciar la vinculación existente entre obras de teatro breve de autores como Pedro Calderón de la Barca y un tipo de estética artística que busca atraer a la audiencia a partir de la marginación de la diferencia, del erotismo más o menos explícito y de la humillación de seres humanos de clase baja más obvia, para regocijo de los consumidores de gustos más extremados. En este sentido, se hace necesaria una reflexión sobre las causas y razones literarias, pero también histórico-sociales, por las que se produce esta radical transformación estética desde finales del siglo XVI, que muy probablemente esté estrechamente vinculada a los espectáculos promovidos a partir de esos años por la corte y que eran «consumidos» con ansiedad, tanto visualmente como a través del género literario de las relaciones de espectáculos.

Relegando su mayor o menor dependencia narrativa, no se ha llegado a una conclusión convincente en ese sentido. Se puede afirmar que los ocho entremeses tienen, en su mayoría, algunos detalles y elementos del entremés de principio de siglo similar al promovido por autores como Quevedo, autor central en el teatro breve del Siglo de Oro para críticos como Asensio, en cuya estética burlesca destaca el mago del humor Quiñones de Benavente. Sin embargo, tanto los argumentos, como la mayoría de los personajes elegidos pertenecen a la «escuela» de lo que podríamos denominar «entremés de cambio de siglo», obras muy distintas a las citadas de Quevedo o posteriormente de Quiñones, cuya dependencia de argumentos del género narrativo (sobre todo la *novella,* como ha señalado Zimic) es evidente. Precisamente dentro del espíritu transgresor, erótico y en algunos casos utópico es donde se encuadra la originalidad de los ocho entremeses. Aunque se pueden encontrar en las obras del cambio de siglo referentes para entremeses de rústico, adulterio, engaño, etc., es prácticamente imposible encontrar una referencia directa en el teatro breve al *retablo de las maravillas* cervantino, y son muy diferentes las obras de «tribunal» que encontramos similares al *juez de los divorcios,* si exceptuamos la atribuida de *El hospital de los podridos,* que entendemos debería tener mayor relevancia dentro de los estudios del teatro breve cervantino.

## 2. Análisis de los ocho entremeses [Héctor Brioso Santos]

### 2.1. El juez de los divorcios

Un juez, un escribano y un procurador examinan a varios matrimonios problemáticos en este entremés en prosa, el más breve de la colección. Comparecen primero un vejete y su esposa, Mariana, que se lamenta de las mañas y la vejez de su consorte y exige el divorcio. Los examinadores escuchan al viejo, quejoso del mal trato que le da ella, y el juez declara que no puede separarlos por falta de causa. Entran un soldado y Guiomar, que insiste en lo mismo por la inacción e incapacidad del marido, vago, jugador y poeta. Él responde que es hidalgo pobre y no tiene trabajo, y acepta las alegaciones de su esposa. Irrumpen un médico y su mujer, y el galeno señala, sin aclararlas, cuatro causas de peso para su separación. El magistrado aplaza la decisión sobre ellos y llega un ganapán, también enemistado con su esposa, una vendedora del mercado con muy mal genio. Cuando el juez exige testigos de los cargos, entran unos músicos que lo invitan a una fiesta de unos casados para celebrar su reconciliación y el entremés termina con una canción.

La obrita es catalogada por Asensio, al igual que *La elección,* como de revista de personajes [1971b: 37], un esquema de inmemorial antigüedad [1973: 175]. Cervantes deja traslucir aquí lo que podrían ser algunas de sus ideas personales sobre el divorcio: por ejemplo, en las palabras de Mariana, la caducidad de los matrimonios a los tres años, «como cosas de arrendamiento y que no hayan de durar toda la vida».

Desde Adolfo Bonilla esta obrita ha sido elogiada por los críticos, aunque Canavaggio señala la falta de un verdadero nudo en el argumento. Casalduero subrayó el *tempo* rápido de la pieza y dos curiosas

fórmulas constructivas cervantinas: «la acumulación de personajes está
en relación con la disminución del papel, y la canción agrupa a todos
los que han tenido parte en el entremés» [1974: 189]. Asensio destaca
el diálogo con «una gran variedad de registros cómicos, dentro de una
perfecta naturalidad» [1973: 175] y el ritmo oscilante entre los pleite-
antes, que alterna escenas pausadas con otras más agitadas y describe algunas intervenciones, tales las del soldado comisionista y la de la mujer
descontenta, como esbozos de novela [1970: 40-41; 1973: 177]. Adivina
un «resquicio de esperanza» para los casados mal avenidos y considera
la pieza «madura y bien meditada» [1970: 41]. Zimic subraya que el tema
del viejo y la joven —«invierno» y «primavera»— es común a otras dos
obras cervantinas: *El viejo celoso* y *El celoso extremeño*. Entresaca el motivo del fraude en varias parejas, junto con la codicia y el egoísmo [1992:
297], distingue en toda la obra cervantina el matrimonio feliz del infeliz, aquí retratado [299], y trata de establecer el fondo filosófico de la
visión cervantina del sacramento cristiano y su interpretación social
[302-304]. Mientras críticos como Casalduero señalan que el final no
es tal, Zimic aclara que ese desenlace hace justicia a la falta de solución
del problema planteado en la pieza [305-306] y Kirschner sentencia, en
fin, que es una «magistral pequeña obra» [1999: 161].

Muy de Cervantes es la descripción de la vida del comisionista que
viaja con su mula de alquiler por los caminos y sobrevive a duras penas, precisamente puesta en boca del soldado, con un doble elemento
autobiográfico. También Cervantes se casó pobre con una mujer de más
posibles que él. Algo parecido puede decirse del cirujano que se finge
médico, que recordaría a su propia familia paterna.

Técnicamente, es el que menos indicaciones dramatúrgicas tiene de
los ocho entremeses, y las que lleva atañen sobre todo a los vestidos que
caracterizan a los personajes. En el traje del soldado sobresale el contraste entre su apariencia de militar «bien aderezado» [888] y su inutilidad y pobreza. El ganapán trae a colación el problema morisco, puesto
que éstos eran de esa extracción. Y llama la atención que Cervantes,
como Kirschner ha destacado, haya puesto nombre a las tres mujeres de
la obra y no a los hombres [1999: 161].

## 2.2. *El rufián viudo, llamado Trampagos*

Se trata de una interesante pieza, de las más modernas de la colección, puesto que está escrita en verso —endecasílabos blancos— y en ella aparece el jaque Escarramán, inventado por Quevedo hacia 1612 y vuelto muy popular a partir de una famosa versión divinizada de su historia compuesta por Lope de Vega, que es presumiblemente mencionada en este entremés. Es su entremés más largo —unas treinta páginas— y hablan en sus tres cuadros principales ocho personajes y dos músicos. Principia la historia el duelo de Trampagos, enlutado por la muerte de su coima, la Pericona. El gracioso diálogo entre éste, Chiquiznaque y Vademécum destaca las equívocas virtudes de la muerta, entre chistes, alusiones a la sífilis que ella padecía y a los sermones de arrepentidas que resistía heroicamente sin convertirse. Todo el pasaje es de insuperable ironía, pues la Pericona era mayor, no tenía dientes, etc., y tanto el velorio como los elogios resultan falsos, tanto más cuanto que éstos van seguidos de rectificaciones y ajustes que descubren a una *daifa* sifilítica, desdentada, canosa y vieja. Esa ironía se refuerza cuando, antes de enterrada la muerta, se elige ya a su sucesora, lo que reduce al más absoluto ridículo el duelo inicial de Trampagos.

Acuden tres coimas y el jayán Juan Claros, que propone que Trampagos elija una nueva amada entre las presentes, que exponen sucesivamente sus méritos y ahorros, y que terminan peleando entre ellas con la ayuda de los matones. La riña a cuchillo acaba con el anuncio de que se acerca un alguacil —sobornado— y la elección de la Repulida para el puesto. Trampagos ordena empeñar su capuz de enlutado para poder festejar debidamente las nuevas *bodas* y el vino comprado atrae a los músicos. Comparece entonces Escarramán, en guisa de galeote y cautivo retornado de Berbería, y, ante las coplas escarramanescas que cantan los presentes, reacciona bailando las danzas de moda, con que concluye la pieza: la gallarda, el canario, las gambetas, la zarabanda y el villano. El frenesí del danzarín lo refuerza Cervantes sugiriendo en acotación que el actor puede ejecutar el baile que desee, el que esté de moda en ese momento. La importancia de las danzas ha sido muy destacada por Buezo, que describe esta obra como una «boda burlesca entremesada» [1994: 374].

La gran baza cómica de este entremés es, para el lector moderno, la ironía cervantina, que, como siempre, enriquece sus piezas: el mismo Trampagos se precia justamente de que su *daifa* nunca se convirtiese en los sermones de arrepentidas (entre los cuales Asensio entresaca uno que Cervantes pudo presenciar [1973: 180]). El rufián sustituye a su muy llorada meretriz por otra e incluso empeña su ropa de duelo para comprar doce litros de vino con los que celebrará sus segundas nupcias burlescas, comentadas por Graham-Jones [1992]. Escarramán comparece para dotar la escena de un halo entre burlesco y fantasmagórico. Se encuentran, así, el rufián real —el pobre Trampagos— y el mito rufianesco encarnado por el famoso Escarramán. El encuentro de ambos es quijotesco (*Quijote*, II), puesto que el personaje literario se torna auténtico, creando planos o capas sucesivas de realidad dentro de la ficción, como en la obra maestra de Cervantes. Contrastan los dos rufianes, y el menor de ellos, Trampagos, se beneficia del contagio de su mentor y de su *dios* de la germanía. El baile de Escarramán tiene, según Kirschner, la virtud de unir la trama del famoso rufián quevedesco con la de la boda de Trampagos, que había quedado interrumpida [1999: 164]. Todo el trasfondo quevediano-escarramanesco fue definido por Asensio, con su habitual perspicacia, en 1973: «mientras Quevedo pinta la virtud como vicio, Cervantes adoba el vicio como si fuese virtud» [181].

Brillan, además de los bailes, los chistes ingeniosos por polisemia, los elogios y denuestos burlescos, la riqueza del léxico en general, la fraseología popular —con pequeños bodegones vegetales—, los latinajos y las alusiones literarias. En la métrica resuenan los finales esdrújulos de algunos versos. Dentro del lenguaje, merece mención aparte el extraordinario manejo cervantino de la germanía y la oportuna inserción de coplas escritas en esa jerga de moda, conformando un verdadero homenaje a Quevedo, mencionado por Cervantes en el *Viaje del Parnaso* y en su *Adjunta*. Sólo así puede entenderse la ocurrencia de duplicar el final de la pieza, con un banquete y con un baile protagonizado justamente por el famosísimo rufián y jaque, que acaba por bailar sus propias coplas en un final apoteósico para los españoles de comienzos del XVII, que idolatraban al personaje.

Este entremés, como otros, oscila entre la veta popular y los ribetes cultistas —Virgilio, Catón o Eróstrato—, injeridos de vez en cuando en el habla de los hampones, que no nos ahorran ni los latinismos ni un estilo engolado. Asensio habla de «saturación de parodias y citas de poemas y géneros en boga» [1971b: 34] y de un interesante contraste entre el estilo epigramático de Quevedo y «los movimientos amplios... los ritmos sostenidos... la tendencia ennoblecedora, aun dentro de la ironía», del alcalaíno [36]. Zimic, a su vez, distingue resabios pastoriles, que rastrea verso por verso [1992: 309-310], y sugiere un público culto capaz de descifrar las alusiones [322]. A mi vez, entiendo que casi podemos pensar que la forma poética del texto, al igual que el endecasílabo, apoya todas estas conjeturas intertextuales y, por supuesto, demuestra su modernidad, bien comprobada.

El diálogo inicial carece, según González Maestro, de enunciación dialéctica, justamente porque los participantes se avienen a estar de acuerdo en todo, aunque su formulación concreta sea polifónica y rica con respecto «a la variedad de registros populares y coloquiales» y a la germanía [2000: 234]. Kirschner destaca que es la pieza con más acotaciones escénicas —veintidós— y con un vestuario tan variado e importante como el de *El juez*.

## 2.3. *La elección de los alcaldes de Daganzo*

Entremés en prosa, de alcaldes, posiblemente basado en un hecho real documentado por las *Relaciones topográficas* de Felipe II. Se plantea en él el enfrentamiento entre cuatro candidatos a alcalde (o juez, en términos modernos): Juan Berrocal, Francisco de Humillos, Miguel Jarrete y Pedro de la Rana, lo que perfila un entremés de examen o revista con muy escasa acción. Los regidores aldeanos o examinadores, sin embargo, desarrollan previamente un largo diálogo en que unos —en especial Alonso Algarroba y el Bachiller Pesuña— corrigen a otros —Pedro Estornudo y Pandero— el modo de hablar en una forma que recuerda los coloquios quijotescos entre amo y escudero. Con o sin correcciones, casi todos ellos hablan de forma incorrecta, con un lenguaje rústico y popular que roza el famoso sayagués o jerga campesina teatral que estuvo de moda, aunque en progresivo retroceso, desde el XVI hasta finales del XVII. Se ha criticado a esta obra la doble presentación de las candidaturas, primero en la deliberación previa de los jueces y después ante los mismos interesados.

Es, con todo, graciosa la lista de virtudes de los candidatos: uno es hábil catando vino, otro como arquero, el tercero es buen remendón y el cuarto tiene excelente memoria para las coplas. En clave de sátira, se demuestra que los examinadores son tan incapaces como los futuros alcaldes, aunque destaca la prudencia del Bachiller, más instruido, que no vota a ninguno. Es entonces cuando el tribunal sugiere hacer entrar a los pretendientes para examinarlos «conforme a su ciencia», como si fuesen artesanos, algo que extraña al escribano como una «rarísima advertencia» [922]. En casi toda la pieza se sugiere que las elecciones obedecen al soborno, a criterios absurdos y ridículos... Uno de los candidatos se ufana de no saber leer (pero sí rezar) y de ser cristiano viejo. Cervantes pone en boca de este carácter un verso demoledor en que las lecturas son «quimeras / que llevan a los hombres al brasero» [924]. Otro declara que puede deletrear, pero sobre todo arar y herrar bestias, y que no tiene sordera ni cataratas. El borrachín sabrá legislar cuando esté «armado a lo de Baco» porque reconoce «sesenta y seis sabores [...] / todos vináticos» [925], y seguramente está borracho cuando habla sobre las tablas. Rana pronuncia una arenga sobre su justicia futura que anticipa las sentencias del gobernador Panza y que contiene las críticas comunes —venalidad, soberbia— sobre la justicia contemporánea, pero también sabemos que conoce de memoria unas coplas antisemitas. Pesuña se muestra oportunista y zalamero y todos ellos, candidatos y examinadores, confunden absurdamente ignorancia y justicia, y los valores políticos y los religiosos, de una forma tan obsesivamente ortodoxa que sólo puede indicar una grave inseguridad, según han mostrado críticos como Canavaggio [1982] y Zimic [1992: 333].

La tercera parte de la pieza comienza cuando, de improviso, se anuncia la llegada de unos gitanos bailadores, que entran y cantan coplas alusivas a los regidores, que se felicitan por los elogios. Esta escena termina con la entrada intempestiva de un sacristán que afea a los examinadores que pierdan el tiempo con músicas. Éstos lo mantean de modo muy sintomático, para castigarlo y acallar sus críticas, y éste los excomulga cómicamente. La elección se pospone y la fiesta se traslada a la casa del bachiller.

Asensio lo describió como «carente casi de fábula» y de «comicidad puramente festiva y risueña», aunque la entrada de Rana, muy alabado por el crítico navarro, sea la nota discordante y *sanchopancesca* [1973: 182-

183]. Dentro de ese esquema estático predomina una comicidad verbal por repetición de vocablos, ora corregidos ora con sentidos diversos en cada frase. González Maestro ha subrayado en este entremés un tipo de coloquio en que predominan el interrogatorio, el diálogo de sordos, la conversación inconexa en que no hay un propósito común entre los participantes o el diálogo a base de consignas fijas como «interjecciones, jaculatorias, anacolutos y juramentos populares» [2000: 228-229]. Ese discurso rígido y aprendido, determina que todos hablen, pero que nadie escuche, lo que incluso hace imposible la elección del alcalde. Hasta la reacción colectiva ante el reproche del sacristán resulta cómicamente inconexa y brusca: no dejan hablar al personaje portador de la crítica y lo mantean para cortar de raíz su represión. Hay, por lo demás, alguna alusión escatológica muy contenida y se entonan coplas famosas, como la del llamado baile del polvillo, que Cervantes reprodujo en otras partes de su obra teatral y novelesca.

Ha merecido distintos juicios críticos desde Cotarelo Valledor, que sentenció: «apenas hay en ella asunto» [1915: 665]. Asensio también lo consideró «endeble», pero antecedente de las piezas de Quiñones de Benavente y otros; criticó la heterogeneidad de las primeras y las últimas escenas, y el doble final, que le parece torpe [1971a: 38-39]. Zimic, en cambio, entiende que la revista de los candidatos confirma irónicamente sus cualidades anunciadas previamente de forma teórica [1992: 326] y escribe este juicio favorable en que desvela la estructura interna y la coherencia de la obrita: «a base de esta implícita ironía condenatoria se estructura, genialmente, toda la acción dramática —cuya existencia, incomprensiblemente, a veces se niega—, incluyendo su resolución: la elección del nuevo alcalde (no importa quién sea y precisamente por esto Cervantes no lo indica) reflejará de modo lógico e inevitable las preocupaciones tontas y las motivaciones mezquinas de los electores y candidatos, que se han revelado en todas las escenas anteriores, y que se ironizan también en la canción final de los gitanos» [1992: 334].

Sin embargo, la interpretación del papel del sacristán que hace Zimic no coincide con la de González Maestro y la de quien firma estas páginas, pues entiende el crítico norteamericano que este personaje sería negativo porque intervendría arbitrariamente en la política secular [1992: 335]. Esta tesis fue ya fundamentada por Huerta Calvo, que la precisó aún más: Cervantes parece hacer crítica del «afán de ciertos sectores de la iglesia por controlar y prohibir las diversiones populares» [1992: 66]. Por último, Zimic señala un posible precedente y una fuente cervantina para la pieza: el «Romance pastoril de la elección del alcalde de Bamba», de Pedro de Padilla [1992: 335 n.]; también ha entresacado Huerta Calvo un parecido, sugerido de paso por Asensio, entre el Rana de *La elección* y el Sancho Panza gobernador quijotesco de la segunda parte de esa gran novela [1992: 65].

En suma, la pieza, centrada en la justicia rústica, anticipa de lejos el tema de la limpieza de sangre que Cervantes elabora por extenso en *El retablo de las maravillas*.

## 2.4. *La guarda cuidadosa*

Otro entremés en prosa, con ocho personajes y unos músicos. Lo protagonizan un sacristán motilón, Lorenzo Pasillas, y un soldado pobre —descrito como ataviado «a lo pícaro» [935]— que se enfrentan por el amor de la linda fregona Cristinica. Toda la pieza ocurre en la calle, ante la casa donde está empleada la muchacha pretendida —casa de la que vemos sus ventanas y oímos el ruido del interior—, pues el militar, como un verdadero *miles gloriosus* coloso vigila —en su papel de *guarda cuidadosa*— su calle durante días para que nadie hable con ella. La acción consiste en que aparecen diversos oficiales que pretenden visitar a Cristina y son rechazados de distintos modos por el soldado desastrado, que pierde en la negociación con unos y con otros sus escasas pertenencias, entregadas para intentar convencerlos, y sobre todo sus dudosas credenciales como héroe de guerra, lo que da lugar a una caricatura melancólica y lejanamente autobiográfica. La primera visita del sacristán, con que comienza la obrita, se desarrolla como un interrogatorio, en mutua competencia, sobre los méritos respectivos y los favores y dádivas rendidos a la criadita. Destacan la pobreza del *miles* —que esgrime su nombramiento como castellano de un fuerte— y la lucrativa habilidad del religioso para organizar entierros y tocar música con sus campanas. Cuando el motilón se va, aparecen un mozo limosnero que pide para Santa Lucía, un vendedor de hilo portugués, un zapatero ingenioso y, finalmente, el amo de la moza.

En medio del gracioso diálogo entre ambos, en que el señor desenmascara al soldado y lo declara loco, retorna el sotasacristán con un tal Grajales, ambos ridículamente armados con dos objetos —un tapón de tinaja y un plumero— que acaso recuerdan, según entiendo, la parodia gongorina del romance de Lope de Vega, «Ensíllenme el potro rucio...», también aludido en *El rufián viudo*. Ante la refriega, la fregona y su ama bajan a la calle y comienza un debate cómico sobre la supuesta deshonra de la niña y su futuro matrimonio con uno de los dos pretendientes, que ya la han pedido formalmente. La disputa se resuelve cuando la niña, aconsejada por su señora —con un «el comer y el casar ha de ser a gusto propio» [949], muy cervantino—, escoge al sacristán-enterrador y el amo llama a unos oficiales vecinos para que canten en el desposorio. El soldado entona un lamento cómico y misógino y el sacristán otro, en que lo acusa de *gloriosus*.

Asensio ya subrayó en 1973 los antecedentes viejísimos y numerosos de la disputa entre enamorados por una dama y la discusión sobre sus respectivos méritos. Los otros personajes, los oficiales que desfilan ante la casa, son puro costumbrismo, «estampas del natural», según el mismo crítico [185]. Sanz Hermida apuntó hacia la disputa medieval de *Elena y María* entre el clérigo y el caballero. Por otro lado, los parlamentos del soldado configuran un personaje rotundo y agridulce, heroico y *roto*, bravucón y enamorado hiperbólico, que trufa su discurso de parodias literarias y que exagera sus méritos militares. Cervantes adorna en él al típico matón cobarde con un barniz literario y con notas personales, a veces detalladas, que no excluyen la alusión a su propia vida, aunque sea en clave de hipérbole. Zimic resume que la «observación de que en este entremés se actualiza el tema medieval de la disputa entre el clérigo y el caballero se suele sustentar con el argumento de que el soldado representa a Cervantes mismo: como éste, aquél es pobre, víctima de una sociedad mercantilizada que aprecia el poder del dinero y no el valor militar ni los grandes sacrificios con que él se distingue al servicio de la patria; lo único que posee es su poesía; el desengaño de ambos radica en las mismas causas» [1992: 337]. Sin embargo, evidentemente, el supuesto autorretrato ha pasado por el tamiz de la comicidad entremesil y se ha convertido, como Asensio recalcó también, en una parodia: «el Cervantes anciano contempla con humor satírico al Cervantes idealista de los treinta años»; y lo combina con «un personaje de abolengo literario, de comicidad ya aplaudida desde Lope de Rueda» [1970: 32-33]. Kirschner también corrobora el aspecto autobiográfico del soldado pretendiente [1999: 168], mientras otros críticos han destacado la vertiente ridícula del *miles* pretencioso, sus alardes, su picarismo, sus malos versos y su locura, subrayada por el amo de la casa. Todo ello, sin embargo, no excluye un trasfondo vital entre divertido y melancólico que se trasluciría en los versos que cantan los músicos al final de la obra:

> Siempre escogen las mujeres
> aquello que vale menos,
> porque excede su mal gusto
> a cualquier merecimiento.
> Ya no se estima el valor,
> porque se estima el dinero.

González Maestro, en su estudio del diálogo teatral cervantino, destaca en esta pieza el valor de lo que él denomina el «soliloquio dramático de apelación retórica», que es el discurso del soldado *roto* que no llega a ser escuchado por su destinataria, la fregona, y que convierte a ésta en un referente imaginario e idealizado: «¡oh platera la más limpia que tiene, tuvo o tendrá el calendario de las fregonas!» [944]. Ese apóstrofe ridículo convierte a la criadita en una «destinataria inmanente, pero que constituye para el sujeto emisor una posibilidad de ser y de estar en la *alteridad* que representa su enamorada» [2000: 223]. También señala ese mismo crítico la importancia de los interrogatorios del soldado a otros personajes, destinados a construir un retrato dialógico de cada uno de ellos [238-239]. En el caso del zapatero, que encuentra buenos los versos del personaje principal, este artesano es retratado sumariamente como el menestral aficionado a la poesía, pero ignorante en letras, lo que se demuestra irónicamente cuando compara al soldado nada menos que con Lope de Vega. Y esa última comparación es interpretada por Zimic como la clave de fondo del personaje soldadesco, que justifica con una larga lista de argumentos, bastante ingeniosos y plausibles, que aluden al episodio de Elena Osorio y a la endeble carrera militar del Fénix [1992: 341-353], aunque quizás es exagerado pensar que Cervantes no dio nombre al soldado protagonista «porque los madrileños lo reconocerían sin dificultad alguna» por una serie de alusiones a un episodio de muchos años antes [352].

Kirschner destaca, en su análisis detenido de las didascalias y los objetos usados en la representación, el valor fetichista de las chinelas que lleva el zapatero para Cristina, atributo de su delicadeza y virginidad, pero también acicate para chistes picantes sobre el motivo sexual del calzado o el *calzar* a una mujer [1999: 167]. Después el soldado entona su poema ridículo «Chinelas de mis entrañas», que indica su locura poético-amorosa. La misma Kirschner señala que el espacio de la calle y la casa provoca interesantes juegos escénicos —como cuando la fregona canta mientras friega platos en la casa: la oímos, pero no la vemos— y subraya la obvia subordinación del militar a su dama, que lo observa desde la ventana del primer piso [166-167]. Asimismo, apunta a que el armamento ridículo del sacristán sería una reminiscencia del atavío guerrero de don Quijote [167] y la novela homónima se deja traslucir también en la cédula ridícula de Pasillas.

La obrita nos brinda asimismo alguna seguidilla famosa entonces, como el «Sacristán de mi vida», comentado por Márquez Villanueva [1973], y también la alusión maliciosa a la popularidad de las comedias de Lope que hemos visto, entre otras notas brevísimas sobre el *Amadís de Gaula* o la Universidad de Alcalá. De lejos, brilla un recuerdo momentáneo de un chiste de Lope de Rueda. La comicidad es rica y variada, suscitada por las réplicas de los pretendientes y sus mutuas acusaciones, por el desfile de visitas, poco desarrollado, y por la intervención de los amos en su calidad de jueces, en un gracioso interrogatorio que anticipa sin pretensiones el final de *El sí de las niñas*. Kirschner ha subrayado, por último, el fondo trágico de la pieza, que «tiene el potencial de convertirse en un verdadero drama» y que ofrece un final melancólico en el trasfondo de un imperio en bancarrota [1999: 168], una interpretación que los defensores de la lectura cómica de las obras breves no suscribirán a buen seguro.

## 2.5. *El vizcaíno fingido*

La acción inicial de este entremés en prosa nos muestra a Solórzano y Quiñones planeando engañar a una astuta sevillana, Cristina. Una segunda escena nos presenta a ésta consolando a su amiga Brígida de la pena que le ha producido la doble prohibición real de que las mujeres libres anden en coche y que se tapen la cara con un manto. Con un sarcasmo a veces mal interpretado por la crítica, Cristina se felicita entonces por esa *premática anticocheril* porque resucitará la honrosa caballería española, tan decaída, y porque ahora las *busconas* como ellas podrán demostrar a las claras su valía, al no ser confundidas con las damas verdaderas por efecto de los engañosos carruajes. Y surge entonces Solórzano con su burla: ofrece a Cristina el reclamo de un timo a un vizcaíno rico, necio, borracho y «amigo de damas» [957]. Éste le brinda una cadena de oro de ciento veinte escudos, a cambio de la cual el estafador le pide un anticipo en dinero y una cena por adelantado esa misma noche. La desconfiada Cristina comprobará que la prenda es buena con un vecino platero, que entra al efecto en su casa para pedirle que entretenga a su esposa en la comedia la tarde del día siguiente, para otro encuentro furtivo.

El fingido vizcaíno llega a conocerlas entretanto y muestra su tosco ingenio y su lengua agramatical. Se van y vuelve Solórzano a decir que el Vizcaíno tiene que regresar precipitadamente a su lugar y les ruega que le devuelvan la cadena, que ya ha sido sustituida por una copia. Declara ésta falsa y comienza una disputa, que se aclara al llegar el alguacil, pues Cristina teme a la justicia, que ya conoce sus mañas. Así pues, ésta paga a todos, promete una cena y el supuesto vizcaíno se llevará la prenda falsa *embaucado* por Solórzano. Entran los músicos mientras el mal vasco comienza a hablar correctamente y las mujeres se percatan de la burla y reconocen su error. El romance final menciona varias obras de la época y anteriores, entre ellas dos libros de caballerías, la *Diana*, de Jorge de Montemayor, y el *Quijote*.

Sobresalen los tejemanejes de las dos mujeres libres, que hablan mal una en ausencia de la otra, y el lamento, verdaderamente celestinesco, de ambas por los inconvenientes de la vejez y de la fealdad. La crítica ha encontrado que la burla en sí no es ingeniosa [Casalduero, 1974: 211; Zimic, 1992: 361], aunque Asensio destacaba que varias escenas «secundarias» sí lo son [1971a: 187]. Ya Casalduero observaba en este entremés el hecho de que los tipos estaban en función de la acción, y no al contrario, y que en él tenían un papel prominente los hechos de actualidad [1974: 203]. El citado Asensio lo definía tajantemente como un «chascarrillo dialogado» [1973: 187]. Y aunque Casalduero hablaba de la «levedad de la burla» de esta pieza [1974: 203], Cervantes nos presenta a través de las palabras de Solórzano dos tesis morales, a saber: que no «son burlas las que redundan en desprecio ajeno» [953] —justamente una tesis que luego Cristina ejemplifica personalmente, como Zimic subraya, destacando la importancia de la escena costumbrista entre las dos mujeres [1992: 356-357]—; y la segunda, que la ambición de Cristina facilita su engaño, pues «la codicia rompe el saco» y no le permite adivinar un truco tan sencillo. Para Zimic, el interés de esta sencilla burla no estriba en asombrar al público, sino en destacar la ceguera de Cristina, estimulada por el brillo del oro de la cadena, y de ahí la reconciliación final [1992: 361-362], aunque críticos como Canavaggio o Asensio han destacado la lentitud o lo poco entremesil de la pieza.

Ésta, en efecto, se basa en dos sencillos motivos: la caricatura tópica y superficial del habla del vizcaíno, manejada con gracia por Cervantes, y la burla a una mujer codiciosa y astuta por dos hombres empeñados en demostrar su superioridad masculina. Ni siquiera este segundo tema, de honda raíz folclórica como motivo del *burlador burlado* —en este caso, la *engañadora engañada*—, parece estar del todo bien resuelto, pues la burla no es demasiado aguda. Kirschner describe esta obra como «una pieza, aunque entretenida, de poco interés en cuanto al montaje y a la exposición psicológica de sus personajes» [1999: 170]. González Maestro, en cambio, valora su estructura de personajes dispuestos por parejas solidarias —Solórzano y Quiñones, Cristina y Brígida, etc.—, muy similar a la de otros entremeses y textos de la época [2000: 249]. De ahí que funcione en él el fenómeno de la traducción —de las palabras del falso vizcaíno—, expuesto como una superposición de discurso y *metadiscurso* [250].

## 2.6. *El retablo de las maravillas*

Chanfalla y la Chirinos, dos embaucadores, están afinando los detalles de una nueva burla, para la cual han contratado a Rabelín, un músico. Tropiezan con el gobernador, el alcalde, el regidor y el escribano del pueblo, a los que adulan, aunque no en exceso, tal como ha planeado Chanfalla, que se hace llamar Montiel. Mencionan su obra *El retablo de las maravillas,* ideado por un falso sabio, Tontonelo: un espectáculo que sólo pueden ver los cristianos viejos y los que no sean bastardos. Los regidores deciden que esa misma noche se represente en la aldea el retablo con ocasión de una boda y que no entren a verlo las demás gentes del pueblo.

El gobernador resulta ser un dramaturgo y un poeta aficionado que pregunta a la Chirinos por las novedades literarias de la corte. Comienza la representación en casa de Repollo, el alcalde, tras un repostero. Chanfalla-Montiel y su compañera evocan vívidamente las engañosas maravillas: Sansón derribando el templo, un toro, los ratones de colores del arca de Noé, el agua del Jordán, manadas de leones y osos y Herodías danzando. Los lugareños en general se maravillan o se asustan de las ilusiones, pero particularmente algunos sospechan por lo bajo —en aparte— de su propio origen, declaran su incredulidad o se acusan mutuamente de bastardos y judíos. Un sobrino de Repollo llega a bailar con la ilusoria hurí…

Irrumpe entonces un furriel que anuncia la llegada de su compañía en media hora. Cuando Chanfalla señala que ese episodio es ajeno al retablo, los aldeanos se rebelan y apelan al inexistente sabio. Regresa el militar y estalla una pelea cuando éste es acusado de converso, precisamente por ser el único ente real del tramposo retablo de las maravillas. El *autor* anuncia su intención de representar la obra ante todo el pueblo al día siguiente, lo que deja entrever un final abierto y circular en gran medida.

Es un entremés en prosa con un fondo sociológico importantísimo, una compleja sugestión metateatral y algunos otros detalles relevantes. Asensio [1973: 188] destacó sus ambigüedades y resumió sus fuentes folclóricas, que Rudolf Schevill, Adolfo Bonilla y Marcel Bataillon habían cifrado en un cuento de *El conde Lucanor* y otro del *Till Eulenspiegel*. Kirschner lo define como «el más rico de toda la colección tanto en el contenido como en aquellos aspectos ligados a la representación» [1999: 170] y también subraya su «ligereza y flexibilidad», así como su profundidad y el valor de su autor al señalar los males de su tiempo [172]. Precisamente por esta complejidad, Casalduero había hablado ya de barroquismo [1974: 207].

Desde Américo Castro por lo menos se ha destacado como esencial en él el problema castizo, que Zimic resume así: «se dramatiza, ante todo, el intento por completo consciente de los aldeanos —el público del retablo— de proclamar como verdad lo que todos ellos, en su intimidad, reconocen como patente mentira» [1992: 366]. La seguridad de los espectadores es aparente, e incluso, ante la prueba inquisitorial, alguno duda en su fuero interno de su propia legitimidad y ortodoxia. Ninguno falta al estreno para evitar las sospechas y hasta las labradoras se recomiendan mutuamente no perder detalle porque cualquier descuido «sería una gran desgracia» [980]. Todos son risibles en la misma medida en que eran admirables los ricos labradores de la comedia nueva lopesca [Spadaccini, 1997: 62].

Canavaggio [1982] y Zimic [1992: 367] han subrayado precisamente lo contagioso del entusiasmo de los campesinos ante los engaños, pues los aldeanos hasta rivalizan entre ellos por ver mejor lo invisible y creer más en lo que no existe. Zimic define la situación como de verdadera «cobardía espiritual» [370]. Además, el que sea Repollo, el más tonto e ignorante de todos, el que les contagie su exagerada credulidad de cristiano viejo *rancioso* ante el retablo, es algo bien expresivo y nos devuelve al clima ideológico de *La elección de los alcaldes de Daganzo*. Como en esa pieza, surge un personaje menos necio en teoría que sus paisanos, el gobernador Gomecillos, pero que sin embargo cae en los mismos errores que éstos. Cuando incluso este licenciado, aficionado a las letras y de juicio claro, acusa cobardemente al Furriel de ser *ex illis* por no creer en el retablo, el círculo vicioso inquisitorial parece cerrarse completamente en torno a los españoles del Siglo de Oro. Este soldado es precisamente castigado por irrumpir en la casa y en el retablo como único elemento real de toda la tramoya inventada por Chanfalla y sus amigos, esto es, por ser el personaje «desmitificador», como lo denomina Kirschner [1999: 172].

Zimic ha destacado las diferentes argucias cervantinas para mostrarnos claramente la debilidad de cada personaje ante un engaño evidente [1992: 370-371] y ha llegado a la conclusión, llamativa, de que las acusaciones al furriel no son producto del engaño de los espectadores del retablo, sino una artimaña para no ayudar al ejército según era preceptivo y negar interesadamente que el militar —lo único real que ven— existe [372]. La presencia de Rabelín también les molesta, aunque menos, porque es el único personaje auténtico que tienen ante ellos y que disuena del pacto de engaño y silencio, razón por la que Repollo, el más acendrado cristiano viejo, trata repetidamente de expulsarlo del improvisado escenario. Y al pelearse todos entre ellos al final de la pieza ponen de manifiesto las tensiones sociales inevitables de un sistema, el de la cristiandad vieja, viciado desde la raíz [Zimic, 1992: 373] por un pacto de miedo e incomunicación que Cervantes deja muy claro para el lector [González Maestro, 2000: 233].

Por otro lado, el retablo ilusorio también puede ser interpretado como una alusión al decorado verbal de la primera etapa de la comedia nueva de Lope de Vega, el gran autor ilusionista y trapacero, según Cervantes, el Chanfalla del panorama teatral español de entonces. Y es posible entonces que el comentario de Capacho de que Herodías baila danzas populares modernas como la zarabanda y la chacona aluda no sólo al sometimiento voluntario de éste a la mentira colectiva, sino también a los notorios anacronismos del teatro a la moderna, un aspecto común con el otro retablo cervantino, el de Maese Pedro en el *Quijote*. En este punto el entremés sería *metateatral*, con una importante estructura de *commedia in commedia* y un asunto de fondo dramático.

En cuanto a los aspectos menores, por ejemplo, el citado Gomecillos tiene obra dramática inédita, como Cervantes: «veinte y dos comedias tengo, todas nuevas, que se veen las unas a las otras»; y el alcalaíno aprovecha para poner en su boca juicios literarios: «los poetas son ladrones unos de otros, nunca me precié de hurtar nada a nadie: con mis versos me ayude Dios, y hurte el que quisiere» [978-979]. En Capacho, el escribano, se insinúa la misma tendencia a enmendar a los demás que se exhibía en *La elección de los alcaldes de Daganzo*, suscitada por parecidos barbarismos chistosos de los aldeanos. Como en esa pieza, se sugiere aquí que hasta para ser músico conviene ser cristiano viejo. Se desarrolla hasta el absurdo el motivo de la credulidad tan típico de las burlas entremesiles primitivas. Así, cuando Repollo subraya críticamente: «poca balumba trae este autor para tan gran retablo», el crédulo Juan Castrado responde: «todo debe de ser de maravillas» [981]. Y el mismo Repollo, aunque no ve nada, se pregunta cómo Herodías ve los prodigios del retablo siendo judía, a lo que el astuto *autor* responde cínicamente que todas las reglas tienen excepción. El humor de la pieza es, así pues, irónico y paradójico: el regidor se declara apto para ver el retablo porque es hijo nada menos que de Antón Castrado y de Juana Macha, dos verdaderas caricaturas léxicas que definen una paternidad imposible y, por tanto, un nacimiento ilegítimo, precisamente aquello que se supone que el mágico retablo desvela y comprueba ante el público.

Técnicamente, González Maestro ha establecido que es éste el entremés cervantino con apartes teatrales más expresivos [2000: 220] y destaca también en él los «monólogos dramáticos como discursos de ficción» que son las descripciones que hace Chanfalla del retablo maravilloso incluso desde antes de iniciarse la representación metateatral en la casa de los aldeanos. Su discurso se caracteriza precisamente por ser un *diálogo sin diálogo* funcional, puesto que no hay una verdadera interacción constante entre el estafador y sus receptores [225], aunque el único terreno común, el único plano referencial que comparten sea precisamente la quimera urdida por los tracistas [233].

## 2.7. *La cueva de Salamanca*

Este sencillo entremés en prosa con algunos fragmentos en verso tiene el menor número de personajes de toda la colección y un aire general elemental e ingenuo. Una esposa, Leonarda, despide con su criada, Cristina, a su marido, el tonto Pancracio, que parte de viaje a la boda de su hermana y se ausentará cuatro o cinco días. La señora lamenta aparatosamente su partida y finalmente se desmaya. Pancracio la despierta con un conjuro y se marcha en medio de promesas y ruegos. Toda la escena está escrita en estilo artificioso y muy literario.

Ido el esposo, las dos mujeres vuelven al tono popular, se felicitan de estar solas y preparan la fiesta que han previsto para esa noche con un sacristán y un barbero de la vecindad, Reponce y Maese Nicolás, y con una canasta de cosas de comer que tienen escondida. Irrumpe en la casa un estudiante pobre de Salamanca, Carraolano, que les pide refugio y comida. Una vez que éste promete comer y callar sus deslices, le permiten que se quede. Llegan los convidados y el sacristán exhibe un habla cultista; ambos desconfían del estudiante salmantino e intentan deshacerse de él, que no ceja en su empeño de pernoctar en la casa.

Regresa Pancracio inopinadamente tras accidentarse su carro por el camino. Lo acompaña su compadre Leoniso, que se despide de él a la puerta. Mientras llama sin ser atendido, los invitados bailan y cantan. En poco tiempo, las mujeres esconden a sus amigos y Pancracio entra tras responder a varias ridículas preguntas de su esposa, a modo de una anagnórisis burlesca. El estudiante avispado grita para que lo saquen del pajar y asegura tener comida, pues es nigromante, conoce los secretos de la cueva de Salamanca y puede invocar a dos demonios —en la apariencia de dos vecinos, el sacristán y el barbero— con una canasta de comida. Salen los escondidos y los demás comen de la cesta. Los falsos demonios cantan un romance alusivo. Pancracio, curioso, les pregunta por el origen de los bailes modernos, que éstos atribuyen al infierno. Intrigado, los invita a quedarse hasta que le «dejen enseñado en la ciencia y ciencias que se enseñan en la cueva de Salamanca», con lo que, de nuevo, tenemos un final abierto, como ha subrayado Kirschner [1999: 174].

La cronología tardía de esta pieza aparece reforzada por una nueva alusión al baile del Escarramán. La ingenuidad y lo poco escabroso del desarrollo de esta historia han sido subrayadas por Casalduero, que lo define como un entremés de engaño, con un «tempo ligero» y una «juvenil movilidad», despreocupado y desenfadado [1974: 210-211]. Zimic, según suele, lo elogia por su densidad ideológica y artística [1992: 377] y señala unos parecidos en su comienzo con la despedida de los esposos Penélope y Ulises en *La Odisea* [377-379]. Más realista, Asensio destaca el «barniz castizo» y las «referencias contemporáneas» de la pieza, que hacen más cercano el asunto folclórico universal del nigromante ficticio [1970: 22]. Oliva habla de «dramaticidad pura» [1999: 156-157] y González Maestro subraya el diálogo dramático equívoco o con «doble valor referencial» [2000: 243], usado por Cristina al comienzo, cuando despide a su señor animándolo, porque, según le dice, con su ayuda su ama no sentirá pena por su partida, sino que se holgará. Estas palabras irónicas, transparentes para los espectadores, no serán entendidas por Pancracio.

El estudiante rufianesco, pícaro oportunista y falso mago se adueña de la situación. Es capaz, como escribe Asensio, de crear «una ficción interior dentro de la ficción central» [1971a: 22], lo que, de nuevo, nos avecina al *metateatro*. La cadena de engaños es sucesiva: las dos mujeres burlan al marido con un sacristán y un barbero, que a su vez son chasqueados —y salvados— por el estudiante de Salamanca. La burla es prolongable en un final abierto en que el pobre Pancracio sufrirá mil humillaciones anunciadas por las «cien mil cosas» que desea preguntar a los *demonios* y por las *ciencias* que se dispone a aprender. Lo absurdo de que aparezcan los demonios precisamente en figura de dos vecinos que se entienden con la esposa infiel forma parte del típico engaño poco verosímil de muchas obras breves, y el bobo Pancracio recuerda a los rústicos crédulos del primitivo paso de Lope de Rueda, pero también a los del entremés futuro. La inclinación de ese personaje a la superstición y su ingenuidad son paralelas a la astucia de los demás caracteres y se insinúan ya en la primera escena, con el conjuro que *cura* a la esposa. El mismo Pancracio deposita una dosis parecida de fe ciega en el matrimonio y en Leonarda, su esposa, de suerte que el motivo de la credulidad vertebra la obra. Pese a sus paralelos con *El viejo celoso*, la pieza es mucho menos lúbrica y maliciosa, y aunque Asensio haya escrito acertadamente que esta obrita muestra unas «vacaciones del código moral» [1965: 108], sin embargo, el sacristán se mantiene comedido en sus gestos y palabras y una cierta moralina puede extraerse también de la conducta ingenua del marido entremesil.

*La cueva* contiene algunas parodias literarias en el habla de los dos esposos y en la del sacristán, falsamente culta y gongorista a trasmano, aunque el mismo personaje tema después que el estudiante pueda saber más latín que él y finalmente sea capaz de improvisar con el barbero una canción burlesca sobre la cueva de Salamanca. Las pullas contra los malos poetas —«aun todos los poetas son diablos» [1002]— recuerdan, asimismo, al pasaje comentado de *El retablo de las maravillas* y a otros lugares cervantinos, como el *Viaje del Parnaso*. Y Maese Nicolás tiene los resabios quijotescos que cualquier lector puede suponer. De nuevo, estamos ante un Cervantes escritor autorreferencial.


2.8. *El viejo celoso*

Asensio lo destacó como «la más desenfadada de las piezas» [1973: 193] y Kirschner lo ha definido como un «broche de oro» para la colección, pues «es uno de los entremeses más cortos y, sin embargo, es uno de los más substanciosos tanto en el contenido como en el montaje» [1999: 174-175]. Al comienzo de esta pieza en prosa sale Lorenza, una joven casada, quejándose a su criada Cristina y a su vecina Ortigosa de su marido viejo: «mi duelo, mi yugo y mi desesperación» [1003]. Es éste un celoso patológico, con el que le arreglaron un matrimonio de conveniencia porque él era rico. Y, lógicamente, la joven se lamenta de su encierro y de los achaques y la impotencia del anciano, no compensados con los regalos y vestidos que le regala. La vecina le ofrece como consuelo un galán mozo y gallardo. Sigue un brevísimo y gracioso debate —concluido, sintético en sí mismo— entre ama y criada sobre la oportunidad del adulterio que se le propone a Lorenza:

| | |
|---|---|
| LORENZA | ¿Y la honra, sobrina? |
| CRISTINA | ¿Y el holgarnos, tía? |
| LORENZA | ¿Y si se sabe? |
| CRISTINA | ¿Y si no se sabe? [1005] |

Tras estas réplicas, Lorenza es persuadida por los argumentos de la sagacidad y el ingenio de la vecina, aunque sigue lamentándose de los celos del viejo Cañizares, que recuerdan claramente a los del protagonista de la novela *El celoso extremeño*: puertas, llaves, vigilancia nocturna, etc. Llega a sugerir que, si las cosas no cambian, se suicidará ahorcándose y la vecina insiste en su designio mientras la criada pide también un «frailecico» [1007] para ella. Salen y entra el anciano, quejándose a su compadre de los celos que lo atormentan, de su falta de vigor y del peligro de las vecinas y visitas. Enuncia su principio de que ni los amigos han de entrar a su hogar mientras el compadre vaticina que Cañizares morirá precisamente del mal que teme.

Llaman a la puerta y el viejo rechaza la visita de la vecina Ortigosa, que trae un guadamecí o tapiz que ofrece barato al desconfiado vejete. Sobre él, según aclara una curiosa acotación, están bordados o pintados varios personajes del *Orlando Furioso*, de Ludovico Ariosto, entre ellos un Rodamonte embozado que espolea los celos del anciano. Mientras éste reniega, por detrás del armatoste entra el galán en la casa. Siguen los coloquios en tanto que Lorenza goza del fruto de su adulterio dentro de su alcoba, y es lo mejor que su marido escucha precisamente desde fuera de la puerta, como si fueran burlas, las veras del encuentro amoroso. Para que el galán pueda salir recurren a otro truco divertido: lanzan a la cara del anciano el agua con la que la casada ha lavado las barbas a su amante, y mientras éste queda ciego momentáneamente, el mozo sale de la casa. Lorenza grita y acude la justicia, que estaba en la casa vecina celebrando una boda con unos músicos. Cañizares pide perdón a Ortigosa por sus palabras de la escena anterior y los músicos cantan. En unas réplicas finales los casados y la criada siguen hablando sobre las vecinas, verdadera obsesión del viejo celoso.

Mientras Américo Castro asoció esta pieza con la Italia de *El cortesano*, de Baltasar de Castiglione [*El pensamiento de Cervantes*, 1925], Zimic insiste [1992: 389-395] en la influencia de Matteo Bandello, en cuyas *Novelle* (I, 5) se encuentran, en efecto, las claves de esta historieta entremesil: frustración sexual de la joven, celos y regalos del viejo, criados..., elementos todos que nos acercan más a la trama de *El celoso extremeño* que a la de este entremés, como el mismo Zimic reconoce [1992: 392]. También subraya la transición eficaz desde la Lorencica insegura y desconcertada del comienzo a su cinismo final [397]. De nuevo estamos ante otro entremés de fondo irónico: Kirschner ha destacado, así, la venganza «doblemente deliciosa» de Lorenza porque ésta «regala libremente aquello que Cañizares quiere guardar sólo para sí aunque él mismo no lo pueda alcanzar» [1999: 176].

En fin, hay que recordar, una vez más, que estos entremeses, aparecidos sólo un año antes de morir su autor, fueron «nuevos, nunca representados» para sus lectores de 1615, y que publicar entremeses, y más aun con el nombre de su creador, era una absoluta novedad en ese tiempo. Tampoco debemos olvidar que Cervantes señaló que comedias y entremeses iban necesariamente juntos desde la misma portada de la edición. Entre los críticos, Asensio ha observado, asimismo, que las piezas del alcalaíno «mantienen una vitalidad perenne y resisten el ataque del tiempo» [1970: 46] y que las piezas breves cervantinas habían ido ganando terreno sobre las comedias en la estimación de los críticos [1973: 171]. González Maestro recalca que estas obritas cervantinas están «al margen de toda preceptiva aristotélica» [2003: I, 763].

Con respecto al didactismo y la moral, Zimic apostilla en general sobre estos entremeses que «el arte cervantino, aunque no siempre trascendental, no es nunca frívolo» [1992: 356] y Spadaccini escribe que en casi todas las piezas no faltan moralejas explícitas o ejemplos provechosos para el público, reforzados por un lenguaje apropiado [1997: 15]. González Maestro señala, por su parte, que «Cervantes es autor clave [...] al incrementar el número de personajes (hasta diez), diversificar el repertorio de prototipos, incorporar circunstancias urbanas propias del momento, conferir mayor calidad al diálogo, y perfeccionar la intensidad cómica —más que dramática— de la ironía y la burla social» [2000:

212] y clasifica los diálogos cervantinos en nueve especies diferentes: el aparte, el soliloquio de apelación, el monólogo dramático como discurso de ficción, el diálogo de sordos, el diálogo sin expresión dialéctica, el interrogativo, el de doble valor referencial, el de personajes homologables y el polifónico [218]. Y el diálogo de sordos se presentaría nada menos que en tres piezas: *El juez, La elección* y *El retablo* [226], precisamente aquéllas que tratan los más complejos problemas de la época, acaso para poner de manifiesto con delicadeza que la vida cotidiana de los españoles del XVII distaba mucho de estar socialmente bien articulada.

Esto nos lleva a la pregunta crucial de cuáles parecen ser los asuntos que más preocupan al Cervantes entremesista, que serían, el problema del amor —unido al de la juventud y la vejez—, el matrimonio —la honra es entendida como una categoría más social que real—, el deseo y los celos; la convención social y sus exigencias, generalmente abusivas y contradictorias, en especial la de la pureza de sangre; la fuerza emergente del dinero; el engaño, con clara función instrumental, como motor de las tramas, y la transgresión y el desengaño que lleva aparejados; y, en último lugar, varios asuntos menores como la magia, la codicia, la subsistencia, la vida militar, etc., algunos de ellos con cierta proyección autobiográfica.

Sin embargo, el lector perspicaz descubre con sorpresa que la locura y el loco no forman parte de la lista de asuntos entremesiles esenciales de Cervantes, aunque, como ha destacado Huerta Calvo en su estudio del tema, «su presencia está camuflada en otras realizaciones actorales» [1992: 62], tales como —añado, a mi vez— la del *miles* de *La guarda cuidadosa*, por ejemplo. Pero este problema va unido al de la autoría de los *otros* entremeses cervantinos (atribuidos, al menos): *El hospital de los podridos, Los habladores, La cárcel de Sevilla, Los mirones* y *Los romances*; todos ellos editados por Dámaso Alonso en dos ocasiones y debatidos por la crítica filológica, aunque hoy parezcan algo olvidados.

Junto a estas consideraciones, el estudio, muy preciso, de Kirschner [1999] pone al descubierto algunas inconsistencias y despistes cervantinos en cuanto a la puesta en escena y las acotaciones. Señala que, lógicamente, nuestro escritor no pudo pulir estas piezas a través de la experiencia en las tablas [1999: 159], pero entiende que no se trata de obras concebidas para la lectura, sino destinadas a la representación, pues Cervantes inscribió en ellas «los suficientes elementos para que se pueda seguir paso a paso el movimiento de la acción» [176]. Añade esta estudiosa que el genial novelista fundió el montaje con la estructura de sus entremeses y que fue experimental con la puesta en escena al sacar al género menor de la escenificación descriptiva que caracterizaba a los entremeses anteriores [177]. Sin embargo, Blasco ha insistido últimamente, de nuevo, en el carácter de entremeses para la lectura de estas piezas [2005: 187], lo que puede tomarse como una muestra del ir y venir de la crítica cervantina.

Por su parte, también dentro de la esfera dramatúrgica, Oliva establece el espacio doble característico de estas piececillas, dividido en un ámbito interior (una casa o una sala oficial) y otro exterior (una calle), y nos recuerda que, afortunadamente, el narrador Cervantes no impone los espacios novelescos a su teatro menor [1999: 151]. Los personajes con autoridad —amos, jueces, escribanos, alguaciles...— son especialmente abundantes, igual que los que Oliva denomina *engañadores*, algunos profesionales y los inevitables músicos del género [153 y 158]. La mayoría son, según él —que sigue a Asensio en este punto—, más personajes que *figuras*, frente al parecer de Huerta Calvo [1992: 163]. El mismo Oliva señala cuatro comportamientos escénicos típicos: *desfile, debate, engaño* y *cuadro de costumbres*, categorías que a su vez le sirven para clasificar las ocho piezas [154]. Y Blasco, en su libro reciente, explica que Cervantes amplía el universo social del entremés para incluir casi todas las clases sociales de la época [2005: 191].

No cabe duda de que el alcalaíno rebasó con creces los límites del género, que carecía de una poética, a diferencia de la comedia coetánea. Con seguridad novelizó el entremés, como ha intuido Rey Hazas [2005: 182]. Quizás siguió el modelo, tan destacado por Castilla [1997], de la *commedia dell'arte*. Acaso pretendió explorar, como indica Blasco, las posibilidades de la palabra para crear ficciones, engaños y manipulaciones [2005: 191]; o se esforzó por establecer «una especie de diálogo con la literatura de su época e incluso con su propia escritura literaria» [Spadaccini, 1997: 14].

Sea como fuere, lo contagió de su espíritu crítico y escéptico, entró de lleno en los temas más espinosos —la honra, la limpieza de sangre, el matrimonio cristiano...— y experimentó con el lenguaje, la puesta en escena, los tipos humanos consabidos, el *metateatro* o la parodia literaria, entre otros aspectos que todavía llaman poderosamente nuestra atención cuatrocientos años después, y todo ello adornado con un vago aire autobiográfico que siempre ofrecerá nuevos alicientes a crítica y lectores.

IV. Quevedo, por *Francisco Sáez Raposo* y *Javier Huerta Calvo*

Aunque ensombrecida por la entidad de su labor como prosista, la faceta entremesil de Francisco de Quevedo y Villegas (1580-1645) ha ido ganando peso hasta el punto de llegársele a considerar no sólo como una de las cimas del teatro breve, sino como una pieza clave dentro de su evolución, esto es, como elemento intermedio, a modo de nexo o transición, entre las figuras de Miguel de Cervantes y Luis Quiñones de Benavente o, lo que es lo mismo, entre el momento en el cual el género dio el paso definitivo de la prosa ágil y dinámica al estilizado verso barroco. Como escribe Eugenio Asensio: «Quevedo fertilizó el entremés, directa o indirectamente, de tres modos diferentes: con sus piezas originales; con el almacén de tipos y figuras, de situaciones y ocurrencias que puso a disposición de los cómicos; y últimamente con la ejemplar técnica literaria que aplicó a la pintura del hombre» [1971a: 178].

La figura de Quevedo no ha sido ajena, ni mucho menos, a la problemática de autoría y transmisión inherente al género. El intento de fijación del *corpus* de entremeses escritos por él ha ocupado a lo largo de los años a un buen número de estudiosos de reconocido prestigio (Cotarelo y Mori, Cotarelo Valledor, La Barrera, Fernández Guerra, Astrana Marín, Asensio, Artigas, Crosby, Buendía y Blecua, principalmente) que, atraídos por la envergadura literaria del genial madrileño, se han propuesto, con mayor o menor éxito, llevar a cabo la nada sencilla tarea de trazar los límites de su producción teatral breve. Todos ellos han chocado inevitablemente con las dificultades impuestas por las cuestiones relacionadas con atribuciones dudosas y falsas autorías tan habituales en este tipo de composiciones y que, en los casos relativos a autores del relieve del que ahora nos ocupa, complican todavía más el panorama. La transmisión de las piezas en copias manuscritas poco cuidadas, en autógrafos que, posteriormente, se ha descubierto que no lo son, la atribución de las mismas a otros dramaturgos como Luis Quiñones de

Benavente, Lope de Vega, Tirso de Molina o alguno de sus seguidores, y las fluctuaciones de títulos que unas veces parecen multiplicar y otras dividir el número de las mismas, en un proceso muy similar, tal y como señala José Manuel Blecua [1981: 9], al sufrido por sus romances y bailes, conforman las claves de esta problemática.

Dentro de los intentos por fijar ese corpus se pueden señalar dos momentos de especial importancia. El primero de ellos, tal y como lo relata el propio Blecua [1981: 9], se produjo cuando Cayetano Alberto de la Barrera pidió a Aureliano Fernández-Guerra que le proporcionara todas aquellas noticias que conociera sobre la obra breve de Quevedo para poder incluirlas en su famoso *Catálogo bibliográfico y biográfico del teatro antiguo español* (publicado en 1860). Fernández-Guerra mencionó una serie de piezas que, según Basilio Sebastián Castellanos, figuraban en un códice propiedad de Luis María de Candamo y Kunh del que nadie ha sabido dar nunca noticia y al que Blecua considera «una de las muchas supercherías literarias del siglo XIX». Don Aureliano citaba en su listado hasta un total de veintitrés obras, entre ellas la comedia titulada *Cómo ha de ser el privado* («manuscrito del segundo tercio del siglo XVII» [Blecua, 1981: 13]), un fragmento conservado de *Pero Vázquez de Escamilla*, otro titulado *Fragmento que de letra del autor estaba escripto en el reverso de una carta* y alguna otra comedia hoy perdida (*Quien más miente medra más*) o atribuida a él sin ningún fundamento (*La privanza desleal, y voluntad por la fama* y *Bien haya quien a los suyos parece*). Y es que, a pesar de la escasez de los testimonios conservados, todo parece apuntar hacia el hecho de que Quevedo ejerció de dramaturgo con más asiduidad de la que podría pensarse en un primer momento.

El segundo de dichos hitos es, claro está, el extraordinario hallazgo de piezas que llevó a cabo Eugenio Asensio, hace ya casi medio siglo, en el conocido como manuscrito de Évora, ya que se conserva en la Biblioteca Pública de esta localidad portuguesa. En dicho códice, compuesto por un núcleo de escritos de Quevedo y varios cuadernillos de naturaleza miscelánea, que aparece titulado como *Obras de don Francisco Gómez de Quevedo y Villegas, caballero del hábito de Santiago*, se incluyen un total de siete entremeses, cinco de los cuales aún eran totalmente desconocidos cuando Asensio los publicó por vez primera en el año 1965 formando parte de su clásico *Itinerario del entremés*.

Por otra parte, casi una decena de composiciones han ido fluctuando a lo largo de los años en la consideración de la crítica a la hora de ser adscritas al ingenio de Quevedo. El manuscrito de alguna de ellas, como es el caso del *Famoso entremés del hospital de los mal casados*, fue publicado como autógrafo [Astrana Marín, 1932: 558-562] y considerado como tal hasta hace sólo algunas décadas [Crosby, 1967: 76 y ss.]. Se trata de piezas en algunas ocasiones relativamente conocidas: *Pandurico, El muerto* o *El médico*. Hoy nadie duda de su naturaleza espuria y, en la mayoría de los casos, se han adjudicado en análisis posteriores a la pluma de Luis Quiñones de Benavente o de alguno de sus seguidores. A este conjunto de composiciones habría que añadir además el entremés titulado *Caraquí me voy, cara aquí me iré*, hoy perdido, y al que citaron como «friísimo cuando bien silbado los sañudos autores del *Tribunal de la justa venganza*» [Blecua, 1981: IV, 10].[19]

Así pues, el conjunto de entremeses que vienen dándose como de segura atribución quevedesca suma un total de quince: *Bárbara* (primera y segunda parte), *Diego Moreno* (primera y segunda parte), *La vieja Muñatones, El marión* (primera y segunda parte), *El marido pantasma, La venta, El niño y Peralvillo de Madrid, La destreza, La polilla de Madrid, Los enfadosos, La ropavejera* y *Los refranes del viejo celoso*. En el difícil intento de ubicarlos cronológicamente, no sólo a través de algunas referencias internas que se pueden extraer de ellos, sino también a partir de las noticias relativas a los actores o actrices que sabemos que los representaron, se consideran los escritos en prosa (es decir, la primera y segunda parte de los entremeses de *Bárbara* y de *Diego Moreno* y el titulado *La vieja Muñatones*) como los más antiguos, pues se los suele fechar entre los años 1608-1613. Tienen en común el hecho de compartir una temática y unos personajes perfectamente rastreados en el folclore y la literatura. Con respecto al primero de ellos, dice Asensio que «la más vieja pieza y la más arrimada a las tradiciones previas es *Bárbara*, en que un asunto heredado y unos recursos similares a los de la *commedia dell'arte*

[19] Quisiéramos agradecer a Pablo Jauralde Pou, Delia García Gavela y María Hernández la enorme amabilidad que han tenido a la hora de permitirnos consultar el apartado dedicado al teatro de Francisco de Quevedo incluido en el *Diccionario filológico de Literatura Española, siglos XVI y XVII. Textos y transmisión* que dirige el primero y que verá la luz en la editorial Castalia próximamente.

confluyen para representar, en una especie de torbellino cómico, los inagotables engaños y el triunfo final de la mujer» [1971a: 201-202].

Estos dos entremeses de *Bárbara* pueden leerse como una suma de los principales tópicos desgranados por el ingenio madrileño en el resto de su producción dramática breve. En ella ocupa un lugar principalísimo la misoginia, y no hay entremés, en efecto, donde la mujer no aparezca caricaturizada en sus rasgos más negativos: falsa, taimada, hipócrita, mangoneadora, y sólo movida por el poderoso caballero don dinero, a quien subordina todas sus acciones. Las mujeres quevedianas son asimiladas a prostitutas, aunque algunas, como es el caso de Bárbara, lo sean también de oficio. En la primera parte de este entremés la vemos amancebada con Hartacho, «hombre de la hoja», es decir, un rufo o valentón, aunque el elenco de *dramatis personæ* nos engañe, pues ambos personajes aparecen como galán y dama: una ironía quevedesca más, pues que su misoginia no se arredra ante ninguna clase social. Como fiel y eficaz ayudante se vale de una vieja dueña, sin duda otro de los personajes más singulares de su universo entremesil. Ante ellas los hombres desfilan como si fuesen una comparsa de títeres: además del rufián, un italiano llamado Ascanio y un Capitán, a quienes Bárbara tiene entretenidos haciéndoles creer que se encuentra embarazada de ellos y con la única finalidad de sacarles sus dineros haciéndose la antojadiza. La burla de estos ridículos pretendientes se consuma mediante la boda de Bárbara con un músico:

> ASCANIO      ¿Qué es aquesto, señora Bárbara?
> BÁRBARA      ¿Qu'es esto? Estar casada
>              en nuestro común lugar
>              es quitarme de engañar
>              y quedar desengañada.
>              Fingí que quedé preñada
>              y parida me fingí,
>              porque con esto adquirí
>              dote con que me casé [26].

Es éste un final de boda burlesca con cura incluido, que señala el triunfo de la artera mujer sobre sus tres pretendientes masculinos.

En la *Segunda parte* es Hartacho quien trae la noticia de la muerte del marido de Bárbara, de viaje a las Indias; la viuda se afana de nuevo por atraer los regalos de sus antiguos pretendientes, además de otros nuevos, pues —como afirma— «los hombres están obligados a dar a las mujeres». De los tres Bárbara escoge al italiano Ascanio, que, tras la boda, expulsa de su casa a todos los invitados, incluido el Cura, con la intención de ejercer su autoridad implacable sobre la casquivana esposa. Pero, inopinadamente, aparece el primer marido, que había hecho difundir la noticia de su muerte para probar la fidelidad de Bárbara. En el mundo al revés del entremés las bodas se hacen y deshacen sin que la presencia de un personaje tan antientremesil como es el Cura sirva de impedimento alguno. Y la única conclusión que vale es, otra vez, el omnímodo poder del dinero:

| | |
|---|---|
| OCTAVIO | Tú sola eres la esperanza |
| | del puerto de mi deseo. |
| BÁRBARA | ¡Oh mi Octavio!, que te veo, |
| | gran dicha mi alma alcanza. |
| OCTAVIO | Aunque en ti hallo mudanza, |
| | te traigo una fee guardada |
| | en plata fina empastada |
| | y en oro del Potosí [35]. |

El personaje de Diego Moreno, protagonista de «su más perfecto entremés en prosa» [Asensio, 1971a: 205], es arquetipo del marido cornudo o marido flemático. La pieza debió de gozar de gran éxito a tenor de sus secuelas, entre las que hay que destacar una bastante temprana de Alonso Jerónimo de Salas Barbadillo, *El sagaz Estacio, marido examinado* (publicada en 1620, aunque es posible datarla entre 1604 y 1614), y la más tardía de la mojiganga de *El pésame de la viuda*, de Pedro Calderón de la Barca. Como curiosidad, se trata del único entremés al que alude el propio Quevedo en otra de sus obras, *El sueño de la muerte*, donde hace aparecer al personaje, como un tipo popular más, dialogando directamente con él:

Enojeme más y alcé la voz diciendo:
—Infame, ¿pues tú hablas? ¿Tú dices a los otros deshonrabuenos? La muerte no tiene honra, pues consiente que éste ande aquí. ¿Qué le he hecho yo?

—Entremés —dijo tan presto Diego Moreno—. ¿Yo soy cabrón y otras bellaquerías que compusiste a él semejantes? ¿No hay otros Morenos de quien echar mano? ¿Acabose en mí el cuerno? Pues, ¿qué los ha movido a traerme por los tablados? Yo fui marido de tomo y lomo porque tomaba y engordaba: sietedurmientes era con los ricos y grulla con los pobres. Poco malicioso, lo que podía echar a la bolsa no lo echaba a mala parte. Mi mujer era una picarona y ella me difamaba, porque dio en decir: «Dios me lo guarde al mi Diego Moreno que nunca me dijo malo ni bueno». Y miente la bellaca, que yo dije malo y bueno docientas veces... Viendo entrar en mi casa poetas, decía: ¡Malo! Y en viendo salir ginoveses decía: ¡Bueno!... Ahora se casan por suficiencia y se ponen a maridos como a sastres [Asensio, 1971a: 214-215].

Es el propio Quevedo quien más adelante acaba declarando: «al mundo voy sólo a escribir de día y noche entremeses de tu vida».

La parte primera se abre con un diálogo muy representativo del modo quevedesco de ver la realidad, entre don Beltrán y el Capitán, que no escatiman sus críticas hacia ellas:

Cada una tiene un discreto, un valiente a quien teme, un poderoso a quien respeta, un pícaro a quien manda, un avariento a quien quita, un ginovés a quien pide, un necio a quien engaña, un bellaco a quien entretiene, un querido a quien sustenta de lo que pela a todos [37-38].

Mas no por ello dejan de pretenderlas; en este caso es doña Justa, casada con Diego Moreno, el objeto de sus deseos. Como ya habíamos visto en Bárbara, la adúltera se ve auxiliada en sus ardides por Gutiérrez, una dueña vieja capaz de sacarle de los peores embrollos; así, cuando se encuentra en casa con cuatro pretendientes y llega su marido:

Fíngete mortecina y con mal de corazón, da voces y saltos. El doctor te tomará el pulso, el capitán te apretará con la sortija el dedo del corazón, el licenciado te dirá evangelios y don Beltrán te tendrá la cabeza. Y déjame a mí dar voces y fingir. ¡Ay, ay, ay cuitada, malograda, mal lograda, mal logradilla mía, ay, ay, ay! [44]

La segunda parte debería llevar el título de *La viuda de Diego Moreno*, pues que éste ha muerto y es llorado en el duelo que ocupa las pri-

meras escenas. Pero las criaturas entremesiles, con su sentido carnavalesco del tiempo —ayer martes del Carnaval, hoy miércoles de
Cuaresma—, pasan página en seguida, y ya doña Justa busca y encuentra nuevo compañero, una suerte de contrafigura del marido muerto,
como nos indica su nombre, Diego Verdugo. Su reacción, luego de los
esponsales, es la misma que toma Ascanio respecto de Bárbara, impo-
niéndole reclusión en casa convencido de que vale más «una mujer con
la rueca en la mano que con las castañetas». La taimada fémina se ve,
pues, castigada mediante un final que vuelve a subrayar la misoginia quevedesca. Al Moreno consentidor ha sucedido ahora un Verdugo escarmentado:

> Quien quisiere el arancel
> para gobernar su casa
> desde el día que se casa,
> le hace en mi condición:
> que es ser un hombre Anteón
> no tratar desto con veras [56].

Dado el relieve que la figura de la dueña, de clara raigambre celestinesca, tiene en estos cuatro entremeses primeros, no es extraño que
Quevedo dedicara al tipo una de sus piezas más singulares, *La vieja
Muñatones*. Dos personajes que buscan sus servicios charlan sobre el oficio de la tercera, como demostración de lo perdido que anda el mundo:

CARDOSO    ¿Es alcahueta?
PEREDA     Ya pereció ese nombre, ni hay quien le oiga. No se
           llaman ya sino tías, madres, amigas, conocidas, coma-
           dres, criadas, coches y sillas. Persínese bien, que la vie-
           ja tratante en niñas y tendera de placeres es mujer que
           con un bostezo hace una jornada de aquí a Lisboa y
           con el aliento se sorbe un mayorazgo [58].

Muñatones es maestra en aconsejar a las pupilas, embaucar a los hi-
dalgotes e, incluso, sobornar a la justicia, representada en un Alguacil
que inspecciona el burdel y al que soborna mediante el sensual baile
que ejecutan sus acólitos:

Mescolanza, hijas. Haya de todo jergueado y Rastro a todo bullir, que así hacía yo antes que la viudez me estriñera los bamboleos [62].

Se acepta que las diez piezas restantes, todas ellas escritas en verso, fueron compuestas más tardíamente, en concreto entre los años 1623-1627 [Jauralde Pou, 1998: 492-493]. Son las que vamos a ir citando y comentando brevemente a continuación. El entremés famoso de *El marión* (primera y segunda parte) fue remedado años más tarde, entre otros, por Quiñones de Benavente en *Los mariones* y por Gil López de Armesto en *Los maricones galanteados*. El protagonista, don Constanzo es el lindo afeminado, «un doncello», como dice de sí mismo, que se ve acosado por las mujeres, doña Bernarda, doña Teresa y doña María, y teme perder su honor:

> ¿Mi mal no advierte
> y que son esas cosas desatinos,
> que tengo honor y padre, y que hay vecinos?
> […]
> Porque no es bien que tomen los doncellos;
> que suelen sucederles mil desgracias.
> Que uno conozco yo que apenas vía,
> no digo el sol, pero la luz del día,
> y porque recibió un cierto presente
> de una mujer, en pretendelle loca,
> ya está con la barriga hasta la boca [64].

En el segundo entremés don Constanzo aparece ya casado con doña María, que lo maltrata y mantiene a raya. Son la viva representación del mundo al revés que preconiza el teatro breve, pues es la mujer quien lleva la espada, juega a los naipes y hace salidas por la noche, mientras que él ha de quedarse recluido en casa:

> ¿Yo poderme asomar a la ventana?
> ¿Yo visitar? ¿Yo ver amigos, fiesta,
> güerta? ¿Yo ver comedia?
> No tengo más holgura conocida
> que estar en un rincón toda mi vida [70].

De *El marido pantasma* hay una copia manuscrita en cuya portadilla hay anotada, con letra moderna, la fecha de 1626 [Arellano y García Valdés, 1997: 41]. El entremés juega con el motivo del sueño, tan caro a Quevedo, para enseñar el envés más grotesco de la realidad. El protagonista, Muñoz, que tiene la intención de casarse, padece una visión en que se aparecen los siniestros personajes relacionados con lo peor del matrimonio: Suegro, Suegra, Casamentero, Dueña, y doña Oromasia, mujer que todo lo sacrifica por el matrimonio:

> Yo me quiero casar sin resistencia,
> y tengo hambre canina de marido,
> y me casara luego
> con una sarta dellos, si los hallo.
> Yo soy una mujer mocha de tías;
> yo soy muy ahusada de linaje;
> yo soy calva de amigas y parientes;
> no tengo madre, ni conozco padre,
> ni ne mi vida he tenido mal de madre;
> y sé que el buen Muñoz me va buscando,
> y en mí tiene la esposa que desea [79].

*La venta* presenta en escena un verdadero cuadro de costumbres [Arellano y García Valdés, 2006: 347], hasta el punto de ser considerada por Asensio como «la única pieza de Quevedo esencialmente costumbrista». Fue escrita, de acuerdo a razones de técnica compositiva y a una posible alusión al *autor* de comedias Pedro Cerezo de Guevara, entre los años 1616 y 1619 [Asensio, 1971a: 231-232]. En efecto, al final de la obra, irrumpe en la venta un tal Guevara, que va a representar con su compañía a Granada. Estamos ante una pieza inserta dentro de un motivo literario que irá ganando en importancia con el paso de los años y que contará, como uno de sus exponentes más destacados, con el entremés de *El reloj y genios de la venta*, de Calderón. El contexto palaciego en que Susana Hernández Araico [2004: 211-212 y 216-218] considera que se idearon y desarrollaron los entremeses de Quevedo, de donde pasarían después a los tablados de los corrales públicos a través de copias de compañías o de memorillas, es decir, de copias de copias, como a todas luces parece ser el manuscrito de Évora, le hace pensar que tal vez esta pieza fuera representada en algún tipo de festejo cortesano, como, por ejemplo, en las suntuosas fiestas que en el año 1617, durante dos semanas del mes de octubre, se llevaron a cabo, a expensas del duque de Lerma, en dicha localidad con el fin de agasajar al rey Felipe III y a su corte.[20] La obrita incide en los chistes propios de figoneros (las lechuzas que pasan por pollas, el vino bautizado con agua, etc.):

> Mas nada se compara con aquellos
> a quien les cupo en suerte la morcilla;
> pues cuando vieron, entre el pan y el vino,
> por morcilla una bota de camino,
> todos, con un *Deo gratias*, se abajaron
> a olerla, y con los dedos la tocaron.
> «¿Ésta es tripa, o maleta?
> (dijo un mozo bermejo);
> más parece baúl que no pellejo.»
> Metiéronle el cuchillo; aquí fue Troya,
> que se dividió en ruedas,
> con algunas colores sospechosas.
> «No entiendo esta morcilla», dijo el uno;
> otro santiguador de los mondongos
> decía: «A cieno sabe. ¿Si es de estanque?»
> Y dijo otro, con boca derrengada:
> «Busquen su descendencia a la morcilla,
> y darán con un mulo de reata.
> ¿Qué es menester saber de quien deciende,
> de rocín o de oveja?
> Bástale ser morcilla de Corneja» [90].

[20] En dichas celebraciones se puso en escena la comedia de Luis Vélez de Guevara titulada *El caballero del sol* y, según las relaciones existentes de las mismas, un «entremés satírico» de Hurtado de Mendoza, unos espectáculos dirigidos por Antonio Mira de Amescua y otros dos entremeses, uno de ellos que versaba sobre una boda fingida y el otro sobre «amateurs teatrales». Con esta información, Hernández Araico se pregunta: «¿podrían ser estos entremeses de Quevedo, aquél quizá el *Entremés primero de Bárbara* o *El marido pantasma* y éste *La venta*, alguna versión de *La polilla de Madrid* o el *Entremés del Niño y Peralvillo de Madrid* que menciona burlescamente a "Mira de Mosca" (v. 155)?» [2004: 217].

La deformación grotesca afecta a los nombres mismos de los personajes, sometidos al habitual proceso de animalización: Corneja se llama
el ventero; Grajal, su criada. Amo y criada componen una pareja de extremada complicidad, ante la cual desfilan los personajes propios de este
ambiente: un Estudiante, un Mozo de Mulas, y unos farsantes, al final.

La mención en forma satírica al sonado estreno de la comedia de
Juan Ruiz de Alarcón *El Anticristo* hizo pensar a Armando Cotarelo que
*El niño y Peralvillo de Madrid* debió ser coetáneo a ésta y, por lo tanto,
representarse en 1618. Sin embargo, para Eugenio Asensio [1971a: 234-
235] no sólo tanta urgencia parecía innecesaria, sino que la posible alusión a la formación de compañía propia por parte de Juan Jerónimo
Almella (más conocido, como su hermano Juan Bautista, por su apodo
de *el Valenciano*), por una parte, como la referencia a algunos actores que
podían pertenecer a la misma, por otra, le hicieron decantarse por la fecha de 1622. En pocas piezas teatrales del Siglo de Oro encontramos
un retablo tan ácido y escéptico de la corte, a través del viaje iniciáti-
co que emprende Perico, un Niño al que su madre da consejos acerca
de su modo de comportarse en Madrid, donde todo hombre queda des-
plumado por las mujeres. La rapiña femenina se presenta, al final de este
entremés, como una suerte de *vanitas* barroca: «una bolsa vacía encima
de dos huesos de muerto», con una apostilla moralista también muy a
tono con la visión desengañada del Barroco:

> Nenes, mirad lo que somos:
> quien bien guarda sólo medra;
> veis allí las sepulturas
> que la dejaron tan seca.
> Esos gusanos con moño,
> ataúdes con guedejas,
> la comieron lo de dentro,
> la royeron lo de fuera.
> En esto habéis de parar
> las más ricas faltriqueras:
> miradla, mirad con miedo
> a quien chuparon con fuerzas [100].

En lo referente a *La destreza*, donde el uso metafórico de un léxico
relacionado con el arte de la esgrima nos recuerda la conocida enemis-

tad entre el escritor y el maestro de armas y tratadista Luis Pacheco de Narváez, se baraja el año de 1624 como su posible fecha de composición. Celebra Quevedo en este entremés el mundo que tanto le complacía de la jacarandaina, con el lenguaje bronco que hablan dos marcas, Mari Pitorra y la Chillona, que la emplaza y hace gala de su virilidad: «yo soy hombre y mujer y marimacho».

De 1624 es también *La polilla de Madrid*, por las referencias internas relacionadas con las actrices que debieron formar su reparto [219-221]. Para Hernández Araico [2004: 217], esto no implica necesariamente que este entremés no pueda ser anterior y que, incluso, fuera uno de los que se dice que se llevaron a las tablas en las ya mencionadas celebraciones de Lerma del año 1617, siendo, por consiguiente, la del manuscrito de Évora una versión empleada por una compañía de actores en el año 1624. Es este entremés, considerado por Alonso Hernández como «el ejemplo más interesante tanto del punto de vista de su extensión como por su complejidad y los varios niveles que comporta de teatro dentro del teatro» [2001: 51], el único entremés quevedesco que lleva el subtítulo de «comedia antigua», al modo en que se denominaron los pasos de Lope de Rueda e incluso algunos entremeses de Castillo Solórzano y Salas Barbadillo.

La fecha de representación de *Los enfadosos*, conocido también con el título inexacto de *El zurdo alanceador*, es más fácil de determinar debido a que en el ejemplar impreso del año 1628 se indica expresamente: «representole Amarilis en Sevilla». Eugenio Asensio [1971a: 238-239] concluye que María de Córdoba, conocida como *Amarilis* y también como la *Gran Sultana*, debió representar esta pieza durante los días 16 y 17 de mayo de 1624 ante Felipe IV que, tras el fracaso de las negociaciones matrimoniales mantenidas para unir a su hermana con el Príncipe de Gales, emprendió un viaje a Andalucía acompañado por un séquito entre cuyos miembros se encontraba el propio Quevedo. Por ser tiempo de Cuaresma la representación no se llevó a cabo en la capital andaluza sino en el Bosque de Doña Ana, propiedad del duque de Medina Sidonia. Pero la obrita tiene, por el contrario, un diseño bien carnavalesco ya desde la aparición de la protagonista, la Pelantona, que actúa como Juez, vestido ridículamente «con una ropa de mujer por sotana, cuello de clérigo italiano, ferreruelo más corto, [y] sombrero de verdulera», y con la misión de poner en solfa los engaños y embelecos de la Corte:

> A esto es mi venida, a que los años,
> los meses y los días y las horas
> los confiesen por fuerza, aunque no quieran;
> que traigo en mi instrucción y mis poderes
> por moriscos del tiempo a las mujeres;
> porque hay vieja orejón encarrujada
> que se viste de noche, muy secreta,
> sobre caraza agüela, cara nieta [125].

*La ropavejera* comparte con la pieza anterior la temática, pues ambas son una revista de tipos ridículos, hasta el punto de ser considerada por Asensio [1971a: 244] como una especie de segunda parte de aquélla. El entremés, del que es imposible precisar con mayor exactitud una fecha de composición o representación aproximada, es —en palabras de Ignacio Arellano y Celsa Carmen García Valdés— «uno de los más admirables ejercicios del arte de lo grotesco en la literatura española» [2001: 25], mediante el trazo de una vieja singular, encargada de reparar y componer los cuerpos a fin de que puedan pasar por jóvenes:

> Soy calcetera yo del mundo junto,
> pues los cuerpos humanos son de punto,
> como calza de aguja.
> Cuando se sueltan en algunas barbas
> puntos de canas, porque estén secretas,
> les echo de fustán unas soletas [133].

Aun cuando en seguida desfilan las figuras que buscan el servicio de la ropavejera, es interesantísima y cargada de profundidad dramática la interpelación provocadora que hace la protagonista al público que asiste a la representación:

> ¿Veis aquella cazuela?
> [...]
> ¿Y a mano izquierda veis una mozuela?
> Pues ayer me compró todo aquel lado:
> y a aquella agüela, que habla con muletas,
> vendí antenoche aquellas manos nietas.
> [...]

> Desde aquí veo una mujer y un hombre,
> nadie tema que nombre,
> que no ha catorce días que estuvieron
> en mi percha colgados,
> y están por doce partes remendados [134].

El discurso de la Ropavejera no sólo es una apología del escepticismo con que el genial escritor madrileño contempla la sociedad, sino que tiene el valor de romper la cuarta pared, proyectando sobre el corral de comedias la sátira que, en apariencia, sólo está destinada a las criaturas que pueblan el entremés; es decir, haciendo del teatro el microcosmos de una sociedad enferma y corrompida.

Por último, está el entremés de *Los refranes del viejo celoso* que, a tenor de las composiciones que inspiró (entre ellas, parece que *Las carnestolendas*, mojiganga de Calderón), debió de gozar de gran fortuna. Una vez más resulta imposible lucubrar sobre una fecha de redacción o representación para esta obra de probable inspiración cervantina y que fue considerada por Asensio [1971a: 228-229] no sólo como un auténtico ejercicio de autoplagio por parte de Quevedo, pues recupera para las tablas «los fantasmas folclóricos por él evocados en *El sueño de la muerte*», sino, además, como la primera mojiganga *avant la lettre* debido a las características visuales de mascarada de este género que anticipa. El gracioso Rincón galantea a doña Justa cuando llega a casa el marido de ésta, el Vejete, uno de los pocos personajes masculinos del elenco quevedesco que concita más elementos ridículos que las propias mujeres, tal como lo caracteriza Justa:

> Sois un vejete clueco, hecho de barro,
> depósito de tos y del catarro,
> alma de güeso que por miserable
> penando está en braguero perdurable,
> todo refranes, como el dueño, güeros [141-142].

Como castigo del viejo celoso, que siempre tiene en su boca un refrán a cuento o sin cuento, aparecen ante él diversos tipos proverbiales: Calaínos, Juan de la Encina, Perico el de los Palotes, Maricastaña, la dueña Quintañona, el rey Perico, el Rey que rabió... Todos unen sus fuerzas para castigar y escarmentar al Vejete.

En total, como hemos visto, una quincena de entremeses que, como en su día viera José Luis Alonso Hernández [1999: 101-108], presentan un limitado repertorio de temas y figuras, pues en ellos se desarrollan cuatro motivos que se repiten: la busconería, la cornudez, la mariconería y el desfile de figuras, siguiendo su propia terminología.

A pesar de que en la actualidad no se pone en tela de juicio la autenticidad de la autoría de Quevedo en ninguno de ellos, lo cierto es que sobre el último de los citados, *Los refranes del viejo celoso*, se ciernen serias dudas en este sentido. Se trata de una pieza que comparte no sólo paralelismos de índole temática con *El hospital de los mal casados*, sino también el hecho de que durante mucho tiempo se consideró que se había conservado en un manuscrito autógrafo y con esa convicción, y como inédito, fue publicada por Astrana Marín [1932: 573-580] en su día. Sin embargo, una vez más sería Crosby [1967: 76-79] quien demostrara que el autógrafo no era tal, sino más bien una copia bastante deturpada y plagada de errores. Blecua [1981: IV, 12-13] reconoce la dificultad de emitir un juicio al respecto y muestra sus dudas, aunque decide incluirlo con reservas en la nómina de los auténticos apoyándose en la autoridad de Asensio y de Crosby, fundamentalmente por los motivos de raigambre quevedesca que se aprecian en él y las similitudes con su *Sueño de la muerte*. Todo lo contrario sucede con los siete entremeses incluidos en el manuscrito de Évora, sobre los que no se plantea, debido a sus temas, su lengua, su estilo y la propia autoridad del documento (pues en él se encuentra alguna pieza publicada como auténtica), ningún tipo de duda relativa a su paternidad.

Como ya apuntó en su día Guido Mancini [1955: 20], los entremeses no son un hecho aislado dentro de la producción quevedesca. Es decir, su producción breve no se circunscribe únicamente al ámbito entremesil, entendiendo éste no como concepto genérico, sino como subcategoría teatral breve, y así, han llegado hasta nuestros días también un total de diez bailes, «todos tan agudos e ingeniosos como suyos, aunque, por desgracia, el texto está conocidamente mutilado en algunos» [Cotarelo, 1911: I, CLXXXVIII]. De cuatro de ellos (*Las valentonas y destreza*, *Los galeotes*, *Cortes de los bailes* y *Boda de pordioseros*) sabemos, porque así se refleja en el propio texto, que fueron dialogados, mientras que en tres más (titulados *Los valientes y tomajonas*, *Las sacadoras* y *Los nadadores*) son las acotaciones las que nos señalan la aparición paulatina de varios personajes sobre el escenario.

El gusto de Quevedo por este subgénero breve queda patente no sólo en su preferencia a la hora de concluir sus entremeses con un final animado en forma de baile (de hecho, el único que termina con los típicos palos a golpe de matapecados es *Los refranes del viejo celoso* que, como ya apuntamos más arriba, es el que más dudas plantea con respecto a su autoría dentro del corpus considerado canónico), sino además, en la enorme cantidad de referencias de carácter descriptivo, en cuanto a diferentes tipos de bailes y al modo de ejecutarlos, que se pueden hallar tanto en éstos[21] como en alguno de sus entremeses, como sucede en el caso de *La ropavejera*.

Este grupo de composiciones, de muy difícil o imposible datación[22] y que muestran una predilección por la aparición de personajes de naturaleza hampesca o marginal, presenta una temática e intencionalidad muy similares a las de sus entremeses. Se ha llegado a pensar incluso que alguno de ellos se asemeja a lo que podría ser el embrión o el resumen de éstos y que, debido a las similitudes mencionadas, bien podrían haber aparecido juntos, a modo de cierre, por ejemplo, acompañando a la misma comedia. A este respecto, resulta llamativo el hecho de que el baile titulado *Las estafadoras* se publicara por separado del entremés al que aparece unido dándole fin, *La destreza*. Además, la coincidencia temática entre dicho entremés y el baile de *Las valentonas y destreza*, que Asensio [1971a: 221] denomina *Las armas* y del que afirma que sus posturas de esgrima eran «muy del gusto de Don Francisco para representar el duelo de los sexos», bien pudo haber propiciado que también hubieran aparecido juntos en alguna ocasión. Distinta interrelación quizás exista entre el entremés de *La vieja Muñatones* y su baile final, pues la disparidad entre la prosa del primero y el verso del segundo podría indicar el carácter germinal de aquél para una posterior creación de éste.

---

[21] Un ejemplo muy claro es el que encontramos en *Cortes de los bailes*, «el más importante y curioso de todos los bailes de Quevedo]» [Cotarelo, 1911: I, CLXXXIX], cuyo tema, la revitalización de los bailes, propicia que vayan apareciendo sobre el escenario distintas variedades como el *¡Ay, ay, ay!*, la *Capona*, el *Rastro viejo*, el *Rastrojo*, *Inés la Maldegollada*, *Miguel de Silva*, *Escarramán*, etc.

[22] Blecua, basándose en referencias que puede extraer de los textos, se aventura a datar *Los valientes y tomajonas*, *Los galeotes* y *Cortes de los bailes* como posteriores a 1613-1615 [1971: III, 351, 365 y 376].

Por último, no podemos dejar de hacer mención, aunque sólo sea de manera sucinta, a otro tipo de composiciones que, si bien no poseen la idiosincrasia propia del teatro breve, es posible que compartieran algunos de sus rasgos característicos a pesar de tener, en esencia, una naturaleza mucho más lírica que dramática. Nos estamos refiriendo a las jácaras, letrillas y loas que también compuso nuestro escritor. En lo concerniente a las primeras, estamos ante un género cuyo origen la tradición se ha empeñado en adjudicar al propio Quevedo, a pesar de que sabemos que existen poemas compuestos ya en el último tercio del siglo XVI, anteriores incluso a su nacimiento. Estamos ante un corpus que suma un total de dieciséis piezas, siendo posiblemente la más famosa de todas ellas la *Carta de Escarramán a la Méndez*, que debió componerse en torno a 1610-1612 y cuyo éxito fue inmediato. El baile basado en esta jácara gozó de más de medio siglo de popularidad como queda reflejado en una documentación del Santo Oficio posterior al año 1663 en que se critican los excesos cometidos por ciertos «cantos a lo divino» entre los que se cuenta el *Escarramán* [Blecua, 1971: III, 262]. A pesar de todo ello, resulta curioso que en uno de los primeros bailes compuestos por Quevedo, el de *Los valientes y tomajonas*, se le califica ya como viejo y gastado:

> Veis aquí a *Escarramán*,
> gotoso y lleno de canas,
> con sus nietos y biznietos,
> y su descendencia larga [Blecua, 1971: III, 356, vv. 97-100].

Cotarelo [1911: I, CCLXXX] se mostraba escéptico sobre la posibilidad de que estas jácaras se hubieran llegado a cantar en los teatros, sobre todo atendiendo a su extensión y a que, según él, cuando fueron compuestas aún su uso escénico no estaba tan extendido como lo sería años más tarde. Sin embargo, resulta llamativo el hecho de que alguna de ellas, como conjetura Hernández Araico [2004: 214-215], pudiera haberse representado acompañando a alguno de sus entremeses de tema análogo, como es el caso, por ejemplo, de la *Jácara de la venta* con respecto a la pieza breve homónima que, además, concluye con la jácara titulada *Carta de la Perala a Lampuga, su bravo*, que se publicó de manera independiente y que comienza:

Todo se sabe, Lampuga;
que ha dado en chismoso el diablo,
y entre jayanes y marcas
nunca ha habido secretario [Blecua, 1971: III, 281, vv. 1-4].

Con respecto a las letrillas, volvemos a hallar casos de temática similar a la de algunos de sus entremeses, como sucede, por ejemplo, entre *La venta* y el poema que en la edición de Blecua [1970, II: 153-154] aparece con el título *Este mundo es juego de bazas, que sólo el que roba triunfa y manda* y que da comienzo con la estrofa siguiente:

Toda esta vida es hurtar,
no es el ser ladrón afrenta,
que como este mundo es venta,
en él es proprio el robar.

El hecho de que en ambas piezas se empleen los apellidos Hurtado de Mendoza y Ladrón de Guevara con un claro sentido anfibológico unido a la circunstancia de que el entremés acabe en jácara, hizo pensar a Hernández Araico [2004: 214], una vez más, en la posibilidad de que esta letrilla no le sirviera tanto de epígrafe, como apuntaba Asensio [1971a: 231], sino más bien como acompañamiento cantado en algún otro lugar de la misma fiesta teatral. Si bien es cierto que Robert Jammes [1983: 97-98] ya planteó su duda acerca de que la finalidad última de todas estas composiciones fuera el ser cantadas y bailadas sobre los escenarios, lo cierto es que la existencia de ejemplos como los que en la edición de Blecua [1970: II, 186-188] se denominan *Galán y dama* y *Otro diálogo semejante*, que presentan el enfrentamiento, centrado en el amor y el interés económico que parece motivarlo realmente, entre estos dos personajes tan típicos del teatro, así como el hecho de que la última de estas composiciones apareciera impresa a mediados del siglo XVII al final de una edición de la primera y segunda parte del entremés de *El marión* parecen contradecir dicha suposición. A esto hay que añadir que existen otros dos diálogos burlescos en forma de soneto (que se incluyen en la edición de Blecua [1970: II, 45-46 y 48-49] con el título *Buscona que busca coche para el sotillo la víspera* y *Diálogo de galán y dama desdeñosa*) que ya Astrana Marín consideraba teatro y Hérnandez Araico

[2004: 212, n. 39] califica como «verdaderos minientremeses apoyados en los movimientos y gesticulación de actores».

Por último, Cotarelo Valledor [1945: 53] señalaba que «dos, por lo menos, de sus romances [de Quevedo] son indisputables loas, ambas ofrecen algunos versos comunes y ambas fueron declamadas por la misma histriona en hábito de hombre». Se refería a dos poemas que la crítica ha venido aceptando como loas (*Efectos del amor y los celos* y otro que principia «Clarindo y Clarinda soy, / Anfriso, en esta persona, / hoy que me aprieto el sombrero / y no me prendo la toca» [Blecua, 1971: III, 72-76 y 164-166]). José González de Salas, editor de *El Parnaso español, monte en dos cumbres dividido, con las nueve Musas* (Madrid, 1648), indicó que la primera de ellas precedía a la comedia de Tirso de Molina titulada *Amor y celos hacen discretos*, pues, de hecho, así se deja patente en un pasaje del poema:

> la comedia que os hacemos,
> contra justicia, se nombra:
> *Amores y celos hacen*
> discretos. Razón impropria.
> Amor y celos no hacen,
> que deshacen cuanto topan:
> él, vidas con su deseo,
> ellos, con venganza, Troyas [Blecua, 1971: III, 73, vv. 37-44].

La comedia fue impresa en el año 1627, aunque es muy probable que ya fuera representada por la compañía de Pedro Valdés en Sevilla en 1615 [Blecua, 1971: III, 72]. Todo parece indicar, como apunta Cotarelo Valledor, a que ambas composiciones fueron declamadas por la actriz Jerónima de Burgos, conocida artísticamente como *la Roma* y que fue esposa del *autor* de comedias anteriormente citado.

EDICIONES

Arellano, Ignacio, y García Valdés, Celsa Carmen, «El *Entremés del marido pantasma*, de Quevedo», *La Perinola*, 1 (1997), pp. 41-68.

—, «*Entremés de la ropavejera*, de Quevedo», *La Perinola*, 5 (2001), pp. 25-38.

—, «El *Entremés de la venta*, de Quevedo», *La Perinola*, 10 (2006), pp. 345-359.

ASTRANA MARÍN, Luis, *Obras completas de Don Francisco de Quevedo Villegas: obras en verso*, Madrid, Aguilar, 1932.
BLECUA, José Manuel, Francisco de Quevedo, *Obra poética*, Madrid, Castalia, 1969-1981, 4 vols.


V.  LUIS VÉLEZ DE GUEVARA Y OTROS ENTREMESISTAS BARROCOS,
    por *Daniele Crivellari* y *Héctor Urzáiz Tortajada*

1. *Hurtado de Mendoza*

Antonio Hurtado de Mendoza (1586-1644) es un interesante escritor y un personaje de biografía bastante curiosa [Davies, 1957]. Nacido en Castro Urdiales, en el seno de una familia noble, aunque no muy adinerada, sirvió al duque de Lerma y al conde de Saldaña. Hábil en los asuntos cortesanos, contó también con el favor del conde-duque de Olivares y del propio Felipe IV; en 1622 escribió la relación de las fiestas celebradas en Aranjuez por el cumpleaños del rey, y para el de la reina se le encargó la extensa comedia caballeresca *Querer por sólo querer* (estrenada en Aranjuez el 9 de julio de 1622, con *La gloria de Niquea*, del conde de Villamediana). En 1623, como recompensa a sus servicios, fue nombrado secretario real y recibió el hábito de la orden de Calatrava; llegó también a ser secretario de cámara del rey y del Consejo de Inquisición; parece que a partir de la caída del conde-duque declinó la buena estrella de este poeta cortesano.

En 1728 se publicaron, mucho después de su muerte, sus *Obras líricas y cómicas*; sus obras teatrales —de influencia lopesca, caracterizadas por el ingenio y el cuidado en la construcción [García de Enterría, 1991] — tuvieron bastante éxito, a pesar de que no se prodigó demasiado ni fue muy cuidadoso con su publicación (alguna, de hecho, se ha perdido: es el caso de *Quien más miente, medra más*, escrita con Quevedo por encargo del conde-duque). Destacan piezas como *Los riesgos que tiene un coche* (obra de juventud), *Cada loco con su tema* (comedia de figurón sobre un indiano montañés, que en cierta forma prefigura al calderoniano don Toribio Cuadradillos de *El agua mansa*), *El marido hace mujer y el trato muda costumbre* («muy estimable comedia», en opinión de Arellano [2004: 116]) y *Los empeños del mentir*, interesante obra recuperada recientemente para los escenarios. Su editor actual, Fernando Doménech Rico, apunta que es «una comedia de construcción ejemplar. Si fue obra de dos autores [Hurtado y parece que Quevedo] y éstos la acabaron en un día, hay que suponer que tendrían la idea muy madurada a esa altura para conseguir el perfecto engranaje que supone la comedia» [2002: 57]. Su inverosímil argumento no empece una interesante reflexión, típicamente barroca, sobre la dificultad de conocer la verdad en una sociedad marcada por el prejuicio y la apariencia.

Pero el «sentencioso Mendoza», que decía Gracián al destacarlo entre los dramaturgos de la época, tuvo también entre sus contemporáneos gran fama como entremesista y debió de escribir más obras cortas de las conocidas (Cotarelo, por ejemplo, le atribuía cinco loas, de la mayor parte de las cuales no se tienen noticias). En su corpus teatral breve se cuentan interesantes entremeses de figuras, como *El examinador Miser Palomo*, representado en octubre de 1617 en las fiestas de Lerma ofrecidas a Felipe III, junto con la comedia *El caballero del Sol*, de Vélez de Guevara, e impreso al año siguiente en Valencia. Después escribiría, dado el éxito, una segunda parte titulada *El doctor Dieta*. Con las dos partes del *Miser Palomo* Hurtado inauguró «una forma de componer entremeses que después será muy fructífera», apunta Madroñal [2003: 1051]. Se trata de un entremés en verso que responde al esquema de revista de figuras, en que van desfilando ante un tribunal instalado en una venta tipos ridículos, «sabandijas del arca de la corte» (caballeros, enamorados, valientes…) que Hurtado, el «discreto de Palacio», conocía muy bien, y que obtienen la censura correspondiente por parte del examinador; sólo se niega «al examen de un hombre de bien y de una doncella; pero sí se allana a examinar a un gracioso de farsa y a unas mujeres de bailadoras para que acaben el entremés» [Cotarelo, 1911: I, LXXII]. *El doctor Dieta*, continuación de este entremés, presenta a un licenciado (*El médico del espíritu*, título alternativo de la obra) que intenta sanar a diversos personajes enfermos del alma: una desamorada, un poeta, un vano, un maldiciente… Se imprimió esta obrita en Cádiz en 1646.

El entremés de *Getafe*, que tiene ciertos toques de jácara, satiriza a los hidalgos tímidos y enamoradizos y denuncia la grosería de algunos plebeyos, en un costumbrista ambiente de camino y mesón poblados por carreteros y mozos de mulas. «Parece este entremés un sainete de don Ramón de la Cruz. La figura de la mesonera Francisca es de lo

más gracioso y picaresco que se ha dibujado en el género entremesil»
[Cotarelo, 1911: I, LXXII]. A Hurtado de Mendoza se le atribuye, en
un manuscrito de la Hispanic Society of America, la autoría de un entremés sin título, pero se trata en realidad de una copia de *Turrada*, de
Quiñones.

Es autor también de varias loas, aunque decía Cotarelo que no merecen ninguna mención especial por considerarlas «de escasa importancia y de sencillez extremada» [1911: LXXI]. Se trata en su mayoría de
piezas introductorias a comedias suyas representadas en la corte, por lo
que abundan en elogios a la familia real, o algún suceso histórico como
la rendición de Breda (a la que dedicó Calderón una conocida comedia y Hurtado este «pobre romance que sólo demuestra la gran importancia que se dio al suceso»). Un grupo de estas pequeñas loas de
Hurtado, así como algunas jacarillas y romances «al modo de jácaras»,
fueron recuperadas por Benítez Claros en la edición de sus *Obras poéticas* [1947].

## 2. *Vélez de Guevara*

Luis Vélez de Guevara (1579-1644), el autor de la célebre novela satírica *El Diablo Cojuelo*, fue uno de los principales dramaturgos del siglo XVII tanto en lo referente a su producción (con un centenar,
aproximadamente, de obras conservadas) como a la calidad de varias de
sus comedias y dramas: *La serrana de la Vera, Reinar después de morir, Más
pesa el rey que la sangre...* Poeta cortesano de gran habilidad también
para situarse en los entornos más favorables —aunque pasó dificultades
económicas durante gran parte de su vida— y hombre de talante amable e ingenioso, consiguió triunfar de forma sostenida en los escenarios
de su época y ganarse fama de dramaturgo eficaz y entretenido. Vélez
de Guevara cultivó la mayor parte de los subgéneros teatrales, dando
muestras en casi todos ellos de poseer un gran talento dramático.
Preocupado especialmente por las cuestiones escenográficas (Vélez contribuyó a muchos avances escénicos en los corrales y en las representaciones cortesanas), muchas de sus obras se caracterizan por una tendencia
a la espectacularidad en el montaje sobre la que llamaría la atención el
austero Cervantes, al calificarlas como «de ruido y tramoya».

También en el teatro breve nos dejó el ecijano muestras de su ingenio y buen humor en las pocas piezas suyas que nos han llegado. Tanto Cotarelo como Spencer y Schevill le atribuyen cinco entremeses y dos bailes teatrales. En cuanto a los primeros, se trata de *Los sordos* (publicado en el *Ramillete de sainetes*, Zaragoza, 1672), *Antonia y Perales, Los atarantados, La sarna de los banquetes* y *La burla más sazonada* (estos cuatro en la colección *Entremeses y flor de sainetes*, Madrid, 1657). A ellos habría que añadir una sexta pieza que hasta hace poco pasaba por anónima: se trata del entremés *El hambriento*, del que existen varias copias impresas y manuscritas, la mayoría de ellas sin datos de autor, fecha ni lugar; según nuestras propias investigaciones, este entremés es obra de Vélez [Urzáiz Tortajada, 1997a].

Lo contrario cabría decir de una obra relacionada en alguna ocasión con él: se trata del entremés *El hijo de vecino,* una pieza que cuenta con varias ediciones atribuidas a Agustín de Moreto. Sin embargo, La Barrera reseñaba dos ediciones de este entremés, que él conoció también como obra de Moreto, aunque en dos ocasiones dejó en el aire la misma pregunta: en la primera noticia, que localiza la pieza en el *Teatro poético, repartido en veintiún entremeses nuevos* (Zaragoza, 1658), se pregunta entre paréntesis: «¿de Luis Vélez de Guevara?»; en la segunda noticia, que remite a la *Flor* de Zaragoza (1676), vuelve a preguntarse: «¿de Luis Vélez?», y explica en nota: «impreso como de Vélez a continuación de su comedia titulada *La nueva ira de Dios*». Ninguna de las ediciones que hemos visto de esta comedia ratifica la sugerencia de La Barrera; al desconocer cuál pudo manejar para aventurarla por tres veces en su *Catálogo*, nos decantamos por no atribuírselo a Vélez, ya que tampoco consuena con el estilo ni el lenguaje de su teatro breve.

Lo mismo cabe decir de los bailes teatrales que los citados estudiosos y, con ellos, la mayoría de los manuales y catálogos atribuyen a Vélez de Guevara [Cotarelo, 1911: I, LXXIX; 1916: 430; Spencer y Schevill, 1937: 349-357]. Se trata del *Baile de la Colmeneruela* (que se publicó en 1615 junto con *La hermosura de Raquel*, una de las primeras comedias impresas de Vélez) y el *Baile de los moriscos* (publicado en la misma colección que el anterior, acompañando a la segunda parte de esa misma comedia). Este último fue incluido en la *Colección* de Cotarelo en el apartado de los anónimos, aunque en el estudio previo se lo atribuye a Vélez [1911: LXXIX, n. 2] y pocos años después, en su monografía so-

bre la dramaturgia del ecijano, lo volvió a incluir en su repertorio teatral [1916: 430], al igual que hicieron Spencer y Schevill en su catálogo y Merino Quijano en su estudio sobre los bailes dramáticos del siglo
XVII [1981: 728]. Maria Grazia Profeti lo dio por obra de Vélez y lo incluyó como apéndice en su edición de *El verdugo de Málaga*, comedia
de nuestro autor, para comparar el remedo de la jerga morisca en ambas piezas [1975]; sin embargo, no está claro que pueda considerarse
suyo, por más que no existan constancia ni indicios de otra autoría alternativa. En cuanto al *Baile de la Colmeneruela*, y aunque también se lo
atribuye Merino Quijano, hace ya años que Robert Jammes señaló que
se trataba en realidad del romance «Apeóse el caballero», de Luis de
Góngora, adaptado para la escena en diferentes ocasiones [1983: 98-99].
Vélez de Guevara utilizó en muchas de sus obras teatrales pasajes de las
*Soledades* o la *Fábula de Polifemo y Galatea*; el *Baile de la Colmeneruela* es
sólo una muestra más, ya que «hay cerca de una docena de comedias
que lo contienen» [Carreño, 1984: 331].

Algo muy similar ocurre con las dos loas que se publicaron al frente de las dos partes de *La hermosura de Raquel,* precediendo a los citados bailes. Ambas loas, incluidas también por Spencer y Schevill entre
las obras dramáticas de Vélez, se insertan en el conjunto del texto, como
los bailes anteriores, sin que se pueda tener certeza de que las escribiera él y no algún otro autor de los muchos especializados en la producción de este tipo de piezas para las compañías teatrales. Sin embargo, en
su día las incluimos en nuestra edición del teatro breve de Vélez de
Guevara por parecernos que ambas presentan ciertas características temáticas y estilísticas que pueden vincularse con el resto de su obra.
Escribió también una *Loa sacramental,* publicada junto con su comedia
*Más pesa el rey que la sangre*; se trata de una pieza escrita en similar jerga morisca a la del *Baile de los moriscos* [Profeti, 1982].

Según la *Relación ajustada* que Andrés Sánchez del Espejo publicó en
Madrid en 1637 sobre unas fiestas celebradas ese mismo año por
Carnavales en palacio, Vélez, que presidió la academia burlesca celebrada en aquella ocasión, escribió una cuarta y «misteriosa loa» que no se
ha conservado, y que acompañó a una comedia suya representada ante
los reyes el domingo 22 de febrero en el Buen Retiro. Relata el cronista que «representóla Olmedo [...] misteriosa loa del referido ingenio
[Luis Vélez, maestro de los líricos, presidente meritísimo de los jocosos,

honra de nuestra Andalucía, antiguo morador de la corte], y bailes como de Benavente». ¿Sería también él autor de esos bailes a imitación de Quiñones?

Hay otra pieza breve de Vélez conocida sólo a través de referencias documentales. En 1634, escribió dos bailes para el Corpus de Sevilla; uno de ellos pudo ser *Las gitanas*, puesto en escena por la compañía de Pedro de Ortegón, y por desgracia perdido. El otro quizás fuera *Los moriscos*: aunque ya había sido publicado en 1615, Vélez escribió en 1634 esa loa sacramental también en jerga morisca, que tal vez se acompañara de nuevo por este baile. Además de esos dos bailes, escribió para el Corpus sevillano de 1634 dos autos sacramentales, dos entremeses y otra loa, piezas cortas que tampoco conservamos. Incluso hay noticias —a través de un manuscrito de la Biblioteca Nacional de Portugal— de que Vélez escribió una mojiganga «de la boda que se trazó en Buen Retiro este año de 1638»; por desgracia, esta obra no se ha conservado y no nos ha quedado ninguna muestra suya en este subgénero.

## a) Loas

La *Loa curiosa* plantea una crítica alegórica de los vicios y flaquezas humanas muy semejante al episodio del carro triunfal de la Fortuna en el Tranco VII de *El Diablo Cojuelo*, tópico literario muy visitado en la época.

> Dicen que doña Ignorancia
> casó con Perdido Tiempo,
> y engendraron a Penseque,
> que es como de mula pienso.
> Doña Juventud Lozana
> fue mujer de aqueste necio,
> tuvieron cuatro muchachos
> como cuatro majaderos:
> No-sabía, Quién-dijera,
> No-pensé, No-miré-en-ello;
> Quién-dijera se casó
> con don Descuido, y tuvieron
> Bien-está-para-mañana,
> tiempo-hay… [vv. 13-26].

La *Loa curiosa y de artificio*, publicada en el mismo tomo de comedias que la anterior (acompañando a *La hermosura de Raquel*), contiene un número significativo de chistes y expresiones ingeniosas que se pueden rastrear en otras obras suyas, pese a lo cual su autoría no está ni mucho menos clara. El artificio de la pieza consiste en la enumeración de diversos sintagmas en que se juega con los dobles sentidos y los modismos chistosamente transfigurados: «carrillos de pozo», «oídos de mercader», «cejas de buey», «pechos de alcabala», etc. La *Loa sacramental*, por último, no es una pieza de carácter cómico; en ella se muestra la sincera conversión de un morisco, que reniega de Mahoma para abrazar la fe cristiana.

b) Entremeses

*Los sordos*, que se imprimió muy tardíamente (en 1672), debió de ser en realidad uno de los primeros que escribiera Vélez, a juzgar por sus deficiencias técnicas y la escasa variedad métrica (una larga tirada de pareados endecasílabos, bastantes de ellos con rima asonante y otros muchos sueltos). Así lo vio Cotarelo —«como casi todos los de este tema acaban por hacerse pesados, aunque tengan los despropósitos que dicen los sordos algún enlace satírico», decía don Emilio— y, en efecto, es quizá su peor entremés. Se trata de una larga escena de malentendidos entre un sacristán que pretende cobrar los derechos de una boda y los implicados en la misma, con los que se establece el típico «diálogo de sordos». Pero la pieza carece del ritmo escénico necesario, y tampoco el juego de preguntas-respuestas está al nivel de su ingenio verbal. Pudo ser escrito, según se deduce de ciertas referencias internas del texto, antes de 1623.

*Antonia y Perales* presenta ya una indudable evolución, con personajes mejor dibujados, un humor más sutil, una mayor riqueza verbal y una métrica también más perfeccionada (aunque carente todavía de variedad). A través también de algunas referencias del texto hay que fecharlo no antes de 1626. Satiriza esta obra (que presenta bastantes coincidencias con otras de Quiñones: *El borracho* y *La dueña*) a un falso valentón que tiene que disputar el favor de una dama con un verdadero jaque; de paso, aprovecha Vélez para mostrar cómicamente una serie de oficios populares.

*El hambriento*, más rico en la métrica y en la construcción escénica que los anteriores, ocuparía un estadio intermedio en la producción entremesil de Vélez: sus características técnicas, el lenguaje y la agilidad de la acción representada, apuntan ya hacia un cierto nivel de elaboración, aunque presente rasgos primitivos como el final «a palos», sustituido por el desenlace cantado y bailado en las primeras décadas del siglo. Además de a un vejete indiano —padre de una soltera codiciada por unos pretendientes que andan también detrás de su exquisita despensa—, *El hambriento* retrata al gorrón de mesa ajena, una de las figuras favoritas del repertorio entremesil (está, por ejemplo, en *El convidado*, de Quiñones, donde se desarrolla el asunto de forma idéntica, con las mismas expresiones, chistes y frases calcadas):

> LÁZARO  Que aprendí en Salamanca
> la ciencia infame del andar sin blanca;
> de aquesto, pues, resulta,
> que tengo todo el año un hambre culta,
> un hambre estudiantina,
> que pasa más allá de la canina;
> hambre despierto soy, hambre si duermo,
> hambre tengo en salud, hambre si enfermo,
> y, en fin, porque os asombre,
> dije, jugando al hombre,
> como me tiene el hambre tan fiambre,
> por decir «hágome hombre», «hágome hambre»;
> que como nada emboco,
> en cualquiera materia me equivoco [vv. 7-20].

*La sarna de los banquetes* repite el esquema de *El hambriento*, pero mejora todos los componentes: el lenguaje alcanza un gran nivel, la métrica está también muy perfeccionada y los personajes, dentro de su obligada tipificación entremesil, están mejor dibujados (el tipo del soldado roto y jactancioso tiene aquí un magnífico retrato). Vélez introduce, en esta nueva sátira del gorrón de mesa ajena, algunas variaciones muy significativas: ahora es un solo gorrón, desaparece también el personaje de la hija y se produce un significativo cambio en el desenlace, con el triunfo del vejete sobre el soldado; la pieza acaba incluso con unos versos de moraleja que sugieren una proximidad con lo que en la

*Jocoseria*, de Quiñones, se llamó «reprehensión moral y festiva» (no muy frecuente en los entremeses de Vélez).

*Los atarantados* es uno de los mejores entremeses de Luis Vélez, una pieza con personajes típicos del género pero muy bien caracterizados, un lenguaje muy vivo, lleno de pullas e ingeniosidades, y una gran agilidad escénica, todo ello rematado con unos bailes finales muy interesantes [Urzáiz Tortajada, 1997b]. *Los atarantados* escenifica la disputa de un sacristán y un vejete por conseguir el favor de una mujer; esta disputa acaba en una feroz guerra de pullas, que recoge todos los tópicos vinculados con ambas máscaras: el vejete arrugado y decrépito pero rico, tacaño y judío; el sacristán, joven y galante cortejador de damas, pobrete, gorrón y borrachín. El entremés satiriza una de las modas sociales más extendidas en la época, la del coche, y la pasión febril de las mujeres por este elemento totémico, símbolo máximo de la ostentación materialista (véase abajo *El triunfo de los coches*, de Barrionuevo):

MICAELA    Derrengóse el casamiento,
que Tarima le ha puesto impedimento;
perdone el sacristán aquesta ofensa,
que obliga un coche a lo que nadie piensa.
¡Cuál iré yo en coche entonadísima!
Una lima en la mano, aire en las sienes,
con golpecitos, saltos y vaivenes.
«Usía» al un estribo, «usía» al otro,
gorrada, sombrerada y desenvuelta,
diciendo: «para, vía, da la vuelta»;
y si topa a una amiga, decir luego:
«¿dónde va a pie, señora, y tan de noche?
Entre en el coche, ¿para qué es el coche?»
Tarima, ésta es mi mano, seas viejo,
enfermizo y de duelos un retablo,
que coche quiero, aunque me lleve el diablo [vv. 137-152].

*La burla más sazonada*, pieza de gran calidad y tal vez la más conocida de Vélez (aparece en varias antologías de entremeses), debió de ser de redacción tardía, a juzgar por su perfección técnica, su vivacidad, la frescura de los diálogos y la estructura métrica. Cotarelo lo definía como «un precioso entremés de estudiantes, en que a más de describir una novatada, versa el asunto sobre la burla que uno de ellos hace al alguacil de escuelas que había dado en perseguir a una cortesana amiga de los escolares»:

| | |
|---|---|
| MERLUZA | Capigorras perdurables |
| | de aquesta Universidad, |
| | zánganos de toda ciencia, |
| | que coméis sin trabajar, |
| | letrados del baratillo, |
| | que por ensalmo estudiáis, |
| | y siendo ayer sopetones, |
| | hoy nos queréis sopear. |
| | ¡Venganza, socorro, auxilio, |
| | favor, amparo, piedad, |
| | consuelo, ayuda, remedio, |
| | que mi honor cargado está! |
| | [...] |
| | Aquese alguacil de escuelas |
| | me fue anoche a visitar. |
| TABACO | ¿Y halló a alguien? |
| MERLUZA | Casi a nadie: |
| | a un barbero, a un sacristán, |
| | a un capigorrón, a un sastre |
| | y a un tabernero y no más [vv. 64-85]. |

En la primera parte de *La burla más sazonada* se describen las típicas bromas escolares al estudiante novato; la segunda parte, coincidente con el cambio de metro al romance agudo, desarrolla la burla propiamente dicha. Si en la primera destaca el componente verbal de las agudezas de Tabaco, en la segunda se aprecia una gran agilidad escénica, con entrada de nuevos personajes, peleas, voces fingidas, movimientos continuos, caídas, juramentos y, finalmente, música y baile.

c) Bailes

El baile de *La colmeneruela*, atribuido a Vélez, queda excluido de su corpus teatral por las razones arriba explicadas. El baile de *Los moriscos* es una piececilla de carácter satírico en que se utiliza la jerga de estos personajes; se ridiculiza la figura del morisco a través de los tópicos de la época: las falsas conversiones para evitar la deportación, sus oficios, la aversión a ciertas comidas y bebidas, etc.:

> No tener de chrextano entento,
> ni paxamos por penxamento,
> que haceldo por complimiento,
> e Mahoma al pecho está.
> Li, li, li, ha, ha, ha,
> guayná, nihá,
> li, li, li, ha, ha, ha,
> guayná, nihá.
> Xe penxamox que el chrextano
> que la ley xoya guardamo,
> chrextano novo liamamo,
> y aquexto xabeldo Alá [vv. 5-16].

Este reducido corpus teatral breve deja abundantes muestras de una calidad más que apreciable. Cotarelo ya advirtió que Vélez «debe haber sido buen entremesista» y Eugenio Asensio reconocía la injusticia cometida al ignorar su obra entremesil. Esto se debe, probablemente, más a su poca dedicación[23] que a la falta de calidad de las piezas que escribió, algunas de las cuales se cuentan entre las mejores del siglo XVII; los antologistas de teatro breve áureo, que cuentan con muchos elementos de juicio para la comparación, han destacado a Vélez como «autor de excelentes entremeses» [Huerta Calvo, 1995: 140] o de «algunas de las piezas más graciosas del género» [Bergman, 1970: 223]. Sus obras, que se ciñen fielmente a los patrones del género y presentan temas y personajes muy característicos, contienen apreciables rasgos de originalidad y chispa dramática.

A propósito de dicha originalidad, cabe recordar la afirmación de Cotarelo de que los entremeses de Vélez «están visiblemente influidos por los de Luis Quiñones, sin que desmerezcan al lado de ellos» [1911:

---

[23] Que a su vez probablemente se deba al propio carácter entremesil de los numerosos episodios cómicos que acostumbraba a engastar en la estructura de sus comedias para romper la tensión dramática (hay incluso algunas comedias donde insertó jácaras).

LXXIX], con la que aludía a las muchas coincidencias argumentales y textuales existentes con otros de su buen amigo Quiñones de Benavente. Las similitudes entre piezas de Vélez y Quiñones son tan frecuentes y palmarias que no cabe hablar de casualidades; pero, si bien se suele apelar rutinariamente a la consabida influencia de Quiñones sobre el resto de entremesistas, no resulta tan sencillo dilucidar cuál fue aquí el modelo y cuál la copia. Como no lo era en el caso de Quevedo, tenido por constante plagiario de los entremeses de Quiñones hasta que Abraham Madroñal situó las cosas en su justo término: «fue Quiñones el que tomó del gran Quevedo argumento para alguno de sus entremeses, como también lo tomó de otros autores [...]. Quiñones no es un plagiario, sí un hábil dramatizador de motivos anteriores que puede tomar tanto de un texto en prosa como de un entremés, ya sea de Cervantes, Quevedo u otro» [1996: 31 y 35].

## 3. Barrionuevo

Gaspar de Barrionuevo y Carrión (1562-h. 1624) fue un contador toledano que durante muchísimo tiempo ha pasado inadvertido como escritor, pues se le confundía con Gabriel de Barrionuevo, a quien se atribuye la paternidad del entremés *El triunfo de los coches*, uno de los mejores del período. Madroñal ha demostrado que se trata de una confusión propiciada por «los duendes, que siempre enredan las marañas literarias» [1993]; un error repetido desde La Barrera, quien escribió sobre Gabriel de Barrionuevo («uno de los floridos ingenios que llevó a Nápoles, en el año de 1610, el conde de Lemos»), pero no sobre Gaspar, aunque sí le cita como poeta cuyo mérito principal consistía en haber sido amigo de Cervantes y Lope de Vega. En realidad fue Gaspar el acompañante del conde de Lemos a Italia y el dramaturgo «celebrado por sus sazonados entremeses»; su primera aparición como poeta fue en *La arcadia*, de Lope (1598), donde publicó unas quintillas; en un documento de 1608 se le menciona como «poeta de entremeses graciosos». Aunque apenas han quedado testimonios de su actividad teatral, debió de ser bastante notable y no limitarse a los géneros teatrales breves; Claramonte le llamó «insigne ingenio y único en comedias terencianas».

*El triunfo de los coches* es su entremés más conocido. Se trata de una divertida pieza en prosa, de carácter satírico, en que, a través de la figura de un casamentero, se ridiculiza el ansia de las mujeres madrileñas por el coche de caballos, asunto reflejado tanto en numerosas pragmáticas de la época de Felipe III como en otras obras literarias, caso del arriba citado *Los atarantados*, de Vélez de Guevara, o en el propio *Diablo Cojuelo*, en cuyo Tranco II se despachó a gusto el ecijano con los «encochados». Héctor Brioso Santos, que ha estudiado los pormenores de la sátira barroca contra la moda del coche, recuerda ejemplos de Cervantes, Quevedo, Calderón, Salas Barbadillo y Quiñones de Benavente [1996].

Se le atribuyen a este toledano, «poeta de mediano fuste», otros dos entremeses de paternidad dudosa: *El toquero* (que Madroñal, basándose en el lenguaje y el estilo, no cree suyo) y *Los habladores*, un famoso entremés que incluso ha pasado por obra de Lope de Vega o Cervantes (en el montaje *Maravillas de Cervantes*, de la Compañía Nacional de Teatro Clásico, año 2000, se utilizó como hilo conductor para enlazar algunos entremeses de don Miguel). Sin llegar a atribuírselo a Barrionuevo, ha señalado Madroñal —convencido de que «algunos de los entremeses que se publicaron como anónimos deben de pertenecer a nuestro autor»— que éste de *Los habladores* «está muy relacionado con Toledo»: se representó en el Corpus de Ajofrín, «hay alusiones precisas a pueblos y lugares toledanos» y se utiliza una técnica de localización de palabras según lugares geográficos de la que «también gustaba Barrionuevo» [1993: 119].

## 4. Ávila

Francisco de Ávila, dramaturgo madrileño del que apenas se tienen datos, floreció a comienzos del siglo XVII. La Barrera —quien sospechaba que su labor literaria pudo haber sido pareja a la de Agustín de Rojas, «actor cómico encargado de componer y recitar las loas»— expuso también la teoría de que «es muy posible que sea el mismo don Francisco Lucas de Ávila, sobrino de fray Gabriel Téllez, que sacó a luz, desde 1634 a 1636, cuatro tomos o partes de comedias de aquel insigne dramático». Sin embargo, parece ya asumido unánimemente que este supuesto sobrino era el propio Tirso de Molina. Es interesante, en todo caso, consignar que Francisco de Ávila, muy aficionado al teatro, dedicó bastante tiempo a la preparación de volúmenes de obras dramáticas, como la *Flor de las comedias de diferentes autores* (1615) o la sexta parte de las *Comedias de Lope* (del mismo año).

Es autor Francisco de Ávila de algunas loas, de las cuales sólo se ha conservado la *Loa en alabanza de las mujeres feas*, que acompañaba a la comedia *La enemiga favorable*, de Tárrega, en la Parte Quinta preparada precisamente por él (1615). Se conocen también dos entremeses suyos: *El mortero y chistes del sacristán* y *Los invencibles hechos de don Quijote de la Mancha*. El entremés de *El mortero*, impreso en 1617 en la Parte Octava de Lope de Vega, plantea una situación de burlas amorosas tomada de un cuento de Boccaccio, pero sustituyendo al clérigo original por un sacristán, Gigorro, que ronda a Marina, «enemiga de gente de hisopo», a la que quiere seducir con «un manteo / que, aunque vale poco, / es reliquia santa / de mis abolorios»; Marina es mujer del iracundo vejete Pero Díaz, motejado de moro por el barberillo, y el manto hará de prueba del fingido adulterio: «marido, pues sois carnero, / si no queréis que se entienda, / dad al sacristán la prenda, / pues os ha vuelto el mortero». Cotarelo recordaba que el engaño de *El mortero* aparece en otras muchas obras, como en la novela *La Garduña de Sevilla*, de Castillo Solórzano.

En cuanto a *Los invencibles hechos de don Quijote de la Mancha*, incluido también en la Parte Octava de Lope, es una pieza mejor estudiada; no en vano, se trata de uno de las mejores muestras de entremés burlesco. Cotarelo lo consideraba «muy endeble: sólo comprende lo grotesco y trivial de ciertas aventuras. El pobre don Quijote sale tan maltratado literariamente como en lo material lo fue de las estacas yangüesas» [1911: LXIX]. Más allá de este juicio tan negativo —en efecto, se trata de una versión muy libre del capítulo XXXIV de la Primera parte, aquel en que el hidalgo es armado caballero en una venta—, *Los invencibles hechos de don Quijote* tiene el interés de ser una curiosa y tempranísima muestra del paso de la novela cervantina al universo del teatro cómico a través de la parodia, como certeramente ya destacaran varios estudiosos [García Lorenzo, 1978; Vilches, 1985]. Tanto desde el punto de vista lingüístico (ruptura del decoro, escatología, vulgarismos, onomástica burlesca) como escénico (vestuario y acciones ridículas, gestualidad exagerada) es también una pieza interesante.

Ha vuelto recientemente sobre este entremés Carlos Mata, quien advierte que estamos ante «la parodia de una parodia» y que «Ávila opera con libertad creadora, componiendo una pieza dramática independiente, que debe ser estimada en sí misma, por sus valores dramáticos y literarios» [2007: 300]. Algunas de las libertades que se toma el entremesista pueden tener que ver incluso con interesantes aspectos de la recepción literaria del *Quijote*; así, si don Quijote llega a la venta donde va a ser armado caballero acompañado por Sancho (cuando en la novela es el propio ventero quien sugiere al hidalgo que se haga con un escudero), es plausible que la incoherencia temporal se deba a que «el público deseaba ver juntos a don Quijote y Sancho Panza, que forman la pareja protagonista del libro, y que igualmente aparecían juntos en bailes y mascaradas« [2007: 302]. El retrato de don Quijote es el de un loco que se cree caballero y, consciente de su misión, deforma la realidad sistemáticamente, cegado por su monomanía; el pragmático Sancho aparece juicioso y sensato («tiene donaire en cuanto dice y habla», concede su señor), pero cobardón y preocupado más por comer y dormir bien; apenas, eso sí, recurre a sus consabidos refranes ni comete las prevaricaciones lingüísticas que le caracterizan.

## 5. *Ludeña*

Fernando de Ludeña (h. 1590-1634) fue un militar madrileño perteneciente al séquito de Felipe IV. Muy inclinado a las letras, cultivó la poesía y el teatro y cosechó los elogios de Cervantes (que en su *Viaje del Parnaso* lo llamó «poeta primerizo, insigne empero») y Lope de Vega (quien destacó, en el *Laurel de Apolo*, su «cuerdo ingenio y el decir suave»). Sus obras dramáticas conservadas no son demasiadas. La Barrera, citando el *Para todos*, de Pérez de Montalbán, habla de Ludeña como autor de «sazonadísimos entremeses y bailes, y algunas comedias», si bien su producción dramática hoy conocida se reduce a un entremés y a la composición de las últimas escenas de la segunda jornada de *Algunas hazañas de las muchas de don García Hurtado de Mendoza, marqués de Cañete* (1622), comedia escrita en colaboración con otros ocho ingenios.

La única pieza breve de la que tenemos noticia, el entremés de *Los relojes* (o *El reloj*), se conserva en algunos manuscritos (Biblioteca Nacional de España, ms. 17237, Biblioteca del Instituto del Teatro de

Barcelona, 61556). El texto es protagonizado por una mujer, doña Torre, que engaña a cuatro hombres, descritos burlescamente como relojes («de agua, de sol, de arena y de campana» [v. 39]). Este juego lingüístico basado en las definiciones viene a constituir la base para varios disparates y escenas cómicas, en que la protagonista intenta sacar el mayor dinero posible de sus amantes (en el baile final se dice de ella que «con relojes trata / solamente porque dan» [vv. 180-181]). Señalaba Cotarelo que fue Ludeña en este entremés de *Los relojes* quien «comenzó a utilizar las metáforas y símbolos de gusto poco aceptable de que tanto habían de abusar los entremesistas de época posterior» [1911: LXX].

A nombre de un tal Juan de Ludeña, autor desconocido (puede que se trate, pues, de un error por el anterior), se imprimieron dos entremeses en el *Ramillete* valenciano de 1643: *La venta de Viveros y alcalde de sacas* y *La podrida*.


## 6. *Ruiz de Alarcón*

Nacido probablemente a finales de 1580 o comienzos de 1581, de forma accidental, en la ciudad de México (o, según las recientes aportaciones señaladas por Peña, a fines de 1572 en Tetelcingo, hoy Taxco [2004: 61]), Juan Ruiz de Alarcón (h. 1581-1639) es uno de los dramaturgos más destacados del siglo XVII español, pues fue en la metrópoli donde se desarrolló su carrera literaria. Carrera exitosa en que no faltaron, sin embargo, algunos sinsabores relacionados con las rencillas literarias tan comunes en la época, que en ocasiones se trasladaban también a la esfera privada (y Alarcón hubo de padecer la enemiga nada menos que de Lope, Quevedo o Vélez de Guevara, entre otros). Publicó la mayor parte de su producción dramática —que consta de una treintena de piezas en total— en dos *Partes de comedias* (1628 y 1634), que le proporcionaron cierta holgura económica y que fueron representadas con éxito en España. Títulos como *Las paredes oyen*, *Los empeños de un engaño*, *La verdad sospechosa* o *El examen de maridos*, por citar sólo algunos, representan hitos fundamentales en la historia del teatro español.

Sin embargo, en lo que concierne el teatro breve, sólo se le conoce un entremés, *La condesa*, publicado en *Ramillete de sainetes escogidos* (Zaragoza, 1672), cuya atribución ha planteado no pocos problemas y dudas. Cotarelo, por ejemplo, pensaba que quizá no tuviera «más fundamento que llamarse *Condesa de Alarcón* la protagonista de la pieza, obra mediana que, sin embargo, produjo varias imitaciones, tales como *Los condes fingidos*, de Quiñones de Benavente; *El francés*, de Cáncer y Velasco; *El aguador*, de Moreto, y los anónimos de *Doña Rodríguez* y *La presumida*» [1911: LXX]. El texto estaba, además, muy deturpado («por hallarse muy desfigurada esta pieza no ha creído conveniente el señor Hartzenbusch insertarla entre las *Obras* del eminente dramático», recordaba La Barrera [1860: 351]).

*La condesa* se centra en la figura de una noble rica que se convierte en «doña Deseada» [v. 7] después de enterarse sus pretendientes de que «se murió el marido indiano» [v. 8]. La protagonista, que bien se ajusta al *topos* de la mujer entremesil, es la típica dama tomajona, cuyo afán por los bienes materiales (coches, sillas, almohadas, etc.) y la posibilidad de un casamiento que le aportará nuevas riquezas le impiden ver que uno de sus amantes, Sebastián, es en realidad un actor que interpreta el papel de rey de Trapisonda, algo que la salida del Autor al final de la obra aclarará.


## 7. Salas Barbadillo

La producción dramática del madrileño Alonso Jerónimo Salas Barbadillo (1581-1635), cuya fama se debe sobre todo a novelas como *La hija de Celestina* (1612), cuenta también con siete comedias y una quincena de entremeses, definidos a veces por el mismo autor «comedias antiguas», «comedias domésticas» o «diálogos en prosa», escritos con mucha probabilidad no para la representación, sino para la lectura, e incluidos en obras en prosa más amplias. Seis de ellos se insertan por ejemplo en *Casa del placer honesto* (1620), cuatro en *Fiestas de la boda de la incasable mal casada* (1622), y otros tantos en *Coronas del Parnaso y Platos de las Musas* (1635); estos últimos forman el «Plato quinto» de la obra y van dedicados a Antonio Hurtado de Mendoza.

El teatro breve de Salas Barbadillo se caracteriza por cierta afición a la descripción costumbrista de tipos y personajes, en que el argumento es reducido a veces a los mínimos términos, destacando a menudo un ritmo dramático bastante lento. Centro de la acción de las piezas breves de Salas Barbadillo es a menudo la corte madrileña, como es evidente ya desde el título en *El Prado de Madrid, y baile de la Capona*, un entremés en que los personajes, a través de la técnica ticoscópica, describen el pasaje de varias figuras (un vendedor de suplicaciones y un vendedor de hielo, dos viudas, etc.), deteniéndose sobre la multitud de coches que circulaban por la ciudad en aquel entonces. La obra termina con el baile de la Capona, donde las varias connotaciones del nombre Capona permiten evidentes dobles sentidos de carácter erótico.

En Madrid se sitúa también *Las aventureras de la corte*, entremés en prosa en que los personajes dialogan sobre la vida en la corte, mencionando lugares como la calle Mayor, la calle de la Platería o la plaza de San Sebastián, y describiendo la actividad estafadora de algunas busconas. Otro entremés en prosa es *Los mirones de la corte*, donde los cuatro protagonistas hablan de lo «que miran y de qué se admiran», haciendo una sutil e irónica crítica de varios problemas del Madrid de entonces. *El malcontentadizo* presenta un caballero extremadamente exigente que maltrata a sus criados con continuas quejas; una figura semejante presenta *El caprichoso en su gusto y la dama setentona* (pieza que consta de más de setecientos versos), donde desarrolla Salas Barbadillo el tema del capricho y de la tacañería de cierta nobleza.

El amor y el matrimonio son elementos centrales en *El descasamentero*, mientras que en *El caballero bailarín* se presenta la figura de un noble, cuya única afición es el baile, que busca criados entre varios personajes (un fullero, un pleitista, un poeta, un músico, etc.), hasta encontrarlo en un bailarín acompañado por sus hermanas, que tocan las castañuelas. Al esquema típico del entremés de desfile se ajustan también *El tribunal de los majaderos* y *El comisario contra los malos gustos*; en el primero, se examinan y se tachan de majaderos figuras como la del vanaglorioso, la del marido celoso que quiere prohibirle a su mujer que salga de casa, la del amante que sufre exageradamente por amor, etc. En el segundo, ante el comisario van compareciendo personajes burlescos como el caballero que nunca paga sus deudas, el maldiciente, el lisonjero, el lindo, una alcahueta y una mujer muy aficionada a los coches. Análogamente, *El buscaoficios* presenta un desfile de varios personajes (un escudero, un adulador, un embustero, etc.), cada uno explicando su ocupación.

*El cocinero del amor* y *El remendón de la naturaleza* se centran en la figura de un personaje (un cocinero y un vendedor de postizos, respectivamente) que llega a la corte para ofrecer consejos y remedios, haciendo que hombres y mujeres consigan «guisar» a sus pretendientes, en el primer caso, o solucionar todo defecto de naturaleza, en el segundo. En *Doña Ventosa* varios pretendientes (un lacayo, un viejo y un niño) requiebran a la noble Eufrasia, cuyo apodo constituye el punto de partida para algunos disparates lingüísticos sobre sus «aires» y «vientos». Cierran este panorama de la producción dramática breve de Salas Barbadillo los entremeses *Don Diego de Noche* y *El padrazo y las hijazas*, en que un viejo casa sus tres hijas con un vecino, un ciego y un ganapán, y una loa incluida en *Coronas del Parnaso* y publicada por Cotarelo [1911: I, 301-302].

## 8. *Castillo Solórzano*

Del madrileño Alonso del Castillo Solórzano (1584-¿1648?), a quien algunos estudiosos hacen hijo de la villa vallisoletana de Tordesillas y que es conocido sobre todo como novelista, se conservan cinco entremeses que, en la línea de Salas Barbadillo, forman parte de su obra narrativa y crean un conjunto en que relatos breves, cuentos, poesías líricas, comedias y entremeses se funden de manera homogénea. Así, *El casamentero* se halla interpolado en *Tiempo de regocijo y Carnestolendas de Madrid*; *El comisario de figuras* forma parte de *Las Harpías de Madrid y coche de las estafas*; *El barbador* y *La prueba de los doctores* van incluidos en *La niña de los embustes, Teresa de Manzanares*; por último, *Las aventuras del Bachiller Trapaza* incluye en su capítulo XV *La castañera*. Aunque insertadas dentro de obras en prosa, estas piezas debieron de ser representadas de forma independiente en el siglo XVII.

El teatro de Castillo Solórzano se caracteriza principalmente por cierta habilidad para el dibujo de personajes excéntricos, o figurones: este rasgo se hace evidente en *El comisario de figuras*, en que el protagonista va examinando a varias figuras (un galán, un lindo, una dama enamorada de sí misma, un poeta «mendigo de versos» y otro «de estos que llaman cultos», un caballero con manías de nobleza…) para luego meterlas en el Nuncio de Toledo. Análogamente, el vejete Piruétano en *El casamentero* es encargado por el mismo hospital de «purgar la corte» fingiendo ser casamentero y enviando a los locos (un arbitrista, un poeta, una mujer en busca de un marido filósofo, etc.) al manicomio.

*El barbador* presenta otra figura extraña y exótica, la de Ozmín Piruétano de Bochinchina, un sedicente sabio griego que engaña a un calvo, dos lampiños y un castrado prometiéndoles remedios contra la calvicie. En *La prueba de los doctores* el protagonista, fingiendo sentirse mal, se burla de su mujer para probar su amor, engañando asimismo a los doctores que lo visitan. Por último, *La castañera*, pieza atribuida a veces a Monteser, y que aparece también con el título *Las castañeras*, trata de la subida en la escala social de una mujer engañada por un mercader, que de Sevilla vuelve a Madrid en busca de marido: un tema que Castillo Solórzano desarrolla también en sus novelas.

## 9. *Félix Persio Bertiso*

Este ingenio, cuyo nombre le ofrecía a La Barrera «todas las apariencias de un seudónimo» [1860: 303], es el autor de ocho poemitas humorísticos, de inspiración navideña, publicados en Sevilla, en 1677, bajo el título *La harpa de Belén* [Wilson, 1954], además de *La vida del pícaro* (poema antiheroico, de atribución dudosa, sobre un ejército de pícaros que se prepara para el robo de atunes en Zahara, «la jornada de la Almadraba»), del auto sacramental *El nacimiento de Cristo nuestro señor, y restauración del género humano* y de la comedia *La peregrina del cielo*.

A pesar de que algunos críticos hayan querido a veces ver detrás de este misterioso escritor el nombre y la pluma de Quevedo, parece haber hoy certeza de que se trata de un autor diferente, aunque prácticamente desconocido: en palabras de Asensio, un «simpático poeta menor» [1971a: 197]. Rosa Navarro, que recuperó una serie de poemas inéditos de Félix Persio conservados en un manuscrito de principios del siglo XVII (Biblioteca del Consejo Superior de Investigaciones Científicas, manuscrito 3857) y que confirma que se trata de un poeta menor sevillano (origen atestiguado por un pliego de cordel madrileño de 1650), pudo averiguar que en agosto de 1612 concurrió a los festejos poéticos celebrados en Sanlúcar de Barrameda en honor de la Virgen de la Caridad, ganando nueve premios [1983].

A nombre de Persio Bertiso fue publicado por primera vez en 1625, en Madrid (decía La Barrera, aunque sólo están localizadas versiones posteriores), *La infanta Palancona. Entremés escrito en disparates*, que se atribuyó en su día a Quevedo y que «no hace muchos años se representó todavía bajo la protección de su autoría», señala Navarro, quien añade que «en la edición de 1640 figura el nombre de su autor: Félix Persio Bertiso y, dada su escasa fama, la atribución debe ser cierta» [2003: 103].

Se trata de una obra a mitad de camino entre el entremés burlesco y la comedia de disparates —ya que aparece «con primera y segunda y tercera parte» y en esa copia de 1640 va acompañada de una loa—, en que concurren los pretendientes de la infanta Palancona, hija del rey Azofeifo, combatiendo por ella sobre caballos de caña:

> El rey Cachumba ha llegado
> [...]
> Viene un escudero bizco
> y un cabo de escuadra calvo,
> y viene el Rey que rabió,
> ciego, rezando el rosario.
> Viene un Martes pecador,
> y viene un Miércoles santo,
> y un hermano de Mahoma,
> loco de verse tan alto [16].

Finalmente, sin proclamarse vencedor ni el emperador Solano de Babilonia ni el rey de Motril, Cachumba, Azofeifo sortea a su hija a las cartas; señala una acotación que el papel de la deseada muchacha había de hacerlo «*el más feo de los representantes*» y todos los personajes debían ir «*vestidos ridículamente*», dando a la pieza el aire carnavalesco típico de las mojigangas.

El lenguaje, disparatado e incongruente, es el característico del género teatral burlesco, aunque los excesos caricaturescos anulan o trascienden el componente paródico y predomina más bien el puro absurdo. A Cotarelo, que la encontraba obra «de poco chiste», no le parecía en absoluto que fuera del estilo lingüístico de Quevedo [1911: LXXIII]. Para Rosa Navarro los sinsentidos, perogrulladas y caóticas enumeraciones de *La infanta Palancona* «a veces rozan la greguería» y es su autor un «adelantado en ese arte destructor que llena de abstracción —de absurdo— la escena, siempre a la búsqueda de la risa del público» [2003: 110]. Risa fácil, cabría precisar a la vista del texto, ya que, en efecto, el hilo argumental prácticamente desaparece, desdibujado a base de incoherencias, recurso a la escatología, recurrencias fónicas, diálogos de sordos y disparates ensartados.

## 10. *Navarrete y Ribera*

Escasísimos son los datos de los que disponemos sobre Francisco de Navarrete y Ribera, autor casi desconocido, tanto por la falta de noticias de carácter biográfico como por la poca atención que hasta hace pocos años la crítica le había dedicado (reseñemos como excepción el trabajo académico de Sánchez López [1984]). En años recientes, sin embargo, Gallo se ha ido ocupando de la reedición de la obra completa de este autor, que resulta interesante por haberse dedicado casi exclusivamente al género dramático breve, como atestigua la recopilación *Flor de sainetes* (Madrid, 1640), en que se incluyen diez entremeses y dos bailes, además de un romance y dos novelas cortas, a saber: *Los tres hermanos* (un lipograma, escrito enteramente sin utilizar la letra *a*) y *El Caballero invisible*. Como prosista, es autor también Navarrete de un tratado didáctico-costumbrista, *La casa del juego* (1644), donde «se descubren las trampas en uso entre los tahúres, y se cuentan anécdotas curiosas» [Gallo, 2001: 9]; completan el cuadro de su producción algunas décimas, sonetos, romances y poemas laudatorios de circunstancias.

Los entremeses recogidos en *Flor de sainetes* constituyen una agrupación «idealmente destinata ad una lettura-recitazione a voce alta per un pubblico di *oidores*» [Gallo, 2001: 18]; el primero es el *Entremés del parto de la rollona*, en que todo se mueve alrededor del burlesco nacimiento del hijo de este personaje (evocador del «niño de la rollona»), «que ha de ser el más alto hombre que haya en la compañía», y que para más hilaridad, nace «con espuelas y botas» [vv. 49 y ss.]. El segundo entremés, que lleva el mismo título que la novela *La casa del juego*, dibuja el ambiente de los tahúres y de los mirones, con los problemas relacionados con la falta de dinero e incluyendo las figuras del soldado, del galán, etc.

En *La escuela de danzar* —un baile entremesado, en que sin embargo la danza y la música representan elementos «funzionali e secondari rispetto alla creazione di una scenetta di tipo popolare e *costumbrista*» [Gallo, 2001: 30]— van desfilando varios personajes estereotipados (villano, dama, panadera, barbero y viuda) ante un maestro de danza; en *El médico y el caduco* aparecen el viejo marido del que su joven mujer se burla, y la figura del médico, a su vez engañado por una criada. La sátira contra las mujeres tomajonas se hace patente en *La buscona*, donde el mecanismo «sacar/dar dinero» se repite varias veces; en *Los sirvientes de Madrid* dibuja Navarrete las malas costumbres y los defectos de los nobles de la época a través de los comentarios de un lacayo, un cochero y cuatro criadas. *El tahúr celoso*, «uno de los buenos entremeses» según Cotarelo [1911: I, LXXXI], es una sátira aguda contra los juegos de azar tratados también en *La casa del juego*; en *El necio andante* un vagabundo y una dama se someten al examen de un juez para establecer quién es el más necio. En el *Entremés del testar del avariento* el tacaño protagonista quiere hacer testamento dejándole poco —o nada— a amigos y familiares, con el consiguiente enfado del escribano. Ante *El juez de impertinencias*, pieza que sigue la estructura de desfile típica de muchos entremeses, comparecen un tahúr, un maestro de armas, un viejo celoso y cuatro mujeres: a cada uno el juez inflige penas relacionadas con sus defectos y manías.

Cierran el panorama de la producción entremesil de este autor *El tonto presumido* y *El encanto en la vihuela*, ambos publicados en *Entremeses nuevos* (Zaragoza, 1640). En el primero, los encuentros y diálogos del protagonista con varias figuras (un zapatero, una viuda, unos músicos) ponen de relieve la socarronería y estupidez del bobo, terminando con una escena de escarmiento; en el segundo Navarrete se enfrenta con el tema del poliglotismo: en palabras de Cotarelo, es una «pieza simplemente jocosa para bailar, suponiendo que comunica impulsos de hacerlo a todo el que oye lo que toca el pastor Tábano» [1911: LXXXII].

El *Baile de la batalla*, enteramente cantado, es quizá la pieza de Navarrete que menos se presta a la lectura, dada la importancia que en él revisten la música, el canto y el baile. Cada secuencia narrativa, de hecho, es acompañada por un paso de danza, que va marcando también los diferentes momentos de la batalla naval descrita. Un papel menos relevante juega la parte musical en el *Baile de Cupido labrador*, basado en la dicotomía «Amor *versus* Interés», donde Cupido disfrazado intenta recuperar su importancia entre las mujeres de Madrid, que ya no se sujetan a su poder sino que sólo siguen al Interés.

En el teatro breve de Navarrete, detrás de la ironía aguda y del ingenioso sentido del humor, se percibe a menudo cierto moralismo crítico y didáctico, fruto quizá de su formación religiosa; la producción dramática de este autor, sin embargo, no deja de tener elementos de indudable interés.

EDICIONES

NAVARRETE Y RIBERA, Francisco, *Flor de sainetes*, ed. Antonella Gallo, Florencia, Alinea Editrice, 2001.
VÉLEZ DE GUEVARA, Luis, *Teatro breve*, ed. Héctor Urzáiz Tortajada, Madrid/ Frankfurt am Main, Iberoamericana/Vervuert, 2002.

VI. QUIÑONES DE BENAVENTE, por *Abraham Madroñal Durán*

Luis Quiñones de Benavente (Toledo, 1581-Madrid, 1651) debió de iniciarse en el teatro breve como músico y autor de bailes, que tal vez se representaban en su ciudad natal, con motivo de diversos festejos relacionados con los poderes civil y, especialmente, religioso. Fue a raíz de la prohibición de este tipo de representaciones en la catedral cuando el joven clérigo que era Luis de Benavente decidió marchar a la vecina corte para continuar con su actividad dramática, acaso animado también por amigos como Tirso, que frecuentó los ambientes toledanos en fechas próximas. El traslado a Madrid y la frecuentación de los ambientes literarios de academias le hizo entrar pronto en contacto con los cómicos y dramaturgos; por otra parte, la llegada al trono de Felipe IV y de su valido Olivares y el aprecio por el teatro que tal hecho llevó emparejado hizo de Benavente uno de los autores de entremeses preferidos por el público y por la corte, de manera que se alzó con la monarquía cómica y llegaría a ser denominado «pontífice de bailes y entremeses». Tal momento de esplendor corresponde sobre todo a la década de 1630. Debió de abandonar la composición de estas obritas justo cuando decidió editar una buena selección de ellas en su libro *Jocoseria, burlas veras* (Madrid, 1645), obra que tardó unos cuantos años en publicar, porque pensaba en hacerlo por lo menos desde 1638. Aquejado de varias enfermedades, acaso también porque problemas morales le llevaron a ello, prácticamente abandonó la composición de entremeses y bailes y murió pobre y solo en 1651.

Benavente es un autor innovador, que con Cervantes y Quevedo forma el gran triunvirato de los mejores autores del teatro breve de la primera mitad del XVII. También como ellos, representa una innovación importante en los rumbos de la pieza breve cómica, por cuanto es capaz de aglutinar géneros y de conceder una importancia inusitada a la música y escenografía, convirtiendo así las obritas en un espectáculo total en que el texto es importante, pero muchas veces más la suma de los otros factores estéticos. Llegó a gustar a todos los estamentos presentes en el teatro, desde los mosqueteros hasta el mismo rey, el cual alguna vez le concede la limosna de una cantidad de dinero para curarse, seguramente por agradecer, como a Juan Rana también, los buenos ratos que le había hecho pasar en el teatro.

Buen conocedor de la vida de los cómicos, compuso todo tipo de obritas: desde las loas hasta precedentes de la mojigangas, pero desatacó especialmente en los bailes y entremeses. Sus contemporáneos apreciaron en él una mansedumbre de carácter que le llevó a no decir mal de poeta y a satirizar sólo las costumbres, sin llegar nunca a las personas. Pero como todo escritor en aquel tiempo, tuvo que aguantar la maledicencia de algunos, especialmente de Quevedo, de quien se defendió también con críticas en alguna de sus piezas.

## 1. *Biografía*

No se puede decir que en la actualidad conozcamos pocos datos de la biografía del más grande compositor de entremeses en el Siglo de Oro, desde que Rosell [1872: 1-5] y Cotarelo especialmente aportaran lo que en su época se sabía [1911: LXXIV-LXXVIII]. No muchos más datos documentales descubrió Bergman, la gran especialista en el toledano [1965: 41-75], que confesaba no haber podido investigar en archivos y bibliotecas como hubiera sido su intención, aunque aprovechaba en su libro cuantas referencias literarias en obras de la época se podían espigar. No hace mucho se han podido allegar algunos datos nuevos, por más que su vida no dejara demasiados rastros en los documentos de la época, que nos permiten perfilar su biografía desde unos fundamentos más seguros que los basados en la pura especulación [Madroñal, 1993 y 1996].

Contra los supuestos de los críticos que no se basaban en pruebas documentales, Quiñones de Benavente nació en Toledo en 1581, se educó con los jesuitas en la Ciudad Imperial y con ellos presumiblemente aprendería la importancia que tenía el teatro dentro y fuera de las aulas; parece que él mismo componía y ejecutaba la música que acompañaba a los bailes que se ejecutaban con motivo de las fiestas del Corpus en la catedral toledana [Madroñal, 1996: 14 y nota]. Prohibidas éstas en 1617, Benavente se traslada a Madrid y tiene la fortuna de relacionarse con los poetas que integran la Academia de Medrano, de forma que pronto se integra en la corte. La llegada del rey Felipe IV supondría el éxito inmediato de nuestro autor, que ya no sólo compone la música y los bailes que rematan los entremeses de otros autores como don Antonio Hurtado de Mendoza, sino que se atreve él mismo a componerlos sin abandonar las otras piezas, así lo declara en un romance fechado en 1640, que se conserva manuscrito en la Biblioteca Nacional de España.

Su inicio como autor hay que fijarlo en 1610, no porque ése sea el año de alguna pieza como *Las civilidades*, según aclaró Bergman hace bastante tiempo [1965], sino porque el mismo autor lo dice en unos versos suyos recientemente publicados [Madroñal, 1996]. Benavente seguiría cosechando el favor del rey y del público al menos hasta ese año, como él mismo declara. No podía, sin embargo, vivir sólo del teatro, sabemos que le pagaban doscientos reales por cada baile, pero el mantenimiento de su madre y los achaques que padecía le conminaron a pedir dineros al rey en diversas ocasiones. Seguramente estas enfermedades y también la maledicencia de algún contemporáneo, si hemos de dar crédito al prologuista de su libro, la *Jocoseria* (1645), don Manuel Antonio de Vargas, Benavente abandona el teatro, se dedica únicamente a las capellanías que atendía en casa de don Diego de Contreras y a obras de piedad. Compone algunas poesías de temática religiosa para la cofradía piadosa a la que pertenece, la de Esclavos del Santísimo

Sacramento, con las que participa en los actos que celebra. En 1651 muere pobre, sin otra compañía que la de una sirvienta y con más deudas que bienes [Lobato, 1992].

Indudablemente, la enumeración de los hitos biográficos de un escritor no justifica el genio de su arte ni la necesidad de significarse en el teatro. Benavente se dedica a la composición de entremeses para la corte seguramente animado por amigos como Tirso de Molina, que trataría a nuestro poeta en la ciudad de Toledo y que escogería alguno de sus bailes para incluirlos en su libro *Cigarrales de Toledo* (1624) y en recopilaciones posteriores como su problemática *Segunda parte de comedias* (1635), donde se recoge un entremés expresamente atribuido a Quiñones (*Los coches*) y otros que, aun sin atribuírsele, casi con seguridad se le deben, como son los entremeses de la serie de *Los alcaldes*, *El gabacho* y otros, según puso de manifiesto su editor Bonilla y San Martín (1909).

Aunque en la investigación del siglo pasado se postulaba la posibilidad de que Benavente fuese anterior en el tiempo a otros autores como Quevedo o el propio Hurtado de Mendoza, hoy sabemos que la realidad es la contraria: estrena con posterioridad a las obras de éstos y muchas veces se inspira en piezas, dramáticas o no, de otros escritores anteriores como el mismo Quevedo o Cervantes. Contra la opinión de Astrana Marín [1932: II, 1475], Benavente no imita servilmente a sus modelos, sino que elabora sus obras y las adapta dramáticamente. Este hecho queda suficientemente claro en la adaptación que hace del *Cuento de cuentos* quevediano en su obrita *Las civilidades*, pero puede verse también en entremeses como *El retablo de las maravillas*, que parte del homónimo cervantino, pero se aleja en su materialización, o en *Don Satisfecho, el moño y la cabellera*, que puede partir de una relación versificada de la época, según hemos defendido recientemente [1996: 259-261].

Sus relaciones con otros escritores y corrientes de la época han sido puestas de manifiesto también recientemente. Amigo personal de Tirso y de Vélez de Guevara, participa en ese movimiento de asociación de ingenios en academias literarias. Interviene, por ejemplo, en la burlesca del Buen Retiro en 1637 y en las particulares que tienen lugar en casa del contador Agustín de Galarza, al menos en 1640 y 1641, aparte de la ya referida de San Ignacio en Toledo (1609). Por ello Benavente se granjeó la amistad de muchos ingenios, pero también la animadversión de otros como Quevedo, que implacablemente le censura en su *Perinola* y otros escritos, según demostró Fernández Guerra [1876: 370 n.]. Benavente, por su parte, se muestra también crítico con el gran escritor y le dedica una fuerte censura en el entremés *El murmurador*. No sería el único criticado, también Ruiz de Alarcón, como demostró Bergman [1954], recibió alguna que otra pulla en el entremés *Los sacristanes Cosquillas y Talegote* y, por supuesto, los cultos y críticos de la época en diversas obras, donde Benavente censura esa moda literaria (véase *Los vocablos*).

La revolución que supuso en su tiempo parece en parte motivada por sus circunstancias personales; Benavente es músico y coreógrafo, porque presumiblemente se dedicaba a ambas cosas en su Toledo natal, con motivo de las fiestas que se celebraban en la propia catedral. Lope de Vega alude a él en 1618 como gran compositor de seguidillas, algún tiempo después también lo hará Quevedo en *El entremetido, la dueña y el soplón*, aunque despectivamente, para indicar que sus tonos corrían en boca de todos y sus versos llenaban las gargantas de las fregonas y lacayos, lo cual evidencia el éxito que había alcanzado y que mantendrá mucho tiempo. Es la presencia de la música y la danza y la habilidad coreográfica lo que hace que Benavente impulse un cambio notable en la manera de entender la pieza breve en su tiempo.

Pero Benavente es también un hombre preocupado por su arte, especialmente porque desde 1621 y hasta el final de sus días como dramaturgo goza del favor del rey en la corte y eso, unido a su condición de clérigo, hace que sus obras tengan mucho menos atrevimiento que las de otros contemporáneos. Como señala su contemporáneo Salas Barbadillo, sus bromas no eran «desacatadas ni desatacadas», es decir, que no abusaban del humor fácil ni caían en la irreverencia o la sátira despiadada. Tal vez por eso se atreve a imprimir su libro en 1645 presumiendo del contenido moral de sus obrillas, algo que no habían sabido apreciar todos sus contemporáneos. Pero no es conveniente tampoco formarse la idea de un dramaturgo moralista, aferrado a su condición de clérigo, que busca la dulzura de la obra corta para divulgar más fácilmente la enseñanza y los buenos principios. O'Connor recientemente ha defendido que la censura por parte del poder de la época tuvo que haber influido necesariamente en las obras del poeta, hasta el punto de provocar una autocensura evidente a la hora de editar sus textos [1999: 441], porque muchos de ellos precisamente, no publicados en la recopilación de 1645, se muestran con un grado de libertad mucho mayor, seguramente más acorde con los gustos del público de los corrales.

## 2. *Novedades que se deben a Quiñones de Benavente*

Señala Asensio que Benavente fue quien «recoge los tipos dispersos, transforma las variedades cultivadas y añade otras de su cosecha» [1971a: 124]. Indudablemente, el mérito de Benavente consiste en partir de una tradición muy rica, que ya en esencia dibujaba las líneas por las que había de transcurrir el entremés barroco, y crear nuevos tipos de obras amparándose en el conocimiento que tenía de la música y lo que se puede llamar «coreografía» en su época. Este hibridismo entre teatro y música, entre tradición e innovación, entre poderosa herencia y el genio individual es lo que hace rebrotar el teatro breve y elevarlo hacia cotas de las que ya no se podrá pasar, razón por la cual después de la segunda mitad del XVII, con la llegada de los últimos grandes entremesistas como Calderón, Moreto, Cáncer y algún otro, la pieza breve entra en decadencia prolongada un siglo todavía hasta su completa transformación vivificadora en el sainete dieciochesco.

Si algo se ha puesto de manifiesto es su «gracia verbal» [Asensio, 1971a: 124]. Indudablemente, era un maestro en el manejo del lenguaje, Bergman señala que no cede terreno ni a Quevedo en este asunto [1965] y desde luego aprovecha esa maestría en la composición de piezas que no son sino una utilización graciosa y oportuna de los nombres de los cómicos de una compañía que están representando una obrita (*Loa Prado*, en la *Jocoseria*). La maestría verbal, antes aludida a propósito de la crítica quevediana, debió de ser uno de los aspectos más celebrados por sus contemporáneos.

Pasa por ser el autor el inventor de la moda que finaliza los entremeses en bailes y no en palos, como ocurría con los entremeses anteriores. De alguna forma, también es el que extiende la moda del verso en el teatro breve, postergando la prosa, lo cual ha sugerido a la crítica que se prefiere el carácter musical y literario de la pieza por encima de la verosimilitud que la prosa podía comportar al teatro. Lo cierto es que ninguna de las dos cuestiones es invención de Quiñones, aunque sí puede ser novedad su generalización (Tirso decía en *Tanto es lo de más*: «acaban en bailes todos [los entremeses], si los antiguos en palos»). Ya Cervantes había previsto que algunos de sus entremeses no acabasen en palos, y aunque es cierto que no sabemos si se representaron como él mismo confiesa, no lo es menos que los entremesistas posteriores bebieron de su fuente inagotable para la composición de sus piezas, también —como es lógico— Benavente [Asensio, 1971b]. La deuda de Quiñones y los otros entremesistas del XVII con el autor de *La elección de los alcaldes de Daganzo* es importante, como también lo es la que tiene con otros cultivadores de estas obras, como Quevedo.

Es importante señalar con Asensio [1971a] que la máscara cómica de Juan Rana se debe contar entre una de sus más geniales creaciones. Cosme Pérez, nombre real del actor, al que indistintamente se le conocía con el de su máscara, actuaba en los escenarios representando papeles cómicos, también en obras largas hasta que empieza a actuar en los entremeses de Benavente. Indudablemente, el entremesista supo aprovechar las cualidades innatas de este actor, que con su sola presencia en el escenario hacía reír a la multitud; pero no sólo eso, su flema, su manera de reír («risa falsa», dicen los contemporáneos), incluso detalles más escabrosos de su personalidad, como su homosexualidad [Serralta, 1983] se aprovechan en las piezas benaventinas primero y más tarde en las de otros entremesistas también, para provocar la hilaridad general. Fue tanto el éxito de la fórmula, que incluso obtuvo el actor una pensión vitalicia por lo mucho que hacía reír a la familia real, no muy alejada su figura de la de un bufón de corte como era también físicamente, se permitía incluso —como éstos— el referirse directamente al rey cuando actuaba delante de él, por ejemplo, para decirle que se quitara el guante de la boca para ocultar su risa.

En algunas piezas de la *Jocoseria* se alude al actor, especializado como estaba en determinados papeles, así, por ejemplo: «mando a Juan Rana los simples / y los alcaldes perpetuos» [*Jocoseria*]. El tipo del alcalde que sale de ronda y da remedios disparatados para las situaciones que se encuentra, o el que sentencia cosas absurdas (alcaldadas) en el ejercicio de su cargo debía de venirle como anillo al dedo a la personalidad de Cosme Pérez, que durante mucho tiempo hizo pareja dramática con Bernarda Ramírez, hasta el punto de que existía la creencia de que habían sido marido y mujer.

De la misma manera, hay que contar entre las cosas que se le deben el hibridismo de géneros, al que alguna vez alude explícitamente el entremesista: «y aquí acaban tres enjertos / que os hemos dados a comer: / una já-cara en un baile / y un baile en un entremés» [Quiñones, *Las manos y cua-jares*]. Benavente distingue en la *Jocoseria* entre «entremeses cantados» y «entremeses representados»; evidentemente con esas denominaciones hoy se entiende una división genérica entre baile dramático y entremés propia-mente dicho. De la misma forma, es suya la acuñación de «loa entremesa-da», que de algún modo hace progresar lo que se entendía por loa a principios del XVII hasta hacerla llegar a una forma en que aparece el diá-logo y la actuación de varios personajes que suprime el simple recitado de uno. Juega precisamente con el nuevo género, una vez más la convención del teatro dentro del teatro, cuando un personaje parece «echar» la loa acos-tumbrada y la acaba diciendo: «que la loa no es más que esto», pero es en ese momento justo cuando empieza la verdadera loa.

La jácara, que era hasta entonces un romance cantado en que se con-taban las vidas y milagros de jaques o marcas, se convierte ahora en una suerte de pieza dramatizada, en que se puede observar en escena las ri-validades de esos mismos personajes. Igualmente se adjudica a Benavente la creación de las primeras mojigangas dramáticas, antes de que el sub-género se definiera con la palabra precisa que hoy nos sirve para iden-tificarlos [Buezo, 1993: 95-102]. Fue justamente la importancia que el autor concedía a lo coreográfico, dada su condición de músico, lo que hizo evolucionar también esta forma parateatral hasta convertirse en una auténtica forma dramática que triunfaría en la segunda mitad de siglo.

La madrileñización de la pieza breve es consecuencia también del trabajo de Benavente, porque justamente las circunstancias de su teatro son las que convierten al entremés en general en algo cortesano, más afín también a lo que después fue el sainete de Ramón de la Cruz.


3. *Recopilaciones: la* Jocoseria

Justamente con la edición de este libro el autor pretendía granjear-se algunos beneficios y también legar a las generaciones venideras la ex-celencia de su arte. La *Jocoseria* es, como demostró Bergman [1965], un mosaico en que cada pieza encaja perfectamente, por cuanto se estruc-tura invariablemente con una disposición fija: loa, baile, entremés, jáca-ra. Hoy se puede añadir, además, que es un conjunto de los mejores logros del entremesista en su última etapa de producción, probablemente la que abarca desde el año 1630 a 1638, aproximadamente. Es indudable también, como lo demuestra su reciente edición, que el autor seleccionó los textos, que probablemente se los facilitó a su editor literario, Manuel Antonio de Vargas, y que sustituyó entremeses (los de sacristanes, por ejemplo) y pasajes escabrosos de otros, insertando en su lugar otros más decorosos [Madroñal, 1996]. Esta autocensura previa del ingenio tendría que ver con la manera de verle las generaciones venideras que él mismo querría difundir. Por otra parte, como aclara su prologuista, el libro quiere salir al paso de las críticas vertidas contra el autor por ser «más esparcido en sus papeles y no sé qué en sus escritos», es decir, que sus amigos pretenden demostrar (Benavente estaba ya retirado del teatro) que nunca satirizó a nadie en concreto.

La obra tuvo dos ediciones más en el siglo XVII y otra edición parcial (despojada de las piezas que no fueran propiamente entremeses); modernamente ha conocido también las ediciones de Rosell, Cotarelo (sin los preliminares) y de una reciente edición crítica [2001]. Supone la primera gran recopilación de entremeses de un autor, incluso anterior en su elaboración a la de Navarrete y Ribera (1640), autor que tuvo escaso éxito en los escenarios y que se quejó de ello amargamente. Quiñones había pensado recoger una antología de su producción en verano de 1638 y debía de tenerla bastante avanzada, por cuanto en esa fecha pide ya a los amigos los consabidos poemas laudatorios, pero la obra no se imprime hasta siete años después, una vez que había vencido buen número de vicisitudes (entre ellas la prohibición de las comedias) y después de haber cejado el autor en su empeño. Tendría que continuar el proyecto su amigo Manuel Antonio de Vargas, para dar fin a la recopilación y publicar por último el libro.

## 4. Tipología del teatro breve benaventino

## 4.1. Loas

No se nos conservan demasiadas loas compuestas por Benavente. Por otra parte, en la época en que éste escribe la loa que servía para pedir silencio al auditorio antes de la representación de la comedia, ha ido evolucionando y apenas subsisten algunos subgéneros de este tipo de obritas, como, por ejemplo, la loa de presentación de compañía, que ya había aparecido aunque de forma rudimentaria en autores como Agustín de Rojas, pero que cobra ahora nuevas formas con Benavente, fundamentalmente centradas en presentar las gracias de los cómicos que iban a aparecer en las tablas a continuación. Sólo conservamos siete loas de Quiñones dedicadas a la presentación de las diferentes compañías: Hurtado, Prado, Figueroa, Rueda y Ascanio, algunos por segunda vez en la corte. Saca en ellas Benavente, con pericia lingüística, las gracias de cada uno de los actores de las compañías. El hilo conductor suele ser un sueño o cualquier otro acontecimiento, como que el autor de comedias se ha dormido y se imagina a su compañía.

Curiosamente, todas las loas de Benavente que se conservan se nos han transmitido en la recopilación de sus entremeses que llevó a cabo él mismo, la *Jocoseria* (1645), como si el autor estuviera orgulloso de estas piezas y quisiera que se perpetuaran. Fuera de esta colección, sólo conocemos la dudosa *Loa de la Iglesia y el cielo*, única muestra de una pieza de contenido religioso en toda la producción del autor y que por este asunto merece al menos la duda. Así pues, es capital la importancia que Madrid tiene en las loas benaventinas, pues todas las seguras del autor escogen la corte como marco local en que los autores se ofrecen para actuar ante su público. No pueden ser más urbanas en este sentido, como luego veremos.

La que en principio no era sino una pieza de alabanza, cuya misión era provocar el silencio necesario para que los espectadores se aprestaran a contemplar la representación, se va transformando con el tiempo hasta constituir lo que se denomina una «loa entremesada», con desarrollo argumental similar al de otras piezas breves [Flecniakoska, 1975: 74]. Según escriben Antonucci y Arata, la loa hacia 1600 se acercaba más a un baile o un entremés que a un mero prólogo dramático como en la centuria anterior [1995: 14], por tanto había perdido la función que tenía para adquirir una nueva: una pieza espectacular y de entretenimiento con un formato distinto y una situación en la representación diferente a la de las otras piezas.

Las que conocemos por *El viaje entretenido*, de Agustín de Rojas, se dedican a asuntos verdaderamente peregrinos, muchas veces en alabanza de un día de la semana, de una ciudad o de la luna; es frecuente que no sean dialogadas, sino que se trate de el largo recitado de un actor que sale a «echar la loa», como se decía. Los dramaturgos quieren lucir su ingenio en ellas, más que cumplir con esa función preliminar, rompiendo así con la tradición de las viejas loas, que ya no se ponían en escena por inútiles, tampoco los dramaturgos tenían que defender con ellas el triunfo de una nueva manera de considerar el teatro (como Lope), se trataba sólo de añadir un elemento más al mosaico del entretenimiento en que consistía la representación barroca.

Señala Rico, apoyándose en Suárez de Figueroa [1971: 611-614], que «a la altura de 1617 las loas de tal suerte habían desaparecido de las funciones ordinarias» y sugiere que en gran parte ello estaba motivado por la pesada carga retórica que llevaba al autor a acumular nombres, bernardinas y otros términos en pesada enumeración, que hacía notar su falta de dramaticidad. Ello sucede hasta Benavente, según Flecniakoska [1975: 77]. Indudablemente, el papel del autor toledano en este orden de cosas consistió en dar nuevo aire a este tipo de obras, imbricando en ellas la esencia del entremés, hasta constituir una especie de híbrido que se puede denominar «loa entremesada», que hace que el género se continúe en el XVII. La salutación queda reducida a unos pocos versos, ahora se buscan otros efectos, entre otras cosas porque el público de los corrales demanda nuevas formas también y necesita procedimientos distintos para captar su silencio y su complicidad. Todo tipo de procedimientos escenográficos ayudan ahora a conseguir todas esas cosas.

Cotarelo [1911: I, XXIV-XXX] distingue entre los diferentes tipos de loas: la sacramental, las dedicadas a Cristo, la Virgen o los santos, la de presentación de compañía, las de fiestas reales o casas particulares. Pero, básicamente, Flecniakoska reduce las loas a dos tipos: profana y religiosa [1975: 103]; la primera llegaría hasta el tiempo de Lope y resultaría renovada por Quiñones, como se ha dicho; la segunda deja de componerse precisamente por la falta de renovación.

La *Loa con que empezó Lorenzo Hurtado en Madrid la segunda vez* plantea en principio un desarrollo convencional, cuando sale Bernardo «a echar la loa», pero se interrumpe bruscamente con un gran golpe, a resultas del cual sale el anterior medio muerto sobre una silla y eso da pie a que discutan los actores de la compañía de Hurtado. Se introduce así el tópico del teatro dentro del teatro, pues Bernardo habla de los diferentes autores y de lo difícil que es representar en Madrid sin traer «comedia ni embelecos / de chilindrinas bailadas», de manera que Bernardo finge hacer testamento, donde lega a sus compañeros, y entre ellos a Juan Rana, las diferentes cualidades que él tenía como autor. Con la petición de clemencia a los diferentes estamentos que asistían a la representación (bancos, aposentos, gradas, desvanes, barandillas, mosqueteros y damas) se termina la pieza con música y baile. Sin embargo, la *Loa que representó Antonio de Prado* nos presenta a éste durmiendo y hablando en sueños con otro actor que sale a escena con una espada desnuda, en clara representación simbólica que hace ver al primero que su compañía es como un árbol, de cuyas ramas salen cada uno de sus actores cantando y presentándose. La loa va mezclando las partes cantadas con las representadas hasta la consabida petición de indulgencia a Madrid. La *Loa con que empezó en la corte Roque de Figueroa* presenta una estructura parecida a la anterior, por cuanto ahora es Roque el que aparece dormido, mientras Bezón le recuerda que se encuentra en Madrid, no en Alcalá como el otro creía, y le va presentando a cada uno de los actores de su compañía. Cuando desaparece Bezón, despierta Roque y, después de la consabida petición de clemencia por estamentos, señala que trae suficientes comedias nuevas y entremeses.

Similar en parte es la *Loa segunda con que volvió Roque de Figueroa a empezar en Madrid*, también en ella aparecen Roque y Bezón, pero ahora se produce una situación que establece cierta «distancia» entre actores y espectadores, por cuanto Roque se atreve a salir antes de que lo hagan los músicos, cosa que no solía suceder en este tipo de representaciones, y es ello lo que provoca la extrañeza de Bezón y lo que hace que se hable en la loa de esta misma acción, para colmo se recuerda la primera loa que echó el autor creando un diálogo intertextual con ella, dado que se repiten algunos versos de la loa anterior, pero ahora es Bezón el que finge dormir y cada uno de los actores se presenta, lo cual merece al anterior un comentario jocoso. Todo termina con la consabida petición de clemencia al auditorio. La *Loa con que empezó Tomás Fernández en la corte* es diferente a las anteriores, y mucho más espectacular, por cuanto sale toda la compañía bailando de dos en dos y cantando, alternando con fragmentos representados en que el autor habla de su compañía al auditorio, hasta que cada actor se presenta a sí mismo y merece un comentario cantado al resto, que normalmente está compuesto por dos versos de romance famoso. Al final son los niños

Juan, hijo del autor, y Rufina los que ofrecen al auditorio una muestra de sus gracias como representantes. Por fin, la *Loa con que empezaron Rueda y Ascanio* lo que hace es presentar a los autores que forman estas dos compañías. Termina la pieza centrando el diálogo en don Orosio del Talego. Se intercala buen número de títulos de comedias.

## 4.2. Bailes

Según Cotarelo, la independencia entre baile y entremés tiene lugar en 1616 [1911: CLXXXIII]; coincide, por tanto, con la transformación del entremés, en cuanto abandona la prosa antigua para escoger el verso como vehículo comunicativo. Su madurez tiene lugar a mediados de siglo, cuando el baile llamado de figuras se convierte en la forma suprema de este género; a finales del XVII parece que los gustos del público exigían que se suprimiese la letra de los bailes y sólo se quedasen la música y la danza. Muere en el primer tercio del siglo siguiente, según quiere Merino Quijano [1981: I, 167].

Ahora bien, Lope en su *Arte nuevo* ya da cuenta de que en tiempo antiguo «se hacían tres pequeños entremeses / y agora apenas uno y luego un baile». En efecto, desde las primeras décadas del XVII el baile dramático se estaba desarrollando, luego no parece que sea una creación de Benavente. Con la llegada a la escena del entremesista toledano, sin embargo, el baile adquiere un protagonismo que no tenía y el público empieza a exigirlo como parte fundamental del espectáculo dramático, hasta el punto de que en la década de los treinta el ingenio toledano prácticamente no representa entremeses sino bailes dramáticos. Se ha producido ya un sincretismo de géneros que hará que la loa no sea una mera recitación de un personaje y así surge la «loa entremesada», el entremés a veces camina hacia lo que será la mojiganga dramática, la jácara pasará de ser un mero romance recitado y se convertirá también en una pieza con acción dramática y el baile adquirirá argumento, de tal forma que no será sólo un mero pretexto para que los actores bailen en escena sino que se convertirá en un breve entremés en que dominan los elementos musicales y bailables.

Benavente tuvo una influencia decisiva en la evolución del género, como señala Bergman [1968: 11], por cuanto pretendió distinguirlo tanto del baile a secas como del entremés, denominándolo «entremés cantado», en el cual era preciso mayor número de actores para ponerlo en escena, porque el entremés en sí también tiene baile, pero ocupa el final de la pieza. Según los tratadistas de la época y, en especial, según la afirmación del dramaturgo Tirso de Molina en *Tanto es lo de más como lo de menos*, un entremesista amigo suyo —Benavente— habría sido el primero en acabar sistemáticamente de una manera distinta los viejos entremeses, si los antiguos acababan en palos, algo que Quevedo no deja de satirizar, los que está poniendo de moda este ingenio terminan todos en baile, de tal forma que era frecuente en las décadas anteriores a 1630 que el entremés lo compusiera un dramaturgo y el baile otro, el que más solía hacerlos era el propio Quiñones, tal y como ocurre en varias obras de Antonio Hurtado de Mendoza.

A diferencia de otros contemporáneos, los bailes de Benavente son mucho más honestos, como se encarga de hacernos saber Salas Barbadillo, el cual escribe en una de sus obras que las seguidillas del licenciado Benavente, «tiniendo muy buen chiste, sal y garabato, no se profanaban con indecencias, no eran desacatadas ni desatacadas» [*Coronas del Parnaso y platos de las musas*, 1635: 126]. Pero, como advirtió el conde de Schack, nuestro autor escribió entremeses para el teatro del Buen Retiro y quizá por ello era menos licencioso.

Varias son las características de los bailes de Benavente, según Bergman: la brevedad (suelen ser inferiores a ciento cincuenta versos), su riqueza métrica (varias modalidades estróficas en tan breve duración), su contenido alegórico y satírico [1965: 30]. Generalmente, el protagonista es un concepto abstracto (la muerte, el tiempo), ante el cual se presentan las pobres figuras que pueblan el mundo cortesano para ser desenmascaradas y avergonzadas; otras veces lo que hay es la personificación de cosas (los planetas, las calles de Madrid, los vinos, los ríos...), que discuten entre ellos por diferentes motivos hasta que se llegan a una solución. El final suele ser una combinación de canto y baile en que interviene buen número de personajes.

Su estructura suele ser muy similar, por lo menos en un grupo de obras: primero salen los músicos cantando, después salen otros actores, que continúan el canto de los primeros. A continuación interviene el gracioso, que suele anunciar que viene a remediar los males de la sociedad de su tiempo y después comienza el desfile de personajes ante la corte recién establecida: el gracioso dicta sentencia condenatoria contra los mismos porque, en general, no responden al sentido común y nada es lo que parece en un mundo de apariencias. Generalmente, todos acaban cantando. Este esquema, que aparece por ejemplo en una pieza titulada *La paga del mundo* (incluida en la *Jocoseria*, 1645), se repite en bastantes piezas más, como *El Martinilllo*, en dos partes.

Títulos de por sí bastante significativos del ingenio toledano son *La muerte*, *El tiempo*, *La verdad*, donde esos conceptos abstractos pasan revista a la frivolidad humana que se intenta burlar de ellos mediante engaños; *La visita de la cárcel*, donde una mujer vestida de alcalde condena a los que tienen un comportamiento poco razonable, como el carnicero que tima a sus clientes o la suegra y la tía, por el mero hecho de serlo. *El guardainfante*, dividido en dos partes, trata sólo de la censura de las modas ridículas, tanto masculinas como femeninas, representadas por el artefacto que da título a la pieza y el sombrero faldudo de los hombres.

*La puente Segoviana*, también en dos partes, simplemente sirve para la presentación alegórica de los diferentes ríos, que quieren armar de tal al Manzanares y al vino zupia de vino. En *El talego*, sin embargo, baile dividido en dos partes, se trata simplemente de la visita alegórica de un médico a un talego de dineros, que acaba perdiendo la hinchazón que tenía, en clara alusión al sangrado que los médicos tenían para con sus pacientes. Otros como *El licenciado y el bachiller* no parecen sino un mero pretexto para insertar una especie de competencia cantada entre dos músicos, con la excusa del estribillo: «no puede ser, señor licenciado. Sí puede ser, señor bachiller». Por su parte, *La dueña* es un baile con mucho más argumento, por cuanto supone la competencia amorosa de un viejo rico y un joven pobre a una dueña que se acaba inclinando por el dinero. Lo mismo ocurre con el titulado *El doctor Juan Rana*, en que Cosme Pérez se hace médico para dar remedios disparatados a los enfermos que se los piden y con *Las manos y cuajares*, que supone el enfrentamiento entre una castañera y una manjarblanquera. Por ese camino se llega en obras como *El soldado* y *El doctor* a la sátira de profesiones mediante la parodia de sus maneras de hacer y de hablar, lo que dio amplio juego en entremesistas posteriores.

Alguna vez, como ocurre en *El remediador*, el entremesista aprovecha un texto propio de un entremés anterior (*Lo que pasa en una venta*) para mezclarlo con otro hilo argumental completamente ajeno y así crear una pieza nueva, donde no importa tanto el argumento como la aparición de las partes cantadas y bailadas. Por su parte, *El casamiento de la calle Mayor con el Prado viejo* supone la presencia de las calles madrileñas, cuyo nombre sirve de mero pretexto para un juego de ingenio; parecido juego se hace en *Los planetas*, pero ahora imbricando trozos de famosos romances cantados. Sin embargo, llama la atención los titulados *Las dueñas* y *El mago*, donde el desarrollo argumental, escasísimo, ha dado paso a la presentación deslumbrante de las compañías de Prado y Roque (en el primer caso) y de Fernández y Rosa (en el segundo), con abundante juego de vestimenta, tramoya y luces. De esa manera el baile entremesado estaba desembocando en la mojiganga dramática, como ha señalado Buezo [1993: 95-101].

En los entremeses cantados cualquier excusa es buena para montar una especie de baile entremesado en escena, ya se hable de los ríos, los vinos, los planetas, las calles de Madrid o de cualquier otro asunto. La imaginación de Benavente no tiene límites ni tampoco sus gracias verbales, diseminadas por extenso en estas piezas. La estructura de desfile estaría representada por piezas como *El Martinillo* en dos partes, cuando una especie de tribunal enjuicia a las diferentes «figuras» que aparecen delante de él para castigarlas por su falta de sentido común. Similares a éste son piezas como *El tiempo* o *El mundo*, curiosamente entremeses cantados todos.

## 4.3. Entremeses

Se puede establecer una primera división por su tipología temática, de esa manera podemos hablar de subgéneros propios del entremés del XVII como los de ronda, sacristanes, tribunal de majaderos, ventas (y venteros), ladrones, figurón, modas (no sólo vestimentas, sino también lingüísticas o literarias), murmuradores, concurso de pretendientes a la mano de una mujer, maridos burlados, etc. Se trataba de géneros ya definidos arquetípicamente, que exigían una serie de convenciones particulares: los sacristanes debían competir entre sí por la mano de una joven; los alcaldes, ofrecer remedios disparatados; los ladrones, proponer tretas y hurtos que se llevaban a cabo delante de los ojos del espectador.

Pero estudiosos pioneros como Huerta Calvo [1985] han analizado también las diferentes estructuras que pueden darse en los entremeses, destacando cinco fundamentalmente: de acción, de desfile, de burla, de situación. Por su parte, Bergman, al ocuparse específicamente de los de Benavente [1965], señala una distinción previa: las piezas alegóricas y las piezas a la manera realista. Es innegable que el entremés del XVII soporta todas esas subdivisiones, pero también hay que circunscribirlas a veces a una distinción previa de carácter genérico: los bailes suelen ser más piezas alegóricas con estructura de desfile o situación; los entremeses, más piezas realistas con estructura de acción o burla.

Es frecuente encontrar también entremeses que muchas veces no se diferencian entre sí sino por el añadido de la palabra «nuevo»; los de sacristanes, por ejemplo, característicos por el color subido de sus gracias y por el lenguaje utilizado, lo que parece que les hacía más propios de las representaciones de los autos durante el Corpus. Pero hay un buen número de piezas que repiten una y otra vez los mismos argumentos y necesitan de la palabra «nuevo» en su título para diferenciarse. Otras veces se convierten en una especie de saga y añaden una parte nueva al entremés ya conocido (caso de *Los alcaldes* y otros).

Benavente es fuente inagotable de motivos que bien toma de la tradición literaria o bien de los sucesos contemporáneos. Y así como compone un entremés titulado *El retablo de las maravillas*, donde sigue de cerca el famoso de Cervantes, es capaz también de dramatizar un suceso contemporáneo, tratado sin duda en pliegos de cordel, como el que aparece en su obrita *Don Satisfecho, el moño y la cabellera*, donde presenta a dos novios mentirosos que encubren su calvicie mediante estos dos artilugios. Son memorables algunas creaciones suyas como *Los mariones*, que pone en escena con inversión de sexos, porque dos actrices —Quiteria y Estefanía— representan el papel de los jóvenes galanteados. Similar intento de explotar la inversión de sexos se da en piezas como *Pistraco* o *Los muertos vivos*, donde Juan Rana presta su ambigua figura a este juego dramático.

Son frecuentes lo entremeses en que las mujeres intentan burlar a los hombres incautos, como ocurre en *La maya* o *La capeadora*, donde se ponen en escena diversas tretas tendentes a conseguir arruinar a los caballeros que pasan; también aquéllos que se convierten en lanzamiento de pullas, como la famosa serie de *Los alcaldes*. En otros son los alcaldes o representantes de la autoridad que ofrecen medidas disparatadas, papel en que siempre sobresalió Juan Rana. Piezas como *La ronda o El guardainfante* son famosas también en este sentido.

La figura del amante, particularmente del sacristán, que entra en competición poética o no con otro por la mano de una joven es tema recurrente también en diversos entremeses como *Los sacristanes, Los sacristanes Cosquillas y Talegote, Las nueces* y otros. De la misma manera, el que se finjan muertos los personajes con algún motivo, como en *El gori-gori* o en *Los muertos vivos*, también en *La socarrona Olalla*, entre otros.

El tema del teatro dentro del teatro se convierte en principal en otras piezas, como *Las alforjas, La muestra de los carros* o el propio *Retablo de las maravillas*, las cuales evidencian hasta qué punto conocía bien el poeta los entresijos del mundo de la farándula, al que tan aficionado debía de ser. A veces es la sátira a determinado comportamiento, como el exceso de querer pasar por noble en *Los condes fingidos*, o las modas lingüísticas cercanas a los cultos de *Los vocablos,* o el abuso de emplear clichés en la conversación, como ocurre en *Las civilidades* (que sigue de cerca el *Cuento de cuentos*, de Quevedo, como demostró Bergman) son el argumento de otras piezas, que tienen por objeto la leve sátira de costumbres contemporáneas. La hilaridad se consigue también por la prevaricación del lenguaje, por la intervención de hablas marginales como la de los negros (*El negrito hablador*), por la parodia de textos sacados del romancero o el refranero, etc. En otros entremeses se trata simplemente de pintar una figura, como es el caso de *El barbero*, donde se retrata al que ejerce esta profesión, con todos sus aditamentos típicos, junto a unas vendedoras ambulantes; otras veces es una especie de cuadro costumbrista lo que muestra en escena, como en el citado de *La muestra de los carros*.

Benavente es autor de una serie importante dividida en seis partes con el título de *Los alcaldes encontrados*, en la cual se ofrecen frecuentes chistes antisemitas. Sería el ejemplo más claro de la estructura de debate en una pieza, donde —en una especie de *tensó* dramática— los personajes simplemente se dedican a motejarse; así, como hemos dicho, ocurre en los entremeses de sacristanes, con debates entre dos oponentes y una competencia final por la mano de una joven.

Personajes típicos de los entremeses como el ya citado Juan Rana, pero también el caso del francés buhonero, Juan Francés, protagonizan a veces algunas piezas sólo para el lucimiento de la máscara. En otro lugar hemos señalado que tal vez Otáñez se perfilara también como máscara fija del valiente fanfarrón, pues le vemos aparecer así en varias piezas. Otras figuras como el Casamentero (por ejemplo en *Otáñez y el fariseo* o *Los vocablos*), el Sacristán enamorado, el Soldado roto y presumido, la Buscona que finge lo que no es y tantas más pueblan estas piezas y se convierten en personajes tipo como antes lo eran la negra, el bobo, el vizcaíno y algunos más.

## 4.4. Jácaras

Pocas jácaras se nos conservan de Benavente, las seis contenidas en la *Jocoseria* y la *Jácara nueva de la plemática*, que aparece en *Ociosidad entretenida* (1668). Debía de ser grande la demanda de este subgénero, que había empezado siendo un romance donde se contaba la vida y milagros de los jaques y sus marcas, y que se había convertido con Benavente en una especie de entremés cantado con protagonistas rufianescos, a los que normalmente se les da un escarmiento en escena o fuera de ella [Rodríguez Cuadros y Tordera, 1983c: 136]. Debía de ser género muy solicitado, por cuanto uno de los actores de una jácara se queja precisamente del agobio del público (*Jácara de la compañía de Olmedo*, en *Jocoseria*).

De la misma manera se quejan los actores de la *Jácara de Bartolomé Romero*: «las novedades no duran / por los siglos de los siglos» [*Jocoseria*]. Pero al final se escenifican las jácaras, que mezclan trozos representados y otros cantados, como si de un baile dramático se tratara. Otras veces ocurre que la jácara la canta un solo actor, como es el caso de Francisca de Paula en la compañía de Romero, que da cuenta de un suceso hampesco, o como en el caso e la *Jácara de doña Isabel la ladrona*.

Su lugar en la representación puede ser exento, entre pieza y pieza, pero puede ser también trabado, embutida entre los versos de un entremés para darle variedad, tal y como ocurre en *El borracho*, de Benavente, donde un soldado comienza a entonar una jácara en medio de la obra. Indudablemente, el contenido lingüístico de estas obras (la germanía) y la manera chulesca de interpretarlas debía de hacer las delicias del espectador barroco, que las reclama insistentemente, hasta el punto de tener que acudir a las jácaras antiguas, como más de una vez se dice en estas obras. Tal vez a ello contribuyera igualmente el hecho de que fueran las actrices las encargadas de llevarlas a escena de manera principal, como señalan Rodríguez Cuadros y Tordera [1983c: 126].

Con las jácaras ocurre como con otras composiciones, que, a fuerza de estar a medio camino entre lo dramático y lo no dramático, muchos estudiosos las consideran como obras teatrales cuando en su esencia no eran sino romances cantados, similares a otros para los que se componían tonos en el llamado romancero nuevo o artístico. Suele señalarse como su creador a Juan Hidalgo [Cotarelo, 1911: I, CCLLXXIX], pero es indudable que es Quevedo el que logra un éxito definitivo con su *Escarramán* (1612) y probablemente el primero que ve en escena tales vidas de jaques, pues no en vano una de ellas aparece al final de su entremés *La venta*.

Nombres como Escarramán, la Méndez, Lampuga, Añasco el de Talavera son protagonistas habituales de este tipo de composiciones, que hasta la llegada de Quiñones no tienen esa forma entremesada por la que luego se caracterizaron, aunque como se ha visto, se puede producir la convivencia de ambos [Rodríguez Cuadros y Tordera, 1983c: 121-122]. En efecto, autor de estas composiciones, siguiendo el estilo de Benavente, es Jerónimo de Cáncer, con jácaras dedicadas a Mulato de Andújar, el Ñarro, Torote el de Andalucía y otros hampones por el estilo. También compuso algunas jácaras a lo divino en un esfuerzo supremo por armonizar contrarios.

Las jácaras que se nos conservan de Quiñones se encuentran en la *Jocoseria*, fundamentalmente. Como ocurre con las loas, las jácaras también tienen un desarrollo particular y unas singularidades específicas, por cuanto aparece en ellas también el tópico del teatro dentro del teatro, así, por ejemplo, en la *Jácara que se cantó en la compañía de Olmedo* sale la actriz Antonia Infanta y finge regañar al auditorio por pedir jácara nueva cada día, pero después salen sus compañeros y ella misma empieza a cantar la vida de una tal doña Pandilla. Consigue con su canto involucrar a sus compañeros y están a punto de reñir por ello. Pero lo importante es que intercala Benavente las partes cantadas y las representadas, como ocurre también en los bailes entremesados. La *Jácara que cantó en la compañía de Bartolomé Romero Francisca de Paula* es mucho más corta que la anterior y en ella interviene sólo la actriz así llamada que cuenta la vida hampesca de Marica de Burgos y Pericote; similar a ella es la

*Jácara de doña Isabel, la ladrona, que azotaron y cortaron las orejas en Madrid*, donde otra vez una mujer, la actriz Francisca de Paula, canta las proezas de la picaresca ladrona que da título a la pieza, la cual termina sus fechorías hasta que está a punto de ser ajusticiada.

Otra *Jácara que se cantó en la compañía de Bartolomé Romero*, sin embargo, presenta a muchos actores en escena, uno de ellos —el gracioso Tomás— pretende entretener al auditorio cantando un tono, mientras los otros reclaman nuevamente jácara, pero en lugar de ésta lo que se ofrece es un altercado entre los actores, distribuidos en distintas partes del teatro. Una nueva *Jácara que cantó en la compañía de Bartolomé Romero*, distinta de la anterior pero continuación de ella, por cuanto vuelve a aparecer el actor Tomás que recuerda que la anterior se cantó por distintas partes del corral; pero si en ella los actores estaban en los desvanes y gradas, ahora aparecen en los bofetones y escotillones del teatro y por fin sale María de Valcázar a caballo, lo que supone *un tour de force* con respecto a la anterior. La *Jácara que se cantó en la compañía de Ortegón* cierra la recopilación *Jocoseria*, de Quiñones, y plantea una estructura similar a las anteriores: los actores salen al tablado representando y quejándose de que siempre pida el público jácara nueva, pero al final la cantan entre varios los sucesos de la vida del jaque Mallurde. Fuera de estas jácaras, todas de la *Jocoseria*, sólo se nos conserva de Benavente la titulada *Jácara nueva de la plemática*, que se editó en *Ociosidad entretenida* (1668).

### 4.5. Mojigangas

Si algún subgénero de teatro breve tiene que ver con el Carnaval, ése es precisamente la mojiganga dramática, como ha defendido Buezo [1993]. La mojiganga, en cuanto significa presentación deliberada de confusión, mundo al revés, parodia, disfraz y otros componentes, es específicamente carnavalesca; su apogeo se sitúa precisamente hacia 1640, después de que autores entremesiles y especialmente Quiñones las compusieran en las décadas inmediatamente anteriores. Obritas como *El mago, Los planetas, La capeadora, segunda parte*, o *El casamiento de la calle Mayor con el Prado viejo* son plenamente mojigangas en cuanto presentan disfraces de personajes en escena, algunos de los cuales llevan además objetos alusivos y pintorescos. La capacidad del propio autor para la música y la coreografía hizo posible que estos elementos se mezclaran con los puramente dramáticos hasta conseguir un espectáculo total. Hasta seis obritas se suelen señalar como mojigangas de Benavente, aunque nunca las designara de tal manera

La estructura de una de estas piezas, *El mago*, es ampliamente carnavalesca por el disfraz de locos y demonios que presentan los personajes, por los objetos que pueblan la escena y por la jeringa que luce Juan Rana y con la que queda aguado, un remedio —como se sabe— típicamente carnavalesco; para reafirmar más si cabe la relación entre la festividad de San Juan en que se representa la obra y el Carnaval. En otra, *Los planetas,* la asimilación carnavalesca no puede ser más completa, pues aparte del disfraz que ostenta cada uno de los personajes para identificarse como los planetas, algunos salen ataviados como «cíclopes con martillos y tiznadas las caras». Por si fuera poco, la obra se constituye como una parodia literaria, pues aparecen múltiples textos de romances pero deformados a lo burlesco y el final de la misma no es sino una jerga incomprensible que hace decir a dos personajes, refiriéndose a la lengua que utilizan los disfrazados: «¿para qué la hablan los dioses? / Sólo para hacer reír».

«El mundo al revés», tópico que da título también a una pieza de Benavente, de alguna forma supone una subversión al orden establecido, común, por ejemplo, al Carnaval, a las fiestas del obispillo en las catedrales españolas, a las del día de los Inocentes, a las del vejamen de grado universitario o al entremés barroco. Un mundo en que nada es lo que parece y en que muchas veces el lenguaje tiende a interpretarse en sentido distinto al valor que se le da habitualmente.

Buezo ha señalado diferentes aspectos de la mojiganga teatral, entre los que sobresale la estructura de desfile, el disfraz, el carácter grotesco o bufo, la confusión y el movimiento rápido y la abundancia de palos [1993: 93], características todas que se aprecian ya en entremeses de Benavente y Calderón, pero que se ponen de moda en los entremesistas de segunda mitad de siglo como Monteser y Suárez de Deza.

Muy relacionada sin duda con la acción carnavalesca en sí estaría sin duda otra en que debió de participar el entremesista toledano allá por sus años mozos en la catedral de Toledo, de donde procedía. Nos referimos a la elección del Obispillo de San Nicolás, costumbre tan arrai-

gada entre los clerizones, seises y otros personajes del ambiente cate-
dralicio toledano, a medio camino también entre la fiesta y el teatro,
que debió de impregnar la obra del entremesista. Consistía, como se
sabe, en elegir a uno de los mozos, que se vestía con hábitos de la dignidad eclesiástica y montaba sobre una acémila para recorrer la ciudad
«haciendo mil travesuras», según confiesa un texto del siglo XVI referido a Toledo. Tal ceremonia duraba hasta Pascua de Navidad y el tal obispillo tenía silla en el coro y participaba en alguna que otra ceremonia
burlesca, como la de confirmar a los labradores con harina, «y hariná-
bales la cara, de donde se seguía gran risa y chacota». Como se ve, la
relación con la celebración carnavalesca no puede ser más evidente y la
que guarda con algunos entremeses donde los sacristanes resultan enharinados y burlados tampoco. Recuérdese, sin ir más lejos, el *Entremés
nuevo de los sacristanes,* de Quiñones.

    Porque, además, el Carnaval era el tiempo en que todo se permitía,
incluso la sátira a las más altas dignidades políticas o religiosas, en cuanto que era la única ocasión en que se consentía romper la férrea censura instituida. Indudablemente relacionada con este espíritu hay que
entender la presencia de bobos, bufones y locos en el entremés que, so
capa de referir boberías, dejan en escena las verdades que nadie quería
oír en público pero que todo el mundo tendría en su propia mente.
Incluso se permitían obscenidades contra la Iglesia, como es el caso del
Carnaval de 1642, en que un hombre desnudo se disfrazó de Santísimo
Sacramento y se permitió palabras y gestos obscenos, incluso ante la
propia reina. Igualmente es frecuente en los entremeses que los personajes se disfracen de muertos y digan disparates en escena, como ocurre con Juan Rana en *Los muertos vivos,* donde se permite conversar
graciosamente con otro muerto, o el personaje de *La socarrona Olalla.*

    Desde la medieval «nave de los locos» hasta piezas primeras como *El
hospital de los podridos,* pasando por *El examinador Miser Palomo,* de
Hurtado de Mendoza, hasta llegar al subgénero entremesil que Huerta
Calvo [1985] define como el que más se caracteriza por «la estructura
de desfile», hay un conjunto de obras breves que presentan un mundo
poblado por «figuras» desatinadas, que con sus locuras divierten a los
cuerdos que las presencian, por más que muchas veces se permitan decir también verdades desagradables.

Era característica de la época carnavalesca —como sabemos— el tiznarse la cara de diferentes maneras como forma de enmascararse también tal y como ocurre en la presente pieza. La relación entre Carnaval y otras fiestas de primavera, como la maya o las de San Juan, ha sido puesta de manifiesto por eruditos como Díez Borque; precisamente el entremés titulado *Los mariones* lleva en otras copias el subtítulo de *La noche de San Juan,* porque presumiblemente se representaría con esa ocasión. De la misma manera, en la pieza titulada *La maya,* como se ha señalado ya, el personaje que se disfraza de maya intenta desplumar a un transeúnte, pero no sólo eso sino que también es insultado como corresponde a la técnica carnavalesca de mofa de un personaje cualquiera, según ha escrito Caro Baroja. Similar en su planteamiento a este último entremés y a *La capeadora* es el titulado *Don Gaiferos y las busconas de Madrid,* en que unas mujeres consiguen engañar a un caballero para que sostenga un falso niño y encima dicen de él a la justicia que se trata de un hombre recién parido para acentuar así la inversión sexual tan característica. El disfraz, sigue diciendo este erudito, es un elemento central en la práctica del teatro, pero también en el Carnaval y está muy en consonancia con el contraste barroco entre apariencia y realidad que caracteriza a la literatura del período y a obras concretas como las novelas picarescas o la novelita *El Diablo Cojuelo,* donde nada es lo que parece hasta que se destapa y se ve en su realidad. A pesar de lo dicho, «no puede llamarse al teatro breve fiesta carnavalesca, por más que haya puntos de confluencia, porque [...] una cosa es el disfraz en el teatro y otra en la realidad». Lo que en teatro tiene rendimiento argumental, en el Carnaval lo tiene vivencia.

## 5. *Madrileñismo del teatro breve de Benavente*

En la consideración del espacio urbano de las obras de Benavente, partimos de la diferencia entre piezas realistas y piezas fantásticas, generalmente de contenido alegórico, que Bergman [1965] sitúa en sus entremeses. Lógicamente, el tema que nos ocupa parece más ligado a las primeras, pero no hay que olvidar que algunos entremeses de los llamados alegóricos presentan calles o plazas madrileñas como protagonistas, luego también habrán de ser tenidos en cuenta. Escribe Christian

Andrés, a propósito de los entremeses de la primera división, que «no carecen [...] de cierto valor sociohistórico, ya que pese a la caricatura y a la falta de "naturalismo" descriptivo [...], es innegable que constituyen una veta importante de informaciones preciosas sobre la cultura popular, las mentalidades, los gustos y las costumbres urbanas de su siglo» [*Entremeses*, 1991: 30].

Las piezas entremesiles de nuestro poeta parecen pensadas sobre todo para la corte. Hasta el punto que un aprobante de su antología, la *Jocoseria*, escribía de ella lo siguiente: «contiene muchos avisos morales para instruir a la juventud de ella [la corte] y enseñarla a huir de las sirtes, de las Caribdis y Scilas, en cuyos bajíos y escollos suelen peligrar» [*Jocoseria*, III-IV]. Es decir, que los entremeses, a pesar de tener validez para cualquier lugar, cobraban su pleno sentido en la corte en que habían sido creados. Naturalmente las piezas en que predomina lo moralizante son aquellas de la vertiente fantástica dedicadas al tiempo, la muerte como las así tituladas o *La paga del mundo*, *El talego*, en sus dos partes, etc.

No se puede negar el valor sociohistórico de las piezas de Benavente o de cualquier otro entremesista, por más que algunas veces se confundan dos términos bien diferentes como son «realismo» y «verosimilitud». Por los entremeses benaventinos podemos enterarnos de la vida urbana del siglo XVII, pero no hay que creer a pie juntillas que lo que se nos muestra es la vida, muchas veces es una simple deformación caricaturesca que tiene una muy bien fundamentada base real.

De las más de ciento cuarenta piezas que conocemos de Benavente, publicadas por Cotarelo y sobre cuyos problemas de atribución no es ocasión ahora de entrar, por lo menos la mitad hacen referencia explícita a Madrid, marco donde suceden los acontecimientos que se escenifican. Algunas incluso detallan las circunstancias de representación, como es el caso de *Las dueñas*, «que se hizo en el estanque del Retiro entre las compañías de Prado y Roque», según reza su título, ante los reyes y el príncipe Baltasar, y que contó con tramoyas preparadas por Cosimo Lotti y efectos especiales, pues se representó en la noche con linternas y hachas encendidas formando un maridaje entre agua y fuego que debió de ser muy espectacular. De la misma manera, *El mago*, un anticipo de mojiganga, se representó en el Retiro por las compañías de Fernández y Rosa una noche de San Juan y debió de ser todavía más espectacular por cuanto contó con disfraces llamativos de locos, diablos, con la puente Segoviana, que se iba construyendo a los ojos del espectador y con el artificio de Juanelo figurado por varios actores con cazoletas.

La fama de Benavente como coreógrafo y autor de los tonos que acompañaban a sus piezas, la habilidad para fundir los diferentes subgéneros entremesiles en jácaras entremesadas, entremeses cantados, bailes entremesados, etc., seguramente influyó en gran medida para que pronto se convirtiera en el entremesista de más éxito de la corte de Felipe IV, de tal manera que en los veinte años que está componiendo obras apenas si tiene rival, como él mismo se encarga de recordarnos en varias ocasiones. Impone sus gustos en el público y fija definitivamente la forma y también algunos contenidos de la pieza cómica breve, incluso se le ha considerado inventor de la mojiganga dramática por más que nunca titulara de esa manera piezas como *La paga del mundo* o *La puente Segoviana* [Bergman, 1965: 86 y 331; Buezo, 1993: 95-102].

Muchas de estas piececillas dan entrada a diferentes figuras que pululaban por la corte para satirizarlas con galanura sin demasiada acritud. En *El Martinillo*, por ejemplo, son las manías de los que se hacen llamar de «don» o señoría, los que andan en coche aunque sus hijos no tengan qué comer, o los que sólo sacan quebraderos de cabeza por prestar sus pertenencias; en *Los coches* se queja de la superabundancia de ellos en la corte, problemática que como sabemos obsesionaba a los gobernantes de la época; en *Los condes fingidos* se plantea la falsa apariencia de los que se fingen nobles y quedan después burlados, un tema de amplia tradición literaria como sabemos.

Otros entremeses nos ofrecen un delicioso cuadro costumbrista con toda la frescura, como es el caso de *La muestra de los carros*, a veces también titulado *Los carros del Corpus de Madrid*, donde asistimos a los problemas que tenían los que querían situarse para no perderse el espectáculo; también en *Las manos y cuajares* o *El barbero* podemos oír las voces de los vendedores callejeros que disputan entre sí por la competencia que se plantean entre ellos. En *El gori-gori* es la costumbre de dejar el balcón de una casa a un extraño para que contemple un espectáculo en la Plaza Mayor lo que origina el conflicto dramático; en *La maya*, la tradición de vestirse de tal y pedir por las calles; en *La capeadora* o *Don Gaiferos y las busconas de Madrid*, las argucias de las que pasan la vida campando para vivir en la corte.

No menos importancia tienen en este sentido las piezas que se dedican a recrear los diferentes festejos que tenían lugar en el Madrid de la época: la noche de San Juan, Santiago el Verde o el Sotillo, el Retiro, el Prado, resultan repetidamente aludidos, cuando no son protagonistas, como ocurre en algunas piezas de Benavente (*Los mariones, El mago*, etc.).

Otras veces son las modas cortesanas las que resultan satirizadas. Manuel Antonio de Vargas, editor del entremesista, decía que la crítica de sus entremeses caía sobre los vicios sin llegar nunca a las personas, opinión que Bergman compartía. Y, en efecto, tanto Tirso como Quevedo manifiestan a propósito de Benavente que «nunca ha dicho mal de poeta», lo cual no es del todo cierto; como hemos tenido oportunidad de mostrar, es verdad que el autor debía de ser de carácter apacible, hasta el punto que Vélez de Guevara decía de él que era más beato que las beatas que aparecen en sus versos, pero Benavente participó en las luchas literarias de su tiempo, criticó directamente a Quevedo y a Ruiz de Alarcón en *El murmurador* y *Los sacristanes Cosquillas y Talegote*, respectivamente; también se plegó al lenguaje «culto, crítico y relevante» de los culteranistas en distintas piezas, como es el caso de *Los vocablos*, por ejemplo.

Otro asunto de evidente relación con la ciudad en que Benavente representa sus obras es la sátira de las modas. Sabemos que los moralistas de la época no se cansan de censurar determinadas libertades en el vestido o en las costumbres sociales, y Benavente, de alguna manera, moraliza también en sus obras (como se encargan de recordar los aprobantes de su libro), se convierte en detractor de los guardainfantes (*El guardainfante*), los postizos capilares (*Don Satisfecho, el moño y la cabellera*), los sombreros de ala ancha (*El guardainfante, segunda parte*), los lindos (*Los mariones*), los que toman tabaco y chocolate, etc.

Pero, sin duda, las piezas más urbanas de todas son aquéllas que escogen como protagonistas las calles, las plazas, el río de Madrid. Su conocido entremés cantado *Las calles de Madrid*, donde se va jugando con mano magistral con nombres de las calles, según las relaciones que cada nombre puede tener según lo que significa, lo cual no es enteramente original: ya se había recogido en un romance anónimo, impreso en la *Primavera y flor de romances*, del licenciado Arias Pérez, en 1621, pero lo que quizá sí es más novedoso es aplicar tal serie de nombres en una pieza entremesil, como en *Las calles de Madrid* precisamente [*Colección de entremeses*, 1911: 791-792].

Pero no fue ésta la única representación de las calles de Madrid en el teatro breve de Benavente, en *El casamiento de la calle mayor con el Prado viejo*, una pieza que presenta «alegorización teatral de la geografía urbana de Madrid», que dejó otros frutos en el teatro posterior, se produce el matrimonio metafórico entre estas calles con la asistencia de muchas otras que presentan disfraces alusivos a su nombre, así la Puerta Cerrada se alegoriza con un actor que viste «cantimploras, sartenes y candiles», la Espartería con «aventadores y esportillos», la calle de los Tintes, con medias de diferentes colores, el Prado con un justillo verde y un álamo por muletilla, más una fuente en la cabeza [*Colección de entremeses*, 1911: 556-557]. Como señala Bergman, tal vez Benavente no haya hecho en esta obrita sino dramatizar un adelanto urbanístico que se produjo en el Madrid del momento. De la misma manera en *Juan Francés* las calles madrileñas aparecen, esta vez por el procedimiento de la alusión a su nombre, y sirven para despertar la comicidad, ya que el gabacho equivoca los nombres de cada una graciosamente. Aquí el nombre de la calle, la palabra por su valor fónico, se utiliza para conseguir efectos humorísticos. «Puerta Cerrada» será «huerta zurrada», calle del Arenal será la calle del Orinal, «Vallecas» será «Bellacas» y los frailes basilios, los «basiliscos», «Santa Bárbara», «Santa Barbuda» y otras lindezas por el estilo [Cotarelo, 1911: II, 707 a y b].

No se agota con la presente enumeración el valor que tiene la ciudad, y en especial Madrid, en el teatro de Benavente. Las citas ocasionales se multiplican en sus obras, los espacios urbanos —tanto exteriores como interiores— se repiten en casi todas ellas. Disuenan de esta práctica únicamente los entremeses de alcaldes y sacristanes, los primeros nos presentan al villano gracioso, muchas veces representado por Juan Rana; en los segundos los típicos sacristanes chapurrean latín y componen villancicos grotescos a la dama de sus sueños. Unos y otros entremeses claramente fijados de un género, provocan la hilaridad. Y frente a los tipos tradicionales del entremés, propone Benavente para la escena tipos netamente urbanos como son las vendedoras callejeras (mondonguera, manjarblanquera, etc.), los esportilleros, que tenían fama de ladrones, y la marginalidad (tahúr, jaque, marca...), etc.

A partir de Quevedo, pero sobre todo a partir de Benavente, determinadas alusiones a Madrid se hacen tópicas en los entremeses y quizá sólo tendrían cabal sentido para los habitantes de la ciudad: por ejemplo, en las alusiones a la Puerta de Alcalá, donde se ajusticiaba a los que habían cometido delitos como la homosexualidad; el hospital de Antón Martín, donde se curaban el mal venéreo; la cárcel de corte, donde tienen aposento los que delinquen [*Paga del mundo*: 502b]; la puente Toledana, guardainfantes de Manzanares [*Puente segoviana, primera parte*: 531-533b]; acontecimientos cortesanos, como el fuego a la noche de fiesta en la Plaza de Madrid [*Los planetas*: 562b]. Entremés y espacio urbano, espacio madrileño en particular, quedan unidos entonces prácticamente hasta nuestros días en el teatro corto español.

## EDICIONES

*Antología del entremés (desde Lope de Rueda hasta Antonio de Zamora)*, ed. Felicidad Buendía, Madrid, Aguilar, 1965.

*Antología del entremés barroco*, ed. Celsa Carmen García Valdés, Barcelona, Plaza & Janés, 1985.

*Antología del teatro breve español del siglo XVII*, ed. Javier Huerta Calvo, Madrid, Biblioteca Nueva, 1999.

*Colección de entremeses, loas, bailes, jácaras y mojigangas*, ed. Emilio Cotarelo y Mori, Madrid, Bailli-Baillyère, 1911; ed. facsímil con estudio preliminar e índices por José Luis Suárez y Abraham Madroñal Durán, Granada, Universidad de Granada, 2000.

QUIÑONES DE BENAVENTE, Luis, *Entremeses*, ed. Hannah E. Bergman, Salamanca, Anaya, 1968.

—, *Entremeses*, ed. José Manuel Blecua, Madrid, Ebro, 1971.

—, *Entremeses*, ed. Christian Andrès, Madrid, Cátedra, 1991.

—, *Jocoseria*, eds. Ignacio Arellano, Juan Manuel Escudero, Abraham Madroñal Durán, Pamplona/Madrid/Frankfurt am Main, Universidad de Navarra/ Iberoamericana/Vervuert, 2001.

—, *Jocoseria*, ed. Cayetano Rosell, Madrid, 1872-1874.

—, *Nuevos entremeses atribuidos a Luis Quiñones de Benavente*, ed. Abraham Madroñal Durán, Kassel, Reichenberger, 1996.

*Teatro breve de los siglos XVI y XVII*, ed. Javier Huerta Calvo, Madrid, Taurus, 1985.

VII. Calderón de la Barca, por *Catalina Buezo*

Nació en Madrid en el seno de una familia hidalga, estudia en el Colegio Imperial de los jesuitas de 1608 a 1613 y luego pasa a las universidades de Alcalá y Salamanca, graduándose de bachiller en cánones en esta última. En su juventud entró de manera violenta en el convento de las Trinitarias persiguiendo a quien había agredido a su hermano, hecho que denunció ante el rey fray Hortensio de Paravicino, de quien se vengó Calderón ridiculizándolo en *El príncipe constante*.

Participó en el certamen poético madrileño a la beatificación de San Isidro en 1620 y estrenó sus primeras obras en 1623 (*Amor, honor y poder* y *La selva confusa*). Recibió en 1636 el hábito de Santiago y participó en 1638 en el sitio de Fuenterrabía y en la campaña de Cataluña, de la que se licencia en 1642. Durante esos años escribe para los corrales y para palacio (es nombrado director de las representaciones con la apertura del coliseo del Buen Retiro), tomando el testigo de Lope de Vega, que fallece en 1635. Más tarde, después de unos años de menos actividad teatral, en parte debido a los sucesivos cierres de los teatros, ingresa en la Orden Tercera de San Francisco y se ordena sacerdote en 1651. Se le nombra capellán de los Reyes Nuevos de Toledo en 1653 y a partir de entonces dirige sus esfuerzos a la composición de autos sacramentales para las fiestas del Corpus de Madrid y de Toledo. En 1663 vuelve a la corte y ese año se publican algunos de sus entremeses en el volumen *Tardes apacibles de gustoso entretenimiento*. Nombrado capellán de honor del rey, ingresa en la Congregación de Presbíteros de Madrid y fallece en Madrid el 25 de mayo de 1681. A petición del duque de Veragua, había hecho en 1680 una relación de sus obras. Su última comedia estrenada es *Hado y divisa de Leónido y Marfisa*, para el Carnaval de 1681.

Con motivo del tercer centenario de su muerte comenzó a recuperarse un aspecto olvidado de su dramaturgia: el teatro breve. Así, a principios de los ochenta encontramos la primera edición crítica de un corpus de veinticuatro obras [Rodríguez Cuadros y Tordera, 1982] y el primer estudio de conjunto del teatro breve calderoniano [Rodríguez Cuadros y Tordera, 1983a]. Hasta entonces hemos de conformarnos con las referencias y glosas argumentales de Cotarelo [1911], algunos datos bibliográficos y un artículo monográfico [Scholberg, 1954], todos ellos hechos a partir de las catorce piezas breves que editó Hartzenbusch en el tomo de comedias calderonianas que preparó para la BAE en 1850. Para dar una idea de la representación integral de un auto sacramental en el siglo XVII, Díez Borque [1983] editó *La segunda esposa* precedido de una loa y de un entremés y terminado con una mojiganga. De fines de los ochenta data la segunda edición crítica del autor, ampliada hasta llegar a las cuarenta y una piezas [Lobato, 1989]. Se recogen aquí las investigaciones de De la Granja [1981, 1984 y 1987], que dio a conocer como calderonianos los textos de *Los ciegos, Los degollados, El mayorazgo, La melancólica, La premática, primera y segunda parte,* así como noticia de que eran asimismo de este autor *La barbuda, primera y segunda parte, Los dos Juan Ranas, El escolar y el soldado, Las jácaras, segunda parte* y *El Parnaso, segunda parte de La rabia,* coincidiendo en los últimos casos con las conclusiones de María Luisa Lobato, que asimismo se ocupó de atribuir *El escolar y el soldado* y *La pandera* [1986, 1987 y 1988]. La atribución de *Los degollados* se había debido a Rull [1978-1980] y las de *Tono, loa y baile al Santísimo Sacramento* y el *Fin de fiesta para la zarzuela de «El laurel de Apolo»* a Wilson [1972 y 1975].

Lobato añadió en su edición de 1989 *El robo de las sabinas* y la mojiganga *Juan Rana en la Zarzuela.* Dividió para su edición esta estudiosa las piezas en obras de atribución segura (las que fueron impresas a nombre de don Pedro mientras vivía y en esos años no fueron editadas a nombre de ningún otro autor) y en otras obras atribuidas a este autor (en fecha posterior a su muerte e impresas a nombre de otro autor además de a él), y dio noticia al final del volumen de algunas piezas atribuidas a Calderón en algún momento, pero que no recuerdan textualmente a este autor. Ese mismo año Buezo atribuyó a Calderón la mojiganga anónima *El que busca la mojiganga* [1989] y recientemente [2005] considera de este autor las mojigangas de *Las lenguas* y *Las loas,* y presumiblemente *El alma,* que se adscribe a la escuela de Calderón.

De los textos conservamos copias hechas para ser empleadas en la actuación, de los siglos XVII y XVIII, guardadas en la Biblioteca Nacional de España y en el Instituto del Teatro de Barcelona. Sólo en el caso de *El mayorazgo* hay firma y rúbrica autógrafas. Por otra parte, se editan en la mayoría de las colecciones de entremeses de la época este tipo de piezas (así, en *Rasgos del ocio,* Madrid, 1661, aparecen *Las Carnestolendas* y *La plazuela de Santa Cruz* como de Calderón). Acercarse a la obra corta de Calderón es descubrir un mundo abreviado en que desfilan la mayor parte de los motivos que se perfilan en su obra seria, ahora vistos bajo el prisma de la desmitificación y de la parodia, tanto en el aspecto temático como en los mecanismos en sí de la representación. También del estudio de su obra breve dramática se desprende que Calderón ensaya todas las posibilidades de los géneros sin repetirse argumentalmente ni en el terreno de los personajes, satirizando aspectos de la vida social de la época.

Métricamente, la extensión media se podría establecer en unos doscientos treinta versos por cada pieza, pues el número de versos oscila entre los cincuenta y seis de la *Jácara de Carrasco* y los trescientos cincuenta y cinco del entremés *El dragoncillo*. Respecto a las combinaciones estróficas, la más habitual es la silva de consonantes (endecasílabos y heptasílabos con rima consonante en pareado) y en menor proporción encontramos series de pareados endecasílabos. En las jácaras, por su parte, predomina el octosílabo en la disposición estrófica de romance, siendo éste el verso más característico del teatro breve de Calderón. No faltan en los fragmentos cantados las seguidillas, si bien los versos cantados pueden responder a esquemas irregulares, son frecuentes las quintillas y, en ocasiones, se insertan estrofas propias del teatro serio (el soneto burlesco de *El sacristán mujer* y el epigrama bajo la forma de décima antigua en *La pedidora*). Normalmente se planteaba la situación inicial de la pieza en silvas o pareados endecasílabos y se cerraba el texto con versos más cortos.

Si la obra corta está hecha para entretener, el entretenimiento con la palabra supone el empleo de una serie de mecanismos, que potencian el discurso verbal de maneras diversas [Rodríguez Cuadros y Tordera, 1982]. El dramaturgo puede jugar sobre el significado y la disposición de la palabra a través del equívoco (los dos niveles de lectura —lo culinario y el torneo caballeresco— de *Los guisados*; las alusiones eróticas en *El sacristán mujer*), de las repeticiones y paralelismos (la reiteración irónica de frases ya pronunciadas en *La pedidora*; la repetición de un estribillo en las mojigangas), de las series de pullas (en *Los instrumentos*), de los diminutivos y aumentativos y de la recurrencia al santoral. También se puede potenciar el discurso verbal recurriendo a la parodia, que conlleva la deformación del lenguaje común o de un código determinado (la manipulación cómica del castellano en el habla del negro en *La casa de los linajes*) o el empleo en las jácaras (y en el diálogo inicial de *Los instrumentos*) del léxico de germanía con todos los equívocos semánticos que origina dentro del código del castellano de la época.

No puede dejarse de notar la potenciación del discurso verbal recurriendo a la desarticulación de la palabra, lo cual se consigue gracias a la innovación idiomática («mascafrenos» en *El sacristán mujer* [v. 43]), y echando mano del valor del folclore como centón (que da pie incluso al desfile escénico de figuras del folclore en *Las Carnestolendas* y que sirve como elemento caracterizador cuando se trata de nombres ridículos, como doña Antonomasia y doña Blasa de Catiborratos en *La garapiña*).

La comicidad de la palabra se potenciaba con el gesto y con signos escénicos en el actor relativos al movimiento del cuerpo (la acrobacia del hombre al revés de *Las Carnestolendas*), al maquillaje (los afeites de la niña Aguilita en *La casa holgona*) y al vestido (normalmente ridículo en el teatro breve y, en el caso de las mojigangas, abiertamente extravagante). Los materiales escénicos no verbales pueden, en fin, complementar la palabra (el impacto visual de los colores en *El convidado* o los efectos sonoros de disparos y ruidos en la puerta de *La pedidora*), realizar la palabra (determinadas frases hacen que salgan a escena personajes estrafalarios en *La garapiña*, por ejemplo) o contradecirla (cuando hay una dislocación entre un discurso serio y el contexto en que es pronunciado, que hace que el concepto de la valentía se parodie en *El toreador*). Por otro lado, aparecen en el teatro calderoniano todos los tipos posibles de lugar escénico, desde plazas y calles hasta el Retiro y la Zarzuela, y en todos ellos se da el habitual juego dentro/fuera que supone emplear el espacio detrás de las cortinas como lugar de donde puede surgir cualquier cosa de súbito. A esto hay que sumar las escenas de teatro dentro del teatro (*Las visiones de la muerte*, *Los guisados*, *Las Carnestolendas*) y los juegos de perspectivas creados en algunas piezas (así en *El toreador*, donde se escenifica la presencia del rey). Nos referiremos, seguidamente, a las loas, entremeses, bailes, jácaras y mojigangas de don Pedro Calderón. Permítasenos decir, a modo de preámbulo, unas palabras acerca de las loas.

El *Diccionario de autoridades*, en la entrada referente a «loa», indica que «se llama también el prólogo o preludio que antecede en las fiestas cómicas que se representan o cantan. Llámase así porque su asunto es siempre de alabanza de aquél a quien se dedican». Estas piezas, que recogen la «huella» de la circunstancia de la representación (palaciega, de corral o particular) y ayudan al conocimiento de la inestable vida de los actores, se aproximan al entremés con Quiñones y se espectacularizan con Calderón, en especial las pensadas para representaciones palaciegas. Se diferencia la loa del «introito» porque no resume la obra principal y llega a ser una pieza suelta de diferente autor de la obra dramática a la que antecedía. En un principio se recitaba, en forma de monólogo y con versificación uniforme, por un actor o una actriz y, presumiblemente por influencia del entremés, adoptó con el tiempo la forma dialogada, dando lugar a la loa entremesada.

A ello se sumó la variedad métrica, el canto y el baile. Las loas de presentación de compañías se deben a la pluma de Agustín de Rojas y servían para conseguir la benevolencia del público durante la representación. Otras modalidades adoptadas fueron las loas sacramentales, religiosas, para casas particulares, y loas para fiestas reales. Estas últimas encabezan las representaciones ante el rey y concluyen con una alabanza a las personas regias. Según Flecniakoska, la loa religiosa decae por falta de renovación y la profana por su excesiva «exuberancia verbal de tipo cómico; abre camino a la loa entremesada o a la seria "apertura musical y culta" de las obras calderonianas» [1975: 103]. En realidad, hacia 1645 la loa se encuentra muy cerca del entremés con figuras.

Las loas sacramentales precedían a los autos en las representaciones de la fiesta del Corpus y se han conservado unidas a éstos, si bien, indica Pando en el prólogo al lector en la edición de los autos, se modificaban cada vez que el auto se representaba (así, leemos: «aunque está impresa esta loa en el auto del *Primero y segundo Isaac*, está más añadida ésta que aquélla, y conforme está aquí se representó con el auto *A Dios por razón de Estado*»). Advierte asimismo al final de la loa para el auto *La semilla y la cizaña*: «aunque esta loa está impresa en el libro de *Doce autos*, en el de la *Vida es Sueño* ésta está diferente de aquélla; y es conforme se representó en el auto de la *Semilla y la Cizaña*, en el año de 1708» [III, 316]. Indica Cotarelo [1911: I, XXVIII] que en ese tomo, editado en 1677, la loa podría ser de Calderón y, no obstante, la loa que se puso fue la de 1708. Se trata de piezas con un alto grado de movilidad, relacionadas de diversa manera con el texto del auto al que se atribuyen en función de los testimonios, manuscritos o impresos: un mismo auto en diferentes testimonios puede llevar atribuidas loas diversas y una misma loa puede aparecer junto a varios autos. Algunas loas se imprimían sueltas o en tomos de entremeses (así, la *Loa sacramental de los siete días de la semana*, impresa en *Arcadia de entremeses*, Madrid, 1691). En la edición crítica de los autos sacramentales completos de Calderón, dirigida por Ignacio Arellano, se pretende dedicar a las loas un volumen concreto, una vez constatadas las dificultades que suponen asignar a cada loa un auto concreto, o dificultades de autoría o de atribución a un auto.

Las loas atribuidas por Rodríguez Cuadros y Tordera [1983a] a Pedro Calderón de la Barca son la *Loa del juego de la pelota*, la *Loa en metáfora de la piadosa Hermandad del Refugio discurriendo por calles y templos de Madrid*, la *Loa de Nuestra Señora*, la *Loa sacramental del reloj*, la *Loa sacramental de los siete días de la semana*, la *Loa sacramental de los siete sabios de Grecia*, el *Tono, loa y baile al Santísimo Sacramento*, la *Loa para Andrómeda y Perseo* y la *Loa con que empezó Escamilla en Madrid*. En esta última, de presentación de compañía, en torno a 1669 según Cotarelo, salen las damas tapadas para burlar al autor Antonio de Escamilla, quien, acompañado de un pregonero, anuncia la pérdida de su compañía y ofrece hallazgo. Da principio el pregón de la siguiente manera:

> Quien hubiere visto una
> compañía que el pasado
> año se perdió a Escamilla,
> en aqueste mismo patio;
> blanca y morena, de edad
> de más de quinientos años
> (que aquí no ven otra cosa),
> véngala manifestando:
> que a quien la tenga y la encubra
> o a quien diga della, es claro
> que la pedirán por hurto,
> o le darán buen hallazgo.

Las tapadas le preguntan por cada una de ellas y Escamilla contesta con equívocos chistosos. Luego, al segundo pregón, aparecen los cómicos y dicen dónde está la compañía, al tiempo que las tapadas se descubren y se organizan nuevamente, de modo que María de Quiñones queda de primera dama, Isabel Gálvez de segunda, Manuela de Escamilla de tercera, Alonso de Olmedo de primer galán, Juan Fernández de segundo, Pedro Carrasco de tercero, Escamilla de gracioso, Mateo Godoy de barba y Juan de Malaguilla de arpista.

La *Loa en metáfora de la piadosa Hermandad del Refugio discurriendo por calles y templos de Madrid* [Arellano, Oteiza y Pinillos, 1998] es un caso singular porque contamos con el manuscrito autógrafo de Calderón de la Real Academia de la Historia y podemos reconstruir todo el proceso de redacciones y atribuciones. Fue escrita hacia 1652 para el auto *No hay más fortuna que Dios* y se conserva junto al mismo autógrafo del auto para el que se escribió. Ahora bien, temáticamente no está relacionada con el auto y el propio Calderón en 1662, en la copia autógrafa que había dispuesto con *No hay más fortuna que Dios*, tacha algunos versos y rescribe otros que permiten asignarlo a *Las órdenes militares* (y a este auto se vincula en la *Primera parte* de 1677). Otra mano, en la misma copia autógrafa, introduce una nueva modificación y se vincula entonces la loa con el auto *Psiquis y Cupido* (para Madrid, 1665). Temáticamente, los topónimos dilógicos son habituales en la época y el mismo recurso se emplea por Quiñones de Benavente en el *Entremés famoso de las calles de Madrid* y *Entremés cantado del casamiento de la calle Mayor con el Prado viejo*, y por Bernardo de Quirós en el *Sainete de las calles de Madrid*. Calderón juega con el doble plano de las referencias topográficas madrileñas y el sentido alegórico y la loa es un notable juego de ingenio conceptista. En el siguiente fragmento se juega con la alusión al paraíso terrenal y a la calle de los Jardines, donde Lope de Vega ubica *La discreta enamorada,* y con la plazuela de los Afligidos, cercana a Príncipe Pío:

<blockquote>
FE      Este memorial, señora,<br>
es el primero que vino.<br>
*(Lee.)* Adán y Eva, dos casados,<br>
que en muchos bienes se han visto,<br>
por una deuda a que fueron<br>
obligados se han perdido;<br>
están con necesidad<br>
ellos y todos sus hijos,
</blockquote>

y tanto que les obliga,
habiendo su albergue sido
la calle de los Jardines,
a irse a vivir afligidos...

CARIDAD         ¿Dónde?

FE                        A la de la Amargura,
y aunque tomaron oficio
después en la de Hortaleza
lograr en él no han podido
más que pan de dolor y agua
de lágrimas y gemidos [vv. 93-110].

En las loas sacramentales predomina la alegoría y salen a escena entes morales, fuerzas de la naturaleza, las ciencias y las artes. Las siete virtudes, en especial la Fe, aparecen con frecuencia personificadas, seguidas de cerca por las Potencias del Alma, la Naturaleza, la Gracia, el Hombre, la Ley natural y la escrita, el Mundo y sus cinco partes y los Cuatro elementos. Los sucesores de Calderón cayeron en la elaboración pedante o en el prosaísmo y, a partir de 1717, cuando se publican los autos de Calderón, pocas loas nuevas se componen. La prohibición de los autos en 1765 supuso también el fin de estas piezas.

Cotarelo [1911: I, XXXII-XXXIII], en el apartado de loas para fiestas reales, en auge desde la inauguración del coliseo del Buen Retiro en 1639, menciona otras loas de este dramaturgo, que van desde la sencillez primitiva de *Los tres mayores prodigios* (1636) hasta el artificio de la loa para *El golfo de las sirenas*, estrenada en la Zarzuela el 17 de enero de 1657, con cuatro coros de músicas y ruido de terremoto. También hay coros y bailes en la loa para la fiesta de zarzuela *El laurel de Apolo*, estrenada en el Buen Retiro pocos días después de la anterior. Asimismo, destaca la loa escrita para la fiesta de zarzuela *La púrpura de la rosa,* que se representó en el coliseo del Buen Retiro al publicarse en 1659 las paces con Francia y matrimonio de la infanta María Teresa con Luis XIV. Intervienen en ella la Alegría, la Tristeza, la Zarzuela (Real Sitio), el Vulgo «en traje de loco» y dos coros de música. El propio Calderón habla de sí mismo en esta pieza:

Ya el sagrado Manzanares,
al vernos en sus riberas,

> a un cisne de sus espumas,
> cantando en su edad postrera,
> le hace cortar una de
> las blancas plumas que peina
> para que en esta ocasión
> (aun antes que a la obediencia
> atento, atento al cariño)
> represente en una nueva
> fábula de Venus y Adonis,
> de quien el título sea
> *La púrpura de la rosa...*
> Por señas que ha de ser
> toda música: que intenta
> introducir este estilo;
> porque otras naciones vean
> competidos sus primores.

En este caso la loa actúa como una introducción de la obra que iba a continuación, pero en otros casos prima el acontecimiento solemne que se festejaba. Así ocurre en la loa para la comedia *El hijo del sol, Faetón*, representada en 1661, que contiene una anécdota poética de la casa de Austria, desde Rodulfo I de Habsburgo hasta Fernando III, padre de la reina Mariana, contada por la Fama, la Fe, la Dicha, la Hermosura, la Guerra, la Paz, la Prudencia, la Ciencia y la Piedad. Otra loa de interés es la que se hizo para la fiesta de *Fieras afemina amor,* escenificada en palacio en principio el veintidós de diciembre a los años de la reina Mariana de Austria (en realidad se esperó a enero para festejar el parto de la emperatriz Margarita), en torno a 1668. Carlos II dedicó esta fiesta a su madre y en ella aparecen los Doce signos por el aire, en forma de doce hermosas ninfas, con escudo simbolizando su carácter y antorcha en la otra mano. Los Doce meses eran doce jóvenes vestidos de azul y plata con penachos y plumas. Otros personajes fueron el Águila, el Fénix, el Pavón y los Músicos.

Entre las obras cortas de atribución segura figura la *Jácara del Mellado* y entre las atribuidas a nuestro autor la *Jácara de Carrasco*. Escribe Cotarelo de la primera: «entremesada la bautizó Hartzenbusch, porque la música va cantando la verdadera jácara, que es el romance, y los personajes citados en ella, que son el Mellado y su amante la Chaves, van haciendo

chistosos o satíricos comentarios a la letra en un diálogo que se intercala con la música» [1911: CCLXXXI]. En efecto, el diálogo en buena
parte es cantado y en él intervienen el Mellado de Antequera, que sale
a escena con grillos, la Chaves y el Músico, que los interrumpe y al que
al final se dirigen ambos («señor Músico insolente / cante ahora nuestra historia» [vv. 99-100]). Es decir, como corrobora Rodríguez estas jácaras adoptan una estructura de entremés y muestran «una representación
sarcástica de las postrimerías del jaque o bandido en el breve espacio
que media entre su sentencia a morir en la horca y la ejecución» [2002:
146].

En la *Jácara de Carrasco* dialoga este delincuente con su coima la Pérez
de Jerez, célebre prostituta citada en romances de germanía, y se pasa
revista al pasado de ambos: ella fue hecha «obispa» o emplumada por
hechicera y él sufrió el suplicio de la soga. Leemos:

| | |
|---|---|
| PÉREZ | Pues tú fuiste cardenal |
| | el día que yo obispé, |
| | y te dieron un jubón |
| | que tú no mandaste hacer, |
| | con los golpes muy espesos |
| | y pegados del revés, |
| | tan justos, que por mil partes |
| | te hizo la sangre verter. |
| CARRASCO | ¡Amigo soy yo de burlas! |
| | ¿No sabes que me enfadé |
| | con un juez, porque a preguntas |
| | me daba bravo cordel? [vv. 37-48] |

Los entremeses de atribución segura a Calderón de la Barca son *La
premática, primera parte*, *La premática, segunda parte*, *El mayorazgo*, *La casa
holgona*, *Don Pegote*, *El sacristán mujer*, *La plazuela de Santa Cruz*, *El reloj
y genios de la venta*, *El toreador*, *El desafío de Juan Rana*, *Los instrumentos*,
*La Franchota*, *El dragoncillo* y *La rabia*.

En *La premática, primera parte* María desdeña a Nicolás, la Salazara sale
deteniendo a don Blas, Mariana y otro galán galantean... y acaba entrando en escena el propio Cupido, que impone orden por medio de
un pregón que canta un músico («que ninguno sea osado / a ninguna
hablar palabra / en el término de un mes, / escribirla ni mirarla» [vv.

109-112]). En *La premática, segunda parte* las mujeres confiesan no poder vivir sin los hombres, que ya no hacen nada por visitarlas ni por regalarlas y al final se dispone un baile que empareja de nuevo a las damas con sus galanes. El caballero ridículo don Cosme es el protagonista de *El mayorazgo,* una obra en que el amor a doña Marisabidilla, hija de Pánfilo Roñoso, se mezcla con la codicia de este viejo. Unos amigos fingen que matan a don Cosme a la vista de don Pánfilo y luego aparece el primero vestido de muerto, reclamando su mayorazgo y la mano de Marisabidilla, que se va con él mientras exclama «que el mejor amigo, el muerto» [v. 318], en recuerdo de una comedia cuya tercera jornada fue compuesta por Calderón.

En *Don Gaiferos y las busconas de Madrid* trató Benavente sobre la vida ociosa de estas mujeres pedigüeñas, tema que se repite con notas costumbristas en *La casa holgona,* que se abre con la intervención de la niña Aguilita tapada de medio ojo. Se desmitifica al caballero galán y «lindo» en *Don Pegote,* a quien Calderón caracteriza como «Caballero de la Tenaza» [v. 50]. La parodia de las competiciones académicas entre sacristanes es el tema de *El sacristán mujer,* donde se tocan además varios instrumentos musicales, se danza un zapateado y el supuesto sacristán Mari López acaba haciendo incluso un soneto:

MARI LÓPEZ     Esto ha sido por vustedes
que agora va mi soneto:
Boca más sazonada que el arroz
y más recta que un juez, blanca nariz,
manos más blancas que la regaliz,
y ojos más segadores que una hoz,
manos que, como patas, pegan coz,
ojos que echan de rayos un cahíz,
boca que está de zape y dice miz,
y nariz que la sirve de albornoz,
nariz con el catarro pertinaz,
ojos que miran sesgos cualque vez
y boca que repudia el alcuzcuz.
Si las manos me dais en sana paz
como a una mona de Tetuán o Fez,
las morderé un poquito y haré el buz [vv. 169-184].

*La plazuela de Santa Cruz* es un entremés de tipo costumbrista donde desfilan diversos oficios, una entremetida y un hidalgo, con un final coreográfico de seguidillas y tonadilla. *El reloj y genios de la venta* nos habla de la precariedad de este tipo de lugares, semejándose temáticamente a *El portugués*, de Cáncer. Entre las figuras que desfilan destacan las del hipocondríaco, el preciado de vestidos, el que lleva un reloj y el que habla de su lugar. En cuanto a *El toreador*, pieza protagonizada por Juan Rana, que dice estar enamorado de una dama que ha visto en un retrato, a cuyo balcón acude y por la que torea esa tarde en un espectáculo que tiene por auditorio al rey y su familia, destaca por la parodia de algunos temas literarios del seiscientos como el enamoramiento a través de un retrato, la anagnórisis o reconocimiento y el recurso al neoplatonismo. Se trata de un entremés de figura (el caballero ridículo y falso toreador, que monta un caballo de caña, recuerda a *El toreador don Babilés*, de Quirós), con parodia de los falsos caballeros, del concepto del honor y de la honra:

| CABALLERO | ¿Y la honra, el honor? ¿Eso os escucho? |
| RANA | Bien decís: el honor me aprieta mucho [vv. 179-180]. |

En la misma línea *El desafío de Juan Rana* parodia el tema del honor y el duelo o venganza de la honra. Leemos:

| GIL | ¿Qué aguarda? ¡Riña al momento! |
| COSME | ¡Pues tome este pantuflazo! |
| GIL | ¡Hombre, detente! ¿Qué es esto? |
| | ¿Tú eres Juan Rana? |
| COSME | No soy |
| | sino un diablo del infierno. |
| GIL | ¡Aquí de Dios que me matan! |

*(Sale la* JUSTICIA.*)*

| JUSTICIA | La Justicia ¿qué es aquesto? |
| COSME | He reñido con cien hombres: |
| | los noventa y nueve huyeron, |
| | y a éste, con la zambullida, |
| | uñas abajo le he muerto. |

| JUSTICIA | ¿Cómo, si está vivo? |
| COSME | Habrá |

resucitado de miedo [vv. 183-195].

*Los instrumentos* recuerda la serie de Quiñones de Benavente de *Los alcaldes encontrados* y *La Franchota*, de vivo ritmo y pieza lingüísticamente notable (nótese la jerga de los franchotes en las intervenciones musicales), alude a la lengua hablada por la protagonista y por otros «peregrinos compañeros» que andan «vedendo Monserratos e San Iaco» [vv. 86-88]. Inspirada en el entremés cervantino *La cueva de Salamanca* —con reducción aquí del número de personajes, adopción del verso y énfasis en lo caricaturesco, entre otros rasgos— es *El dragoncillo*, que Gaspar de Zavala y Zamora refundió en el sainete de *El soldado exorcista*. En *La rabia* la acción dramática se acerca a la de un esquema de comedia —casa de Bárbula, taberna, casa de Aldonza—, puesto que los tres espacios se corresponden con las tres partes o jornadas de una obra mayor.

Otros entremeses atribuidos a Calderón son *Las jácaras, Las Carnestolendas, El convidado, El robo de las sabinas, La melancólica, Guardadme las espaldas, La pedidora, La barbuda, primera parte, La barbuda, segunda parte, El triunfo de Juan Rana, Los degollados, El escolar y el soldado, La casa de los linajes* y *Los dos Juan Ranas.*

*Las jácaras* es una pieza que muestra como pocas el hibridismo del género: el argumento verosímil hace de la pieza un entremés, el desfile de personajes extravagantes al punto que son nombrados la acerca a la mojiganga y el lenguaje de germanía a la jácara. La protagoniza Mari-Zarpa, que enloquece, como don Quijote, a fuerza de leer romances de jaques. Dice de ella el Vejete:

> En Castilla no hay ni Andalucía,
> ni mujer libre ni rufián valiente
> cuya vida en tonada diferente
> no cante. Si azotaron en la costa
> al Zurdillo, parece que fue aposta
> sólo porque se hallara
> otra jácara más que ella cantara [vv. 6-12].

Nos detendremos al hablar de la mojiganga en *Las Carnestolendas*, pieza que comparte muchos rasgos de este género, como el desfile de personajes estrafalarios, el énfasis en lo gastronómico y en el componente musical. Aviso contra los gorrones y tramoyeros se da en *El convidado*, donde un soldado es objeto de burlas para que no pruebe bocado. En *El robo de las sabinas* el Vejete dice tener dos hijas que padecen de risa y de hipocondría, respectivamente, a las que requiebran dos enamoradizos sacristanes. Estos, disfrazados de danzantes del Corpus, se llevan las hijas y el dinero del Vejete, que ha sido nombrado comisario de danzas ese año, al tiempo que representan el robo de las sabinas.

La cuestión social de la honra, así como la ridiculización del cornudo, es tema que se repite en *Guardadme las espaldas*; *La pedidora* remite a la mojiganga de *La malcontenta* por la dama caprichosa a la que contentan sus pretendientes. En *La barbuda, primera parte* Bárbula, la celosa esposa de don Lesmes, sufre cuando éste habla con cualquier dama y llega a tener celos hasta de una mujer barbada que se exhibe como monstruo llegado a la corte. Leemos:

| | |
|---|---|
| BÁRBULA | Que mujer enamorada... |
| DAMA 2ª | No se mira atarantada. |
| POBRE | Pues hasta de una barbada... |
| ISABELILLA | Se aflige y se desconsuela [vv. 279-282]. |

En *La barbuda, segunda parte* Bárbula trama una burla contra su marido con ayuda de un doctor que hace curas de capricho y un barbero que pretende ponerle una jeringa. Don Lesmes acaba escarmentado y cantando contra las esposas que ora aman ora aborrecen a sus cónyuges. *El triunfo de Juan Rana* lo compuso don Pedro junto con la comedia *Fieras afemina amor*, con la que se representó el 22 de diciembre de 1669. Se trata de un entremés dedicado a alabar la figura del cómico Juan Rana, protagonista de otras piezas breves de Calderón como *El desafío de Juan Rana*, *El toreador* o *Los sitios de recreación del rey*. En *Los degollados* Zoquete, el marido cornudo, perdona a los adúlteros Olalla Guarín y su amante el sacristán Torote frente a la acostumbrada venganza marital de los dramas de honor calderonianos.

En *El escolar y el soldado* se repiten personajes y motivos de otros entremeses del autor: protagonizan la pieza un escolar ingenioso que recuerda al que aparece en *La casa holgona* y un soldado pedigüeño similar al que se incluye en *El dragoncillo*, al tiempo que, como en *Los instrumentos*, dos alcaldes se enfrentan motejándose de cristianos nuevos. La «palabra mágica» potencia el desfile de personajes en *La casa de los linajes* y en *Los dos Juan Ranas* el dramaturgo rompe la ficción escénica con alusiones paródicas sobre su propio arte dramático, recurso que ya se encuentra en *Los degollados*, *La pedidora* y *Las jácaras, segunda parte*. Se trata de las siguientes consideraciones:

> Tal cual sospecho que un soneto he hecho.
> ¿Soneto en entremés? ¡Raro capricho! [vv. 16-17]

> Tal cual presumo que un soneto he hecho [v. 49].

> ¿Quién, con tales reveses,
> te quiso hacer alhaja de entremeses? [vv. 205-206]

Lobato en su edición da asimismo noticia de entremeses que se han atribuido, sin mucho fundamento, a Calderón, como *El astrólogo y sacristanes*, *El asturiano en el Retiro*, *El casamentero*, *Doña Mata*, *El labrador gentilhombre*, *Los monigotes*, *Pelícano y ratón*, *El poeta burlado*, *La tarasca de Alcorcón*, *La tía* y *El barón de Berlimbau*. Algunos aparecen como anónimos junto a autos sacramentales (así, *El astrólogo y sacristanes*, que va con el auto *La serpiente de metal* y *El varón de Berlimbau*, tras el auto *A tu prójimo como a ti*).

Como sabemos, los entremeses —pequeñas piezas festivas y burlescas que enlazan con formas dramáticas medievales—, fueron perfeccionados por Lope de Rueda a mediados del siglo XVI, Cervantes heredó una serie de motivos, personajes y situaciones procedentes de los pasos renacentistas de Lope y, a partir de Cervantes, el género siguió por otros derroteros. Así, se podía hablar de dos grupos: el enfoque satírico-costumbrista, con pérdida de lo esencialmente carnavalesco, que populariza Hurtado de Mendoza con el llamado entremés de «figuras»; y, por otro lado, la distinción temática y estilística entre el «entremés cantado» y el «entremés representado» por parte de Quiñones de Benavente, que fijó las variedades entremesiles que implícitamente se encuentran en Francisco de Quevedo, el auténtico renovador de la temática y el estilo de los entremeses en las primeras décadas del siglo XVII [Huerta Calvo, 1983]. Según Menéndez Pelayo los entremeses calderonianos no tienen rasgos propios y su autor «nunca acertó a ver más que el mundo de su tiempo, y aún éste no tal como era, sino de un modo algo ideal o fantástico» [1941: 285-287]. Lo cierto es que, como señala Rodríguez el teatro cómico breve calderoniano se presenta como «una atalaya de observación minuciosa, trascendente pero también paródica, de los motivos de su obra dramática más canónica» [2002: 145]. El entremés calderoniano, como comedia abreviada, ofrece esperpentizadas las figuras más emblemáticas de su teatro mayor y ahora el galán se transforma en soldado ridículo o en avaro vejete y la dama en hija díscola requebrada por un sacristán ridículo. Rodríguez Cuadros y Tordera [1983a: 37-38] distinguen tres grupos dentro de los entremeses calderonianos:

1. Un o una protagonista son los artífices de la trama de burlas, engaños frustrados o ficciones ingenuamente correctivas. Éste es el caso de *Las jácaras*, en donde Mari Zarpa, aficionada a cantar este tipo de romances, es reconvenida por el gracioso y el vejete a abandonar su manía mediante una puesta en escena de aparición de los rufianes y busconas que va nombrando. Otras piezas de este tipo son *La casa holgona*, en que un estudiante capigorrón es engañado por Aguilita y por otras damas de la «casa llana»; *Don Pegote* y *La pedidora*, donde aparecen los arquetipos del galán avaro y de la dama pedigüeña; *La Franchota*, donde una mujer que encabeza una tropa de gitanos intenta embaucar al alcalde y *El convidado*, con un interesante enredo tramado por los criados del vejete.

2. La escena se transforma en una reproducción (oblicua por el filtro de la parodia o de la sátira) de un cuadro de costumbres. Asistimos a un cuadro de la venta ambulante en *La plazuela de Santa Cruz*, conocemos las precarias condiciones de las posadas en *El reloj y genios de la venta* y un patio de vecindad en *La casa de los linajes*. Se incluyen aquí también piezas ligadas a una fiesta o celebración: *Las Carnestolendas* (con referencia a las costumbres del carnaval), *Los instrumentos* (Corpus) o *El toreador* (festejo taurino extraordinario). Finalmente, este costumbrismo da pie a la clásica competición poética entre sacristanes en *El sacristán mujer* y al intercambio de pullas entre alcaldes en *Los instrumentos*.

3. Se invierte paródicamente el propio teatro calderoniano en *El desafío de Juan Rana, Guardadme las espaldas* o *El dragoncillo*, si bien este sis-

tema de inversión aparece de manera sutil en el despliegue pluritemá-tico de todos sus entremeses. Fuera de estos tres grupos estaría *La rabia*, organizada según un perfecto esquema de comedia abreviada.

Los personajes entremesiles no son realistas; cuando se presentan en escena transportan consigo toda una historia literaria (el vejete, el es-cribano, el escudero, la dueña, el lindo, el soldado fanfarrón, el sacristán comilón y mujeriego), a veces, hasta un homenaje literario (Mari-Zarpa, tocada de una locura quasi-quijotesca, don Pegote en que resucita el don Tenaza de Quevedo). Son susceptibles de adquirir un «nombre» que ilusoriamente nos haga concebirlos como caracteres individuales (Rechonchón, Oruga, doña Lázara, Aguilita). En las mojigangas los per-sonajes pierden el relieve de la individualidad y se trasmutan en grupo coreográfico, en quintaesencia abstracta de lo inverosímil, en caprichos (*Los sitios de recreación del rey, La garapiña, Los guisados*). En cuanto a los temas y motivos, es frecuente el personaje de la mujer adúltera que en-gaña a su marido (*Guardadme las espaldas, El desafío de Juan Rana, Los de-gollados*) y el de la mujer celosa y burladora (*La barbuda*), que a veces se alía con su amigo o pretendiente para engañar al padre (*El mayorazgo, Las Carnestolendas, El robo de las sabinas*). Salvo en *La pedidora*, donde la mujer que pide resulta burlada, el tipo de mujer tomajona es habitual (*La premática, Don Pegote, La casa holgona, La plazuela de Santa Cruz, La rabia*), así como que su triunfo se sustente en el deshonor del hombre.

Analiza Lobato [1997] los mecanismos cómicos en los entremeses de este autor y sostiene que afectan a tres ámbitos: el físico (deformidades y particularidades individuales; trajes extravagantes y gestos exagerados, como los de Sabatina, de fregona, y el criado Perico, en *El convidado*), el intelectual (estupidez, ignorancia, torpeza, como las del cobarde Juan Rana en *El toreador*) y el moral (defectos y debilidad de carácter, como la de Zoquete, el marido cornudo que se apiada de los adúlteros en *Los degollados*). Así, leemos en esta última pieza:

HOMBRE 1º    Y hemos sentido hallarnos por testigos
de tanta bobería
como hacer caso de una niñería:
cuántas mujeres hoy traen escondido
el sacristán debajo del vestido,
que es más que en el desván [vv. 70-75].

Sin embargo, no está ausente en su teatro breve la crítica de los maridos sufridos en *Don Pegote* [vv. 109-115] o del arribismo burgués en *La pedidora* [v. 45]. Abunda, además, la parodia de referencias culturales y costumbres de su tiempo, como, por ejemplo, la de las academias literarias o amorosas en *El sacristán mujer*. Aquí los villancicos ridículos (a San Cristóbal [vv. 85-98]), el léxico académico («ser cola»/«vítor») y la ritualidad gestual («tirarse los bonetes») forman parte de la deformación degradante. O la del billete en el cortejo amoroso en *El desafío de Juan Rana* [vv. 89 y ss.], o la del enamoramiento a través de un retrato en *El toreador* [vv. 24-26]. Referencias literarias, a obras propias y ajenas, no faltan: las encontramos en *La casa holgona* («¿qué te pones / para la tez del rostro, don Quijote?» [vv. 95-96]), en *La casa de los linajes* («con quien vengo, vengo» [v. 43]) y en *Las Carnestolendas,* («aún peor está que estaba» [v. 207]), entre otras.

Cerramos este apartado en torno a los comunes mecanismos y *topoi* que rigen el funcionamiento del teatro cómico breve calderoniano [Buezo, 2000]. Calderón parte de un código heredado de Quiñones de Benavente al que añadirá posibilidades combinatorias nuevas basadas en la autorreflexividad y una técnica de espejos cóncavos que llevará al extremo Valle-Inclán en sus esperpentos. Así, la habitual ruptura de la ficción escénica a la que se ha repetidamente aludido se produce por medio de las siguientes fórmulas:

1. Necesidad de buscar novedades que superen la fijeza de la poética del teatro breve («eso bien nuevo es el pensamiento / ¡Por Dios, que nadie me dirá que es suyo!», *Los guisados* [vv. 24-25]).

2. Constancia de expresiones que se refieren a lugares comunes en los géneros, como «lugar muy común» («no me hables de intereses / que es lugar muy común en entremeses», *La pedidora* [vv. 1-2]).

3. Alusión a convenciones propias del género: las loas acaban con la usual petición de perdón de faltas de los actores («que ya yo te he perdonado, / aunque no hay loa, las faltas», *Los degollados* [vv. 228-229]) y los entremeses de burlas concluyen normalmente en baile («bailemos / solemnizando la burla / de este sacristán supuesto», *El sacristán mujer* [vv. 216-218]); los bailes son de muchos tipos («y así en el baile de amor / deleita la variedad», *Los zagales* [vv. 123-124]); la mojiganga es un tipo de baile que se ejecuta como fin de fiesta («a buscar un baile voy / que sirva de mojiganga», *El dragoncillo* [vv. 355-356]; «que venga o no ven-

ga, el baile / ha de rematar diciendo: / [...] mojiganga», *Las jácaras, se-gunda parte* [vv. 324-329], y los entremeses que constan de dos partes suelen concluir convidando a una mojiganga («para la segunda parte / convido a una mojiganga», *La rabia, primera parte* [vv. 365-366]).

4. Interpelación al público, que toma conciencia del género, al que se alude de forma explícita. Enlazando con el punto anterior, leemos en *La pandera*:

| | |
|---|---|
| TODOS | ¿Qué ha sido esto? |
| PANDERA | ¿Qué se espantan? |
| | Esto no es más que ensayar |
| | una mojiganga, a causa |
| | *(Cantando.)* |
| | de que sepan cuantos |
| | de verlas tratan, |
| | a qué cosas obligan |
| | las mojigangas [vv. 264-270]. |

Es decir, es propio de este género asimismo el volver el susto en bu-lla, en mojiganga (como se lee en *Las jácaras, segunda parte* [vv. 317-318]), y a ello contribuye el desfile estrafalario de figuras, el canto y el baile. Así se comunica al auditorio, para su información, con un «sepan cuan-tos» un tanto propagandístico que sobra en otras circunstancias. ¿Quién desconoce que los entremeses más manidos son de alcaldes y sacrista-nes? («VEJETE ¿Alcalde y sacristán? ¡Ay, honra mía! / ¿Quién, con tales reveses, / te quiso hacer alhaja de entremeses?», *Los dos Juan Ranas* [vv. 205-206]). Porque, ciertamente, la galería de figuras calderoniana enla-za con personajes tópicos de Cervantes, Quevedo y Vélez de Guevara: algunos caracteres entremesiles son comparables a don Tenaza (*Don Pegote*), don Quijote (*La casa holgona*), el diablo cojuelo (*La muerte*) y la dama Quintañona (*Las Carnestolendas*).

Ese «sepan cuantos» puede reemplazarse por un «ya veis» («ya veis lo que este entremés / a los hombres aconseja», *La premática, segunda parte* [vv. 215-216]) o «ves aquí» («ves aquí un hombre al revés, / que sirvo en este entremés / de la cabeza a los pies / a los novios de sainete», *Las Carnestolendas* [vv. 257-259]), empleo deíctico asociado, en el primer caso, a la sátira costumbrista, que de forma más explícita reaparece en

*El convidado* («conque aqueste sainete / sirva de ejemplo / para los gorrones / y tramoyeros» [vv. 309-312]).

5. Ruptura de expectativas con alteración del cierre de la pieza (usual fin en baile, en los entremeses), ligada al afán de buscar novedades ya comentado. En *Los degollados* se lee:

ZOQUETE          Eso es quererle quitar
                 al entremés las guitarras
                 y castañetas, y habrá
                 quien diga, si no se baila,
                 que le faltó al entremés
                 una grande circunstancia [vv. 260-265].

6. Función irónica del aparte, anticipándose el dramaturgo a las posibles objeciones del auditorio:

SOLDADO          (*Ap.* Con la tranca en la mano,
                 ¿quién no obedece el ruego de un villano?)
                 [*El dragoncillo*, vv. 115-116]

7. Reflexiones en torno a la inverosimilitud escénica no faltan en el teatro breve («¿quién vio en su vida / en mojiganga soliloquio y sueño?», *Las jácaras, segunda parte* [vv. 106-107]; «¿soneto en entremés? ¡Raro capricho!», *Los dos Juan Ranas* [v. 17]).

8. Empleo de la topística amor-honor, paródico en el teatro breve. En *Los dos Juan Ranas* el contenido de la comedia parece encontrar su envés risible en el entremés: el sacristán Torote tomará por magia el aspecto de Juan Rana para llegar a la protagonista, con cuyo padre tiene un altercado. Había situaciones muy apuradas y archisabidas (de ahí la expresión «lance tan apretado» y «lance más apretado» en *El desafío de Juan Rana* [v. 129] y en *El toreador* [v. 99], respectivamente). Tales eran el pedir ayuda a un desconocido («y sale, rigurosa, a lo que infiero, / deteniendo una dama a un caballero», *La premática, primera parte* [vv. 75-76]), el esconder a un galán en un domicilio particular, el reñir con espadas o el galanteo al balón, que aventuraba el honor de la dama. En la obra corta la lógica del mundo al revés carnavalesca rige unas piezas en que el sacristán y el estudiante se ocultan cuando llega el marido cor-

nudo («no habré sido / el primer sacristán que se ha escondido», *La pe-didora* [vv. 95-96]); la mujer es quien galantea desde la reja a un silen-cioso varón («RANA ¡Ay Dios, / que me requiebra!», *El toreador* [vv. 100-101]; véase también *La premática, segunda parte* [v. 100]) e incluso quien debe retar en duelo al hombre. Así se observa en *El desafío de Juan Rana*:

BERNARDA    Si no salís, he de volverme loca.
COSME    Desafiadle vos, que a vos os toca [vv. 75-76].

Pero no sólo se parodian los lances más habituales, sino aun el len-guaje amoroso y el propio código del amor. Leemos en *El sacristán mu-jer*:

SACRISTÁN    Brígida, albarda mía, pues me matas,
pon en aquestos labios tus dos patas,
que serán olorosos ramilletes
si los tienes acaso con juanetes [vv. 7-10].

Se desmitifica, pues, el beso: para el caballero enamorado, el amigo (*Guardadme las espaldas* [vv. 122-126]) y el dinero («quiere más su dine-ro que su dama», *La pedidora* [v. 10]) son intereses prioritarios. Por úl-timo, se muestra visualmente la llave del honor —se mantiene virtuosa la mujer si está encerrada en casa— con un propósito cómico: el ma-rido parece darle ideas a la mujer, prototipo de la malmaridada, en su ausencia. Presumiblemente el propio objeto contribuiría a la hilaridad del fragmento:

GRACIOSO    La llave de mi honor, mujer, es ésta.
Dale la llave [*El dragoncillo*, v. 121].

9. El recurso de la autocita: reitera Calderón los títulos de algunas de sus comedias y entremeses dentro del microcosmos que su produc-ción dramática conforma. Así, reaparecen en su teatro breve títulos de sus comedias. Cita don Pedro *Peor está que estaba* en *La pandera*, *El sa-cristán mujer*, *Las Carnestolendas* y *El convidado*; menciona *La vida es sue-ño* en *La muerte*; *Mujer, llora y vencerás* en *Los degollados*; *Con quien vengo*,

*vengo* en *La casa de los linajes*; *Antes que todo es mi dama* en *Los dos Juan Ranas*, *La Barbuda, segunda parte* y *La melancólica*. En *La melancólica* asimismo se alude a *Los empeños de un acaso*, mientras que hace lo propio con *El mejor amigo, el muerto* en *El mayorazgo* y, en clave de parodia, con *Casa con dos puertas* («aquí Rosa representa / hoy la *Puerta con dos casas*», *La melancólica* [vv. 70-71]). Por su parte, al entremés *Guardadme las espaldas* se hace referencia en *La pandera*.

10. Repetición y parodia de versos conocidos, presumiblemente buscando rendimiento cómico: Calderón era amigo de estas repeticiones, de guisar platos distintos con los mismos ingredientes, como muy bien ha visto Granja al analizar la parodia que del comienzo de *La vida es sueño* realiza don Pedro al inicio de la comedia burlesca de *Céfalo y Pocris* y del entremés *El triunfo de Juan Rana* («hipogrifo violento, / mira que eres un mísero jumento» [vv. 3-4]). En otros pasajes *El triunfo de Juan Rana* guarda relación con *En esta vida todo es verdad y todo es mentira* y con *Dicha y desdicha del nombre,* y también se pueden poner en paralelo algunos versos de *El pésame de la viuda* y de *Cuál es mayor perfección*.

11. Ruptura de la ficción mencionando el lugar de la representación, los recursos de la tramoya y la reacción del auditorio: el distanciamiento escénico también se puede producir por medio de la incorporación al tablado de la reacción del público antes, durante y después de la representación, o a través de la inclusión de comentarios de los tramoyistas o de los propios actores. Este tipo de intromisiones que rompen la ficción teatral se dan con frecuencia en su teatro breve. A veces aparece el teatro como ocio ciudadano y se habla de la distribución de los espectadores en el recinto en función de su rango y sexo [*La melancólica*, vv. 67-77], y en la misma pieza se menciona la llegada al corral de comedias, la grada y la cazuela; en *Juan Rana en la Zarzuela*, por su parte, se alude al empleo del desván como monte («los ojos al desván alza / de este monte. Verás donde / me dejó Escila encerrada» [vv. 54-56]).

Se trata ya de una ruptura de la ficción mostrando un recurso de tramoya. Junto al caso anterior (desván/monte) hay que colocar la banasta en que baja Celfa como si una nube fuera («¿ésa es nube o es banasta?» [*ibíd.*, v. 182]) y los errores en el uso de dicho mecanismo («está la cuerda enredada / ¡Qué se va el torno, Jesús / mil veces!» [*ibíd.*, vv. 209-210]). El actor cae de golpe y se comenta que «Juan Rana se ha hecho pedazos» [*ibíd.*, v. 211], situación cómica en una mojiganga pero no en la vida real, donde eran frecuentes accidentes de este tipo. Lo que explica el comentario de María en *Las jácaras, primera parte* («no soy amiga de andar / en mal seguras tramoyas, / haciendo ángeles en unas / y haciendo diablos en otras» [vv. 177-180]).

El verso «Juan Rana se ha hecho pedazos» lo pronuncia uno de los mozos que sube el torno, pero también podría haberse oído entre el auditorio en caso de desgracia imprevista. Ahora bien, lo que más atemorizaba a los dramaturgos eran las objeciones de los supuestos doctos («resulte que murmure algún menguado, / pensando que ha cogido alguna ganga / que implican soliloquio y mojiganga», *Las jácaras, segunda parte* [vv. 94-96]), a los que asigna la difícil tarea de poner en orden algo que deliberadamente no lo tiene («algún crítico que ponga / en razón las mojigangas», *Juan Rana en la Zarzuela* [vv. 35-36]). O los posibles silbos y voces de los mosqueteros, temor que se recoge a través de un juego de palabras en *La muerte* («y que sabiendo que es jornada mía / me silbe la jornada» [355]) y, de manera explícita, en *La premática, segunda parte*:

| | |
|---|---|
| NICOLÁS | ¿Qué me da porque calle, |
| | diga, mi reina? |
| MARÍA | Cuatro copletas de una |
| | jácara nueva. |
| NICOLÁS | Aunque yo no las gasto, |
| | yo las aceto, |
| | porque no nos den voces |
| | los mosqueteros [vv. 199-206]. |

Antes, durante y después: los comentarios de los propios actores, que sin cambiarse de traje se dirigen en una carreta a representar de nuevo el auto a una población vecina, constituyen los versos iniciales de la mojiganga *La muerte* («que ya la mojiganga se ha acabado, / y que partir podremos» [vv. 5-6]). Se vuelca el carro, caen a un río y el que hace el papel del Hombre exclama: «¿si soy hombre de Auto Viejo, / pues que me hallo contrastado / del Ángel malo y el bueno?» [*ibíd.*, vv. 150-152]. Se trata de una pieza que forma parte del subgrupo de entremeses y mojigangas que parodian los autos del Corpus, concebidos como espectáculo global de la comedia. Así se desprende de los siguientes versos de *La premática, segunda parte*: «ya veis lo que este entremés / a los hombres aconseja / [...] / que hace muy grandes calores / y es muy larga la comedia» [vv. 215-216 y 221-222]. En efecto, autos y comedias iban flanqueados por las correspondientes piezas breves que en clave burlesca trataban los asuntos y motivos de las obras mayores.

12. «Pues levantaos, que aquese ha sido juego»: este acertado verso de *El toreador* [165], que se lanza asimismo al patio de butacas, nos presenta el teatro breve calderoniano como divertimento, como ficción asumida por los espectadores. El teatro calderoniano se construye como juego especular, como espejo hacia afuera y hacia adentro que refleja lo que en el recinto dramático acontece y el funcionamiento interno de la maquinaria en manos de un consumado ilusionista.

Pasamos a continuación a tratar del baile dramático en Calderón. Pues bien, para que un baile adquiera la categoría de baile dramático es necesario que exista una acción por medio de personajes y no una mera narración de la acción a través de la música, sostiene Merino Quijano [1981]. De atribución segura a Calderón es el baile de *Los zagales*, donde una canción de pastores es la base de un baile de amor en que intervienen Gila, Menga y Bras. Contamos, además, con un entremés calderoniano y un baile atribuido a Calderón que coinciden en el título y en el argumento: *La plazuela de Santa Cruz*. En el caso del entremés, como vimos, se retrata a una entremetida y a un hidalgo, hay un paréntesis en que alternan versos cantados y recitados que sirven para recrear la atmósfera del lugar y luego la atención se centra en los presos de la cárcel de la villa, para concluir con seguidillas y tonadilla. En el baile sobresale el ambiente de la plaza madrileña de Santa Cruz, las leves indicaciones coreográficas y un atisbo de argumento al final (un indiano que acude a la corte a casarse). El género se presenta como una alternativa musical al mero entremés representado. Leemos:

| | |
|---|---|
| GRACIOSO | ¿Un sombrero habrá que sea de hechura particular? |
| 1ª | Poco necesita de ese quien es gorra universal. |
| GRACIOSO | Mentira. |
| 1ª | Verdad. |
| GRACIOSO | Mentira. |

1ª                              Verdad;
hablen mesas y comedias
que ha gozado sin pagar.

Entre las mojigangas de atribución segura a don Pedro se encuentran la mojiganga para *El golfo de las sirenas* (que titula Lobato *Juan Rana
en la Zarzuela*), *Los sitios de recreación del rey*, *El Parnaso*, *El pésame de la
viuda*, *Los guisados* y *Las visiones de la muerte* (o *La muerte*, en la edición
de Lobato). Otras mojigangas atribuidas a este autor son *Los ciegos*, *La
pandera*, *La garapiña*, *El que busca la mojiganga*, *Las loas*, *El alma* y *Las lenguas*. De esta última había dado noticia Lobato, junto con *La vidriera*.

Las piezas calderonianas con predominio de lo puramente paraverbal
(*Los instrumentos* y, sobre todo, *Las Carnestolendas*) siguen el camino explorado por Quiñones en el «entremés cantado» o «baile entremesado».
De hecho, se trata de los entremeses de don Pedro más cercanos a la
mojiganga dramática. En *Los instrumentos*, el alcalde Rechonchón roba a
unos ladrones sonajas, cascabeles, castañetas y otros instrumentos musicales y, vestido con todos ellos a modo de hombre orquesta, afirma que
él solo hará las fiestas del Corpus. Termina la fiesta con canto y baile. En
la primera parte de *Las Carnestolendas* [vv. 1-25] un gracioso roba hija y
dinero a un vejete avaro apareciendo en escena bajo diversos disfraces.
La salida del viejo, en busca de un esportillero para que se lleve al gracioso, propicia la huida de éste con la hija y los bienes. Se asemeja esta
parte a los entremeses *Las alforjas*, de Quiñones de Benavente, y *La maestra de gracias*, atribuido a Belmonte.

La segunda parte de *Las Carnestolendas* [vv. 126-final] es una especie
de mojiganga o baile burlesco donde desfilan varios personajes del folclore, justificándose su presencia por ser época de Carnaval: el Rey que
rabió, Marta y sus pollos, Perico el de los palotes, la vieja Maricastaña,
un Hombre al revés y la dama Quintañona. Recuerda esta parte *Los refranes del viejo celoso*, pieza atribuida dudosamente a Quevedo, y el *Sueño
de la muerte*, del mismo autor. Cotarelo aprecia similitudes con *Las sombras*, entremés que también se atribuye con dudas a don Francisco, y ya
nota que la segunda parte de este entremés se aproxima a la mojiganga por el desfile de figuras folclóricas extravagantes.

A raíz de estas sugerencias de Cotarelo y de nuestra aproximación a
la obra corta calderoniana se pueden releer como «mojigangas» piezas

conocidas. Si *Las Carnestolendas* es un buen ejemplo de entremés acabado en mojiganga, no es inusual hallar entremeses donde los elementos paraverbales adquieren más importancia que el propio texto o nudo argumental. Cabe hablar entonces de auténticas «mojigangas entremesadas», término que empleamos por su paralelismo con las denominaciones «loa entremesada», «baile entremesado» o «jácara entremesada». Pues bien, Calderón escoge para sus mojigangas [Buezo, 1997] la forma entremesada que acabamos de mencionar; además, ciertos entremeses plantean problemas de género, ya que deben considerarse mojigangas. Se trata de piezas representadas con motivo de los autos sacramentales, los cuales antes de mediados del siglo XVII iban escoltados por un «entremés» al principio y una «mojiganga» al fin.

El influjo ejercido por el entremés sobre el resto de los géneros teatrales menores explica que don Pedro escriba para el auto *Los sueños de José* dos «entremeses»: el *Entremés para el auto de «Los sueños de José»* —titulado en otros textos *Los degollados*— y el *Entremés último que se representó al fin del auto intitulado «Los sueños de José y sueños hay que verdades son»* o *Los ciegos*. Sin embargo, dicho *Entremés último* no es sino una mojiganga de tipo entremesado o, lo que es igual, un entremés donde la acentuación y adición de algunos versos proporciona el tono de mojiganga. Ciertamente, será la mojiganga entremesada de tipo costumbrista la más grata a Calderón, quien asimismo cultiva otras subespecies del género, como la paródica y musical (o de «desfile y figuras de capricho»). De acuerdo con lo anterior, se pueden clasificar las mojigangas calderonianas temáticamente en tres grupos:

1. Mojigangas entremesadas de tipo costumbrista, con abundantes elementos de crítica social: *El pésame de la viuda, La garapiña, El Parnaso, Los ciegos, La Pandera, El que busca la mojiganga.*

Nos referimos a piezas de extraordinaria dinámica escénica y penetrante sentido satírico, que comprenden diversas esferas de las costumbres del siglo XVII, desde el tema de la viuda aparentemente desconsolada (*El pésame de la viuda*), los vanos caprichos (*La garapiña*) y carácter enfadoso de las damas (*La Pandera*), el atuendo y los afeites de damas y de galanes (*Los ciegos*), que sirve para describir oficios populares (*El que busca la mojiganga*), hasta el remedo del argumento de *La pedidora* en la figura de una tía y una sobrina pedigüeñas (*El Parnaso*).

Las piezas menores calderonianas forman un auténtico microcosmos con numerosas intersecciones entre sí. En *Los ciegos*, un ciego es objeto de la venganza de varias damas por sus coplas satíricas, que tratan sobre «si azotan a la Pizorra / si a la vergüenza la sacan / a la Chispa» [vv. 9-11]. Recuerda este fragmento el mundo hampesco de sus jácaras cantadas y entremeses ajacarados. Así, en uno de estos últimos reaparece con variantes el verso anterior («si a la vergüenza allá en Jerez sacaron / a la Pizorra», *Las jácaras, primera parte* [vv. 17-18]).

2. Mojigangas de carácter paródico: *Los guisados, Las visiones de la muerte, Céfalo y Pocris, El golfo de las sirenas, Las loas, El alma.*

Salvo en el caso de *Céfalo y Pocris*, donde la mojiganga se sitúa al fin de una comedia burlesca, se trata de piezas donde Calderón se burla de los motivos y de las convenciones dramáticas que en sus autos y comedias respetaba. En *Los guisados*, por ejemplo, se realiza una parodia de los torneos caballerescos, estando representados los contrincantes por comidas de Carnaval. En *Las visiones de la muerte*, por su parte, se trata de un tema autoparódico, aunque no conservamos el auto del que dependía y que probablemente sirviera de base para la parodia. Finalmente, en la mojiganga para el fin de la zarzuela *El golfo de las sirenas*, este tema mitológico recibe tratamiento burlesco. Se menciona aquí el vocablo «mojiganga» en tres ocasiones. Destacan, en este sentido, los versos pronunciados por Alfeo («algún crítico que ponga / en razón las mojigangas») cuando la Música le informa de que se encuentra inmerso en la «zarzuela de Trinacria». Subrayan la idea un tanto confusa que se tenía del género, por constituir éste una especie de cajón de sastre donde cabía todo «trino» o texto puesto en tono de solfa, que por lo general conducía a la confusión y a la participación final, de forma deliberadamente desordenada, de todos los personajes.

En *Las loas* reaparece el debate paródico entre el alma y el demonio y se realiza un tratamiento burlesco de las figuras alegóricas de las loas y del propio género del auto sacramental («¿oís? Para ser Silencio / muchísimo este hombre habla» [vv. 144-145]). Ciertas expresiones sintácticas («que aunque traídas y usadas, las pondréis vos como nuevas» [vv. 131-132], véase *El Parnaso*) y el estribillo que estructura o atemporaliza la pieza eliminando el suspense o la curiosidad por el desenlace («¡ay, desdichada! / Porque ya es doña Loa / doña Urraca» [vv. 65-66]) permiten adscribir la pieza a este autor.

Se sitúa *El alma* en el subgrupo que parodia la fiesta del Corpus. Nota Cotarelo [1911: I, CCCI-CCCII] que asistimos a un enfrentamiento burlesco entre un ángel y un demonio por la posesión del alma. El licenciado Ahorcapollas remeda las fiestas del Corpus, desde los diablillos que fustigan con vejigas hasta las figuras del auto sacramental, al fin del cual iba una mojiganga, por lo que concluye así la obra. La inclusión de un soneto cantado, al igual que en *Los dos Juan Ranas*; la endiablada final, como en *Céfalo y Pocris*; la actuación del gracioso, hombre-orquesta que recuerda al alcalde Rechonchón de *Los instrumentos*, y la disputa verbal entre personajes alegóricos, semejante a la de *Las visiones de la muerte*, adscriben la obra a la escuela de Calderón.

3. Mojigangas de tipo musical: *Los sitios de recreación del rey, Las jácaras, segunda parte y Las lenguas.*

*Los sitios de recreación del rey* es pieza para palacio, predominantemente musical, de desfile de figuras de capricho. Se puede comparar con otras de Quiñones de Benavente como *El casamiento de la calle Mayor con el Prado viejo, La puente Segoviana* o *Los planetas*. El propio Calderón se autocita en la mojiganga. Leemos:

> Que me dejen, por Zarzuela,
> con más púas que un espín,
> y que llore Mari-Brava
> lo que debiera reír,
> como alegre yo cante
> ¡que qué se me da,
> que qué se me da a mí! [vv. 156-162]

Está, pues, mencionando una mojiganga —*El golfo de las sirenas*— dentro de otra, afirmándose indirectamente como un buen conocedor del género y como creador de un microcosmos que sabe relacionar cuando la ocasión se presenta. De este modo, la zarzuela, lugar de recreo que coadyuvó al nacimiento del género dramático-musical de igual nombre, le trae a la memoria su obra *El golfo de las sirenas*, una de las primeras de esta clase, y no duda en volver a introducir aquí a Juan Rana, que ahora no sale representando al pescador Alfeo, sino a un moro «maestro de capilla de las Descalzas de Argel». Tampoco falta Celfa o Mari-Brava, mencionada por Luisa (que simboliza la Zarzuela) en su última intervención, que se cierra con un estribillo típico de mojiganga que estructura toda la coreografía final («¡que qué se me da / que qué se me da a mí!»).

El fin regocijado en que no están ausentes música, canto y baile es común a *Las jácaras, primera parte* y a *Las jácaras, segunda parte*. Con todo, a pesar de que comparten muchos rasgos, la primera pieza es considerada entremés y la segunda mojiganga (si bien Lobato la presenta como baile). No podemos dejar de notar las siguientes concomitancias:

1. Cura de una enfermedad a través del desfile ridículo de personajes estrafalarios que, siguiendo el *leitmotiv* de las visiones —recuérdese que Calderón escribió la mojiganga *Las visiones de la muerte*— aparecen individualmente y luego en grupo. En *Las jácaras, primera parte* nos encontramos con la sucesiva entrada de «visiones» o una global «visión de buen gusto». Los personajes aparecen ataviados con atuendos ridículos que aluden —soga, horca, prisiones— a las penas de los jaques. En *Las jácaras, segunda parte*, estando Marisabidilla dormida comienzan a salir los rufianes, que con su presencia le obligan a que recuerde las jácaras que les dedicaba. Ella los toma por «visiones». Como en *Las jácaras, primera parte*, finalmente se descubre que ha sido un «embeleco» (*Las jácaras, primera parte*) o burla (*Las jácaras, segunda parte*) trazado por su bien.

2. Conclusión de la obra con la recuperación de la enferma, el esclarecimiento de la burla y el regocijo, fruto del paso de una situación de duelo a otra de alegría, que queda plasmada en la música, el canto y el baile finales. Así, o bien Mari-Zarpa «ya está sana» o se dice a Marisabidilla que se recupere de su desmayo («vuelve en ti / cobra el aliento»), al tiempo que salen todos los personajes para dar fin a la función.

Pues bien, únicamente el final diferencia estas piezas teatrales, o la ausencia del mismo en el caso de *Las jácaras, primera parte*, porque, salvo en el manuscrito 61508 de la Biblioteca del Instituto del Teatro de Barcelona y en *Ramillete* (1643), se concluye con la acotación «*Bailan un baile o cantan algo*». En *Ramillete* y en el citado manuscrito el jaque Ñarro y Mari-Zarpa cantan y bailan, y el primero pronuncia los últimos versos, dando «fin a este baile».

En *Las jácaras, segunda parte* aparece el término «mojiganga» en dos lugares («en mojiganga volviendo el susto» y «sirva este susto de mojiganga»). A ello se suma la presencia de un estribillo musical propio del género, que no excluye la opinión que tiene Calderón en cuanto al final de esta pieza paródica. Además, se puede hablar de una presentación burlesca de los jaques. Comparemos las acotaciones de *Las jácaras, primera parte* y de *Las jácaras, segunda parte*:

> *Sale Sornavirón, con prisiones en los pies y en las manos.*
> *Sale el Zurdillo, de cautivo.*
> *Sale doña Pizorra, con tocas largas, cantando.*
> *Sale el Ñarro, con una soga al pescuezo y un palo a manera de horca.*
> [*Las jácaras, primera parte*]

> *Duérmese y sale Gorgolla, vestido de valiente.*
> *Sale Pizorra de vieja, con antojo y báculo de andrajos.*
> *Sale el Zurdillo, de forzado de galera.*
> *Sale la Méndez, de mantillina y jifero en la cinta.*
> *Sale el Ñarro, con una sotana negra con dras a la larga.*
> [*Las jácaras, segunda parte*]

La indumentaria simbólica adquiere tintes más ridiculizadores en *Las jácaras, segunda parte*, donde la Pizorra es caracterizada como dueña, Gargolla como valiente y el Ñarro como sacristán, personajes prototípicos de las mojigangas, que solían concluir como lo hace ésta:

> Que vaya de gira y bulla,
> pues ya se sabe que es cierto
> que, venga o no venga, el baile
> ha de acabar diciendo:
> Que vaya de bulla,
> que vaya de chanza,
> y sirva este susto
> de mojiganga.

Así pues, como sucede con el entremés *La rabia* y con su continuación la mojiganga *El Parnaso*, un entremés con tendencia a la mojiganga (*Las jácaras, primera parte*) deja paso a una mojiganga entremesada (*Las jácaras, segunda parte* o *Baile para el auto de «La nave»*). El título *Baile* y el verso «que venga o no venga el baile» dentro de esta mojiganga, pueden explicarse por el carácter temprano de la obra, anterior a 1642, en una época en que el baile aún predominaba en los finales de los autos y de las comedias sobre la mojiganga, y en que este término aún no se había generalizado. Por otro lado, en el siglo XVII la representación acababa con un segundo baile o un segundo sainete, que podía hacerse al son de jácara o de mojiganga (ésta era en sí misma un tipo de baile, como más arriba se apuntó, compuesto de cada uno de los sones que ejecutaban los distintos personajes que aparecían). Además, el retroceso de la jácara debido al cansancio de los espectadores por los temas hampescos da lugar a «bailes ajacarados burlescos» o «mojigangas ajacaradas» como el *Baile para el auto de «La nave»*, que es un baile por el predominio del canto y el baile, una mojiganga por el tono burlesco de éste y una jácara por su temática.

En cuanto a la composición titulada *Las lenguas*, atribuida en algunos manuscritos y ediciones a Jerónimo de Cáncer y en otros a Calderón, nuestra hipótesis de trabajo [Buezo, 1993: 414-415] es la siguiente: pensamos que Cáncer escribió el entremés cantado y bailado *Las lenguas* (*Lenguas 1*), donde un alcalde rústico se dirige a Madrid con el objeto de encontrar una «danza nueva» y echar mano de ella en las fiestas de su aldea. Esta pieza temprana —Cáncer fallece en 1655— fue aprovechada por Calderón: en el manuscrito 21815 de la Biblioteca Nacional de España sale Juan Rana, comisario de las fiestas del Corpus de su aldea, y se dirige a Sevilla en busca de una mojiganga (*Lenguas 2*). La aparición de Juan Rana apoya su ejecución en los años sesenta (luego se hubo de reponer en Sevilla, en los años setenta, acompañando al auto *Los misterios de la misa*, como se desprende del manuscrito citado), y el término «mojiganga» nos habla del carácter más tardío de esta versión. Lo mismo cabe decir de la que ofrece el manuscrito 16768 de la Biblioteca Nacional de España, puesto que se trata de un entremés calderoniano (*Lenguas 3*) que se hizo en Valladolid en 1674 junto con el auto *La lepra de Constantino*. En él se emplea la expresión «danza vieja», acorde con la época (desde 1672 abundan referencias a la decadencia de la mojiganga como género, y el desfile de distintas naciones, cada una bailando y cantando al uso de su tierra, era globalmente una mojiganga).

Concluyendo, se puede trazar una línea horizontal que, pasando por Quevedo, Quiñones y Cáncer llegaría hasta Calderón, quien tiene deudas temáticas con ellos. *El casamiento de la calle Mayor con el Prado viejo,*

*Los planetas* o *La puente Segoviana* son piezas de desfile de Quiñones que emparentan temáticamente con *Los sitios de recreación del rey*; *El mundo por de dentro* y *Diego Moreno*, de Quevedo, lo hacen con *El pésame de la viuda*; *La muestra de los carros*, de Quiñones, con *Las visiones de la muerte* y *El alma*; *La garapiña*, de Cáncer y Moreto, con la mojiganga *La garapiña*; *Lenguas 1* y *Los ciegos*, de Cáncer, con las piezas homónimas; *La pedidora*, de Quiñones, con *El Parnaso*. Cotarelo [1911: I, LXXXII-LXXXIV], aunque subraya la creación de tipos y caracteres entremesiles por parte del autor, apunta como su mayor defecto la falta de originalidad. Ello no le impidió teorizar sobre la naturaleza de la mojiganga al final de estas piezas, sosteniendo que se trata de «disparates adrede» en tono de chanza (*Las visiones de la muerte*, *La pandera*), ni subvertir en ellas los pilares sobre los que se sostenían sus comedias y autos (la mojiganga homónima que parodia de *El golfo de las sirenas*, verbigracia), ni ser imitado por una serie de cultivadores tardíos (*La casa de la plaza* es una imitación de *El que busca la mojiganga*, y en la anónima *Mojiganga de la mojiganga* repite al final que el género se funda en tales «disparates adrede»).

Como Suárez de Deza y León Merchante, Calderón de la Barca convierte «el escenario en una escuela donde se explica teoría teatral» [Granja, 1984: 375]. Señala en *Las jácaras, segunda parte* que los bailes acaban con la fórmula «que vaya de bulla, / que vaya de chanza», y en la misma pieza se inserta un soneto para evitar el vacío escénico («pues sola me han dejado / hacer me toca agora un soliloquio»). A partir de 1650 Calderón deja prácticamente de escribir para los corrales y se dedica a la composición de autos sacramentales y a la preparación de fastuosas fiestas reales y palaciegas, donde se acentúa la exuberancia verbal y escenográfica. De esa época son las *masques* y las *pageants* de la Inglaterra de Jacobo, las mascaradas y cortejos de Italia, las óperas francesas de Quinault y Lulli y, añadimos, las mascaradas, mojigangas, comedias mitológicas y óperas de la España de Felipe IV, que han de incluirse en el grupo de los entretenimientos cortesanos refinados y extravagantes. En efecto, las piezas calderonianas que llevan la denominación «mojiganga» —el género más abstracto, espectacular y coreográfico— no son anteriores a 1650, y desde entonces aumenta la producción teatral breve de Calderón, vinculada a palacio e imbuida del mencionado carácter de irracionalidad abstracta.

Desde 1687, siete años después de la muerte de don Pedro, se rompe con la costumbre de representar únicamente autos suyos para las fiestas del Corpus de Madrid. Carlos II escoge dos autos nuevos: *El primer duelo del mundo*, de Bances Candamo, y el *Gedeón*, de Yánez. Con Bances Candamo ya no se puede hablar de mojigangas propiamente dichas, sino de bailetes y de fines de fiesta, más refinados. La escritura de piezas menores para acompañar sus propias comedias es algo que ya habían hecho Vicente Suárez de Deza y Calderón y, posiblemente para conformar fiestas burlescas, Monteser y Cáncer.

La obra dramática corta calderoniana remite, a la manera de espejos, a géneros concretos: la jácara se nos aparece como una abreviación espectacular o dramatizada de la poesía rufianesca; la mojiganga puede ofrecer, invertido y en miniatura, el universo del auto (así, *Las visiones de la muerte*, presumiblemente parodia de *El pleito matrimonial del alma y el cuerpo*) y el entremés el de las comedias y dramas. El tema de la nobleza de sangre aparece inesperadamente en *La casa de los linajes* («¿hay persona de más sangre / que una mondonguera?» [vv. 149-150]), el de la honra en *Guardadme las espaldas* («pero callemos, honra mía, / hasta tanto que os venguemos» [vv. 106-107]) y el del honor que lleva a demostrar el valor delante de un toro en *El desafío de Juan Rana* («bien decís: el honor me aprieta mucho» [v. 180]). Por otro lado, hay grandes *topoi* del teatro de Calderón que reaparecen en su teatro breve (así, el del teatro y el de la locura) y se rompe el hilo de la trama con el recurso distanciador del teatro dentro del teatro, que a veces se acompaña de juegos verbales (la confusión de comedia/comida en *Los guisados*, donde se habla de «comedias mal digeridas», y la simultánea mezcla de comer y representar en el gracioso de *Las Carnestolendas*, que dice de sí mismo «tan presto represento como trago» [v. 107]). Por su parte, el tema del mundo al revés carnavalesco se encuentra asimismo en *Las Carnestolendas*, personificado en un personaje mitad mujer mitad hombre que anda hacia atrás, al tiempo que una extensa nómina de locos desfila por su obra corta (desde don Lesmes, el poeta disparatado de *Los guisados*, hasta la Mari-Zarpa de *Las jácaras*, que ha perdido la razón por la lectura excesiva de romances de jaques y daifas).

EDICIONES

ARELLANO, Ignacio, OTEIZA, Blanca, y PINILLOS, María del Carmen, *Loa en metáfora de la piadosa Hermandad del Refugio*, Autos sacramentales completos 23, Pamplona/Kassel, Universidad de Navarra/Reichenberger, 1998.

BUEZO, Catalina, «*El que busca la mojiganga*. Estudio y edición de una pieza anónima atribuible a Calderón», *Revista de Literatura*, LI, 101 (1989), pp. 157-188.

—, *La mojiganga dramática. De la fiesta al teatro II*. Edición, Kassel, Reichenberger, 2005.

GRANJA, Agustín de la, *Entremeses y mojigangas de Calderón para sus autos sacramentales*, Granada, Universidad de Granada, 1981.

—, «Los entremeses de *La premática*, de Calderón (Notas y addenda a una edición crítica)», en *Estudios dedicados al profesor Andrés Soria Ortega*, Granada, Universidad de Granada, 1985, vol. II, pp. 257-274.

—, «Doña Bárbula "convida": texto, fecha y circunstancias de una mojiganga desconocida de Calderón», *Criticón*, 37 (1987), pp. 117-168.

—, «Una mojiganga inédita de Calderón sobre ciegos y jácaras», en *Amistad a lo largo. Estudios en memoria de Julio Fernández Sevilla y Nicolás Marín López*, Granada, Universidad de Granada, 1987, pp. 254-276.

LOBATO, María Luisa, *Edición y estudio del teatro cómico menor de Calderón*, Salamanca, Universidad de Salamanca, 1985 (Tesis Doctoral).

—, «Segunda parte inédita del entremés *Las jácaras* atribuido a Calderón», *RILCE*, II, 1 (1986), pp. 119-140.

—, «Un códice de teatro desconocido del siglo XVII. Edición de la mojiganga *La pandera* de Calderón», *Criticón*, 37 (1987), pp. 169-201.

—, «Una mojiganga inédita de Calderón: *El Parnaso*. Segunda parte de *La rabia*», en *Estudios sobre Calderón (Actas del Coloquio Calderoniano Salamanca, 1985)*, Salamanca, Universidad de Salamanca, 1988, pp. 71-90.

—, *Pedro Calderón de la Barca. Teatro cómico breve*, Kassel, Reichenberger, 1989.

RODRÍGUEZ CUADROS, Evangelina, y TORDERA, Antonio, Pedro Calderón de la Barca, *Entremeses, jácaras y mojigangas*, Madrid, Castalia, 1982.

WILSON, Edward M., «Una obra menor de don Pedro Calderón», en *Studia Hispanica in honorem Rafael Lapesa*, Madrid, Gredos, 1972, vol. I, pp. 597-608.

—, «Un "fin de fiesta" atribuible a don Pedro Calderón de la Barca», en *Homenaje al Instituto de Filología y Literaturas Hispánicas «Dr. Amado Alonso» en su cincuentenario (1923-1973)*, Buenos Aires, Instituto de Filología, 1975, pp. 441-451.

## VIII. MORETO, por *María Luisa Lobato*

La producción dramática corta de Agustín Moreto (1618-1669) se incardina en una época en que este tipo de teatro tuvo una magnífica aceptación en los escenarios y en las imprentas, lo que significa en su recepción. Su consumo era rápido y, en buena medida, éste fue el motivo de la estructura mecanizada que está en la base de buena parte de estas piezas cortas.

El abigarrado mundo del teatro breve moretiano presenta a los protagonistas a través de un nombre común o de uno propio y, en este segundo caso, con frecuencia mantienen en la pieza su nombre de actor o actriz, lo que resulta algo específico del modo en que se nos ha transmitido su producción. Esta peculiar circunstancia ha resultado de suma utilidad para adscribir las obras a un momento histórico determinado, ya que las agrupaciones de comediantes solían cambiar de forma anual y los estudios de historia teatral permiten conocer cada vez mejor los movimientos de las compañías. Sorprende que testimonios de trece de las treinta y seis piezas moretianas que se conservan indiquen el nombre de los comediantes que las representaron, lo que parece indicar que eran copias de actor utilizadas en la representación.

En otros casos, los personajes aparecen en escena con un nombre común que los incardina en el mundo del teatro breve, con preferencia por el tipo del vejete combinado con hombres y mujeres que, unas veces con voz propia y otras como simples comparsas, pueblan las piezas de ese mundo socio-dramático, ilustrativo de las clases más sencillas de la sociedad. Una tercera variedad son las obras en que se nos ofrecen *personas* con nombre denotativo de su oficio, con preferencia por figuras relacionadas con la justicia, como alguaciles, alcaldes y escribanos, y otras encargadas de hacer avanzar las tramas a costa de sus retos, como ocurre con los valientes, seguidos de otros oficios en menor número del tipo de estudiantes, sacristanes, esportilleros, caldereros y barberos. En este grupo hay que destacar la presencia abundante de músicos, como corresponde a piezas que en muchos casos contenían partes cantadas y bailadas.

En las piezas cortas de Moreto hay también figuras con apodo a guisa de nombre propio que manifiestan la esencia cómica del personaje, del tipo de Perendeca, don Maula, don Desperdicio, doña Estafa, doña

Esquina, Ramplón, Botín, Guijarro o Pantoja, seguidos en menor número de otros nombres ajenos a ese contenido, que podrían aparecer en cualquier comedia áurea. Por último, cabría hacer referencia a otros tres grupos de nomenclaturas que se dan de forma prioritaria en los bailes y en las loas, como son los nombres históricos, los procedentes del mundo del hampa y los alegóricos, todos ellos propios de las piezas en que la parte musical tiene un papel destacado. Entre los que proceden de la tradición épica están apelativos como los de don Rodrigo, La Cava, don Julián, Lucrecia, Tarquino, Colatino, la infanta Clara o el conde Claros. Las piezas que siguen la moda jacaresca, sin llamarse jácaras en el caso de Moreto, tienen como protagonistas a algunos de los jaques más cantados del momento, como el Mellado, el Zurdo, la Chaves, la Escalanta, Añasco, la Chillona, la Chispa y la Bolichera. La única loa sacramental que ha llegado hasta nosotros de este dramaturgo introduce, como es habitual, figuras alegóricas entre las que están Ignorancia, Noticia, Sabiduría, Entendimiento y Alegoría.

Cada personaje desempeña una función en la pieza teatral, entendiendo por tal la acción de un personaje definida desde el punto de vista de su significación en el desarrollo de la intriga [Propp, 1981: 33]. Estas funciones se ubican en la acción general de un personaje actante y alcanzan su sentido último en el nivel de un discurso que tiene su propio código [Barthes, 1972: 15]. En el entremés las funciones representan un papel constitutivo fundamental y su número limitado permite aislarlas y estudiarlas en sí mismas, desentrañando la estructura de cada pieza. El análisis del corpus de teatro breve de Moreto permite observar que se da una repetición importante de las partes constitutivas principales de sus piezas, por lo que el interés debe desplazarse de los tipos a las funciones que ellos desarrollan, puesto que son éstas las que soportan verdaderamente la estructura de las piezas y las que en otro lugar nos han permitido ya realizar un análisis pormenorizado de la morfología de su teatro breve [Lobato, 2003: I, 37-99].

## 1. Entremeses

Cuando Moreto comenzó su labor dramática, el entremés había dejado atrás su primera etapa. Figuras como rufianes, bobos, vizcaínos y negros, que protagonizaron los pasos de Lope de Rueda y de otros dramaturgos, habían perdido ya su hegemonía para dar entrada a sacristanes, vejetes, estudiantes, alcaldes, esportilleros y busconas, cada uno dotado de señas de identidad precisas que lo hacían fácilmente identificable para un público habituado. Fue Quiñones de Benavente quien dio el giro al entremés que triunfaría en el segundo cuarto del siglo XVII y se mantendría con éxito de forma especial en el tercer cuarto, gracias a figuras como Quevedo, Calderón y Moreto. Cuando este último produjo la mayor parte de su teatro cómico breve, entre los años 1655 y 1664, por cierto, tras su ordenación sacerdotal, Quevedo y, especialmente, Quiñones de Benavente habían dejado ya una estela de triunfo para el entremés, con algunas de las mejores piezas de este género.

La producción de Moreto coincide en las tablas con la de Calderón de la Barca, quien, en esa zona de fechas, escribe algunas de sus mejores obras cortas, entre las que se cuentan piezas como las tituladas *Juan Rana en la Zarzuela* (1657), *El toreador* (1657-1658), *Las jácaras* (1660) o *Los guisados* (1664). De él y de otros Moreto heredó temas y personajes y, con ellos, llegaron también los usos musicales que eran costumbre en este tipo de piezas y de los que hay numerosas resonancias en sus versos y acotaciones. Sobre esta faceta, que ha pasado bastante inadvertida a la crítica del teatro breve, escribió López de Armesto en 1674 el prólogo «Al lector» de sus *Sainetes y entremeses*: «te suplico las leas con el gusto que las oíste, sin que olvides, al leellos, la dulzura de la música con que se ejecutaron, que fue el logro de todos ellos».

Si nos atenemos a una posible adscripción de sus entremeses, buena parte de ellos pertenecen al tipo del «entremés de burlas», que tiene como fin el logro de algún beneficio para el burlador. De los veinticinco que se conservan, el 69,4% puede enmarcarse en este subgénero. Este tipo de obras no es, sin embargo, un compartimento estanco en su obra sino que guarda estrecha relación con sus ocho bailes entremesados y cantados, y con sus tres loas representadas, que constituyen el 22,2% y el 8,3%, respectivamente, del total de sus piezas cortas.

Un análisis centrado en los motivos repetidos en algunas de las piezas permite tamizar una serie de ciclos temáticos en torno a los cuales cabría establecer series que agruparían determinadas piezas construidas en torno a un motivo común, si bien cada una de ellas adoptaría variantes en la ejecución de la trama. En este sentido, expondremos aquí algunas de las series que reúnen varias piezas cortas, en su mayoría entremeses, aunque sin dejar de lado alguna mojiganga entremesada, de modo que pueda establecerse la vinculación que existe entre las obras dramáticas cortas de Moreto y las de su siglo. Esta adscripción de su dramaturgia breve a un canon de época no significa que su producción carezca de rasgos originales, ya que dentro de la tradición de una escritura como la que ahora se trata la huella del autor está presente en aspectos como el modo de establecer la arquitectura de la trama, la definición de los personajes, la calidad de los diálogos, el modo en que se desarrolla la acción y, en fin, en todo lo que conforma su realización práctica.

La primera de sus obras conocidas, el entremés *El poeta* (a. 1637), se inserta en una larga tradición del entremés de ladrones, porque es el gracioso, que se hace pasar por estudiante y poeta, quien robe la bolsa a varios de los miembros de una compañía de comediantes reunida en un ensayo. La figura del protagonista se emparenta en cierto modo con la del hombre y la mujer excesivamente locuaces, pues va a ser su oferta de piezas en verso, desgranada ante el autor de comedias y su grupo, la que envuelva a sus oyentes y les haga distraerse del verdadero fin que persigue. Desde este punto de vista, el fingido poeta guarda cierto parentesco con personajes de piezas como *Los habladores*, atribuido a Cervantes, que sirvió de fuente a *Las habladoras*, de Quiñones de Benavente, y que tendría larga descendencia con *El hablador don Tadeo, El padrino y el pretendiente,* de Ramón de la Cruz, en el siglo XVIII, y *Un hablador sempiterno*, de Ventura de la Vega, ya en el XIX.

Entre quienes aturden a sus oyentes, al modo en que lo hace el gracioso de *El poeta,* aunque con motivos y fines distintos, se encuentra también el personaje del calderero que corteja a *La Perendeca* en esta pieza posterior de Moreto (1639), aunque en este caso la causa de su verborrea es la pasión amorosa. La descendencia de *El poeta* se sitúa más en la línea del recitador excesivo de versos desatinados presente en obras como *Los poetas locos*, de Villaviciosa, y en la pieza también titulada *El poeta*, pero distinta de la de Moreto. En la obra moretiana hay títulos y versos que pertenecerían a este mundo de invento y locura, como las comedias *Zacateca, Barahúnda, Guarda el coco* o *Por aquí van a Málaga,* citadas por el protagonista, y los versos de los villancicos dedicados al

Nacimiento y a San Juan. Sin embargo, en la pieza de Moreto esa locuacidad persigue distraer la atención de los comediantes del verdadero fin que trata de alcanzar el fingido poeta, que es el robo. Los mismos intereses tienen *Los ciegos,* obra de Cáncer llamada con posterioridad *Candil y Garabato.* En ella, sin recitar poemas pero diciendo oraciones, los protagonistas se encargan de robar a un caballero mientras recitan una oración «vertida a lo rufián», que cambia de sentido según se desarrolla el hurto. También de ladrones fue *El gato y la montera,* de León Merchante, atribuido a Sebastián de Villaviciosa en *Rasgos del ocio* [1661: 109-119], que sigue la estela de Timoneda, en que un estudiante y un soldado roban a un par de ciegos. Moreto reinterpreta el hurto en *Los gatillos* (h. 1661), pieza en que dos picarillos roban en un mercado, lugar que se convirtió en centro de ladrones, pues aparece como tal en otras obras de la época, como en los entremeses de Lanini *La plaza de Madrid* y *Víspera de Pascua.* Con todo, uno de los pícaros de Moreto canta que ha venido a buscar en la corte el fin de su miseria, como sucede también con otros ladronzuelos en *El platillo,* de Simón Aguado, y en la *Mojiganga de lo que pasa en Madrid en el mes de julio,* escrita para palacio por Suárez de Deza.

Moreto compuso, además, otro entremés de ladrones titulado *Las brujas,* en que varios hombres disfrazados pretenden robar en un pueblo, que no debe confundirse con *Las brujas fingidas y punto en boca,* de Quiñones, como en otro lugar ya se aclaró [Lobato, 2003: 78]. El tema se cruza con el del hombre burlado, en este caso el alcalde, a quien hacen creer que se encuentra en un lugar prodigioso lleno de riqueza y de abundancia de alimentos, y se le promete ser invisible y no morir. Este motivo tiene su origen en la tierra de Cucaña medieval, reelaborado más tarde en la tierra de Jauja, y coincide con un argumento de la *commedia dell'arte* y con un episodio del *Decamerón,* de Boccaccio, que pudo servir de inspiración al conocido paso de Lope de Rueda, y continuó en la tradición folclórica y en el teatro áureo, como es el caso de los entremeses: *El talego niño,* de Quiñones de Benavente, *Los buñuelos,* refundido más tarde con el título *La burla de los buñuelos,* y *Los matachines,* de principios del siglo XVIII. También el paso de Lope de Rueda *El simple Cebadón,* con puntos comunes a los que aquí interesan, dejó descendencia en el entremés titulado *Lorencillo.* El mismo Lope de Rueda volvió sobre el asunto en el paso titulado *Los ladrones.*

Entre los motivos recurrentes que Moreto incorporó a sus piezas en un guiño al espectador está el del convidado molesto al que una mujer ofrece una cena mientras otro u otros escondidos bajo la mesa tratan de interceptar los bocados o la bebida, defraudados por no poder disfrutarlos como destinatarios legítimos. Suenan así los ecos de *La cueva de Salamanca* cervantina y de *El dragoncillo*, de Calderón, antes mencionados, en un pasaje de *La Perendeca* (1639), en que su protagonista disfraza de bancos, mesa y mantel a sus dos pretendientes ante la llegada de su esposo que convida cenar a un vejete como él. Mientras una mujer ameniza la velada, uno de los galanes quita el bocado al invitado y otro bebe el vino antes de que lo haga el vejete, por lo que el convidado exclama: «treta vieja», en una marca al público que posiblemente había aplaudido escenas semejantes en obras anteriores. Tras una escena violenta el vejete descubre a sus invitados ocultos y pasa de la ira al perdón a través de la intercesión de Perendeca. El mismo invitado poco bienvenido está en *El convidado*, de Quiñones de Benavente, en *El detenido* o *El detenido don Calceta*, escrito por Matos y Villaviciosa, una de las pocas piezas breves escritas en colaboración y, de nuevo a fin de siglo, Bances Candamo lo hace protagonista de *El astrólogo tunante,* aunque esta vez son cuatro los galanes frente a los dos más comunes en la tradición entremesil. En la misma serie se incardina también *Los burlados de Carnestolendas,* de Francisco de Castro.

De gran rentabilidad resultó también el tema del gorrón de meriendas, que dio lugar a más de una decena de obras que lo tuvieron como protagonista. *El hambriento*, de Moreto, representado en una fiesta de Corpus, puede ponerse en relación con el *Entremés famoso del estudiante*, de Quiñones de Benavente, primero de toda una saga entremesil centrada en la figura del aprovechado, siempre en busca de quien lo convide, de la que formarían parte obras como *La burla más sazonada* y *La sarna de los banquetes,* de Vélez de Guevara; *El convidado*, de Calderón; *El sargento Ganchillos*, de Avellaneda; *El día de compadres*, de León Merchante; *Los burlados de Carnestolendas*, de Francisco de Castro; *El detenido don Calceta*, de Matos Fragoso; y piezas anónimas como *La parida* o la también titulada *El hambriento,* de mitad del siglo XVII, que Urzáiz Tortajada atribuye a Luis Vélez de Guevara a partir de un volumen facticio de 1659, y que es distinto de la que tiene el mismo título y es de Villaviciosa.

Entre los disfraces propios del tiempo de burlas que a menudo celebró el entremés, Moreto incorporó a *La bota* (a. 1663) un nuevo tipo de gorrón, el del galán vestido de mujer que corteja a los hombres que pasan con el fin de obtener de ellos vino, para sí o para otros, que le ayude a recuperarse de un desmayo fingido. El motivo está también en *El detenido don Calceta* y en el entremés nuevo *La parida* de Quiñones de Benavente. Aparece, además, en otros lugares como el de *Los ladrones, Moro Hueco y la parida*. Sin embargo, el aprovechamiento del disfraz es muy distinto en esas piezas, pues mientras en la de Moreto aúna todo el entremés y le da consistencia, en los demás es sólo un recurso que ocupa la parte final de la obra. Por otra parte, el disfraz solo llega hasta el momento del parto en la pieza de Moreto, donde es precisamente esta circunstancia la que provoca mayor hilaridad en el conjunto de los versos. No deja de recordar esta escena al parto de Juana Rana, en el entremés de ese título, donde el actor pare en escena a Juan Ranilla, máscara de Manuela de Escamilla, en la pieza de Lanini representada hacia 1660, que debe ser también la época de *La bota,* impreso por primera vez en 1663. En Moreto es el mismo Botín quien idea la trama de vestirse de mujer y esconder una bota cuyo brocal le sale por la garganta, con el fin de hacer acopio de vino para sus amigas, desesperadas porque don Silvestre olvidó la bebida cuando les trajo merienda. Pero la burla se tuerce una vez conseguido el vino, al ser descubiertos por quienes habían dado el vino a Botín; para salir del apuro, las mujeres fingen que le están ayudando a parir en el interior de una casa, y el recién llegado aprieta el vientre de la dama fingida haciendo brotar así el vino escondido. Frente al entremés de Moreto, bien estructurado y con un lenguaje que manifiesta el conocimiento del mundo vinícola por parte de su autor, la pieza de Quiñones reserva el disfraz de mujer en dolores de parto al final de la pieza, como estrategia para devolver una burla y robar unas capas a los caballeros que se las echan encima para protegerla del frío antes de ir en busca de ayuda.

La mujer pedigüeña, que protagoniza entremeses moretianos como los citados de *La bota* y *La Perendeca,* se encuentra en buena parte de la literatura satírica áurea. Ejemplos en teatro breve los hay en *Don Gaiferos y las busconas de Madrid*, de Quiñones de Benavente; *La fregona,* de Cáncer; *La buscona,* de Navarrete y Ribera; *La casa holgona, El convidado* y *La pedidora,* de Calderón; y *Las visitas o Muchas damas en una,* de

Villaviciosa, protagonizada por Manuela de Escamilla. Todos tienen en común la presencia de una o varias mujeres sonsacadoras, aunque después cada uno de ellos aporta elementos diferenciadores. La gorrona está también en bailes como *El cerco de las hembras* (1662) de Moreto, en que tres de ellas asedian al gracioso para sonsacarle mientras él trata de escapar de sus peticiones. Si bien es cierto que la música da un ritmo propio a esta obrita, bien distinto del entremesil, también lo es que resuenan en él los ecos de *El caballero de la tenaza*, de Quevedo, que abreviaba en doña Anzuelo y Tenaza los cuatro personajes que Moreto necesita incluir en su pieza para hacer posible la visualidad propia del género del baile dramático.

Una variante del tema es la del retrato de la mujer gorrona e hipócrita que finge fidelidad al que quiere conseguir para marido, pero recibe a otros galanes con sus respectivas dádivas. En el caso de Moreto, es *Doña Esquina* esta mujer sonsacadora y burlona, que puede emparentarse con las protagonistas de *La honrada*, de Quiñones de Benavente, y *La melindrosa*, de Juan Vélez de Guevara, aunque en Moreto el juego psicológico es mayor, pues serán las amigas las que descubran la verdad al galán que llega mientras ella está ausente visitando a sus otros amantes, lo que exige un cambio de táctica por parte de la protagonista cuando regresa y se encuentra al gracioso despechado y furioso. Enfadado hasta la violencia se muestra también el gracioso del entremés titulado *El hijo de vecino* (a. 1658), en que doña Esnefa quiere salir a recoger las dádivas que sus galanes la ofrecen, pero la llegada del gracioso se lo impide con violencia, a pesar de que las razones que ella da para tener que ausentarse tienen poco que ver con la realidad. Es una de las pocas piezas localizadas en que un personaje castigado físicamente por otro declara: «pues después que me pegó / le quiero más que a mi alma» [vv. 119-120].

Gorrona de más alcance resulta la figura de la mujer que pretende un matrimonio ventajoso, aun careciendo ella de un estatus paralelo, que resulta ser una manifestación más de la buscona tradicional, que Moreto consigue retratar de modo magistral. Esta figura generó toda una dinastía de piezas que la tuvieron como protagonista a ella y a la burla urdida por un hombre o varios para escarmentar su desmedido afán de lograr una rápida ascensión social. Tres piezas de Moreto, escritas a fines de la década de los cincuenta o a principios de la siguiente, la tienen por protagonista: *El aguador, Doña Esquina* y *El hijo de vecino*. Con doña Estafa, doña Esquina y doña Esnefa, obsérvese el paralelismo de los nombres, consigue este dramaturgo matizar este tipo social de gran rentabilidad en el teatro breve burlesco. Pero mientras en *Doña Esquina* y *El hijo de vecino,* la buscona trata de conseguir beneficios materiales de varios amantes, aun teniendo uno fiel al que engaña, es especialmente *El aguador,* donde se hace pasar por quien no es para lograr un matrimonio que cree de alcurnia con el fingido mariscal de Bimbón, el que emparente con una serie de piezas de argumento semejante, y no sólo ajenas. Como se indicó en el primer capítulo de este libro, el asunto de *El aguador* remite a *El lindo don Diego,* impreso en 1662, en que el protagonista pierde a doña Inés por la criada a la que hacen aparentar ser condesa para burlarlo.

Existió, además, toda una saga de piezas breves en torno a este tema. Entre ellas está el entremés *La condesa,* atribuido en falso a Juan Ruiz de Alarcón; *Los condes fingidos,* de Quiñones de Benavente; *El francés,* de Cáncer; *La dama fingida* y *La novia burlada,* de Francisco de Castro; *La hija del doctor,* de Avellaneda; y otros anónimos como *Doña Rodríguez* y *La presumida.* En todos ellos la mujer vanidosa pretende un matrimonio de alcurnia que al fin cree haber conseguido, hasta que se descubre que el marido tiene su casta fingida, ya sea porque se trata de un actor disfrazado, como en la pieza de Ruiz de Alarcón, o porque se disfraza a un hombre de oficio humilde, un aguador en Moreto, para escarmentar a la dama altiva y desdeñosa. También emparentan con este ciclo una serie de piezas en que el galán sólo es aceptado por la mujer mientras tiene dinero, como ocurre en *La capeadora, primera y segunda partes, Casquillos y Volandera, Los ladrones, Moro Hueco y la parida,* todas ellas de Quiñones de Benavente, y con obras en que la mujer trata de conseguir ascensión social, como en *La castañera,* de Castillo Solórzano.

Sin embargo, volviendo a las piezas que presentan a la ambiciosa que busca un matrimonio ventajoso, Moreto y Quiñones intensifican el efecto de la burla al ser también la mujer de extracción humilde y fingirse rica, mientras en la pieza atribuida a Ruiz de Alarcón y ya citada, se trataba de la viuda de un indiano y en la de Avellaneda era la hija de un indiano rico. El público, a su vez, participa más del engaño con Moreto y Avellaneda, ya que la trampa se urde en escena, mientras en *La condesa* es un hecho que parece haberse trazado entre bastidores. En *Los condes fingidos* los pretendientes no conocen la verdadera identidad de la falsa dama y tratan de aprovecharse de ella, quedando así los burladores burlados. Moreto, en fin, sintetiza en uno los dos pretendientes de Quiñones y gana en fuerza dramática. No se encuentran, sin embargo, testimonios de la situación a la inversa, es decir, del caso en que un hombre de posición social humilde transforme su identidad en busca de una esposa rica que pueda ayudarle a mejorar su estado.

Lo que sí se pudo ver en estos géneros breves es el varón que se las ingenia para apoderarse de forma más o menos violenta de una mujer de más nivel que el suyo, arrebatándosela a su padre. Así sucede en *La burla de Pantoja y el doctor* (a. 1651), que pertenece a la tradición de las obras cortas en que se burla a un letrado o a un doctor arrebatándole a su hija, en ocasiones con el consentimiento de ésta, mientras se da en escena una consulta o un parlamento farragoso y ridículo por parte del burlador, que podría emparentarse así con aquellos locuaces excesivos de los que ya se ha tratado. El entremés en Moreto es, en realidad, el fragmento de una comedia, y se echa en falta un desarrollo más elaborado del argumento, que se da, en cambio, en sus otras piezas y en las de los demás autores que comparten con él este ciclo temático. En la primera mitad del siglo XVII el entremés *El doctor y el enfermo*, de Quiñones de Benavente, y *El sordo y el letrado* instauran ya la comicidad de este argumento, que tuvo descendencia en *El pleito del mochuelo* y en *Don Terencio,* de Juan de Matos. También *Descuidarse en el rascar,* atribuido a Monteser en la última parte del siglo, y *Francisco, ¿qué tienes?,* de Francisco de Castro, presentan el tema con algunas variantes. Otras obras en que se dan robos, como la titulada *El letrado,* aunque en este caso lo robado sea la bolsa, tienen en común con la de Moreto el modo en que se aleja el trapisondista mientras repite la frase: «ireme poco a poco», que, en la pieza de Moreto, Guijarro transformará en «ireme muy poco a poco», repetida hasta siete veces antes de que su criado Pantoja se lleve a la mujer que su amo desea. Otra variante de la frase es la que entona don Gerundio en el entremés titulado *Don Terencio,* cuando se hace pasar por zapatero y le dice al vejete Terencio, padre de la mujer que desea su amigo, una vez que ésta acaba de escapar: «poco a poco / se levantará», y versos más adelante le sugiere que «se levante poco a poco». En el mismo ciclo semántico del hablador que entretiene a su víctima mientras se gesta un robo, está el entremés *La mula,* de Cáncer, aunque en este caso lo que se roba sea un animal.

Y si la burla tuvo hasta el momento las caras del robo, más o menos violento, para conseguir un provecho material en distintas escalas, vinculado en ocasiones con la ascensión social, existen también un conjunto de piezas, estrechamente vinculadas entre sí, en que se da un hurto, o al menos intento de él, que es el del honor en varias de sus versiones, ya sea el afectado el marido engañado o el padre celoso en extremo de una hija, en ocasiones bastante más casquivana de lo que él supone y desearía. Respecto a la primera de las variantes apuntadas, Moreto coincide en fechas y tema con Calderón cuando, en 1663, se imprimen en la misma colección su entremés *Los galanes* y el *Guardadme las espaldas* calderoniano, ambos protagonizados por el cornudo y bobo Lorenzo, nombre también del protagonista de *El cortacaras* y de *Los cuatro galanes* moretianos, insertos todos ellos en el mismo ambiente de crítica del matón. Sin embargo, a pesar de la coincidencia en el título, esos entremeses son muy distintos de *Los cuatro galanes,* de Quiñones de Benavente, que representó Roque de Figueroa, y en que Fabia es la pedigüeña que tiene cuatro amantes. En 1676 se reimprimió la obra de Calderón en *Flor de entremeses* con el título *Los cinco galanes* y atribuido por error a Moreto. Todas ellas se refieren al tipo de cobarde que busca un valentón para que defienda su honor, aunque es éste el primero que le convierta en cornudo y se encargue, además, de propinarle una paliza. El tema estaba ya en la comedia *Cornelia,* de Timoneda, y alcanzó gran éxito en *La guarda cuidadosa* y en los entremeses de Lope. Moreto lo incorporó a una obra temprana escrita para una fiesta de San Juan, a la que tituló *Alcolea* (h. 1640), muy alabada por Cotarelo, quien indicó que «ni Cervantes ni Molière han concebido situación cómica más exquisita», en referencia al pasaje que se desarrolla entre los versos 177 y 204 [Cotarelo, 1911: I, XCI-XCII].

*El cortacaras,* de Moreto, coincide también en alguno de sus motivos con el entremés *El toreador,* de Calderón, impreso en la colección antes citada del año 1663. En ambos, la mujer reta al varón que la pretende a demostrar su valor y también en las dos obras el hecho de conseguirlo es el que le gana el favor de la dama y facilita el final feliz de ambas piezas. El tema tenía precedentes en otros títulos, como en *El amigo verdadero,* de Gil Enríquez. Todas estas piezas parecen tener una de sus fuentes en el cuento boccacciano *Cornudo, apaleado y contento,* que se transformó en el refrán castellano: «cornudo y apaleado, mandadle que

baile o mandadle bailar», final que está también en estas piezas que suman a los palos el baile que les sirve de epílogo [Lobato, 1991a]. Moreto
satiriza de nuevo a los matones en su estupendo entremés *El cortacaras*,
al que Cotarelo calificó de «preciosa sátira contra el matonismo» [1911:
XCI-XCII]. La figura del valiente pertenece ya a un momento evolucionado del entremés, pues no había valientes en el teatro de Lope de
Rueda, y se repite a menudo en los entremeses áureos. Puede trazarse
un retrato bastante completo del protagonista a través de piezas como
*Antonia y Perales, Pelícano y Ratón, El paseo al río de noche, El retrato vivo,*
*El examinador, primera parte, La entrada de la comedia* o *Las visitas.*

 Relacionado de algún modo con los anteriores está *La Mariquita* (a.
1659), también protagonizada por el bobo Lorenzo «que es más simple
que Juan Rana» [v. 16], pero que suma a su escasa inteligencia el hecho
de ser sobrino del doctor y, por tanto, un buen partido económico.
Quiteria, la graciosa, logra convencerle con la ayuda de dos amigos de
que se ha casado con ella la víspera y le exalta sus múltiples virtudes,
al paso que le promete varios hijos, entre los que está la futura Mariquita
que, curiosamente, dio nombre a la pieza. Termina el entremés con el
vejete, tío del simple, aceptando la boda. La pieza, titulada de forma más
razonable *El casado sin saberlo,* fue refundida con el título *El bobo casa*
*do.* En el mismo ciclo que *La Mariquita* podría también inscribirse *El*
*casado por fuerza,* de Sebastián de Villaviciosa, en que se trama un embeleco contra don Gil para casarlo y, cuando responde de modo afirmativo a la pregunta de una dama, le hacen creer que ha dado su
consentimiento al matrimonio. El simple casado es también el protagonista de *La boda de Juan Rana,* representado ante el rey al que se llama
«Gran Filipo», y atribuido a mano a Francisco de Avellaneda en el índice de *Rasgos del ocio* [segunda parte, 1664: 25-33], y a Cáncer en *Floresta*
*de entremeses* [1691: 149-157], en que visten de dama al actor y le convierten en doña Juana Rana.

 Y si de honor trataba el motivo ya visto en *El cortacaras,* o, más bien,
de la incapacidad del marido cornudo por defenderlo, una vez cerrado
el paréntesis del casado de forma inadvertida, otra variedad del motivo
fue la ridiculización del vano intento de un padre por proteger la supuesta honestidad de su hija, amenazada por amantes disfrazados que
tratan de pasar inadvertidos frente al vejete. Este argumento resultó muy
rentable en el teatro breve y Moreto lo llevó en distintos momentos a

los entremeses *La Perendeca* (1639) y *El reloj y los órganos* (a. 1664). También en estas piezas la mujer había escondido a los amantes bajo esteras, artesas, fuelles y anafes, como sucedió en *Las esteras* y en *Los degollados,* este último atribuido a Calderón. Otras piezas anteriores incorporaban la misma burla, como el *Entremés sin título,* anónimo de fines del siglo XVI y el de *Los sacristanes burlados,* de Quiñones de Benavente. A fin de siglo Francisco de Castro construyó sobre este tema las dos partes de *El órgano y el mágico.* El recurso al disfraz propiciaba, como puede suponerse, los palos que el vejete propinaba al objeto simulando no saber quién se escondía en su interior. Las pocas veces que golpeaba de modo inocente era el público quien ocupaba una situación de superioridad respecto a lo que ocurría en la escena al saber cuál era en realidad el efecto del vareo, al modo de los *gags* que todavía hoy pueden verse en funciones circenses. El género pasó al siglo siguiente en entremeses como el de *El mico,* fechado hacia 1732, en que se hace figurar al pretendiente primero disfrazado de mono y después de santo, mientras la enamorada le rinde culto aparentemente, sin que al parecer su padre descubra la verdadera identidad de la talla fingida.

Por otra parte, algunas de las obras que se acaban de mencionar tuvieron como primeras figuras a sacristanes enamorados, que solían protagonizar las piezas breves representadas con autos durante el Corpus, como recoge Bernardo de Quirós en los versos de *Los sacristanes burlados* y testimonian los manuscritos de *El reloj y los órganos,* de Moreto, y de *Los degollados,* de Calderón, representado este último con su auto *Los sueños de José* en 1670. Al mismo grupo de fiestas para el Corpus pertenecieron piezas como *Los sacristanes burlados,* de Quiñones de Benavente, un tiempo atribuido a Moreto, y el ya citado del siglo XVIII, *El mico.*

Entre los personajes que están presentes una y otra vez en el teatro breve de Moreto no extrañan tipos como los vistos: maridos cornudos, mujeres burladoras, sacristanes, valientes de mentira, padres y parientes celosos de honras familiares; pero hay otras reiteraciones que pertenecen de modo más exclusivo a Moreto, como es, por ejemplo, el hecho de que cuatro de sus piezas breves y una de sus comedias incorporen la figura de un esportillero. Sucede en *Doña Esquina, El hambriento, La Perendeca, El reloj y los órganos* y en la comedia *Trampa adelante.* Este oficio era uno de los más bajos en la pirámide social de su época, señalado siempre por su pobreza y su aspecto despilfarrado.

Los entremeses de burlas fueron, como se ha tratado de señalar en líneas anteriores, los protagonistas de la mayor parte de este tipo de piezas representadas en corral, pero también en la calle y en ámbitos palaciegos. En lo que respecta a este tercer espacio de representación, las fiestas de la corte desarrollaron un proceso muy consumista de obras teatrales y llegaron a constituir una de las circunstancias más proclives a la composición de obras dramáticas. Muchas de estas fiestas contaron con la presencia de miembros de la casa real, en ocasiones mentores de esas fiestas dramáticas y en otros casos sólo receptores, pero siempre conscientes de que el espectáculo dramático proyectaba una imagen política, además del *delectare* inherente a ese tipo de fiestas [Lobato y García, 2003].

Este mismo factor de producción acelerada, que se intensificó a medida que avanzaba el siglo XVII, propició también el efecto consumista en el teatro breve. Las piezas cortas compartieron escenario con las más extensas con notable éxito, pues por cada comedia, por ejemplo, se contó con tres o cuatro obras de menor duración, lo que incrementó el ritmo de composición de estos géneros. Tanto en los sitios de recreación del rey como en los corrales de comedias las piezas breves de carácter burlesco, cuyos principales argumentos se han examinado, convivieron con otras de distinto signo y contenido, resultado en ocasiones de la propia evolución de los espectáculos parateatrales y teatrales.

Uno de los motivos más apreciados en los escenarios vinculados con las fiestas de la corte fue el del teatro en el teatro, presente en piezas que desarrollaron como argumento principal el mismo proceso creativo de una obra literaria para palacio. De este tipo fue *El alcalde de Alcorcón* (1658), de Moreto, en que varias villas de los alrededores de Madrid comisionaron al gracioso Juan Rana para que diese a Mariana de Austria la enhorabuena por el nacimiento de Felipe Próspero, ocurrido el 28 de noviembre de 1657. Las referencias al cargo y al lugar que da nombre a la pieza, alcalde de Alcorcón, la ponen en relación con las mojigangas *El mundi nuevo* y *Los títeres*, de Suárez de Deza, representadas hacia 1662, en que también hay un personaje con las mismas características. En otros casos, diversos reinos se personificaron para acudir a festejar al recién nacido, como en *Las fiestas de palacio,* escrito por Moreto para la misma ocasión.

Moreto, habitual en ese ámbito, trabajó para un grupo de comediantes que frecuentaban la corte en aquellos años. Entre ellos estaba
Cosme Pérez, Juan Rana, quien protagonizó dos entremeses en que el
dramaturgo combinó sus destrezas con las referencias metateatrales. En
*El ayo* (1662) Juan Rana es un barón extranjero que trata de asimilar
en poco tiempo las costumbres de la corte española, mientras en el entremés titulado *La loa de Juan Rana* (1662), escrito para festejar el santo de su majestad, este actor parodia las actuaciones de varios de sus
compañeros, entre los que se encuentran algunos de los mejores actores de su siglo. Esta pieza sirvió también de presentación de una compañía teatral, en la línea de la *Loa entremesada para la compañía del Pupilo*
(h. 1658). Éstas y otras piezas, representadas a menudo en presencia de
miembros de la familia real, juegan desde sus versos con esta circunstancia y reúnen alabanzas a los presentes en una apretada síntesis final,
hasta poderse enmarcar en lo que Farré Vidal [2003] ha llamado la dramaturgia del elogio en su libro dedicado a las loas de Agustín de Salazar.

Sin que sepamos con seguridad cuál fue el escenario de la representación, Moreto llevó también a otras de sus obras cortas la vida teatral de la época, como sucedió en *El vestuario* (1661), pieza costumbrista
y a la que cabría calificar de una de las mejores de su siglo, que puede
ponerse en relación con *El ensayo*, de Andrés Gil Enríquez, o con *La
entrada de la comedia* y, más de un siglo después, con *El teatro por dentro*,
de Ramón de la Cruz.

Como si el teatro tuviera entre sus fines reformar costumbres o, al
menos, para llamar la atención de una sociedad sobre sus vicios y alteraciones respecto a un orden establecido y deseable, los dramaturgos incorporaron a sus piezas personajes que encarnan defectos personales o
sociales, a los que se deja en evidencia, se satiriza y se castiga, hasta conseguir en ellos un cambio que repare el orden perdido. Entre esos tipos
merecedores de castigo Moreto incorpora a su entremés *Las galeras de
la honra* a un grupo de hombres y mujeres esclavizados por los «puntos
de honra»: una dama cornuda que malvive recibiendo en su casa a la
amante de su marido por miedo a la opinión ajena, un hombre al que
otro reta a duelo sin que el primero conozca los motivos, y una niña
que quiere casarse pero sus padres han planeado para ella el estado religioso. Ninguno de ellos tiene fuerza para oponerse a la voluntad ajena, por más que ésta les haga infelices, y por eso son merecedores del

castigo de galeras. En positivo, el tema se encontraba en el entremés *Los holgones*, de Juan Vélez de Guevara, en que, satisfechos los tipos que lo protagonizan de tener diversas lacras, como son pobreza, enfermedad, desdén de la amada, celos, desgracias y mal carácter, procuraban sacar algo bueno de ellas. El de Moreto incorporó al mundo entremesil, además, la referencia al castigo de galeras, que protagonizó también otras piezas cortas como *Los forzados de amor,* de Armesto y Castro.

Y, puestos a escarmentar, Moreto construyó el entremés *El retrato vivo* (h. 1657), protagonizado por Juan Rana, en que su mujer, harta de sus celos, le hace creer que está pintado y convoca a sus galanes que ante él comen y beben, sin que pueda unirse a la fiesta. Guarda relación con *El invisible*, de Hoz y Mota, donde se burla a un marido celoso haciéndole estar presente mientras los pretendientes en escena entregan regalos a su mujer, y con *El astrólogo tunante,* donde Lorenzo, el marido simple de doña Bárbula, sufre también la venganza de sus celos. En los tres casos, los maridos reciben palos como castigo a su actitud.

*El retrato vivo*, de Moreto, anterior a julio de 1657, podría también ponerse en relación con *El retrato de Juan Rana* (1663), de Rodríguez de Villaviciosa, y con la pieza del mismo título de Solís (1657), escritas ambas quizá a raíz de la pintura que se hizo a Juan Rana, según sugiere Bergman [1966], y que se conserva en la Real Academia Española. Además, en cuanto que presenta al protagonista confundiendo realidad/irrealidad de forma ridícula, en el caso de Moreto a través del juego con la pintura, de profundo sabor barroco, el entremés recuerda la pieza titulada *El espejo,* de Melchor de Zapata, en que el Pablillos no distingue entre espejo y ventana, y se lía a golpes con la figura que refleja.

Por último, entre los destinados a presentar una conducta indeseable y a tratar de escarmentarla en escena estaría *La reliquia* (a. 1658), pieza en que Moreto critica la actitud de una mujer soberbia y desobediente a su marido, que le rechaza por su pobreza y a la que sólo la amenaza de violencia física, el palo o «reliquia», parece detener en un entremés quizá inconcluso en la versión que recoge la colección *Teatro poético* (1658), y que está más completo en *Flor de entremeses* (1676), aunque en este segundo caso sea otra versión de la misma pieza. La obra se inserta en la tradición del cuento del agua de virtudes [Thompson, 1955-1958: 1429], presente desde Alcalá Yáñez a Hartzenbusch. La trama de la burla del cuento estaba protagonizada por dos mujeres. Tras las cuitas de la primera, que se lamentaba de ser a menudo golpeada por su marido, una vecina le entregó como remedio una redoma de agua encantada, mientras fingía compadecerse de la mujer maltratada y le aseguraba que la mujer que tuviese en la boca un sorbo de ese agua, sin tragarlo ni escupirlo, se vería libre de que su marido la golpease. Cuando éste llegaba al lugar de la escena, extrañado del silencio de su mujer que normalmente tenía muy mal carácter, la respetaba sin volver a pegarla. Recoge este argumento también Chevalier [1978: 87]. El mismo relato aparecía ya en textos del siglo XVI, como *El Buen Aviso*, de Timoneda; el *Tratado del amor de Dios*, de Avendaño; y la *Vida política de todos los estados de mujeres*, de fray Juan de la Cerda. En la pieza de Moreto el cuentecillo está al final, mientras que el argumento principal desarrolla el asunto inverso de las cuitas de un marido a quien su mujer regaña continuamente. Para darle ánimo, un amigo le regala la reliquia que tiene la propiedad de dar valor a quien la posee. El cambio de protagonismo en el entremés puede corresponder a la superioridad que se adjudica a la mujer en el teatro breve áureo.

En menos ocasiones el teatro breve recoge motivos y temas de otras procedencias, como en el entremés *La campanilla* (h. 1661), de Moreto, en que la *hora de todos* está marcada por el sonido de una campanilla. Se recuerda así el tema del árbol del pecador, que empezó a desarrollarse en la iconografía del siglo XVI, en que Cristo aparece tocando una campana colgada de las ramas de un árbol que es cortado por la muerte y en cuya copa aparecen gentes disfrutando de los placeres terrenales. A fines del XVI tuvo una gran difusión a través de un grabado de Jerónimo Wierix, impreso en Amberes. En la pintura del XVII fue muy apreciada la obra del pintor sevillano Ignacio Ríes, quien pintó un magnífico lienzo sobre el tema para la capilla del almirante Pablo de Contreras en la catedral de Segovia. Su influjo se extendió también por Hispanoamérica [Navarrete Prieto, 1998 y *Juegos de ingenio y agudeza*, 1994]. El motivo pasó a la literatura, para muestra valga recordar la obra de Quevedo *La hora de todos,* publicada por primera vez en 1650. En el entremés el sonido de la campanilla trae la detención de las personas y acciones que lo oigan hasta el fin del mundo, excepto en el caso de que la música venga a romper el hechizo, lo que sucede al final de la pieza. La obra de Quevedo trae «un mundo al revés» cuando la Hora atrapa a alguien, con la consiguiente inversión de los hechos, como ha estudiado Riandère La Roche [1979].

## 2. *Loas*

Sólo han llegado hasta nosotros tres loas de Moreto, que son las tituladas: *Loa para los años del emperador de Alemania, Loa sacramental para la fiesta del Corpus de Valencia* y *Loa entremesada con que empezó en Madrid la compañía del Pupilo.* Como se puede observar ya a partir de sus títulos, pertenecen a subgéneros distintos, por lo que pueden servir de muestra de su modo de trabajar en uno de los géneros dramáticos más representativos de su época. Las tres comparten el ser *loas entremesadas* en que el texto dramático convive con otras artes, como son la música y la danza. Es, sin embargo, el desarrollo argumental, establecido a partir del coloquio entre los personajes, lo que las incardine de lleno entre los géneros dramáticos.

Cada una de ellas tiene en común con las demás el sincretismo artístico, pero se diferencia de las otras en aspectos nada secundarios como son su contenido argumental, el espacio en que se representaron y las peculiaridades de sus personajes. La *Loa sacramental para la fiesta del Corpus de Valencia* (h. 1650) celebra la fiesta que le da título y estuvo protagonizada por personajes alegóricos propios del género, como son Ignorancia, Noticia, Sabiduría, Entendimiento y Alegoría. En la loa se hace referencia a su posición antes de un auto que, según hemos presentado en primicia en un trabajo anterior [Lobato, 2003: 12], fue la representación del auto calderoniano *El Año Santo en Roma* que tuvo lugar en Valencia al inicio de la década de los años cincuenta. No era éste el primer trabajo de Moreto para las fiestas del Corpus ni sería tampoco el último, puesto que había participado ya en otras fiestas del Corpus, por ejemplo, a fines de los años treinta en que se representó en el Corpus de Sevilla su entremés *La Perendeca,* y en 1656 se hicieron de nuevo en el Corpus sevillano loas e intermedios suyos, no localizados hasta ahora, por los que sabemos que cobró 900 reales.

La loa para el Corpus valenciano glosa a lo divino el romance de Góngora «Servía en Orán al rey», poema del que también Moreto citó versos en el *Baile entremesado del rey don Rodrigo y la Cava,* compuesto para finalizar la representación de un auto sacramental a mitad de la década de los cincuenta, e impreso por primera vez en la colección *Autos sacramentales* de 1655. Se trata, por tanto, de una versión a lo divino dentro de lo que puede denominarse el ciclo de Orán, en que las referencias a la toma de Orán por lo españoles resultaron especialmente fecundas en la literatura española. Los romances que Góngora dedicó al tema entre 1591 y 1593, en cuyo número no se pone de acuerdo la crítica, son buen ejemplo del interés que suscitó el tema. Por otra parte, nos hemos ocupado en otro lugar de apuntar la posibilidad de que Moreto fuera también el autor del *Baile de Servía en Orán al rey,* impreso por primera vez en 1664 [Lobato, 2003: 125-126].

Los personajes de esta loa de Moreto personifican el Entendimiento, potencia del alma, a la que se suman la Noticia, Sabiduría, Alegoría e Ignorancia. Presenta, pues, una variante respecto a uno de los temas más antiguos de este tipo de composiciones, emparentado con los debates en torno a la fe, que surgieron al amparo de la filosofía escolástica. El argumento pasó durante el Siglo de Oro a las loas eucarísticas, pues resultaba muy rentable para defender las verdades de la fe frente a las elucubraciones de la razón humana, representada en las tres potencias humanas que se presentan a menudo personificadas en las piezas. Voluntad, Memoria y Entendimiento están también en la *Loa famosa sacramental de los tres [sic] sentidos corporales,* anónima, representada en Madrid e impresa en 1664, cuyo título, por cierto, no responde a su contenido sino al del auto al que precedió, que fue el de *Los cinco sentidos corporales.* Los mismos personajes están también en la *Loa sacramental de las tres potencias del alma,* de López de Armesto, impresa en 1674 en su libro de teatro breve. Impresa en ese mismo libro de 1664 está la *Loa famosa sacramental entre un galán llamado don Carlos, que representa la Sabiduría, y entre Bras, villano, que representa la Ignorancia,* personaje éste, la Ignorancia, que hace el papel de gracioso rústico en la loa de Moreto. En ella se glosa con gracia el romance gongorino, como se ha indicado ya, en una de las loas entremesadas más extensas de su época, con sus trescientos sesenta y tres versos.

Moreto establece relaciones en su loa con textos de autos de Calderón cuando, por ejemplo, explica el significado del término alegoría, y dice por boca de la Mujer de su loa: «alegoría es aquélla / que de un sentido traslada / a otra significación, / conque lo que suena engaña» [vv. 47-50], que recuerda el muchas veces citado pasaje del auto calderoniano *El verdadero dios Pan.* La pieza se inserta por tanto en una tradición que afecta a su temática general y a aspectos más concretos, como el señalado, en que el poeta trata de definir un concepto difícil para los espectadores de ese teatro, como era el de la palabra alegoría, y lo consigue con gran precisión.

De género muy distinto es la *Loa para los años del emperador de Alemania* (1655), que se inserta en la tradición panegírica de piezas concebidas para palacio y llevadas a escena en un espacio cortesano por personajes alegóricos, representativos de las naciones que se unen para honrar a Fernando III el 13 de julio de 1655, conmemoración de su nacimiento. Esta pieza representa una variable dentro de las loas que tuvieron como escenario la corte madrileña. Por una parte, tiene la peculiaridad de ser toda ella cantada y, por otra, celebra a un personaje que no pertenece al círculo más estrecho de los reyes y sus hijos. Desde el título sabemos que se hizo para el hermano de Mariana de Austria, Fernando III. La celebración festejaba, además del cumpleaños del monarca que cumplía aquel 13 de julio de 1655 cuarenta y siete años, la unión de los reinos de Hungría, Bohemia y Lombardía, expresada a través de un parangón poético entre las tres coronas y las flores de la naturaleza que tejen los personajes alegóricos de España y las Virtudes. Contó también con la presencia como espectadores de la reina y del rey, al que se llama Filipo en los versos finales, y a quienes se hace referencia por medio de diversas metáforas. Se trató, pues, de una loa palaciega que precedió a una comedia, sin que sea posible determinar su título. No conservamos otras loas de Moreto que, sin embargo, podemos suponer que existieron sin mucho margen de error, como fue lo habitual en un dramaturgo vinculado a palacio en múltiples ocasiones.

La tercera pieza conservada de Moreto, *Loa entremesada con que empezó en Madrid la compañía del Pupilo* (h. 1658), es un magnífico ejemplo de loa de presentación de compañía. El género tenía como fin dar publicidad a un grupo de comediantes determinado al comenzar la temporada teatral, dos veces al año, en Pascua y al iniciarse el otoño. Su iniciador fue Agustín de Rojas, pero sería Quiñones de Benavente quien compuso algunos de los mejores ejemplos que sirvieron de acicate a otras composiciones durante el siglo, hasta que se perdiese la costumbre a fines del siglo XVII. En todo caso, se trató de uno de los subgéneros más constantes en el panorama teatral español de la época. Algunos ejemplos son la *Loa con que empezó a representar Rosa en Sevilla*, anónima, la *Loa para la primera comedia que representaba en cada ciudad la compañía de Prado,* escrita por Solís, que, aunque es poética, aporta datos de

mucho interés sobre la composición de la compañía y el papel asignado a cada comediante, y la *Loa por papeles de Avellaneda para palacio, Rosa
y su compañía,* posterior a 1653.

Francisco García, *el Pupilo,* tuvo compañía propia desde 1648 y no
debió de ser ésta la primera loa que se le dedicaba. Si la de Moreto se
hizo en la temporada 1657-1658, también Diamante escribió una para
presentar en la corte al mismo grupo en 1657, impresa en la colección
*Rasgos del ocio* en 1661. Coinciden ambas en ocho de los actores, incluido *el Pupilo,* y en los largos parlamentos que tuvieron como protagonista a Isabel de Gálvez, quien hacía de *primera dama* en la compañía
y establecía una rivalidad con Francisca Verdugo, que al parecer estaba
enferma. En la pieza de Diamante, *la Gálvez* se niega a ocupar el puesto de Francisca, mientras que en la de Moreto reclama ese puesto, acusando a Francisca de habérselo quitado. La entrada de Francisca Verdugo
en el palenque a lomos de un caballo propicia un enfrentamiento entre las dos actrices en la pieza de Moreto. Si la actriz estaba enferma
cuando Diamante hizo su pieza, se había recuperado ya en la representación de la obra de Moreto, por lo que podría suponerse que fue posterior. En todo caso, no deja de tener interés la hilazón dramática entre
estas dos obras.

La pieza de Moreto tiene como tema principal la locura de los cómicos que formaban parte del grupo de Pupilo, y, en ese sentido, debió sentar un precedente para obras como la *Loa para la comedia «La
mejor flor de Sicilia, Santa Rosolea»,* de Salazar y Torres, destinada a presentar a la compañía de Félix Pascual en 1668 ó 1669. La pieza de
Salazar finge que los cómicos de Félix Pascual se habían vuelto locos
en Toledo y sólo la llegada a Madrid consigue volverles a la razón.
También en la obra de Moreto era la palabra *Madrid* la que les volvía
a la cordura, pero varían, sin embargo, los rasgos de la locura, pues en
la obra de Moreto, Escamilla cree ser maestro de capilla, Juan de la Calle
piensa que es Felipe II y Juan González se cree autor aquel año, mientras Salazar y Torres hace que sus actores adopten en la primera parte
de la loa el papel del personaje mítico que representaban con más frecuencia en los teatros. El tema de la locura de uno o varios cómicos se
presenta de nuevo en el baile *Los locos,* de Bernardo López del Campo,
en que actuó Juan Rana.

En todo caso, las tres loas de Moreto se incardinan perfectamente en el modo de componer y en los argumentos de su época, aunque destaquen por la coherencia de su estructura, por la resolución de los argumentos y por la poesía de sus versos.

## 3. *Bailes entremesados*

Los ocho bailes dramatizados que se conservan de Moreto suponen un número importante en su producción, si los comparamos con los que otros autores escribieron, y constituyen un testimonio de la afición de Moreto por la música, que se observa también en otras de sus obras, como ya se destacó. Algunos de ellos, sin embargo, oscilan en su denominación según las fuentes impresas y, así, además de figurar como *baile dramatizado*, reciben el nombre de *mojiganga,* como la de *El rey don Rodrigo y la Cava* en la colección de piezas cortas del siglo XVII titulada *Inventiva rara* y en la edición de Valladolid realizada en la imprenta de Alonso del Riego durante el siglo XVIII. Sin embargo, en los versos finales la pieza se autodenomina *baile* [v. 141], como también el de *El Mellado* [v. 179] y el titulado *La Zalamandrana hermana* [v. 101], aunque en estas ocasiones no haya fluctuaciones de adscripción genérica al no existir más que un testimonio. También *La Chillona* [v. 121] se autodenomina *baile*, si bien el manuscrito del siglo XVIII que se conserva de la pieza [Biblioteca del Instituto del Teatro de Barcelona, ms. 47054] la llama *entremés*, a lo que Cotarelo puntualiza: «aunque se llama entremés es baile, pues aparte de lo que cantan, al final dice: Que demos fin al baile / que todo es chanza» [Biblioteca del Instituto del Teatro de Barcelona, ms. 47054, nota autógrafa de Cotarelo]. Esta cohabitación de los nombres *baile/entremés* estaba presente ya en piezas de Quiñones de Benavente muy anteriores, como *El doctor Juan Rana* o *El soldado.* Una especificación del título es la denominación de *baile burlesco* que aparece en algunos de los testimonios de las piezas que tienen ese carácter, como en *El conde Claros* [Biblioteca Nacional de España, ms. 16291/15], pero que no está, sin embargo, en otros bailes de este género escritos por Moreto, como *Lucrecia y Tarquino* o *El rey don Rodrigo y la Cava,* que la merecerían también. Como es sabido, esta fluctuación de títulos era

habitual en estos géneros y, en general, en buena parte de la dramaturgia áurea, carente hasta el momento de un análisis genérico definitivo.

De los ocho bailes de Moreto, cinco son entremesados: *El rey don
Rodrigo y la Cava* (a. 1655), *El Mellado* (1651), *Los oficios* (1658), *La
Chillona* (1657) y *La Zalamandrana hermana* (1664), que combinan partes habladas con otras cantadas, mientras que parece que fueron sólo
cantados *Lucrecia y Tarquino* (a. 1655), *El conde Claros* (h. 1655) y *El cerco de las hembras* o *La guerra de amor* (1662). En la edición de cada uno
de ellos se mantiene el nombre que les dan las fuentes manuscritas e
impresas, sin especificar su calidad de entremesados o cantados. En este
sentido, los bailes moretianos se ajustan a los requerimientos del género, aunque escaseen en ellos las partes efectivamente bailadas, pero no
se cumple la premisa, indicada por Cotarelo en su *Colección* de piezas
breves de este período, de que es raro que un baile tenga como tema
un episodio histórico.

Entre ellos, tres corresponden a bailes burlescos de materia tradicional, centones de romances, como los citados en el párrafo anterior, en
que Balbín ve una construcción escénica común a partir de una anécdota histórica y trágica, conocida por el público, lo que permite una
economía en la exposición de los hechos. Así, aunque quizás Moreto
no conoció la farsa sobre Lucrecia que Juan Pastor escribió en 1528, sí
pudo entrar en contacto con otras versiones dedicadas a esa figura, que
también estarían en la mente de sus espectadores. A partir de la materia tradicional, los personajes dramáticos que la protagonizaron la desarrollan con una serie de notas comunes, entre las que se encontraría la
transposición del tiempo histórico, el desplazamiento del lugar, la ambientación en un nivel social inferior, la exageración de los caracteres
escénicos, la degradación de los móviles que desencadenaron la acción
de los protagonistas, el truncamiento de los procesos psíquicos de los
personajes y, de modo especial, la conversión del sentido trágico de la
anécdota al sentido cómico [Balbín, 1942: 85].

Otros tres son de contenido ajacarado: *El Mellado* y *La Chillona,* que
podrían también haberse llamado *jácaras entremesadas,* a los que puede
sumarse el titulado *Los oficios,* en que, si los jaques no forman parte del
acervo tradicional como en el caso de *El Mellado* y *La Chillona,* el desarrollo del enfrentamiento entre un grupos de vendedoras de la plaza
recuerda en todo el ambiente germanesco. Moreto conocía bien la tra-

dición de las jácaras y no dudó en incorporarlas a estas piezas. Por fin, el denominado entremés de *Alcolea* o *La noche de San Juan,* representado en esa ocasión presenta la figura de una mujer que canta la vida ajacarada de Manquillo.

Las otras dos piezas nominadas como bailes son obras de burlas con carácter misógino y presentan el enfrentamiento entre un hombre y una mujer casados, en *La Zalamandrana hermana,* y entre un grupo de mujeres pidonas y el hombre que trata de huir de ellas en *El cerco de las hembras.* Tanto por sus temas como por el tratamiento que hacen de ellos, estas dos últimas piezas podrían incardinarse entre los entremeses, pero lo que las asocia al baile dramatizado es que la música no sólo está en el baile final, como era habitual, sino que se localiza en distintos lugares de la pieza.

De sus bailes, tres están cantados de principio a fin: *El cerco de las hembras* o *La guerra de amor* parece cantado completo con sus escuetos noventa y dos versos y también *Lucrecia y Tarquino* en que se combinan parlamentos con una media de dos versos por personaje, precedido de una letra más larga inicial entonada por la Música, hasta completar los ciento setenta y cuatro versos del total de la obra. El esmero en su construcción puede ponerse en relación con que se trató de un baile para palacio, como testimonian las referencias del final a las personas reales. Sin ellas, pero con una construcción muy semejante, está el baile *El conde Claros,* cantado y bailado todo él, que no debió hacerse muy lejos del anterior. Los otros cinco combinan partes cantadas con otras representadas, aunque en ocasiones resulte difícil concretar si el texto se recitó o se cantó porque faltan indicaciones escénicas que lo determinen. Así sucede en *Don Rodrigo y la Cava, El Mellado, Los oficios, La Chillona* y *La Zalamandrana hermana,* de los que el último es el que contiene más parte bailada. Varios se localizan en una zona de fechas de algo menos de diez años, los que van entre 1657 y 1664, en que Moreto escribe, al menos, *La Chillona* (1657), *Los oficios* (1658), *El cerco de las hembras* (1662) y *La Zalamandrana hermana* (1664).

Los subgéneros en que Moreto se mueve dentro del baile entremesado son habituales en su época, aunque sus producciones destacan entre las mejores, excepto quizá *El cerco de las hembras,* pieza que debió de escribir en muy poco tiempo. Los bailes burlescos que toman materias del acervo de las jácaras, por ejemplo, son muy comunes en el siglo XVII.

Algunos ejemplos serían los de *Los valientes Sancho el del Campillo y Talaverón, Añasco, La galera, La Rubilla* y *El Chápiro [de Antequera]*, que Cotarelo atribuye a Moreto o a Villaviciosa, y *La Pulga y la Chispa*, de León y Merchante. La misma temática tienen piezas como *Añasquillo, El corcovado de Asturias* y *El galeote mulato*, todas ellas de Suárez de Deza, que prueban hasta qué punto su difusión llegó a todas las capas sociales, puesto que se representaron en palacio. También fueron muy comunes los bailes entremesados construidos como centones de romances, del tipo *Servía en Orán al rey, Los corales, El gigante cristalino* y *El pastoral*, todos ellos anónimos.

Entre los músicos que intervinieron en su teatro cabría destacar que varios de los que aparecen en las piezas cortas de Moreto no parecen realizar ese oficio, sino el de actores, quizá en un intento de ganarse la vida con un salario complementario. Se cita a Juan Mazana, que actuó cantando «*a modo de jácara*» [acot. vv. 36-37] en la representación que se hizo de *La Perendeca* en el Corpus sevillano en 1639, donde también estuvo el músico y actor Pedro Jordán. Trabajó en su *Loa entremesada con que empezó en Madrid la compañía del Pupilo*, de 1658, el músico Gregorio de la Rosa, uno de los mejores de su época. En la misma pieza *Pupilo* lamenta que ya no está en su grupo Juan de Malaguilla, quien el año anterior compartía tablas con Gregorio de la Rosa [Cotarelo, 1911: I, CCXXVIII]; ni Gaspar Real, otro buen músico de aquellas fechas, al que elogia Manuela de Escamilla en esa loa [vv. 15-18]. El mismo Gaspar Real actuó en el entremés *El vestuario* de 1661 junto a otro músico, Diego Carrillo, sin que haya indicaciones de que desarrollaran algo más que el papel de comediantes.

Moreto incorporó danzas a su teatro; entre las que están algunas de las más conocidas de la época. *El Baile entremesado del rey don Rodrigo y la Cava* se hizo al final de un auto sacramental antes de 1655. Todo él fue cantado y bailado, con escuetos versos representados entre las partes cantadas, y desarrolló en forma narrativa su argumento ayudándose del baile, como las danzas tradicionales del Corpus; se dice, por ejemplo, en acotación: «*salen tantos como están en el tablado de moros, y habiendo dos bandas en forma de batalla, y quedan en dos alas*» [vv. 116-117]. Se cantan en él romances de Quevedo, Lope de Vega y Góngora, además de otros del acervo tradicional. En cuanto a los bailes que incluye, destacan las referencias al baile de Juan Redondo, citado en acotación, del que se recitan y bailan versos. Se trataba de un baile bien conocido en la época, que ya Quevedo incluyó en su baile *Los galeotes* y que el mismo Moreto llevó también a su baile *El conde Claros*. Las acotaciones referidas a la parte bailada incluyen referencias a que se hacen mudanzas. Recoules señaló que este tipo de bailes son la «degradación progresiva de un género poético eminentemente nacional», como Menéndez Pidal indicó, el cual veía sus antecedentes en la poesía burlesca de Góngora, su intensificación en la de Quevedo y su pleno desarrollo en la de Moreto, de Cáncer y de Juan Vélez de Guevara. El crítico francés indicó también que en tiempos de Felipe IV Moreto, Cáncer, Juan Vélez de Guevara se divertían convirtiendo sobre la escena en disparates las grandes leyendas nacionales que antes se dramatizaban épicamente [Recoules, 1973: 10-11].

En las tres piezas moretianas se da en más de treinta casos en cada una de ellas lo que Bergson llamó «interferencia de series»; es decir, parlamentos dramáticos pertenecientes al acervo tradicional y conocidos de todos que guardan sólo una mínima congruencia con el contenido general de la obra y, al ser oídos, provocan en el receptor la sensación de algo conocido y la extrañeza de la nueva incardinación. Estas contaminaciones se suelen hacer en las redondillas, muy abundantes en estos tres bailes, que se escinden entre dos primeros versos correspondientes al asunto que se trata y dos siguientes contaminados, extraídos de la memoria popular. El procedimiento fue habitual en los géneros burlescos, especialmente en los bailes y en las comedias.

El baile *El conde Claros* no tiene indicaciones de que sus versos se cantaran o bailaran. Sin embargo, algunos de ellos pertenecen a bailes de la época, como *la gallarda* [vv. 63-64], o se cita el de *Juan Redondo* [vv. 23-24] y se incluye un verso típico de la *danza de hacha* en el verso 119. No muy lejos de *El conde Claros* y del baile entremesado *El rey don Rodrigo y la Cava* debió componer Moreto el de *Lucrecia y Tarquino,* pues los tres coinciden en el desarrollo burlesco de la trama, apoyada en la escenificación y en citas comunes. El de *Lucrecia y Tarquino* añade, además, la referencia al baile *el galán de Mariblanca* [vv. 79-80], y al *guiriguirigay* en su variante *grigirigay* [vv. 97-100], que una dama propone bailar ante la puerta de Lucrecia muerta. Termina la obra con citas del baile del *trébole,* que se repite tres veces con variantes entre los versos 161 y 174.

Se describen los pasos de los bailes con más detenimiento en el entremés *El alcalde de Alcorcón,* representado en 1658. La acotación indica que salen de villanos «*todos los que puedan, con cantarcillos y pucheros, al son de órganos*» [vv. 128-129], y comienzan a bailar seguidillas mientras recitan los versos. A ellos se unen un grupo de labradoras con los que alternan parlamentos y bailes, con cambios de personajes para cada seguidilla, lo que produce un efecto de movimiento importante. Se mencionan pasos de baile como vuelta en el puesto, cruzado, abajo y arriba, dos corros, afuera y juntarse, atrás con quebrados, dos bandas, por de fuera, abajo, por dentro, canten y bailen todos, de fuera y acabar. El entremés, a pesar de su título, tiene pues algo menos de la mitad de sus versos cantados y bailados, lo que pudo estar propiciado por tratarse de una pieza para palacio, como documentan los versos finales.

El baile *El cerco de las hembras,* de 1662, sólo incluye la noticia de una mudanza en la edición de *Parnaso nuevo* (1670), pero si miramos con atención la de la misma obra en *Jardín ameno* (1684), se conservan más noticias de pasos de baile: cruzados, corros, vueltas hechas y deshechas, cruzados, corros, por de fuera y mezclarse, cruzado y cruzado doble. En cuanto a *La Zalamadrana hermana,* de 1664, a partir de unos breves parlamentos iniciales recitados, se canta y baila toda la obra. Los versos musicados son romances y es el estribillo: «¡a la Zalamandrana, hermana! / ¡ay, ay, ay! de la Zalamandrana», repetido en cuatro ocasiones en el transcurso de la pieza, el que aglutine los movimientos de baile, que son cruzado, bandas, deshechas, eses, bajar, corros y corro grande. En ese estribillo se repite *¡ay, ay, ay!,* que recuerda el baile antiguo ya en la época de Lope de Vega, como él mismo indicó en *El premio del bien hablar,* pero que perduró durante todo el siglo XVII en obras dramáticas breves como *La casa de Amor,* con variantes en sus letras.

El teatro breve de Moreto es, en fin, un buen exponente de los géneros breves, con algunas obras de primera línea, entre la que estarían entremeses como *El vestuario* (1661), *El retrato vivo* (1657), *La reliquia* (a. 1658), *La campanilla* (h. 1661), *El cortacaras* (h. 1658) y *El aguador* (a. 1661). No parecen desmedidos algunos de los elogios que ha recibido, entre los que destaca la afirmación de Cotarelo de que, después de Cervantes y de Quiñones de Benavente, Moreto fue el mejor entremesista del siglo XVII, aun incluyendo a Cáncer, Calderón y Villaviciosa [Cotarelo, 1911: I, XCI]. Este reconocimiento se ha extendido a su producción completa, hasta recibir el calificativo de que es el poeta dramático «más representativo del tercer cuarto de la centuria» [Vitse, 1984: I, 593] y «el mejor de los discípulos de Calderón» [Wilson y Moir, 1985: 214].

EDICIONES

MORETO, Agustín, *A critical edition of nine farces of Moreto,* ed. Samuel Abraham Wofsy, Tesis Doctoral, University of Wisconsin, 1927.

—, *Loas, entremeses y bailes de Agustín Moreto (II),* ed. María Luisa Lobato, Kassel, Reicheberger, 2003, vol. 2.

IX. CÁNCER, por *Pietro Taravacci*

Son escasas las noticias sobre la vida de Jerónimo de Cáncer y Velasco. Hasta los últimos años la mayoría de los datos (además de los que se deducen de su obra poética) procedían de La Barrera [1860 y 1969: 62-64] y de Cotarelo [1911: I, LXXXIV-LXXXVIII]; sin embargo, las recientes y valiosas tesis doctorales de Rus Solera López [2005] y de Juan Carlos González Maya [2007], dedicadas a la obra poética de Cáncer, han llevado a cabo una extraordinaria labor de investigación biográfica que, por un lado, confirma la escasez de los datos presentes en todo tipo de archivos y bibliotecas de Aragón, región de origen del autor, y, por el otro, han intentado sacar los datos posibles tanto de su obra poética como de testimonios de otros ingenios contemporáneos.

Hijo de Fadrique Cáncer y Mariana de Velasco, nace en Barbastro (Huesca) a finales del siglo XVI, entre 1598 y 1599 —pero hay quien retrocede la fecha a 1582 [Díaz de Escovar, 1901: 392]— de familia noble a la que perteneció el «célebre jurisconsulto» Jaime Cáncer. Mas, a pesar de su nobleza, vive «pobre y estrechamente», según dice La Barrrera; y el propio Cáncer confirma su misma actitud de poeta pedigüeño, en una de las poesías que dirige al conde de Luna (del cual fue contador) quejándose por el retraso con que éste le pagaba su sueldo. Del mismo modo sabemos que pidió ayuda al conde de Niebla y en más de una ocasión al duque de Medina Sidonia (al que llamaba su «sastre mayor», en cuanto le regalaba sus vestidos usados). Por esta actitud Cotarelo le compara a poetas como Villasandino y Antón de Montoro [Huerta Calvo, 1999a: 261]. Sabemos que en 1626 estaba casado con María o Mariana de Ormaza, de la cual tuvo una hija. El escritor murió el 2 de octubre de 1655 en Madrid, por un ataque de apoplejía. En su aprobación a las *Obras varias*, de Cáncer, Calderón de la Barca alaba las dotes intelectuales de su contemporáneo. Lo mismo hace Juan de Zabaleta, que en la dedicatoria «a quien leyere», del mismo volumen, dice: «uno de los escritores que merecen amor, aplauso, veneración y premio es don Jerónimo de Cáncer, ingenio a quien Dios hizo gracia de toda la poesía». También Bernardo de Quirós lo incluye en el cortejo de Apolo y Aurora, en *Obras… y aventuras de don Friolera* (Madrid, 1656). Viceversa no se incluye en la *Fama póstuma* (1635). De todos modos la fama de la cual gozó Cáncer en su siglo y en el sucesivo está demostrada por las diez ediciones de sus *Obras varias*, entre 1651 y 1761; así como el *vejamen* escrito por él mismo atestigua su presencia en la vida intelectual que se desarrollaba alrededor de la corte de Felipe IV. Esta obra, la única publicada bajo el control del propio autor, recoge su producción poética e incluye la comedia burlesca *La muerte de Valdovinos* y unas once jácaras que, según recuerda Cotarelo [1911: I, LXXXV], se cantaron en los teatros de la corte. Tan sólo en el ejemplar A (Biblioteca Nacional de España, R 20038) se editaron también la *Loa que presentó Antonio de Prado* y *El pleito de Garapiña, entremés famoso* (de dudosa atribución). Jerónimo de Cáncer es autor de unas veinte comedias escritas en colaboración con Calderón, Moreto, Martínez de Meneses, Matos Fragoso, Rojas Zorrilla, Rosete y Sigler, Luis y Juan Vélez de Guevara, Villaviciosa y Zabaleta; y de tres comedias burlescas, en cuyo género destacó: dos escritas en solitario (*La muerte de Valdovinos* y *Las mocedades del Cid*) y una en colaboración con Juan Vélez de Guevara (*Los siete infantes de Lara*).

Su producción teatral breve comprende: 1) tres loas; 2) siete bailes, incluyendo los entremesados; 3) once jácaras; 4) treinta y ocho entremeses.

## 1. *Loas*

*El pronóstico* (*Autos sacramentales*, 1655 y 1675) es una loa sacramental donde intervienen dos Ciegos y la Fe acompañados por los Músicos, que van repitiendo estribillos. Del texto se deduce que se compuso para representarse en Sevilla. Cotarelo [1911: I, XXV] no esconde su juicio negativo hacia esta loa aparentemente dialogada, donde, de hecho, la Fe en un estilo «pedestre» va pregonando una retahíla de pronósticos relativos al Sacramento, apropiándose de un papel tradicionalmente atribuido a los ciegos.

La *Loa Sacramental para el auto del «Gran palacio»*, de Francisco de Rojas, se publica en *Autos sacramentales* (Madrid, 1655) y el título lleva la apostilla «es a lo villano». Cotarelo [1911: I, XXV] la define «muy linda y graciosa». El texto proporciona datos muy útiles para contextualizar la fiesta del Corpus a la que venía destinada. Del diálogo entre Pascual y Gila, dos cómicos que intentan llegar al rey para que anule el embargo a las representaciones de la compañía de Antonio de Rueda, se desprende que es de 1647.

La *Loa que representó Antonio de Prado* —publicada tan sólo en el ejemplar A de *Obras varias*, 1651 (Biblioteca Nacional de España, R 20038) mientras que en *Joco Seria* (Madrid, 1645) resulta de Benavente [Cotarelo, 1911: I, LXXXV]— es una loa dialogada y un buen ejemplo de las «de presentación de compañías». Junta hasta dieciséis personajes en una rara escenografía hiperbarroca que representa un árbol «con muchos nichos, en que están todos los de la compañía», según dice la acotación. Es notable el tono alegre y el elegante dinamismo que alcanzan los interlocutores, con el intento precipuo de disponer favorablemente al público de Madrid.

## 2. *Bailes*

En Cáncer los cuatro integrantes del baile parecen encontrar un equilibrio, que no siempre permite encasillar el texto en una tipología precisa; tendencia que el autor revela con introducir el baile en muchos desenlaces de sus entremeses. No siempre el autor se amolda a la estética abstracta y fantástica ni al carácter alegórico que se le atribuye a este género de piezas breves. Del *Baile del Capiscol* Cotarelo observa que sobresale entre los escasos que ideó el autor. El texto —*Flor de entremeses*, 1676, y *Vergel de entremeses*, 1675: el mismo pero atribuido a Sebastián de Prado y con distintos nombres de las personas— es evidentemente un baile entremesado, como se ve por el tema y el desenlace. Pues a Sebastiana (o Quiteria, según las ediciones) se le fue su soldado y se queda desamparada, su criada Micaela le aconseja que se acoja a lo sagrado y dé entrada al Capiscol. Al volver el soldado ella hace como si no lo conociera, hasta que «sacan a Capiscol» y, después de que la mujer infiel se justifica, todo termina en baile (*Corro, cruzado* y *vueltas*).

El *Baile de la Zalamandrana* (Biblioteca Nacional de España, ms. 17683) es un breve texto que se desarrolla alrededor de la «riña» entre Toribio y su mujer Teresa, la cual se queja de cómo él la maltrata y la pega. En el medio está Bernarda intentando que los dos hagan paz, y lo consigue con el baile y las guitarras. Por el hecho de que hay una sola acotación, resulta que el elemento dominante es el verbal cantado.

El *Baile entremesado de los hombres deslucidos* fue representado en el salón del Buen Retiro para la fiesta del día de San Juan de 1655 entre la segunda y tercera jornadas de la comedia burlesca de *La Renegada de Valladolid*. En el reparto resulta que todos los papeles fueron representados por actrices de la compañía de Osorio. En este texto, donde predomina el «integrante» verbal cantado, el tono y la estructura son los típicos del género, que propone de forma satírica una revista de hombres a los que se les puede acusar de «deslucidos» por haber gastado su dinero sin lucimiento ni provecho, y «se perdieron sin saber cómo ni cómo no».

*La fábula de Orfeo* (*Autos sacramentales*, 1675) es un buen ejemplo de cómo en el baile la materia verbal puede sufrir acomodaciones al canto y a la mímica. El tema clásico, cantado en sonoras redondillas, se contamina cómicamente a través de las frecuentes citas de conocidísimos romances que transforman a los personajes de Orfeo y Eurídice en puros mecanismos de un espectáculo festivo que acaba en una serie de palabras sin sentido que todos los bailarines pronuncian en el conjuro final en tanto que Plutón, como dice la acotación, «*va dando golpes con una vara [...] y van saliendo doce luces por debajo del tablado*».

El *Baile de los ciegos*, que nos ha llegado manuscrito [Simón Palmer, 1977: 9, n. 93], representa la boda entre un ciego y una ciega, llamada

Lucía, y de los celos que el novio le tiene, hasta decirle que «no ha de mirar a nadie». El tono y el estilo son decididamente cómicos y comparten el gusto por la paradoja.

El *Baile entremesado de Menga y Bras* fue publicado en *Tardes apacibles* (Madrid, 1663). Aunque el íncipit es idéntico al de Benavente [Biblioteca Nacional de España, ms. 15403 y Cotarelo, 1911: II, 839-840], es otro; y asimismo hay que distinguirlo del *Entremés de Blas y Menga*, del propio Cáncer. El hilo conductor es el de dos personajes que, en la alegre «porfía» a la que dan lugar, y bajo un registro festivo y algo disparatado, revisan su precedente vida de personajes de romancero; así que su patética muerte por amor se atribuye a causas muy concretas y burdas. Las acotaciones de la segunda parte (con su «repiten», «cruzado hecho y derecho», «van dos», «echan por fuera») evidencian la importancia del componente propiamente coreográfico.

*Las naciones* (*Rasgos del ocio*, 1664 y *Arcadia de entremeses*, 1691) es un baile entremesado que en su primera edición se atribuye a Avellaneda (atribución confirmada por Cotarelo) aunque Buezo [1993: 422] lo considere de Cáncer.

### 3. *Jácaras*

Todas las jácaras de Cáncer son monologadas y cuentan con tono alegre (de acuerdo con la definición que da Corominas de este género) la historia de una vida o «la fechoría de tipos criminales». Cotarelo señala las que tuvieron más éxito, como la de *Torote de Andalucía*, del *Mulato de Andújar* (que nos presenta el Mellado, uno de los jaques más populares de su tiempo) o la del *Ñarro de Andújar*, «muy cantada y celebrada» [Corarelo, 1911: CCLXXXI], y también la del *Zurdillo*. Pero la más apreciada pareció ser la de *Periquillo el de Madrid* (que aparece en el *Entremés del sordo*). Todas éstas coinciden en presentar las extrañas historias de unos jaques (asesinos, ladrones, condenados, verdugos), en una perspectiva disparatada que va en busca de la complicidad del oyente. Otras dos, no mencionadas por Cotarelo, son: *Hoy me ha pegado mi rufo*, donde una mujer cuenta cómo su marido al salir de la cárcel sigue pegándola, y *El Entruchón de Baeza*, donde un famoso ladrón da unos consejos a un «hujuelo maniaco», para que sea ladrón digno del ilustre linaje que el niño tiene. Cuatro de las jácaras son a lo divino: *A Santa Catalina de Sena, A San Juan Bautista, A San Francisco, A San Juan Evangelista en el martirio de Latina*. Arrastradas por el impulso verbal y la dinámica paródica de la jácara, las figuras de los santos se vuelven bizarros personajes, cuyas vidas se nos relatan con el brillo de un léxico jergal que, en contraste con el modelo original del fondo, produce comicidad, como cuando se dice que Santa Catalina después de casada con Jesús «dió en hazañera la Pizca / y hacía muchos milagros / de los trabajos que vía».

### 4. *Entremeses*

La abundante producción entremesil de Cáncer, que le procuró una considerable fama, se caracteriza por su tendencia a presentar una variada «galería» de personajes de su tiempo y de la realidad urbana; su cuidada estructura y sus efectos sorprendentes; y asimismo por su estilo en el cual se evidencia la fuerte connotación satírica y disparatada del lenguaje que se acerca al de las comedias burlescas del mismo autor. Algunos textos más que otros (especialmente los protagonizados por Juan Rana) funcionan como una exhibición de habilidad lingüística de tipo lúdico y experimental; pero en general el enfrentamiento entre fuerzas y en definitiva personajes opuestos (tan necesario al entremés) procede más que nada de una acusada sensibilidad hacia el juego de la contienda verbal sin otros fines. En la producción entremesil de Cáncer destaca también la tendencia a estratificar motivos y personajes de distinta procedencia.

A falta de manuscritos autógrafos y por el desinterés del propio Cáncer en publicar su teatro breve, no resulta fácil fechar con seguridad sus entremeses y darles un orden preciso. Por esto se presentará su producción entremesil según la cronología en que los textos se publicaron en distintas colecciones, a partir del *Entremés de la pedidora*, aparecido en *Entremeses varios* (Zaragoza, s. a., 1640, según Vázquez [1995: I, n. 66 (3.)], 1670 según Cotarelo [1911]) que supuestamente acoge por primera vez un entremés atribuible a Cáncer, aunque el texto se haya atribuido a Calderón en la edición de *Tardes apacibles* (Madrid, 1663).

*La pedidora* es un bello entremés de figuras protagonizado por el tipo de la mujer pedigüeña y estafadora de gran habilidad. De hecho, todo el entremés consiste en una «lición» que Lucía le da a Teresa de cómo tiene que actuar una profesional en sacar provecho de los hombres. La acción progresa a partir de un libro donde Lucía toma «cuenta y razón» de lo que pide. A través de la lista de los nombres a los que la mujer ha dirigido sus peticiones, se abre un pequeño desfile de tipos que se presentan primero indirecta y luego directamente. Cada uno de los hombres ha sido víctima de una estafa por parte de Lucía, la cual, lejos de preocuparse por la venganza de los engañados, y desafiándoles otra vez, enseña a su amiga cómo salir del apuro. Cuando las figuras mencionadas salen a la escena, se nos presentan situaciones muy animadas donde luce el lenguaje poéticamente rebuscado del Licenciado, o se establece una dialéctica entre el vejete tacaño y la ávida mujer, que no se conforma con los distintos frascos de aguas con que el vejete sustituye las enaguas que ella le encargó. De la misma forma siguen apareciendo el Capitán y el Tratante, hasta que llega un toro que ataca al Capitán y «revuelca» tanto al Capitán como al Gracioso. Cáncer, aquí como en otros textos, evidencia su tendencia a mezclar distintas tipologías.

*La regañona y fiesta de toros* es un entremés que hasta hoy [véase Taravacci, en prensa] ha quedado tan sólo manuscrito (Biblioteca Nacional de España, ms. 14515) con letra de fines del XVII. En otro códice del XVIII lleva el título de *La mal acondicionada* (Biblioteca Nacional de España, ms. 16919), con el cual lo señala Cotarelo [1911: I, LXXXVII], pero, al contrario de lo que afirma Simón Díaz [1960-1994: VII, 376], no es exactamente el mismo pues presenta variantes y sobre todo cortes significativos. Presenta la situación de don Blas que tiene que hacer frente a su amada, mujer de pésimo carácter, un día que se encuentra sin ventana para los toros. Un amigo le sugiere cómo echarle la culpa a su amiga mostrándose enfadado; pero siguiendo consejo de unas amigas se muestra muy gentil y amorosa, tanto que le impide a su amante cualquier posibilidad de actuar el engaño. La mujer no cede a ninguna de las provocaciones de don Blas, que intenta darle celos. Por lo tanto, al final a don Blas no le queda nada más remedio que revelar la verdad.

*La mula* es otro texto que ha llegado manuscrito (Biblioteca Nacional de España, ms. 14089, fechado en 1721, y en otros dos, del siglo XIX, de la Biblioteca del Instituto del Teatro de Barcelona) y aparecerá en la edición crítica moderna de todo el teatro breve de Cáncer [Taravacci, en prensa]. Comparte con muchos textos de la época el afortunado tema del engaño que el Gracioso, ayudado por un cómplice, hace a costa del Vejete, que tiene guardado el objeto de su deseo. Aquí la burla es variante de un mecanismo que muchas veces es de argumento amoroso. Pedro, el Gracioso, revela desde el principio su deseo de robar la mula del médico, el vejete, y lo consigue con la ayuda de Almagro, supuesto criado, fingiendo que a éste se le había roto el vaso de la orina de la hermana de Pedro, que traía al médico. Para que Almagro vuelva a sacar otro vaso el doctor le presta su mula, y él de hecho se la roba. Mientras tanto, Pedro tiene empeñado al médico con una charla larga y disparatada, hasta que éste lo echa al darse cuenta del engaño del que ha sido víctima.

El *Entremés del Sordo y Periquillo el de Madrid* (cuya figura central aparece en una jácara del propio Cáncer) se estrenó en 1649, en ocasión de la llegada de Mariana de Austria (a cuya venida se alude en los últimos versos, nombrándosela «Sol de Alemania»), pero se imprimió por primera vez en *Autos sacramentales* (Madrid, 1655) y después en *Rasgos del ocio* (Madrid, 1661) con el título de *El reo*, texto que presenta algunas variantes, unos cambios en los nombres de los personajes y mayor precisión en las acotaciones, aunque en general es de menor rigor textual. El dueño de un coche con su cochero se paran queriendo hacer descansar las mulas, pero cuando el dueño le pide al cochero que mate las mulas, éste se niega y los dos empiezan a reñir. A un hombre que sale, que, como observa el dueño, «sordo es sin duda, y sordo rematado», el dueño le pregunta si conoce a un cochero, para sustituir el suyo que le ha «salido un zorro». Interviene un Valiente pidiendo que el dueño del cochero le preste las mulas para ayudar a otro coche que se había quedado atascado en el río. En el diálogo vivaz y disparatado intervienen las mujeres del coche con la niña, que, salidas ya del apuro, aprovechan la ocasión para cenar, bailar y cantar la jácara del Periquillo el de Madrid.

*El pleito de Garapiña* (así como la *Loa que representó Antonio de Prado*) aparece sólo en una de las cuatro ediciones de las *Obras varias* fechadas 1651 [Cotarelo, 1911: I, LXXXV; Solera López, 2005: CLII-CLIII] donde resultan anónimas, pero Cotarelo las atribuye respectivamente a Moreto y Quiñones de Benavente. Aunque quede abierta la cuestión atributiva colocamos este entremés entre los de Cáncer. De acción casi inexistente es el cuento que le hace don Antolín Garapiña a un Letrado acerca de la situación amorosa increíblemente enmarañada de su hija, pretendida por muchos hombres que a su vez están relacionados entre sí. El diálogo entre los dos se desarrolla a través de continuas preguntas del Letrado, que no entiende nada, y la repetición del lema «ireme muy poco a poco» por parte de Antolín, en un deslizamiento lingüístico y de identidad que resulta sin solución ni explicación. Por su brevedad y estilo el texto se aísla un poco de los demás entremeses del mismo autor.

Escrito para representarse en 1655 ante los reyes (según se desprende de los últimos versos), en los *Autos sacramentales* del mismo año se publica también el *Entremés del Portugués*, que en *Autos sacramentales y al nacimiento* (1675) lleva el título de *Mogiganga del Portugués*, y en un manuscrito de la Nacional [ms. 14089] es titulado *El Mesón del Portugués*. Hay otro texto, distinto de éste, pero indicado como *Entremés del Portugués*, muy defectuoso [Simón Díaz, 1960-1994: VII, 387; Taravacci, en prensa]. La complicada situación editorial evidencia la popularidad del motivo y del entremés mismo. Del primero Cotarelo [1911: I, LXXXVII] dice que es uno de los mejores en cuanto «los personajes son caracteres y caracteres cómicos», y su asunto se parece algo al de *El reloj y genios de la venta*, de Calderón. En *El portugués* domina el gusto de pintar el ambiente (tan típico del entremés, así como de la novela picaresca) del mesón, o venta, lugar ideal para que, como se da en esta calurosa noche de verano, se encuentren distintos tipos humanos, uno de los cuales es el Portugués, un caballero que de hecho es un majadero presumido, con su afán de reñir a toda costa. Destaca el recurso estilístico de imitar cómicamente el habla portuguesa, así como el tono satírico con que se ponen de relieve los rasgos tópicos, y en particular las manías, de los distintos personajes: caballero, alcalde, acomodado. La dinámica espectacular llega a su cumbre cuando cada uno, entrando en conflicto con el otro, presume de ser muy famoso y se niega a dar cuenta de su identidad. El entremés termina con un baile protagonizado por un grupo de bailarines portugueses. Este texto demuestra, junto con otros como *Las lenguas*, la afición de Cáncer a retratar figuras de extranjeros basadas en tópicos caracteriales y jergales.

*La burla más sazonada*, publicada anónima en *Autos sacramentales* (Madrid, 1655), con el título de *La fregona*, y luego recogida en la edición de *Autos sacramentales* de 1675, según Cotarelo ha de ser de hacia 1638. A los pocos días de llegar a Madrid, Casilda (en las «Personas» sale como *Casildilla, fregona*), moza manchega, hace creer a unos caballeros que es una gran dama, pero el enredo termina cuando se descubre el engaño. En el primer coloquio con la vieja Corruga son de notar las ridículas y torpes hipérboles que la moza usa para convencerla de su noble alcurnia. En cuanto Segovia, el alquilador de trajes, vea el peligro de perder su dinero, revelará el engaño de las dos mujeres, y Casilda tiene que quitarse todos los vestidos, incluso el guardinfante. El final de este texto revela decididamente cierta misoginia que a menudo aflora en el autor.

Después de la primera impresión en *Autos sacramentales* (Madrid, 1655) el *Entremés del sí* ha tenido varias ediciones y títulos que dan testimonio de su fama hasta finales del siglo XIX. Quedan también copias manuscritas tanto del siglo XVII [1692, *El sí y la almoneda*] como del siglo XIX [Simón Palmer, 1977: 10, n. 98]. Cotarelo [1911: I, LXXXVII] ha definido acertadamente este entremés «lindo y gracioso». Se basa en la superioridad de los engañadores en aprovechar a dos tipos de víctimas, o sea, el bobo, usado como instrumento y las víctimas que padecen materialmente. Es de notar la perfección con que los dos ladrones van preparando la treta, aprovechándose de la «sencilla rudeza» del Gracioso, dispuesto a disfrazarse de gran señor para que ellos puedan robar a un Almonedero y una Mujer. El Gracioso resulta retratado con una fuerza que remite a las modalidades de los pasos de Lope de Rueda, tanto por la presencia del tema del hambre como por los recursos gestuales que integran escénicamente la viveza verbal. Al bobo se le promete que comerá como un rey con tal de contestar siempre «sí» a cada pregunta, alternando con «es mucha cosa». Perfectamente dividido en sus tres partes, el entremés consigue su «ejecución» con la llegada del Almonedero y su mujer, víctimas designadas, aunque prevenidas contra los robos. El engaño se trama ante nuestros ojos hasta llegar a su punto álgido cuando al Almonedero, de una forma inconsciente, y por eso más cómica para el público, le entra la sospecha:

ALMONEDERO        Digo, aquestos criados
                  no quisiera que fueran redomados,

y se llevasen lo que os he vendido:
¿pareceos que con todo se habrán ido?

COSME            Sí.

ALMONEDERO       ¿Qué sí decís con flema tan melosa?
                 Gran tonto parecéis.

COSME                            Es mucha cosa.

[*El sí, Autos sacramentales*, 1655: 197v.]

Y, en fin, con la falsa identidad del Barón, que es el simple Bartolillo, se descubre la burla gorda. La perfección estructural del entremés se confirma al comprobar cómo las fórmulas que el Gracioso tiene que repetir automáticamente siempre son funcionales al desarrollo de la acción dramática, y asimismo cómo la repetición del «sí, sí, sí», de la canción final, llega a ser cifra del ingenioso engaño.

El *Entremés del cortesano* (*Teatro poético*, Zaragoza, 1658 y *Tardes apacibles*, Madrid, 1663) es un entremés de caracteres o de personaje. El eje dramático es el enfrentamiento entre dos tipos opuestos, es decir, entre el Gracioso (don Resmes en la primera versión) que sabe aprovechar la vida cortesana y don Blas, que es persona humilde y reservada. El primer diálogo entre los dos es como un retrato del ambiente cortesano de tono costumbrista e intento satírico a la vez, que apunta sobre todo a la hipocresía. La acción dramática busca su progresión en el momento en que don Resmes quiere enseñar a su discípulo cómo debe actuar un cortesano; y por eso anuncia implícitamente la realización de un engaño a costa de cualquiera que se le presente. Igual que en *Los hombres deslucidos*, aquí se llama hábilmente la atención hacia lo que va a suceder a continuación. El primer encuentro es con un acreedor, a quien el embustero promete mucho, pero acaba castigado; lo mismo le toca al cortesano con tres tahúres que en lugar de darle el dinero le tildan de «embustero», «mequetrefe», «busca vida» y le dan todos con sus capas. Después de varios tentativos para aprovecharse de los demás, don Resmes acaba manteado por unos hombres que acompañan a sus propias damas. Éste es el desenlace del entremés impreso de 1658, mientras que la versión de 1663 termina con las preguntas que unas damas le hacen al gracioso y la justificación que él les da:

| (MAN.) | ¿De quedar tan burlado |
| | nunca se afrenta? |
| GRACIOSO | No, que guardo las burlas |
| | para las veras. |
| (MAN.) | ¿Para qué gasta tanto |
| | la cortesía? |
| GRACIOSO | Por conservar con ella |
| | cena, y comida. |

[*El cortesano, Tardes apacibles*, 1663: 27r.]

*Los putos*, publicado en *Ociosidad entretenida* (Madrid, 1668), es uno de los entremeses más representados, y se ha incluso refundido e imitado. A pesar del juicio negativo de Cotarelo [1911: I, LXXXVII], que sin duda por razones morales lo define «un disparatón sin pie ni cabeza», es también uno de los más divertidos, según reconoce su editor moderno [Huerta Calvo, 1999: 262]. Aquí se asoma el tema del afeminado, presente en otras piezas breves de la época (el *Marión*, de Quevedo; *Los mariones*, de Quiñones de Benavente), y más explícitamente se acude al tema de la carta mágica (*La hechicera*, de Benavente) que enamora a cualquiera que la lea. En *Los putos* Toribio, Gracioso, enamorado de una Menguilla que no le corresponde, encuentra a una Doctora vestida de bruja, la cual, temerosa de que Toribio revele su secreta identidad a su marido, le promete darle un papel mágico con el que el gracioso podrá hacer que Menga, al leerlo se muera de amor por él:

> Vesle aquí, que en sus escritos
> tiene tan fuerte violencia,
> que ha de morirse por ti
> la persona que le lea;
> no me descubra Toribio.
>
> [*Los putos*, ed. Huerta Calvo: vv. 58-62]

Pero el motivo fabulístico-popular se convierte en pura comicidad, pues no será Menga quien leerá la carta, sino el Sacristán primero y luego el Escribano, que se enamoran en seguida de Toribio, y al final también el Alguacil; hasta cuando llega la Doctora, quien con romper la «roceta» hace que termine el hechizo. Una de las tres copias manuscritas del siglo XIX de la Biblioteca del Instituto del Teatro de Barcelona

[Simón Palmer, 1977: n. 117 (3)] lleva el título «más decoroso» de *El bobo enamorado*, que según Cotarelo [1911: I, LXXXVII] le puso un arreglador.

Antes de que se publicaran en las más conocidas colecciones de la época, en un volumen facticio fueron reunidos algunos entremeses sueltos,[24] cada uno de los cuales después del título y del autor lleva: «con licencia, en Madrid por Andrés García de la Iglesia, año de 1659». De hecho, en su casi totalidad los textos breves de Cáncer se editaron después de la muerte del autor. El grupo de entremeses impresos sueltos por el impresor madrileño es el siguiente: *Los galeotes*; *El Hambriento y los ciegos*; *La ronda*; *La Zarzuela*; *El Tamborilero*; *Los golosos de Benavente*; *La Mariona*. Se trata de textos que no entran en los veintiséis entremeses contados por Cotarelo [1911].

El *Entremés de los galeotes* —que se volverá a imprimir anónimo en *Vergel de entremeses* (Zaragoza, 1675), con pocas variantes y unos versos más en el baile final— se centra en la figura popular del alcalde necio. Es de caracteres y presenta una gran cantidad de personajes en una situación muy dinámica: la confusión que nace al llegar un carro lleno de galeotes. Se enfrentan personajes como el Comisario y el Alcalde (gracioso, al que en las acotaciones se le nombra como Juan Rana) en relación al peligro que se podría correr si el famoso delincuente, Matalotodo, que allí va preso, lograra liberarse de los grillos (las «esposas», termino que permite juegos de palabra). El Alcalde gracioso reacciona según su típica pusilanimidad, que da lugar a disparates verbales muy típicos de Cáncer, como cuando el Gracioso le ruega a Chispilla, amiga del prisionero, que le apriete los grillos «lindamente»; o cuando Matalotodo amenaza matarle mil veces y él contesta: «con menos tengo yo harto». El prisionero huye y el Alcalde, por la ley del «taleón», ya anunciada por el Comisario, se encuentra encarcelado en su lugar. La comicidad toca el puro disparate burlesco en cuanto el Alcalde, según sus prerrogativas de bobo, quiere dictar para sí mismo la sentencia que le condena a diez años de galera. Es de notar la jácara que canta uno de los personajes, que funciona como *mise en abîme* del tema del pri-

---

[24] Se conserva en la Biblioteca Nacional de España, R 31254, y en el lomo lleva escrito: «*Once entremeses. Madrid, 1659*».

sionero. Después de la aparición de un Bravo y la introducción de una danza de gitanos, una vez liberado el Alcalde, reaparecen Matalotodo y Chispilla y el entremés finaliza con un baile.

*El Hambriento y los ciegos*, o *Los ciegos del Serení y el hambriento*, distinto del *Baile de los ciegos*, y atribuido por García de la Iglesia a «un ingenio desta corte», resulta de dudosa atribución. El mismo, con variantes, indicado con el título de *Entremés de los ciegos del Serení* (en el frontispicio se dice: «Año 1700»), se recoge en el manuscrito 14089 de la Biblioteca Nacional de España, del siglo XIX, que lo atribuye a Cáncer y a Antonio de Zamora, cuya colaboración se daría tan sólo en el sentido de que Zamora (que nace cuando Cáncer ya había muerto) retomase un borrador y lo completase. El Hambriento, don Gil Ganasa, se encuentra en Madrid sin dinero y no sabiendo cómo saciar su hambre piensa pedir ayuda en tres distintas casas donde viven las mujeres con las que ha gastado toda su riqueza. Rechazado en las dos primeras, al llegar a la de Helena topa con dos ciegos y los sigue hasta un «figón» donde los dos tenían preparada una buena comida de albóndigas y vino. Don Gil se esconde debajo de la mesa, y de allí, como «convidado invisible», les va robando todo. El texto, que por un lado remite a los famosos episodios del jarro y de la longaniza entre Lazarillo y el ciego, deja intuir una dinámica gestual teatral parecida a la del famoso paso *La tierra de Jauja*, de Lope de Rueda. Cada uno de los ciegos sospecha del otro, pero cuando empiezan a apalearse sale el Hambriento a declarar su burla «del convidado por fuerza».

En el entremés *Los ciegos* (*Teatro poético*, 1658), luego publicado con el título de *Candil y Garabato* [Cotarelo, 1911: I, LXXXVI] con los nombres de los dos falsos ciegos protagonistas, se representa el engaño de dos estafadores que se fingen ciegos para robar a un caballero que les pide rezar la oración del *Apartamiento del alma y del cuerpo*. Se ha confundido con el precedente, pero es distinto y de esquema argumental casi opuesto [véase Simón Palmer, 1977: 11, n. 114 y 79, n. 879].

En *La Ronda* se vuelve a presentar un conflicto protagonizado por un Alcalde bobo, que esta vez se enfrenta con un Regidor proponiéndole que se echen a todas las mujeres del pueblo, porque son molestas como las langostas:

ALCALDE     Pues, ¿qué langosta como las mujeres?
            Pues cuando más la hacienda nos asuelan,
            si las quieren coger, saltan, o vuelan,
            y son tantas, que no hay orden, que se apuren,
            aunque con escopetas las conjuren.
            Vayan todas.

La iniciativa de hacer la ronda en el pueblo por la noche, que da el título al entremés, es otra ocasión para confirmar la insensatez del Alcalde, que a pesar de no saber qué es una ronda, quiere hacerla con mucho entusiasmo y rigor y bien proveído de todos los símbolos de su poder: una espada como muleta, la linterna, el ferreruelo, la vara, la rodela y la escopeta, todos elementos que hacen de este Alcalde un personaje disparatado y burlesco. El diálogo entre el protagonista y Madalena, su mujer, a la cual le pide que no abra la puerta antes de que llegue el día, remite al tema del maridillo, y hace uso de un registro metafórico sexual:

MADALENA    Clavaré las ventanas, y las puertas,
            clavaré[25] sin que pueda reportarme.
ALCALDE     Y aun a mí tenéis traza de clavarme.

De hecho, Madalena, aprovechando la ocasión que se le ha deparado, confirma su papel de mujer traidora y cantando da la señal para que salga su amante, el Barbero. La acción dramática se dinamiza en cuanto los dos amantes topan con la ronda, corriendo el riesgo de que se descubra la treta. Al salir dos Músicos y un Galán, el Alcalde empieza un disparatado diálogo con el texto de la canción, hasta que se ridiculiza definitivamente al bobo con alusiones escatológicas y dobles sentidos que subrayan, sin que el Alcalde se dé cuenta, el engaño de su mujer.

*La Zarzuela* es un entremés en que la figura rural de Juan Rana choca con el ambiente urbano y cortesano. En la narración, que coincide con la fase preparatoria de la burla, Lorenzo relata a un Amigo la burla que ha ido preparando a Juan Rana, prometiéndole que podría ser

---

[25] El uso intransitivo del verbo implica un sentido metafórico de tipo burlesco. Como testimonia el *Diccionario de autoridades*, «clavar» puede significar «engañar».

nombrado cazador del rey en la Zarzuela. Sale Juan Rana y con lógica disparatada cuenta a Lorenzo cómo ha venido a Madrid, durante cuatro días, más o menos, que no le parecieron nada. Juan Rana, encarnación del tipo del campesino bobo al que se opone el cínico ciudadano, es el blanco de una burla en primer término lingüística. El bobo habla de los animales del bosque como si fueran personas, juntando además un sin fin de boberías. Como en otras ocasiones (*La ronda*) este carácter alcanza una estilización figurativa de tipo decididamente cómico, así como se deja ver por los objetos con que viene cargado; lo que equivale a subrayar la fuerza escénica de este personaje. Se reconocen asimismo unos rasgos típicos de la comicidad verbal: cuando el bobo se dirige al perro prometiéndole que le hará hombre con tal de que él le muerda «con tiento» o cuando intenta coger de sorpresa a los conejitos, fingiéndose su amigo, o, en fin, cuando piensa haberlos matado todos de un tiro. La burla finaliza en el momento en que a Juan Rana, nuevo cazador del rey, le piden el «título» que, de hecho, no posee. Con una perfecta y paralela inversión de la humanización de los animales Juan Rana acaba transformado en jabalí por los burladores.

*El Tamborilero* nos presenta una situación conflictiva entre Jusepa y su marido, Mortero, que la persigue con el ruido de su tambor. Sin embargo, la situación en que interviene Carpeta, que hace de intermediario, es funcional a la presentación de la figura del marido, que proclama obsesivamente y sin ninguna lógica, casi obedeciendo a un insensato estribillo, su identidad de tamborilero. En su afán de identidad el tamborilero hace que en este entremés más que actuar se cuente. Cuando Jusepa, harta, se va, se descubre que el tamborilero actúa de esta forma extraña para declarar su amor a Ana, la hermana del Doctor. La escena de la declaración amorosa de Mortero a Ana aprovecha el motivo popular (presente asimismo en *La mariona*) del amante que dirigiendo a su amada las palabra que otro le «sopla», las destroza cómicamente. Otra vez Cáncer revela su afición al juego lingüístico. Mas la acción se hace todavía más espectacular cuando el Tamborilero, según le sugiere su enamorada, empieza a hacer gestos espantosos para que el Doctor se quede fuera, dejando tranquilos a los dos amantes. De hecho, el intento llega a su cumplimiento en cuanto el Doctor cree ver en la ventana el alma de una persona muerta. Sin embargo, la acción toma una fuerte aceleración con la llegada de la justicia, frente a la cual Mortero justifica su extraña acción acudiendo otra vez a su identidad de tamborilero. Los refranes cantados que dan término al entremés, mantienen la situación del triángulo amoroso formado por Mortero, Jusepa y Ana, y refuerzan los tipos entremesiles, presentándonos a Jusepa resignada y al Tamborilero más cínico que nunca. Este entremés de por sí es ejemplo de un engaño fallido.

*Los golosos de Benavente* se distingue por su escaso número de personajes y sorprende por la dinamicidad de la acción a pesar de que los personajes sean sólo cuatro. Sin embargo, la acción se justifica por la perfecta estructura que prescinde de cualquier rasgo realístico. Trata de la trampa que un vejete prepara para vengarse de los tres personajes que él mismo define «enemigos no escusados»,

> que quitarán los pelos a una rana,
> un Perico, un Lorenzo, una Marina,
> los tres autores de la golosina.

Llamándolos por separado, el vejete les encarga traer sabrosas comidas y bebidas a otras personas, pero atándoles las manos para que los tres golosos no se atrevan a robar. Destaca la plena caracterización del tipo del vejete, así como la hipocresía de los tres golosos y el uso del aparte, al que cada uno entrega su propósito de contravenganza. La acción dramática no tarda en dar sus frutos en el momento en que los tres golosos superan la imposibilidad de comer lo que traen consigo comiendo lo que trae el otro. Aquí la técnica dramática que lleva el autor a buscar una burla original encuentra un fenomenal respaldo en el movimiento escénico, que la acotación aclara de esta manera: «*Come Lorenzo los naterones del plato de Marina, y Pedro, y Marina en el de Lorenzo*». Y seguidamente asistimos a esta escena:

| PERICO | De verte me da risa, |
| | mas vendrás a comer con menos prisa. |
| LORENZO | Comiendo me deshago: |
| | amigo, Periquito, venga un trago. |
| PERICO | Espérate que quiero, |
| | pues traigo el jarro yo, beber primero. |

*Echa vino en el plato del pastel, y beben Perico, y Marina.*

El entremés, que desde el principio se inclina a la modalidad primitiva, no termina con un baile, sino «a palos» en contra no de los golosos, al revés, del «avariento viejo».

El entremés de *La Mariona* empieza con una refriega amorosa entre el Alcalde (que anda enamorado de una mujer cuyo nombre desconoce) y su mujer Madalena, donde sobresale el juego de los epítetos que con técnica paralelística los dos se intercambian, estando en el mismo despacho del Alcalde, frente al Escribano. Al irse la mujer, la escena nos presenta al Alcalde en su tarea de dictar sentencias, que en este caso son tan disparatadas como la de dividir en dos partes a un hombre que sirvió al mismo tiempo a un sastre y un aguador. Entre los presos está Mariona, la mujer que da el título al entremés, de la cual el Alcalde se ha enamorado sin ser correspondido. En la declaración que el Alcalde hace a la Mariona Cáncer aprovecha la comicidad verbal de los requiebros amorosos, basados en tópicos cultos, soplados por detrás y mal reproducidos por el enamorado. El enfrentamiento entre Mariona y Madalena acaba con un baile.

En *Laurel de entremeses* (Zaragoza, 1660) se edita el *Entremés de éste lo paga*, que igual que *El gigante* procede de cuentos populares. Presenta un Vejete, dueño de una venta, que se queja de un Gracioso su servidor por su incapacidad de obedecerle y de ejecutar cualquiera de las órdenes recibidas. El verdadero enredo empieza cuando el dueño tiene que salir y le recomienda a su servidor que tenga cuidado con los que quieren comer sin pagar. De hecho, dos hombres aprovechan en seguida la ausencia del viejo para engañar al servidor y contando sus empresas de soldados consiguen comer una abundante comida. Al final, fingen reñir por tener cada uno el privilegio de pagar hasta que uno de los dos propone que le tocará pagar al que el Gracioso coja jugando a gallina ciega y diciendo «éste lo paga». Los dos embusteros escapan y el gracioso coge al vejete en el momento en que regresa. Por fin reaparecen los dos hombres esgrimiendo las espadas y amenazando al vejete, pero intervienen las Mujeres que invitan a todos a «meter paz» con música sin renunciar a una velada denuncia de los valientes de «estos tiempos».

El *Entremés del Francés* se publica primero en *Entremeses varios* (Zaragoza, s. a., pero supuestamente en 1670) y después en *Flor de entremeses* (Zaragoza, 1676), así como en una suelta de Valladolid (s. a.). Es un entremés burlesco cuyo asunto aparece en otros autores. A partir de una básica misoginia, trata del deseo de don Juan de hacerse devolver la hacienda que ha regalado a doña Clara, y para eso se vale de la ayuda de Toribio, gracioso (y éste, a su vez de Francisca), el cual le promete sacarle del apuro con una estratagema. El gracioso, hablando una lengua «de cochino», y en definitiva llena de términos italianos, se finge un francés muy rico y generoso, según le hizo creer a doña Clara. El dinamismo escénico queda supeditado al disparatado diálogo entre el supuesto francés y doña Clara, que quedando impresionada por las insensatas promesas del gracioso, y sobre todo por una abundantísima «colachione» que el fingido francés encarga, le da dinero y joyas. En seguida, de una forma muy apresurada, y con la misma incongruencia con la cual se había desarrollado, se descubre la treta y el entremés termina con un baile donde el Gracioso invita a desconfiar de los extranjeros.

En *Ramillete de sainetes* (Zaragoza, 1672) se publican el *Entremés de testimonios* y el *Entremés del estuche*. El *Entremés de testimonios* se ha publicado modernamente por García Valdés (1985 y 2005). Es un entremés de burla amorosa: Lucía, queriéndose casar con Pedro, su amante, acepta el engaño que éste organiza, valiéndose de un gracioso, para que testimonie que el marido de Lucía ha muerto en la guerra. En la economía del entremés hay un perfecto paralelismo entre la fase preparatoria y la acción, porque en ambas partes la comicidad estriba en la acusada bobería del gracioso, incapaz de repetir lo que tiene que relatar. La repentina llegada del marido dinamiza la acción. Sorprende la sinceridad de la mujer que declara al marido su intención de «descasarse». Descubierto el engaño, la venganza se concentra en el gracioso, que corre el riesgo de que por su falso testimonio le saquen todas las muelas. Sin embargo, al son de las guitarras de la fiesta ya prevenida por su boda Lucía interviene a «meter paz». El *Entremés del estuche* se caracteriza por la agilidad verbal de su rápido diálogo. De ambiente ciudadano-callejero, exalta la inteligencia de la mujer, que consigue burlarse más de una vez de un don Gaiferos, el cual queda fascinado por su engañadora. En realidad, el texto es casi idéntico al *Don Gaiferos y las busconas de Madrid*, de Benavente [Cotarelo, 1911: II, 613-617], diferenciándose en que el entremés atribuido a Cáncer excluye el baile final.

En *Autos sacramentales y al nacimiento de Cristo* (Madrid, 1675) se publican tres entremeses —*Los gitanos, Libro de qué quieres boca, La burla más sazonada*, ésta ya editada anónima en *Autos sacramentales* (1655)—, el *Baile de Orfeo* y la *Mogiganga del Portugués*, que ya vimos. En *Los gitanos* se presentan los rasgos típicos de los gitanos que vivían en aquel entonces cerca de la Puerta de Santa Bárbara. Es un entremés de costumbres, protagonizado por los gitanos como personaje colectivo. Heredia y Blas desempeñan el papel de observadores y narradores de la abigarrada «tropelía» de los gitanos, que en la acción nocturna nos muestran sus engaños y su forma de vivir. Destacan las populares agudezas y la superstición de la gente gitana, las riñas amorosas, cierta tendencia a la hipérbole; todo eso en un ambiente festivo donde resuenan coplillas y octosílabos tradicionales.

Igual que *El cortesano*, el entremés del *Libro de que quieres boca*, a través del diálogo entre doña Blanda y doña Dura, presenta el tema de lo ridículo de algunas modas de aquel «tiempo vano» en que «es gala romper lo que está sano». Las dos mujeres, además, compiten en relatar sus habilidades de ladronas capaces de salir de cualquier apuro, hasta que deciden juntar sus fuerzas para hacer un robo prodigioso. Lo que había empezado como entremés de costumbres se trasforma en un entremés de acción que nos muestra cómo las dos mujeres consiguen embaucar a un Alcalde que estaba gritando a un carnicero, vendiéndole a caro precio el *Libro de qué quieres boca*, libro supuestamente mágico porque:

> Quien le lee, y quien le toca,
> luego comerá a millares.
> [*Libro de qué quieres boca, Autos sacramentales*, 1675: 233]

Sin embargo, el hombre, que no consigue lo que se le había hecho esperar, queda engañado y las dos ladronas rematan el entremés cantando y representando.

En el mismo año en *Vergel de entremeses* Zaragoza (1675) aparecen el *Entremés de la visita de cárcel*, y el *Entremés del Negro hablador*. *La visita de cárcel* se conserva también en una suelta, sin lugar ni año, que es el texto que publica modernamente Bergman (1970/1984). Entre los dos ejemplares hay pocas variantes, pero el desenlace es diferente. Simón Palmer [1977: 11, n. 110] señala un manuscrito del siglo XIX, copia del *Vergel. La visita* es claramente un entremés de desfile y por eso mismo posee un intento satírico bastante acusado. Está protagonizado por la figura de un Alcalde bobo (en una versión Vallejo, Juan Rana en la otra, ambos nombres muy conocidos en este papel), quien en su visita de la cárcel, en lugar de ejercer su oficio de justicia, suelta uno tras otro y con motivaciones disparatadas a todos los presos que se les presentan: a un hombre, por haberse llevado a una mujer casada y no a una doncella; a un capeador, porque con sus robos ha dejado sosegado el barrio. A un asesino, que quería ser ahorcado pero no pudo por falta de verdugo, le suelta para que presente una carta de recomendación que le permita ser justiciado inmediatamente, «porque me dicen que está falto de salud». El Alcalde suelta en fin a un ladrón que se finge Tullido, y a un Portugués, preso por «enamorador, con grande exceso», que, con su tópica altanería y carácter pasionario, se retrata con más fuerza que el protagonista del *Portugués*. La pelea entre el Alcalde y el portugués deja abierto el desenlace de esta forma:

| | |
|---|---|
| MUJER | ¿Cómo libre se deja todos los presos? |
| ALCALDE | Porque aquesta es visita de complimiento. |
| | [*La visita de cárcel*, ed. Bergman, 1984: vv. 210-213] |

El *Entremés del Negro hablador*, ambientado en el Prado en la noche de San Juan, se caracteriza por los largos locutorios del personaje del Negro, que habla según las estereotípicas alteraciones que se le atribuyen, y por la falta de una verdadera intriga. En *Vergel* el texto, atribuido a Cáncer, resulta incompleto. Cotarelo [1911: I, LXXXVI] lo atribuye a Benavente, y en una nota a la copia manuscrita de la Biblioteca del Instituto del Teatro de Barcelona [46931] el mismo crítico, que no esconde su juicio negativo, parece sugerir que Cáncer pudo refundirlo.

El *Entremés del gigante* (*Flor de entremeses*, Zaragoza, 1676) es un entremés de acción, y de tema amoroso basado en un motivo «novellistico» muy antiguo. Comparte el argumento con *Los gigantes*, de Rosete, y otros cuantos entremeses anónimos. Es un buen ejemplo del tema del amante disfrazado de estatua para llegar a la joven que ama, venciendo el cuidado con que su padre la tiene guardada. El engaño resulta especialmente ingenioso en cuanto son dos, Burguillo y Palomeque, los jóvenes que consiguen entrar en la casa del Pintor con el pretexto de que éste pinte la estatua del gigante para la fiesta del Corpus. En términos generales, propone el tema barroco de «el engaño a los ojos» en que con frecuencia se funda la burla. El lenguaje es decididamente cómico y lleno de agudezas.

Una especial consideración merecen los entremeses protagonizados por la popular figura de Juan Rana.[26] Se trata de *Noche de San Juan y Juan Rana en el Prado, Juan Ranilla; Juan Rana mujer, La boda de Juan Rana* y *La zarzuela*, que ya vimos. El *Entremés de la Noche de San Juan y Juan Rana en el Prado* fue escrito en 1651 para festejar el nacimiento de la infanta María Teresa, hija de Felipe IV y Mariana de Austria. Queda insertado en una copia manuscrita (Biblioteca Nacional de España, ms. 17192) de la famosa comedia burlesca *La renegada de Valladolid*. Se distingue por estar poblado de muchos personajes que se encuentran en el Prado, uno de los marcos espaciales urbanos más propicios para los encuentros entremesiles, donde prima la figura de Juan Rana, caracterizada no sólo por ser alcalde necio sino también por su lenguaje disparatado. En su papel de alcalde Rana detiene a un hombre y a una mujer que andan solos, luego quiere llevar a la cárcel a un Regidor de Almodóvar del Campo, que se salva prometiéndole un regalo. El encuentro con unas mujeres, hombres y serenos proporciona a Rana la ocasión de ensartar alguna que otra insensatez. El entremés termina con canciones en honor del rey que en la noche de San Juan se ha puesto «a las ventanas bajas / que caen al Prado».

*Juan Ranilla* (*Rasgos del ocio*, Madrid, 1664 y *Flor de entremeses*, Zaragoza, 1676) propone el tópico conflicto entre alcaldes, aunque lo más original es el enfrentamiento entre un Juan Ranilla y un Juan Rana, burlador el primero y burlado el segundo, pero ambos dominados por la insensatez y el disparate, tanto verbal como conceptual. Por tener una comicidad muy cercana a la de las comedias burlescas del mismo autor, este entremés aprovecha recursos típicos de aquéllas, como la función escénica y el relieve semántico de los objetos cotidianos con finalidad cómica.

En la colección zaragozana de 1676 aparece otra breve pieza protagonizada por la misma figura, cuyo título *Juan Rana mujer* anuncia el

---

[26] Sobre la figura de Juan Rana nos limitamos a señalar los dos estudios fundamentales de Huerta Calvo [1999c] y Lobato [1998].

recurso, decididamente cómico, del disfraz femenino por parte de un hombre. De hecho, el eje de este entremés es la burla que Casilda, ayudada por el barbero su amante, quiere hacer a su marido Juan Rana; así que intercambia los trajes con éste (que por su parte lleva unas noches soñando que es mujer) y de ese modo Casilda se finge Benito, el propio hermano de la supuesta Juana, para poder salir con toda libertad. El engaño se teje ante los ojos del espectador, suscitando su risa a través del cómico contraste entre lo que se ve y lo que se dice, o lo que Casilda quiere hacerle creer a Juan Rana. La comicidad se duplica al ver que los demás personajes, el Herrador y el Vejete, toman parte en la treta hasta que Juan Rana acaba convencido de su nueva identidad, con la única preocupación de su barba y «vello» que, en cuanto Juana, la induce a preferir a un barbero entre los novios que se le ofrecen:

> JUAN           Pues si alguno ha de ser, venga el Barbero
> que es hombre que con barba no se ataja,
> y yo he menester mucha navaja.
> [*Juan Rana mujer*, *Flor de entremeses*, Zaragoza,
> 1676: 160-161]

El entremés acaba con una canción donde con repetir el refrán «que se case Juan Rana. / Cásese nonamala» [162], tanto Casilda como Juan toman distancia de la acción subrayando la función didascálica de la situación presentada.

*La Boda de Juan Rana* (*Floresta de entremeses*, Madrid, 1691 y *Manojito de entremeses*, Pamplona, 1700) confirma la centralidad del personaje en la comicidad de Cáncer. Toda la primera parte está ocupada por un rápido diálogo entre Cosme Pérez y Simón Agudo, que quiere que aquél se case. Cuando Cosme encuentra a su prometida Manuela, se vuelve a producir el tópico enfrentamiento entre la mujer fuerte que promete a su esposo tener «el mando, y el palo» de su casa, en tanto que Cosme, con tal de conseguir, transformado en mujer, lo que le pida a su mujer-marido, no sólo acepta sino que propone que le llamen «doña Juana Rana». Este entremés por un lado roza el tema del maridillo y por otro propone la inversión de vestidos y de roles entre hombre y mujer, pero esta vez propuesta por el propio Juan Rana. El entremés, que carece totalmente de acción, termina con una canción que subraya el puro juego de una fingida boda teatral.[27]

Primero en *Floresta de entremeses* (Madrid, 1691) y después en *Manojito de entremeses* (Pamplona, 1700) se editan unos de los entremeses más conocidos de este autor (*Yo lo vi* y *Pelicano y ratón* y el *Entremés de las lenguas*). *Yo lo vi* (o *Los embusteros*, según el título que le atribuye una copia manuscrita del siglo XVIII de la Nacional) se centra en el tema de la mentira y se construye alrededor del intento que Clara y Fausto tienen de castigar a una pareja de mentirosos y su cómplice, que se hace el incrédulo, y sobre el deseo de pasar un buen rato burlándose de ellos. Nada más llegar, los dos embusteros cuentan una serie de acciones hiperbólicas y disparatadas (como la de haber llegado uno de ellos de Mallorca a Barcelona suspendido a un cordel que entre los dos lugares él mismo había lanzado; haberse quedado unas seis horas bajo el agua para escapar a un enemigo; o haber bebido uno una tinaja entera de vino en que había caído y por consiguiente haber matado a muchos hombres de un soplo); acciones que don Fausto confirma como testimonio directo con su afirmación: «yo lo vi», malogrando el efecto «teatral» acordado entre los dos mentirosos y el incrédulo. Frente a la sospecha del incrédulo, el propio don Fausto sale del apuro inventándose una hiperbólica mentira. En la tercera parte interviene doña Clara relatando la más increíble historia de cómo un lagarto la había comido entera y de cómo aquel día mismo logró salir de la boca del animal. Don Fausto lo confirma todo, hasta que el incrédulo, exasperado, saca la espada pero los dos embusteros le invitan a trocar el pesar en alegría y doña Clara con un juego de palabras les invita cantando a hacer paz:

CLARA            Como ya es primavera
nadie se espante
que al salir de la hoja
se hagan las paces.
[*Yo lo vi*, *Floresta de entremeses*, 1691: 136]

[27] Para una lectura en clave tipológica y en parte socio-literaria se señala el estudio de Peter E. Thompson [2004].

El *Entremés de Pelicano y ratón* arranca de la misma oposición entre vejete y embusteros, pero sin ser aquél la víctima. Según recuerda Cotarelo [1911: I, LXXXVII], Cáncer no desdeña tratar asuntos ya conocidos, como éste, ya presentado en *El capeador*, publicado anónimo en 1609. Domingo y Perico, que un vejete ha echado de su casa, al primero por picarón y por ladrón al segundo, se convierten en cómplices por iniciativa de Perico, el cual, siendo «ladrón de estofa y de otro porte» a diferencia de muchos ladroncillos que se quedan desnudos, le promete a su compañero vivir espléndidamente con sólo seguir este consejo:

PERICO        Arrímate a esta esquina;
              y si alguno llegare, con cuidado
              le da un tiento a la capa;
              y si tuviese pelo, has de decir: pelicano;
              y si estuviere raída: ratón.
              [*Pelicano y ratón, Floresta de entremeses*, 1691: 16]

Pero los dos topan con un Valiente que les deja en cueros y sin posibilidad de vengarse. Igual que en *Éste lo paga*, las Mujeres rematan el entremés con una canción que alude a las malas costumbres de hoy.

Si Madrid es «teatro admirable» de muchos entremeses, en el *Entremés de las lenguas* (entremés cantado y bailado) es el lugar ideal al que se dirige el alcalde Gracioso con el intento de comprar una danza para una fiesta de su pueblo. La función metateatral que la ciudad desempeña se confirma e intensifica a través de la asociación metafórica entre Madrid y Babilonia. De hecho, en este texto se mezclan varias tipologías estructurales, la de acción, de personajes y de desfile lingüístico. La acción consiste en el engaño que le hace un Hombre al Gracioso con aconsejarle que para encontrar la danza deseada mande leer en voz alta «y en grito» a cualquier otro que encuentre el «sobrescrito» de una carta que él le entrega. En un ocasional y largo desfile el Gracioso topa con varios personajes: un Italiano, un Estudiante, una Gallega, un Valenciano, un Negro, un Irlandés, un Moro, un Francés, un Amolador y Uno que adoba sillas. Cada uno es representado a través de los tópicos connotativos del habla extranjera correspondiente, determinando una larga serie de cómicos equívocos y disparates en la interacción dialéctica con el Gracioso. El artificio metateatral ya anticipado se perfecciona en el final, donde todos los personajes juntos forman la propia danza que el Gracioso buscaba. A Calderón se le atribuye una versión tardía, contenida en el manuscrito 21815 de la Biblioteca Nacional de España [Buezo, 2005: 20-21 y 170-189].

El Entremés de Los Poetas locos, publicado en *Vergel de entremeses* (Zaragoza, 1675) y atribuido a Villaviciosa, es de dudosa atribución por basarse en un tema tratado por varios entremesistas: la manía de un poeta que no puede dejar nunca de hablar en verso y va contagiando a los demás, hasta que todos los que han sufrido de la misma enfermedad se declaren dispuestos a hacerse curar por un Boticario.

## EDICIONES

a) *Loas*

CÁNCER Y VELASCO, Jerónimo de, *El pronóstico, Autos sacramentales...*, Madrid, María de Quiñones, 1655.

—, *Loa para el auto de El gran palacio*, de Francisco Rojas, *Autos sacramentales...*, Madrid, María de Quiñones, 1655.

—, *Loa que representó Antonio de Prado*, Cáncer, *Obras varias*, Madrid, Diego Díaz de la Carrera, 1651, Testimonio A.

b) *Bailes*

CÁNCER Y VELASCO, Jerónimo de, *Baile famoso del Capiscol, Flor de entremeses y conceptos del donaire, con diferentes bailes, loas y mojigangas*, Zaragoza, Diego Dormer, 1675.

—, *El Baile de los ciegos*, Biblioteca del Instituto del Teatro de Barcelona, 46924

—, *Baile entremesado de Menga y Bras, Tardes apacibles de gustoso entretenimiento, repartidas en varios entremeses y bailes entremesados, escogidos de los mejores ingenios de España*, Madrid, Andrés García de la Iglesia, 1663.

—, *Baile famoso de la fábula de Orfeo, Autos sacramentales y al nacimiento de Cristo...*, Madrid, Antonio Francisco de Zafra, 1675.

—, *Los hombres deslucidos (Baile entremesado de los hombres deslucidos que se pierden sin saberse cómo ni cómo no*, Biblioteca Nacional de España, ms. 17192); edición moderna en *Ramillete de entremeses y bailes nuevamente recogidos de los antiguos poetas de España. Siglo XVII*, ed. H. E. Bergman, Madrid, Castalia, 1970 y 1984.

—, *Baile entremesado de Las naciones, Rasgos del ocio*, Madrid, 1664.

—, *Baile de La Zalamandrana*, Biblioteca Nacional de España, ms. 17683 y Biblioteca del Instituto del Teatro de Barcelona, 47058(2).

c) *Jácaras*

«El Entruchón de Baeza»; «Hoy me ha pegado mi rufo»; *Mulato de Andújar; Narro; Periquillo el de Madrid; San Francisco; San Juan Bautista; San Juan Evangelista; Santa Catalina de Sena; Torote de Andalucía; El Zurdillo*, en Jerónimo de Cáncer y Velasco, *Obras varias*, Madrid, Diego Díaz de la Carrera, 1651.

d) *Entremeses*

CÁNCER Y VELASCO, Jerónimo de, *Blas y Menga*, *Floresta de entremeses*, Madrid, 1680.

—, *La boda de Juan Rana*, *Floresta de entremeses y rasgos del ocio...*, Madrid, Antonio de Zafra, 1691.

—, *La burla más sazonada* (o *La Fregona*), *Autos sacramentales y al nacimiento de Cristo*, Madrid, 1675.

—, *Los ciegos*, *Teatro poético*, Zaragoza, 1658.

—, *El cortesano*, *Teatro poético*, Zaragoza, Juan de Ybar, 1658; *Tardes apacibles...*, Madrid, Andrés García de la Iglesia, 1663; edición moderna en *Ramillete de entremeses y bailes...*, ed. Hannah E. Bergman, Madrid, Castalia, 1984.

—, *Éste lo paga*, *Laurel de entremeses varios repartidos en diez y nueve entremeses nuevos, escogidos de los mejores ingenios de España*, Zaragoza, Juan de Ybar, 1660.

—, *El estuche*, *Ramillete de sainetes escogidos de los mejores ingenios de España*, Zaragoza, Diego Dormer, 1672.

—, *El francés*, *Flor de entremeses, bailes, loas*, Zaragoza, Diego Dormer, 1676.

—, *Los galeotes* (suelto), Madrid, Andrés García de la Iglesia, 1659.

—, *El gigante*, *Flor de entremeses, bailes, loas...*, Zaragoza, Diego Dormer, 1676.

—, *El sí*, *Autos sacramentales con cuatro comedias nuevas...*, Madrid, María de Quiñones, 1655.

—, *Los gitanos*, *Autos sacramentales y al nacimiento de Cristo*, Zaragoza, Antonio Francisco de Zafra, 1675.

—, *Los golosos de Benavente* (suelto), Madrid, Andrés García de la Iglesia, 1659.

—, *El hambriento* (suelto), Madrid, Andrés García de la Iglesia, 1659.

—, *Juan Rana en el Prado* o *La noche de San Juan y Juan Rana en el Prado*, Biblioteca Nacional de España, ms. 17192.

—, *Juan Rana mujer*, *Flor de entremeses, bailes, loas...*, Zaragoza, Diego Dormer, 1676.

—, *Juan Ranilla, Rasgos del ocio en diferentes bailes, entremeses y loas...*, Madrid, Domingo García Morrás, 1664.

—, *Las lenguas, Floresta de entremeses y rasgos del ocio*, Madrid, Antonio de Zafra, 1691.

—, *Libro de qué quieres boca* o *Qué quieres boca, Autos sacramentales y al nacimiento de Cristo*, Madrid, Antonio Francisco de Zafra, 1675.

—, *La mariona* (suelto), Madrid, Andrés García de la Iglesia, 1659.

—, *La mula*, Biblioteca Nacional de España, ms. 14098 y Biblioteca del Instituto del Teatro de Barcelona, 46938.

—, *El negro hablador, Vergel de entremeses...*, Zaragoza, Diego Dormer, 1675.

—, *La pedidora, Entremeses varios ahora nuevamente recogidos de los mejores ingenios de España*, Zaragoza, Herederos de Diego Dormer, s. a.; edición moderna en *Ramillete de entremeses y bailes...*, ed. Hannah E. Bergman, Madrid, Castalia, 1984 [lo atribuye a Calderón]

—, *Pelicano y ratón, Floresta de entremeses, y rasgos del ocio...*, Madrid, Antonio de Zafra, 1691.

—, *Pleito de Garapiña*, en Cáncer, *Obras varias*, Madrid, Diego Díaz de la Carrera, 1651, Ejemplar A.

—, *Los poetas locos, Vergel de entremeses...*, Zaragoza, 1675 [atribuido a Villaviciosa].

—, *Entremés del portugués* (suelto), Madrid, María de Quiñones, 1653 (Biblioteca Nacional de España, U 9059, defect.)

—, *El portugués, Autos sacramentales con cuatro comedias nuevas...*, Madrid, María de Quiñones, 1655; *Mojiganga del portugués, Autos sacramentales...*, Madrid, 1675; edición moderna en *Antología del entremés (desde Lope de Rueda hasta Antonio de Zamora) Siglos XVI y XVII*, ed. Felicidad Buendía, Madrid, Aguilar, 1965.

—, *Los putos, Ociosidad entretenida en varios entremeses...*, Madrid, Andrés García de la Iglesia, 1668; edición moderna en *Antología del teatro breve español del siglo XVII*, ed. Javier Huerta Calvo, Madrid, Biblioteca Nueva, 1999.

—, *La regañona y fiesta de toros* (Biblioteca Nacional de España, ms. 14515/2) o *La mal acondicionada* (Biblioteca Nacional de España, ms. 16919).

—, *La ronda*, Madrid, Andrés García de la Iglesia, 1659.

—, *El sordo y Periquillo el de Madrid, Autos sacramentales...*, Madrid, María de Quiñones, 1655; o *El reo, Rasgos del ocio...*, Madrid, José Fernández de Buendía, 1661.

—, *El tamborilero* (suelto), Madrid, Andrés García de la Iglesia, 1659.

—, *Testimonios, Ramillete de sainetes, escogidos de los mejores ingenios de España...*, Zaragoza, Diego Dormer, 1672; edición moderna en *Antología del entremés barroco*, ed. Celsa Carmen García Valdés, Barcelona, Plaza y Janés, 1985;

*Entremesistas y entremeses barrocos*, ed. Celsa Carmen García Valdés, Madrid, Cátedra, 2005.

—, *La visita de cárcel, Parnaso nuevo*, Madrid, Andrés García de la Iglesia, 1670; *Vergel de entremeses...*, Zaragoza, 1675; edición moderna en *Ramillete de entremeses y bailes...*, ed. Hannah E. Bergman, Madrid, Castalia, 1984.

—, *Yo lo vi, Rasgos del ocio...*, Madrid, Domingo García Morrás, 1664; *Floresta de entremeses...*, Madrid, Antonio de Zafra, 1691.

—, *La zarzuela* (suelto), Madrid, Andrés García de la Iglesia, 1659; edición moderna de María Luisa Lobato, en *Teatro español del Siglo de Oro. Teoría y práctica*, ed. Christoph Strosetzki, Frankfurt am Main/Madrid, Vervuert/Iberoamericana, 1998, pp. 204-216.

## X. Quirós, por *Francisco Sáez Raposo*

Escasos son los datos biográficos que tenemos de Francisco Bernardo de Quirós (Madrid, 1594-1668), pues a la carencia habitual de éstos en los literatos de segunda fila del Siglo de Oro se suma el hecho de que existen noticias referentes a varios personajes coetáneos que comparten con él el mismo nombre y apellidos y que, por consiguiente, dificultan enormemente la elaboración de su semblanza. Procedente de un linaje de origen asturiano, la mayor parte de su vida debió de transcurrir en Madrid. En 1615 el rey Felipe III le concede el cargo de alguacil perpetuo de la casa y corte de su majestad (se piensa que posiblemente fuera uno de los tres alguaciles que estaban encomendados al teatro), cargo que hereda de su padre, Juan de Quirós, que lo había desempeñado hasta ese momento. Protegido de Ramiro de Guzmán, duque de Medina de las Torres y virrey de Nápoles, a quien terminó sirviendo de criado, Quirós participó activamente en el ambiente cultural de la corte y mantuvo una relación de amistad con algunos de los dramaturgos más conocidos de la época, como Juan Pérez de Montalbán, Jerónimo de Cáncer, Francisco de Avellaneda o Juan Bautista Diamante.

No sólo desarrolló Quirós su ingenio literario en el ámbito dramático. En octubre de 1656 escribió unas «Redondillas al galope» destinadas a un certamen poético que se llevó a cabo con motivo de la consagración, por parte de la Orden de Predicadores, de un templo dedicado a Santo Tomás de Aquino. Además, en septiembre de 1660 consiguió un premio en el certamen poético que se celebró en Madrid con motivo del traslado de la imagen de Nuestra Señora de la Soledad a su nueva capilla situada en el convento de la Victoria. Entre su producción poética quizás su composición más destacada sea la parodia que llevó a cabo del *Polifemo y Galatea* de Luis de Góngora, en que, por cierto, se evoca además el *Píramo y Tisbe* nacido también de la pluma del poeta cordobés. Como prosista, escribió en 1629 la *Relación verdadera de las grandiosas fiestas que se hicieron en Madrid al bautismo del príncipe nuestro señor* así como la *Relación de la famosa máscara que hizo el señor duque de Medina de las Torres en alegría del nacimiento del príncipe de España Baltasar Carlos Domingo*. En el año 1656 apareció publicado el libro *Obras de don Francisco Bernardo de Quirós y Aventuras de don Fruela,* volumen de naturaleza miscelánea en que se va conformando, en torno a las andanzas del protagonista, todo un repertorio de las diversas formas de literatura burlesca vigentes en el Barroco. En él se incluye la que, sin duda, es su obra no teatral más destacada, la novela correspondiente al último de los títulos del tomo. Se trata de una composición de carácter costumbrista que nos aporta gran cantidad de información sobre la vida del Madrid del siglo XVII. El libro sería prohibido por la Inquisición en el año 1707.

Pero la producción más numerosa de Quirós corresponde al ámbito teatral. Aunque existen algunos problemas de atribución, parece ser que escribió aproximadamente media docena de comedias, dos de ellas burlescas: *El cerco de Tagarete* y *El hermano de su hermana,* incluida esta última en sus *Obras.* Sin embargo, su fama como dramaturgo procede de su faceta como autor de teatro breve. Como entremesista le distinguirá, según Cotarelo, sus «caracteres de figurón, las escenas ridículas o burlescas, gracejo en el diálogo y chistes abundantes, aunque no siempre bien escogidos» [1911: XC]. Nos hallamos ante un corpus de más de una veintena de obras, principalmente entremeses, aunque es posible encontrar composiciones de una naturaleza diferente: el baile titulado *Periquillo non durmás,* impreso en 1670 en la *Primera parte del Parnaso nuevo y amenidades del gusto; El regidor,* mojiganga que, según Celsa Carmen García Valdés, pudo haber sido representada en el año 1674 en Sevilla acompañando al auto sacramental titulado *El capitán de Israel;* y la jácara de «Por el mar del Buen Retiro», incluida en el capítulo VI de sus *Obras,* donde se deja constancia de que se trataba de una composición «que se hizo para cantar el día que sus majestades y sus Altezas entraron en las góndolas que envió el Excelentísimo señor duque de Medina de las Torres, siendo Virrey de Nápoles, para el estanque del Real Retiro, donde se lograron, honrándolas sus majestades» [García Valdés, 1984: 170-171].

Diez de sus entremeses aparecieron intercalados en sus *Obras*. En el «Prólogo disculpatorio» Quirós explicaba precisamente la heterogeneidad y la cierta falta de cohesión de su libro señalando que constaba de «unas graciosas aventuras de un don Fruela, amante ridículo, y de otros dos amantes no menos jocosos, y diez entremeses míos, que ya celebrastes en el teatro, libres del silbo original, con otros versos y una comedia burlesca. De los entremeses no te digo nada, pues ya los viste representar, ni de lo demás, pues lo has de leer» [García Valdés, 1984: 16-17]. Para García Valdés, la estructura de las *Aventuras de don Fruela,* con su sucesión de cuadros de costumbres, no es «sino un pretexto de Quirós para intercalar sus entremeses», lo que implicaría el interés y la preocupación del escritor porque sus piezas breves vieran la luz de forma impresa en una época en que, como es bien sabido, estas composiciones eran consideradas como un tipo de teatro menor al que sus propios autores con mucha frecuencia mostraban bastante indiferencia.

Tal y como hemos visto que indicaba Quirós en el prólogo de sus *Obras,* los entremeses que incluyó no los escribió expresamente para este libro, sino que ya habían sido representados con anterioridad. De los diez entremeses intercalados, ocho son representados en un ámbito cortesano y dos en un teatro público. De estos últimos, el primero de ellos, titulado *El marido hasta el infierno,* que aparece en el capítulo V del libro, consiste en una parodia de la historia de Orfeo y Eurídice («se hizo este entremés, con trajes y acciones ridículas», dirá el propio Quirós al referirse a él [García Valdés, 1984: 153]) y, como curiosidad, hay que señalar que a excepción de estas dos figuras, el resto de personajes son diablos. El segundo de estos entremeses que se representa en un corral de comedias es el titulado *La burla del pozo,* que aparece al inicio del capítulo VII. Se indica que fue puesto en escena por la compañía de Tomás Fernández Cabredo en Toledo tras la primera jornada de la comedia que dos de los protagonistas están presenciando. Esta pieza se volvió a imprimir con posterioridad en el libro titulado *Ociosidad entretenida* (1668) aunque con un título diferente, *Entremés famoso del como,* y con variantes con respecto al baile final con que termina.

Con respecto al conjunto de entremeses destinados al ámbito áulico incluidos en las *Aventuras de don Fruela,* el primero con el que se topa el lector es el del *Toreador don Babilés,* representado, según noticia aportada por Quirós, por la compañía de Bartolomé Romero en «una fiesta que su majestad vio en el Buen Retiro, una noche de San Juan». Además, indicaba que a esas alturas ya había salido impreso adjudicado a Luis Quiñones de Benavente [García Valdés, 1984: 34]. Al final del mismo el dramaturgo dejaba constancia del éxito que había tenido la pieza sobre las tablas: «causó mucha risa el entremés, porque Robledo hizo el toreador con el donaire que Madrid vio, pues duró tantos días en el teatro» [García Valdés, 1984: 53]. A diferencia de lo que ocurre en la inmensa mayoría de los entremeses escritos por Quirós, el *Toreador don Babilés* no termina con el habitual baile.

La compañía de Osorio se encargó de representar el entremés de *El poeta remendón,* cuya trama desarrolla el tema de un poeta loco que compone una comedia a base de retazos de piezas de otros autores. La obra concluye con un baile estructuralmente independiente de la misma. Quirós hace especial hincapié en la gran «novedad» que suponen las figuras que toman partido en el mismo («hasta hoy no vistas en el teatro»):

> Salgan cuatro penitentes,
> con sus hachas en las manos,
> embudos de bocací,
> espantajo de muchachos.
> Y cuatro disciplinantes,
> morcillas de sangre y blanco,
> zarabandas de Cuaresma,
> chaconas del Jueves Santo.
> [García Valdés, 1984: 88, vv. 176-183]

En el capítulo IV aparece el entremés de *Mentiras de cazadores y toreadores,* compuesto en 1652 para la celebración del cumpleaños de la reina Mariana de Austria. En la representación palaciega de la pieza la interpretación del personaje protagonista, don Tadeo, corrió a cargo del famosísimo Cosme Pérez, creador de la máscara escénica Juan Rana, al que la reina era muy aficionada. La característica primordial de don

Tadeo, como puede colegirse por el título de la obra, será una fanfarronería verbalizada en series de desmesuradas mentiras. Como ejemplo significativo, baste la manera en que describe su pericia a la hora de cazar:

> Estando en Aranjuez un día pescando,
> sentí peso en el caña, y levantando
> la caña al aire con mi fuerte brazo,
> saqué un barbo, que dio tal zurriagazo
> a una perdiz, que por allí volaba,
> que cayó muerta, al tiempo que cruzaba
> un veloz conejuelo,
> que se quedó clavado en el anzuelo,
> y yo por no quebrar caña y sedal,
> suéltolo todo, y por el arenal
> corrió el conejo, y tropezó en la caña
> una liebre que vino de hacia Ocaña,
> al tiempo que en la cuerda se enredó
> un gamo, que mi acero le mató,
> y yo con un anzuelo pesqué, mi amo,
> barbo, perdiz, conejo, liebre y gamo.
> [García Valdés, 1984: 115, vv. 136-151]

Una vez concluido el entremés, aparece un baile entremesado de temática burlesca protagonizado por personajes de la mitología clásica (Venus, Adonis, Cupido, Marte, «en forma de jabalí», el Sol y Vulcano, «tiznado en traje de herrero»). A diferencia de Cotarelo [1911: I, XC], que pensaba que baile y entremés formaban «una especie de mojiganga», García Valdés [1984: LXII-LXIII] señala, acertadamente, que entre entremés y baile no existe ningún tipo de relación. En el mismo capítulo IV de *Aventuras de don Fruela*, tras el baile anterior, aparece el entremés de *Los viudos al uso*, que basa su comicidad en las chanzas de tinte misógino proferidas por dos viudos que, hipócritamente, simulan el dolor que les produce la muerte de sus respectivas esposas cuando, en realidad, tienen intención de volverse a casar tras su entierro. Sus comentarios al recibir las condolencias del cura son bastante elocuentes:

| | |
|---|---|
| CURA | Dios, señores, las tenga allá en el cielo. |
| CORNEJO | Que allá las tenga es mi mayor consuelo. |
| [CORNELIO] | Dios en el cielo a mi esposa tenga, |
| | porque a casa otra vez no se me venga. |
| [CORNEJO] | Su salvación la mía tiene cierta. |
| CORNELIO | Pues que Dios la mató está bien muerta. |
| | A nadie mi querida daba enojos, |
| | que a todos ponía encima de sus ojos. |
| CORNEJO | ¡Qué hermosa estaba en la funesta caja! |
| | De oro y perlas le estaba la mortaja, |
| | parecía de rosas una huerta, |
| | no me hartaba, señor, de verla muerta. |

[García Valdés, 1984: 125-126, vv. 12-23]

En el mismo capítulo en que aparece el entremés de *La burla del pozo,* al cual ya hemos hecho referencia, aparecen incluidas dos piezas más: los entremeses de *Don Estanislao* y de *Ir por lana y volver trasquilado.* El protagonista del primero de ellos vuelve a ser un figurón al estilo de don Babilés y don Tadeo, y tan aficionado como ellos a las exageraciones y mentiras. El segundo trata sobre la burla frustrada que un amigo de Maladros le encarga que dé a un ropero importuno. El asunto, que como señala Celsa Carmen García Valdés [1984: LXXII] está tomado de un cuento popular recogido por Juan de Timoneda, tuvo eco en algunas piezas posteriores, como *La burla del ropero,* de Francisco de Avellaneda.

Los dos últimos entremeses insertos en las *Aventuras de don Fruela* son *Las fiestas del aldea* y *Los sacristanes burlados* que, como señala una vez más García Valdés «tienen en común el haber sido escritos para las fiestas del Corpus» [1984: LXII]. En relación con el primero, hay que señalar que vuelve a estar protagonizado por el actor Cosme Pérez, aunque esta vez dando vida al personaje que le proporcionó una fama sin igual en la época: Juan Rana. Quirós lo caracteriza con dos de sus rasgos más definitorios, lo que le sirve para dividir la acción de la pieza en dos partes bien diferenciadas. Por una parte, muestra una gula desmesurada y, por otra, su extrema simpleza al creer que las acciones que está presenciando como espectador en el ensayo de un auto de Lope de Vega, hoy desconocido, titulado *Del amor y la gallina ciega,* no son ficción y trascienden el ámbito escénico. Por lo que se refiere a la segunda de las composiciones, estamos ante uno de los asuntos entremesiles que gozaban de más favor por parte del público: el de la ridiculización del personaje del sacristán. En esta ocasión aparece un par de ellos que son burlados por el personaje femenino de quien están enamorados y a quien pretenden conquistar. Tal y como señala García Valdés [1984: LXXVI], debió de ser uno de los entremeses más exitosos del dramaturgo a tenor de las numerosas ocasiones en que fue impreso.

Independientemente de las piezas breves incluidas en las *Aventuras de don Fruela*, el repertorio entremesil de Francisco Bernardo de Quirós cuenta con otras once composiciones que aparecieron publicadas en diversas colecciones recopilatorias e incluso algunas de ellas siguen permaneciendo inéditas en la actualidad. La temática de estas obras sigue los mismos asuntos y motivos que hemos venido comentando hasta este momento. Sin la intención de ser prolijos ni exhaustivos señalaremos que, por ejemplo, nos volvemos a encontrar con verdaderos figurones en los entremeses de *El sordo* y *Don Guindo* (publicado en *Floresta de entremeses y rasgos del ocio,* Madrid, 1680). En este último, además, Quirós recurre al tema de la locura, uno de los preferidos en la literatura carnavalesca. El protagonista termina perdiendo el juicio tras leer *Don Quijote* y comenzará a evidenciar una obsesión desmedida por dejar patente la nobleza de su linaje:

| | |
|---|---|
| MAYORDOMO | Dice [don Guindo] que es un gran señor, |
| | y tan loco es y tan vano, |
| | que estando a la muerte un día |
| | de un garrotillo mandaron |
| | sangrarle y no consintió |
| | que barbero o cirujano |
| | llegase a él, que decía |
| | que había de ser hidalgo |
| | de ejecutoria, o sino |
| | que había de estarse malo. |
| | [García Valdés, 1983: 262-263] |

El tema de la metateatralidad y el ingenuo que toma por verdadero lo que está viendo representar sobre un escenario aparece también tratado en el entremés de *Escanderbey,* en este caso, relacionado con la comedia homónima. La pieza vio la luz en *Rasgos del ocio, en diferentes bailes, entremeses y loas de diversos autores* (Madrid, 1664). Asimismo, el tema de la burla se puede encontrar en *La manta* (publicado por vez primera en *Ociosidad entretenida*, Madrid, 1668) y *La burla de la cadena* (en *Jardín ameno de varias flores...*, Madrid, 1684). Por otro lado, el asunto de los personajes aficionados a mentir vuelve a repetirse en *El cuero*, publicado también en *Ociosidad entretenida*, y *Los embusteros*, incluido en la *Primera parte del Parnaso nuevo y amenidades del gusto* (Madrid, 1670). Como último apunte antes de concluir, cabría señalar que para ser representado junto a su comedia de *El cerco de Tagarete* escribió el propio Quirós un entremés que tituló *El malcontento*.

EDICIONES

COTARELO Y MORI, Emilio, *Colección de entremeses, loas, bailes, jácaras y mojigangas desde fines del siglo XVI a mediados del XVIII*, Madrid, Bailly-Bailliére, 1911, I. [Existe una edición facsímil con estudio preliminar e índices preparada por José Luis Suárez y Abraham Madroñal Durán, Granada, Universidad de Granada, 2000.]

GARCÍA VALDÉS, Celsa Carmen, *Francisco Bernardo de Quirós. Obras. Aventuras de don Fruela*, Madrid, Instituto de Estudios Madrileños, 1984.

## XI. SOLÍS, por *Rafael Martín Martínez*

Este interesantísimo personaje (Alcalá de Henares, Madrid, 1610-Madrid, 1686) de gran nariz, mala vista y cargado de espaldas, coleccionista de pinturas, bibliófilo, dramaturgo palaciego —poeta oficial junto a Calderón—, desde muy pronto secretario nada menos que del conde de Oropesa, a su vez el mecenas que requería el definitivo impulso de un literato en la corte, y, en los años cincuenta, secretario del mismísimo monarca, ya había escrito en 1627, muy joven, la comedia *Amor y obligación*. Con el tiempo, tras ordenarse sacerdote a los cincuenta y siete años, abandonó una carrera literaria que tenía, en verdad, bastante dejada desde que poco antes hubiera sido nombrado cronista mayor de Indias [Serralta, 1986: 101].

La afición por el arte en general la trasladó particularmente a su teatro breve, pleno de referencias metaliterarias y artísticas, caracterizado por las circunstancias que lo propiciaron desde los ambientes cortesano y palaciego. Consecuencia de ello, introdujo numerosas alusiones a las figuras de la época; entre las cuales destacan, porque fueron además protagonistas de muchas de sus piezas, el fabuloso Cosme Pérez, pecado y penitencia del entremés barroco, y su esposa —en el tablado— Bernarda Ramírez. Damos noticia de: 1) once loas o introducciones; 2) dieciocho entremeses, siete de ellos atribuidos; 3) tres bailes; 4) cuatro jácaras; y 5) otra pieza.

## 1. *Loas*

Como ocurriera con los entremeses, Juan Rana protagoniza alguna de estas piezas. En *Loa para «Un bobo hace ciento»* (1652 ó 1653), vista por los reyes un martes de Carnestolendas, representa el viejo Tiempo vestido de ermitaño mientras se repasan las distintas edades (Oro, Plata, Cobre y Hierro) por las que ha pasado el hombre. En ello se escucha un coro que canta a Garcilaso: «cerca del Tajo, / en soledad amena» [1681: 265]. La Vida Humana le replica que en las soledades no se requiere tiempo, sino en palacio; de manera que sale Carnestolendas vestida de matachín obligando al viejo a vestir el mismo traje. La Vida, interpretada por Bernarda Ramírez, se viste igualmente de matachín. Finalmente, se adula a la pareja real y las dos infantes, asistentes a la función. Con ocasión de la mejoría de la reina tras un accidente, se celebró en el Buen Retiro la *Loa para «Pico y Canente»* (1651), donde explica que la soberana —Rosa— sufría la ausencia de alegría —Sol—. En ello aparece Cosme Pérez colgado de Apolo, momento que rinde cuentas al famoso arquitecto italiano Baccio del Bianco mediante un juego de palabras con el diosecillo dionisíaco: «en forma de pesadilla / vengo en un brindis del Bacho / a la salud de la reina / haciendo la razón con este trago» [1692: 195].

La *Loa a los años de la señora condesa de Oropesa* (a. 1650) es muy extensa (quinientos dieciséis versos), circunstancia que explica que, en realidad, no se trataba de un aperitivo de la comedia sino del espectáculo central al que se asistía [Serralta, 1994: 115]. Tiempo después refundió la pieza para dar lugar a la *Loa para la comedia de «La cautiva de Valladolid»* (1655), representada ante el monarca el día de San Juan con ocasión del

anuncio del embarazo de la reina Mariana. Introduce los nuevos personajes de la Razón y la Fama. Recientes todavía los festejos de *Eurídice
y Orfeo*, se permitió el dramaturgo una alusión metateatral en que intervenían los mismos personajes:

| | |
|---|---|
| ADMIRACIÓN | Ven acá: pues ¿tú me llamas |
| | simple? |
| ENVIDIA | ¿Puedes encubrillo? |
| | ¿Ya con la Ignorancia misma |
| | otra noche no te vimos |
| | a la luz del coliseo |
| | partir por rumbo distinto |
| | y tus líneas y las suyas |
| | parar en un punto mismo? |
| | Tú ¿no te pasmas de todo, |
| | cazadora de poquito |
| | que, muy atenta apuntando |
| | a cualquier blanco que has visto, |
| | con el arco de la ceja |
| | te haces a ti misma el tiro? [Serralta, 1994: 135-136] |

Extensa pieza en que, con la Romerilla en una hamaca todo el tiempo [Rich Greer y Varey, 1997: 223], se ensalzan la Juventud, Prudencia
y Hermosura de la homenajeada al tiempo que la Envidia sufre su correspondiente tormento. Es muy discursiva, sin alarde alguno de aparato escénico.

Esta condescendencia con las familias influyentes de la corte se prodigó ciertamente. Así, la *Loa para una comedia doméstica que se representó
en casa de los excelentísimos señores condes de Oropesa* (hacia 1640), en que
la marquesa de Almenara hace las veces de juez para decidir quién, la
condesa o Guiomar de Silva, se encarga de la loa; la *Loa para «Darlo todo
y no dar nada»* (1651), con motivo del cumpleaños, parto y recuperación de un accidente de Mariana de Austria, donde Alegría muestra su
felicidad por las tres circunstancias que explican la fiesta y pide bailes al
son de las castañetas, «cosa inusitada en palacio» [Cotarelo, 1911: I,
XXXIV]. Otro excelente ejemplo lo atestigua la *Loa para la comedia de
«Eurídice y Orfeo»* (1643), representada en Pamplona con motivo del nacimiento del hijo de los duques, futuro valido de Carlos II, pero escri-

ta inicialmente para una función, cancelada, en el Retiro: «la de Orfeo, / que hasta hoy no se ha estrenado / y la escribió con precepto / superior para una fiesta / del Retiro» [1692: 234]. Vista también en 1651 [Serralta, 1986: 89], la representaron los criados de la familia, quienes proponen que Solís interprete a Orfeo:

> Mis señores,
> don Antonio es tan atento
> que si en sus ocupaciones
> no se escondiera su afecto,
> ninguno le aventajara;
> pero ni le dejan tiempo
> para estudiar los despachos,
> ni puede asistir con ellos
> al afán de los ensayos.
> Ya nos da lo que podemos
> pedirle, que es la comedia,
> y, por excusar encuentros,
> me ha dado aquí repartidos
> los papeles [1692: 234].

De la obra, verdadera loa introductoria de tema y personajes al tiempo que preparada *capatatio benevolentiae*, destaca, irónicamente, el momento en que un personaje defiende a ultranza Madrid frente a los ataques que se le exigen:

> No mires a mis palabras,
> Madrid, pues besa hombre manos
> que quisiera ver quemadas.
> Madrid, patria común de los engaños
> (los bobos sólo temen esos daños),
> donde está la verdad siempre quejosa
> (no sino deletrear cosa por cosa),
> los días en ti son breves y violentos
> (acá son ocio y malos pensamientos),
> de carrera se pasa en ti la vida
> (fuera de ti se pasa de corrida),
> lodos tus calles son: gentil consuelo.
> Acá es de lodo, voto a Dios, el cielo [1692: 236-237].

Solís escribió asimismo una loa algo alejada del subgénero tradicional en que los personajes alegóricos sirven al propósito de ensalzar no a un auditorio o un personaje sino a un período, el Carnaval en la *Loa para la comedia de «Las amazonas»* (1655), representada el domingo de Carnestolendas ante los reyes. Entremeses, a cuya cabeza está Juan Rana, Bailes —Bernarda Ramírez— y Loas —Luisa Romero— alborotan el lugar, donde la Comedia —María de Quiñones— festeja ser la reina, hasta que consiguen que el mundo del carnaval triunfe. Por su parte, la *Loa para «Hipómenes y Atalanta»* (1659), para los reyes, por la compañía de Diego Osorio, resume en apenas tres versos el argumento de la obra a la que acompañaba y después encadena una serie de piropos de toda la familia real, que permite, entre otras cosas, que Divertimiento, Música y Poesía entren en palacio. La *Loa para «Triunfos de Amor y Fortuna»* (1658), en alguna ocasión también llamada *El cielo y la tierra*, se dio en el coliseo del Buen Retiro con ocasión del nacimiento del príncipe Felipe Próspero; con la colaboración, no fue lógicamente la única, del tramoyista Antonio María Antonazzi. Apolo, con ramo de laurel, y Minerva, con otro de oliva, se juntan para ensalzar y proteger al neonato, fruto de la potente unión germano-española. La espectacularidad de la pieza permitió acotaciones como la siguiente:

> *En llegando al tablado vuelan a lo alto por los dos lados, llevándose cada uno su media cortina, y queda descubierto el tablado de la mitad abajo el jardín y de la otra cielo, y en la tierra un arco triunfal con el nombre de Felipe escrito con letras de oro, y en lo superior del la empresa, que ha de ser una águila y león unidos, al modo que lo están las águilas imperiales; y el león tendrá un ramo de laurel en las manos y el águila uno de oliva, que enlazándose por arriba venga a formar corona a los dos con esta letra:* Foedera iungit Amor. *Y abajo este mote:* Este consorcio fiel / del águila y del león / enlaza en próspera unión / la oliva con el laurel. *Este arco ha de estar coronado de la Fama y seis ninfas en lo alto, y en los dos nichos o arcos interiores Alemania y España. En lo alto se ve unido con las nubes otro arco celeste y en el iris con otras siete ninfas y escrito en el mismo espacio del arco el nombre de Próspero con letras transparentes* [1681: 2].

Calcada a ésta cincuenta años después Antonio de Zamora ideó otro espectáculo para el nacimiento del príncipe Luis. Por último, la *Representación panegírica* (1637) para celebrar el décimo sexto cumpleaños de su mentor, recientemente casado con la condesa de Alcaudete.

Tiempo, Verdad, Amor y Fortuna unen sus esfuerzos en la alabanza de la joven pareja a quien iba dirigida la representación.

Son reseñables la *Introducción de una fiesta que hicieron unas seglares en un convento de monjas*, de ambiente pastoril, en que Albanio le pide a Ergasto que deje de holgazanear y disfrute de las bellezas de la naturaleza, pues ha llegado el día de San Juan; así como la *Loa para la primera comedia que representaba en cada ciudad la compañía de Prado* (1635), donde muestra a cada miembro de la compañía, «en cierto modo la versión provinciana de la loa de Luis Quiñones de Benavente» [Serralta, 1986: 64].

## 2. *Entremeses*

Cotarelo sospechaba *Las vecinas* (a. 1643) como primer entremés del autor. Es probable, en este caso, que Solís se diera a conocer en el teatro breve con un cierto homenaje al Lazarillo de Tormes, dado que un Mozo llamado Alonsillo asegura que le va a sacar a su Ciego todo lo que pueda para cenar. Mientras sendos personajes se acomodan para pasar la noche veraniega al resguardo de una puerta, acuden unos galanes con la intención de visitar a sus damas. Destaca una Beata, que la interpreta el gracioso. Una vez todos sorprendidos, se disponen a cantar y bailar; no sin antes haber chismorreado acerca de los galanteos y cuentos de la corte:

| | |
|---|---|
| LUISA | ¿No es ésa<br>quien de graciosa presume,<br>de entendida y de discreta<br>y aun de hermosa? La que tiene<br>por falta de un galán treinta,<br>a Juan Andrés, a Jacinto,<br>a Antonio Luis, Baeza,<br>Dominguillo, el sastre, el cura,<br>el mercader, que no hay cuenta<br>para contarlos. |
| GALÁN 2 | Por Dios,<br>que la procesión es buena.<br>Válgate el diablo por dama<br>que tanta memoria tenga<br>para contarlo. |

GALÁN 1                              Sus faltas
                    calla, y dice las ajenas.
CIEGO               Por Dios que es famoso aquesto,
                    qué de chismes, si aquí hubiera
                    un poeta, le rogara
                    que un romance compusiera
                    destos cuentos, que quizá
                    entre aquéstas se vendieran
                    más que oraciones, por Dios,
                    que Alosillo con la fuerza
                    del vinillo se ha dormido.
                    Alosillo, a esotra puerta [1643: 68-69].

Las damas terminan discutiendo por demostrar quién sabe mejor los cuentos.

Asistimos a un recurrente desfile de presos ante el bobo en el *Entremés del espejo y de la visita de la cárcel*. Sobresale quien, habiendo entrado a servir a un cura, la empezó a tizonazos con una ventana por hallar en ella un hombre que le imitaba. Mariquilla, sorprendente presa entre tanto varón, despierta con la música de las naranjillas el entusiasmo del Alcalde por bailar. El Portugués cumple condena por espía y judío, quizá respondiendo a una necesidad política más que literaria (en diciembre de 1640 había estallado la revolución portuguesa). La libertad de este último provoca que el Escribano termine el entremés a palos con ambos.

Dedicó Solís bastantes piezas al lucimiento de Juan Rana, a quien debió de tratar con alguna displicencia dada la maltrecha, pero no igualable, condición física de ambos. Dos piezas acompañaron a la fiesta de *Triunfos de Amor y Fortuna* (1658) con ocasión del nacimiento de Felipe Próspero. La titulada *Salta en banco* obedece a la castellanización que el protagonista hace de los saltimbanquis italiano para que su mujer, Bernarda, ejercite piruetas al tiempo que sana las heridas y saca las muelas de los clientes citados. Destacan varios parabienes traídos al infante desde Llobregat, Asturias, Valencia, del Corpus y de los gitanos. En el *Entremés y sainete para «Triunfos de Amor y Fortuna»* Cosme se cree todavía en la comedia interpretando el papel de Coridón, criado de Siques, de modo que se dirige a sus compañeros de reparto con los nombres de la representación. Para el final, mojiganga a fin de cuentas en que el personaje se piensa dormido, se aprovechan las mutaciones de la fiesta y aparecen mujeres disfrazadas de aves y de estrellas y hombres con hachas y con «caballos de máscara». Ante la noticia del nacimiento del hijo del monarca el escenario se muta en la plaza de palacio. Se sirve también del decorado de una comedia en *Fiestas bacanales* para *Eurídice y Orfeo* (1643), donde, tras la escena final de la función, aparece Cosme Pérez, ante cuya presencia el tablado se convierte en bosque con una estatua de Baco sobre un tonel con caño de vino. Un Coro de Ninfas viste al bobo de dueña, se embriagan y duermen; en eso cambia el decorado y sale Francisca de Castro con un carro triunfal de Cupidillos para el sarao. De todas las ridiculeces de las que hacía gala el donaire sobresalía, según parece, la de hacerse el dormido. Solís se sirve de ello, al menos, en varias de sus piezas.

Tres entremeses acompañaron a la fiesta de *Pico y Canente* (1651). En *Juan Rana, poeta* el cómico se siente poeta y ha compuesto una comedia titulada *Hasta los leones matan*, así que dirige el ensayo. Recibe parabienes, se le pregunta por el sainete y responde que han muerto de Cáncer. Toma entonces Bernarda la iniciativa y propone un entremés de la noche de Madrid, entrando en escena parejas de damas y galanes, tahúres, ladrones… Como se aprecia, el deforme protagonista comprueba siempre la doble situación de vivir una falsedad a su vez incluida en la representación escénica. Mentira dentro de la mentira; por tanto, quizá verdad en el fondo, el poeta puede trasladar al personaje alguna de sus intuiciones filosófico-vitales, provistas, eso sí, del carácter bufonesco ajeno, en principio, del modelo de *La vida es sueño* calderoniana. Así, en *El niño caballero* para *Triunfos de Amor y Fortuna* (1658) Bernarda Ramírez se queja a las actrices Bezona y Borja:

| | |
|---|---|
| BERNARDA | No me detengáis, amigas, que voy corriendo a mi casa con gran alborozo. |
| BEZONA | ¿A qué? |
| BERNARDA | A vengarme de Juan Rana con dos burlas. |
| BORJA | Pues ¿por qué? |
| BERNARDA | Porque por mi puerta pasa sin querer entrar por ella. |

BEZONA          Pues ¿qué causa da?
BERNARDA                    Esta causa:
                Ya sabéis que es mi marido,
                pues da en decir la bestiaza
                que en público no ha de estar
                con una mujer casada
                porque le pueden prender [1681: 54].

De este modo, Juan Rana, doblemente engañado, cree que ha vuelto a nacer ese día y que es nombrado caballero; se dirige consecuentemente al castillo donde se haya su mujer, prisionera del príncipe Saltarén, para combatir cantando a gigantes, negros y mujeres. Moreto terminó de inmortalizar estas escenas en su *Entremés de la loa de Juan Rana*, donde un director de compañías le recuerda al personaje sus locuras de entonces [Serralta, 1983: 163]. En *El retrato de Juan Rana* (hacia 1652) el protagonista, nuevo corregidor de Vacía-Madrid, posa ante Bernarda para que ésta le retrate, pues tanto ella como una Gitana están enamoradas del figura. Con idéntico título compuso otra pieza Sebastián de Villaviciosa.

El *Sainete con que se dio fin a la comedia de «Pico y Canente»* (1651) supone la continuación de la loa inicial, aquélla en que la rosa necesita del sol para tener vida. Ayudaron en la función las meninas inmortalizadas por Velázquez, adornadas de violetas para la ocasión. Cosme Pérez, que las acompaña, hace de portugués. Para la misma fiesta ideó *Los volatines*, donde el personaje reniega de aparecer siempre en los carteles de las representaciones teatrales, según parece porque en ocasiones está simultáneamente en sendos corrales de Madrid. Aunque ha jurado no volver a actuar, irrumpe con una función de volatines: «el volatín de Triana / hace entre vueltas osado / una del desesperado / esta tarde con Juan Rana» [1660: 75]. En definitiva, el bobo realiza volteretas en un alambre imaginado sobre el suelo del tablado, de manera que los equilibrios son graciosos; hasta el punto de que le dicen que en una de sus caídas fallece, pero le devuelven la vida toda vez que promete representar en cualquier comedia que se le llame. El abandono de la compañía, real o no, fue aprovechado por los ingenios como recurso de la trama de los entremeses; así, por lo menos, todavía lo atestigua Agramont el siguiente siglo. Demasiadas referencias de todo orden en un teatro pretendidamente trivial que necesitarían un exhaustivo, aunque quizá estéril, estudio.

De la importancia del dramaturgo dice bastante que se le atribuyeran diversas piezas, alguna de las cuales comentamos en adelante. En *Los buñuelos*, el tonto Lorenzo, criado del Vejete, tras reconocer haber roto los vidrios de la casa y ahuyentado sin remedio la mula, acomete un nuevo recado: llevar unos buñuelos a la sobrina de su amo. Por el camino es engañado por dos hombres que le explican que el Gran Turco come «por poderes», mirando cómo lo hacen los demás. La canción final («mal haya el Vejete, amén, / y bien hayan los buñuelos»; por cierto, en las distintas ediciones ultracorregido por «mal hayan los buñuelos») supone una declaración de los principios carnavalescos. En *El casado sin saberlo* (a. 1659) Quiteria planea escapar de pobre casándose con el simple Lorenzo, a quien Pascual y Benito convencen de que lleva un día desposado. La mujer lo engatusa con una escena de histeria a causa de llegar mientras cocina, al tiempo que le vaticina lo parecidos a él de sus futuros tres hijos:

| | |
|---|---|
| QUITERIA | En teniendo lugar adredemente |
| | os pariré tres hijos de repente: |
| | a Juanico, Sanchico y Mariquita, |
| | y todos sacarán vuestra carita |
| | y a vos os quitarán cuatro mil canas |
| | cuando a los tres veáis por las mañanas |
| | que os besan y os espulgan la barbita |
| | y, sobre todos, a la Mariquita. |
| LORENZO | Lo que es la Mariquita es muy garciosa [1659: 7 y 8]. |

Similar parece *El bobo casado*. Pistraque y Rufina urden el engaño del Bobo, sobrino del Cura, de que se ha casado con su hija Corneta. Como todo el mundo así lo afirma, el Bobo se convence incluso de que ya tiene tres hijos parecidos a él, Juanico, Sanchito y Mariquita. El Cura entra en cólera al enterarse, pero con los ánimos de los demás se consuma el matrimonio.

En el entremés atribuido a Solís —podría tratarse de una de sus primeras piezas en los años treinta [Serralta, 1987: 209]— por Fernández Guerra, *El hidalgo, entremés primero* (entre 1633 y 1636), interviene, además, el personaje Gil Parrado, habitual de varias piezas de la época. El bobo es introducido en el mundo cortesano como consecuencia de una herencia; pero pronto descubre los sinsabores que el nuevo estado le proporciona, pues las apariencias del entorno le impiden tomar bocado. La segunda parte se ha atribuido, aunque con menor fundamento, a Solís. En *La reliquia*, también atribuida a Jerónimo Malo de Molina y a Moreto, Lorenzo, lastimado en todas ocasiones por Aldonza Gil, su mujer, recibe un palo (la reliquia) con el que pegar a aquélla cada vez que abra la boca. Al final, tras lastimarse mutuamente deciden no volver a hacerlo.

*El melonar y la respondona* (a. 1660) es una versión de *Las aceitunas*, de Lope de Rueda, con la pareja de bobos Menga y Lorenzo que discuten por el precio de los melones que recogerán cuando, cuatro años después, empiecen a cultivar el terreno que compren. Pacificados por los vecinos, vuelven al tema discutiendo acerca del modo de comer los huevos, si fritos o asados. Se le atribuye al autor también los entremeses *El despejado y la gallega* (a. 1643) y *Los diablos*.

### 3. Bailes

Para la compañía de María Quiñones, donde a la sazón se hallaba Cosme Pérez, ideó igualmente bailes dramáticos. Bernarda ha perdido un baile cuando se dirigía hacia palacio. Así se inicia el *Baile perdido* (1660), de Carnestolendas. Tras varios intentos por recuperarlo, con tonos y danzas propias de palacio, llega Cosme con el baile perdido: «¡qué verdes alamarillos!, / ¡qué dulce amapola!» [1692: 254]. En *Los trajes* (a. 1643) desfilan varios hombres y mujeres pidiendo traje frente al gracioso, mientras el protagonista critica todos los usos. Con el mismo título existe otro, atribuido a Vélez de Guevara. En *El murmurador* (a. 1643), Pedro, esposo de Quiteria, reniega de los murmuradores que hablan y critican todo lo que ven. Su rechazo, sin embargo, se manifiesta de la misma suerte, de modo que su mujer y su amiga Estefanía sufren toda la obra los melindres del marido. Todo lo que éste critica tiene mucho de cuentos y patrañas populares.

## 4. Jácaras

Escribió en igual medida jácaras al uso y a lo divino. A las primeras pertenecen *Celos de un jaque y satisfacción de una marca*, homenaje a Añasquillo, ya inmortalizado por Moreto en el entremés de *La Chillona* (hacia 1657), y *Hace relación un bravo desde la cárcel del estado en que se halla*, escrita por petición de una dama (a. 1680). A lo divino se conservan *Jácara a San Agustín* y *Jácara a San Francisco*.

## 5. *Otras piezas*

Hallándose en Jarandilla compuso y se representó el *Diálogo en que se celebra la salud del excelentísimo señor conde de Oropesa, después de libre de un garrotillo* (hacia 1640) en que intervienen Madrid, de dueña, y Jarandilla. Tras felicitarse por la feliz recuperación, gracias a San Blas, la paisana le desea al conde tanta vida como narices parece que tenía el dramaturgo: «contad la salud por siglos / y tanta vida tengáis / como nariz don Antonio, / que no hay que encarecer más» [1692: 241]. Existe también un mote y tono que se cantó en la *Comedia de los disparates*.

### EDICIONES

*Entremeses nuevos de diversos autores para honesta recreación*, Alcalá de Henares, Francisco Ropero, 1643.

*Once entremeses*, Madrid, Andrés García de la Iglesia, 1659.

*Laurel de entremeses varios. Repartido en diez y nueve entremeses nuevos. Escogidos de los mejores ingenios de España*, Zaragoza, Juan de Ybar, 1660.

SERRALTA, Frédéric, «Una loa *particular* de Solís y su refundición palaciega», *Criticón*, 62 (1994), pp. 111-144.

SOLÍS Y RIVADENEYRA, Antonio de, *Comedias de don Antonio de Solís, secretario del rey nuestro señor, oficial de Estado y su cronista, &c. Dedicadas a Miguel Rodríguez, escribano de la real casa del papel sellado, &c.*, Madrid, Melchor Álvarez, 1681.

—, *Entremés del casado sin saberlo. De don Antonio Solís*, Madrid, Andrés García de la Iglesia, 1659.

—, *Varias poesías sagradas y profanas que dejó escritas (aunque no juntas ni retocadas) don Antonio de Solís y Rivadeneyra, oficial de la Secretaría de Estado y secretario de su majestad y su cronista mayor de las Indias, recogidas y dadas a luz por don Juan de Goyeneche. Dedicadas a la excelentísima señora doña Josefa Álvarez de Toledo y Portugal Téllez Girón, hija de los excelentísimos señores condes de Oropesa*, Madrid, Antonio Román, 1692.

## XII. SUÁREZ DE DEZA, por *Esther Borrego Gutiérrez*

Entremesista cortesano de la segunda mitad del siglo XVII, de cuya fecha y lugar de nacimiento no podemos dar noticia cierta. Aunque Barbosa Machado [1741-1759: 788], el estudioso más cercano en el tiempo a la vida del autor, dice de él que fue «natural de Lisboa», no consta documento alguno que lo certifique. También afirma Barbosa que fue «*preste* da Capella Real do Serenisimo rey Joao IV», dato imposible de confirmar, pues no existe ninguna alusión al poeta en los documentos de la corte de Juan IV. Respecto a su condición de «preste», es decir, de sacerdote, parece difícil conciliar esta situación con los testimonios documentales de su boda en 1657 en Madrid. La Barrera, a propósito de su origen lisboeta y de su condición clerical, dice que «lo tenemos por muy dudoso» [1860: 378-379]; sin embargo, no parece tan dudoso su origen portugués, pues su obra cuenta con un número considerable de lusismos y referencias a la «nación lusitana», como él mismo la denomina. El llamado «manuscrito Sequeira» (a. 1660), plagado de portuguesismos, en que se recogen doce de sus piezas breves, posiblemente tomadas del manuscrito original de su principal obra (*Parte primera de los donaires de Tersícore*, Melchor Sánchez, 1663, volumen que recoge la práctica totalidad de su producción dramática), revela datos intratextuales que podrían confirmar la posibilidad de tal procedencia. Otros datos de diferente orden apuntan a este origen: por una parte, el apellido «Suárez de Deza» —o *Soares Deça,* como le llama Barbosa— es de origen gallego-portugués; por otra, él tuvo relación con Melchor de Fonseca y Almeida, puesto que participó en seis academias poéticas celebradas en su casa entre los años 1661 y 1663,[28] reuniones informales

---

[28] Los datos sobre las academias se pueden consultar en mi trabajo [2002: 12-25].

de tono amistoso y festivo. Y Fonseca, hombre culto y erudito, era natural de Coimbra, participó en certámenes poéticos y escribió también obras de carácter laudatorio a la Corona; es más que admisible aventurar que su amistad se pudo ver fortalecida por su común origen. El resto de información que aporta Barbosa —«Foy para Madrid, onde alcançou muita estimaçao pelo juizo e graça com que poetizava, principalmente em assumptos jocosos»— sí que coincide sustancialmente con la que dan otros autores y se ha podido comprobar. García Peres recoge esos datos y pone el acento en su buena relación con los escritores de la corte: «viajó, y en Madrid, conviviendo con los poetas de la corte, ganoles por su juicio y el gracejo de sus versos, su amistad y afecto» [1890: 230].

Parece que el escaso resto de biógrafos que se acercan a Suárez ha tomado los datos —sin más indagaciones— exclusivamente de la portada de *Donaires,* donde se dice de él que fue «ujier de saleta de la reina nuestra señora y sus altezas» y «fiscal de las comedias en esta corte». La Barrera y Ticknor, eruditos del siglo XIX, aportan poco más a la biografía del dramaturgo —aunque es reseñable que este último [1851: 123] equipare su obra a la de los maestros del entremés Quiñones de Benavente y Cáncer— y habrá que esperar a los trabajos de Cotarelo [1911] para su rescate del olvido: aunque no aporta novedad respecto a los datos biográficos y lo califica de autor mediocre, valora sus bailes y mojigangas. Del siglo XX son contados los historiadores de la literatura que lo citan: Cejador [1916: 230] valora su obra positivamente y aporta datos relativos a sus amistades; Sáinz de Robles, quien alaba su «gran dominio de la técnica teatral» [1964: 1125], toma los datos biográficos de Cejador. Bleiberg y Marías [1972: 857] se limitan a señalar su condición de entremesista y autor de comedias burlescas y, finalmente, Arellano [1995: 659, 674] lo destaca como autor de comedias burlescas y mojigangas, y Madroñal, ya en el siglo XXI, valora positivamente su obra en el conjunto de los entremesistas del último tercio del siglo XVII [2003: 1038, 1050, 1055]. Salvo algunas ediciones o citas aisladas, los trabajos y ediciones de la que escribe [2000, 2002] son prácticamente los únicos rigurosos y académicos con los que contamos hasta ahora sobre la vida y obra de este autor.

Otros datos biográficos de interés son su matrimonio en 1657 con Ana María de Figueroa y Sandoval y el nacimiento de una hija en 1658, datos conservados en el archivo de la iglesia de San Sebastián de Madrid, en que también se consigna su domicilio, la calle del Niño, actual calle de Quevedo, próxima a la citada parroquia. Ambos lugares se ubican en el barrio donde vivía gran parte de escritores de la época, con los que mantuvo amistad, como se deduce de los poemas que lo elogian en los preliminares de los *Donaires*; se trata, como él, de poetas cómicos y dramaturgos: Juan Bautista Diamante, Francisco de Avellaneda, Francisco Bernardo de Quirós, Juan Vélez de Guevara. En el caso de Avellaneda, la amistad pudo fortalecerse por ocupar un cargo de censura de comedias similar al suyo, y en el de los dos últimos por ser también criados en la corte de Felipe IV.

De los citados preliminares también podemos obtener algunas noticias de interés más tempranas, como en los siguientes versos de Salazar:

> No tienes competidor
> por único y eminente;
> aplaudiote *Benavente*,
> *Cáncer* te alabó admirado,
> y el orbe te ha laureado
> muy justificadamente.

Es significativo que Salazar haya citado precisamente los elogios de dos de las figuras más preeminentes en los géneros cómicos, breves y burlescos. Puesto que Cáncer murió en 1655, y Quiñones de Benavente aún antes, en 1651, es claro que Suárez de Deza debía de ser conocido y estimado al menos desde mediados o finales de los años cuarenta, y que la recopilación de su obra en *Donaires* fue probablemente el fruto maduro de la fama de la que ya disfrutaba. En relación a su vida social, constan documentos de los años cincuenta que acreditan su condición de miembro de la Congregación Ilustre de los Indignos Esclavos del Santísimo Sacramento, cuyo fin principal era pedir por «la vida y salud de sus majestades, enderezando a este fin todos sus ejercicios». Se conservan algunos poemas de Vicente Suárez, nombrado entre «los mayores ingenios desta corte», con ocasión de octavas eucarísticas celebradas entre los años 1656 y 1657.

Varios documentos del Palacio Real aportan nuevos datos sobre su biografía; su nombramiento de ujier de saleta de la reina se hizo efectivo el

21 de febrero de 1657 (La Barrera se equivoca al afirmar que fue en 1663), donde se ordena que «se le haga el ascenso y los despachos necesarios», término que quizá indique su anterior quehacer en menester palaciego más bajo. Además de criado directo de la reina, figura también que fue ujier de «sus altezas», es decir, de las infantas María Teresa y Margarita, del malogrado príncipe Felipe Próspero y del príncipe heredero Carlos, nacido en 1661, a quienes dedica diversas piezas. Y es que un dato relevante es la representación palaciega de la práctica mayoría de sus obras: sus dos comedias burlescas se representaron en palacio y de las cuarenta y una piezas breves que componen su producción conocida, sabemos con certeza que más de treinta tuvieron escenario y público cortesano. Su nombramiento como «fiscal de comedias», cuya primera noticia es de enero de 1661, puede relacionarse con su cercanía a los monarcas.

Las últimas noticias de Suárez en Palacio son de noviembre de 1666; se trata de la concesión de una licencia para ir a las Indias: «con retención de su plaza cuando vuelva a servirle, suspendiéndole el goce de ella durante su ausencia». Efectivamente, se conservan en el Archivo de Indias de Sevilla documentos relativos a su viaje, de febrero de 1667: el expediente de información y licencia de pasajero a Indias de Pedro Fernández de Castro, conde de Lemos, virrey del Perú, a Perú, con varias personas, entre las que figuran Vicente Suárez y su mujer, Ana de Figueroa; y el propio Registro o Asiento del pase a Indias del conde de Lemos con esas personas. No contamos con ningún dato registrado en palacio que acredite su regreso y el hecho de que su partida de defunción no se conserve en la iglesia de San Sebastián podría apoyar la hipótesis de que no regresara. De todas formas, se puede también presumir que en 1678, año de la publicación de *El príncipe de la estrella y el castillo de la vida,* estaba de nuevo en Madrid.

Vicente Suárez de Deza se incluye, pues, en la nómina de autores teatrales del siglo XVII que desempeñaban funciones subalternas en palacio, por lo que su producción literaria, no sólo dramática, está condicionada por su oficio. Así, como he señalado, escribió poesía de tipo circunstancial y cortesano, de tono encomiástico o burlesco, dedicada a eventos regios o a personajes nobles, fruto en varias ocasiones de su participación en las citadas academias literarias. La escasa poesía religiosa que conocemos, escrita como fruto de su pertenencia a la citada congregación de tipo monárquico, se recoge en obras editadas con motivo de certámenes poéticos en torno a celebraciones litúrgicas [Borrego Gutiérrez, 2002: 29-33].

Más interesante es su producción dramática no breve: es el caso de las dos comedias burlescas, *Los amantes de Teruel* y *Amor, ingenio y mujer,* representadas ambas en palacio con gran éxito. La primera es parodia directa de la comedia homónima de Pérez de Montalbán y la segunda se articula en torno a la burla de los motivos tópicos de las comedias de enredo contemporáneas. También escribió, como tributo a la costumbre de la época, una comedia en colaboración, *El príncipe de la estrella y el castillo de la vida,* con Antonio Martínez de Meneses y Juan de Zabaleta. Parece que, además, existe una comedia perdida suya, *El amor más desdichado,* cuyo texto, por ahora, es desconocido.

Suárez de Deza fue de los pocos entremesistas de la época que se preocupó de recopilar toda su producción dramática y de editarla en una obra, cuyo título, *Parte primera de los Donaires de Tersícore,* prometía una segunda parte que no llegó a publicarse. Un notable número de piezas breves de Suárez se editó en otras colecciones de entremeses impresos, tanto del siglo XVII como del XVIII; otras fueron copiadas en colecciones manuscritas de piezas de este tipo o sueltas, lo que prueba la difusión de sus piezas.[29] No conocemos ninguna edición del siglo XIX. En las primeras décadas del siglo XX, prácticamente sólo Cotarelo le dedicó algunas líneas en su introducción a *Colección.* Desde el impulso de los estudios sobre el teatro breve dados en los años ochenta, algunos estudiosos se refieren a él como un autor de segunda fila, y tratan algunos aspectos de sus obras, otros incluso han editado alguna de sus piezas en antologías; pero, generalmente, se descubre un conocimiento genérico y superficial del conjunto de su obra, probado por la cantidad nada despreciable de errores que se observan en la transmisión de los títulos de sus obras y en algunas falsas atribuciones.

Es interesante hacer notar que Suárez de Deza delimita perfectamente el subgénero de cada una de sus piezas y lo explicita en el epígrafe de las mismas. En estas designaciones se reflejan las confusiones y amalgamas de la época en la adscripción de los géneros a las piezas, como se puede deducir de unos versos de la mojiganga de *Don Gaiferos:*

---

[29] Para la noticia bibliográfica completa de sus obras, puede consultarse mi edición crítica [2000].

| MELISENDRA | El baile se acabe |
| | y un vítor le den. |
| GAIFEROS | Sea mojiganga... |
| MELISENDRA | ...o sea entremés [2000: vv. 183-186]. |

Así, cinco de sus piezas son denominadas *sainetes* —*El matemático, La casa de dueñas, El cocinero sordo fingido por el interés, Las bandoleras* y *Los títeres*—, siendo éste un término genérico que podía aludir a cualquiera de los géneros verdaderamente caracterizados; de hecho, de las cinco piezas calificadas como sainetes, cuatro son claramente bailes y una, *Los títeres,* es una mojiganga. El único género que Suárez no practica como tal es la loa, aunque algunas de sus piezas presentan características de un tipo específico de loas, las destinadas a los festejos reales, que suelen abundar en elogios a las personas de la familia real, llegando en el caso de Deza a articularse del todo en torno a la alabanza de uno de sus miembros, como es el caso del baile de *Un retrato de la señora infanta Margarita* o el de la mojiganga que se hizo para la *Fiesta de su majestad la reina nuestra señora,* en que se celebra el nacimiento del príncipe heredero Felipe Próspero y se alaba a la reina Mariana en un significativo número de versos.

En cuanto a sus trece *entremeses,* la mayoría se compone en torno a una burla y son ingeniosos y cómicos, aunque toman motivos de otras piezas de la época, generalmente de los grandes maestros. Es el caso de *El milagro,* inspirado en los cervantinos *La cueva de Salamanca* y *El viejo celoso,* que toma del primero la solución sobrenatural y «milagrosa» a la escapatoria de los amantes y del segundo el clásico tema de los matrimonios desequilibrados y absurdos. Igualmente las riñas matrimoniales de *Los novios* y las desavenencias conyugales que hacen de la vida de don Iracundo un calvario en *El malcasado* recuerdan asuntos presentes en *El juez de los divorcios,* por lo demás tan comunes en la literatura entremesil. Figuras como el protagonista de *El barbero,* el alcalde rústico de *El alcalde hablando al rey,* los soldados pobretones y derrotados de *La tabaquería y las paces,* aparecen frecuentemente en numerosos entremeses de Quiñones de Benavente, así como son comunes a ambos autores asuntos como las consultas ridículas, la sátira de las malas comedias y los malos poetas, la intriga adúltera y las disputas y rivalidades entre oficios, entre otros.

Los *bailes* de Suárez de Deza forman el subgénero más numeroso —suman un total de dieciséis— y destacan por la perfección en los elementos musicales y coreográficos, esenciales en su conformación, por la mayor extensión respecto a la suma brevedad de los compuestos por otros autores y por la maestría en el uso de las formas métricas de que hace gala el autor, adaptándolas perfectamente a las partes musicales y recitadas correspondientes. Los bailes de Deza, en general, toman ciertos personajes y tópicos literarios de la época, como ocurre en *Gila y Pascual,* dos desavenidos zagales protagonistas de bailes anteriores; en *El Pintor* y *Un retrato de la señora infanta Margarita,* piezas que se acogen al reiterado artificio del retrato de una dama, a la que se va alabando al ritmo de cantos y bailes, a medida que se van dibujando sus encantos; en *Los esdrújulos,* que satiriza las triviales composiciones en esdrújulos de la época; y, finalmente, en *Las estafas* y *Las bandoleras del Prado,* donde se satiriza el tópico de la mujer pedigüeña. Los bailes, según el mayor o menos grado del componente cantado y bailado, pueden ser denominados por el autor «entremesados» —lo que demuestra que el entremés fue el género modélico de todas las demás— o no; aunque las diferencias, en principio relativas a la mayor proporción de versos representados en los primeros, en la práctica apenas existen. Particulares son los cuatro bailes entremesados con tema de jácara —*Añasquillo, El corcovado de Asturias, El galeote mulato* y *Las mozas de la galera*—, que bien podrían denominarse sencillamente *jácaras,* pues tanto los personajes como la estructura y la temática delictiva y patibularia en clave de burla son los propios del género. La influencia de Quevedo se advierte especialmente en estas piezas, con el protagonismo de valientes, galeotes, daifas y ajusticiados —algunos, como Añasco, son creación del maestro— y mediante los atrevidos juegos de palabras y distorsiones lingüísticas de toda índole.

La *mojiganga* fue el género en que más destacó este autor, por su originalidad, fuerza expresiva y acertada construcción de elementos musicales, coreográficos y paraverbales. Suman un total de doce y se pueden dividir en dos tipos: por una parte, aquellas de estructura más elemental que tienen como eje el «desfile», y, por otra, las que presentan una trama más elaborada que suele girar en torno a una burla, asemejándose así al entremés,[30] y tienden a incorporar elementos costumbristas.

---

[30] De hecho, el propio autor denomina a casi todas las pertenecientes a este grupo «mojiganga entremesada».

Pertenecientes al primer apartado son *El mundi nuevo, El juego del ajedrez, Personajes de títulos de comedias* y *Los títeres,* y al segundo, *Los casamientos, La encantada, Lo que pasa en el río de Madrid en el mes de julio, El niño y la mujer que acomoda amas, La ronda en noche de Carnestolendas, Los amantes de Teruel* y *Don Gaiferos.* Son muy frecuentes en las mojigangas los personajes y los motivos carnavalescos, como las bodas bufas (*El niño y la mujer...* y *Los casamientos*), los partos burlescos (*La ronda...*), los niños de la Rollona (*Lo que pasa en el río...* y *El niño y la mujer...*), los hombres barbados de damas (*Los casamientos*), etc. Suárez de Deza, junto con Monteser y Calderón, lleva el género a su pleno desarrollo, e incluso teoriza sobre el mismo en sus piezas o comenta la necesidad de innovación:

| ALCALDE | Es lo mejor que tienen |
|---|---|
| | las mojigangas, |
| | empezar por lo mismo |
| | por donde acaban.[31] |
| | [*La ronda en noche de Carnestolendas,* 2000: vv. 250-253] |

| DON MATÍAS | ¡Vaya de fiesta y de gira, |
|---|---|
| | de gira y de fiesta vaya, |
| | y sólo las castañetas |
| | den fin a esta mojiganga, |
| | porque en alguna se vea |
| | no haber tamboril ni flauta! |
| | [*El niño y la mujer que acomoda amas,* 2000: vv. 321-326] |

| GALÁN 1 | Como no haya tamboril, |
|---|---|
| | ni instrumentos ordinarios |
| | de mojiganga, concedo. |
| TOMASA | Pues sin ellos, yo no la hallo. |
| GALÁN 2 | ¿Para qué es la habilidad, |
| | sabiendo que allá están hartos |
| | desas cosas, y que ya |
| | enfada lo muy usado? |

---

[31] Se refiere a la música, con la que comenzaba y terminaban generalmente las mojigangas.

GALÁN 3          Pues, ¿de qué ha de ser, supuesto
                 que no es baile, ni sarao
                 ni mojiganga?
GALÁN 1                    En un juego
                 de cañas le tengo hallado,
                 conque servirá de serlo
                 todo junto a un tiempo, dando
                 principio a las dos entradas
                 que ya ocupan el teatro.
                 [*Los casamientos*, 2000: vv. 306-321]

En otro orden de ideas, aunque no se puede hablar de estructuras claramente diferenciadas, pues en todas estas piezas se observa una unidad
en sus componentes dramáticos, he dividido las piezas del autor según el
predominio de unos u otros, a saber, acción, situación, personajes, lenguaje, y espectáculo o lenguaje paraverbal, siguiendo la clasificación que
establece Huerta Calvo [1985].[32] Como es sabido, a esas alturas de siglo
los temas de las piezas breves entraron en una fase de desgaste, derivan-
do a la búsqueda del retoricismo y a cierto alejamiento del realismo y
popularismo inicial. Suárez de Deza destaca en las piezas cuyos elementos dramáticos predominantes son el espectáculo (como es el caso de las
mojigangas *El mundi nuevo, El juego del ajedrez* y *Los títeres*) y el componente verbal, bien sea en forma de debate, a modo de pullas literarias, o
acentuando el componente lingüístico individualizado. En este sentido se
destacan las dos mojigangas de carácter burlesco, *Don Gaiferos* y *Los amantes de Teruel,* en que la deformación lingüística que tiene por objeto el tratamiento jocoso de temas heroicos adquiere gran relevancia:

EMPERADOR          ¿Cómo vivís sin temor,
                   libre y burlado de amor,
                   de su fuego y de su yelo?
                   En los dados enviciado
                   vivís... ¡Qué lástima es!

---

[32] La clasificación completa de las obras de Suárez de Deza y su consiguiente
razonamiento se puede consultar en Borrego Gutiérrez [2002: 65-167]. Por razones de espacio y dado el elevado número de piezas, aquí me limito a referir una
selección.

|  | *(Con la música.)* «Herido del mal francés, triste y mal acompañado.» |
|---|---|
|  | *(Representado.)* Se os olvida el casamiento que hicísteis con hija mía. |
| GAIFEROS | *(Con la música.)* «Cuando el amor me traía hecho veleta del viento, me casé» [*Don Gaiferos,* 2000: vv. 10-21]. |

Respecto a las piezas con estructura de acción, apenas dos, aunque de gran calidad —*El milagro* y *La encantada*—, plantean una burla amorosa; el resto de obras giran en torno a burlas de otro tipo y aunque están planteadas con ingenio, muestran escasa originalidad en los temas. No podemos calificar ninguna obra en rigor como «de situación», aunque en dos de ellas —*Lo que pasa en el río de Madrid* y *Las bandoleras*— se destaca, junto con otros componentes, el costumbrismo madrileño, que preludia en cierto modo el sainete dieciochesco: la primera se desarrolla en las fiestas de julio de Santa Ana, celebradas en el Manzanares; y la segunda, en el Paseo de Prado, consabido lugar de galanteo y diversión en el Madrid de entonces. En cuanto a las obras en que destacan los personajes, se plantean de dos modos: como «revista de personajes», o de desfile, y en torno a un personaje «figurón». Se pueden incluir en el primer epígrafe los entremeses «de oficio», como *El cocinero, El matemático, El antojero, El platero de amor,* en que el humor radica en la acumulación en un breve lapso de tiempo de varias figuras susceptibles de risa, casi siempre objeto de sátira de defectos o de vicios de la época. Los entremeses *Para todas,* que parodia la figura del «lindo» don Nuflo, y *El caballero,* diatriba contra los hidalgos vanidosos y venidos a menos, son ejemplo apropiado de las obras breves «de figurón».

El procedimiento más empleado por Suárez de Deza para el tratamiento de los personajes es la caricatura, siempre en orden a la comicidad, que adopta diversas y variadas formas. Una gran parte de los personajes proviene de tipos o figuras de larga tradición literaria, aunque el autor les confiere particularidades, sobre todo en orden al chiste verbal y a su caracterización. Entre éstos destacan el alcalde rústico, figura acuñada en la literatura entremesil de la época y protagonista de piezas como *El alcalde hablando al rey,* el estudiante —en su variedad de gorrón en *Los gorroncillos* y de culto en *La burla del miserable*—, el vejete, el médico, el soldado —figura parodiada en *La tabaquería y las paces*—, los oficios de tradición folclórica y, especialmente en las mojigangas, los personajes de naturaleza grotesca, como enanos, gigantes, borrachos y niños barbados, entre otros. En esta variada muestra de personajes, destacan también los del hampa, muchos de ellos tomados de Quevedo, y los caracterizados por su habla, tanto extranjeros como de otras partes de España, mostrando particular interés por los gallegos y portugueses. Otro tipo de personajes son los que hemos denominado «figuras de la corte», que, inspirados en la realidad de la época, también realidad literaria, se solían caracterizar por un vicio o defecto. Personajes originales fueron los alegóricos, mitológicos e histórico-legendarios, aunque Suárez no derivó a fantasías desmesuradas, como ocurrió en otros casos. También es destacable la figura de la mujer, que se presenta con una gran variedad, tanto en su caracterización positiva como negativa, ésta más frecuente; paradigma de mujer con un vicio que aparece en varias obras es la pedigüeña, de clara inspiración quevedesca.

En cuanto al componente lingüístico, podemos afirmar que en las obras de este autor domina el conceptismo verbal, un humorismo retórico que las aleja de las raíces populares del entremés y persigue la elaboración de juguetes literarios de acuerdo con la estilización progresiva del género. Revela Suárez de Deza una especial maestría en la construcción del verso; en cuanto a la elección de estrofas no difiere de otros entremesistas de la época, aunque destaca en él la variedad de formas adecuadas al canto y la regularidad que se procura en el ritmo y en la rima. El uso de la lengua está sometido a la parodia, y así Suárez se burla de otras lenguas, en un sentimiento generalizado de xenofobia en la época —aunque también fuertemente convencional en el género—, del latín macarrónico, del habla rústica en la eterna burla de la aldea, del léxico del amor cortés y de otras manifestaciones literarias coetáneas, del habla de germanía... Gran parte de la comicidad de las obras de Suárez es verbal, de ahí que los recursos retóricos estén seleccionados en pro de la búsqueda continua de ese humor. Destaca en esta línea el fonetismo expresivo, los juegos de palabras apoyados en la dilogía y el equívoco, y el recurso a campos semánticos referentes al entorno carnavalesco, como lo gastronómico, lo lúdico y lo erótico. En relación con este espíritu de Carnaval, el vocabulario es el de «la plaza pública», exagerado y a veces grotesco; es frecuente el recurso a los giros populares, dichos y refranes, el empleo de juramentos burlescos, maldiciones, insultos, pullas y motes. La onomástica es, en muchos casos, burlesca, y también el recurso al santoral.

En cuanto a la representación de las piezas de Suárez de Deza, como ya he hecho notar, hay que subrayar su condición fundamentalmente palaciega,[33] con lo que esto conlleva: el público está presidido por el rey, lo que alude a la realidad más profunda de estas piezas, su carácter bufonesco, también porque son escritas en cierto modo por «autores-bufones». El entorno carnavalesco hace posibles algunas alusiones más atrevidas y que se pueda sacar a escena a reyes o nobles grotescos y bobos,[34] como ocurría en las comedias burlescas, que hicieron las delicias de palacio. Otros entornos festivos fueron las celebraciones de acontecimientos regios: Suárez escribe, para celebrar el nacimiento del príncipe Felipe Próspero en 1657, la mojiganga *Fiesta que se hizo para su majestad la reina nuestra señora*; para celebrar el nacimiento de Carlos II, dos mojigangas, *Los títeres* y *El mundi nuevo,* ambas representadas en el coliseo del Buen Retiro en 1662 mediante el artificio de la «máquina real», un tipo de retablo mecánico equivalente en esencia a un teatro de marionetas; para el primer cumpleaños del príncipe Carlos, *El juego del ajedrez,* original mojiganga cuyos personajes son las figuras del citado juego, que ejecutan variadas danzas. A la boda de la infanta María Teresa con el delfín francés, futuro Luis XIV, en 1660 dedica el entremés *La tabaquería y las paces,* y al cumpleaños de la infanta Margarita un baile —*Un retrato de la señora infanta Margarita*— y una divertida y burlesca mojiganga, *Personajes de títulos de comedias.* El género más apropiado a las mejores condiciones de representación que brindaban los escenarios reales —tanto el coliseo como el propio Salón Dorado del Alcázar— fue la mojiganga; de hecho, nueve de las doce que escribió están destinadas a acompañar suntuosas funciones. La iluminación nocturna, la riqueza de pinturas y tapices, el uso de tramoyas y de un rico vestuario, facili-

---

[33] Sobre este asunto, el autor escribe en los preliminares de *Donaires*: «algunos de mis sainetes / habrás oído en las tablas, / mas los más dellos no han visto / a los corrales la cara. / Para Palacio nacieron, / desde donde entonces paran, / pero ya a correr el mundo / mi dueño quiere que salgan».

[34] Las mojigangas *Don Gaiferos* y *Los amantes de Teruel* son buen ejemplo de este tipo de personajes.

374 HISTORIA DEL TEATRO BREVE EN ESPAÑA

tan que el carácter espectacular y a veces fantástico de las mojigangas de Suárez pueda desplegarse y mostrar su potencialidad de abstracción y ostentación.

También deseo hacer insistir en que la música, acompañada del canto y de la coreografía, de la mayoría de las piezas de Suárez de Deza es abundante y original, y que es especialmente esmerada en las obras escritas para palacio. Muchos de los bailes citados, como el zarambeque, el lanturulú, los matachines, el guineo, etc., son citados por Cotarelo como típicos del género [1911]; otros, de gran plasticidad y comicidad, son específicos de su obra, como el que repite el estribillo «mirlón, chiriviricón», en *El galeote mulato*. En cuanto al disfraz, hay que reseñar la importancia que tuvo en las mojigangas palaciegas, con su profusión de figuras grotescas, como «barbados» que hacen de damas, animales —en *La encantada*—, y de figuras fantásticas, como la sirena, el Coloso y el Centauro, protagonistas de *El mundi nuevo*. Rasgo común a los entremeses palaciegos fue su articulación en torno a la *captatio benevolentiae,* que en varios casos explica su acercamiento al subgénero de la loa.

EDICIONES

SUÁREZ DE DEZA, Vicente, *Teatro breve,* ed. Esther Borrego Gutiérrez, Kassel, Reichenberger, 2000, 2 vols.

—, *Los amantes de Teruel,* ed. E. Borrego Gutiérrez, en *Comedias burlescas del Siglo de Oro,* vol. II, dir. Ignacio Arellano, Madrid/Frankfurt am Main/ Pamplona, Iberoamericana/Vervuert/Universidad de Navarra, 2001, pp. 23-160.

—, *Amor, ingenio y mujer en la discreta venganza,* ed. Esther Borrego Gutiérrez, en *Comedias burlescas del Siglo de Oro,* vol. II, dir. Ignacio Arellano, Madrid/ Frankfurt am Main/Pamplona, Iberoamericana/Vervuert/ Universidad de Navarra, 2001, pp. 161-298.

XIII. COELHO REBELLO, por *Rafael Martín Martínez*

Manoel Coelho Rebello es un perfecto desconocido del que se sabe, si acaso, que había nacido en Pinhel, en la provincia portuguesa de Beira; que estaba vivo en 1657 —fecha de los preliminares de la publicación en Coimbra de su *Musa entretenida de varios entremeses* (1658), de la que hubo, por cierto, dos impresiones diferentes— y que en 1695 ya había fallecido, pues en una nueva edición de sus entremeses la dedicatoria obedece al impresor. Sus comedias, se dice, se representaron con gran aplauso [Barbosa, 1752: III, 222], pero también nos son desconocidas. Difícilmente se puede conocer nada del personaje, pues los datos con que contamos incitan a suponer todo en torno de su figura puro embeleco y juego literario. Sendas ediciones conservadas afirman «por Manoel Coelho Rebello», es decir, «por mano del conejo reviejo». Se tratara de quien se tratara, cierto parece que su estudio ayudará bastante a la comprensión del teatro entremesil portugués. De mayor trascendencia en el teatro castellano, sus textos permiten una nueva y arriesgada valoración de la pugna luso-castellana reflejada en los personajes tradicionales del entremés, como tendremos ocasión de ver. Su producción se enmarca, en cualquier caso, en el paradigma de obras y autores bilingües hispano-portugueses que se reconoce, entre otros, en Gil Vicente, Sá de Miranda, Luís de Camôens o Francisco Manuel de Melo.

Carecemos igualmente de noticia fidedigna alguna acerca de los posibles lugares de representación, si bien afirma en la primera edición que exclusivamente en el entorno de Joam de Mello Feyo, Comendador de Villa do Vimioso (pero en 1646 el comendador de Vimioso era Antonio Monís de Carvalho) y Gobernador de Río de Janeiro, a quien dirige la dedicatoria. En verdad, todo parece indicar que el teatro que se pudo ver por aquellos tiempos debió de representarse en los salones a tal efecto pertrechados de las casas nobiliarias. Sendas ediciones recogen una décima de la dominica sor Violante do Céu (1607-1693), en que se dice claramente: «es fuerza que al mundo asombre, / pues costando tanto a un hombre / ir su nombre eternizando, / vos solamente burlando / eternizáis vuestro nombre». De la poetisa sabemos que desde 1640 mantenía amistades con círculos cortesanos y la propia familia real portuguesa. La edición lisboeta redunda en lo mismo, se dedica a un joven Felippe Mascarenhas (1680-1735), segundo conde de Coculim, casado con Catharina de Alencastre. La impostura del dramaturgo, más o menos evidente, haría suya, sin duda, la siguiente cita de su *El engaño del Alferes*: «y usé si miente, cómo está tan falto, / que en estos tiempos, aun para sus picos, / aquéllos que más mienten están más ricos».

La producción entremesil de Coelho, en cualquier caso, se tasa en veinticinco entremeses, ocho de ellos en portugués y los restantes en un híbrido de castellano y luso. Escribió una pieza navideña —*As regateiras de Lisboa, para a noite de Natal*— que no apareció en la edición conimbricense sino en la posterior lisboeta. Aunque se trate de una conjetura posiblemente imprecisa, el dato lleva a la siguiente reflexión: se nombra una edición de sus entremeses en 1622, si bien ésta no aparece, de modo que existen dos ediciones de sus entremeses, Coimbra (1658) y Lisboa (1695). En la que parece póstuma se añade un texto cuya acción se ubica precisamente en la capital portuguesa. La obra y *As padeiras de Lisboa* son las únicas ambientadas en tal lugar. Por el contrario, en la primera edición se mueven los personajes por tierras de Almeida, la ciudad del Mondego y su hipotética localidad natal, para el caso de lo portugués, y lugares castellanos sin determinar. En consecuencia, no es fútil aventurar que el dramaturgo recabó en Lisboa. A su periplo lisboeta corresponden al menos dos piezas. En *As padeiras de Lisboa* las protagonistas Briatis y Anna pregonan su mercancía y engañan a un villano, al que le dan piedra por pan; pero enseguida aparecen diversos vendedores (de miel, sal, ajos y aceite) y compiten entre ellos hasta que un Almotacem trae paz con la música y el baile de la chacona «em forma de dança de meninas». En *As regateiras de Lisboa, para a noite de Natal*, tras una inacabable disputa entre Camaroa y Zimboga, aparecen Rendeiro das Bravas y el Celador, ante quienes las mujeres ahora afirman que son muy buenas amigas. Dada la insistencia de los hombres, terminan por decir que estaban juntas porque iban a ver el nacimiento del niño, de modo que cantan al asunto coplas a lo divino.

Por lo que respecta a los personajes, hay una evidente caricaturización del estamento militar, siempre ridículo, como se evidencia, por citar un ejemplo, en el comienzo de *El capitán mentecapto*: «*salen en compañía, todos vestidos ao ridículo, traendo por bandera un estrampajo*». Junto a las figuras estereotipadas del género sorprende el uso de tipos anormales para el caso, así el Embajador Portugués de *Asalto de Villa Vieja por don Rodrigo de Castro*, que comparte escena con Juana, un Sancristán y un Barbero. El Sancristán, *latinero* y mujeriego como su pariente del entremés castellano, presenta, además, un agradable manejo del idioma, lo que le permite utilizar diferentes metros menos populares en los entremeses españoles al uso, tales décimas, sonetos o redondillas. La mujer, siempre un punto más lista que su marido, amante o contrincante, normalmente se llama Juana o Clara —lo que ayudaría, quizá, a ubicar la representación de las obras en torno de una misma compañía, a su vez al servicio del mecenas a quien, en definitiva, iban dirigidas las obras— y suele renegar de su mal casamiento, desigual, entre otras cosas, por culpa de la edad de ambos cónyuges, como Roque, el marido de *El defunto fengido* reconoce:

> Digo
> que os amo, deseo y quiero mucho,
> y más con mil ansias lucho,
> porque en veros leviana y tantas galas
> aun cada ves me dais muy noras malas;
> y como viejo soy de vuestros modos,
> temo, Gracia, lo que temen todos.

Hay en los entremeses del portugués varios testimonios que ofrendan un claro reconocimiento de la pluma cervantina. Así, en *El engaño del Alferes*, éste aparece rebozado frente a dos soldados que se acaban de retar a un duelo. Ellos piensan que se trata de una dama, de modo que, interpelado por la pareja, les responde que es un polaco, por lo que reflexionan con una respuesta metateatral: «¿también las hiembras se inxiertan / en hombre?». A cambio de que les muestre el rostro, le dan todas sus pertenencias, sombreros y zapatos incluidos. En eso llega el resto del regimiento, con Sargento y Capitán a la cabeza. Los soldados alegan que han sido voluntariamente azotados por sus pecados y que ésa es la causa de su desnudez. La ridícula situación provoca el enfado del Capitán, que, como escarmiento, propone llevar a los tres en marcha hasta la plaza a la vista de todos. Se alude a la figura de Sancho Panza por la facilidad del Soldado I para expresar conceptos.

La dama Sirene de *El capitán mentecapto*, cautiva en una torre, ensalza la figura del Capitán en los siguientes términos: «vos que a don Quijote / excedéis valiente; / simple, a Sancho Pansa, / si aun bien más solemne». Efectivamente, la locura del bobo le obliga a pronunciar un discurso casi quijotesco: «contra aqueste Jayán descumulgado, / que en esta torre tiene / preza la muy señora don Sirene, / hija de Calaínos, /

bisneta de Roldán y Valdovinos». El desdichado valiente es atacado y ridiculizado en un par de ocasiones por el oculto Jayán; al principio con
agua bendita que le arroja a la cara, después con la imagen de una serpiente que el loco asemeja a la ballena de Jonás. Termina la pieza, eso
sí, bailando con la clásica y embaucadora dama, rendida ante el personaje a pesar de su fracaso. Previamente el Capitán ha elaborado un discurso, cuyas pautas obedece la compañía que le sigue, que para sí
querrían algunos personajes de farsa del siglo XX:

> Hacedme reverencias,
> tratadme con muy muchas menudencias,
> quitaos los sombreros,
> volveos a cubrir mucho ligeros,
> limpiadme esos çapatos,
> hacedme los bigotes garabatos,
> peinadme estos cabellos,
> porque erisados morirán de vellos.

Para remate solicita una canción a los soldados, que éstos corresponden con otra verdaderamente ajena del imaginario castrense: «hy,
huy, huy, / que se van, que se han ido, / fula, fula, fula, / los pájaros de
los ñidos».

Sobresale *El enredo más bizarro y historia verdadera*, entremés que se
inicia con unos versos más bien cercanos a los usuales en una comedia,
de no ser porque en ellos se cantan los amores de un Sancristán y su
amante la molinera Catalina:

| | |
|---|---|
| SANCRISTÁN | Molinera de mis ojos, |
| | a quien sirven por despojos |
| | luces que pudieron tanto. |
| | Mil años, ay, que no canto |
| | por verme ausente de ti. |
| CATALINA | Pues oíme ahora a mí, |
| | verás se aún más te enamoro, |
| | porque, ay, más de mil que lloro |
| | sólo por quererte más. |

El discurso, habitual en otras piezas del autor, adquiere mayor relevancia puesto que según la pareja que intervenga (Marido-Molinera y Soldado-Molinera), obedece a un código distinto, o sea, más o menos vulgar. A esta polifonía expresiva se une que el tema de la obra es un homenaje, una vez más, cervantino, en este caso a *La cueva de Salamanca*. El Marido regresa a casa por sorpresa maldiciendo a su jumento que ha tirado la harina. Pide ansioso la cena y descubre escondido un Soldado hambriento y enfermo al que, no obstante lo extraño del caso, invita a cenar. En señal de gratitud éste —sin duda alguna, trasunto mefistofélico del Mesías multiplicador de panes y peces— le obsequia con una cadena de portentos mágicos en forma de ricos manjares. Se distancia principalmente de su fuente porque las sorprendentes viandas que salen a escena no habían sido preparadas previamente, sino que responden al conjuro del personaje, quien aclara, además, los orígenes de su arte:

> Cuando el tiempo más sereno
> estaba que a Cid Ruy Días
> hizo las genulosías
> cerrar con la tempestad,
> y por toda la maldad
> de Celestina, que ha sido
> la que mejor ha sabido
> brujiliar con presteza,
> que usé luego en esta mesa,
> sin que aguarde otro recado,
> dese horno todo entero
> saque un cuarto de carnero.

Para final asombro del bobo, advierte de que va a sacar al diablo en forma de Sancristán —como vaticinaba en el ambiguo mensaje anterior—, circunstancia que lo supera y obliga a huir de la escena. Se celebran los milagros y la huida del marido con baile y canciones.

Sin embargo, escribió un verdadero homenaje no se sabe si a Cervantes o a quién en *El pícaro hablador*, donde el protagonista atosiga con su discurso a la Mujer habladora y aun al espectador. La pieza, reducida versión en verso de *Los habladores*, no sin cierta originalidad en el tratamiento, permite al personaje hilar conceptos e ideas al estilo de los decires que todavía se estilan para diversión o asombro de la infancia. Entre estos disparates encontramos uno que, pensamos, parece una censura del estado caballeresco, pues al Caballero se dirige el Pícaro en los siguientes términos, toda vez que ha sido contratado para acabar con la locuacidad de la esposa de aquél:

> Oiga lo que a un capón
> aconteció: Pretendía
> una gineta y quería
> que una dama le pidiese,
> y ella, como no quisiese,
> por desculparse dicía:
> «Blasonaba un capón una gineta,
> y me dijo a mí que la pidiera
> al duque de Alva, que nese tiempo era
> rayo de Flandes y Marte en su planeta;
> vino el capón y a mi puerta espera
> por la respuesta, digo: "¿qué se inquieta?
> ¿Cómo ha de ser, capón impertinente,
> Capitán, si no puede hacer gente?"»

Cinco piezas versan sobre las célebres alcaldadas. En *El alcalde más que tonto* el tipo imparte justicia a las figuras que a su causa acuden; así un Médico, que reniega de su esposa, y un Pícaro, cuyo discurso lleno de incongruencias emociona al bobo, que termina cantando y bailando con él. Da la impresión de ser un entremés incompleto, ya que personajes como el Barbero y el Boticario prácticamente no intervienen. En *Represiones de un alcalde* éste se dispone a impartir justicia entre varios demandantes con quienes a su vez se cruza diversos improperios. En eso llega un Músico con quien aplaca todas sus calenturas —parece una vez más cervantino el poeta— cantando y bailando. Ambas figuras, Alcalde y Músico, participan de la misma línea bufonesca, como el primero se encarga de reconocer: «también tendréis de loco vuestra parte». A partir de entonces el loco pasa revista judicial e impone sentencias afines a la lógica entremesil. En *Um almotacel borracho* un Almotacén golpea con una vara al Escribano, al Porteiro, de quien se ríe además, a la Padeira y al Vendeiro, no obstante se presenta como su amigo. Ante la insistencia del Escudero se dispone a impartir justicia, pero su locura es tal que enseguida comienza a cantar, para extrañeza de todos, especialmente de la Padeira: «he a primeira audiencia, / a fe de molher honrada, / que tenho visto cantada». Previo al final a golpes, el loco, bebido por más señas, se queda dormido un rato y es golpeado por el resto. Nicolau Mostaça, alcalde de *Las viudas fengidas*, atiende las razones que el Escribano le da sobre diversos testimonios. El primero de ellos alude al siguiente caso:

> Una mujer, señor, se halló preñada
> y ha sido de sus deudos desdeñada;
> dicen que su herencia le pretende,
> según del testamento se entiende,
> por testar su marido desta suerte
> que levándole Dios de aquella muerte
> no siendo su mujer viuda honrada
> se quede de su hacienda desherdada.
> Pruébanle que es ramera.

Frente a esta situación el Alcalde defiende la herencia para la mujer: «que la hacienda le den a la cuitada / porque quedando sin hacienda, advierto / menos se enmendará». La figura logra con ello parangonarse, sin duda, con el resto de veredictos locos entremesiles, pero también es cierto que el dramaturgo remeda, de nuevo, un pensamiento cervantino que nos recuerda el de sus entremeses. Después ve la causa de un campesino que se queja de que las cabras de un pastor le han comido el trigo de su hacienda, a lo que responde que interrogue a las cabras y, en caso de que no confiesen, las libere. La tercera sentencia se deriva de un tal Juan Mostracho, ya fallecido, pero del que tanto su madre como su tío solicitan en herencia su bella voz para el canto. Después, sin conexión con el desarrollo anterior de la obra, aparecen un Sancristán, que se ríe del personaje, tres viudas recitando en latín, lo que acobarda al figura, y un músico que con su vihuela canta y provoca el baile de todos. En *Dos conselhos dum letrado* a éste acude una Velha con el pleito de que un cham que le compró a su suegro resulta ahora que reclama un sobrino suyo; para ello describe en casi treinta versos las relaciones familiares que alega el sobrino en cuestión para atribuirse el poder. A todo este lío de términos (del estilo de «la hermana de la madre del tío del primo que se casó») el bueno del abogado concluye: «o cham, desde logo, he vosso». Al rato acude un Velho, ridículo, quejoso de que su mujer se murió antes de que se casaran y sin pedirle, si quiera, permiso para ello; el Letrado le aconseja que vaya al Purgatorio por ella y se la lleve a casa. Finalmente, acude un Ratinho, convencido de que el hijo que parió su mujer es suyo (del Ratinho), ya que lo vio nacer y además le llamaba papá, pero que, como está muerto, quiere saber lo que los libros dicen del caso. El *sacapleitos* contesta que Covarrubias recoge que eso pudiera suceder, de manera que para demostrárselo le enseña los libros que tiene. El Ratinho golpea al Letrado con los libros. Una última pieza, *Dos sargentos bebados*, mantiene cierta relación con las anteriores, si bien el Alcalde es incapaz de dictar sentencia alguna. Los protagonistas se emborrachan y cuentan historias varias —lugar tópico del soldado ebrio entremesil, que, cual Jesús en la última cena, relata sus verdades— mientras farfullan sus hazañas militares por lugares tan dispares como Antequera, Talavera o Macedonia. El Alcalde, que los descubre curdas perdidos al tiempo que se entera de que la Ventera, su esposa por más señas, aún no ha cobrado por el vino bebido, es incapaz de prenderlos, de manera que la pieza termina con coplas introducidas por un Odrero que vende botas de vino.

Varias son las piezas que se centran en los engaños de una mujer, malmaridada la mayor de las veces. En *Los tres inimigos del alma* el bobo Callistro es engañado por Clara, su esposa, quien se sirve del Barbero, Boticario y Sancristán para que simulen ser cuadros alegóricos del mundo, la carne y el diablo, respectivamente. El tonto había prometido donar esos tres cuadros a la iglesia como consecuencia de pertenecer a la cofradía de los tres inimigos del alma. Su mujer lo manda a Guarda a buscar los lienzos. Cuando regresa, ella idea la traza de que Barbero, Boticario y Sancristán (sus amantes) se hagan pasar por las pinturas buscadas. Como era de esperar, cada uno golpea al tonto según se acerca a verlos; finaliza la pieza con todos maltratándose. Más allá de esta literalidad, es forzoso imaginar la representación cerca de alguna muestra que sobre las tentaciones de san Antonio existían entonces, por qué no incluso del propio Bosco. Estuviera o no el famoso lienzo presente, cierto es que su naturaleza era de sobra conocida, por lo que el tema forma parte de otras varias representaciones teatrales breves que tienen por objeto esta relación pictórico-teatral. En connivencia con el anterior tipo de mujer, aparece la de armas tomar, representada en *Los valientes más flacos*; sorprendente obra en que desfilan varios valientes fanfarrones que se acobardan en cuanto aparece el siguiente; así, sucesivamente el Alcalde, un Valiente y el Sancristán. Finalmente, irrumpe la Alcaldesa y golpea a un Estudiante al que acusa de robar en su casa. Ella se enfrenta con todos y terminan reconociendo «que lo que al hombre le falta / le ha sobrado a la mujer». En *Dos alcaldes y el engaño de una negra* dos alcaldes de Beira dejan sus respectivas discusiones con un Escribano y un Sancristán para tratar de adular a una mujer «teñida de negro», de nombre Menga, que «sale en lo alto»; para ello los dos últimos tratan de sonsacarle palabras que, lejos de conseguirlo, se convierten en panzadas, que, como la mujer afirma, es «la mejor medecina / para locos».

La figura fanfarrona del portugués en el entremés castellano se invierte, si bien no totalmente, en el teatro de Coelho. Es cierto que se ridiculiza en parte a los castellanos, caso de *Asalto de Villa Vieja por don Rodrigo de Castro*. El portugués don Rodrigo, loco y valiente entre los valientes, pues «no fuera valiente a no ser loco», ataca Villa Vieja ante el acobardamiento de todos los castellanos, a cuya cabeza se halla el Gobernador. Llega el Embajador portugués a negociar y enseguida se reta con los castellanos. Al final, éste y el Alcalde conciertan quitarse un pelo del cabello por cada santo portugués o castellano que haya. En última instancia, el portugués arranca toda la cabellera del castellano al grito de San Antonio, que vale «por muitos juntos», y terminan riñendo. La acción se ubica probablemente en la portuguesa Villa Velha de Rodam, cercana a Guarda. A Cotarelo le gustaba la pieza «porque, aunque escrito por un portugués para ensalzar a los suyos, casi resulta tan ridículo el embajador lusitano como si lo hubiese pintado un poeta de Castilla» [1911: XVI]. El ensalzamiento «de los suyos» debía de atribuirlo el bibliófilo a la alusión a la batalla de Aljubarrota que el Embajador recuerda, aquélla en que João I salió vencedor de los castellanos.

Frente a entremeses con toda probabilidad representados en Portugal, destacan otros castellanizados totalmente, en el sentido de que no hay lasitud en el empleo de portuguesismos. Coelho hubo de estar algún tiempo en Madrid; en este caso cabe suponer que porque la nobleza a la que servía o la que él mismo atesoraba se exiliaba en algún momento por causas políticas de la corte de João IV. Diversas obras permiten la suposición. Así, en *El ahorcado fingido*, debido a la hambruna que un matrimonio pasa, la Mujer le propone al Marido que en la horca que hay en el camino de Madrid a Toledo éste simule su ahorcamiento. Aunque colgado, no para de hablar, por lo que infunde miedo en quien pasa; de este modo los arrieros dejan sus pertenencias. En ello aparece una Hechicera, comadre de la esposa, con ánimo de quitarle una muela para sus conjuros. Él la muerde, caen al suelo, llega un Alcalde y cantan y bailan todos.

Destaca *Dos caras siendo una*, principalmente porque irrumpe la figura de Juan Rana. El loco llega a la vivienda del Sancristán, a quien descubre con su esposa, Juana, que hila. Vuelve rápido a casa donde descubre que su esposa guarda su honor, si bien queda alterado por la semejanza entre ambas, pues hasta en el nombre y en la edad coinciden. Por la noche regresa a la estancia del mujeriego personaje y éste le anuncia, bajo mandato de un famoso monje belga de la época, que no debe ver ni aun estar con su esposa, porque le une a ella parentesco familiar y ha de esperar licencia eclesiástica: «un papel que ahora me vino / de Craesbeeck el Palatino, / en que me manda le notefique a usea / que su mujer no vea / hasta estar dispensado». Queda el figura con la mosca tras la oreja y se esconde hasta que sorprende y golpea, por un lado, a los adúlteros y, a su vez, al espectador/lector, ajeno normalmente a tantas suspicacia y pericia en el personaje. Muy interesante resulta *Hum soldado e sua patrona*, donde un marido, nada menos que João Rana, sorprende in fraganti a su esposa mientras se solaza con un Soldado. El Soldado enamora a la mujer con un soneto y justo cuando se acarameala la pareja irrumpe el marido y critica la situación. La moraleja final, con la que cantan y bailan los tres, reside en que a la mujer hay que dejarle hacer lo que quiera, pues su voluntad manda.

Más allá de la importancia de Juan Rana, sendos entremeses anteriores forman parte de unos cuantos en que parece predominar una conciencia moral de afear el adulterio o su intento. Efectivamente, sorprende que el tonto engañado saque a relucir sus artimañas para reprender a los engañadores. Ello ocurre, por ejemplo, con la interesante figura del Castellano, quien, ausente necesariamente del entremés al uso, sirve en las piezas de Coelho las veces de bravucón arrogante. En *Castigos de un castellano* éste insiste en conquistar a una mujer, que reniega de él constantemente; en cierto momento aparece el Ratiño, marido de la otra, y entre ambos le dan un escarmiento y le despiden con un rotundo y más que anecdótico «arre a Madrid». El texto adquiere mayor relevancia desde el momento en que suponemos se representó coincidiendo o poco después del levantamiento portugués de 1640 contra el dominio español, autoritario, como se sabe, de su país. En *La burla más engraçada* el Sancristán Rufio y su amante Clara se dedican poemas amorosos respectivamente, pues cada uno adolece de poeta. El hombre termina colgado de un cesto tras galantear a la mujer del Alcalde. El marido, más avispado que los alcaldes usuales, lo corre a golpes por el tablado como escarmiento final, mientras le recrimina que «no vale la Iglesia / a quien sus preceptos no guarda». En respuesta a los celos de su esposo, Gracia, protagonista de *El defunto fengido*, urde una trama que deja a todos sus pretendientes muertos de miedo: al Boticario lo manda estar en la iglesia por la noche cubierto con una sábana cual muerto; al Estudiante le pide que guarde con armas el cadáver de la iglesia; al Barbero le exige que acuda al mismo lugar disfrazado de diablo.

En esta línea sobresale *El çapatero de viejo y alcalde de su lugar*, donde un viejo zapatero se erige en alcalde para rondar a quienes merodean a su esposa Juana. Se inicia así el más entramado texto de Coelho, con una estructura digna de comedia, por no ser tan burla burlando. El caso es que, en cuanto el majadero sale de casa, su esposa recibe al Sancristán, con quien se entretiene amante. El tipo, aparte de mostrar excelentes cualidades para el verso —razón de la que participan generalmente los sacristanes del dramaturgo—, explica la naturaleza triste de su amor: «vivas, mi Juana, en cuya / hermosura se aprendió / quien con más gracia cantó, / y si yo en ti se la he hallado, / sol-fa-do habré de cantar, / que eres el sol de mi fado, / con que he dicho lo que quiero». En eso regresa el marido y el amante se esconde en una caja. Para sorpresa de todos, la mujer sugiere al esposo que abra la caja si quiere queso (para que se la den con él, sin duda). No la abre, antes al contrario prefiere torreznos, según dice, y se va de nuevo. Como consecuencia de la doble burla, el Sancristán decide vengarse, razón por la que cita a la adúltera en su casa. Según llega ésta la mete en la cama; al tiempo que entra el Alcalde, llamado por el mujeriego, para que le mida los pies a su amante con el encargo de calzarla. El loco vuelve a su casa y allí le comenta su estupefacción a su esposa, pues está seguro de que los pies eran los de ella. Ante tanta evidencia, toda vez que se juntan de nuevo todos, el Alcalde propone música y baile, «pues en albricias de celoso, os ruego / de que en baile se acabe».

Existe un par de piezas que no parecen responder a otro propósito que el de plantear simples burlas. Los ciegos, Antonio Fernandes y Lucas, de *Dous cegos enganados* ofrecen rezos a diversos santos como mercancía cuando cruzan por el puente de Coimbra. Pasa por allí un Estudiante que les pregunta el porqué de no llevar instrumentos, a lo que se enredan en largas explicaciones romanceadas. Harto de tanta perorata, el jovenzuelo hace creer a cada uno que le ha entregado al otro una buena moneda. En consecuencia, ambos discuten pensando cada cual que es engañado por el compañero y terminan a golpes. En *O negro mais bem mandado* un Escudeiro de Pinhel le manda a su negro Lourenço con un cesto de camuesas para Brasia Pimenta, que vive en un convento en Almeida. Por el camino le salen dos soldados rotos, así que lo engañan: le hacen creer que es Corpus Christi y le cambian la cesta que lleva con camuesas por un tambor. Iba así el personaje más feliz que un tonto con un tambor. Al final, descubierto el engaño después de apalear al desdichado, un Músico canta unas coplas en castellano. Entendemos que se trata de una de sus primeras composiciones, sin otro fundamento que el de ubicar la acción en las oriundas tierras del poeta.

EDICIONES

COELHO REBELLO, Manoel, *Musa entretenida de varios entremeses*, Coimbra, Manoel Días, 1658.
—, *Musa entretenida de varios entremeses*, Lisboa, Bernardo da Costa de Carvalho, 1695.

XIV. VILLAVICIOSA, por *Gema Cienfuegos Antelo*

Sebastián Rodríguez de Villaviciosa (Tordesillas, Valladolid, *c.* 1618-Madrid, 1663) se suma al paisaje literario de la Villa en 1636, al publicar un soneto en la *Fama póstuma* de Lope. A partir de esa fecha su nombre suele encontrarse entre los escritores que participan de oficio en certámenes y academias literarias, y como poetas de circunstancias en celebraciones conmemorativas de carácter civil o religioso. En la *Academia de Madrid,* de 1640, Jerónimo de Cáncer le menciona como «licenciado Villaviciosa», y desde entonces firma sus obras con su segundo apellido, debido, tal vez, a unas aspiraciones de nobleza que nunca vería colmadas, pues en 1663 fue enterrado de limosna. Fue clérigo, caballero del hábito de San Juan desde 1653, y capellán de obediencia de la encomienda de San Salvador de Pazos.

Como dramaturgo, se le considera perteneciente a la escuela de Calderón y tiene en su haber una veintena de comedias, aunque sólo seis de ellas se deben exclusivamente a su pluma (*El amor puesto en razón, El ángel enamorado, La fuerza de la sangre* o *El amor hace hablar a los mudos, Lo que pasa en una noche* y *Honrado, noble y valiente*), ya que dedicó su ingenio principalmente a la producción de comedias colaboradas con autores coetáneos, amigos que compartían una fortuna semejante en el oficio de escribir para las tablas (Avellaneda, Matos, Cáncer, Moreto y Zabaleta, entre otros). El corpus de teatro breve que se le atribuye con mayor certeza cuenta con dos loas; doce entremeses; ocho bailes (uno de ellos jácara) y una mojiganga, titulada *Las figuras y lo que pasa en una noche* (1672), de la que se conoce una representación durante el Corpus granadino de 1698.

## 1. *Loas*

Escribió Villaviciosa una loa para la presentación de la compañía de Luisa López en Madrid, en 1658, y otra sacramental para el Corpus de la localidad madrileña de Estremera, que se imprimió en 1668 con el título *Loa del santísimo sacramento*. Pese a ser intrínseco al tipo de loas de presentación de compañías su contenido metateatral, merece especial detenimiento esta pieza de Villaviciosa, que abunda en anécdotas y detalles realistas de la vida entre bambalinas vistos a través de un prisma humorístico, sin el cual se haría imposible el necesario distanciamiento. Así, el autor de la compañía, Francisco García, conocido como *el Pupilo,* abronca a los actores: «¿es posible que no pueda / aunque se lo he suplicado / conseguir que no se coma / mientras se está ensayando?». En su presentación, el actor ofrecerá más adelante sutil testimonio de rivalidades profesionales, relatando su devenir desde Zaragoza a Madrid, donde cayó enfermo y, al no poder representar, fue sustituido por el célebre galán de comedias Alonso de Olmedo, con cuyo nombre y los célebres versos de una tragedia de Lope de Vega bromea:

Esto me sucedió a tiempo
que estaba ya acomodado
con Osorio, en cuya parte,
viéndome de salud falto,
si es que [es] gala hacer galanes,
al punto por remediarlo,
por la gala del Pupilo,
la flor de Olmedo plantaron [fol. 236].[35]

En el transcurso del ensayo, otros actores también convierten en materia teatral referencias a la intimidad (por ejemplo, los celos de Luisa por *el Pupilo*). Concluyen las presentaciones por seguidillas y solicitando de mosqueteros, cazuela y «cultos desvanes» la consabida benevolencia.

## 2. *Entremeses*

Escribió Villaviciosa dos entremeses para palacio: *El retrato de Juan Rana* (distinto al homónimo de Solís) y *La casa de vecindad*. Éste fue representado el 20 de noviembre de 1659 por la compañía de García de Prado y Juan de la Calle, con motivo del segundo cumpleaños del infante Felipe Próspero. Se trata de una pieza de desfile de figuras, conducidas y examinadas por Toribio, que sale «de montañés ridículo», y es observado por dos personajes a los que atrae su ingenio, pues «aunque habla montañés / es muy agudo», agudeza y vis cómica que demuestra al comentar las situaciones que se le van presentando.

De *El retrato de Juan Rana* (1663),[36] existen tres testimonios manuscritos y diversas noticias de representaciones palaciegas que confunden

---

[35] *Rasgos del ocio en diferentes bailes, entremeses y loas de diversos autores*, Madrid, José Fernández Buendía, 1661 [Biblioteca Nacional de España, R 11566]. El volumen contiene otras dos obritas de Villaviciosa: *El casado por fuerza* y el baile *Los sones*, citados más abajo.

[36] *Tardes apacibles de gustoso entretenimiento repartidas en varios entremeses y bailes entremesados, escogidos de los mejores ingenios de España*, Madrid, Andrés García de la Iglesia, 1663 [Biblioteca Nacional de España, R 6355]. Contiene también los entremeses *El hambriento y los ciegos*, *Las visitas*, *El sacristán Chinela* y el baile *El sacamuelas*, que citamos más adelante.

más que aclaran las posibles circunstancias de su puesta en escena [Urzáiz Tortajada, 2002], dada la homonimia de la pieza (a falta de una edición crítica, el texto del impreso tampoco ofrece pista alguna). En la obrita, Casilda pretende retener a Rana, su marido, que «ha dado sin que nadie le reporte / en que ha de irse a la corte», ya que teme ella «que sin va-lelle otros despachos / ha de acabar a manos de muchachos». Rana, al-calde zafio y presuntuoso, justifica su partida: «señora, yo me siento muy discreto, / y no es bien una aldea me merezca / y entre cuatro patanes me enmohezca». De acuerdo con la esposa, unos vecinos del pueblo tra-zan un ardid consistente en alimentar su ego haciéndole posar para un retrato; la juanranesca escena haría las delicias de su público:

> Este papel en la mano
> tomad, y así, al descuidillo,
> tened levantado el brazo,
> y el otro, aquí en la cintura
> con mucha gracia arqueado.
> Ahora estáis famoso.
> [...]
> Teneos y estad con juicio,
> y en la forma que yo os planto
> os estad sin menear
> ni rostro, ni pie, ni mano.
> Poned el rostro derecho
> entre alegre y mesurado [fol. 55v.].

Pero cuando le muestran el fingido retrato, ponen ante él «*a la niña de Escamilla en la misma forma que está Rana*», imitando sus ademanes gro-tescos y anunciando los primeros papeles que haría la famosa come-dianta Manuela de Escamilla:

> Yo se lo diré cantando:
> «*Juan Ranilla me llamo,*
> *tenedme, que me caigo.*
> Aquéste es mi nombre,
> no hay por qué dudarlo,
> yo de vuestras gracias
> doy el inmediato,

> y aunque llegue a verme
> con tanto mostacho,
> *Juan Ranilla me llamo,*
> *tenedme, que me caigo»* [fol. 57r.].

Otra Casilda protagoniza el entremés *Muchas damas en una,* titulado
también *Las visitas* (1663), en referencia a los pretendientes que la mujer recibe y a quienes describe de este tenor:

> Uno, que hablándome entra con refranes,
> y si ve que en refranes le respondo,
> dice que soy mujer de bravo fondo,
> y por sólo un refrán me da dinero.
> Otro es recién venido y extranjero,
> y este tal me tiene por señora,
> y así, el tal por alto me enamora.
> Otro es valiente, y tanto descalabra,
> que arma su duelo de cualquier palabra.
> Otro es cortés, y tan extraordinario,
> que hace más reverencias que el canario [fol. 42r.].

La intención de Casilda es «pelarle las alas» a todos ellos, y su estrategia, recibirles con el disfraz adecuado: para el locuaz refranero sale «*de
viuda con tocas*», y en las mismas trazas recibe al cortés, a quien despacha
por incumplimiento: «pues no trae la gala, / con reverencia vaya noramala»; para recibir al valiente, Casilda cambia las tocas por «*sombrero con
plumas y mantellina y una daga en la cintura, muy a lo jaque*». El extranjero está caracterizado con atuendo ridículo y habla a lo italiano, lo que
da pie a graciosos juegos de palabras y malentendidos aderezados con
una gesticulación exagerada. Más que un prototipo de tomajona entremesil, Casilda es un personaje de corte ajacarado: al final de la pieza el
valiente Mellado, con achaque de celos, escenifica cuchilladas por su
marca, y Casilda la remata cantándose a sí misma (seguramente en tono
de jácara, aunque la acotación no lo especifique):

> «Casildilla la de Burgos
> soy de tanto garabato,
> que si les digo mi aire,

es el cierzo mi paisano.
Fregoncita entré en Madrid,
y arrimando el estropajo,
tengo ya doce polleras
de los pollos que he pelado» [fol. 46r.].

En *El casado por fuerza* (1661) se mezcla el desfile de figuras con la burla del examinador, don Gil, un socarrón y excéntrico personaje que rechaza a cuantas mujeres le propone su padre para casarle. Vejete e hijo debaten con gracia las faltas de las primeras pretendientes que van saliendo, hasta que aparece un tercer personaje con trazas de soldado roto, cuyo ridículo afán también despacha don Gil con su sorna característica: el Soldado se presenta como un «forastero agradecido / que os quiere preguntar cierto secreto, / porque de hambre estoy en grande aprieto: / ¿adónde está la cuerda en esta tierra? / […] Una que dicen / que por debajo della todo se halla, / y por ver si es verdad vengo a buscalla». Tras una perorata donde don Gil ensarta jocosos dimes y diretes acerca de cuerdas, le explica, por fin, que «la cuerda es como el duende, / ¡vive Cristo!, que aunque dicen / que le hay nadie le ha visto / […] Otras mil cuerdas hay; por no cansalle / no se las digo. Vaya, coma y calle». Pero el soldado está cargado de razones: «¿qué tengo de comer?»; tanto menos que don Gil: «pues ¿no se acuerda? / Búsquelo por debajo de la cuerda». No obstante, el perspicaz soltero cae, finalmente, en trampa femenil, y en la suya propia con la dama que cierra el desfile:

| | |
|---|---|
| MUJER | ¿Dame palabra y mano? |
| GIL | Yo prometo. |
| | de callar y guardar este secreto. |
| MUJER | Mire que conmigo no hay dobleces; |
| | diga que sí. |
| GIL | Digo que sí mil veces. |
| MUJER | Yo tambien digo sí. |
| | Séanme testigos. |
| GIL | ¿Pues de qué lo han de ser? |
| MUJER | Entrad, amigos. |
| TODOS | Testigos somos deste casamiento. |
| VEJETE | Y yo también lo soy, ¿estás contento? |
| GIL | El embeleco es digno de alabanza, |

|            | ¡vive Cristo que ha sido linda chanza! |
|------------|------------------------------------------|
|            | Yo me doy por casado, ¡árdase Troya!    |
| SOLDADO    | Aqueste casamiento ha sido al uso.      |
| GIL        | ¿Cómo, señor soldado?                    |
| SOLDADO    | Por debajo de la cuerda le han casado [fol. 219]. |

*El hambriento y los ciegos* (1663) es una pieza de burlas con el gorrón de mesa ajena como protagonista. El Gracioso, que ha sido despachado por sus tres «consortes» después de gastar «sin tiento», roto y hambriento sigue a dos ciegos hasta el figón donde van a comer y, a hurtadillas bajo la mesa, sacia su apetito robándoles la comida. Los dos ciegos salen a escena *«con sus alforjillas y papeles en las manos»* anunciando su mercancía:

|            |                                          |
|------------|------------------------------------------|
| LOS CIEGOS | Lleven la jácara nueva...                |
| CIEGO 1    | ¿Quién me la lleva?                      |
| CIEGO 2    | ¿Quién me la lleva?                      |
|            | ...que escribió la Rubilla en la galera. |
|            | [...]                                    |
| CIEGO 1    | Aquí declara                             |
|            | la Rubilla a una amiga tabernera,        |
|            | cómo ha entrado otra vez en la galera.   |
|            | ¿Quién me la lleva?                      |
| CIEGO 2    | ¿Quién me la lleva? [fols. 38r.-38v.]    |

De camino hacia el figón, con el gorrón convertido en su sombra, los ciegos entonan a dúo la jácara de la Rubilla, la cual transcribimos de forma íntegra, dado su interés textual:

|          |                                          |
|----------|------------------------------------------|
| *Canta 1* | «Rapada está la Rubilla                 |
|          | en la galera otra vuelta,                |
|          | y a una tabernera amiga,                 |
|          | de allá le escribe esta letra.           |
| *Canta 2* | Catalina de mis ojos,                   |
|          | sabe Dios cuánto me pesa                  |
|          | el no poderte llamar                      |
|          | Catalina de mis cejas.                    |
| *1*      | Todo el pelo me quitaron,                |
|          | mondándome como pera,                     |
|          | y ahora me mandan que hile,               |

|   | |
|---|---|
| | por que crezca la madeja. |
| *2* | Yo te ayudé a aguar el vino, |
| | y fue indicio de mis penas, |
| | que quien sabe hacer aguada, |
| | buena es para la galera. |
| *1* | Presa estoy, mas poco importa, |
| | que pues sabes con destreza |
| | llevar agua a tu molino, |
| | no te hará falta la presa. |
| *2* | Socórreme, pues que sabes |
| | que aquí pasamos miseria, |
| | que es gente muy alcanzada |
| | cuanta en esta casa entra. |
| *1* | Dios te deje labrar casas, |
| | pues todas las taberneras |
| | con el agua las fabrican, |
| | como vidrios de Venecia» [fols. 38v.–39r.]. |

El entremés se halla atribuido también a Cáncer y Zamora en un manuscrito de la Biblioteca Nacional; sin embargo, aparte de la disparidad de fechas entre ambos dramaturgos, esta jácara inserta en *El hambriento* sumaría a favor de la autoría de Villaviciosa, ya que el autor aprovechó la materia de otra de Avellaneda —hoy perdida—, para continuar de modo apócrifo la correspondencia entre la Rubilla y la tabernera Catalina desde sus presidios. La presunta usurpación fue contestada por el dramaturgo en una *Segunda parte,* con la que se puede reconstruir esta pequeña intrahistoria textual.[37] Casualmente (o, tal vez, no tanto) en el mismo impreso se editan tanto la apócrifa como su réplica, además de buena parte de bailes y entremeses de ambos dramaturgos. En el anónimo *Baile del examen de sainetes* encontramos una referencia a esta curiosa serie de jácaras; ante la Graciosa que juzga las piezas ataviada de alcalde, salen «dos bailes amigos»:

| RUBILLA | El uno, de La Rubilla. |
|---|---|
| TABERNERA | Y el otro, *La tabernera.* |

---

[37] Véase, en esta *HTBE,* la parte dedicada a la jácara *El Zurdillo y segunda parte de la Rubilla,* de Avellaneda.

GRACIOSA    *Baile* de La Rubilla
no es admitido,
porque hace con el agua
su sopa en vino.
Y tú, que en la galera
siempre has estado,
vete, que tus conceptos
son muy forzados.
[Merino Quijano, 1981: II, 243][38]

*El sacristán Chinela,* «de mal gusto y fútil asunto», según Cotarelo y en contra de la opinión del público coetáneo dada la fama de la pieza,[39] abunda en ignorantes pretenciosos: el prototipo del sacristán se duplica para hacerles competir por el matrimonio con Lorenza, zoquete también, y caprichosa, que pretende marido «con latines» contra la opinión del Vejete, mucho más práctico: «hija, para tener lleno el talego / es mejor que sea sordo, simple y ciego». El uno, Zancajo, se presenta como «graduado de maitines / y airoso por comer nabos»; el otro, Chinela, confiesa: «aunque no supe leer / si bien, anduve a la escuela / tres años, sé de escritura / lo que basta a mi conciencia». Lorenza les conmina a que demuestren su sapiencia: «el examen se funda en dos partículas, / pero no han de ser cultas ni redículas, / la primera en latín, y la perfeta, / que habéis de tener venas de poeta». La prueba había de resultar desternillante con su sobrecarga de latinajos, incongruencias lingüísticas y absurdos; tanto o más que la resolución en baile, con las típicas alusiones a los cuernos que, a buen seguro, portará el sacristán ganador de tan ilustre certamen (Chinela).

Otras obras de Villaviciosa donde también se nota su predilección por los caracteres entremesiles son *El licenciado Truchón* (1672); *La vida holgona*; *El detenido don Calceta* (1660) —pieza de convidado impertinente escrita mano a mano con Matos—; *El sí y la almoneda* —refundición de *El sí*, de Cáncer—; *La sorda y Carnestolendas* (1670) y *La vida holgona* (1657). En *El*

---

[38] Optamos por la modernización de la ortografía en las citas de las piezas que transcribe Merino Quijano a partir de los mss. 16291 y 4123 de la Biblioteca Nacional de España.

[39] Son varias las representaciones que se documentan y varios los testimonios impresos que se han conservado. Véase Urzáiz Tortajada [2002].

*licenciado Truchón* nos enseña a un miserable taimado que se alumbra con cabos de velas aprovechados de linternas ajenas y mantiene a su mula «con puñados de cebada que pedía para hacer un cocimiento»; en *La sorda,* a «un enmendador de vocablos y acciones», a una dama, «que por tener hermosos dientes siempre estaba riendo», a otra, «perdidísima por el baile», y a un celoso de fúnebre aspecto «que de continuo amenazaba con matar a sus rivales imaginarios» [Cotarelo, 1991: CI]. En *La vida holgona* Catalina y Francisca abren la pieza desnudando los prototipos entremesiles masculino y femenino; siendo tomajonas las damas del género, cómo no presumir de su dominio de las «faltas», elevadas éstas a categoría de virtud:

> Pues tan ingratas, falsas y engañosas
> somos nosotras como todos ellos:
> que si engañan y mienten con exceso
> nada nos quedan a deber en eso.
> ¿Qué trascartón no los habemos dado?
> ¿De qué papilla nuestra se han librado?
> ¿Qué hombre, qué enojado, qué resuelto
> en no hablarnos ni vernos en sus días
> (por cocido que esté en bellaquerías),
> si ve una lagrimita o pucherito,
> no vuelve atado como un corderito?
> [Rípodas, 1991: 121-122]

Y aun así, «¿quién hay que no maldiga a las mujeres / y quién hay que por ellas no se muera?», espeta Francisca al público. Los dos personajes pertenecen a una especie de hermandad sujeta a holgones principios de vida; los que pretenden entrar en ella han de pasar por chuscas ceremonias, y chusca constitución jurar:

> Primeramente, debe todo hermano
> no tomar pesadumbre ni enojarse,
> aunque le digan que nació en las malvas;
> andar despacio, para no cansarse;
> no entrar en apretura, ni ir a fiesta
> que le haya de costar dinero y pasos;
> comer en toda boda, convidándose,
> aunque no le conozcan. Si bailare,

con tal espacio y sorna, que la gente,
de molida, le ruegue que se siente;
que no dé voces si porfía o canta,
por que no se lastime la garganta.
Finalmente, excusar cualquiera susto.
[Rípodas, 1991: 123-124]

Aparece Retambo, «muy feo», «muy figura» y «jambo», que llega desde las Indias atraído por la fama de semejante hermandad y, aunque incumple todos sus preceptos —Retambo encarna un tipo de baile indiano muy contrario al «son de la vida holgona»—, las maestres de la flemática sociedad otorgan festiva dispensa al holgón novicio para bailar «a sangre y fuego, / a brinco, bocado y coz», porque confiesa que se «ahíla» al ver «bailar a lo marión» a los hermanos danzantes.

## 3. Bailes

De dos de los bailes dramáticos a nombre de Villaviciosa se conservan copias manuscritas del XVIII que ponen en entredicho su autoría; éstos son *El sueño* (en *Flor de entremeses,* 1676), y *El chápiro,* probablemente ambos de Benavente. Otros títulos que con mayor certeza pertenecen a Villaviciosa son: *Morena de Manzanares* (1670); *La endiablada* (1672); *Los esdrújulos* (1664); *El sacamuelas* (1663) y *Los sones* (1661).

*Los esdrújulos* pertenece a una serie de bailes compuestos por diversos autores —Diamante, López del Campo, Matías de París, Suárez de Deza, etc.— con un rasgo en común: la explotación de una rima única en esdrújulos en beneficio del ritmo y la comicidad. Debió de tener éxito la fórmula (hasta nueve piezas se conservan), pues en algunos bailes dramáticos se hallan referencias a esta «moda» entremesil. En el baile de Villaviciosa uno de los personajes, tras descartar el de la escuela y el de la noria «por viejos», anuncia jácara: «hagamos el baile nuevo / que más vale en los teatros, / que lo viejo, aunque sea bueno, / lo nuevo, aunque sea malo». A continuación, marcas y rufianes cantan y bailan cruentos hechos en versos esdrújulos (curiosamente, otras piezas de la serie también tratan asunto jacaresco). Transcribimos algunos versos del movido son:

*Úrsula, Úrsula, Úrsula*
se fue al Prado con un sátiro,
y quedó, al saberlo, Hipólito
*pálido, pálido, pálido.*
«¡Pícara, pícara, pícara!»,
dijo, y levantó un báculo;
hízola gastar, colérico,
*bálsamo, bálsamo, bálsamo.*
Súpolo Málaga, súpolo,
un mulato que es muy áspero,
que fue un tiempo de esta tórtola
*pájaro, pájaro, pájaro.*
Búscale, tómale y sácale
al Prado y, junto a unos álamos,
dejó el suelo con su púrpura
*trágico, trágico, trágico.*
[Merino Quijano, 1981: II, 275]

*Los sones* podría ser considerado un fin de fiesta por su esquema paradigmático: un alcalde de aldea busca para los festejos reales (en este caso, lo son de su aldea) un espectáculo que ofrecer. El rico contenido en danzas y músicas, que el propio Gilote se encarga de enjuiciar, y los disfraces alegóricos que encarnan estos «sones» también son elementos que confluyen en la mojiganga. En la única pieza de Villaviciosa que se declara de este género, es un poeta el que no halla asunto para componer un fin de fiesta. Se encomienda para ello al mismo diablo y, como el Cojuelo, éste le va mostrando *Las figuras y lo que pasa en una noche,* con cierto enfoque satírico («una dama crítica y un galán del mismo corte; un estudiante y una moza que por no pagar la casa hacen la mudanza de noche; un hidalgo sin cuerpo de camisa y con solo mangas, que de noche le lava su amante, una lavandera. Pero ésta a la vez tiene un jaque que, celoso, penetra en la casa, patea a su amiga y rompe las mangas del hidalgo» [Cotarelo, 1911: I, CCXCV]. Para este fin, Villaviciosa escoge que se baile «al tañido de la chacona».

En *Los sones* el autor pone en boca del alcalde lo que considera «pasado de moda» en materia de bailes, pues su intención es «desterrarlos / por que no quede en la aldea / cosa que huela a vejez / y que novedad no tenga». Salen en primer lugar las actrices Catalina y Juana Caro haciendo las folías «*con antojos y tocas viejas y mantos de anascote, de figuras ridículas*»; el canario es encarnado por un vejete quejoso, pues «son tales mis mudanzas, / que me tienen destruido; / las suelas traigo gastadas / y tengo ya cano el pelo / del polvo que me levantan»; la gallarda igualmente le parece a Gilote «más vieja que las tres Pascuas»; síguenle en el destierro la pavana, ya que «todo es pavana», y la danza del hacha, que «para dama no es buena; / nadie la busque / porque tiene mudanzas / a todas luces». Gilote, al fin, escoge por novedosas las paradetas valencianas y el zarambeque, sin desprecio de la jácara que remata la pieza.

En *El sacamuelas,* un doctor ataviado «*con una sarta de muelas [al cuello] y braguero*» es el extravagante expendedor de remedios en un desfile de personajes que describen las faltas de sus amantes: un galán «que ligero se corre / por burlas»; una niña desdentada «a fuerza de comer dulces»; otro galán de buen diente que «come medio lado / dejando al otro por medio»; una dama, «carabina / en la charpa de su aliento» y un celoso. Tan sin consuelo les deja el sacamuelas, que le cantan esta lindeza:

> Sacamuelas, quedito, pasito,
> no des más remedios de achaques de amor,
> que, sin mula, te faltan los grados
> de las herraduras para ser dotor [fol. 11r.].

## 4. *Jácaras*

La titulada *Los presos* o *Baile de los conejos* (metáfora germanesca que refiere la pena de latigazos) se conserva en dos manuscritos del XVIII. Cuatro jaques con tradición —entre ellos, el proverbial embustero Maladros y el Carrasco—, con sus respectivas «*damas con mantillas*» (atuendo con que se caracterizaba en el tablado a las prostitutas) protagonizan una pieza prototípica en que las marcas comparten solidarias el momento en capilla de sus rufianes, a la espera del dictamen del alcalde de turno. Mientras comen y aguardan, relatan hazañas y castigos y se declaran amores y celos. La singularidad de esta pieza radica en su introito, en que una *Voz* indica que los presos se han juntado a contar su historia «toda en esdrújulos falsos»:

Su jácara están haciendo,
y es que han visto en los teatros
andar válido este metro,
y ellos quieren imitarlo.
Óiganlos, porque el primor
tienen en gastar vocablos
que esdrújulo no es ninguno,
aunque es de esdrújulo el canto.
[Merino Quijano, 1981: II, 359]

Se trata, pues, de una pieza que parodia un fenómeno teatral al uso (que practicó el propio Villaviciosa, como comentamos arriba). Pero en *Los presos* el recurso fónico se extrema en beneficio de la comicidad y en perjuicio del ritmo, pues los actores tenían que pronunciar como esdrújulas palabras que el autor escogió llanas.

Decía Cotarelo de los entremeses de Villaviciosa que «brillan, sobre todo, [...] por la gracia y donosura en la expresión, lo rápido de las escenas, lo urbano e inesperado del chiste, y en todo una finura y buen gusto, sólo comparables a los que Cervantes y Quiñones de Benavente desplegaron en sus piececillas dramáticas» [1911: CI]. Bien conocida es la extraordina generosidad que el erudito demuestra con muchos entremesistas áureos de segundo orden, y no hizo de menos a Villaviciosa. No obstante, el teatro breve de Villaviciosa sí que cuenta con un corpus apreciable en que hallamos jugosísimas piezas, como hemos visto, y pese a ello, apenas ha merecido atención por parte de la crítica y la mayor parte de su obra permanece todavía inédita o dispersa en los volúmenes colecticios de la época, a la espera de ser reunida en una edición moderna.

## XV. MONTESER, por *Manuel Rebollar Barro*

De Francisco Antonio de Monteser (¿?-1668) se ignora el año de su nacimiento y su origen. Quizá en 1620 y en Sevilla. Lo que sí sabemos es que murió en 1668 en Madrid, en una disputa a manos de un criado del embajador de Portugal. Fuera de esto, podemos decir que Monteser entró en los ambientes palaciegos y que tuvo amistad con los principales dramaturgos de la época. Su obra más conocida es *El caballero de Olmedo,* representada en palacio en 1651 ante Felipe IV, donde se muestra el estilo burlesco e irónico de Monteser, estilo que también se plasma en su teatro breve. Conservamos treinta y cuatro obras de carácter breve escritas por él o atribuidas a su persona, que se dividen de la siguiente manera: 1) una loa; 2) quince entremeses; 3) once bailes; 4) seis mojigangas; 5) un fin de fiesta.

## 1. *Loa*

La *Loa humana del árbol florido* (a. 1676), escrita junto a Juan Bautista Diamante, cumple su función de introducir las obras entrantes. Un mayordomo contrata a un grupo de cómicos para la celebración de unas jornadas. Los comediantes no traen nada preparado. Deciden acudir a un árbol florido (el de la memoria) de cuyas ramas cuelgan diversas obras. Cada cómico elige la suya (*Los amantes de Teruel, Progne, y Filomena y Ofendidos y obligados*) y termina la loa con petición de aplauso.

## 2. *Entremeses*

Al igual que veremos en sus bailes y en sus mojigangas, Monteser combinó los distintos géneros para puro entretenimiento, con un evidente carácter crítico, con una marcada faceta metaliteraria, aprovechando un momento histórico o social para encuadrar la acción de su historia... Lo que sí queda claro es que en toda su producción siempre sobresalen algunos diálogos y situaciones absurdas, pequeñas escenas que muestran un intento por romper con la lógica establecida y atentar contra la moral existente. Dentro de sus personajes no aparece ninguno asociado al clero, una de las figuras más representadas para buscar la burla o la crítica, pero que no encuentra reflejo en la creación de Monteser. Los personajes de estos entremeses son típicos, no hay ninguno que sorprenda por su originalidad. El vejete, el escribano, el simple... Los personajes tipo no son de los que se vale para criticar e ironizar a la sociedad, él prefiere las situaciones y los diálogos. En *La cortesía* (a. 1668) Monteser nos muestra a una mujer muy cortés que necesita recaudar algo de dinero que le deben para saldar unas cuentas propias. Acude con Manuela,

una criada, a ver a uno de sus deudores, don Lorenzo; éste abre y le
dice que no está en casa, María acepta la respuesta y ante el asombro
de su criada se justifica de la siguiente manera:

> No ves que me dice él mismo
> que no está en casa, y que fuera
> desmentirlo no creerlo;
> demos que estando ocupado,
> embarazar no es bien hecho.
> Cuando estéis desocupado
> y en casa, volveré.

En definitiva, tras conseguir la hilaridad varias veces con el exceso
de cortesía de nuestra protagonista, Monteser acaba el entremés con un
baile donde unos comediantes que están ensayando *Endimión y la luna*
reflexionan un poco sobre ello.

En *Las dueñas* (a. 1668), vemos mucho mejor los aspectos metaliterarios que tanto gustan a nuestro autor. El comienzo deja claro la finalidad del mismo. El gracioso, de alcalde, pretende ensayar una obra para
representarla en el Retiro el lunes de Carnestolendas. Se mezcla ficción
y realidad. El entremés acaba con un baile. En *La hidalga* (a. 1660) hay
una crítica al matrimonio entre hidalgos pobres y campesinos ricos.
Lorenzo, un campesino rico, va a casarse contra su voluntad con una
hidalga. Aparecen varios familiares de la novia para pedirle cosas. Lorenzo
utiliza la ironía para negarse a darles lo que le piden. Aparece la hidalga y, durante el camino que lleva al altar, le pregunta por las cosas que
sus familiares le habían pedido y él responde con la misma ironía, acabando el entremés con la ruptura de la boda. La misma línea crítica siguen *Los porfiados* (a. 1668) y *Los majaderos*. En el primero, un hombre
y su mujer, ambos muy cabezotas, discuten porque ninguno quiere bajar a cerrar la puerta de su casa. Deciden que el primero que hable ba-
jará. Dos hidalgos entran en la casa y se aprovechan de la situación,
provocándoles sin éxito para que hablen. Al final, un hidalgo empieza a
besar a Luisa y ésta, por fin, habla, con lo que el marido, aunque le han
«deshonrado» delante de él, se alegra porque ha conseguido vencer a su
mujer. En el segundo, un hombre, Escamilla, recibe una carta por la que
se le cita para ir a competir por ser el mayor majadero del reino. El pre-

mio será el mayorazgo de unas tierras. Escamilla se lo cuenta a Olmedo, quien se va con Escamilla. En el «torneo» hay varios majaderos que dicen sus virtudes como tal. Olmedo se burla de ello, y al final el jurado le elige, ante su perplejidad, como mejor majadero. En *Los registros* (a. 1670) vemos que el alcalde tiene que registrar en la aduana a todos aquellos que pretendan entrar en la ciudad. Durante el registro aparecen un carretero y un arriero que quieren pasar pero a los que el alcalde les pide los papeles y, tras demorarse cómicamente en su lectura, les impide el paso: «porque yo no sé leer». Esta reacción es sorprendente, pero lo mejor es la reacción del carretero, quien, cansado porque tiene que seguir con sus quehaceres convence al Alcalde de que debe repetir todo lo que él lea para demostrarle que sí sabe leer:

CARRETERO    ¿Veis como sabéis leer?
ALCALDE      Juro a Dios que sois el diablo.
             No hay qué hablar. Yo sé leer
             si me dan acompañado.

Y les deja pasar. En *El capitán Gorreta* (a. 1668), *El boticario tahúr* (a. 1668) y *Descuidarse en el rascar* (a. 1668) tenemos tres entremeses clásicos. El primero es la única de sus piezas cortas donde aparece la figura del capitán fanfarrón. Éste regresa de Flandes y no tiene dónde caerse muerto. Se encuentra con un viejo compañero de armas, que está discutiendo con su criado porque no tiene qué comer. Cuando Gorreta es invitado a la mesa, todos empiezan a darse golpes, consiguiendo un final gracioso. En el segundo entremés, una partida de cartas es la excusa perfecta para criticar, mediante pullas, las profesiones de los jugadores (boticario, doctor y barbero). El entremés acaba con un baile. En el último, estamos ante el asunto muy utilizado del *Pleito del mochuelo*, donde un letrado que no deja sola nunca a su mujer es burlado por Farfulla para que se descuide, la suelte, y don Gil pueda huir con ella. *Los locos*, escrito en 1660 para las fiestas de la boda de la infanta María Teresa con Luis XIV, se desarrolla en un hospital de locos al que van don Blas y don Alejo para ver por qué están allí. Todos los que están encerrados han sido víctimas de su afán de aparentar más de lo que son, gastando su dinero en ello. Cada confesión de un loco es rematada con una canción de la madre de los locos en la cual satiriza la situación.

La tía es el único entremés donde la acción se sitúa fuera de España. Monteser aprovecha que se desarrolla en París para mantener un «francés macarrónico» en alguno de los personajes como la *Huéspeda* o *Azpitia*. En él, un paje, Azpitia, que vive en París, recibe la visita de su tía. Ella viene escandalizada porque todos los franceses intentan seducirla y eso la asombra. El sobrino intenta proteger la honra de su tía y esto le lleva a ser apaleado varias veces. Finalmente descubrimos que la burla consiste en que es la tía la que pretende seducir a los franceses sin conseguirlo, y por ello finalmente se va. Es éste otro de los recursos que utiliza Monteser en alguno de sus entremeses, mantener el rasgo diferenciador del habla de algunas nacionalidades (portugueses, franceses, gallegos, negros...). En *Las perdices* el elemento que introduce sus diferencias lingüísticas como algo irrisorio es un portugués. Tenemos todos los elementos cómicos de un entremés. Vejete, el simple (Santiago), el listo (el barbero), el portugués... y dos cuentecillos mezclados. La burla del simple con su dueño acerca de unas perdices comidas y el de un repartidor que se equivoca y entrega un pavo de Pascua a las personas equivocadas. Tras muchos amagos de pelea y alguna que otra discusión, el entremés acaba bien. Tanto *El doctor Borrego* (a. 1668) como *La castañera* (a. 1668) y *Los rábanos y la fiesta de toros* (a. 1664) han aparecido atribuidos a otros escritores en distintas ediciones. En el primero, atribuido a Rojas Zorrilla, un médico tiene que irse. En su ausencia, dos de sus criados deciden ocupar el puesto del médico y cobrar a los enfermos. La situación jocosa ya está creada, y la hilaridad se consigue con los remedios disparatados que propone Lorenzo a los pacientes que vienen en busca de su ayuda. El entremés se resuelve con baile y canción llena de versos cómicos. En *La castañera,* atribuido también a Castillo Solórzano, Juana, una antigua castañera, regresa viuda a la corte y convertida en una gran dama. Tiene cuatro pretendientes, un boticario, un zapatero, un sastre y un lacayo, que le han ocultado su condición. Se establecen unos diálogos muy vivos, llenos de doble sentido donde Juana les demuestra que sabe cuál es su verdadera profesión. Todos, al verse descubiertos, huyen. El lacayo, que es el último en ser recibido, le hace ver que también sabe su pasado de castañera, con lo que la situación se cambia y estamos ante «la descubridora descubierta». Con el lacayo acaba casándose. Monteser muestra la ironía de su estilo cuando Juana está hablando con los diversos pretendientes, como por ejemplo con el sastre:

Mil veces esta calle me pespunta,
y es porque vuesarced está con gana
de verme, como empercha en la ventana,
pero yo con clausura recogida,
quisiera estar en un dedal metida,
porque tengo vecinas tan parleras,
que cortan más que pueden las tijeras,
y por ello me estoy en mi clausura,
porque a usted le entienden la costura,
deje este casamiento por su vida,
o se le hará dejar un sastricida.

El último, cuya otra autoría es de Francisco de Avellaneda, no deja de ser una mezcla de dos entremeses previos, *El retablo de las maravillas* y *Los alcaldes encontrados,* donde la causa por la que el alcalde no ve las maravillas que trae el mago es la infidelidad conyugal y no la limpieza de sangre como sucedía en Cervantes.

## 3. *Bailes*

La mayoría vienen perfectamente anotados. *El gusto loco* (a. 1668) es un baile alegórico donde danzan los Continentes y los Elementos junto a la Gala, la Hermosura y la Discreción. Es un baile de pregunta y respuesta, donde la Locura es la que lleva la iniciativa, hace preguntas y, ante la respuesta de sus interlocutores, critica y juzga a todos y cada uno de ellos. Las acotaciones de lo que se debe hacer aparecen desde la primera hasta la última página: «*bandas*», «*bajando*», «*cruzados*», «*corro*», «*cruzado*», «*vueltas cruzadas de cuatro personas*», «*cruzado y corro*», «*arriba las cuatro mujeres*», «*dos corros*», «*vuelta cada uno con la suya*», «*vueltas en sus puestos*», «*bandas*», «*las bandas deshechas*», «*dos cruzados de a cuatro personas*», «*por de fuera y acabar*».

En la misma línea de baile, pregunta y respuesta, se encuentran *El letrado de amor* (a. 1668), *Los extravagantes* (a. 1668) y *Baile para Francisco Ponze* (a. 1668). El primero es muy breve y completamente cantado, el Gracioso responde a todas las preguntas sobre el amor que se le hacen. En *Los extravagantes,* Amor pregunta a una serie de personas qué tipo de amor tienen y cuál preferirían. Después cambia sus amores por los que desean. El último es un baile concebido para ser representado entre jornada y jornada de una obra mayor. En él, el Gracioso está enamorado de una mujer que siempre habla con él cantando. Se desarrolla un diálogo donde se habla del amor y de otras cosas para terminar el baile hablando de la finalidad del mismo: «esto ha sido dar tiempo / de dividir las jornadas». También podríamos incluir como baile de pregunta y respuesta *El maulero* (a. 1670). Es también un baile alegórico en que el Tiempo, la Verdad y el Mundo se preguntan por las muchas trampas que en el mundo hay e intentan desenmascararlas. El gracioso es el Tiempo y la graciosa la Verdad. Tras consultar con varias gentes y darse cuenta del engaño que hay en el mundo, llegan al punto en que se encuentran con un grupo de gitanos que, a diferencia del resto del personas, no fingen, ellos engañan y lo reconocen, por lo tanto aunque engañan, al ser honestos son los únicos que no engañan. Una de esas paradojas lingüísticas e irónicas que tanto le gustan a Monteser. El baile acaba con todos los personajes dirigiéndose a palacio para bailar con los gitanos, un rasgo metaliterario más dentro de su estética. En *Los esdrújulos* (a. 1668) y *Los ecos* (a. 1670) hace gala de su maestría con las palabras. Ambos bailes son excusas para mostrar su dominio del lenguaje. El primero, y siguiendo la moda que Villaviciosa inauguró, está escrito en esdrújulos. Monteser aprovecha el indulto que recibió Junípero, un ladrón de poca monta, en 1661 por el nacimiento del príncipe Carlos, para componer su baile. En *Los ecos* el baile es también el medio para lucir su artilugio verbal. El ingenio consiste en que cada verso comienza con una palabra que empieza como acaba la última palabra del verso anterior. Así comienza dicho baile:

| BERNARDA | No llores, amiga Juana. |
| MANUELA | Ana, no puedo aunque quiera, |
| | ¿era yo acaso de bronce? |
| | Once mil males me cercan. |

*El mudo* (a. 1668) es un baile muy original donde la música adquiere mucha relevancia, porque a través de ella sabremos lo que piensan los protagonistas. El novio de una mujer decide hablar con ella a través de un grupo de músicos que interpretan su pensamiento. Ella le pregunta

y él la desplanta varias veces. Después la situación se torna del revés, y
ahora él habla y la música es la que responde a través de ella. Al final
todo se arregla y ambos bailan criticando la actitud de los hombres y
de las mujeres. En el baile de *Las manos negras* (a. 1670) asistimos a un
ejercicio de travestización que tanto gustaba en el siglo de oro. Bernarda,
vestida de hombre, acude a la fiesta de Pascual, su supuesto amante,
mientras huye de su esposo. Éste decide vestirse de mujer y entrar a
buscarla. Se produce el enredo que, tras el desenmascaramiento de los
amantes, acaba bien. *El zapatero y el valiente* (a. 1676) es un baile con
mucho diálogo. Un zapatero y un valiente se van a batir en duelo. A
punto de empezar a pelear, sus mujeres les calman. Ellos aceptan la paz,
y acaban el baile cantando una jácara donde se meten los unos con los
otros haciendo referencias a su pasado converso y lindezas por el estilo. *Dos áspides trae Jacinta* (a. 1670) está atribuido también a Alonso de
Olmedo. Pascual habla de lo mal que se siente al estar enamorado de
Jacinta y no ser correspondido; por ello compara sus ojos con dos áspides que le causan daño. Aparece Jacinta y tras despreciarse, al final se
declaran y el baile acaba bien.

## 4. *Mojigangas*

Es el género en que Monteser se encuentra más a gusto, pudiendo
mostrar todo su ingenio, tanto verbal como escenográfico. En casi todas ellas aparecen los aspectos metaliterarios que tanto le gusta reseñar,
por lo que asistimos a piezas donde lo que se pretende es cómo se representa una mojiganga. La más famosa es *La ballena* (1667). Según
Catalina Buezo, se realizó con motivo del nacimiento de Felipe Próspero
y se hicieron en el coliseo del Buen Retiro las comedias de *Endimión
y la luna* y *Triunfos de amor y fortuna,* de Antonio de Solís. La fiesta de
Endimión y la luna se repitió para celebrar el cumpleaños de Carlos II.
Es la única mojiganga náutica conservada. Viene anotada perfectamente y al detalle todo lo que Monteser precisa para la representación de
la misma. Escamilla, como alcalde y mojiganguero de palacio, espera que
le traigan por el río Manzanares varias mojigangas para ser representadas. Un hombre le avisa de que una ballena se ha comido todas. Cuando
la ballena aparece en la orilla del río, Escamilla le exige que hable:

| GODOY | Yo pienso que no tenéis<br>juridición en el agua. |
|---|---|
| ESCAMILLA | De todos cuatro elementos,<br>tengo la primera instancia<br>en que dure y declare<br>todas cuantas mojigangas<br>se ha engullido. |
| 1º | La ballena qué ha de jurar si no habla. |
| ESCAMILLA | Ella hablará por tu mano<br>si es ballena cortesana. |

Y de la boca empiezan a salir todas las figuras que se había comido. Acaba con un baile de matachines. *Los títeres* (*c.* 1668), *El martinete* (*c.* 1665) y *El Buen Retiro* (*c.* 1665) comparten los mismos rasgos. El comienzo es muy similar en las tres. El alcalde está molesto porque llega el Corpus y no tiene ninguna mojiganga para representar. Por consejo de alguien va a buscar a otra persona que le solucione el problema. En la primera es una hechicera la que, tras un breve conjuro, le muestra una loa, una representación de títeres y una pandorga con su baile. El alcalde duda y finalmente decide que sea el auditorio el que elija la que quieren ver representada, y éste es el pretexto perfecto para terminar la mojiganga. En las otras dos la solución está en acudir a un martinete, en el caso de la segunda, o al parque del Buen Retiro, en el caso de la tercera. Allí podrán buscar sujetos de mojiganga. Así lo hacen y van encontrándose a una serie de personajes (borrachos, negros, gitanos, damas, esportillero...) que según salen son reclutados para su mojiganga. En ambos con la exageración del tipo de habla de los negros, el borracho, los gitanos, el esportillero... consigue un efecto cómico muy demandado por este tipo de pieza. En *La manzana* (*c.* 1668), atribuida también a León Marchante, Monteser remeda el episodio mitológico de Paris y la manzana de oro. Paris es el alcalde y lleva una manzana con una caña de pescar. Las tres diosas que se pelean por la manzana, Venus, Juno y Palas, son interpretadas por hombres vestidos de forma ridícula. También está Cupido. El alcalde opta por celebrar un baile y la que mejor lo haga obtendrá la manzana. Hacen diversos bailes (de gallegos, de portugueses y de gitanos) de forma ridícula y al final, como no sabe por cuál inclinarse, decide que ganará la que atrape la manzana con la boca. Lo consigue Cupido que se la come entera. Las naciones es una mojiganga también atribuida a Sebastián Quesada. Una hechicera le ofrece un reino a un alcalde para que pueda gobernarlo. Lo único que no puede hacer el alcalde es comer durante el viaje. La hechicera le lleva volando por varios reinos (Francia, Turquía, Guinea, Galicia). En cada uno de ellos se encuentran con un recibimiento de los aborígenes del lugar y eso le sirve a Monteser para criticar a las diferentes naciones. Finalmente, llega a su reino. El alcalde, cansado de no poder comer y de lo que significa ser rey, rechaza el reino y regresa a su alcaldía con la hechicera que será su esposa.

## 5. *Fin de fiesta*

Sólo conservamos un fin de fiesta, pero es éste uno de las mejores piezas de Monteser. Fue escrito para la obra de Calderón de la Barca *Faetón, el hijo del sol* (1661). Es muy divertido y tiene dos partes claramente diferenciadas. En la primera, un hombre es citado para retarse en duelo por un hermano que no sabía que tenía. No se conocen, y la entrada en escena del hermano es delirante:

| | |
|---|---|
| VERO | ¿Sabe usted si es usted aquí un hermano que está desafiado de mi mano? |
| ESCAMILLA | ¿Qué señas tiene? |
| VERO | Así un hermano mío con cara de salir a desafío. |
| ESCAMILLA | Ése era yo y ha poco que aquí estaba, pero usted, herido, en hombros me llevaba. |
| VERO | ¡Ay! ¡Mi hermano! |
| ESCAMILLA | ¿De qué se ha enternecido? |
| VERO | La fuerza de la sangre me ha movido. |
| ESCAMILLA | ¡Ay!, ¡hermano de mi alma, que ya estamos juntos! |
| VERO | Es cierto. |
| ESCAMILLA | Cierto es. |
| VERO | Pues riñamos. |

Cuando van a reñir, Escamilla reconoce que no sabe pelear, y como Vero no quiere batirse en desigualdad de condiciones le enseña, pero sucede un imprevisto:

| | |
|---|---|
| VERO | ¿Cómo se siente ya? |
| ESCAMILLA | Más enseñado |
| | de lo que es menester. |
| VERO | ¡Ay, desdichado!, |
| | que arrebatado de la cienc[i]a mía |
| | te enseñé más de lo que sabía. |
| ESCAMILLA | Pues con ventaja yo no he de matarle. |

Estos giros en los diálogos rompen con toda lógica y llevan la pieza hacia un desarrollo completamente imprevisto. Deciden no pelear y aprovechar que es Carnestolendas para ir al parque del Retiro. Allí Monteser cambia el estilo y nos muestra varios cuadros de costumbre satíricos, donde destaca un grupo de cómicos que están ensayando una obra. En este caso es la vida de Júpiter y los que la ensayan son unos criados que no disponen de ningún material escenográfico para la representación. La metaliteratura vuelve a aparecer con fuerza en este fin de fiesta de Monteser donde se reúnen muchas de las características de su estilo: diálogos absurdos, situaciones inverosímiles, teatro dentro del teatro, y, por encima de todo, una amarga ironía con la que reflejar el mundo que le rodea.

## XVI. AVELLANEDA, por *Gema Cienfuegos Antelo*

Francisco de Avellaneda de la Cueva y Guerra (*c.* 1623-Madrid, 1684), madrileño de adopción o, tal vez, de nacimiento, emprende su carrera literaria en la corte hacia 1640 como poeta de circunstancias, al amparo de nobles y poderosos y favorecido, seguramente, por la nobleza de sus apellidos. Pronto establece relación con el nutrido gremio de dramaturgos que habita la Villa y se estrena en teatro firmando comedias junto a Villaviciosa, Matos Fragoso, Moreto y Juan Vélez de Guevara, entre otros. Se desconoce la fecha exacta de su ordenación como sacerdote, pero ejerce como censor teatral al menos desde 1661 (año en que aprueba la representación de *El conde de Sex*, de Antonio Coello), y al frente de su dedicatoria en la *Parte treinta y una de comedias* (1669) consta como canónigo de la catedral de Burgo de Osma (aunque no residió en la diócesis, sí disfrutaría del beneficio de la canonjía). Su labor como censor teatral ha dejado testimonio de las relaciones que mantuvo con importantes dramaturgos del entorno de palacio.

La mayor parte de la producción entremesil de Avellaneda se concentra entre 1656 y 1678, años en que el género se encuentra en plena madurez gracias a la aportación de autores principales como Calderón, cuya influencia se deja sentir en toda su obra. Pese a ser un autor fecundo y solicitado en el corral de comedias, su aportación a un género que empieza a dar síntomas de estancamiento se concreta en sus piezas más tardías, y entre ellas las que escribe por encargo de palacio. Se trata de obras más elaboradas, enriquecidas con una mayor presencia de la música y una escenografía más compleja, y en las cuales el autor exhibe su sentido del humor más certero y audaz. La zarzuela *El templo de Palas*, y con ella los intermedios cómicos que acompañaron su representación en 1675, supone la consagración de Avellaneda como dramaturgo; su mérito fue reconocido y elogiado por el propio Calderón en los preliminares que abren la edición napolitana [Cienfuegos Antelo, 2006: 28-29].

Sin entrar en los problemas de atribución que afectan a este género de teatro, el corpus de entremeses conservado a nombre de Avellaneda comprende: 1) tres loas; 2) doce entremeses; 3) siete bailes; 4) tres jácaras; 5) tres mojigangas.


1. *Loas*


Avellaneda compuso tres loas cortesanas: *La flor del sol* (1675), escrita para la fiesta mitológica *El templo de Palas*, la *Loa a los años de su alteza* (1663) y la *Loa por papeles para palacio* (*c.* 1659), preámbulos éstas de comedias desconocidas. Como pieza escrita para la ocasión y eslabón de un espectáculo vario perfectamente engarzado, la loa aporta multitud de matices al diseño de la fiesta teatral, y en este sentido, las tres piezas de Avellaneda son dignos ejemplos de adecuación tanto interna (por la abundancia de referencias intertextuales), como externa (al auditorio y al evento cortesano que se festeja). Estas conexiones entre ficción y realidad se producen en varios planos: referencias a las circunstancias que dan pie a la representación («¿quién es aquesta parienta / del señor Carlos Segundo, / que con voces del *diciembre* / su nombre celebra el julio?», *La flor del sol*); al marco cotidiano en que se mueven estos personajes en su doble condición de reales («al niño en palacio / de corto le ponen, / porque verle no le hace más grande / en paños mayores», *Loa a los años*); incluso encontramos alusiones a momentos concretos de su vida privada y apelaciones directas a los reyes («señor, ya que nuestro Rana / se muestra tan incapaz / a hablaros aquesta vez, / me arrojo con majestad», *Loa por papeles*).

La *Loa por papeles* y *La flor del sol* contienen sendos pasajes entremesiles que interrumpen la gravedad del panegírico al introducir personajes que truecan lo refinado y culto por un estilo popular y hasta chabacano. En la primera se desarrolla el motivo de la memoria de los actores, contando entre el elenco con un amnésico Juan Rana y unas actrices menguadas en su capacidad de representación (o con sorna entremesil, «opiladas de las tablas»); por su parte, *La flor del sol* se abre con un diálogo disparatado entre unos personajes disfrazados ridículamente de soldados griegos.

Por otro lado, en la *Loa por papeles* y la *Loa a los años* se halla conformado un plano metateatral que contribuye a la ruptura de la ilusión escénica mediante unos actores que entran y salen continuamente de su personaje, ya escenificando lo cotidiano de la vida entre bambalinas («Rosa, / salid a ensayar / con todos los compañeros / por papeles», *Loa por papeles*), ya recordando la misma preceptiva dramática («ser corto me mandan / por un precepto, / y, católico, guardo / los mandamientos», *Loa a los años*), o bien, emplazando a la cazuela, a los mosqueteros, incluso al censor que vigilaba las obras desde la tertulia. En cambio, la *Loa a los años* no se distrae en ningún momento de su función encomiástica, desarrollada a base de música y baile en su práctica totalidad.

## 2. *Entremeses*

Cuatro de las piezas que Avellaneda escribió para el corral desarrollan burlas prototípicas: *Los gansos* y *Los rábanos y la fiesta de toros* (de burlas amatorias), basados en la argucia del engaño a los ojos; *El sargen-*

*to Ganchillos* (burla del gorrón de mesa ajena) y, por último, *La burla del ropero* (burla del vapuleado sastre entremesil). Dos de estas obras, *Los rábanos* y *La burla del ropero* son reelaboraciones y, en parte calcos, de *El retablo de las maravillas* y la serie *Los alcaldes encontrados*, de Quiñones de Benavente, y de *El cuero* e *Ir por lana y volver trasquilado*, de Bernardo Quirós, respectivamente.

Tan también fueron escritas para el corral o la fiesta pública *El niño de la rollona* y *Lo que es Madrid*, piezas de debate cuyo asunto deja poco espacio para la originalidad. El primero cuenta con una amplia parentela entremesil que trata la máscara carnavalesca del niño barbado o de la rollona;[40] la pieza de Avellaneda aporta un peculiar introito donde el personaje femenino, una Quiteria joven y rebelde, exhorta al público y critica con hiriente sorna a aquellos galanes viejos y presuntuosos que usan las costumbres de los jóvenes disfrazando ridículamente su edad y sus achaques. El motivo de los viejos afeitados también abunda en la sátira literaria de la época áurea y alcanza al siglo XVIII (el mismo Goya ilustró ambos figurones literarios en sus caprichos *Hasta la muerte* y *El de la rollona*). En *Lo que es Madrid* Avellaneda hace suyo a lo satírico el tema de la estilización de la corte tan frecuente en la comedia. Recién llegado a Madrid, el sargento Mochuelo, soldado de mundo, discute con Simón acerca de la superioridad de la Villa; a pesar de no haber ido más allá de «*Caramanchel*», Simón, en cambio, saca brillo a cada una de las máculas que va apuntando Mochuelo; por ejemplo, al lodo que ensucia sus calles, lo convierte en «doblones que enriquecen las naciones»; irónicamente, el barro que «ostenta» la Villa no oscurece el boato de sus pobladores más ilustres. Concluye Mochuelo que Madrid es, en definitiva, «arca del mundo», pues cuenta con lo mejor de cada lugar.

De las obras para corral merece especial atención *Noches de invierno y perdone el enfermo*. Avellaneda parodia en este entremés de apariencia costumbrista una obra homónima en prosa escrita por Antonio de Eslava y publicada en 1609. Eslava se sirve del diálogo para ensartar una serie de historias de raigambre culta, contadas al cobijo del fuego. En torno

---

[40] *El pésame de la viuda*, de Calderón; la *Mojiganga de los niños de la rollona y lo que pasa en las calles*, de Simón Aguado; *Entremés primero del parto de la rollona*, de Navarrete y Rivera; y un sainete titulado igualmente *El niño de la rollona*, anónimo. Véanse Faliu-Lacourt [1991] y Buezo [1992].

a la lumbre de un brasero, Avellaneda reúne en la casa de don Juan a tres «majaderos del mejor humor» y un contertulio de excepción: el poeta don Marcos, que se acerca a la casa para pedir «linterna» y se queda, picado por la curiosidad de las novedades que traen los que están por llegar. De la obra de Antonio de Eslava, Avellaneda imita también su particular onomástica: si en el universo entremesil ésta es intencionadamente vulgar o chistosa, para esta pieza escoge nombres cultos, propios de la literatura pastoril: Dionisio (el poeta curioso), Armindo (el soldado fanfarrón) y Terencio (el «simplote» enamorado).

Para su representación en palacio escribe Avellaneda *El hidalgo de la Membrilla* (1661), *La hija del doctor* (*c.* 1663), *El plenipapelier* (*c.* 1662), *La portería de las damas* (*c.* 1656), *La visita del Mundo* (*c.* 1663) y *El triunfo del vellocino* (1675). En *La visita del Mundo* y *El plenipapelier* Avellaneda emplea la estructura de revista de personajes; en *El plenipapelier* hay una especie de inversión de papeles, pues la figura objeto de sátira es el propio juez: la actriz Manuela de Escamilla, que toma el papel de un Juan Rana «sin memoria ni entendimiento», es elegida «papelier», pero su actuación como escribiente, lejos de ridiculizar al personaje que los promueve (figuras con algún tipo de conflicto: una mujer celosa, otra afligida por el desdén de su galán, Olmedo enfermo de amor, un cobarde, etc.), cae de pleno en el absurdo. Ni siquiera se ve cumplido su afán de lucro al ascender «de alcalde a papelier», puesto que ningún personaje llegará a pagarle por sus servicios.

En *El hidalgo de la Membrilla* Avellaneda vuelve a inspirarse en obra ajena: desde el título evoca la comedia de Lope *El galán de la Membrilla* (1615), y aunque no se trata de una pieza burlesca, cierto es que Avellaneda toma prestados algunos elementos de la comedia del Fénix [Cienfuegos Antelo, 2006: 147-149]. En el ambiente carnavalesco de *El hidalgo de la Membrilla*, destaca el figurón don Tobías, que sale «*con banda y muleta de oro*», con un achaque consistente en la presunción de que la palidez del rostro es un claro indicio de nobleza, lo que le hace exclamar: «ésta es la gala que usamos / los nobles de la Membrilla», y por eso dice someterse a sí mismo y a su hija a continuas sangrías. La expresión de su obsesión va *in crescendo*, a pesar de que él y su contrapunto sensato, don Matías, pasan a un segundo plano como observadores de las escenas carnavalescas que suceden ante ellos (un galán que pretende conquistar a unas mujeres tirándoles huevos, una dama obsesionada por salvar a los perros de sus mazas, etc.). Estas escenas, arquetípicas de los entremeses de situación, y el ambiente de ruido y chanzas del Carnaval provocan en el figurón reacciones de alarma ante la posibilidad de que su palidez sintomática se vea alterada, por lo que lanza machaconas y disparatadas exclamaciones: «callad, y haced que esta noche / os hagan doce sangrías»; «mejor fuera este dinero / gastarle en cuatro sangrías»; «usté, sangre aquese perro»; «usté se sangre, que tiene / peligrosas las mejillas»; «lo que invidio la caída / del coche de aquellas damas, / pues se harán muchas sangrías»; «¡sángrense los regidores!».

Los cuadros costumbristas o escenas de situación abundan intercalados en los entremeses de Avellaneda. Pero el paradigma de entremés de situación está representado principalmente por el ya mencionado *Noches de invierno* y por *La portería de las damas*, una de las piezas más tempranas que el autor escribiera para su representación ante los reyes. Con Juan Rana como protagonista, su característica falta de memoria le obliga a un desafortunado cambio de oficio: de actor a mozo en la portería de las damas de palacio; pero de allí ha de salir «volando», debido a que los numerosos encargos de éstas le exigen mayor esfuerzo intelectual que sus propios *papeles* de actor. La escena recrea el ambiente mujeril con gracia y soltura, reflejando las costumbres de la época en cuanto a gustos y moda a través del aluvión de objetos y prendas femeninas que encargan a los mozos de la portería y, en particular, a Juan Rana.

*La hija del doctor*, que se representó con motivo del cumpleaños de la reina madre de Francia, doña Ana de Austria, es un ameno encuentro de burlas y figurones. Manuela y Mariquita se han quedado sin balcón «en víspera de toros de Santa Ana», ya que don Roque, tahúr y «galán» de Manuela, lo ha perdido todo jugando a las cartas. Con el fin de conseguir ventana, Manuela y Mariquita urden una burla al Doctor, rico indiano, y a su remilgada Hija, que andan a la caza de casamiento provechoso que enmiende la falta de título nobiliario. El desarrollo de la burla se enriquece con los figurones que la protagonizan: don Roque, caballero presuntuoso y grotesco, al que, además, adornan su condición de tahúr y un sospechoso sentimentalismo por la pérdida de su cochero, Toribio, por cuyo retrato, empeñado también en el juego, se lamenta melindroso y exagerado. Pero la verdadera protagonista del entremés es, sin duda, la Hija, encarnada por la actriz María de Prado, cuyos rasgos son los propios de la caricatura de una nueva rica de la época: con-

sentida, caprichosa, simplona y vanidosa; con un padre rico, pero tacaño, y una grave carencia: la de título. Con estas características y sus as-
pavientos de títere, la Hija se encuentra más próxima al figurón de
comedia que a los prototipos femeninos del entremés.

*El triunfo del vellocino* es la única pieza de Avellaneda que desarrolla
un tema mitológico a lo burlesco. Representado entre la primera y segunda jornadas de la zarzuela *El templo de Palas*, el entremés parodia el
episodio de la conquista del preciado vellocino por Jasón, aunque
Avellaneda prescinde de la intervención de Medea. Jasón es desposeído
de sus atributos legendarios y convertido en un vulgar rufián, parodia
a su vez del matón de la jácara, pues se demuestra cobarde y se reconoce «gazapo de cualquier boca». Tras una absurda ceremonia para ar-
marle caballero con las «piezas de palacio», el aspecto amenazador del
original se torna ridículo, y finalmente, la consecución del vellocino se
resuelve en grotesca batalla, en que Jasón es revolcado por los leones.
El lenguaje empleado en este entremés es el habitual en el género burlesco: la acción es inconsistente y se convierte en mero soporte de chistes, menciones escatológicas y jocosos juegos de palabras.

## 3. *Bailes*

Siete son los conservados a nombre de Avellaneda: *La batalla* (1668),
*Las casas*, *El médico de amor* (1668), *El reloj*, *Los negros* (1663), *El tabaco*
(1668) y *La ronda de Amor* (1668), pieza esta última vinculada a la serie
homónima inaugurada por Quiñones de Benavente. En la mayoría de
estas obras se impone lo satírico, dejando a un lado otros motivos más
comunes en el baile dramático (lo pastoril, lo mitológico, lo alegórico
—juegos, flores, tipos de bailes—, etc.). Por encima del componente coreográfico, en los bailes de Avellaneda prevalece un desarrollo dramático que se estructura con un desfile de tipos, caracterizados con alguna
manía o rareza a examinar por un juez o árbitro que emite burlonas
sentencias. Es el caso de *El médico*, *La ronda* y *El reloj*, cuyas figuras de
enamorados van dando paso a los diferentes tipos de mudanzas que se
intercalan tras cada intervención.

En *Las casas*, donde se canta y se baila por seguidillas de principio a
fin, unas busconas bien conocidas en el ámbito de la jácara (la Rubilla,

la Chillona, la Chaves y la Escalanta) pretenden robar a un rico perulero. Del acoso y la amenaza de ellas, por un lado, y de los intentos de
disuasión del damnificado, por otro, van surgiendo fáciles juegos de palabras a partir de los nombres de casas singulares o célebres de la Villa.
En *El tabaco*, el baile más meritorio de Avellaneda, según Cotarelo, «por
lo gracioso y la variedad de sus mudanzas», el controvertido producto
es sólo uno de los motivos sobre los que se entonan chistes y recurrentes juegos de palabras; otros son las damas de la cazuela o los que
no pagan la entrada de la comedia, y así, siguiendo un esquema de preguntas y respuestas, se «examinan las chanzas» y se ejecutan los pasos de
baile. En *La batalla* también prima el componente musical en torno a
un lugar común de la literatura satírica: la mujer pidona que «ataca» la
bolsa del hombre llevada por su innata rapiña. El asunto se desarrolla
como una alegórica batalla, empleándose algunas expresiones del campo semántico militar; en la confrontación, el hombre no tiene ninguna
posibilidad de vencer y sólo le quedan dos salidas: huir o rendirse.

El baile entremesado de *Los negros* parece inspirado en la expresión
«boda de negros» que, según Correas, significa «batahola y grita, hol-
gándose sin entenderse»:[41] la boda entre un Negro y una Negra es el
motivo que reúne en el escenario a otras figuras igualmente ridiculizadas, que conforman una verdadera batahola en que se entablan cómicas diatribas en torno a la tara física que presenta cada uno de los
personajes: la Negra muda, un Cojo, un Manco, un Zurdo y un
Corcovado. Otras «faltas» acompañan a la Negra de Avellaneda: la que
sugiere el sentido figurado de la palabra y, también, su avidez por el dinero, a la manera entremesil. Su codicia es presupuesta por su negro marido, que desafía su mudez ofreciéndole toda suerte de agasajos y, al fin,
«¿quién ignora que el oro / hace milagros?»: la Negra le toma la palabra al Negro y le exige un sinfín de caprichos, corroborando de esta
manera los prejuicios de su marido. Un baile de negros, el gurumbé,
remata la pieza.

---

[41] Probablemente Avellaneda también conocía el famoso romance de Quevedo,
que toma el título de la misma expresión adverbial, y que concluye sentencioso-
mente: «negra es la ventura / de aquel casado / cuya novia es negra / y el dote en
blanco».

## 4. *Jácaras*

El componente musical es importante, también, en dos de las tres jácaras de Avellaneda: *El Zurdillo y segunda parte de la Rubilla* (a. 1663) se imprimió como «baile entremesado» (clasificación asumida por Merino Quijano en su monografía sobre el baile dramático [1981]) y *¿Quién me compra escarpines?* (*c.* 1661) se copió en un manuscrito del XVIII con el título *Baile de los valientes*. En cambio, en *La Flores y el Zurdillo* (1663) predomina la recitación, y sólo al final se canta. Cohabitan en esta obra tres protagonistas: la Flores, el Narro y el Zurdillo. Los rufianes aguardan en la cárcel a que les dicten las penas correspondientes, y mientras, comentan con cierto hastío sus destinos. Es su daifa, la Flores, cuyos «respetos» comparten «a días» los jaques, la que les devuelve el tono vital, exigiéndoles valor y orgullo para afrontar las condenas. Tras escucharlas «del que chilla» (a saber: doscientos azotes y seis años de galeras para el Zurdillo, la horca para el Narro), la daifa se despide de ellos «en tono de la costa», cuya letra apela a la honra que conlleva el castigo, por eso pide al Zurdillo que «no haga gestos aunque le abra / las espaldas la penquilla», y al Narro que se aliñe el jubón y «suba airoso la escalera», pues es su propia reputación la que está en juego: «yo, señores, tengo honra, / y no quiero que se diga / que fue la Flores mujer / que se pagó de gallinas».

*El Zurdillo y segunda parte de la Rubilla* se inicia cantando «algunas destrezas» del ladrón y pendenciero Zurdillo mientras éste espera su sentencia, que es de muerte en la horca. Pero la suerte le acompaña y, finalmente, el escribano le anuncia que se le conmuta esa pena por la de galeras, «porque hay mil asientos vacos», ocasión que se celebrará rematando la pieza por seguidillas. Pero antes de conocer el destino del jaque, la Rubilla y la Montalva cantan en tono de jácara la carta que su comadre la Tabernera les envía desde su propio presidio:

RUBILLA        *¡Atiendan, escuchen*
               *esta respuesta!,*
               *porque, aunque hay otra escrita,*
               *ésta es la cierta.*
               «*¿Quién me la lleva la jácara nueva,*
               *que escribe a la Rubilla la tabernera?*

¿Quién me la lleva, la lleva, la lleva?
*(Cara a cara.)*
*La tabernera que ha oído*
*de la Rubilla la letra,*
*en puridad la responde*
*a medida de la letra».*

MONTALVA        «Presa estoy, amiga mía,
                porque sin ser calcetera,
                supe sacar deste oficio
                el saber menguar las medias».

RUBILLA         *«No sé qué causa hemos dado*
                *a dos ciegos y un poeta,*
                *siendo nosotras tan libres,*
                *para que los tres nos vendan».*

MONTALVA        «El que el pelo te quitasen
                es justo que lo agradezcas,
                porque con eso se excusan
                de sacarte por la hebra».
                [...]

RUBILLA         «Que Dios me deje hacer casas,
                *dices en tu receta,*
                me mas yo veo que las dos
                las hemos hallado hechas» [vv. 107-131].

Según se desprende de estos versos, Avellaneda escribiría una *Primera parte* con los hechos de la Rubilla (o, tal vez, una jácara cantada inserta en algún entremés perdido), relatados por ella misma en forma de carta dirigida a la Tabernera, la cual tiene su auténtica réplica («en puridad») en las diez estrofas que se cantan en esta *Segunda parte* [Cienfuegos Antelo, 2006: 407-415]. Avellaneda aprovecha el canto para *denunciar* la continuación apócrifa de las andanzas de sus daifas: los versos de la cita resaltados en cursiva aluden, sin duda alguna, al entremés *El hambriento y los ciegos*, de Sebastián de Villaviciosa, donde se inserta una jácara con el mismo asunto.[42]

---

[42] Véase el capítulo dedicado a este dramaturgo, acerca del mencionado entremés.

*¿Quién me compra escarpines?*, que permanecía inédita en un manuscrito autógrafo de la Biblioteca Nacional [Cienfuegos Antelo, 2006: 416-426], contiene algunas peculiaridades que la destacan frente a otras de su género. Por un lado, cuenta con una diversidad métrica poco habitual en la jácara dramática: soledades y seguidillas se alternan en la recitación y el canto, y en las estrofas finales se incluye un estribillo. Por otro, en el escenario se reúnen nada menos que ocho personajes, cuatro daifas con sus cuatro jaques, lo cual aporta una buena dosis de vivacidad al diálogo. La escena costumbrista que abre la representación, con las mujeres anunciando su mercancías, también introduce una variante en el contenido habitual de estas piezas; la Tortuga, la Golondrina, la Mellada y Marizancos, «chulas de banasta» todas ellas, salen a escena anunciando a voz en grito escarpines, rosquillas, «lechuguitas» y limas con las que mantienen, dicen, a sus respectivos, a saber: el Zurdo, el Ronquillo, el Romo y el Pamplona. Como en las jácaras anteriores, los personajes aguardan el cumplimiento de sus sentencias comentando sus hazañas delictivas y los castigos soportados. Las condenas son las habituales (horca, hoguera, azotes, galeras), pero para los «crudos», ya sabemos, la muerte no es «afrentosa», pues «a muchos honrados / mata un brasero», así que son ellos ahora quienes piden a sus marcas que no les lloren, pues «las plañideras se usaban / en tiempos de Arias Gonzalo».

## 5. *Mojigangas*

Tres son las mojigangas de Avellaneda de atribución segura: *El mundi novi* (1675), *El titeretier* (*c.* 1677) y *Las naciones* (1664).[43] En *El mundi novi*, de Avellaneda,[44] representada como fin de fiesta de la zarzuela *El templo de Palas*, la actriz Manuela de Escamilla anuncia el espectáculo del *mundi novi* y va dando paso (en alguna ocasión desde el *paño*) a cada una de las comparsas que irán saliendo del cajón maravilloso. Abren

---

[43] Muy probablemente la titulada *Las casas del placer* (1661) o *Los sitios de recreación del rey* (1663), en disputa con Calderón, saliera asimismo de su pluma; véase Cienfuegos Antelo [2006: 441-453].

[44] Hay al menos otras tres piezas similares y prácticamente homónimas: una de Suárez de Deza, un entremés de Francisco de Castro y otra anónima [Buezo, 1993].

el desfile un grupo de matachines danzando; a continuación, se desarrolla un cuadro burlesco, basado en la historia de Lucrecia y Tarquino, «uno mucho borrachi, / y otri un poquillo sordi», y después, van saliendo sucesivamente un cortejo de enanos, objeto de escarnio y burlas, un carnavalesco séquito de disfraces de pavas, y finalmente, una comparsa de niños de la rollona. A lo largo de toda la obra es constante la interferencia de lo cortesano en el espacio escénico: al margen de las alabanzas a la reina madre y al rey, interviene en la representación el propio espacio áulico («palacio por Pascua / me verá de azul», los *pavitos* son cebados en Aranjuez «para que el rey *come*», etc.).

*El titeretier*, representada en Carnaval, y *Las naciones*, en alguna celebración real, comparten con otras obras de su especie el comienzo del espectáculo: un alcalde bobo se halla en el apuro de encontrar un fin de fiesta para al rey, y otro personaje con rasgos de mago le ofrece a la carta distintas posibilidades que hace desfilar por el escenario. En *El titeretier* «un moro francés / que trae grandes artimañas» presenta con gran ruido de sonajas y cascabeles «dos arlequinillos», diversas figuras alegóricas, una comparsa de locas y una «giganta flamenca». En *Las naciones*, Avellaneda inventa un ingenio de cintas mágicas de las que el alcalde va tirando para que se hagan realidad sus deseos de regocijar al rey. Las cintas conducen desde las bambalinas al escenario una danza vizcaína, un zarambeque canario y, por último, un baile francés.

No le parecía a Cotarelo «tan excelente don Francisco de Avellaneda en sus bailes como en los entremeses, ni tan original en los asuntos» [1911: I, CXCIII]. Ciertamente, otorgar excelencia u originalidad a su teatro breve resulta generoso en exceso; sin embargo, tampoco merecía Avellaneda quedar desterrado de la historia del teatro con la etiqueta de «mero epígono ingenioso», que le estampó el maestro Asensio en su afán de «cribar el grano de la paja» [1965: 11]. Prueba de que el dramaturgo gozó de gran estimación en su tiempo son los encargos de palacio que conforman buena parte de su corpus, además de las sucesivas representaciones (incluso en el XVIII) y reimpresiones que tuvieron muchas de sus obras.

XVII. Juan Vélez de Guevara, por *Elena Di Pinto*

Hijo único del también dramaturgo Luis Vélez de Guevara, Juan Crisóstomo Vélez de Guevara nació en Madrid, como consta por su partida de bautismo en la iglesia parroquial de San Andrés del 9 de febrero de 1611, y en esta misma ciudad muere el 20 de noviembre de 1675. Es posible que estudiara jurisprudencia en Sevilla y allí tuvo el cargo de oidor por unos años, tras los cuales se fue a Madrid para entrar al servicio del duque de Veragua. La primera documentación de su actividad teatral es de 1637, año en que se representó en palacio su comedia *El diciembre por agosto, Nuestra Señora de las Nieves*. En 1642 heredó de su padre el cargo de ujier real. Escribió varias comedias solo y en colaboración, entre las que cabe destacar la burlesca *El hidalgo de La Mancha* (con Matos Fragoso y Diamante) para la que, amén de la tercera jornada, escribió el fin de fiesta. Para su zarzuela *Los celos hacen estrellas* —estrenada en el Salón dorado del Real Alcázar de Madrid el 22 de diciembre de 1672, con música de Juan Hidalgo (arpista y clavicordista de corte desde 1631 y habitual compositor para las obras teatrales de palacio) y Francisco Guerau— Juan Vélez escribió asimismo la loa, el baile, el entremés de *La autora de comedias* (escrito hacia 1662) y el fin de fiesta.

Especial relieve y fortuna tuvo su dedicación al teatro breve que aquí nos ocupa, modalidad en que destacó; amén de la loa y los dos fines de fiesta antes mencionados fue apreciado por los bailes y los entremeses. En sus entremeses, como es preceptivo, el personaje central suele ser juez de los otros con una obvia función satírica, pues pone de manifiesto con sus opiniones, sentencias y burlas, a modo de árbitro, los defectos y vicios más destacados de los demás personajes. El lenguaje es fundamental como vehículo de la comicidad, no sólo el gesto, vestuario y *attrezzo*, por lo que la parodia de dialectos e idiomas extranjeros, el uso abstruso del latín, el lenguaje de germanía y el naipesco y las jergas profesionales se abren paso junto a los chascarrillos, refranes, frases hechas, letrillas, muletillas y juramentos del habla vulgar. En los bailes dramáticos los rasgos del lenguaje son comunes a lo dicho para el entremés, aunque al ser su extensión más breve, los personajes están menos matizados y suelen ser *tipos* habituales en estas obritas, caracterizados por pinceladas rápidas a través del diálogo chispeante o de la letra cantada alusiva a sus rasgos. Estas piezas breves se caracterizan por estar cantadas y bailadas, siendo ésta una parte preponderante con respecto al recitado.

La mayor parte de estas piezas nos ha llegado manuscrita o por colecciones impresas del siglo XVII; en la actualidad sólo disponemos de la memoria de licenciatura (inédita, Madrid, Universidad Complutense de Madrid, 1985) de María Dolores Holgueras Pecharromán en que se recogen conjuntamente todas las composiciones dramáticas breves de Juan Vélez.[45]

## 1. Entremeses

Los diez entremeses que conservamos de Juan Vélez son: *Entremés de la autora de comedias*, *Entremés del bodegón*, *Entremés de los holgones*, *Entremés de la jeringa*, *Entremés del loco*, *Entremés de la melindrosa*, *Entremés del pícaro bobo*, *Entremés de la pretendida*, *Entremés del sastre*, *Entremés de los valientes*. No todos ellos tienen una calidad digna de mención, por lo que pasaremos revista a los más interesantes.

El *Entremés de la autora* provoca la risa del espectador desde el momento de la salida a escena del alcalde ridículo Periblando y su prometida Maridura, cuyos nombres alusivos al carácter pusilánime de él y levantisco de ella son bastante elocuentes. La formación a partir de Pero para él y Mari para ella es harto frecuente en la antroponimia burlesca y germanesca (Perogrullo, Pero Gil, Pero Sardina, Maripizorra, Marizápalos, Maripizca…). De acuerdo con el título del entremés, también sale a escena una autora de comedias que propone varias obras con el título parafraseado (*Antes que todo es mi saya* en lugar de *Antes que todo es mi dama*, *No hay vida como la olla* en lugar de *No hay vida como*

---

[45] Excepción hecha de la loa y el fin de fiesta para *Los celos hacen estrellas*, editado en 1970 por Varey, Shergold y Sage, del fin de fiesta para *El hidalgo de la Mancha*, editado en 1982 por M. García Martín, el entremés de *La jeringa*, editado por Benítez Claros en 1969 y por Huerta Calvo en 1985 y el entremés de *La melindrosa*, editado por A. Elejabeitia en 1990 (ver Bibliografía). Quiero agradecer a Javier Huerta Calvo el haberme proporcionado la tesis de M. D. Holgueras Pecharromán para mis consultas.

*la honra*, *La renegada de Vallecas* en lugar de *La renegada de Valladolid*, etc.) para celebrar la boda entre Periblando y Maridura. El metateatro y la doble ficción ante el espectador, típico en el teatro aurisecular, se hace más patente en estas piezas cómicas como recurso de la risa: tanto los nombres de la autora y la primera dama (que aluden a nombres de actores famosos del momento; por ejemplo, la dama es Cosma, como el gracioso Cosme Pérez, alias Juan Rana), como los títulos trastocados de las comedias que tienen en repertorio, como la representación en sí de *La renegada de Vallecas*, como el hecho de que el alcalde cree en la ficción que está viendo —e interviene queriendo imponer su autoridad ante una supuesta injusticia— por lo que resulta ridículo a ojos del espectador del entremés (al que, en verdad, le suele ocurrir lo mismo al ver representada una comedia, pues «como se le dé lo verosímil...», que diría Lope) es coadyuvante a la risa. No falta tampoco el recurso de imitar el habla de un moro y el baile final. Tiene, en suma, este *Entremés de la autora* todos los ingredientes para divertir al público.

El *Entremés del bodegón*, sazonado con el lenguaje de la germanía, presenta a dos valientes y dos mozas (¡de no se sabe qué partido!) muertos de hambre y sin blanca que, al entrar en un bodegón, se burlan del bobo que les sirve comiendo sin tasa y de balde. El entremés acaba con el bobo apaleado por el bodegonero.

El *Entremés de los holgones* se centra en el desconsuelo de un viudo que —al igual que hacía *El rufián viudo* Trampagos con su Pericona—, cantando las supuestas alabanzas de su esposa, hace de ella la crítica más descarnada y mordaz: fea, boba, perezosa, interesada, presumida y vana:

GRACIOSO      Ella era algo enfadosa,
                   pero aunque era muy boba, no era hermosa.
                   [...]
                   Su condición de un ángel parecía:
                   ella no estaba en casa en todo el día
                   y aunque viniese de pasearse en coche,
                   a las doce u la una de la noche,
                   y se estuviese por guisar la cena,
                   no me hablaba palabra, era muy buena.
                   [...]
                   luego, no era mujer aprovechada:
                   cuando no había dinero,

lo que buscaba yo para carnero,
porque el trabajo no saliera en balde,
lo echaba ella en solimán y en albayalde [vv. 9-24].

Su amigo le consuela llevándole a la casa de los holgones, donde todos los que sufren una desgracia: el pobre, la enferma, un aborrecido,
una celosa, una malacondicionada (malhumorada, malencarada), un des-
graciado, todos se huelgan de ella y le sacan partido al mirar su lado
positivo.

En el *Entremés de la jeringa* abundan los insultos y juramentos («VEJETE
¡Sacristán lenguaraz y deslenguado, / lechuza, chupalámparas, menguado, / tumba jarrillos, gorra con amigos, / sumidero de roscas y bodi-
gos!» [vv. 22-25]) entre un sacristán, un doctor vejete y un barbero que
se disputan el amor de Isabel, que se burla de los tres: al sacristán le da
cita pidiéndole que vaya a verla por la noche disfrazado de mujer para
no levantar sospechas; cita también al barbero, que acaba persiguiendo
al sacristán creyendo que es Isabel y, así, quedan los dos mofados; al viejo le invita a acostarse con ella por un faldellín y veinte doblones que
éste le ha prometido y le envía a la cama para que la espere, pero al llegar un hospitalero le dice que el que está en cama es su padre muy enfermo que necesita una lavativa que el hospitalero se ofrece a
suministrarle cueste lo que cueste. Isabel escoge, por fin, al sacristán como
marido y, celebrando la burla, acaba en baile como es de rigor.

*El entremés del loco*, loco de celos, se abre con la prohibición que hace
el celoso Lorenzo a su mujer, Lucía, de salir a la calle, pues le va la honra en ello (y aunque Lucía diga que su honra es como el sol, él le replica que es un sol que a todos alumbra). El sacristán ayuda a Lucía a
salirse con la suya siguiendo el plan que ella ha trazado: fingir que el
marido se ha vuelto loco, armar revuelo y, aprovechando la coyuntura,
irse con el sacristán. Lorenzo, escarmentado de sus celos, concede al fin
el permiso a Lucía para ver la fiesta. La semejanza con *El viejo celoso* cervantino, pero sin la enjundia y agudeza de don Miguel, hace que este
entremés resulte deslucido.

Por último, no he de dejar sin mencionar el *Entremés de Los valientes*, de argumento y lengua jacarescos, y, cómo no, con jácara cantada y
bailada incluida en él. La mención, cantada en la jácara, de una serie de
personajes tradicionales como es el caso del protorrufián Maladros y la

daifa Chaves, presentes en varios de los romances de germanía de Juan Hidalgo, así como en el baile anónimo *Las mozas de la galera* o en algún poema de Jerónimo de Cáncer, está más que justificada, pues sirve para dar brillo y prosapia a la trama sencilla y típica: los personajes, todos putas y rufianes, tratan de apaciguar a dos de sus «colegas», Justilla y Arnao, y lo consiguen, por supuesto, en la taberna por aquello de que «¡a la orilla de un tintillo se pasa la riña en blanco!».

## 2. *Bailes*

Los once bailes dramáticos de Vélez de Guevara hijo son: *Baile del arquitecto, Baile de la boda de pobres, Baile de contraste de amor, Baile de la esgrima, Baile de Fulanilis, Baile de Gila y Pascual, Baile del juego del hombre, Baile de Marigüela, Baile del pregonero, Baile de la taberna y el bodegón* y *Baile de yo me muero y no sé cómo.*

Haré cumplida mención de los que parecen mejor trazados y más logrados. El *Baile de la boda de pobres* es uno de ellos. Juan Vélez se basa en otro baile de Quevedo, la *Boda de pordioseros,* pintando unos personajes dignos antecesores de la *Misericordia* galdosiana. La pobre-estafadora, el estudiante-bribón, la gallega con dos niños llorones a fuerza de recios pellizcos, la irlandesa borracha, la falsa ciega, el manco y el tullido desfilan su pobreza apicarada para celebrar la boda de dos novios de su mismo jaez. Traslado a continuación los insultos que al principio del baile se prodigan la pobre y el estudiante desconfiando mutuamente de la veracidad de su estado:

| | |
|---|---|
| ESTUDIANTE | ¡Sacaliña de antuvión! |
| UNA POBRE | ¡De caso pensado droga! |
| ESTUDIANTE | ¡Fantasma de las esquinas! |
| UNA POBRE | ¡De los bodegones gomia! |
| ESTUDIANTE | ¿Conmigo, boquifruncida? |
| UNA POBRE | ¿Conmigo, zampalimosnas? [vv. 33-38] |

En el *Baile del juego del hombre* con la excusa de los naipes los músicos van presentando distintos pretendientes a una moza de buen garbo, siendo ella la polla, es decir, la apuesta a ganar. Un galán, un valiente y un vejete se disputan el favor de la dama. Las dilogías entre el léxico naipesco y el sentido recto del término son sabrosas:

| | |
|---|---|
| VEJETE | De oros la juego, hombre me hago. |
| MUJER 1ª *canta.* | Llevarase la polla, |
| | sin embarazo, |
| | quien tuviere más triunfos |
| | de aquese palo. |
| GALÁN *representa.* | Ese rey de copas juego. |
| VALIENTE | Yo lo sirvo. |
| VEJETE | Yo lo baldo. |
| VALIENTE | ¿Que hubo de salir por copas? |
| DAMA | Para un pobre, todo es tragos. |
| VEJETE | Triunfo con esta malilla, |
| | para asegurar el caso [vv. 100-110]. |

El villano que se danza en el *Baile de Marigüela* hace de marco a un toma y daca de coqueteos y retraimientos, de requiebros y reproches entre Perico y Marigüela, él sin blanca, ella interesada. Huelga subrayar la mala fortuna del «limpio» zagal:

| | |
|---|---|
| PERICO | ¿Que de balde no se halle |
| | ni la fea ni la hermosa, |
| | ni aun el comer, siendo cosa |
| | que la arrojan en la calle? |
| | ¿Que de la gala y del talle |
| | se ría cualquier doblón? |
| | ¡Válgate el diablo tan mala invención! |
| MARIGÜELA | ¿Que con gala y sin dineros, |
| | mancebitos tulipanes, |
| | preciándose de galanes, |
| | quieran negociar por fieros? |
| | ¿Que quieran se caballeros |
| | y no quieran tener don? |
| | ¡Válgate el diablo tan mala invención! [vv. 45-58] |

El *Baile de la taberna y el bodegón* es otra curiosa galería de personajes: la tabernera, la mondonguera, la limera y la cañamonera pugnan por vender sus productos a un pobrete, un estudiante, un valentón y un gallego. Uno de los momentos mejores es cuando el estudiante, al defender a las damas por la falta de respeto del valentón, se da cuenta de que es un lebrón y le saca de gorra comida y bebida:

| | |
|---|---|
| ESTUDIANTE | Oye, señor temerario, |
| | en la cara y no en los hechos; |
| | sepa que [a] aquesa señora |
| | se ha de hablar con gran respeto. |
| | Y, si el hábito arremango, |
| | yo le enseñaré muy presto |
| | a ser cortés, con sacar |
| | de la vaina el «vademécum». |
| VALIENTE | ¡Ay, el raso maquilón! |
| | Él trae un par de pedreros, |
| | pues habla gordo, sin duda. |
| | [...] |
| | Que la pendencia ahoguemos |
| | en vino, pues está cerca. |
| | [...] |
| ESTUDIANTE | Si lo paga, vengo en ello. |
| VALIENTE | ¿Hay más de pagallo? |
| ESTUDIANTE | Él se ablanda. |
| | No me contento con eso. |
| VALIENTE | ¿Quiere usted más gullorías? |
| ESTUDIANTE | Mondongo me pide el cuerpo |
| | también. |
| VALIENTE | ¿Qué diablo chismoso |
| | le habrá parlado mi miedo? |
| ESTUDIANTE | Para desengrasar, limas, |
| | y tostones, que son secos, |
| | para enjugar. |
| VALIENTE | ¿Más? ¿Qué quiere? |
| | ¿Que pague el esportillero |
| | y que dé limosna al pobre? [vv. 157-189] |

El baile concluye con las cuatro mujeres cantando tras las quejas del valentón por tener que pagar tanto... el consabido vino aguado.

Las tramas de Juan Vélez de Guevara son por lo general consistentes, el verso fluye bien y se echa de ver que la comicidad de su teatro breve es cristalina y bien estructurada, si bien la galería de personajes típicos, algunos de los tópicos de la época y el corsé del código de dichas piezas hagan, a veces, algo repetitiva su lectura.

EDICIONES

*Flores del Parnaso, cogidas para recreo del entendimiento. Por los mejores ingenios de España. En loa, entremeses y mojigangas*, Zaragoza, Pascual Bueno, 1708. Contiene: *Entremés de la autora de comedias*, pp. 144-152.

*Tardes apacibles de gustoso entretenimiento, repartidas en varios entremeses y bailes entremesados, escogidos de los mejores ingenios de España*, Madrid, Andrés García de la Iglesia, 1663. Contiene: *Entremés del bodegón*, fols. 12r.-17r.; *Entremés de la pretendida*, fols. 49r.-52v.; *Baile del juego del hombre*, fols. 89r.-91v.; y *Baile de Marigüela*, fols. 57v.-59r.

*Verdores del Parnaso en veinte y seis entremeses, bailes y sainetes, de diversos autores*, Madrid, Domingo García Morras, 1668. Contiene: *Entremés de la jeringa* y *Baile de la boda de pobres*.

*Verdores del Parnaso*, ed. R. Benítez Claros, Madrid, Instituto Miguel de Cervantes, 1969. Contiene: *Entremés de la jeringa*, pp. 249-259.

*Rasgos del ocio en diferentes bailes, entremeses y loas. De diversos autores*, Madrid, José Fernández de Buendía, 1661. Contiene: *Entremés del loco*, pp. 194-202.

*Rasgos del ocio en diferentes bailes, entremeses y loas. Segunda parte*, Madrid, Domingo García Morras, 1664. Contiene: *Entremés de los holgones*, pp.175-189; y *Entremés del pícaro bobo*, pp. 1-10.

*Ociosidad entretenida en varios entremeses, bailes, loas y jácaras. Escogidos de los mejores ingenios de España*, Madrid, Andrés García de la Iglesia, 1668. Contiene: *Entremés del sastre*, fols. 30v.-34r.

*Flor de entremeses, bailes y loas escogidas de los mejores ingenios de España*, Zaragoza, Diego Dormer, 1676. Contiene: *Baile del arquitecto*, pp. 170-176.

*Jardín ameno que en varias flores que en veinte y un entremeses se dedican a don Simón del Campo, portero de cámara de su majestad, para enseñanza entretenida y donosa moralidad*, Madrid, Juan García Infanzón, 1684. Contiene: *Baile de la taberna y el bodegón*, pp. 21-30.

*Primera parte del Parnaso nuevo y amenidades del gusto, en veinte y ocho entremeses, bailes y sainetes. De los mejores ingenios de España*, Madrid, Andrés García de la Iglesia, 1670. Contiene: *Baile de yo me muero y no sé cómo*, pp. 187-190.

*Entremés de los valientes*, Biblioteca Nacional de España, ms. 16430.

*Baile del contraste de amor*, Biblioteca Nacional de España, ms. 17192.

*Baile de la esgrima,* Biblioteca Nacional de España, ms. 14856.

*Baile de Fulanilis,* Biblioteca Nacional de España, ms. 14851.

*Baile de Gila y Pascual,* Biblioteca Nacional de España, ms. 16291.

*Baile del pregonero,* Biblioteca Nacional de España, ms. 16292.

VÉLEZ DE GUEVARA, Juan, *Los celos hacen estrellas,* eds. John E. Varey, Norman D. Shergold y Jack Sage, Londres, Támesis Books, 1970.

—, *El hidalgo de La Mancha,* ed. Manuel García Martín, Salamanca, Universidad de Salamanca, 1982.

## XVIII. OLMEDO, por *Ramón Martínez*

Alonso de Olmedo y Omeño, nacido en torno a 1626, fue uno de los mejores actores españoles de su época, destacando en los papeles de galán, además de ser considerado por sus contemporáneos «hombre de muy buen juicio y buena conversación y de muy buenos procedimientos, cortesano y atento», como apunta uno de los autores de la *Genealogía, origen y noticias de los comediantes de España,* que asegura haberlo conocido en 1670 [Shergold y Varey, 1985: 161]. Con todo, su celebridad también se debe, en parte, a lo sonado de sus amores, ya que al poco de casarse con María Antonia de León ésta fue raptada por un noble, y Alonso buscó luego relación con otras actrices, como Mariana de Anaya, madre de Gaspar de Olmedo [Muñoz, 1948: 95-99]. Hijo del también comediante Alonso de Olmedo y Tufiño, que inaugura la saga de actores que llegará hasta el siglo XVIII, nuestro Alonso parece haberse puesto al frente de la compañía de su padre en 1648, tras abandonar sus estudios de cánones en Salamanca [La Barrera: 1860, 287], para formar parte más tarde de algunas otras de mucho prestigio, como la de Mariana Vaca, Diego Osorio, Simón Aguado y, sobre todo, la de Antonio de Escamilla, en que permaneció más tiempo [Urzáiz Tortajada, 2002: 488]. En todas ellas representó papeles principales, y así podemos encontrarlo, por ejemplo, en el papel de Hércules en la calderoniana *Fieras afemina amor,* en 1672 [Rich Greer y Varey, 1997: 39-41]. Finalmente, mientras trabajaba con Escamilla y Vallejo, Alonso de Olmedo murió en Alicante en 1682, dejándonos un pequeño conjunto de piezas breves formado por cuatro entremeses y once bailes, que estudiamos a continuación. Además, escribió la segunda jornada de *Antíoco y Seleuco,* en colaboración con Royo y quizá Matos Fragoso, una comedia burlesca que se basa en la de Moreto [Urzáiz Tortajada, 2002: 488], y algunos poemas que se conservan manuscritos, como unas quintillas presentadas en el certamen poético de 1665 en Valencia, celebrando la institución de la Octava de la Purísima Concepción [La Barrera, 1860: 287].

## 1. *Entremeses*

A pesar de que Alonso de Olmedo es más conocido por sus bailes, los cuatro entremeses que nos quedan de su obra son de una calidad considerable. En el entremés de *La dama toro*, «desarrolla una idea original, pero poco literaria» [Cotarelo, 1911: I, CX]. El gracioso —que según el texto fue representado por Simón Aguado— se confiesa enamorado y, como de costumbre, trata de quitarse la vida, por considerar su amor imposible, ya que el comisario-alcalde ha decidido perseguir a los hombres enamorados. Comienza entonces la burla, urdida por Malaguilla, amigo del gracioso, que consiste en llevar al alcalde la noticia de que el gracioso está citado con una mujer. Llega así la justicia a la casa, y comienzan a buscar a la chica, hasta que descubren una puerta cerrada que, al abrirla, deja escapar un toro, que los embiste y persigue fuera del escenario, para que los burladores acaben celebrando el engaño con el típico baile final, que no aparece en el texto. Apreciamos un obra fiel a la estructura del entremés de burla, con el elemento parateatral de lo taurino, no tan extraño, que hizo a Cotarelo pensar en la poca literatura que presentaba la pieza. Más divertido es *Las locas caseras,* donde Olmedo nos presenta una reunión de mujeres que presentan una gran afectación. Así la dueña de la casa donde se produce la visita, sólo habla de las virtudes de sus muchos hijos, la mayoría de ellos ya muertos, mientras que otra hace continua alusión a sus ilustres vínculos familiares, una tercera comenta su intención de tomar votos, dos más alardean de sus pretendientes y una sexta sólo responde a todo diciendo «servidora de usted». El jolgorio de la conversación se produce frente a Barbulilla, la criada graciosa holgazana, que, al sacar el chocolate, tropezará con el único hijo vivo que le queda a su ama y lo matará, si bien resucita más tarde, por arte de magia. Termina el entremés cuando llega el gracioso y obliga a las damas a bailar, señalándose en la canción que la visita es «de sujetos», como otras lo son «de chiste», presentando así el género al que pertenece el entremés. Mayor calidad tiene *El sacristán Chinchilla,* donde Olmedo, en un entremés de burla, presenta un enredo comparable al de una comedia, dotando a sus personajes de la capacidad de imitar la voz de los demás. Se trata del argumento típico del sacristán que pretende a una dama cuyo hermano quiere casarla con un alcalde bobo, y que es también amada por un bodegonero. El final, como es de esperar, es que el trío de la justicia, alcalde, escribano y alguacil, sea apaleado tras ser confundido con el sacristán y su séquito. De especial interés, por lo gracioso, es la escena en que la amada y el sacristán dialogan amorosamente, situándose en medio el bodegonero, que va repitiendo palabras y acciones de uno hacia el otro. Con todo, el mejor entremés de Olmedo es el lamentablemente incompleto *Píramo y Tisbe,* sainete extenso y en dos partes, «que más bien parece una comedia burlesca en un acto» [Cotarelo: 1911, CX]. La pieza presenta motivos interesantes, como la aparición de una dueña en lugar del conocido león o la pared parlante que se queja de los golpes que los amantes dan en ella, así como la inclusión de una chacona. Se trata, como vemos, de una versión burlesca de la historia antigua de *Píramo y Tisbe,* donde los amantes no mueren, y que recuerda sospechosamente a la incluida dentro del *Sueño de una noche de verano* de Shakespeare. Además de estas cuatro piezas, sabemos, por el pago de 300 reales a Olmedo [Shergold y Varey, 1982: 99], que éste fue autor de otro entremés cuyo texto se ha perdido. Se trata de *Los estudiantes,* representado en el Carnaval de 1680, en palacio, junto a la obra de Calderón *La púrpura de la rosa* [Cardona, Cruickshank y Cunningham, 1990: 69].

## 2. *Bailes*

No obstante la calidad de alguno de sus entremeses, Alonso de Olmedo es conocido fundamentalmente por sus bailes, por ser éstos más numerosos, aunque no siempre mejores. Muy original es el baile de *Las flores,* que acompañó en 1680 a *Hado y divisa de Leónido y Marfisa* [Shergold y Varey, 1989: 119], donde encontramos una hermosa batalla alegórica entre la rosa y la azucena, enfrentadas por su color, donde cada una tienen otras flores como lugartenientes, como el narciso, la mosqueta, el jazmín y el azahar a favor de la azucena, y el clavel y la amapola en el partido de la rosa. Aparece también el tulipán, un espía que se encarga de sembrar la discordia entre las flores, que danzan simulando el enfrentamiento, y la clavellina, neutral, que pone paz al final del entremés pidiendo a las flores que todas juntas hagan un ramo. No obstante, el tema más frecuente en los bailes de Olmedo es el del amor pastoril, como encontramos en *La abejuela,* que es, según Cotarelo, «de los primeros en que lo pastoril toma el carácter de necedad que tanto abundó después» [1911: CXCIX], donde un zagal requiebra a Laura, comparándola con las flores que vende y dirigiendo sus quejas a la abeja que podría rondarla. El mozo interrumpe a la chica cuando quiere intervenir, explicándole que no es a ella a quien habla, hasta que por fin se dirige a Laura, cantando en portugués, y es respondido por ella. También en *Bernarda y Pascual,* que aparece también titulado como el *Sainete para la comedia «Los sucesos de tres horas»* o con su primer verso: «si no ha de tener alivio», y fue estrenado en el cumpleaños de la reina en 1664, donde los protagonistas penan de amor el uno por el otro, pensando no ser correspondidos, hasta que finalmente se confiesan sus sentimientos y bailan para terminar. Parecido es *Dos áspides trae Jacinta,* que comienza con otro Pascual alabando la belleza y monstruosidad —por lo desdeñosos— de los ojos de Jacinta, ante los comentarios burlones de otros pastores. Aparece entonces la pastora en escena y, después de un diálogo en que le declara su amor, Pascual decide darse muerte, siendo interrumpido por Jacinta, que le declara su amor, dando paso, así, a la danza final. En la misma línea encontramos el baile de *Menga y Bras,* «curioso porque es verdaderamente bailado todo él» [Cotarelo, 1911: I, CXCIX], cuyo argumento nace de un encuentro secreto entre ambos que, al ser sorprendidos por el resto de zagales, disimulan ofreciéndoles un baile, en que, empleando un juego de más y menos, Bras exige más atenciones de Menga, mientras que ésta le pide dinero. De peor calidad es *Las arias,* que vuelve a presentar una disputa —que al final queda inconclusa— entre pastores y pastoras, mostrándose ellos amorosos y ellas desdeñosas, para acabar apareciendo en escena el Amor, que se defiende de los ataques de las zagalas. El título del baile se debe a los largos parlamentos cantados de algunos de los personajes. Tampoco destaca *La niña hermosa,* cuyo título tampoco tiene excesiva relación con el argumento, donde nos encontramos que Lucinda, tras un baile, cambia su natural alegre por el triste, por haberse enamorado. Esta mudanza, relacionada metafóricamente con las propias de la danza, hace pensar a las zagalas que la curación de Lucinda debe encontrarse en un nuevo baile, que será el que dé fin a la pieza. Más interesante es, en cambio, *La gaita gallega,* «representado en palacio el 22 de diciembre de 1679, junto con la comedia calderoniana *El hijo del Sol, Faetón*» [Urzáiz Tortajada, 2002: 489], donde nos encontramos con una casi nietzcheana disputa entre obras tristes y alegres, defendidas cada una por dos mujeres, que explican los efectos que les produce escuchar canciones de uno u otro tipo. Gana al final la alegría, con el son de la gaita gallega. Es curioso un diálogo en que, mientras una defiende la altura de espíritu que provoca la canción triste, la otra va respondiendo a todas sus razones convirtiéndolas en motivo de risa. Por último, en un mismo grupo de bailes «de retrato», muy interesantes ambos por su valor metateatral, han de colocarse *El retrato* y *El lanturulú.* En éste, también conocido *como El retrato* o *Atención pido a todos* [Urzáiz Tortajada, 2002: 489], donde, al principio, aparecen un actor y una actriz —interpretados por Vallejo y la Borja— que hacen un retrato uno del otro. La mujer es retratada como una belleza, dentro de los cánones, y el hombre como un rufián. Esto le hace enfadar, y entonces se enzarzan en una pelea que acaba con Vallejo negándole el dinero a la Borja, que le roba la bolsa y, una vez el hombre se la quita, se enfada y le deja solo en escena para que sea él quien acabe el baile, que no es otro que el Lanturulú, un baile del Barroco [Cotarelo, 1911: I, CCLII-CCLIII] cuya música estuvo a cargo de Gaspar Sanz. Del mismo modo, en *El retrato,* que quizá sea obra de Gaspar de Olmedo y no de Alonso, sale Manuela a escena para pedir perdón por no tener un baile nuevo que ofrecer al público, pero la interrumpe Bernarda, que le propone inventarse uno entre las dos. Aparecen entonces dos hombres, para acompañarlas, y entre todos comienzan un retrato, en que la primera palabra de cada verso es esdrújula y donde se dibuja, con profusión de metáforas, una figura femenina cuya identidad no se precisa y hemos de suponer alguien ilustre entre el público.

También encontramos entre las obras de Olmedo la interesante pero difícilmente clasificable *Los títulos de comedias,* citada por Cotarelo como entremés [1911: CX] y como baile —mencionando además su estreno ante los reyes en 1662— [1911: CXCIX]; también baile para Merino Quijano [1981: I, 718], y donde, además, encontramos el desfile de figuras característico de la mojiganga. Tiene un argumento quijotesco, donde el gracioso, después de leer muchas comedias, no deja de hablar empleando para ello sus títulos, contagiando además su locura a quienes lo rodean. Así, su mujer va a buscar un doctor para curarle, y en la conversación entre ambos aparecen en escena personajes que menciona el gracioso, todos sacados de comedias, como son el Mariscal de Virón, el Negro en Flandes, la Toquera vizcaína, el Hamete de Toledo, la reina Inés y el Villano en su rincón. Una vez terminado el desfile el doctor hace prometer al gracioso que dejará de leer comedias, para poder curarse, y comienzan así el baile final. Se trata, evidentemente, de una pieza inspirada en la tradición de las obritas con títulos de comedias [Cotarelo, 1911: I, CX] y en la locura lectora presente en escena desde el entremés de *Los romances.*

Para terminar hemos de añadir que a Alonso de Olmedo se le atribuyen algunas otras piezas breves, como el baile *La valenciana,* si bien el manuscrito afirma ser obra de Gaspar de Olmedo, o la mojiganga *El paseo del Prado Nuevo,* que en realidad pertenece a José de Olmedo Castañeda y se escribe en 1717 [Buezo, 1991: 884]. Los errores de atribución son, como se puede observar, onomásticos, ya que nuestro hombre, que no contento con ser uno de los mejores actores de su época quiso también dejarnos entremeses y sobre todo bailes de una calidad más que considerable, es el máximo exponente de toda una familia de autores y representantes: los Olmedo.

EDICIONES Y MANUSCRITOS

OLMEDO, Alonso de, *Los títulos de comedias,* en *Rasgos del ocio,* Madrid, Domingo García Morras, 1664, pp. 189-199.

—, *La niña hermosa,* en *Floresta de entremeses,* Madrid, Antonio de Zafra, 1691, pp. 91-94.

—, *El lanturulú,* en *Arcadia de entremeses,* Pamplona, Juan Micón, 1691, pp. 150-153.

—, *La dama toro,* en *Flores del Parnaso,* Zaragoza, Pascual Bueno, 1708, pp. 90-99.

—, *Las locas caseras,* en *Flores del Parnaso,* Zaragoza, Pascual Bueno, 1708, pp. 80-89.

—, *El sacristán Chinchilla,* en *Flores del Parnaso,* Zaragoza, Pascual Bueno, 1708, pp. 100-109.

—, *Las flores,* en Pedro Calderón de la Barca, *Comedias,* IV, Madrid, Rivadeneyra, 1850, pp. 379-380.

—, *Dos áspides trae Jacinta,* en *Vergel de entremeses,* Madrid, CSIC, 1970, pp. 150-159.

—, *La abejuela,* en Gaspar Merino Quijano, *Los bailes dramáticos del siglo XVII,* Madrid, Universidad Complutense de Madrid, 1981, II, pp. 227-230.

—, *Píramo y Tisbe,* en Ricardo Senabre, ed., «Píramo y Tisbe, entremés inédito de Alonso de Olmedo», *Anuario de Estudios Filológicos* (1981), IV, pp. 233-244.

—, *Bernarda y Pascual,* Biblioteca Nacional de España, ms. 14856, fols. 43 y ss.

—, *La gaita gallega,* Biblioteca Nacional de España, ms. 14856, fols. 114 y ss.

—, *Menga y Bras,* Biblioteca Nacional de España, ms. 14856, fols. 56 y ss.

—, *Las arias,* Biblioteca Nacional de España, ms. 14513/24.

—, *El retrato,* Biblioteca Nacional de España, ms. 14856, fols. 8 y ss.


XIX. LEÓN MERCHANTE, por *Juan José Ruiz Vázquez*

Juan Manuel de León Merchante —en la época también Marchante— (Pastrana, Guadalajara, 1626-Alcalá de Henares, Madrid, 1680), pertenece a la nómina de ingenios segundones que, pasada la mitad del siglo XVII, sobrevivieron al abrigo de la corte, merced a la solicitud de prebendas, mecenazgos, canonjías y cargos diversos, y cuya producción literaria pronto fue relegada al olvido. Hijo de «padres calificados [que] segundo ser le dieron en la aplicación a las letras», según palabras de quien recogió sus obras y las entregó a la imprenta bajo el título de *Obras poéticas póstumas* en 1722 y se declara su «aficionado», León Merchante estudió en Alcalá, donde se graduó como maestro en Filosofía. Inició estudios de Teología, mas no los terminó («a nadie le es dado beberse todo un golfo», sentencia maliciosamente este «aficionado» del maestro León, como le conocían sus contemporáneos). Poco más sabemos de su etapa estudiantil hasta que comienza a ejercer de capellán y secretario en el Colegio de los Manriques alcalaíno, donde había estudiado. A lo largo de su vida consiguió el cargo de racionero en la iglesia de los Santos Justo y Pastor de Alcalá, rechazó la canonjía de San Martín de Linis en la región de la Montaña, por ser un lugar inhóspito, alejado de la corte, y llegó a ser capellán del rey en los últimos años. Desempeñó también, ignoramos desde qué fecha, el cargo de comisario de la Inquisición.

Pero sin duda el episodio biográfico que más ha atraído la atención de los críticos se recoge en un lote de setenta y cinco cartas que recibió el nombre de *La picaresca. Discreta correspondencia del maestro León, catedrático en Alcalá, con su prima, religiosa en Toledo.* El epistolario, bien estudiado, entre otros, por Huerta Calvo [1989: I, 125], muestra una serie de datos relativos a la vida del autor que alternan con los requerimientos amorosos, cuando no abiertamente sexuales, del maestro León a la que él llama su prima. El conjunto de sus obras, estas cartas más, si cabe, por lo escandalosas para un hombre de Dios, estaban destinadas al fuego, según expreso deseo de su autor.

## 1. *Entremeses*

En el teatro breve del maestro León se percibe su preferencia por el entremés; no en vano, el número de piezas de este tipo asciende a catorce, lo que lo convierte en el más cultivado por el de Pastrana. Para establecer una clasificación de sus entremeses utilizaremos la terminología de Huerta Calvo [2001: 87] que actualiza y completa la más antigua de Asensio [1971a: 16], de modo que podemos distinguir entre entremeses de acción, situación y personajes. En concreto, entre los entremeses de acción del maestro León, encontramos *El astrólogo y sacristanes, Las barbas de balde, El gato y la montera* y *Los pajes golosos. El astrólogo y los sacristanes* une al interés propio de los entremeses de acción el humor verbal de los sacristanes, todos los cuales se expresan en latín macarrónico. La acción gira en torno a una dama gustosa de verse agasajada por sus tres pretendientes el día de su cumpleaños. El hidalgo, hombre pobre, recurre a un astrólogo que consigue aprovecharse de los regalos de los dos sacristanes. *Las barbas de balde*, entremés «puramente jocoso» [Cotarelo, 1911: I, CXII], narra la burla sufrida por un soldado y un hidalgo al ponerse en manos de un barbero y un oficial que afeitan y sacan muelas gratis para encubrir su ineptitud en estas tareas. *El gato y la montera* se halla entre los más celebrados. Según Cotarelo [1911: I,

CXLVI], la idea parte de un «cuento vulgar» que dio origen al paso *Los ciegos,* de Timoneda. Trata la burla que un estudiante y un soldado hacen a un ciego que guarda sus objetos de valor en la piel de un gato, cuando aparece otro ciego y confiesa tener mejor escondite para su dinero, que no es otro lugar que dentro de la montera que lleva puesta. Silenciosamente cometen el robo y dejan a los dos ciegos, engañados, culpándose mutuamente del robo e intentando sacudirse a bastonazos. Al final, burla sobre burla, el estudiante se marcha con el botín y deja plantado al soldado que se lamenta. La comicidad en esta pieza se basa en lo que el público y los burladores ven y oyen (mediante los característicos «apartes») y los ciegos burlados no. *Los pajes golosos* retoma también el tópico del burlador burlado. Así, el Barón de Breñigal, desesperado por la gula de sus pajes, decide escarmentarlos haciéndoles creer que una bebida dulce está envenenada y precaviéndoles al respecto. Los pajes, por supuesto, la toman a pesar de las advertencias y fingen que se mueren, volviendo la burla en contra del buen Barón. El mismo tema lo trata Suárez de Deza, según Cotarelo [1911: I, XCVIII].

Por otro lado, consideramos entremeses de situación *El paseo al río de noche,* en que diversos personajes —el dueño de un coche, su cochero, un sordo— coinciden junto al río Manzanares (en el interior de esta pieza encontramos una jácara de título *El sordo y Periquillo el de Madrid,* de Jerónimo de Cáncer), y *La estafeta.* Para Huerta Calvo, «este tipo de obras supedita la acción argumental a la presentación de un cuadro de costumbres: bien del Madrid de la época, bien de cualquier otra ciudad» [2001: 91]. Esto es lo que sucede en *La estafeta,* uno de los entremeses más celebrados del maestro León, con numerosos testimonios de la obra que dan fe de la gran difusión que tuvo. «Sin argumento, pero con un trozo de vida madrileña bien arrancado del natural, es el entremés de *La estafeta,* en que se encuentran un alférez y un sargento, viejos camaradas, y, después de murmurar algo de la vida de Madrid y mucho de la militar, acaban por asistir en las gradas de San Felipe a la entrega de las cartas de la estafeta y oyen y toman parte en los comentarios de los que las reciben» [Cotarelo, 1911: I, CXI]. En el transcurso de la conversación aparecen calles de mala reputación, mesones, figones, el mentidero de las gradas de San Felipe..., dibujando un fresco costumbrista del Madrid del XVII. Pero en un momento dado, el entremés de situación se asemeja al de personajes:

| ALFÉREZ | En estas gradas |
| | de San Felipe hay tardes sazonadas. |
| SARGENTO | Hoy presumo que es día de estafeta |
| | y aquí la risa suele ser perfeta. |
| ALFÉREZ | Pues con eso las risas son seguras, |
| | porque hay en estas cartas mil figuras |
| | y muchas veces por aquí leyendo, |
| | van unos renegados, otros riendo [vv. 64-71]. |

Y los dos militares pasan revista a las figuras (un hidalgo, dos mujeres, un bodeguero y un ciego) cuya sátira provoca la carcajada del público.

Sobre el entremés de personajes dice Huerta que «se fundamenta en el desfile sistemático de personajes estereotipados o figuras ante un personaje central que cumple la función de juez o árbitro» [2001, 92]. Forman parte de este grupo *Las tres manías o visita de los presos, El abad del Campillo, Los espejos, El día de compadres* y *El alcalde de Mairena. Las tres manías o visita de los presos* presenta la figura del examinador en forma de alcalde que pasa revista a tres presos, cada uno de los cuales está aquejado de una pintoresca manía. Mucho más meritorio es *El abad del Campillo*, donde las figuras, un clérigo, un militar, un hidalgo y una dama, reflejan un momento social (fines del siglo XVII), donde imperaba el aparentar una prosperidad y desahogo económico de los que no se disfrutaba. Así, el capitán oculta su penuria justificando que no se desplaza a caballo sino a pie, porque de ese modo «su honor se encumbra». Después de mucho alardear, coinciden los personajes en un humilde bodegón, lo que da pie a los reproches mutuos:

| ABAD | ¿Es posible, don Acacio, |
| | que a costa de la opinión |
| | entréis en un bodegón? |
| DON ACACIO | Y Usiría, ¿está en palacio? [vv. 152-155] |

Destacado como el anterior es el entremés de *Los espejos*, elementos ornamentales de un comercio en que se miran los personajes que siguen: un hidalgo con un palillo en la boca aparentando haber disfrutado de una suculenta comida, un sargento que se precia de valiente y ensaya poses y gestos frente a los espejos y, por último, una dueña que rebusca entre todos uno que le haga buen rostro, extremo, por otro lado, imposible. *El día de compadres* gira en torno al tema del gorrón que se presenta a la hora de comer, tópico tratado por Moreto, Calderón o Benavente. Con la pieza de este último compara Cotarelo la de León Merchante diferenciándola de aquélla, porque «el medio que el alcalde emplea para castigar a los gorrones es suponer que trae una requisitoria contra uno de ellos, al que manda atar, mientras los otros comen y beben» [1911: I, CXI]. *El alcalde de Mairena* también puede incluirse en el grupo de entremeses de personajes, toda vez que encontramos en él desfile de personajes de ámbito rural (el villano, el litigante, el arriero), si bien, en este caso, no se les somete a examen como a otras figuras, sino que sirven de excusa para presentar una serie de intervenciones disparatadas por parte del alcalde.

Entremeses de difícil clasificación —como también el *Sainete para la fiesta de la Zarzuela*— son *El Pericón* y *El rey de los tiburones*, porque escapan a la tipología establecida previamente. Los dos primeros podríamos considerarlos entremeses alegóricos. Concretamente, *El Pericón*, nombre que se le da al caballo de bastos en la baraja de naipes, representa al galanteador que ha dado en seducir (con éxito, por otro lado) a toda mujer que se cruce en su camino, lo que provoca el pánico en una serie de personajes masculinos, comandados por el alcalde. *El rey de los tiburones* presenta de nuevo al proverbial alcalde de entremeses, deseoso de cambiar de oficio, ya «que no medran / los alcaldes con gracias». El cargo de rey de los tiburones que se le ofrece le acarreará nuevos sinsabores que le hacen preferir su estado primero. Finalmente, el *Sainete para la fiesta de la Zarzuela* —tanto vale aquí «sainete» como «entremés»— plantea dificultades para su clasificación. Cercano a los entremeses de situación porque se ambienta en el Real Sitio de la Zarzuela, el autor procede a satirizar contra médicos y dueñas.

## 2. *Loas*

De las cuatro piezas censadas de esta clase, tres responden a la tipología de loas de presentación de compañías y una a la de loas de santos. Ésta es la *Loa al redentor San Pedro Nolasco*, en que Minerva, como *maître de cérémonie*, convoca a las «ciencias» para que loen a San Pedro

Nolasco. Teología, Jurisprudencia, Medicina y Filosofía contienden por el premio y destacan la liberalidad y capacidad de sacrificio del santo. En contraste con la seriedad de los personajes alegóricos, participan también los graciosos Calepinos, con trazas de estudiantes y más duchos en la gramática parda que en la latina.

Entre las loas de presentación de compañías encontramos la *Loa para la compañía de Alonso Caballero*, autor bien conocido en la segunda mitad del siglo XVII. *Genealogía, origen y noticias de los comediantes de España* [1985: 47] dice que el tal autor debió de vivir hasta 1670, lo que nos permite fechar la pieza con anterioridad a ese año. La loa sirvió, según reza el título, para inaugurar una temporada teatral en Alcalá de Henares. Se abre con un diálogo entre la actriz Juana de los Reyes y el autor Caballero, quien, en hábito de estudiante poeta, está escribiendo una loa para un autor, que es él mismo. A continuación, llegan los comediantes desde Madrid en coche de caballos del que descienden y reflejan en sus palabras el cansancio del viaje. Se produce el encuentro con el autor y éste, finalmente, se declara incapaz de componer la loa. Los actores se presentan ante el auditorio, señalan los papeles que representan dentro de la compañía y concluyen.

La *Loa para empezar en Lisboa* es una pieza singular de la que conservamos un único testimonio. Gracias a los estudios de Mercedes de los Reyes y Piedad Bolaños sabemos que los autores Miguel de Orozco e Hipólito Olmedo representaron el 25 de abril de 1672 en el Patio de las Arcas de Lisboa [Reyes y Bolaños, 1989: III, 871], día en que, muy probablemente, se estrenó la loa que nos ocupa. En cuanto al contenido, la loa presenta la originalidad de que los comediantes arriban a Lisboa en barco, «echan la tabla a la orilla» para bajar a tierra firme y se dirigen al auditorio. Por lo demás, la obra cumple los requisitos canónicos de la loa dramática señalados por Flecniakoska, a saber: alabanza de la ciudad a la que llega la compañía, humildad y gratitud de los comediantes para conseguir la *captatio benevolentiae*, exposición del repertorio que presenta la compañía, en este caso catorce comedias nuevas, las más de Calderón, sainetes de los mejores ingenios, entre ellos, Jerónimo de Cáncer y finalización de la loa con una nueva alabanza de la ciudad de Lisboa.

De la *Loa de planetas y signos* sólo se conserva un testimonio. Se representó en Madrid, «bella corte», de la que se menciona su Plaza Mayor, donde se han pegado carteles. En escena, León, galán, dialoga con Cáncer, gracioso, ambos con máscaras, y le expone su peregrino plan de formar compañía de planetas y signos ante la incredulidad del otro, quien le tilda de necio y le recuerda que «los planetas y los signos / no bajan a humilde centro». Tras descorrer la cortina, se descubre a los actores encarnando bien a planetas, astros o a signos del Zodíaco. Se da fin a la loa con una tonadilla deliciosa que resulta del mayor interés, porque en ella se contienen datos sobre el público asistente a la representación: primero se dirigen a los aposentos lamentándose de que durante la temporada no estén siempre llenos, a los bancos les reprocha sus miradas a la puerta; hace alusión a la cazuela, censura que las gradas y las atalayas ceceen y los corredores den patadas; como no podía ser menos, se detiene en los ruidosos mosqueteros y finaliza pidiendo benevolencia al público de Madrid.

## 3. Bailes

Ciertamente, no destacó el maestro León en el cultivo de este subgénero del teatro breve. El *Baile nuevo para los años del príncipe* es una brevísima pieza de escasa trascendencia construida toda ella sobre la alabanza a una actriz. El *Baile del pintor* es, utilizando terminología de Cotarelo, un «baile de oficios». Un gracioso, maestro pintor, y una graciosa, su ayudante, reciben encargos de distintos clientes, lo que les sirve para censurar a los necios, los celosos, las suegras, los amantes mentirosos y falsos y las damas soberbias. Por último, una extranjera pide un retrato del rey Carlos, con motivo de lo cual se procede a la alabanza del monarca. Salen los retratados y, entre todos, dan fin.

## 4. Jácaras

Como en el caso del baile, no se hallan las jácaras entre lo mejor del teatro breve de León Merchante, a pesar de su ingenio chispeante; quizá las tres escasas que nos han llegado y el hecho de que en el entremés *El paseo al río de noche* incluya una jácara prestada de Jerónimo de Cáncer en lugar de una de producción propia, refleje cierta aversión del maestro León por este subgénero. La *Jácara de Gargolla, el Valiente* es, de las tres, la más destacada y debió de ser la de más éxito a juzgar por el gran número de testimonios de la obra que han llegado hasta nosotros. La prostituta o «marca» Manuela Escamilla se lamenta ante dos damas del estado lastimoso en que quedó su jaque Gargolla tras un enfrentamiento con un rival. La llegada del doctor y el cirujano permite criticar ambos oficios; al final, cuando el doctor diagnóstica la muerte inevitable del enfermo, éste se recupera. Las otras dos jácaras lo son sin duda ninguna a pesar de la denominación de baile. En el *Baile de la Chispa y la Pulga*, las damas así llamadas celebran cantando las fechorías de sus jaques cuando acuden a visitarlos a prisión, mientras que el *Baile del borracho y Talaverón* describe el enfrentamiento entre dos jaques, uno de ellos, el Zurdo de Salamanca, demasiado borracho como para pelear. Al final, queda el asunto en un mero cruce de insultos.

### 5. *Mojigangas*

Cotarelo nos ofrece el siguiente juicio: «el ingenio, algo chocarrero, pero muy agudo, del maestro León Marchante, se plegaba muy bien a este género de obras; así que sus mojigangas son de las más divertidas y jocosas de su tiempo» [1911: I, CCXCVII]. Las cuatro mojigangas de este autor son escasas en número, pero muy jugosas: *Los motes* (1667), *La vidriera* (1676), *Los alcaldes* (1680) y *Los dos regidores*. *Los motes* se conserva en un manuscrito autógrafo del maestro León. Trata de una burla que don Blas y un amigo organizan a un tercero de nombre Pelusa, a quien han invitado a comer, pero en realidad, le piden que les ayude a descifrar los motes que traen colgados al cuello una serie de figuras de carnaval: médicos que matan más que sanan, ciegos que aparecen con anteojos porque «cuatro ojos ven más que dos», embestidores que piden prestado y luego no devuelven, figoneros que estafan a sus clientes y beatas que se entregan a los placeres de la comida y el vino aparecen y desaparecen de la escena, siguiendo la técnica del desfile. León Merchante se sirve de ella para satirizar, mientras que el argumento de la mojiganga queda en un segundo plano.

Sabemos que en 1675 y 1676 León Merchante compuso los entremeses y las mojigangas que acompañaron a los autos madrileños de

Calderón de la Barca [Buezo, 1993: 437]. En concreto, *La vidriera* aparece, según la disposición de los textos en el manuscrito, junto al auto calderoniano *La sierpe de metal*, escenificado en 1676. Sin más preámbulo, *La vidriera* mantiene, como la obra anterior, la estructura de desfile de personajes. En este caso, un alcalde y un escribano se proponen pasar un buen rato merced a un vidrio mágico que es capaz de averiguar quién miente y quién dice verdad. Así, desenmascaran a un hidalgo famélico que presume de haber comido seis gallinas cuando apenas ha probado un poco de queso y mondongo, a dos gitanas que roban a un simple delante de sus narices, a un miserable que acoge a un criado porque le enseña a alimentar a su caballo con sólo mirarlo, aplicando literalmente el dicho de que «el ojo del amo engorda al caballo» (estratagema que se le volverá en contra al criado, toda vez que el amo pretende alimentarlo a él también «haciendo la vista gorda») y, por último, una dueña puesta en evidencia por su gula.

*Los alcaldes* se inicia con el debate entre los alcaldes de Las Rozas y Alcorcón a quienes los vecinos piden fiestas de toros, que completan la presencia de elementos populares con las danzas de gallegos, de portugueses y de gigantones con sonajas, y no son sino una excusa para pasar revista a las figuras: médicos, sacristanes y dueñas. Al final, todos son perseguidos y revolcados por los toros, incluidos los alcaldes, que quedan en calzoncillos.

*Los dos regidores*, aunque titulado «sainete cantado y representado», es sin duda una mojiganga. Comparte con *Los motes* el interés de que el testimonio único que nos ha llegado es un manuscrito autógrafo, según Urzáiz Tortajada [2002: 397]. Escrito para celebrar el matrimonio de los marqueses del Carpio, a quien el maestro León reconoce como sus señores, incluye alabanzas a ambos nobles y las preceptivas danzas, en este caso, de chamberga, de gallegos, de dueñas y de gigantones.

Existen además otras piezas atribuidas al maestro León cuya autoría es, cuando menos, dudosa o claramente descartable. Cierto es que importantes investigadores y bibliógrafos, Cotarelo, La Barrera, Simón Díaz, atribuyen la *Loa del reloj* al de Pastrana, pero el reciente cotejo que hemos llevado a cabo de los autores y actores que interpretan la loa con los datos biográficos que ofrece *Genealogía, origen y noticias de los comediantes de España* nos llevan a descartar dicha autoría por una cuestión de incompatibilidad de fechas; en efecto, la loa debió de escribirse en torno a 1715, décadas después de la muerte de León Merchante. Respecto de *Los reales sitios de recreación*, erróneamente atribuida a León Merchante, podemos concluir que es de Calderón [Urzáiz Tortajada, 2002: 396], quien la compuso con motivo del nacimiento de uno de los hijos de Felipe IV. Cotarelo [1911: I, CCXCIV] cita otra de título parecido: *Los sitios de recreación del rey* de fines del XVII, que quizá sea la de León Merchante, escrita con ocasión del nacimiento de Carlos II. El caso de *La manzana*, no es tan evidente, aunque, en un libro de aparición reciente, Buezo [2005: 322] se apoya en Montaner para atribuírsela a Francisco Antonio de Monteser, a partir de un manuscrito autógrafo se halla en la colección de don Arturo Sedó [Montaner, 1951: 220].

El talante vitalista, chocarrero, jocoso del maestro León, no muy bien visto en un comisario de la Inquisición, encontró un cauce de expresión extraordinario en el teatro breve, distinguiéndole como un digno representante de este subgénero que gozó del favor del público en las postrimerías del siglo XVII español.

EDICIONES Y MANUSCRITOS

LEÓN MERCHANTE, Juan Manuel de, *Obras poéticas póstumas,* Madrid, Gabriel del Barrio, 1722-1733.
—, *Baile nuevo para los años del príncipe,* Biblioteca Nacional de España, R 11566.
—, *Baile del pintor,* Biblioteca Nacional de España, ms. 4123.
—, *Jácara de Gargolla, el Valiente,* Biblioteca Nacional de España, ms. 16925.
—, *Loa para empezar en Lisboa,* Biblioteca Nacional de España, ms. 14517/23.
—, *Mojiganga de la manzana,* en *Floresta de entremeses,* Madrid, 1691, y *Manojito de entremeses,* Pamplona, 1700.
—, *Mojiganga de los motes,* Biblioteca Nacional de España, ms. 15358.
—, *Mojiganga de los dos regidores,* Biblioteca Nacional de España, ms. 18315.

XX. LÓPEZ DE ARMESTO, por *Javier Huerta Calvo*

Gil López de Armesto y Castro (¿?-1676) es uno de los pocos autores que dio a conocer en vida su obra dramática breve. El volumen en cuestión lleva el título de *Sainetes y entremeses, representados y cantados*

(Madrid, 1674).[46] La vida de este discreto entremesista estuvo ligada a
la corte: fue correo y ayuda de furrier de las Reales Caballerizas; casó
con la actriz Mariana Navarrete, y vivió en la calle de Santa María, en
pleno barrio de representantes. De 1645 data su primer testimonio escrito: un soneto en elogio de Luis Quiñones de Benavente que forma
parte de los preliminares de la *Jocoseria* y del que reproducimos sus dos
tercetos: «solo en este volumen ingenioso, / puede caber el todo deste
todo, / que es hijo de un ingenio prodigioso. / Admire el mundo, oh
Luis, tan nuevo modo, / pues mezclas lo severo y lo gustoso, / con que
vienes a ser, de todo, el todo». La inserción de este poema al frente de
la colección benaventiana nos hablaría —como quiere Cotarelo— de la
pronta atención que Armesto prestó hacia el género y, al mismo tiempo, de su vinculación temprana con el entremesista mayor de la centuria, cuyo modelo dramático —al menos en lo que se refiere a la
importancia que el componente musical tiene en su obra— sigue muy
de cerca. Así se lo reconoce uno de sus ilustres colegas de las postrimerías barrocas, Pedro Francisco Lanini, en los versos preliminares a su
colección de *Sainetes y entremeses*:

> Don Gil, en tus sainetes no limitas
> tu genio al ser humano, pues sagrado
> en gracias, en frescura y tablado
> a Benavente en ellos resucitas.

El teatro breve de López de Armesto se compone de dos loas y veintidós entremeses. Las loas son de carácter sacramental: la titulada *Las tres
potencias del alma* se hizo para introducir el auto de *El pastor Fido*, y *Los
cinco sentidos del hombre* para *Mística y real Babilonia*, ambos de Calderón
de la Barca.

  Una buena parte de su producción entremesil sigue los esquemas ya
consabidos en punto a acción burlesca y *dramatis personæ*. Son particularmente divertidos *El sacristán Berengeno* y *El sacristán Bonamí*, ambos
protagonizados por el galán entremesil por antonomasia; una muestra
más de esta versátil máscara, con los rasgos que la hicieron proverbial

---

[46] Este libro tuvo una segunda edición, con otro título, y algunos cambios:
*Verdores del Parnaso en diferentes entremeses, bailes y mojiganga* (Pamplona, 1697).

durante más de cien años: su irresistible *sex-appeal* y su rico lenguaje, a caballo entre los latinajos macarrónicos y las insinuaciones eróticas, que hacen las delicias de su amada Juana:

| | |
|---|---|
| SACRISTÁN | ¿Qué me darás si un embeleco pega? |
| JUANA | ¿Qué te he de dar, si toda el alma es tuya? |
| SACRISTÁN | Pues *requiescat in pace*, y aleluya, |
| | el *requiescat* al bobo que te pierde, |
| | y el aleluya a mi esperanza verde [vv. 32-36]. |

Su contendiente en amores es Gilote, rico campesino que responde al tipo del Bobo; incluso aparece disfrazado de Juan Rana. Pese a las preferencias que hacia él muestra el padre de la muchacha, el típico Vejete, sobra decir quién se lleva el gato al agua.

Lo mismo ocurre en *El sacristán Bonamí* inspirado «en el cuento folclórico del amante escondido que, al preguntar el marido quién hace ruido, contesta: "el galgo, señor"» [Chevalier, 1978: 25]. El marido es aquí de nuevo Gilote, al que enseña a leer el sacristán, que de paso aprovecha para cortejar a la mujer del bobo. Sorprendido un día con ésta, Bonamí ha de ocultarse y, al hacer ruido en su escondite, la mujer ha de decirle al marido que será el galgo que se rasca.

Otra pieza notable es *El persiano fingido*, representada por la compañía de Manuel Vallejo, quien para castigar a sus damas de ciertas burlas que le habían hecho se disfraza de persiano o persa, con traje, barba, anteojos y otros ridículos atavíos, haciéndose pasar por un gran personaje de aquel país, que tiene el deseo de oír cantar a las cómicas, según se lo transmite por medio de un falso intérprete. Para él cantan, en efecto, poniendo todo su esmero, las hermanas Sebastiana y Luisa Fernández, y Luisa y Mariana Romero. A todas, en recompensa, manda que se les regalen telas de brocado, colgaduras, camas de lujo, carrozas y cuando todos contentos iba el persiano a levantarse del sitial, se le caen los anteojos y las barbas, descubriéndose así la impostura.

Pero donde quizás destaca más el ingenio de López de Armesto sea en los entremeses de situación, es decir, aquellos que siguen un esquema costumbrista. Así, por caso, *Los nadadores de Sevilla y de Triana*, en que asistimos a un animado cuadro en torno al Guadalquivir y con un Negro

como personaje central, al que se nos presenta con su habla característica y su fobia tópica al agua:

> Turu aquello que quisiele
> con este Antoniyo haga,
> como usancé no me meta
> con la maldita dil agua [vv. 26-29].

Mayor protagonismo tiene esta figura en el entremés titulado *El negro valiente y enamorador*, una suerte de parodia de la comedia de capa y
espada al uso. El Negro corteja a su prometida Magdalena, que aparece «con una frazada en la cabeza, como que sale de la cama y un candil de garabato, lo más ridícula que pueda», y ésta muestra sus escrúpulos
de honor con esa misma expresividad fonética que explota los rasgos
propios de humor negro:

> Es pusibile, siolo Antoño,
> qui la su perra pasión
> quiera puner cumu neglo
> aquisti mi pindonor? [vv. 58-61]

De carácter costumbrista es también *Las vendedoras en la Puerta del
Rastro*, uno de los mejores entremeses de Armesto, al decir de Cotarelo,
«por estar bien pintados los tipos de las dos vendedoras, una de morcilla y otra de manos y cuajares, en sus propias disputas y en los dimes y
diretes con un estudiante, un soldado, un escudero y una dueña» [1911:
CXIV]. La acción transcurre en el Rastro madrileño que, como es bien
sabido, era en el siglo XVII el lugar donde se vendían los despojos de las
reses sacrificadas en el matadero. Ya Quiñones de Benavente sacó partido de este animado ambiente en *Las manos y cuajares*, pieza en que, a
buen seguro, se fijó Armesto para la composición de su entremés, en
que no falta la sátira de la famosa limpieza de sangre:

> Morcillas vendo famosas,
> gentil hombres del trabajo,
> que todo un caldero de agua
> en lavarlos he gastado.
> De sangre castiza son,

yo lo tengo averiguado,
que el albéitar me juró
que es de castizos caballos [vv. 15-22].

*La competencia del portugués y francés* se sitúa junto a aquellas piezas que, preferentemente, intentan ridiculizar un tipo, un vicio o una manía, en este caso de cierta dama, Casilda, a la que todo molesta y nada agrada, como ocurre en el entremés de Quiñones que tal vez pudo servirle de modelo y que va titulado *La malcontenta*.

Otro entremés de estirpe benaventiana es *Los maricones galanteados*, calco de *Los mariones*, de Quiñones de Benavente, con la ridiculización de los afeminados, que temen perder su honra a manos de dos codiciosas hembras

Mas ¿qué dirán los que ven
galantear a dos barbados
dos damas de estofa?
[...]
¿No ha de andar esto a la haz
cuando anda todo al revés? [vv. 49-51 y 54-55].

Como jácara entremesada puede tomarse *Los baladrones*, que se abre con la habitual relación de sucesos infamantes a cargo de la *marca* de turno. Después irrumpen los dos jaques con su habitual aire matón.

Grupo aparte lo constituyen una serie de piezas más breves aún, parecidas a los bailes entremesados, pero de carácter aún más musical: *El pajarillo, El desterrar los zagales, Las tonadas grandes del Retiro, ¿Oye usted? ¿Qué dice usted?, El zagal agradecido, Guarda corderos, zagala, Pan y Siringa*, y *Los forzados de amor*, a más de dos que carecen de título. En su totalidad, o casi en su totalidad, son cantados, de modo que tal vez convenga considerarlos no como entremeses, ni siquiera como bailes, sino como intermedios líricos. De ahí que José Subirá [1928] considerara a Armesto como uno de los precursores de la tonadilla dieciochesca. No en balde uno de ellos se titula *Las tonadas grandes del Retiro*. La pieza se sitúa en el convencional *locus amoenus* de la literatura pastoril, donde se ha perdido una pastora, desesperada de amores por un zagal. El argumento en estas piezas es casi inexistente, y el diálogo es un mero pretexto para la exposición de motivos musicales. El lenguaje es mucho más alambicado que el del entremés tradicional. Es también intermedio lírico el entremés de *Pan y Siringa*, escrito «para la zarzuela que se hizo en las bodas del señor Condestable de Castilla». Tanto la zarzuela como este intermedio explotan los aspectos más burlescos de la mitología.

Otra sofisticación de tipos tradicionales es la que ocurre en *Los forzados de amor*, en que se nos presenta de modo artificioso el mundo de los condenados a galeras, contraponiendo el lenguaje hampesco de los galeotes con el refinado y cortés del resto de personajes idealizados.

Mayor interés tiene *El desterrar los zagales*, una pieza a la que Armesto da un sesgo paródico, pues que en él se enfrentan los dos mundos del teatro breve en tiempos de Armesto: el genuino y que corresponde a la tradición folclórica, y el falso y alambicado de la tradición pastoril. El primero es representado por un Alcalde y un Escribano, que quieren desterrar del pueblo a Gila y Pascual, dos zagales que se expresan en el lenguaje habitual del género bucólico:

| | |
|---|---|
| ALCALDE | Aunque yo estoy satisfecho, |
| | quiero por satisfacer |
| | preguntaros por qué siempre |
| | de aqueste asunto os valéis |
| | para decir vuestro amor. |
| PASCUAL | Fácilmente lo diré: |
| | porque éste divierte más. |
| GOLETA | Y el más decoroso es [vv. 63-70]. |

Se dan, pues, razones de decoro y entretenimiento, lo cual confirma la tendencia del entremés barroco a la instalación en un mundo que cada vez se despega más del que había sido característico de sus primeros tiempos.

## EDICIÓN

HUERTA CALVO, Javier, *Introducción al teatro menor del siglo XVII*, Tesis Doctoral, Madrid, Universidad Complutense, 1983, 2 vols. (en el segundo se edita la *Obra completa* de López de Armesto).

## XXI. BANCES CANDAMO, por *Catalina Buezo*

Nació este autor en el barrio avilesino de Sabugo, si bien siendo muy pequeño se trasladó a Sevilla a vivir con un tío suyo que era canónigo de la catedral y en esta ciudad se graduó en Filosofía y Jurisprudencia [La Barrera, 1860: 64]. Luego fijó su residencia en Madrid, y en enero de 1685 ya le encontramos dedicado a quehaceres literarios, como miembro de una academia poética. En noviembre de ese mismo año se representó en el Real Sitio del Buen Retiro su comedia *Por su rey y por su dama,* con loa, sainetes y fin de fiesta, y la obra agradó tanto a los cómicos que formó pronto parte de su repertorio y se siguió escenificando en los teatros hasta la primera mitad del siglo XIX. Compuso en 1686 *La restauración de Buda,* comedia de tramoyas primero estrenada en el salón del Buen Retiro y luego en el coliseo, dedicada por su autor a la reina madre, Mariana de Austria. En 1687 Carlos II, dejando a un lado la costumbre de representar en Madrid para las fiestas del Corpus solamente autos de Calderón, escoge dos autos nuevos: *El primer duelo del mundo,* de Bances Candamo, y el *Gedeón,* de Yánez. Los ejecutaron las compañías de Agustín Manuel de Castilla y Simón Aguado, con sus loas, sainetes y mojigangas, el 29 de mayo en el Real Palacio ante los reyes, el 30 en las casas del Ayuntamiento ante el Consejo de Castilla, el 31 en el mismo local ante la Villa, y el primero de junio en las casas del marqués de los Vélez, ante el Consejo de Indias. El entremés escrito por Bances para representar con este auto fue *El astrólogo tunante* [Cuervo-Arango, 1916].

En noviembre de 1687 se estrena en el coliseo *Duelos de ingenio y fortuna,* una de las comedias mitológicas de más fasto de Bances, representada con la loa, el entremés de *La audiencia de los tres alcaldes,* el *Baile del flechero rapaz* y un bailete final, como festejo para el cumpleaños del rey. Se volvió a escenificar durante los meses siguientes y su éxito pudo explicar el nombramiento de Bances Candamo como dramaturgo oficial de Carlos II. Después de haber estado prohibidos los espectáculos en febrero de 1689 por la muerte de la reina, María Luisa de Orleáns, se reanudaron las representaciones con motivo de las bodas de Carlos II con Mariana de Neoburgo, que tuvieron lugar por poderes en agosto de ese año. A la llegada de la reina, en mayo de 1690, se celebraron grandes fiestas, y dos meses más tarde, el 26 de julio, se escenificó en el coliseo del Buen Retiro la zarzuela de Bances *Fieras afemina amor,* en honor del santo de la mujer y madre del rey.

Tres comedias de Bances se hicieron en la corte entre el otoño de 1692 y enero de 1693: *El esclavo en grillos de oro, Cómo se curan los celos* y *La piedra filosofal.* Alusiones de tipo político a una persona de elevada posición contenidas en *El esclavo en grillos de oro* causaron el alejamiento de Bances de Madrid y así se explica su posterior presencia como administrador de rentas en Cabra y como visitador general de alcabalas tercias en diferentes partes de Andalucía. Volvió brevemente a Madrid y tuvo otros cargos, relacionados con la Hacienda, en Ocaña, Cuenca, Úbeda y Baeza. En 1702 se trasladó a la Superintendencia de Rentas Reales de San Clemente y en septiembre de 1704 realizó una pesquisa a la villa de Lezuza, donde murió repentinamente. Dejó por heredero a su hijo natural y legó sus manuscritos al duque de Alba.

Bances Candamo redactó, aunque no llegó a publicar, su *Theatro de los theatros de los pasados y presentes siglos,* defensa de la comedia española con argumentos a favor de la función política del teatro, con el propósito de distanciarse del radical *Discurso Theológico sobre los theatros y comedias de este siglo,* del padre Ignacio Camargo. Bances escribió teatro breve para acompañar la representación de sus propios autos y comedias y, en opinión de Cotarelo [1911: I, CXIV], fue un excelente escritor de loas, aunque no dedicó la misma atención al resto de su obra corta. Se encuentra ésta impresa fundamentalmente en *Poesías cómicas,* tomos I (loa y mojiganga para *El primer duelo del mundo, El astrólogo tunante, Loa para «Quién es quien premia al amor», Loa para «La restauración de Buda», Loa para «Cómo se curan los celos y Orlando furioso», Loa para «Duelos de ingenio y fortuna»*) y II (*Loa para «El gran químico del mundo», Las visiones*), publicadas en Madrid, en 1722. En la Biblioteca Nacional de España se guardan manuscritos los entremeses de *El astrólogo tunante* y *Las visiones,* las dos mojigangas de Bances y algunas loas. En la Biblioteca del Instituto del Teatro de Barcelona hay copias manuscritas de seis loas y una mojiganga. El entremés de *Las visiones* se halla impreso asimismo en la colección de entremeses *Flores del Parnaso cogidas para recreo del entendimiento* (Zaragoza, 1708). Menciona sus mojigangas Salvador Crespo Matellán [1979: 61] y estudia y edita la *Mojiganga para el auto sacramental «El primer duelo del mundo»* Ignacio Arellano [1988 y 1989], quien, junto con Miguel Zugasti [1991], se ocupa de la loa para

*El gran químico del mundo*. Adscribe a Bances la mojiganga anónima *Los hombres mujeres y las dueñas y los matachines y toreo al fin* Catalina Buezo [1993].

Algunas loas, como la *Loa para la comedia de «La restauración de Buda»*, la *Loa para la comedia «Quien es quien premia el amor»* o la loa que precede a *Duelos de ingenio y fortuna*, sobresalen por la riqueza de su aparato escénico. Otras, como en la *Loa para la zarzuela «Cómo se curan los celos y Orlando furioso»*, por la combinación de lo cantado y lo bailado. Téngase en cuenta que hay que esperar a la conjunción de un rey aficionado al teatro (Felipe IV) y un dramaturgo experto en todos los códigos (Calderón de la Barca) para que se produzca el pleno desarrollo del teatro palaciego en España. Además de incorporar técnicas del teatro cortesano italiano, Calderón usó temas mitológicos (*La fiera, el rayo y la piedra*, 1652) y motivos caballeresco-novelescos (*Hado y divisa de Leonido y Marfisa*, 1680) en una serie de espectáculos con múltiples escenarios en perspectiva y con máquinas teatrales que hacían volar a personajes, crecer o hundirse montañas o moverse las olas de un mar pintado, donde se conjugaban, en especial en las obras mayores mitológicas, canto, recitativo y representación. Emplearon estos mismos medios otros dramaturgos —así, Antonio de Solís en *Triunfos de Amor y fortuna* (1658) y Juan Vélez de Guevara en *Los celos hacen estrellas* (1672)—, si bien rara vez con la coherencia dramática calderoniana. Bances Candamo es una notable excepción y de ello son muestras significativas las mencionadas comedias *Duelos de ingenio y fortuna* y *La restauración de Buda*.

La *Loa para la comedia de «La restauración de Buda»* se escenificó en el Retiro, al nombre del emperador Leopoldo I, el 15 de noviembre de 1686. El drama, de tipo militar, trataba de la reconquista de la ciudad húngara por el imperio, por lo que al final indica Bances: «perdonadnos si suenan / pistoletazos, / que a laureles esquivos / no asustan rayos» [vv. 245-48]. Alaban en esta pieza al imperio y al emperador, «insertado de manera exaltadora en el proceso de la historia» [Arellano, 1994: 128], estatuas de héroes y guerreros, las Edades, las Estaciones, la Era del César y el propio César en efigie. En la *Loa para la comedia «Duelos de ingenio y fortuna»*, para celebrar el cumpleaños de Carlos II, estrenada en el Buen Retiro el 9 de noviembre de 1687, compiten la Poesía y la Historia sobre quién es más apta para alabar al monarca, que aparece en estatua en medio de los nueve de la Fama, que asimismo le obsequian. Desfilaron también América, coronada de plumas y con un coro de indios, y España, con corona y manto imperial y un coro de africanos que, junto con los indios, formaron un variopinto sarao. Finalmente, la contienda se soluciona con la unión de la Poesía y la Historia [vv. 155-164]. Destaca la pieza por su puesta en escena, descrita en minuciosas acotaciones que nos hablan del empleo de la cortina o telón de boca al comienzo de la loa, en dos planos definidos y supuestamente un tercero. En la edición de las loas completas de este autor escribe Blanca Oteiza:

> Las tramoyas servirán para bajar a la Historia y a la Poesía, desde ese cielo donde se mantienen en boreal contienda, a la parte del escenario que queda delante del telón, donde la continúan, ya materializadas por actores, hasta que llega Amor en su tramoya y las calma: («cesó el movimiento veloz de la dos opuestas tramoyas») con lo que acabará el cometido de este ingenio mecánico [2006: 147].

En el mismo volumen se estudia también la *Loa para la comedia «Quién es quien premia al amor»*, de fecha incierta pero posterior a 1689 [Álvarez García, 1994: 190]. Fue representada en el gran salón de palacio por la mejoría de la reina viuda Mariana y en ella los *Reales Sitios,* que ya aparecen en la mojiganga calderoniana *Los sitios de recreación del rey,* aquí personificados por damas, se disputan que la reina, convaleciente de unas fiebres, acuda a uno de ellos a recuperar la salud.

La *Loa para la zarzuela «Cómo se curan los celos y Orlando furioso»* tuvo lugar presumiblemente el 4 de noviembre de 1693 en el coliseo del Buen Retiro al santo de Carlos II. Se analiza letra por letra la palabra Carlos, que acaba por ser el más excelente de los nombres, en vista de los reyes de toda Europa así llamados, desde Carlomagno a Carlos V. Como indica Arellano [1991: 255], siguiendo de teorías onomásticas en vigencia en el Renacimiento, el dramaturgo atribuye a los nombres predisposiciones o premoniciones, con el objetivo de, utilizando «políticamente» estos motivos, «atribuir al nombre de Carlos una trascendencia y una ligazón indestructible, mística y providencial con España». Parece incluso que Bances defiende al archiduque Carlos de Austria como heredero. La pieza, que destaca por su erudición (las figuras alegóricas se apoyan en sus discursos en la tradición emblemática) y escenografía

454  HISTORIA DEL TEATRO BREVE EN ESPAÑA

(composiciones plásticas con empleo de tramoyas, indumentaria lujosa, antorchas y danza de háchelas al fin), se había ya escenificado el 22 de diciembre de 1692 a los años de la reina madre por las compañías de Agustín Manuel y Damián Polope. Bances se dirige, en fin, a un público cortesano para el que emplea una lengua poética llena de cultismos («fragranté», vv. 30 y 134) paralelismos («si la experiencia lo observa / la providencia lo sabe», vv. 123-124) y quiasmos («que si llegó a mi noticia / a mi imperio no llegase», vv. 147-148), y este ceñirse a un auditorio tan restringido nos habla de la decadencia y anquilosamiento de una propuesta dramática que carece no ya de la vocación universalista de Lope sino del vigor de su maestro Calderón.

Se publicaron en sus poesías cómicas (1722) la *Loa para el auto «El primer duelo del mundo»*, estrenado en mayo de 1687, y la *Loa para el auto «El gran químico del mundo»*. Ambos figuran en la colección de Pando (tomo 5, para el auto *El sacro Parnaso* y tomo 1, para el auto *El gran teatro del mundo*, respectivamente), siendo necesario aclarar la autoría de Bances y no de Calderón. Se combinan todos los cánticos de la Sagrada Escritura, del Antiguo y del Nuevo Testamento, y de forma sutil el canto y el recitado en la *Loa para el auto «El primer duelo del mundo»*. Se abre la pieza con la incitación de la Música de que se canten las alabanzas a Dios con un cántico nuevo, sobre cuya novedad se pregunta el Culto, segundo personaje alegórico de esta loa. Música, Poesía y Alegoría disiparán las dudas del Culto, pues de su unión armónica surgirá «el numeroso artificio / de un auto sacramental» [vv. 256-257; Arellano y Zugasti, 1991: 170]. Una variante de la loa anterior es la *Loa para el auto sacramental de «Las mesas de la Fortuna»*, que sometió Bances a la junta del Corpus en 1691, junto con el auto *El gran químico del mundo*, y que se representó el 27 de enero de 1692 ante los reyes en el cuarto de la reina. Este texto se guarda en la Biblioteca de don Bartolomé March de Madrid [Arellano y Zugasti, 1994: 235]. Por último, en la loa que se hizo para *El gran químico del mundo*, donde, como indican Arellano y Zugasti [1991: 233], curiosamente Bances reivindica sus propios autos y los de su época frente al monopolio de los autos de Calderón, «la Apostasía reformista repugna, en la fiesta del Corpus, que siendo la sagrada Cena un recuerdo triste, se conmemore con tantas alegrías» [Cotarelo, 1911: I, XXIX].

La interdependencia entre el entremés y la obra mayor, y la concepción del espectáculo teatral como una obra de conjunto, queda puesta de manifiesto en *La audiencia de los tres alcaldes,* intermedio compuesto por Bances para su comedia de *Duelos de ingenio y fortuna.* Reaparecen en esta piececilla personajes que desean salir al tablado porque en anteriores entremeses fueron del agrado del auditorio (así, un esportillero, Catalina de la Parra, que sale borracha, y una ciega), en tanto que otros, como la dueña, sale a escena pidiendo justicia, pues siempre fueron criticadas en los entremeses, y le dice al alcalde que desea vengarse de los sainetistas.

Recuérdese cómo las dueñas y beatas representan a las viejas del Carnaval: son figuras duales porque en su seno llevan la muerte, la edad anciana, la juventud y el renacimiento del cuerpo y de la vida. De ahí que bailen, coman, se diviertan y beban (el juego de palabras «devota»/«de bota» está presente en el entremés y en la mojiganga de *Las beatas,* de Antonio de Barrientos). Como no se ponen de acuerdo, pues los alcaldes se fingen locos y arremeten contra las dueñas, al final del entremés, a instancias del esportillero, se decide continuar con el asunto en la tercera jornada de la comedia. Por su parte, para el auto sacramental *El gran químico del mundo* escribió una loa y el entremés de *Las visiones.* Aquí Lucía se finge loca a fin de que su marido se cure de sus infundados celos, al tiempo que pretende dar matraca a cuatro galanes que la rondan [Romera Castillo: 1989]. El médico, que es uno de sus cuatro amantes, sostiene que si la enferma muerde a alguien le comunicará su enfermedad. Ella les manda venir disfrazados (de gigante, de salvaje, de dueña y de matachín) y hace creer a su marido, al que ha mordido, que le ha contagiado la locura y por eso tiene ahora él visiones. El entremés termina a palos, porque el marido, aunque cree que son visiones, les da con una tranca para convencerse.

Para el auto sacramental *El primer duelo del mundo* escribió Bances una loa, una mojiganga y el entremés de *El astrólogo tunante* [García Valdés, 1985: 117-118]. Aquí se trata el mismo tema que en la pieza cervantina *La cueva de Salamanca,* que a su vez lo toma de un cuentecillo popular difundido por Europa siglos atrás que ya había originado una farsa carnavalesca en 1551. Cervantes sustituyó al cura del cuento por dos galanes, un sacristán y un barbero, introdujo una criada, cómplice de la mujer adúltera, y al pícaro embaucador lo transformó en un estudiante salmantino. El entremés *El dragoncillo*, de Calderón, que retoma el tema, vuelve al sacristán como único enamorado, repite el personaje de la criada cómplice y hace que el burlador sea de nuevo un tipo folclórico, ahora un soldado. *El astrólogo tunante*, de Bances, presenta la llegada a un mesón del estudiante-astrólogo, procedente de Salamanca. Pobretón pero de hábil lengua, consigue que Bárbula, la mesonera, le deje pernoctar en el pajar y se entera por ésta de la ausencia del marido y de la llegada de los galanes, que aquí están representados por un sacristán, un doctor, un sastre y un hidalgo. Bárbula, que en la pieza de Bances más que cometer adulterio siente curiosidad por conocer cuál de los cuatro galanes la festeja mejor («y de los cuatro al que mejor supiere / festejarme, mi amor declarar quiere» [vv. 43-44]), les deja entrar en su casa. Cada uno le trae regalos: el sacristán, empanadas y pies de puerco; el sastre, un vestido; el doctor, un bolsillo lleno de doblones y el hidalgo, que vive del aire, algo tan sutil como el filis, cierta habilidad que hace que las cosas salgan perfectas sin costar dinero alguno. Eligen cada uno un disfraz (de mono el sastre, de tigre el doctor y de león el hidalgo) y la llegada inesperada del marido hace que Bárbula los esconda en un cesto, una tinaja, un horno y una artesa. El astrólogo interviene entonces y va sacando a cada amante como figura de visión con la cena que se dispone a tomar en compañía del marido y con los doblones del doctor, como refieren los siguientes versos:

ASTRÓLOGO      Vaya un conjuro más recio
               por el alma de Merlín,
               que descansa en los Infiernos:
               Te pido, tinaja, ahora,
               que de los vapores densos
               de tus cristales, congeles
               doblones. Traedlos presto,
               que allí están en un bolsillo [vv. 175-182].

Requiebra entonces el astrólogo a Bárbula y los amantes, celosos, salen de sus escondites a la vez y acaban pegando al marido, el villano Lorenzo. El entremés concluye «a palos». Los disfraces de los galanes y el hecho de que el astrólogo haga creer al marido que se trata de cuatro figuras convocadas por su magia recuerdan, en algunas escenas, al re-

ferido entremés de *Las visiones*. El personaje del astrólogo aquí, como
en muchas mojigangas, sirve para introducir el tema del teatro dentro
del teatro, para crear una ficción dentro de la ficción. La burla del marido engañado es tema repetido en el género.

La *Mojiganga para el auto «El primer duelo del mundo»* [Arellano, 1988
y 1989] es una pieza muy interesante, porque en ella se representa una
comedia disparatada, burlesca, dispuesta para el Corpus («las mujeres serán hombres / y los hombres mujeres» [vv. 15-16], situación que se reitera en la mojiganga anónima *El mundo al revés*). La comedia va precedida
de un tono en boca de dos hombres de mujeres, con abanicos, que cantan ridículamente. Al final de ésta, con un hombre vestido de dama, otro
de criada, una mujer de escudero y otra de viejo miserable, hay una
mojiganga en que desfilan personajes risibles frecuentes (negro, gallega,
dueña, enano) y se baila el zarambeque. Canta Paula, que sale de negro
con un instrumento de palo y calabaza:

> PAULA          Aunque neglo non plingamo,
>                y a ver a nozo Dios vamo,
>                que es lo que más deseyamo,
>                como sabe vuesanzé,
>                y tangulú, tangulú, tambacú,
>                que turus los neglos y brancos le hagamos el bu [vv. 142-148].

La comedia concluye con mojiganga y esta pieza es, a su vez, la mojiganga con que acaba el auto sacramental *El primer duelo del mundo*: el
teatro dentro del teatro, inherente a un género tan colindante con lo
parateatral como éste, ha dado lugar a una singular pieza que nos informa de las costumbres festivas de la época, pues la mojiganga muchas
veces se convierte en una «relación dramatizada» de fiestas públicas.
Puesto que se menciona a «las augustas reinas» y a Carlos II, la pieza no
ha de ser anterior a 1679, fecha de los esponsales del rey con María
Teresa de Borbón. Cotarelo [1911: I, CCXCVIII] la fecha en 1684.

De posible atribución a Bances Candamo es *Los hombres mujeres y las
dueñas y los matachines y toreo al fin,* como indica Catalina Buezo [1993:
399-400] basándose en las estrechas similitudes —temas, motivos y versos se repiten— que guarda esta pieza anónima con la *Mojiganga para el
auto «El primer duelo del mundo»*. Se representó en dos ocasiones, y el

manuscrito 14090/1 de la Biblioteca Nacional de España recoge la segunda, en 1718, por la compañía de Juan de Castro Salazar, cómico que hizo el papel de alcalde. Se suprimió, debido a la duración de la comedia, la fiesta de toros y el rejoneo, se lee en nota, y por ser fiesta al revés el tono no sale al principio sino al final. Se reproducen las listas de actores de ambas representaciones. Escribe Cotarelo: «es como las actuales fiestas de Inocentes en nuestros teatros, en que las mujeres hacen los papeles de hombre y viceversa. Aquí hubo además una danza de "dueñas y matachines", y así se hizo en Madrid con la *Segunda parte de la comedia de fray Francisco de Cisneros*» [1911: CCCIV]. El argumento de la pieza es muy manido: el escribano proporciona al alcalde la mojiganga que busca, con la usual inversión de roles: sale una mujer vestida de vejete, un hombre de dama, otro de criada, una mujer de amante de la primera dama, otra de galán segundo requebrando a la criada y una última mujer de barba, a la que desea prender el alcalde por alcahuete. Leemos:

> Sale el BARBA *como acechando, que lo hará una mujer con su barba larga y muleta, lo más ridículo que pueda el vestido.*

BARBA          Justo será que mi dolor aflija,
                    pues mi traidora hija
                    calzando quince puntos aún no escasos
                    con tales pies aún no ande en buenos pasos [vv. 50-53].

EDICIONES

ARELLANO, Ignacio, «La mojiganga para el auto sacramental *El primer duelo del mundo* de Bances Candamo», en *Varia Bibliographica. Homenaje a José Simón Díaz,* Kassel, Reichenberger, 1988, pp. 55-66.

—, «Loa de la comedia *Cómo se curan los celos y Orlando furioso*», en su edición de *Cómo se curan los celos y Orlando furioso,* de Bances Candamo, Ottawa, Dovehouse, 1991, pp. 229-232.

—, y ZUGASTI, Miguel, «La loa sacramental del *Primer duelo del mundo.* Materiales para el estudio del género en Bances Candamo», en *Homenaje a Hans Flasche,* Stuttgart, Franz Steiner Verlag, 1991, pp. 205-224.

—, SPANG, Kurt, y PINILLOS, María Carmen, *Apuntes sobre la loa sacramental y cortesana. Loas completas de Bances Candamo,* Kassel, Reichenberger, 1994.

GARCÍA VALDÉS, Celsa Carmen, *Antología del entremés barroco,* Barcelona, Plaza & Janés, 1985, pp. 483-500 [*El astrólogo tunante*].

## XXII. LANINI, por *Hae-Joon Won*

Pedro Francisco Lanini (Madrid, 1640-1715), cuya productividad y popularidad persistió hasta entrado el siglo XVIII, apareció en escena en los primeros años de 1660 y mostró fecundidad de obras de teatro breve, treinta y cinco: a) ocho loas; b) doce entremeses; c) trece bailes; y d) dos mojigangas. También es autor de obras dramáticas mayores —más de cuarenta comedias— entre ellas varias históricas, de santos, de enredo, y una burlesca; dos autos de tipo alegórico y varias poesías laudatorias. Su producción dramática tanto de piezas mayores como menores se caracteriza por su espectacularidad sonora y por su alto valor costumbrista. Realizó representaciones para fiestas privadas y, además de ser escritor de comedias, practicó el oficio de censor de comedias, lo cual le permitió el contacto con diversas obras que privilegian la asimilación de una serie de elementos, y en algunos casos, la copia íntegra de éstos.

### 1. *Loas*

Se pueden clasificar en: a) loas sacramentales; b) loas religiosas; c) loas de presentación de compañías; y d) loas para casas particulares. Su única loa sacramental, La *Loa para el auto sacramental «La restauración de Buda»*, se caracteriza por la utilización de recursos escénicos de mayor aparatosidad y por el colorido de los efectos visuales. Escribió Lanini cuatro loas religiosas, todas referidas a la Virgen, una de ellas escrita para la fiesta de Nuestra Señora del Rosario y tres para la fiesta de Nuestra Señora de Peña Sacra, representadas en los años 1682, 1688 y 1693. Aparecen personajes alegóricos o simbólicos como las Siete Virtudes, la Duda, la Discordia, los Siete Sacramentos, los Cinco Misterios, los Cuatro Elementos, los Cinco Continentes, los Cuatro Tiempos y el Mundo. La introducción de la alegoría da lugar a una estructura que se desarrolla mediante la presentación, el desarrollo y el desenlace. El esquema general que siguen estas piezas puede resumirse así: 1) la presentación o exposición del motivo de la loa, en la cual tiene lugar la creación de una ficción alegórica; 2) el desarrollo, que consiste a menudo en un desfile de figuras, ya sean alegóricas o simbólicas, que realizan combates o concursos, y hasta el desarrollo de una pequeña intriga; 3) el desenlace, consistente en la finalización de la ficción creada y la manifestación de algunas fórmulas propias de las loas (anuncio de la obra o auto que sigue, presentación de los papeles que representarán los actores, alabanza al público —con la frecuente mención de cada sector—, a las personas reales o al lugar en que se representa y la petición de silencio y de perdón por sus faltas o yerros). Las dos «curiosas» loas de presentación de compañías escritas por Lanini son, «las que se ajustan con mayor propiedad a la estructura profunda del género» [Cotarelo, 1911: I, XLVIII], en que «los actores ejecutan conscientemente el juego del teatro dentro del teatro» [Huerta Calvo, 1985: 48]. Se equiparan a las de Quiñones de Benavente en su función de «cartel animado» [Bergman, 1965: 26]. La *Loa para la compañía de Vallejo* (1670) contiene una riqueza informativa sobre la vida de los actores y en la *Loa para la compañía de Félix Pascual* (1670) se desarrolla incluso una estructura de burla. Esta última se destaca por su realismo: la compañía, trasladada a Madrid por el diluvio, consigue identificarse por denominaciones geográficas muy populares entre la gente buscona:

JUAN              Pero dinos dónde estamos.
BERNARDO          Díganos usted de cierto
                  si es en la Puerta del Sol
                  o en la calle de los Negros [vv. 296-299].

El ambiente nocturno de la noche de San Juan, festividad de carácter popular rodeada de una serie de misterios, supersticiones y presagios, es propicio para la aparición de la visión que lleva a la compañía en un diluvio hacia la corte. También cabe notar que la estrecha relación del santo del bautismo con el agua es muy conveniente para introducir el elemento del agua en escena. Finalmente, la loa escrita para una fiesta particular en que se celebra una boda, que acompañaba a una zarzuela escrita para la misma ocasión, le da su nombre: *Loa para la zarzuela Amor convierte las piedras.*

## 2. *Entremeses*

El costumbrismo en los entremeses de Lanini abarca diversos sectores de Madrid: el espacio geográfico, los personajes que encarnan oficios populares, las fiestas y sus costumbres. Se retrata el conjunto urbano mediante una observación penetrante descrita a menudo por voceríos provenientes de la plaza o las romerías; y si algunas piezas desmerecen por la carencia de valor dramático, se compensan, tal vez, por su importancia documental, pues reflejan toda una cultura del pasado: la historia y la intrahistoria madrileña de fines del siglo XVII. Por todo ello, creemos poder afirmar que Lanini no es tan sólo «un buen entremesista en los de costumbres madrileños», sino uno de los mejores de su tiempo, que preludia los sainetes dieciochescos de Ramón de la Cruz.

Se puede distinguir entre los que contienen una estructura de acción, dos piezas en que la totalidad del elenco de *dramatis personæ* actúa contra el Alcalde: uno de ellos, *El degollado* (1670), donde los personajes de la villa se burlan del alcalde «glotón» para dejarlo en ayunas; otro, *La pluma*, donde el alcalde enamorado de la hija del barbero, Lucrecia, piensa que existe una pluma que hace invisible a quien la lleva. Por supuesto, el astrólogo ya tiene acuerdos con el doctor, el boticario y el sacristán del pueblo para luego aporrearlo. Entre las obras que representan al burlador burlado cabe mencionar *La sacadora* (1668), donde aparecen las nuevas «figuras», «tipos más particularizados, menos permanentes y universales» [Asensio, 1971a: 81]. Doña Tomasa, «la sacadora», tiene a su merced a dos galanes a los que llama «el prevenido» y «el fiero»; el primero le aporta lo necesario para comer y el segundo para vestir. Pero aún tiene en perspectiva a un galán más rico, por lo cual pedirá ayuda a dos amigas para burlar a aquéllos y recibir al tercero. Sin embargo, éste se burla de ella con la ayuda de su criado, al fingirse loco, consistiendo su locura en sentirse soldado al son de cualquier caja y destruir todo cuanto encuentra. La exposición de los tres tipos de galanes, mediante un discurso introductorio de doña Tomasa, nos recuerda la «doble descripción», recurso utilizado por Cervantes en *La elección de los alcaldes de Daganzo* —criticado en ocasiones como torpeza de construcción [Asensio, 1971b: 39] o elogiado como una «realización escénica que vivifica y amplía la palabra» [Zimic, 1981: 120].

*La tarasca* es la única obra en que se celebra el triunfo de la mujer burladora. Se trata de una burla amorosa, pues la hija, mofándose de la vigilia de su padre, logra introducir a sus amantes en la casa, si bien las intenciones de Lucía están lejos de la fogosidad y apetito sexual que caracterizaba a las mujeres de los entremeses eróticos primitivos. La protagonista, encerrada en día de Corpus, se aprovecha de que su padre ha sido elegido como conductor de la tarasca y le hace creer que los dos sacristanes que tiene incluidos en la casa no son sino figuras de pasta. Con el mismo procedimiento engaña a los otros tres sacristanes que también acuden a visitarla. Al fin, otorga su mano al sacristán Colea, quien mejores pruebas de «fineza» ha mostrado disfrazándose de «tarasca». Dos de sus entremeses los protagonizan personajes ridículos mediante el arte de la nigromancia: *El colegio de los gorrones* (1670) y *La tataratera* (1670). En esta última, es día de Carnestolendas y dos hombres acuden a una hechicera a quien se acercan siempre «sujetos ridículos». Doña Clara les hace ver la tataratera que, según Cotarelo, era una irlandesa ridícula que andaba por Madrid casi siempre ebria.

La materia villanesca se inserta dentro de un nuevo marco; en piezas como *Los tontillos* se observan las pendencias de los alcaldes grotescos, dentro de una trama de asuntos contemporáneos. La misoginia se desarrolla con particular interés al relacionarse con la moda femenina, de la cual hace referencia burlesca nuestro autor en su entremés:

> Pues nublados terrestres los tontillos
> son, que traen las mujeres hoy de estera,
> pues encubren la tierra de manera
> que si a la iglesia van y no se encogen,
> ocho mujeres media iglesia cogen;
> y si no se adelantan muy aprisa,
> las que no traen tontillos no oyen misa [vv. 166-172].

Conforman así en su totalidad una variada gama de personajes y no están ausentes los signos carnavalescos en su visión invertida de la realidad social a través de los protagonistas del hampa. Así, piezas como *El Infierno de la plaza de Madrid* (1684) o del alcalde travestido preñado en *El parto de Juan Rana*, donde sacan al personaje figurón de Cosme Pérez vestido de mujer y con una barriga muy grande. En esta última pieza se añade otro adjetivo a la proteica máscara de Juan Rana; el Escribano nos da una relación del «extraño» caso donde se muestra una «insistencia, parcialmente desligada de cualquier caracterización argumental, en el afeminamiento de la figura propiamente dicha» [Serralta, 1990: 86]. Fomentando más dudas sobre la homosexualidad del actor la desconfianza llega a su ápice cuando, después de la escena detallada del parto con «enormes» dolores, Juan Ranilla le llama «¡mama!»:

| | |
|---|---|
| ESCRIBANO | Ayudémosle a parir. |
| JUAN RANA | ¡Ténganme bien! |
| LOS DOS | ¡Que nos mata! |
| JUAN RANA | Tengan, que del parto está |
| | la cabeza coronada; |
| | más ya parí con mil diablos, |
| | no me haré otra vez preñada. |
| | ¡No más en mi vida! |

*Sale por debajo de las faldas* JUAN RANILLA *con sayo.*

| | |
|---|---|
| TODOS | ¡Cielos! |
| | ¡Que ha parido! |
| JUAN RANA | ¿Qué se pasman? |
| BERRUECOS | Su retrato es el muchacho |
| | en talla y en rostro. |
| JUAN RANILLA | ¡Mamá! |
| | ¿No abraza a su Juan Ranilla? [vv. 206-216] |

Las costumbres propias del Carnaval no son ausentes, relatando juegos groseros y bromas pesadas, como arrojar a los transeúntes desde las balconadas agua de fregar (*La Tataratera*). Otras festividades populares, acompañadas de romerías en que lo religioso era sólo un tenue asidero para el solaz profano, se detallan con gran interés. Las fiestas populares matritenses empezaban con el día de San Blas. La romería a la ermita del santo está amenamente descrita en *El día de San Blas de Madrid* (1670), elogiado por Cotarelo como «buen entremés y excelente en su clase» por su espíritu de observación exacto y pintoresco, que se resume en la canción final [1911: VIII]:

De San Blas en la fiesta
con regocijos,

coches, bullas y lodos
y mucho vino [vv. 196-199].

Las principales festividades religiosas, como las Pascuas, el Corpus Christi y la Semana Santa, tampoco están ausentes. En *La víspera de Pascua* (1676) la ocasión festiva proporciona el motivo mediante el cual dos hombres se ven obligados a hurtar para cumplir con su papel de amantes, informándonos al mismo tiempo sobre las costumbres gastronómicas:

> Estoy desesperado
> pues, es Pascua mañana y no he topado
> quien un cuarto me preste y no me excuso
> de aqueste cumplimiento o este abuso
> de enviar a Teresa unos capones,
> su caja de turrón y unos piñones,
> fruta y castañas, que es la propia cena
> para hacer colación la Noche Buena [vv. 1-8].

La moda de tomar aguas aromatizadas se desarrolló rápidamente; ya en 1612 existía en Madrid una industria de destilación. Asimismo, en *La plaza de Madrid* vocifera el aguador la que preferían los españoles: «¡anís y agua de nieve!» [v. 43], pues, para tomarla fría, se traía nieve de las montañas en animales de carga hasta las principales ciudades, incluso a Madrid.

## 3. *Bailes*

Sus bailes alegóricos de alto valor histórico se comprueban en documentos y textos literarios de la época. Abundan los bailes con estructura de desfile de personajes, que carecen de perfil psicológico. Responden a la siguiente estructura: 1) exposición del motivo central del baile por el «juez»; 2) desfile de figuras, ya sean simbólicas o humanas; 3) solicitud de que finalice el baile con una breve síntesis de la pieza. En *Las alhajas para palacio* (1676), «aunque le llama baile en él no se baila; pero tampoco es verdadero entremés» [Cotarelo, 1911: I, CCI], actúa de «juez» una dama que va de casa en casa vendiendo «alhajas de gracia». A ella acuden hombres y mujeres que se quejan de sus diferentes penas amorosas, buscando una alhaja simbólicamente adecuada para sus males; para fingir ausencia, para que se mueran los suegros, para una mujer bella pero fría, para el jaque, para una mujer vana y así sucesivamente hasta que se termina con una alusión al cumpleaños del rey. A un buhonero francés que vende todo tipo de barajas se le acercan mujeres y hombres con sus problemas sentimentales. A todos les responde con equívocos maliciosos en *El hilo de Flandes* (1668). Dos franceses, vendedores de alhajas que tienen varias mercancías, venden con graciosos equívocos haciendo alusión a sus estados de borrachera en *Los hilos de Flandes* (1670).

Difiere un poco de las otras piezas en que no hay un desfile de personajes sino una relación de las mercancías que traen, convirtiéndose en personajes centrales con un tercer hombre que hace la introducción. En *El herrador* (1670) un «herrador de amor» da consejos a hombres y mujeres con penas amorosas, advirtiendo a cada uno cuál es su yerro. De forma similar, en *Los mesones* (1670) el aposentador «de amor» invita a hombres y damas a que le cuenten sus problemas sentimentales en que se dan diferentes casos. A cada uno le designa un mesón, cuyo nombre va relacionado con los distintos problemas que va glosando. Según Cotarelo, este texto es «curioso para la historia de Madrid, pues aunque desarrolla el tema del amor expone la topografía de Madrid» [1911: CC], trayendo a escena los trece mesones de Madrid acompañados de sus localizaciones exactas. En *Los metales* (1670) el contraste de pesos y medidas de los metales es el personaje alegórico que actúa de juez, encargado de sopesar las penas amorosas de hombres y mujeres que se personifican en los distintos metales. Salen los hombres de oro, plata, alquimia y cobre, y las mujeres de bronce, mercurio, hierro y plomo. Desfilan pájaros ante el cazador en *El cazador* (1670) personificando a los hombres que miran el amor desde diferentes perspectivas. A cada uno le aconseja no dejarse prender por la belleza y preferir la discreción a aquélla. En *Los relojes* (1670) un juez de residencia toma la dirección en el asunto del mal funcionamiento de los relojes de Madrid. Hombres y mujeres que personifican los distintos relojes salen haciendo alusión al lugar donde se encuentran: el del palacio, el de San Salvador, el de la Puerta del Sol y así sucesivamente. Con la alusión de dieciséis relojes, de los entremeses y bailes que tratan sobre los relojes madrileños, el de nuestro autor es considerado como «el más colorido y con alusiones topográficas de más estimable interés» [Herrero García, 1962: 325]. Asimismo, el personaje simbólico de *La plaza de Madrid* invita al baile a hombres y mujeres que representen a los portales de dicha lugar, apareciendo sucesivamente el portal de los torneros, de los cabestreros, de los especieros, de los cordoneros, de los mercaderes, de los silleros y de los boteros, que aluden a sus respectivos oficios y que son glosados por la «Plaza».

La transposición al plano amoroso tiene lugar mediante la metáfora del juego de cartas en *El juego del hombre* (1676), donde hombres y mujeres discuten sobre sus penas amorosas y son glosados por uno que hace de juez. Según Cotarelo, en esta pieza el símil del juego del hombre «supera a sus predecesores e incluso a Benavente» [1911: CCI], pues tanto en la descripción de la partida de cinquillo, como en la evocación de otros juegos como las pintas, la flor y el quince enviado, menudean las dilogías fundadas en un abundante léxico naipesco. De la misma manera, en *La pelota* (1670) se hace la transposición del juego de la pelota al plano amoroso: hombres y mujeres juegan a la pelota presididos por un juez que va juzgando las faltas del juego. Comenta Cotarelo que es un baile ingenioso que expresa todo a través del juego; el movimiento coreográfico «anda modificado y alternado con los movimientos y pasos del juego de la pelota» [1911: CCI], empleando palas que contribuirán a dar variedad y gracia al ejercicio. Se distingue *La jácara* (1670) de los otros bailes por la ausencia de una estructura de desfile, predominando más bien la situación, con leve desarrollo argumental. Aparecen Catuja y Corrusca lamentando la partida de sus jaques, condenados a galeras. Al llegar al desenlace, cierto alboroto que proviene desde «dentro» anuncia el retraso de la partida de la galera, con lo cual se convierten las lágrimas en fiesta.

Una pictórica descripción del público teatral contemporáneo llama la atención en *La entrada de la comedia* (1670) a través de un ameno cuadro sobre los aprovechados que quieren entrar sin pagar a la comedia, hecho que según documenta Díez Borque, era muy común entre la población rufianesca que entretenía su ocio en el teatro. Se llegó a tal abuso porque apareció un cargo especial, el alguacil de comedias, personaje de la obra aludido. Así, van desfilando ante el arrendador, el cobrador y el alguacil, que conforman «el juez», el valiente, el poeta, el tonto, el que hace cortesías, el de las preeminencias y el capón de las comedias, es decir, el jefe de los mosqueteros.

## 4. *Mojigangas*

Aunque *La tía y la sobrina* lleva el título de «mojiganga», tiene una estructura de burla más bien típica del entremés. La víctima es un galán y la tía y la sobrina son las «sacadoras», que le hacen comprar todos los productos de los diversos mercaderes. La comicidad reside tanto en la extravagancia de la tía como en su manera de guardarlo todo «debajo de la basquiña» [v. 105]. Se produce una inversión en el desenlace al caerse ésta, terminando la mojiganga con la petición de perdón. Una mujer que muda de formas a través de sus disfraces trae reminiscencias del travestismo de las gitanas, que provoca admiración y desconfianza en los dos hombres en *El día del Corpus en Madrid*. Esta pieza que termina en un ambiente festivo, es representativa de las características del subgénero que «disloca la atención de la lógica de la historia hacia la sorpresa y la visualidad, hacia las más caras extrañas» [Asensio, 1971a: 229].

EDICIONES

WON, Hae-Joon, *El teatro breve de Pedro Francisco Lanini: estudio y edición*, Tesis Doctoral, Madrid, Universidad Complutense de Madrid, 1997.

## XXIII. ENTREMÉS BURLESCO Y COMEDIA BURLESCA, por *Elena Di Pinto*

La reiterada tendencia a clasificar —y por lo tanto a simplificar— por categorías los géneros literarios de cualquier época puede inducir a error, máxime si se trata del riquísimo teatro del Siglo de Oro, en que, una vez encontrada y aplicada una fórmula de éxito, el hibridismo hace su aparición para crear nuevas simbiosis que dan origen a otras categorías o subgéneros que satisfacen por igual a la mosquetería y a la tertulia. La risa, peligrosa válvula de escape para un pueblo medroso y sometido, tenía cabida paradójicamente en ese medio de masas que es el teatro áureo bajo distintos embozos y denominaciones: desde la comedia burlesca al entremés —burlesco y no— a los que se sumaban la jácara, el baile, la mojiganga y la loa, todas ellas entremesadas, lo cual requería la participación dialogada de varios personajes. Esto las diferencia de modo esencial de los géneros poéticos que tienen la misma denominación.

Es necesario subrayar que el adjetivo *burlesco*, como veremos más adelante, tiene unas características de género bien precisas y no se puede emplear como sinónimo de 'cómico', 'irónico' o 'satírico'. No hay que olvidar el parentesco con la poesía de disparates y la influencia ejercida por la comedia nueva, en que lo culto y lo popular se hermanan. Con ello se consigue, por un lado, que sea asequible a un público más llano, y, por otro, que perdure la cultura cómica popular entre las capas más refinadas de la sociedad. En un primer momento la vertiente burlesca sólo tenía cabida en representaciones palaciegas durante las fiestas del Carnaval y del Corpus, y solo más tarde pasó a los corrales públicos. El marco carnavalesco es fundamental para interpretar cualquiera de las variantes del teatro breve [Huerta Calvo, 1985a: 21-25], máxime la burlesca. De hecho, gran parte de los recursos cómicos desde el punto de vista escénico, verbal y sonoro tiene que ver con la estética del Carnaval, de un «mundo al revés» donde todo orden establecido, ya sea social o moral, se subvierte durante esos días tras los que se restablece el equilibrio. Es por ello que la risa de estas dos modalidades burlescas (entremés y comedia) resulta liberadora y a través de ese enfoque carnavalesco tiene cabida una suerte de crítica a una sociedad contemporánea bajo la protectora capa de la fiesta.

La parodia, elemento esencial del teatro burlesco, abarca varios campos: parodia literaria, social, de las costumbres y creencias de la época, y estructural, entre otras, que se lleva a cabo a través de recursos verbales y escénicos. La parodia tiene, por otra parte, mucho en común con la caricatura y en toda caricatura se exacerban los rasgos y defectos del objeto caricaturizado, lo cual, una vez más, implica una crítica. Entre los distintos estudiosos suele haber desacuerdos sobre este particular: unos, entre los que se encuentra Frédéric Serralta [1980], niegan el valor crítico de estas piezas; otros, como es el caso de Luciano García Lorenzo o de Javier Huerta Calvo apoyan el componente crítico. Huerta Calvo comenta que los «personajes de la historia, la mitología y la literatura aparecen grotescamente parodiados en los que no dudamos en calificar como entremeses más críticos del siglo XVII» [1983: 51].

El nacimiento del entremés burlesco se suele fijar de forma convencional en torno a 1604 con *Melisendra,* atribuido ora a Lope ora a Cervantes y aparecido en la *Primera parte* de las comedias del Fénix de los ingenios. Según varios estudiosos, entre los que se hallan Gonzalo Pontón y Agustín Sánchez Aguilar, Paloma Cuenca Muñoz o Helena Percas de Ponseti, entre otros, el entremés es sin duda de Lope, salido a la luz pública en Valencia en 1605 y reimpreso en 1609 en Valladolid. Se podría pensar que si Lope «inaugura» el filón burlesco en 1604, cuando ya lleva tiempo escribiendo para las tablas, nada impide que vierta varios ingredientes del mismo en piezas anteriores o incluso que exista alguna obra decididamente burlesca antes de esa fecha.

Los estudios sobre la comicidad en general y lo burlesco en particular son relativamente recientes —finales de los años setenta, principios de los ochenta—. Con anterioridad este género había sido bastante denostado, baste pensar en las opiniones de Luis Fernández Guerra [1911: 32-33] o de Eugenio Asensio el cual, más mesurado, escribió: «*Melisendra* inaugura en España el teatro burlesco, intensamente cultivado en la corte de Felipe IV en las comedias de disparates o comedias de repente, y que posteriormente seguirá como sombra jovial a toda revolución literaria, lo mismo a la tragedia neoclásica que al dramón romántico. *Su texto incorrecto, su tosca comicidad no le arrebata el mérito de haber iniciado una novedad gustosa para el paladar del público poco exigente*» [1971a: 73. Subrayado mío]. El juicio negativo del maestro Asensio sobre el tipo de comicidad de las obras burlescas y el gusto del público no toma en consideración lo heterogéneo de este público ni los distintos niveles de parodia *ad hoc* para cada espectador, a la que, obviamente, niega todo valor crítico.

Gran parte de los vehículos de la risa en estas obras pueden ser torpes, chocarreros, simples, primarios: ése es un primer nivel, pero no el único. Como bien dice Ignacio Arellano, «la comedia burlesca se ofrece como un campo de experimentación expresiva en que se entrecruzan numerosas técnicas y direcciones de lo burlesco en el Siglo de Oro» [2005: VI, 9]. Y es que, por ejemplo, las caídas, encontronazos y el andar a tientas en la oscuridad son recursos de la risa muy típicos y tópicos en todas las piezas antes mencionadas, y bastante simples por la ruptura de la simetría, pero si es un rey, un noble, un comendador el que cae y anda a tientas, este hecho adquiere un carácter simbólico mucho más risible, quasi satírico para el espectador de igual categoría y a la vez es capaz de producir una risa liberadora, catártica, para el pueblo llano.

No deja de ser curioso que estas piezas burlescas sean en su mayoría anónimas, aunque también haya buen número de ellas de autores conocidos, que compaginan su producción «seria» con la burlesca y gozan de reconocimiento en los corrales de comedias, en círculos literarios y en palacio, por ejemplo Quevedo (entremés de *El marión, El premio de la hermosura,* entremés atribuido), Lope de Vega (entremés de *Melisendra*), Góngora (entremés de *La destruición de Troya*), Calderón (*Céfalo y Pocris,* comedia burlesca), Suárez de Deza (*Los amantes de Teruel,* comedia burlesca, Amor, ingenio y mujer, en la discreta venganza, comedia burlesca), Moreto (*Escarramán,* comedia burlesca atribuida), y otros muchos autores, de primera y segunda fila.

Salvador Crespo Matellán hace en su libro *La parodia dramática* un elenco de los entremeses (y las comedias) burlescos y cita treinta títulos de entremeses pertenecientes a esta categoría. Frédéric Serralta un año más tarde hará un catálogo de las burlescas con datos y orientaciones. Concuerdo con Huerta Calvo cuando dice que «el catálogo incompleto de Crespo Matellán (1979) recoge un número importante de entremeses de tema burlesco, que vendrían a coincidir así con el género de la comedia burlesca» [1983: 50]. Resumiendo: ni son todos los que están ni están todos los que son. Algunas de las comedias son en realidad entremeses y viceversa.

Entre las piezas breves entremesiles consideradas burlescas por los estudiosos que se han aproximado a ellas están: *Melisendra, Los romances, El sacristán Soquijo, La destruición de Troya, Los invencibles hechos de Don Quijote de la Mancha, La infanta Palancona, El negrito hablador y sin color anda la niña, Los dos alcaldes encontrados* (cuarta parte), *El juego del hombre, Don Gaiferos, La muestra de los carros, El robo de Elena, El marión, Las fiestas del aldea, Los condes fingidos, Salta en banco, Escanderbey, Los mariones, Las manos negras, La honrada, El vejete enamorado, La renegada de Vallecas, La hija del aire, Paso de las armas de la hermosura, La melancolía, Las alforjas, El marión, Los degollados, El robo de las Sabinas, y Píramo y Tisbe.* A ellas habría que añadir *El premio de la hermosura*,[47] atribuido a Quevedo, que tiene doscientos un versos (doscientos cincuenta y cuatro versos tiene *El negrito hablador*, por poner un ejemplo), y cuya brevedad lo adscribe indudablemente al entremés más que a la comedia.

No se puede olvidar que el listado de obras burlescas es susceptible de modificaciones, pues podría ser engrosado gracias a las investigaciones que están *in fieri* por parte de muchos estudiosos en distintos frentes. Como ulterior apunte se ha de reseñar que en este último año hay un nuevo artículo, aún en prensa, en que la hispanista Ascen Sáenz plantea la duda de si el entremés cervantino de *El rufián viudo* puede o no ser burlesco. A mi modesto entender no entraría en el número de ellos, pero su trabajo no está aún a la vista,[48] por lo que no se sabe a qué conclusiones habrá llegado la autora.

Además de la consideración vista, y por otra parte obvia, sobre la mayor extensión de la comedia respecto al entremés, hay que observar también que la extensión de las obras burlescas (entremeses y comedias) suele ser más breve que la de las obras «serias» —a las que a veces parodian—. Las comedias «serias» suelen tener alrededor de tres mil versos y las burlescas aproximadamente la mitad, unos mil quinientos versos. Con los entremeses ocurre lo mismo, menos cuando el entremés está parodiando una obra «seria» más larga, por ejemplo, el *Entremés de Melisendra*, dividido en dos jornadas, tiene cuatrocientos setenta y siete versos. No obstante, también se dan casos de comedias burlescas más largas de lo habitual, como por ejemplo: *Darlo todo y no dar nada*, que ocupa dos mil quinientos sesenta y cuatro versos; *El premio de la virtud*, dos mil trescientos setenta y siete versos; *Céfalo y Pocris* y *Castigar por defender*, dos mil trescientos treinta y ocho versos; *Los amantes de Teruel*, dos mil ciento siete versos; *Amor ingenio y mujer*, dos mil ciento veinti-

---

[47] Alberto Rodríguez menciona la posibilidad de que la pieza sea un entremés y no una comedia burlesca [2003: IV, 365], hipótesis con la que concuerda Ignacio Arellano y a la que me adhiero [2005: VI, 22].

[48] Ascen Sáenz (The University of Georgia), véase bibliografía final. Como queda dicho, el artículo aún está en prensa, pero me parecía oportuno citar este título que me ayuda a demostrar que la literatura, por suerte, es opinable. En el entremés cervantino el tratamiento que se hace de Escarramán no es paródico, y en todo caso lo sería el del *baile* del escarramán, no el del *personaje*. Véase Elena Di Pinto [2005: 28-31].

séis versos; o también *El desdén con el desdén* (burlesca, anónima) tiene dos mil seiscientos sesenta y siete versos. Por ende, sería aconsejable no poner un límite fijo a la longitud de las piezas burlescas, ya que hay bastantes excepciones.

Con respecto al entremés al uso, las diferencias esenciales que caracterizan a la variante burlesca son la aparición de personajes nobles, históricos, mitológicos, de romancero, frente a la escueta aparición de vejetes, sacristanes, bobos, criadas y demás *tipos* que ejercen oficios mecánicos (barberos, sastres, zapateros, etc.) con sus tramas típicamente «costumbristas».[49] Además de esta adscripción diversa de los personajes, ambos géneros se distancian también, y sobre todo, en el tono y en las situaciones en que ambos se mueven. En este sentido, en cuanto a lo temático, en el entremés burlesco puede darse la parodia de una obra anterior, una mezcla de distintas obras de forma fragmentaria, con citas de cancioncillas y versos romanceriles o una situación grotesca por lo encumbrado de los personajes y lo inadecuado de sus acciones y expresiones. Esta parodia abarca varios planos: se puede hacer parodia del tema original de otra comedia o poema serio, de personajes mitológicos o de la antigüedad, referencias jocosas a obras y personajes contemporáneos (actores, poetas, políticos, nobles), pero el centro de la burla está constituido por los valores tradicionales (por ejemplo, de la figura del padre defensor del honor de las hijas, de la valentía, de la virilidad, de la figura del rey, de la religión y sus símbolos, del decoro y la mesura, siendo lo escatológico uno de los motivos de mayores risas) que normalmente suponen el ideario siglodoresco anunciado en la comedia nueva. Asimismo, es frecuente la parodia de las relaciones entre enamorados y la presentación crítica de parlamentos altisonantes, como también la parodia del *locus amoenus,* de las fórmulas de cortesía, de situaciones como los celos y otras que se consideran graves y la de determinados oficios normalmente vituperados en la época.

---

[49] Cotarelo hacía un elenco de personajes habituales en los entremeses entre los que había: «alcaldes rurales, alguaciles, arbitristas, escribanos, letrados, astrólogos, avaros, barberos, boticarios, médicos, beatas, bobos, buhoneros, ciegos, criados, estudiantes, franceses, gallegos montañeses, portugueses, vizcaínos, italianos, gorrones, hidalgos, indianos, maridos, negros, pajes, valientes y valentones, venteros, vizcondes».

Como muestra de la parodia de una situación grave cabe recordar la escena en que se ridiculiza la muerte, o mejor dicho, el asesinato de la condesa por parte del conde Alarcos para satisfacer los caprichos egoístas de la hija del rey, el cual avala el atropello y lo impulsa; la escena es regocijante, aunque no carece de carga crítica:

| | |
|---|---|
| CONDE | Condesa, |
| | sabe muy bien el cielo que me pesa; |
| | mas si somos amigos, seamos claros: |
| | sabed que yo he venido... |
| CONDESA | ¿A qué? |
| CONDE | A mataros. |
| CONDESA | ¡Qué escucho, cielo santo! |
| CONDE | Tenga vuesa merced; no grite tanto, |
| | que esto va entre los dos, y no quisiera |
| | que lo que aquí tratamos se supiera. |
| CONDESA | Di la causa que mueven tus influjos. |
| CONDE | Eso fuera meternos en dibujos... |
| | Disponeos a morir, y este veneno, |
| | que traigo prevenido, sé que es bueno |
| | para evitar las ansias de la muerte. |
| | *Arrodíllanse los dos como llorando.* |
| CONDESA | ¡Que tengo que morir! |
| CONDE | ¡Que no he de verte! |
| CONDESA | ¿Lloras tú, esposo? |
| CONDE | Sí y hago pucheros. |
| CONDESA | Luego ¿me quieres bien? |
| CONDE | Siento el perderos, |
| | que la mujer se estima, si se advierte, |
| | el día de la boda y de la muerte. |
| CONDESA | Ea, venga el veneno, si esto es hecho. |
| CONDE | Hágate la bebida buen provecho. |
| CONDESA | Ya toda mi hermosura muerta yace. |
| CONDE | Pues ayudara un requiescat in pace... |
| | ¡Camareras criadas y criados, |
| | salid todos aquí despedazados! |
| | [*Entremés del Conde Alarcos*, vv. 152-175] |

Véase también, siempre a propósito de lo temático, la siguiente tirada del *Entremés de Melisendra* como paradigma de la parodia de los requiebros entre enamorados:

| | |
|---|---|
| GAIFEROS | Don Gaiferos soy, señora. |
| MELISENDRA | ¿Es posible que tal siento? |
| | ¡Mi regalo! |
| GAIFEROS | ¡Mi contento! |
| MELISENDRA | ¡Mi jarro! |
| GAIFEROS | ¡Mi cantimplora! |
| MELISENDRA | ¡Mi ballesta! |
| GAIFEROS | ¡Mi bodoque! |
| MELISENDRA | ¡Oh, cabe mío! |
| GAIFEROS | ¡Oh, mi toque! |
| MELISENDRA | ¡Mi ochavo! |
| GAIFEROS | ¡Mi dingandux! |
| MELISENDRA | ¡Oh, mi primera! |
| GAIFEROS | ¡Oh, mi flux! |
| MELISENDRA | ¡Mi ciruelo! |
| GAIFEROS | ¡Mi albarcorque! |

Este parlamento amoroso no dista mucho de otras exclamaciones «amorosas» burlescas:

| | |
|---|---|
| JERIGONZO | ¡Mi turdión! |
| JERINGA | ¡Mi mudanza! |
| | [*Los celos de Escarramán*, I, v. 414; |
| | Di Pinto, 2005: 283] |

| | |
|---|---|
| JERIGONZO | ¡Mi borrica! |
| PILTRAFA | ¡Mi jumento! |
| | [*Los celos de Escarramán*, III, v. 1387; |
| | Di Pinto, 2005: 344] |

Por último, y quizá aquí esté lo mejor de este género, hay que añadir la importancia del lenguaje, principal vehículo de la parodia, a ratos soez o tendente a la coprolalia, o también como parodia del habla de negros, italianos, vizcaínos, portugueses, etc. La dicción incorpora también numerosos ejemplos del lenguaje de la germanía y, en otro sentido, emplea neologismos formados burlescamente a partir de algún sustantivo,[50] en suma, se da rienda suelta a la creatividad expresiva. Hasta los nombres de los personajes suelen ser significativos y a menudo crean un contraste entre la dignidad que representa y el nombre bajo que se le adjudica.

A continuación se ofrece como ejemplo este listado carnavalesco de manjares, condimentado con la parodia del habla de los negros, que contrasta con los trucos a la moda para tener una tez blanca, por lo que la ridiculización de las costumbres y creencias de la época es una clara crítica a las mujeres en general y a las «de color quebrado» en particular:

NEGRO    Si eya comía calbón,
sal, senisa, yeso, tierra,
y otlas muchas polquerías,
¿cómo ha de estal golda y flezca?
Comiela, ¡pléguete a Clisto!,
pala poder eztar buena,
vaca, tosino, calnero,
gayina, peldiz, coneja,
peromino, ganso, pavo,
poyos y poyas sin clestas,
capón de leche, chorisos,
solomiyos y moyejas,
salchichones, longanisas
y culabetes de peyas;
comiela también pescaro,
saramón, tulcha, lampeya,
conglio, besugo, lenguaro,
atún, saldinica flesca,
melo, sábaro, acedia,
sibia y raya en su casuela,
anguiya, rentón, arbul,
cazón, sesial y truchuela,
rubio, pulpo, toyo grueso,

---

[50] Por ejemplo, «empollerada pandilla», a partir del sustantivo 'pollera' = falda, es decir, 'pandilla de mujeres', en *Los celos de Escarramán,* III, v. 1583. *Cfr.* Elena Di Pinto [2005] o también «pigérrimas», superlativo jocoso del adjetivo latino 'piger' = perezoso, en el v. 41, II del *Entremés de Melisendra.*

barbo, sarmonete, tenca,
bonito, róbaro, lancha,
boga, alenque, panometa,
camarón, ostión, canglejo,
sapo o rana patiabierta,
buen vino, buen pan, y luego
la relamida dijera
que andaba recolorada;
pero la pansa rellena
de polquerías, ¿qué quiere
tener coror?; puta hega.
[Entremés famoso *El negrito hablador, y sin color
anda la niña*, 605b-606a; Cotarelo, 1991: I]

En el marco de la parodia lingüística se puede hablar de una verdadera «tramoya verbal», vehículo de la risa que consistía en múltiples guiños al espectador a base de referencias culturales, alusiones a la poesía popular, chascarrillos, expresiones vulgares en boca de nobles, abundancia de refranes algunas veces deformados, dobles sentidos, juegos de palabras, literalizaciones de frases hechas, lexicalizaciones de metáforas, palabras sin sentido, rimas abstrusas, y utilización distorsionada de los metros habituales; en este último caso se suele emplear el verso largo para las situaciones solemnes, las acciones nobles y encumbradas, las escenas amorosas, mientras que en las obras burlescas el verso largo presenta situaciones grotescas, ridículas y a veces vulgares.

Un claro caso de juego de palabras y dilogía se da en el entremés de *Los dos alcaldes encontrados*. En él se juega entre el «bautismo» del vino y el del personaje Mojarrilla al que se tacha de judío y, por tanto, de carecer de limpieza de sangre, mácula pésimamente vista en la sociedad aurisecular:

| | |
|---|---|
| DOMINGO | ¿Qué hacíades aquí? |
| TREVEJO | Señor, bebíamos, |
| | y aquesto es, sin decillo de otro modo, |
| | a verdad pura. |
| DOMINGO | Y ¿aun el vino y todo? |
| TREVEJO | Eso de puro no es caso siguro. |
| MOJARRILLA | Siendo mío, ¿no había de ser puro? |

DOMINGO          Pues si es vuestro, no puede ser aguado,
                 que en vuestra casa nada hay bautizado.
                 [*Entremés de los dos Alcaldes encontrados*, 673b]

Sobre este mismo tema no se puede dejar de recordar el espléndido entremés de Cervantes *El retablo de las Maravillas,* burlesco o no, pero asaz crítico.

Por lo antes dicho, los rasgos distintivos del entremés burlesco son los mismos que adornan a la comedia burlesca: esencialmente la parodia temática y lingüística, pero también hay otros vehículos que concurren para provocar la comicidad. Los medios escénicos que propician la risa son varios: elementos paralingüísticos como la entonación, los ritmos de declamado y la pronunciación, a los que se suma el gesto. Todos ellos son factores que intervenían en la puesta en escena cómica pero de los que no tenemos abundancia de datos; algunas de las fuentes posibles de rescate son textos como los de López Pinciano (Epístola XIII) y las mismas acotaciones de esas obras, a las que cabe citar las censuras de los moralistas que ilustran lo que debía existir. Asimismo, intervienen también el vestuario —«casi siempre este vestuario ridículo se asocia a los harapos y los rotos, hasta llegar al desnudamiento, otro recurso cómico relacionado con el vestuario» [Arellano, 2005: 33]—, maquillaje y peinado, objetos escénicos, música y baile —«el baile de la comedia burlesca es semejante a los entremesiles, opuesto a las danzas cortesanas que suelen aparecer en comedias novelescas o palaciegas» [Arellano, 2005: 27-28]—, canciones y efectos sonoros, además de otros como la iluminación.

Veamos un ejemplo en que las acotaciones nos refieren detalles del vestuario, la gestualidad del personaje y la utilería en la escena. Júpiter se nos presenta como un ser mitológico muy venido a menos, una caricatura de la divinidad que es menoscabada en todos los aspectos:

> *Canta un músico las coplas que se siguen y va saliendo Júpiter, con corona de oliva y cetro con una águila, enchancletados los zapatos, las medias caídas, desabrochado el coleto, los calzones flojos, e irá ejecutando con acciones lo que dice la letra; y Ganímedes, que será un mancebo galán, irá delante echándole aire con un lienzo mojado.*

MÚSICA           De Júpiter la grandeza

bebió el hipocrás a un jarro,
y sin venir a pobreza
fue cayendo de su estado.
Hace que dobla el cuerpo.
Tenérselas tiesas quiso
Enderézase muy tieso.
Al vinillo, y era en vano,
porque el licor le traía
a mal andar al cuitado.
Da traspieses.
Ganímedes le refresca
y no puede remediarlo;
¿qué mucho?, si se le puso
la borrachera en los cascos.
Tan de vencida le lleva
el zumo de ojo de gallo,
que con él, aunque lo intenta,
no se atrevía a hablar claro.
Hace que quiere hablar.
A cargos que le hace el vino,
metiéndose un dos de bastos
con facilidad halló
salida para los cargos.
[*El premio de la hermosura*, vv. 1-20;
Rodríguez, 2003: 373-375]

Estas piezas, como se ha visto en el ejemplo anterior, se acompañan con música y canto, siendo éste un motivo más de risa, ya que a menudo se trata de motivos cancioneriles y ritmos populares o bien de deformaciones de letrillas conocidas acompañadas por instrumentos bajos (guitarras, percusión…), disonancias, ruidos, gritos y golpes.[51]

Dentro de la parodia total también está la burla de los recursos teatrales tanto «externos» como «internos»: desde la tramoya a las cláusulas

---

[51] Véase Arellano [2005: 45-49] y la lista de accesorios [39-41], entre los que figuran almireces, cascabeles, castañetas, cencerros, espadas, grilletes, guitarras, vejigas, etc. con los que se produce ruido y acompañan a menudo la música como parte de la puesta en escena burlesca.

de presentación de los personajes, ridiculizando también el lenguaje idealizado de los soliloquios, el uso de la métrica, elementos ya vistos al hablar del lenguaje propio de estas obras. Mención especial merece el metateatro, fenómeno que se da en toda la dramaturgia áurea, y que en la vertiente burlesca se manifiesta en una abierta ruptura humorística de la ilusión escénica a través de la interpelación al público, la confusión entre personaje ficticio y actor real, y la reflexión irónica o paródica sobre las propias técnicas del desarrollo dramático.

En conclusión, estas piezas burlescas tan vilipendiadas antaño por los estudiosos no sólo tienen una fuerza crítica, más o menos solapada, sino que presentan un enorme abanico de ingeniosidades, agudezas y creatividad, un campo experimental, muy logrado, para la literatura cómica del Siglo de Oro, el fasto de la palabra que había sido acallado y que contribuye a completar la visión de una época, su literatura, su sociedad, su mentalidad y su forma de diversión.

## EDICIONES

COTARELO Y MORI, Emilio, *Colección de entremeses, loas, bailes, jácaras y mojigangas desde fines del siglo XVI a mediados del XVIII*, Madrid, Baylly-Bailliére, 1911, vol. I.

CUENCA MUÑOZ, Paloma, «Estudio paleográfico de algunos autógrafos teatrales de Lope de Vega y edición del entremés de *Melisendra* (Res. 88)», *CILH*, 24 (1999), 149-193.

GARCÍA LORENZO, Luciano, «*Entremés del Conde Alarcos*», *Prohemio*, I (1974), pp. 119-135.

RODRÍGUEZ, Alberto, ed., Anónimo (atribuida a Quevedo), *El premio de la hermosura, Comedias burlescas del Siglo de Oro*, tomo IV, Madrid/Frankfurt am Main, Iberoamericana/Vervuert, Col. Biblioteca Áurea Hispánica, 2003.

XXIV. DIAMANTE Y OTROS AUTORES, por *Daniele Crivellari* y *Héctor Urzáiz Tortajada*

## 1. Diamante

Dramaturgo nacido en Madrid, aunque de origen griego y cuyos datos biográficos son escasos, Juan Bautista Diamante (1625-1687) representa sin duda «uno de los más fecundos y celebrados poetas dramáticos que produjo España en la segunda mitad del siglo XVII», como afirma La Barrera [1860: 123], y como atestiguan las veinticuatro comedias recogidas, junto con una loa, en los dos tomos que vieron la luz en Madrid en 1670 y 1674. «Fecundo y olvidado» son los dos adjetivos que Cassol le atribuye a Diamante, por la amplitud de su corpus dramático y por la falta de interés que éste ha suscitado entre la crítica moderna [2004: 174]. Su vasta producción teatral, que se inserta dentro del ciclo calderoniano y que cuenta también con varios poemas, autos sacramentales y comedias colaboradas (con Matos Fragoso, Juan Vélez de Guevara, Villaviciosa), demuestra el éxito de que gozó en su época.

Por lo que concierne el teatro breve, las piezas hoy conocidas se reducen a un entremés, varias loas y bailes. *El figonero*, publicado en *Rasgos del ocio* (Madrid, 1661), es un entremés de desfile protagonizado por varios personajes típicos: dos mujeres tapadas que resultan ser muy feas, un gorrón, un galán sin dinero obligado a empeñar su espada para comprar dos capones, un ladrón, un alguacil, etc.

Más espacio dedicó Diamante a las loas, siete en total: dos sirvieron de introducción a las comedias calderonianas *El conde Lucanor* (en la representación palaciega del 9 de junio de 1680) y *La púrpura de la rosa*; la *Loa humana del árbol florido*, escrita en colaboración con Francisco Antonio de Monteser, es —como se desprende del título— de asunto profano, aunque fue representada en una fiesta del Corpus: el árbol simboliza la memoria, que un mayordomo y su compañía recuperan gracias a las ramas, aparecidas mágicamente. La *Loa curiosa de Carnestolendas*, representada en palacio el 8 de abril de 1662 con la zarzuela de Diamante *El laberinto de Creta*, es totalmente danzada y presenta el diálogo de dos personajes alegóricos, la Curiosidad y la Explicación, que se interrogan sobre la identidad de cuatro figuras cubiertas por mascarillas, que resultan luego ser el rey Felipe IV, su esposa y dos de sus hijos. Junto a otra zarzuela de Diamante (*Alfeo y Aretusa*) fue representada también la *Loa a las bodas del excelentísimo señor Condestable de Castilla con la excelentísima señora doña María de Benavides*: una pieza «muy alegórica y sosa», según Cotarelo [1911: I, XLIII].

Entre las loas de presentación de compañías cabe mencionar la *Loa para empezar en Madrid la compañía de Manuel Vallejo*, representada en 1680, y la loa escrita para presentar en Madrid la compañía de Francisco García, apodado *el Pupilo*. Finalmente, cinco son los bailes de Diamante: el *Baile en esdrújulos* (*Primera parte del Parnaso nuevo*, 1670), conocido también por su primer verso, «*Enjuga los aljófares*», fue escrito en un período en que este tipo de verso estaba de moda, como atestiguan piezas similares de Monteser, Villaviciosa y otros. En dos ocasiones más volvió a utilizar el autor madrileño los esdrújulos, a saber: en *Marizápalos* y en el baile entremesado *El pórtico de la cárcel*, ambos recogidos en *Verdores del parnaso* (1668). *Los consejos* son los que da una tía a tres sobrinas «veniales» [v. 3], para que sus pretendientes les hagan regalos, ya que —como se canta en los primeros versos—:

> Murieron los aguinaldos,
> las ferias, otro que tal,
> el regalar expiró;
> ¡Dios le perdone al prestar! [vv. 13-16]

De Diamante es también el baile *Pascual y Menga*; por último, cabe mencionar *La Pulga y la Chispa*, jácara entremesada de cierto interés atribuida a veces a León Marchante, en que dos prostitutas hablan de sus vidas y de las de sus jayanes.

## 2. Gil Enríquez

El legista madrileño Andrés Gil Enríquez (1636-1673), que escribió una comedia en colaboración con Diamante y Matos Fragoso (*El vaquero emperador*) y varias en solitario (algunas de ellas conservadas fragmentariamente: *No hay prevención contra el hado*; *El lazo, banda y retrato*; *No puede mentir el cielo*, ésta editada por Londero [2001]), es autor de un puñadito de obras teatrales breves que le hicieron merecedor de los elogios de Cotarelo: «ya celebrado como autor de loas, lo es también de buenos entremeses» [1911: LXXXVIII]. Su producción de loas, en realidad no muy abundante, guarda relación con su trabajo, en los primeros años setenta, al servicio del duque de Medina de las Torres y la condesa de Oñate, para cuyo cumpleaños escribió un par de esas piezas introductorias. Dos con el título de *Loa en fiesta de la celebración del nombre de la duquesa de Medina de las Torres* se imprimieron en Zaragoza (1672), y son fundamentalmente un juego de palabras sobre el nombre de la tal señora, Catalina Vélez de Guevara; una tercera, la *Loa en pintura de los poetas más conocidos* se imprimió en Pamplona, en 1687.

Algo más de interés atesoran los entremeses escritos por Gil Enríquez. *El pozo*, pieza costumbrista y de caracteres, presenta a una dama muy colérica y otra muy calma que meriendan con unas amigas y un galán pretendiente; explica Cotarelo que «la colérica le da, desde luego, golpe; pero al ver que, impaciente porque la criada no sirve tan aprisa como ella desea los platos de la merienda, los arroja al pozo, resuelve desposarse en el acto con ella, pues dice ser de su mismo genio» [1911: LXXXVIII]. Tintes jacarescos tiene el entremés de *Los valentones*, donde vemos también una merienda, en este caso de izas y guapos que, perdidos en sus disputas, distraen la merienda, robada por el ladrón Túnez; como el que canta su mal espanta, la Tortuga, la Colindres y la Carrasca se arrancan a entonar jácaras. *El amigo verdadero* (Madrid, 1670) es una versión entremesil, ágil pero algo descafeinada, del cuento de Boccaccio *Cornudo, apaleado y contento*. Éste y *El pozo* se conservan manuscritos en la Biblioteca Nacional de España; por referencias tan sólo se conocen como de Gil Enríquez *El sordo* y *Los retraídos*.

Sin duda, su mejor entremés es *El ensayo*, impreso en el volumen *Ociosidad entretenida* (1668) y fechado por Gema Cienfuegos Antelo, a partir de algunas referencias del texto a ciertos actores, «entre 1657 y 1600 (año en que Rosa es enviado a Francia para divertir a la reina María Teresa)» [1996: 40]. Hannah E. Bergman, que lo incluyó en su *Ramillete*, decía sobre Gil Enríquez que «fueron tan pocas sus obras literarias [...] que puede considerarse *El ensayo* ejemplo del acierto fortuito de un aficionado». Puede que así sea pero, en todo caso, resulta una pieza interesante también por su dimensión metateatral, «cuadro vivo de la información que nos ha llegado respecto a las mujeres de teatro, que tenían fama de ser frágiles al galanteo, circunstancia llevada al extremo por la comidilla de los celos, las rivalidades profesionales, etc.» [Cienfuegos Antelo, 1996: 43].

Se representa en *El ensayo* cómo un grupo de actores prepara, en casa del *autor* Pedro de la Rosa (uno de los más famosos y activos del siglo XVII), las escenas que habrán de llevar a las tablas. Con un tono costumbrista, la pieza muestra vicisitudes propias del ensayo, como la interrupción debida a la tardanza de algunos, mientras otros —por ejemplo el también célebre Simón Aguado, que ensaya su papel del gracioso Torrezno— aprovechan para «echar medio cuartillo» y otras para ir a misa o hacer puntas y otras labores. Se caracteriza y describe a varios actores y actrices: oronda la Borja, siempre risueña Mariana Romero, malhumorados el *autor* y su mujer, Antonia de Santiago… Llegará también un músico, Gaspar Real, con su vihuela bajo el brazo, y le veremos afinar primero y dar después el tono para que canten las mujeres: «GASP. Señora Mariana, arriba. / *(Entonando.) Sol…* ¿Cuánto va que lo dejo? / ¡Oh, lleve el diablo la risa! / *Fa…* / MEND. *Fa…* / GASP. ¡Más arriba, presto!». Entre risas, interrupciones y errores, los actores ensayan la comedia mientras Pedro de la Rosa hace de apuntador; su propia mujer provocará, con sus fallos, que el *autor* acabe «tirándole la comedia» y suspendiendo, desesperado, los ensayos:

| ROSA | ¿Esto no sabes ahora? |
| MARIANA | ¿Pues es mucho errar un verso? |
| | ¡Miren qué «Rosa», señores! |
| ROSA | ¡Vaya ucé a reir al infierno! |
| ANTONIA. | ¡Jesús, y qué condición! |
| LUISA | Pues la comedia dejemos |
| | hasta mañana. |
| SIMÓN | Jamás |
| | se hace ensayo con concierto. |
| NAVARRO | ¿Esto pasa en los ensayos? |
| | Admirado voy de verlos [vv. 177-186]. |

## 3. Rojas Zorrilla

El toledano Francisco de Rojas Zorrilla (1607-1648) es uno de los grandes dramaturgos del siglo XVII, autor de clásicos tan célebres como la comedia de figurón *Entre bobos anda el juego* o el drama de honor *Del rey abajo, ninguno*. Residente desde niño en Madrid, en su primera escuela capitalina coincidió con Calderón de la Barca, dramaturgo en cuyo grupos de seguidores se inscribe [Mackenzie, 1993]; parece ser que estudió en las universidades de Toledo, Salamanca y Alcalá. Ya en los primeros años de la década de los treinta se documentan actividades literarias suyas, citado por Pérez de Montalbán como dramaturgo de gran fama en su *Para todos* (1632). Y muy pronto se convirtió también en uno de los dramaturgos favoritos del rey, quien escogía muchas de sus comedias para representaciones palaciegas; en 1640, por ejemplo, se representó su obra *Los bandos de Verona* con motivo de la inauguración del coliseo del Buen Retiro; ese mismo año se publicó la *Primera parte* de sus comedias (la segunda saldría en 1645). Su corpus teatral presenta numerosas dificultades bibliográficas, con muchas piezas de atribución dudosa o apócrifas.

Destaca en el teatro de Rojas Zorrilla, junto a un cierto gusto por asuntos dramáticos y violentos, un agudo sentido del humor. Sin embargo, no se prodigó demasiado en los géneros cómicos breves; de hecho, los dos únicos entremeses existentes a su nombre («no malos, aunque no originales», decía Cotarelo [1911: I, LXXXVIII]) ni siquiera son de atribución segura. Ya Américo Castro puso en duda que fuera obra de Rojas el entremés *El alcalde Ardite*, conservado en el manuscrito 15168/3 de la Biblioteca Nacional de España, junto con el auto sacramental *Los acreedores del hombre*, atribuido también a él. En cuanto al otro entremés supuestamente de Rojas, *El doctor* (Biblioteca Nacional de España, ms. 15403/30), se imprimió a nombre de Monteser en *Verdores del Parnaso* (1668) y Cotarelo señaló que «tiene el mismo argumento que *El doctor Borrego*, de Quiñones, y uno y otro proceden del *Doctor simple*, entremés del siglo XVI» [1911: LXXXVIII].

*El alcalde Ardite*, entremés «de ronda», también le recordaba a don Emilio «otro de los ladrones del siglo XVI, en que a un avaro extranjero roban una criada y dos hombres. Invoca a la justicia para perseguirlos. El alcalde logra prender a uno que, disfrazándose de gitano y por lo bien que zapatea bailando el *canario* con el propio alcalde, queda libre. Prenden también a la mujer, la cual, hablando portugués, engaña a la justicia». Ese avaro es, en realidad, un vejete judío («ridículamente vestido con espada y rodela») que tendrá la desgracia de toparse con un alcalde de muy pocas luces —que deja libres, por razones absurdas, a los delincuentes— y acabará siendo víctima de las burlas de todos los demás personajes, ladrones incluidos. Este alcalde Ardite, que aparece vestido con «capa y espada, broquel, linterna y vara», se caracteriza por su habla villanesca, los juramentos y las prevaricaciones lingüísticas; también en su indumentaria y sus disparates en la aplicación de la justicia hay algunos rasgos que recuerdan a Sancho Panza. El lenguaje de los pícaros y ladrones se distingue por los términos germanescos.

*El doctor* muestra a un médico vejete, el doctor Borrego, cuya avaricia padecen sus criados, el bobo Lorenzo y la ingeniosa Zarandaja; esta idea la forma de burlar al amo y conseguir el dinero que aquél les escatima, disfrazándose con sus ropajes y suplantándole en un desfile de pacientes a los que recetará sangrías exageradas y disparatados remedios («dele a comer siete arrobas / de tocino y de carnero / otras tantas», aconseja a un enfermo del estómago; «sacárselos […], limpiárselos […] y con mucho tiento / volvérselos a meter» recomienda a uno que padece de los ojos). Sus víctimas acabarán apaleando al verdadero doctor hasta que el bobo Lorenzo descubra imprudentemente el ardid y se dé final al entremés con un baile.

Se han ocupado recientemente de los entremeses de Rojas investigadores como Rafael González Cañal y Abraham Madroñal Durán, con puntos de vista divergentes sobre la autoría de estas piezas. González Cañal no observa «demasiadas dudas» en la atribución a Rojas de *El alcalde Ardite* y recuerda que Cotarelo señaló en su biografía de este autor [1911a] que el manuscrito donde se conserva, en que se incluye también una loa sacramental, era en parte autógrafo [2006: 312]. «El asunto resulta más complicado» en el caso de *El doctor*, reconoce González, ya que hay una larga lista de copias con atribuciones distintas (anonimia incluida) y también con títulos y versiones textuales ligeramente diferentes. Concluye, sin embargo, lo siguiente: «no creo que se pueda dudar con los datos que tenemos de la autoría de Rojas en ninguno de los dos casos […]. Es posible que haya habido otras manos, una refundición posterior o unos retoques significativos al texto inicial

[...]. Mientras no haya otras pruebas más concluyentes, soy partidario de dejar estos entremeses a nombre de Rojas Zorrilla. Al fin y al cabo no es tan raro que Rojas haya querido probar su ingenio cómico en este tipo de piezas breves» [2006: 317].

Coincide Madroñal, claro, con esta última apreciación, y recuerda que especialistas como Felipe Pedraza han rastreado un tipo de humor entremesil en algunas de las que han denominado «comedias cínicas» de Rojas (*Lo que son mujeres*, *Abrir el ojo*), donde hay una comicidad absurda y una serie de caricaturas paródicas y figurones que acreditan su maestría en el manejo de esos resortes [2007]. Pero, sin descartar que sean suyos, le parece que «deberíamos tener alguna prueba más de autoría para adjudicarle [*El doctor*]» (que nunca, añade, se publicó a nombre de Quiñones, como dijo Cotarelo) y que «hay más razones de las expuestas por críticos anteriores para dudar de la autoría» de Rojas sobre *El alcalde Ardite*: por ejemplo, el hecho de que el nombre de dicho alcalde ya apareciera en el entremés *La visita de la cárcel*, éste sí seguro de Quiñones de Benavente y representado en 1634, cuando el inexperto Rojas Zorrilla, veinticinco años más joven que su paisano, acababa de debutar en el mundo del teatro; o la propia métrica, bastante concordante, precisamente, con la de los entremeses de Quiñones de aquellos años. El asunto es, en verdad, complejo, porque existe otra pieza titulada *La visita de la cárcel*, de Jerónimo de Cáncer, que comparte algunos estribillos con *El alcalde Ardite*, atribuido a Rojas. Aunque edita la pieza, que sólo se conservaba manuscrita, le parece a Madroñal muy endeble una atribución basada en el simple hecho de que acompañara a un auto sacramental suyo; cree, más bien, que «si no es de Quiñones, debe de pertenecer a un autor que sigue su estela muy de cerca» [2007].[52]

---

[52] Habrá que esperar, pues, a los resultados que arrojen las investigaciones de Gema Cienfuegos Antelo en la edición de sus entremeses y autos sacramentales que prepara, en la Universidad de Valladolid, para el proyecto I+D «Edición de la obra dramática de Rojas Zorrilla. IV».

## 4. Zárate [Enríquez Gómez]

Del conquense Antonio Enríquez Gómez (1600-1663), cuya figura se mueve entre seudónimos (fue conocido también como Fernando de Zárate) y posibles identidades secretas (según una hipótesis reciente de Michael McGaha [1994], detrás de las obras de Francisco de Villegas se escondería precisamente nuestro autor), nos han llegado, además de cerca de cincuenta comedias y otras obras en prosa, como la conocida novela *El siglo pitagórico y vida de don Gregorio Guadaña*, dos loas y dos entremeses.

La *Loa con que empezó a representar Rosa en Sevilla* es una presentación de la compañía de Pedro de la Rosa, que ofreció los autos del Corpus en 1639 en Sevilla, ciudad a la que se hace referencia en el texto. La *Loa sacramental de los siete planetas*, escrita para ser representada junto con el auto de Calderón *La cura y la enfermedad* en Sevilla en 1659, presenta los planetas como símbolos de los siete sacramentos, ofrecidos al hombre como *summa* de la vida cristiana en oposición a los siete pecados capitales. Esta obra ocultaría, según algunos críticos [Rose y Oelman, 1987: XXV-XXXIV], un intento de propugnar ideas y creencias hebraicas, demostrando asimismo la fidelidad secreta de Zárate al judaísmo, a pesar de que la pieza sea «surprisingly orthodox»: una posibilidad que, aunque revista cierto interés y pueda en parte explicarse a la luz de su ascendencia judaica, no deja de ser bastante arriesgada.

Los entremeses *El alcalde de Mairena* y *El zapatero y don Terencio Catalana* fueron publicados en *Rasgos del ocio* (Madrid, 1661); el primero, atribuido a veces también a León Merchante, trata de un alcalde que quiere desenterrar un regidor muerto para residenciarle, y de la burla que un escribano y un soldado le gastan apareciéndole como espectro del difunto. En palabras de Cotarelo, «no parece ser obra de un ingenio del siglo XVII, sino de algún coplero de mediados del XVIII» [1911: LXXXIX]. Otro engaño con disfraz es presentado en *El zapatero y don Terencio Catalana*, en que un enamorado burla al padre de su amada fingiendo ser un zapatero y distrayéndole con la excusa de probar un calzado, mientras un compañero hace salir de casa a la joven. Esta pieza, aparecida en *Rasgos del ocio* (1661) a nombre de Zárate, es exactamente igual al entremés *Don Terencio* impreso en *Verdores del Parnaso* (1668), donde en cambio se atribuye a Juan de Matos Fragoso.

## 5. Zabaleta

La biografía de Juan de Zabaleta (h. 1610-1667), autor de los célebres cuadros costumbristas *El día de fiesta por la mañana* (1654) y *El día de fiesta por la tarde* (1660), aparece hoy jalonada de muchas lagunas. Sobre la fecha y el lugar de su nacimiento (Madrid o, como ha propuesto recientemente Ana Elejabeitia, Sevilla) aún quedan muchas sombras, así como sobre varios aspectos y épocas de su vida. Si su producción en prosa es harto conocida y estudiada, menos lo es en cambio su obra dramática, a pesar de haber escrito Zabaleta más de una quincena de comedias, muchas de ellas en colaboración con algunos de los autores más afamados de la época, tales como Calderón, Rojas Zorrilla, Juan Vélez de Guevara, Matos Fragoso, Cáncer, Villaviciosa, etc.

La carrera dramatúrgica de Zabaleta, si bien llegó a tener mucho éxito y cierta relevancia en su época (Cáncer alabó sus cualidades como dramaturgo en un vejamen de 1649), no estuvo exenta de algunos clamorosos fracasos, como lo fue el estreno de su comedia *La honra vive en los muertos* (1643), de la que el mismo Cáncer dice que fue «tan mala que le sucedió un desmán», o *El hijo de Marco Aurelio* (1644), muy criticada por su falta de rigor histórico, y que llevó el autor a escribir años más tarde *El emperador Commodo, historia discursiva sobre el texto de Herodiano*.

Su corpus de piezas breves es bastante reducido: el entremés *El hidalgo de Olías*, publicado en 1661 en *Rasgos del ocio*; el baile *El hierro viejo*, que a veces aparece también con el título *El herrero de viejo*, impreso en 1668 (*Ociosidad entretenida*), centrado en la figura de un gracioso mercader de hierro viejo y sus cómicos encuentros; y la *Loa a la asunción de Nuestra Señora*, aparecida en *Migajas del ingenio* (Zaragoza, 1670), que se inserta dentro del grupo de piezas «destinadas a las representaciones de obras dramáticas en las festividades de Nuestra Señora» [Cotarelo, 1911: I, XXX].

Si asumimos, como afirma Bergman, que *El día de fiesta por la mañana* y *El día de fiesta por la tarde* «no son precisamente novelas, sino más bien cuadros de costumbres y retratos de tipos y de figurones: afines, por lo tanto, a los entremeses en sus temas, aunque no en la forma» [1970: 373], también en la producción dramática breve de Zabaleta podemos ver confirmada su habilidad para la descripción costumbrista y el dibujo de caracteres. En *El hidalgo de Olías*, por ejemplo, pinta el autor muy bien la figura típica del hidalgo pobre que finge ser rico y pone todos sus esfuerzos —incluso hablando de su supuesta condición noble— para conquistar a una bella labradora, que se burla de él y, gracias a la intervención de un «alcalde villano», consigue que el ingenuo hidalgo confiese su pobreza y deje el pueblo.

## 6. *Zapata*

Melchor Zapata (h. 1620-h. 1691), autor cuyos datos biográficos escasean —según Cotarelo alcanzó «larga vida, que sería de trabajo y pobreza» [1911: XCIX]—, participó activamente a la vida cultural de la época, sobre todo en las academias literarias: queda constancia, a través de una «Oración» conservada en la Biblioteca Nacional de España (VE 1193-4), de su participación en «la Academia que se celebró en esta corte en las casas de don Juan de Luján, a 4 de septiembre año de 1646»; formó parte, en 1649, de la academia literaria llamada «Castellana», como reseña Jerónimo de Cáncer en el vejamen que dio al respecto; y tomó parte asimismo en la academia que se celebró en Madrid en el Convento de Agonizantes, el 25 de mayo de 1681, presidida por el padre Jerónimo Pérez de la Morena.

A nombre de Zapata aparecieron, además, varios papeles sueltos: *La lluvia de oro y Fábula de Júpiter y Danae*, *Fábula burlesca de Acteón y Diana*, *Musa burlesca* y una *Relación* de las fiestas celebradas en 1671 en honor de Carlos II; La Barrera atribuye a Zapata la comedia *El galanteo al revés*, que podría ser en realidad de un tal Juan Zapata. Cotarelo decía sobre él que «parece haber sido un poetastro» [1911: XCIX].

Por lo que se refiere a su teatro breve, tres son los entremeses hoy conocidos de este autor, a saber: *El borracho*, *El espejo* y *Nada entre dos platos*, además de un baile entremesado, *El mercader*. En la primera pieza, una interesante obra de figurón, está muy bien dibujado el carácter cómico del bebedor —el manuscrito 3922 de la Biblioteca Nacional de España lleva la fecha de 1691, año en que, si vivía, sería Zapata muy anciano—. El entremés *El espejo*, impreso en *Teatro poético* (Zaragoza, 1658) y con leves diferencias, sobre todo en el desenlace, diez años después en *Verdores del Parnaso* (Madrid, 1668), se construye en torno a dos acciones: la lucha del bobo Pablillos contra un espejo para proteger a la hija de su amo de supuestos amantes, y la burla protagonizada por el mismo simplón a expensas de un vejete y de dos ladrones, con el fin de apropiarse de una bolsa llena de dinero.

*Nada entre dos platos* (*Flor de entremeses*, Madrid, 1657) satiriza a las damas tomajonas y a los galancetes presumidos, cobardes y tacaños: la acción principal es una pelea fingida entre don Lucas, figura de «mucho ruido y poco gasto», y su criado Cabello. En el baile entremesado *El mercader* (*Vergel de entremeses*, Zaragoza, 1675), la protagonista se presenta metafóricamente como Puerta de Guadalajara y sus tiendas, ofreciendo consejos y telas a los demás personajes, con el fin, por ejemplo, de enamorar a un avariento y quitarle su oro, vestir a una tía que con su codicia «desnuda todo el pueblo» [v. 34], etc. Según Cotarelo, fue «ejecutado por Luisa y Sebastiana Fernández, hermanas; Micaela Fernández y Jusepa de Salazar, con Manuel Vallejo y Antonio Leonardo» [1911: XCIX].

### 7. *Matos Fragoso*

El portugués Juan de Matos Fragoso (1609-1689) fue sin duda uno de los autores más prolíficos de su época. Nacido en Alvito, pequeña villa del Alentejo portugués, y establecido sucesivamente en Madrid, tomó parte activa en la vida cortesana y literaria de la época, como queda demostrado por su biografía y parte de su producción en verso: poemas de circunstancias, poesías dedicadas a las segundas bodas de Felipe IV o a la muerte de la reina Isabel y de Pérez de Montalbán, etc. [Cotarelo, 1911: I, XCIX]. Fue Matos también un dramaturgo muy activo, autor de varias comedias colaboradas (especialmente con su buen amigo Montalbán, pero también con Cáncer, Diamante, Zabaleta y Juan Vélez de Guevara, entre otros) y escritas en solitario (una *Primera parte* de doce comedias suyas vio la luz en 1658). Destacan además varias refundiciones, basadas sobre todo en piezas lopianas: la más conocida quizá sea *El sabio en su retiro, y villano en su rincón, Juan labrador*.

Amplia es también la producción teatral breve del portugués, con once entremeses, una mojiganga, tres bailes y un baile entremesado, además de una *Jácara retratando a una dama*, impresa en 1661 en *Rasgos del ocio*, donde con tonos irónicos se describen las diferentes partes del cuerpo de una mujer. La mojiganga *El folión*, representada hacia 1662, bien podría —como afirma Cotarelo— «llamarse también entremés o baile, pues no hay figurones ni parodias» [1911: CCCI]. En efecto, en la pieza «no aparece ningún estribillo de mojiganga, ni personajes ridículos, ni la mención de este vocablo» [Buezo, 2005: 467]: resulta, sin embargo, interesante para conocer algunos aspectos del mundillo de la farándula de la época, ya que la acción se centra en la figura de una graciosa que se queja porque otro actor, Bezón, ha dejado su compañía para irse con la de Pedro de la Rosa, mencionando varios nombres de comediantes y autores de comedias.

Desde un punto de vista temático, tanto el baile *El desafío* (recogido en *Ramillete*, 1672) como el baile entremesado *Los carreteros* (impreso en *Floresta*, 1691, y representado ante los reyes en 1659) centran su acción en una pelea por amor entre mujeres; en el segundo caso, sin embargo, las protagonistas van disfrazadas de carreteros. *El Mellado*, cuyo subtítulo es «baile en jácara», como afirma Cotarelo «no es el baile llamado *baile de jácara*, sino entremés, jácara y baile, porque se representa en diálogo, se canta y se baila al final, como en otros bailes de teatro»: es una «jácara en acción» [1911: CXCIII]. La historia se desarrolla en torno a la figura de un rufián condenado y llevado a la horca, Mellado, a quien cantan sus izas. A nombre de Matos apareció también el *Baile del rico y el pobre* (en *Rasgos del ocio*, 1661), donde se dibujan y se entrecruzan irónicamente dos historias, «el amanecer de un rico / y la mañana de un pobre» [vv. 3-4].

Por lo que concierne a los entremeses, en diversas ocasiones acude Matos al cliché de la burla organizada como núcleo principal de la pieza: así, en el entremés de situación *El asaetado* los dos criados Sebastiana y Bartolo, despedidos por su amo y sin dinero, deciden engañar a varias figuras (un caminante, una labradora, un valiente, una hechicera) fingiendo la mujer que su hermano ha sido ajusticiado, y pidiendo dinero para su entierro. Análogamente, el barbero venido de las Indias en *Los enharinados* propone de manera engañosa a dos estereotipados alcaldes de un pueblo un estrafalario remedio contra el crecimiento de la barba («unos polvillos tan fuertes» [v. 43]), con el único fin de robarles capas y sombreros; en *El matachín* (*Verdores del Parnaso*, 1668) la joven Linaza se burla del vejete Gordalobo, que quiere enamorar a una mujer con su dinero, advirtiéndole sobre la presencia de duendes en su casa: una simple excusa para acabar aporreándolo.

El gusto de Matos por lo disparatado se hace evidente en *El indiano crédulo* (del que hay un manuscrito en la Biblioteca Nacional de España, ms. 17081, que cambia el título en *El indiano incrédulo*), en que la bella Quiteria, enamorada de un joven pobre, Luis, se ve obligada a casarse por cuestiones de dinero con el hermano de éste, el rico Lucas. La acción cómica se desarrolla gracias a la intervención del criado Onofre, que consigue confundir las identidades de los dos hombres hasta que ellos mismos se convencen que Luis es en realidad Lucas, y viceversa. Un esquema similar sigue *El dormilón*, que según afirma Cotarelo «inspiró a Francisco de Castro el suyo titulado *¿Quién masca ahí?*» [1911: C]; en efecto, pistolas, trompetas y tambores no consiguen despertar al protagonista, Carrasco, cuyo sueño sí se interrumpe por el crujir de un bizcocho. La comida representa también el tema principal de *El detenido don Calceta*, entremés escrito en colaboración con Villaviciosa (*Laurel de entremeses*, 1660) e impreso también con el título *El entretenido don Calceta*: en este caso el protagonista encarna el estereotipo del gorrón que sólo piensa en comer, al que su enemigo don Cosme pone varios obstáculos para que no llegue a tiempo al banquete organizado con ocasión de su boda.

Algunas piezas de Matos adolecen de un ritmo excesivamente lento y apenas presentan acción; es el caso de *El trepado* (en *Tardes apacibles*, 1663, con el título *El trapero*), donde un condenado a la horca habla con su amada, hasta que se le propone «ir al remo sin sueldo / diez años a servir», algo que el protagonista acepta de buena gana. Lo mismo podría decirse de *Las cortesías*, publicado también con los títulos *Las reverencias* y *Los mudos* —este último con un desenlace levemente diferente, pero los tres sustancialmente iguales en su contenido y que habría que considerar, según propone Madroñal [1995: 543], anónimos—; así resumía su argumento Cotarelo: «varios galanes llevan en presencia del padre de sus damas a éstas, sin más que hacerle cada uno una profunda cortesía» [1911: C]. Únicamente destaca el tipo cómico del criado, que con sus disparates y pullas consigue animar la acción en la segunda parte de la pieza, proponiendo además algunas situaciones jocosas interesantes.

Más equilibrio y mejor estructura tiene *Don Terencio*, donde el protagonista Gerundio, enamorado de la hija de Terencio, pide ayuda a su amigo Estefanio, que le propone

> hablar con el criado
> para que vos entréis disimulado
> con un par de zapatos a calzalle,
> y entretanto a la calle
> saldré yo con su hija [vv. 21-25].

La pieza, aparecida en *Verdores del Parnaso* (1668), es idéntica en forma y contenido al entremés *El zapatero y don Terencio Catalana* impreso en *Rasgos del ocio* (1661) a nombre de Zárate; ni La Barrera ni Cotarelo resuelven el problema de atribución. En el entremés de situación *La fregona* (*Rasgos del ocio*, 1661) vemos dibujada la rápida subida y bajada social de la fregona Casilda que, recién llegada de Granada y abandonada en la corte por el gracioso Pedro Carretero, encuentra a la vieja Corruja, «el mejor hurón que hay en Castilla», y junto a ella adquiere riquezas que luego enseguida ve desaparecer, volviendo a su humilde situación inicial.

Cierra este panorama de la producción entremesil de Matos *El galán llevado por mal* (*Tardes apacibles*, 1663), «el único entremés de carácter de don Juan de Matos Fragoso» [Cotarelo, 1911: I, XCIX]. El argumento es bastante antiguo («hay una farsa francesa de asunto muy parecido», añadía don Emilio): una mujer, triste y enojada porque su esposo nunca le hace regalos y apenas le da para vivir, a pesar de que ella sea humilde y sosegada, empieza —aconsejada y apoyada por dos amigas— a mostrarse enojada y hablarle a su marido «con tonillo desabrido», dándole celos y consiguiendo de este modo mejorar su condición.

EDICIONES

GIL ENRÍQUEZ, Andrés, *No puede mentir el cielo*, ed. Renata Londero, Lucca, Mauro Baroni, [2001].

## XXV. Teatro breve de mujeres, por *Julio Vélez-Sainz*

Contamos con varias destacadas dramaturgas en el teatro áureo español. Entre otros nombres más o menos ilustres encontramos los de Ángela de Acevedo, Ana Caro Mallén de Soto, sor Marcela de San Félix, sor María de San Alberto (1568-1640), sor Cecilia del Nacimiento (1570-1646), sor Francisca de Santa Teresa, Isabel de Silva, Beatriz de Souza y Mello (*c.* 1650-1700), Juana Teodora de Souza —autora de *El gran prodigio de España y lealtad de un amigo*—, sor Juana Inés de la Cruz, Leonor de la Cueva, sor María do Ceo (1658-1752) —autora de *Amor es fe, Las lágrimas de Roma* y *Mayor fineza de amor*—, Juana Josefa de Meneses, condesa de Ericeira (1651-1709), Bernarda Ferreira de Lacerca (1595-1644), Margarita Robles, María Egual, condesa de Castelfort (1655-1735) y María de Zayas y Sotomayor. Algunas se relacionaban directamente con lo más florido del campo literario como sor Marcela de San Félix, hija de Lope de Vega Carpio, o aprovechaban ocasiones sociales cortesanas para promocionar sus obras, como María de Zayas (cuyas *Novelas ejemplares y amorosas* están significativamente divididas en «Saraos»). Igualmente algunas de ellas tuvieron un amplio éxito dentro del sistema literario del momento, por los que se les prodigó el apelativo de décima Musa de Sevilla, como a Ana Caro o de Nueva España, como a sor Juana [Vélez-Sainz, 2007]. Otras obtuvieron una acogida un tanto más fría y sus propuestas teatrales nunca llegaron a cuajar entre el público ni entre los entendidos, como en los casos de Feliciana Enríquez o Isabel de Silva.

El teatro breve de estas dramaturgas no es demasiado amplio, aparte de la obra de sor Marcela de San Felix, sor Francisca de Santa Teresa, Ana Caro Mallén de Soto y Feliciana Enríquez de Guzmán que elegimos como representantes del teatro eclesiástico y laico, respectivamente, contamos con una loa a *También se ama en el abismo*, de Agustín de Salazar, de María Egual, condesa de Castelfort (1655-1735), autora de *Los prodigios de Tesalia*, y, claro, las obras de sor Juana: *Loa para el «Auto el Cetro de San José»*, *Loa celebrando la Concepción de María Santísima* y *Aquel divino portento* amén de la jácara *Alá va que sale*.

Feliciana Enríquez de Guzmán (Sevilla, t.a.q. 1580-Sevilla, ¿?) fue hija de Diego García de Torre y de María Enríquez de Guzmán; la autora tomó sus apellidos de los de su madre (una práctica que no era extraña en el Siglo de Oro) por su toque de distinción. Como indica Fernando Doménech Rico: «probablemente su madre, de quien tomó los apellidos, pertenecía a una rama secundaria de la poderosa familia de los Guzmanes, la más importante de Sevilla, a la cual pertenecían los duques de Medina Sidonia y el conde-duque de Olivares, don Gaspar de Guzmán» [2003: 1245]. Feliciana se casó dos veces. La primera con Cristóbal Ponce Solís y Farfán con edad avanzada (unos 35 años si creemos, con Montoto, que nació sobre 1580). Este primer matrimonio duró tan sólo tres años, del que doña Feliciana heredó una capellanía que su difunto marido le había dejado en la iglesia de San Juan, con capellán incluido (en 1630 era Juan Bautista Márquez), lo que indican los amplios recursos económicos de doña Feliciana. Su segundo esposo fue don Francisco de León Garavito, licenciado en Salamanca en Cánones el 29 de octubre de 1593 [Bolaños, 2007: 1, n. 2]. Feliciana es una mujer de amplia cultura clásica. Piedad Bolaños ha encontrado en la exhumación de la biblioteca de su segundo esposo más de cien libros que abarcan todos los campos del saber disponibles para una persona del Barroco.

Enríquez de Guzmán merece atención crítica principalmente por su *magnum opus*: la *Tragicomedia los Jardines y Campos Sabeos*. La *Tragicomedia* tiene una compleja estructura. Está dividida en dos partes, compuestas cada una de cinco actos en versos polimétricos. Añade Enríquez dos entremeses para cada parte en prosa y verso, diez coros, dos prólogos en verso, poemas dedicatorios, un caligrama con el nombre de su amado y una premática burlesca contra los malos poetas: la *Carta ejecutoria,* que Bolaños atribuye a su segundo marido. Como es comprensible, la autora estaba orgullosa de una obra de tan primorosa arquitectura. De hecho, la fecha de producción de la primera parte es 1599 y la de la segunda es 1624; es decir, Enríquez la escribió sobre un período de veinticinco años, lo que resulta altamente sorpresivo si recordamos la manera de escribir teatro en la época. La obra tuvo una buena difusión con cuatro ediciones en el breve espacio de tres años: hay dos ediciones de 1624 (Iacomo Carballo en Coimbra y Pedro Crasbeeck en Lisboa) y otras dos de 1627 (Gerardo de la Viña en Lisboa y Pedro Crasbeeck en Lisboa).

El primer entreacto de la primera parte de la *Tragicomedia* se abre con una escena de cortejo burlesco por parte de Pancaya y Sabá, dos tipos apicarados, que entretienen a la misma dama: Aglaya. Pancaya y Sabá tiene dos grandes cicatrices de oreja a oreja que delatan su origen hampesco. Casi como títeres de comedia de golpes los personajes se enzarzan en peleas físicas que encuentran un apoyo verbal. En este caso el entreacto de Enríquez de Guzmán no se aleja en realidad de modelos entremesiles en cuanto al lenguaje burlesco, manteniendo en común con ellos las construcciones por paranomasias como las de Pancaya cuando le reprime a Sabá:

> Suéltame traydor la gamba; no me saques alguna camba, con que me la dexes zamba!
> Suéltame traydor, que tu eres el falsario, y plagiario, y boticario, y sagitario y plagiario [294].

Inmediatamente aparecen dos corcovados, Nisa y Anga, junto a dos músicos ciegos que son también tullidos (Orfeo y Anglión), quienes introducen nuevos métodos cómicos verbales. Así, los efectos cómicos se logran a partir de multiplicar las aliteraciones, como en la canción burlesca de Orfeo en su entrada triunfal:

> Somos pocos, tú eres mucha,
> muchachos, tu muchachaza,
> muchachota, muchachona,
> que passas ya de muchacha,
> de las tres Gracias mohosas,
> la de más mohosas Gracias [298].

Sabá, Pancaya, Anfión y Orfeo se disponen a pelear por el amor de Aglaya cuando el padre de ésta, Baco Poltrón, aparece para criticarles por su falta de atención a sus otras dos hijas: Eufrosina y Talía. Las trillizas forman las «gracias mohosas», un conjunto mitológico-burlesco que parodia las tres Gracias clásicas. Baco Poltrón presenta a sus hijas y propone un torneo burlesco en que el premio sería la entrega de sus manos. Los guerreros burlescos, Pancaya, Sabá, Orfeo y Anfión aceptan. Orfeo comienza una canción sobre las Gracias mientras se cierra la acción del entremés con el estribillo de:

Las mohosas tres gracias son las vaquillas;
nosotros los lidiados con sus soguillas [301].

Cabe finalmente destacar que el torneo burlesco del entremés especula grotescamente el torneo de la acción principal de la *Tragicomedia* en que los héroes Maya y Clarisel participan en un torneo de parecidas características.

El segundo interludio de la primera parte de la *Tragicomedia* continúa la acción del entreacto anterior. Comienzan las Gracias, una tuerta y las otras ciegas, a discutir sobre quiénes serán los mejores del torneo. La primera Gracia quiere casarse con el más caballero, la segunda con el más atlético y la tercera con el mejor poeta. Los seis tullidos entran en una disputa burlesca en que llevan escudos de corcho, espadas de madera y lanzas verdes y rojas (siendo el rojo color de la necedad y el verde de la locura) que las tres damas y su padre acogen con alabanzas exageradas. Tras este combate singular, Aglaya decide casarse con todos para no ofender a ninguno, lo que origina una serie de bromas sobre la poliandria. Talía, siguiendo correctamente su función de musa de la poesía burlesca (como se puede ver, por ejemplo, en *El Parnasso español*, de Quevedo), le pide a los contendientes que reciten versos. Al igual que Aglaya, Talía decide casarse con todos. Orfeo sugiere que se casen todos con todas a lo que Baco contesta que sí encantado. La obra acaba con una serie de bromas sobre la situación de los hijos, que serían hermanos, hermanastros, tíos y sobrinos de sí mismos. De estos dos interludios cómicos merece la pena destacar cómo Feliciana lleva a un primer plano la cuestión de la poliandria y la poligamia, lo que tiene un aspecto obvio de ironía en una mujer que se casó con su segundo marido tan sólo cuatro meses después de morirse el primero. Como veremos más adelante con sor Marcela, el teatro breve sirve a la escritora para presentarse ante el público en un ejercicio de autorrepresentación (*self-fashioning*) burlesco. Feliciana utiliza el espejo refractario del teatro carnavalesco para el tratamiento de ciertas problemáticas personales, lo que añadiría al aspecto metaliterario de la obra.

El primer entreacto de la segunda parte es quizá el más interesante en cuanto a que sugiere abiertamente la posición de Feliciana dentro del sistema literario del teatro áureo. Los personajes son figuras mitológicas del tipo de Baco, Apolo y Midas. Midas (seguidor de Pan) prepara una fiesta para Baco que va a durar diez días, nos encontramos en el noveno día y Baco ha bebido muchísimo; su padre, Sileno, sugiere que se inicie una competición. Al igual que ocurriera en los entreactos de la primera parte, éste se entrelaza con la acción principal de la segunda parte pues en ese momento Maya y Clarisel han de pasar por una prueba de amor. Lo que está narrado de forma trágica en la tragicomedia se rebaja al submundo del carnaval, la risa y lo grotesco. Inserta Feliciana en boca de Apolo unos particulares denuestos en contra del amor y el vino, siguiendo la tradición de un Juan Ruiz. Acto seguido, se presenta una nueva competición, en este caso un poco más seria, en que presenta el concurso poético entre Pan y Apolo por un lugar en el Parnaso. A diferencia de los dos primeros, el referente literario de la obra es claro: las *Metamorfosis* de Ovidio. En la fuente Apolo y Pan se presentan frente el monte-dios Timolo. Apolo representa el ideal del artista, por lo que no es de extrañar que Timolo vote a su favor. Marsias (icono de la *hybris*) se convierte en una especie de fauno-chivo expiatorio y las orejas de Midas asemejan las de un bruto (símbolo del *ignoramus*). Enríquez traslada la contienda al cómico entreacto primero de la *Tragicomedia*. Aquí habla de tres justas sobre las que Timolo tiene el fallo final. Timolo prefiere a Apolo quien castiga a Midas por su necedad; los personajes en sarao repetirán una cantinela humillante al rey:

> Midas tiene orejas de asno,
> Porque fue necio y durasno [Soufas, 1997: 267].

Es altamente probable que Feliciana pretenda reflejar de manera burlesca los certámenes y academias del Siglo de Oro, pues el motivo de Apolo y Marsias o Pan es común en los escritos hermanados con éstas. Dentro del certamen de las academias ganar el premio consistiría en una «apolización» del poeta que, como nuevo Febo, supera al mal poeta, Pan o Marsias. Asimismo, es posible que Feliciana esté haciendo referencia indirecta, por medio de Apolo, a Felipe IV quien se encontraba de visita el primero de marzo de 1624, cuando declara Feliciana en el prólogo que se inicia la obra. Feliciana, gran lectora de los clásicos y experta mitóloga, utiliza conscientemente el motivo del Parnaso pues el propio rey favorecía su representación como el blondo Febo y durante la estancia de Felipe IV en Sevilla era patente su identificación con Apolo.

De este modo, Enríquez presenta en el prólogo un programa poético al monarca aprovechando la oportunidad de su visita [Vélez-Sainz, 2005]. Para Feliciana el arte teatral debe volver a las formas cultas del teatro del siglo XVI, del que su propia obra sería ejemplo supremo.

En el segundo y último entreacto de la segunda parte vuelven Apolo, Midas y el referente de las *Metamorfosis*, en este caso, el episodio de la *venatio amoris* de Apolo y Dafne. En la conocida aventura Apolo se encuentra con Cupido y se burla de él por llevar flechas; ante esta provocación, Cupido se venga clavando dos saetas de efecto contrario, la primera a Apolo que le provoca un amor irrefrenable y otra a Dafne que le hace huir. Febo persigue a la ninfa hasta que ésta ruega a su padre Peneo que la salve por medio de convertirla en laurel. Como en el resto de los entreactos, Feliciana modifica profundamente la fuente de manera que destaca los aspectos más grotescos y burlescos de la obra. Para empezar, el criado de Midas, Licas, que en el Siglo de Oro es un personaje de resonancias burlescas (y así lo encontramos en obras de teatro mitológico cortesano como *Fieras afemina amor*, de Calderón), aparece como criado burlón al modo de un arlequín. Asimismo, Feliciana presenta dos personajes nuevos: Siringa y Pomona, quienes también se convierten en plantas. Midas y Licas se mantienen como espectadores de las tramas de caza y captura de amantes en la distancia mientras, además, comentan sobre el resto de los personajes. En breve, la obra de Feliciana, si bien escasa, es de muy alta calidad pues ejemplifica motivos cómicos como la paranomasia, la parodia del mito clásico, un gusto algo gongorino por lo sensorial sin desaprovechar ocasiones para hacer juegos conceptistas y autorreferenciales.

Al igual que Feliciana Enríquez de Guzmán, Ana Caro Mallén de Soto (¿Granada-Sevilla?, 1590-Sevilla, 1650) recibió sus enseñanzas poéticas en una academia literaria. Se sabe que formó parte destacada de la sostenida por el conde la Torre y cuyo presidente era don Antonio Ortiz Melgarejo. Siempre se ha sospechado, sin ningún documento que lo acredite, que formaba parte de la familia de Rodrigo Caro, quien la cita en su *Varones ilustres de Sevilla*. Lola Luna demostró en unos artículos de singular interés que Ana Caro era una profesional de las letras. En la tradición de Cristina de Pisa (quien era conocida en España desde el siglo XV, pues la biblioteca de Isabel la Católica cuenta con un ejemplo de su *Tesoro de la ciudad de las damas o Libro de las tres virtudes*), Caro cobraba por su trabajo y sus clientes pertenecían a la nobleza, tanto de Sevilla como de Madrid. Como sor Juana o María de Zayas, Ana Caro fue celebrada por Luis Vélez de Guevara en *El Diablo Cojuelo* y por Alonso Castillo Solórzano en *La Garduña de Sevilla*.

Ana Caro escribió en varios de los géneros comunes al Siglo de Oro: comedias urbanas o de capa y espada, como *Valor, agravio y mujer*, y caballerescas como *El conde Partinuplés* (publicado en 1653), sonetos y loas dedicadas a amigos y mecenas y relaciones de eventos famosos, género en que es una gran especialista. Como indica Francisco López Estrada, Ana Caro fue especialista en «poemas panegíricos y laudatorios de tono cortesano» [1976: 263]. Su obra de encargo se puede dividir en una etapa sevillana y una madrileña en que la autora, siempre cercana a los círculos de poder, evolucionaría como escritora. Podemos destacar entre otras sus obras de fiestas sevillanas como la *Relación [...] de las grandiosas fiestas [...] a los santos mártires de Japón* (1628), la *Grandiosa victoria que alcanzó de los moros de Tetuán* (Sevilla, Simón Fajardo, 1633), la *Relación de la grandiosa fiesta, y octava* (Sevilla, Andrés Grande, 1635). Ya en Madrid Caro escribió el *Contexto de las reales fiestas* (1637). Es de destacar que en la capital de España trabó amistad con la condesa de Paredes, mecenas de sor Juana, Vélez de Guevara, Matos Fragoso y, de manera muy significativa, María de Zayas.

La obra teatral breve de Ana Caro se circunscribe a una *Loa sacramental* y una atribución: el *Coloquio entre dos [...] a los autos del Corpus del año del Señor de 1645* (1645). El *Coloquio entre dos*, sito en la Biblioteca Colombina de Sevilla donde se le atribuye, fue editado por Lola Luna en su tesis doctoral. Resulta una obra de especial interés para entender los mecanismos de la parodia legal en el Siglo de Oro, pues ridiculiza nada menos que un auto de fe, el cual queda puesto en boca de dos rufianes, siguiendo la amplia tradición hampesca de Sevilla tan magistralmente tratada entre otros por Cervantes en *Rinconete y Cortadillo* o en el soneto «Voto a Dios, que me espanta esta grandeza».

La *Loa sacramental que se representó en el carro de Antonio de Prado, en las fiestas del Corpus de Sevilla, este año de 1639* (Sevilla, Juan Gomes de Blas) es una obra que demuestra los profundos conocimientos teatrales de la autora, capaz de ejercitar su pluma en cuatro lenguas o *fablas* de carácter cómico: guineo, morisco, francés y portugués. La poliglosia es un elemento relativamente común a las obras de teatro breve de carácter religioso, así en, por ejemplo, la *Colección*, de Emilio Cotarelo se encuentran una loa en lengua vizcaína, un baile de moriscos, un baile con mezcla de guineo y portugués, el *Baile de Paracumbé, a lo portugués* (1708). No obstante, la crítica ha establecido una cierta dependencia de la *Loa* con obras de Lope de Vega en que ejercita su pluma con distintas hablas como el *Segundo coloquio de Lope de Vega, entre un Portuguez, y un Castellano, un Vizcaíno, un Estudiante, y un mozo de mulas* (Málaga, Joan Rene, 1615) y la *Fiesta tercera del Santísimo Sacramento. Loa en morisco.*

El asunto de la pieza es la loa sacramental del Corpus Christi a la que se le insertan diversas alabanzas de la ciudad de Sevilla, del Guadalquivir, de la Lonja, de la Giralda y de sus calles en boca de los cuatro personajes. López Estrada piensa que sería obra preparada para un único actor que interpretaría y seguramente cantaría en algún momento de los cuatro parlamentos. El Portugués comienza la historia expresando su admiración por encontrarse en Sevilla, «o novo paradyso» [v. 12], recorre las calles hasta encontrar «esse alto obeliso / da Igreja mór» [vv. 26-27]; la Giralda, donde descansará los pies. Acto seguido, se acerca a la Lonja donde escucha la conversación del resto de los personajes, quienes discuten sobre el divino sacramento. El Portugués les insta a que le cuenten sus argumentos. Comienza el Francés, con unas razones que él mismo considera enrevesadas sobre la belleza del misterio de la eucaristía, que incluyen la belleza del acto divino y una descripción de los actos que conlleva. El lenguaje es claramente sencillo y burlesco y la rima el pareado:

> Per la França, per la España
> par Diû, he andado,
> e cos no me ha contentado
> como este grandos Sevillos:
> que es tantas sus maravillos [vv. 101-105].

Le sigue el Morisco, quien llama a todos los musulmanes a convertirse y a contemplar la maravilla de la doble sustancia de Cristo. La señal más característica de la pronunciación morisca era la conversión de la sibilante sorda [s] en la fricativa prepalatal sorda x [š], lo que Caro explota en el parlamento:

Extex Diox hombres divinos,
extex Corderox Paxcalex,
extex sagrados Rocíox [vv. 126-128].

Al igual que el Francés, el Morisco acaba su parlamento con una canción en que menciona que prefiere la dieta de los cristianos a la musulmana:

No comer max que cuxcux,
caracol, cabra e hormego,
paxa e hego,
y extex manxar verdadero
ex Ban, Deox, Vino, e Cordero [vv. 161-165].

El penúltimo en hablar es el Guineo. No deberíamos olvidar que el uso del guineo como lengua teatral se remonta a Lope de Rueda, quien se jactaba de que uno de sus mejores papeles era el de «negra». El lenguaje de los guineos se distingue por la neutralización de las laterales en posición implosiva de modo que blanco se convierte en «branco» y negra en «negla», cordero en «culuderos», etc. Al igual que el pastor de los autos del XVI, el negro resulta un personaje interesante como mediador para la realización del misterio de la eucaristía por su uso de simbolismos cristianos: «al negla tloca en almiños» [v. 191]. Al final de su parlamento utiliza una guitarra y comienza a cantar una breve cancioncilla de claros ecos africanos:

Sanguagua, gurugu mangua,
sanguagua, gurugu mangue,
mana flasica, que te diré
que, que, que
plima negliya de Santo Tomé;
que te diré
sanguagua, gurugu mangué,
deste culudero de Juan,
donde siflados están
tanto mistelio de fe [vv. 214-223].

El Portugués es el último personaje en hablar, no sería la primera vez que Ana Caro escribe algo en portugués pues ya había incluido una *folla* en uno de las celebraciones que había versificado anteriormente. El parlamento del Portugués es un ejemplo más del sistema dispersivo recolector típico de la praxis poética del momento, pues sirve como depósito de los elementos mencionados por el resto de los personajes. El Portugués resumirá lo mencionado por los demás y aclarará el misterio:

> Transsustanciado em o paõ
> e convertido em o viño,
> con providencia do Padre,
> toda a grandeça do Fillo [vv. 254-257].

Después de destacar el misterio, el Portugués halaga los dos cabildos de Sevilla, el seglar y el eclesiástico, lo que ejemplifica el aspecto áulico del poema. Acaba con la tópica petición de perdón por las faltas que pudiera tener el parlamento. En resumen, se puede destacar la loa sacramental de Caro como uno de los ejemplos más interesantes que tenemos de teatro breve de carácter religioso y políglota del Siglo de Oro. Los parlamentos burlescos en cuatro lenguas ayudan a destacar el virtuosismo teatral de Ana Caro, quien utiliza con soltura uno de los registros cómicos más comunes del momento así como, por lo menos, hasta cierto punto, realzar la realidad variada e híbrida de Sevilla, la ciudad más grande del momento y tildada de nueva Babel de su siglo.

Al igual que Ana Caro, sor Marcela de San Félix (Toledo 1605-Madrid 1688) tuvo desde sus comienzos conexión con destacados círculos letrados, pues con el nombre de Marcela del Carpio fue bautizada el 8 de mayo de 1605 por el escritor de autos sacramentales José de Valdivielso, asimismo, el cura y los testigos eran gente de teatro, la madre era Micaela Luján, celebrada actriz del momento y la famosa *Camila Lucinda* de los versos de su padre: Félix Lope de Vega Carpio. Sor Marcela se mostró siempre orgullosa de su ascendencia (por mucho conflicto que los excesos de su padre quizá le causaran). Así, en la segunda loa una monja (que se identificará con la propia sor Marcela) le pide a un Licenciado que escriba una loa para celebrar los votos de una novicia en que le pide:

Que nos haga una loa
tan acabada y perfecta
que no la pudiera hacer
tan linda Lope de Vega [vv. 193-196].

Junto con su hermano, el malogrado Lopito, único hijo conocido de Lope, fue criada por una sirvienta de confianza del poeta, Catalina, para pasar en 1613, tras la muerte de Juana de Guardo, segunda esposa de Lope, a vivir con su medio hermana Feliciana y luego con los hijos de Marta de Nevares. Fue, además, protegida del duque de Sessa, quien la dejó a cargo de su hija. Tras unos eventos de vital importancia para la familia de Lope: el nacimiento de hermanastros, el intento de secuestro de la niña, Antonia Clara, por parte del burlado marido de la Nevares, y la ceguera inexplicable y repentina de la amada de Lope, Marcela decide unirse el 13 de febrero de 1622 al convento de San Ildefonso de las Trinitarias Descalzas de Madrid con una dote de unos mil ducados por parte de Lope. En el convento llegó a disfrutar de algún cargo de responsabilidad, pues fue dos veces ministra amén de una serie de cargos conventuales de menor renombre: prelada, maestra de novicias, provisora, refitolera y hasta gallinera. Además, durante sus años conventuales sor Marcela fue poeta, actriz y dramaturga. La obra de sor Marcela se compone de obra lírica, teatral y en prosa. Su obra lírica se compone de veintidós romances, cinco romances en esdrújulos, dos seguidillas, una lira, una endecha y un villancico. Con respecto a la prosa, la obra de sor Marcela consiste tan sólo en una breve biografía de una hermana monja. En cuanto al teatro nos encontramos con seis coloquios espirituales y ocho loas, en que se resume el teatro breve de la autora. Los coloquios son de marcado carácter alegórico y didáctico con títulos como el *Coloquio del triunfo de las virtudes y muerte del Apetito*, el *Coloquio espiritual de la estimación de la Religión*, el *Coloquio espiritual del Nacimiento*, *Coloquio de las Virtudes*, *Coloquio espiritual del Santísimo Sacramento* y *Coloquio espiritual del Celo Indiscreto*. Tras sus diálogos, la crítica ha destacado las piezas breves de sor Marcela, sus loas.

Como es habitual en el teatro breve de autores reconocidos por sus obras de teatro mayor o reglado, en las loas de sor Marcela se aprecia la cara más desenfadada, jovial e incluso levemente satírica de la monja. Como indican Sabat de Rivers y Arenal: «las loas [...] desmienten la imagen de ángel beatífico que con tanta frecuencia caracterizaba la forma en que algunos críticos, haciendo selección tendenciosa, interpretaban a la trinitaria» [1988: 30]. La loa se enraíza con la persistencia de las formas cómicas eclesiásticas comunes en la Edad Media y reglamentadas a partir de los conceptos de la *risus monachalis* y la mezcla de elementos cómicos y serios. En las loas se funden una serie de formas dramáticas anteriores como el teatro religioso medieval y el teatro jesuita y conventual, y formas laicas como los introitos de un Bartolomé Torres Naharro, los entremeses de Lope de Rueda o los coloquios de su padre y de su padrino. Como han indicado Sabat y Arenal, la estructura de las loas es casi fija: salutación y alabanza; explicación de la obra o narración de las costumbres conventuales (unos deliciosos cuadros de costumbres); narración corta de alguna historia o anécdota; enumeración pseudo-erudita; anuncio o alabanza de la obra o la autora; y humilde, halagadora petición de silencio, paciencia y atención.

Encontramos ocho loas de la madre Marcela. La loa, *Después de dar a mis madres*, inicia, según nos indica el epígrafe, uno de los coloquios de la autora. Como ocurriría con su padre, el arte de Marcela se presenta como un alegre espejo de sí mismo y de su autora de modo que la loa se abre precisamente con una disquisición sobre la necesidad de las loas al comienzo de obras de mayor envergadura:

> Todo envejece y se pudre,
> todo se olvida y se acaba,
> ¿y sólo han de estar en pie
> las loas? Cosa es pesada.
> Si se hiciese algún coloquio,
> aunque fuese en Lusitania,
> nos han de sacar la loa
> como por punta de lanza [vv. 29-36].

Además de discutir la convencionalidad de las loas, la voz anónima disecciona el *ars* compositivo de éstas y así explica que es común ofrecer la traza de una historia para iniciar otra, lo que resuelve rápidamente al resumen de una de las historias más conocidas (y por lo tanto más convencionales) que existen, la del rapto de Elena [vv. 69-80], con la que pretende dar fin a la propia loa [vv. 79-80]. Es la de Marcela una

musa claramente traviesa que extiende a la propia autora el caudal irónico de la presentadora de la loa:

> Lleve Judas a la bellaca
> que lo inventó [vv. 56-57].

La segunda loa, *Como sé que la piedad*, introduce algunos de los personajes que más tarde se desarrollaron con profundidad, el licenciado
pedigüeño. No olvida Marcela, de nuevo, abrir la loa con la petición de
benevolencia común al comienzo de las loas [vv. 3-4]. El licenciado sufre de todos los males conocidos: hidropesía, sarna, hipocondría, tiricia,
lamparones, sordera, etc. Asimismo, el personaje, una especie de Bachiller
Trapaza, tiene muchos puntos en común con los pícaros tradicionales.
En primer lugar, su padre es de descendencia hebrea, lo que lo convierte en un converso, eso sí, de alta alcurnia:

> Vino por línea recta
> del más célebre rabino
> que se halló en toda Judea [vv. 56-58].

Sor Marcela apuntala la *damnosa heritas* del pícaro por medio de la
madre quien aparece descrita como una de las múltiples brujas del norte de España que se entrevistaban con la Inquisición [vv. 63-64]. Como
es común, el licenciado ejerce de vehículo dramático de la voz de la
autora. Tras el estudiante aparece un personaje que luego desarrollará,
la hermana tornera flemática, fría y poco inteligente (que en una de las
loas posteriores se identifica con la propia Marcela en un acto de autoironía). Al estudiante van a acoger dos hermanas torneras (las cuales
daban comida a los pobres girando un torno que había en la puerta
principal). Si bien la primera es graciosa y amable, la segunda hermana
es fácilmente reconocida por su

> flema
> y las palabras que dice,
> más frías que no discretas,
> (no es hipérbole que digo),
> en la boca se la hielan [vv. 90-94].

La autora se representa como una mujer fría e indolente, algo autoritaria y mandona, lo que indica el gran sentido del humor de la poeta. La primera hermana tornera le pide al licenciado una loa para una profesión (el tema más común para la petición de estas obras). Al igual que en la primera loa, el licenciado desgrana los elementos comunes a estas obras breves y destaca cómo están compuestas de sentencias completas, de conceptos agudos y versos edificantes. De nuevo, aparece la flemática sor Marcela en unos versos, ya destacados, en que le pide al licenciado que la loa sea comparable a las de Lope de Vega, lo que nos indica la jovialidad y gran sentido del humor de la monja. Finalmente, en un juego de espejos típicamente barroco, el licenciado, de nuevo voz de la escritora, declara la autoría de la obra:

> Que yo en prosa les diré
> que al coloquio se prevengan
> con benévola atención,
> que le ha compuesto Marcela
> por el deseo que tiene
> que las madres se entretengan [vv. 285-290].

Es la tercera loa, «hecha para la celebración de la Pascua», un buen ejemplo de cómo el teatro religioso breve se articula, al igual que en el laico, a partir de determinados personajes-tipo que parodian el estilo de formas más graves. Esta loa, *Pensarán sus reverencias*, es un diálogo entre dos monjas, Jerónima y Marcela, seguramente representadas por ellas mismas. Sor Jerónima se presenta como una mujer con una cierta *musa iocosa* y espíritu satírico. En primer lugar, bromea con la madre provisora, sor Juana, quien aparece representada como un avatar femenino del monje avaro:

> Todos lloran, todos gimen;
> sólo se alegra sor Juana
> porque sus grandes miserias
> las ve ya canonizadas [vv. 19-22].

Sor Juana, que ya es objeto de burlas en otras loas de la autora, aparece caracterizada como una mujer gorda y cruel que se alegra de la

carestía general, lo que la hace coincidir con la categorización clásica
de los monjes de la *risus monachalis* y no está exenta de ironía y autocrítica, pues la propia Marcela fue provisora del convento durante unos
años, cargo al que llegó a escribir una loa. A su vez, Jerónima se disfraza de estudiante capigorrona:

> Yo, señores, como veis,
> soy estudiante que pasa
> de su tierra, que es Getafe,
> a estudiar a Salamanca [vv. 47-50].

Jerónima, jovial y sanguínea en la línea de un arlequín de la *commedia dell'arte*, se descubre como un personaje bufonesco que contrasta con
la seriedad y avaricia de la madre provisora (quien también sufre ataques de boca de Marcela). Asimismo, Jerónima se acerca al tipo de escritores burlescos, mal poeta de comedias y estrofas, que habla en latín
macarrónico cercano al *Baldus* y que se desarrolla en, por ejemplo, el
*Viaje del Parnaso* cervantino y *Las rimas humanas y divinas del licenciado
Tomé de Burguillos*, de Lope. Así, al intentar acercarse al convento de las
trinitarias, Jerónima indica cómo intentará obtener la inspiración para
divertir a las monjas:

> Implorando al dios Apolo,
> al Parnaso y sus doncellas,
> para alegrar a esas madres
> que tanto mi afecto llevan.
> Quiera Dios que la halle entera
> porque, como cita Baldo,
> «*modorrorum opera mueca, bobolata sum*» [vv. 201-207].

La *invocatio* burlesca al dios Apolo y las Musas es uno de los lugares
comunes de la poesía satírica metaliteraria del momento, la misma
Marcela la utilizará en la segunda loa, *Como sé que la piedad*, al destacar
el aprieto en que se encuentra el poeta por culpa de las monjas [vv.
205-208]. Marcela representa un tercer personaje tipo: un letrado colérico. La flema con la que se suele representar a la autora ha dado paso
a una cólera muy poco disimulada, que luego desarrolla por medio de
una serie de imágenes convencionales de la cólera:

Y si la cólera sube
a las narices abiertas,
rebosaré más latines
que caben en una espuerta.
Estoy como una pimienta,
echo por los ojos fuego
y pólvora por las venas,
estoy... [vv. 160-167]

El Letrado se acerca, en este caso, al personaje-tipo del *Capitano* de la *commedia* (recordemos que los personajes de la *commedia dell'arte* son conocidos en España desde que la compañía de Ganassa y Bottarga representara obras en Madrid desde fines del XVI). El personaje que representa Marcela contrasta con la autofiguración que Marcela presenta cuando se describe a sí misma. Marcela aparece representada en ésta y en otras ocasiones como un personaje flemático, es decir, lento y poco trabajador.

Ella os ofrece su flema,
su poco donaire y gracia [vv. 85-86].

Sor Marcela parte de la división humoral común a la medicina de la época según la cual los flemáticos eran húmedos y fríos y los coléricos todo lo contrario, secos y calientes; lo que la representa como un personaje inestable. La autora insiste en ello al descubrir la razón de su cólera:

Las vigorosas pasiones
que andaban ya muy revueltas,
desencuadernado todo,
el compuesto y dependencia
de los órganos vitales [vv. 171-175].

Salpimenta Marcela su obra con menciones al propio convento de las Trinitarias, de modo que expande la referencialidad de su obra por medio de unas menciones de carácter halagatorio:

Las Trinitarias son ésas.
¡Oh, son unos angelillos

como una alcorza y manteca!
Son grandes amigas mías,
siempre de honrarme se precian,
y todas mis boberías
las aplauden y celebran [vv. 192-198].

La cuarta loa, *Dos intentos me han traído*, desarrolla los mismos personajes-tipo; en este caso presenciamos un diálogo entre Marcela, quien
aparece ahora de nuevo vestida de estudiante, y Escolástica, una mujer
letrada tradicional. El tema de la loa es la despedida de Marcela de su
cargo de provisora del convento. También parte la quinta loa, *Discretísimo
senado, / en quien religión, prudencia*, de los motivos tradicionales de la risa
letrada, el estudiante muerto de hambre que dice poemas y habla en latín macarrónico:

> *Loquitur carmina*
> *totius frasis sonat* [vv. 9-10].

De hecho, Marcela indica que podría ser el mismo estudiante que
viéramos en loas anteriores:

> Bien se acordarán que soy
> un licenciado poeta,
> que por ser tan conocidas,
> no referiré mis prendas [vv. 27-30].

En concreto, debe ser el estudiante colérico interpretado por la propia Marcela en la tercera loa puesto que también sufre de ataques de ira:

> Si tienen por ahí un trago,
> me le den sus reverencias
> porque tengo la garganta,
> con la cólera, muy seca.
> *Animum debilem*
> *vinum corroborat* [vv. 73-78].

Marcela utiliza la normativa petición de vino del estudiante con una
serie de fines dramáticos, en primer lugar, se relaciona con la sequedad

que da la cólera, además, descubre el apicaramiento del personaje y, finalmente, se utiliza como método de apoyo para una nueva sarta de latines macarrónicos, lo que conecta al personaje con los letrados burlescos de las otras loas. Asimismo, como suele ser común con los personajes cómicos, el estudiante aparece como mediador de la voz de la autora, de modo que critica otros conventos [vv. 52-55] y, como suele ser preceptivo en el teatro breve de Marcela, aparece como vehículo de crítica al personaje tipo de las provisoras:

> Sólo tres me atormentan:
> éstas son las provisoras,
> las mujeres más sangrientas,
> monjidemonios escuadra
> y el colmo de la miseria [vv. 59-63].

Las tres últimas loas desarrollan los motivos expuestos con anterioridad. En *A darte mil parabienes,* se desarrolla una serie de imágenes alegóricas de la unión del alma y el cuerpo como correlato de la unión de la hermana que profesa con Cristo. La imaginería se acerca, al igual que en la segunda loa [vv. 163-174], al misticismo teresiano con sus imágenes de los «serafines abrasados», «deseos inflamados», «suaves heridas», «esposas del Gran Rey», la «celestial milicia», etc. La séptima loa, *A daros mil norabuenas,* mantiene quizá el tono más serio de todo el teatro breve de sor Marcela, pues desarrolla el consabido canto a la vida en soledad y retirada común en la poesía ascética del momento. Tras trazar, en un claro eco del topos de la falsa modestia, su incapacidad para hablar de la soledad, la hermana le dedica noventa y siete versos a demostrar cómo solamente Dios sacia al alma. Es interesante la octava y última loa, *Discretísimo senado,* con epígrafe *«Loa en la profesión de la hermana Isabel del Santísimo Sacramento»,* pues recoge gran parte de los mecanismos de autorrepresentación de la monja y menciones al sistema literario que hemos visto anteriormente. Marcela insiste en aparecer como un personaje flemático [v. 77] e indolente [vv. 78 y ss.]. Asimismo, espejea burlescamente su incapacidad para escribir por medio de referencias burlescas al Parnaso de los escritores [vv. 58-68]. Además, el letrado poeta vuelve a hacer uso de algunos de los usos cómicos más comunes del personaje-tipo como el latín macarrónico («aurora gratissima musis» [v. 124]). Finalmente, se presenta una serie de variaciones interesantes en el tema de la autorrepresentación. En primer lugar, Marcela recoge el guante de la pelea que mantuvo su padre con los gongoristas al establecer una especie de *Receta para hacer loas en un día* que juega con el lenguaje de la revolución culta:

> Señoras monjas, yo voy
> a hacer luego una receta
> de anacardina y un parche
> de galvano o girapliega,
> que dicen que es milagroso
> para hacer que los poetas
> en un instante disparen
> los versos como escopetas [vv. 182-189].

En segundo lugar, la autorrepresentación se engarza con la imagen del padre poeta, que sobrevuela gran parte de la obra de la trinitaria; de nuevo el estudiante se queja de su falta de capacidad para componer y de su inclinación a las letras pues:

> Yo soy un pobre estudiante
> tentado por ser poeta,
> cosa que, por mis pecados,
> me ha venido por herencia
> porque: *Qualis pater, talis filius*, etc. [vv. 9-13]

No se le debió escapar a ninguna de las presentes la autoironía de la hija del más famoso poeta del momento, que se declara inútil para la poesía mientras mantiene que le viene tan sólo por herencia familiar. No debió de ser tanta la inseguridad de la escritora si tenemos en cuenta que ejerció de maestra dramaturga de un gran número de sus compañeras trinitarias. Como indican Sabat y Arenal: «en el caso de sor Marcela muy particularmente, el convento sirvió no solamente de refugio en un ambiente poco hospitalario, sino también de aula para cultivar sus dotes literarias. Cuando la protección personal era absolutamente necesaria y las posibilidades de desarrollo artístico para una mujer casi nulas, pocas podían ser sus alternativas» [1988: 6]. De hecho, los recientes estudios sobre la materia destacan que el monasterio de las Trinitarias de Madrid nos muestra una auténtica escuela teatral [Doménech Rico, 2003: 1255] en que, aparte de sor Marcela, se encontrarían sor Francisca de Santa Teresa y sor Ignacia de Jesús Nazareno, amén de dos obras anónimas: un *Breve festejo* de 1653 y una *Máscara* de 1692.

De todas las sucesoras de sor Marcela, la más destacada fue sor Francisca de Santa Teresa (1654-1709), quien seguramente sustituyó a sor Marcela en las labores teatrales del convento. Su nombre de pila es Manuela Francisca Escarate y era de familia noble. Entró en el convento en 1672, donde se encontró con una sor Marcela ya de edad muy avanzada; bastante debió de aprender del oficio de la hija de Lope pues también destacan sus obras por su carácter festivo y profano como, por ejemplo, en el *Nacimiento de nuestro Salvador de Gitanillas*, que resulta poco más que un pretexto para que las monjas jóvenes bailen el poco apropiado baile de la Seguidilla. Sor Francisca compuso ocho coloquios, una loa, un entremés llamado *El estudiante y la sorda* y un sainetillo de raigambre medievalizadora. El entremés se fundamenta en los consabidos personajes tipo del estudiante apicarado (tan del gusto de sor Marcela, por ejemplo) o el alcalde villano, así como en una degradación carnavalesca de la realidad.

Se puede extraer una serie de conclusiones del análisis de las distintas piezas de teatro breve escrito por mujeres durante el Siglo de Oro. En primer lugar, cabe destacar que, desprovistas de acceso a los métodos tradiciones de enseñanza reglada como la universidad o los *studii* o estudios menores, las dramaturgas del teatro áureo tendían a formarse de manera informal en las múltiples academias literarias y tertulias de poetas que pululaban por los mayores centros urbanos del momento, casi siempre cercanos a los centros de poder nobiliario. Las academias literarias y las bibliotecas privadas eran los lugares de instrucción preferidos. Pedro Cátedra y Anastasio Rojo han inventariado doscientas setenta y ocho bibliotecas de mujeres del XVI que les permite probar que los hábitos de lectura y, por ende, de formación van mucho más allá de los libros píos y devocionales supuestos hasta ahora: la mujer leía también literatura profana y alguna también la practicaba [2004]. De este modo, resulta especialmente interesante analizar aquellos géneros literarios menores, como los del teatro breve, que no contaban con un *ars* o una reglamentación estricta; es decir, que no se aprendían únicamente según los métodos de enseñanza reglados, sino por la práctica y la formación informal. Puesto que las mujeres participaban de una formación relacionada con el sistema literario de sus contrapartidas masculinas, los géneros ensayados por las mujeres tienden a la metaliteratura y metateatralidad, siendo los mejores ejemplos los de Feliciana Enríquez y sor Marcela. Asimismo, el teatro de mujeres no se circunscribe a géneros concretos, sino que podemos encontrar dramaturgas de corte eclesiástico como sor Marcela y sor Francisca al igual que escritoras de géneros laicos como Feliciana y Ana Caro. Es interesante resaltar que las escritoras áureas tienden a relacionarse entre sí formando núcleos de creación como en, por ejemplo, el caso de sor Marcela y sor Francisca y Ana Caro con María de Zayas. El mecenazgo de mujeres nobles contribuyó en cierto sentido a la creación de estos grupos femeninos. Finalmente, en términos estilísticos, las obras de teatro breve de dramaturgas áureas merecen atención en cuanto ofrecen ejemplos interesantes de la praxis teatral del momento: la parodia del mito clásico (Feliciana), motivos cómicos como la paranomasia (Feliciana), la aliteración (Feliciana, Ana Caro), los juegos conceptistas y la agudeza (sor Marcela), el uso de voces apicaradas (Feliciana, Ana Caro, sor Marcela, sor Francisca), las hablas burlescas (Ana Caro), y, en el caso de todas, un teatro ampliamente metateatral, metaliterario y autorreferencial.

Ediciones

Caro Mallén de Soto, Ana, *El conde Partinuplés*, ed. Lola Luna, Kassel, Reichenberger, 1993.

—, *Relación, en que se da cuenta de las gradiosas fiestas, que en el convento de N.P.S. Francisco, de la ciudad de Sevilla, se han hecho a los santos mártires del Japón. Compuesta en Octavas por doña Ana Caro*, ed. Nerea Riesco Suárez, «Ana Caro de Mallén, la musa sevillana: una periodista feminista en el Siglo de Oro», *I/C Revista Científica de Información y Comunicación*, 2 (2005), pp. 105-120.

González Santamera, Felicidad, y Doménech Rico, Fernando, *Teatro de mujeres del Barroco*, Madrid, Publicaciones de la Asociación de directores de escena de España, 1994.

López Estrada, Francisco, «Costumbres sevillanas: *El poema sobre la fiesta y octava celebradas con motivo de los sucesos de Flandes en la iglesia de San Miguel* (1635), por Ana Caro Mallén», *Archivo Hispalense*, 66203 (1983), pp. 109-150.

—, «Una loa del Santísimo Sacramento de Ana Caro de Mallén, en cuatro lenguas», ed. F. López Estrada, *Revista de Dialectología y Tradiciones Populares,* Cuaderno 32 (1976), pp. 263-274.

MUJICA, Bárbara, ed., *Women Writers of Early Modern Spain: Sophia's Daughters,* New Haven, Yale University Press, 2004.

PÉREZ, Louis C., *The Dramatic Works of Feliciana Enríquez de Guzmán,* Valencia, Albatros-Hispanófila, 1988.

SAN FÉLIX, sor Marcela de, *Obra completa: coloquios espirituales, loas y otros poemas,* eds. Electa Arenal y Georgina Sabat de Rivers, prólogo de José María Díez Borque, Barcelona, PPU, 1988.

SERRANO Y SANZ, Manuel, *Apuntes para una biblioteca de escritoras españolas desde el año 1401 al 1833,* Madrid, Rivadeneyra, 1903.

SEGUNDA PARTE:
SIGLO XVIII

# EL ARTE ESCÉNICO EN EL SIGLO XVIII

por *Fernando Doménech Rico*

## I. LAS CONDICIONES MATERIALES DEL TEATRO

### 1. *Los espacios: del corral al coliseo*

Durante los primeros años del siglo XVIII se vio en toda España la desaparición de los locales que habían acogido el gran teatro del Siglo de Oro, los corrales de comedias. Algunos de ellos nunca volvieron a levantarse, como la Casa de Comedias de Córdoba, que, derribada en 1704, quedó reducida a un solar hasta que en 1738 se enajenó y fue adquirido por el Cabildo eclesiástico «a fin de formar en él un taller para uso de sus obras» [Díez Borque, 1991: 193]. Otros, en cambio, se mantuvieron como corrales durante mucho tiempo, incluso hasta finales del siglo, como es el caso de la Casa de Comedias de Oviedo, que permaneció con la estructura de corral hasta una fecha tan tardía como 1796, año en que fue derruida para construir un «moderno coliseo» [Díez Borque, 1991: 143]. Fue éste el destino de la mayoría de los teatros existentes en España.

Los dos corrales madrileños, el de la Cruz y el Príncipe, sufrieron esta transformación en las décadas de 1730-1740. El corral de la Cruz sufrió una gran reforma en 1737 que lo convirtió en un coliseo cubierto y transformó el patio cuadrado dándole una estructura de palcos, a la vez que se modificaba el escenario de forma que admitiese el sistema italiano de telón y bastidores que ya se venía utilizando desde el siglo XVII en el coliseo del Buen Retiro. El encargado de la obra fue Pedro Ribera, el arquitecto madrileño autor del Puente de Toledo y la fachada del

Hospicio. Filipo Juvarra, el arquitecto italiano llegado para trabajar en el Palacio Real, había hecho un proyecto de reforma mucho más radical que no llegó a realizarse. En cuanto al corral del Príncipe, en 1745 fue totalmente reformado por Sachetti que lo convirtió en un coliseo cubierto con el sistema de palcos radiales típico del teatro a la italiana del siglo XVIII. Fue desde este momento la sala teatral más moderna del Madrid de la época. Sin embargo, un incendio destruyó totalmente el edificio en 1802. Reconstruido por Juan de Villanueva, sufrió diversas transformaciones en los siglos XIX hasta adquirir su aspecto actual como Teatro Español [Doménech Rico, 1997: 11].

El tercero de los teatros madrileños fue el corral de los Caños del Peral, levantado por la compañía italiana de los Trufaldines en un lavadero municipal junto a la fuente del mismo nombre en 1708. Fue seguramente el primer teatro público español que incorporó la caja escénica a la italiana y el sistema de escenografía en perspectiva creada por medio de telones y bastidores. Tras sucesivos avatares, fue derribado y en el solar se construyó en 1737 el coliseo de los Caños del Peral, un teatro a la italiana de nueva planta construido según los cánones de este tipo de teatros en toda Europa. Era un coliseo cubierto, con sala en forma de semicírculo prolongado y caja de escenario sin embocadura, que representa un compromiso entre la forma del corral y las necesidades de las óperas italianas que se debían representar en él. Con todo, era un «teatro muy grande y magnífico, según el gusto de los teatros de Italia». A pesar de ello, sufrió constantes cierres, debidos a la desaparición de las representaciones de ópera. En 1747 se cerró el teatro y sólo se abrió, intermitentemente, a partir de 1767, para los bailes de máscaras autorizados por el conde de Aranda. Abierto de nuevo para el teatro musical en 1786, en 1788 se dan informes de la progresiva ruina del edificio, que fue derribado en 1817. En su lugar se levantó en el siglo XIX el Teatro Real.

El coliseo del Buen Retiro sufre también una reforma en 1738 para adaptarlo a las nuevas necesidades, aunque sin transformar su estructura, que desde su construcción fue de «teatro a la italiana». La reforma, realizada bajo la dirección de Carlo Broschi, «Farinelli», a la sazón encargado de las representaciones de teatro lírico en la corte, lo convirtió en uno de los mejores teatros de Europa. En 1747 Farinelli, afirmaba que «sin exageración alguna se puede muy bien asegurar que en Europa no hay teatro que iguale al de la corte de España».

Así pues, en 1745 Madrid contaba con cuatro coliseos a la italiana, adaptados al nuevo tipo de representación que se había ido imponiendo a lo largo del siglo, en donde lo visual y espectacular había adquirido extraordinaria importancia. El papel de una vistosa escenografía y una complicada tramoya es fundamental en géneros como la comedia de magia, que triunfó en los escenarios españoles a partir de 1710. A pesar de estas reformas, se conservaron muchas de las características de los antiguos corrales: el patio con bancos, localidades de pie y lunetas. Aunque había tres pisos de palcos, el fondo del teatro seguía conservando la «cazuela» exclusiva para las mujeres, el aposento de «Madrid» y la «tertulia» en el último piso.

A estos teatros se añaden los coliseos levantados en los Reales Sitios a partir de 1766, de acuerdo con la reforma teatral que impulsó el conde de Aranda. El arquitecto Jacques Marquet fue el encargado de levantar en aquel año el coliseo de Aranjuez y en los años siguientes construyó los de El Pardo, La Granja de San Ildefonso y San Lorenzo de El Escorial. Éste último, que se conserva actualmente tras una esmerada restauración, da una idea de los teatros de corte dieciochescos. De tamaño más reducido que los teatros comerciales, sigue, sin embargo, el esquema de teatro a la italiana, con escenario en pendiente, y sala con platea, lunetas y palcos.

A estos teatros públicos o semipúblicos hay que añadir la gran cantidad de teatros privados, que proliferaron en las casas nobles de todas las ciudades importantes, como Barcelona, Madrid o Sevilla. En esta última ciudad Olavide mantuvo una intensa actividad teatral en su residencia del Alcázar, en que colaboraron Trigueros y Jovellanos. En Madrid, el estreno de la *Raquel,* de García de la Huerta, no se realizó en un teatro público, sino en el palacio de Liria, en una representación privada ante los duques de Alba. También tenían su teatro privado los condes de Benavente, protectores de Ramón de la Cruz y de Moratín, que escribió para ellos la zarzuela (más tarde rehecha en comedia) *El barón.* En todos ellos se impone como norma el teatro a la italiana, de proporciones seguramente más modestas, pero con su caja escénica y su escenografía en perspectiva a base de bastidores y telones. *La Cecilia,* comedia lacrimosa de Comella estrenada en 1786 en el palacio de los marqueses de Mortara, se abre con la siguiente acotación:

*El teatro representa una selva frondosa, poblada de árboles: a la izquierda ha-*
*brá una entrada de una casa pobre con puerta transitable; junto a ella un poyo, en*
*que estará sentada Cecilia devanando.*

Las escenas siguientes nos trasladan a una plaza de pueblo, un salón
del Ayuntamiento, una casa particular... en sucesivas mutaciones típicas
de la nueva escenografía.

Incluso en locales menos ilustres se hacían funciones privadas, como
la representación en casa de un sastre que aparece en *La comedia de*
*Maravillas,* de Ramón de la Cruz, o la función rural de *Los cómicos de*
*la legua,* de González del Castillo. En todas ellas, tanto en las casas nobles como en las plebeyas, el teatro breve tenía un campo abonado, tanto en las obras intercaladas en la comedia como en obritas escritas
especialmente para la circunstancia, como la que Ramón de la Cruz
compuso para los hijos de la condesa de Benavente y que transcriben
Cotarelo y Dowling, que incluye una loa y tres jornadas de una comedia en dieciséis versos octosílabos.

## 2. *La nueva escenografía*

A la renovación de los edificios teatrales se añadió la de la escenografía, que está íntimamente ligada al nuevo tipo de teatro. Distintos géneros fomentaron a lo largo del siglo el desarrollo de una escenografía
espectacular para la cual los antiguos corrales se revelaban inservibles.
Inicialmente fue la comedia de magia, que proporcionó los mayores éxitos teatrales del siglo con *Marta la Romarantina,* de Cañizares, o *Pedro*
*Vayalarde, el mágico de Salerno,* de Salvo y Vela. Estas comedias, que probablemente derivan en parte de las que los Trufaldines representaban a
partir de 1708 en su teatro de los Caños del Peral, exigían para sus espectaculares mutaciones un sistema de escenografía «a la italiana» que
aparece ya expreso en obras tan tempranas como *Marta la Romarantina,*
estrenada en 1716 en un corral, el del Príncipe, que aún no se había
transformado en coliseo:

*Alzándose la cortina, se descubren las dos fachadas de los lados con dos her-*
*mosos escritorios, cuatro bichas a los lados, medio hombres y medio pirámides [...].*

*Estará Marta tocándose a un tocador, y en su regazo estará Garzón, y cinco estatuas; una con una toalla, otra con un aguamanil, otra con una palangana, otra con un azafate; y la que la toca, que es la quinta estatua, ha de ser vestida de uniforme con las cuatro; que ha de ser de blanco, y también las caras de lo mismo, todo en perspectiva.*

Los géneros breves no fueron ajenos a esta hipertrofia de la tramoya. En el entremés *La guerra*, de 1716, Antonio de Zamora incluye una complicada máquina escénica con escotillones, vuelos y otros juegos de maroma:

*Saldrá en lo alto del castillo un niño vejete con su fusil como centinela y saldrán cuatro diablillos tirando de cuatro piezas de artillería, imitadas de cartón, y las pondrán mirando hacia el castillo y a su tiempo dispararán, y en cuatro escotillones que habrá, saldrán cuatro cestones y dentro vienen los cuatro soldados ya vestidos para la contradanza y a su tiempo se hunden los cuatro cestones y aparecen puestos en plazota; y de la misma forma el castillo en que aparecen las cuatro gorronas también vestidas para la contradanza...*

La conversión de los corrales en coliseos favoreció la incorporación de todo el sistema de decorados en perspectiva formados por bastidores, telones y bambalinas que se había difundido por toda Europa. La utilización de telones, empezando por el telón de boca (la *cortina* de que se hablaba en la *Romarantina*), y la necesidad de la iluminación en los nuevos locales cerrados, son características del nuevo sistema escenográfico.

Esto no hizo desaparecer, sino que dio nuevos vuelos a las grandes tramoyas. A las comedias de magia, prohibidas sin éxito en 1787, se unen en la segunda mitad de siglo las «comedias militares» de Comella y Zavala y Zamora, satirizadas por Leandro Fernández de Moratín en *La comedia nueva*. Frente a esta desmesura, los neoclásicos propugnaban una escenografía sencilla, que fomentara la impresión de realidad que debía presidir toda la representación y la utilización de un solo decorado como consecuencia de la unidad de lugar que debía aplicarse a las obras.

Los autores de sainetes, y muy especialmente Ramón de la Cruz, supieron aprovechar inmediatamente las posibilidades de la nueva escenografía. Gran parte de los sainetes se hacían en el proscenio, con la boca del escenario cerrada por un telón que representa un salón, un jardín, etc. Es lo que se suele denominar «salón corto», «selva corta», etc. Sin embargo, en los sainetes de dos o más escenas, el telón, al levantarse, puede mostrar un nuevo decorado de bastidores, que en ocasiones alcanza notables cotas de realismo. Así aparece, por ejemplo, en *La pradera de San Isidro*, de Ramón de la Cruz, estrenada en 1766. Comienza «*en la fachada o salón cortísimo*» para dar paso a una compleja escenografía que el autor describe con minuciosidad:

> Se entran y se descubre la vista de la ermita de San Isidro en el foro, sirviendo el tablado a la imitación propia de la pradera con bastidores de selvas y algunos árboles repartidos, a cuyo pie estarán diferentes ranchos de personas de esta suerte: de dos árboles grandes que habrá en medio del tablado, al pie del uno, sobre una capa tendida, estarán Espejo, Campano, Paquita y la Guerrera, de payas, merendando con un burro en pelo al lado, y un chiquillo de teta sobre el albardón, que sirve de cuna, y lo mece Juan cuando finge que llora. Al pie del otro estarán bailando seguidillas la Méndez y la Isidra, con Esteban y Rafael, de majos ordinarios, de trueno, y la Joaquina, etc. Al primer bastidor se sentará Niso, solo, sobre su capa, y sacará su cazuela, rábanos, cebolla grande, lechugas, etc., y hará su ensalada sin hablar, y al de enfrente estará arrimado Calderón, de capa y gorro y bastón, con una rica chupa, como atisbando a las mozas; seis u ocho muchachos cruzarán la escena con cántaros de agua y vasos y ramos de álamo, y al pie del telón en que está figurada la ermita se verá el paseo de los coches, y a un lado un despeñadero en que rueden otros muchachos; y, en fin, esta vista puede el gusto del tramoyista hacerla a muy poca costa y hacerla plausible con lo referido y lo que se le ofrezca de bello y natural.

No menor complejidad se advierte en otros sainetes de Ramón de la Cruz, como *El Prado por la noche*, *La Plaza Mayor*, ambas de 1765, o *La Petra y la Juana*, de 1791, en donde el decorado, que reproduce una casa de vecindad con sus diferentes pisos, puertas practicables, ventanas y buhardillas, supone un auténtico avance hacia la escenografía realista del XIX.

### 3. *La actuación en los nuevos teatros*

El teatro a la italiana y su sistema de caja escénica separada del público supone un cambio fundamental en la relación del actor con el espectador que se daba en los corrales de comedias. En éstos, el cómico que actúa en un tablado rodeado de público por tres de sus lados y a plena luz del día mantiene una relación cercana con él, lo que explica las continuas rupturas de la ilusión escénica, especialmente por parte del gracioso en la comedia y en los géneros breves, de los cuales la loa es el mejor ejemplo.

Los teatros a la italiana y la exigencia de verosimilitud que poco a poco se va imponiendo en la escena a partir de los postulados neoclásicos e ilustrados, van cerrando esta comunicación para levantar esa «cuarta pared» que es ya patente en las obras de finales de siglo. La iluminación por medio de candilejas, colocadas en el límite del tablado, es una marca de esta separación que convierte el escenario en un lugar aparte, observado por un espectador que ya no es partícipe de la representación. No es extraño que sea en el siglo XVIII cuando aparece el nombre «espectador» para referirse al público de teatro [Álvarez de Miranda, 1988].

Esta nueva concepción, sin embargo, se ve frenada, cuando no totalmente rota, en el teatro breve. El sainete, a pesar se sus tendencias costumbristas y realistas, mantiene vivo el espíritu de los géneros breves y a menudo rompe con la estricta división entre escenario y patio, entre representación y mundo representado. Al comienzo de su sainete *La bella madre*, estrenado en 1764 por la compañía de María Ladvenant, Ramón de la Cruz juega con todos los elementos del teatro, incluyendo el patio, la cazuela y la tertulia, dentro de un juego metateatral que involucra a público y actores por igual:

| | |
|---|---|
| MARIQUITA | Disimulad, mosqueteros, esta falta, y vaya a cuenta de este descuido el bochorno que pasan todos. |
| TODOS | ¡Qué afrenta! |
| NICOLÁS | Quien morir debe es Chinica, que tiene más culpa. |
| TODOS | ¡Muera! |
| MARIQUITA | Bien decís. ¿A dónde estás escondido, buena pieza? *Buscándole.* |
| BLAS *(Llorando.)* | Hasta esa desgracia más tenemos, pues con su ausencia |

|  |  |
|---|---|
| | no puede hacerse el sainete |
| | ni proseguir la comedia. |
| TODOS | ¿Dónde está? |
| BLAS | Yo no lo sé, |
| | porque sólo sé que, apenas |
| | le amenazaron, tomó |
| | la capa y cogió la puerta. |
| MARIQUITA | Búsquesele sin tardanza, |
| | y al instante que parezca, |
| | en público ha de morir |
| | a nuestras manos. |
| TODOS | ¡Que muera! |
| CHINICA *(Oculto en la tertulia.)* Ya lo oigo. |
| NICOLÁS | ¿Dónde su voz |
| | ha sonado? |
| BARTOLOMÉ | En la cazuela |
| | está: desde aquí le veo. |
| MARIQUITA | Yo no distingo sus señas. |
| TODOS | Ni yo tampoco. |
| BARTOLOMÉ | Es verdad: |
| | no es Chinica. Es una vieja |
| | con cofia color de oro |
| | y cara de berenjena |
| | marchita, pero no he visto |
| | cosa que más se parezca. |
| NICOLÁS | ¡Buena ocasión es de chanzas! |
| PONCE | Pues no hay duda, no, en que él era |
| | el que habló en el coliseo. |
| CHINICA *(Descubierto.)* Y desde esta talanquera |
| | tan alta, si se me antoja, |
| | hablaré lo que se ofrezca. |
| PONCE | ¿A qué has ido ahí? |
| CHINICA | Como ustedes |
| | dicen que el morir es fuerza, |
| | a buscar un confesor. |

En muchas otras obras se da este diálogo con el público, o al menos una invocación al patio o a la cazuela para que con su aplauso o su asentimiento corroboren lo que hacen o dicen los cómicos.

El público, por su parte, respondía a estas incitaciones con una participación muy activa, que no difería demasiado de las costumbres del público de los corrales: las sucesivas disposiciones de la autoridad dan cuenta de esta actitud del público, que voceaba, silbaba o aplaudía a destiempo, interviniendo de manera rotunda en la representación. En 1766 se publicaba un bando recordando otro de 1763 que, evidentemente, había surtido poco efecto, pues en él se recordaba que

> por haberse observado que en contravención al mismo bando, antes de empezarse la representación de las comedias, en uno, y otro coliseo, gritan algunos del patio a las mujeres de la cazuela, y aun a algunas de aposentos, con palabras que cuando menos no son del caso: que durante la representación se fomentan voces, a fin de que se quiten el sombrero los que están por delante para que no impidan la vista a los de atrás; y que con indecencia se fuma en una concurrencia tan pública, con disgusto de la gentes visibles que ocupan los aposentos. Y para que no continúen semejantes desórdenes, SE MANDA por este nuevo bando, que ahora se repite: que en los patios de uno, y otro coliseo, ni en ninguno de sus sitios se grite a la cazuela, aposentos, cómicos, ni a persona alguna: que mientras se representan las jornadas, entremés, y sainete, se quiten el sombrero todos los mosqueteros, sin dar lugar a que por los demás se solicite.

Los bandos, sin embargo, no debieron de tener mucho efecto, ya que en 1796 Jovellanos todavía hablaba del «grito del insolente mosquetero, las palmadas favorables o adversas de los chisperos y apasionados, los silbos y el murmullo general que desconciertan al infeliz representante y apuran el sufrimiento del más moderado y paciente espectador» [Jovellanos, 1998: 212].

Con todo, este mismo público debía de tener momentos de intensa atención y silencio, como el que retrata, irónicamente pero con visos de realismo, Cadalso en *Los eruditos a la violeta*:

> Figuraos que sale Nicolás de la Calle con un vestido bordado por todas sus costuras y su sombrero puntiagudo, que toma la punta del tablado, que cuelga el bastón del cuarto botón de la casaca, que se calza majestuosamente un guante y luego el otro guante, que se estira la chorrera de la muy blanca y muy almidonada camisola y que (habiendo callado todo el patio, convocada la atención de la tertulia, suspenso el ruido de la cazuela,

asestados al teatro los anteojos de la luneta, saliendo de sus puestos los cobradores y arrimados a los bastidores todos los compañeros), empieza a hablar [1967: 162].


## II. ESTRUCTURA DE LA REPRESENTACIÓN

### 1. *La comedia y las obras breves: novedades y tradición*

Las representaciones en los teatros comerciales del siglo XVIII, como las del siglo anterior, suponían un espectáculo complejo compuesto de loa, primera jornada de la comedia, entremés o sainete, segunda jornada, sainete o tonadilla, tercera jornada y fin de fiesta, generalmente con baile. Si en algo varió con respecto al XVII es precisamente en la acumulación de obras breves en una sola representación, debida a la popularidad del género. Entre otros ejemplos cita René Andioc la representación del auto sacramental *El pleito matrimonial,* en las Navidades de 1762, que incluyó «una loa, un entremés con seguidillas y un "cuatro", una tonadilla a solo, otra "de los Pescadores", un "baile primero", un aria del auto y un "segundo (baile) que se duplicó", un solo y un cuatro, un sainete con seguidilla, un juguete, la *Tonadilla del anillo,* la *Tonadilla a tres de los Serranos* y el baile último» [Andioc, 1995: 298].

Esta hipertrofia de los intermedios fue duramente combatida por los partidarios de un teatro basado en la verosimilitud y la identificación del espectador con lo que sucedía en escena. Neoclásicos e ilustrados propugnaron la representación de las obras largas sin entremeses ni sainetes en los intermedios. Aceptaban, sin embargo, el teatro breve como prólogo o fin de fiesta. Así, cuando en 1792 se estrena *La comedia nueva,* de Moratín, la acompaña un sainete de Ramón de la Cruz como fin de fiesta, *El muñuelo.* Y es que la resistencia del público a perder la diversión ofrecida por los géneros breves era muy grande. Los testimonios de la época insisten en la extraordinaria popularidad de sainetes y tonadillas. Con indisimulado orgullo decía el músico Pablo Esteve:

> ¿Quién ha de ir a la comedia
> no habiendo un sainete bueno
> ni una tonadilla nueva
> con que entretener el tiempo?

En 1763 escribía Francisco Mariano Nipho en su *Diario estranjero,* admirándose del poco éxito que había tenido *La vida es sueño*: «ya no se va al Teatro por la comedia, sino por los sainetes y las tonadillas». Y, pocos años después, el neoclásico Bernardo de Iriarte, en el informe presentado al conde de Aranda en 1767, confirma la misma idea: «Se puede considerar la representación de nuestras comedias como mero pretexto para los mismos sainetes y tonadillas».

Quizás por ello, los ilustrados favorecieron la aparición de nuevos géneros, inspirados en modelos europeos que responden a la misma inquietud, como el melólogo o la comedia en un acto. Sin embargo, la mayor diferencia entre el teatro breve de los siglos XVII y XVIII corresponde a la aparición de géneros nuevos nacidos de una evolución de los tradicionales, pero que suponen un espíritu completamente diferente. Estos nuevos géneros son el sainete y la tonadilla, y dan un carácter único al teatro del siglo XVIII.

El XVIII recibe del siglo anterior una rica tradición de teatro breve con toda su variedad de loas, jácaras, entremeses, bailes y mojigangas. Con ligeras variaciones, serán estos mismos géneros los que se mantengan durante la primera mitad del siglo, hasta que las innovaciones de Ramón de la Cruz impongan un nuevo tipo de sainete. El recurso a lo grotesco en entremeses como el de *Trullo,* del que opina Cotarelo que «es increíble que cosa tan necia fuese tantas veces puesta en escena y refundida», a la espectacularidad tomada de la comedia de magia, o a lo musical, son signos de agotamiento de la fórmula del entremés. Las críticas de Cotarelo reproducen las que los mismos autores de sainetes recuerdan constantemente. Ramón de la Cruz, en el *Sainete para empezar,* de 1770, escribe: «y más vale que no hagamos / sainete alguno que hacer / de los viejos y pesados / que tiene la compañía / y que ya están todos hartos / de ver».

De hecho, los entremeses desaparecen en 1780 a petición de los propios cómicos: en un memorial de septiembre de 1779, los dos autores Manuel Martínez y Juan Ponce piden a la Junta de Teatros que se retiren los «entremeses comunes y cartilleros». Los entremeses, argumentaban, «aun al pueblo bajo disgustaban. Que esta misma experiencia había hecho ver a todos los empresarios y autores de los demás teatros de España lo inútil que era ya semejante clase de piezas, por cuya razón las habían suprimido, cantando sólo la tonadilla en el primer intermedio, y habían logrado tener más contenta la gente, ahorrarse gastos y que las funciones no fuesen tan dilatadas, siendo censurados por estas razones de todos los que concurrían de fuera de España; pues siendo sus teatros civilizados en esta parte, extrañaban no lo estuviesen los de Madrid». El público, pues, había dejado de sentir interés por los viejos entremeses y a los cómicos no les convenía representar piezas que no gozasen del favor popular. La aceptación de la Junta supuso la muerte del entremés.

Los demás géneros entran en una decadencia aún mayor que la del entremés: algunos de ellos se habían contaminado del entremés ya en el siglo XVII, y se hablaba de «loas entremesadas» o «bailes entremesados», por cuanto el espíritu carnavalesco del entremés y la mínima acción que suelen contener se había hecho habitual de todos estos géneros. Las loas se mantienen prácticamente en uno de sus subgéneros, la «loa para empezar», en que se presenta la compañía al público en la primera función de la temporada. Por lo demás cayó en un declive sin remedio.

La excepción de esta decadencia general es la mojiganga: si es cierta la afirmación de Cotarelo, la falta de renovación del entremés dio lugar a una época dorada para la mojiganga, género donde la acción prácticamente desaparece y viene a ser sustituida por el desfile carnavalesco de personajes ridículos, vestidos con extravagantes disfraces. En una época donde prima lo espectacular no es raro que este tipo de teatro adquiriese un protagonismo que, no obstante, no parece que llegara más allá de los años treinta.

La gran importancia que adquirió la música en el espectáculo teatral fue la causa de la aparición de nuevos géneros breves, de los cuales el más importante es la tonadilla dramática, que tuvo un amplísimo desarrollo durante la segunda mitad del siglo [Subirá, 1928-1930]. Dentro del género se incluyen desde las «tonadillas a solo», cantadas por una sola cómica, hasta las «tonadillas generales», pequeñas zarzuelas con participación de toda la compañía.

Un género particular, que tuvo una breve duración sobre las tablas, fue el melólogo, monólogo dramático contrapunteado por la música, que responde a un tipo de teatro ilustrado, creado por Jean-Jacques Rousseau e integrado en la escena española por Tomás de Iriarte. Su carácter culto lo separa del resto de los géneros breves, ya que no se trata propiamente de un intermedio, sino de una obra exenta.

III. Los actores y el teatro breve

1. *Los cómicos y las compañías en el siglo XVIII*

La organización de los actores en compañías siguió prácticamente idéntica a la del siglo anterior, especialmente en Madrid, donde, durante la Cuaresma, el juez protector de teatros, organizaba las dos compañías que habían de trabajar en el coliseo de la Cruz y en el del Príncipe. Para ello encargaba a un «autor» la formación de una compañía, y éste entregaba la lista de los actores encuadrados en ella al Ayuntamiento. De esta forma se han conservado las listas de compañías de numerosos años del siglo en el Archivo Municipal de Madrid.

Las compañías que actuaban en los teatros públicos de Madrid contaban con una buena cantidad de actores, normalmente alrededor de la veintena. La estructura de una compañía era la siguiente:

- *El autor.* Era el empresario de la compañía y el director de la misma. Podía ser un actor o actriz, generalmente uno de los galanes o de las damas. Los autores principales del siglo fueron José de Prado en la primera mitad de siglo, Manuel Martínez y Juan Ponce a mediados y Eusebio Ribera a finales de siglo. Entre las actrices, destacaron como *autoras* María Ladvenant y María Hidalgo, *la Viuda*.

- *Los galanes.* Solía haber ocho galanes, jerarquizados de primero a octavo. Los últimos se solían denominar *partes por medio* o *partes iguales* porque recibían parte de la recaudación de acuerdo con lo que se hubiese estipulado al formar la compañía.

- *Las damas.* Había nueve damas, igualmente jerarquizadas. La *primera dama* era un personaje fundamental en la compañía, y muchas veces principal atractivo de ésta para el público. Entre las damas de la época destacaron María Ladvenant, Mariana Alcázar, Paula Martínez Huerta, María Ignacia Ibáñez (la amada de Cadalso) y otras.

La *tercera dama* estaba especializada en papeles de *graciosa* o cantante, y era tan importante como la *primera dama* para el público de la época. Con el éxito de las tonadillas, las tonadilleras alcanzaron una popularidad extraordinaria.

- *Los graciosos.* Había en general dos graciosos, primero y segundo. Eran, con la tercera dama, los amos del sainete. Herederos de una rica

tradición del siglo XVII, alcanzaban enorme popularidad. Más abajo citaremos a los graciosos y graciosas más importantes de esta época.

– *Barbas y vejetes.* Los *barbas* eran los encargados de representar personajes mayores, tales como padres, reyes, etc. Solía haber dos, y el más famoso de la época fue José Espejo, citado con elogio por Moratín padre.
El *vejete* era el encargo de los viejos, sobre todo de los viejos ridículos.

– *Partes iguales o partes por medio.* Eran los actores secundarios, que,
sin embargo, cobraban su «parte» en la distribución de los ingresos por
función.

– *Racionistas.* Los últimos de la compañía. Cobraban sólo su sueldo,
sin parte en los repartimientos.

Esta organización jerárquica se correspondía con los papeles asigna-
dos a cada uno, lo que permitía a un cómico avezado el ser capaz de
memorizar e interpretar la ingente cantidad de obras, entre comedias,
sainetes y tonadillas, que suponía una temporada completa en Madrid.
En *La recepción de los nuevos,* sainete de costumbres teatrales de Ramón
de la Cruz, estrenado en 1773, el gracioso Miguel Garrido explica cuáles son sus obligaciones:

> Todas una patarata:
> estudiar lo menos tres
> comedias cada semana
> con sainetes y entremeses:
> ensayo por la mañana;
> coliseo por la tarde;
> por la noche estudio en casa [vv. 214-220].

La ponderación del excesivo trabajo podría parecer exagerada, pero
responde con bastante exactitud a la realidad. La *Cartelera teatral* publicada por Andioc y Coulon [1996] demuestra sin lugar a dudas que una
compañía representaba durante la temporada madrileña un número que
oscila entre setenta y ochenta comedias, de las cuales al menos la mitad eran comedias nuevas o no representadas en los años anteriores por
la misma compañía. Todo ello acompañado por un número no bien determinado de sainetes, ya que éstos no siempre se reseñan en los libros
de cuentas del Ayuntamiento.

La consecuencia inmediata era que los cómicos apenas ensayaban. La descripción de los ensayos que ofrece Armona y Murga [1988] no debía de estar lejana de lo que sucedía en la realidad:

¿Qué tiempo estudian nuestros cómicos el papel más interesante? Dos, tres días. ¿Qué ensayos hacen? Uno en las piezas ya representadas, y dos o tres, cuando más, en las absolutamente nuevas. Notable es la disparidad, pero pregunto, ¿estos ensayos se hacen sobre la escena? No, por cierto, sino en casa de los autores. Peor es esto. Y, apuremos más, ¿se hacen con la seria atención y formalidad que exige un punto tan importante? Ni por pienso. Veamos, pues, narrativamente una de sus acostumbradas pruebas. La primera de una comedia nueva, que ellos llaman ensayar por papeles, se reduce a leerla precipitadamente el primer apunte, y cotejar sus papeles los pocos actores que asisten a ella. Los demás encargan el cotejo de los suyos a algún compañero con el pretexto de que se hallan indispuestos, que tienen que acudir a otro asunto de importancia o que no es de su entidad el papel que les ha tocado.

Al segundo, y las más veces último ensayo, asisten algunos más individuos, pero nunca todos. El uno canta, el otro baila, el otro fuma, el otro lee, el otro duerme, el otro se hace llevar allí el desayuno sin el menor escrúpulo. Llama el apuntador al que le corresponde hablar, dice éste sus versos y vuelve a su distracción primera, imitándole sus compañeros. Con esta continuada greguería da fin esta ceremonia de ensayo, interrumpida repetidas veces por cualquier fútil accidente, y con tan sólidos preparativos presentan esta obra en el teatro [Armona y Murga, 1988: 296-297].

Las compañías se formaban en Madrid durante la Cuaresma y se les asignaba un local (corral o coliseo) para representar. Los autores de Madrid podían llamar a cualquier actor de provincias. Felipe V impuso la obligación de los cómicos de encuadrarse en una de las compañías que habían de representar en la corte aun cuando tuviesen otros compromisos o empleos más lucrativos en otras plazas. La desobediencia a las órdenes del juez protector de teatros se castigaba con la cárcel, lo que sucedió en varias ocasiones, como en 1763, cuando Nicolás de la Calle, *Chinica* y otros actores se negaron a aceptar como autora de su compañía a la joven María Ladvenant. Los cómicos necesitaban también el permiso del juez para retirarse de las tablas. Varios graciosos se vieron retenidos en escena por la negativa de la autoridad a concederles la jubilación a causa de su propia popularidad. Fue el caso de Miguel Garrido, como explicamos más adelante.

La consecuencia es que los cómicos no tenían una situación económica muy boyante, si bien algunas de las cómicas más famosas lograron, quizás más por regalos que por sus beneficios, una situación más desahogada. María Ladvenant, a su muerte, ocurrida cuando tenía 25 años de edad, dejó en sus armarios más de noventa vestidos de lujo.

Los actores no tenían otra formación que la de «las tablas». Muchos de ellos eran de familia de actores, y entraban a trabajar en el teatro en edad muy temprana. Algunos no sabían leer ni escribir, y aprendían los papeles de oído. Como las obras duraban poco tiempo en cartel, y era necesario aprender un papel nuevo cada dos o tres días, de hecho muchos no se sabían los papeles, y se producía el fenómeno, satirizado constantemente a lo largo del siglo, de que los espectadores «oían dos veces la función», una al apuntador y otra a los actores.

Contra todos estos vicios los reformadores ilustrados pidieron la creación de escuelas de declamación en donde se enseñara a los actores geografía, historia, lengua, dicción, declamación, esgrima, canto, baile, etc. Algunos llegaron más allá y pusieron en marcha escuelas de este tipo. La primera de ellas fue la establecida en Sevilla por Pablo de Olavide. Éste, en 1769, creó una escuela para muchachas y otra para jóvenes varones y las puso bajo la dirección del francés Louis Reynaud. Allí los jóvenes sevillanos recibieron lecciones de lectura y escritura, de baile y declamación. Finalmente, cuando se consideró que estaban en disposición de representar, Olavide ajustó con un empresario sevillano para que los acogiese como compañía. Era ésta reducida para los cánones de la época (seis hombres y cuatro mujeres), pero suficiente para ejecutar el repertorio moderno que se les pedía.

La experiencia de Olavide llegó muy pronto a la corte. El ministro de Estado, Jerónimo Grimaldi determinó que la compañía formada por Olavide se trasladara a Madrid para convertirse en la compañía oficial de los Reales Sitios. Así, la promoción sevillana, aumentada hasta nueve hombres y cinco mujeres, representó por primera vez en Aranjuez en abril de 1770. Poco después Reynaud fue sustituido por Clavijo y Fajardo, el editor de *El Pensador*. El éxito de esta compañía entre el público ilustrado de la corte fue grande. Sin embargo, en 1777 Floridablanca disolvió la compañía y acabó con las subvenciones a los teatros de los Reales Sitios.

Algunos de los actores de la compañía se integraron en el sistema comercial, donde alcanzaron cierto éxito y mostraron, a ojos de los reformistas, el buen camino de la interpretación.

Menos éxito tuvo el intento de la Junta de Dirección de Teatros
(1799-1803). Su propósito de crear un puesto de maestro de declamación para la instrucción de los actores quedó en nada: la plaza quedó
desierta y los reformistas desistieron de introducir novedades entre los
cómicos. El triunfo de un nuevo tipo de actor llegó con Isidoro
Máiquez, discípulo de Talma, el gran actor francés de los años de la
Revolución y el Imperio. Máiquez impuso una actuación menos declamatoria, la adecuación de vestuario y decorado a la obra y la desaparición de numerosos residuos del «corral» que se mantenían en los
teatros, como las localidades de pie o los vendedores ambulantes durante la representación.

## 2. *El arte del gracioso*

En este ambiente los graciosos tenían un puesto fundamental que
sufrió pocas modificaciones a lo largo del siglo, a pesar de los intentos
de los reformistas por reducir su papel. Nicolás Fernández de Moratín
cuenta su conversación con el cómico José Espejo, uno de los más res-
petados de su tiempo y especialista en papeles de *barba* y de *vejete*, tras
la lectura de la tragedia *Hormesinda*:

> La tragedia es excelente, señor Moratín, y digna de su buen ingenio de
> usted. Yo por mi parte haré lo que pueda; pero, dígame usted la verdad: ¿a
> qué viene ese empeño de componer a la francesa? Yo no digo que se qui-
> te de la pieza ni siquiera un verso; pero, ¿qué trabajo podía costarle a us-
> ted añadirla un par de graciosos? [1944: 11]

Los graciosos eran los encargados de la representación de los entremeses y sainetes. El primer gracioso tenía a su cargo, además, la selección de estas obras breves y su ensayo. Su papel en la compañía era, por
tanto, el de un segundo autor, y a menudo tanto él como la graciosa
eran las figuras más destacadas de la compañía. La importancia de esta
función se vio reforzada con la creciente complejidad de los sainetes y

la participación en ellos, no ya de los dos graciosos, el vejete y las graciosas, como sucedía en los viejos entremeses, sino de toda la compañía. *La Petra y la Juana,* por ejemplo, de 1791, necesita de veintitrés actores, además de los músicos, pero ya en 1766 *La pradera de San Isidro* sacaba a escena a veinticinco actores (toda la compañía, ya que tenemos el elenco de la función y ninguno doblaba papel), un niño de pecho, un chico y unos muchachos. Sainetes de este estilo, así como las tonadillas generales, suponían un manejo de la escena bastante superior al de muchas comedias.

De acuerdo con los testimonios conservados, la forma de actuar de los graciosos debía de ser diferente de las damas, galanes y barbas. No sólo por los donaires de su texto, sino por todo el aparato gestual que acompañaba a éstos. A este arte del gracioso se refiere, sin duda, una crítica aparecida en noviembre de 1784 en el *Memorial literario*:

> ¿Quién no se reirá de ver ejecutar con las manos, y aun con los pies, el paseo y trote de un caballo, con los quiebros del cuerpo y esfuerzo de brazos, la lucha del Negro más prodigioso con la serpiente?... No ha mucho tiempo que nuestros Cómicos se juzgaban haber llegado a la perfección de su arte si en una relación imitaban con el mayor escrúpulo estas titererías; no es mucho que esperasen un grande aplauso de palmadas del vulgo, si éste juzgaba que semejantes gestos eran primores [citado por Álvarez Barrientos, 1988: 449].

Esta gestualidad, que sin duda venía de lejos y pertenecía al arte de los graciosos durante el siglo anterior, se potenció durante el XVIII por la espectacularidad de géneros como la comedia de magia o la comedia militar, pero también a causa de la influencia de otras tradiciones teatrales, y muy especialmente de la *commedia dell'arte,* de quien los cómicos españoles tuvieron un modelo a la vista durante veinte años en la compañía de los Trufaldines, aposentados en Madrid de 1702 a 1725.

Esta habilidad en la pantomima debió de ir perdiendo importancia según avanzaba el siglo. La exigencia cada vez mayor de una representación «verista» que se da en los sainetes costumbristas tendía a primar la verdad en la imitación de los personajes tomados de la realidad contemporánea. Y el hecho es que los testimonios corroboran que los graciosos fueron también excelentes en este arte de lo verosímil, una habilidad reconocida incluso por aquellos que no estaban predispuestos a ello. Leandro Fernández de Moratín, extremadamente exigente en este aspecto tiene siempre palabras de elogio para los actores que representaron sus obras. En 1812 escribía de los graciosos que estrenaron en 1792 *La comedia nueva*:

> Polonia Rochel representó la presunción necia de Doña Agustina con toda la inteligencia que era de esperar en aquella celebrada actriz. Mariano Querol hizo en Don Hermógenes el pedante más completo que es posible hallarse entre los muchos que pudo imitar [Fernández de Moratín, 1970: 71].

Por su parte, el barón de Bourgoing, que recorrió España hacia 1790, y que es muy crítico con los actores españoles («rutinarios en su declamación y en sus gestos, pierden toda mesura, lo exageran y desfiguran todo»), tiene, en cambio, palabras de elogio para los graciosos:

> Los comediantes españoles tienen un arte inimitable para esta clase de papeles [los de los sainetes]. Si actuasen con la misma naturalidad en otras obras, serían los primeros actores de Europa [Bourgoing, 1962: 1005].

Ahora bien, si la pantomima fue decayendo con el transcurso de los años, no decayó, por el contrario, la otra habilidad propia de los graciosos y, sobre todo, de las graciosas, el canto. El auge de las tonadillas a partir de la segunda mitad del siglo elevó a las tonadilleras a una popularidad desconocida anteriormente, pero también supuso una carga añadida de la que se quejaron a menudo los cómicos.

## 3. *Graciosos del siglo* XVIII

Son numerosos los graciosos y graciosas que dejaron fama en el siglo XVIII. Su identificación con el personaje produjo que muy a menudo se escribieran sainetes para ellos, y que quede constancia de ello en el mismo título. Para Miguel de Ayala se escribieron, por ejemplo, *Ayala músico*, sainete de 1766; *Ayala para todo*, sainete de 1764; *Ayala poeta*, entremés de 1767; o *Ayala tonto,* sainete de 1764. *Polonia turbada,* introducción de 1780, está escrita para Polonia Rochel. En cuanto a Gabriel López, *Chinica,* es el protagonista de *Chinita castigado,* sainete de 1775; del *Duelo de Granadina con Chinita,* de 1764; y de *Chinita en la aldea,* sainete de Ramón de la Cruz, de 1767. Miguel Garrido dio lugar a obras como *El reto de Martínez y Garrido,* sainete de 1774; *Garrido celoso,* de Ramón de la Cruz (1784); o *Garrido ingenio,* de Sebastián Vázquez, de 1774 [Andioc y Coulon, 1996].

a) Francisco de Castro, *Farruco*

El primero de los grandes graciosos del XVIII fue, además, entremesista famoso y prolífico. Francisco de Castro pertenecía a una familia de cómicos que dio varios graciosos de fama a la escena española. Su padre fue Matías de Castro, *Alcaparrillas,* y tuvo por hermano a Juan de Castro, los dos reputados graciosos. Pero Francisco de Castro los sobrepujó por su habilidad cómica y su capacidad como autor de obras breves. De él dice la *Genealogía de los comediantes de España*:

> Hizo graciosos en las compañías de Madrid y fue muy aplaudido por las chanzas y gracejo que tenía y añadía en la representación y sainetes, y los papeles de vejete los hizo con particular gracia y compuso buenos versos particularmente en lo jocoso, y escribió algunos sainetes que andan impresos, y en su conversación fuera de las tablas era muy chistoso y gustaban de él mucho las señoras y señores con quienes tenía mucha cabida [Shergold y Varey, 1985].

Publicó un libro de entremeses y mojigangas en Zaragoza en 1702, titulado *Alegría cómica,* que es el que debe de citarse en la *Genealogía,* pero otras muchas obras suyas se publicaron tras su muerte, y se representaron sin interrupción durante todo el siglo XVIII, como el entremés *Los chirlos mirlos.* Su sobrenombre de *Farruco* le vino, al parecer, de su habilidad para representar a los personajes gallegos. Durante la Guerra de Sucesión, tomó partido por el archiduque Carlos, lo que le supuso la prisión al recobrar Madrid Felipe V. Murió el 2 de octubre de 1713.

## b) Francisco Rubert, *Francho*

Francisco Rubert se hizo justamente famoso por haber sido causa del nombre de *chorizos* que se daba a los apasionados del coliseo del Príncipe, y por haberlo sido gracias a su habilidad como gracioso. En 1784 explicaba Vicente García de la Huerta, en el prólogo a su *Theatro Hespañol*, la anécdota en que se basa este nombre:

> Francisco Rubert, por otro nombre Francho, fue la causa del apellido de *Chorizos* que se dio en el año de 1742 a los individuos de la compañía de que era entonces autor Manuel Palomino, con motivo de ciertos chorizos que comía en un entremés; y habiéndose hallado una tarde sin ellos, hizo tales y tan graciosas exclamaciones contra el encargado de llevar los chorizos, que era el guardarropa de la compañía, y movió tanto la risa de los espectadores, que desde entonces se llamó de los *Chorizos* [citado en Fernández de Moratín, 1944: 315 n.].

## c) Miguel de Ayala

Nacido en Cambrils (Tarragona) hacia 1705 y muerto en Madrid en 1769, fue desde 1756 el primer gracioso de la compañía de Manuel Guerrero, donde ya actuaba como segundo gracioso. Murió en Madrid en 1769. Fue alto y flaco, y destacó en los papeles de bobo, payo y campesino. Numerosos sainetes de Ramón de la Cruz lo tienen como protagonista: su nombre aparece en el título de varios de ellos. En *El pueblo quejoso,* de Ramón de la Cruz, se cita a Ayala como arquetipo del teatro que gustaba al pueblo:

> Yo no gusto de comedias,
> yo sólo gusto de Ayala.

## d) Gabriel López, *Chinica*

Fue el gracioso más célebre de su siglo, fama a la que contribuyó el hecho de ser el destinatario de numerosos sainetes de Ramón de la Cruz, con el cual coincidió durante veinte años en los escenarios madrileños. Para él escribió Cruz, por ejemplo, el *Manolo*, si bien el grabado de Manuel de la Cruz que lo representa en su papel en esta obra, nos revela que no era el protagonista, sino el espartero Sabastián, confidente y amigo de Manolo.

Según García Parra, «era de pequeña estatura y hasta dicen que no tenía buena voz y que no cantaba bien; pero su gracia suplía toda clase de faltas o sobras». A esta escasa corpulencia debió su apodo de *Chinica* o *Chinita*, por considerársele no mayor que una piedrecilla. Esta pequeñez, sin embargo, lo hacía especialmente apto para todo tipo de acrobacias, como se puede comprobar en algunas de las obras escritas para él. Estas habilidades físicas lo harían especialmente adecuado para las comedias de magia, en que los graciosos volaban y hacían todo tipo de malabarismos.

En 1762 actuaba ya en Madrid en la compañía de Águeda de la Calle. Fue uno de los cómicos que se negaron a aceptar el nombramiento como autora de comedias de María Ladvenant, lo que le supuso dar con sus huesos en la cárcel en 1763, pero luego se avino y se convirtió en el primer gracioso de la compañía de la «Divina Mariquita», puesto que ya no abandonó hasta su muerte. Murió en Zaragoza en 1782, a causa de una enfermedad no especificada.

e) Miguel Garrido

Conocido como «el príncipe de los graciosos», Garrido fue el último de los grandes graciosos del siglo XVIII, de tal forma que su fama eclipsó durante los últimos años de la centuria a los graciosos anteriores, de los cuales sólo *Chinica* parece haber sobrevivido en la memoria de sus contemporáneos. Varios sainetes escritos para graciosos anteriores, especialmente para Ayala, se convirtieron en sainetes de Garrido, en una práctica que debió de ser común, pero que revela la fama del cómico. A esta fama debió de contribuir su habilidad como cantante de tonadillas, habilidad que no se destaca en otros graciosos anteriores y que revela cómo se acomodaban los cómicos a los nuevos usos de la escena. En la tonadilla *Desafío de Martínez y Garrido* el autor de comedias «mataba» al gracioso y luego lo lloraba con gran copia de lágrimas:

SEGUNDA PARTE: SIGLO XVIII

MARTÍNEZ     ¿Qué es lo que has hecho, Martínez,
que tan ciego y sin reparo
al mejor gracioso has muerto
que tonadas ha cantado?

Nacido en Madrid en 1745, tuvo comienzos difíciles y estuvo trabajando en Sevilla hasta que en 1773 se incorporó a la compañía de
Martínez en la corte. De este momento nos queda el testimonio de una
obra de Ramón de la Cruz, *La recepción de los nuevos,* en donde se hace
referencia a su mala experiencia en la capital andaluza y a su oronda figura, ya que Garrido parece haber sido del tipo de los graciosos gor-
dos, como Juan Rana, además de bajo, como *Chinica:*

GARRIDO     Ese cuerpo se conoce
que le han modelado en Francia.
B. GUZMÁN     ¿El modelo del de usted
sería alguna tinaja?
GARRIDO     Y tinaja de Madrid,
*chicas y con mucha panza.*
[vv. 203-208. La cursiva es mía.]

Las bromas acerca de su figura se repiten en muchas obras. En una
tonadilla se define el mismo Garrido:

Usté es un hombre, yo medio,
y, si nos sacan las tripas,
que cabrían las de usted, creo,
en una taza, y no caben
las mías en un barreño.

Desde 1773 residió en la corte. Casado con Manuela Rodríguez, llevó, de acuerdo con lo que afirman los comisarios de comedias, una vida
«muy arreglada». En alguna ocasión llegó a hacer el primer galán, pero
su dedicación principal fue la de gracioso y cantante cómico, papeles
en donde tuvo como pareja a las tonadilleras más brillantes de su época, como la Raboso, Nicolasa Palomera, Polonia Rochel y, sobre todo,
la *Caramba.* Su salud, no obstante, debió de resentirse con el continuo
trabajo y el esfuerzo de cantar tonadillas, como les sucedió a otros có-

micos. En 1785 estrenó la tonadilla de Pablo Esteve *Garrido enfermo y su testamento*. En ella el actor va dejando sus pertenencias a unos y otros hasta llegar a la estatua de Apolo, a quien le lega su vestuario:

> Al Apolo del Prado,
> que está desnudo,
> y le da el sol y el aire
> por cara y culo.

En 1791 pidió la jubilación por problemas de salud. Alegaba que estaba viejo y cansado, que había perdido facultades y gran parte de los dientes, por lo que no se sentía capaz de actuar con propiedad. El juez protector, sin embargo, no le permitió jubilarse «a causa del aplauso que aún le otorgaba el público». Se retiró definitivamente de la escena en 1804 y murió en 1807 en su casa de la calle de San José 5, siendo enterrado en la capilla de la cofradía de Nuestra Señora de la Novena, de la madrileña iglesia de San Sebastián.

4. *Graciosas y tonadilleras*

a) María de la Chica, *Granadina*

Protagonista de innumerables sainetes de Ramón de la Cruz, María de la Chica, llamada la *Granadina* por ser oriunda de la ciudad andaluza, era ya quinta dama en la compañía de José de Parra en 1755. Se casó ese mismo año con Julián González, cobrador en el coliseo del Príncipe, con quien tuvo un hijo, Manuel González, que fue también actor. En 1763 pasa a ser la graciosa de la compañía Ladvenant, en donde trabaja también (después de negarse y acabar por ello en la cárcel) *Chinica*, con quien *Granadina* formaría una famosa pareja cómica. Se jubiló en 1782, después de veinte años en este papel, donde destacaba en la interpretación de «criadas graciosas y bachilleras, petimetras, majas decentes, aldeanas y otras». Era además excelente cantante. Muchos de los sainetes en que participó acaban con las seguidillas o tiranas que canta *Granadina*.

## b) Polonia Rochel

Polonia Rochel fue la graciosa más popular de la segunda mitad del siglo XVIII y, de acuerdo con algunos estudiosos, prácticamente la única en los teatros de la corte durante esta época. En 1785 «pidió y logró se la eximiese de cantar tonadillas y en las comedias de música, alegando que por espacio de quince años había desempeñado en Madrid la parte de "graciosa" de verso y de música por sí sola, cantando diariamente en todas las funciones a excepción del de 1784, en que se puso otra que alternase con ella» [Huerta Calvo, Peral Vega y Urzáiz Tortajada, 2005]. Si fue única en este sentido, o en la excelencia de su arte, no es seguro. Lo que parece cierto es que esta actriz sevillana llegó a Madrid en 1769 y estuvo representando en la corte hasta su jubilación en 1797. Son numerosísimos los sainetes y tonadillas escritos para ella, y hasta tal punto se la consideraba graciosa por antonomasia que los enemigos del teatro breve no dejan de citarla en sus sátiras. En 1786 Samaniego arremetía contra ella y sus compañeros Tadeo y Miguel Garrido en su carta publicada en *El Censor*:

> Vuelve con la Pascua el teatro, y nosotros volveremos de refresco a la carga, empezando con los intermedios de música conocidos con el nombre de tonadillas. En ellas verá usted compendiados todos los vicios de nuestros sainetes, amén de otros muchos que le son peculiares. Éste sí que es el imperio donde dominan los majos y las majas. Las naranjeras, rabaneras, vendedoras de frutas, flores y pescado, dieron origen a estos pequeños melodramas; entraron después en ellos los cortejos, los abates, los militares y las alcahuetas; pero los majos faltan rarísima vez en estas composiciones. Por fin, cansados de inventar los poetas, han puesto su doctrina en boca de los mismos cómicos, y para asegurar la ilusión, Garrido, Tadeo y la Polonia nos cantan sus amores, sus deseos, sus cuidados y sus extravagancias; y alguna vez usurpándole a usted su oficio definen las costumbres públicas y se desenfrenan contra los vicios.

Era bajita y gorda, como su compañero Garrido. Ella misma se definía como una bola de la puente segoviana, y en un elogioso retrato Ramón de la Cruz la describía así:

Es del codo a la mano su estatura
y el cuerpo por delante resalado
y por detrás un poco atimbalado;
firme como una peña,
la cara redondita, aunque trigueña,
pelinegra y gachona,
es más viva y más ágil que una mona
y sus ojos parecen tempestades
según destruyen a las voluntades
[Domínguez Díez, 1992: 206].

Este físico no especialmente agraciado se combinaba, sin embargo, con una simpatía arrolladora y seguramente una fuerte *vis comica* que hicieron que no tuviera rival en la parte de la graciosidad, si bien en el canto sufrió una dura competencia por parte de numerosas tonadilleras, alguna de las cuales la superó en fama.

c) María Antonia Vallejo, *La Caramba*

Fue, sin duda, la tonadillera más famosa de su tiempo, una época en que no fueron pocas las actrices que destacaron en el canto. A sus dotes como cantante, al desparpajo y picardía con que cantaba sus tonadillas, hay que añadirle el melodramático final de su vida, suficiente para crear una leyenda popular por sí solo. Nacida en Motril en 1751, llegó a Madrid en 1776 contratada por la compañía del coliseo de la Cruz. Ese mismo año cantó la tonadilla del maestro Esteve que le dio el sobrenombre de *Caramba*:

Un señorito muy petimetre
se entró en mi casa cierta mañana
y así me dijo al primer envite:
«Oye usted, ¿quiere usted ser mi maja?»
Yo le respondí con mi sonete,
con mi canto, mi baile y soflama:
«¡Qué chusco que es usted, señorito!
Usted quiere... ¡Caramba, caramba!»

La fama de la *Caramba* desbordó los escenarios. «Se ponen de moda su tipo, sus modales, su manera de decir, su desgarro atrevido y picante. En el Salón del Prado lucían las elegantes el peinado y el tocado espectacular que ella impuso. Se "carambeaba" en los salones y en las calles, se comían dulces "carambelos" e incluso los habitantes de los Carabancheles llegaron a denominarse, familiarmente, "carambancheleros"» [Domínguez Díez, 1992: 207]. Llevó una vida alegre y licenciosa, y se le atribuían todo tipo de amores con figuras del toreo, como *Costillares* y Pedro Romero. Se casó en secreto en 1781 con un acaudalado francés, Agustín Sauminque Bedó: el matrimonio duró mes y medio. Sin embargo, en plena juventud y fama, se retiró de los escenarios y dedicó los últimos años de su vida a la penitencia por su vida pasada. Murió en Madrid en 1787.

# LA TEORÍA DRAMÁTICA

por *Emilio Palacios Fernández*

## I. LA FUNCIÓN TEATRAL Y LOS GÉNEROS BREVES

Frente a la opinión asentada por la crítica tradicional de la decadencia en el siglo XVIII de los géneros breves podemos afirmar, por el contrario, que se conservan bastantes de las viejas fórmulas (loa, introducción, auto, entremés, fin de fiesta, jácara, mojiganga, folla, baile…) que, a veces presentan novedades enriquecedoras, mientras que al mismo tiempo nacen otros nuevos tanto de recitado (sainete, monólogo, comedia y tragedia en un acto), como musicales (tonadilla, melólogo, opereta, zarzuela en un acto). Gran parte de las piezas breves que consume la escena en el XVIII tienen que ver con la estructura de la función teatral que pervive a lo largo del siglo, según advertía en mi revisión del teatro de esta época [1996: 188-189] y se ha indicado más arriba, siguiendo el modelo de la fiesta teatral barroca. El lugar que ocupaban en la misma mediatizaba el argumento, la estructura o la presencia de los elementos musicales.

## II. LOS GÉNEROS BREVES QUE PERVIVEN

### 1. *La introducción o loa*

El *Diccionario de autoridades*, que no menciona la palabra introducción, sí describe el término *loa*: «se llama también al prólogo o preludio que antecede en las fiestas cómicas, que se representan o cantan;

llámase así porque su asunto es siempre en alabanza de aquel a quien se dedican» [1734, IV: 426]. Esteban Terreros y Pando en su *Diccionario castellano de las voces de ciencias y artes* describe la «loa de comedia o fiesta cómica, cierta especie de preludio» [1787, II: 470]. Al hablar de las partes de la comedia en sus *Instituciones poéticas*, Santos Díez González rechaza que sea necesaria «porque sólo servía de prevenir el poeta al auditorio lo que le parecía sobre sí mismo, o acerca de la fábula, o de los actores, lo cual no era esencial al argumento, ni hacía falta» [1793: 141]. Los directores de escena hacían un uso moderado de la loa escénica, limitándola a una serie de circunstancias muy concretas. Esto provocó que quedaran en desuso algunos de los tipos conocidos en los siglos anteriores. En el siglo XVIII perviven básicamente dos modelos de prólogos: la introducción cómica y la loa cortesana, como he estudiado en *El teatro popular español del siglo XVIII* [1998: 221-252], explicando las de Luis Moncín. La introducción, loa cómica, o «de presentación de compañías» servía para informar al público de las novedades que había experimentado la compañía en el nuevo año teatral, según anota J. Subirá [1968] el domingo de Resurrección. La estructura de su fábula incluye una serie de tópicos usuales: agradecimiento al municipio que organiza el festejo, ganarse la benevolencia del público, pedir disculpas por los posibles errores, la voluntad de servicio, entre otros. El poeta integraba estos motivos en un leve argumento, con asuntos extraídos por lo general de la vida de los propios cómicos convirtiéndolas en piezas metateatrales. A comienzos de siglo se ejercitaron en ella autores como José de Cañizares, Eugenio Gerardo Lobo, Juan de Agramont y, en especial, Antonio de Zamora, quien, en su condición de dramaturgo oficial de los coliseos reales, compuso numerosas introducciones cortesanas. En la segunda mitad de siglo escribieron Luis Moncín, Vicente Rodríguez de Arellano, Luciano Francisco Comella, Gaspar Zavala y Zamora.

La loa cortesana servía para iniciar las funciones de carácter regio que se celebraban en los coliseos de los Reales Sitios o, con mayor frecuencia, en los teatros públicos de Madrid, a las que asistirían los reyes y la corte en pleno. Su finalidad era conmemorar la feliz onomástica del monarca o la reina. De manera ocasional se festejaban otros acontecimientos sociales o políticos importantes como nacimientos de príncipes, bodas regias, celebraciones de paz, la presencia de algún visitante ilustre... Las piezas escritas para tales ocasiones suelen preferir el discurso alegórico (loa alegórica) o la fábula mitológica, que permiten el elogio de las reales personas sin exigir su presencia en escena. Tienen una clara intencionalidad política ya que se escribieron en alabanza de la casa reinante, justificando de este modo el sentido etimológico de la palabra loa. Entre ellas colaboraron dramaturgos que sirvieron a palacio como Antonio de Zamora, Ramón de la Cruz, Moncín, Valladares de Sotomayor

La tipología de la loa dieciochesca se reduce básicamente a estos dos modelos. Esto no es óbice para que de manera accidental encontremos otras introducciones con temas y fines diferentes, que rememoran la fértil riqueza argumental que tuvieron en el pasado, aunque en el presente sean bastante menos habituales. El catálogo de loas sacras (sacramentales, marianas, hagiográficas...) pervivió sin vigor, mientras estuvo autorizado el teatro religioso como la *Loa* (1704), de Zamora, para un auto sacramental de Calderón, o *El triunfo de las mujeres*, de Lobo, estudiada por Arellano [1992]. Las loas para casas particulares ofrecen un camino virgen al investigador, pero suponemos que pervivirán olvidados ejemplos como el la *Loa*, de Zamora, ejecutada en el palacio del duque de Veragua. Otros modelos parecen auténticas rarezas.

## 2. El entremés

Define el *Diccionario de autoridades* el *entremés*: «representación breve, jocosa y burlesca, la cual se entremete de ordinario entre una jornada y otra de la comedia, para mayor variedad, o para divertir y alegrar al auditorio» [1732, III: 519], y «que no pertenece a ella, ni a su asunto», precisará Terreros y Pando [1787, II: 59]. Los estudios de Martínez López [1997] y de Huerta Calvo [2001a: 85-167] nos permiten comprender que este género había vivido su momento de esplendor en el Barroco, que llega al XVIII como una fórmula caduca, que vive el último tramo de su recorrido. Hallamos, sin embargo, un amplio manojo de ajados entremeses en el *Catálogo*, de Fernández Gómez [1993], mientras que en el de Herrera Navarro [1993] aparecen recogidos casi setenta entremesistas. No existe un estudio literario de los mismos y sólo puedo resumir algunos de los rasgos que señala Rafael Martín Martínez, en el reciente estudio de la edición que ha hecho de los de Zamora [2005]. Dos elementos básicos mueven este tipo de teatro breve «la manifesta-

ción corporal y la comicidad» [2005: 28]. La primera confiere a estas
piezas una libertad en cuestiones de sexo, que está poniendo siempre
en peligro la moral, mientras que el humor, en sus distintas modalidades, se convierte en un rasgo básico, con el que el espectador se libera
de los problemas cotidianos. La risa se presenta con frecuencia irreverente, ya que el dramaturgo trae a escena personajes y situaciones de los
que se mofa ante un público que está dispuesto a colaborar. Siempre es
Carnaval en este tipo de teatro, donde prima el sexo, la burla, lo escatológico. Siguiendo los modelos barrocos, ofrece una serie de rasgos peculiares: la acción busca situaciones en las cuales se facilita la burla, refleja
cierto «realismo social o ambiental», los personajes son tipos que tienden a lo ridículo y extravagante, el lenguaje busca el juego de palabras
en las cercanías del chiste. El mundo al revés, atrevidas situaciones de
sexo, la locura, el Carnaval, escenas de costumbres (de taberna, de calle,
de oficios, de folclore), imposibles historias de amor, animan la breve fábula con la que se construye el argumento. Los personajes, palaciegos o
plebeyos, son tipos que se describen de manera esquemática (arlequín,
demonio, loco, alcalde, soldado, médico, dueña, golilla, bravucón, gitano, poeta, tabernero, estudiante, bobo, zagal, orate, escudero, alguacil, tahúr…), de los que se presentan unos rasgos esenciales para ponerles en
acción. Pero también hallamos en ellos «figuras grotescas» con carencias
físicas o intelectuales como «gigantones, calvos, jorobados, tuertos, nari-
zotas, barbudas, enclenques, glotones, flatulentos, miopes, sordos, borrachos, ladrones, maníacos, hambrientos, malvestidos y demás triunfan en
el tablado entremesil» [Martín Martínez, 2005: 35]. En cuanto al lenguaje destaca el mismo crítico: «se explica la polifonía expresiva gracias
a la acumulación que se efectúa de las voces de las distintas capas sociales, idiomas e, incluso, idiolectos; todo ello aderezado por un lenguaje de extraordinaria fuerza expresiva, en que predomina el tono
exclamativo de abundantes interjecciones, insultos, pullas, juramentos y
maldiciones: el vocabulario de las plazas públicas» [2005: 42]. Existía una
complicidad entre el creador y el espectador que se admiraba de la habilidad del vate para utilizar estas expresiones, el uso de imágenes que
sonaban todavía a la imaginería conceptista barroca, ya trasnochada, pero
que era utilizada por los escritores del XVIII hasta casi mediados el siglo. También se destaca el empleo de hablas extrañas que sirven para dar
colorido a ciertos personajes que aparecían en escena: el ceceo de los

gitanos, el chapurreado de franceses e italianos, el léxico de los gallegos, el habla pedante de algunos nobles, los latines de estudiantes y sacristanes, el desparpajo de las chulas, las incorrecciones de lenguaje
propias de la gente popular, y otros idiolectos que se usaban en el teatro, muchas veces con intenciones paródicas.

Con todo, a la hora de evaluar el entremés, que con todo seguía en-
treteniendo al espectador, es necesario constatar las limitaciones con las
que se escribían. Los autores seguían repitiendo de manera mimética los
modelos barrocos. Ni las costumbres que pintaban, salvo excepciones,
respondían a las de la realidad tan cambiante como la sociedad borbó-
nica, ni las situaciones de los personajes respondían al mundo actual, ni
los chistes que se decían eran modernos, ni el lenguaje reflejaba las novedades de la calle, ni… Se trataba de un divertido producto de laboratorio en que los dramaturgos repetían hasta el exceso una serie de
tópicos literarios, pero que gustaban porque el espectador los conocía,
y podía entender a la perfección, aunque las obritas fueran viejas y ran-
cias. A comienzos de siglo agradaron los entremeses del madrileño
Francisco de Castro, Francisco Benegasi y Luján, cuya personalidad conocemos por el trabajo de Eduardo Tejero Robledo [1984], Antonio de
Zamora, José de Cañizares. Fuera de los círculos cortesanos, aunque vi-
sitó la corte en varias ocasiones, hemos de situar al salmantino Diego
de Torres Villarroel, mientras que sí estrenaron en los coliseos madrileños José Julián López de Castro, Juan de Agramont. En las décadas de
1760 y 1770 encontramos ya menos autores que lo cultiven entre los
que encontramos a Furmento, Espinar, González de León, Palomino y
García de Diego. Naturalmente estas obritas se escriben cuando el sainete ha ocupado ya el espacio del viejo entremés. Parece que en la temporada 1780-1781 fue la primera en que desparecieron los viejos
entremeses en los coliseos de Madrid, según deducimos de la *Cartelera
teatral madrileña del siglo XVIII*, de Andioc y Coulon [1996].

## 3. *El baile*

En las representaciones de teatro sustituye al entremés, unas veces el
baile y otras el sainete (lírico) que ocuparon el espacio del segundo intermedio. Ambos incluían números musicales en un siglo que fue muy

amante de la música y que por lo tanto tuvieron una excelente aceptación como han recordado Martín Moreno [1985: 341-414] y Boyd y
Carreras [2000: 19-66]. No era el baile una fórmula nueva ya que ocupaba idéntico lugar en la fiesta barroca, pero se enriquecerá con las novedades rítmicas que llegaban a España y con algunos temas nuevos que
sustentan el argumento. Huerta había diferenciado en el Barroco dos tipos de baile: el baile propiamente dicho que mezcla danza y letra, más
breve; y el baile dramático o baile entremesado que define como «acción por medio de unos personajes, no narración por medio de la música que sería sólo un baile o danza con un cantable más o menos
extenso» [2001a: 59], éste estudiado por Luis Estepa [1994: 19-20]. En
el XVIII perviven los dos modelos, que el especialista Eduardo Huertas
denomina «bailes populares» y «bailes escénicos» [1989: 132], mientras
que los coetáneos utilizan los nombres «baile con argumento», «baile
entremesado» o «pantomima musical», que el crítico diferencia de la danza cortesana, academicista y reglada. También encuentro la palabra «bailete», de ascendencia francesa según Cotarelo, para designar al que tiene
una extensión menor. El *Diccionario de autoridades* describe el escénico:
«se dice también el intermedio que se hace en las comedias españolas
entre la segunda y la tercera jornada, cantado y bailado, y por otro nombre se llama sainete» [1726, I: 531]. Francisco Sánchez Barbero dedica
el capítulo XII, «Del poema baile», de sus *Principios de Retórica y Poética*,
al baile. Lo define así: «el baile es un poema que por el gesto y la pantomima imita a la naturaleza, así como la ópera por el canto y la música. Debe tener una acción, enredo y desenlace, y sujetarse a las mismas
reglas» [1805: 257]. No es verosímil que los personajes estén danzando
siempre, «sino en el momento de la pasión, porque este momento es
realmente en la naturaleza el de los movimientos violentos y rápidos.
Los razonamientos y los diálogos se ejecutarán por gestos simples, por
paseos cadenciados algo más sensibles y poéticos que los regulares. En
suma, la danza es el aria del baile, y el paseo su recitado» [1805: 258].
Y aclara «los pantomimos antiguos con gestos, movimientos y actitudes
animaban las figuras o personajes que se proponían imitar, y los caracterizaban llevándolos progresivamente de escena en escena hasta colocarse en los cuadros o grupos con que creían causar más fuertes
impresiones en el ánimo de los espectadores. De esta manera sin hablar
una palabra tejían acciones trágicas o cómicas, las enredaban y llevaban

a su fin». «¡Cuán diferentes son nuestros bailes! En ellos ni hay expresión, ni pasión, nada significan. Una fila de bailarines se coloca a un lado de la escena, enfrente otra de bailarines; después se mezclan, se agrupan, se cruzan, se atisban, se desdeñan, se separan y se encuentran; forman varias figuras, corren de una parte para otra, se pasean solos, o acompañados por su pareja, o muchas a la vez. Preséntase luego uno famoso, mostrando su gentileza y gallardía, haciendo mil habilidades y diabluras con los pies, tejiendo en el aire y zapateando con mucha agilidad; se vuelve y revuelve, se sostiene perdido en el centro de apoyo, atormenta el cuerpo con movimientos y actitudes difíciles; salta, brinca y cabriola, sin otra idea que la de cabriolar por cabriolar: suda el infeliz, y rendido ya entra otro de refresco y como por apuestas» [1805: 259]. A esto parece resumirse el baile moderno, la gente muy contenta y aplausos.

En el baile escénico intervienen varios personajes que hablan, cantan y danzan desarrollando una pequeña fábula. El nombre acepta a veces determinaciones que hacen referencia al tema (heroico, pastoril, de magia, pantomimo...) y otras al tipo de baile que incluye. Debemos diferenciar en el uso de la música y los bailes dos etapas, que afectan igualmente a otros géneros líricos, ya que los ritmos y las canciones de la chacona, jácara, gallarda, minué, contradanza, folía, pavona... que incluyen los bailes de la primera época provenían, unos de las antiguas melodías villanas barrocas y otros de las extranjeras, pues algunos de ellos habían entrado en España de mano de la ópera y de la zarzuela de ritmos italianos nacidos en el primitivo teatro de los Caños del Peral, o de la danza francesa que se desarrolló en los bailes de sociedad. A partir de mediados de siglo existe un paulatino proceso de hispanización incorporando la música popular y folclórica española, en bruto o purificada, como ha señalado Huertas [1989: 105], que resulta más evidente a partir de la colaboración de Ramón de la Cruz con el músico Rodríguez de Hita, estudiado por Recasens Barberà [2001] para la zarzuela, aunque esto afectará a todos los géneros escénicos líricos. A partir de entonces, estos «bailes populares, de marcado carácter folclórico, definidos por una mayor espontaneidad, arranque y libertad de movimientos, y caracterizados por una escandalosa diversidad» de ritmos, según Huertas [1989: 167], pero también de ejecución desenvuelta, con gesto más libre, procaz y lascivo, que con frecuencia cantaban y representaban temas picantes. Esta modalidad tenía sus maestros como Iza Zamacola o el marqués de Ureña y contaba con escuelas como la bolera o la flamenca, con sus reglas técnicas que se podían aprender en ciertas academias, y que marcaron la manera popular de representar los bailes escénicos en los coliseos. Ahora se introducen en las piezas (canciones danzadas, o danzas cantadas) músicas castizas como la seguidilla con sus distintas variedades (manchegas, murcianas, boleras, serias, majas, gitanas, garruchonas, amarteladas, rondeñas, mollares, aminuetadas, afandangadas…), el bolero, la tirana, la jota, el fandango, los polos, la gaita, los caballos, las folías, el zorongo, las coplas populares [Huertas, 1989: 118-124] y una gran diversidad de melodías y bailes regionales (vizcaínos, asturianos, andaluces, baleares, aragoneses, alcarreños, catalanes, malagueños, sevillanas, murcianos, pasiegos…), que se acompañan con instrumentos tan españoles como la guitarra, la bandurria o las castañuelas, que obligaron a modificar la composición de las orquestas adscritas a los coliseos. Se utilizan incluso muestras del folclore callejero que se podían contemplar en los saraos, verbenas y romerías, lo que trae como consecuencia que algunos de los motivos estén sacados de las costumbres españolas de las clases populares o medio bajas, que tanto agradaba a los espectadores. Por eso, algunas de estas piezas aparecerán en ocasiones calificadas, según sigue describiendo Huertas, con nombres de los tipos que aparecen en ellas: de cachirulo, de ciego, de gitano o gitana, de majos y majas, de mayo o maya, de cuna o nana, de payo o paya, de tuna o estudiantina, de pregonero, de petiminí… Todos estos ritmos y canciones casaban perfectamente con nuevos productos dramáticos como las nuevas zarzuelas. Estas razones marcan el nuevo camino popular y nacionalista de los aderezos para el baile, pero sin que desaparezcan por completo las melodías extranjeras que también tuvieron sus espacios sociales y culturales. Esta circunstancia permitió, por otra parte, la posibilidad de mejorar o purificar el acervo musical folclórico español.

No está historiada la fórmula del baile escénico del siglo XVIII en que el autor más antiguo quizá sea Francisco de Castro, a quien acompañan en la primera mitad de siglo Salvo y Vela, Zamora, Benegasi y Luján, Torres Villarroel, Cerquera, González, Ripoll, Scotti... Se conserva una colección de *Libro de los bailes de la señora María Hidalgo* (1763), varios tomos manuscritos de quien fuera autora de la compañía del

Príncipe, que cita Herrera Navarro, y que yo no he localizado. A final de la centuria se representaron varios en el teatro de los Caños del Peral, unos compuestos por el músico y bailarín italiano Domingo Rossi, y otros por el bailarín de la misma compañía Juan de Medina, que confirman la persistencia de los ritmos extranjeros.

## 4. El sainete con música

El sainete (lírico) es un género poco estudiado. El *Diccionario de autoridades* lo define: «en la comedia es una obra, o representación menos seria, en que se canta y baila, regularmente acabada la segunda jornada de la comedia» [1739, VI: 19]. El sainete con el añadido de la música y el baile hace a la función más divertida, y tiene parecidos personajes, temas, humor y estilo que el entremés y el baile descritos más arriba. Tal denominación ya se utilizaba desde mediado el XVII [Huerta Calvo, 2001a: 77]. Todavía mantenía el término a comienzos de siglo un sentido general de pieza breve que adorna una función, como deducimos del título de la mencionada obra de Zamora, *Comedias nuevas, con los mismos sainetes que se ejecutaron* (Madrid, 1722), en que incluye loas, entremeses, bailes y fin de fiesta que utilizó el dramaturgo para representar cada una de las comedias de la colección, en que curiosamente no aparece ningún sainete. Estamos hablando del sainete usado en la primera mitad de siglo que adorna las funciones de teatro en que unas veces se mantiene el entremés en el primer entreacto y aparece el sainete en el segundo, y otras ocupa éste ambos entreactos, sustituido en ocasiones por un «entremés con música», un «intermedio cantado», un «juguete cómico lírico». Los temas, los personajes, el lenguaje recuerdan a los que ya hemos visto en el entremés. Al escribir la fábula, el dramaturgo ha de buscar una situación apropiada para que, en el momento adecuado, los personajes canten o bailen. La música y el baile estarían próximos a los modelos que aparecían en el baile escénico, según hemos indicado más arriba.

Los *Catálogos* de Fernández Gómez [1993], de Herrera Navarro [1993] y la *Cartelera* [1996] de Andioc y Coulon dan información sobre abundantes creadores de sainetes, aunque no diferencian de si se trata del primer tipo del sainete (lírico), o del sainete moderno al estilo de Cruz, que ya no tiene elementos musicales. En términos generales los nombres de los saineteros coinciden con los de los entremesistas: Castro, Cañizares, Salvo y Vela, Añorbe, y Torres Villarroel quien para confundirnos más tiene también un *Sainete entremesado*. En los años centrales de medio siglo sirvieron a los coliseos de Madrid los dramaturgos Ignacio de Cerquera, Juan Antonio Nicolás, Manuel Francisco Armesto y Quiroga, Vicente Camacho, Antonio Fernández, Francisco A. de Ripoll, Juan Pedro Maruján, Antonio Benito Vidaurre, Juan de Agramont y Toledo, que llama a *La enferma y el doctor* «entremés de música», Nicolás González Martínez... Mariana Cabañas, cómica de compañía, escribió el sainete *Las mujeres solas*, editado por Doménech Rico [1997: 205-226], que debió ser representado en 1757 según suponía en mi estudio *La mujer y las letras en la España del siglo XVIII* [2002b: 225].


5. *El fin de fiesta*

El fin de fiesta cerraba la representación con una escena agradable en que el baile y la música solía ser un ingrediente fundamental, pero donde no se desdeñaba tampoco algún motivo cómico menor que dejara buen sabor de boca al espectador en el cierre de la función. Durante el siglo XVIII, el fin de fiesta sigue manteniendo estos caracteres y reservándose para casos especiales que exigían dignificar el espectáculo: inicio de temporada, fiestas cortesanas y políticas, celebraciones municipales, algunas funciones de teatro (zarzuelas, con las que no desentonaban los elementos melódicos; autos sacramentales...), veladas literarias, algunas representaciones privadas, y cuantas veces fuera necesario. Los autores de fines de fiesta más conocidos en la primera mitad de siglo son Castro, Salvo y Vela, Zamora, Cañizares, Torres Villarroel, Agramont y Toledo; y durante la segunda mitad Ramón de la Cruz, autor de gran parte de los fines de fiesta que utilizaron los coliseos de Madrid, junto a otros como Laviano, Moncín, Concha, Cubas... Sin embargo, el genuino autor de fines de fiesta en la década de los noventa fue el dramaturgo Luciano Francisco Comella muchos de los cuales salieron de su prolífica pluma. Algunas de estas obras son en realidad sainetes, su misma extensión y temas, habilitados de fin de fiesta. Los entremeses y los bailes en el pasado, y la tonadilla dieciochesca tuvieron el mismo destino. Por lo demás los «autores» pudieron cerrar los espectáculos normales acudiendo a los más variados sistemas: una danza tradicional, una danza moderna, una canción a la moda, un baile pantomimo, un melólogo o un baile de actualidad con canto y baile de seguidillas, polos, boleros, jotas, soleares y tiranas que fueron aprobados por el corregidor y juez protector de Teatros José Antonio de Armona y Murga a partir de 1780.

## 6. La mojiganga

Se hace eco de la mojiganga el *Diccionario de autoridades* que la define como «fiesta pública que se hace con varios disfraces ridículos, enmascarados los hombres especialmente en figuras de animales» [1734, IV: 587]. El benemérito Cotarelo hizo los primeros acercamientos a la misma en el «Prólogo» de su *Colección* [1911, I: LXXXV-VII], mientras que Catalina Buezo [1993] ha ofrecido las señas de identidad de este género ligado a las máscaras y a la celebración de Carnaval en que los participantes llevaban unas vejigas atadas a un palo. El festejo folclórico, que seguía teniendo vida propia como celebración en la calle, había subido a los corrales a través de las mojigangas escénicas que se representaban en los escenarios en determinadas fiestas. Buezo diferencia en el Barroco varios subgéneros según los ámbitos en que se desarrollaban: cortesano, urbano-popular, estudiantil, eclesiástico y taurino. En el siglo XVIII sobrevive en decadencia en la primera mitad de siglo, y acompañan a festejos cortesanos, en Navidad, autos y celebración del Carnaval. Son autores de mojigangas: Francisco de Castro, Antonio de Zamora, José de Cañizares, José de Castañeda, José de Olmedo, Vicente Camacho, José Garcés, Francisco Robles..., algunos de los cuales se pueden leer en la antología de Buezo [2005].

## 7. La folla y la miscelánea

La folla, que con frecuencia lleva el apelativo de real haciendo referencia a su uso palaciego, resulta una fórmula confusa, que se ha interpretado de distinta manera, en todo caso relacionada con la vieja literatura de la «folía» o de la locura, con canciones llamadas «folías», que el *Diccionario de la lengua castellana* define como «tañido y mudanza de nuestro baile español, que suele bailar uno solo con castañuelas» [1791: 431]. El *Diccionario de autoridades* recoge su acepción dramática: «significa también junta y mezcla de muchas cosas diversas, sin orden ni concierto, sino mezcladas y entretejidas con locura, chacota y risa; y ahora se toma por un divertimento en que se ejecutan varias habilidades» [1732, III: 774]. Esta definición parece más clara en un *Diccionario* posterior: «diversión teatral compuesta de varios pasos de comedia inconexos, mezclados con otros de música» [1791: 431]. Huerta «la tiene por una modalidad de espectáculo que podía agrupar un conjunto de piezas cortas representadas una tras otra en frenética sucesión sin la comedia» [2001: 80], resumiendo la idea que ya defendió Cotarelo [1911, I: CCCXIV], mientras que Estepa la tiene por un género dramático [1994: 352-353], que deslinda y relaciona con otras fórmulas afines como la ensalada, el centón, la miscelánea, el disparate, y otros.

La obra puede combinar sólo entremeses (folla de entremeses) o varios fragmentos de piezas, cuya estructura desordenada solía formar un texto que funcionaba como si fuera el de una comedia que se iniciaba con un marco dramático, al que seguían varios fragmentos de diversas piezas (relación, entremés, loa, jácara, escena de comedia, relación, baile, fin de fiesta, paso, tonadilla, pastoral, mojiganga, romance, canción...) seleccionadas para cada ocasión, de extensión variable, que se representaban de manera inconexa y alocada, que solían representarse como una función teatral adornada con sainetes, tonadillas que hacían de intermedios, e incluso fines de fiesta. Se ponían en escena en agosto o en el mes anterior y posterior al mismo. Escribieron follas Zamora, Cañizares, el actor Marcos de Castro, Nicolás González Martínez, Manuel Vicente Guerrero, Domingo María Ripoll, Torres Villarroel, el apuntador Eugenio Morales, y los músicos Antonio Rosales y Pablo Esteve..., algunas de las cuales han sido estudiadas y editadas por Estepa [1994]. El entremesista Castro la recuerda en su discurso *La comedia triunfante*:

> Y asimismo empezaron, según cuentan,
> las follas reales, que aun se representan,
> ramillete de varias novedades,
> y miscelánea, en fin, de habilidades [h. 1765: 17].

No estaban lejos de la folla, otros géneros como la miscelánea que el *Diccionario* describe como «la obra o escrito en que se tratan muchas materias confusas y mezcladas» [1791: 569] y de las que podemos mencionar la de Antonio López Urrea, *La mayor gloria de amor es vencer al vencedor* (1774) y la del valenciano Carlos León, *Divertida miscelánea de dance serio* (Valencia, 1802).

## 8. El auto sacramental

Siguiendo un rito ancestral se celebraban las fiestas del Corpus Christi dentro de un calendario festivo religioso que incluían las procesiones [Portús Pérez, 1993], la parada de las tarascas [Bernáldez Montalvo, 1983], y el tradicional auto sacramental, según recuerda Sansuán Sáez [1989]. Así describía el *Diccionario de autoridades* el festejo teatral del auto: «*auto sacramental o del Nacimiento*: cierto género de obras cómicas en verso, con figuras alegóricas, que se hacen en los teatros por la festividad del Corpus en obsequio y alabanza del augusto sacramento de la Eucaristía por cuya razón se llaman sacramentales. No tienen la división de actos o jornadas como las comedias, sino representación continuada sin intermedio, y lo mismo son los del Nacimiento» [1726, I: 489]. Ya advierte Luzán que se trata de una fórmula sólo española, y que «su artificio se reduce a formar una alegórica representación en obsequio del sacrosanto misterio de la Eucaristía, que por ser pura alegoría, está libre de la mayor parte de las reglas de tragedia» [1977: 551]. El teatro alegórico no se ajusta a los criterios neoclásicos, aunque ni la censura ni la alaba, y recuerda el aplauso con que fueron recibidos los de Calderón. Desde que los autos, como el resto de los géneros religiosos, empezaron a representarse en los corrales habían iniciado un proceso de profanación para hacerlos atractivos a los espectadores convertidos en funciones de teatro, con la inclusión de piezas breves como entremeses y sainetes con música, que lo convertían en un espectáculo entretenido para el público pero que adquiría una cierta dosis de profanidad, cosa que certifican los mismos moralistas [Palacios Fernández, 1998: 109-114].

Por otra parte, el auto sacramental como texto literario vivió un período de absoluta decadencia, como recuerdan Mariscal de Gante [1911] y García Ruiz [1994]. Revisando la *Cartelera* de Andioc y Coulon no cabe duda de que en los dos coliseos de Madrid representaron a Calderón casi en exclusiva, cumpliendo una norma que estaba establecida. El amplio repertorio calderoniano permitía ir cambiando de temporada en temporada para evitar que los espectadores les resultaran demasiados conocidos, cosa que no siempre era posible porque, según testimonios de la prensa, sabemos que los asiduos se los sabían casi de memoria. Desconocemos si se hacía alguna corrección lingüística, ya que el lenguaje resultaba antiguo, para que lo entendiera la gente, si incluían alguna escena nueva, que permitiera enriquecerlos con recursos de tramoya y vestuario para que fueran más atractivos para el público, pero esto no se puede saber hasta que se lean los textos que fueron puestos en escena en realidad. En algunas ocasiones se ha hecho un exorno o adaptación del texto como los que hicieron Zamora, Francisco de León, o Ramón de la Cruz. El citado Zamora que llevaba ya una larga carrera como dramaturgo cortesano y había representado en palacio varios autos, algunos estudiados por José María Díez Borque [1989], fue el único que representó en los coliseos de Madrid varios autos originales, no siempre acompañados de éxito. El resto del repertorio nuevo está formado por medio centenar de piezas que fueron escritas por los dramaturgos menos famosos, aunque resultaba difícil escribir autos de calidad por ser un género gastado que por otra parte tenía sus exigencias religiosas y morales, hacer la competencia al maestro Calderón, o estar destinado a la representación privada. Entre ellos podemos citar: Fernando de la Cerda, Juan Salvo y Vela, Félix Nicolás Gallo, Carlos Ortiz, Pineda, Antonio Biruega, Carlos Helgueta.

En la década de los sesenta, paralela a la reforma literaria, existe un enorme esfuerzo por modificar los caracteres mentales y los hábitos culturales de los espectadores que asisten a los coliseos siguiendo la política del ministro Aranda. En esta ardua empresa colaboraron activamente diversos periódicos reformadores que realizaron una excelente labor de difusión cultural, cuya pluma más destacada fue la del canario José Clavijo y Fajardo en *El Pensador* (1762-1767), tribuna desde la que dirigió una orquestada campaña para la reforma integral del teatro. Pregonó los nuevos criterios estéticos del teatro neoclásico, pugnó por la reforma material del espectáculo y la representación, solicitó una carda sustantiva de los temas al uso en las comedias y en el teatro breve, que creía impropios, y, por fin, dictó normas de comportamiento social para los asistentes a los coliseos. En esta línea combatió las impropiedades del auto sacramental y del drama sacro en los pensamientos XLII-XLIII [1763, III-IV] que levantó una larga polémica, que ha sido estudiada por Esquer Torres [1965], Hernández [1980], Palacios Fernández [1992] y Checa Beltrán en un trabajo reciente [2004]. Sabe Clavijo que se mete en un terreno complicado por la larga tradición del género, aunque pretende tratar el asunto con imparcialidad. El auto puede mirarse desde dos perspectivas: tocante a las bellas letras y desde la religión. Considerado como texto literario tiene difícil encaje en la poética ya que ni cabe en la poesía profana, ni en la sagrada, ya que nunca habían utilizado «las alegorías que notamos en los autos, ni personificados los entes metafísicos, o las sustancias abstractas [...] y otro sin número de personajes de la misma especie» [1763, III: 397]. No pertenece a la lírica, ni a la dramática, pues «sólo son alegóricos puestos en verso», fórmula que no tiene cabida en el teatro y está alejada del buen gusto. Considerado el auto como vehículo de educación en la piedad y la religión del pueblo, supone que el sitio apropiado para el mismo sería el templo y no el colisco que resulta espacio inadecuado. Y añade «que las alegorías, por su misma oscuridad, no son de la jurisdicción del vulgo que asiste al patio, y que en nada se fatiga menos que en desentrañar su significación». Reflejan el ingenio de Calderón, cargado de devoción fervorosa, de piedad, pero las circunstancias de la representación (cómicas poco decorosas, escenografía inadecuada...) hacen poco aconsejable su puesta en escena. Parecida opinión muestran los ilustrados amigos suyos como Nicolás Fernández de Moratín en su *Desengaño al teatro español* (Madrid, 1762-1763, 3 vols.) que le apoya en sus opiniones sobre la reforma del teatro, sus juicios negativos sobre el teatro barroco, sobre Calderón y el auto sacramental abundando en las mismas ideas de Clavijo sobre la impropiedad del teatro para la enseñanza religiosa ya que escenario habitual de las fábulas más depravadas e inmorales. Y ya en el tomito segundo, en 1763, aborda de manera más directa su postura sobre el auto sacramental: no cumple con los requisitos formales del teatro.

Quien dio respuesta más airada a los ilustrados fue el periodista castizo Cristóbal Romea y Tapia en *El escritor sin título* (1763), donde hace un apasionado alegato en defensa de las valores morales y religiosos de

Calderón, y acepta los autos como verdadera poesía dramática: «los autos de Calderón son dramas, y muy dramas» [Checa Beltrán, 2004: 82], mal interpretando las teorías de Juvencio, rechaza la idea de que las cómicas sean indignas, y que la verosimilitud que se quiere dar al teatro invalida la alegoría es una falacia. Volvió a participar en la polémica Clavijo y Fajardo, impugnador constante de este tradicional género hasta su desaparición: «lo cierto es, que yo no veo que éstos ni los demás, que concurren a la representación de los autos, salgan del corral al tiempo de los intermedios, y se mantengan en él sólo mientras pueden oír su pretendida lección. Lo que sí se advierte continuamente es, que la mayor parte de las gentes, y particularmente las de un cierto tono, están en conversación, o dejan los aposentos y luneta mientras dura el auto, y sólo asisten al entremés, y sainete. En estos hallan únicamente diversión, y la pieza principal les es fastidiosa» [1763, IV: 16].

El publicista Francisco Mariano de Nipho no había mostrado hasta ahora una postura clara sobre este tema, exponiendo en sus artículos opiniones a favor y en contra del auto. Pero, movido por su profundo espíritu religioso, acabó tomando partido a favor del auto en *La nación española defendida de los insultos del Pensador y sus secuaces* (1764), donde hace una defensa apasionada del teatro barroco, de Calderón y del auto como modelo original español. La polémica calderoniana tenía un hondo calado ideológico porque Calderón y su teatro religioso representaban la manera conservadora de entender la cultura española, contrarreformista, que sobrevivía en los autos. Una Real Cédula de 11 de junio de 1765 los prohibió definitivamente: «teniendo presente S. M. que los autos sacramentales, con mayor rigor prohibirse, por ser los teatros lugares muy impropios y los comediantes instrumentos indignos y desproporcionados para representar los sagrados misterios de que tratan, se ha servido S. M. de mandar prohibir absolutamente la representación de los autos sacramentales y renovar la prohibición de comedias de santos y de asuntos sagrados bajo título alguno» [Palacios Fernández, 1992: 258]. A partir de entonces no se representó ninguno en ningún coliseo de España. También fue rara su escritura como la de Alonso de Pedrajas, *La adoración al Niño y dicha de los pastores* (1769), fiesta para representar en casa de la condesa de Lemos, o la del escribano Julián de Antón y Espeja, *Auto alegórico al nacimiento de Jesucristo*, escrito en las últimas décadas de siglo y no representado.

9. *Otros géneros de recitado: paso, chiste, trova, relación, diálogo, alegoría*

Todavía encontramos algunas piezas breves que conservan el antiguo nombre de paso (a veces subtitulado «paso cómico»), que hiciera famoso Lope de Rueda, aunque no me consta que aportara ninguna novedad para convertirse en meros sustitutos del entremés con parecida estructura y temas. En el *Diccionario* de 1791 lo recoge en una de las varias entradas: «paso de comedia, el lance o suceso que se introduce en ella para tejer la representación; por extensión se dice cualquier cosa que mueve a risa, o hace armonía o extrañeza» [1791: 632]. Lo utilizan dramaturgos como Agramont, Ángel Peregrino, Antonio Vicente Toboso, Juan Bautista de Arroyo, fray Nicolás del Pilar, Cristóbal de Avilés, el periodista madrileño Manuel del Casal Aguado.

El *Diccionario de autoridades* describe el *chiste* como «dicho con donaire, gracia, agudeza y prontitud que da estimación a quien lo dice y gusto a quien lo oye» [1729, II: 326]. No ofrece ninguna referencia teatral, aunque el chiste y el humor formaban parte de las entrañas mismas de varias modalidades del teatro breve. El jesuita valenciano Antonio Eximeno tiene varios textos que llama *Apolo medallista*, «intermedio chistoso», *Los filósofos enjaulados por sus manías*, *La vieja hechicera de las ciencias*, ambos con el apodo de «chiste», publicados en Valencia en 1756.

*Trova* «se llama ahora composición métrica formada a imitación de otra, siguiendo el método, estilo, o consonancia o parificando alguna historia o fábula», leemos en el *Diccionario de autoridades* [1739, VI: 369]. Terreros y Pando hace mayores precisiones: «se dice ahora por la composición métrica de la fábula o historia […] a imitación de otra, o con alguna mutación para que venga a la música lo que antes no venía» [1788, III: 719]. Aunque escasos hallamos varios textos con uso escénico con ese nombre como los de Carlos Guerra, poeta de mediados de siglo, que escribe *Relación jocosa, trova de la de «El catalán Serrallonga»*, *Relación jocosa, trova de «No hay vida como la honra»*, *Trova de la relación de «El príncipe de los montes»*, *Trova de la relación de «La fuerza del natural»*, que nos permiten suponer que las susodichas trovas se emplearon como intermedio de las comedias. Se mezcla con el término relación, del que ya *autoridades* aclara su doble sentido: «en las comedias es la narración que sirve de episodio o explicación del tema de la comedia»; y «se llama también aquel romance de algún suceso o historia, que cantan y venden los ciegos por las calles» [1737, V: 556]. El citado Guerra escribe, entre otras, *El asturiano ridículo en la corte*, relación jocosa de figurón, junto a las de Francisco de Robles, *Relación trovada de la comedia de «El negro más prodigioso»*, Juan Bautista del Arroyo en su citado libro de *Aleluyas jocosas* donde incluye una larga lista. Las relaciones sacadas de las comedias corrían en el mercado de los pliegos sueltos con excelente recepción, las relaciones o trovas que se escribieron para servir de intermedio de algunas comedias fueron menos frecuentes, pero hubo un tercer tipo de relaciones, las de sucesos, que describían las fiestas públicas, que tuvieron una buena acogida y sirvieron de información y orientación política.

El *Diccionario de autoridades* define el *diálogo* como «conferencia escrita o representada entre dos o más personas que alternativamente discurren, preguntándose y respondiéndose» [1732, III: 262]. Aquí se acoge al diálogo clásico y renacentista, fórmula a medio camino entre el ensayo y el parateatro y al diálogo teatral. El uso escénico es poco habitual como en Torres Villarroel, Valladares de Sotomayor, Fermín del Rey. No hace mucho el profesor Maurizio Fabbri ha editado un *Diálogo entre dos tunantes* [2002], de autor desconocido y fechado sin muchos datos a mediados de siglo, pero que ya había sido editado en su tiempo en una colección de entremeses, lo cual indica que se puede tener sustituto del mismo. En otros casos vemos que los apelativos que acompañan a los títulos son una manera distinta de nombrar al entremés: José Antonio Porcel y Salafranca, *El mejor empleo*, coloquio; Luis Moncín, *Los novios engañados* (1789), intermedio jocoso; Javier de Burgos, *El viaje de los demonios*, humorada; Tadeo Moreno, *El portento de España y sus amenos sitios* y *El triunfo del amor*, juguete. Al margen del auto y algunas loas, en raras ocasiones se utiliza la alegoría para otros ejercicios escénicos. Define el *Diccionario de autoridades* la *alegoría* como «un modo artificial de la oración, por el cual se esconde un sentido debajo de palabras que aparentemente dicen otra cosa; y continuándose unas y otras así en el sentido como en la intención resulta este artificioso modo de hablar que comúnmente está reputado por una de las figuras retóricas o tropos» [1726, I, 189]. El periodista de finales de siglo Manuel Casal y Aguado escribe *Quien prende a amor, es prendido*, que subtitula «juguete alegórico».

10. *Otros géneros de cantado: fiesta real, serenata, oratorio*

La confusa historia del teatro de Castro señala que ya existían desde comienzo del XVII «las serenatas, dramas y natales, / que son por sus cadencias numerosas, / fiestas insignes, regias y gustosas» [h. 1765: 16]. El *Diccionario* de 1791 es el primero en incluir el término fiestas reales: «los festejos que se hacen en obsequio de alguna persona real o en su presencia» [1791: 427]. A este género cortesano pertenecen varias Fiestas Reales escritas por Cañizares. La serenata era según *Autoridades* «una función de música, especialmente con concierto de instrumentos, que por ejecutarse de noche y al descubierto se las llama así» [1739, VI: 95], en que alternaban recitativos y arias, a veces con secciones instrumentales y corales. Su cronología dura desde mediados del XVII hasta finales del XVIII, época en que encontramos las de Domingo María Ripoll, Nicolás González. El oratorio era «composición dramática para cantar en la iglesia en fiestas solemnes» [*Diccionario de autoridades*, 1737, V: 47], con temas religiosos (hagiografía, Biblia…) y finalidad didáctica, que se utilizó en alguna ocasión a lo largo del XVIII, que igualmente menciona Tomás de Iriarte en su poema *La música*, cuando recuerda las composiciones del templo «cantadas, villancicos y oratorios» [1779: 63] y Sánchez Barbero quien habla de los «oratorios o melodramas sacros, porque su asunto está sacado de la Sagrada Escritura» [1805: 256]. Conocemos los oratorios del escritor ilustrado Cándido María Trigueros, *La muerte de Abel* (1773), de Mas Casellas, *Nabucodonosor y profecías de Daniel* (1800). No tengo espacio para matizar sobre algunas celebraciones cortesanas en que se utilizaba un texto de naturaleza breve como descubren varios artículos incluidos en el libro de Torrione, *La España festejante. El siglo XVIII* [2000].

III. LAS NUEVAS FORMAS DE TEATRO BREVE DIECIOCHESCO

Lo más novedoso en el teatro breve se expresa en el nuevo sainete, el monólogo, la comedia y la tragedia en un acto, mientras que en las piezas de cantado debemos recordar la tonadilla escénica, el melólogo, la zarzuela en un acto, la opereta.

## 1. *El sainete*

El poeta y dramaturgo Ramón de la Cruz se inició joven en el sainete, según referencias de la principal estudiosa de la aparición de este género Mireille Coulon [1993: 15-124]. Siguiendo los modelos establecidos, en 1757 estrenó su primer sainete *Enferma de mal de boda*, que no tuvo particular interés. El mismo año se inició en la zarzuela con *Quien complace a la deidad acierta a sacrificar*, siguiendo los viejos moldes de este género lírico. Según la *Cartelera*, el primer éxito lo alcanzó el 6 de noviembre de 1761 en el coliseo del Príncipe en la función en que se representaba una comedia sin mayor interés *La perla de Inglaterra*, exornada por Nicolás González, a la que Cruz añadió dos sainetes, y que se mantuvieron 22 días en cartel [Andioc y Coulon, 1996: 245] de los que desconocemos los títulos según esa fuente, aunque quizá sean *El hospital de la moda* y *Los mayordomos de la aldea*, con temas de costumbres modernas bien retratados. Siguió su producción con la comedia de magia *Marta abandonada, y carnaval de París* (1762), acompañada por dos sainetes suyos *La pragmática* y *La petimetra en el tocador*, que también consiguieron un éxito desbordante.

Aunque estuvo un tiempo al servicio de la reforma que promovía Aranda con varias traducciones no tan desarregladas de estilo, en seguida se dio cuenta de que su verdadero camino estaba en la renovación de los viejos entremeses y sainetes, incluyendo temas costumbristas de actualidad, olvidándose de su postura anterior [Coulon, 1993: 257-332]. De ello dejó constancia Cruz en la introducción que puso al sainete *Los picos de oro* (Madrid, 1765) que estrenó en el coliseo del Príncipe acompañando a la zarzuela *Las pescadoras*: «quise huir de un sainete común y de bulla, porque siendo burlesca la zarzuela y habiendo los actores o cómicos mejor recibidos para lo jocoso manifestado sus genios en la pieza principal, iba muy aventurada después cualquier idea de la misma clase; además de la natural reflexión de que en la variedad hallaría más diversión el auditorio, y la atención que debo a los clamores de los sabios y ejemplos de los grandes poetas que me mandan escribir con la utilidad del público y ridiculizándole siempre algún vicio. Porque lo verdaderamente cómico es de esta naturaleza y no la de muchos sainetes que otros y yo escribimos, consultando sólo el capricho y las extravagancias, sin atender a las voces del entendimiento y la razón»

[Doménech Rico, 1997: 35]. Aunque él situaba sus sainetes dentro de la literatura amena y educativa, no lo entendía igual Leandro Fernández de Moratín en el «Discurso preliminar» a sus comedias, que ve en su creación más sombras que luces en aspectos literarios y morales: «supo sustituir en ellos, al desaliño y rudeza villanescas de nuestros antiguos entremeses, la imitación exacta y graciosa de las modernas costumbres del pueblo. Perdió de vista muchas veces el fin moral que debiera haber dado a sus pequeñas fábulas; prestó al vicio y aun los delitos, un colorido tan halagüeño que hizo aparecer como donaires y travesuras aquellas acciones que desaprueban el pudor y la virtud, y castigan con severidad las leyes. Nunca supo inventar una combinación dramática de justa grandeza, un interés bien sostenido, un nudo, un desenlace natural; sus figuras nunca forman un grupo dispuesto con arte, pero examinadas separadamente, casi todas están imitadas de la naturaleza con admirable fidelidad. Esta prenda, que no es común, unida a la de un diálogo animado, gracioso y fácil, más que correcto, dio a sus obrillas cómicas todo el aplauso que efectivamente merecían» [1846: 317-318].

El sainete de Cruz ha nacido en la misma matriz costumbrista en que se había desarrollado el viejo entremés, y había recorrido su camino el sainete con elementos musicales, descrito antes, ligado al costumbrismo y a la tradición del teatro breve. Las poéticas del XVIII, en general clasicistas, no tienen en cuenta esta producción que tienen por no verosímil y muchas veces inmoral, como veremos más adelante. Sólo algunos teóricos más comprensivos como Juan Francisco Plano, neoclásico comedido, en su *Ensayo sobre la mejora de nuestro teatro* certifica tal relación con aseveraciones clarificadoras. Define el drama de costumbres como aquel en que el poeta instruye a los hombres «exponiendo a sus ojos ciertos riesgos de la vida social para que los prevea el que no es muy avisado, o afeando chistosamente las extravagancias, o corrigiendo su corazón suavemente por medio de impresiones serias, pero no violentas» [1798: 18]. De aquí deduce dos modalidades de este tipo de drama: el satírico/serio, que se corresponde con las fórmulas neoclásicas (comedia de carácter o comedia realista); el que utiliza el ridículo en cuyo espacio incluye la comedia de figurón y el sainete. Sólo Félix Enciso Castrillón, un teórico ecléctico en el quicio del siglo, se atrevió a aventurar una definición en su *Ensayo sobre un poema de la poesía*: «es una pieza cómica en un acto destinada a representar algunas ridiculeces, digámoslo así, de menor cuantía que las de las comedias de carácter» [1799: 9]. Añade, más adelante, «que es una verdadera comedia, aunque pequeña», que debe desarrollar como ella un plan, utilizar su lenguaje, y su sentido educativo [1799: 51]. Ridiculiza defectos de las clases bajas y de otras clases sociales. No tiene una opinión tan negativa del mismo y cita un fragmento del *Manolo* de Cruz. Sánchez Barbero, ampliando las ideas de Plano, diferencia en sus *Principios de Retórica y Poética* tres maneras de expresión del ridículo en relación con la realidad: el «alto cómico» lo cual tiene que ver con la comedia de carácter; el «bajo cómico» que remite a los sainetes; y, por fin, las comedias de figurón «las cuales pintan los caracteres con colores mas recargados que las primeras» [1805: 239]. Estas dos últimas fórmulas pertenecen al teatro popular. En el «bajo cómico» hemos de incluir no sólo el sainete, sino gran parte de las fórmulas del teatro breve, que está destinado «al populacho ignorante, grosero y de costumbres hozales». Con menor frecuencia se emplean nombres equivalentes como de «comedia en un acto», «juguete cómico», o «intermedio».

Para tener un conocimiento más preciso, que complete los datos de las poéticas, observemos los caracteres con los que lo describe la crítica moderna, a partir de los trabajos de los principales estudiosos del mismo Mireille Coulon [1993: 125-204], Sala Valldaura [1992, 1994a] y Cañas Murillo [1996]. Se trata de una pieza breve en un solo acto, no dividida en escenas. Es opinión común que en la presentación de la fábula los saineteros adoptan dos modalidades: la primera, la más frecuente, utiliza una acción dramática en que desarrolla una breve historia, con cierta dosis de intriga, que se relata de manera gradual con planteamiento, nudo y desenlace, como si fuese una comedia abreviada o en un acto como se denominan en ocasiones; la segunda carece de acción dramática que es sustituida por un agregado de escenas con personajes, en un cuadro estático, abigarrado de tipos, un ambiente quizá animado, que coloca al sainete en la tradición del costumbrismo. El número de personajes es variable y oscila entre seis y doce, lo cual está relacionado con el modelo que sigue el autor, siendo el segundo el que más utiliza para ofrecer un espacio poblado de numerosos tipos que animan una escena vistosa y colorista. Se describen sus rasgos físicos y morales de manera esquemática y reiterada, en que el vestuario y el habla se convierten en elementos esenciales de caracterización, lo cual permite al espectador una fácil comprensión de las historias. Cañas Murillo estudia en el sainete una serie de recursos y técnicas formales: la ironía que divierte al auditorio, la parodia que recrea una visión burlesca de la realidad, la sátira exagerada que se liga a aspectos concretos de las costumbres conocidas, la burla contra las desviaciones de la norma [1996: 227-238]. Habría que añadir a estos la presencia del humor, un ingrediente esencial en la divertida fábula y al mismo tiempo la razón del supuesto didactismo del mismo. Una comicidad que nace de causas varias: de la selección de los personajes, de su lenguaje chusco o chistoso (el juego del doble sentido resulta básico), de lo grotesco o ridículo de las situaciones... La calidad de este humor es variable, pero más propenso a provocar la carcajada que la sonrisa. A ello se añade un marcado interés crítico que se orienta en distintos sentidos, pero que tiene en la sociedad actual su base de inspiración.

Aparecen, sobre todo, espacios donde se observan las costumbres de Madrid, seleccionadas en función de sus posibilidades burlescas o críticas. Pero los sainetes más frecuentes, en esta época, se desarrollan en ambientes y con tipos madrileños, ya que en su mayor parte fueron escritos para ser representados en los coliseos de la capital. En lo que se refiere a los espacios, refleja los lugares típicos como la pradera de San Isidro, el Rastro, la Plaza Mayor, el paseo de El Prado, la plazuela de la Cruz, los barrios castizos (Lavapiés, la calle Toledo, el río Manzanares...), según han señalado los estudios de Huertas [1996], Palacios Fernández [1997]; o animados espacios donde se celebran fiestas, ritos folclóricos, bailes, que recuerdan las pinturas costumbristas de Goya. Hombres y mujeres pueblan por igual los sainetes de esta época. Retratan personajes de la burguesía, con menos frecuencia que de la aristocracia: petimetres, majos, abates, cortejos, currutacos, tertulianos, peluqueros, alcaldes..., todos ellos bien analizados desde la óptica de Cruz por Coulon [1993: 333-528]. Los ambientes campesinos de payos paletos debieron provocar un gran placer a los ciudadanos, según recuerda Sala [1992b]. Algunos aparecen, señala Cañas refiriéndose a González del Castillo, para dar ambientación reflejando los grupos sociales y los oficios [1996: 222-223]. Pero, sobre todo, les interesa poner en acción la clase social más popular (majo, criado, paje, payo, soldado, pobre...), sin olvidar los tipos marginales. Resulta excelente la descripción de Moratín hijo en su «Plan de reforma del teatro» (1792), donde pedía el control de tales piezas: «allí se representan con admirable semejanza la vida y costumbres del populacho más infeliz: taberneros, castañeras, pellejeros, tripicalleros, besugueras, traperos, pillos, rateros, presidiarios y, en suma, las heces asquerosas de los arrabales de Madrid; éstos son los personajes de tales piezas. El cigarro, el garito, el puñal, la embriaguez, la disolución, el abandono, todos los vicios juntos, propios de aquella gente, se pintan con coloridos engañosos para exponerlos a vista del vulgo ignorante, que los aplaude porque se ve retratado en ellos» [Dowling, 1970: 291]. A éstos hay que añadir los personajes regionales (montañés, castellano, vizcaíno, catalán, gallego, navarro, manchego, extremeño…) y extranjeros (francés, italiano, alemán, inglés…).

El lenguaje es un recurso fundamental para pintar a los personajes en el Madrid del siglo XVIII. Pomposo y remilgado, plagado de galicismos, en los de clase alta, rondando el ridículo o lo cursi; vulgar, a veces, grosero, en los más populares. Hay una gran riqueza de vocabulario para designar las modas en el vestido, peinado, afeites, y otras costumbres que reflejan la realidad social de las distintas clases sociales. Debemos valorar también un rico lenguaje coloquial que sitúa al sainete en el lenguaje hablado, lleno de matices y sugerencias. Quizá lo más característico sea la utilización del argot o jerga madrileña, según ha analizado Vilches de Frutos [1983]. Contra lo que suele creerse este habla, plagada de «madrileñismos», no deja de ser un lenguaje literario convencional que responde en su nivel fónico, sintáctico y léxico a un habla semejante a, o construida sobre, la verdadera, llevando, sin duda, a un extremo abusivo los rasgos típicos. Éste es un fenómeno ya conocido en el teatro antiguo en que se creó un falso lenguaje de pastores, el sayagués, y seguirá activo en el género chico, particularmente en Arniches. También se emplean lenguajes similares para caracterizar a ciertos personajes regionales como vizcaínos, cántabros, gallegos, catalanes, castellanos, entre otros, y el de los tipos extranjeros (Italia, Francia…).

Además de los temas madrileños, con menos frecuencia encontramos otros asuntos como en los llamados «sainetes de costumbres teatrales», que fueron usados para ciertas circunstancias de la representación. Estas obritas metateatrales sirvieron para presentar al público las nuevas compañías, como si fueran loas como algunos de Ramón de la Cruz, a algún cómico que cambiara en la compañía, los problemas de los cómicos, del repertorio, o se dirigían algunos dicterios contra el teatro neoclásico y los reformadores, que no veían con buenos ojos estas obrillas «des-arregladas» sobre todo por Cruz. También hallamos varios ejemplos de costumbres literarias en Cruz, sobre los escritores como grupo social en Villarroel y en Cruz. Algunos son de gran interés porque participan en las polémicas coetáneas, los sainetes paródicos sobre subgéneros teatrales, en cuya creación sobresale Ramón de la Cruz: de la comedia heroica en *Los bandos de Lavapiés* (1776), de la tragedia clasicista en el *Manolo* (1769). Las matizaciones que siguen a algunos títulos aclaran el carácter de la composición: «cómico» o «gracioso» resultan casi una redundancia; «trá-gico» es menos frecuente (Ramón de la Cruz, *Inesilla la de Pinto*, 1770); «sentimental», por contagio de la comedia lacrimosa; de «costumbres» y «madrileños» son matizaciones frecuentes.

Ramón de la Cruz escribió la más amplia y variada colección de sai-netes, muchos de ellos estrenados con éxito, algunos auténticas piezas maestras dentro de las limitaciones propias de todo teatro de consumo, que acabó por cambiar los trasnochados modelos del entremés y del vie-jo sainete por obras que cautivaron el público y fueron imitados por un nutrido grupo de saineteros. Suben a los escenarios madrileños desde en-tonces, a pesar de que en ocasiones el nuevo modelo convive con el an-tiguo, un amplio listado de saineteros que confirman esta diversidad de planteamientos, aunque predominan los de costumbres contemporáneas: Antonio Pablo Fernández, Antonio Furmento Bazo, Gaspar Pla, Bernardo de Cobos, Ventura Lucas, Francisco de Robles, José Orozco, José López de Sedano, Juan Antonio Aragonés, Juan Márquez, Mateo Zabal, Antonio Espinar, Francisco Mariano Nipho, Domingo María Ripoll, Juan Ponce, Manuel del Pozo, Juan Manuel López Fando, Manuel Fermín de Laviano, y Sebastián Vázquez autor de numerosos sainetes, originales y atribuidos, que llegó a hacer sombra al mismo Cruz. En las últimas décadas del si-glo se acercan al sainete la plana mayor de la Generación de Comella, como Luis Moncín que se inició en Cádiz con comedias y el sainete ti-tulado *El convite al Puerto y el baile en Cádiz* (1780), la primera pieza bre-ve que se escribía sobre tema andaluz [Palacios Fernández, 1998: 291], pero luego sirvió a Madrid con más de cincuenta sainetes de asunto ma-drileño, y otros como José Concha, Fermín del Rey, José Calvo de Barrionuevo, Félix Hernández de Cubas, Justino Matute, Luciano Francisco Comella, Vicente Rodríguez de Arellano, Gaspar Zavala y Zamora, Antonio Valladares de Sotomayor, Juan Ignacio González del

Castillo, dramaturgo de Cádiz que escribió excelentes sainetes sobre costumbres andaluzas.

## 2. El monólogo

Sólo el *Diccionario* de Terreros y Pando recoge el término «monólogo o monologío: escena dramática en que un actor habla absolutamente solo» [1787, II: 612]. Los *Principios de Retórica y Poética* de Sánchez Barbero hacen una descripción más moderna del teatro, donde recoge el «monólogo o soliloquio», una fórmula nunca explicada. Una persona que habla consigo misma, cuando hay alguna razón importante para ello. «Sus propiedades esenciales son el movimiento y la variedad: las ideas estarán unidas, pero imperceptiblemente. Cuando más de tropel y desordenados nazcan los sentimientos que expresa el monólogo, otro tanto mejor imitará la turbación, los combates, el flujo y reflujo de las pasiones» [1805: 224], aunque se aconseja que no sea demasiado vehemente. A esto se ajusta los monólogos que escriben Comella, Tadeo Moreno y *El poeta de guardilla* (1793), monólogo jocoso, de autor desconocido.

## 3. La comedia y la tragedia en un acto

Resulta difícil de deslindar el mundo del teatro sin leer las obras. Sobre el papel encontramos varios catálogos que ponen el apelativo de «comedia en un acto» a algunas de las obras recogidas en los mismos que pertenecen a Zamora, *La verdad y el tiempo, en tiempo*, comedia en una jornada; Ramón de la Cruz, *La bella madre* (1764), comedia en un acto, y *Los picos de oro* (1765); Sebastián Vázquez, *Amar su propio enemigo* (1774); Cruz, *No hay candados para amor cuando es bien correspondido y petimetre escondido* (1778), *La señorita displicente* (1779), *Los hijos de la paz* (1784) y *Las mahonesas* (1792); Fermín del Rey, *La modesta labradora* (1791); Luis Moncín, *La buena madrastra* (1792); Vicente Rodríguez de Arellano, *El esplín* (1793); Moncín, *El padre avariento* (1793); Luciano Francisco Comella, *Los amigos del día* (1794); Moncín, *Lograr por guardar secreto* (1794) y *Los currutacos chasqueados* (1795); Francisco López, *La po-*

*saderita* (1796); Rodríguez de Arellano, *La Florentina* (1797); Moncín, *El novio mujer* (1798); Rodríguez de Arellano, *Las hilanderas de Murcia* (1799), algunos de cuyos títulos suenan a sainetes. También encontramos obras en prosa en un acto como *La librería*, de Tomás de Iriarte, o *La novia impaciente* (1800), comedia en prosa en un acto, traducción de Charles Étienne, de autor desconocido. Menos frecuentes son las tragedias en un acto como la de Ramón de la Cruz, *Celinda* (1775); y las de Comella, *Cromvel* (1786), *El tirano Gesler* (1790), *El mayor rival de Roma, Viriato* (1798).

## 4. *La tonadilla escénica*

El *Diccionario de autoridades* define la *tonadica* o *tonadilla* como «tonada alegre y festiva» [1739,VI: 296], tomando como autoridad a Cervantes lo que certifica la antigüedad de su uso. Es decir que esta canción divertida ha tenido una vida independiente, pero en un momento determinado comienza a utilizarse en los coliseos con el acompañamiento de la guitarra, certificándose tal costumbre hasta pasado el medio siglo. El nacimiento de la tonadilla escénica hay que relacionarlo con los otros géneros teatrales breves que utilizaban música tanto del Barroco como del Setecientos (entremés, sainete, baile, jácara, mojiganga) y como afirma José Subirá, su principal estudioso [1928-1930], con los *intermezzi* italianos, que ocupaban los entreactos de las óperas serias, que acabarían originando, igualmente la ópera bufa. Pasado el medio siglo se convierte en una pieza teatral autónoma que sería muy bien aceptada como recordaba el interesante artículo del *Memorial Literario* [1787], donde se recuerda que desde 1760 la tonadilla escénica, alternando con otros géneros, se convirtió en intermedio de «funciones de teatro o en las de música». La descripción que hace de ella el literato y músico Tomas de Iriarte en su poema didáctico *La música* hace referencia a estas circunstancias: «tampoco nuestra alegre tonadilla / hubieras olvidado, que antes era / canzoneta vulgar, breve y sencilla, / y es hoy a veces una escena entera, / a veces todo un acto, / según su duración y su artificio» [1779: 97]. Según esto, la tipología varía según el número de cantantes que participaban en ella: «tonadilla a uno» en que cantaba uno solo, que en realidad era una composición que pertenece al espacio de la poesía lírica como recuerda el *Memorial*; «to-

nadilla a dúo» en que un pequeño argumento da pie a la presencia de
dos actores que cantaban; la «tonadilla a tres», «a cuatro», o «generales» que
podían llegar hasta siete y que por lo tanto exigían un argumento más
consistente, que como tienen interlocutores pertenecen a la dramática. Es
fórmula que integra música, lo más importante, y texto literario, «que solía dividirse en varios cuadros, números o escenas musicales, alternando
con intermedios recitados o hablados, versificadas, y tenían una extensión
variable», reglas que describe con exactitud Sánchez Barbero [1805: 256].

La tonadilla general era más larga, con una duración similar a la del
sainete ya que ocupaba su mismo espacio (en torno a veinticinco minutos), y tenía una estructura más compleja. Así la define el *Memorial*:
«se imitan las acciones y las costumbres, formando una pequeña pieza
dramático-musical, con su introducción, fábula, episodio y solución, a
que suele agregarse un final de seguidillas, caballo, tirana, etc.» [Subirá,
1928, I: 287]. Huertas agrupa los elementos literarios con los musicales,
dando a la tonadilla la siguiente estructura: la introducción o entable,
formada por una introducción hablada y un preludio orquestal; la pa-
rola o declamación con acompañamiento orquestal; hablado, parte hablada sin música; recitado o recitativo de la ópera italiana, con
acompañamiento musical; cantado con coplas sueltas, parte cantada con
orquesta; final, con danza de seguidillas epilogales, en los últimos tiempos fueron sustituidas por tiranas, princesas y polacas, jotas [1989: 68].
Sobre este modelo básico surgieron múltiples variantes, que Subirá sintetiza en estos modelos: «tonadillas breves en tipo de juguete cómico»,
que suprimían las coplas y adoptaban la estructura literaria propia del
juguete; «Tonadillas extensas en tipo de ópera cómica», cuya extensión,
tanto de la letra como de la música, era mayor, el uso de la sátira era
más contenido y moderado, al tiempo que aumentaba la libertad cons-
tructiva, como en *Los majos y currutacos*, con música de Moral. Las «tonadillas por yuxtaposición de aspectos en tipo de comedia y de revista
musical» de la que se distinguen dos modelos que son tonadillas de misceláneas o follas (*La folla de María Antonia*, del maestro Esteve) y tonadillas de pasos (*El desafío de Polonia*, de Esteve). La primera es una breve
comedia musical que presenta dos modalidades: «a solo», «tonadilla a fo-
lla» o «folla cantada» compuesta por breves pasos de comedia inconexos mezclados con fragmentos de música; y «folla para interlocutores»,
con variedad de aspectos literario-musicales con el único propósito de

entretener y divertir al público. La tonadilla de pasos era una especie de revista, con menor unidad orgánica, integrada por episodios aislados o tonadillas yuxtapuestas. Y un último modelo las «tonadillas fines de fiesta», que se representaban en funciones solemnes, igual que los fines de fiesta y las mojigangas del siglo XVII. El texto literario era cantado casi en su totalidad, o tenía acompañamiento orquestal, por lo que la parte hablada era más reducida que en otros modelos. En textos coetáneos la palabra tonadilla alterna con sinónimos que remiten a su componente musical (tonada, tonadita, tonadillita, semitonadilla), al literario (chasco, lance, cuento, caso, historia, capricho, satirilla), o a ambos a la vez como juguete, intermedio, fiesta.

Respecto a la música los compositores, de los que conocemos más de cuarenta, eran conscientes de la baja calidad de estas obritas, quizá por la necesidad de componerlas con premura, por la poca consistencia de las letras. En todo caso era un género menor, quizá no el más apto para el lucimiento profesional del músico. Predomina la música popular de canciones y bailes castizos que fue un grito de protesta indígena contra el extranjerismo y contra el italianismo musical. Huertas hace una detallada descripción de estas unidades musicales populares que se insertan en las tonadillas: tiranas, polacas, princesas, jotas y sus valores musicales y literarios [1989: 81-94]. Los nombres de los músicos compositores de tonadillas, españoles y extranjeros, aparecen recogidos año a año por Subirá [1928, I: 321-325], de los que cito los más importantes más abajo, y cuya personalidad es estudiada por Martín Moreno en su historia de la música [1985: 406-408].

La tonadilla repite los mismos asuntos y géneros temáticos que el sainete [Subirá, 1929, II: 87-163], ya que es obra alternativa al mismo, con el añadido de la música. Muestra idéntico interés por recuperar la realidad popular ya que es creación esencialmente destinada al pueblo, por reflejar sus vivencias, sus manías y sus personajes típicos. Gusta también de los ambientes madrileños y de la pintura de las modas de la clase media (cortejos, abates, petimetres...). Todo se dibuja con ironía crítica y con el conocido convencionalismo, incluso en el lenguaje, degradado además por ser, a veces, los letristas más inexpertos como poetas o porque éstos no se preocupaban demasiado de una pieza momentánea y que con frecuencia iba a ser manipulada por los cómicos, cayendo en una subliteratura que incluso tuvo difusión en pliegos de cordel. Subirá subraya, sin embargo, «un ingenuo realismo lleno de gracia y una espontánea vida llena de color». También encontramos la tonadilla de costumbres teatrales, y algunas, pocas, alegóricas, bucólicas, históricas, de magia... El estilo se caracteriza por su llaneza como en los sainetes. La métrica era sencilla, y se permitía muchas libertades, que el canto disimulaba. Predominan los versos de arte menor y la rima asonante. Se utilizan estrofas de raigambre popular: seguidillas en diversas variantes, coplas, pies quebrados, romance... Y a veces se juega en los versos con algunos artificios como palabras cortadas, ecos, ovillejos, onomatopeyas, acumulación de esdrújulos, y por supuesto la bisemia como antesala del chiste.

La mayor parte de las tonadillas escénicas se compusieron bajo el reinado de Carlos III y Carlos IV, a pesar de que los ilustrados eran muy opuestos a ella por razones estéticas, musicales y políticas. Un inventario nominal de las mismas se encuentra en Subirá [1928, I: 331-371] con la subdivisión por fórmulas, ordenadas por años, y por autores. También el mundo de los libretistas aparece estudiado por Subirá [1929, II: 11-34]. Los textos de las tonadillas escénicas eran con frecuencia anónimos. Dados los caracteres temáticos y las circunstancias de representación, no fueron tenidos en buena estima los libretistas de tonadillas por los críticos neoclásicos, lo que retrajo a muchos de su composición, las dieron anónimos o fingieron otras paternidades, incluso se atribuían a los cantantes. Otras veces, los propios autores evitaban escribirlos por el temor fundado de las modificaciones que introducían en las obras los cómicos, que acababan enfrentándoles con la censura. Algunos de los autores que escribieron libretos son: Juan de Agramont y Toledo, Ramón de la Cruz, Antonio Bazo, Félix Hernández, José López de Sedano, Manuel Casal y Aguado, Isidro de la Puerta, Pedro Rodríguez, Agustín Solano, Sebastián Vázquez, Gaspar Zavala y Zamora, Comella y su hija Joaquina Comella que escribió *La Anita*, estudiada por Angulo Egea [1998]... Pero muchas veces eran los propios músicos los creadores del libreto, lo cual resulta lógico dentro de una composición en que la melodía era lo más importante, y era a los compositores a quienes se encargaban las piececillas. Entre estos músicos letristas destacan Antonio Guerrero, Luis Misón, Blas de Laserna, Pablo del Moral, Antonio Rosales, Jacinto Valledor, Pablo Esteve, que también son los principales compositores de las melodías.

El musicólogo Subirá la sitúa en su contexto histórico y traza las siguientes etapas en la evolución de la tonadilla [1928, I: 97-282], indicando de manera particular el trabajo de los compositores que las hicieron en cada momento:

- Aparición y albores (1751-1757): la tonadilla surgió como intermedio o epílogo de intermedios teatrales, con acompañamiento de guitarra o de una orquesta rudimentaria. Su principal mentor fue Antonio Guerrero, guitarrista y músico de los teatros de la capital durante muchos años.

- Crecimiento y juventud (1757-1770): la tonadilla se convierte en un género lírico dramático autónomo, al tiempo que la música pasó a primer plano quedando el texto en un lugar secundario y se representaban con acompañamiento de orquesta. El primer autor de tonadillas independientes fue Luis Misón, compositor de ascendencia catalana y de gran formación, en cuyo repertorio figuran ochenta y seis tonadillas. Otros músicos relevantes en esta época fueron Guerrero, Aranaz, José y Antonio Palomino, Rosales, Valledor, Esteve, Marcolini, Galván y Castel. Siguiendo su proceso de expansión, llegaron a representarse incluso en la corte y en los Reales Sitios, debido especialmente a la afición que sentía por ellas la reina María Luisa de Parma que había llegado a España en 1765.

- Madurez y apogeo (1771-1790): en la tonadilla popular se fue infiltrando la técnica musical italiana. En esta época distingue Subirá dos clases de tonadilla escénica: «para interlocutores» y «a solo». En esta última predomina la sátira dura, usando la forma de la letrilla en lo literario y la copla en lo musical. Son famosas las producciones de Pablo Esteve, adaptando al teatro algunas obras de autores extranjeros con la inclusión de ellas números musicales propios, y Blas de Laserna.

- Hipertrofia y decrepitud (1791-1810): la tonadilla se volvió artificiosa y ampulosa. La influencia italiana va borrando el carácter nacional de sus orígenes. Derivó hacia la ópera cómica breve al aumentar los temas musicales, que a veces se llamaban «piezas de música». Entre sus cultivadores destacan el citado Laserna, que compuso más de cuatrocientas tonadillas, y Pablo del Moral, y con menos entidad Abril, Acero, León y Manuel García, junto a los renombrados italianos Remessi, Bruzzoni y Francesconi.

- Ocaso y olvido (1811-1850): el siglo XIX se caracterizó por estar hechas las tonadillas con retazos de piezas anteriores. Su representación fue menos frecuente.

## 5. *El melólogo*

De nuevo es el eminente musicólogo José Subirá quien ha estudiado más a conciencia esta fórmula de teatro musical en su libro *El compositor Iriarte y el cultivo español del melólogo* [1949-1950], donde ha realizado un trabajo hasta el presente no superado sobre este género en lo que se refiere a España, a pesar del estudio moderno de Scarton [1998]. El término melólogo resulta algo confuso ya que se ha utilizado con diferentes usos: para designar a algunas zarzuelas y óperas, trozos o piezas sinfónicas de escaso relieve que se intercalaban en las obras literarias representadas, composición alegórica de circunstancias, dramas tremendistas y góticos con o sin música, y el uso específico que estudiamos aquí de música instrumental que acompaña a la declamación o que se produce en las pausas de ésta, y que entre nosotros adoptó otros nombres como el de melodrama [Subirá, 1949, I: 17-18]. Ya el *Diccionario de autoridades* registra la palabra *melodrama*, que suele emplearse como sinónimo, que define como «diálogo en música» [1734, IV: 535]. Francisco Sánchez Barbero le llama «poema lírico en un acto» [1805: 256]. A pesar de que el género lírico-escénico está bien delimitado, existen algunos problemas con su denominación. Rousseau, el inventor de esta fórmula, utilizará la palabra «melodrama» al referirse a su obra, aunque al principio la llamara «scène lyrique». En el ámbito español del Setecientos se emplearon varios nombres para designarlo: melólogo, unipersonal, melodrama, monólogo, escena lírica, soliloquio..., según ha recordado Rhoades, aunque no sea una fórmula neoclásica [1989], pero usamos el de melólogo que es el que prefiere el experto Subirá. Éste propuso esta precisa definición: «melólogo (del griego *melos*, música, y *logos*, discurso), género teatral inventado por Rousseau, donde la orquesta dialoga con las palabras del actor situado en el escenario, para expresar, mediante la música, los sentimientos que le conmueven» [1949, I: 20]. Eduardo Huertas matiza esta descripción en los siguientes términos: «es un género de teatro musical, menor y mixto, en que se combinan, alternando, la palabra en verso y la música orquestal; y en otros casos, también el gesto o la mímica y el canto coral. Dicha alternancia es, teatralmente hablando, estructural, ya que la música es la otra parte dialogante de la obra y, como tal, desarrolla, igual que el actor, la trama, subrayando y también expresando estados de ánimo» [1989: 96].

Subirá dedica largas páginas para definir la estética y la morfología del melólogo en los aspectos literarios y en los musicales. Buscaban, siguiendo los modelos franceses, la «expresión», o sea «una relación fácilmente recognoscible, dada su evidencia, entre la idea de un objeto, de un acontecimiento o de un sentimiento, y un trozo musical más o menos amplio que pretendía imitarlo, caracterizarlo o describirlo» [1950, II: 401]. Estas obras tenían un tono grave, y los músicos deberían dibujar con su música esa seriedad. Los libretistas pedían a los compositores «una música que expresara ciertas situaciones», cosa que no siempre era fácil para ellos. «Patético» es palabra que con frecuencia se añade a los títulos, o aparece en las acotaciones, aunque a veces la música recibe otras adjetivaciones como agradable, alegre, amorosa, brillante, dulce, expresiva, festiva, fúnebre, grave, guerrera, lúgubre, marcial, melancólica, misterios, patética, ruidosa, triste, tierna… para matizar las distintas situaciones. La música imitará las distintas situaciones y sentimientos: «la pasión, el anhelo, el dolor, la sorpresa, el abatimiento, el éxtasis, los despechos, la lucha y la resistencia, la languidez de un moribundo y otros estados del alma» [1950, II: 407]. La música era introductiva, intermedia o epilogal, según la parte de la obra en que se utilizaba. También existe una música específica para el melólogo, imitada de músicos extranjeros como Gluck, Hayn, franceses como Rousseau, Gretry, Leclair, y algunos de los italianos que eran conocidos en el coliseo de los Caños del Peral, como Sarti, Cimarosa, Paisiello, Guglielmi, Bianchi y otros. Los músicos que las compusieron son Laserna, Moral, García, Moliner, aunque muchos son anónimos según registra Subirá en su «Tabla» [1950, II: 421-427]. Martín Moreno advierte que junto a los unipersonales aparecieron «dílogos», «trílogos»… en que hablaban dos, tres… personas [1985: 410].

En la España del siglo XVIII asistimos a una importante eclosión de la música que, libre ya de las ataduras religiosas, se convirtió en un espectáculo ciudadano que interesó a todas las clases sociales, aunque no todos gustaran de los mismos tipos y géneros. La rica tradición musical española fue fecundada por el empuje de la música italiana y, en menor medida, de la francesa. Se considera que el inventor del melólogo fue el francés Jean-Jacques Rousseau, creador del texto de la célebre escena lírica o melodrama titulado *Pygmalion,* escrito en 1762 y puesto en escena en Lyon en 1770, cuya música fue compuesta por varios músicos. La obra alcanzó una gran fama en toda Europa y en España. El *Pygmalion* consiguió una buena acogida en nuestro país, según recuerdan Subirá [1949, I: 24-26] y Spell [1969], pero chocó luego con la prohibición que sobre la obra entera del autor francés había establecido la Inquisición desde 1764. En la referencia del *Índice* acusaba al melólogo de que perjudicaba las buenas costumbres, excitaba la concupiscencia de la carne y tenía propósitos lascivos, aunque el Tribunal eclesiástico mostró más tarde una actitud menos rigurosa. En 1788 se hizo una representación privada del *Pygmalion* en su lengua original. Ésta animó a los autores de las varias traducciones que se hicieron aquel año. La primera fue publicada por el periódico el *Memorial Literario* (XIII, enero), puesta en verso por Francisco Durán; a la que siguieron en fechas próximas las versiones de Félix Suárez, Juan Diego Rojo, y Nipho (Madrid, 1790). La primera puesta en escena en un teatro público fue por el cómico Luis Navarro el 7 de agosto de 1788 en el coliseo de Cádiz, en traslación en verso endecasílabo del sainetero gaditano Juan Ignacio González del Castillo, el cual fue sometido por esta razón a un proceso inquisitorial todavía activo en 1793. A causa de estos recelos no llegó a Madrid, en la versión del periodista Nipho, hasta 1793, año en que pudo contemplarlo el público en el coliseo de los Caños del Peral, reservado a las óperas, y luego en los de la Cruz y del Príncipe. El *Memorial Literario,* que seguía de manera atenta la vida teatral de la corte, dijo de él: «éste es un monólogo con intermedios de música, y al final la estatua habla unas palabras» [Subirá, 1949, I: 25].

Nuestros vates siguieron el modelo roussoniano, que fue el predominante, que ponía en escena una pieza en un acto en que la música no tenía letra, sino que iba glosando los diversos sentimientos que expresaba el actor en el texto hablado. Eligieron sobre todo temas históricos, con personajes que en un momento de su existencia se habían encontrado en una situación crítica. El gaditano González del Castillo fue el iniciador del género con *Hanníbal* (1788), estudiado por Ríos Carratalá [1987], Sala Valldaura [1991], Álvarez Barrientos [2005], quien anota algunas de las peculiaridades que usa el gaditano de estatuaria, escenas mudas y parodia en sus melólogos. Pero se considera al poeta y melómano canario Tomás de Iriarte, de cuya personalidad musical ha dejado Subirá eruditas páginas [1949, I: 51-134], la persona más destacada ya que fue autor de la letra y música de *Guzmán el Bueno*, monólogo trágico en un acto de tema histórico nacional, con un solo actor en escena que fue estrenado en Cádiz en 1790 con grandes aplausos del público y en febrero del año siguiente de 1791 se repuso en Madrid con la intervención del famoso galán Antonio Robles, con gran éxito, y cuyas características ha estudiado Pallarés Moreno [1996]. El fabulista Samaniego, enemigo literario del vate canario y contrario al melólogo a pesar de sus aficiones musicales, hizo una versión burlesca del mismo titulada *Parodia de Guzmán el Bueno* (1792), que ha descrito Ríos Carratalá [1999].

El texto de Rousseau influyó en Alemania, donde apareció otro tipo de melólogo, defendido por Georg Benda y cultivado por los principales músicos alemanes como Beethoven, Schubert, Mendelsson, Schumann... La modalidad germana enriquece sus argumentos con temas trágico-heroicos, al tiempo que sus ritmos musicales son más variados y extensos. De Benda fueron estrenados en España dos melólogos, *Ariadna abandonada en la isla de Naxos* y *Medea y Jasón*. A diferencia del melólogo de Rousseau, en que no se intercalaban en las pausas números musicales o se hacía de modo excepcional, la letra y la música permanecían unidas casi constantemente y de manera simultánea; la orquesta debía sostener las notas, mientras se pronunciaban ciertas palabras. Intentaban así dar mayor relieve a la situación escénica por medio de la música descriptiva (bramidos del viento, tempestades...). Este modelo siguen algunos poetas, siendo su introductor el dramaturgo Comella.

La temática de los melólogos fue variada: la mayor parte desarrollaban asuntos históricos o legendarios españoles y clásicos, sobre todo en escenas trágicas; otros preferían los ambientes exóticos o se acercaban a la comedia sentimental; es raro el religioso como los de Baltasar María Alemany, y bíblico; escasos los de costumbres; mitología como *Safo* de María Rosa Gálvez, estudiado por Jones [1996], Palacios Fernández [2002: 214] y Barrero Pérez [2005: 107-112]; el burlesco, jocoso o paródico que tuvo un amplio cultivo a finales de siglo, puesto de moda por Samaniego, y que abría un nuevo camino opuesto a la seriedad habitual del género.

Salvo Iriarte, fray Diego Tadeo González y Gálvez, el resto de los libretistas pertenecen al bando de los dramaturgos populares entre los que debemos incluir: los dramaturgos más conocidos de su tiempo como Luciano Francisco Comella, Vicente Rodríguez de Arellano, Gaspar Zavala y Zamora, Fermín del Rey, José Concha, pero también otros autores de menor relieve como Manuel Isidro Ased, Manuel González, Manuel Casal y Aguado, Manuel Rincón, Francisco Mariano Nipho, Juan Ignacio González del Castillo, Francisco Durán, Antonio Rezano.

A pesar de que algunos neoclásicos los escribieran, el melólogo fue mal visto por los teóricos clasicistas, aunque las opiniones no eran unánimes. El más crítico fue Samaniego, según señalé en un libro sobre el fabulista alavés [1975: 348-357], quien en la «Carta sobre el melólogo» que precede a su parodia a Iriarte, pretende hacer frente a la rampante «monologuimanía»: «el maldito ejemplo de *Pigmalión*, perdóneme su mérito, nos va a inundar la escena de una nueva casta de locos. La pereza de nuestros ingenios encontrará un recurso cómodo para lucirlo en el teatro, sin el trabajo de pelear con las dificultades que ofrece el diálogo. Cualquier poetastro elegirá un hecho histórico, o un pasaje fabuloso, o inventará un argumento; extenderá su razonamiento, lo sembrará de contrastes, declamaciones, apóstrofes y sentencias; hará hablar a su héroe una o dos horas con el cielo o con la tierra, con las paredes o con los muebles de su cuarto; procurará hacernos soportables tal delirio con la distracción de allegro, adagio, largo, presto, con sordinas o sin ellas; y se saldrá nuestro hombre con ser autor de un soliloquio, monólogo o escena trágico-cómico-lírica unipersonal» [2001: 642]. La carta, entre risas y veras, ofrece una visión reflexiva sobre el nuevo género que no encaja en los esquemas neoclásicos.

## 6. *La zarzuela en un acto*

Aparecen en los catálogos zarzuelas y óperas que no tienen la habitual extensión, sino sólo un acto. La zarzuela es un género bastante conocido desde que lo historió Cotarelo [1934], con nuevas aportaciones de Arnau y Gómez [1979-1981], el interesante estudio de Recasens

Barberà sobre Rodríguez de Hita [2001] y el completo *Diccionario de la zarzuela* [2002], dirigido por Emilio Casares Rodicio. Ya el castizo Castro la definía como «representación de dos jornadas / de la armonía música ilustrada» [h. 1765: 15]. En el poema de *La música* hace Iriarte precisiones más exactas:

> Que zarzuela se llama,
> en que el discurso hablado
> ya con frecuentas arias se interpola,
> o ya con dúo, coro y recitado:
> cuya mezcla, si acaso se condena,
> disculpa debe hallar en la española
> natural prontitud, acostumbrada
> a una rápida acción, de lances llena,
> en que la recitada cantilena
> es rémora tal vez que no le agrada [1779: 96].

Otras referencias posteriores aclaran nuevos aspectos como en el *Diccionario*: «representación dramática a modo de comedia española, con solo dos jornadas» [1791: 864], mientras que el teórico Díez González cree poco verosímil la zarzuela en que el mismo personaje unas veces canta y otras declama [1793: 141-142]. En ningún sitio se habla de las peculiaridades de la fórmula breve en un acto, que debe repetir temas, algunas de asuntos madrileños como ha recordado Gómez Labad [1983], estilo, música de las largas, pueden ser serias o burfas. En los *Catálogos* de Iglesias de Souza [1992-1997] y de Herrera Navarro [1993] hallamos un buen puñado. La de Pablo de Olavide, *El celoso burlado* (Madrid, 1764), zarzuela en un acto, acaso traducción de una obra italiana, fue representada en el Buen Retiro con música de Pergolesi, y en un coliseo del Ayuntamiento de Madrid con melodía de Blas de Laserna, con motivo de los esponsales de la infanta María Luisa, hija de Carlos III, con el archiduque Pedro Leopoldo de Alemania. De Ramón de la Cruz, el gran renovador del género ya que el tema costumbrista hace olvidar los viejos asuntos y la espectacular tramoya, tiene al menos siete: *El tío y la tía* (1767), zarzuela burlesca en un acto con música de Antonio Rosales; *La mesonerilla* (1769), melodía de Antonio Palomino; *El licenciado Farfulla* (1776) con canciones españolas populares; *El cuadro habla-*

*dor o la esposa fiel* (1777); *La isla desierta* (1781); y *El puerto de Flandes* (1781) que se representó con música de Esteve y que llama «pequeña zarzuela»; *La fuerza de la lealtad* (1789), de maestro desconocido. Otras zarzuelas en un acto son las de Comella, *El retrato* (1786); Ripoll, *El viejo marrullero*; Zavala y Zamora, *La niña sagaz* (1801), sin que conozcamos los nombres de los músicos de ninguna de ellas.

## 7. *La opereta*

Siguen sirviendo los estudios de Carmena y Millán [1878], Cotarelo [1917], Subirá sobre la ópera castellana [1965b], Martín Moreno [1985: 343-380] y las aportaciones modernas de Carreras [2000], y en especial los trabajos sobre el XVIII incluidos en Casares Rodicio y Torrente [2001, I: 205-475], que ofrecen un panorama más preciso. Iriarte defiende en su poema *La música* la ópera italiana, que llama «ópera o melodrama» [1779: 75-76], ya que el canto no rompe la ilusión teatral, son apropiadas las historias que cuentan y su lenguaje poético. En boca del famoso compositor napolitano Nicolás Jommelli, en los Campos Elíseos junto a los grandes músicos griegos y latinos, da una idea de los distintos géneros teatrales, empezando por la ópera: «describe especies varias / de sinfonías, recitados, arias, / dúos, coros, y sones / apropiados a bailes teatrales» [1779: 79]. Analiza los distintos elementos compositivos de la misma, la orquesta, la música, el recitado, arias. Distingue dos tipos de ópera: «el drama serio, / el cómico y festivo», aunque todos estos elementos aparecen descritos con precisión en Santos González, quien contra la opinión de Clavijo de ser inverosímil, él la tiene por aceptable ya que resulta más verosímil porque los personajes cantan todo el rato [1793: 145-188]. Terreros y Pando en su *Diccionario* describe la ópera haciendo referencia a la puesta en escena: «espectáculo público, representación magnífica de alguna obra dramática, cuyos versos se cantan y se acompañan con música, danzas, sainetes, vestidos y decoraciones magníficas y máquinas singulares» [1787, II: 710], pero tampoco recoge opereta, ni en otro *Diccionario* posterior [1791: 605], acaso porque sea un género que nace después de esta fecha. El único que lo menciona es Francisco Sánchez Barbero que diferencia entre «operetas serias o bufas cuya acción es sencilla y de corta duración» [1805: 256]. En los

*Catálogos* de Iglesias de Souza [1992-1997] y de Herrera Navarro [1993] y la *Cartelera* de Andioc y Coulon [1996] se citan unas veces como ópera en un acto, y otras como opereta que acaso sea un término de origen francés, y que están acompañadas por numerosas traducciones de autores galos en los años que hacen de quicio entre los dos siglos. El autor que más la utilizó fue Comella con *El tirano de Ormuz* (1783), ópera seria en un acto; *Los esclavos felices* (1793), ópera seria en un acto con música de Laserna; y *La desdeñosa* (1801), opereta en un acto; y *El crédulo desengañado* (1801), ópera en un acto, de las que ignoramos los compositores de la música. Otros autores que la escriben son Gaspar Zavala y Zamora, María Rosa Gálvez, el actor Manuel García Villanueva a quien Cotarelo hace autor de letras y música [1934: 158] aunque no dice títulos, y creció a comienzos del XIX que fue su época de esplendor con Félix Enciso Castrillón, Ignacio de Ordejón…

IV. El debate neoclásico e ilustrado sobre el teatro breve

La *Poética* (Zaragoza, 1737) de Ignacio de Luzán pretendía romper con los viejos ejemplos barrocos, para pregonar una nueva estética que restaurara los modelos de la Antigüedad y la estética clasicista. Sólo aceptaba dos géneros, la tragedia y la comedia que reflejaban el espacio triste y el cómico de la vida humana, pero no olvida en el libro sobre la poesía dramática un último capítulo en que deja constancia de otras fórmulas que se han practicado en el teatro español como la tragicomedia de la que hace juicios negativos, la égloga y el drama pastoral que tiene por útiles, mientras que el auto sacramental, por su carácter alegórico no se ajusta a las normas clásicas. El teórico aragonés y la mayor parte de las poéticas del XVIII, todas de tendencia clasicista, manifiestan una opinión contraria a los géneros breves que rompen la fábula dramática y quiebran la verosimilitud y la ilusión teatral, ya que cortan innecesariamente el argumento y desvían la atención del espectador hacia otros sucesos que nada tienen que ver con el relato central. La función correcta sería la que representa una historia única en que el autor acierta a desarrollar de forma gradual un argumento (planteamiento, nudo, desenlace), con unos episodios bien imbricados en el relato central único. En esta concepción estética no tienen cabida, pues, las piezas breves, que fueron criticadas con severidad por los eruditos neoclásicos. Ni siquiera aceptan el supuesto de Lope de Vega de que los entremeses sirvieran para madurar psicológicamente la mente del espectador en las comedias heroicas en que debían transcurrir largos períodos de tiempo. Las unidades dramáticas limitan la fábula en el argumento, en el espacio y en el tiempo.

También se manifiestan contrarios a los distintos géneros teatro musical que tienen por inverosímil, aunque las posturas individuales sobre este asunto son más variadas desde quien acepta todos los subgéneros como Iriarte en su condición de melómano, a quienes rechazan uno u otro género por razones varias. Sólo en Santos Díez González en sus *Instituciones poéticas* (1793), neoclásico pero que conocía de manera precisa la diversidad de los géneros teatrales en su condición de censor literario, da cuenta de algunos de ellos con una revisión crítica. Menos problemas tenían los teóricos de comienzos del XIX en época de transición, con criterios menos rigurosos, que aceptan estas fórmulas e incluso el teatro lírico como Juan Francisco Masdeu, *Arte poética fácil* (Valencia, 1801), y Francisco Sánchez Barbero, *Principios de Retórica y Poética* (Madrid, 1805). En la mayor parte de estudios modernos sobre la estética neoclásica están de acuerdo con estas ideas como Álvarez Barrientos [1992], Rodríguez Sánchez de León [2004] y, en particular, el especialista Checa Beltrán [1998] al describir la poética española del Neoclasicismo, aseguran que sólo la tragedia y la comedia son los verdaderos géneros clasicistas, pero registra las fórmulas anómalas de la tragicomedia, la comedia sentimental y la ópera que mencionan, fórmulas que a veces se describen algunas poéticas pero que no validan.

Parece chocante que los propios dramaturgos neoclásicos tuvieron que representar sus arreglados textos, comedias o tragedias, con el acompañamiento de las piezas breves. Así, las obras ganadoras en el concurso nacional de teatro de 1784, con bases de estética neoclásica, el drama pastoral *Las bodas de Camacho, el rico*, de Meléndez Valdés, y el drama social *Los Menestrales*, de Trigueros, fueron puestos en escena aquél en el coliseo de la Cruz con el sainete *Los hijos de la paz* y éste en el del Príncipe con el sainete *Los impulsos del placer*, ambos escritos por el enemigo Ramón de la Cruz. Son escasos los escritores de esta tendencia que hayan escrito alguna obra breve, ninguno de sainetes y tonadillas, mientras que hallamos autores de melólogos y operetas en Iriarte, Gálvez y otros.

Pero no era la cuestión estética el asunto más debatido sobre el teatro breve, sino las reservas que mostraban hacia él por cuestiones morales, sociales e ideológicas en términos generales. Hacía tiempo que los moralistas cristianos habían atribuido a entremeses y literatura de semejante ralea la calificación de gravemente pecaminosos. Esta misma denuncia se torna en insistente preocupación en los clérigos cuando observan que las licencias de los dramaturgos dieciochescos suben de tono, según decía en un trabajo mío [1983: 215-230]. La importancia que el público daba a estas piezas parece que llegó a mediatizar la organización de la función teatral, asunto que preocupaba a los organizadores del teatro. En esta época de la reforma del ministro Aranda en los años sesenta, estudiada por Rubio Jiménez [1998], se levantaron numerosas polémicas entre casticistas-barrocos (Oyanguren, Romea y Tapia, Castro, Luis Jayme, Nieto Molina, Cruz, Nipho, García de la Huerta...) y neoclásicos-ilustrados (Olavide, Iriarte, Cadalso, Velázquez, Clavijo y Fajardo, Moratín...), que he descrito en uno de mis libros [1998: 27-39]. Aquéllos defendían la comedia barroca, y la estética de sus continuadores en el siglo XVIII, consideraban teatro como una simple diversión, para lo cual eran imprescindibles las piezas breves en la función teatral, aunque sus asertos teóricos eran bastante limitados. Los reformistas eran partidarios de la estética neoclásica y contrarios al teatro barroco, del drama educador que extendería los nuevos valores políticos, y rechazaban los géneros breves como inadecuados por su estética y por llevar a escena historias inadecuadas. Fueron sus principales valedores Clavijo y Fajardo con *El Pensador* (1762-1767), en cuyas censuras no olvida las piezas breves: «no ha muchos años que el prólogo de las comedias se reducía a salir las actrices a las tablas y ponerse en fila al lado de la cortina a cantar en una música muy desagradable ciertas coplas que se llamaban la letrilla con el descomunal acompañamiento de la guitarra y el violón. Los trapos eran tan frecuentes, sobre todo en los entremeses y sainetes en tanta cantidad y tan asquerosos, que podían dar náuseas al estómago más robusto. Un alcalde tonto y caprichoso, o un marido lelo hacía por lo regular el gasto del entremés y alguna fría alegoría el del sainete» [1763, V: 271], asunto que se ha corregido algo en los últimos tiempos. Nicolás Fernández de Moratín con sus *Desengaños al teatro español* (1762-1763, 3 vols.), quien casi al principio del primer tomito ya recuerda como se ganan al público con los temas, las tramoyas, «y otras veces dividen la comedia para que haya más entremeses, otras apelan a diferencia de tonadillas y recitados, y otras tienen que andar suplicando a los bailarines, y ya sabe usted que el coliseo donde hay mejor bailarín acude toda la gente» [1996: 154]. Algo parecido leemos en una carta-informe que Bernardo de Iriarte envía en 1767 al conde de Aranda, aconsejaba que las piezas breves se representaran seguidas al final de la función para que de esta manera no se rompiera la necesaria ilusión dramática con los sucesivos cortes de la comedia. Pero reconoce con sinceridad que no será posible hacer demasiados cambios en este asunto por el atractivo que tenían para el público hasta el extremo de afirmar que «se puede considerar la representación de nuestras comedias como mero pretexto para los mismos sainetes y tonadillas» [Palacios Fernández, 1998: 104].

Pero uno de los asuntos que más debatidos era la moralidad de las historias de los diversos géneros del teatro breve, aunque esto no afecta a la loa cortesana y otros que estaban destinados para elogio de la monarquía. Preocupaba a los reformistas lo poco ejemplares que resultaban para el espectador las historias de tal teatro, no sólo del viejo entremés, sino del moderno sainete, y otros que utilizaban idénticos asuntos como el baile, la tonadilla, algunos fines de fiesta, en que se habían refugiado las costumbres castizas, con comportamientos tan contrarios al humanismo ilustrado. La interpretación de esta actitud ha dividido a la crítica moderna entre quienes valoran como positivo algunas censuras que hacen de la sociedad moderna que incluso tienen por ilustradas como Vilches [1984], mientras que la mayor parte ven en ellas un espacio en que se producen algunas críticas sociales que serían aceptables, pero en que las más de las veces domina el casticismo y comportamientos impropios para el hombre de bien como han señalado Romero Ferrer al estudiar la tonadilla [1991], Sala Valldaura [1992a], Coulon [1993], Fernández Gómez [1996] y en especial el documentado trabajo de Herrera Navarro [1996] «Don Ramón de la Cruz y sus críticos», donde aporta una interesante información al respecto referida a Ramón de la Cruz.

Yo también las tengo por casticistas en términos generales, por lo que voy a añadir otra serie de reflexiones contrarias nacidas en las plumas de ensayistas y políticos ilustrados coetáneos para que se observe de manera más evidente en este asunto controvertido. La mayor parte de los planes de reforma, como ha recordado Herrera Navarro [1996], suelen insistir en las críticas a los mismos. El fabulista Samaniego era autor teatral y un gran experto en asuntos teatrales, tanto en el contexto de la Real Sociedad Vascongada como en los años que residió en Madrid, ya que hizo frente a las voces casticistas, en especial la de García de la Huerta, en varias polémicas según he recordado en un reciente trabajo [2002]. Pero acaso sea su «Carta sobre el teatro», publicada en la prestigiosa revista *El Censor* (1786), donde hallamos un auténtico plan de reforma del arte escénico en que encontramos ajustadas opiniones sobre los géneros teatrales que se ponían en escena, la organización teatral, la puesta en escena, la música y otros aspectos de gran interés. Al hablar de los dramas que se representaban ya advierte «que nada hay contra la honestidad, ni las buenas costumbres, y desterrar todos los que las destruyen, todos los que fomentan la falta de amor y respeto a los padres, la irreverencia a la justicia, y a las leyes, el orgullo, el falso pundonor, la liviandad, el desenfreno; estos vicios no deben aparecer sobre la escena para ser silbados o corregidos» [2001: 614]. Pero dedica dos apartados a hacer juicios particulares sobre los sainetes y las tonadillas, subgéneros en que creía había más que corregir. Abomina de los sainetes por sus asuntos: «aquí, amigo mío, es menester herir sin lástima y caiga el que cayere. ¡Qué confusión, qué desorden no presenta este asunto a un imparcial observador! Las majas, los truhanes, los tunos, héroes dignos de nuestros dramas populares, salen a la escena con toda la pompa de su carácter y se pintan con toda la energía del descaro y la insolencia picaresca. Sus costumbres se aplauden, sus vicios se canonizan o se disculpan, y sus insultos se celebran, y se encaraman a las nubes. Vuestra merced los ve representar siempre encumbrados, siempre provocativos, siempre irreverentes con la justicia, siempre insolentes con la nobleza. ¡Qué mofa, qué burlas, qué escarnio no sufren de su parte los que llaman usías! Jamás los verá vuestra merced que no salgan silbados, escarnecidos y apaleados. ¡Qué ideas no tomará de aquí un pueblo que sólo pudiera recibir en la escena principios de urbanidad y policía! ¿Y quién duda que a estos modelos se debe también aquel resabio de majismo, que afecta hasta las personas más ilustres de la corte?» [2001: 616]. Rechaza también del traje y los modales truhanescos, de la censura que se hace en ellos de ciertas profesiones, como médicos, abogados, escribanos y otras que tiene por honradas ya que sirven a la sociedad, y que sin embargo son motivo de burla. Las mismas reservas tiene sobre las tonadillas, que estudia en otro capítulo: «en ellas verá vuestra merced compendiados todos los vicios de nuestros sainetes, amén de otros muchos que les son peculiares. Éste sí que es el imperio donde dominan las majas y los majos. Las naranjeras, rabaneras, vendedoras de frutas, flores y pescados, dieron origen a estos pequeños melodramas; entraron después en ellos los cortejos, los abates, los militares y las alcahuetas, pero los majos faltan rarísima vez de estas composiciones» [2001: 617]. Y afirma más adelante, con ironía, «allí verá vuestra merced tratadas a las usías de locas, a los mayorazgos de burros, a los abates de alcahuetes, a las mujeres de zorras, y a los maridos de cabrones. Analice vuestra merced como quiera nuestras tonadillas y hallará que no son otra cosa». No hay duda que para el experto en temas educativos tiene por poco formativos estos géneros breves.

El ilustrado Mariano Luis de Urquijo en el «Discurso sobre el estado actual de nuestros teatros, y necesidad de su reforma» (1791) tiene una opinión muy negativa sobre el teatro que subía a los coliseos madrileños en su tiempo, «en que ni hay método, ni orden, ni moral, ni trama poético» [1791: 33]. Llena de descalificaciones a los dramaturgos, «inicuos e ignorantes», que se olvidan de la buena moral, hasta convertir los dramas en escuela de malas costumbres. Repudiaba los sainetes y tonadillas que son lo que verdaderamente interesaba en los coliseos. Tiene dudas sobre la justificación teórica del sainete, porque «por más que lo hemos procurado vivamente, no hemos podido investigar a qué clase de poesía pertenecen, ni encontrado entre los antiguos, y los maestros de la Poética, modelo alguno semejante» [1791: 47]. Aunque se presenta como el culmen de la gracia, sólo es ejemplo de lascivia y deshonestidad, de perversión, que trastorna los caracteres de la sociedad, así: «la fe conyugal violada, la autoridad pública ultrajada, la mayor vigilancia del padre frustrada, el adulterio consentido, todo vicio, todo maldad, el cómplice marido» [1791: 48]. Por si esto fuera poco, la habilidad de los cómicos agravaba las inmoralidades de las historias: «éstas se aumentan con la sagacidad de los actores, quienes creen consiste su oficio en dar un nuevo realce con su lascivo modo de explicarles a los espectadores, que llenos de rubor vuelven la cara las mas de las veces» [1791: 49]. Las actrices mostraban en esto todas las galas de su marcialidad y gracias hasta encandilar a los incautos varones, a quienes (¡claro!) no podía dejar de gustar los sainetes o las provocadoras tonadillas. El político vasco aboga por su prohibición, como se hiciera antaño con los entremeses. Recuerda que es causa de impropiedades porque rompe la ilusión teatral de los espectadores y porque priva a los actores del necesario descanso en los entreactos para que puedan centrarse con mayor atención en la obra principal. Hace incluso una propuesta valiente que solucione todos los problemas: «¿no sería mejor que se tocase de Acto a Acto la Música que fuese más propia del Drama que se representase, lo que traería mayor descanso a los Actores, y mas conocidas ventajas al Pueblo, y se reservase para la conclusión del Drama principal un Fin de Fiesta de Música y cantado, en lugar de los Sainetes, y Tonadillas que ahora se ven, con lo que también se evitaría saliese apresurado el Pueblo al concluirse la Comedia, o Tragedia, sin ver cuasi en qué ha parado la acción, ni menos coger el Poeta el fruto de su Obra, haciendo oír la sentencia o instrucción moral de él?» [1791: 50]. A pesar de que se censura todo el teatro popular, los sainetes y tonadillas han sido motivo de la máxima descalificación.

Encargado por el Consejo de Castilla en 1786, Gaspar Melchor de Jovellanos no concluyó hasta 1796 la versión definitiva de la *Memoria para el arreglo de la policía de los espectáculos y diversiones públicas, y sobre su origen en España*, que apareció póstuma en 1814. En la primera parte dedica un capítulo a historiar los «juegos escénicos» tanto sagrados como profanos donde también aparecen géneros breves desde el auto a los pasos, recuerda las polémicas sobre el teatro en tiempos de Carlos III y Carlos IV. Opina que el teatro actual es una «depravación del gusto y una depravación de las ideas», contrario a todas las virtudes sociales y morales que predicaban los ilustrados («unos dramas en que el pudor, la caridad, la buena fe, la decencia, y todas las virtudes y todos los principios de sana moral, y todas las máximas de noble y buena educación son abiertamente conculcados»), por lo que concluye: «un teatro tal es una peste pública y el gobierno no tiene más alternativa que reformarlo o proscribirlo para siempre» [1997: 178]. En la segunda parte el político asturiano hace una serie de propuestas para la reforma tanto de las diversiones rurales como de las ciudadanas. En el amplio abanico de las urbanas incluye las Maestranzas, las Academias dramáticas, los saraos o bailes públicos y privados, las máscaras, las casas de conversación, los juegos de pelota y los teatros. Al arte escénico dedica las más ajustadas reflexiones para hacer de él una diversión más racional y provechosa. Hay que desterrar las viejas comedias barrocas, también muchos de los actuales dramas ajenos al buen gusto estético y cuyos argumentos son inadecuados «que están plagados de vicios que la moral y la política no pueden tolerar», que describe con detalle. Por el contrario, se llevarán a escena aquellas obras que sirvan para educar en nuevos valores sociales, patrióticos, morales que formen al hombre de bien. Entre los que consideran más nefastos están los géneros breves:

> Con todo, para mejorar la educación del pueblo otra reforma parece más necesaria, y es la de aquella parte plebeya de nuestra escena que pertenece al cómico bajo o grosero en el cual los errores y las licencias han entrado más de tropel. No pocas de nuestras antiguas comedias, casi todos los entremeses y muchos de los modernos sainetes y tonadillas, cuyos interlocutores son los héroes de la briba, están escritos sobre este gusto, y son tanto más perniciosos cuanto llaman y aficionan al teatro a la parte más ruda y sencilla del pueblo, deleitándola con las groseras y torpes bufonadas que forman todo el mérito. Acaso fuera mejor desterrar enteramente de nuestra escena un género expuesto de suyo a la corrupción y a la bajeza, e incapaz de instruir y elevar el ánimo de los ciudadanos. Acaso deberían desaparecer con él los títeres y matachines, los payasos, arlequines y graciosos del baile de cuerda, las linternas mágicas y totilimundis y otras invenciones que están depravadas y corrompidas por sus torpes accidentes. Porque, ¿de qué servirá que en el teatro se oigan sólo ejemplos y documentos de virtud y honestidad si entre tanto, levantando su púlpito en medio de la plaza, predica Don Cristóbal de Polichinela su lúbrica doctrina a un pueblo entero que con la boca abierta oye sus indecentes groserías? Mas si pareciera duro privar al pueblo de estos entretenimientos, que por baratos y sencillos son particularmente suyos, púrguense a lo menos de cuanto puede dañarlo y abatirlo. La religión y la política claman a una por esta reforma [1997: 202-203].

Mal paradas quedan en su ensayo las piezas breves que se ponían en escena, y otros espectáculos que se representaban indistintamente en los coliseos y en las plazas de los pueblos. Y en el apartado donde habla de la piezas con música que se utilizaban las tiene por de mal gusto tanto en lo poético como en lo musical, y lo mismo ocurre con los bailes: «¿qué otra cosa nuestros bailes que una miserable imitación de las libres e indecentes danzas de la ínfima plebe? Otras naciones traen a danzar sobre las tablas a los dioses y a las ninfas, nosotros a los manolos y verduleras» [1997: 210]. No queda duda de que para el político y literato asturiano las piezas breves son las que necesitan mayor reforma.

Puede ser que el tipismo de los sainetes y tonadillas fuera una reacción contra las nuevas modas y los nuevos usos sociales hecha desde la nostalgia por las costumbres tradicionales. La crítica social de sus breves fábulas no tiene la misma voluntad reformadora que el teatro ilustrado, sino que ofrece una visión superficial y pintoresca. Tuvieron una gran audiencia a partir de mediados de siglo, en especial algunos de los números musicales de las tonadillas que se convirtieron en canciones de moda en boca de las tonadilleras profesionales y de los jóvenes modernos. Nadie parecía dispuesto a perderse licencia tan entretenida. Pagaban para que se les divirtiera, daba igual que aquello no fuera la mejor literatura, ni la mejor escuela de moral.

## EDICIONES

CASTRO, José Julián de, *La comedia triunfante. Poema lírico, discurso histórico del origen, antigüedad, progresos y excelencias de todas las españolas teatrales representaciones, con exquisitas, curiosas noticias del tiempo en que fueron inventadas las comedias antiguas, las de capa y espada, las de teatro, las de santos, las tragedias, los autos sacramentales, los del nacimiento, las zarzuelas, óperas, serenatas, follas, loas, entremeses, bailes, o sainetes, junto con la invención de las tramoyas, mutaciones, batallas, y carteles, y varios distinguidos Elogios a los más célebres poetas cómicos de España*, Madrid, José Francisco Martínez Abad, s. a. [hacia 1765].

CLAVIJO Y FAJARDO, José, *El Pensador*, Madrid, Joaquín Ibarra, 1762-1767, 6 vols.; ed. facsímil Las Palmas, Universidad, 2000.

*Diccionario de autoridades*, Madrid, Francisco del Hierro, 1726-1739, 6 vols.

*Diccionario de la lengua castellana*, Madrid, Joaquín Ibarra, 1791, 3ª ed.

DÍEZ GONZÁLEZ, Santos, *Instituciones poéticas*, Madrid, Benito Cano, 1793.

ENCISO CASTRILLÓN, Félix, *Ensayo de un poema de la poesía en tres cantos*, Madrid, José López, 1799.

FERNÁNDEZ DE MORATÍN, Nicolás, *Desengaños al Teatro español, respuesta al Romance liso y llano, y defensa del Pensador*, Madrid, 1763.

IRIARTE, Tomás de, *La Música, poema*, Madrid, Imprenta de la Gaceta, 1779.

Luzán, Ignacio de, *La Poética, o reglas de poesía en general y de sus principales especies*, Zaragoza, Francisco Revilla, 1737, 2 vols.; ed. Russell P. Sebold, Barcelona, Labor, 1977.

Masdeu, Juan Francisco de, *Arte poética fácil. Diálogos familiares en que se enseña la poesía a cualquiera de mediano talento, de cualquier sexo y edad*, Valencia, Oficina de Burguete, 1801.

—, «Origen y progresos de las Tonadillas que se cantan en los coliseos de esta Corte», *Memorial Literario, Instructivo y Curioso de la Corte de Madrid*, XII (1787); recogido en José Subirá, *La tonadilla escénica*, Madrid, Tipografía de Archivos, 1928-1930, vol. I, pp. 286-287.

Plano, Juan Francisco, *Ensayo sobre la mejora de nuestro teatro*, Segovia, Antonio Espinosa, 1798.

Samaniego, Félix María de, «Carta sobre teatro», *El Censor*, V (1786), pp. 425-456; recogido en Félix María de Samaniego, *Obras completas*, ed. Emilio Palacios Fernández, Madrid, Biblioteca Castro, 2001, pp. 611-624.

Sánchez Barbero, Francisco, *Principios de Retórica y Poética*, Madrid, Imprenta de la Administración del Real Arbitrio de Beneficencia, 1805.

Terreros y Pando, Esteban, *Diccionario castellano con las voces de ciencias y artes y sus correspondientes en las tres lenguas francesa, latina e italiana*, Madrid, Viuda de Ibarra, 1787, 4 vols.

Urquijo, Mariano Luis, «Discurso sobre el estado actual de nuestros teatros, y necesidad de su reforma», en Voltaire, *La muerte de César*, Madrid, Blas Román, 1791.

## V. De otras lenguas y otras risas, por *Nathalie Bittoun-Debruyne*

Durante el siglo XVIII, las relaciones interculturales no sólo no dejan de existir, sino que se van intensificando mediante las traducciones, las adaptaciones, los viajes y toda clase de intercambios. En un mundo como el del teatro, donde el público exige tanto lo conocido como la variedad, los préstamos (más o menos confesados) y las influencias son intensísimos. Sin embargo, para el género del teatro breve, no podemos dejar de mencionar en primer lugar un fenómeno que, ya en el siglo XVI, ha ido marcando profundamente la tipología de ciertos personajes, algunas estructuras y una concepción teatral: la *commedia dell'arte* italiana. Desde 1545, fecha simbólica de su nacimiento, las compañías italianas recorrieron los países europeos, con mayor o menor fortuna, pero

dejando siempre su huella en el teatro breve. Este género permeable la
fue asimilando, junto con su propia tradición, la larga herencia de la farsa y los elementos carnavalescos: «lorsque les masques et les comiques
de l'Art commenceront à se déplacer et à tourner hors d'Italie, ils traverseront l'Angleterre, où les "impudiques, dénaturées, effrontées acro-
baties des femmes Italiennes" offenseront "Dieu et l'honnêteté"; ils
traverseront l'Espagne, reçus avec tant d'enthousiasme que Zan Ganassa
se construit un théâtre dans le Corral de la Pacheca à Madrid; ils traverseront l'Allemagne, la Pologne et la Russie, et parviendront même à
Paris, où, à l'inverse des autres pays, ils s'arrêteront et se transformeront
en un théâtre stable».[1]

En su país de nacimiento, Italia, la *commedia* marca profundamente la
esencia del teatro y, por supuesto, también del teatro breve. De hecho,
el siglo XVIII es, allí como en España, el de la voluntad reformista. Los
grandes defensores de una depuración del teatro de los «vicios» del
Barroco, de la corrección de las malas costumbres de los actores, de la
necesidad de «naturalidad» en la interpretación son los mismos que abogan por la desaparición del teatro *a soggeto*, improvisado, basado en cañamazos —o tramas— (*canovaccio*), de las máscaras, es decir, de la
dramaturgia característica de la *commedia dell'arte*. Así, la crítica más erudita, defendiendo la *Poética* de Aristóteles y el código más clásico de la
dramaturgia, trataba este género, bien desde la ignorancia teñida de desprecio, bien desde la condena acérrima. Por las mismas razones, entre
otras, también se censuró muy duramente el teatro breve tal como se
representaba entonces en aquella península. Los ataques eran múltiples:
Orsi y Manfredi lo rechazan desde el punto de vista más canónico;
Gozzi y Bonlini, partiendo de un planteamiento aristocrático, le restan
valor por ser una diversión popular; otros, como Bianchi, lo califican de

---

[1] «Cuando las máscaras y los cómicos del Arte empiecen a desplazarse y a circular fuera de Italia, cruzarán Inglaterra donde las "impúdicas, degeneradas, desca-
radas acrobacias de las Mujeres Italianas" ofenderán "Dios y el recato"; cruzarán
España, donde serán recibidos con tal entusiasmo que Zan Ganassa edifica su propio teatro en el Corral de la Pacheca en Madrid; cruzarán Alemania, Polonia y
Rusia, y llegarán hasta París donde, contrariamente a lo que pasó en otros países,
se quedarán y se constituirán en un teatro estable» [Taviani, 1984: 255]. Este libro
resulta fundamental para conocer lo que fue la *commedia dell'arte*.

espectáculo inmoral y pagano. Cabe matizar que, al igual que pasaba en España, muchas de las críticas iban más dirigidas hacia los intérpretes que hacia el género en sí mismo: actores que no se sabían el papel, indecencias y groserías para paliar los defectos de la representación, malos músicos o bailarines inexpertos… Con todo, el género también conoció defensores: a finales de siglo, F. Milizia se remonta hasta la Edad Media para reconstruir su evolución y lo considera parte del arte poético de su siglo, mientras que Muratori lo asocia con los antiguos coros griegos, aunque, por su función y sus características, habría que situarlos en la línea de los *exordia* de la Roma de la Antigüedad.

Irène Mamczarz [1972] estudia los múltiples aspectos que destacan el teatro breve italiano: poesía, música, lenguaje, versificación, difusión, interpretación… Así, lo que en el XVII se denominaba exclusivamente *intermedio* pasará a llamarse desde principios del XVIII *intermezzo*, y tal cambio de nombre estará asociado a un cambio fundamental de la tipología del género: según la terminología dramática y musical, *intermezzo* se aplicará a todo el teatro breve cómico o pastoral en una o varias partes, destinado a ser cantado en los entreactos de una tragedia o de un melodrama. Durante la primera mitad del siglo, se usan de forma sinónima los términos *intermezzo giocoso, intermezzo comico, burletta, farsetta, azione comica, divertimento, divertimento giocoso*. A partir de 1750, estos intermedios se van emancipando de la obra principal, tienen entidad propia e independencia: se llamarán entonces *dramma giocoso, opera buffa* u *opera comica* [Mamczarz, 1972: 14; Pullini, 1995: 125-128].

Los tipos de intermedios eran muy variados: podían ser musicales (bailes, voces e instrumentos), dramáticos (en verso o en prosa), poéticos, alegóricos, de mímica o de ballets y danzas. Goldoni, por ejemplo, compuso teatro breve en francés para los actores italianos de París, cuatro o cinco sólo declamadas, pero más de quince musicales; denomina *petite pièce* a algunas de sus obras en tres actos. En sus *Memorias* cuenta que hacia 1734 conoció al director de una compañía teatral que «imaginó introducir en el Teatro los Intermedios con música que, durante mucho tiempo se habían añadido a la gran Ópera, y habían sido suprimidos para dejar lugar a los Ballets» [1994: 171]. Otro gran viajero del XVIII, Leandro Fernández de Moratín, nos aporta la misma información al describir la representación de un drama en el Teatro Pace, de Roma, en 1796: «en los intermedios baylaban en la maroma, hacían pantomimas y bolteretas» [1988: 609], y son muy numerosas las ocasiones en que nos indica que se representan óperas bufas en los intermedios. La función se completaba también de otras formas: en Venecia, por ejemplo, Moratín reseña que la obra principal se remataba a menudo con «farsas en un acto», lo que suele criticar muy duramente [1988: 421], o podía ir acompañada de un Prólogo y hasta de discursos de los actores en los entreactos: «antes de la pieza salió la Dama a decir un prólogo en verso suelto, y entre el segundo y tercer acto el Galán echó un discurso en prosa (hecho por él, sin duda), de estilo figurado, retumbante y hueco, dando las gracias al generoso público» [1988: 413]. Como fin de fiesta, también ejecutaban a menudo actos sueltos de óperas bufas o de ópera.

En 1794 Milizia distingue lo que son pequeñas farsas (*burlette*) de los intermedios ballets: así, según este teórico, los intermedios bailados cosechaban un éxito tal que su anuncio era suficiente para atraer al público, independientemente de la obra que acompañaran. Esta observación nos recuerda la importancia del teatro breve en las carteleras españolas: como lo demostró René Andioc [1976: 32-33], fueron numerosos los casos en que entremeses y sainetes sostuvieron la afluencia del público y, más aún, algunos títulos o autores eran mejor reclamo que el de la obra principal. En Italia, Goldoni nos refiere el mismo fenómeno: por ejemplo, cuando estrenó su tragedia *Rosimonde* (1734), la obra sólo aguantó gracias a la introducción del intermedio musical *La Birba*, que también era obra suya [1994: 176].

Este tipo de intermedio cobra entidad propia en los entreactos gracias a la reforma impulsada por la Arcadia —y especialmente Apostolo Zeno—, reforma que excluye las escenas cómicas de los dramas serios, hacia 1735: «une fois émancipées, ces scènes se transforment en pièces indépendantes qui s'insèrent dans les entr'actes du drame lyrique, se substituant aux intermèdes mythologiques avec machines. Le développement du genre nouveau obtient l'approbation du public populaire et l'agrément des imprésarios qui y voient un moyen efficace de réduire leurs dépenses»[2] [Mamczarz, 1972: 50]. Con todo, según Bonlini (1673-1731), los inter-

---

[2] «Al emanciparse, estas escenas se transforman en obras independientes que se insertan en los entreactos del drama lírico, substituyendo así los intermedios mito-

medios fueron creados para mitigar lo serio y lo cómico, no tenían nada
que ver con el drama donde se insertaban, se podían representar o no, y
solían ser publicados junto con la obra larga o de forma suelta. Sitúa su
aparición en Venecia hacia 1706, aunque Mamczarz afirma poderlos fechar con cierta anterioridad [1972: 52]. Como nuevo apunte sobre el carácter popular del género, resulta importante subrayar que Bonlini
reconoce que se representan en todos los teatros de Venecia, en mayor o
menor medida, excepto en el de San Giovanni Grisostomo, el más aristocrático de todos. De hecho, en su catálogo *Le glorie della poesia e della
musica* sólo reseña los intermedios más alegóricos y majestuosos, e ignora las obras cómicas y populares.

El teatro breve presenta, pues, importantes similitudes en Italia y en
España: sufría acusaciones similares; se montaba en los entreactos; su temática podía ser totalmente ajena a la de la obra principal; su tono y su
factura no tenían nada que ver con la preceptiva clásica sino que procedían de fuentes comunes o parecidas; iba teóricamente dirigido a un público más popular por su tipo de comicidad y sus personajes; a menudo
era totalmente musical (cantado, bailado, etc.)… Mamczarz es tajante
cuando describe la gran semejanza entre este género y el de los sainetes, sobre todo los de Ramón de la Cruz: para esta estudiosa, los sainetes proceden de los intermedios representados en España por las
compañías italianas itinerantes que, tras ser traducidos y adaptados, fueron asimilados por la tradición hispánica [1972: 29]. Ahora bien, como
rasgo distintivo, cabe subrayar la gran relevancia de la música en el teatro breve italiano. Hay que destacar nombres de la importancia de
Goldoni, Metastasio o Pariati entre los libretistas, así como los de
Pergolese, Ciampi o Gasparini entre los músicos, y sólo es un botón de
muestra…

Para completar este pequeño panorama, hay que referirse ahora al
contenido, la forma y estructura de los intermedios italianos. Su nueva
morfología, impulsada por la Arcadia, con discursos teóricos como los
de Muratori, a principios del XVIII [Nicastro, 1981: 29-30], respondía a
un deseo de simplicidad y naturalidad que, pese a todo, no dejaba de

lógicos con tramoya. El desarrollo del nuevo género cosecha la aprobación del público y el agrado de los empresarios, que constatan cómo sus gastos disminuyen
considerablemente.»

inscribirse en una reacción a los excesos del Barroco. Por eso se orientaron rápidamente hacia la parodia benevolente del mundo pastoril codificado y conocido del público; se trataba de una parodia satírica que también tiraba de los hilos de otro género asimilado, el del melodrama, como se conocía entonces, y que no hay que confundir con el que nacerá de la influencia posterior de la *comédie larmoyante* o con el *mélodrame* francés. Así, puesto en boca de personajes degradados por la edad o la baja extracción social, el discurso propio de la aristocracia tipificada en el antigua género pastoril produce el efecto paródico con que cobra impulso la nueva comicidad. Poco a poco, se van incorporando nuevos escenarios y personajes, y se evocan cuestiones más cercanas a la vida cotidiana, desde un punto de vista más «realista». Las sátiras reflejan los problemas creados por los matrimonios desiguales por la edad, el cortejo, los conflictos familiares, las riñas de enamorados con sus reconciliaciones, sin dejar de lado el propio mundo del teatro, con la ridiculización de los virtuosos cantantes de ópera o de los apuros de las compañías y la vida privada de los actores.

Mamczarz insiste en subrayar que el intermedio cómico es un espectáculo «esencialmente popular» [1972: 80] y que, por lo tanto, al ser creado para satisfacer un público determinado, expresa su mentalidad y su visión del mundo. Desde tal perspectiva, sus contenidos también tienen valor para la historia social. Con todo, no podemos dejar de pensar que, tal como sucedía en España con los sainetes y, lo veremos, en Francia e Inglaterra, también se trataba de un espectáculo celebrado por las clases medias y altas. Aunque el discurso oficial fuera el del desprecio por la bajeza del género, es muy probable que, por el placer de reír, ciertas ganas de «encanallamiento» y hasta pura curiosidad, aquellos intermedios tuvieran un público fiel mucho más allá de las clases populares. Moratín nos lo confirma cuando censura duramente este tipo de teatro, y quienes lo disfrutan: «los teatros se llenan desde el patio a los palcos; el vulgo, y el que no se llama vulgo, sufre y aplaude aquellos indecentes dramas, y el Gobierno descuida este punto y tolera tales desaciertos, tan perjudiciales a la ilustración y a las costumbres» [1988: 449]. No obstante, cabe recordar que ir al teatro representaba un coste económico y, por lo tanto, una discriminación social implícita, pero efectiva.

Entre las clases sociales protagonistas del género no abundan los aristócratas, si no es el tipo del conde, víctima de sátira indulgente o de sonrisas provocadas por ciertas burlas más ácidas. En cambio, gozan de especial éxito los personajes de origen humilde (campesino, urbano) o burgués venidos a más, que aspiran a codearse con la nobleza: aquí también la idea de transclasamiento es duramente censurada mediante la sátira más feroz, como una prolongación y una adaptación a otra realidad social del Monsieur Jourdain del *Bourgeois Gentilhomme* que creara Molière. De hecho, con mayor o menor acierto, numerosos intermedios se basan en obras o personajes del comediógrafo francés [Mamczarz, 1972: 173-176]. Predominan, por supuesto, los tipos pertenecientes a las clases modestas, desde criados hasta mendigos, pasando por artesanos y comerciantes.

En sus conclusiones acerca de este aspecto, Mamczarz afirma: «à travers cette image de la société se reflète la grande tradition de la pensée politique et sociale de l'époque qui se rattache à l'ensemble d'idées philosophiques et morales des lumières. Les opinions sur la société du XVIIIᵉ siècle que l'on peut déduire des intermèdes, sont celles des esprits les plus avancés de l'époque. Généralement, elles prennent position contre les classes privilégiées. [...] Ainsi le contenu des intermèdes du XVIIIᵉ siècle révèle une profonde transformation par rapport à celui des intermèdes antérieurs dont le sens devait être propice à la royauté et aux classes dirigeantes»³ [1972: 85]. Tal interpretación elude el conservadurismo presente en temas como la sátira del transclasamiento o de las nuevas costumbres. Es indudable que nos encontramos con los mismos problemas ideológicos a la hora de interpretar los intermedios italianos y los sainetes españoles, sobre todo si el mensaje iba eminentemente dirigido hacia un público popular... A este respecto, es interesante añadir lo que apunta Jonard acerca de la comicidad goldoniana: sobre todo en una primera etapa, el autor veneciano no se conforma con acudir a los recursos

³ «Esta imagen de la sociedad refleja la gran tradición del pensamiento político y social de la época, que se enlaza con el conjunto de las ideas filosóficas y morales de la Ilustración. Las opiniones sobre la sociedad del XVIII que se desprenden de los intermedios son las de las mentes más avanzadas de la época. Generalmente, se posicionan en contra de las clases privilegiadas. [...] Así, pues, en su contenido, los intermedios del siglo XVIII manifiestan una profunda transformación respecto de los anteriores, cuyo sentido debía de ser propicio a la monarquía y a las clases dominantes.»

más tradicionales, sino que, falto de cualquier voluntad moralizante, demuestra un gran conformismo social [1985: 183-186]. En el prefacio de *Il servitore di due padroni* (1745), Goldoni afirma no haber pretendido hacer crítica moral o de costumbres: se trata sólo de hacer reír de forma agradable. Su evolución posterior y su gran influencia en la reforma del teatro de su tiempo mostrarán nuevos tipos de comicidad, pero nunca indicios de voluntad de reforma social: «son théâtre ne remet nullement en cause les structures politiques et sociales de son temps. Il s'en prend au contraire à tout ce qui risque de compromettre l'équilibre fragile sur lequel repose la vie de l'honnête homme [...]. Il accepte l'éthique de son milieu bourgeois et se borne à décrire les déviations de la norme»[4] [1985: 195-196]. Como en el caso del teatro breve español, se trata de dos lecturas contrapuestas que, muy probablemente, reflejen la verdad dual de aquella época: la Ilustración se caracteriza por asociar idealismo social y dirigismo intelectual.

La galería de personajes que pueblan los intermedios viene, en gran parte, del teatro tradicional, de la *commedia* y del teatro clásico. Por su lado, la farsa legará viejos libidinosos o ridículamente ingenuos, así como viejas grotescas, cuya comicidad se verá acrecentada por el contraste entre su lenguaje de registro sostenido y su aspecto degradado. Se reconocen en el soldado fanfarrón, el viejo celoso y el criado aficionado al vino las máscaras del capitán Spaventa, Pantalone o Arlecchino. Emancipados de las tragedias, los personajes secundarios tales como los sirvientes confidentes y adyuvantes se convierten en servidores arteros y taimados, pícaros con voluntad de medrar y criadas astutas, con un gran abanico de recursos. Los enamorados pueden ser caricaturas de las clásicas parejas de pastores o de piezas alegóricas, o bien personajes más cercanos a la realidad, de origen popular, más sencillos y espontáneos, tratados con benevolencia. A lo largo del siglo, estos personajes arquetípicos se van liberando de sus marcas de nacimiento, adquieren autonomía y entidad a medida que componen un retrato más realista de la sociedad. A la vez, el intermedio se va definiendo como un género au-

---

[4] «Su teatro no replantea en ningún momento las estructuras políticas y sociales de su tiempo. Por lo contrario, critica todo lo que podría comprometer el frágil equilibrio en que se basa la vida del hombre de bien [...]. Acepta la ética de su clase burguesa y se limita a describir las desviaciones de la norma.»

tónomo que crea sus propias reglas y su propio lenguaje: «le personnage s'identifie de plus en plus à la vie réelle en même temps que se précise son appartenance sociale. Ses traits psychologiques s'approfondissent de plus en plus et engendrent de créations originales de caractères»[5] [Mamczarz, 1972: 121].

Por lo que respecta a las máscaras de la *commedia dell'arte* y al género mismo, resulta de gran interés constatar cómo su decadencia durante el siglo XVIII, pese a su gran popularidad, se debe a las nuevas formas del intermedio y a la voluntad de sus autores. En este sentido, el trabajo de Goldoni es paradigmático: piensa que las máscaras perjudican el trabajo del actor, y que, por muy bien que gesticule y entone, nunca podrá expresarse tanto como con la cara descubierta.[6] En sus *Memorias* [1994: 350-352], relata y argumenta cómo, en 1755, su proyecto de reforma pretende su desaparición, los obstáculos y las resistencias que encuentra, así como la solución que adopta y el resultado final: «me plegué a producir algunas tramas de obras improvisadas, sin cesar de dar mis Comedias de carácter. Hice trabajar a las máscaras en las primeras; empleé la comicidad noble e interesante en las otras; cada uno hallaba su parte de placer; y con el tiempo y paciencia, les puse a todos de acuerdo, y tuve la satisfacción de verme autorizado a seguir mi gusto que se convirtió, al cabo de algunos años, en el gusto más generalizado y más seguido en Italia» [1994: 352]. El combate había empezado en 1750, mediante una obra portadora de juicios estéticos, como después lo hiciera Moratín con *La comedia nueva, o El café*: «già nella commedia-manifesto *Il teatro comico* del 1750 la battaglia contro la commedia all'improvviso e il guittismo dei comici dell'arte era ben messa a fuoco»[7] [Pullini, 1995: 69-70]. Según lo confirmado por Jonard, no se trata solamente de actualizar los arquetipos de la *commedia dell'arte*, sino de

---

[5] «El personaje se identifica cada vez más con la vida real mientras se va precisando su grupo social. Sus rasgos psicológicos son más profundos y generan nuevas creaciones de caracteres.»

[6] Para conocer opiniones totalmente opuestas, véanse los textos citados en Taviani [1984: 197-217].

[7] «En 1750, y con la comedia-manifiesto *Il teatro comico*, la batalla contra la *commedia all'improvviso* y los recursos facilones de los cómicos *dell'arte* ya estaba servida.»

crear una nueva estética de la comicidad [1985: 188-189]. En 1793 Moratín atestigua que las máscaras habían desaparecido del escenario [1988: 297]; sin embargo, y pese a los esfuerzos de reforma, la costumbre de representar obras basadas en tramas (*a soggeto*) seguía teniendo mucho éxito, como se desprende de las innumerables funciones de este tipo que reseña en su *Viaje a Italia*. Hay que subrayar aquí también un proceso paralelo al que se estaba gestando en España: parece existir una intensa relación implícita entre la evolución del teatro breve y la de la comedia. Desde la perspectiva que permite el género autobiográfico, Goldoni no alberga ninguna duda al respecto: «los rasgos cómicos que empleaba en los Intermedios eran como el grano que sembraba en mi campo para recoger un día frutos maduros y satisfactorios» [1994: 174].

Si en un principio los intermedios fueron interpretados por aficionados, incluso en teatros privados, como un juego de sociedad (en sus años mozos, el propio Goldoni participó alguna vez), se fueron profesionalizando muy rápidamente, de manera que hacia 1750, ya existen compañías especializadas en Roma y Venecia, por ejemplo. Por otro lado, es importante señalar que algunas tan importantes como las de Antonio Sacchi o Medebac, que se dedicaban a la *commedia dell'arte*, protagonizaron una infinidad de obras de este teatro breve.

A menudo escritos en versos muy libres, irregulares y variados (de dos a catorce sílabas), o incluso en prosa, más de la mitad de los intermedios constaba de una o dos partes (o escenas) y dos voces (o actores), pero podían tener hasta cinco partes. Cuando había más de una parte, cada una de éstas ocupaba el entreacto correspondiente. En un principio, sólo se trataba de una proyección de la obra principal, pero, a medida que fue avanzando el siglo, llegaron a ser totalmente independientes, lo que implicó un mayor cuidado en la representación, los decorados y hasta el vestuario y, por supuesto, un tratamiento específico del argumento y de su unidad singular. Solían componer las arietas bajo forma de cuartetos, y se imponía la estructura del estribillo: algunos se hacen tan populares que pueden encontrarse en varios intermedios diferentes. Los recursos rítmicos más frecuentes eran las esticomitias y las repeticiones, no tanto por voluntad estética como para marcar una cadencia o como recurso irónico o irrisorio. Un detalle nos recuerda a la vez el origen del género, así como su trayectoria aislada de las poéticas entonces en vigor, el de la sentencia final. Mamczarz así lo subraya: «À la place de la "sentence noble", de haute valeur morale, l'inter-mède introduit souvent, sur un ton sentencieux, une réflexion réaliste dont le sens moral est douteux»[8] [1972: 105].

Los intermedios son obritas muy dinámicas, donde predominan el diálogo, la acción y el movimiento, y frente a la escasez de monólogos es notable la abundancia de apartes, un recurso cómico muy útil para que los personajes expresen sus sentimientos, insulten, o se den a co-nocer cuando se han disfrazado. La verosimilitud se sacrifica a menudo en aras del ritmo y de los efectos cómicos, pero muy raramente por ha-ber recurrido a un mundo imaginario, alegórico o fantasioso, ya que las situaciones y los espacios tienen la cotidianidad por referente. Cuando no es así, suele tratarse de intermedios paródicos de otros géneros no-bles: basan entonces su comicidad sobre el contraste entre el mundo y las convenciones evocados frente a la bajeza de los sentimientos y del lenguaje. Indudablemente, el efecto revulsivo de este teatro breve, que tantas críticas mereció, se debe a su gran falta de decoro y a su lenguaje. La libertad era casi absoluta, y la vulgaridad abarcaba desde el léxico hasta la narración de detalles bastante escabrosos. Moralmente, las tesis sostenidas solían ser poco edificantes, y los conflictos representados no eran ejemplares. Ahora bien, nos recuerdan los temas de muchos saine-tes: el matrimonio concebido por las mujeres como un medio de eman-cipación o de ascensión social, el cortejo (recordemos su origen italiano), el adulterio, los engaños, y un largo etcétera de situaciones picarescas y jocosas.

La calidad literaria podía oscilar desde la escritura de Goldoni o Metastasio hasta libres improvisaciones sin más pretensión que la de pro-vocar la risa del público, pero los recursos lingüísticos tenían puntos en común. La parodia del lenguaje de las tragedias, por exceso de afecta-ción, por contraste entre forma y contenido o por saltos de registro, in-troduciendo palabras vulgares en giros consagrados, alternaba con el uso cómico de vestigios latinizantes, latín macarrónico, palabras arcaicas o metáforas ridículas. Abundaban los proverbios y las sentencias populares y, para el discurso amoroso, los sufijos y los diminutivos eran una fuen-

[8] «En vez de la "noble sentencia" de elevado valor moral, el intermedio intro-duce a menudo, con tono sentencioso, una apreciación realista de dudoso signifi-cado moral.»

te de comicidad. Aparecen frecuentemente palabras y frases muy realistas para describir con detalle funciones naturales propias del ser humano, amén de palabrotas e insultos diversos. Así describe Moratín las obras que vio en Venecia: «las restantes [comedias], que sólo merecen el nombre de farsas, son en extremo groseras e indecentes. En ellas hazen papel Arlequín, Pantalón, Tartalla, Briguela, el Doctor Boloñés, Pulchinela, Smeraldina, y a éstos les es lícito decir quantas groserías y desvergüenzas se les viene a la boca; y como ellos consigan hazer reír al populacho ni aspiran a más, ni escrupulizan en los medios de que se valen para este fin» [1988: 448]. El lenguaje también sirve para introducir color local, con la riqueza de los dialectos italianos, como el veneciano, el napolitano o el bergamasco, aunque es frecuente que se usen para producir un efecto jocoso. Además, como sucede en numerosos sainetes españoles —y por parecidas razones—, el idioma extranjero más utilizado para ridiculizar cierto tipo de personajes y ciertas modas suele ser el francés, como reacción a lo que se sentía como una «invasión» intolerable de los escenarios y de las costumbres [Franceschetti, 1985: 22-27].

Desde el punto de vista musical, de forma paralela a la evolución del género, el intermedio aportó grandes cambios, entre los que cabe destacar una mayor sencillez —como reacción a la polifonía del Barroco anterior—, su gran fuerza expresiva, la idoneidad entre música, letra y argumento, las melodías descriptivas (pájaros, gritos, muchedumbre…), efectos cómicos y, finalmente, su gran eficacia escénica y dramática. Así, Mamczarz puede concluir: «toutes ces conquêtes des intermèdes comiques italiens influenceront considérablement l'évolution de l'opéra-comique français, ouvriront la voie à la réforme dramatique de Gluck et aux chefs-d'œuvres de Mozart»[9] [1972: 306].

No hay ninguna duda de que el género fue extremadamente popular y que se extendió por toda la península italiana. Aunque se desconoce la autoría de la mayoría de los libretistas de los intermedios, los que fueron firmados por Goldoni (*La birba*, *La bottega de cafè*, etc.), Metastasio (*L'impresario delle Canarie*), Baretti (*Don Chisciotte in Venezia*), Pariati, Maggi… nos dan una idea de su importancia. Nacido en Venecia

[9] «Todos estos avances de los intermedios cómicos italianos tendrán una influencia considerable sobre la evolución del *opéra-comique* francés, abrirán el camino a la reforma dramática de Gluck y a las obras maestras de Mozart.»

en 1700, donde se cultivó con notable éxito, en gran parte por las contribuciones de Goldoni, se extendió muy rápidamente a Nápoles (1702),
donde triunfó gracias a la música de Pergolese, pero sólo su recepción
en Roma, donde se programaron de 1711 hasta 1824, puede compa-
rarse con su fortuna veneciana. En cambio, ciudades como Parma, Milán,
Liorna o Pisa fueron centros «assez réticents pour accueillir le nouveau
genre théâtral, restant fidèles au grand répertoire traditionnel d'inspira-
tion aristocratique»[10] [Mamczarz, 1972: 213].

Símbolo de renovación estética y de reacción hacia las formas del
siglo anterior, gracias a sus autores y a sus intérpretes, el intermedio italiano cruzará rápidamente las fronteras y, aunque con fortuna desigual
por lo que respecta a las compañías teatrales, influirá también en la dramaturgia breve europea. Dejó su huella en España pero, sin lugar a dudas, fue en Francia donde marcó una notable impronta, que se iba a
integrar en un teatro breve riquísimo, variado y muy elaborado.

La estabilidad de los italianos en París se remonta al año 1653, pero fueron expulsados en 1697 por Luis XIV,[11] y no volvieron hasta 1716, cuando el regente, Philippe d'Orléans, ávido de este tipo de espectáculos, como
muchos de sus coetáneos, los instala en el Hôtel de Bourgogne [Lagrave,
1972: 22-23]. La influencia de la *commedia dell'arte* y del intermedio italiano sobre el teatro francés, unida a la tradición de la *farce*, con la innegable
mediación de Molière,[12] se traduce en el XVIII por la nacionalización y consolidación de muchos de sus recursos y el nacimiento de géneros y subgéneros, sobre todo en la comedia, y también en el teatro breve.

En el Setecientos, París, como Madrid, marcaba la pauta de las carteleras desde cuatro espacios teatrales muy diferentes, en estado de perpetua rivalidad: la Comédie-Française, la Comédie-Italienne, l'Opéra y
los teatros de la Foire y de los Boulevards.[13] Los tres primeros gozaban

---

[10] «Bastante reticentes para acoger el nuevo género teatral, y que permanecieron fieles al gran repertorio tradicional de inspiración aristocrática.»

[11] Irritaron al rey con *La Fausse Prude* (1697), de Eustache Le Noble, una comedia que satirizaba a su segunda esposa, Mme de Maintenon.

[12] Su compañía, el Illustre-Théâtre, convivió con los italianos en las salas del
Petit-Bourbon y del Palais-Royal de 1658 a 1673.

[13] No hay que confundirlos con lo que hoy se entiende en Francia como *Théâtre
de Boulevard.*

de exclusivas llamadas *privilèges*,[14] que les otorgaba el monopolio de cierto tipo de espectáculo: así, sólo puede haber música y baile en la Opéra; el único que puede representar en italiano (aunque también tenía un amplísimo repertorio en francés), o con personajes o recursos propios de la *commedia*, es el Théâtre-Italien; mientras que las obras en cinco actos y las tragedias son privativas del Théâtre-Français [Rougemont, 1988: 235-241]. Al ser los «Comédiens du Roi», tales compañías gozaban de beneficios y protección, pero también sufrían una rigurosa vigilancia sobre la administración y la reglamentación, a menudo despótica, ejercida por los «Premiers Gentilshommes de la Chambre du Roi»; en este ámbito, los teatros ingleses gozaban de mayor libertad. Al fin y al cabo, pagados por el Estado, los cómicos dependían de las subvenciones y, «offerts par le roi, ils sont au service des spectateurs»[15] [Rougemont, 1988: 239].

Mundo aparte es el de la Foire y los Boulevards, que se caracteriza por ser marginal, espontáneo, creativo, y rivalizar en la captación de público con los teatros privilegiados: «inventer des formes nouvelles dans les petits spectacles du XVIII<sup>e</sup> siècle, ce n'est jamais que lutter contre les théâtres officiels avec le désir têtu de rivaliser, d'arriver à leur niveau, de faire la même chose qu'eux alors qu'ils vous l'interdisent»[16] [Rougemont, 1988: 261]. Desde finales de la Edad Media, había dos ferias, la Foire Saint-Germain y la Foire Saint-Laurent, la primera en febrero y marzo y la segunda en agosto y septiembre aproximadamente. Los empresarios supieron aprovechar la expulsión de los italianos en 1697, pues recuperaron parte de su repertorio y algunos de sus actores: «le théâtre de la Foire est donc un maillon de l'évolution entre l'ancien et le nouveau théâtre italien»[17] [Orsino, 1998: 115]; a partir de 1711, atrajeron al mismo público que la Comédie poniendo un precio idén-

---

[14] Este modelo inspiró las *patents* en Inglaterra, aunque allí se respetaron mucho menos que en Francia.

[15] «En tanto que son un obsequio del rey, están al servicio de los espectadores.»

[16] «Inventar nuevas formas en los pequeños escenarios del XVIII equivale a luchar contra los teatros oficiales empecinándose en rivalizar con ellos, en igualar su nivel, en hacer lo mismo, sabiendo que está prohibido.»

[17] «El teatro de la Foire es, por lo tanto, un eslabón de la evolución entre el antiguo y el nuevo teatro italiano.»

tico a sus entradas y creando un repertorio de calidad (con autores como Lesage, Piron, Favart, Pannard...): apartaron así al populacho y captaron una asistencia acomodada con veleidades más populistas.[18] Impulsadas por los teatros oficiales,[19] se desarrollaron batallas en torno a la reivindicación de los monopolios, las prohibiciones de cantar, bailar o hablar, lo que generó pleitos diversos. Los recursos de los volatines y su creatividad imaginativa hicieron de estos impedimentos los acicates de nuevas formas de expresión y de representación nacidas de la imposición y el veto: así surgieron o se fortalecieron la *parade*, la *comédie-proverbe* o *proverbe*, la *comédie à écriteaux*, la *comédie en vaudevilles*, la *comédie à ariettes*, el *opéra-comique*, la *pantomime héroïque*, el *mélodrame*, etc.

Podemos relacionar la mayoría de estos espectáculos con el teatro breve. La *parade* era una corta escena en relación con la obra que se iba a representar; para atraer al público, algunos actores, entre los cuales solía haber un arlequín, la escenificaban desde un balcón situado encima de la puerta de entrada (llamado *parade*). A menudo grosera y provocativa, de índole sexual o escatológica, la *parade* se transformó rápidamente en un género muy popular, que bebió de la *farce* medieval y la *commedia dell'arte*, tanto en la Foire como entre las clases acomodadas. Autores como Collé, Vadé o Beaumarchais escribieron unas cuantas para los teatros de sociedad [*Théâtre*, 1993]. Según Trott, que cita a Gueullette, Salley y Collé como principales autores de este género, «l'évolution des parades se caractérise par un passage graduel d'éléments oraux fragmentaires vers une mise en forme écrite, puis éditée»[20] [1998: 163]. A medida que se fueron elaborando, pasaron a llamarse *comédies poissardes* (un término peyorativo para referirse a mujeres de mala vida y baja extracción), y triunfaron en la Foire en los años cincuenta.

---

[18] Para más detalles, véanse: Rougemont [1988: 261-271] y Lagrave [1972: 94-102; 369-379]. Son dos obras fundamentales para conocer el teatro del XVIII en Francia

[19] Los mayores enfrentamientos fueron con la Comédie-Française. Desde principios de siglo, los administradores de la *Opéra* llegaron a una solución más rentable e inteligente: concedieron el permiso de cantar, tocar música y bailar a ciertas compañías mediante el pago de unos derechos.

[20] «La evolución de las *parades* se caracteriza por haber pasado gradualmente de una oralidad fragmentaria a la escritura y luego, a la edición.»

La *comédie-proverbe* o *proverbe*, también propia de la Foire y posteriormente adoptada en teatros particulares, parte del juego de sociedad en que se debe reconocer un proverbio a partir de su escenificación (son conocidos los que publicó Carmontelle de 1768 a 1781). Tal espectáculo perdió pronto su inocencia: según Rougemont, estas obritas «proposent en général un très petit nombre de personnages stéréotypés ou complètement imaginaires, dans une ou deux situations simples par pièce —situations plutôt qu'actions—, qui tendent vers le scabreux et le scatologique, ou atteignent, sur certaines scènes privées, la pornographie»[21] [1988: 27].

Dentro del género musical, el *opéra-comique* es propio de Francia, y también nace en la Foire. Con el fin de resolver la prohibición de hablar impuesta por la Comédie-Française, los feriantes habían inventado primero la *comédie à écriteaux*: los actores exhibían unos rótulos donde se reproducían sus réplicas, que el público podía leer. El acuerdo al que llegaron con la *Opéra* de poder incluir música les proporcionó la coartada y dio lugar a la *comédie en vaudevilles*[22] [Pré, 1998] de autores como Fuzelier, Lesage o Dorneval; en realidad, era una obrita hablada donde se insertaban dichos *vaudevilles*: «le vaudeville, au début surtout, ne servait que de camouflage à de véritables comédies, où dominaient la prose ou les vers»[23] [Lagrave, 1972: 374]. Hacia 1740, se transforma en la *comédie à ariettes*: la música va cobrando importancia, puesto que ahora se compone expresamente, pero sigue predominando el texto. El *opéra-comique* aparece cuando la música supera el texto, aunque éste se mantiene:[24] su simbólica fecha de nacimiento es el año 1753, con el estreno en la Foire Saint-Laurent de *Les Troqueurs, intermède ou opéra bouffon en huit scènes*, de Vadé y Dauvergne, en plena *Querelle des Bouffons*, suscita-

---

[21] «Proponen generalmente un muy reducido número de personajes estereotipados o imaginarios del todo, en una o dos simples situaciones por obra —situaciones antes que acciones—, de un cariz escabroso o escatológico que, en los teatros particulares, alcanza la pornografía.»

[22] Un *vaudeville* era una estrofa de nueva creación cantada con una música preexistente y popular.

[23] «Sobre todo al principio, el *vaudeville* sólo servía para camuflar auténticas comedias en prosa o en verso.»

[24] El género existe a partir del momento en que la parte cantada también se considera discurso del personaje.

da por la introducción de la *opera buffa* italiana [Mamczarz, 1972: 57-67; Rougemont, 1988: 43-46].

Después de ganar unas cuantas batallas y de haber conseguido estabilizarse, los feriantes se lanzaron al asalto de la permanencia, ya que las Foires eran estacionales: a partir de 1752, se fueron instalando por el boulevard du Temple y otras zonas. Poco a poco, consiguieron los permisos necesarios, fueron creando su audiencia y especializándose en géneros propios, aunque las presiones fiscales y teatrales ejercidas por los teatros oficiales eran durísimas [Rougemont, 1988: 271-278]. A ellos acudía el público más humilde, pero la gente de bien con veleidades de encanallamiento no los despreciaba: de ahí los palcos con celosías para que las damas pudieran asistir al espectáculo de incógnito.

Estos teatros también fueron el marco de géneros de teatro breve: la *pantomime héroïque*, que pasó de los italianos a la Foire,[25] era un espectáculo basado en lo visual, y todos los medios valían para substituir la palabra, prohibida por la regla de los privilegios: pirotecnia, baile, cuadros vivientes... Poco a poco, las tramas se hicieron más complejas y se fue insinuando el diálogo. Fue en los Boulevards donde la *pantomime* se convirtió en *mélodrame*[26] [Rougemont, 1988: 46-52; 127-131], unas obritas de uno a tres actos en que la música interviene en los momentos más dramáticos para subrayar los sentimientos del personaje: la palabra y la melodía ya no están asociadas, sino que se suceden y se complementan. Se trata de un teatro eminentemente popular, de carácter convencional, con personajes fijos y estereotipados, que no pretende reflejar la realidad (aunque algunos escenifican terribles sucesos),[27] sino amedrentar y enternecer al público por encima del puro texto, mediante grandes recursos escénicos y teatrales: la sempiterna lucha del bien y del mal, efectismos dramáticos inverosímiles (el *coup de théâtre*), decorados espectaculares (fortalezas, cementerios...), etc. A lo largo del siglo, el *mé-*

[25] Según Rougemont, John Rich, creador de la *pantomime* inglesa, fue profundamente influido por este fenómeno francés [1972: 128].
[26] Este origen queda claramente probado hoy en día, incluso por las denominaciones de las obras: numerosos *mélodrames* fueron publicados bajo la denominación de *pantomime* (véase la nota siguiente a título de ejemplo).
[27] Es el caso de *Le Maréchal des Logis, pantomime en 1 acte* (1783), de Jean-François Mussot, alias Arnould.

*lodrame* se convierte en un auténtico género, que triunfa hasta el siglo XIX con autores como Pixérécourt.

En los coliseos oficiales el teatro breve también ocupaba un lugar preponderante.[28] Aparte de los *prologues* y *compliments de clôture*, que abrían y cerraban la temporada, destinados a alentar y agradecer la audiencia, es fundamental la función y vocación de la *petite pièce*: así se denominaba desde el siglo XVII una comedia de uno a tres actos, por oposición a la «gran comedia» en cinco actos [Lagrave, 1972: 350-352]. Siguiendo una costumbre reiniciada en el XVII por Molière, pero que se remonta a finales de la Edad Media, no hay en el Setecientos prácticamente ninguna representación que no incluya, después de la obra en cinco actos, una *petite pièce*: de 1710 a 1750, por ejemplo, el porcentaje de doble programación oscila entre el 98 y el 100 %. Exigida por el público, arma eficaz para la competencia, complemento indispensable, cuando no principal atracción, es imposible entender la escena francesa del XVIII sin esta excepcional muestra de teatro breve. No ha de extrañar, por tanto, que también se representara con el mismo éxito en la Foire y los Boulevards: podían programar tres *petites pièces* seguidas, una práctica adoptada después por los italianos y, alguna vez, por los franceses.

Así como cada teatro tiene su propio repertorio para la obra principal, también posee sus propias *petites pièces*, y los autores, de repertorio o coetáneos, suelen especializarse: para los franceses, Molière, Dancourt, Regnard, Brueys y Palaprat, Hauteroche, Legrand, Dufresny…; para los italianos y la Foire, Lesage, Pannard, Favart, Romagnesi, Biancolelli, los Riccoboni padre e hijo, Boissy… Son pocos los que, como Marivaux, estrenaron en las dos Comédies (aunque la gran mayoría de sus obras fueron para los italianos), pero sólo Fuzelier, hoy olvidado, escribió para los cuatro teatros de la ciudad. La producción es intensísima porque, además, resulta más rentable para los escritores [Lagrave, 1972: 353 n. 120]: la proporción entre *petite pièce* y obra en cinco actos llega a ser de cuatro a una.

---

[28] Nos limitaremos aquí a la Comédie-Italienne y la Comédie-Française, puesto que l'Opéra estaba especializado en ópera, música y ballet.

La *petite pièce* puede adoptar formas múltiples: sátira de costumbres, pequeños *opéra-comiques*, *dancourades*,[29] *pièces à tiroirs*,[30] parodias, obras críticas o polémicas, etc. Como lo señala Rougemont, que la define como *moyen comique à la française* (entre el alto, que es la gran comedia, y el bajo, propio del teatro de la Foire y de los Boulevards), se distingue por carecer de vulgaridad [1988: 24-25], pero son pocas las ocasiones en que no se insinúe su lejano origen farsesco. De hecho, esta humilde ascendencia que nunca intentó ocultar y que hacía las delicias de un público consciente de ello, le valió el desprecio de la crítica más afín a los géneros nobles. Para emplear los términos de Emilio Palacios [1983], la triple descalificación —literaria, moral y social— que pesaba sobre el teatro popular, y sobre el teatro breve en particular, también recayó sobre la *petite pièce* que, todo sea dicho, las resistió con semejante inexpugnabilidad.

Si se comparan las *petites pièces* con el sainete, se observan numerosas similitudes [Bittoun-Debruyne, 1996b], aunque aquí interesa resaltar que las de género paródico y crítico eran mucho más frecuentes en Francia: «les parodies deviennent une manière de critique littéraire: c'est du théâtre qui contrefait le théâtre»[31] [Peyronnet, 1974: 21]. Es casi imposible concebir una ópera o una tragedia que no se vean casi inmediatamente reproducidas de forma burlesca por los italianos o los comediantes de la Foire; se trata de hacer reír y, a menudo, de escenificar las críticas negativas que han suscitado. Evidentemente, la gran mayoría de estas parodias no tienen ninguna gracia para un público que desconoce la obra original, de manera que se plantea aquí también la cuestión de la composición del auditorio en los diferentes coliseos: «le nombre et le succès des parodies [...] prouvent amplement la profonde unité de ce public apparemment différencié»[32] [Lagrave, 1972: 204]. Los

[29] Obras escritas al estilo de Dancourt (1661-1725): muy dinámicas, intensas y a menudo inverosímiles sin otra pretensión que la de distraer al auditorio. Después de su muerte, el término se fue volviendo despectivo, sinónimo de obra sin valor estético ni literario, de simple divertimento. Véase también lo que dice Mireille Coulon sobre Dancourt y la *petite pièce* en general [1993: 537-539].

[30] Tipo de comedia que contiene escenas y anécdotas autónomas; también llamada *pièce à scènes détachées*, es el equivalente de los sainetes de figuras.

[31] «Las parodias vienen a ser una especie de crítica literaria: es teatro remedando teatro.»

[32] «La cantidad y el éxito de las parodias [...] prueban sobradamente la profunda unidad de ese público diferenciado en apariencia.»

éxitos simultáneos de *Inès de Castro* (1723), de La Motte en la Comédie Française, y de su parodia, *Agnès de Chaillot*, de Legrand y Biancolelli (hasta 65 representaciones seguidas…) por parte de los italianos, así como sus reestrenos coincidentes, demuestran hasta qué punto un público que a menudo afecta desprecio por cierto tipo de teatro no se priva por ello de consumirlo. Asimismo, cuesta imaginar que, en España, los detractores del teatro breve se marcharan de la sala cuando los graciosos salían al escenario. Con todo, era frecuente que los espectadores más refinados y exigentes dejaran el teatro antes de que empezara la *petite pièce*. A la salida, gracias al particular sistema de billetaje vigente, algunos individuos de recursos económicos limitados solían esperar que estos señores les regalaran su *contremarque,* gracias a la cual podían acceder al coliseo y asistir a la segunda parte del espectáculo. A partir del análisis de las recaudaciones en función de los días de la semana y de los diferentes teatros, no hay duda de que el público menos culto era el que seguía este teatro breve con más fervor, si bien debe quedar claro que, en realidad, pocos prescindían de él.

Si, en un primer momento, la *petite pièce* había renacido por el mismo propósito medieval de alegrar al público antes de su salida del coliseo, en el particular contexto de rivalidad y competencia entre los teatros de París, se convirtió rápidamente en un instrumento eficaz para atraer audiencia, mantener obras principales mal acogidas, revitalizar sesiones o prolongar un éxito de forma artificial. Numerosísimas *petites pièces* fueron traducidas y, sobre todo, adaptadas al teatro español como sainetes, especialmente por Ramón de la Cruz, y su forma tuvo indudablemente una profunda influencia sobre la evolución del teatro breve bajo la pluma de este escritor [Coulon, 1993: 529-542]. En palabras de Francisco Lafarga, «la brevedad en la forma y rapidez en el desenlace, la pintura de costumbres, la galería de personajes de época, la sátira social y cierta intención moralizadora, hacían a las comedias de Legrand, Dancourt y Pannard especialmente aptas para convertirse sin dificultad en sainetes» [1994: 14].

En Inglaterra nos encontramos con un rico panorama de teatro breve, que aúna prácticamente todas las posibilidades dramáticas vistas hasta ahora. Los estudiosos son unánimes acerca de un punto esencial: durante el siglo XVIII, la escena inglesa no destaca por la calidad de sus tragedias o de sus comedias. Es una época de transición, en que triunfan los actores, donde el público prácticamente impone la cartelera,[33] y que se nutre de obras epigonales, de adaptaciones, traducciones y refundiciones. Pero, para nuestro mayor interés, y como consecuencia de los factores antes evocados y de otras circunstancias, es un siglo en que el teatro breve arrolla literalmente. De hecho, hasta que no se hubo analizado la cartelera [Stone, 1960-1968], basándose en las ediciones y en la crítica oficial, se pensó que triunfaba la comedia sentimental y que había desaparecido el género cómico tradicional. Los estudios de recepción posteriores ofrecen, en cambio, una visión bastante diferente.

A finales del XVII los cortesanos, más atraídos por la ópera, van cediendo sus localidades a burgueses enriquecidos, hombres de negocios y extranjeros, que no buscan en el teatro instrucción ni aleccionamiento, sino pura diversión. Por ignorancia o desinterés, esta nueva mayoría, que incluso accede al control de las patentes teatrales, resulta poco exigente, con la consecuente degradación de la calidad en los escenarios [Bevis, 1992: 118-119]. Aquí, como en el caso de Francia y España, y con cierta diferencia respecto de Italia (por razones históricas bien conocidas), cabe hablar del teatro en Londres, la capital, cuya influencia se irradiaba hacia el resto del país.[34]

Para entender el fenómeno de creación y representación, hay que tener en cuenta la organización teatral inglesa, que tiene muchos puntos en común con la francesa. Los teatros funcionaban con lo que llamaban *patents*,[35] un sistema de reglas similar al de los «privilegios» en Francia, de manera que no todos podían exhibir el mismo tipo de espectáculos: el teatro de texto era incompatible con el teatro musical, la ópera o el baile, por ejemplo. Por otra parte, hasta el *Licensing Act* de 1737, quien supervisaba los espectáculos, su ejecución y producción, así como el respeto de las patentes, era el *Master of the Revels*.

Hacia 1705 Londres contaba con dos teatros «oficiales», el Queen's Theatre, dedicado a la ópera (que pasó a llamarse King's y fue el refugio de la ópera, del baile y de los artistas extranjeros) y el de Drury

---

[33] Sobre su fuerza e influencia, véase lo que escribe Moratín [2005: 199-200].

[34] Para una visión general, véanse las páginas web de Craddock [1996 y 2000] y las detalladas descripciones de Moratín [2005: 195-232].

[35] Este sistema se aplicó, en general con poco éxito, desde 1660 hasta 1843: fue mucho más riguroso en Francia.

Lane, al teatro de texto. John Rich hijo, en 1714, abre el Lincoln's Inn Fields, que especializa en pantomima y ópera y, en 1732, el de Covent Garden, para el texto. Rivalizando con éstos, programan los locales irregulares, llamados «ilegítimos», como el Little Theatre in the Haymarket (1720) y el de Goodman's Fields (1729). En estas condiciones la competencia era feroz: los empresarios de los teatros, que en general eran actores y dramaturgos, debían comprar las patentes y rentabilizar su inversión.

Uno de los grandes atractivos del teatro eran precisamente los actores: «we should bear in mind that for the whole of this period, the theatre in England was an actor's theatre. [...] It was the personal glamour of the players that secured attention, not the intrinsic literary quality of their repertory»[36] [Loftis, 1996: V, 131]. Entre éstos, David Garrick (1717-1779) fue, sin duda alguna, quien marcó decisivamente el teatro de su tiempo: dramaturgo menor, actor y empresario del Drury Lane desde 1747 hasta 1776, revolucionó la escena con su nuevo estilo interpretativo, más «natural» según los criterios coetáneos, y creó escuela en toda Europa. Escribe Moratín: «a él se debe el buen gusto, la propiedad y el decoro que introdujo en la representación, prescindiendo de su sobresaliente mérito como actor y como poeta» [2005: 229].

Para acabar de perfilar el marco donde se desarrollará el teatro breve, cabe señalar un factor socioeconómico de gran importancia, el fenómeno de la «media entrada». Desde 1660, cuando los espectadores de los coliseos todavía pertenecían principalmente a la nobleza, las sesiones —matinees—[37] solían empezar hacia las dos de la tarde y, por lo tanto, las clases trabajadoras no podían asistir al teatro. Poco a poco se fue retrasando la hora de inicio, de manera que en el siglo XVIII el telón se levantaba a las cinco y durante la época de Garrick a las seis. Sin embargo, ya en el siglo XVII se instauró la costumbre del *after-money*, una entrada de precio reducido para los que acudían al teatro después del segundo acto de las obras de tres actos, o después del tercero en las de

---

[36] «Debemos tener presente que, para la totalidad del período, el teatro en Inglaterra era un teatro de actores. La firmeza del poder de atracción no residía en la intrínseca calidad literaria de su repertorio, sino el encanto personal de los intérpretes.»

[37] Un claro galicismo: viene de *matinée*, que significa sesión de tarde.

cinco actos. En el XVIII pasó a llamarse *half-price* y se mantuvo, pero los espectadores reclamaron sesiones más largas y el derecho a ver una obra en su totalidad, de modo que se introdujo la *afterpiece*, una obra corta que completaba la programación, alargando las sesiones. Como afirma Moratín, «la duración del espectáculo suele ser de cuatro horas y media, y muchas veces más» [2005: 198].

En 1700 esta doble cartelera (*double bill*) ya existía, aunque sólo fue un fenómeno esporádico hasta la fecha clave de noviembre de 1714, cuando, empezada la temporada teatral, John Rich abrió el Lincoln's Inn Fields Theater: para competir con Drury Lane y atraer audiencia, montó cuarenta y seis *afterpieces*. La respuesta del rival no se hizo esperar y, según apunta Bevis, en la temporada siguiente (1715-1716) se montaron doscientas veinticinco obras de teatro breve diferentes [1970: IX]. El éxito de la *afterpiece* fue fulgurante: en los años veinte, era de rigor en cada sesión íntegra; hacia 1750 resultaba más atractiva que la obra principal; y hacia 1791 hay testimonios de que la audiencia solía ser mayor durante la segunda parte del espectáculo. Se conservó la tradición hasta la época victoriana, y su desaparición está asociada al acortamiento de las sesiones, hacia 1875 junto al regreso de las clases más favorecidas al teatro: «from its inception the afterpiece had been closely connected with the working man and the half-price custom, and when the theatre once again became "fashionable" in format, its exit was inevitable»[38] [Bevis, 1970: IX].

¿Cómo eran estas obras de teatro breve? ¿De dónde procedían? Y, por otro lado, ¿era la *afterpiece* el único género de teatro breve en Inglaterra? Nos consta que, si bien la *afterpiece* puede ser considerada como el mascarón de proa del género, coexistían muchos otros tipos de teatro breve, algunos más tradicionales y otros de creación dieciochesca: de ahí la gran variedad de denominaciones para estos géneros y subgéneros. Así, por ejemplo, una programación corriente durante la segunda mitad del siglo no se limitaba a proponer «a tragedy, or a comedy, or a ballad opera, followed on the bill by a farce or pantomime —revivals being judiciously mixed with new pieces— but thus also en-

---

[38] «Desde su nacimiento, la *afterpiece* estuvo íntimamente asociada a la clase trabajadora y a la costumbre del *half-price*, y, cuando el teatro pasó a estar de nuevo "de moda", su defunción resultó inevitable.»

joyed entr'acte songs, dances and other speciality numbers, processions and pageants, orchestral music before, during and between the original pieces, and an ingenious variety of prologues and epilogues. No matter how serious or austere the tragedy, there were bound to be jolly comic dances between the acts, and nobody saw anything unusual or incompatible in this mixture»[39] [Booth, 1996: 30]. Se constata, pues, un desprecio total por la pureza de los géneros, el decoro y la verosimilitud, con el propósito de adecuarse a la demanda del público.

Antes de analizar más a fondo la *afterpiece* en sí misma, merece la pena describir las otras formas de teatro breve, menores o no, que completaban las sesiones. Hay que subrayar la importancia de las patentes, de la rivalidad entre los teatros y de una conciencia «nacional» como fuentes de creatividad de géneros y subgéneros. Con todo, y pese a la reglamentación de las patentes, éstas se infringían bastante a menudo. Dentro del género musical, el intermedio italiano, al que llamaban *comic opera*, había llegado a Inglaterra por medio de compañías italianas itinerantes y se naturalizó rápidamente, dando lugar a la *burletta* o *Light Opera* (una especie de farsa musical que parodiaba un mito clásico) y a las *operettas*, unas obritas de treinta minutos donde alternaban los versos y la música, y que casi superaron el éxito de las *afterpieces* en los años sesenta y setenta [Booth, 1996: 158]. Pero, sobre todo, originó la *ballad opera*, un género típicamente inglés que cosechó enormes éxitos [Bevis, 1992: 238-239]. Nacido en el siglo XVIII, desarrollaba tramas farsescas o extravagantes, y la música se limitaba a las canciones o los interludios que iban alternando con el diálogo; en un primer tiempo, se escribían nuevas letras para melodías tradicionales o canciones folclóricas, hasta que empezaron a utilizarse temas musicales extraídos de óperas de éxito o, incluso, nuevas composiciones. Así las describe y compara Moratín:

[39] «Una tragedia, o una comedia, o una *ballad opera*, seguidas en la cartelera por una farsa o una pantomima —mezclando juiciosamente reestrenos y estrenos—, sino que también se disfrutaban canciones de entreacto, bailes y otros números especializados, desfiles y exhibiciones espectaculares, música de orquesta antes, durante y entre las obras principales, y una ingeniosa variedad de prólogos y epílogos. Independientemente de lo seria o austera que fuese la tragedia, era forzoso que se presentaran alegres bailes cómicos entre los actos, y nadie se extrañaba de esta mezcla insólita o desavenida.»

«las arias y canciones que mezclan los ingleses en sus piezas cómicas, y tal vez las pantomimas, son por lo común de un estilo fácil, gracioso y alegre; y éstas, ejecutadas con chiste nacional, tienen mucho mérito a los ojos de cualquier extranjero desapasionado; yo las compararía con las tiranas y seguidillas del teatro español, si no reconociera más inteligencia música en la ejecución de los actores ingleses» [2005: 206-207].

La más célebre de todas es *The Beggar's Opera* (1728), de John Gay, con música de John Pepusch, una parodia de la ópera italiana tradicional que, a la vez, satirizaba la moralidad de políticos coetáneos. Cosechó un gran éxito y creó un género que, pasando por Gilbert y Sullivan en el XIX, o por la *Ópera de tres peniques* de Weill y Brecht (1928), desemboca en la comedia musical de los siglos XX y XXI.

De larga tradición, los prólogos y epílogos fueron evolucionando a lo largo de los siglos, pero su edad de oro ocupó toda la Restauración (1660-1710):[40] no había casi ninguna obra que no se presentara acompañada de estos poemas, generalmente escritos por los amigos de los autores. Durante el Setecientos, se fueron manteniendo y, aunque los epílogos desaparecieron prácticamente en el XIX, todavía se pueden encontrar algunos prólogos en el siglo XX. Durante la primera mitad del XVIII, estas cortas intervenciones destinadas a seducir y atraer al público podían referirse a cualquier tema, relacionado o no, con la obra principal, y solían estar versificadas: «to write them became an art, to speak them an honour»[41] [Loftis, 1996: 149]. Para los actores, era una excelente forma de lucirse y, prescindiendo de toda coherencia, no dudaban en usar toda clase de atrezzo, como un vestuario extravagante, o incluso de salir a escena subidos en un asno. Bajo la influencia de la *commedia dell'arte*, se fue introduciendo la costumbre de irles añadiendo cómicas improvisaciones, de forma que adquirían cada vez más entidad autónoma dentro del espectáculo. Eran, por supuesto, un excelente vehículo de comunicación entre autores, actores y público: elogiar a la audiencia, referirse explícitamente a su gusto y sus componentes solía ser habitual,

---

[40] Ben Jonson acuñó en el siglo XVII la forma típicamente inglesa del epílogo: una pieza llena de ingenio, destinada a dejar el público con buen sabor de boca y, sobre todo, a subrayar los méritos de la obra principal y prevenir las posibles críticas negativas.

[41] «Escribirlos se convirtió en un arte, y declamarlos, en un honor.»

de manera que se fueron convirtiendo en auténticos *sketchs* de *captatio benevolentiæ*, y hasta de jocosa literatura metateatral. Así, son numerosos los que contienen valiosas indicaciones para entender cómo era la composición del público, cuáles eran sus preferencias y cómo se solía comportar en los coliseos [Booth, 1996: 5-7]. El prólogo, o *Prelude*, se mantuvo con mucha firmeza. Su carácter metateatral era ideal para lanzar nuevos autores o actores, así como para publicitar estrenos, debatir cuestiones dramáticas y programaciones de temporada, o airear querellas entre compañías, actores, autores, etc., por lo que se acabó convirtiendo en un auténtico género especializado en el teatro dentro del teatro [Bevis, 1992: 240].

Entre las parodias, hay que mencionar el género del *English burlesque*, predominantemente teatral: su origen es tradicional, pero floreció de forma espectacular en el XVIII. El efecto cómico nace de la incongruencia entre el tema y la manera de tratarlo, pues ridiculizaban lo más noble y elevado a la vez que trataban de forma solemne los aspectos más triviales. Este procedimiento, muy recurrente en la *ballad opera*, también se encuentra en el teatro breve de texto, donde la parodia se hace más pronunciada, más grosera, y puede llegar hasta la difamación. Así, las *burlesques* políticas de Henry Fielding (1707-1754), unas sátiras durísimas, causaron un fuerte impacto y fueron tan apreciadas por el público como denostadas por los políticos [Loftis, 1996: 249-255]. Su irreverencia y posibles consecuencias políticosociales facilitaron la aprobación por el Parlamento del *Stage Licensing Act* promovido por el Primer Ministro Robert Walpole[42] el 24 de mayo de 1737, al final de la temporada: empezaba una época de involución, mayor censura y control teatral. El respeto de las patentes se endureció; los únicos teatros reconocidos como «legítimos», regulares, con patentes oficiales, fueron los de Covent Garden y Drury Lane; se cerraron los coliseos que no tenían patentes, las obras eran leídas y autorizadas por el Primer Ministro, o un censor político que designara [Bevis, 1992: 120; 1970: 1-2]. Esta atmósfera empobrecida duraría más o menos hasta 1760, aun-

---

[42] La gota que colmó el vaso fue el gran éxito del *burlesque* en 3 actos, *The Historical Register for the Year 1736*. La carrera teatral de Fielding se acabó a partir de entonces [Ward, 2000: http://www.bartleby.com/220/0417.html]. Es interesante la opinión de Moratín sobre estos hechos [2005: 228].

que se iría relajando a partir de 1742; las consecuencias son obvias: menos estrenos, más cautela, pero también más ingenio y nuevos recursos para burlar la censura. La política había triunfado donde se habían estrellado los intentos reformistas tradicionales, que luchaban por razones morales y estéticas.

Las *English pantomimes*, de John Rich, fueron la otra gran innovación del XVIII inglés. Partiendo de la tradición de la *commedia dell'arte*, creó un nuevo género realmente único, donde se combinaban tramas tradicionales y grotescos argumentos, protagonizados por Arlequín y Colombina y acompañados de música y bailes. Mudas en un principio, dichas obras cortas fueron incorporando diálogos y dieron lugar al subgénero llamado *harlequinade*. Las *pantomimes*, que se consolidaron en Covent Garden para ganar audiencia y rivalizar con Drury Lane, perduraron hasta 1761: Garrick pretendía eliminarlas de todos los escenarios,[43] pero se vio obligado a presentarlas en su propio teatro, ante la demanda de la audiencia [Bevis, 1992: 237-238].

El *Licensing Act* influyó sobremanera en el teatro breve: no sólo marcó un punto de inflexión sobre las temáticas, que tuvieron que abandonar la sátira política directa, sino que la creatividad destinada a evitar la censura originó la creación de muchas y variadas denominaciones, así como géneros y subgéneros difícilmente clasificables. Por lo tanto, bajo la denominación de *afterpiece*, se cobijaron todas las formas de espectáculo breve que se representaban en aquel momento de la programación.

Por definición, la *afterpiece* era una obra que constaba de uno a tres actos y que se ofrecía después de la obra principal, como la *petite pièce*. Así la define Bevis: «afterpieces were short, usually humorous playlets which followed the five-act main attraction and concluded the theatrical evening in the eighteenth and nineteenth centuries. During the Georgian heyday far more comedies were written as afterpieces than as 'mainpieces', some of them by the most talented comic authors of the day, and over its whole life span the afterpiece was an integral part of the English theater»[44] [1970: I]. Una muestra de su inexcusable presen-

---

[43] Incluso escribió una obra donde retrata la amenaza de este tipo de teatro para la escena: *Harlequin's invasion* (1759).

[44] «Las *afterpieces* eran sainetes cortos, generalmente cómicos, que seguían la obra principal en cinco actos y concluían la velada teatral en los siglos XVIII y XIX. Durante

cia en el repertorio se encuentra en la descripción de la programación de una compañía que parte hacia el Nuevo Mundo en 1752: «twenty-four plays and their attendant farces»[45] [Booth, 1996: 155].

Es frecuente hallar el término *farce* como sinónimo de *afterpiece*, puesto que en esas obritas venidas de la tradición y cultivadas clandestinamente en tiempos de la represión puritana (1642-1660), a menudo extraídas de obras mayores, se encuentra una de las fuentes del género. Así creado, fue implantándose y nutriéndose de la influencia francesa e italiana, hasta convertirse en un tipo de teatro consolidado, al que se sumaron la sátira y la comedia corta, de tal modo que resulta difícil distinguir la *short comedy*, la *petite comédie* y la *farce* en la terminología del XVIII.[46] Tal vez la diferencia principal residiera en la enfatización de los caracteres, la verosimilitud, el humor y la intención didáctica en la *comedy*, frente a la inverosimilitud y la risa como único propósito para el cual (casi) todo estaba permitido en la *farce*. Sin embargo, las excepciones son numerosas: para Bevis, *The Way to Kepp Him* (1760), de Arthur Murphy, es una pura *short comedy* y, en cambio, *A Will and No Will* (1746), de Charles Macklin, es una auténtica *farce* [1970: XI].

¿Qué caracterizaba la *afterpiece*? Siempre estaban escritas en prosa; presentaban más caricaturas que caracteres humanos; tendían más al ingenio que al humor primando la agudeza en los incidentes menores; preferían satirizar duramente costumbres corruptas antes que reflexionar sobre los fallos humanos, y optaban por una apariencia de verosimilitud convencional, sin pretender ninguna credibilidad. Se trataba muy a menudo de obras estereotipadas, con personajes arquetípicos, fácilmente reconocibles por un público que los esperaba, cuyas tramas eran variaciones sobre ejes asumidos, y el interés no residía tanto en crear

la edad de oro georgiana [1714-1830], muchas más comedias nacieron como *afterpiece* que como obra principal, algunas bajo la pluma de los mejores autores cómicos de la época, y, a lo largo de toda su existencia, la *afterpiece* formó parte inseparable del teatro inglés.»

[45] «Veinticuatro obras y sus farsas correspondientes.»

[46] Para ilustrar lo que se entendía por *short comedy*, resulta de gran interés el Prólogo-manifiesto de Garrick a su gran éxito, *Miss in Her Teens* (1747), una adaptación de *La Parisienne* (1691), de Dancourt, que inauguró el género en Inglaterra [Bevis, 1970: 77-81].

novedades absolutas como en descubrir nuevas posibilidades combinatorias. Reconocemos aquí los principales rasgos del sainete hispánico, incluso en los problemas que puede plantear su representación: Bevis señala precisamente que resulta muy difícil imaginar cómo se escenificaban, porque se nos escapan todo el juego de los actores, sus improvisaciones y su profunda independencia del texto original [1970: XIII-XIV]. Algunos autores pretendían reflejar dicha evolución: *Lethe; or Esop in the Shades* (1740), de Garrick, tiene hasta siete ediciones diferentes donde se van manifestando los cambios. Moratín elogia a los actores ingleses, que le parecen mejores que los españoles: «los defectos de los cómicos ingleses me han parecido menos absurdos que los de los nuestros», tanto en la tragedia como en la comedia y que, «en la farsa tienen más mérito: figura, gesticulación, trajes, movimientos, posiciones ridículas, todo contribuye a lograr el fin que se proponen, de excitar (por cualquier medio que sea) la risa del público; y en un teatro donde es harto escasa la delicada gracia cómica de Tartuffe es necesario acudir con frecuencia al saco de Scapin. Todo [en la farsa] es excesivamente recargado, todo pasa los límites de la naturaleza y verosimilitud dramática, todo hace reír por un instante, dejando sólo en los espectadores de gusto el arrepentimiento de haberse reído» [2005: 205-206]. No obstante, y vista la inmensa variedad de espectáculos que se podían ofrecer bajo la denominación de *afterpiece*, podemos concluir que el término tenía una mayor relación con la posición de la obra dentro de la programación que con un género en particular: una *afterpiece* podía ser una *farce*, una *short comedy*, una *pantomime*, un baile, o lo que en aquel momento fuera más susceptible de atraer al público.

Está probado que la mayor actividad creadora en el teatro del XVIII inglés se desarrolló en ese género múltiple y polifacético: entre 1737 y 1777, el 80 % de las obras que recibió el *Licenser* eran *afterpieces*, y los autores más relevantes de la era Garrick escribieron el 75 % de sus obras en tres actos o menos [Bevis, 1970: XIV]. Entre ellos, hay que citar, además de los ya nombrados, George Colman o Samuel Foote, sin olvidar que existían anónimas *afterpieces* de gran éxito. Se creó un fenómeno de ida y vuelta entre *afterpieces* y obras mayores: las de más éxito se reescribían en cinco actos, mientras que las otras se veían a menudo reducidas, a la búsqueda de mayor comicidad y éxito de público. En cambio, se editaban pocas *afterpieces*: si se dejaba de publicar una de cada ocho obras en cinco actos, la proporción para el género breve era de una de cada tres, por ser tildado de género menor, muy a menudo circunstancial, y la prensa solía despreciar esos «meteoritos de una hora» [White, 1996]. La poca consideración crítica y la desproporción entre representación y publicación falsearon así, durante largos años, la visión del panorama teatral inglés del XVIII, de la misma manera que se obvió la relevancia del teatro breve en España.

En la Península, además del teatro breve en castellano, algunas muestras en portugués y catalán documentan la extensión y la pervivencia de la cultura popular festiva. La lateralidad de unos y la insularidad de otros, en el caso mallorquín, explican la existencia en el siglo XVIII de antiguas dramaturgias religiosas, carnavalescas, etc. En Portugal, al igual que en España, los intermedios se habían consolidado en la cartelera de los teatros: «os entremeses (peças de um acto) entretinham os espectadores nos intervalos dos dramas traduzidos e as mais das vezes adaptados "ao gosto português". O "gracioso" era, sem dúvida, uma figura indispensável nesse teatro»[47] [Ferraz, 1980: 19], un gracioso que podía vestirse de criado o de *parvo*, es decir, de bobo. Las obras que han llegado hasta hoy poseen esta doble vertiente: por un lado, se adscriben al mundo carnavalesco, y, por otro, forman parte de la profesionalización y consumo comercial del teatro. Nos referimos a las piezas recogidas en el *Teatro Cómico Português* (1744) y, de manera muy especial, a las atribuidas a António José de Silva, O Judeu (1705-1739). Combinando música y diálogos paródicos, su ópera jocoseria, que nos recuerda el *opéra-comique*, *Guerras do Alecrim e Mangerona* se representó en el Teatro do Bairro Alto de Lisboa, durante el Carnaval de 1737, y ridiculiza en boca y gestos de señores y criados el idioma y las maneras de los amantes.

En consecuencia, a pesar de su gran variedad de formas, subyace en el teatro breve europeo un substrato común, por lo que no se puede ignorar las generales raíces carnavalescas y folclóricas de las piezas de Lope de Rueda y resulta muy difícil sostener la completa singularidad de los entremeses españoles. En su marginación, pues vive fuera de los locales comerciales y de las ediciones, el teatro breve catalán ilustra muy

---

[47] «Los entremeses (piezas de un acto) entretenían a los espectadores en los entreactos de los dramas traducidos o, en la mayoría de veces, adaptados "al gusto portugués". El "gracioso" era, sin duda, una figura indispensable en este teatro.»

bien la pervivencia a lo largo de los siglos, y en buena parte de Europa, de una risa farsesca tan amoral como antiheroica. No hay casi textos anteriores al XVIII, pero los de ese siglo confirman una tradición que transmite, oralmente o en manuscritos, teatro *all'improviso* y obras con los viejos temas y tipos. Por tanto, no resulta fácil averiguar la fecha de redacción de tales obritas, representadas generalmente por artesanos o campesinos en locales gremiales, casas particulares, patios, etc.

El *Entremès del porc i de l'ase* (*Entremés del cerdo y el asno*), por ejemplo, remite a la tradición, pues «es fonamenta damunt bases multiseculars, perquè mostra l'eficàcia irrisòria de les burles que els ximples pateixen per part dels murris i, al mateix temps, posa en solfa el tarannà dels jutges»[48] [Sala Valldaura, en prensa]. El *Entremès de la sogra i la nora* (*Entremés de la suegra y la nuera*) gozó de popularidad en Valencia y probablemente en Cataluña por enfrentar ambas figuras. Como en tantas ocasiones, un marido consentidor y su esposa protagonizan la pieza mallorquina *El cego per son profit* (*El ciego por su provecho*). El carácter paródico se manifiesta en las burlas al código teatral barroco del *Entremès burlesc de dos estudiants* (*Entremés burlesco de dos estudiantes*). Incluso se percibe en el *Entremès del batlle i cort dels borbolls* (1755) (*Entremés del alcalde y corte de los embrollos*) un cierto grado de protesta ante el abuso del poder coetáneo, si pensamos que este teatro fortalecía la cohesión interna del grupo social que lo escenificaba.

Se trata, por lo general, de obras anónimas, aunque conozcamos algunos autores: en Mallorca, desde glosadores analfabetos como Sebastià Gelabert y Rafael Sastre hasta doctores en derecho como el ilustrado Guillem Roca i Seguí [Serrà Campins, 1995: 19-23]; en Valencia, ocurre otro tanto con los autores de *col.loquis* (*coloquios*), como el notario Carles Ros, el impresor Joan Baptista Escorihuela, etc. Estas composiciones, generalmente romances, se leían en voz alta en reuniones o interpretadas «pels col.loquiers des d'una plataforma a manera d'entaulat, pels carrers o en locals tancats»[49] [Martí Mestre, 1996: 12]. La sátira moral o política, las alusiones eróticas, la agudeza verbal... permitieron que

---

[48] «Se fundamenta sobre bases multiseculares, porque muestra la eficacia irrisoria de las burlas que los bobos sufren por parte de los astutos y, al mismo tiempo, pone en solfa la índole de los jueces.»

[49] «Por los *col.loquiers* desde una plataforma a modo de tablado, por las calles o en locales cerrados.»

los coloquios atestiguaran los cambios de usos y costumbres del siglo XVIII, de manera que también enfrentan el *pixaví* y el *llaurador*, es decir, el petimetre y el payo. Así, podemos encontrar también los viejos motivos misóginos en el *Col.loqui del xasco que li donà un marit a sa muller* (*Coloquio del chasco que le dio un marido a su mujer*) y las nuevas relaciones amorosas en el *Col.loqui de Pepo i els trastos de casa*.

A partir de la década de los sesenta y por todos los locales comerciales de España, Ramón de la Cruz iba imponiendo un sainete más extenso y complejo que el entremés, más cercano a los temas, ambientes y tipos coetáneos, menos amoral y carnavalesco. Su influencia en los coloquios valencianos y, sobre todo, en los nuevos sainetes catalanes es innegable, y, aunque no desaparezcan las viejas formas entremesiles, el teatro breve catalán (Ignasi Plana, Josep Arrau i Estrada, Manuel Andreu Igual, Francesc Renart) acepta tales innovaciones y hasta puede verlas montadas en el escenario del Teatro de Barcelona a partir de 1801: *L'aprenent sabater i el mestre Bernat* (*El aprendiz de zapatero y el maestro Bernat*); *El gall robat per les festes de Nadal* (*El gallo robado por Navidades*), de Plana, etc. El costumbrismo garantizará su continuidad a lo largo del XIX con autores de la talla de Eduard Escalante, mientras que las circunstancias políticas podrán convertirlo en arma propagandística, como ocurre en manos del liberal Josep Robreño.

Este ligero sobrevuelo por el teatro breve en la Europa más cercana nos permite, pese a todo, llegar a unas conclusiones que parecen relevantes. Como sucedía en España, es posible constatar la gran importancia del género mal llamado menor en todas las programaciones; sus respectivas fuentes farsescas e italianas comunes; su nacionalización en cada cultura, aunque se partiera de traducciones o adaptaciones; su impacto sobre el público; el maltrato que recibió por parte de la crítica, inversamente proporcional a su explotación por autores, compañías y empresarios; la actitud «hipócrita» de cierta audiencia culta… En contextos teatrales muy distintos, se reproducen los mismos esquemas de una relación de amor/odio, y no deja de tener su punto de ironía el que ahora se aprecie en su justo valor y que, de hecho, se alabe y guste mucho más que el teatro llamado «mayor», merecedor entonces de todo el prestigio, aunque, para ser justos, hay que reconocer el profundo olvido —tal vez inmerecido— en que, como gran cantidad de autores de tragedias, también han caído numerosos escritores de teatro breve.

EDICIONES

BEVIS, Richard W., ed., *Eighteenth Century Drama: Afterpieces*, Londres/ Oxford/Nueva York, Oxford University Press, 1970.

FERNÁNDEZ DE MORATÍN, Leandro, *Viaje a Italia*, ed. María Belén Tejerina Gómez, Madrid, Espasa Calpe, 1988.

—, *Apuntaciones sueltas de Inglaterra*, ed. Ana Rodríguez Fischer, Madrid, Cátedra, 2005.

FERRAZ, María de Lourdes A., ed., *Guerras do Alecrim e Mangerona* de António José da Silva, Lisboa, Ed. Comunição, 1980.

GOLDONI, Carlo, *Memorias del señor Goldoni, para servir a la historia de su vida y a la de su teatro*, ed. Borja Ortiz de Gondra, Madrid, Publicaciones de la Asociación de Directores de Escena de España, 1994.

MARTÍ MESTRE, Joaquim, ed., *Col.loquis eròtico-burlescos del segle XVIII*, Valencia, Ed. Alfons el Magnànim, 1996.

SERRÀ CAMPINS, Antoni, ed., *Entremesos mallorquins*, Barcelona, Barcino, 1995.

*Théâtre: Théâtre Érotique français au XVIIIᵉ siècle*, París, Terrain Vague, 1993.

## VI.  FORMAS MUSICALES DEL TEATRO BREVE EN EL SIGLO XVIII,
por *Germán Labrador López de Azcona*

Al abordar el tema de la música escrita para el teatro, resulta necesario deslindar claramente la destinada al repertorio «de representado», por una parte, y la propia de obras en que la participación musical es fundamental; en este segundo caso hablaríamos de teatro musical, mientras que en el primero se trataría de «música para el teatro». En la segunda mitad del siglo XVIII no parece haber existido una diferencia grande en el acompañamiento musical de las obras de teatro breve respecto del teatro «mayor»; además de lo que se puede inferir a partir de los libretos, la paulatina introducción de la orquesta hizo posible la fijación de un repertorio que ya no podía ser improvisado, sino resultado de la labor de un compositor, y que en parte se ha conservado.

Aunque el acompañamiento musical del teatro de la época era muy similar en cualquier género, la propia música de cada uno de ellos presenta importantes diferencias entre sí. Respecto de las obras estructuradas en varios actos resulta reseñable cómo, por ejemplo, en las zarzuelas el influjo de la música italiana es patente, mientras que en las comedias los pocos números musicales que existen son tanto pervivencias de prácticas anteriores (así, el «cuatro») como de elementos característicos del teatro musical (el aria o el recitativo, propios de la ópera o de la zarzuela), cuando no auténticas muestras de música de extracción popular. Respecto de los géneros breves, las diferencias son aún más marcadas e incluso llegan a determinarlos; para su exposición nos atendremos en primer lugar a aquellos cuya participación musical no es «esencial», al ser principalmente declamados, para pasar seguidamente a los que pueden ser considerados como teatro musical, en que la variedad resulta notablemente mayor.

## 1. *Música para el teatro*

Al considerar los principales géneros «con música» de la segunda mitad de siglo resulta reseñable la continuidad existente respecto del período anterior. Ello es especialmente notable en el caso del entremés, que no será sustituido por la tonadilla en Madrid hasta la temporada 1779-1780 [Coulon, 1993]; no obstante, reconvertido en sainete, el género llegará al siglo XIX con plena vigencia. Si bien desde el punto de vista literario no parece haberse establecido inequívocamente la identidad entre sainete y entremés [Sala Valldaura, 2003], lo cierto es que musicalmente esta equivalencia resulta indiscutible; frecuentemente con participación musical, aunque no con un papel «fundamental», la música suele limitarse al principio de la obra o al epílogo y, en ocasiones, a algún número incluido con carácter incidental. Del mismo modo, los sainetes presentan iguales características, limitándose la participación musical a uno o dos números, de muy similar carácter. Claro indicio de la identidad que existe (al menos, en el aspecto musical) entre ambos géneros son las anotaciones que se encuentran en las partituras de varias de estas obras, como el caso de *El cautiverio de Ayala*, donde se puede leer: «Música del sainete, por entremés».[50] Asimismo, es frecuente encontrar música cuya antigua denominación, «entremés», aparece tacha-

---

[50] La música de este sainete se conserva en la Biblioteca Histórica de Madrid, que custodia el principal fondo de estas características, cercano a las 450 obras. La procedencia del resto de la música citada en este texto es la misma.

da y sustituida por el término «sainete», que es ya el usual en las últimas décadas del siglo.

La música del entremés y del sainete será ciertamente diferente de la que se encuentra en zarzuelas y comedias, e incluso de la de otros géneros menores; como no podía ser menos, el realismo en la descripción sonora del ambiente popular de ambos géneros queda perfectamente reflejado en su música. De acuerdo con las características que definen al entremés desde el siglo anterior, centrado en la sociedad coetánea [Ruiz Ramón, 1996] a través de una óptica jocosa, que propende a desembocar en danza y canto, la música del entremés de esta época es decididamente «popular», siempre cantada y, frecuentemente, bailada. Y lo mismo cabe decir del sainete, cuya participación musical es, antes que similar, idéntica: uno o dos números, por lo general situados al principio y/o al final de la obra, consistentes en música de clara filiación popular, como muestra el análisis de las partituras. Posiblemente ésta fue la razón que llevó a José Subirá, buen conocedor del repertorio, a identificar entremés y sainete en su *Catálogo...* [1965a], ya que desde el punto de vista musical, si no desde el literario, las diferencias son claramente inexistentes.

Conformando un amplio repertorio constituido por jotas, seguidillas y bailes diversos, la música de sainetes y entremeses presenta un interesante acercamiento a ritmos y melodías de extracción popular, en consonancia con los personajes de estas obras, su ambiente y sus costumbres; y ello incluso con mayor fidelidad que en el caso de la tonadilla escénica, tradicionalmente considerada como paradigma de este tipo de música en el teatro de la época. Música popular e incluso costumbrista, por tanto, la que sirve para caracterizar sonoramente a un género que, si bien es teatro declamado, contó con una participación musical de decisiva importancia.

Del mismo modo que el entremés, existen géneros que, acaso con poca frecuencia, pero de modo constante, se integran en el panorama del teatro musical de la segunda mitad del siglo XVIII. El primero de ellos, también pervivencia de una práctica claramente anterior, es la loa, acaso infrecuente pero también vigente en esta época. A diferencia del entremés o el sainete, la loa se sitúa al comienzo de la función de teatro, y en ocasiones especialmente solemnes llega a ser musicada, incluso por entero. Ya en el siglo XVII se puede discernir entre las loas «de corrales» y «cortesanas», cuya música y planteamiento difícilmente resultan comparables [Flórez, 2007], distinción que acaso pueda mantenerse en esta época; por una parte, reflejo del primer caso, siguen existiendo las tradicionales loas «de empezar temporada» o de presentación de compañía, y participan tanto de la tradición musical como del carácter ligero y popular que resulta apropiado para su público. Así, es frecuente el recurso al «coro» (mucho más que en cualquier otro género breve), normalmente a varias voces —frente a la práctica de cantar un grupo de intérpretes simultáneamente la misma melodía—, en la antigua tradición del «cuatro», que en ocasiones es el único número musical, así como a música claramente entroncada con el baile, principalmente las seguidillas. Según se acerca el siglo XIX resulta cada vez más frecuente la inclusión de un primer número instrumental, así como de aires que no son estrictamente «populares», como el minué o la contradanza.

Caso diferente es el de las loas destinadas a conmemorar determinada ocasión, como las escritas en Madrid para el día de San Carlos en las últimas décadas del siglo, generalmente por Pablo Esteve o Blas de Laserna. Parecido espíritu muestra Esteve en la de la comedia de Meléndez Valdés *Las bodas de Camacho el Rico* en 1784, significativamente titulada en el manuscrito «Loa para las fiestas reales» (rectificado como «para las fiestas de la Villa»). Este tipo de loas suele estar escrito para varios solistas y coro, además de una nutrida orquesta, siendo su texto antes alegórico que narrativo. En correspondencia con el asunto que tratan, su música normalmente carece de la inspiración popular que con frecuencia se halla en otros géneros breves, de acuerdo con su carácter solemne e incluso conmemorativo. Cabe añadir que a diferencia del entremés, la loa pervivirá en el siglo XIX, existiendo música «para la loa de *La tertulia realista*» (1824) o, con motivo de la jura de la entonces princesa doña Isabel de Borbón, para *El triunfo de la inocencia*.

De igual modo que la loa, la folla es pervivencia de una antigua práctica teatral, y no es estrictamente «musical», puesto que se trata de un género ya presente en el teatro barroco que no siempre es cantado. La folla consiste en una sucesión de números inconexos argumentalmente, en cuya variedad se encuentra el principal atractivo del género. Musicalmente, el planteamiento de la folla no difiere del literario, existiendo en ellas números de lo más dispar: fragmentos de comedias (musicados), danzas y bailes, música característicamente francesa o italiana, cuyo texto remeda dichos idiomas, aires de moda en el momento, música militar e incluso coros. Como en el caso del entremés, existen ejemplos en número suficiente como para poder documentar su presencia de forma continuada hasta finales del siglo XVIII; en la época que estudiamos, la misma utilización del término indica que aún se trataba de una realidad dramática viva, bien conocida por el público. Y con abundante participación musical, hasta el punto de llegar a excluir el texto declamado y haber sido asimilada a la tonadilla escénica [Estepa, 1994], como se aprecia en el título de la *Tonadilla a siete de la Folla*, de Antonio Rosales, o en la *Tonadilla o Folla de la señora Lorenza*, de Pablo Esteve. Del mismo compositor cabe citar la *Folla de María Antonia o El desafío de Polonia*, subtitulada *Folla Real y cucaña de Nápoles*, por citar unas pocas cuyo título es inequívoco, ya que existen numerosas obras que, pudiendo ser consideradas como follas, se presentan bajo otra denominación; así, por ejemplo, la tonadilla de *La cucaña*, también titulada *Pieza de piezas*, en cuya introducción se lee: «pueblo de mi vida, hoy pretendo hacer una tonadilla que folla ha de ser». Todo ello da buena fe de la existencia del género, si no de su pujanza.

## 2. Teatro musical

En cuanto al teatro musical, el principal exponente de la segunda mitad del siglo es sin duda la tonadilla escénica, género en buena parte novedoso y cuya buena adecuación a las necesidades del público y del teatro de la época le deparó un rápido éxito, así como su pronto paso a las posesiones de ultramar, donde terminó siendo adaptada por los ingenios locales. Deben considerarse también dos géneros bien arraigados en el pasado, el intermezzo y el baile, con los que la tonadilla guarda claras semejanzas, y que desaparecen cuando ésta se afianza.

El intermezzo como género destinado a los entreactos de una obra de grandes dimensiones es de historia antigua, aunque bajo este nombre, y como teatro lírico, surge en Italia a principios del siglo XVIII, llegando muy pronto a España asociado a las representaciones de ópera. Su presencia se extiende al menos hasta 1771 en que se representó *La Molinara astuta* en los teatros de los Reales Sitios [Carmena y Millán,

1878] y todavía en 1786 se llegaría a ver en Madrid *La serva padrona*, traducida como *La criada ama* (aunque ya no en la versión de Pergolesi, sino en la de Paisiello, y como «ópera bufa en un acto»). Ciertamente no se trata de un género propio de la literatura española, si bien se puede relacionar, salvando las diferencias, con el entremés cantado. Su posible importancia radica en el hecho de que en la segunda mitad del siglo surgirá un género muy similar (aunque no en italiano) que, bajo el nombre de tonadilla escénica, ocupará idéntica función (la de servir de entreacto, a la manera del entremés o del sainete), y con la misma connotación de teatro cantado. Quede, pues, la referencia al intermezzo, aunque su principal ámbito en España fuese el teatro de corte, como posible precedente de la tonadilla.

Otro género de honda raigambre y sostenida pervivencia es el baile. Entendido como acción dramática en que se declama, se canta y se baila, al estilo del siglo anterior, este género llega hasta la década de 1760, «quedando abolidos definitivamente por la tonadilla escénica» [Subirá, 1930]. Aparentemente, el baile no se distingue esencialmente del entremés ni de su música, si bien la participación musical y la presencia de la danza es, sin duda, más frecuente; así considerados, su referente más próximo sería la tonadilla escénica, aunque en ésta el texto declamado es inexistente o poco relevante. Y efectivamente, ya en su época fueron los bailes considerados como predecesores de las tonadillas, como muestra el conocido texto del *Memorial Literario* de septiembre de 1787 en que se habla de las coplas que cantaban todas las damas al fin del segundo intermedio, «y este género de tonadas se denominaban *baile de bajo*, porque acompañaban a las voces una guitarra y un violón». Estos bailes, según el anónimo redactor del *Memorial*, habrían convivido con las tonadillas hasta 1765, año en que desaparecieron, una vez establecida la presencia de la orquesta.

Por último, la tonadilla escénica es sin duda el género de teatro musical por excelencia dentro de los breves, y uno de los capítulos menos estudiados, pero más brillantes, del teatro musical español. Ya Barbieri, Pedrell o Julio Gómez, entre otros, le dedicaron atención preferente en los siglos XIX y principios del XX, pero sin duda quien mejor supo reivindicar la importancia del género fue José Subirá, principalmente en su monumental obra en tres volúmenes, *La tonadilla escénica* (1928-1930).

A diferencia del entremés o el sainete, que en su mayor parte son declamados, la tonadilla escénica es cantada por entero (con ocasionales interludios declamados). Originalmente de corta duración, y prácticamente limitada a un número introductorio, unas coplas en que se exponía un suceso y un número final, posiblemente bailado, lo cierto es que en el transcurso del tiempo la tonadilla sufre transformaciones notables, hasta llegar a convertirse a finales de siglo en un tipo de obra de mayor complicación musical y dramática, muy distinto de las primeras producciones. Pese a que los orígenes de la tonadilla escénica no están del todo dilucidados, puede afirmarse que ya a finales de la década de 1750 existen obras perfectamente caracterizables como tales. No obstante, el itinerario de la tonadilla a través de los reinados de Carlos III y Carlos IV resulta problemático, debido a las paulatinas transformaciones del género; haciéndose eco de esta realidad, ya Subirá consideró la existencia de varias fases en su «desarrollo», cuya cronología y características estableció del siguiente modo: *Aparición y albores* (1751-1757); *Crecimiento y juventud* (1757-1770); *Madurez y apogeo* (1771-1790); *Hipertrofia y decrepitud* (1791-1810) y, finalmente, *Ocaso y olvido* (1811-1845).

Lo cierto es que a partir de la música de las tonadillas conservadas no se puede establecer esta taxonomía con la rotundidad que el ilustre erudito basaba en su experiencia [Lolo, 2002], si bien es cierto que el género cambia hasta desembocar, rayando el siglo XIX, en un tipo de obras que, en palabras del compositor Blas de Laserna, «han ido tomando tanto incremento, que en el día [1792] son verdaderas piezas de música, o unas cortas escenas de ópera, algunas serias y de una clase de música que pide mucho trabajo y meditación» [Gómez, 1986]. Ciertamente, con el tiempo la tonadilla pasó a ser una obra distinta, transformándose en una «pieza de música» de mayor duración y desempeño, en que las referencias a la música de tradición popular eran menores (o menos conspicuas). Así cabe interpretar el intento del prolífico compositor y libretista Pablo Esteve con *El reconocimiento del tío y la sobrina* (1793), «tonadilla por mal nombre y por bueno intermedio de música y representado», obra en que intenta un nuevo modelo de creación lírica «privativa y arreglada al genio del dialecto [se refiere a la lengua española, frente a la italiana]» [Cotarelo, 1934]. También la elocuente presentación de obras como *Los criados astutos*, de Pablo del Moral (1790), descrita como «tonadilla a seis o pieza de música» da fe del creciente empleo de nuevas denominaciones que revelan un cambio en la misma concepción del género por parte de sus creadores.

Así pues, la tonadilla es un género del teatro lírico (dentro del teatro breve) elusivo a la sistematización, al margen de la existencia de un número introductorio y otro final, que en gran parte de los casos son seguidillas (llamadas epilogales, indicando así su función). Como quiso ver Subirá, es también un género fuertemente marcado por la presencia de lo popular, tanto en sus temas como en su música; pero no siempre. Conviven en la tonadilla escénica, además de los personajes, situaciones y lenguaje propios del sainete, influjos musicales diversos. Posiblemente el más reconocible sea el de lo castizo, como resultado de la permeabilidad del género a lo coetáneo, de modo que la misma actualidad musical queda reflejada en estas obras, como parte de su ambientación sonora [Labrador, 2006].

No resulta extraño, considerando este hecho, que en determinado momento hagan su aparición ciertos bailes de moda, como la tirana, el polo o las seguidillas en compás binario, que pueden ser útiles para sugerir una cronología de las obras, acaso más objetivable que el criterio «estructural». Sin duda, como ya Subirá puso de manifiesto, las primeras tonadillas son más pródigas en danzas inspiradas en la tradición popular que las escritas a finales de siglo, o ya en la década de 1800. Pero también está presente en ellas el sutil influjo de la ópera italiana (de la ópera bufa), que por otra parte informa claramente la música europea de finales de siglo. Este influjo va más allá de la anecdótica imitación del «virtuoso» italiano, o la ocasional introducción de una cavatina, un aria o un recitado acompañado por la orquesta. Curiosamente, el mismo Subirá parece reconocerlo, al afirmar que «tanto por su longitud cuanto por su misión [la de entreacto] podrían parangonarse con los *intermezzi* italianos» [Subirá, 1930].

Efectivamente, la tonadilla presenta evidentes paralelismos con un género tan similar en función e intención como el intermezzo, acaso más reconocido en la historiografía, y en principio también destinado a ser representado en los entreactos de obras de mayor aliento. Al respecto, es interesante considerar una práctica bien documentada en los teatros de Madrid, cuyos compositores (Pablo Esteve y Blas de Laserna, principalmente) escribían con notable habilidad arias para las óperas bufas que se representaban desde la década de 1760. Con frecuencia creaban arias «italianas» para esas mismas óperas, en sustitución de otras que eran desechadas, de modo que el estilo les era familiar y no les resultaba ajeno al incluirlo en la tonadilla. Pese a todo, la originalidad de la tonadilla es grande, y como música «propia» fue entendida en su tiempo; si no todas, al menos sí las escritas en los primeros años, que constituyen la utópica edad de oro del género.

## 3. La nueva sensibilidad

Muy alejado en intención y en medios expresivos, el melólogo (melodrama) conoce un fulgurante éxito en la década de 1790. Tras estrenarse el *Pygmalion*, de Rousseau, en Cádiz y, seguidamente, en Madrid (1788), González del Castillo hará un primer intento con su *Hannibal* en el mismo año, al que seguirá en 1790 el *Guzmán el Bueno*, de Iriarte. En los tres casos se trata de monólogos, si bien posteriormente se crearán obras de este tipo para dos y tres personajes. Tras la meritoria obra de Iriarte (autor del texto literario y de la música), la creación más destacable es *Doña Inés de Castro* (1791), de Francisco Luciano Comella. En ella el autor plantea toda una poética del melólogo, al combinar eficazmente música, texto declamado y escenas confiadas por entero a la mímica, consiguiendo una expresividad mucho más sofisticada que sus predecesores [Angulo, *et al.*, 2005]. Principal autor de melólogos, Comella escribió no menos de 13 en la década de 1790, período tras el que el género aún gozará de cierta pujanza.

Resulta interesante reparar en la diversidad de recursos que aparecen en el melólogo desde muy pronto, tras los primeros intentos de Iriarte y González del Castillo. Efectivamente, trascendiendo el concepto en que se inspira el género —reproducir e intensificar musicalmente los diversos sentimientos que expresa el actor—, la orquesta pronto desempeña otro tipo de funciones, añadiendo nuevas posibilidades expresivas a este tipo de obras. Así pues, la declamación alternaba con momentos musicales, generalmente breves, que ilustraban bien el sentimiento que embargaba al personaje, un ambiente o incluso un presagio, pero paulatinamente estos «momentos musicales» configurarán un nuevo lenguaje, con su propia significación. Mediante la combinación de recursos escénicos desusados —siempre con acompañamiento orquestal—, como la pantomima o escena muda, o la estatuaria (composición «fija» en que los actores suspenden el movimiento, como si de un verdadero cuadro o *tableau vivant* se tratase) junto con textos de máxima intensidad emocional, el melólogo o melodrama era un género que ofrecía suficientes elementos novedosos, junto con una clara conexión con la corriente de literatura sentimental, como para tener un éxito rápido y sostenido. No en vano, lo primordial era la verosimilitud de la experiencia emocional y cognitiva [Álvarez Barrientos, 2005], y efectivamente las obras se dirigen antes a suscitar las emociones del público que a otros fines.

Existen desde el siglo XVIII dos modalidades de melólogo: aquéllos en que la música alterna con la palabra, siguiendo el modelo del *Pygmalion*, y aquéllos en que existe una continuidad musical, sobre la que se declama simultáneamente, según la *Ariadna*, de Benda. Claramente, en España predomina el influjo francés, pese a que la *Ariadna* se conoció pronto en Madrid en 1793, y suele observarse además la ausencia de canto en los melólogos de esta época, si bien en ocasiones aparece el coro (así, en *Hércules y Deyanira*, de Comella). Menos infrecuente es el empleo de la voz declamada sobre un «fondo» musical, recurso reservado a los momentos de mayor patetismo; en ocasiones, la adopción de los recursos propios del género pasan a obras que son más propiamente comedias en dos o tres actos (por ejemplo, por citar dos obras de Comella, *Amelia*, que por sus dimensiones no es teatro breve pero cuyo planteamiento musical se asemeja al del melólogo, o *Sofonisba*, en que la protagonista canta).

La música del melólogo es también peculiar, muy diferente de la que se escribe para sainetes, tonadillas, pantomimas o loas. Y no sólo porque no sea cantada; frecuentemente consiste en números de muy corta duración —salvo la obertura y el postludio, cuando existen—, que en ocasiones se limita a unos pocos segundos [Subirá, 1950]. En líneas generales, se trata bien de música para acompañar a la pantomima (con ideas breves y muy claras, que puedan adaptarse con facilidad a los movimientos de los actores y a las diferentes acciones que se representan), bien de interludios que subrayan el estado de ánimo del personaje, o que, incluso, lo anticipan (en cuyo caso se trata más de efectos sonoros que de música con un cierto desarrollo). Al margen de la inicial intención sentimental y expresiva, pronto surgieron también melólogos cómicos e incluso paródicos, haciéndose eco del éxito que alcanzó el género, que pasa a ser objeto de atención en sí mismo. Tal sucede con la *Parodia de Guzmán El Bueno, Perico de los Palotes* o *El monólogo del poeta*, en la línea del *Manolo*, de Ramón de la Cruz, respecto de la tragedia [Ríos Carratalá, 1999].

Poco frecuente, pero coetánea del melólogo en España, la pantomima (pantomima musical) es un género a medio camino entre el teatro y el ballet, basada en un *lenguaje de acción* (excluyendo, por tanto, la palabra) que apelara directamente a la emotividad del espectador. Consistente en la representación de una historia únicamente por medio del gesto, debió de resultar un espectáculo novedoso y atractivo, al contar con un acompañamiento musical que reflejara cada una de las acciones que se escenificaban. Cabe relacionar la pantomima musical con el ballet de argumento que, ya en la segunda mitad del siglo, Noverre pone de moda en París y en Viena. De hecho, los textos de las pantomimas (como el *Asalto de Galera*, que formaba parte del sainete *La dicha inesperada*, o la de *Jasón y Medea*, que se presentó como «escena muda» independiente) no se diferencian de los ballets que el mismo Noverre publicaba ya en la década de 1760, salvo en sus dimensiones (en un acto, en el caso de las obras citadas, que suelen ser cinco en las de Noverre). De la buena recepción que tendría este nuevo modo de expresión da fe la formación en 1787 de una compañía estable de baile en el madrileño teatro de los Caños del Peral.

Es música la de la pantomima muy diferente de la de los géneros anteriormente citados, al estar directamente inspirada en el movimiento. Con frecuentes cambios que puedan reflejar adecuadamente los gestos y las acciones que deben ser mostrados, y breves momentos de silencio que sirvieran de inequívocas referencias para los representantes, la música de estas pantomimas resulta todo un «decorado sonoro» para la acción teatral, cuyos principales sucesos muestra fielmente, de continuo.

El melólogo, como la pantomima, refleja bien el carácter de los nuevos tiempos; tanto Rousseau como Noverre crean un género distinto de cuanto existía previamente, al servicio de una expresividad diferente que, en ambos casos, entronca con el ideal escénico de Diderot; tanto en uno como en otra, la música se constituye en lenguaje desvinculado del verbal, completándolo o sustituyéndolo, e incluso sugiriendo significados que trascienden las palabras o que las hacen innecesarias. En claro contraste con tonadillas, follas o loas, se trata de manifestaciones teatrales no vinculadas a la tradición barroca, propias de la Ilustración y de la nueva sensibilidad de finales de siglo.

Finalmente, cabe citar también el caso puntual de géneros que en principio no pueden ser considerados «teatro breve», pero que en ocasiones llegan a serlo. Se incluiría aquí la zarzuela en un acto, como *El licenciado Farfulla* o *El tío y la tía* (en ocasiones llamada «sainete cantado»). Es éste también el caso de la opereta, término entendido en esta época como diminutivo de ópera, y cuya importancia crecerá durante los primeros años del siglo XIX. Panorama y géneros muy diversos, como se ve, en que la fuerza del teatro barroco todavía se deja sentir mediante la pervivencia de géneros y prácticas que ya existían a finales del siglo XVII, y en que surgen nuevos modos de expresión que triunfarán en el XIX. Atenta a las tendencias que surgen en el resto de Europa, la España de la Ilustración también recoge acertadamente el legado de la novela sentimental, del melodrama y del *ballet d'action*, conformando un panorama teatral que, en lo que atañe a los géneros breves, ciertamente ofrece variedad y atractivo notables, en gran parte aún por descubrir.

# LOS AUTORES Y LAS OBRAS

I. Francisco de Castro, por *Ramón Martínez*

Francisco de Castro (Madrid, 1675-1713) es el representante de mayor relevancia de su familia, una auténtica saga de comediantes de primera línea que ocupó los escenarios de la segunda mitad del siglo XVII y la primera del XVIII. Fue uno de los actores de más fama en su época, primero en Valencia, con la compañía de María Álvarez Vallejo, en 1692, y desde 1699 en las compañías madrileñas [Cotarelo, 1911: I, CXVIII], siendo primer gracioso de la compañía de Prado desde 1708, pasando un tiempo en la de Garcés, en 1710 [Varey y Davis, 1992: 363-364]. Además, en diciembre de 1712 se convirtió en autor para una representación especial en la corte [Varey y Davis, 1992: 104], y debió estar al frente del corral de la Cruz algún tiempo entre 1710 y su muerte el 2 de octubre de 1713, pues figura como usufructuario de esas gradas [Varey y Davis, 1997: 244]. Parece que al comenzar la Guerra de Sucesión tomó partido a favor del archiduque Carlos, motivo por el que tuvo que huir de Madrid con la entrada de Felipe V y fue encarcelado después [Cotarelo, 1911: I, CXVIII]. Se le llamó popularmente «Farruco», por su gracia interpretando los papeles del gallego y, según la *Genealogía, origen y noticias de los Comediantes de España*:

> Fue mui aplaudido por las chanzas y grazexo que tenia y añadia en la representacion y saynetes, y los papeles de vegetes los hizo con particular grazia y compuso buenos versos particularmente en lo jocoso y escriuio algunos saynetes que andan ympresos y en su comuersazion fuera de las tablas era muy chistoso y gustauan del mucho las Señoras y Señores con quienes tenia mucha cabida [Shergold y Varey, 1985: 185].

El teatro breve de Castro, que se compone de un total de cincuenta y cuatro piezas, la mayoría escritas en la última década del siglo XVII, fue clasificado por Cotarelo diferenciando tres grupos: «1o, obras de más mérito y más originalidad; 2o, obras imitadas, y 3o, obras de escaso o ningún valor literario» [1911: cxviii]. Nosotros ofrecemos otra clasificación menos subjetiva, distinguiendo obras de «burlas», que son la mayor parte, obras de «figuras y tipos» y obras «festivas».Veremos a continuación las piezas breves de Francisco de Castro distinguiéndolas por géneros y teniendo en cuenta esta diferenciación.

## 1. *Loa*

La única obra de Castro que pertenece a este género es la *Introducción para la comedia que se hizo a los años del excelentísimo señor conde de Salvatierra* [*Alegría cómica,* II: 144]. Dividida en tres partes, comienza con una arenga de la Fortuna a los servidores del conde para que preparen la fiesta de su cumpleaños, a la que sigue una danza con hachas y varas de torneo, y, finalmente, el baile de los matachines, presentado con un conjuro que se repite en *Los gigantones,* un entremés del propio Farruco. La radical separación en tres partes nos lleva a pensar que cada una de ellas introduciría un elemento distinto de la fiesta.

## 2. *Entremeses*

Los entremeses de Francisco de Castro son la mejor parte de toda su producción, con un total de treinta y siete piezas. Los más numerosos son los entremeses cuyo argumento es la ejecución de una burla, que no su planteamiento, siendo dos sus tipos: aquellos en que se engaña al marido, padre o tutor de una mujer, y otros donde el chasco tiene un motivo económico, muchas veces relacionado con la comida. Entre los primeros encontramos *La fantasma* [*Alegría cómica*, II: 169], que trata una burla macabra, donde la protagonista, ayudada por su amante astrólogo, hace creer a su marido, el vejete, que ha muerto. Es curioso el final pues, en lugar de resolverse el engaño, aparecen en escena dos diablillos que se lo llevan al infierno, acabando el entremés a palos.

Semejante, por el juego con la realidad, es *El chasco de la sortija* [*Cómico festejo*, 109], de 1710, llamado en ocasiones *La burla de la sortija y casa de posadas,* donde el engaño lo hace Cristina a su marido, un Vejete, obligándole a ir por unas medicinas, para que, a su vuelta, encuentre su casa transformada en una posada. Señala Cotarelo que «es la tercera de las burlas que se hacen en *Los tres maridos burlados,* de Tirso de Molina» [1911: CXX]. Comienza con los insultos del barbero y el licenciado, por el tamaño de sus narices, recordando el célebre soneto de Quevedo. Por su parte, *Los chirlos mirlos* [*Cómico festejo*, 79] trata un tema conocido: una mujer, Catalina, manda a su marido a buscar los «chirlos mirlos», que no son más que algo inexistente, para aprovechar el tiempo con su amante el sacristán. Llegado un momento, la protagonista explicará el motivo y título del entremés mediante a una canción:

> Mi marido fue a la mar,
> chirlos mirlos fue a buscar;
> siquiera venga, siquiera no,
> que chirlos mirlos me tengo yo [vv. 237-240].

Termina el entremés un arriero que introducirá al marido escondido en un serón, para que observe el engaño, siendo todos perdonados después. Interesa la presencia de la criada gallega, motivo éste de los gallegos que atrajo mucho a Castro, así como la curiosa aparición de un soldado, que sólo sirve para introducir un largo monólogo donde, diciendo el militar ser de poco comer, explica cómo cocinar el huevo duro que quiere: rodeado de muchísima carne. En *El cesto y el sacristán* [*Cómico festejo*, 47], pieza de 1708, un vejete barbero sorprende a su mujer con un sacristán, si bien ella se las ingeniará para hacer que el amante salga de escena sin que el viejo se dé cuenta y contarle que es un marqués quien la corteja. Aparecen entonces el marqués y un lacayo en la barbería, a quienes el viejo y su ayudante gallego pretenden degollar. Después, reaparece el sacristán, junto con un boticario, siendo sorprendidos de nuevo por el viejo, pero consiguen huir ocultándose en unos cestos de lavar y empleando el sacristán su magia. En *Lo que son mujeres* [*Cómico festejo*, 123] vuelve a aparecer el marido en un serón para contemplar la escena, si bien esta vez el entremés recuerda la cervantina *El curioso impertinente,* por querer comprobar el marido si su mujer es tan casta como parece, o podrá enredarse con un amigo. Es curiosa la otra acción del entremés, donde el marido ata para pesarles —y burlarles— a un solda-do, un marqués y un vejete. *La boda y los violines* [*Alegría cómica*, I: 46] enlaza las burlas al marido con las burlas al padre, por realizarse el chas-co el mismo día de la boda. El amante de la protagonista debe librarla de contraer matrimonio con un viejo, para lo cual se disfraza de violi-nista francés, junto con otros, y se presenta en el festejo, para llevarse a la novia mientras se produce el baile. Cotarelo indica que «tiene alguna remota semejanza con *Las cortesías*» [1911: CXVIII]. La burla apoyada en la música la encontramos también en *Francisco, ¿qué tienes?* [*Alegría cómi-ca*, I: 11], donde un sacristán ayuda a Gerundio a llevarse a la protago-nista, distrayendo al padre de ésta, músico, fingiendo interesarse por su obra, y persiguiéndole luego con el estribillo de una canción, mientras los jóvenes huyen. *En La burla de los títeres fingidos* [*Alegría cómica*, III: 143] el recurso de la burla es distinto, pues aquí, para librar a las cuatro mujeres de su padre, los hombres presentan ante éste un arca con títeres —más bien autómatas—, de donde saldrán los galanes vestidos de mu-ñecos, contando la historia del rey don Sancho y acabando la obra con toreo, para aprovechar la confusión y llevarse a las mujeres. Buezo [2005: 317] señala la influencia de la mojiganga en este entremés, «mezcla de entremeses y mojigangas anteriores».

Otro tipo de burlas son aquellas relacionadas con lo económico y lo gastronómico, normalmente engaños para poder comer gratis. Es cono-cido el entremés *La burla del sombrero* [*Alegría cómica*, II: 52], donde dos soldados engañan a un bobo, «curiosamente identificado en el elenco de *dramatis personæ* con el gracioso, esto es, la máscara que representaba el propio Francisco de Castro» [Huerta Calvo, 1999: 333], vendiéndole un falso sombrero mágico que hace que le inviten a uno a comer. Evidentemente, el sombrero no funciona, y el entremés acaba a palos cuando el simple no puede pagar la cuenta. Semejante es *La burla del figonero* [*Cómico festejo*, 1], que reúne en una taberna múltiples figuras, todas con la intención de comer gratis. Dos mujeres fingen que les han robado, un estudiante se va sin pagar y hace creer a unos gallegos que no hay que hacerlo, y dos hombres, sabiendo que el figonero fue antes asesino a sueldo, le piden que les dé una cuchillada, por el precio a que las cobraba el tabernero, igual al que deben, anotando Cotarelo que «este episodio es el primero del entremés *Los habladores*» [1911: CXIX]. Las burlas con la comida cambian en *Los burlados de Carnestolendas* [*Alegría cómica*, III: 107], donde un vejete médico pretende que tres soldados voraces se queden sin comer, haciéndoles esperar la cena, con el peligro de desarrollarse el entremés en la noche del martes de Carnaval, siendo imposible comer carne al dar las doce, repitiéndose así el argumento de *El convidado*, de Benavente. Al final aparecen unos diablillos en escena, que atan a los soldados y encienden cohetes, para acabar el entremés con bulla. En *La pastelería, y burla de las cazuelas* [*Cómico festejo*, 142], la protagonista exige comida para convidar a dos amigas a un alférez y un sacristán, que van a la pastelería para robar unas cazuelas a unos hombres que les persiguen luego hasta la casa de la mujer, donde se resuelve todo a palos primero, y luego con baile. En *La burla del talego* [*Alegría cómica*, I: 36], la burla es ya enteramente económica: se pretende robar a un vejete un talego, aprovechándose su visita nocturna a casa de una mujer para que un sacristán finja una pelea de la que resulta muerto un hombre, que queda a solas con el vejete, pidiéndole el muerto que se desnude. Reaparece el sacristán como alguacil, acusando al viejo de querer robar la ropa del muerto, señalándole el cadáver como su asesino y exigiéndole la vuelta del talego. Otra burla económica, menos trabajada, encontramos en *La burla del labrador* [*Cómico festejo*, 159], en que un soldado y un golilla intentan primero engañar a un colegial y su criado, para cambiar la burla por no tener suerte y engañar a un labrador llevándole a comprar camisas a una tienda donde vuelven a encontrar al colegial y su criado, que se prueban unas enaguas que han de comprar a una prima. Soldado y golilla aprovecharán la confusión para llevarse el dinero del labrador y las ropas del estudiante y su criado. Es curioso el intermedio del propio entremés, donde aparece un monólogo del vejete, construido a base de conceptos encadenados. Están también los entremeses donde la burla la sufre un noble ridículo, como *El figurón* [*Alegría cómica*, III: 1], un hidalgo grotesco galantea una ventera, burlado por ésta haciendo que cuatro jabalíes finjan despedazarlo. Son graciosas las cosas que ocurren en la venta: un criado que da paja y cebada a las personas y una criada gallega sorda que no entiende lo que se le pide. Además, aparece un intermedio cercano a la mojiganga, en que un feriante presenta un niño y una niña disfrazados de sacristán y dueña. Don Soplavivo es el hidalgo ridículo en *El novio miserable* [*Alegría cómica*, I: 1], a quien dos sastres le presentan las vistas de su amada, aunque el figurón se niega a pagarles, resultando engañados los sastres. Parecido es *Pagar que le descalabren* [*Cómico festejo*, 65], cuyo protagonista es un conde ridículo que contrata a un valentón para que mate al «monigote» que galantea a la condesa, si bien el rufián se equivoca y le rompe la cabeza al propio conde.

El segundo grupo de entremeses incluye aquellos donde destaca una figura cómica sobre el resto de los personajes. De este modo aparece representado ridículamente un alcalde, con las «alcaldadas» habituales. Castro escribió *La visita, y pleito de la liebre* [*Alegría cómica*, I: 29], donde se presentan ante el alcalde un arriero a quien se le reclama el precio de un papagayo que dejó morir de frío, declarado inocente porque el loro no le pidió que lo arropase; un hombre que reclama a otro el aceite que le comió el perro de éste, siendo condenado el perro a servir de candil con el aceite que comió; y dos cazadores que pelean por una liebre, ante lo cual el alcalde falla quedarse él con ella. En *El inglés hablador* [*Alegría cómica*, I: 128], el alcalde debe interrogar a un moro, un portugués y un inglés involucrados en una muerte, pero el proceso se vuelve imposible, pues regidor y alcalde acaban mareados con toda la palabrería de los tres personajes. Finalmente, en *El destierro del hoyo* [*Cómico festejo*, 33], obra de 1710 que posiblemente sea la mejor de las tres, el alcalde decide desterrar un hoyo aparecido en la plaza del pueblo, realizando otros cada vez más alejados, con cuya arena se van llenando los anteriores, hasta que el agujero sale de la villa; luego se despide a un doctor por no saber curar la última enfermedad, la muerte; y, finalmente, se presenta un pleito entre un hombre cuyo padre mató otro al caerse del campanario, resolviendo el alcalde que el hijo del muerto debe arrojarse desde la torre sobre el presunto asesino. Es interesante cómo el alcalde continuamente moteja de converso al regidor, motivo éste que se repite en las tres obras.

Otras veces es el vejete el principal personaje del entremés, como ocurre en *El vejete enamorado* [*Alegría cómica*, II: 11], una de las mejores obras de Farruco, donde se presenta un viejo ridículo enamorado de una mujer gallega extremadamente fea, que es representada, además, por un hombre. Un portugués, guardián de la dama, impedirá los amores, que finalmente podrán acabar en boda, festejada con la presencia de unos matachines y del baile final. Es interesante el monólogo del viejo, que parodia a Segismundo en *La vida es sueño*, de Calderón:

> Penetrar, ¡cielos!, pretendo.
> ¿Qué delito he cometido
> en nacer y en que Cupido
> al punto me echase el vendo?
> Mas disculparte he querido,
> y que me castigues dejo,
> porque el delito de un viejo
> mayor es haber nacido [vv. 23-30].

En el *Entremés e introducción de los negros* [*Alegría cómica*, III: 73], son dos los viejos, que ofrecen a una mujer grandes fiestas si les concede su amor. Ella les obliga a hacer un torneo en camisa, para favorecer al vencedor y festejarlo con una de las fiestas preparadas, que será una danza de negros, la que da título al entremés. Es muy curioso *El reto* [*Alegría cómica*, I: 140], uno de los entremeses más breves de todo el teatro áureo. Su originalidad estriba en que habla en él casi únicamente el vejete, que reta al Gran Turco, por haber matado a su hija debido a su infidelidad. La escena es introducida por un músico que canta los versos iniciales, donde la acción parece desarrollarse a modo de pantomima. El viejo vuelve a aparecer en *Los diablillos* [*Alegría cómica*, III: 24], «farsa carnavalesca y absurda» [Cotarelo, 1911: I, CXXI], pero ahora como un valentón que pasa una noche en una casa abandonada, donde le maltratan unos diablos. Encontramos también entremeses de Castro donde el ridículo protagonista es un enfermo y sus médicos, como en *El enfermo y junta de médicos* [*Alegría cómica*, I: 79], donde un grupo de médicos discute sobre el diagnóstico de un paciente que únicamente tiene hambre, tema ya conocido en otros entremeses, como *El médico y el enfermo*, de Benavente y *La visita graciosa* de Cáncer. También un bobo o un loco, como en *¿Quién masca ahí?* [*Alegría cómica*, II: 1], que presenta a un hombre dormido imposible de despertar con ruido, pero sí haciéndole oír el masticar de la comida (semejante así a *El dormilón,* de Fragoso), o en *El pésame* de Medrano [*Alegría cómica*, I: 68], que presenta un soldado loco que pretende casar a todos los personajes (incluso a dos hombres entre sí). Castro presenta también, con menos suerte, a un estudiante, en *El estudiante marqués* [*Alegría cómica*, I: 103], que se finge marqués para ser convidado de continuo en un pueblo, siendo al final descubierto. Caso particular son, además, los entremeses donde se reúnen varias figuras, como *Los cuatro toreadores* [*Alegría cómica*, I: 20], que presenta un torneo taurino, celebrado por amores de una dama entre un vejete, un hidalgo que torea con la ejecutoria de nobleza clavada en la lanza, y dos hombres más; *La casa de posadas* [*Alegría cómica*, I: 145], donde se reúnen, impidiéndose el sueño unos a otros, un estudiante, un vejete, un ciego, dos gallegos, mozos de silla, y un soldado, que en su locura terminará el entremés dando a todos golpes con la espada; *El garañón* [*Cómico festejo*, 17], que parodia los festejos con motivo de un nacimiento, reuniéndose varias figuras para celebrar con seguidillas que ha nacido un burro en la casa de la protagonista; y *La Nochebuena* [*Alegría cómica*, I: 125] que agrupa a los personajes típicos del entremés para realizar diversos juegos durante una fiesta en Nochebuena.

Tenemos, por último, el grupo de los entremeses festivos, entre los que encontramos los que presentan diversiones callejeras, como *La casa puntual* [*Alegría cómica*, III: 95], a la que quieren pasar los personajes, un soldado, un golilla, una castañera, una tapada y dos ciegos, para ver una danza de matachines; y *El Mundi Novo* [*Cómico festejo*, 93], donde dos sacristanes y un vejete se disputan a la protagonista, presentando uno de aquéllos, como entretenimiento, un mundi novo (recurso utilizado por Castro en varias ocasiones [Buezo, 2004: 201] con un Trufaldín, cuya gracia es tragarse a quienes se acercan a ver qué contiene. También agrupamos aquí los entremeses cuyo principal atractivo es la aparición de personajes especialmente relacionados con la fiesta, como son los niños de la Rollona [Buezo, 2004: 136 y ss.], que aparecen recogidos en un hospicio en *Los niños de la inclusa* [*Alegría cómica*, II: 88], acabando el entremés enfrentándose todos a dos hombres que se comen su papilla; o, en *Los gigantones* [*Alegría cómica*, II: 79], los gigantes y cabezudos del Corpus, requeridos como antojo por una gallega preñada, y presentados en escena gracias a la magia de una Celestina ya nada temible [Buezo, 2004: 110 y ss.]. Y, por fin, caben en este apartado también los entremeses de magia y tramoya: *El órgano y el mágico* [*Alegría cómica*, II: 23], en cuya primera parte el mágico, que se aparece a dos soldados (en realidad un doctor y un barbero), haciendo que se aparezca una fuente y comida para alimentarlos, que traen unas dueñas mágicas, y luego unos matachines de diablos. En la segunda parte, más interesante, el mágico primero protege a una mujer de su marido celoso haciéndola desaparecer, y luego va convirtiendo a los personajes en piezas de un órgano, gracias a un espejo mágico, para acabar tocando música en él. También la magia aparece en *El hechizo de los cueros* [*Cómico festejo*, 175], que presenta un raro enamoramiento, como el de *Los putos*, de Cáncer, o *La hechicera*, de Benavente, siendo esta vez los enamorados unos cueros de vino que persiguen a los personajes. Es curioso observar en este entremés la metateatralidad, pues algunos personajes son actores que ensayan. Además, un vejete vuelve a tener un largo monólogo, que, como ya sabemos, es frecuente en Castro. Es evidente que la festividad presente en todos estos entremeses los relaciona muy directamente con el género de la mojiganga.

Existen, además, cinco entremeses cuya autoría se ha atribuido a Castro en ocasiones. Se trata de *Los barberos de la Puerta del Sol* y *Los médicos del agua,* o *Los médicos de la moda,* que muchas veces se presentan como anónimos. También *El castigo de un celoso,* atribuido también a Juan José de Castro; *La Hidalga,* que en realidad es de Matías de Castro, según el propio manuscrito; y *La saca,* cuyo autor parece ser Antonio de Zamora [Martín Martínez, 2005: 26]. Personalmente, considero difícil que cualquiera de ellos pudiera haber sido escrito por Francisco de Castro, ya que sus características más notables como entremesista no aparecen en ninguno de ellos.

## 3. *Bailes*

Se conservan únicamente cinco bailes de nuestro autor. Dos de ellos son muy similares, posiblemente versiones de una misma pieza, *El Amor buhonero* [*Alegría cómica*, I: 56], catalogado habitualmente como entremés, y *El Amor sastre* [*Alegría cómica*, II: 160]. En ambos el protagonista es el dios Amor, ante quien desfilan unos cuantos personajes, produciéndose un sencillo altercado que soluciona aquél, para terminar con el baile de costumbre. En *La gallegada,* baile estrenado en 1704 con la *Mari Hernández la Gallega* de Tirso, unos gallegos se cantan sus amores, para terminar bailando al son de la gaita. Cotarelo [1911: I, CCII] dice que es «un capricho incoherente», si bien, entendiendo la figura del gallego como el bobo arquetípico de la época, puede apreciarse mejor esta pieza. Por su parte, *El Dengue* [*Alegría cómica*, II: 187] vuelve sobre un tema que trató ya Calderón en *Los flatos*, las enfermedades imaginarias de muchas mujeres. El mejor baile de Castro es *El juego del magister*, que reúne por Carnaval a una dueña y su ama, un colegial, un golilla, un vejete, dos mujeres, un soldado, un lacayo gallego, y dos negros y dos negras que bailan, para el juego del magister, consistente en «ponerse uno como maestro en medio, y los demás en corro imitaban sus acciones y movimientos ridículos» [Cotarelo, 1911: I, CCII]. Los personajes realizarán los mismos movimientos que realiza el colegial, para terminar desnudándose todos y vistiéndose con las ropas de otro, quedando, por ejemplo, la dueña vestida de soldado. Este baile se relaciona con otro entremés de Castro, *La Nochebuena*, en que también se presentan al espectador juegos de sociedad.

### 4. *Mojigangas y fines de fiesta*

Mucho mejores que los bailes de Castro son sus mojigangas y fines de fiesta, géneros que estudiamos juntos por no diferenciarse sustancialmente. Cabe señalar, en primer lugar, *El antojo de la gallega,* de 1705, muy parecida al entremés de *Los gigantones,* y que «encierra varias mojigangas parateatrales: la del "mundi novo", que la gallega ve gracias al conjuro del estudiante, y la del baile de mojiganga final» [Buezo, 2004: 59]. Es curioso ver que la danza de los gigantones se relaciona con un espectáculo tradicional de cuaresma, el descuartizamiento de un personaje, en este caso el turco, motivo que también encontraremos en *Ir a ver partir la vieja*. En *Los titanes* [*Alegría cómica*, III: 115] reaparecen los gigantones, si bien esta vez de un modo distinto, similar al del entremés de *El gigante*, de Cáncer. Aquí un alcalde bobo recibe una carta donde se le obliga a salir disfrazado de gigante en procesión, por haber enfermado una de estas figuras del Corpus.

Más interesantes son las mojigangas cuyo argumento es la propia preparación de la fiesta. Así, encontramos *La almoneda* [*Alegría cómica,* III: 68], donde la alcaldesa de Getafe, pueblo siempre mojiganguero, consigue en una almoneda con una tinaja que es un Mundi Novo las figuras que tiene que presentar en Madrid: un negro que canta, unos hombres de labradoras y al final una dueña monstruosa, similar a un gigantón que aumenta o disminuye su altura. En *La burla del papel* [*Alegría cómica*, III: 31] el argumento es conocido: un alcalde se niega a permitir la mojiganga, haciéndole cambiar de idea la aparición de las figuras de la mojiganga: un gigante, una mora, un turco con un alfanje que recuerda la figura del fariseo (figura muy presente en el teatro de Castro [Buezo, 2004: 87-88]), una negra, una gallega, una dueña y un portugués. En *El ropero alquilón* [*Alegría cómica*, III: 14] dos hombres burlan al que alquila los vestidos de la mojiganga, para poder presentar las figuras en casa de unas damas, apareciendo así dos fariseos, dos portugueses, dos dueñas y dos valencianos. En *Ir a ver parir la vieja* [*Alegría cómica*, I: 90] se presenta también un motivo festivo, el de la fiesta cuaresmal donde se despedaza a un personaje [Buezo, 2004: 55-58], aprovechada por dos mujeres para burlar y ridiculizar a dos sacristanes y un soldado. Vuelven a aparecer aquí los fariseos, y después ocho gitanos. Interesante también un niño que representa un adulto, en este caso un valentón, figura que también aparece en algunos entremeses de nuestro autor, como *El figurón* y la segunda parte de *El órgano y el mágico*.

Otras dos mojigangas, más semejantes a los fines de fiesta son *Las figuras* [*Alegría cómica*, II: 103], donde los personajes de la mojiganga, vestidos por un ejército de mujeres y sacristanes, intimidan al padre de la protagonista, que debía recibir dichas figuras en su casa, para que permita su boda con un sacristán; y *El barrendero* [*Alegría cómica*, III: 445], que reúnen varios personajes que intervienen en la merienda: dos mujeres, un sacristán, un valiente, una tapada, un limosnero, un gallego esportillero con su pasajero, y un barrendero que los incomoda continuamente pretendiendo barrer el lugar donde se encuentran; y otros propios de la mojiganga: un «saltimbanco» italiano, que presenta dos niños matachines, un negro cantando, y un gaitero, un lazarillo y hombres en traje de labradoras.

Entre los fines de fiesta, dos pueden agruparse, por presentar ambos novias ridículas. Son *Doña Parva Materia* [*Alegría cómica*, III: 59], que hace tornear a sus dos pretendientes: el turco Burro Majiz y a don Pierres, presentados por sus embajadores con las extremadas y ridículas obligaciones conyugales que le exige cada uno; y *La novia burlada* [*Alegría cómica*, III: 84], a quien se le hará una burla consistente en hacer pasar al gracioso por un hombre importante que viene a pretenderla. El fingido caballero le presentará una danza de extranjeros, cuyas figuras no dejarán de bailar hasta que el gracioso toque el silbato y la dama dé su mano al protagonista. Distinto es *El paseo del río* [*Alegría cómica*, III: 127], que presenta una merienda de muchos personajes donde destacan dos hombres vestidos de mujeres, que, una vez desnudos, aparecerán como fariseos, para terminar a palos con todos y bailando después.

Cotarelo termina su estudio sobre las mojigangas de Castro advirtiendo que el autor «no escribía fundándose en la realidad y la observación directa, sino imitando lo que otros habían escrito o recordando confusamente lo que había oído o visto» [1911: CCXCVIII]. Si bien es cierto que Castro en muchas ocasiones se limita a versionar obras, ya señaló La Barrera que «no le faltaba ingenio para refundirlas, y le demuestra en sus producciones originales» [1860: 79]. No obstante la opinión de ambos historiadores, es preciso reconocer que muchas de las obras de Castro presentan una calidad que nada tiene que envidiar a los precedentes, y que en la mayoría de ellas nos es posible apreciar un cambio estético, que abre las puertas hacia un nuevo siglo, el XVIII. Por esta razón, no podemos sólo criticar a Farruco como autor barroco, sino que es necesario también admirar su valor como nexo entre dos siglos de gran importancia para la historia del Teatro Breve Español.

EDICIONES

CASTRO, Francisco de, *Alegría cómica*, Zaragoza, 1702.
—, *Cómico festejo*, Madrid, Gabriel del Barrio, 1742.

II. ZAMORA, por *Rafael Martín Martínez*

Antonio de Zamora (Madrid, 1665-Ocaña, Toledo, 1727) apareció en escena cinco años después del fallecimiento de Calderón, circunstancia que le propició un hueco en el mundo cortesano al tiempo que lo enfrentó a las críticas de aquellos que no encajaron los cambios que el teatro breve estaba disfrutando. Autor de una vastísima obra, el conjunto de sus creaciones supera en número y calidad a la de sus contemporáneos, lógico en quien gozó del favor de su puesto como poeta oficial de palacio y que, además, triunfó en los corrales de comedias hasta el inicio del siglo XIX. Se entiende, por tanto, que su dramaturgia pueda definirse de acuerdo con los ambientes cortesanos que frecuentó, de ahí cierta sátira que llega en ocasiones a lo esperpéntico, la evolución hacia el sainete y, junto a ello, quizá su rasgo más sobresaliente, una faceta metaliteraria muy marcada en sus obras. La producción teatral breve de Zamora comprende: 1) nueve loas; 2) veintiún entremeses; 3) quince bailes; 4) ocho mojigangas.

## 1. *Loas*

Se diferencian las loas o introducciones para autos sacramentales o zarzuelas, más extensas, de las que introducen otras obras (melodramas, contradanzas...), que ocupan un breve espacio, recuperando su primitiva y verdadera función introductoria. Al segundo grupo pertenecen las representadas en las casas nobiliarias (Oñate, Lemos); por ejemplo, la hermosa *Introducción música para Polifemo y Galatea* (1698), canto al Carnaval con música del abad Francisco de Russi. A mitad de camino entre la fiesta particular y palaciega se halla la *Introducción para «Áspides hay basiliscos»* (1705), un agasajo a los militares galos por medio de personajes alegóricos ensalzadores de la alianza franco-española durante la Guerra de Sucesión. Cierta similitud guarda la *Introducción para «Con amor no hay libertad»* (1732), donde, aparte de recuperar el espíritu introductorio mediante el cual se explicaba el suceso que se iba a presenciar en la comedia posterior, nada menos que Rómulo y Remo se motejan con los reyes instauradores de la monarquía borbona. Capítulo aparte merece la *Introducción a la contradanza para «Segunda parte. Duendes son alcahuetes, alias el Foleto»* (1719), pequeño entremés, pues la acción cuasi burlesca así lo testifica [Cotarelo, 1911: I, LII b]. Con la excusa de bailar una contradanza antes de la jornada final de la comedia, los actores, vestidos de acuerdo con sus papeles pero nombrados por su verdadero nombre, en una suerte de juego metateatral, se sorprenden por la aparición de un misterioso reloj en escena. Se atribuye al poeta la *Loa para «La Verdad y el Tiempo en tiempo»* (1697), con enumeraciones barroquizantes tan del gusto de Calderón —«la planta, el bruto, la peña, / el fuego, el agua y el viento» [vv. 5-6]—, que desaparecen en posteriores obras; caso —con ello entramos en las introducciones más extensas— de *Non plus ultra* (1704), referida a la expansión imperial por América, donde, frente a la desmembración cuatripartita anterior, el escenario alterna dos elementos —América y Europa—. La *custodia* y *Los reinos* (1698) resultan interesantes ejemplos, aunque densos, de loas sacramentales. La *Introducción para «Todo lo vence el Amor»* (1707), presentada con el marbete *genetlíaca,* predecía fenomenales augurios a la vida del recién nacido, futuro y breve Luis I.

## 2. *Entremeses*

En los entremeses de Zamora ha desaparecido casi por completo el sacristán renacentista y barroco, incluso cuando el entremés acompaña al religioso auto, otrora básicamente dispuesto para el lucimiento de dicha máscara; el único ejemplar participa en *La saca* (1704), junto a otros hombres engañados y apaleados finalmente por una mujer. Lo que se insinúa con el cambio de personajes prototípicos es, sin duda, el camino que más tarde protagonizó Ramón de la Cruz mediante la elección de figuras como el marqués y el vizconde —resultado, a su vez, de la evolución dramática del hidalgo—, claros antecedentes del Petimetre, o las diferentes chulescas mujeres que anuncian el majismo posterior. La incorporación de éstos y demás oficios palaciegos desarrolla cómicamente en escena la polémica en adelante permanente entre antiguos y modernos. Así ocurre en *Las pelucas* (1698), burlesco tributo a la reacción de la estrenada moda; o en *Zangarilleja* (a. 1700), originada en una canción popular en que unas frescas engañan a un pedante. Une a ello las alusiones a *El hechizado por fuerza,* comedia que acababa de lograr reconocimiento. También la venta del *Entremés para las fiestas reales* (1690), donde el Alcalde bobo está dispuesto a llevarse a Madrid todos los preparativos que, ante la parada de la reina Mariana de Neoburgo en su pueblo, tenía prevista.

*Los oficios y matachines* (1701) escenifica la burla de unos oficiales (Barbero, Peluquero, Sastre y Zapatero) a un Barón pedante y presuntuoso. Los avances escenográficos habían llegado al corral de comedias y se aceptaban en el teatro entremesil, como demuestra la variedad de acotaciones escénicas indicativas del nuevo gusto. Sin embargo, el mejor modelo referente a su disponibilidad para dicho apartado lo legó en una especie de memoria de las apariencias para esta pieza, donde confió toda una coreografía burlesca al ejercicio de los representantes. Utilizado posteriormente (1718) como mojiganga, la precisión de las acotaciones lleva a pensar en un teatro de títeres, cuyos hilos son movidos detallada pero diestramente por el titiritero. Interesa el *Entremés para «La cura y la enfermedad»* (1711) porque incorpora un nutrido elenco de personajes tópicos del teatro breve, a la cabeza de los cuales destacan un Alcalde, obcecado con una caza de ladrones de verduras del Retiro, o un vizconde acosando a una Gorrona que visita a una Parida, mostrando cada cual una excentricidad mayor si cabe. En *Los gurruminos* (1699) desfilan ridículos maridos amedrentados por sus mujeres a la vista de todos. Un Alcalde, instigador de la nueva ley que encarcela a los sumisos personajes representa mejor que ningún otro el estereotipo al que acusa, por lo que finalmente también es vestido de forma femenina como los demás. *Las gurruminas* (1700) es una réplica del anterior, solo que las figuras que sufren las represalias son las mujeres que pretenden ocupar el lugar de su marido; la iniciativa parte de la Alcaldesa, festejando sin duda a Santa Águeda, quien permite ocupar por un día el espacio en aquel entonces destinado al hombre, asumiendo la responsabilidad de la representación para demostrar su capacidad de emprender las mismas estupideces —defensa del honor, justificación del jornal ganado e incluso el gobierno—:

> Manda nuestra Alcaldesa, por mal nombre,
> que a la mujer que quiera hacerse hombre
> y tomando el trabajo a su cuidado
> pague la gurrumina a su velado,
> para que se divierta
> se la declare por mujer injerta,
> bobalías nuncial, loca perene.
> Siendo la pena que se la previene
> el que, en lugar de rizos,
> bigotes siempre ha de traer postizos
> y corbata o golilla, según sea
> el maridón de la mujer badea [vv. 45-56].

654 HISTORIA DEL TEATRO BREVE EN ESPAÑA

El triunfo de la estulticia afecta a todos por igual, a los modernos —quienes más allá de la farsa pueden ser definidos como los afrancesados introductores de las nuevas modas— y a los tradicionales —reflejados en quienes vestían a la antigua y trasnochada usanza—. *El Alcalde nuevo* (1719) rinde tributo a las alcaldadas —veredictos contradictorios y absurdos del Alcalde bobo— y a las más entrañables piezas del género, verdadero desfile de personajes en torno del figurón, a cuya cabeza se sitúa *La visita de la cárcel*, de Quiñones de Benavente, y a la homónima pieza que aparece en la *Floresta de entremeses* (Madrid, 1680). *El Sargento Palomino* (a. 1723) une la burla del soldado fanfarrón con el acoso a la esposa del obligado alojador, sin duda homenaje de la conocida comedia calderoniana.

En ocasiones Zamora tomó como fuente una suerte de diversiones callejeras que parodiaban todo tipo de tribunales: el «juego del tribunal», celebrado en Carnaval, en que sus miembros se reían de los inocentes. Esto se observa en *El pleito de la dueña y el rodrigón* (1712), debate acerca de los oficios nombrados en el título, y en *Las conclusiones* (1695), remedo de una bufonada estudiantil en que los participantes ponían a prueba sus conocimientos. Maravilla, además, la reivindicación del combate entre don Carnal y doña Cuaresma:

> *Jam, jam virorum*
> *asnatum grande Collegium,*
> *in cujus spaldis*
> *volvitur albarda colectum.*
> *Jam, jam venit Pasca,*
> *venivit almuerzus,*
> *fugit espinaca, fugit lanteja,*
> *fugit & puerrus:*
> *¡O grandis pastelis,*
> *magnum tragavile tempus!*
> *¡O dulcis liquida mixtum,*
> *cum pingui torreznus!;*
> *totum est holgamen,*
> *totum est mascare carnerum,*
> *exceptis musis*
> *nunquam pellechavit ingenium.*
> *Dixi* [vv. 73-89].

*El jarro* (1697) sorprende por la habilidad con que los monarcas, a quienes iba dirigida la representación, se convirtieron en objeto de sátira. Efectivamente, junto a *El hechizado por fuerza* se estrenó el entremés cuyo título, cuando menos, ya era ambiguo. A un bobo que transporta vino a la ermita le salen diversos personajes que poco a poco consumen el contenido del recipiente. Queda finalmente burlado el tonto ante todos los estamentos sociales posibles: militar, dibujado en el Capitán; eclesiástico, doblemente asociado al cura de la ermita —que no aparece, pero es quien maneja al donaire— y el Licenciado; civil, en la Medidora y el Alguacil; al final cada uno lleva su tunda de porrazos, el grupo burlador corre el riesgo de ser detenido y el propio bobo apura el contenido del jarro. El Pinciano llamó a esta burla, en que el propio escarnecedor salía escaldado, «risa pasiva» [Buezo, 1991: 309]. Así, el final de los entremeses, bien a palos o en baile, sirve a esta catarsis en que se incluyen todos los sujetos. Otra pieza que escenifica la diferencia del mundo cortesano y del mundo militar y eclesiástico, representado el primero en la figura de don Celio y el segundo en las del Alférez y el Licenciado respectivamente, es el *Entremés para «El templo vivo de Dios»* (1698). El recurrente motivo de un banquete en que los gorrones alardean de su glotonería sirve, además, para ver en escena a los pintorescos Niño de la Rollona, el indiano y los negros, de amplia tradición entremesil pero prácticamente denostados en el teatro finisecular. Excepcionalmente, la pieza acaba con el tradicional «a palos».

Plenamente barrocos por tema y forma son varios entremeses. «Gracioso, aunque exagerado» [Cotarelo, 1911: I, CXXII b], en *Las bofetadas* (1701) culmina el absurdo afán de los personajes de Zamora por superar obra tras obra el motivo no ya de lanzarse pullas sino incluso de ser golpeados y lastimados por los otros. Tal le ocurre al infeliz don Gedeón, a quien su esposa no maltrata lo suficiente, o a don Asnacio, que es, «trastornado razones, / vascuence del castellano» [vv. 35-36]. En *Los apodos* (1704) varios individuos, cansados de los constantes insultos de don Longinos, vengan tanta ofensa con idéntica arma, de manera que la acción queda supeditada por completo al lenguaje y la agudeza verbal consentida en Torres Villarroel, pero que en Zamora encuentra uno de sus más felices cultivadores:

| | |
|---|---|
| MÉDICO | ¿Adónde vas, escrúpulo con bragas, |
| | cairel de liendres, molde de quijotes, |
| | que traes dos almaradas por bigotes, |
| | matraca, matadura |
| | y trasto de desván de ama de cura? |
| DON LONGINOS | Doctorcillo de aldea, muerte andante, |
| | sarna con pera, sincopal con guante, |
| | espetera de récipes y emplastos, |
| | médico rey de bastos, |
| | Herodes con licencia mas sin bula, |
| | borrico de realce, fondo en mula, |
| | ¿conmigo te mosqueas facha a facha? |
| MÉDICO | Pues ¿quién eres tú, hilacha, |
| | hombre del Bosco, palo de Campeche |
| | y barbilla de cola de escabeche, |
| | sapo con gorra, mascarón con asma, |
| | retrato de fantasma, |
| | pateta, pata coja |
| | y rollo vivo de tabaco de hoja? |
| DON LONGINOS | Por lo menos no tengo tus narices, |
| | proveedor de facciones de tapices, |
| | reloj de sol, armario de ternillas, |
| | narizote, pernil de algarrobillas |
| | con más remiendos que mandil de pobre |
| | y nariz de asa de cántaro de cobre. |
| MÉDICO | ¡Ah, pícaro estanquero de los flatos! |
| DON LONGINOS | ¡Ah, nariz molde de vaciar Pilatos! |
| ESTUDIANTE | Téngase ahí, Cuaresma viandante. |
| DON LONGINOS | ¡Ah, camello vestido de estudiante! [vv. 210-238] |

En *La guitarra* (1688) adopta diversos tañidos del instrumento a diferentes situaciones por las que se supone pasa la tarde un galanteador. En *Entremés para «Todo lo vence el Amor»* (1707) introduce en escena a dos rateros que en medio del alboroto y de la confusión campan a sus anchas.

Llama la atención lo aparatoso de la acción, en un teatro poco acostumbrado a los destellos escenotécnicos, *La guerra* (1711): en medio de un ataque de celos unos soldados deciden perseguir y castigar a unas gorronas y sus amantes, pero se interpone en su camino la magia que permite levantar un castillo que las refugia:

*Sale el Estudiante con bastón, sombrero de picos y botas, al son de la marcha. Y con los versos saldrá en lo alto del castillo un niño de Vejete con su fusil como centinela; y saldrán cuatro Diablillos tirando de cuatro piezas de artillería imitadas de cartón, y las pondrán mirando hacia el castillo; y a su tiempo disparan, y en cuatro escotillones que habrá saldrán cuatro cestones, y dentro vienen los cuatro Soldados ya vestidos para la contradanza; y a su tiempo se hunden los cuatro cestones y aparecen puestos en planta, y de la misma forma el castillo en que aparecen las cuatro Gorronas también vestidas para la contradanza. Retirarán los Diablillos las piezas a su tiempo y quedará el tablado desembarazado para la contradanza, que no empezará hasta que lo diga el Estudiante en sus postreros versos. Sacan los Diablillos su cuerda cada uno para dar fuego a los tiros* [acot. v. 166].

Junto al repaso de las costumbres de la época, destacan generalmente los entremeses por descubrir episodios cotidianos. En *La Cañamona* (1702) aparece el pueblo madrileño exaltado ante el arrepentimiento de una vendedora de cáñamo sospechosa de apoyar al pretendiente Carlos de Austria. En *El serení* (1719) «salen los ciegos más populares entonces en Madrid» [Cotarelo, 1911: I, CCCVI b] tratando de convencer a una mujer de que ha llevado su afición por la moda demasiado lejos. La broma de los ciegos se enmarca en la disputa entre lo novedoso y lo popular, encarnado esto último en los personajes y sus coplas. Con las modas, viene a decir la moralina, se acaba eficazmente con el buen uso de lo castizo. La protagonista no se escapa al indudable guiño del universal protagonista cervantino, probable reinterpretación a su vez del Bartolo que da vida al entremés de *Los romances*.

## 3. Bailes

Mayor impronta costumbrista dejaron, sin duda, los bailes que, además de facilitar el definitivo implante del sainete, satirizaban determinados hábitos e ideas que perseguían «no ya la modificación de costumbres, sino la sonrisa o carcajada» [Merino Quijano, 1981: I, 305]. En honor de un nutrido grupo de militares, políticos y aristócratas franceses e hispanos se celebró en casa de *madame* de Ursinos el fin de fiesta de *El baratillo* (1705), baile que escapa de los dominios de Madrid hacia el pintoresquismo sevillano. En verdad, Zamora apura la denominación fin de fiesta por razones estrictamente sociales; la obra acompañaba a la zarzuela *Áspides hay basiliscos* en una función privada de orden político-palaciego. Se impuso el término por dos motivos, se evitaba de este modo igualar la representación a la de los corrales y, a diferencia del común de los bailes, éste sirvió para terminar la función. Similar alteración sufrió el llamado entremés burlesco, del que pueden ser testimonios *La Maya* (1709) y *El juicio de Paris* (1716). En este último el clásico se degrada a la elección por parte de un Vejete, máscara de Paris, de la mujer que mejor canta. Se entrevé la defensa del castellano frente al italiano como idioma dotado de ritmo apropiado para su musicalidad, debate incipiente en los primeros años del siglo. La Juno de Milán, Juanucha, y la Palas de Sevilla, Meliflua, entonan una arieta de Scarlatti y una españoleta respectivamente, pero son derrotadas por la canción popular de la descarada y madrileña Venus del Barquillo.

La figura del bobo protagoniza diversos bailes. De *Juan Hidalgo* (1721) apunta Cotarelo la existencia de un homónimo «ciego y poeta de repente» [1911: CCXIX a] en quien parece se basa el texto, reunión de varias figuras, casi de mojiganga, en la posada de la sorda Juana. *El órgano* (1697) aborda la formación de un coro de varias voces y comportamientos; hecho lo cual aparece en escena el bobo dispuesto a comprar, por poco dinero, el instrumento. Con el dinero que ofrece tan solo consigue una gaita con la que ameniza al espectador. *Los pares y nones* (1699) presenta un elenco de personajes bucólicos, a cuya cabeza está el tonto Bras, quien, enamorado de Menga, pero homenajeando sin duda a la figura del entonces recordado Juan Rana, finge morirse en escena esclavo de su propio papel. En *El bobo de Coria* (1700) el popular personaje encarna una figura tan corta que piensa que llega el momento de sus bodas porque así lo pregonan las canciones. Metido en faena, el protagonista se entrevista con varias mozas a las que, en un alarde de lucidez misógina (lógica en la época), pide imposibles, sabiendo que tales peticiones nunca serán asumidas por ellas. Frente a las burlas del resto de zagales, que atribuyen a su locura la imposibilidad de encontrar novia, sus respuestas a cada una de las posibles pretendientes muestran un punto de cordura que le lleva a vencer las dificultades en que se encuentra y permite que el espectador reconozca en su loca condición cierta trascendencia que lo devuelve al común de los mortales («que yo no só simple / aunque lo parezco» [vv. 25-26]). En *La Boba* (1727) prescinde de argumento y acción, relegados únicamente a una descripción, exagerada, de la estupidez de la protagonista. El resto de los personajes canta las tonterías de ésta, a la que suponemos gesticulando y acompañando a las canciones con movimientos cómicos.

Zamora criticó las faltas de la vida cortesana (envidias, pretensiones, etc.) en *La tienda de Amor* (1697), que se sirve de una anécdota (la construcción de una tienda en que el protagonista vende su mercancía) para quejarse del (des)engaño y frustración que se respiraba en la corte, y en *La pirinola* (1697), donde unos hombres galanteaban a otras tantas damas. En *El cometa* (1701) las impresiones que los distintos tipos de cometas producen le sirven a la Experiencia para explicar las verdaderas preocupaciones de la gente, a pesar de que parece que ésta siempre se altere por las señales que da el cielo.

*El barquillero* (1705) destaca por reflejar en mayor medida que otras el costumbrismo inherente al teatro entremesil y al baile dramático en particular. La acción discurre en torno al río Manzanares, que sirve de cita a dispersos personajes con intereses diferentes pero con un objetivo común: pasar un rato agradable en sus riberas. En *La Gitanilla* (1707) la protagonista provoca, leyendo las manos del resto de personajes, la alteración de todos, en especial del Alcalde. El *Intermedio músico para «Todo lo vence el Amor»* (1707) incide más en el apartado visual (la danza) que en cualquier otro contenido lingüístico. En *Los toques de guerra* (1711) un estudiante y una gorrona, pícaros ambos, tratan de engañarse mutuamente ante la mirada del Amor, que estimula la acción invocando a su pequeña orquesta, Pífano y Tambor, en cada situación que tenga su correlato con una marcha militar. Recurre a la vieja preocupación por la novedad y originalidad del tema: «AMOR. Buscando una idea nueva / anda la imaginación; / mas como soy cosa vieja, / encuentro con lo que soy» [vv. 9-12].

## 4. *Mojigangas*

Son mojigangas palaciegas y sacramentales básicamente las que a Zamora le sirven de estímulo para sus composiciones. Al primero de estos grupos pertenece la *Mojiganga famosa* (1687), con el recurrente alcalde buscador de mojigangas. El propio dramaturgo se incorpora al elenco, nada extraño tratándose de una mojiganga palaciega, pues precisamente había sido habitual que hombres reconocidos de la corte actuasen en dichas excentricidades. No sorprendería, en este sentido, que el propio Carlos II se pasease durante la representación entre los comediantes, no en vano es aludido. Se escenifica un ensayo para una danza posterior, que no es otra cosa, en definitiva, que la propia mojiganga, de ahí que sean los propios músicos los protagonistas, pasando factura, eso sí, a aquéllos que acostumbran a llegar tarde a los ensayos. Parece que pertenecía al ámbito estrictamente palaciego, bastante más sutil y exquisito que el bullicioso ambiente de los corrales. En *El juego de la sortija* (1718) el desfile disparatado de figuras literarias y la propia actividad parateatral que escenifica contribuyen al panorama burlesco de formación de parejas mediante el juego de la sortija en una atracción, semejante a los tiovivos, montada por unos irlandeses temporalmente en Madrid. Don Quijote advierte en un momento de la obra: «¿quién es Amadís, quién es / Teágenes para oponerse / a un hidalgo de La Mancha?» [vv. 238-240]. Más Cervantes hay en el clásico engaño a los ojos de *La casa del duende* (1716), que provoca que los personajes se ensimismen ante una casa desvencijada:

DUENDE  Don Macario,
¿qué os turba, qué os sobresalta?
Yo soy un duende de bien,
amigo de gente honrada,
y al ver que don Gatupedio
en tal trabajo se halla
vengo a ampararle.

DON GATUPEDIO  ¿Qué dices?

DUENDE  Pues sin andar en demandas
ni respuestas, a la puerta
luego os pongáis de la casa
y a los que alquilarla quieran
se la mostréis sin tardanza.

DON GATUPEDIO ¡Qué he de mostrar, ni quién quieres
que la tome para nada,
si es solamente un corral!

DUENDE  Ahí entra mi ciencia y maña.
Haced lo que os digo y cuando

lleguen decid en voz alta:
«Cosme»; que yo saldré luego.
Sin que habléis otra palabra,
dejad que yo se la enseñe,
que la verán tan pintada
a su gusto, que al instante
han de tratar de ajustarla.
Tomad de todos señal
y adiós con la colorada [vv. 45-70].

El mágico personaje no puede ser otro que un italiano; lógico, teniendo en cuenta que los titiriteros sacados en escena tenían la misma
procedencia o, al menos, hablaban el mismo idioma (aunque en ocasiones eran presentados como franceses). Engaña, pues, el *trufaldín* al resto de personajes gracias al uso de un mundinuevo que anuncia con los
célebres versos, repetidos en numerosas ocasiones en el teatro breve español. Así en *Mojiganga para «El templo vivo de Dios»* (1698), de cuyo
mundinuevo salen unos polichinelas.

Las extravagantes figuras de *Mojiganga para «La mística monarquía y las
bodas del cordero»* (1690) coinciden en las alabanzas de Mariana de
Neoburgo, «como si la mojiganga dramática se escribiese al tiempo que
se hace la callejera, en que sobresalen las danzas de gitanas y las figuras
del maragato (lee una carta dirigida a la futura reina) y del portugués»
[Buezo, 1991: 920]. En *La sortija* (1698) el Alcalde de Vallecas intenta
que las danzas previstas para el siguiente día actúen primero en su localidad. El protagonista de *Los gigantones* (1711) necesita las extrañas figuras para la mojiganga parateatral que, como regidor, está obligado a
buscar; gracias a las habladurías conoce que su propia hija tiene «hechizado» a medio pueblo, de manera que toma literalmente la expresión e insta a aquélla a sacarle del apuro. Sorprende, sin darse cuenta, a
la mujer con dos pretendientes que se esconden en el arca utilizada para
la burla. Así, la hija sorprende a su vez a todos con la demostración de
que efectivamente es algo bruja, pues no sólo salen los dos pretendientes del arca sino aun unos danzantes. De origen celestinesco, recupera
el dramaturgo a la mujer hechicera, en este caso joven, que enamora a
sus amantes con sus encantos y embruja a su padre con sus misterios.

## III. CAÑIZARES, por *Rafael Martín Martínez*

Se reconoce que el teniente de caballería y contador del duque de Osuna José de Cañizares (Madrid, 1676-1750), cuyos padres eran naturales de Almagro, ya había escrito con trece años la comedia *Las cuentas del Gran Capitán*, versión que creó a partir de la homónima pieza de Lope de Vega, a quien homenajeó en diversas ocasiones. La protección que le ofrecía el citado duque le permitió, claro está, la representación de sus obras en el teatro particular de la casa. Trabajó en colaboración con su amigo Antonio de Zamora en la idea de diversas fiestas reales, circunstancia que le otorgaría la adscripción como poeta oficial de palacio de no ser porque el cargo, único, le estaba reservado al otro. Las obras que se han conservado, sin embargo, parecen advertir de la menor importancia de su producción teatral breve, disminuida a causa de la solvencia dramática del citado amigo así como por su decidido esfuerzo por las comedias. Ello explica, en parte, que prácticamente no se editara su corpus entremesil (el resto de su teatro tampoco tuvo mucha fortuna editorial hasta el siglo XIX). Sustituyó a Lanini como fiscal de comedias del ayuntamiento madrileño desde 1702. Este trabajo, simultáneo con el de compositor de letras sagradas de la Real Capilla, nombramiento que le llegó en 1736, ofrece, sin duda, una vía aún sin explotar en el estudio del teatro. Así, por ejemplo, existen datos que confirman que viajó con la comitiva real en 1729 a Sevilla, donde compuso variadas obras teatrales. Del mismo modo que en sus comedias de magia los personajes explican en ocasiones la naturaleza —lícita— de la tramoya, en su teatro breve justifica igualmente la causa de determinados actos, que se traducen en una notable afición por las posibilidades tramoyísticas en bastantes composiciones breves. Se le achacaron variadas conductas; para muestra: el canónigo Huerta lo acusó de plagiar a Lope; Juan Pedro Maruján, poeta dado a las controversias, unió a lo anterior que mantuviese relaciones con la actriz Rosa Rodríguez, «la Galleguita» —célebre graciosa entremesil—, a pesar de su matrimonio con Lorenza Álvarez Osorio y Redín, y el desmedido tamaño de sus narices, ahí queda eso. El censor se vengó después prohibiendo un sainete de aquél. Se conoce que vivió en las céntricas calles del Carmen, Leganitos, Preciados y Veneras. De su nombre sabremos decir dos cosas: que, junto al de Zamora, suele dar título a las obras que estudian el período teatral barroco como fin de una etapa excesiva a la vez que vituperada; que, en compañía de Solís y Cañizares, se asocia a fines de siglo con los buenos sainetes y entremeses, como testimonia la *Introducción al sainete no original de El casero burlado*, de Ramón de la Cruz.

## 1. *Loas e introducciones*

Se han conservado pocos ejemplos de las numerosas piezas que parece que compuso, pues, efectivamente, su fama le propició el encargo de las composiciones de presentación de compañías y de inicio de temporadas teatrales, según se atestigua en los legajos conservados en el madrileño Archivo de la Villa, sección Contaduría. Aun así, se conservan dos. La *Loa que hizo la compañía de José de Prado el año de 1719 para empezar* junto con la comedia *Antes que todo es mi dama* donde, tras un estruendoso inicio en forma de tempestad (símbolo de los días sin teatro debido a la Cuaresma y la Semana Santa), diversos personajes repasan su papel en la compañía y echan de menos a algunos representantes. De acuerdo con Cotarelo, el tema demuestra el interés del público por los actores, en particular por los cambios acaecidos en la compañía [1911: 1]. En la *Loa para empezar la compañía de Prado este año de 1723*, que «quizá sea también de Cañizares» [Cotarelo, 1911: I, 1], se sirve del juego de la perinola, ya utilizado por Zamora en un baile, para repartir los papeles de la compañía, a la que han entrado los nuevos actores Juan López y su hija Andrea, y se destaca la figura del músico Juan de Serqueira.

Para la inauguración del nuevo teatro del Príncipe compuso, con música de José de Nebra, la *Loa para la zarzuela «Cautelas contra cautelas y el rapto de Ganimedes»* (1745). Aparecen Orfeo, la Pintura, la Arquitectura, la Música y la Poesía alabando la nueva construcción así como al monarca. Aunque bastante breve, hay un alarde escenográfico acorde con la ocasión, de manera que termina: «*se ha hundido el monte con Orfeo, y la Pintura, Poesía, Arquitectura y Música se entran; y se abre el foro, en que se ven las barracas, árboles y chozas, que han de arder*».

La *Introducción en forma de baile para la comedia de «Santa Gertrudis»* (1716) supone un híbrido en el teatro breve del autor. Amor se lamenta de lo trillado de los bailes y de sus asuntos: «pastores es machacar, / figurones es moler, / castañeta es muy común / y muy usado un minué». Un Estudiante y una Muchacha ofrecen su galanteo como tema de pleito de ejecutoria. La *Loa para «También por la voz hay dicha»* es muy breve: la actriz Cabello aparece en la tramoya de la Aurora, en una mutación de bosque, cantando unos pocos versos de albricias. Parece que en 1709, acompañando a *La más ilustre fregona*, parodia de la homónima, compuso la loa de *La sacra Diana y cóncavo hermoso*.

Más abundantes son los ejemplos de obras laudatorias de la monarquía o casas nobiliarias. Para aplauso de la familia real portuguesa, con ocasión del nacimiento del infante Pedro, se representó en el palacio del embajador extraordinario de Portugal en Madrid, Pedro de Vasconcelos, la *Loa nueva que hizo para esta fiesta don José de Cañizares, capitán teniente de caballos corazas y comisario de las reales fiestas de el rey católico* (1717). Fama interpela a Cibele, Juno y Océano, representantes de tierra, aire y agua, para obsequiar al imperio lusitano. La obra antecedía a la calderoniana *Fineza contra fineza*, de ahí que se insista en varias ocasiones en el texto: «lidian Portugal y el cielo / *fineza contra fineza*». Contó con una destacada escenografía tanto en la cortina como en el escenario. En honor de Carlos II y Mariana de Neoburgo ideó la *Loa para la zarzuela intitulada «¿Cuál enemigo es mayor, el Destino o el Amor?»* (a. 1700). La obra ensalza el imperio español y desarrolla una magnífica escenografía, de la que vale como ejemplo la acotación siguiente:

> *En la cortina estará pintado el contexto de la comedia, que será: el Amor en el aire, a un lado, vibrando una flecha, y el Destino en el otro, con una estrella despidiendo un rayo; Acteón arrodillado delante de Diana, y ella a la margen de una fuente tirándole agua y empezándole a transformar; las Ninfas con venablos en las manos, perros y instrumentos de caza. Todo lo restante de la cortina estará de bosque frondoso y por medio de ella bajará la Novedad sobre un pavón que, tendiendo la cola, cubre toda la frente del teatro.*

Con ocasión de las bodas del príncipe Luis y Luisa Isabel de Borbón creó la *Loa para «Angélica y Medoro»* (1722), con elevado presupuesto, por lo que el derroche de pinturas —con referencias a Francia, Madrid, Asturias, las torres de Hércules, Himeneo, etc.— y tramoyas la hace destacar sobre el resto de sus obras introductorias. Entre un variado elenco de figuras alegóricas geográficas, mitológicas y políticas, destacamos a Diana —representada por Rosa Rodríguez, amante del dramaturgo—

y el papel de gracioso del Júbilo Español, hecho por Paula Olmedo. Su breve aparición sirve a otros personajes para alabar la pluma de Zamora, quien a buen seguro se servirá, se dice, de sus chistes en la zarzuela que, contrariamente a lo que se sostiene, compuso el autor de *El hechizado por fuerza*. En 1724, en celebridad de la aclamación de Luis I, se dio la fiesta de *Fieras afemina Amor*, en cuya loa Poesía y Música dirimen quién ha de asumir el protagonismo de vitorear la ocasión. Apolo es el juez y un elenco de deidades intervienen en la ocasión. Todo ello acomodado a las figuras reales presentes en el espectáculo. En *Introducción a la serenata intitulada La Clicie*, en casa del duque de Montemar con ocasión de las bodas de los príncipes Carlos de Borbón y María Amalia de Sajonia, ya reyes de Sicilia (1738), los personajes del melodrama que se introduce, Clicie, Apolo, Leucotoe, Orcamo y los graciosos Brinco y Perla, ensalzan la unión y vaticinan un brillante futuro a quien en Nápoles y Sicilia ya respetan.

Se conservan dos obras compuestas en colaboración con el veneciano Giacomo Facco, maestro de capilla de la casa del marqués de los Balbases, Carlos Ambrosio Spínola. Así, la *Loa para la comedia del Buen Retiro intitulada «Amor es todo invención, Júpiter y Anfitrión»* (1715), ideada para el primer aniversario de bodas de Isabel de Farnesio con Felipe V al tiempo que se celebra el cumpleaños de éste. Por otro lado, en el palacio lisboeta del citado marqués, con motivo del casamiento entre el príncipe de Asturias, Fernando, con la infanta de Portugal, María Bárbara de Braganza, se ejecutó la *Loa para la melodrama intitulada «Amor aumenta el valor»* (1728), donde la homenajeada asiste a una interpretación de las letras que componen su nombre, a saber, Mérito, Autoridad, Respeto, Igualdad y Afecto, que se disponen en unas tarjetas colocadas sucesivamente con los términos «María» y «mi ara».

El dramaturgo debió de pasar al menos una temporada en Barcelona. Contamos con dos piezas posiblemente escritas y representadas por tal motivo. La *Loa armónica para la zarzuela de «Júpiter y Semele»* (1731) se dedica a la ciudad: «sea motivo a esta ventura / el mezclar la cadencia y la dulzura / en una melodrama, que corona / en su aplauso consagre a Barcelona». Se trata de una muy breve representación, no alcanza setenta versos, cantada en consonancia con la zarzuela a la que acompañaba, en que Poesía —interpretada por María Hidalgo— y Música se disputan un laurel a los ojos de Apolo. En la *Loa para «Eurotas y Diana o Amando bien no se ofenderá un desdén*» (a. 1729) se manifiesta «el afecto y la simpatía hacia la ciudad de Barcelona» [Onrubia, 1965: 5].

## 2. *Entremeses y sainetes*

Pieza para Corpus y, en este sentido, ambientada lógicamente en el propio desfile sacramental, es *Bartolo Tarasca* (1723). El bobo protagonista, de nombre Benito, y su mujer llegan a Madrid en busca de empleo; mientras ella es galanteada por diversos danzantes, él es robado, apaleado y, finalmente, contratado para hacer de tarasca en la procesión. Como ha prometido no hablar ni moverse pase lo que pase, no puede evitar que cortejen a su esposa. En *El caballo* Benito lamenta no ser correspondido en sus amores por Marina. Lo consuelan el Pastelero y el Boticario. Cañizares sitúa explícitamente esta pieza en el espacio carnavalesco tópico: la plaza pública; y hace coincidir con los anteriores un desfile de figuras encabezada por el Regidor y donde, lógicamente, está Marina. Para sorpresa de Benito, el Regidor pregona:

> Manda el regidor Zaranda,
> que es el que todo lo manda,
> que el que quiera cuchipanda
> y a su dama conquistar
> venga un caballo a domar
> que le acaba de inventar
> por arte de astrología
> el bachiller Zurrapía.

Tras las voltetas de rigor que sufre el personaje logra, por fin, los amores de aquélla. Existe, pues, una evidente relación con el teatro de saltimbanquis que entonces monopolizaban en la escena madrileña los trufaldines. Vistoso igualmente debió de ser el entremés para *La más amada de Cristo, Santa Gertrudis la Magna*, que lleva el título de *Los volatines* (1716), homónimo de varias obras desde Solís a Ramón de la Cruz. El barón de Arambel está triste por el fallecimiento de su mujer. Llegan a su casa un Poeta, que le recita una glosa ridícula, y un Alcalde que insiste en repetir unas frases de presentación que terminan por cargar al viudo. Se anuncia, finalmente, la llegada de unos volatines, incluido Arlequín, que alegran el lugar con sus volteretas. El protagonista de *El sayo de Benito*, enseñado de las andanzas de *Los gurruminos*, de Zamora, pretende imponer su orden a su esposa Lucía. El marido actúa aleccionado por el Estudiante, quien, en su diatriba contra las mujeres, sugiere al personaje que no debe dejarse tratar como un «don Celio», quizá alusión del protagonista del entremés citado. La mujer les engaña con la esperanza de desenterrar un tesoro junto a la picota en que se halla la cabeza de un ajusticiado, por cuya boca se oyen reconvenciones en el sentido de tratar bien a las mujeres. Ante el susto, y previa aclaración de Lucía, los personajes deciden enmendarse. «Sandez muy grosera» es todo lo que Cotarelo dijo de la obra [1991: CXXIII].

Un tesoro aparece igualmente en *El talego encantado*. Almanegra y Pelagrajos, ladrones, pobres y tristes, deciden robar un talego lleno de dinero que conocen el Mesonero tiene escondido. Sin embargo, para su sorpresa final, resulta que el figonero ha encargado a un Mágico que defienda su tesoro; de manera que unos diablillos atormentan a la infeliz pareja. *Entremés. Introducción para danzado* (1716) resulta una alocada pieza en que un Barón asiste perplejo a: los ecos paródicos de su monólogo de amor por Perejila, quien aparece pidiéndole dinero; los latines de un Maestro de Gramática; y el lamento de un Alcalde que cuenta cómo se ha escapado un preso que llevaba a Vallecas. Al final, el Maestro les lleva a su jardín para presenciar un portento mágico en las estatuas. En *El alcalde de Hornachuelos* (1720), con licencia del propio Cañizares, el Licenciado se apena por no lograr el amor de la gallega Lucía, debido a que el Alcalde del lugar también la pretende y va, de hecho, a casarse con ella. Sin embargo, el capitán Cerezo conoce un amigo capaz de hacer magia —hemos de entender esta magia como homenaje a los hombres de teatro, escenógrafos, mecánicos; en otro orden de cosas, adquiere relevancia el hecho de que sean los hombres los encargados del desarrollo de estas artes, frente a las mujeres protagonistas de sus comedias—; de modo que en medio del convite de la boda, una tramoya irrumpe: «*teniendo los vasos en la mano y en diferentes posturas, ábrese la mesa en dos pedazos, quedando cada uno transformado en un mostruo, el uno con un alfange y el otro con un garrote en la mano; y sube el alcalde con su asiento, que se transforma en una jaula, en el aire, que se queda dentro de ella, y sale el Nigromante*». De atribución dudosa es *El hostelero* (1724), que acompaña a *Fieras afemina Amor* en los festejos dedicados a la aclamación de Luis I. Tras una discusión que llega a las manos entre un Escolar ciego y una Mujer, un Hostelero saca mesa para todos los personajes en la esperanza de ganar unos cuartos, cosa imposible pues todos están de gorra. El Escolar invoca a Merlín para que saque los postres, de modo que la mesa se transforma en un «*árbol lleno de fruta y en el tronco cuatro monos con manzanas en las manos que, haciendo juego en una danza burlesca con el Vejete, dan fin al entremés*». En *La cuenta del gallego* (1728) don Chufas, enamorado de doña Gualda, de la que tan sólo tiene su retrato, se enfrenta a don Gurugú y a Toribio, criados suyos, que pretenden bien abandonarle bien cobrar lo que se les debe. En eso aparecen el Alcalde de Boceguillas, preocupado porque carecen de danzantes apropiados para el evento que festejan —las bodas del príncipe de Asturias y la infanta de Portugal— y el Sacristán. Don Chufas sigue lamentándose de la ausencia de su amada, así que el Sacristán, mediante un conjuro, trae a escena tanto a la «monstruosa» doña Gualda como a un coro de gallegos para amenizar el baile. En el conjuro se canta un aria cuya música había sido compuesta por el ahora felizmente recuperado José de Nebra.

*El chasco del sargento* (1717) posiblemente inspiró *El sargento Palomino*, de Zamora. Barbulica y Aldonza, hijas del Boticario, tratan de esconderse ante la obligación de dar casa al Sargento de una compañía. Como no lo consiguen, el padre manda que preparen un ungüento con vino, opio y culantrillo, de manera que el figura se queda dormido. Lo visten de colegial, le rapan el pelo y le gastan una broma estudiantil hasta que reconoce que la soberbia no es buena consejera. La pócima preparada, ilegal en los tiempos que corren, no era muy perseguida en aquellos momentos a tenor de las muchas alusiones que aparecen en el teatro breve en general, bien en recetas imaginarias bien en preparados para el chocolate o los distintos brebajes que el boticario entremesil dispone.

Otro protagonista de sus entremeses atiende al nombre de Lorenzo. En *El ciego fingido*, tras tres meses ausente de su casa, se queja a su suegro de las infidelidades de Lucía, al parecer amante de las autoridades entremesiles: Sargento, Sacristán y Barbero —de nombre Juan Tobías—. El Vejete le propone entonces que finja una ceguera y, así, descubra todos los engaños. Asiste, pues, a los embustes y compone una oración alusiva a los tres enemigos del alma. La pieza termina con los mandobles que padre y marido imponen en los burladores. En *La cuba* quiere pegar a su esposa porque ésta, como consecuencia de su amistad con los sacristanes, que le han vaciado la cuba de vino, habla en latín. El bobo vuelve a casa dispuesto a vengar su afrenta en compañía de un Sargento portugués. Ambos la emprenden a palos con los demás, hasta que se esconden en una cuba que termina por transformarse en gigante para desgracia de los locos.

Con ocasión de las bodas del príncipe de Asturias, después Luis I, con Luisa Isabel de Borbón idearon Zamora y Cañizares una fiesta, *Angélica y Medoro*, en que el segundo compuso las piezas breves. Así, *El Montañés* (1721), cuyo homónimo protagonista se acompaña de dos criados, Gallego y Vizcaíno, con los que le cuesta entenderse. Después comparte polvo de tabaco con el Alcalde y la Alcaldesa y, estornudando todos, se retiran cantando y danzando. Autógrafo de Cañizares es el *Entremés para la zarzuela «No hay con los celos más medio que vengarlos o no tenerlos»*. La Barrera lo tituló, de acuerdo con su primer verso, *Ceja un poco*. Se trata de una pieza para la casa nobiliaria a la que pertenecía una camarera de la reina, destinataria de diversas canciones de unos gallegos y mozos a quienes se une un Borracho que busca, dice, sus faroles. La Dueña, a pesar del aplauso general de las canciones, se enfrenta al resto de personajes porque afirma que no dejan oír la comedia.

Sainete llamó a *La estatua de Prometeo* (1728), en que una Mujer le ha exigido a su pretendiente que, cual Prometeo, galantee a la estatua Dorifile, que será ella misma aunque él no lo sepa. Para ello, y para engañar a los brutos Vizcaíno y Gallego, solicita a cuatro mujeres que finjan igualmente ser estatuas. Como no podía ser de otro modo, los hombres caen en la trampa y se termina con «variedad de mudanzas». La decoración fue obra de Juan de Dios de Rivera. Obras atribuidas, con pocas garantías, son *La sombra*, del que hay dos ejemplares con variantes y que, a su vez, son una refundición del anónimo *La sombra y el sacristán*. También parece poco probable que Cañizares fuera autor de *Gori-gori*. En la British Library se conserva un ejemplar de *El diluvio* y se dice que compuso los sainetes *El amor peregrino* y *La serenata*, hoy desaparecidos.

3. *Bailes*

En *Marín de mi corazón* Rufina y Pretona se lamentan de la suerte corrida por el toreador Marín en Alcalá de Henares, víctima, según parece, de una burla estudiantil. Sale el propio diestro y cuenta el valeroso enfrentamiento que tuvo con el toro, con el que parecía que nunca culminaba la faena. Toma como partida la canción, suponemos que popular entonces: «Marín de mi corazón, / el toro temiote / y es que esas manos las huye / porque las conoce». El primer verso del baile da nombre a *¿Dónde vas, Amor?* (a. 1700), en que Confianza, Sospecha y Osadía acuden a la llamada de aquél para ver quién merece el trono de los afectos. Todas fallan, hasta que Temor y Suerte se hacen con el galardón. Se conserva un fragmento de *La romería*, en que varios peregrinos se acercan a la pira de Apolo para pedirle favores. Igualmente se conoce el verso inicial, «miren que me hacen pedazos», de *La perfección*, baile dividido en dos partes, y otro más nombrado como *Baile de empezar*, hoy perdidos.

Las actrices, Francisca de Castro, María de San Miguel y Rosa Rodríguez intervienen con sus propios nombres en el *Baile para «Fieras afemina Amor»* (1724). La última se queja de no contar en la fiesta con un aria, de modo que arremete contra, ¿juego socio literario?, su amante: «maldito sea el poeta / que tiene tan mal gusto en los sainetes, / sabiendo soy la sal de los juguetes». Rosa alardea de llamar a una vecina para que haga magia en el escenario, lo mismo pretende Francisca cuando, de improviso y para susto de todas, *«por ocho escotillones subirán las estatuas que han de hacer la contradanza»*.

Representado con ocasión de unas Pascuas navideñas, en *El reloj de repetición* Amor ofrece un reloj inglés a los mosqueteros, quienes asisten además a las discusiones entre varios personajes y los bailes de unos Matachines. De acción inexistente es *La viuda y el doctor* (1747), en que ella finge una enfermedad para que el Doctor que vive en su casa se fije en ella y se enamore, el mérito de la pieza reside en las tres arias cantadas, la última a dúo. Se trata, pues, de un texto bastante entrado el siglo, camino de la tonadilla escénica.

4. *Mojigangas*

En *Alejandro Magno* (1708) el Alcalde de Perales sale por la villa a la caza de «gangas» mientras, dice, su esposa se queda en casa haciendo el «moje». En estas discusiones terminológicas se encuentra con el Escribano cuando una mujer, vestida de Estudiante, le propone recuperar ridículamente «los más serios sujetos / que la antigüedad celebra». Así, Alejandro Magno aparece cual Baco; Artemisa, vestida ridícula, con hambre de las albóndigas que ha hecho con su marido; Diógenes, de viejo, en una tinaja; Lucrecia, muy andrajosa, fustigando a los demás con una vela de sebo. Discuten, pues, entre ellos, hasta que sale Sardanápalo con los instrumentos acordes para el fin de fiesta: salterio, sonajas, tamborcillo, castañetas y panderos. Provisto cada cual de su instrumento, Diógenes le canta a Lucrecia, de manera que Alejandro y el Alcalde galantean también a la mujer. Entre canciones y el estribillo finaliza la obra.

En *El antojo de la gallega* (1705), para el auto de Calderón *El tesoro escondido*, la Gallega se ha enamorado de los muñecos que vio la noche anterior en un mundinuevo; como el espectáculo se haya fuera del lugar, el estudiante Berrueco se propone enseñarle varias maravillas en su casa. Sale, tras los conjuros del estudiante, un Italiano para hacer un juego de manos. Se sirve para ello del Golilla, al que hace llamar Higa Hueca, y de la mujer, a la que nombra Corbilla. Tras pegarles con una vara se convierte en Celestina, vestida de dueña. El trueque se repetirá en alguna ocasión más, cada vez que los golpeados tratan de enfrentarse al mago. Salen a escena, entre otros, un niño gallego, Juan de las Viñas, y una niña asturiana, Mariquita.

Acabada la zarzuela en que se incluye *Los sones*, se oyen voces pidiendo mojiganga, lo que enfada al Marqués. A continuación salen los diferentes sones: Dama —danza muy antigua entonces ya en desuso—, Matachín Torneo, Responso, Caballero —de toreador ridículo—, Jácara, Gran Duque y Folías, cada cual con sus canciones para la ocasión. Se parece, pues, al homónimo baile de Villaviciosa en el desfile de los distintos bailes, pero el propósito difiere en ambos. La Boba de *Los sopones* (1723) anda deseosa de ver el puente de Toledo y el Alcalde de Canillas, su marido, la persigue para golpearla por ello. En medio de las alabanzas a su arquitectura se afirma:

SARGENTO        Las piedras menos bobas
                son caramelos de a noventa arrobas;
                tiras de diacitrón son los pretiles,
                de ancho tres varas aun los más sutiles,
                nevados de la tez que los traspasa
                porque es de manjar blanco la argamasa;
                los pilares, de tallos de lechuga
                sin la menor arruga,
                sobre quien son las bolas muy pesadas
                naranjas de la China confitadas.
ALCALDE         Pues ¿es la puente así?
SARGENTO                          Buenos despachos.
ALCALDE         ¿Cómo no se la comen los muchachos?
SARGENTO        El Regidor dirá si corto quedo.
BOBA            Yo quiero ver la puente de Toledo. *(Llora.)*
REGIDOR         Pues dos arcas veréis de alcorza hechas,
                recortadas, labradas y derechas
                por donde en el verano se dilata
                un conducto de horchata
                y otro de vino blanco soberano.

Éstas y otras alusiones al portentoso lugar permiten a un Estudiante sopón y su cuadrilla engatusar a la pareja de locos con la figura de un Maestro que le hará ver «ciudades de requesón, / ríos de leche y azúcar, / montes de trigo y arroz». A sus requerimientos el Maestro les enseña el famoso puente pero éste se destruye y aparecen los danzarines bailando la contradanza. Como se ha señalado, la obra se sitúa de parte de los asombrados madrileños que defendían la obra arquitectónica de Ribera frente al ataque de los clasicistas [Doménech Rico, 1997: 185].

## 5. *Fines de fiesta*

*Fin de fiesta para «¿Cuál enemigo es mayor, el Destino o el Amor?»* (a. 1700). Un Gigantillo y una Gigantilla se cuelan en las fiestas del Retiro para ver la función de los títeres italianos, que le causan competencia teatral, iniciándose, así, una disputa musical entre ambos bandos. Otro debate se plantea en el *Fin de fiesta para La fineza en el estrago* (1718) una Mujer, de sayo, y el Gracioso del entremés dirimen, al frente de sus partidarios, quién ha de hacer la mojiganga para la zarzuela. Tras varias disputas, en que salen a relucir distintos barrios castizos madrileños, se establece una danza al ritmo de una pelea con hondas. Para la boda del duque de Sexto en la casa del marqués de los Balbases creó *El vizcaíno en Madrid* (1717). El vizcaíno Juan Vidaurres está asombrado de lo que en Madrid ve cuando asiste invitado a la fiesta del marqués: a un Cochero con librea verde y látigo lo confunde con un Sacristán vestido con tal color; la horchata piensa que es bebida de yeso, etc.

EDICIONES

*Angélica y Medoro. Zarzuela inédita, con su loa y entremés,* eds. Julius A. Molinaro y Warrent T. McCready, Turín, Quaderni Ibero-Americani, 1958.
*Entremés de Bartolo Tarasca,* ed. Antonieta Calderone, Messina, Peloritana Editrice, 1979.
*Mojiganga Los sopones para el Corpus de 1723,* en Fernando Doménech Rico, ed., *Antología del Teatro Breve Español del siglo XVIII,* Madrid, Biblioteca Nueva, 1997.

IV. HOZ MOTA, por *Rafael Martín Martínez*

Juan de la Hoz Mota (Madrid, 1622-1714) llega al presente estudio aureolado de misterio. Casado con Francisca Gallardo, se sabe que ésta cobró ciertos pagos referentes a las representaciones a finales de 1714 en calidad de «mujer y heredera de don Juan de la Hoz Mota, que Dios tenga en el cielo» por *Los disparates de Juan de la Encina* y sainetes, así como por *Fundación de la orden de Calatrava* (según consta en el madrileño Archivo de la Villa, sección de Contaduría 3-450-3). Por tanto, no es discutible la fecha de su muerte; al contrario de lo que ocurre con la de nacimiento. De ser cierta la que se ha venido estableciendo, el dramaturgo sería hijo de un noble regidor por Burgos y Santander de paso en cortes por Madrid. De acuerdo con este linaje, desde joven alcanzó idéntica responsabilidad y en el mismo lugar que el padre. En 1653 sería asimismo admitido como caballero de Santiago. A partir de entonces se suceden diversos cargos políticos hasta la obtención nada menos que el de Consejero de Hacienda en 1680, fecha en que solicita permiso para casarse con su sobrina Mariana Meñaca de la Hoz. A esta brillante carrera se le sumaría su aparición en el mundo literario en fechas tan tardías como 1691, con motivo de un certamen poético, y 1703 para su primera obra teatral, *Josef, Salvador de Egipto y Triunfos de la Inocencia*, pieza que cuenta, además, con su propia aprobación como censor. El intento de asociación de los datos referidos se desbarata por doquier. No debe (de) ser el mismo Hoz quien nace noble en 1622 y prosigue una brillante carrera político-administrativa y el que fallece en 1714 ganándose la vida como censor y autor teatral. Importa, en cualquier caso, su legado entremesil, el cual, aunque breve, decididamente admitido y valorado por los críticos, acaso por no contradecir a Cotarelo. Se conservan: 1) dos entremeses; 2) un baile; y 3) una mojiganga.

## 1. *Entremeses*

*El invisible* es un entremés clásico, en el sentido de que recoge el célebre tópico del marido apaleado. Cosme, que éste es su nombre, sufre sobremanera los celos que su mujer le produce, a pesar de que ella es honesta. Por ello, Carrizo planea el engaño, consistente en darle al bobo una piedra con que ha de volverse invisible. De esta manera asiste al galanteo de los distintos personajes (Barbero, Sacristán y Boticario) que solicitan a su esposa. Con cada escena, incluida una primera en que la Criada le muestra un papel amoroso, el personaje se lleva su correspondiente bofetón o sufre algún que otro infortunio. Finalmente, llega Chinchilla contando que Cosme, como el celebérrimo Juan Rana, ha fallecido y ha dejado en testamento la voluntad de que su viuda se case con el Sacristán. En este momento decide volver a su verdadero estado y los demás le reconocen la burla. En buena medida se trata, pues, de una revisión de piezas anteriores, casos de Lope de Rueda y de Lanini.

Representó José Garcés *Los toros de Alcalá* (1714) en el corral del Príncipe. Camino de Alcalá de Henares se detiene un grupo —formado por Catuja, Juana, Cerezo y Mochuelo— que quiere asistir a la fiesta de toros del lugar, en eso vuelca uno de los carros y la Preñada se

debate entre la vida y la muerte, al tiempo que su marido, el Vejete, trata de conseguir ayuda de todos los que a su lado pasan camino de la
fiesta (Sacristán, Guapo, Torero, Ciego y Ciega y Doctor). Como, al final, no habrá toros en la ciudad, se quedan cantando y bailando unas
seguidillas.

## 2. Baile

*La ronda del entremés* supone una refundición de la mojiganga *La ronda en la noche de Carnestolendas*, de Suárez de Deza. Un alcalde saca al
escribano de ronda con intención de formar un entremés previa detención de todo aquél a quien se encuentren, de manera que sucesivamente se cruzan con dos Danzarines, un Vejete y una Comadre a punto
de parir, un Hombre que lleva un Niño, dos Gallegos y una Ciega. El
grupo termina con desordenados cantos.

## 3. Mojiganga

*La ronda por la tarde* es, en realidad, *La ronda del entremés*, pero con
algunos cambios en los personajes; así, los motivos del subgénero posibilitan que todos ellos salgan bailando a escena.

## V. BENEGASI, por *Rafael Martín Martínez*

De ascendencia noble, nieto del embajador de Génova en la corte
de Felipe II, Francisco Benegasi y Luján (Arenas de San Pedro, Ávila,
1659-¿Milán?, 1743) era ya caballero de Calatrava con diez años de edad
y, entre otros cargos, regidor perpetuo de Loja. Se casó con Ana de
Peralta Irigoyti, con quien prohijó al también dramaturgo José Joaquín.
A fuer de ser injustos, no sobresalió demasiado en el mundo entremesil, pero, al menos, en su casa se celebraba una academia poética dos veces a la semana, lo que motivaría una notable relación con otros
entremesistas, casos de Zamora y Cañizares, con quien, por cierto, compartió labores como censor. Tuvo, entre otras habilidades, el manejo del

caballo, con singular destreza, y el toque del arpa con primor, siempre según testimonio de su hijo. Parece que, como consecuencia de su fallecimiento en Italia, varias composiciones se quedaron lejanas y olvidadas. Se conocen: 1) cuatro entremeses, uno de ellos atribuido; y 2) seis bailes.

## 1. *Entremeses*

Dos obras se enmarcan en la más genuina tradición entremesil: *Los enjugadores* (a. 1722) y *El zahorí*. En la primera, Pispereta, enamorada, como es costumbre, de Sacristán, Barbero, Sargento y Boticario, es obligada a casarse con un hombre desconocido por mandato de su viejo padre don Tiburcio. El agraciado, de nombre don Tristán, se presenta ridículamente de hidalgo. Los cuatro pretendientes se esconden en unos grandes enjugadores (tenderos de ropa) y desde ahí aporrean a la pareja formada por el padre y el novio. Finalmente, descubierto el engaño, se permite a la moza elegir pareja, de manera que opta por el Sargento. En la segunda, representada entre las dos primeras jornadas de *La dama muda*, un Zahorí urde el engaño del Alcalde, el Escribano y sus respectivas mujeres con la creencia de que existe un tesoro escondido en la ermita de Arganda. Para ello les hace reunir todo su dinero en el lugar. Los pone a todos de espaldas al escenario para rezar a Apolo, pero el Escribano duda de la situación y lo sorprende in fraganti, de manera que el burlador termina burlado con el castigo de bailar aunque no quiera.

Más original, aunque motivo recurrente en los primeros decenios del siglo XVIII, es el caso de *El relox* (a. 1722), en que doña Aldonza y su Criada pretenden estafar al adinerado don Juan de las Dueñas y quitarle lo que llevase a la visita. Así, con la excusa de saber la hora, tratan de sacarle el reloj, pero se encuentran con cuerdas, ajos y tabaqueras, de manera que no logran el pretendido engaño. No se escapa, aparte de la burla al burlador, cierta ridiculización del hidalgo, que, por la apariencia obligada de su condición, lleva cual reloj ajos guardados en el bolsillo.

Se les atribuye a Benegasi y a Cañizares, en colaboración, el baile *El amor ollero de Alcorcón* (1708). Parece, en verdad, un error de apreciación.

Es cierto que ambos autores firman como fiscal y censor el manuscrito conservado. La pieza, más bien insulsa, trata de relacionar los célebres barros de Alcorcón con las diferentes figuras que aparecen en escena.

## 2. Bailes

Muy ajustados a la tradición del subgénero, son piezas, por tanto, continuistas y, en este sentido, anacrónicas. Benegasi dedica tres obras al manido tema de Amor indagando entre el resto de personajes. En *El amor espadero*, por ejemplo, el protagonista ofrece su mercancía a los paisanos que pululan por el escenario. Llama la atención, eso sí, que la Dama 2 la interprete un hombre, circunstancia en verdad extraña en los bailes. Se cita a Tomás de Ayala, famoso espadero toledano de fines del siglo XVI y comienzos del siguiente. En *El amor relojero* requiere, y lo consigue, formar un reloj con las diferentes figuras que aparezcan en el escenario: hombres capitaneados por un Valiente y mujeres con una Dueña a la cabeza. Una vez logrado el instrumento, éste no da otra hora que la una, debido, según se explica reiteradamente, a que «no permiten las damas / a los galanes / si con un *dan* no empiezan, / que a más se pasen». Por último, en *La familia de Amor* busca pretendientes con quienes formar familia; para ello llama a su lado a todos los bobos, a fin de que tengan el consuelo «de no ser solos». Así, un Esportillero llamado Domingo de Congos, una Bodegonera, un Sacristán, una Tabernera, un Vejete —que se ofrece como portero—, una Limera que vende limas y limones, un Portugués enamorado y una Dueña son admitidos por Amor. Cantan después las particularidades del personaje, en un acertado artificio mediante el que cada uno se expresa y lo define de acuerdo con sus propias características; de este modo, cuando la Dueña afirma: «amor infunde respeto / y ha tenido siempre antojos; / donde está todo lo arruina; / quiere mucho, da muy poco. / Decidme, con estas señas, / ¿es dueña o es poderoso?».

Quizá el poeta buscara cierta innovación en otras piezas para las que se esforzó en dotar el lenguaje de cierta enjundia. En el escenario dispuesto con fuente y oráculo de *La fuente del desengaño* una Ninfa escucha los lamentos de diversos enamorados que a la tramoya acuden. En *El letrado de amor*, título igualmente de un baile de Monteser, un Letrado pasa revista a una serie de personajes quejosos de sus amores. Carente de acción, la obra solamente expone las habilidades vocales de los actores, suponemos. Termina, por si interesa, con un cumbé. En *El retrato vivo* Gileta le pide a Pascual que realice un retrato de ella tal, que la gente confunda ambos. Un Astrólogo ayuda, mediante un engaño, de manera que aparecen en escena toda una suerte de figuras, cada una de las cuales relaciona una parte de la belleza de Gileta con algún rasgo de su profesión, como, por ejemplo, los pies son cosa del Poeta.

EDICIONES

*Obras líricas joco-serias, que dejó escritas el señor don Francisco Benegasi y Luján*, Madrid, Juan de San Martín, 1746.

VI. TORRES VILLARROEL, por *Rafael Martín Martínez*

No ha de extrañar que Diego de Torres Villarroel (Salamanca, 1694-1770) se escribiera a sí mismo como personaje y aun protagonista —de acuerdo con su azarosa o estrambótica existencia y la variedad de oficios y de lugares en que habitó— de su obra, y su teatro breve más si cabe, pues, como se suele decir, su obra fue él mismo. Quien pasó por estudiante, buhonero, soldado y desertor, hambriento, sastre, preso, poeta, médico, catedrático, torero, teólogo, bailarín, matemático, astrólogo, clérigo, extranjero (desterrado en Portugal) y peregrino parece, sin duda, genio, molde y figura del entremés; pues, en verdad, la lista de oficios bien recuerda a la de un elenco. Además, como reconoció, «mis locuras no han sido perjudiciales a algún tercero; y a mí tampoco me ha hecho daño estar cogido de esta manía; porque ella me sirve, me entretiene, me recrea y no me paga mal la opinión de loco, que otros la tienen sin tanta utilidad ni tanto gusto» [1752: VII, 7]. De manera que actos vitales como su incursión en los propios sainetes, siempre haciéndose esperar en escena, lo demuestran. Sin embargo, sorprende hasta cierto punto por las ausencias de originalidad y extravagancia que se podía esperar de un compositor situado, adrede, al margen de la normalidad. Cambió, eso sí, Madrid por Salamanca; de hecho, apenas representó en la corte, salvo funciones privadas para las casas de Arcos o Almarza e incluso en el Buen Retiro, como se atestigua en alguno de sus villancicos. Del teatro en su ciudad natal se colige, no podía ser de otro modo, que las funciones coincidían con celebraciones bien sociales (carnaval), bien domésticas (cumpleaños, nacimientos…) donde hacían las veces de actores las familias, los invitados y los criados de las casas homenajeadas; consecuencia de ello, suponen un interesante testimonio del habla dialectal salmantina. A tenor de un documento conservado, el autor fue mecenas de Antonio Valladares y Sotomayor, quien le escribió y dedicó una carta dándole cuenta de las fiestas a la entrada y boda en Madrid de Carlos IV. Por último, no obstante lo conciso de su producción teatral breve —a) tres introducciones; b) ocho entremeses; c) tres bailes; d) seis mojigangas; e) cuatro sainetes propiamente dichos; y f) una jácara a lo divino y dieciséis villancicos—, los nombres con que designa a los personajes que recrea coinciden en ocasiones (Catalina, Sebastiana, Quiteria…), lo que permite pensar en figuras tipo representadas por las mismas personas.

## 1. *Introducciones*

No fue autor de loas para piezas sacramentales; sus introducciones precedían a comedias y zarzuelas vistas en casas particulares. En la *Introducción para la zarzuela del «Juicio de Paris y Elena robada»* (1742), representada en casa de los hacendados marqueses de Coquilla, intervinieron los propios marqueses, invitados y el dramaturgo. Aparte de alguna broma, el texto se centra en el reparto de los papeles de la zarzuela. Antes de la aparición del autor los personajes se entretienen con juegos de cartas, conversaciones y canciones, circunstancias que clarifican en qué se ocupaba entonces el ocio aristocrático. Tras este prefacio la Marquesa pasa revista al resto de actores, echando en falta al poeta, de quien predica su doble personalidad:

SEÑORA MARQUESA      Tan corteses expresiones
las reconozco y estimo;
pero Torres no está aquí,
ni Villarroel, y es preciso
llamarlos.

DON DIEGO                          Torres, señora,
                              está más clavado y fijo
                              a vuestros pies que sus lunas,
                              kalendarios y embolismos.
                              Villarroel a la hora de esta
                              estará ya hecho un ovillo
                              entre las mantas, que es ya
                              medianoche y hace frío [1752:VIII, 202-203].

La Marquesa obtiene el papel de la bella Elena; su marido, por contra, se niega a representar: «DON DIEGO Usía ha de hacer... MARQUÉS Yo, nada. / Más de mil veces he dicho / que tocaré mi violín» [1752: VIII, 203]. A pesar de los carnavales en que se enmarcaba la función, la obra dista bastante del tono burlesco. Joaquina Villanueva, protagonista y promotora del acto, no quería una celebración tipo, sino algo *sui generis* debido más, según parece, a la necesidad familiar de aparentar que a su verdadero interés por exaltar a don Carnal: «V. S. por arreglarlo todo a su discretísima dirección ha intentado que en este tiempo se haga en su casa entre sus amigas y criados lo mismo que todos hacen en las suyas: quiere que se practiquen las ligerezas de la danza, las melodías de la representación y los embelesos de la música; pero todo concertado, todo grave con estudio, método, moderación y gracia» [1752:VIII, 199].

Con música del zamorano Juan Martín Ramos, la *Introducción para romper la cortina en la zarzuela «La harmonía en lo insensible y Eneas en Italia»* amenizó las Carnestolendas de 1736 en casa de José de Ormaza Maldonado. Los personajes, de nuevo los nobles de la fiesta y el dramaturgo, repasan el papel de la inminente función. Las cortesanas suplican a Torres que no abandone la representación aunque implique esperar todavía al resto de papeles, que se retrasan; lo que permite el lucimiento del poeta con un par de jotas. El dueño de la casa se queja de que nadie le hace caso, en una suerte de papel rayano con los del marqués o el vizconde de rasgos pedantescos antecedentes del petimetre. Entre las constantes alusiones metateatrales del teatro breve del ingenio, destaca en este punto una probable reconvención de las carencias de un elenco aficionado desconocedor, según se afirma, del texto; de ahí que el autor reviente:

| | |
|---|---|
| TORRES | Porque esta noche no veo<br>disposición, seña o traza<br>para hacerse la zarzuela. |
| ORMAZA | ¿Cómo que no? ¡Buena traza! |
| TORRES | La letra, que en el principio<br>el argumento declara<br>de la obra, todavía<br>no la tienen estudiada;<br>los vestidos no han venido. |
| JUAN | Aún bien que aquí está mi bata. |
| TORRES | En el vestuario no hay<br>la prevención necesaria<br>de aquellos trastos precisos. |
| ORMAZA | Deje usted eso, pues ¿anda<br>algún manco en el negocio?<br>No faltará circunstancia.<br>Lo primero es que la letra<br>con grande primor se canta;<br>de ropa y luces hay más<br>que las que tiene una farsa;<br>y, en fin, todo está dispuesto<br>y aun vestidas mis hermanas,<br>que es lo prolijo que tienen<br>las fiestas en que entran damas [1752: VIII, 238-239]. |

Para la misma casa ideó la *Introducción para la comedia que se representó en casa de don José Ormaza y Maldonado a la bienvenida de mi señora doña Isabel de Cañas, hija de los señores duques del Parque* (a. 1739), de nuevo con su protagonismo en escena. Los personajes se preocupan por la ausencia de éste, de quien dicen: «no comprendo / qué le pueda detener, / si no es algún devaneo / de su humor extravagante / o su ridículo genio» [1752: VIII, 266]. Con la excusa de que uno de ellos, Pozo, critica sus poemas, lee un soneto dedicado a la destinataria de la función. Así, con una insistente *captatio benevolentiae* acerca de si el texto y los preparativos están a la altura de la expectación concluye la pieza.

## 2. Entremeses

El entremés más genuinamente barroco de Torres, al menos en cuanto a su lenguaje, es *El valentón* (a. 1739), donde incluso se insinúa el tópico carnavalesco de la lucha entre la vida y la muerte [Sala Valldaura: 1999: 437]. Debe de ser, por ello, uno de los primeros que compuso. El inicio,

| | |
|---|---|
| VEJETE | Mira que yo te adoro, mi Quiteria. |
| DAMA | Talegón de gargajos y laceria, |
| | gomia de siglos, tarascón de edades, |
| | y antubión sumergido en Navidades, |
| | váyase de ahí. |
| VEJETE | Mi cielo, mi hermosura. |
| DAMA | ¿Está ya con un pie en la sepultura |
| | y viene a requebrar? Vaya al infierno. |
| VEJETE | ¡Que así desprecies un cariño tierno |
| | que aún no tiene cumplidos ochenta años! |
| DAMA | Quítese de ahí, predica desengaños, |
| | tumba andante, mortorio, |
| | hombre que se escapó del purgatorio [1752: VIII, 277], |

rememora las célebres diatribas lingüísticas de entremeses anteriores, a cuya cabeza se sitúan, por su cercanía en el tiempo, los de Antonio de Zamora, con quien le unía, al menos, la común relación con los duques de Arcos y la defensa de su melodrama *Con amor no hay libertad*, cuyas intérpretes fueron atacadas en febrero de 1731 [1752: VII, 66-78]. Los requiebros del Barón, rechazados de pleno por la Dama, son eficazmente detenidos con la llegada de un Valentón que lo echa finalmente.

Aunque ambientado en Salamanca, *La taberna de la Puerta de Villamayor* (a. 1739), también conocido por *El estudiante*, según reza la seguidilla final, se representó en Madrid y en 1765 lo recuperó la compañía de María Hidalgo. Presenta un desfile de personajes groseros y gorrones que discuten, beben, comen los bollos que pregona una Molletera y cantan en el tugurio. En *La peregrina, para el aria del alcalde zurumbático* (a. 1739) un Alcalde trata de encerrar en un costal a su mujer Catalina, a quien ha sorprendido abrazada con el Sacristán. Ella canta una copla con versos agudos y esdrújulos, lo que en parte calma al otro. Finalmente, la

nueva tonada de Orán de una Peregrina logra la redención. El protagonista de *El poeta* (a. 1739) trata de vender sus sainetes, pero el resto de
personajes le recrimina lo poco acertado de sus temas. De acuerdo con
Cotarelo, lo estrenó la compañía de Dionisio de la Calle, en que se encontraba su hermana Águeda, «famosa en el papel de dama» [1911:
CXLIII]. En casa de su hermana Josefa, por cierto, también se representó alguna obra; así lo acredita el poeta en un soneto que informa del
reparto al tiempo que se lamenta del desprecio de una dama: «mi hermana [hizo] una pastora, que vestía / tu condición, tu traje y tu tormento; / yo hice un pastor amante y no creído, / quizá por que tu traje
de serrana / lo falso le pegó y lo fementido» [1752: VII, 57]. En cierto
modo memoria del célebre misterio acaecido en casa de la duquesa de
Arcos en el verano de 1724, *El duende* (1732) acompañó a la comedia
*El hospital en que cura Amor de amor la locura*. Sebastiana y su amante el
sacristán Lechuza pretenden burlar al tonto esposo, Mamarria, a quien
de paso aporrean, con la existencia de un duende que atormenta la casa.
Para la tunda final, el Sacristán se esconde en un cesto, pero la simpleza del loco tiene un límite, de manera que devuelve la zurra a esposa y
duende con similar estratagema, caracterizadora, en definitiva, de las máscaras entremesiles: «Vecinas Di, ¿por qué no has creído, / Mamarria, el
Duende? / Mamarria Porque ya sólo hay bobos / en entremeses»
[1752: VIII, 165].

Sin embargo, la línea más solícita de Torres fue la de las fiestas particulares de su entorno social. En el *Sainete entremesado para la zarzuela de
«Eneas en Italia»* (1736), Catalina pretende que su marido, el Alcalde de
Tejares, no vaya a la comedia a Salamanca. Llegan al lugar varios personajes, con merienda, y un estudiante borracho al que otra mujer trata de
convencer de lo mismo. Por cierto, cuando éste se cae al suelo es reconocido burlescamente como Juan Guarín (popular alusión a los caídos, como
lo demuestra, por ejemplo, que Agramont y Toledo también lo utilizase en
*El que malas mañas ha tarde o nunca las perderá*, en *El desafío sin armas* y en
*Lo que pasan los maridos*). En 1777 el autor Blas Sánchez lo copió para re-
presentarlo en Valladolid. Muy similar es el comienzo del *Intermedio para la
segunda jornada de la comedia que se representó en casa de don José Ormaza y
Maldonado a la bienvenida de mi señora doña Isabel de Cañas, hija de los señores duques del Parque* (a. 1739). El desafinado Alcalde de Guadramiro se empeña en cantar, primero junto a la alcaldesa Catalina, después con unos

laneros, los versos esdrújulos que se han compuesto para la hija de los duques. La acción del *Diálogo entre un sordo médico y un vecino gangoso* (a. 1739) queda resumida, en un principio, en el propio título, si bien adornado con el lógico diálogo de besugos; no obstante, se complica después con una más que probable relación ambigua —encienden y apagan alternativamente una luz que se supone hay en el escenario, aspecto que, según Cotarelo, imitaba al entremés de la *Linterna o noches de invierno*, de Avellaneda [1911: CXXIV], mientras uno de los personajes insiste en que se quede quien recela de las consecuencias que su visita producirá en su esposa— entre sendos personajes que, además, leen la *Gaceta*.

## 3. *Bailes*

Quien había renegado de las modas cortesanas extranjerizantes hubo de sorprender a diestro y siniestro cuando se representó *La ronda del uso* (1732) donde, efectivamente, critica la vestimenta tradicional todavía usada. Los personajes son detenidos por obviar la nueva pragmática que les pide vestir «de petimetre galán, / a la trusé, a la delfina / y a la dragona» [1752: VIII, 184]. Lo estrenó en Madrid, como reconoce el Alcalde, la compañía de Juana de Orozco: «esta noche, seó Escribano, / se ha de saber que hay Justicia, / y que, aunque la villa es corte, / la corte no ha de ser villa» [1752: VIII, 182]. Desdeñan la moda imperante un Golilla, una mujer acompañada de un rodrigón, uno con sayo de bobo que resulta ser de Cercedilla y, por último, una mozuela que se libra de la cárcel cambiando la Marizápalos por una tonada nueva. En estas piezas madrileñas el poeta todavía conservaba cierto pudor, ausente sin duda en Salamanca: «y con esto damos fin / a la fiesta; conceded / un perdón, pues lo merece / el ingenio por novel» [1752: VIII, 198]. En *Los gitanos*, para la fiesta en honor de Isabel de Cañas (a. 1739), un grupo de gitanos celebra la libertad y es requerido por Juan de Vegas, amigo de la familia Ormaza, para cantar y bailar a la salud de la homenajeada y su marido. En *El miserable* (a. 1752) un Barón guarda con esmero su dinero en prevención de que se lo pidan, como ciertamente ocurre en cuanto le salen al paso dos peregrinas, primero, y unas gitanas, después. El personaje defiende su bolsa y las mujeres, resignadas, cantan y bailan a pesar de todo.

## 4. Mojigangas

El Rentero de Coquilla, de los *Negros* (1742), discute con Sebastiana, su mujer, porque ella no quiere que baile delante de los marqueses, a quienes, recién llegados de un viaje, posiblemente les parezca ridículo lo que les ofrezca el tipo. Sustituidas la fecha sacramental y la villa y corte por el antruejo y la meseta respectivamente, el protagonista atesora los rasgos de un alcalde de mojiganga, pues pretende, en definitiva, agradar al auditorio con una danza: «danza ha de haber, Bestiana, en mi conciencia, / y ha de saberse en toda la Castilla / quién es el Renterito de Coquilla» [1752: VIII, 216]. Ofrece una solución un astrólogo, el propio Torres, y a petición del orate saca unos etíopes a bailar y aun él mismo disfrazado para la ocasión. La Marquesa y sus invitadas, tras la cortina, asisten después al baile en que los danzantes se zahieren a vejigazos. Similar a ésta, la misma noche se disfrutó de un *Fin de fiesta en contradanza*, en que, tras adular a la marquesa y su cuna aragonesa, los personajes promueven una contradanza; para ello solicitan la ayuda de la achacosa Celestina. Sebastiana, la mujer del Rentero de la pieza anterior, resulta que es nada menos que la nieta de la célebre hechicera:

| | |
|---|---|
| VIEJA | En revolviendo yo mis botiquines, |
| | haré venir quinientos volatines, |
| | cien danzantes, docientos mascarones, |
| | y del Corpus saldrán los gigantones |
| | y los haré danzar el paloteado, |
| | porque todo lo tengo a mi mandado, |
| | pues tengo en mis calderas y en mis untos |
| | todo un mundo de vivos y difuntos. |
| SEBASTIANA | De un vuelo todo el aire contramina. |
| | Sabe mucho mi abuela Celestina [1752: VIII, 234]. |

El *Fin de fiesta en la zarzuela de «Eneas en Italia»* (1736) se inicia con el dramaturgo escondido entre el auditorio, lo que provoca la preocupación de los demás, que temen no culminar la fiesta. El autor, harto de tanta celebración, pretende que acabe la función, ante lo cual se le explica la necesidad de proseguir según la costumbre:

| VEGAS | ¿Y el fin de fiesta? ¿Nos hemos<br>de quedar sin fin? |
| TORRES |        ¿Qué fin,<br>qué principio ni qué medio?<br>Pues ¿no están ustedes hartos<br>de holgorio? |
| VEGAS |        ¡Buen sosiego!<br>Eso es, amigo, dejar<br>cojo, manco e imperfecto<br>todo el trabajo. |
| TORRES |       Ese ocho<br>que se le cantó a Himeneo<br>basta para fin. |
| VEGAS |       Usted,<br>que ha vivido tanto tiempo<br>en Madrid, ¿no sabe que<br>esta casta de festejos<br>siempre se acaba con baile? [1752: VIII, 264] |

Introduce a continuación a un Saboyano que lleva una linterna mágica con imágenes de Roma y canta un aria en italiano. En el *Francés* (a. 1739) un Escribano echa en cara al Regidor, y a su vez éste al Duque, que el lugar se halle desabastecido de mesones y sitio alguno de encuentro de caminantes. Llegan unos cocineros franceses a montar una hostería por la que después pasan unos peregrinos, también galos, con mundinovi, una marmota, etc., que muestran para solaz de todos.

Se representó un domingo de carnaval la *Fiesta de gallos y estafermo en la Aldegüela* (a. 1752). Una Maja obliga a un Colegial (testigo, pues, de la suerte de Don Pablos) a posar de estafermo para disfrute de majos y diversión de majas, quienes, a su vez, recrean otro juego carnavalesco: el semientierro de un gallo al que las mozas tratan de golpear, a ciegas, con un palo. Todo aderezado por las coplas de un zapatero bebido.

## 5. *Otras piezas*

Torres ideó obras plenamente entremesiles pero algo más extensas, a mitad de camino entre la folla de principios de siglo, el sainete finisecular y la fiesta privada, como en realidad se trataba, con elementos aduladores de ciertos personajes. Dos se disfrutaron en León, de vuelta de su peregrinación a Santiago, por encargo de la misma familia. Se trata una vez más de personajes reales que representan su propio papel, entre ellos Torres. Nada más conocer el fin de su destierro se celebró en noviembre de 1736 la *Fiesta cómica a los años del señor don José de Herrera*. Inicia la función un episodio introductorio que anuncia y explica la representación, ensalza la belleza de la esposa del homenajeado y prepara una ofrenda a la leonesa Virgen del Camino. Cae así una nueva cortina que limita el prólogo con lo que deberíamos llamar propiamente entremés. Al final regresan los villanos a cantar coplas. Esta interesantísima acción se agrupa en torno a los siguientes hitos: un grotesco y escatológico entremés interpretado por Fuentes y Papalrato, estudiante ridículo y vieja respectivamente; un maravilloso monólogo en que el Cura mezcla alabanzas de la mujer de Herrera y un goloso reto a Torres, en el caso de que éste le zahiera:

> Él me pondrá mil apodos,
> pero, echando brujas fuera,
> le he de ganar por la mano;
> allá van, doña Rosenda:
> Yo, cabeza de repollo,
> calabaza de mollera,
> cada mejilla un tomate
> y la nariz berenjena;
> con la frente de borraja
> y con la vista de acelga,
> dos rábanos por pestañas,
> dos escarolas por cejas,
> con todo un cardo por boca
> y cada labio una penca,
> la barba, barba de puerro
> y la garganta una berza;
> cada diente un diente de ajo

y una lombarda la oreja,
con dos pepinos por pies
y dos cohombros por piernas;
por talle un nabo gallego,
por brazos dos cebolletas,
por manos dos zanahorias
o dos remolachas tuertas.
Yo, que con esta pintura
te retrato una cuaresma
porque Torres no me ponga
como unas carnestolendas [1752: VIII, 292].

Para la *Fiesta a los años de mi señora doña Rosenda de Caso*, celebrada el primero de marzo, onomástica de la dama, Torres no se hallaba en la ciudad del Esla; todo parece indicar que había proseguido su vuelta hacia Salamanca, si bien una carta que incluye en la representación puede indicar otra causa: «ya que mi desgracia me estorba besar los pies de nuestra ama y señora y celebrar con mi locura sus días [...] quedo muy melancólico y enojado furiosamente con mi fortuna» [1752: VIII, 299]. De ahí que unos peregrinos que estarían de ida fueron los encargados de llevar el pliego de la fiesta en mano, como consta en la misiva incluida en la pieza. A diferencia de la obra anterior, el sainete posterior a la introducción no participa de lo escatológico; sí incluye diversas canciones, italianas y españolas, que provocan mayor proximidad con el baile dramático. Entre las seguidillas con que se concluye aquélla en que aplaude al genial alcalaíno: «PEREGRINO 1 Con novelas me emboba / para engañarme. / PEREGRINO 2 No escuches más novelas / que de Cervantes» [1752: VIII, 301].

Hacia el solsticio de verano de 1729, año arriba año abajo, ideó dos funciones en Medinaceli. En la *Fiesta a los años de don Juan Antonio de Salazar*, amigo en cuya casa pasó algún estío y donde se celebraron otras representaciones hoy indocumentadas, como de costumbre, los personajes discuten qué fiesta dedicar al señor; Torres sostiene que, dado el carácter adusto del protagonista, mejor ensayar una loa. En efecto, la obra se asemeja a las introducciones palaciegas de principios de siglo. En ello aparece la esposa de aquél con un soneto que ha escrito para su marido y que interpreta a dúo con el dramaturgo unas «Coplas al tocador», sobre las modas del momento con abundante dosis de bromas misóginas. Tras esta celebración surge la *Fiesta harmónica al buen suceso de mi señora doña Joaquina de Morales y a la festividad de los días del señor don Juan de Salazar su esposo*. Juan de Salazar ausente, los demás personajes hablan de la feliz noticia de la mujer: ha dado a luz una niña. Mientras esperan la llegada de éste, Torres y Joaquina interpretan sendos dúos triste y alegre. Cuando finalmente llega el marido, se organiza un torneo o justa para aclarar a qué motivo dedicar el festejo: los años de él, los años o el feliz suceso de ella. Torres se inclina por esta última razón, Teresa de nombre (su ahijada en adelante).

## 6. *Villancicos*

Se conservan piezas navideñas, verdaderamente breves, vistas en Madrid y en Salamanca. Así, la *Jácara compuesta al nacimiento del hijo de Dios* (1740), a lo divino, por tanto, donde aporta un par de datos sobre las relaciones Iglesia-estrado: «bailaban, mas no minuetes, / ni tampoco contradanzas, / porque estos dicen que son / bailes que a Dios no le agradan» [1752:VIII, 109]. La Noche de Reyes de 1726 hubo en el madrileño convento del Carmen un espectáculo de villancicos agrupados en tres nocturnos: a los *Villancicos I y II*, de aires marcial y pastoril respectivamente, le sigue *Un colegial informante*, que elucubra acerca del colegio universitario que acogerá al Niño; el segundo nocturno empieza con *Villancico IV*, salva de nuevo pastoril; *El montañés*, nombre de un alojero que pregona su mercancía junto al belén; y *Dos ciegos*, que cantan el nacimiento a modo de relación; el tercer nocturno lo forman *Los cómicos*, ausentes de los corrales para representar en el Buen Retiro; *Los pastores*, reunidos en torno a las migas elaboradas por Pascual; y *Villancico IX*, donde la presencia de Melchor propicia una jerga a mitad de camino entre la de los negros y los gitanos del teatro entremesil. En otras obras, tanto para Navidad como para Epifanía (a. 1740), se nombra la suerte de Carranza, Juaquinillo y Escarramán (*Los jaques*); diversos lugareños se dirigen a la iglesia (*A la Natividad de nuestro señor, en Medinaceli*); un personaje del Barquillo canta los misterios del bebé (*El valentón*); dos ciegos venden el *Mercurio* y la *Gaceta* respectivamente (*Dos ciegos, a dúo*); el pecado original sirve al ensalzamiento de la figura (*Entre una vieja tartamuda y otra ganguinosa*); traviesos alumnos aprenden la lección (*La escuela de niños*); unas paisanas van por Reyes a ver, entre otros, «al varón casto, / ya libre de unos celos / que le asaltaron» [1752:VIII, 130] (*Las aldeanas*); un gaitero interpreta diversas coplas de amor tradicionales (*La gaita zamorana*); los personajes se critican (*El albéitar y el médico*); se prefieren los pronósticos de Torres a los del milanés porque «si miente, lo miente / con más novedad» [1752:VIII, 135] (*El pronóstico de Torres*). Destaca, rayano con la mojiganga, *Los figurones ridículos en Salamanca* (1729), con música de Juan Martín Ramos, mozo de coro de la catedral, espacio que acogió el espectáculo. Los mozos del coro interpretan figuras de mojiganga —Bruja, Francés, Colegial, Astrólogo, Maragato, Carretero y un Ciego con su Lázaro—, y se informan de las bondades del niño Jesús, que aparece con su Belén.

EDICIONES

TORRES VILLARROEL, Diego de, *Juguetes de Thalía. Entretenimientos de el numen. Varias poesías que a diferentes asumptos escribió el doctor don Diego de Torres Villarroel, de el gremio y claustro de la Universidad de Salamanca y su catedrático de Prima de Matemáticas. Dedicado a la excelentísima señora doña María Teresa de Silva y Toledo, duquesa de Liria y de Berbik, marquesa de Jamaica, condesa de Jérica y de Tinmout*, Salamanca, Antonio José Villargordo y Alcaraz, 1752, en *Libros en que están reatados diferentes cuadernos físicos, médicos, astrológicos, poéticos, morales y místicos que años pasados dio al público en producciones pequeñas […] Tomo VII.*

—, *Juguetes de Thalía. Entretenimientos de el numen, varias poesías líricas y cómicas que a diferentes asumptos escribió el doctor don Diego de Torres Villarroel, de el gremio y claustro de la Universidad de Salamanca y su catedrático de Prima de Matemáticas. Dedicados al excelentísimo señor don Fernando Silva Álvarez de Toledo*, Salamanca, Antonio José Villargordo y Alcaraz, 1752, en *Libros en que están reatados diferentes cuadernos físicos, médicos, astrológicos, poéticos, morales y místicos que años pasados dio al público en producciones pequeñas […] Tomo VIII.*

—, *Sainetes*, ed. José Hesse, Madrid, Taurus, 1969.

## VII. AGRAMONT Y TOLEDO, por *Rafael Martín Martínez*

De Juan de Agramont y Toledo (*c.* 1701-*c.* 1769) se ha dicho, con razón, que avanzó bastante en el camino de conversión del entremés hacia el sainete moderno, especialmente por la extensión de los textos; menos acertada parece la referencia de «poeta obscuro» [Cotarelo, 1911: I, CXXV]. Su suerte teatral, pareja en buena medida a la de Ramón de la Cruz, le llevó a escribir para la compañía de María Hidalgo, de modo que, en ocasiones, los personajes obedecieron a los nombres de los propios actores. Sorprende que en 1735 fuera reconocido literariamente por los censores de la publicación de su drama *La cautela en la amistad y robo de las Sabinas*, como se sigue de las siguientes citas: «he tratado a este autor con alguna familiaridad, y, admirando siempre la facundia de su numen, si no fuera por la nota de apasionado o de fabuloso, tal vez diría que a su formación concurrió con especial influjo el castalio coro o que había tenido su cuna en el Parnaso; pero, a lo menos, diré que le son tan familiares las musas que parece haber sido su nutrix alguna de ellas»; «Han dado tanto nombre a este ingenio sus obras antecedentes que en ésta se ve de sobra su nombre para conocer su ingenio» [1735: V-VI y VIII respectivamente]. Dicho lo cual establecemos como improbable que tras esta obra estuviese veinte años en silencio y que reapareciese dedicado en exclusiva al teatro breve. En cualquier caso, cierto es que no se ha publicado nunca ninguno de sus textos entremesiles, de los que se conservan: 1) una loa; 2) once entremeses; 3) dos sainetes; y 4) un paso cómico.

### 1. *Introducciones*

Consta que en 1734 se le encargó, también a Cañizares, una loa de inicio de la temporada teatral madrileña, hoy desconocida. Sí permanece la *Loa introducción con que ha de empezar la compañía de José de Parra en este año de 1756*, en que al primer Gracioso de la compañía, que quiere ir a Dinamarca para mejorar de vida, el autor le recuerda su contrato vigente:

> Llacer, el juicio te falta.
> ¿No sabes que soy tu autor?

¿No sabes que se me encarga
por esta imperial, prudente,
piadosa, heroica y savia
villa de esta compañía
la custodia y vigilancia?
¿No sabes que de gracioso
tienes ya la firma echada?
Pues ¿qué delirio te ha dado?

El tema del Gracioso que pretende abandonar la compañía, como
repitió en algún entremés, había de ser uno de sus motivos recurrentes.
Una vez convencido el personaje, los diferentes miembros de la compañía salen y forman, con hábiles juegos de palabras, las diferentes partes de un castillo; así, por ejemplo, cuando el Gracioso 2 decide qué le
toca al Vejete:

| | |
|---|---|
| *Sale* VEJETE | Y díganme, reyes míos, |
| | aqueste anciano que calla |
| | y le dejan en la loa |
| | para el fin de la jornada, |
| | sin ver que tiene una pera |
| | más grande que una manzana, |
| | ¿hallará en este castillo |
| | cosa que le venga? |
| GRACIOSO 2 | Aguarda, |
| | ¿no eres el Vejete? |
| VEJETE | Sí. |
| GRACIOSO 2 | Pues allí el cubo te aguarda, |
| | que, viejo y desmoronado, |
| | si se cae, no se levanta. |
| | Y es de un Vejete el retrato |
| | porque, al fin, es cosa anciana. |

## 2. *Entremeses*

Existe una serie de creaciones ex profeso para la compañía de María
Hidalgo; en particular, dos para Teresa Garrido, la tercera dama, y cinco para Miguel de Ayala, ambos graciosos de la compañía y, a su vez,

protagonistas de las piezas creadas por Ramón de la Cruz [Sala Valldaura: 2004, 76]. Al primer grupo pertenece *Molde de vaciar figuras* (1758), en que la pareja celebra su casamiento, habitual, por otra parte, en las comedias: «como [...] / cualquiera ingenio nos casa / en casi las más comedias, / el que aquesto escribe trata / casarnos en este baile / para las dos temporadas». Es decir, la compañía se acaba de formar para dos cursos teatrales, de ahí que enseguida el resto de personajes, según salen, se presenten y expliquen sus virtudes. Para la misma actriz creó *El marqués y sus criados* (1769), que «se celebró no poco», gracias, en parte, al buen hacer de los donaires Diego Coronado y Gabriel López «Chinita», delgado y bajito respectivamente, «duchos en representar ridículamente a los nuevos gurruminos» [Sala Valldaura: 2004, 80]. Un Marqués, a punto de casarse, recibe las visitas de un Peluquero, una Cocinera, a quienes da trabajo, y un Mayordomo, una Doncella, una Mujer de Gobierno y una Moza de Cámara que, en principio, no acepta. Después llega la Novia, «*hombre redículo; si pareciere, precedida de acompañamiento de dueñas, enanos y otras personas*», por lo que el protagonista maldice su suerte.

Para lucimiento del cómico Ayala ideó bastantes piezas. En *Quien comió lleve quien coma* (1761) el Hostelero arremete contra sus cuatro hermanas, a las que acusa de vaguear, mientras que ellas insisten en encontrar novio. Acuden a la taberna un Sargento, un Doctor, un Poeta y un Hidalgo, todos sin blanca, y al instante quedan prendados de las mujeres. Aparecen después dos gallegos. Los allegados pagan poco o nada por lo consumido, de manera que se inicia una gresca que soluciona el Vejete con el feliz emparejamiento (incluidos la Criada y él) coral, salvo los gallegos, a quienes manda, tradición obliga, a Meco. El Gracioso ya había intervenido rigiendo un comercio en *La hostería de Ayala*, de Ramón de la Cruz, con ocasión de las fiestas sacramentales del año anterior; pero en este caso la trama de la pieza consistía en el engaño que el resto de la compañía pertrecha contra el personaje, toda vez que ha abandonado la compañía para montar un negocio hostelero. Recalcamos esto porque no influyó, como se ha dicho, una obra en la otra.

En *Los gustos de las mujeres* actores y actrices salen disfrazados de mujeres y de hombres respectivamente, salvo Ayala, «comisario ridículo». Curiosamente, se dedican a denunciar las extravagancias a que ha llegado el mundo de los petimetres, hasta el punto de que aparece una perra «lo más grande y fea que ser pudiese» llamada así, Petimetra. En sus reconvenciones el Comisario afirma: «los maricones maridos, / descendientes de Babieca, / sin hacerles injusticia, / son unas famosas bestias, / hijos de la tolerancia / y nietos de la paciencia». De esta manera Agramont se situaba del lado casticista frente a los afrancesados, siempre y cuando tengamos por defensa de las ideas los testimonios incluidos en los entremeses.

En *La visita de la cárcel* (a. 1763) unas mujeres lloran, al principio, pero después se alegran del presidio de sus maridos. Ayala, que hace de Alcalde visitador y juzga y dicta sentencia, rememora la tradicional figura quijotesca y entremesil con sus dicterios, en este caso apoyado en correlatos léxicos: a un Petimetre saltador de balcones, a las rejas de prisión; a un Sacristán que hurta velas, al penal de Velilla; al Borracho, por su afición a las cepas, se le prenda con cepo y se le destierre a Cubas; al Amolador, de tantas broncas sin muelas, se le destierre al Molar; al Gallego y al Tonto majadero, ambos maltratadores de sus mujeres, igualmente al Molar y a Majadahonda respectivamente; al Carpintero con giba, se le destierre a Gibraltar. Cuando se arrodillan ellos para pedir clemencia, se les nombra Juan Guarines.

En *Los sacristanes al pozo* (1757) las cuatro hermanas de Ayala tienen dada palabra de matrimonio con otros tantos sacristanes de Canillas, Rejas, Tembleque y Parla. El Gracioso lo estorba y pretende casamientos diferentes, por lo que decide ahogar a los burladores amantes en el pozo del jardín. Sin embargo, el Vejete, que tiene sus puntas de mago, consigue, mediante engaños logrados con el uso de escotillones, que el personaje acepte las bodas de sus hermanas con los sacristanes. Interesa, a pesar de la incomprensión de Cotarelo —para quien el ingenio era muy inferior «porque se vale de la magia para urdir y desenlazar la pieza» [1911: CXXV]—, el uso de elementos escénicos. Dramaturgo como era de obras de magia, parecía obligado alguna incursión de ésta en su mundo breve.

El Barón Ayala y Mariana preparan su casamiento en *El capital de la boda. Darlo todo y no dar nada*; por ello, el hombre hace inventario de su hacienda. El Escribano, después de golpear a todos —extraño proceder en una figura más bien prototipo de la seriedad en el género teatral breve—, reconoce una camisa, un esportillo, una almohadilla, una bacía, un cucharón, un mondadientes, una escoba y un libro donde están anotadas las deudas como dote del marido, quien, de ahí el título, regala sus bienes a la mujer. *Tres señoras mujeres* era la tonadilla que acompañaba al entremés. A pesar del título, aparece en escena una mujer a la que pretenden dos sacristanes, ambos al paño, uno tendrá la fortuna de casarse con ella, el otro podrá hacerlo con la hermana.

El actor, en *Lo que pasan los maridos*, interpreta a un Alcalde al que se le mete en la cabeza que ha de casarse con Paca, pese a que el resto de actores, ya casados, pretenden que desista de su terquedad. Las peticiones de la novia bien podían haberse escrito un siglo antes, indicadoras, como son, de lo perennes que entonces eran los designios de la moda:

> ¿Fuiste a la calle Mayor?
> ¿Me traes abanico y vuelos,
> unas pulseras, los guantes,
> puntas para el manto, petos,
> seis pañuelos bien bordados,
> medias de Persia, y un perro
> de China, para el tabaco,
> tres mantillas a lo menos
> de franela, de Cambrai
> y de Marlí.

Ante tales peticiones el resto de mujeres se ofrece igualmente en matrimonio, pidiendo también; pero la palma se la lleva Mariana Alcázar, la graciosa de la compañía, quien, aunque casada en verdad con otro de los actores, García, plantea la posibilidad de una doble vida:

> AYALA    Revístome de mi vara
> y doy a todo remedio,
> por graciosa del gracioso
> es mujer en todo el duelo,
> que lo es tuya lo publican
> en tu casa los muñecos,
> en mí lo es por lo jocoso,
> en ti, José, por lo serio,
> partamos la diferencia
> y, pues somos compañeros,
> si me la das por la tarde,
> por la noche te la cedo.

| MARIANA | Digo que yo me conformo. |
| GARCÍA | Digo que yo me convengo. |

Culminaba la obra con la tonadilla *La enferma y el doctor*, en que ambos personajes se declaran su amor y conciertan la futura boda.

Por último, ideó para la misma compañía *Pagar las prendas dos veces* (1763), con música de Antonio Guerrero. Las mujeres, capitaneadas por Mariana, y los hombres, con Ayala de lanza, hacen suyo el enfrentamiento por lo antiguo y lo moderno en teatro respectivamente. Por boca de la graciosa, ellas ensalzan, antes de iniciar el juego de las prendas, a Calderón, Salazar, Solís, Lope y Góngora, de quien justifican el olvido en que había de caer:

| MARIANA | ¿Góngora no fue un asombro? |
| AYALA | Señoras, yo lo concedo, |
| | pero, aunque ha sido muy sabio, |
| | también fue obscuro en extremo |
| | y aquél que no es entendido |
| | no parecerá discreto. |

En *Los golosos purgados*, ante la insistencia en aprovecharse de la hospitalidad de Lázaro por parte de los gorrones, Laureana y Tiburcio deciden escarmentarlos. Así, el sopista don Braulio y el colegial don Anselmo, mientras comen y relatan historias, remedo habitual en los banquetes entremesiles de la célebre última cena, sufren un purgante tormento sin igual. Para las fechas en que se estrenó (1761), *El desafío sin armas* representa, como ninguno, el ocaso del género. Se destaca, aunque ocurre en otras piezas de éste y otros autores, la repetitiva insistencia en los mismos recursos que ya eran reconocidos cien años antes. Por ejemplo, el Sargento presume de su cobardía en los siguientes términos: «he estado en treinta batallas / pero no he visto ninguna, / que en todas volví la espalda». O el mal Poeta: «cuarenta y nueve / coplas de ciego me valgan, / señora, décima musa, / por quien yo en las musarañas / cuarenta décimas hago, / aunque todas ellas malas». El caso es que Sargento y Sacristán se baten en duelo a causa de Laureana, y Poeta y Astrólogo lo mismo por Nufla, mientras ellas se solazan con otros dos hombres.

## 3. Sainetes

Extenso sainete es *El que mañas malas ha tarde o nunca las perderá*, representado por la compañía de María Hidalgo en las navidades de 1757. Con los nombres de los actores, no de los personajes, quienes se dividen entre hombres y mujeres y preparan un enfrentamiento en sendos tablados, destacan unos versos paródicos de Segismundo, circunstancia en que coincide el dramaturgo con Francisco de Castro, quien también había utilizado una parodia similar:

> *Sale Catalina, vestida con pieles y una hacha.*
> ¡Ay, alegre de mí, ay, de mí felice!
> Apurar tripas pretendo,
> pues que me tratáis así.
> ¿Qué delitos cometí
> contra vosotras comiendo?
> Aunque si comí, ya entiendo
> qué delito he cometido.
> Bastante causa ha tenido
> vuestra justicia, en efecto,
> porque para estar repleto
> es gran causa haber comido.
> Sólo quisiera saber
> para apurar mis desvelos
> supuesto que los buñuelos
> se hicieron para comer,
> ¿por qué a mí mal me han de hacer
> y no mal a los demás?
> No comieron otros más.
> Pues porque de esto me irrito
> me ha de dar a mí un ahíto
> que me lleva Barrabás.
> Come con ansia un ratón
> de su ambición a el exceso
> el de la miga de un queso
> o corteza de un melón
> y no le da torozón;
> pues ¿por qué duro sentir
> no he de poder yo engullir

por la tarde y la mañana
y teniendo yo más gana
no he de poder digerir?
Come un burro la cebada
muy festivo y placentero
y aunque le echen un arnero
deja de él muy poco o nada;
pues ¿por qué de una ensalada
no he de poder yo zuquir?
Esto me da que sentir,
pues hambrienta, ansiada, ufana
¿por qué teniendo más gana
no he de poder digerir?
Come un cerdo del salvado
que de su artesón alcanza
y el que venga la matanza
le da muy poco cuidado.
Y yo, por haber tragado
doce arrobas sin decir
de la mesa quiere huir
por la tarde o la mañana.
Y teniendo yo más gana
¿no he de poder digerir?
En llegando a esta pasión
un Etna en mí considero
y a no costarme el dinero
me desgarrara el jubón
que si justicia o razón
ha puesto freno a mi pico
que en banquete grande o chico
hace que mi gana dome
y no coma lo que come
cerdo, ratón y borrico?

Fin de fiesta de *La casa de campo* llamó a la obra que representó en el Corpus Christi de 1756 acompañando a *La divina Filotea* la compañía de José de Parra. Un Hidalgo es obligado por encargo de su mujer a admitir en su cortijo, a pesar de tener más deudas que ganancias, a nuevos servidores. Desde Madrid llega un Arriero con una carta en que se incluye un minué de moda en la corte. Se trasladan, pues, al cortijo, pero cuando llegan se encuentran con que el Alcalde no ha preparado fiesta alguna para la ocasión. En eso pasan unos peregrinos, originándose un cruce de flirteos entre todos los personajes que culminan con el vapuleo de Alcalde y el Hidalgo. Después de esto siguen cantando alegremente.

### 4. Otras piezas

Agramont compuso un paso cómico llamado *El retrato y el papel entre Leonor y don Carlos*. Ella informa de que su padre la ha prometido con alguien a quien desconoce, mientras que confiesa su amor, correspondido, por Carlos. En cuanto él recibe la noticia se lamenta del engaño en que se ha inmerso, más cuando a la desgañitada se le cae el retrato del pretendiente que su padre le ha enviado. Se complican a continuación las cosas, pues al hombre se le desprende asimismo un papel, que Leonor lee, en que se reconoce una declaración de amor, con cita, de otra desconocida. Deciden, finalmente y pese a todo, verse al día siguiente en la iglesia y casarse en secreto. La obra anticipa bastante de los pasos cómicos del siguiente siglo, tanto por su lenguaje, más propio del realismo decimonónico que del barroco, como por la ausencia total de escenografía en cuanto se hacía únicamente necesario las dotes de los protagonistas.

## VIII. RAMÓN DE LA CRUZ, por *Josep Maria Sala Valldaura*

### 1. Algunos datos biográficos

El matrimonio de Raimundo de la Cruz y María Rosa Cano y Olmedilla tuvo cuatro hijos: llegaron a la madurez el primogénito, Ramón, y José (1734-1790), el dibujante y grabador que hoy recordamos por su *Colección de trajes de las provincias de España* (1777). Pese a su enorme fama como sainetista, no son muchos los datos que poseemos de la biografía de Ramón de la Cruz, recogidos en su mayoría por Emilio Cotarelo [1899]. Había nacido en Madrid el 28 de marzo de

1731, y en 1759 empezó a trabajar en la Contaduría de Penas de Cámara y Gastos de Justicia, y se casó con Margarita Beatriz de Magán. Dos años antes había iniciado su carrera teatral, con el sainete *La enferma de mal de boda,* versión abreviada de *L'amour médecin* de Molière, y la zarzuela *Quien complace a la deidad acierta a sacrificar,* en cuyo prólogo nos da alguna noticia sobre su formación («me conozco débil de erudición y falto de instrucciones») y ataca «el lastimoso espectáculo de los sainetes, donde se solicita la irrisión con notable ofensa del oyente discreto». Sin embargo, Ramón de la Cruz se dedica desde entonces a suministrar intermedios, pronto renovados, eso sí, gracias a piezas como *La petimetra en el tocador* (1762) y *La crítica* (1763).

Cruz compatibilizó una aplaudida carrera de autor dramático con un discreto empleo administrativo: pasó de oficial tercero a primer oficial, lo que le supuso duplicar el sueldo a comienzos de la década de los setenta y cobrar diez mil reales anuales. Los encargos literarios le llovían: las compañías del teatro del Príncipe y de la Cruz de Madrid le solicitan muy a menudo nuevos sainetes, mientras los más famosos se reestrenan en todos los locales españoles; al mismo tiempo, es escogido para refundir el auto sacramental *El cubo de la Almudena,* de Calderón, para escribir el libreto de la zarzuela *Briseida,* para componer las loas y los fines de fiesta de las grandes celebraciones o para reinaugurar la Casa de les Comèdies de Barcelona en 1788. Basta recordar que Ramón de la Cruz, en 1776, cobraba seiscientos reales por sainete, mientras los otros autores recibían entre doscientos y quinientos, según Herrera Navarro [1996]. O que en la temporada 1787-1788, de acuerdo con Mireille Coulon [1993: 105-106], un 45,3% de las setenta y cinco funciones de la compañía de Manuel Martínez y un 70,3% de las sesenta y cuatro funciones de la de Eusebio Ribera incluyeron un sainete, o nuevo o conocido, de Ramón de la Cruz: su éxito en las carteleras españolas se prolongará hasta los años cuarenta del siglo XIX, junto con algunas piezas de Juan Ignacio González del Castillo.

En la época del conde de Aranda (1766-1773), cuando la política ilustrada fomenta el gusto teatral neoclásico, Ramón de la Cruz vierte tragedias, dramas y zarzuelas tanto italianos como franceses, de Metastasio y Goldoni, de Voltaire y Beaumarchais, etc. También sus intermedios proceden en ocasiones del teatro francés, aunque el público no pudiera darse cuenta por la hábil adaptación del original. Y, según veremos, poco después del éxito obtenido por *Briseida* (1768), con música de Rodríguez de Hita, se atreve a españolizar los temas y personajes de la zarzuela en *Las segadoras de Vallecas*. Renueva así el teatro musical, del mismo modo que estaba haciendo con el teatro breve.

El prestigio literario se alcanzaba en las academias y tertulias, en la prensa ilustrada, en los cargos y encargos culturales... y no sobre los escenarios comerciales. De ahí que Ramón de la Cruz se precie de haber sido admitido entre los Arcades de Roma como «Larisio Dianeo» en 1765 o de ser correspondiente honorario de la Academia de Buenas Letras de Sevilla, y que intente una y otra vez dignificar su labor de adaptador y traductor al igual que su trabajo de autor cómico, según se observa en el prólogo a su *Teatro* (1786-1791); incluso en la elección de las piezas antologadas. En realidad, como veremos, eran muchos los que condenaban los sainetes de Ramón de la Cruz, a pesar de que se hubiera distanciado de los viejos entremeses de baile o aporreo final acercándose a la moralización, a la realidad y a la sátira de las costumbres coetáneas. *El poeta aburrido* (1773) responde a tales ataques, y muestra hasta qué punto diferían las opiniones del público y las de muchos eruditos.

Aunque no le supuso ningún ascenso de importancia, Ramón de la Cruz contó con el favor de don Fernando Álvarez de Toledo, duque de Alba, muerto en 1776, y, poco después, con el de doña Faustina Téllez-Girón, condesa-duquesa de Benavente, a cuya casa se trasladó con su mujer e hija. Allí cumplía, probablemente, funciones de administrador, amén de escribir algunas obras para representarlas en su teatro particular. También continuó recibiendo el mecenazgo de María Josefa Pimentel, hija de la condesa-duquesa viuda, y, así, en los salones de su palacio de la Cuesta de la Vega de Madrid o en los de la finca «El Capricho» pudo tertuliar con Clavijo y Fajardo, Tomás de Iriarte, Goya, Boccherini, los actores Isidoro Máiquez y María Ladvenant, etc. Sorprende por todo ello (su trabajo de funcionario, sus beneficios como autor y la protección de familias linajudas) que adujera dificultades económicas para explicar el retraso con que pudo llevar a cabo su viejo proyecto de la edición de su *Teatro*, proyecto que tantos suscriptores de la nobleza consiguió reunir en 1786. Esta antología en diez volúmenes contenía sesenta y seis obras: cuarenta y seis sainetes, diez comedias, ocho zarzuelas, una loa y una tragedia burlesca, y aparecía cuando el autor, siempre preocupado por la valoración literaria que iba a merecer, había disminuido notablemente su producción.

En 1793 Ramón de la Cruz enfermó de pulmonía, lo que le obligó a abandonar su empleo en la Contaduría. El 5 de marzo de 1794, poco antes de cumplir los sesenta y tres años, moría en casa de la condesa-duquesa de Benavente. La viuda del celebérrimo sainetista madrileño solicitaba ayuda por no poder costear el funeral a causa de los muchos gastos debidos a la larga enfermedad.


## 2. *Un popularista entre ilustrados*

En relación con la dualidad neoclásica de *ars* e *ingenium*, los saineteros no podían aspirar más que a ser considerados como «ingenios», al igual que cualquier otro autor que siguiese la tradición teatral española. Afirmaba Ignacio de Luzán:

> La dramática española se debe dividir en dos clases: una popular, libre, sin sujeción a las reglas de los antiguos, que nació, echó raíces y se propagó increíblemente entre nosotros; y otra que se puede llamar erudita, porque sólo tuvo aceptación entre hombres instruidos [1977: 392].

Las sucesivas tentativas de reforma de los gustos teatrales se basaron, a lo largo de la segunda mitad del siglo XVIII, en introducir en los teatros de los Reales Sitios y en los coliseos comerciales obras que fueran el fruto del conocimiento de las técnicas poéticas, de la aplicación y el buen gusto. Desde estas premisas neoclásicas, resultaba inevitable el menosprecio teórico hacia unas piezas cortas dedicadas a hacer reír y a gozar del aplauso de toda clase de espectadores. Casi todos los ilustrados coincidían en tal baja estima artística e intelectual por el teatro breve, pues veían en los intermedios una escuela de malas costumbres, en las antípodas de la utilidad moral preconizada por Horacio. Así, en el discurso XCII de *El Censor* leemos acerca de los sainetes:

> ¡Qué confusión, qué desorden no presenta este asunto a un imparcial observador! Las majas, los truhanes, los tunos, héroes dignos de nuestros dramas populares, salen a la escena con toda la pompa de su carácter, y se pin-

tan con toda la energía del descaro y la insolencia picaresca. Sus costumbres se aplauden, sus vicios se canonizan o se disculpan, y sus insultos se celebran y se encaraman a las nubes [1972: 172].

El rechazo ético y estético de los autores que lisonjeaban y agradaban al público se sintetiza en los ataques que todavía recibe el *Arte nuevo de hacer comedias* de Lope de Vega, y manifiesta la animadversión por parte de quienes «se dedicaban a las letras "serias" —eruditos, por ejemplo, que buscaban un salario en centros culturales, eclesiásticos y administrativos—» [Álvarez Barrientos, 1995: 50] contra los que habían convertido la literatura en un oficio para comer. A partir de esta concepción antipopularista, compartida por la ideología ilustrada y la preceptiva neoclásica, la figura de don Eleuterio —de *La comedia nueva,* de Leandro Fernández de Moratín— cobrará su verdadera y generalizadora dimensión satírica. Igualmente la defensa que Ramón de la Cruz había realizado de su oficio en *El poeta aburrido* adquiere su sentido más profundo como réplica a Bernardo y Tomás de Iriarte y, por extensión, a todos los abates y eruditos que criticaban el teatro del día sin dignarse a escribirlo, a dar ejemplos prácticos de cómo había que hacerlo; don Justo proclama:

> Y sepan ustedes
> que en Madrid sobran poetas
> que no dan muchas funciones
> por no exponerse a la necia
> crítica de semisabios
> sin aciertos ni experiencia [1996: 227, vv. 321-326].

Ya en el mencionado prólogo a la zarzuela *Quien complace a la deidad acierta a sacrificar* (1757) —cinco años antes de la ofensiva desatada por Nicolás Fernández de Moratín y José Clavijo y Fajardo—, Cruz condicionaba el neoclasicismo teatral a las apetencias del público. Por supuesto, y más que en cualquier otra parte de la función, es en los sainetes donde «es preciso separarse de todo lo regular, para que produzca el trabajo serio alguna utilidad a los actores». Probablemente, la obra de Ramón de la Cruz se inició desde la convicción posibilista de que podía realizar un «trabajo serio» en la «representación jocosa de los donaires del país». En realidad, así fue y así es para nosotros: el autor madrileño consiguió su objetivo, renovó el viejo género entremesil e inició una etapa nueva, la del sainete de costumbres. Sin embargo, el objetivo cumplido por Cruz no fue recompensado ni comprendido por la crítica coetánea, la de los años sesenta, setenta y ochenta: casi nadie elogió su renovación en el teatro breve, y tampoco en la zarzuela. Al contrario, las elites literarias lo consideraron como alguien que había traicionado sus principios neoclásicos para convertirse en un mero poetastro al servicio del mal gusto del vulgo (para «la canalla más soez», como dirá Moratín el Joven). Entre 1765 y 1790 aproximadamente, el triunfo sobre los escenarios de Cruz no sólo había suscitado envidia entre algunos colegas, también la crítica ilustrada y neoclásica había arremetido contra su falta de moralidad [Palacios Fernández, 1983] y ausencia de calidad artística: Nipho, Bernardo y Tomás de Iriarte, Napoli-Signorelli, Samaniego y Urquijo, para citar sólo a algunos de los contrarios a la producción sainetesca de Cruz.

Es más: los dardos contra el «mal teatro» se centraron a fines de los sesenta en Ramón de la Cruz, de la misma manera que Comella se convertirá en la diana reformista unos años después. Según Philip Deacon [1999: 220 y 229-230], es probable que alguien cercano a Nicolás Fernández de Moratín se esconda bajo el seudónimo de «Joseph Sánchez», el autor del *Examen imparcial de la zarzuela intitulada: Las labradoras de Murcia...* (1769), porque quienes se reunían en la Fonda de San Sebastián —es decir, en la tribuna del neoclasicismo más influyente en los círculos políticoculturales de aquel momento— se dedicaban a descalificar a Cruz negándole incluso la condición de poeta dramático. En ese *Examen* calificado de imparcial se le responsabiliza de la decadencia del teatro, decadencia que coincide con la «época en que se abrió la mano a admitir farsas del Poetiquio». La mismísima Academia permite la aparición del libelo de «Joseph Sánchez», arguyendo que sus lectores «al fin vendrán a gustar de los poemas regulares [... y Cruz] perderá la reputación de poeta cómico que tenía en el vulgo» [Herrera Navarro, 2005: 43-49]. El hecho de que sólo estrenara una comedia (la traducción de *La Escocesa,* de Voltaire) y cinco sainetes en la temporada 1771-1772 es atribuido por Mireille Coulon [1985: 24] a la supresión de una compañía por haber disminuido el público en la temporada anterior, pero, según Herrera Navarro, se debe a que «la reforma se estaba haciendo a costa del popular sainetero» [2005: 49].

Al cabo de unos pocos años, los aficionados al teatro se dan cuenta de las semejanzas en materia de «realismo», «verdad» y «vida» entre algunas piezas de Cruz y la incipiente comedia de costumbres que preconizan y ponen en práctica Moratín padre e hijo y Tomás de Iriarte. El primero en observarlo es el censor Santos Díez González, en un documento de 1788:

> Tienen el particular mérito de ser composiciones originales con bastante regularidad en la fábula o disposición; pureza de lenguaje; gracia verdaderamente cómica; y de cuya acción resulta la moralidad que se requiere, ridiculizándose el vicio y pintándose amable la virtud, de modo que las referidas piezas son un ejemplo de la vida civil y privada, que es el fin y naturaleza de la comedia y de nuestros sainetes, que son unas pequeñas comedias o sátiras dramáticas, originales y características de nuestro teatro nacional, para excitar la risa en oprobio de los vicios comunes y populares [Coulon, 1993: 564-565].

A los elogios de Díez González se sumarán Leandro Fernández de Moratín (como historiador del teatro, y no en su correspondencia), Hartzenbusch, Durán, Cánovas del Castillo, Valera, Pérez Galdós, Cotarelo, etc., en una lectura favorable al realismo en el teatro breve, realismo que entienden como un progreso literario en oposición a la comicidad del ingenio y disparate y, en general, contra la tradición farsesca.[1] En efecto, pese a tantas acerbas críticas de sus estrictos coetáneos, Ramón de la Cruz había acercado el teatro breve a la utilidad moral del neoclasicismo en aquellos sainetes que se mofan de las nuevas costumbres (el cortejo, con los petimetres, los abates y las madamas), y su burla y sátira coincidían tanto con las condenas del tradicionalismo como con las reprobaciones de los ilustrados que desconfiaban del ocio, el lujo y cierta independencia extramatrimonial de la mujer. De todos modos —y en esto discrepo de la opinión de quienes sostienen la condición ilustrada del pensamiento de Cruz—, sus sainetes comparten obviamente la visión popular, la

---

[1] Todavía hoy, muchos historiadores del teatro breve lo valoran por su mayor o menor acercamiento a la comedia, de manera que, por ejemplo, critican negativamente la falta de concatenación lógica en el desarrollo argumental de un entremés o su final no conclusivo o no consecutivo.

exaltación casticista y caballeresca del majismo como muestra de la virilidad propia del español. Cruz escribe a la sombra de ideas conservado-
ras poco amigas de lo nuevo y lo extranjero, que para él desordenan la
sociedad y afeminan al hombre. Por eso, Martínez de la Rosa no acaba
de decantarse sobre la moralidad del teatro de don Ramón:

> No están exentos de este vicio gravísimo [presentar halagüeñamente ac-
> ciones vituperables] muchos sainetes del citado poeta, aunque en otros acer-
> tase a pintar vicios y defectos ridículos contribuyendo a desterrar algunos
> [1843: I, XVI].

Por tanto, a fines del siglo XVIII (a partir de Santos Díez González),
ya había pasado el período más beligerante del neoclasicismo antipopularista, lo que se verifica desde distintos ángulos: se había llegado a
una cierta aceptación artística de los dramas sentimentales; las verdaderas «comedias nuevas» —las reguladas por el neoclasicismo— se empezaban a representar; habían quedado totalmente marginados los
entremeses de Trullo, con su gracia elemental amoralmente milenaria; y
las ideas ilustradas se popularizaban, al menos parcial y superficialmente, en las obras de Comella y de Valladares.

A la luz de lo dicho, pueden extraerse algunas conclusiones sobre el
lugar que el sainetero Ramón de la Cruz ocupó y ocupa en el rompe-
cabezas literario de su época. Ramón de la Cruz abre un nuevo párrafo en el capítulo del teatro breve, lo cual no obsta para que algunas de
sus piezas continúen aprovechando los seculares recursos de la cultura
farsesca y carnavalesca, por ejemplo el del hospital de los locos. Cruz se
decanta por el posibilismo, porque le permite ganarse la vida en el ambiente teatral de los años sesenta; pronto comparte el gusto popular —
léanse la *Introducción* para *El casero burlado* (1765) y *El pueblo quejoso*
(1767)—, pronto zahiere los nuevos usos —*El hospital de la moda*
(1761)— y hasta exalta el majismo. Este posibilismo y el *diktat* del público llevan su obra a identificarse con la visión sociomoral propia del
pueblo, visión que, a veces, puede coincidir con la ilustrada pero que,
siempre, es tradicional y casticista, amiga de lo nacional y enemiga de
lo nuevo y extranjero.

El peso de la política y de las élites culturales se percibe en aspectos
tan distintos como en el complejo de inferioridad de los autores popu-

laristas en materia de preceptiva, o en la gradual implantación de ideas ilustradas y principios neoclásicos en todos los géneros teatrales (paralelamente al nacimiento de una nueva clase social, la burguesa). No puede extrañar, pues, que los sainetes de Ramón de la Cruz se aproximen a las comedias de costumbres neoclásicas, aproximación que la crítica posterior ha exagerado con el fin de rescatar al autor madrileño de una tradición poco estimada, la del entremés y la farsa. Este salvamento no era necesario, y ha supuesto una lectura «progresista» de los sainetes de Ramón de la Cruz tan innecesaria como desenfocada.

La disparidad de criterios entre quienes situamos la innovación genérica de Cruz dentro de un ideario tradicional, por un lado, y quienes declaran su adscripción a la axiología ilustrada e, incluso, a la práctica neoclásica en un sentido lato, por otro, se ve favorecida por la ambigüedad y la caricaturización hiperbólica características del teatro breve. Compárese lo que acabamos de afirmar (el popularismo, el tradicionalismo, la condena neoclásica e ilustrada...) con lo que defienden Ermanno Caldera [1978], Vilches de Frutos [1984], Francisco Lafarga [1993] o Fernando Doménech Rico [1997: 80-81]. Por mi parte, no creo que sus coetáneos se equivocaran desde el punto de vista ilustrado y neoclásico (insisto, sólo desde este punto) al calificar de «chocarrero», antiilustrado y no neoclásico el tratamiento que Cruz hace de la realidad. Y si bien nuestro sainetero y el comediógrafo Tomás de Iriarte compartían el mismo referente, ya que no podía ser de otro modo, uno y otro divergen en la consideración moral del pueblo, del plebeyismo, etc. En *El señorito mimado,* por ejemplo, Iriarte achaca a las malas compañías populares los vicios del protagonista don Mariano; remito a Sala Valldaura [2003a: 1664-1668; y 2003b]. Por el contrario, en *El hijito de vecino* (1774), Ramón de la Cruz no culpa a ese pueblo que le aplaude, y responsabiliza «a los padres / necios o los hijos malos» y a las «muchas damas locas» [1915-1928: II, 427b y 428a] de la inutilidad y frivolidad de las clases altas.

## 3. *Obra*

Emilio Cotarelo [1899a: 253-432] catalogó quinientas cuarenta y dos obras de Ramón de la Cruz; sesenta y nueve son tragedias, comedias y zarzuelas, con algunas piezas de un acto que, en la práctica, se representaron en el lugar de un sainete, y cuatrocientas setenta y tres loas, introducciones, entremeses, sainetes y tragedia burlesca. Tras añadir algunos y descartar otros por ser de Sebastián Vázquez o de atribución dudosa, Mireille Coulon [1993: 531] asigna trescientos cuarenta intermedios al autor madrileño. Entre 1766 y 1773, época en que pasa a dominar por completo los entreactos, Ramón de la Cruz estrenó más de un centenar de sainetes. Hay que tener en cuenta que, al menos, sesenta y dos de los trescientos cuarenta son imitación de piezas francesas, con un grado muy variable de fidelidad al texto de partida aunque, en general, suelan ser bastante cercanos al original.

Por tanto, la tarea de traductor resulta importante en la producción teatral de Ramón de la Cruz y ha sido unánimemente elogiada por sus estudiosos (Gatti, Coulon, Lafarga, Garelli, etc.), no sólo sus adaptaciones de las piezas cortas de Molière, Legrand, Favart, Marivaux, Pannard... *La muda enamorada,* que es de 1762, parte de *Le médecin malgré lui,* de Molière; *La república de las mujeres* es una versión abreviada de *Les Amazones modernes,* de Legrand; *El heredero loco* es una traducción muy libre de *L'Héritier de village,* de Marivaux; *Zara* proviene directamente de la *Alménorade,* de Carmontelle, etc. Según José Francisco Gatti [1972: 26], «el procedimiento empleado por Ramón de la Cruz en su tarea de refundidor o adaptador resulta en principio muy sencillo cuando su modelo es una comedia en prosa y en un acto, como generalmente ocurre. Consiste en versificar el texto en romance octosílabo, ciñéndose a él casi siempre, pero reduciéndolo mediante la supresión de algunas escenas para que no exceda de los veinticinco minutos de representación. Las escenas especialmente eliminadas son aquellas que suponen incidentes secundarios del tema principal, divagaciones o excesivas sutilezas del diálogo, porque el sainetero tiende al desarrollo rápido y directo de la acción. A veces, escrúpulos morales o el temor de la censura lo obligan a atenuar o modificar el desenlace. Pero, tras esta labor de artesanía teatral, Ramón de la Cruz realiza una transformación más profunda, que se propone infundir un tono distinto a su fuente literaria por medio de un proceso interior que podríamos llamar de "españolización"». De acuerdo con las mejores prácticas de su época, Cruz versifica, abrevia, amplía, adecua, elimina, connaturaliza, pues «la meta del sainetista no es la sencillez, sino la reescritura de una obra en función de su contexto y del de su público», según Nathalie Bittoun-Debruyne [1996a: LXII].

Hay, con todo, un fondo en común que unifica los sainetes originales y los traducidos, pues es consecuencia de su propia razón de ser: en general, la comicidad de los intermedios de Cruz es muy parecida en unos y otros, al igual que no varía la ambientación o el grado de moralización de la pieza. Como se sabe, las compañías del teatro del Príncipe y del teatro de la Cruz eran casi siempre las que compraban los sainetes del autor madrileño, para que los protagonizaran los graciosos y la graciosa (la tercera dama). La particular condición del género, que permite romper con la ilusión teatral y mezclarse con la realidad, así como el interés que los aficionados mostraban por la vida sentimental y profesional de los actores y actrices, aseguran el éxito de los sainetes de costumbres teatrales. Algunos servían como loa o introducción, para presentar una nueva compañía; lo veremos más tarde.

El *Diccionario de autoridades* había definido «*sainete*» como «una obra o representación menos seria, en que se canta y baila, regularmente acabada la segunda jornada de la comedia». En cualquier caso, el término «sainete» irá arrinconando el más tradicional de «entremés», a la vez que se convierte en sinónimo de «intermedio»: un sainete puede servir para el segundo entreacto de una comedia, ya sea de teatro o sencilla, y también, dada su flexibilidad funcional, puede representarse al final de una zarzuela de dos actos. Don Ramón informa acerca del cometido de la pieza que entrega; por ejemplo, en el manuscrito de *Los bandoleros sin armas* escribe: «Loa para empezar la temporada, año de 1775 por la compañía de Eusebio de Ribera»; en el de *El caballero don Chisme,* apunta: «Fin de fiesta para el Carnaval del año de 1766. Compañía Nicolás de la Calle». Además, utiliza, claro está, «sainete», pero también «introducción» o «intermedio» —según la tarea que cumpla en la función o fiesta—, «juguete cómico», etc. La capacidad innovadora se refleja asimismo en el modo de presentar los sainetes paródicos: *Manolo* (1769) es una «tragedia para reír o sainete para llorar», según la edición de 1784, controlada por el autor. *No hay candados para amor cuando es bien correspondido y petimetre escondido* cierra la sesión de la comedia de música *La Espigadera* (la primera parte, traducida de Favart) y, por eso, la obra es calificada como «comedia en un acto». Tal denominación de *La bella madre, El padrino y el pretendiente, La prueba feliz* o *La Indiana* suele revelar un origen francés, lo cual, a menudo, parece indicar que Cruz tiene la pieza en mayor estima. Al menos, se percibe su reflexión sobre el género y su deseo de distanciarse del entremés tradicional, de modo que, ya en 1764, presenta *La bella madre* como una «novedad nueva»,

> una comedia
> de carácter, en un breve
> acto escrita, como aquellas
> que los griegos inventaron
> y otras naciones remedan,
> y, si bien he oído, tienen
> nombre de pequeñas piezas [1915-1928: I, 138b].

Nathalie Bittoun-Debruyne [1996b: 110] resume: «los actores van glosando la obra y enumerando las ventajas de este nuevo tipo de intermedio, comentando la verosimilitud de los personajes y la acción, la ausencia de comicidad fácil y de figuras tópicas, el número razonable de actores y lo juicioso del argumento». Como se colige, estos versos de Cruz ayudan a explicar lo que sus sainetes aportaron a la renovación del teatro breve español.

Los intermedios de don Ramón de la Cruz ejercieron una gran influencia en la conformación del costumbrismo romántico madrileño, pero también sus zarzuelas se relacionan con el género chico de temática y ambientación populares y campestres [Romero Ferrer, 2005a]. Cruz fue el primer libretista en situar las zarzuelas en un marco español. En efecto, al amparo de las posibilidades abiertas merced a sus sainetes y gracias al éxito de *Briseida,* estrenó *Las segadoras de Vallecas,* con música de Rodríguez de Hita, por parecerle su idea «oportuna [...] para la estación y de las más adaptables a la música jocosa» [1915-1928: I, 517a]. La estación era el verano, puesto que el estreno tuvo lugar el 3 de septiembre de 1768. Al cabo de un año, se repetía la colaboración en *Las labradoras de Murcia.* Así pues, encontramos la huella estética de Cruz tanto en los cartones de Goya [1986: 46-48] como en *La verbena de la Paloma* (1894), de Ricardo de la Vega y música de Tomás Bretón.

Libretista de zarzuelas, sainetero... Ramón de la Cruz suministra también a las carteleras algunas comedias originales, arreglos de obras de Calderón, adaptaciones de los italianos Metastasio y Apostolo Zeno, una versión de *Bajazet,* de Racine (*Bayaceto,* 1769), e, incluso, otra del *Hamlet,* de Shakespeare (*Hamleto,* 1772), pero no parte del inglés sino de una adaptación francesa de Ducis. Aunque estas tareas sean relacionables con la política cultural arandina, Cruz tiende a acercar los textos franceses e italianos al gusto imperante.

## 4. *Composición*

Las características del sainete están muy determinadas por su breve-dad, por su condición de intermedio entre dos actos de una obra larga o por el peso (y el poco aprecio literario) de la tradición teatral joco-sa y popular. Mover a risa admitía embuchar en el viejo género entre-mesil un alto grado de transgresión moral y hasta estructural, pues gozaba de una cierta permisividad en el objeto de la burla y en el modo de interpretarla. La marginación artística favorecía también una mayor ex-presividad corporal de los graciosos, una ausencia de lógica causal en el hilo argumental o en el desenlace, así como el aprovechamiento paró-dico de cualquier código teatral «serio».

Según ha sintetizado Javier Huerta Calvo [1995a: 49-66], el entre-més primitivo repite diversas estructuras básicas. La de acción opone los personajes y teatraliza una burla, a veces amorosa. La estructura de si-tuación capta «un determinado momento de la vida cotidiana, [...] un tipo especial de costumbres, unos modos de comportamiento y hasta un lenguaje de época» [1995a: 59]. El entremés de figuras se fundamenta en el desfile de tipos ante un personaje que los juzga; o bien, a la in-versa, la sucesiva aparición de «jueces» permite ridiculizar, una vez tras otra, al figurón. La estructura de debate se basa en la discusión dialoga-da, o incluso en el gracejo del habla de un personaje.

La organización textual del entremés áureo, de acuerdo con María José Martínez López [1997: 63-106], gira en torno a la burla como mo-tor de la acción dramática y a los elementos estáticos. Los entremeses de acción concatenan peripecias, mientras que los estáticos son una sar-ta de episodios sin acción ni protagonista ni desenlace, con desfile de personajes o exposición de una situación. Entre una y otra variedad ca-ben muchos grados intermedios. Martínez López enumera también las fórmulas de desenlace: palos, baile, llegada de un nuevo personaje como *deus ex machina*, ausencia de desenlace, desfile final, anuncio de una nue-va peripecia (mencionar, por ejemplo, que se ha escapado un toro con

la consecuente huida y el gracioso alboroto) o inclusión de un ultílogo, para pedir el perdón y el aplauso del público o para alabar algún
destinatario explícito (verbigracia, el rey).

Según Sala Valldaura [1994: 103-164], las bases semántica y sintáctica
de los sainetes del último tercio del Dieciocho no difieren sustancialmente de las que habían vertebrado y sostenido los intermedios anteriores, pero sí incrementan las posibilidades de combinación, ya sea por
yuxtaposición de secuencias, implicación causal entre ellas, énfasis de la
posterior respecto a la anterior y hasta sucesión de escenas independientes. La sintaxis dramático-narrativa del teatro de Cruz admite enca-
denar o alternar acciones y situaciones, acercándose a la estructura de la
comedia. Desde un punto de vista semántico, el desenlace acostumbra a
tener en Ramón de la Cruz una cierta motivación, se vincula con la secuencia anterior por relación de causa efecto, y la transgresión o el engaño en el desarrollo de la obra implican castigo, aunque cultive también
piezas de mera burla o chasco. Forzosamente, las funciones de los tipos
aumentan en cantidad y variedad: Cruz utiliza muchos más personajes
ambientadores, muchos más personajes nexuales y muchos más personajes desenlace, estos últimos para devolver la anormalidad vivida en el sainete a la normalidad social y moral, generalmente de acuerdo con los
valores del pueblo artesano madrileño.

Por tanto, Ramón de la Cruz heredó una serie de cañamazos textuales, enriquecidos por las aportaciones estructurales de autores como
Hurtado de Mendoza o Quiñones de Benavente, capaces tanto de convertir el espacio escénico en un verdadero lugar referenciable de la realidad madrileña como de enhebrar varios motivos. Desde esta base a la vez
secular y barroca, Cruz engrandeció un tanto la arquitectura entremesil
y construyó sus sainetes: los aplausos de los mosqueteros y la cazuela (incluso, más circunspectos, los de los aposentos y las lunetas) le llevaron a
duplicar la extensión de los intermedios: entre cuatrocientos y algo más
de novecientos versos frente a los trescientos que promedian los de
Calderón de la Barca (o doscientos treinta, de añadir sus jácaras, mojigangas, etc.). Con una ayuda mayor o menor de las partes musicales (seguidillas inaugurales y centrales, tonadilla final...), pasar a durar veinticinco
minutos hizo posible que bastantes obras de Cruz tuvieran una sintaxis
dramático-narrativa algo compleja, alejada de la mera inversión (el burlador burlado) o de una situación acabada a palos o con baile.

Por otro lado, las condenas del utilitarismo moral neoclásico insufla-ban ciertas dosis de valores cívicos en el desenlace y el desarrollo de las piezas; la censura y la preceptiva literarias, junto con la mayor extensión y moralización, acercaban el nuevo sainete a la comedia, y, como tercer factor importante, la dignificación de la emergente burguesía y los nue-vos usos y modas cambiaban la risa (cada vez menos franca y amoral), ahora ocupada en la burla y la sátira poco o muy amables de las cos-tumbres del día. Por esa aproximación a las normas morales y a la rea-lidad social, el disparate desaparecía y era reemplazado por la coherencia expositiva, por una organización textual bastante más trabada.

Entre la tradición y la modernidad, el teatro breve de Cruz se sitúa en la encrucijada que encamina la tradicional comicidad del *reírse de* hacia los paisajes menos transgresores del *reírse con*. En la confluencia de la corriente farsesca —que usa y abusa del disparate, el ingenio y la vio-lencia— con el nuevo río costumbrista, que bordea los márgenes de la realidad y los espacios del tiempo actual. En el horcajo que une los en-tremeses vertebrados por una burla o la yuxtaposición de varias me-diante la oportuna entrada a escena de nuevos tipos, por un lado, con los sainetes que desarrollan y concatenan una acción y la ambientan, por otro. El *crescendo*, entonces, pasa de ser acumulativo a ser el resulta-do de un desarrollo que enhebra las apariciones en escena según el prin-cipio de causalidad. Una causalidad que suele tener reflejo en el diseño escenográfico de la pieza.

La tradición entremesil acepta sin más la gratuidad argumental o si-tuacional y la arbitrariedad compositiva, y de ahí que no haya inconve-niente alguno para interrumpir la obra a palos, con un baile o —de usarse un procedimiento algo más motivado— por un personaje des-enlace que aparece sin necesidad de justificación. Así es «en los entre-meses estáticos», gracias a «la fórmula inorgánica de su desarrollo» [Martínez López, 1997: 74] y en muchas obras tan cortas que apenas requieren dos o tres secuencias. En Ramón de la Cruz, perviven tales estructuras: por ejemplo, en la morfología típica de los entremeses de figuras, éstas «comparecen ante el satírico o encarnación de la sátira» [Asensio, 1965: 81], y *La visita del hospital del mundo, La resistencia de los danzantes* y *No fuera malo el arbitrio si pudiera ser verdad* remiten al desfi-le de tipos ante un «juez» [Coulon, 1993: 80]. En el fin de fiesta *El mé-dico de la locura* (1768) todavía puede verse la exageración y la inversión carnavalescas. Sumar motivos irrisorios basta para ensamblar *Los payos en Madrid*.

Sin embargo, en Ramón de la Cruz se observa la voluntad de proporcionar un espacio y un tiempo concretos a la acción y las *dramatis personæ*. Por esto, ante las críticas de Napoli-Signorelli, en el «Prólogo» a su *Teatro Cruz* se enorgullece con razón de saber «copiar lo que se ve, esto es, retratar los hombres, sus palabras, sus acciones y sus costumbres» [1996: 309], y contra la acusación de que le escasea «la imaginación para inventar y disponer un plan y hacer cuadros históricos» esgrime la brevedad, la falta de medios escenográficos y los pocos ensayos con que cuenta el estreno de un sainete. Desde otra óptica, hoy podríamos imputarle las dificultades con que a veces introduce en el cuerpo amoral del género dosis moralizadoras: se percibe este defecto en algunos ultílogos muy a contrapelo del desarrollo. En cambio, la incriminación del neoclásico italiano acerca de la arquitectura se derrumba, pues la construcción de Cruz resulta bastante sólida, especialmente cuando se limita a exponer un ambiente, sin apenas desarrollar las acciones. Napoli-Signorelli erraba porque partía de la verosimilitud, el decoro y la coherencia sintáctica de las comedias largas, y juzgaba, pues, con leyes distintas a las del teatro breve.

El costumbrismo de Ramón de la Cruz admite ya la habitual distinción entre el retrato de un tipo o un grupo social (*El tío Felipe*), por un lado, y, por otro, la descripción de un ambiente o una costumbre: baste recordar la disposición escenográfica de *La pradera de san Isidro* (1766) o la sucesión de dardos que lanza en *La oposición a cortejo* contra tal práctica extramatrimonial. Cruz retrata y describe con un tratamiento más o menos elogioso, burlesco, irónico o satírico. (No aparece el tono elegíaco de algunos costumbristas del siglo XIX, pero sí una reivindicación de lo castizo, es decir, de lo tradicional y nacional, que encarna el pueblo al hablar, enamorarse, pelear, etc.) Cuando el autor madrileño decide zaherir, prepara perfectamente el ataque, y, por esto, *El poeta aburrido* y, en general, los sainetes polémicos suman ejemplos en un desarrollo por intensificación que argumenta, prueba y concluye en la última secuencia. En otras piezas, combina la narración dinámica y la exposición estática, es decir, ensambla la acción (reportada o verbalizada por el diálogo, o bien ocurriendo de palabra y obra en escena) y la ambientación, apoyada en los decorados, el atrezzo, los personajes ambientadores, el vestuario, el lenguaje, etc.

En materia de morfología tipológica, sabida es la preferencia del teatro entremesil por la composición según una oposición totalmente dual:
el viejo frente al joven o la joven, el marido frente a su mujer, el pretendiente frente al esposo, el rústico frente al hombre de ciudad, el criado frente al amo, etc. En estructura profunda, perviven tales dualidades,
aunque a menudo el mayor número de versos de los sainetes de Ramón
de la Cruz posibilita que el ridículo viejo pretendiente de la mujer se
desdoble en varios petimetres, un oficial militar y un abate, con lo cual
se reparte y se matiza el protagonismo o el antagonismo; incluso el objeto de sus deseos puede enriquecerse si en vez de una madama, aparecen de visita en el salón una o dos mujeres con alguna hija. El «juez»
sensato que presidía en muchos entremeses antiguos el desfile de figuras
con sus vicios y excentricidades, ahora acompaña y valora, condenándo-
los, los sujetos y objetos de la sátira o burla.

El deseo de seguidillas (1769), por ejemplo, fundamenta su gran éxito en que defiende la música popular y lo tradicional español sin ex-
cederse en los aspectos negativos de quienes encarnan lo contrario. La
dualidad se reparte amablemente entre varios manolos y varios caballeros plebeyistas, pues el simple acercamiento por parte de éstos a la
guapeza de los majos corrobora que el pueblo conserva la alegría de
vivir y los modos de ser y de estar españoles. El desarrollo expositivo
se ilustra y ameniza con la intercalación del canto y el baile, antes de
la tonadilla con que se rematan los versos. El objeto de burla queda así
difuminado, y el grado de identificación (admirativa y simpatética) del
público con los personajes es muy alto. La defensa tradicionalista y popular de lo castizo se consigue al margen de la tradición burlesca del
reírse de.

Abandonando los endecasílabos pareados que había empleado en El
pueblo sin mozas (1761), El agente de sus negocios o El hospital de la moda
(1762), Ramón de la Cruz utiliza para las partes recitadas, desde comienzos de los sesenta, el romance octosilábico, composición bastante
cercana a la naturalidad de la prosa. En las parodias de las tragedias
(Manolo, El muñuelo), recurre al romance heroico, característico del género sublime y la locución patética. No faltan los bailes y la música instrumental, y en cuanto a las partes de cantado, el predominio de las
seguidillas es absoluto. Con todo, si dejamos a un lado los fines de fiesta, donde la música cobra mayor relieve es en «la estrepitosa obertura

de timbales y clarines» con que principia *Manolo* según la práctica habitual en los géneros heroicos, y al final de *La Petra y la Juana* mediante la contradanza bolera y el coro postrero con toda la orquesta.


## 5. *Clasificación*

No resulta fácil abarcar con un criterio único y homogéneo toda la
producción sainetesca de Cruz, como se comprueba repasando los intentos clasificatorios desde Agustín Durán hasta José Francisco Gatti y
Alva V. Ebersole [1983: 10]. Acaso «el sainete característico de Ramón
de la Cruz, el que mejor se adapta a su personal temperamento artístico, es el costumbrista, descriptivo, con intenciones críticas o satíricas a
veces y a menudo no exento de propósitos morales o docentes» [Gatti,
1972: 13]. Acaso «el sainete por excelencia será *Las castañeras picadas* que
sí tiene un hilo de acción, un argumento, pero que al mismo tiempo
incluye en el hilo variantes o sucesos adventicios no relacionados orgánicamente con el desarrollo de una acción ni principal ni secundaria»,
como cree John Dowling [1986: 28]. Sea como sea, la variedad temática, ambiental, de tipos y estrategias complica enormemente la tarea.
Agustín Durán [1843: XI], el primero en acometerla, realiza «tres divi-
siones:
En la primera se incluyen aquellos de asuntos propios de la verdadera comedia, que no se elevaban a ella porque sus dimensiones no admitían un desarrollo completo, ni de los caracteres, ni de una fábula
extensamente trazada.
En la segunda se colocan los que versan sobre asuntos puramente
ideales, destinados a deducir de hechos materialmente imposibles consecuencias morales, ciertas y seguras.
En la tercera se clasifican los que sirven para presentar las costumbres y hábitos de la plebe, tanto con relación a sus fiestas públicas o sus
sucesos domésticos, y el contraste que formaba en su trato con las clases superiores y medianas. Las parodias trágicas que hizo, a saber, la tragedia de *Manolo,* la *Zara, El marido sofocado* y *El muñuelo* deben incluirse
en esta división».
En la clasificación de Durán se percibe una cierta reflexión acerca
de los géneros y los subgéneros (la comedia y el sainete paródico), pero,

sobre todo, cabe subrayar la importancia que Durán otorga en su síntesis a la moralidad y el costumbrismo. Con el fin de proporcionarle mayor rigor, habría que añadir, relacionados con el alcance ético y la mímesis de la sociedad, los distintos grados de la risa (de la burla a la sátira) y una cierta precisión social y ambiental: espacio campesino o urbano; payos, alcaldes de lugar, hidalgo manchego, el pueblo madrileño (majos tunos, majos y majas trabajadores...), las clases altas de la ciudad (petimetres y madamas, caballeros plebeyistas...). El resultado no diferiría mucho del que Emilio Palacios [1988: 150] ha propuesto partiendo de Gatti y tomando en consideración tipos o ambientes. Por mi parte, encabezaría la distribución de Palacios con un primer apartado, el de sainetes de figuras, vertiente pronto arrinconada por no haber obtenido la aprobación popular. Tales piezas no sólo prosiguen los patrones compositivos de la tradición, sino que, además, son ajenas al costumbrismo tendente a la contextualización y a la realidad coetánea. He aquí, pues, la clasificación:

1. Sainetes de figuras (el fin de fiesta *El médico de la locura*)
2. Sainetes de costumbres sociales:
   - de ambiente rural (*La civilización*)
   - de ambiente madrileño: aristocrático/burgués/popular (*El Prado por la noche, La tertulia de moda*)
3. Sainetes literarios:
   - de costumbres teatrales (*Soriano loco, El teatro por dentro*)
   - polémica literaria (*El pueblo quejoso, ¿Cuál es tu enemigo?*)
   - parodia literaria (*Manolo*)
4. Otros: circunstancias (*El elefante fingido*), novelescos (*El pedrero apedreado*)...

Bajo el concepto de «sainetes de costumbres sociales» se engloban piezas que se burlan particularmente de determinadas conductas, como la de los cortejos, la de las madamas, etc.

### 6. *Tipos y figuras*

*Reírse de* todo defecto físico o de cualquier conducta tildada de anómala es la herencia que recoge Ramón de la Cruz, una herencia que, para mofarse, caricaturiza de palabra y obra una serie de antiguos tipos y recreadas figuras con su lenguaje, indumentaria, gesticulación...: el viejo verde, avaro y ridículo; el marido cornudo o calzonazos; la esposa malcasada; el criado glotón, holgazán y sisador; el sacristán mujeriego; el estudiante tuno y sablista; el soldado fanfarrón; el médico verdugo y pedante; el payo bobo; el hidalgo aldeano fatuo y anacrónico; etc. María José Martínez López [1997: 107-215] ha propuesto una caracterización de los tipos tradicionales y las figuras del siglo XVII. Paralelamente al repertorio fijo de personajes de la *commedia dell'arte,* Huerta Calvo [2001: 95-108] ha llevado a cabo otro tanto, mostrando los tipos preestablecidos de las primeras etapas del teatro breve español.

Con Ramón de la Cruz surgen nuevas figuras o, al menos, coetáneas apariencias de viejos tipos: por ejemplo, el abate perpetúa las funciones del sacristán y al tiempo lo moderniza al contextualizarlo en la realidad contemporánea. También en sus *dramatis personæ,* Cruz aprovecha los vicios morales y los defectos físicos de la risa secular por más que los vista con la ropa, el lenguaje y las costumbres de su tiempo. Consecuentemente, Cruz prolonga, actualiza y renueva el repertorio de tipos. Necesidades de la organización textual y del desarrollo argumental se alían con el proceso de actualización de las figuras: la estructura por oposición dual refuerza la presencia de majos frente a petimetres, de majas frente a madamas, hasta de payos frente a ridículos esnobs urbanos...

El sector menos renovado es el campesino: el de los payos, alcaldes de lugar e hidalgos aldeanos. Los payos de Cruz siguen mostrándose bobos o, en el mejor de los casos, ingenuos. Con todo, algunos tópicos dieciochescos salpican ligeramente su obra: la visión bucólica del campo; la franqueza en las relaciones rústicas; el elogio de la austeridad de sus costumbres; o el menosprecio, moral, de la corte y alabanza de la aldea, que no ha caído, para emplear los términos de Cadalso [1988: carta LXVIII, 247], en la abundancia, el lujo, la afeminación, la flaqueza y la ruina de la ciudad. En este sentido, *La civilización* (1763) abre un numeroso grupo de sainetes que contraponen el modo de ser de los payos y el modo de estar de los petimetres: *Las frioleras, La presumida burlada, Los payos en Madrid, El payo ingenuo, Las escofieteras...* Según Sala Valldaura [1994: 119-120], «interpretado por Ayala, el marqués de *La civilización* sanciona el tópico de la alabanza de aldea: pondera la libertad y la riqueza de sus tierras, la honestidad de sus campesinas (a menudo, el teatro afirma que por ello eran preferibles para casarse), y "las ideas / de religión, de verdad, / aplicación e inocencia" [1915-1928: I, 95b] de sus moradores. De esta manera, enfatiza por contraste las burlas a la "civilidad" propia de la ciudad, hasta convertir dicho concepto en síntesis de lo que criticaba Cadalso». O bien por su llaneza lingüística y sus maneras naturales, o bien por su exageradísima imitación de los modales petimetriles, el payo es un excelente intensificador de la ridiculización y de la sátira contra lo que se considera como corrupción e hipocresía.

En los intermedios de Cruz, los majos y las majas encarnan el pueblo de los barrios humildes (Lavapiés, Maravillas, el Rastro, Barquillo) de Madrid; el *Diccionario de autoridades* lo ratifica: «*majo*. El hombre que afecta guapeza y valentía en las acciones o palabras. Comúnmente, llaman así a los que viven en los arrabales de esta corte». No se trataba de un grupo social uniforme, y en la teatralización de su figura, ya de por sí algo teatral, el propio autor señala diferencias: majos antiguos, a lo usía, de trueno, tunos, chulos, crúos, etc. Los hay laboriosos artesanos y los hay pendencieros bravucones, muy cercanos a los jaques y rufianes de la tradición literaria. Unos y otros, desde *El careo de los majos* (1766) hasta *El muñuelo* (1791), suelen aparecer retratados con bastante comprensión y simpatía; no en vano representan la alegría de vivir y los valores caballerescos españoles: la nobleza, la valentía, el individualismo, la amistad, la autoestima... A pesar de algunas exageraciones en la expresión corporal y la apariencia del actor, el vestuario equipara los majos del escenario y los de la calle, y eso les confiere visos de verdad. Cruz, además, acierta al saber prolongar el lenguaje coloreado, hiperbólico y agudo de la comicidad entremesil con insultos, piropos y frases hechas de la actualidad. Andioc [1976: 159] sintetiza con razón: el majismo representa «la autenticidad española, el "casticismo"». Y lo ejemplifica con estos versos de *Paca la Salada* referidos a las majas:

> Éstas son las que han quedado
> Legítimas españolas,
> Porque las de los estrados
> Sólo son un quid pro quo
> De francés y de italiano.

Las de los estrados son las petimetras, madamas o usías, que han olvidado el recato y la discreción, no para expresarse con la agudeza y
sinceridad de las populares majas, sino para adorar la ociosidad y el consumo de modas extranjeras. Desestabilizan el orden social aceptando cortejos fuera del matrimonio y descuidando la educación de los hijos.
Quienes las acompañan y pagan sus caprichos como cortejos son los
petimetres, currutacos, usías o pisaverdes. Están aquejados del mismo
mal, la inutilidad social, y han cambiado la virilidad y seriedad españolas por el afeminamiento, la frivolidad y la fatuidad. Para Cruz, se trata
de un mundo falso, vacío y superficial, lo que justifica en cierto modo
que algunos señores se plebeyicen en los barrios bajos para huir del aburrimiento y hasta vivir amoríos y amistades.

Algunos tipos propios de los nuevos usos como el abate o el peluquero (que simula ser francés) cumplen funciones en la forma y el fondo de los sainetes: auxiliares en los diálogos, informativas para el nexo
de escenas, ridiculizadoras por lo que atañe a la comicidad y ambien-
tadoras en salones y calles, de visita o de paseo.

No podemos pedir que Ramón de la Cruz intuyera que las nuevas
costumbres suponían un primer paso de la modernidad (que cultiva y
consume ocio), así como una pequeña grieta para la independencia de
la mujer respecto al padre y al marido, lo que le permitía pasear o ir al
teatro. Los propios ilustrados critican el cambio sociomoral de su época, y Cruz no hace sino fortalecer la opinión y el conservadurismo del
pueblo; como escribe Carmen Martín Gaite [1972: 82-83], los majos
«insuflaban en sus hermanas, sus amigas y sus novias, el odio a todo lo
extranjero, las afirmaban en los estilos tradicionales y, por lo general, les
prohibían de modo tajante y autoritario el cortejo. [...] Se trataba fundamentalmente de esta diferencia: las majas eran, en sus actitudes y en
su manera de querer, en su indignación, en su pronta respuesta, algo cercano, "de verdad"; las petimetras, puro dengue, filfa, "embuste"». Cruz
se dio cuenta, eso sí, de las posibilidades escénicas de este enfrentamiento
y supo darle grosor satírico y relieve cómico. La mera aparición del gracioso con sus gestos y su indumentaria, que lo definían como payo, majo
o petimetre, ponía en marcha las convenciones teatrales de la caricatura a la par que los coloreados, simplificados reflejos de la realidad.

Por otro lado, y según habrá que ver al comentar los sainetes de costumbres teatrales, en Ramón de la Cruz pervive la confusión entre per-

sona y personaje, entre realidad y ficción, que tan buenos resultados habían proporcionado al teatro breve y al de casas particulares. Así pues, los actores aparecen algunas veces como tales, con sus problemas amorosos, económicos o profesionales o con explícita alusión a sus características interpretativas.

## 7. Sainetes de costumbres

Los sainetes de costumbres requieren un cierto cuidado en el diseño escenográfico, la expresión corporal, el maquillaje y la indumentaria, el lenguaje, etc. Ya sea en el cuadro de tipos ya en el de ambientes, Cruz sabe elegir espacios verosímiles para el encuentro y la sociabilidad: la plaza de un pueblo manchego, el salón de una casa acomodada, un sarao o fiesta particular, un café o una taberna, el Paseo del Prado, el Rastro, una casa de vecindad... Por esta razón, la crítica del siglo XIX elogió su «verdad», es decir, su realismo, y otros estudiosos más recientes le aplican el término «mímesis costumbrista», que José Escobar [1988] acuñara para otros menesteres. Sin embargo, conviene recordar no sólo la innegable contextualización y actualización que aporta la obra de Cruz, sino también el peso intertextual y genérico de la tradición. La influencia de los códigos teatrales heredados es patente incluso en las nuevas figuras que pone sobre el escenario; por ejemplo, el comportamiento del marido casado con una mujer que acepta el cortejo no se diferencia sustancialmente del de tantos como lo precedieron en las tablas entremesiles y farsescas, aunque el final del sainete añada ahora la moralización. La caricatura y todos los recursos hiperbólicos, a menudo degradatorios, no se adecuan al realismo, provienen de un legado folclórico secular (cuando no milenario), por más que el pintoresquismo madrileñista del costumbrismo decimonónico se inspire en las exageradas pinturas de Cruz.

Según las posibilidades de los coliseos (decorados de interior y exterior, selva o lugar inculto, calle; utilería; etc.), el espacio escénico otorga una mayor o menor ilusión de realidad. A veces ambienta un solo grupo social, pero resulta más habitual que se encaren dos o incluso tres formas de vivir: así, una muchacha de barrio humilde es requerida por un petimetre de clase alta; unos señores a la última moda llegan a un pueblo; o un payo recala en la ciudad, donde actúa y dialoga ante personajes de distinta condición. La costumbre del cortejo, frecuentemente denostada por Cruz, puede servir para que aparezcan los distintos sectores sociales y, de este modo, oponer la correcta moral popular (incluso la campesina, no sólo la del pueblo artesano) a los nuevos usos de cierta clase adinerada. También son muchos los sainetes que transcurren en un salón, entre personas pudientes al menos en apariencia. Sin duda alguna, mezclando clases sociales o circunscribiéndose al mundo de los majos, la petimetría o los payos, los sainetes de costumbres integran la mayoría del *corpus* teatral del autor madrileño. A veces con explícito título sobre el objeto irrisorio: *La petimetra en el tocador, El petimetre, El peluquero soltero* y sus continuaciones...

La cantidad y calidad de burla y/o sátira sitúa en el grado máximo de ridiculización a cierta clase alta (petimetres cortejos, madamas...), por encima de los payos, como puede observarse en *La civilización* o *Las usías y las payas. La presumida burlada* ilustra muy claramente cómo Ramón de la Cruz busca una doble mofa (a la bobez de los rústicos y a la de los pisaverdes), para diversión del pueblo artesano. En cambio, la crítica al majismo (incluso a los tunos) suele ser más amable, lo que no obsta para que condene siempre cualquier deseo de subir de clase social. Fracasan quienes lo intentan por el camino del matrimonio y aparentan lo que no son o lo que no tienen.

*Los usías contrahechos* (1773) es una adaptación bastante fiel de *L'usurier gentilhomme,* comedia en un acto de Legrand, y ejemplifica la habilidad naturalizadora de Cruz: algunas alusiones a Madrid y La Mancha, las gracias de Chinita como señorito, el modo y la rapidez del desenlace, el consabido ultílogo final... proporcionan los rasgos habituales de sus piezas. Preparar una boda entre una muchacha pobre pero hidalga con un estúpido muchacho plebeyo pero rico, satisfaciendo las ambiciones y codicias de los progenitores, da pie a la obra, cuyo tema remite a una práctica habitual en aquella España y a la tradición teatral de enfrentar el dinero y el amor.

Los novecientos veinte versos de *Las castañeras picadas* (1787) —el más largo de Cruz— permiten cambios escenográficos y una abundante presencia de partes de cantado y baile. A dicha teatralidad, tan amena, hay que añadir la estructura en mosaico, que incorpora diversos episodios a la historia principal: dos majas garbosas disputándose el amor de Gorito, aprendiz de carpintero. Las réplicas son agudas y el movimiento escénico, rápido. La presencia de petimetres aporta algunas dosis de burla. He aquí un ejemplo del habla ocurrente de las majas:

TEMERARIA     ¿Pintosilla, has reparado
              en la mujer con quien hablas?
PINTOSILLA    ¡Mucho! Nada menos que a
              Geroma la Temeraria,
              por mal nombre y peor lengua,
              castañera de portada
              de taberna [1990: 373, vv. 133-139].


8. *Sainetes de costumbres teatrales*

Al amparo de la cercanía con el público, el teatro breve aprovecha la popularidad de sus mejores actores y el conocimiento que los espectadores tenían de sus habilidades y de su vida privada. Cruz lo utiliza con mayor proporción que otros ingenios anteriores: recordemos *La maestra de gracias*, de Luis Belmonte Bermúdez; *El ensayo*, de Andrés Gil Enríquez; o *El vestuario*, de Moreto. En efecto, don Ramón se beneficia de la pasión de los aficionados madrileños del último tercio del Dieciocho: había fervorosos partidarios de un local (el Príncipe) o del otro (el de la Cruz), de una tonadillera o de otra, etc. Como tantos entremesistas, don Ramón juega hábilmente a medio camino de la realidad y el teatro, por lo que alude muchas veces a las habilidades interpretativas de algún actor o actriz, o bien al físico, poco agraciado, de los graciosos; verbigracia, a la poca estatura de Chinita, incluso a la de Polonia. No sorprende, pues, que los protagonistas de los sainetes de Ramón de la Cruz, Miguel de Ayala y el mencionado Gabriel López «Chinica» (o «Chinita»), fueran tan populares que dieran título a varias piezas; otro tanto había ocurrido con «Juan Rana» en el siglo XVII.

Entre las distintas variedades de los sainetes con motivación literaria, destacan las introducciones y las loas dedicadas a presentar una compañía teatral al comienzo de temporada. Sobre la presentación de actores, la lista de obras resulta larga y a menudo provechosa para una futura historia de la interpretación del recitado y el cantado: *La recepción de los nuevos, La niñería, El examen de la forastera, Recibimiento de Juan Ramos...* No faltan tampoco, entre los intermedios de costumbres teatrales, los que se centran bien en las simpatías por un solo actor (que simula haber perdido los apuntes de la pieza larga o que se ha quedado afónico), bien en la obra que sigue: como botón de muestra, en la línea de inversión paródica, *Manolo* merece una *Introducción* que ayuda a aclarar las novedades de un sainete que el autor llama «tragedia ridícula».

El decorado inicial de *El teatro por dentro* (1768) sitúa la acción en la puerta de la calle del Lobo que daba acceso al vestuario del teatro del Príncipe, donde se estrenó precisamente. Los aficionados esperan a sus actrices favoritas, y todas las referencias biográficas y teatrales son exactas. Las conversaciones que se van entablando revelan las opiniones del público popular. El sainete se desplaza luego al vestuario, momentos antes de empezar la función, hasta que el final desemboca en la obertura de *Más puede el hombre que amor,* de Metastasio en traducción del propio Ramón de la Cruz. *El teatro por dentro,* de este modo, ha recorrido con nosotros el trayecto que une la realidad y la calle con la ilusión teatral y las tablas.

## 9. *Sainetes polémicos*

Con la seguridad del beneplácito de la mayoría de los espectadores, el sainete puede valer como instrumento para defenderse de los muchos ataques que padecía, tanto desde el punto de vista moral como desde el literario. No sobraban las tribunas, y ninguna poseía tan buen eco como el escenario de los teatros comerciales. También el sainete reafirma prácticamente el consumo cultural popular (las seguidillas, el bolero...) contra el baile y la música de procedencia francesa e italiana (el minué, las arias...). Lo hace de forma paralela a la exaltación de la virilidad masculina y de la decente honradez femenina. Según Cruz y su público, ambas son propias de la tradición española, frente a los nuevos usos extranjeros que provocan afeminamiento, frivolización, ruina y desorden. Por ejemplo, *El italiano fingido* satiriza el *bel canto,* según ha estudiado Luigi de Filippo [1964]; y, entre decenas de testimonios, baste *La farsa italiana* (1770), donde payos y cazadores aplauden las seguidillas que canta Polonia Rochel, famosa tonadillera, mientras se ríen sin acritud de la música italiana, que nadie entiende.

Algunos intermedios son tanto de costumbres teatrales como polémicos, al elogiar el teatro breve, su gracejo y sus actores y, al mismo tiempo, protegerse contra quienes critican sus defectos: el *Sainete para empezar* (1770) rebate las diatribas del citado «Joseph Sánchez» y pone de manifiesto hasta qué punto la necesidad de sorprender y agradar obliga al autor a aguzar el ingenio. Una vez más Cruz rebate a quienes critican sin dedicarse a la tarea de escribir para los teatros:

> PEREIRA    Siempre estamos discurriendo
> y echando la lengua un palmo
> por los ingenios que son
> del público celebrados;
> ¿qué tiene que en los apuros
> que sin nada nos hallamos
> bueno, sacamos lo que hay
> sólo para salir con algo?
> Y al que le parezca entonces
> que es falta, o poco conato
> de las compañías, traiga
> piezas de gusto, aparato
> y novedad, y verá que
> son sus juicios temerarios [1985: 142, vv. 405-418].

El «intermedio dramático» *El pueblo quejoso* (1765) inauguró la temporada de invierno de María Hidalgo y su compañía en el teatro de la Cruz de Madrid. El autor había recibido la condena de Nipho, Clavijo y Fajardo, etc., por lo que don Ramón proclama su voluntad de servir lo que pide el público, a pesar de los ataques neoclasicistas. Situados los actores en el escenario y entre el público, todo el local se convierte en un foro de debate acerca del teatro coetáneo. María Hidalgo, la directora, «agradecida y postrada al pueblo», concluye a favor de la variedad en la programación, incluyendo tragedias y comedias arregladas,

> porque de esta suerte no haya
> quejosos por nuestra parte,
> y veamos si el mal estaba
> en quien oye las comedias
> o en quien las escribe [1996: 56, vv. 694-698].

10. *Sainetes paródicos*

Asimismo, en una especie de metateatralidad o de teatralidad en segundo grado, cultivar la gracia del pastiche y la parodia encuentra un firme apoyo en dos rasgos fundamentales de los intermedios: en su condición secundaria e incluso vicaria dentro del conjunto de la función, y en sus raíces inversoras y transgresoras respecto a lo que goza de predicamento literario. Las comedias de magia y los dramas históricos gustaban, no lo olvidemos, en la medida en que repetían desde hacía décadas los mismos códigos verbales y extraverbales, aunque fueran cambiando ligeramente con la ayuda de la ingeniería teatral. La competencia que el público tenía de los géneros más aplaudidos y de sus convenciones era enorme, y, por su larga pervivencia, los grados de hipertextualización y architextualización convertían a menudo algunas comedias «nuevas» en pastiches de otras anteriores.

El lenguaje amoroso del teatro breve acostumbra a remedar jocosamente el del código convencional de las comedias, y la desemantización de conceptos tan manidos en los dramas heroicos como el del «honor» favorece también su desfiguración e inversión paródica en el género entremesil. Una vez excluido *Zara* [Lafarga, 1977], *Manolo* (1770) sobresale entre los veinte sainetes paródicos, ocho de Cruz, inventariados por Ida L. McClelland [1970: I, 277-278], no en balde se trata de una de las obras maestras del teatro breve español. Según la «Advertencia» del autor, el objetivo es parodiar la declamación importada e impostada de ciertas tragedias y dramas de honor [1996: 319], y hay un coro en forma de comparsas, agniciones, inversión de la sublimidad. Sin embargo, según creo haber demostrado en otro lugar [1996], la obra no apunta tanto a la tragedia neoclásica, escasamente conocida, como al recitado francés, a Metastasio, Zeno y la ópera italiana y, concretamente, a *El Bayaceto,* adaptación de la tragedia de Pradon y de un melodrama italiano, que había acabado de traducir el propio Cruz. La referencia a *Le Cid*, de Corneille, es también indudable, al igual que en el sainete coetáneo *La fiesta de pólvora.*

Tras una *Introducción* de ciento cuarenta y dos versos, el argumento de los trescientos setenta y dos endecasílabos arromanzados de *Manolo* posibilita el acanallamiento de los héroes y el contraste degradatorio entre lo sublime y lo vulgar, con parlamentos ironizados y llenos de equívocos amén de situaciones grotescas. El protagonista retorna a Lavapiés, después de su presidio, y frente a una taberna, en presencia de personajes del hampa y la prostitución («Potajera» es un sinónimo de «ramera»), desarrolla la relación de sus «probezas» («proezas»). Luego, «se dirime la totalmente devaluada cuestión del honor —"mi honor valía más de cien ducados" [1996: 269, v. 289], dice la Potajera— a partir de la promesa de boda que le hizo diez años antes, aunque ahora ésta mantenga relaciones con Mediodiente (que ama, a su vez, a la Remilgada) y, en un final también paródico de las tragedias y los dramas de honor, todos van muriendo, con la burla de la retórica patética (las suspensiones, los apóstrofes, las interrogaciones indirectas, las referencias al destino, etc.) tras un combate a pedradas, patadas, cachetes y navajazos» [2003: II, 1672]. Toda la obra se inscribe también en la fosilización del sistema cultural barroco y de su axiología: para Julio Caro Baroja [1980: 66], *Manolo* «nos puede dar idea de un traslado paralelo de valores de la sociedad caballeresca a la sociedad artesana, del *linaje* al barrio». Y, en cuanto al sistema teatral, la pelea a puñadas y cuchilladas, el «honor» de los tunos, la promesa de casarse... contrahacen las comedias áureas. A pesar de lo que pudiera aventurarse, la obra rezuma la alegría de vivir de las calles y la creatividad (moral y comunicativa) del pueblo más humilde.

## 11. *Sainetes de circunstancias*

Las alusiones directas a la realidad complacen al público y pueden mover a risa. El recurso ha sido conocido por diversas culturas y en diversas épocas. Desde otro ángulo, no hay duda de la existencia de una cierta «estacionalización» de los intermedios, una manera de conferirles espacio y tiempo: Navidad motiva un ciclo temático, que se representa por esas fechas; el otoño trae consigo las castañeras y el verano las horchateras en las calles y en los escenarios; etc. No obstante, son raros los sainetes basados únicamente en un determinado suceso, y, por lo general, las menciones a las circunstancias reales acostumbran a diluirse entre otras muchas estrategias jocosas.

Coulon ha detectado en los sainetes de Cruz referencias a problemas coyunturales tanto de índole económica como política; así, el aumento de vigilancia a raíz del motín de Esquilache, veladas quejas sobre la carestía de la vida, etc. Con mayor concreción, «la exhibición en la capital de un elefante, que causó sensación en 1773, inspiró en Cruz *El elefante fingido,* la llegada al año siguiente de la "Giganta" se halla en el origen de *La boda de Chinita,* y el rumor que corrió en 1776 sobre que bastaba con pulir ciertas piedras del cerro de san Isidro para convertirlas en diamantes fue explotado por don Ramón en *El pedrero apedreado»* [1993: 108]. El propio Cruz muestra clara consciencia de este subgénero, al rematar *El elefante fingido* con estos versos:

| | |
|---|---|
| MERINO | Y si no agradó la idea, |
| | siquiera por ser del tiempo. |
| CON TODOS | Supla este defecto más |
| | quien suple estos defectos [1915-1928: II, 329b]. |

Según la minuciosa investigación de Gabriel Sánchez Espinosa [2003], un elefante asiático, regalo a Carlos III, fue desembarcado en San Fernando de Cádiz el 24 de julio de 1773 y llegó el 27 de octubre a Madrid: *El elefante fingido* se estrenó sólo unos días más tarde, el 12 de noviembre [Andioc y Coulon, 1996: II, 703]. El papel que representan en la pieza los gitanos remite, evidentemente, a la negativa imagen que propició diez años después una pragmática contra el nomadismo, y la afición por lo exótico que revela este motivo es relacionable con la que gozaban los avances científicos. El interés por los inventos subyace en algunos sainetes de magia o en las linternas mágicas, y aflora en diversas ocasiones, ya sea en la pintura, el periodismo o el teatro: verbigracia, de la fracasada tentativa de elevar un globo en Gerona surgirá el anónimo y bilingüe *Entremés de la máquina aerostática.*

## 12. *Algunas consideraciones finales*

Si no nos hemos detenido algo más en la ideología de don Ramón, se debe a una razón incontrovertible: el sainetero está obligado a simpatizar con el público, y las ideas de sus obras no son tanto las ideas del autor como las que puedan encontrar fácilmente el aplauso... y la risa. Se trata de una risa general, colectiva, probablemente más estentórea en el patio y la cazuela que en las localidades caras, pero compartida por todo el aforo desde el propio contrato de lectura, desde la predisposición con que se asiste a la representación de un entremés o sainete. El público ha abierto el paréntesis sociomoral de la risa y, consecuentemente, agradece la anomia, que por contraste pone de manifiesto lo considerado como normal y correcto, pero de una manera amplia y no muy precisa. Cuando el público acepte otros gustos y otras morales, Comella e incluso González del Castillo se permitirán enfoques más liberales y menos conservadores de los nuevos usos y costumbres.

Por otra parte, y a modo de síntesis incompleta, no conviene insistir demasiado por razones de extensión en algunos puntos ya tratados: hemos intentado valorar en páginas anteriores las innovaciones del teatro breve de Ramón de la Cruz, innovaciones en la estructura y los tipos o figuras característicos del género. Con todo, hemos considerado que hay una cierta exageración crítica en quienes ven en su obra rasgos ilustrados y hasta neoclásicos, por lo que hemos subrayado el tradicionalismo moral y el casticismo de sus sainetes. Cruz sirvió al majismo y criticó la petimetría por nueva y extranjera, por ser un fenómeno social extravagante y minoritario. Salvo en las pausas descriptivas de la exposición costumbrista, el sainete prefiere la burla y la sátira que representar la normalidad. Por esto, como ha verificado Coulon [1993: 333-343] y contra el parecer general, los sainetes que dedica a los majos y majas son claramente una minoría. En cualquier caso, el encuentro o choque de distintos grupos sociales beneficia la acción y la risa.

Asimismo, ya hemos comentado que la complejidad de la sintaxis dramático-narrativa, una cierta causalidad en la concatenación de las acciones, el casi total predominio de los desenlaces conclusivos, la doblada extensión de las piezas... aproximan la obra de Ramón de la Cruz a la comedia. Sin embargo, es injusto valorar las estrategias de la comedia por encima de la estética de la comicidad farsesca, del ingenio, la agudeza o el disparate, no sólo desde un punto de vista general sino, particularmente, en el caso de Cruz. En efecto, el autor madrileño continúa empleando una buena parte de los recursos entremesiles, tanto los lingüísticos como los extraverbales... aunque sólo sea por el modo de interpretar de los graciosos, los vejetes y las terceras damas. No conviene, por tanto, vestir al santo moderno desnudando al viejo; ni rezar a uno olvidando los muchos milagros literarios del otro.

En tercer lugar, ante la caricaturización frecuentemente degradatoria, la ironía, la hipérbole, la muñequeización de los petimetres, el énfasis de los modales y la apostura en majos y majas... hoy resultaría imposible sostener el realismo y la verdad del teatro breve de Ramón de la Cruz. Nuestros conceptos sobre la estética de lo real han variado respecto a los que aplicaba la crítica del XIX, por muy interesantes que todavía sean las apreciaciones de Cánovas del Castillo, Valera o Pérez Galdós. Incluso no es dable exagerar sobre la novedad costumbrista del sainetero madrileño, tan obvia para historiadores como Hamilton o Sainz de Robles: hay, en Cruz, un deseo de retratar y de pintar, que los decorados permiten algo más a partir de las reformas en los locales llevadas a cabo en la época del conde de Aranda. Y hay también una aproximación al lenguaje y a ciertos temas coetáneos (el cortejo, la educación, el matrimonio desigual...). Pero, de la misma manera, el estudioso del teatro breve barroco o de los entremeses de Antonio de Zamora encontrará ejemplos parecidos, muestras equiparables. Piénsese en los lindos y en los gurruminos a propósito de los petimetres, y en los intermedios costumbristas del Diecisiete.

La producción saineteril de Ramón de la Cruz prueba que con viejos mimbres puede hacerse un cesto nuevo. El dictado del público favorecía el casticismo tradicionalista y nacionalista, pero Cruz incorpora autores de la talla de Molière, Marivaux o Favart y, al amparo del éxito popular, alarga los intermedios, lo que le permite alejarse de la morfología y la tipología rudimentarias para acercarse a otras necesidades del consumo cultural. Hijo de su época, don Ramón no olvida la utilidad moral según Horacio, cultiva la polémica, adopta parcialmente la *dignitas hominis* en una comicidad que admite la risa franca y el esbozo de una sonrisa... Por todo lo cual, si González del Castillo dibuja una imagen de lo andaluz que seguirán Estébanez Calderón y tantos otros a lo largo del siglo XIX, Cruz perfila el madrileñismo decimonónico. Así lo leyeron y lo adoptaron como suyo en aquella centuria.

Hoy Coulon [1993: 564] ha reforzado los lazos entre Ramón de la Cruz, por un lado, y Tomás de Iriarte y Leandro Fernández de Moratín, por otro. Incluso en lo que peor sobrellevamos de la comedia neoclásica (su moralización), Cruz fue en cierta manera un precursor. Pese a los recelos coetáneos y el muy distinto tratamiento del material referencial. Por mi parte, creo que deberíamos dar otro paso crítico: si el teatro moderno se caracteriza por el predominio del diálogo y de la interacción de los personajes, es posible leer —contra el prejuicio antipopularista y antisainetesco— un buen puñado de piezas de Ramón de la Cruz como un primer hito en el camino de la dramaturgia de la intimidad y la cotidianidad.

EDICIONES

CRUZ, Ramón de la, *Nuevo drama cómico-harmónico intitulado: Quien complace a la deidad acierta a sacrificar,* Madrid, Imprenta de Antonio Muñoz del Valle, 1757.

— *Bayaceto,* autógrafo de 1769 (Biblioteca Histórica Municipal de Madrid, I 4,1 Olim 1-91-11).

—, *Manolo. Tragedia para reír, o Sainete para llorar,* Madrid, Joaquín Ibarra, 1784.

—, *Teatro o colección de los sainetes y demás obras dramáticas,* Madrid, Imprenta Real, 1786-1791, 10 vols.

—, *Colección de los sainetes, tanto impresos como inéditos,* ed. Agustín Durán, Madrid, Imprenta Yenes, 1843, 2 vols.

—, *Sainetes de..., en su mayoría inéditos,* ed. Emilio Cotarelo y Mori, Madrid, Bailly-Bailliére, 1915-1928, 2 vols.

—, *Doce sainetes,* ed. José Francisco Gatti, Barcelona, Labor, 1972.

—, *Sainetes,* ed. Mireille Coulon, Madrid, Taurus, 1985.

—, *Sainetes I,* ed. John C. Dowling, Madrid, Castalia, 1986.

—, *Sainetes,* ed. Francisco Lafarga, Madrid, Cátedra, 1990.

—, *Sainetes,* ed. Josep Maria Sala Valldaura con la colaboración de Nathalie Bittoun-Debruyne, Barcelona, Crítica, 1996.

IX. GONZÁLEZ DEL CASTILLO, por *Alberto Romero Ferrer*

Juan Ignacio González del Castillo (Cádiz, 1763-1800) —conocido fundamentalmente por su faceta como sainetero en el último tercio del siglo XVIII— nació en Cádiz el 16 de febrero de 1763, coincidiendo con uno de los momentos de mayor esplendor cultural y económico de Cádiz como ciudad ilustrada y cosmopolita, gracias a su rico comercio con Ultramar [Romero Ferrer, 2003b; y Romero Ferrer y Moreno Mengíbar, 2006: 119-135], dando forma teatral a ciertos fenómenos casticista de reacción anti-ilustrada [González Troyano, 1990], tal y como había ocurrido con el caso madrileño y Ramón de la Cruz. De ascendencia hidalga pero de condición humilde y de formación autodidacta desde pequeño, estudió gramática castellana, latina y francesa mientras se ganaba la vida como apuntador de las compañías de declamación en el Teatro Principal de Cádiz, conociendo de esta forma todos los entresijos del mundo escénico de la época. Fue también maestro de gramática de Nicolás Böhl de Faber, padre de Fernán Caballero. Murió el 14 de septiembre de 1800 a causa de la peste que sacudió la ciudad ese mismo año.

Desde el punto de vista ideológico, tomó partido contra los peligros revolucionarios en una línea muy similar al conde de Noroña o Juan Pablo Forner. Un aspecto que se puede rastrear en su *Versión parafrástica, en metro endecasílabo castellano, del Pigmalión, escena lírica original francés* (1788), en el soliloquio lírico *Hannibal* (1788), en el poema *La Galiada o Francia Revuelta* (1793), en la *Elegía a la injusta como dolorosa muerte de María Antonieta de Lorena, reina de Francia* (1794), en la *Oración exhortatoria* (1794) de carácter patriótico, antifrancés y antirrevolucionario [Sala Valldaura, 1995] y en su tragedia *Numa* (1799) [Froldi, 1999]. También intentó la publicación del periódico la *Floresta Erudita,* en la línea de la miscelánea dieciochesca [Ríos Carratalá, 1987].

El carácter aparentemente local de su producción breve, su discreto volumen —cuarenta y cuatro sainetes—, la fuerza de Ramón de la Cruz, el carácter anónimo con el que circula una parte importante de esta obra tras su repentina muerte, o la peculiaridad de las ediciones populares de la primera mitad del siglo XIX son algunas de las circunstancias que pueden explicar el desconocimiento generalizado sobre su figura y su obra, y su consideración como un autor de *segundo orden*. Sin embargo, a pesar de estos problemas las fórmulas experimentadas por González del Castillo, aun teniendo como modelo, en parte, el sainete de Ramón de la Cruz, que conocía de manera muy directa por su condición de apuntador del Teatro Principal de Cádiz, no obstante, sus fórmulas dramáticas aportan a la historia del teatro breve un *corpus* de textos que instauran unos nuevos esquemas técnicos y formales, que se identifican de manera muy acertada con los cambios que se producen en la mentalidad de la España contemporánea. A partir de este momento, el mundo estético creado por el sainetero gaditano permanecerá inequívocamente vinculado a la tradición sainetera de la Literatura Española de los siglos XVIII y XIX y muy vinculado también a la forja del mito andaluz contemporáneo [Romero Ferrer, 1998], que tanta repercusión en direcciones no siempre encontradas va a tener en el seno de la cultura europea. Sin embargo, a pesar de su impronta y originalidad, González del Castillo no alcanzaría a ver representadas sus obras en Madrid. Tampoco conseguiría publicarlas todas y, mucho menos, coleccionarlas. No obstante, sí publicaría en vida algunas obras, precisamente aquéllas que podían resultar más *cultas* [Ríos Carratalá, 1987].

Como puede observarse, respecto a sus sainetes la situación resulta completamente opuesta, pues no contamos con ningún material impreso de primera, ni tampoco con textos autógrafos seguros que pudieran servir de base para una edición. La mayor parte del material manuscrito de que disponemos en la Biblioteca Municipal de Madrid y el Instituto del Teatro de Barcelona —donde se conservan los fondos más importantes— son copias de finales del XVIII y principios del XIX, que suponemos de las compañías que habían incorporado a sus respectivos repertorios algunas piezas del sainetero gaditano. Curiosamente, hay que esperar hasta 1812, cuando aparecen los primeros ejemplares impresos y numerados en serie, aunque sin formar volumen ni mencionar el nombre del autor [González del Castillo, 1812a y 1812b]. En todas estas ediciones sueltas aparece el nombre de Juan del Castillo [Romero Ferrer, 2001]. Todo ello, más que como una carencia debe interpretarse como el resultado de una obra eminentemente teatral, no pensada para la lectura, y que continuaba teniendo bastante vigencia, al menos en los teatros del entorno tras la muerte del autor.

Con el paso del tiempo, el polígrafo Adolfo de Castro en 1845 y 1846 edita una colección en varios volúmenes *Con un discurso sobre este género de composiciones* [González del Castillo, 1845-1846], a juicio de Leopoldo Cano «con más prisa que cuidado», que consta de cuarenta y una obras, en donde junto con una buena parte de sus sainetes, también se incluye la escena lírica *Hannibal* de 1788, su tragedia *Numa* de 1799, la comedia *La madre hipócrita* de 1800 y varios poemas largos de corte muy variado. A esta edición sigue en 1914 las *Obras Completas* de la Real Academia en tres volúmenes [González del Castillo, 1914], a las que Cano añadiría algunas poesías líricas de 1795 —*Pasatiempos juveniles*—, dos comedias más: *Una pasión imprudente ocasiona muchos daños* y

*La orgullosa enamorada,* y otros sainetes que no se encontraban en la edición de Castro. El texto de Cano, un texto bastante limpio y en donde parece que se han cotejado los principales impresos y manuscritos de González del Castillo de la Biblioteca Municipal de Madrid, podría considerarse como el texto más definitivo aunque con ciertas reservas, debido fundamentalmente a los problemas derivados de la ausencia de unos soportes originales que pudieran considerarse más o menos fiables, y al caos que encontramos en torno a los sainetes del gaditano a lo largo de todo el siglo XIX y sus relaciones con el mundo del cordel, el plagio literario y la edición fraudulenta. Pues durante la primera mitad del siglo XIX continúan apareciendo copias manuscritas e impresos en Valladolid, Valencia, Cádiz, Sevilla, Madrid y Murcia. Además, estas ediciones sueltas solían cambiar el título del sainete, para adaptarlo así al nuevo contexto de la representación, o —y resulta bastante curioso— a la ciudad donde se estrena, a pesar del aparente localismo que este tipo de teatro suele utilizar. Son los casos, por ejemplo, de *El día de toros en Cádiz* y *La feria del Puerto.* El primero de ellos, en la edición valenciana de 1816, aparece bajo el título de *El gitano Canuto Mojarra o El día de toros en Sevilla,* con el que se representa a lo largo de todo el siglo XIX; mientras *La feria del Puerto* se estrena en 1812 en el madrileño teatro de la Cruz con el título de *La función de Vallecas.*

La situación editorial en que se encontraban los textos, por tanto, planteaba desde el principio una serie de problemas de datación, fijación textual, estudio de las fuentes, establecimiento del *corpus* original exacto de textos, incluso problemas de autoría. Algunas de estas cuestiones han sido más o menos resueltas para algunos textos, gracias a Sala Valldaura [González del Castillo, 1975b] que, junto con Bravo Villasante [González del Castillo, 1977], han realizado trabajos de edición esclarecedores sobre las muchas incógnitas que pesaban, entonces, sobre la obra del dramaturgo gaditano; y a los que ahora podemos añadir dos antologías más recientes, que vuelven a retomar el testigo de la investigación sobre el sainetero de Cádiz, de Alberto González Troyano y un equipo de investigadores del Grupo de Estudios del Siglo XVIII de la Universidad de Cádiz [González del Castillo, 2000a y 2000b]. Una labor que se complementa con otros trabajos de actualización bibliográfica sobre diferentes aspectos de su obra [Romero Ferrer, 2005b; Sala Valldaura, 1979, 1992b y 1996b]. No obstante, Romero Ferrer y Sala

Valldaura se encuentran ultimando una edición de sus *Sainetes escogidos* [González del Castillo, 2007], en que se pretende resolver las incógnitas textuales de sus sainetes más representativos.

A la hora de analizar los sainetes de González del Castillo surge de forma inevitable la comparación con el maestro del género en el siglo XVIII, Ramón de la Cruz [Cañas Murillo, 1996]. Ambos, como otros muchos autores que aun permanecen en el injusto letargo del olvido [Coulon, 1996], cultivaron una misma forma de teatro, ambos trataron temas muy similares, y ambos utilizaron la sátira y el humor como medios, pero también como objetivos, de un teatro que se debatía entre el desprecio de sus contemporáneos ilustrados y el aplauso, cada vez más fuerte, de los públicos más diversos. Todo ello dentro del doble combate que sacude la escena en la segunda mitad del siglo XVIII, con la imposición del dogmatismo neoclásico sobre las tablas, y la convivencia de la escenotecnia barroca con las incipientes transformaciones modernas de la caja italiana; además de las imposiciones materiales de este tipo de piezas: su carácter de intermedio entre dos jornadas de la función principal, la falta de tiempo para un completo desarrollo dramático de los personajes y de la acción, y, como consecuencia de todo ello, el vertiginoso ritmo de su breve y escaso *tempo* dramático. Unas circunstancias que imponen un marco de posibilidades técnicas bien distinto al que nos encontramos cuando se trata de una obra de mayores dimensiones.

Con todo, el sainete del gaditano, frente a Ramón de la Cruz, ganaba en dureza y radicalidad a la hora de plantear las situaciones. González del Castillo resultaba más arriesgado, más exagerado [Caldera, 1981], más duro y feroz para con una sociedad que aparecía retratada ahora bajo los reflejos del ridículo cómico y la sátira más paródica [Sala Valldaura, 1996b]. No en vano, éste era el grupo de sainetes, tal vez, más coherentes dentro de la producción del gaditano, aunque dicho aspecto también aparecía en el resto de su producción dramática breve.

Sin embargo, a pesar de estas diversidades temáticas que veremos un poco más adelante, al igual que ocurre con la fijación costumbrista del sainetero gaditano, y en cierto sentido muy vinculada a esta nueva perspectiva literaria, también encontramos otro elemento aglutinador y que viene a caracterizar sus sainetes de manera muy determinante frente a otras formas de teatro que cultivaría y frente a otros saineteros, incluso Ramón de la Cruz: se trata del nuevo uso del lenguaje [Pérez Teijón,

1985, 1990 y 1995], dentro de las técnicas expresivas propias de este tipo de teatro breve, con ciertas marcas casticistas nada ajenas al entorno cultural en que se mueve el autor [González Troyano, 1990]. Un lenguaje que, tanto desde un punto de vista dialectal como diastrático, con unos códigos semánticos totalmente nuevos como era el caso del lenguaje del cortejo, que en su día estableció Martín Gaite [1988: 221-229], aparece ahora como uno de los mecanismos más esenciales en la configuración cómica del personaje y su entorno, sin desterrarse otros objetivos muy prioritarios del sainete como era el intento deliberado de contribuir a la «veracidad costumbrista» predicada por Ramón de la Cruz, y que el sainetero madrileño aplicaba, de modo muy tajante, cuando reproduce el habla popular de los majos y plebeyos. La originalidad de Castillo consistiría en la incorporación de la periferia lingüística y de la marca del habla andaluza a los usos y los modos del sainete.

Y es que el lenguaje define al personaje [Sala Valldaura, 1996b: 242-256], nos informa sobre su procedencia social y geográfica, y en el caso de los sainetes de González del Castillo radicaliza —y no debe perderse de vista que nos encontramos ante un auditorio que debe reírse con el sainete— una de las principales formas expresivas de la comicidad: la comicidad del lenguaje. Comicidad que encuentra en el entorno lingüístico gaditano un poderoso elemento cómplice que, bajo las apariencias de la parodia y la deformación cómica, resulta totalmente verosímil desde los emergentes dictados de la «verdad del costumbrismo», cuyos objetivos últimos no pretenden sino darnos noticia exacta de lo que rodea al autor y al espectador. El nuevo lenguaje del sainete, la moda lingüística del cortejo, el gitanismo del majo [Romero Ferrer, 2007], la caricatura onomatopéyica del abate o la cursilería lingüística del currutaco resultaban por sí solos unos potentes aliados de las intenciones cómicas en este tipo de teatro, pero también —como ocurre en mucha literatura de la época— constituían un fuerte reflejo social de la Ilustración, aunque desde la censura y la mirada poco complaciente de la «hipérbole», la parodia y la caricatura.

Pero dentro de la aparente unidad que el humor satírico, el retrato social y el uso cómico del lenguaje dan a su obra breve, se podían distinguir distintos grupos temáticos, que también implican diferencias de carácter técnico a la hora de proponernos su retrato cómico, como bien nos señala Sala Valldaura [1996b: 167-178]. Así, podemos dividir sus sainetes en los siguientes grupos: 1) sainetes de ambiente gaditano; 2) sainetes de sátira social; 3) sainetes metateatrales; y, finalmente, 4) sainetes costumbristas.

## 1. *Sainetes de ambiente gaditano*

Un primer grupo pueden constituirlo los sainetes de costumbres ambientados en Cádiz. Esto es, los sainetes que retratan el Cádiz de la época y que poseen además el valor añadido del documento histórico que encierran. En este apartado vamos a incluir *El café de Cádiz,* que refleja precisamente desde la ironía el ambiente culto que respiraba la ciudad, y que quedaba muy testimoniado en las tertulias de carácter literario que se formaban en el café, como espacio para la discusión y el debate sobre el estado de la «República de las Letras». Se trata de un sainete que deliberadamente remitía a *La comedia nueva o el café* de Moratín, pero también a otros textos importantes de la Ilustración española como son el *Fray Gerundio*, del padre Isla, o *Los eruditos a la violeta*, del mismo Cadalso. En todos ellos —y en González del Castillo también— sus respectivos autores se adentraban, aunque desde perspectivas y maneras bien distintas, en el arduo problema del estado de la literatura, y muy especialmente, en el problema que conllevaba el nuevo estatus del escritor, de acuerdo con las también nuevas directrices ilustradas que predicaban, entre otros requisitos, su fuerte sentido ético, además de los cambios que sufre su consideración en el marco de los cauces y coordenadas de la vida literaria en la España de la segunda mitad del siglo XVIII.

En una línea bien diferente, otros sainetes que se pueden incluir no obstante en este grupo son *La casa nueva y La casa de vecindad,* que conocería segundas partes debido, con toda seguridad, al extraordinario éxito del primero [González Troyano, 1994a]. En ambos sainetes, frente al carácter más refinado del ambiente del café, encontramos unas coordenadas mucho más populares, bajo el pretexto de exponernos el problema de la carencia de casas para el alquiler. González del Castillo aparece aquí como censor, satirizando a nobles y clérigos, quienes controlaban el fuerte monopolio de la vivienda, como medio para mantener las rentas que les proporcionaban los alquileres. En estos sainetes, como figura especialmente significativa por su carácter intermediario aparecía el casero, una figura, entre cuyas funciones se encontraba la de vigilar para que los inquilinos no alterasen las buenas costumbres, especialmente las relativas a la relación de ambos sexos, y que al final aparece más como una figura cómica y ridícula, digna tan solo «de horca y cuchillo». Respecto a *La casa nueva* también había que subrayar sus fuentes italianas, especialmente el teatro de Carlo Goldoni y su comedia *La casa nova* [Gatti, 1943].

## 2. *Sainetes de sátira social*

Un segundo grupo, al que ya se ha aludido con anterioridad, lo constituyen los sainetes de sátira social. Son por su número el grupo más importante, y en ellos se ridiculiza el cortejo, el marido burlado y la falsa apariencia. Su núcleo argumental gira en torno al enfrentamiento endémico entre petimetres y majos, que aparecen siempre rodeados de la amplia estela masculina y femenina de personajes del cortejo amoroso del dieciocho en España: abates, currutacos, petimetras, don Líquidos, maridos cornudos [Martín Gaite, 1988], siempre en detrimento del concepto tradicional del matrimonio y la conducta femenina. Frente a estos personajes más principales, también aparecen aquí, como resultado de sus modas, una larga lista de tipos artesanales o profesionales —criados, peluqueros, médicos, boticarios, pajes, alguaciles, silleteros, maestros de baile— a caballo entre la galería de tipos cómicos tomados de la tradición entremesil autóctona, otras formas y comportamientos derivados, en parte, de la nueva organización social y de modelos muy afines también a la estética de la *commedia dell'arte*.

Con todo, la oposición majo-petimetre [González Troyano, 1996] constituía además todo un hallazgo teatral que, de manera muy sintética, condensaba de un lado, la tensión dramática y cómica de la pieza, y de otro servía además como esquema práctico y *realista* (algo que el espectador podía reconocer sin dificultad) de la oposición técnica entre lo que debía entenderse como protagonista y antagonista respectivos y complementarios de un núcleo argumental —el cortejo—, donde siempre se daban las mismas constantes; esto es, la burla del matrimonio en un sentido muy ambiguo desde el punto de vista ideológico, el juego de las falsas apariencias —el ridículo social—, un cierto libertinaje amoroso y el obvio desenlace cómico de ese pequeño argumento repetido hasta la saciedad en la tradición del teatro cómico europeo, sin olvidar —claro está— la fuerte tradición hispánica.

En este nutrido grupo podemos incluir, entre otros, *La boda del Mundo Nuevo, El cortejo sustituto, La mujer corregida, La maja resuelta, El marido desengañado, Los majos envidiosos* y *El letrado engañado.* El motivo esencial de todos estos sainetes es la burla al matrimonio. En todos ellos, suelen aparecer petimetras —o majas convertidas en petimetras— que, tras desafiar a sus respectivos maridos con los cortejos, suelen recibir un escarmiento final. También puede darse el caso del marido que no se decide a acabar con el cortejo de su mujer, por temor de ser tachado de antiguo:

> Mire usted, yo en algún modo
> me conformaría, cuando
> corriesen algunos días
> los cortejos con el gasto
> de la casa.

O el ejemplo de la maja de baja condición social que pretende vivir por encima de sus posibilidades, y adopta las formas de la petimetra, con el escarmiento final del marido. Pero frente a estos tipos, también encontramos el caso contrario: la maja *de rompe y rasga* que, orgullosa de su «aire de taco», se admira de lo que es:

> —¿Querrás bailar, mona mía,
> un minuet?
> —Yo no entiendo
> de arrastraderos de pies, mándeme poner el cuerpo
> como la sota de bastos
> y verá cual me meneo.

O aquélla que se escandaliza al ser llamada madama:

> ¿Yo madama? ¿Quién tal piensa?
> Ni lo soy, ni lo he sido
> no quiera Dios que lo sea.

De uno u otro modo, en todos ellos encontramos una censura moral —muy ilustrada, por cierto— y lo que se podría considerar como el reflejo de las clases más populares, dotadas ahora de una identidad propia y autóctona, frente a otros tipos más afines a la uniformidad cultural que implicaba la sociedad preburguesa de la Ilustración, y que se proyecta desde la parodia en los tipos del petimetre [González Troyano, 1994b], el abate, el usía o el currutaco, símbolos de lo nuevo y lo civilizado, pero también de lo falso y lo superficial. Todo ello dentro de una interesante y mucho más amplia polémica sobre «lo civilizado» que desde 1763 venía preocupando a los sectores más ilustrados de la cultura y la política.

En este grupo de sainetes, otro de los personajes que aparece es el del soldado, que encontramos como protagonista en *El recluta a la fuerza, El soldado Tragabalas* y *El soldado fanfarrón* (primera, segunda y tercera parte) —este último es el sainete que tuvo más vida en el teatro—, unas obras donde se actualiza la tradición del *Miles Gloriosus*. También el soldado suele aparecer como secundario al final de otros muchos, disolviendo los enfrentamientos y disputas entre majos y petimetres. Sobre este pequeño grupo de textos conviene detenerse en la peculiar situación geográfica y militar de la ciudad gaditana, que la convierte en un enclave de cierto relieve. Como plaza militar fuerte, González del Castillo sabía que contaba con una gran cantidad de soldados entre su público, que podían verse reflejados desde su peculiar vis cómica, en una serie de situaciones diseñadas para el entretenimiento, que además entroncaban con la fuerte tradición autóctona entremesil, de la que el «soldado fanfarrón» formaba parte inequívoca.

## 3. Sainetes metateatrales

Frente a estas obras más pendientes del entorno social contemporáneo, también encontramos otro grupo que gira, precisamente, en torno al propio mundo del teatro. Lo constituyen aquéllos que desarrollan el tema del «teatro dentro del teatro» de manera muy similar a lo que ocurre en Ramón de la Cruz. Se trata de unos textos donde se puede observar un mayor cuidado en el desarrollo de la acción y un mayor contenido de carácter ideológico.

El teatro dentro del teatro no era un tema nuevo en la tradición dramática española, pero sí constituía un polémico elemento de combate y disputa —incluso política— en el período ilustrado. La implantación de los dogmas neoclásicos en el ámbito de la escena, los problemas de la censura ilustrada sobre los repertorios teatrales —especialmente en lo que afectaba al repertorio barroco—, la situación material del teatro o los continuos deseos de reforma institucional de la escena, constituyen algunas de las líneas del fuerte debate que sacude el mundo político-teatral de la época, un mundo muy dividido ahora entre aquellas elites ilustradas que predicaban su absoluta transformación —Moratín, Jovellanos, el conde de Aranda— y el pensamiento reacio a todo cambio de una mayoría, donde se incluyen también muchos nombres del mundo literario, que defiende la situación teatral del momento. Un polémico y duro combate, que convierte la escena en un campo de batalla, en punto de mira de muchos, y al que tampoco va a escapar el sainetero gaditano, diana de muchas censuras y críticas, que veían en su forma de hacer teatro todos aquellos vicios y costumbres que habían de desterrarse de la escena, para su mejora, y para convertirla —como diría Moratín— en una auténtica escuela moral de costumbres sociales.

Así, por ejemplo, encontramos los despectivos juicios de Cavalery Pazos [1816], quien, dentro de esta línea de descrédito, al frente de una edición de los *Entremeses* de Cervantes de 1810, nos dice:

> Sin embargo, estas y otras expresiones [se refiere a los sainetes] no están vertidas con aquella copia ni con aquella bajura que causen la repugnancia honrosa, y el asco social que infunden muchos dramillas del pervertidor don Ramón de la Cruz, y casi todos los de su secuaz, más pervertidor que él, y más inmundo el tan famoso en las ciudades de Cádiz y San Fernando, don Juan del Castillo.

Como puede desprenderse de estas líneas, la consideración que el sainetero gaditano merecía para la crítica de su tiempo no resultaba nada benévola para con un teatro que, en última instancia, tan sólo merecía «el asco social», aunque el éxito y su repercusión popular contrastaban sobremanera, y, tal vez por ello, desataba el tono combativo y bastante exagerado de sus *cultos* detractores como Cavalery Pazos.

En esta línea, nos encontramos con sainetes como *El desafío de la Vicenta, Los literatos, El médico poeta* y *Los cómicos de la legua*. En todos ellos encontramos una dura parodia del mundo literario, muy centrada en los terrenos del teatro. En *El desafío de la Vicenta*, por ejemplo, aparece satirizada la Graciosa de una compañía de teatro, que defiende su derecho no sólo a protagonizar la comedia, sino a ser incluso el centro del espectáculo mismo —algo que ocurre en numerosas ocasiones con este tipo de teatro— cuando dice al público: «¿no sabéis que sin la graciosa / es el teatro una plasta?». Una frase que sintetiza con rapidez una concepción de la escena muy lejana a la mentalidad oficial de la Ilustración, donde sí debían desterrarse todos los graciosos, todos los efectos cómicos, todas las *Vicentas* que tanto escandalizaban a Moratín, frente al aplauso mayoritario del público. También en *Los literatos* González del Castillo plantea la importancia de ese mismo público frente a la opinión *culta* que descalifica el sainete, cuando por boca de uno de los personajes nos dice el autor: «no crean los menguados / que por denigrar las obras / de un autor digno de aplauso / procuran hallar motivo / de interrumpir sus trabajos». En esta misma línea, de un modo muy similar se nos dice en *El médico poeta* que: «a mí / me fastidian esas reglas / ¿Dónde hay mayor frialdad / que ver toda la comedia / en una decoración / y que los lances sucedan en pocas horas? No, amigo / lo que gusta a la cazuela / es ver ahora un palacio / luego una isla desierta...».

La opinión que el sainetero gaditano dejaba traslucir sobre su concepción del teatro se alineaba —al igual que ocurría con el pensamiento literario de Ramón de la Cruz— con un modo bastante distante de las reformas propuestas por nuestros ilustrados y neoclásicos «oficiales», lejos de aquellos dogmas que preconizaban, en última instancia, el distanciamiento del público teatral. Para González del Castillo, el teatro —al menos en sus sainetes— era otra cosa, más pendiente de la tradición autóctona anterior, pero también, fundamentalmente, un modo de entretenimiento que, sin desertar de otros objetivos y otras miras —como de hecho ocurre—, debía rendirse a las exigencias y los gustos del público, cuya asistencia garantizaba la continuidad de la representación.

## 4. *Sainetes costumbristas*

Sin embargo, a pesar de estas perspectivas que separan el sainete de la estética neoclásica, con todo, también encontramos otros enfoques que, paradójicamente a todo lo expuesto con anterioridad, lo emparentaban con obras tan comprometidas con la estética ilustrada como era el caso de *La comedia nueva o el café*. Se trataba ahora de subrayar la exhaustiva perspectiva contemporánea del sainete y su fuerte compromiso con el nuevo concepto de *mímesis* y modernidad literaria, de la mano de un reflejo social y del entorno bastante fiel —o al menos ése era su propósito— como en su momento Ramón de la Cruz subrayaría al prologar sus obras en 1786, insistiendo en que la vocación última de su teatro era «copiar lo que se ve, esto es, retratar los hombres, sus palabras, sus acciones y sus costumbres».

Como ya se ha señalado en alguna que otra ocasión [Escobar, 1988], el ideal literario que utiliza Ramón de la Cruz —también el sainetero de Cádiz— consistía en la «veracidad costumbrista»; un concepto que, a todas luces, se va a manejar, y muy consciente de sus precedentes literarios, como el principio estético en la nueva literatura romántica que implicaría *El curioso parlante*. El sainete, por tanto —y de manera muy especial los sainetes de González del Castillo, dada su fuerte vertiente andalucista—, se materializa como un terreno literario, pero también ideológico y social, donde verificar, donde proyectar, incluso experimentar, la nueva perspectiva que implicaba la mirada costumbrista, desde las esferas de la escena. El sainete venía a ser, pues, un espejo literario de lo que pasa entre nosotros.

Y es precisamente, dentro de esta perspectiva costumbrista muy presente además en todos sus demás sainetes, donde podemos relacionar de manera más específica una serie de obras de carácter más folclórico y más entroncadas en el entorno de un paisaje rural o urbano, que adquiere por sí solo un protagonismo escénico bastante relevante. En todos ellos, la oposición campo-ciudad suele jugar, también, un papel muy determinante en la configuración de los personajes y de la acción [Sala Valldaura, 1994b]. *Felipa la Chiclanera*, *El lugareño en Cádiz*, *El robo de la pupila en la feria del Puerto*, *El chasco del mantón*, *El payo de la carta*, *El gato*, *Los zapatos*, *El maestro de la tuna* podrían constituir este otro grupo, donde también deberíamos ubicar los sainetes de tema taurino: *El día de toros en Cádiz*, *Los caballeros desairados* o *El aprendiz de torero*.

En todos ellos aparecen siempre unos tipos plebeyos, muy caracterizados lingüísticamente, de origen rural y que tópicamente se dejan engañar ante los encantos de la ciudad, en este caso, Cádiz. Este ruralismo cómico de tan larga y extendida trayectoria en la Literatura Española, incluso hasta nuestros días, encuentra un buen caldo de cultivo en González del Castillo que, sin desertar de los modelos que le ofrecía la tradición cervantina del entremés barroco, incorporaba dichos modelos a unas realidades sociales relativamente evidentes en el entorno cultural donde se mueve el autor. Estos *payos*, honestos aunque cómicos, andaban a caballo entre la rusticidad cómica y simple del gracioso barroco —Mengo— y la honra del campesino calderoniano —Pedro Crespo—, en una curiosa síntesis de los esquemas establecidos por Salomon en su clásico estudio sobre los villanos en el teatro del Siglo de Oro [1985]. En cierto sentido, tal y como ocurre en *El lugareño en Cádiz,* suponían una actitud de contraste frente a la superficialidad también cómica de la larga estela de personajes del cortejo, como prototipos ridículos del nuevo hombre urbano y civilizado.

De aceptarse todas estas lecturas e interpretaciones del sainete y de González del Castillo [Romero Ferrer, 2003a y 2005b], víctima sin lugar a dudas de aquellos mitos antineoclásicos que señalara Sebold y de la consideración del teatro breve como un género poco digno de entrar en nuestras historias literarias [Coulon, 1996], se recuperaría la riqueza y pluralidad de un autor que, al igual que Ramón de la Cruz o Leandro Fernández de Moratín, se ubica en el complejo tránsito del corral de comedias a la escena de caja italiana. Y todo ello, con una obra tremendamente comprometida con su tiempo, aunque sin desertar de la fuerte tradición entremesil autóctona, que actualiza mediante personajes, recursos y motivos que, a partir de ese momento, se incorporan plenamente a la historia del teatro breve. González del Castillo era, pues, un peldaño más de este largo itinerario que va desde el paso renacentista de Lope de Rueda a la tragedia grotesca de Arniches [Huerta Calvo, 2000], dentro de un viaje muy entretenido por la Literatura Española.

EDICIONES

GONZÁLEZ DEL CASTILLO, Juan Ignacio, *Colección de sainetes de Juan Ignacio González del Castillo. Tomo I*, Isla de León, Francisco Perrín, 1812a.
—, *Colección de sainetes de Juan Ignacio González del Castillo. Tomo II*, Cádiz, Viuda de Comes, 1812b.
—, *Sainetes de don Juan Ignacio González del Castillo. Con un discurso sobre este género de composiciones por Adolfo de Castro*, Cádiz, Imprenta de la Revista Médica, 1845-1846, 4 vols.
—, *Obras completas de don Juan Ignacio González del Castillo. Con un prólogo de don Leopoldo Cano*, Madrid, Librería de los Sucesores de Hernando, RAE, 1914, 3 vols.
—, *El aprendiz de torero. La boda del Mundo Nuevo. La casa de vecindad, segunda parte. El desafío de la Vicenta,* ed. Josep Maria Sala Valldaura, *Estudios Escénicos,* 19 (1975b), pp.117-183.
—, *El café de Cádiz y otros sainetes,* ed. Carmen Bravo Villasante, Madrid, Magisterio Español, 1977.
—, *Antología de sainetes gaditanos. Juan Ignacio González del Castillo,* ed. Alberto González Troyano, Sevilla, Junta de Andalucía, 2000a.
—, *Juan Ignacio González del Castillo. Antología,* eds. Alberto Romero Ferrer *et al.*, Cádiz, Fundación Municipal de Cultura, 2000b.
—, *Sainetes escogidos,* eds. Alberto Romero Ferrer y Josep Maria Sala Valldaura, Sevilla, Fundación Lara/Clasicos Andaluces, 2007 (en prensa).

## X. MONCÍN, por *Jerónimo Herrera Navarro*

Luis Antonio Moncín (Barcelona, ¿?-Madrid, ¿1801?) hijo de actores y apuntador y actor —él mismo— de las compañías de Madrid y Cádiz, fue autor de más de un centenar de piezas dramáticas entre comedias, sainetes y loas. Moratín y otros ilustrados lo consideraban, junto a Comella, José Concha, Laviano, Rodríguez de Arellano, etc. como uno de los máximos responsables del «mal gusto» que imperaba en el teatro, sin embargo, fue uno de los poetas dramáticos de más éxito popular en el último tercio del siglo XVIII.

Su obra ha merecido poca atención de la crítica. Dejando aparte las breves referencias de los estudios de conjunto sobre el teatro del período, sólo encontramos un trabajo monográfico sobre sus sainetes, debido a Heinrich Richard Falk [1985: 77-88], y los capítulos que le dedica Emilio Palacios [2004: II, 249-261] sobre sus loas cortesanas y cómicas, y su biografía. Moncín escribió —según el recuento de Emilio Palacios Fernández [1998: 301-302]— ocho loas, cincuenta y siete sainetes y dieciséis fines de fiesta entre 1777 y 1800.[2] La mayor parte, después de su jubilación en 1792. De ellos, sólo una pequeña parte, vieron la luz en ediciones sueltas de la época y nunca después se han publicado, a pesar de que algunos sainetes se representaron con asiduidad hasta mediados del siglo XIX.

Palacios Fernández [1998: 221-249][3] ha estudiado las *Loas* de Moncín, distinguiendo entre las cortesanas, cuya finalidad era festejar el cumpleaños del reyo de la reina, o algún acontecimiento de gran significación política o social, y las cómicas, que servían para presentar al público la nueva compañía que iniciaba la temporada teatral. Dado el número y las circunstancias en que se pusieron en escena, se puede considerar a Moncín como el dramaturgo preferido por las autoridades municipales de Madrid en la última década del XVIII para encargarle estas obritas de circunstancias que constituían un género ya en franca decadencia. De las primeras nos han llegado seis: *Carlos III aplaudido en el templo de la fama* (1788), *Las virtudes son su trono* (1792), *Madrid aplaude a su reina* (1793), *La mayor reina es Luisa* (1795*), Marte desarmado por la paz* (1795) y *El rey es sol en su reino* (1797). Se representaban en las ocasiones señaladas en que la función se vestía de gala, con asistencia de las autoridades, iluminación especial y decorados y vestuario cuidados al máximo. Destinadas al elogio del monarca o de la reina consorte, y a resaltar los éxitos de su política a

---

[2] Creo que en esta época no hay diferencias estilísticas ni genéricas entre *sainetes* y *fines de fiesta*. Sólo son distintas denominaciones que se utilizaban para diferenciar el sainete normal que se intercalaba entre la segunda y la tercera jornada de la comedia, y el que cerraba una fiesta o función formada por varias piezas cortas. De hecho, se utilizaba indistintamente las dos denominaciones para referirse a la misma pieza, como en el caso de *La dicha inesperada,* calificada de «sainete» en el manuscrito y de «fin de fiesta» en el recibo firmado por el autor, que se representó el 21 de enero de 1793 con *El Atolondrado,* pieza jocosa en un acto de Vicente Rodríguez Arellano y *El Pigmalión,* escena unipersonal de Francisco Mariano Nipho [Andioc y Coulon, 1996: 435, 585].

[3] Agradezco a Emilio Palacios la generosidad con que me facilitó la transcripción de las loas de Moncín para este estudio.

través de fábulas mitológicas o leves argumentos alegóricos, Moncín demuestra dominar los recursos habituales en este tipo de piezas: la espectacularidad, el estilo retórico y altisonante, la simbología fácilmente entendible para el público popular, el acompañamiento musical y el canto que transformaban a veces la pieza en breves zarzuelas o tonadillas, el baile, etc. De las últimas, sólo dos: *La despedida de la Victoria Ferrer* (1794) y *La nueva compañía de Luis Navarro* (1795). En ellas, Moncín, cómico al fin, se acerca a las costumbres de las compañías según antigua y gastada fórmula. En la primera, se despide a la segunda dama de la compañía de Eusebio Rivera, Victoria Ferrer, mujer del propio Moncín, por jubilación y se da a conocer a su sustituta. En la segunda, se presenta a la nueva compañía de Luis Navarro, actor procedente de Cádiz al que encargaron una de las dos «autorías» de Madrid. Encontramos los tópicos habituales: alabanzas a la ciudad de Madrid, elogios al público con el fin de ganarse su aplauso, reiterados propósitos de aplicación y estudio para servir a Madrid, solicitud de comprensión y benevolencia, etc.

Heinrich Richard Falk [1985], en su estudio de conjunto del teatro menor de Moncín, clasifica sus ochenta y una obras en cinco apartados atendiendo a los temas dominantes: matrimonio (treinta y siete); reforma de las costumbres y de la moral (veintisiete); materia teatral (seis); loas (cinco); miscelánea (seis), aunque en muchas piezas se superponen el tema del matrimonio y la reforma de las costumbres y la moral. También destaca que lo más significativo sobre la elección de los temas y asuntos de estas obras es que la mayoría, aproximadamente un 85 %, pone de relieve temas o asuntos asociados con los objetivos de reforma de la Ilustración española en vez de los temas más frívolos e intrascendentes del teatro menor tradicional [Falk, 1985: 82].

Como también dice Falk [1985: 80], la censura influyó de manera decisiva en Moncín para que extremara en sus sainetes el fin didáctico y moralizador, sobre todo a partir de 1795 en que empieza a añadir a sus obritas un prólogo en que explica y justifica la intención moral y las enseñanzas que se encuentran en ellas. Y, sin embargo, hay que destacar que muchos sainetes de Moncín no sólo alcanzaron una considerable aceptación en su época, sino que se repitieron con frecuencia en la centuria siguiente, algo que no consiguieron otros autores populares del XVIII, lo que demuestra que consiguió conectar con los gustos del público más allá de las circunstancias del momento.

Vamos a pasar revista a los sainetes de Moncín que más éxito tuvieron en su época con el fin de aproximarnos a su fórmula dramática, es decir, conocer los elementos que le permitieron conectar con los gustos del público y, sobre todo, y más difícil tratándose de estos géneros menores, que le hicieron reírse y pasar un rato divertido. También de esta forma, podremos valorar su originalidad y su aportación a la renovación y modernización del género. Los más representados fueron los siguientes:[4]

A) Tratan del matrimonio como tema dominante: *Casarse con su enemigo* (1777), *La inocente afortunada* (1787-1788), *Las astucias conseguidas* (1788), *Aunque estimule el amor, vence la virtud y honor, o La manchega honrada* (1789), *Los criados embrollistas* (1790), *La dicha inesperada* (1792), *Herir por los mismos filos* (¿1792?), *A pícaro, pícaro y medio* (1794), *Los dos viejos: uno llorando y otro riendo* (1795), *Todos embrollados y ninguno con razón* (1796) y *El queso de Casilda* (1800).

*Casarse con su enemigo* (1777) es un sainete de ambiente rural en que se trata de forma burlesca o paródica un asunto trágico amoroso inspirado en el *Romeo y Julieta* de Shakespeare, o seguramente más en la comedia *Los bandos de Verona, o Montescos y Capeletes,* de Rojas Zorrilla que se representó en 1776. Antón Peroles, que ama a la andaluza Churumba, ha matado a su padre, un borracho, en una riña de taberna, y ella y sus hermanos buscan al autor desconocido de su muerte para vengarla. La muerte del padre la cuenta el propio Antón de forma burlesca. No obstante, el enredo cómico termina con el matrimonio de los antagonistas iniciales. Es muy divertido y original pues probablemente es una de las primeras apariciones del mito de «Carmen», la andaluza que enamora a todos, al borde o dentro de la delincuencia.

*La inocente afortunada* (1787-1788) es un sainete de ambiente rústico y de crítica de costumbres en que se predica el casamiento por amor y la igualdad social en el matrimonio, al tiempo que se condenan los en-

---

[4] El éxito sólo se puede medir a través del número de veces que se ha puesto en escena, ya que normalmente cuando un sainete gustaba se volvía a programar. En cambio, si «apestaba», como decían, se quedaba, como ocurrió con cientos de ellos, olvidado en los estantes del Archivo de Teatros del Ayuntamiento de Madrid, y no se volvía a representar. Para ello, he utilizado los trabajos de Andioc y Coulon [1996] y Juan Fernández Gómez [1993].

laces impuestos a la fuerza. También se añade una nota a favor de la instrucción y de la alfabetización en los pueblos pequeños. Es el esquema de una comedia sentimental como las que estaban de moda en esos años: hijo del señor del lugar que ama a una pobre aldeana, boda a la fuerza que no se llega a celebrar de la muchacha con un campesino rico y reconocimiento final de la aldeana que resulta ser hija secreta de un noble, lo que permite la boda por amor. Sólo que se añaden elementos burlescos (boda campesina remedando el estilo de la alta sociedad, carácter exageradamente bruto y vulgar del campesino rico) y el escarmiento final al novio rústico que no acepta su postergación en favor del joven noble.

*Las astucias conseguidas* (1788) es un sainete de ambiente rural y militar en que el protagonista, un soldado-criado pícaro, que hace gala de su astucia y de su ingenio, auténtico director de escena y autor, idea un enredo para conseguir el casamiento por amor de su señor con la mujer que ama, a pesar de la oposición de sus tíos pertenecientes a la hidalguía del lugar. Sin embargo, desecha el desorden moral (la fuga de los enamorados) como solución. La comicidad parte de las situaciones que provoca el enredo y además se usan recursos tradicionales como las actitudes y el lenguaje rústico, los nombres grotescos de los personajes, así como la parodia del drama de honor, con otros procedentes de la realidad social contemporánea, como la ridiculización de los hidalgos hinchados de nobleza y de algunas costumbres y modas de la corte.

*Aunque estimule el amor, vence la virtud y honor, o La manchega honrada* (1789) es un sainete moralizante de ambiente rústico sobre el casamiento a la fuerza, el casamiento por amor y la fidelidad en el matrimonio. Teresa, después de casarse a la fuerza con Lorenzo, sigue queriendo a su antiguo novio Felipe, que ha regresado después de estar un tiempo fuera. En esta situación de triángulo amoroso, Teresa mantiene la fidelidad al marido. Sin embargo, el tercero en discordia no acepta esta situación y, además se considera agraviado porque ella no lo esperó. La solución pasa por encontrarle una mujer a su gusto que le haga olvidar a Teresa, y así, aparece en escena Rosa, hermana de Teresa que amaba en secreto a Felipe. Ella lo conquista vestida de hombre, por lo que se produce una escena de cambio de sexo llena de equívocos y de referencias humorísticas a este hecho, como cuando Lorenzo la ve vestida de hombre y exclama: «ay que quiere la gallina / ser gallo y cacarear» [fol. 13r.], o al ver Felipe a Rosa disfrazada de forma ridícula de estudiante, le dice que parece una «tiple de una catedral». Los caracteres de los personajes son muy exagerados: el tío Gregorio, padre de Teresa, es muy bruto; Lorenzo, muy vulgar, que se las da de muy fiero pero que a la hora de la verdad se las traga todas; Felipe, soldado, muy bravucón en el papel de hombre ofendido y agraviado, etc., lo que genera situaciones de gran eficacia cómica. En definitiva, plantea la contradicción de que a pesar de casarse a la fuerza y de querer a otro, la mujer tiene que anteponer su virtud, honestidad y fidelidad al marido antes que el amor, por muy grande que sea, al hombre del que de verdad estaba enamorada antes de casarse a la fuerza. La pieza sin duda tuvo dificultades para pasar la censura y por eso aparece en la portada «nuevamente corregida», ya que además la que se conserva manuscrita es la versión para imprimir. Sin embargo, parece ser que no se llegó a publicar.

*Los criados embrollistas* (1790) es un sainete de enredo para conseguir casar a dos personas enfrentadas por un pleito: una viuda joven con el heredero de su marido, un joven y apuesto oficial del ejército. El «embrollo» lo idean la criada de la viuda (Inés) y el del oficial (Carrasco) que a su vez se quieren, para conseguir estar juntos y casarse. Ellos dos no sólo hacen gala de ser «embrollistas», sino que rivalizan en ser uno más que el otro. Un pretendiente de Inés (Pascual), conocedor del engaño, lo quiere estorbar fomentando el interés de un caballero extremeño por la viuda y descubriendo el enredo, sin conseguir evitarlo. Los auténticos protagonistas son los dos criados, Inés y Carrasco, pícaros e ingeniosos, que dirigen al resto de personajes según el guión que sobre la marcha improvisan. Es un sainete muy divertido en que se multiplican los elementos cómicos: parodia de la trágica muerte que se da el enamorado desesperado clavándose un puñal en el pecho (lo cuenta Inés a su señora: «si no ... le detiene ... creo se hace un agujero / en medio del corazón / tan grande como un sombrero / de moda» [8]); situaciones propicias para la risa que proceden del propio enredo, como la escena en que se encuentran los dos criados con sus respectivos amos, y les van dando instrucciones a sus señores, por señas o repitiendo con intención —como un eco— las palabras significativas y adelantándose a contestar para no contradecirse [9] o la renuncia del caballero extremeño a sus pretensiones sobre la joven viuda, espantado por la amenaza de Carrasco de morir ejecutado por interponerse en los amores de su señor. Cuando los

amos les pillan en un renuncio, Inés, más hábil, le pasa toda la responsabilidad a Carrasco, que reconoce: «ya veo yo que en mentir / me aven-
tajas, y que es esto / al maestro cuchillada» [10], etc.

La dicha inesperada (1792) se ambienta en Andalucía y concretamente en la ciudad de Baza. Es un sainete costumbrista sobre el matrimonio por amor, el casamiento desigual, la problemática de la mujer
casadera y la relación paterno-filial. Una dama se enamora de un criado de su padre y se encuentra melancólica y triste porque no se lo puede declarar a nadie por el rechazo que produciría tal hecho. El padre,
preocupado por el estado en que se encuentra su hija, prepara una función casera con el fin de animarla. Resulta al final que el criado (secretario de su padre) era un joven de noble cuna que había cambiado
de identidad y entra a servir en la casa de la dama por amor hacia ella.
Aclarados los enigmas, después de los equívocos pertinentes, se llega al
final feliz con el casamiento por amor e igual de ambos jóvenes. Se trata de un sainete que cumple una función estructural de intermedio: por
un lado, es fin de fiesta de otras dos composiciones anteriores y, por otro
lado, sirve de introducción de otra pieza, especie de pantomima con
música. Es novedosa la forma de tratar la relación paterno-filial, presidida por el amor y el cariño entre padre e hija y la búsqueda de la felicidad de la hija. También es novedosa la introducción de la realidad
social con la problemática del casamiento para la mujer, ejemplificada
en el caso de una criada obsesionada por encontrar marido, por la carga que suponía para el hombre el mantener a la mujer sin dote. También
es destacable la introducción de la figura, de gran comicidad, de un peluquero, atraído por la función casera que se prepara, que exhibe como
si de un artículo de gran valor se tratara, la peluca y el peluquín, y el
uso que hace de tal objeto para transformarse —teatro dentro del teatro— en diferentes y opuestos personajes de obras dramáticas gracias a
la importancia de la peluca como elemento caracterizador en el teatro.
En cierto modo, se puede considerar este sainete como una especie de
parodia de la comedia sentimental sobre el casamiento desigual, ya que
utiliza el esquema básico de este subgénero al que se añaden otros ingredientes cómicos dirigidos a hacer reír, como los ya señalados del peluquero y criada desesperada por no casarse, y además, un abate italiano
ridículo y un bailarín chiquitín que hace de «guapo».

*Herir por los mismos filos* (¿1792?) es un sainete costumbrista de ambiente urbano sobre los inconvenientes de acordar los padres el matrimonio de los hijos sin que los futuros esposos se conozcan. Desde una perspectiva racional, se pone en cuestión este sistema y tanto el joven novio como el padre de la chica actúan de forma premeditada para evitar esos inconvenientes y promover el matrimonio por amor. Así, para tener mayor libertad y poder conocerse mejor sin sujetarse al compromiso ya adquirido, se disfrazan ambos de sus respectivos criados, con lo que se produce el efecto, muy divertido, de que los criados son los que hacen de señores y los señores de criados, el mundo al revés, típico del Carnaval. Los criados parodian el lenguaje amatorio galante, a base de utilizar un estilo gongorino hinchado y ridículo que provoca la risa. También parodian de forma ridícula una escena de *Las armas de la hermosura* de Calderón. Al mismo tiempo, se producen los equívocos naturales en situación tan resbaladiza. Se entromete otra hermana de la novia, una beata gazmoña e hipócrita que actúa con dos caras opuestas y provoca situaciones jocosas al ridiculizarse y condenarse este tipo de comportamientos. Al final, a pesar de los disfraces, el amor salta entre los novios y los dos jóvenes enamorados quedan casados con su recíproca conformidad.

*A pícaro, pícaro y medio* (1794) es un sainete ambientado en Sevilla, en el mundo de los negocios con América, en que el protagonista, un nuevo criado pícaro-mago-director de escena, idea un enredo para conseguir el matrimonio de su amo con la mujer a la que quiere y que le corresponde. El fin que se pretende es moralizador y por ello se critican los matrimonios por interés y a los padres que no tienen en cuenta los deseos de los hijos en materia de casamiento. La comicidad procede del propio enredo y termina con el chasco al personaje negativo, el aprovechado e interesado que quiere casarse por el dinero.

*Los dos viejos: uno llorando y otro riendo* (1795) es un sainete en que se actualiza la tradicional burla de tema amoroso a los vejetes, pero se hace desde una perspectiva racional e ilustrada, para demostrar lo antinatural y absurdo de la pretensión de casarse con una niña, y con fin moralizador. Para complicar la acción y dar pie a las abundantes situaciones cómicas, algunas hilarantes (por lo que las acotaciones son más detalladas y precisas en éste que en otros sainetes), se parte de dos protagonistas opuestos, uno risueño y otro llorón, cual modernos Demócrito y Heráclito, que quedan convenientemente escarmentados al ser enfrentados con sus futuras esposas, caracterizadas como sus antídotos: la gazmoña para el alegre y la petimetra atolondrada y festiva para el triste. De esta manera, el chasco tiene intención aleccionadora y correctiva, con lo que se mantiene el respeto a la figura paterna. Don Quintín, uno de los viejos, declara expresamente la moraleja del sainete: «Teófilo, el caso presente / es un bravo desengaño / para muchos viejos, que / con niñas de pocos años / quieren casarse, pues ellas / siempre, hombre, se están burlando / de los viejos; y los mozos, / dicen, somos unos fatuos» [vv. 629-636]. Termina con la opuesta reacción de cada viejo, según su carácter. Para don Quintín «el chasco ha sido gracioso» [v. 637], mientras que para don Teófilo «¡ha sido maldito el chasco!» [v. 638].

*Todos embrollados y ninguno con razón* (1796) es un sainete de enredo en que se critica el casamiento a la fuerza por interés y se defiende el amor en el matrimonio. Se ambienta en Sevilla entre artesanos y miembros de la clase media que adoptan actitudes y comportamientos de las clases altas. Un sastre quiere casar a su hija con el hijo del más rico fabricante de suela de Sevilla, mientras ella ama a otro joven, pobre y sin empleo. Cuando ya está ajustada la boda a la fuerza, se presenta el joven pretendiente y se producen una serie de confusiones que provocan los celos cruzados entre los dos enamorados y el carpintero y su mujer que viven enfrente. El doble «embrollo» es obra de la casualidad y de las coincidencias y origina múltiples situaciones cómicas basadas en la parodia de los agravios de honor. Al final, se aclaran los embrollos y se rompe el matrimonio impuesto, lo que da paso a que el padre despótico reconsidere su postura y acepte al novio pobre que entretanto ha encontrado un empleo digno en el comercio de Cádiz.

*El queso de Casilda* (1800) es un sainete de ambiente rústico en que se enfrenta el mundo militar y el campesino en relación con el tema del casamiento. Se pretende avisar a las campesinas casaderas de los abusos que cometen los soldados cuando se encuentran acampados en los pueblos. Así pues, tiene una intención moralizante, ya que aconseja a las campesinas que se casen con sus iguales por muy simples que sean, y no se dejen deslumbrar por los soldados y oficiales por apuestos que parezcan ni se fíen de sus promesas de matrimonio. De esta manera, cuando llegan noticias de que la tropa tiene que marchar, el lugar se alborota. Dice el alférez: «las mozuelas por las calles / andan gimiendo, y llorando / que es una lastima verlas / su fortuna renegando» [11].Y Repollo lo explica: «sí, pues ven por su desgracia / el cantar acreditando. / *Canta* (polaca): El amor del soldado, / no es mas que una hora, / y en tocando la caxa / a Dios señora» [11]. La moraleja queda expresada por Gallarda: «escarmienten mis amigas, / y estimen a los paysanos, / que aunque encanta un Oficial, / mas vale pájaro en mano» [12]. Los recursos cómicos que incorpora se basan en la parodia del mundo del honor del campesinado tal y como aparece en los dramas de Calderón (*Fuenteovejuna, Peribáñez*): el campesino Juan Repollo, novio de Casilda, simple y bobo, a cada insulto («zanguango», monigote, estúpido, etc.) o gesto ofensivo («un rempujón», una bofetada) que recibe del capitán o de un soldado, se plantea si le han hecho o no agravio y reacciona pensando si tiene o no que vengarlo «voy a pensar bien / como quedaré vengado» [8]. En definitiva, es un cobarde y sólo habla como un bravucón o un guapo cuando ve que no hay peligro, pero al final queda triunfante con su Casilda cuando los soldados se van y las demás mozas se quedan compuestas y sin novio. Casilda le gana en astucia y empeño al capitán y consigue quedarse con el queso que le robaron los soldados (al final se lo devuelven) y además con el duro que le pagó por él.

B) Tratan de la crítica de costumbres y de la crítica social: *El manchego en la corte* (1786), *El avaro arrepentido* (1787), *El criado embrollador* (1788), *El celoso burlado* (1793), *El que la hace, que la pague, y robo de la burra* (1793), *El disfraz venturoso* (1794), *El pícaro castigado o las dos llaves* (1794), *Los malos criados* (1797) y *La boda del tío Carcoma* (1798).

*El manchego en la corte* (1786) es un sainete, por un lado, de tipo panorámico de costumbres sociales de la vida madrileña y, por otro, de burla al payo (viejo recurso cómico, muy repetido) que llega a Madrid con burro y todo a vender su azafrán, lo que genera situaciones cómicas al enfrentarse desde sus costumbres y lenguaje rústico a las modas y costumbres de la corte. Este sainete no tiene intención moralizadora expresa, sólo se critican algunos comportamientos y tipos sociales: como a la usía y al fingido abate que es un ignorante, a las petimetras que van a la caza y captura de algún extranjero, etc. El objetivo principal es la diversión y la risa. Además de las situaciones a las que se enfrenta el manchego en la Puerta del Sol (unos chisperos pretenden sacarle algo, un borracho quiere venderle unas tijeras, unos ciegos cantan romances, una cuajadera le reclama la taza de cuajada que le ha dado y que se ha roto sin llegar a su boca al recibir un empujón de un mozo, una pelea con el borracho que le acusa sin fundamento de haberlo herido, etc.), recibe una carta burlesca en estilo rústico que parodia las cartas que se enviaban a provincias con las novedades de la corte, y tiene lugar una escena muy graciosa en que un suizo, que vende todo tipo de productos, habla en francés al manchego y éste, que no le entiende, sin cortarse lo más mínimo, va traduciendo de forma disparatada por similitud con algunas palabras españolas. No obstante, el manchego, como si llevara aprendida la lección, evita desde el principio la burla y que se rían de él.

*El avaro arrepentido* (1787) es un sainete de enredo ambientado en Madrid, cuyo objetivo es dar un chasco a un avaro mercader que mete en la cárcel a un honrado padre de familia porque le debe dinero. La escena inicial, patética y lastimosa como las comedias pertenecientes a este género que obtuvieron tanto éxito en las últimas décadas del XVIII, justifica el chasco al avaro por su crueldad y falta de sentimientos. El auténtico protagonista es el criado Zarambullo, ingenioso y ocurrente, que pone en evidencia la avaricia del viejo mercader. Al final, en vez de la burla habitual en este tipo de piezas, el propósito didáctico y aleccionador que siempre se persigue, posibilita su arrepentimiento y corrección, y el matrimonio por amor de su hijo, antes imposible por el rechazo social que suscitaba la avaricia. No obstante, los recursos cómicos giran alrededor del carácter ridículo y caricaturesco del avaro y de las situaciones que dan lugar al chasco, algunas extremadamente jocosas, como la escena en que el avaro, vestido con un cabriolé, corre detrás del criado gritando «¡al ladrón!» y todos lo creen loco.

*El criado embrollador* (1788) se ambienta en Madrid y tiene una intención claramente moralizadora: condenar la conducta nociva y desordenada del joven derrochador y calavera, mal aconsejado por un ridículo maestro de petimetría (Sandalio), y mal acompañado por un criado pícaro de estirpe goldoniana, «embrollador» y, al final, ladrón (Carlos) que es el auténtico protagonista. En palabras de Sandalio: «Carlos es buen muchacho, / hombre de bien, y el más fino / pícaro que vi en mi vida. / Con qué maña y artificio / engaña a los mercaderes. / Sabe dar plazos fingidos. / A los usureros hace / trampas; al enfurecido / acreedor templa; destruye / una casa a su alvedrio; / casi, casi a mi me iguala» [fol. 9v.]

La comicidad gira alrededor del criado y del personaje ridículo, don Sandalio; el padre del «calavera» aparece caracterizado como «bobo», pero hay que resaltar la modernidad que se observa en algunos recursos cómicos que utiliza Moncín, más sutiles que los habituales que provocan la risa (caídas, sustos, sorpresas, etc.), como atribuir el criado Carlos a un personaje la condición de loco para hacer verosímiles las mentiras urdidas en su enredo, y luego, tener que continuar el juego, otorgando igual condición a otro, para que entre ellos no descubran la verdad, de forma que cada uno considera que ha perdido el juicio el otro. También, el golpe de efecto, de preparar al interlocutor para que pueda esperar una respuesta concreta, y luego salir con otra totalmente opuesta. En relación con el entremés tradicional, se ha sustituido la burla y la transgresión por la intención moralizadora. Asimismo, sustituye los personajes tradicionales por otros pertenecientes a la sociedad contemporánea, como el petimetre ridículo, el joven «calavera», el criado pícaro, y únicamente queda el padre que hace de «bobo», pero no es objeto de burla, sino que al final se le hace justicia y se restablece el orden. De igual forma, el alcalde de barrio representa a la autoridad y a la justicia pero rectamente interpretada. A los tres personajes criticados se escarmienta pero en distinta medida. Al maestro don Sandalio se le condena y se le promete castigo, por haber aconsejado mal al joven y ser el responsable de su conducta. También el criado es castigado, por pícaro y embrollador, y el «calavera» pide perdón, reconoce sus errores y reniega del amigo y maestro. El premio es el perdón del padre y el casamiento final con la joven a la que ama.

*El que la hace, que la pague, y robo de la burra* (1793) explota nuevamente la burla a un viejo avaro y usurero que, en esta ocasión, se opone por codicia al casamiento de su sobrina. Se ambienta en el pueblo de Móstoles, próximo a Madrid. Parte de la tradicional burla al vejete mediante el robo, y luego juega con el equívoco que se produce entre el robo de la burra y el de la sobrina para finalmente llegar a una doble moraleja. La primera, que el robo de la muchacha es por un buen fin: el casamiento por amor y para vencer la oposición irracional e interesada del tío a la boda; y la segunda, que «el que la hace la paga», y por eso se castiga al ladrón de la burra, al delincuente. Frente al final desordenado y trasgresor del entremés tradicional en que se daba escarmiento al avaro con el robo de su dinero y el engaño de la mujer, aquí el orden y la razón ilustrada obligan a un final en que se restituya el orden, sin consentir ninguna tolerancia al fin de la diversión. Así pues, la moral se impone por encima del fin lúdico y de diversión. Aunque el sainete gira alrededor de la burla y el equívoco para hacer reír, un tanto burdo por la misoginia subyacente, también es importante el tratamiento del tema del matrimonio y la forma de conseguirlo para vencer la oposición injusta del tutor. A pesar de que se trata con muchísimas precauciones un tema tan delicado como el «llevarse a la novia» para forzar la boda, como se ve en otros sainetes, como los de Valladares, aquí se hace con todas las garantías para que sea aceptado por la censura. No obstante, al final, se excusa tal procedimiento al considerar que «el fin era bueno».

*El celoso burlado* (1793) actualiza el tradicional entremés de burla de carácter amoroso al introducir el tema de los celos y se convierte en una pieza costumbrista contra el matrimonio por interés y a favor del matrimonio por amor, con intención moralizadora, ejemplificado en el caso de un viejo cerrajero y una jovencita, sobrina de un panadero pobre, que quiere casarla con el viejo para quedarse con la dote de la muchacha, al tiempo que se satirizan los celos y se predica la virtud de la mujer en el matrimonio. Se observa claramente la intención moralizadora a favor del matrimonio por amor y del amor en el matrimonio, con el deshonor del marido como motivo exagerado de los celos, tema de fondo en tono burlesco. Se utilizan los conflictos matrimoniales como motivo cómico: «¿los más maridos no son / mártires en este tiempo?» [38] y las situaciones, de rápido movimiento escénico, se conciben para provocar la risa (escondite en una cuba, oscuridad que permite las confusiones, burla final, etc.). El tío Colombo, viejo que quiere casarse, aparece engalanado de forma ridícula con este fin.

*El disfraz venturoso* (1794) explota la vieja idea de que el vestido hace al hombre. Hace crítica de costumbres y crítica social al predicar con intención moral que los vestidos no cambian la calidad de las personas, aunque muchos creen que el hábito hace al monje y tratan a las personas según su vestido. En Madrid, un carbonero se viste de Barón por vanidad al ver su ropa. Recíprocamente, el Barón aprovecha las ropas del menestral para vestirse de «hombre ordinario» y poder así libremente descubrir si la dama a la que corteja le engaña con otro. El carbonero tiene que disimular cubriéndose la cara, como si tuviera un gran dolor de muelas y los criados del Barón no lo descubren, a pesar de que en su breve experiencia de aristócrata, aprovecha para hacer el bien con los humildes, y de paso, confirmar que, efectivamente, la dama cortejada por el Barón se está riendo de él con un músico. Al final, llega a la conclusión de que su vanidad le ha hecho pasar un mal rato y que no ha valido la pena. Sin embargo, por su buen obrar recibe un premio. Ésta es la moraleja final, en línea con la ideología ilustrada: la virtud, la honradez, el hacer el bien siempre tendrá su premio. Al mismo tiempo, se predica la generosidad de las clases altas con los honrados menestrales, lo que también beneficia a los poderosos, como se ejemplifica en el sainete. La comicidad se consigue a través de las reacciones que experimentan tanto el carbonero como el Barón al enfrentarse a situaciones tan opuestas a las que les corresponden por su categoría social. También son muy graciosos los equívocos a que da lugar este intercambio momentáneo de identidad cuando se restituye el Barón a su puesto, mientras el carbonero permanece escondido hasta que se aclara lo sucedido. Por último, el personaje ridículo del dentista italiano, llamado con el nombre tópico de Macarroni, que habla una jerga de italiano *macarrónico*.

*El pícaro castigado o las dos llaves* (1794) es una sátira de costumbres sobre un tema tan cotidiano como el comer de gorra, que se convierte en este caso en motivo de risa al ser utilizado como punto central, rebuscado eso sí, de la trama que permitirá concertar una boda entre dos jóvenes enamorados. Leonardo, al pasar por Córdoba, ha quedado prendado de Isabel, joven de dieciocho años a la que pretende por esposa, y le propone a su antiguo criado Calzaslargas que medie ante ella y su padre, a los que éste sirve, para conseguir su propósito. El padre, que se las da de avispado, es un dómine que somete a estrecha vigilancia a la hija, por lo que el criado concibe la idea de sacar a padre e hija de su casa mediante una supuesta invitación a comer por parte del sastre Alejo, para que puedan hablar y estar juntos ambos jóvenes. Pero el criado no cuenta con que el sastre, que vive pobremente, no sólo no invita a nadie, sino que él mismo come de gorra todos los días y manda a su mujer a casa de la madre con el fin de ahorrarse el gasto. Así, ante la oposición frontal del sastre, Calzaslargas, aprovechando el encuentro casual de la llave de la casa de Alejo, al que se le ha caído, mantiene el plan de comer en la casa del sastre pero ideando un enredo para justificar la ausencia del anfitrión que se ha marchado como todos los días. Las mentiras encadenadas del pícaro, la ingenuidad del dómine, la llegada de los dueños de la casa que disputan ferozmente desconfiando cada uno del otro, el descubrimiento final de la estratagema y la presencia de la justicia, desembocan en el castigo final del pícaro Calzaslargas, criado también goldoniano que no conoce límites con tal de servir a su amo (en este caso, es criado de dos amos, como en la obra de Goldoni). No obstante, a pesar de que los medios empleados han sido torcidos, el final feliz con el matrimonio de los jóvenes, pone en cuestión el castigo. Por eso, aunque Alejo se queda satisfecho con haberse resarcido de los gastos, la justicia lo lleva a la cárcel subrayando que: «la justicia / obra por si en tales casos, / mostrando su rectitud / quando da castigo al malo» [fol. 26r.]. Es un sainete muy divertido y con mucha acción, ya que una vez que se ha planteado el tema, el desarrollo del enredo va creando una serie de situaciones cómicas que provocan de forma trepidante y natural la risa. Así pues, se observa claramente cómo se concibe la idea divertida del sainete a base de poner en relación la figura del gorrón y la costumbre, muy extendida en la época por las penurias económicas, de comer de gorra, con un personaje de por sí gracioso y atractivo para el público como el criado ingenioso y pícaro que hace de celestina, y luego Moncín lo va moldeando de manera que la censura lo autorice. Por ello, es obligada la condena del delincuente y, sin embargo, se produce la contradicción de que gracias a sus embrollos se ha conseguido el fin moral apetecido del matrimonio por amor y además, divertir con sus trapacerías y engaños a todo el público.

*Los malos criados* (1797) es un sainete de acción trepidante y disparatada. En un ambiente urbano no definido, se describe la vida en un «almacén de vinos generosos» con abundantes situaciones cómicas protagonizadas por una familia de criados que roban al amo, le destrozan la casa, se beben su vino y no cumplen sus órdenes, lo que permite que, en contra de sus deseos, su hija pueda casarse con el hombre que ama y que le corresponde. Así pues, la boda por amor no es consecuencia de ningún enredo, ni de ningún plan preconcebido, sino que las circunstancias lo permiten: el desorden en la casa del vinatero y el que los criados no cumplan sus órdenes permiten que el resultado sea feliz. El vinatero, finalmente, admite la boda de su hija y despide a los malos criados, prefiriendo quedarse solo. El fin moral del sainete declarado expresamente es la condena de los malos criados: «no hay perdón; / y pues los cuatro retratan / los malos criados, *que son perdición de las casas,* / viviré solo, pues puedo / hoy salir de todas [las] maulas» [11. La cursiva es mía]. El protagonista, una vez más, es un criado, Garrancho, pícaro y bribón que roba a su amo, se bebe su vino y además es muy poco cuidadoso con las cosas. Los recursos que provocan la risa son muy variados y se aglutinan en una serie de situaciones cómicas previamente diseñadas para este fin. Así, el descaro del criado Garrancho negando la existencia de huevos y justificándolo por ser las gallinas caponas, el descubrimiento de dos huevos en su bolsillo y su negación de la evidencia, preparan el terreno para el desenlace de esta escena, que termina con los dos huevos estrellados en su frente. La escena en que a Garrancho se le rompe la loza y se le escapa el tordo del amo cuando le va a dar de comer en su jaula es verdaderamente desternillante, porque ve cómo se va por la ventana y se posa en el tejado de enfrente y retransmite para los espectadores lo que está sucediendo, que es sencillamente que un gato lo ha visto y se le acerca, mientras se desgañita intentando evitar que se lo zampe, gritándole al tordo que se volviera e intentando espantar al gato y pidiendo ayuda a la vecindad. Una vez que se han sucedido tales desgracias ya les da todo igual a los cuatro pues ya saben que el amo no les perdonará y se beben cuatro botellas de vino de marrasquino que ha dejado el amo, y cuando ya están borrachos se dan cuenta de que ponía en una de las botellas que era veneno. Era una estratagema del vinatero para evitar que se bebieran las botellas, pero ellos se creen que están envenenados y empiezan a ver visiones como si estuvieran a punto de morirse. Ésta es otra escena de gran fuerza cómica pues no dicen nada más que disparates, asociándolos a su muerte, cuando sus visiones son únicamente fruto de la borrachera. También es muy graciosa la parodia burlesca de la muerte del tordo, referida como si se tratara de una gran pérdida. Como vemos, Moncín en este sainete utiliza una serie de recursos cómicos muy modernos. Crea un nuevo *tipo,* el personaje torpe que no hace una a derechas, idea gags, aplica técnicas caricaturescas, encadena absurdos y disparates, acumula elementos humorísticos, etc.

*La boda del tío Carcoma* (1798) critica la emulación de las altas clases de la sociedad, incluso por parte de las clases populares. Es un sainete festivo

dirigido a la diversión, en que se desarrolla una acción trepidante con diálogos rápidos y ágiles. Se ambienta en el Madrid de los chisperos una boda
popular en que se adoptan actitudes y comportamientos de la alta sociedad madrileña con un resultado grotesco. Al mismo tiempo, se representan de forma exagerada las actitudes populares ante el festejo y la comida
con el lenguaje propio de tales personajes. Se ríen de un patán, el bobo
ridículo del entremés tradicional, al que consideran inferior a ellos. Y como
en las casas de la alta sociedad madrileña, se representa un «paso de tragedia» como parte de la fiesta. Se trata de la parodia de un drama morisco
que resulta hilarante, porque el patán se inmiscuye en la acción dramática
al creer que es realidad lo que está sucediendo ante sus ojos.

Después de pasar revista a los sainetes más destacados de Moncín,
podemos señalar una serie de conclusiones. Una de las claves del éxito
del autor barcelonés es que en la mayor parte de sus sainetes se superponen la intención moral, la diversión y la crítica social o de costumbres. La monótona insistencia en el tema del matrimonio se ve
compensada por la amplitud y variedad de enfoques y perspectivas con
que se trata, y en definitiva es un tema de extraordinaria importancia
social que interesa a todos, lo que es una ventaja inicial para el dramaturgo. Además, lo sitúa preferentemente en ambientes rurales o urbanos,
pero pertenecientes a las clases medias (artesanos, comerciantes, empleados, hidalgos, etc.), en que se suscitan de una manera más natural las
problemáticas que luego los espectadores reconocen como propias. De
esta manera, se llega de forma más directa al público y se consigue mayor eficacia moralizante y cómica.

Por otra parte, mezcla tradición y modernidad. Parte de situaciones
y de personajes heredados, como el vejete, el bobo o el payo, de la burla o del enredo, y a pesar de las restricciones y limitaciones que la censura de la época le impone, todavía más a él por ser cómico, consigue
dotar a sus sainetes de gran eficacia cómica explotando al máximo los
recursos de todo tipo que provocan la risa. Combina los lingüísticos, los
gestuales, costumbristas, de carácter y, sobre todo, los situacionales.

Desde el punto de vista estructural, la mayoría de los sainetes presentan un ambiente, se inician con una escena de gran fuerza, generalmente dramática (una discusión, una pelea, una persecución, el llanto
de un personaje acompañado con extremos de dolor) o musical que
capta inmediatamente la atención del espectador. A continuación se in-

troduce el conflicto y se pone en marcha el enredo, normalmente a cargo de un criado que lo impulsa hasta el desenlace. El final suele ser aleccionador, en línea con la intención moral a que obligaba la censura, con el castigo del personaje o del comportamiento que se critica, o con su arrepentimiento. Siempre termina en boda.

En otros casos, como en *Los malos criados,* no hay enredo. Todo es acción. La situación planteada se va desarrollando de forma natural en función de las características de los personajes y se van encadenando las escenas divertidas hasta que llegan al final conclusivo.

Una cuestión importante es el papel destacado que adquiere la música, el baile y el canto en el teatro breve de Moncín. En varios sainetes, se inicia la obra con una escena de resonancias bucólicas o pastoriles que, convenientemente llevada al siglo XVIII, se convierte en una brevísima zarzuela o tonadilla que transcurre en el campo con la recogida del azafrán (*Aunque estimule el amor, vence la virtud y honor, o La manchega honrada*), en un jardín en que plantan flores los jóvenes del pueblo mientras cantan (*Los criados embrollistas*), en el pueblo en que confraternizan soldados y mozuelas (*El queso de Casilda*) o bien se transporta a la casa en donde se prepara una fiesta, y en que, como moderna comedia musical, los criados cantan mientras la preparan (*La dicha inesperada*), o incluso, se lleva al lugar de trabajo en la ciudad, una cerrajería en que los oficiales acompañan la música con el martillo o la campanilla (*El celoso burlado*). Se incluyen seguidillas, tiranas, polacas, boleras, un minué afandangado, etc.

Por último, y para terminar, es preciso señalar que Luis Moncín, como autor de teatro breve, tuvo que enfrentarse al reto de suministrar las piezas que le solicitaban las compañías cómicas de Madrid, en competencia con Ramón de la Cruz hasta la muerte del maestro, y después con los otros dramaturgos populares de éxito como Comella, pero siempre con la exigencia de proporcionar novedad y conectar con los gustos del público. Por eso, rompe con el teatro costumbrista al uso que giraba alrededor de las figuras madrileñas archirepetidas de petimetres, majos y abates, y de la crítica de las modas importadas de Francia, y triunfa con unas piezas mayoritariamente ambientadas en el campo, en pueblos próximos a Madrid o de Andalucía, en que se conciben escenas, personajes y situaciones idóneos para provocar la diversión y la risa. No es ajeno Moncín a las polémicas ilustradas sobre la reforma del teatro —y de hecho participó en una con Cándido María Trigueros en defensa de los cómicos—

que le obligaron a adaptar sus sainetes a los planteamientos ideológicos predominantes y a las exigencias de la censura, como ha puesto de manifiesto Falk [1985]. Así, las burlas características del género entremesil tradicional van poco a poco transformándose y adoptando formas más estilizadas y acordes con la moral de la época, y por eso el tema del matrimonio, presente en todo su teatro menor, se contempla desde todas las perspectivas posibles, pero destaca sobre todo la insistencia en que el amor presida el casamiento y en que se respete la voluntad y deseos de la mujer, en línea con la propaganda gubernamental.

EDICIONES

MONCÍN, Luis, *A pícaro, pícaro y medio* (pieza en un acto), Biblioteca Municipal de Madrid, ms. 1-160-32.

—, *Las astucias conseguidas* (sainete), [Madrid], s. i. [Benito Cano], 1800.

—, *Aunque estimule el amor, vence la virtud y honor, o La manchega honrada* (sainete), Biblioteca Nacional de España, ms. 14603/27.

—, *El avaro arrepentido* (sainete), Valencia, José Ferrer de Orga, 1814.

—, *La boda del tío Carcoma* (sainete), Madrid, J. Prados e hijos, 1846.

—, *Casarse con su enemigo* (sainete), Madrid, s. i. [Benito Cano], 1800.

—, *El celoso burlado* (sainete), Biblioteca Municipal de Madrid, ms. 1-163-4, censuras de 11 a 17 de mayo de 1793.

—, *El criado embrollador* (sainete), Biblioteca Nacional de España, ms. 14598/31.

—, *Los criados embrollistas* (sainete), Valencia, Estevan, 1817.

—, *La dicha inesperada* (sainete), Biblioteca Nacional de España, ms. 14598/21.

—, *El disfraz venturoso* (sainete), Valencia, Estevan, 1816.

—, *Los dos viejos: uno llorando y otro riendo* (sainete), Valencia, Estevan, 1816.

—, *El que la hace, que la pague, y robo de la burra* (sainete), Madrid, s. i., 1800.

—, *Herir por los mismos filos* (sainete), Madrid, s. i., 1792.

—, *La inocente afortunada* (sainete), Valencia, Martín Peris, 1818.

—, *Los malos criados* (sainete), Valencia, Martín Peris, 1818.

—, *El manchego en la corte* (sainete), Biblioteca Municipal de Madrid, ms. 1-157-14.

—, *El pícaro castigado o las dos llaves* (sainete), Biblioteca Municipal de Madrid, ms. 1-168-43.

—, *El queso de Casilda* (sainete), Valencia, José Ferrer de Orga, 1813.

—, *Todos embrollados y ninguno con razón* (sainete), Biblioteca Municipal de Madrid, ms. 1-160-25.

## XI. COMELLA, por *María Angulo Egea*

Luciano Francisco Comella (Vic, Barcelona, 1751-Madrid, 1812) entró en el panorama teatral del XVIII en los años setenta como escritor de tonadillas, aunque fue a finales de los ochenta y principios de los noventa cuando logró sus mayores éxitos. Al tiempo que triunfaba con sus comedias, recogía el testigo saineteril de don Ramón de la Cruz, asumiendo su magisterio teatral y desarrollando en la corte la línea abierta por aquél con sus sainetes costumbristas. Como libretista de tonadillas colaboró asiduamente con el músico Blas de Laserna, a quien conoció en casa de los marqueses de Mortara, para quienes trabajaron ambos. Además de comedias, zarzuelas, sainetes y tonadillas, Comella se atrevió con otros géneros, como el melólogo, así como con pequeñas piezas en un acto de carácter heroico, sentimental y costumbrista.

La producción teatral breve de Comella abarca todos los géneros que se cultivaron en el XVIII. En algunos, como la tonadilla escénica o el melólogo, puede ser considerado un verdadero impulsor y creador de estilo. Ya demostró José Subirá [1953] la capacidad dramático-musical de este vate filarmónico. Capacidad absolutamente necesaria para la tonadilla y el melólogo, géneros que combinan lo teatral y lo musical. Comella, desde su concepción del hecho teatral como espectáculo total, explotó y exploró las posibilidades de los escenarios, los decorados, la iluminación, la música, el vestuario, la interpretación actoral, la voz de los cantantes, su belleza o graciosidad; todos fueron instrumentos válidos para el quehacer dramático comellano. Su teatro breve incluye loas, introducciones, tonadillas, sainetes, melólogos, pantomimas y las difícilmente clasificables piezas en un acto.

### 1. *Loas e introducciones*

A pesar del declive de la loa en el Setecientos [Palacios Fernández, 1998], destacaron algunos cultivadores como Luis Moncín y el propio Comella, que escribió *El jardín del amor de la nación* con motivo del cumpleaños de la reina María Luisa. Esta loa, como las de su clase, es una alegoría de intencionalidad política, escrita para alabar las cualidades de la reina y su acción como gobernante. En cambio, escribió cinco introducciones cómicas. Cuatro dirigidas a presentar comedias concretas: una para la obra de Goldoni, *El enemigo de las mujeres*; dos para piezas del neoclásico Tomás de Iriarte, *Introducción para la escena heroico trágica intitulada «El Guzmán»* (1791) e *Introducción a «El señorito mimado»* (1793); y otra para presentar *El pueblo feliz*, del propio Comella, titulada *El día de campo* (1789). Las tres primeras son piezas metateatrales, donde María del Rosario Fernández, la Tirana, dirige y organiza al resto de los actores. En las introducciones a las piezas de Goldoni y de Iriarte, la Tirana emplea diversas alegorías con algunas de las cómicas y lleva a cabo un discurso, completamente integrado en los valores ilustrados, a favor de la aplicación y el trabajo; discurso que podían haber suscrito Campomanes o Jovellanos. En la introducción al Guzmán, la Tirana y el resto de la compañía se ocupan de ensalzar el melólogo, género novedoso en ese momento, y más concretamente de defender el protagonismo de un personaje nacional.

Mención especial merece *El día de campo*. Se trata de un sainete de sabor ilustrado, y que, como apuntó Mario Di Pinto [1993: 115], alberga una ideología muy similar a la de *El alcalde proyectista* y *El violeto universal*. Además de contar con los tipos habituales de los sainetes de la época (los petimetres y el payo), aparecen dos personajes contrapuestos: uno, defensor de la tradición, de los «valores nacionales» antiguos; y otro, partidario de lo moderno, lo extranjero y lo francés. Como sucede en *El violeto universal*, Comella presenta ambas posturas sin decantarse por ninguna, buscando un equilibrio entre antiguos y modernos. Otra introducción de interés es *El teatro antes de empezar*, pieza en que el juego metateatral alcanza su máxima expresión con los actores haciendo las veces del público, como muestra la siguiente acotación:

> Múdase el teatro de esta forma: en el foro habrá un tabladillo (por debajo del cual deben entrar los que vayan saliendo) que figure la cazuela. En él las mujeres que puedan (menos la dama) en la delantera estarán sentadas, de petimetra la señora Tordesillas, la señora Granadina de maja, en medio de las dos, la señora Francisca Martínez con grande escofieta y buena ropa, pero charramente puesta, figurando ser de lugar, y siempre meneando la cabeza, componiéndose la ropa, sentándose y levantándose. Detrás de éstas estarán las señoras Sanz, Pérez, etc. Los lados han de figurar gradas [fol. 6r.].

El momento culminante se alcanza con la entrada en escena del director de la compañía, Manuel Martínez, que se interpreta a sí mismo, y que lleva a cabo una loa (fíjese que se trata de una loa dentro de una introducción) en que anuncia las piezas que componen la función de ese día.

Francisco Aguilar Piñal [1983: 472-473] recoge tres introducciones más: *Introducción a la pieza de música a dúo titulada: El premio de la constancia* (1792); *Introducción en la tonadilla a dúo El protegido* y la *Introducción para la tonadilla del desmayo de la Tordesillas*. Estos fragmentos teatrales son en realidad los entables de las tonadillas estructuradas de forma tripartita.


## 2. *Tonadillas*

Curiosamente, con este género castizo se inició el dramaturgo catalán, que supo captar inmediatamente la esencia de los majos y de los barrios populares madrileños en que se desenvuelven la mayoría de estas piezas dramático-musicales. Realismo y madrileñismo que, sobre todo en el aspecto musical, está emparentado con todo lo folclórico y popular, incluso, como señaló Amadeo Vives, con las melodías populares catalanas [Subirá, 1933: 81]. El desprestigio con el que contaba este joven y popular género hizo que los libretistas no firmaran sus obras, por lo que resultan complejas las atribuciones. Para establecer el corpus de las tonadillas comellanas se han seguido las indicaciones de Subirá [1928-1930], estas tonadillas han quedado además recogidas y reseñadas en la bibliografía de Aguilar Piñal [1983]. Por suerte, muchas son autógrafas de Comella.

Los rasgos distintivos del género son la inmediatez, espontaneidad y su contemporaneidad. Comella busca la conexión con el entorno inmediato, con lo novedoso, con la noticia, como en el caso de *La visita de las estatuas* (1782) o de *Los majos de la carrera* (1785). La primera es una alegoría que presenta el diseño y singularidad de Neptuno en la nueva fuente del Paseo del Prado. Un motivo argumental también utilizado en las seguidillas epigonales de *Los majos del baile* (1780) y en la tonadilla *La Cibeles y el Apolo* (1781).

*Los majos de la carrera* refleja con tanta propiedad los festejos que acababan de tener lugar en Madrid que Ignacio López de Ayala explica en su censura que «no se debe permitir el que se cante, por incluir algunas censuras de los adornos de las fiestas, que han precedido. Y aunque parece que es cosa ligera lo que dice la letra, es bastante para presentar una función tan seria y digna bajo un aspecto ridículo, y mucho más en el teatro donde presta la acción la fuerza, que falta a las palabras» [fols. 4v.-5r.]. En efecto, como apunta el censor, acción y fuerza dramática eran componentes esenciales de este género, que por su brevedad condensaba al máximo sus argumentos, por lo general costumbristas y satíricos. Estos cuadros de costumbres gustaron tanto al público que propiciaron la prolongación de argumentos y la serialización de tonadillas, como ocurría con las comedias de magia o las militares. Es el caso, entre otras, de *La España Moderna, segunda parte de la Antigua* (1785). El género cuenta con tonadillas a sólo y tonadillas para varios interlocutores.

2.1. Tonadillas a solo

Estas piezas eran interpretadas normalmente por tonadilleras, aunque también los graciosos como Garrido se adueñaron del protagonismo de las monológicas. La complicidad que se establecía con los espectadores era la clave de estas obras. Los movimientos, los guiños, las miradas, las picardías de las tonadilleras creaban un conjunto de signos fácilmente descifrables para el público y que los censores difícilmente controlaban. El erotismo y la sátira envuelven estas composiciones. Entre estas tonadillas comellanas destacan las satíricas, las alegóricas y las de costumbres teatrales. En las satíricas lo habitual es la revista de tipos y cabe citar *La luz del desengaño* (1785), *La peregrina adivina* (1782) y *El crítico granadero* (1798). En *La peregrina adivina,* la Tordesillas, gracias a sus poderes, desvela la realidad:

> Esa vieja tan devota que
> en vender prendas se ocupa,
> y con capa de las prendas,
> vende otras cosas ocultas.
> Ese oficial tan buen mozo

que tiene tanta fachenda
da tres reales a una niña
porque le de casa y mesa [fol. 2r.].

Semejante crítica de costumbres se aprecia en *La vida del pretendiente* (1783) y en *La soldada,* donde son objeto de escarnio los cortejos y las patronas que regentan posadas respectivamente. En *Los refranes* (1784) lleva adelante su sátira social enlazando frases hechas que reflejan situaciones conflictivas de la época, como los matrimonios desiguales o las dificultades de convivencia de las parejas casadas.

Las tonadillas a solo de costumbres teatrales fueron muy requeridas en la época, porque en ellas las actrices se interpretaban a sí mismas. Comella tiene algunas interesantes desde el punto de vista metateatral, como *La lección de tonadas* (1777), *Los títulos de comedias* (1782), *Los caprichos* (1780) y *Los remedios* (1780). *La lección de tonadas* fue cantada por la Nicolasa, que tenía fama de cargar de intención y picardía sus interpretaciones [Subirá, 1929: 101]. Y así parece que sucedió con esta pieza que irónicamente habla de las propias tonadillas que por su procedencia española no están «civilizadas». La Nicolasa ha pedido ayuda a dos majas extranjeras, una italiana y otra francesa, para «civilizar» estas piezas. Por último, en las seguidillas, la tonadillera luciría cuerpo y picardía para convertirse en una ejemplar petimetra. El estribillo jugaba con los dobles sentidos. La cantante preguntaba al auditorio, «decidme si os agradan los elementos», refiriéndose, por un lado, a los rasgos petimetriles, pero, por otro, a las partes de su cuerpo, que iba señalando mientras enumeraba aquellos 'elementos'.


2.2. Tonadillas para varios interlocutores

Muchas son las piezas y, en general, todas responden a un ambiente costumbrista y satírico. Se pueden clasificar, siguiendo a José Subirá [1929: 103-108], en función de los asuntos que tratan, en satíricas, costumbristas, amorosas, alegóricas, mágicas y de costumbres teatrales. Entre las satíricas destaca *El pedante* (1792), «obra que encierra una aguda sátira contra los moratinistas enamorados de lo extranjero y despreciadores de lo nacional» [Subirá, 1933: 191], y *El payo crédulo* (1783), que contiene una sátira cruel y descarnada del viejo enamorado de la joven. Las costumbristas, como las amorosas, son prácticamente sainetes. Es el mundo del majismo el que acapara toda la atención: *La maja y el berberisco* (1784), *Los majos de la carrera* (1785), *Los majos del baile* (1780) y *El majo matón* (1776). La asainetada *El chasco del cofre* (1783) tiene también su toque metateatral. Dos amantes están en su casa disfrazándose para llevar adelante una tonada de negros que, tras muchos avatares, cantarán para los demás personajes y el auditorio. En las amorosas se critican determinadas modas y vicios arraigados en la pareja. Son de este tipo *La novia desdeñosa* (1780), que trata del comportamiento deseable de una esposa, *El desengañado* (1785), que critica a una novia oportunista, y *La tornaboda de la gallega* (1783), que satiriza a las petimetras, pero pone su atención en el personaje de la gallega que resulta especialmente cómico y divertido.

De algunas de las tonadillas alegóricas ya se ha hablado, pero también hay que mencionar la tonadilla general, *Los bandos,* que por su singularidad, cuenta con numerosas acotaciones y apartes, algo que no era necesario en otras piezas mucho más tipificadas. La tonadilla mágica *Los peregrinos perdidos y el encanto de la venta* (1776) recoge el interés de la época por lo asombroso y sobrenatural, que reflejaron sobre todo las comedias de magia de Cañizares y Zamora. Comella aprovecha esta vía escenográfica abierta por los comediógrafos para ambientar la tonadilla que incorpora truenos, relámpagos, varitas mágicas, enanos, peregrinos, magas y apariciones. Véase al respecto el breve análisis de Subirá [1929: 107].

Destacan las tonadillas de costumbres teatrales comellanas, que salvo en el caso de *La cómica y la operista* (1783), se trata de piezas autobiográficas. En ésta se analizan algunos asuntos teatrales como las cualidades que deben tener una cantante de ópera y una actriz de teatro. Tres tonadillas le dedicó Comella a la Polonia, *La deserción de la Polonia* (1781), *El sentimiento de la Polonia* (1782) y *La caza de la Polonia* (1783). Una serie tiene la Tordesillas, con *La despedida de la Tordesillas* (1784) y *La segunda parte de la despedida de la Tordesillas,* piezas que sirvieron para cerrar y abrir la temporada teatral de la compañía de Eusebio Ribera. Una le dedica Comella a la Prado, *La súplica de la Prado,* y otra al gracioso Aldovera que ayudado por la Polonia se presentará en los teatros en una tonadilla sin título a la que puso música Esteve (1776). A pesar de lo exclusivas y perecederas que parecen estas piezas, lo cierto es que a veces se reutilizaban, como sucedió con *La deserción de la Polonia,* que se representó más adelante con la Pulpillo como protagonista, alterando simplemente las coplas que tenían que ver con la descripción física de la cantante [Subirá, 1929: 75].

### 3. *Sainetes*

En este apartado se incluyen tanto los sainetes como los llamados fines de fiesta. Los sainetes de Comella heredan la vena costumbrista consolidada por Ramón de la Cruz. Un costumbrismo dinámico que indaga en las motivaciones, problemas, intereses y modos de relación de la sociedad del Setecientos. Desde los parámetros tradicionales de los géneros breves: la burla, el engaño, la ironía y el humor, Comella busca una contemporaneidad que le acerque al público, con el que establece un alto grado de complicidad, que, precisamente, le conduce al éxito. La estructura de estos sainetes cuenta en general con una acción definida o con una sucesión de acciones, siempre con un hilo argumental. Son normalmente sainetes de acción y ambiente. En muchas ocasiones se trata prácticamente de mini comedias, especialmente en aquellas que se desarrollan en los salones de casas burguesas, como *Los malos lados o el embrollón castigado* (1803). Esta pieza podría catalogarse de «comedia breve sentimental» porque su acción se centra en el enredo matrimonial que genera la falsificación de dos cartas. Comella escribió unos sesenta sainetes, por lo tanto, los hay de toda índole, pudiéndose apreciar una inclinación por los que se desarrollan en ambientes cerrados burgueses. La mayoría, satíricos de costumbres.

La morfología de algunos de sus sainetes presenta la estructura binaria que ha señalado John Dowling para algunas piezas de Ramón de la Cruz. Es el caso, por ejemplo, de *El menestral sofocado,* que transcurre en la madrileña calle del Prado y junto a la puerta de arrastradero de la plaza de toros. *Los dos comisarios en funciones* tiene lugar inicialmente en la sala del Ayuntamiento de un pueblo, para trasladarse después a la plaza con una pequeña escena de transición realizada delante del telón, como en la pieza anterior. Estructura dual que también se refleja en la oposición de los tipos: hombres y mujeres, campesinos y ciudadanos, petimetres y majos, tradicionalistas y eruditos a la violeta, entre otros. Tipos que quedan perfectamente delineados, especialmente por su traje y lengua. Los rasgos dialectales del gallego, del andaluz o del asturiano contrastan con el deje chulesco de los majos madrileños, que, a su vez, se distinguen de la parquedad y los vulgarismos de los payos. Españoles que se diferencian conscientemente de los extranjeros, cuyas voces, el francés y el italiano normalmente, también se encuentran representadas y ridiculizadas. Un microcosmos lingüístico que responde a la realidad dieciochesca y que permite desde la lengua, alabar, criticar, envidiar, ironizar, satirizar o ridiculizar a su representante. Podemos dividir sus sainetes costumbristas en tres grandes grupos en función del sector y el ambiente social que se retrate: rurales, urbanos y teatrales.

## 3.1. Sainetes de costumbres rurales

La acción se desarrolla en un pueblo, normalmente en la plaza principal, con su taberna, su botica, sus tiendas, y los mozos y mozas distribuidos en grupos. A esta estampa se suman los empleados y dueños de los diferentes establecimientos: el boticario, el médico, el tabernero, la frutera y, por supuesto, las fuerzas de orden, alguaciles, regidores, el alcalde, y los «veladores de la moral» encarnados por el sacristán y el abate, que sorprendentemente aparecen juntos, a pesar de ser éste derivación ilustrada de la figura entremesil del sacristán [Sala Valldaura, 2004: 39-57]. Este cuadro tradicional incorpora una temática nueva que permite la evolución y el desarrollo de personajes tan codificados como alcaldes o regidores. Se promocionan consignas ilustradas tales como la crítica de los abusos de poder, como en *La humorada en Nochebuena* (1799) y *El estudiante en la feria*. Se atiende a la necesidad de modernización de un pueblo, al tiempo que se fomenta el trabajo entre los labradores y se critica el ocio de la ciudad, como en *El alcalde proyectista* [véase Sala Valldaura, 1994]. Se debate sobre el modo más útil y productivo de agasajar a unos reyes, con bailes y canciones o con acciones edificantes y cívicas, tales como las que expone el tío Zambombo en *Los dos comisarios en funciones* (1803).

También surgen sainetes de alabanza de aldea y menosprecio de corte. Será aquí el mundo urbano, embebido de modas frívolas y basado en las apariencias, el que se enfrente a los valores sencillos y auténticos del mundo rural. En este contexto se satirizan tipos modernos como el petimetre con sus vestimentas y sus nuevas formas de relación, así en *El petimetre en la aldea* (1781). En *Donde menos se piensa salta la liebre* (1799) se plantea el conflicto de un padre que quiere casar a sus hijas con hombres de ciudad, que considera más instruidos, mientras que las dos mozas prefieren a los hijos del sacristán por esposos. «Vosotras queréis polainas / y yo quiero forasteros / de Madrid», dice don Onofre. Esta crítica al urbanita, petimetre o violeto, no trae como contrapartida la valoración de su oponente en la aldea, el payo. Éste, en su estupidez, será un personaje tan denigrado como el otro.

## 3.2. Sainetes de costumbres urbanas

En este tipo de piezas habría que diferenciar entre los que tienen lugar en espacios abiertos y los que suceden en el interior de las casas burguesas. Los primeros se acercan al protagonista coral de los sainetes rurales. En ellos, los personajes suelen ser de clases bajas y populares de Madrid. En *El secreto entre vecinas* (1793) y en *El novio burlado* (1798) la acción transcurre en un patio de vecindad. En el primero Comella retrata diferentes mujeres: una andaluza, una vizcaína, una planchadora, una vendedora y hasta una mendiga. Todas coinciden en su afición al chisme, al cotilleo y su obsesión por el dinero. Crítica que se extiende, aunque menos incisiva, a algunos de los tipos masculinos que las acompañan. De nuevo se aprecia la convivencia de tipos e ideas tradicionales y modernas. En *El novio burlado,* el protagonismo encarnado por la maja, el maragato y el ciego, queda eclipsado por la singular figura del majo-matón, Cuarenta Caras, que parece sacado de la cuadrilla de maleantes del Manolo de Ramón de la Cruz. Ésta es probablemente una de las pocas veces en que Comella concentra su atención en la figura del majo, ya que, por lo general en sus sainetes, prefiere la crítica social que le permite su reverso, el petimetre. *La pradera del canal* (1799) presenta una estampa popular de un día campestre en los alrededores madrileños semejante a las que aparecen en algunos cuadros de Bayeu o de Goya, o en algunos sainetes de Ramón de la Cruz. Destaca en la pieza la figura del abate, don Pegote, que muestra cómo ha sido paulatinamente degradado de su privilegiada situación de contertulio y amante de petimetras. Don Pegote acusa de estos radicales cambios sociales a currutacos y a «esas hembras semi-machos» (se refiere, claro está, a las majas) que le están restando protagonismo y privando de sus 'naturales' funciones. Esta queja por la pérdida de un estatus es semejante a la que manifiesta el abate aspirante a cómico de *La prueba de los cómicos,* aunque éste acusa de su inutilidad a la desidia de sus progenitores. Es clara la crítica ilustrada a la falta de preocupación de los padres por la educación de sus hijos y a su incapacidad para atender a los deseos de éstos para elegir su futuro.

Alberto Romero Ferrer habla de sainetes de tema taurino para varias piezas de González del Castillo como *El aprendiz de torero* [González del Castillo, 2000: 39]. Dentro de esta línea se encuentra *El menestral sofocado* (1798) de Comella. Un sainete del más puro costumbrismo madrileño. En el Prado y junto a la plaza de toros se desenvuelven currutacos, mujeres «vestidas de petimetras pero manifestando en los mismos adornos o en el modo de llevarlos ser mujeres ordinarias» [fol. 5v.], vendedores ambulantes de naranjas, pañuelos, caramelos y abanicos, cortejos, una madama, un granadero y Angelito, un singular majo que se queda sin entrar en la plaza de toros porque no consigue dinero suficiente. Desesperado, y en la misma puerta del arrastradero, retransmite la corrida guiándose por los gritos y sonidos que le llegan de la plaza.

La pradera del canal, el Prado, la plaza de toros, lugares pensados para el recreo y el ocio del pueblo de Madrid. Falta en esta lista, sin embargo, un local genuinamente dieciochesco que permita mostrar las nuevas formas de sociabilidad: el café. Estos nuevos centros sociales ambientan muchos textos del XVIII, como *El café*, de Alejandro Moya; *La comedia nueva*, de Moratín; el sainete de González del Castillo *El café de Cádiz*; *El café de Barcelona* (1788), sainete de Ramón de la Cruz; y la tonadilla de Laserna también titulada *El café de Cádiz* (1786). El café comellano de *El violeto universal* (1793) será el marco en que cobrarán vida los personajes de la «República a la violeta» que creara Cadalso veinte años antes con *Los eruditos a la violeta* [Angulo Egea, 2001].

Los sainetes de costumbres urbanas que se desarrollan en casas de la nobleza o de la alta burguesía son los más abundantes. En muchos casos son piezas satíricas en que se aborda de uno u otro modo la nueva forma de concebir la relación matrimonial dentro de la pareja y en sociedad. Comella se hizo eco de muchos de los asuntos que rodeaban al cada vez más amplio espectro social femenino. Estos sainetes tienen por protagonistas habituales a esposas petimetras que, obsesionadas por las modas, abandonan sus obligaciones familiares. Es el caso de *La coqueta avergonzada* que finalmente saldrá escarmentada y reprendida. En otros es ridiculizado un marido blando y consentidor de los caprichos de su esposa, incluso, de que esté constantemente acompañada por otro hombre, su cortejo. El marido avergonzado responde a este esquema y muestra a una egoísta petimetra que desprecia y ridiculiza a su esposo delante de su cortejo y de sus amigas petimetras. La obra justifica incluso el empleo de la violencia masculina para conseguir arreglar la situación matrimonial.

Estos argumentos, en su afán satírico, se prestan a mantener la estructura tradicional de la burla, aunque los tipos burlados y la sociedad dibujada sean absolutamente dieciochescos. Destacan así títulos como *La burla graciosa* (1799) y *La burla de las modas o las pelucas de las damas* (1799). En el primero de los sainetes, se aprovechan espacios, personajes y desarrollos de la tradición entremesil, como la fonda, el vizcaíno, el Truchimán, encargado de la fonda, la gallega y el tópico del burlador burlado. Personajes creados para criticar una realidad nueva, la petimetría. De este sainete comenta Díez González en su censura que «en él se hallan bien ridiculizadas las extravagancias de una mala educación, y de los trajes introducidos en los hombres y en las mujeres de poco seso, por cuya causa merece la licencia para representarse» [fol. 22r.].

Las nuevas modas de las petimetras fueron motivo recurrente de escarnio. En *La casa de Tararira* se ridiculiza la obsesión de Gerotea por conseguir una montera, que se ha puesto de moda entre las petimetras. El fanático se desarrolla también en una casa acomodada, pero la pieza concentra la atención en el personaje de don Cosme, «hombre preocupado por los versos», según dicta el *dramatis personæ,* es decir, el fanático del título o el «poeta frenético», como le llama Díez González, «por la rematada locura a que le lleva la pasión de sus malos versos» [fol. 24r.]. Es una mini comedia de figurón que enlaza con la tendencia a abordar asuntos literarios en el teatro. *La comedia nueva* de Moratín es tal vez el caso más conocido. Gatti ya estableció en su clasificación de sainetes los de asunto literario [Cruz, 1972: 12-13]. Comella gustó mucho de introducir en sus piezas disquisiciones o materias literarias como en *El fanático, El violeto universal* y *Donde menos se piensa salta la liebre,* entre otros.

### 3.3. Sainetes de costumbres teatrales

Estas piezas, según señaló Mireille Coulon [1983: 235-247], resultan muy interesantes porque suministran mucha información sobre la vida teatral del XVIII. Comella destaca especialmente con estos sainetes metateatrales. De hecho, introduce con frecuencia en sus piezas elementos dramáticos y pequeñas escenas relacionadas con el mundo teatral, con el teatro dentro del teatro. Hay que diferenciar dos grupos: los puramente de costumbres teatrales y otros que pueden llamarse misceláneos. En los primeros aparecen cómicos que se interpretan a sí mismos y que dialogan sobre diversos asuntos teatrales. Entre estos destaca *El premio* (1789) y *La prueba de los cómicos* (1790). El premio divide a los actores de la compañía de Manuel Martínez en dos bandos. Cada sector debe sacar todas sus cualidades teatrales para lograr la recompensa económica que regenta Manuela Montéis. De este modo, los actores comienzan a desfilar por el escenario, cada cual representando un número, en muchos casos musical. Ésta fue la única vez en que la Tirana cantó en escena [Cotarelo, 1897: 230]. *La prueba de cómicos* recurre también a la estructura tradicional del desfile de tipos. En la casa particular de una dama (la Montéis), un director de compañía (Garrido), llamado Miente Redondo, organiza un casting. Este contexto da lugar a que se comenten muchos asuntos sobre las dificultades de su profesión.

La variedad de fórmulas dramático-musicales y de juegos metateatrales se extrema en los sainetes misceláneos. Son sainetes que albergan en su interior comedias, melólogos, tonadillas, bailes y pantomimas. *La función casera* (1793) acoge el melólogo, *Perico de los palotes* y la pantomima *Jasón y Medea*. El título del fin de fiesta *El baile desecho y Juan de la Enreda* (1795) delata su bimembración, formado por un sainete que se desarrolla, como el anterior, en una casa particular, en que además de un baile se representa un melólogo peculiar, *Juan de la Enreda*. *El día de función nueva* (1793) es un ejemplo muy ilustrativo de hasta dónde pue-

de llegar el juego del teatro dentro del teatro. Los cómicos se convierten en el público y el escenario pasa a ser el patio y la cazuela:

> El teatro estará dispuesto de este modo. El foro figurará la cazuela con
> sus alojeros debajo y hueco para entrar. Al lado de cada alojero habrá un
> comparsa de soldado. Lo demás del teatro figurará patio. En la que figura
> cazuela estarán sentadas las Señoras Orozco y Prétola, la que estará con
> mantilla terciada figurando ser la cobradora, en lo que figura el patio an-
> darán paseándose Miguel Rodríguez de militar, Ferrer de capa y Prado de
> chispero, en medio habrá una araña encendida. En el patio habrá un teatro
> pequeño con morteretes encendidos y allí deberá representarse la comedia
> [fol. 2r.].

Lo que sucede entre este fingido público conforma los intermedios:
la introducción, los sainetes que se representan entre los actos de la comedia y el fin de fiesta. Pero esta pieza contiene en su interior la comedia sentimental *El casado avergonzado,* y, por último, para cerrar la
función, se representa la pantomima *El robo de Elena.* Para estos sainetes misceláneos véase Angulo Egea [en prensa].

Antes de cerrar este apartado, quisiera comentar un curioso sainete
alegórico de Comella: *La residencia* (1791). En esta pieza la Rectitud y
el Celo convocan una audiencia pública para vigilar las buenas costumbres. Todos aquellos como el Cortejo, la Marcialidad, la Razón de
Estado, que no están cumpliendo con su deber son ingresados en una
residencia. Este sainete contiene numerosas censuras (de hecho se han
suprimido parlamentos completos como las dos hojas de la presentación
de San Façón y la Majeza), a pesar de la explícita doctrina ilustrada del
sainete, que, incluso, se cierra con los versos «porque siempre fue el teatro / de las costumbres escuela» [fol. 15v.].

### 4. Melólogos

A finales de la centuria, con la definitiva implantación de la sentimentalidad burguesa, se introducen en España géneros novedosos como
el melólogo, que responden a esta necesidad de expresar y analizar las
pasiones y los sentimientos íntimos públicamente. El melólogo suponía
una novedad dramático-musical de corte clasicista, que complicó la vida

a los censores y reseñadores que no sabían cómo denominarlo: escena unipersonal, melodrama, diálogo, drama, etc. Las censuras de Santos Díez González a los melólogos comellanos son prueba de la irritación con la que observaba el censor los excesos sentimentales y la estructura dramático-musical del género. Quizá el ejemplo más sobresaliente sea la que realizó a *Asdrúbal* en 1793. Una vez introducido el melólogo en la Península, fue Luciano Comella uno de sus principales adalides. El mismo año del estreno de *El Guzmán* (1791), de Tomás de Iriarte, escribía Comella su primer melólogo, *Doña Inés de Castro,* que, sin embargo, no se estrenó hasta dos años después [Comella, 2005].

Comella escogió la línea melológica abierta por el alemán George Benda con su *Ariadna y Medea,* en lugar del esquema del *Pygmalion*, de Rousseau, que siguió Iriarte. El melólogo a lo Benda está caracterizado morfológicamente por «alternar la simple declamación con breves comentarios orquestales donde se realza lo psicológico y lo descriptivo» [Subirá, 1970: 103]. «Comparado este tipo de melólogos con el *Pygmalion* francés, las diferencias resaltan al punto, porque allí no se intercalan en las pausas números musicales, sino de un modo excepcional, y aún así son trozos muy breves; por otra parte, de un modo casi constante letra y música se oyen de una manera simultánea» [Subirá, 1949: 28]. Los melólogos comellanos suelen basarse en historias pasionales, como en *Asdrúbal* o *Hércules y Deyanira,* y conocidas por los espectadores de la época [McClelland, 1998: 50]. Este conocimiento previo se hacía necesario por la brevedad de las piezas que, lógicamente, tenían que comenzar *in media res.* Las historias daban pie asimismo a un derroche escenográfico muy del gusto de los asistentes con decorados grandiosos de plazas de armas, batallas, puertos, naufragios, templos y mansiones, como el decorado de playa con tempestad incluida con que se abre el *Idomeneo* comellano. Son piezas híbridas basadas en la compenetración y armonía entre letra, música y actuación. Contó el vate catalán con el excelente compositor Blas de Laserna y con dos grandes intérpretes de melólogos: la Tirana, que protagonizó la mayoría de sus melólogos, y Antonio Robles.

Los melólogos de Comella se pueden dividir en tres grupos en función de la procedencia de los protagonistas y de sus historias: mitológico-clásicos, hispánicos y americanos.

4.1. Melólogos mitológico-clásicos

Son los más abundantes, ya que las pasiones de la mitología clásica y las vidas de algunos héroes griegos y romanos eran historias conocidas del público. *Idomeneo* (1792), *Siquis y Cupido* (1793), *Asdrúbal* (1793), *La Andrómaca o la triste viuda de Héctor* (1794), *Sofonisba* (1795), *Hércules y Deyanira* (1796), *Cadma y Signoris* (1798), *Séneca y Paulina* (1798) y *El estatuario griego* (1798). Destaca *Idomeneo*, publicado junto con un prólogo de Comella y otras piezas para estrenarse en el cumpleaños de la reina María Luisa [Subirá, 1949: 28-29]. La pieza cuenta una historia similar a la de Guzmán el Bueno y seguramente por este motivo lo eligió Comella. Hay que señalar que, aunque Comella no siguió el modelo de Rousseau para sus melólogos, sí utilizó la estela del *Pygmalion* para titular y configurar *El estatuario griego* (1798).

4.2. Melólogos hispánicos

Se incluyen aquí aquellos que cuentan historias peninsulares, siguiendo la vía abierta por *El Guzmán*, de Iriarte. Se trataba de escoger personajes autóctonos para representar nobles sentimientos y hacer que se conocieran mejor los héroes nacionales, como reivindicaban los actores de la *Introducción al «Guzmán»* que escribió Comella para el estreno. Dos son los melólogos de este tipo y en ambos casos se elige la fuerza y sensibilidad de una mujer para protagonizarlos: *Doña Inés de Castro* (1791) [Angulo Egea, Labrador López de Azcona y García Martínez, 2005] y *Los amantes de Teruel* (1793).

4.3. Melólogos americanos

Esta apuesta argumental resultaba, por un lado, más arriesgada porque los espectadores no conocían la historia pero, por otro lado, los asuntos de ultramar estaban de moda. Títulos como *El negro sensible* (1798) enlazaban con ideas como la del buen salvaje y la defensa del indígena y del esclavo. Comella recoge en esta pieza el trato injusto que se aplicaba normalmente al indígena. El tema se presenta con crudeza y sin concesiones, mediante la figura de un esclavo que ve cómo han vendido a su esposa y van a comerciar con su hijo:

Ven, pavorosa muerte, acompañada
del honor, de la angustia y los quebrantos
a quitarme una vida que abomino.
No, no vengas aun, detén tus pasos,
que mi resentimiento, mi coraje
quiere vengar primero los agravios
que la naturaleza ha recibido
de esos hombres que llaman ilustrados [fol. 5].

Otro melólogo ambientado en América, pero esta vez en Filadelfia, es *El amor conyugal o la Amelia* (1794), en que el soldado Carlos sufre por la separación de su esposa provocada por la guerra. También surge en esta pieza el indígena que defiende su territorio de los invasores extranjeros. Dicha historia sentimental fue considerada inverosímil por Díez González, a pesar de estar basada en un hecho real acaecido en 1779; al menos ésta es la fuente que declaró Thomas Baculard d'Arnaud para su *Amélie. Anecdote anglaise*, obra francesa en que se basó Comella para su melólogo [García Garrosa, 2000: 196]. Cuenta el dramaturgo catalán con dos singulares melólogos más: *Perico de los palotes* (1793) y *Juan de la Enreda* (1795); obras que Comella incluye dentro cada uno de un fin de fiesta (véase el apartado dedicado a los sainetes misceláneos).

## 5. *Pantomimas*

Al tiempo que los melólogos surgieron estas «escenas mudas», composiciones también músico-teatrales pero de carácter mímico. Comella dio argumento a algunas de estas piezas describiendo al detalle cómo debía ser la interpretación de los actores en cada momento musical, así como la música necesaria para expresar mejor la psicología de cada situación. La minuciosidad comellana se vio una vez más apoyada por el rigor profesional de Laserna. Todas las pantomimas que se le conocen a Comella son de carácter trágico: tres reproducen escenas mitológicas, *Jasón y Medea*, *El robo de Elena* y *Sansón*, y una, *El asalto de Galera*, se sitúa en los momentos finales de la Reconquista y representa la lucha de los españoles por conquistar a los moros la población granadina de Galera [Subirá, 1924]. Las dos primeras formaron parte de dos sainetes misceláneos. *Jasón y Medea* se debió de representar en muchas ocasiones porque llegó hasta 1813, en que fue impresa en Valencia junto con el melólogo *Perico de los Palotes* [Subirá, 1945: 159].

6. *Otras piezas breves*

Con la afición por las representaciones misceláneas se elaboraron comedias en un acto que se intercalaban mejor en este tipo de funciones, respondiendo a la variedad requerida. Comella escribió bastantes piezas de esta índole de difícil clasificación, muchas de ellas traducciones. Cuenta con pequeños dramas y piezas musicales. Tanto unos como otras responden a la misma tendencia argumental de las comedias comellanas, es decir, hay dramas heroicos, sentimentales y de costumbres. Las piezas musicales son todas sentimentales, excepto la tragedia *El tirano de Ormuz* (1793); así *El Puerto de Flandes* (1781), *El retrato* (1783), *La desdeñosa* y *Los esclavos felices* (1793). Entre los dramas heroicos está la tragedia dedicada a Viriato, *El mayor rival de Roma* (1798), las heroico-sentimentales ambientadas, una en la campiña inglesa, *La escocesa Lambrum* (1793), y otra en el exótico oriente, *La buena esposa* (1781). Las sentimentales y de costumbres abordan temas ilustrados como la verdadera amistad, y valores como la humanidad y la compasión. Además, se critican las conductas caprichosas de algunas mujeres en piezas como *Los amigos del día* (1794), *La familia indigente* (1798) y *La novia impaciente*.

En conclusión, la prolijidad y versatilidad de Comella quedan una vez más evidenciadas con su teatro breve; un teatro en que destaca su capacidad para desenvolverse tanto en géneros populares y folclóricos como las tonadillas, cuanto en melólogos y pantomimas de corte más clasicista. Se aprecia en sus producciones breves un dominio de lo musical especialmente valioso para la concepción dramático-musical del espectáculo teatral del Setecientos. Con sus sainetes terminó definitivamente de implantar la nueva vena costumbrista abierta por Ramón de la Cruz, al tiempo que se observa, como en sus comedias en un acto, la ideología ilustrada de la que participaba el dramaturgo. El rasgo distintivo de su producción es su afición por lo metateatral, tendencia conocida, pero que el catalán ordena y sistematiza.

EDICIONES

COMELLA, Luciano Francisco, *El majo matón* (tonadilla a dúo), Biblioteca Nacional de España, ms. 14063/13, 1776.

—, *Los peregrinos perdidos y el encanto de la venta* (tonadilla general), Bilioteca Nacional de España, ms. 14063/11, 1776.

—, *Tonadilla a dúo,* Biblioteca Nacional de España, ms. 14063/9, 1776.

—, *La lección de tonadas* (tonadilla a solo), Biblioteca Nacional de España, ms. 14066/50, 1777.

—, *El marido avergonzado* (sainete), Biblioteca Municipal de Madrid, tea 1-165-34, 1779.

—, *El petimetre en la aldea* (sainete), Biblioteca Municipal de Madrid, tea 1-168-36, 1780.

—, *La novia desdeñosa* (tonadilla a tres), Biblioteca Nacional de España, ms. 14064/3, 1780.

—, *Los caprichos* (tonadilla a solo), Biblioteca Nacional de España, ms. 14064/8, 1780.

—, *Los majos del baile* (tonadilla a tres), Biblioteca Nacional de España, ms. 14064/1, 1780.

—, *Los Remedios* (tonadilla a solo), Biblioteca Nacional de España, ms. 14064/13, 1780.

—, *La Cibeles y el Apolo* (tonadilla a dúo), Biblioteca Nacional de España, ms. 14064/16, 1781.

—, *La deserción de la Polonia* (tonadilla a dúo), Biblioteca Nacional de España, ms. 14064/22, 1781.

—, *La viuda burlada* (tonadilla a tres), Biblioteca Nacional de España, ms. 14064/17, 1781.

—, *El mundo al revés* (tonadilla a dúo), Biblioteca Nacional de España, ms. 14064/36, 1782.

—, *La peregrina adivina* (tonadilla a solo), Biblioteca Nacional de España, ms 14064/38, 1782.

—, *La visita de las estatuas* (tonadilla a cuatro), Biblioteca Nacional de España, ms 14064/35, 1782.

—, *Títulos de comedias* (tonadilla a solo), Biblioteca Nacional de España, ms. 14064/51, 1782.

—, *El chasco del cofre* (tonadilla General), Biblioteca Nacional de España, ms. 14064/52, 1783.

—, *El payo crédulo* (tonadilla general), Biblioteca Nacional de España, ms. 14064/57, 1783.

—, *La caza de la Polonia* (tonadilla a dúo), Biblioteca Nacional de España, ms. 14064/63, 1783.

—, *La cómica y la operista* (tonadilla a tres), Biblioteca Nacional de España, ms. 14064/58, 1783.

—, *La tornaboda de la gallega o segunda parte de la gallega cocinera*, Biblioteca Nacional de España, ms. 14064/55, 1783.

—, *La vida del pretendiente* (tonadilla a solo), Biblioteca Nacional de España, ms. 14064/56, 1783.

—, *La despedida de la Tordesillas* (tonadilla a dúo), Biblioteca Nacional de España, ms. 14064/80, 1784.

—, *La maja y el berberisco* (tonadilla a dúo), Biblioteca Nacional de España, ms. 14064/78, 1784.

—, *La segunda parte de la despedida de la Tordesillas* (tonadilla a dúo), Biblioteca Nacional de España, ms. 14064/77, 1784.

—, *Los refranes* (tonadilla a solo), Biblioteca Nacional de España, ms. 14064/13, 1784.

—, *El desengañado* (ton a tres), Biblioteca Nacional de España, ms. 14064/89, 1785.

—, *La España Moderna segunda parte de la Antigua* (tonadilla a solo), Biblioteca Nacional de España, ms. 14064/99, 1785.

—, *La luz del desengaño* (tonadilla a solo), Biblioteca Nacional de España, ms. 14064/91, 1785.

—, *Los majos de la carrera* (tonadilla a dúo), Biblioteca Nacional de España, ms. 14064/98, 1785.

—, *Introducción al pueblo feliz. El día de campo*, Biblioteca Municipal de Madrid, tea 1-184-45, 1789.

—, *El premio* (fin de fiesta), Biblioteca Municipal de Madrid, tea 1-158-32, 1789.

—, *La prueba de los cómicos* (sainete), Biblioteca Municipal de Madrid, tea 1-183-62, 1790.

—, *La residencia* (sainete nuevo), Biblioteca Municipal de Madrid, tea 1-159-26, 1791.

—, *El secreto entre vecinas* (sainete nuevo), Biblioteca Municipal de Madrid, tea 1-159-36, 1793.

—, *La función casera* (fin de fiesta), Biblioteca Municipal de Madrid, tea 1-155-20, 1793.

—, *El día de función nueva* (fin de fiesta nuevo), Biblioteca Municipal de Madrid, tea 1-154-46, 1793.

—, *El fanático* (sainete nuevo), Biblioteca Municipal de Madrid, tea 1-155-16, 1794.

—, *El baile deshecho y Juan de la Enreda* (fin de fiesta), Biblioteca Municipal de Madrid, tea 1-152-14, 1795

—, *La vieja castigada* (tonadilla general), Biblioteca Nacional de España, ms. 14066/4, 1796.

—, *Introducción a la tonadilla a dúo El protegido,* Biblioteca Nacional de España, ms. 14066/5, 1797.

—, *El crítico granadero* (tonadilla a solo), Biblioteca Nacional de España, ms. 14066, 1798.

—, *El menestral sofocado* (sainete nuevo), Biblioteca Municipal de Madrid, tea 1-157-18, 1798.

—, *El novio burlado* (sainete nuevo), Biblioteca Municipal de Madrid, tea 1-158-5, 1798.

—, *La burla de las modas* (sainete nuevo), Biblioteca Municipal de Madrid, tea 1-152-16, 1799.

—, *La burla graciosa* (sainete nuevo), Biblioteca Municipal de Madrid, tea 1-152-22, 1799.

—, *La humorada en Nochebuena* (sainete nuevo), Biblioteca Municipal de Madrid, tea 1-156-11, 1799.

—, *La pradera del canal* (sainete nuevo), Biblioteca Municipal de Madrid, tea 1-158-15, 1799.

—, *Donde menos se piensa salta la libre* (fin de fiesta nuevo), Biblioteca Municipal de Madrid, tea 1-164-23, 1799.

—, *Los dos comisarios de funciones* (fin de fiesta de música), Biblioteca Municipal de Madrid, tea 1-164-1, 1803.

—, *Los malos lados o el embrollón castigado* (sainete nuevo), Biblioteca Municipal de Madrid, tea 1-167-11, 1803.

—, *El estudiante en la feria* (fin de fiesta), Biblioteca Municipal de Madrid, tea 1-155-34.

—, *El jardín del amor de la nación. Loa que con motivo del cumpleaños de la reina nuestra señora, representa la compañía de Manuel Martínez,* Biblioteca Municipal de Madrid, tea 1-187-15.

—, *El negro sensible,* s. l., s. i., s. a., 1798.

—, *Introducción a la comedia «El enemigo de las mujeres»,* Biblioteca Municipal de Madrid, tea 1-184-1(Ch).

—, *Introducción al teatro antes de empezar,* Biblioteca Municipal de Madrid, tea 1-184-51.

—, *Los bandos* (tonadilla general), Biblioteca Nacional de España, ms. 14066/62.
—, *El violeto universal*, ed. María Angulo Egea, *Dieciocho*, 24.1 (2001), 33-83.
—, *Doña Inés de Castro*, eds. María Angulo Egea, Germán Labrador López de Azcona y Daniel García Martínez, Salamanca, Grupo de Estudios del Siglo XVIII de Salamanca, 2005.

## XII. VÁZQUEZ, por *Christian Peytavy*

Este sainetista madrileño, cuyas fechas de nacimiento o de defunción seguimos ignorando, gozó indudablemente de una gran popularidad en la segunda mitad del siglo XVIII. En varias ocasiones llegó a ser el sainetista predilecto de una de las dos compañías que actuaban en la capital, la de Manuel Martínez, y fue por lo tanto un verdadero rival para Ramón de la Cruz. Hasta ahora, sólo se han encontrado y estudiado 73 de sus sainetes estrenados todos entre las temporadas 1774-1775 y 1793-1794, período que corresponde al apogeo y al final de su carrera. En efecto, 1774-1783 fue una etapa floreciente para Vázquez, ya que se estrenaron sesenta y dos de dichos sainetes (de tres a quince por temporada), el 80 % de ellos representados por la compañía de Manuel Martínez. A partir de la temporada 1783-1784, la producción del sainetista disminuye drásticamente: aunque él sigue manteniéndose entre los mayores proveedores de las compañías, éstas piden cada vez menos sainetes nuevos como consecuencia de la supresión del entremés (1780) y del consabido desarrollo de la tonadilla. Se puede considerar que Vázquez pierde verdaderamente terreno a partir de 1790, ya que las compañías trabajan cada vez más con Luciano Francisco Comella (M. Martínez) y Luis Moncín (E. Ribera). Por lo tanto, sus sainetes de juventud quedan por descubrir, como lo deja presagiar un recibo que asocia el nombre de Vázquez con un sainete de 1766, Los chascos, según la *Cartelera teatral madrileña española* [1996: 896, n. 181].

Para complacer al público Vázquez podía adaptar a los reducidos medios de los sainetes y en una perspectiva cómica lo que ya gustaba en las comedias de la época. Por ejemplo, sus personajes recurren algunas veces a la magia. Que sea fingida —un personaje haga creer a otro(s) que tiene poderes sobrenaturales como ocurre en *Coronado dormido* (1778) o en *Las travesuras de un barbero* (1789)—, o que sea una magia «real», se suele integrar en una historia de amor en que el novio se vale de sus poderes mágicos, más divertidos que peligrosos, para chasquear al padre, al tutor o a cualquiera que se interponga. Los efectos mágicos realizados con tramoyas siempre son los mismos: unos personajes aparecen y desaparecen por el escotillón, una tienda se transforma en otra o en castillo, una mesa en linterna o en coche, o se hacen volar objetos. Sin embargo, el uso mayor o menor de la magia en un sainete y su naturaleza hacen que tan sólo *El chasco de los cesteros y el sacristán mago* (1774) y *Las transformaciones graciosas del sopista Cubilete* (1781) puedan verdaderamente considerarse «sainetes de magia».

El mundo de la guerra también está bastante presente. Los espectadores pueden asistir a unos amistosos y cómicos combates con espada —*También es gremio las majas* (1775), *Un criado ser dos a un tiempo* (1777)—, a unas graciosas soldadescas o a varios enfrentamientos armados, «verdaderos» o fingidos pero siempre llenos de elementos burlescos. Destaca la vistosa y aparatosa invasión mora simulada en *Los bribones descuidados por las mujeres chasqueados* (1777) que por los medios requeridos remite más a un fragmento de comedia que a un sainete habitual.

Vázquez proponía también a veces «teatro en el teatro», modalidad que permitía aprovechar la presencia o los comentarios del público simulado y que contribuía a la variedad de los espectáculos propuestos: una mezcla inconexa de pasos absurdos —*La pequeña folla* (1775)—, una tragedia tan malamente interpretada que una pelea estalla entre actores —*Los cómicos indianos* (1777)—, un espectáculo improvisado por falsos volatines —*Los volatines fingidos* (1779)— o una especie de zoo humano madrileño —*El gabinete divertido de toda clase de figuras naturales* (1780).

Vázquez también conocía la afición de la gente a los toros, de manera que en *Los buenos consejos y función de Illescas* (1776) propuso una corrida bastante lograda protagonizada por los famosos toreros Juan y Pedro Romero.[5] En *Las locuras más graciosas por el engaño creído* (1782) y en *La locura más graciosa en obsequio del monarca* (1789), los habitantes de un pueblo sueltan respectivamente un novillo y un ternerillo enmaromado —vivo éste—, lo cual da lugar a muchos gritos, capeos y alguna que otra caída. Y cuando no es una vaca que siembra el pánico a ori-

---

[5] Véase al respecto el artículo de Mireille Coulon [1994: 377-395].

llas del Manzanares en *Las delicias del canal en barcos, merienda y bailes* (1774), es un oso que se escapa y la emprende con todos en *La residencia de defectos* (1792) o son dos locos armados que vagan por un pueblo con el ánimo de matar a cuantos encuentran en *Los pasajes graciosos de un lugar* (1779).

Destaca por su éxito *Los tres novios imperfectos, sordo, tartamudo y tuerto* —se representó dieciséis veces entre 1775 y 1807—, sainete en que una muchacha organiza un concurso de música y canto para determinar con cuál de sus tres pretendientes se va a casar. Música, cantos y bailes eran en efecto muy del gusto del público ya que alegraban la representación, le daban ritmo e incluso sensualidad. Aparecen en el 74 % de las obras estudiadas y hasta seis veces en un mismo sainete. Debido a la perspectiva eminentemente popular de los sainetes de Vázquez, los bailes más presentes son los fandangos y las seguidillas, y en una menor medida la churumbela y las folías que traducen la gran agitación emocional de un personaje. Por las mismas razones se cantan sobretodo seguidillas simples o compuestas, romances y romancillos, y para Navidad, coplas y villancicos que suelen evocar la comida abundante y la embriaguez, como ocurre en el largo villancico figurado que cierra *El gabinete divertido*. Los instrumentos (dulzainas, panderos, panderetas, tambores, tabletillas, campanillas, oboes, violines, harpas, contrabajos, zambombas, etc.) que por supuesto iban en adecuación con los personajes y la época del año, podían llegar a formar una verdadera orquesta en escena o incluso estar diseminados entre el público.

Raramente de exposición, las canciones al principio de los sainetes permiten sobretodo enmarcar la historia en un ambiente rápidamente reconocible y popular, ya que suelen ser artesanos, criadas, jardineros, o pastores quienes cantan mientras trabajan. Sus canciones suelen ser banales, repetitivas, salpicadas de interjecciones y de onomatopeyas, y las acompasan frecuentemente con unas herramientas propias de su oficio o de su situación. Ocurre lo mismo después de un cambio de decorado, pero los cantos suelen estar más vinculados con la historia, el lugar, su ambiente, la situación de los protagonistas o su estado de ánimo. Aunque la mayoría de las veces música, cantos y bailes tengan un carácter alegre por muy diversos motivos, varios personajes —de todas las clases sociales y de todas las edades— también cantan, bailan o tocan un instrumento para hacer frente a dificultades o a un malestar pasaje-

ro: mientras unos quieren olvidar su pésima situación económica o lo
ingrato que les parece su oficio, otros intentan espantar su miedo, su soledad o su tedio. Pero los usos de la música, de los cantos y de los bailes eran múltiples: podían añadir un toque de exotismo, estructurar los
espectáculos que se desarrollaban dentro del sainete o darles mayor verosimilitud, y era habitual que se anunciara la llegada de uno o varios
personajes (un cochero, unas majas, un arriero, etc.) con cantos y bailes. También era relativamente frecuente que se ofreciera al público un
final musical, lo cual podía llegar a ser algo muy elaborado, con decorado propio incluso, en particular si los sainetes se representaban para
Navidad o en otro momento particular de la temporada teatral.

Sin embargo, a partir de 1782-1783, o sea poco después de la supresión de los entremeses y de la consiguiente independencia de las tonadillas, los sainetes nuevos incluyen cada vez menos música —por no
decir ninguna—, y en que se vuelven a representar tienden a desaparecer los fragmentos musicales menos útiles para la historia.

Seguramente que se nos escapan muchas alusiones a la actualidad de
la gente a causa de la distancia temporal, y, como los manuscritos no
recogen el latido de la representación, no sabemos exactamente cómo
cada actor interpretaba físicamente su papel o cuál era su tono de voz.
Tenemos que imaginar con unos pocos datos los excesos burlescos de
su actuación siempre que tenían que manifestar una extremada tristeza,
un miedo incontrolable, una alegría cercana a la locura o un violento
arrebato de cólera, como ocurría a menudo. Ignoramos también a menudo el reparto, tan importante sin embargo para tener una visión más
justa del personaje representado: Madama Pitón en *Un criado ser dos a
un tiempo* es todavía más divertida cuando sabemos que la interpretó el
tercer galán, a lo cual se añade que se enamora de un «hombre» que en
realidad en la historia es una mujer que se ha disfrazado para huir de
la justicia. A pesar de todo, los recursos cómicos visuales o verbales en
los sainetes de Vázquez suelen ser bastante tradicionales.

Menudean los motivos de persecuciones, de riñas, de golpes y porrazos, que sea por ejemplo porque un padre quiere pegar a su hija o
al que la corteja, un marido a su mujer por su insolencia, algún amo a
su criado para castigarlo o tan sólo porque está de mal humor, etc. Las
mujeres no se quedan atrás y no vacilan en abalanzarse sobre un hombre para morderle y rasguñarle por haberlas dado un disgusto, para cas-

tigarlo de una tentativa de infidelidad o para vengar lo que consideran un agravio por muy leve que sea.

La «oscuridad» —oscurecía el teatro según las acotaciones— origina situaciones cómicas desde la aparición de falsos demonios o fantasmas —*El tío Vigornia el herrador* (1785), *Los dos hermanos, el uno glotón y el otro sin memoria* (1785), *Los tres novios imperfecto...* (1775), *El duende fingido* o *El gracioso engaño del duende fingido* (1777)— hasta numerosos equívocos, en particular durante encuentros amorosos ilícitos: es frecuente que un hombre —o varios a la vez— crea(n) estar cortejando a su novia, a una mujer casada o a su criada y que en realidad esté(n) hablando con el padre o el marido de éstas, con su propia esposa o con cualquier otro personaje como ocurre en *Chirivitas el yesero* (1774), en *La farfulla de las mujeres y jardineros graciosos* (1777) o en *La merienda desgraciada de plumistas y criados* (1782). Otros *quid pro quo,* fortuitos o causados intencionalmente por un personaje a base de mentiras también eran frecuentes, hasta el punto de llegar a ser la base de todo un sainete de costumbre teatrales, *Los embustes creídos* (1783).

Además de los atuendos que de por sí ya podían mover a risa, los disfraces que permitían a uno engañar a otro seguían siendo una fuente de comicidad recurrente, en particular en *Las transformaciones graciosas del sopista Cubilete* (1781) o en *Las travesuras de un barbero* (1789), porque el protagonista principal adopta respectivamente seis y cinco identidades sucesivas. Era todavía más divertido cuando otros personajes trataban de interpretar dos papeles alternativamente, como el criado que hace a la vez de médico en *El de las manías y médicos fingidos* (1774), o el criado que también sustituye a su amo en *Los criados y el enfermo* (1779). El concepto se lleva hasta el paroxismo en *Los cómicos indianos* (1777) ya que un personaje cambia de identidad y de traje tan sólo al darse la vuelta. Tanto por los efectos visuales que generaban como por las alusiones verbales que permitían, las minusvalías o cualquier tipo de particularidad física o mental —permanente o pasajera, verdadera o fingida— eran frecuentes motivos de risa como lo demuestra la abundancia de cojos, jorobados, mancos, tullidos, perláticos, tuertos, sordos, y tartamudos en las historias. Los locos en *El obrador de sastres* (1778), *Los pasajes graciosos de un lugar* (1779) o *La locura fingida y amor logrado* (1793) o los numerosos borrachos eran también personajes eminentemente cómicos tanto por los juegos escénicos que su estado propiciaba como por su peculiar e inesperada visión de la realidad que se manifestaba en sus diálogos.

El lenguaje era en efecto otra fuente de comicidad casi infinita. Vázquez se valía de una amplia gama de procedimientos retóricos (hipérboles, comparaciones, metáforas, animalizaciones, juegos con la polisemia, la paronimia o las acumulaciones), pero también movían a risa las deformaciones fonéticas o gramaticales de los gallegos y de los extranjeros o algunos apartes en que un personaje expresa su miedo en una situación en que en realidad no corre ningún peligro o cuando existe un desfase entre lo que dice y lo que piensa.

Dejando de lado los aspectos espectaculares y cómicos, algunas especificidades aparecen según el tipo de sainetes. Podemos destacar: 1) catorce sainetes de costumbres teatrales; 2) trece sainetes de ambiente rural y asimilados; 3) cuarenta y seis sainetes de ambiente urbano y asimilados.

## 1. *Sainetes de costumbres teatrales*

Los sainetes de costumbres teatrales, es decir aquéllos en que los actores interpretan su propio papel, están relacionados con la actualidad teatral y la de la compañía, con lo cual la mayoría no se volvió a representar. Unos están vinculados con el programa del que forman parte, como ocurre en el explícito *Sainete para la tonadilla de la cucaña* (1776) o en *Los graciosos descontentos* (1779), sainete en que por no tener ningún papel en la obra principal que se va a representar, los graciosos roban y rompen todas las copias de la misma, provocando una crisis en la compañía. En *Garrido ingenio* (1774), se reclaman sainetes más divertidos y menos didácticos y se ponen de relieve las dificultades económicas de las compañías por falta de público en *Pues ya que lucro no tenemos trabajando noche y día, deshagamos compañía y otro destino busquemos* (1780) y en *El castigo en diversión y petición de Polonia* (1782).

Los principios y finales de temporadas son bastante propicios para este tipo de sainetes también. Para cerrar la temporada 1778-1779, se representa *Ya llegó el tiempo preciso en que nuestro curso acabe*, en que una alegoría del tiempo anuncia a todos que ya es tiempo de morir/dormir, pero vuelve para despertarlos al principio de la temporada siguiente, en *El teatro renacido*. En cuanto a *La entrega de sainetistas*, estrenado al empezar la temporada 1776-1777, actores y actrices de la compañía de M. Martínez se presentan al gracioso con dotes artísticas extrañas o absurdas, muchas veces en contradicción con su edad, su físico o su estatus dentro de la compañía.

Otros sainetes de costumbres teatrales reflejan la evolución de la composición de las compañías, como queda claro en la *Introducción jocosa para presentar a María Montéis en el teatro* (1779) o en el *Sainete nuevo para empezar a ser graciosa la Nicolasa* (1782). La recién ascendida graciosa Nicolasa Palomera vuelve a su puesto de cuarta dama al año siguiente y su sustitución por Vicenta Sanz da lugar a *Los embustes creídos* (1783), sainete en el cual la actriz chasquea a sus compañeros porque no acudieron al último ensayo que le quedaba para prepararse a su nuevo papel. Recordemos, en efecto, que las rivalidades o las peleas entre actores y actrices son el hilo conductor de numerosos sainetes de costumbres teatrales, como ocurre en *La riña de Polonia con Chinita* también titulado *Hasta aquí llegó el sainete* (1775), o en las dos partes de *Las mujeres conjuradas* (1774) en que por celos las actrices secuestran a la joven Silveria María de Rivas y Ladvenant y la quieren ejecutar. Al revés, en *Coronado dormido* (1778) varios miembros de la compañía se divierten a expensas del segundo gracioso que se durmió en el vestuario y le hacen creer que asiste a fenómenos sobrenaturales.

## 2. Sainetes de ambiente rural

Que los pueblos estén identificados (Fuencarral, Illescas o Cuenca), situados aproximadamente (en Aragón o en Asturias) o sin localizar, son mundos idealizados donde los habitantes suelen vivir relativamente felices. Tan sólo se evoca su pobreza debido a las malas cosechas y a la sequía en un sainete —*Los cómicos indianos* (1777)— cuyo objetivo no es para nada presentar la situación pésima del campo en aquel entonces. Lo más habitual es que una tropa de payos y de payas salga bailando y cantando y que se celebre algo: una fiesta del lugar en *Los buenos consejos y función de Illescas* (1776), la llegada del marqués del lugar y una representación teatral en *Los cómicos indianos* (1777), el final del esquileo en *El esquileo o los amantes descubiertos* (1779), una boda, real o fingida en *La vuelta del arriero y boda fingida* (1776) y en *Los pasajes graciosos de un lugar* (1779), la organización de un espectáculo de volatines en *Los volatines fingidos* (1779), la victoria en un juicio en *Las locuras más graciosas por el engaño creído* (1782), la coronación de Carlos IV en *La locura más graciosa en obsequio del monarca* (1789) o incluso la organización de un tribunal público en *La residencia de defectos* (1792) convirtiendo así el acontecimiento en algo más festivo.

Aunque aparecen a veces un sastre o un zapatero, un médico, un escribano, un hidalgo o un marqués, no se puede decir que sean personajes recurrentes o característicos de la población rural. La mayoría son payos y payas tan sólo identificados por su nombre, su edad o sus relaciones familiares, no tienen ninguna particularidad relevante en su habla ni en su comportamiento y su presencia se debe exclusivamente a las exigencias de la historia o a los actores que deben participar en ella. Los alcaldes son los únicos que aparecen de manera casi sistemática, pero son muy variados: uno ejerce su cargo sin emoción, otro es bobo conforme a la tradición entremesil, un tercero es tan rápidamente absurdo como serio pero poco preocupado por los problemas de sus habitantes, y otros dos dejan la alegría apoderarse del pueblo hasta la locura. Destacan sin embargo los alcaldes de *Los volatines fingidos* (1779) y *La residencia de defectos* (1792) porque no sólo hacen reinar el orden sino que se preocupan por la justicia que rinden valiéndose del sentido común y respetando los valores cristianos en una perspectiva humana y moderada. Son incorruptibles, rechazan las lisonjas o cualquier diferencia debida a un estatus social y reconocen de hecho cierta igualdad de los habitantes ante la ley. El último incluso comparte de manera equitativa su cargo con su mujer y rinden la justicia juntos de manera coherente.

En cuanto a los forasteros de paso, procedentes o no de la capital, permiten ante todo abrir el pueblo al exterior y contribuyen a la variedad sociológica de los personajes en escena: puede ser un enfermo que está en el pueblo para descansar, un francés, una usía, un capitán de caballería, un cazador, etc. Cuando no son meros espectadores de lo que ocurre en la aldea, llevan la noticia que perturba (para bien o para mal) la vida de los habitantes o participan directamente en el acontecimiento. Al contrario de lo que ocurre a menudo en los sainetes de Ramón de la Cruz o de González del Castillo, no se trata nunca de oponer las ideas o modos de vivir de los ciudadanos y de los payos.[6]

La mayoría de los otros sainetes rurales no se volvieron a representar. *El sorteo de los milicianos* (1774) es el único que tuvo cierto éxito ya que se puso en escena siete veces hasta 1808, seguramente por hablar de un tema de actualidad. En 1770, en efecto, se decretó que la duración del servicio militar era de ocho años y que las quintas para reclutar soldados pasaban a ser anuales: en el sainete se ponen de relieve el miedo y los dramas personales que causa uno de estos sorteos en un pueblo.

### 3. Sainetes de ambiente urbano

Los cuarenta y cinco sainetes de ambiente urbano demuestran claramente que el verdadero universo de Vázquez era la capital. Si omitimos los lugares anexos —como por ejemplo la calle que aparece a menudo al principio de un sainete y en la cual se encuentran brevemente dos personajes para exponer su situación—, lo más frecuente es que la historia se desarrolle en una habitación o en el salón de una casa, en un taller o en una tienda, y los decorados entonces suelen ser muy reducidos: una mesa, sillas y poco más, o algunas herramientas y algún objeto específico del oficio de los protagonistas, presentados en un ambiente familiar. Cuando se trata de tabernas, bodegas o fondas, Vázquez trata de crear cierta ilusión de vida haciendo que entren y salgan numerosos personajes o que otros se dediquen a sus quehaceres cotidianos —fregar, cortar madera, afilar un cuchillo, raspar una cuba, comer y beber, etc.— como ocurre sobretodo en *Lo que es del agua, el agua se lo lleva* (1775) o en *Amo y criado en la casa de vinos generosos* (1782). Otros nueve sainetes se desarrollan en algunas plazas (la Plaza Mayor, de San Juan o de la Cebada) o en paseos de moda (El Prado, Las Delicias o el

---

[6] En cambio, cuando unos payos aparecen en un sainete de ambiente urbano, sacan a relucir las costumbres y los defectos de los madrileños, como ocurre en *No hay rato mejor que el de la Plaza Mayor* (1777) o en el explícito *Los payos de Trillo, con el anteojo descúbrelo todo* (1781).

cerro de San Blas). Aunque los decorados pueden tener todo lujo de detalles para remitir a la realidad del lugar, es cada vez menos el caso a partir de 1780. La vida de estos lugares públicos se consigue multiplicando las idas y venidas de los vendedores figurantes y de los protagonistas o haciendo que hasta veintitrés personajes estén en escena simultáneamente. Se puede crear además cierta polifonía al mezclarse todas las conversaciones. Independientemente de su éxito respectivo, destacan por su ambientación *Las delicias del canal...* (1774), *No se halla rato mejor que el de la Plaza Mayor* (1777) —en que no hay verdaderos personajes principales—, y *El Míralo todo en la tarde de San Blas* (1777).

El estudio de la población urbana revela que la nobleza está casi ausente: tan sólo aparecen un vizconde derrochador en *El hambriento en Nochebuena* (1774) y otro muy tacaño en *La quintaesencia de la miseria* (1777), sainete parecido en muchos aspectos a *L'avare*, de Molière. Las clases medias representan cerca del 35 % de los ciudadanos, pero su presencia no responde a ningún interés del sainetista por ellos sino a puras necesidades de la historia. Los boticarios no cuentan tanto como sus temidos brebajes curativos —*El de las manías y médicos fingidos* (1774), *Los astrólogos y el boticario* (1778)—, los escribanos codiciosos y poco morales importan menos que los documentos oficiales que redactan y que a menudo resultan ser una trampa para uno de los firmantes —*Los criados y el enfermo* (1779), *El padre enfermo y la niña con amor* (1781), *La locura fingida y amor logrado* (1793)—, y los médicos tradicionales ignorantes no vacilan en valerse de su oficio para estar cerca de las damas a expensas del marido como en *El marido desengañado y escarmiento de mujeres* (1792). A partir de 1777, los abates, que antes solían aparecer por sus dotes como cantantes, son personajes más pretenciosos y aburguesados que también sirven de cortejos y luego desaparecen por completo de las obras de Vázquez posteriores a 1781. Resulta claro también que otros representantes de las clases medias tan sólo intervienen en los sainetes porque su situación financiera justifica su comportamiento o la red de relaciones que se crea en torno a ellos: así los indianos se ven rodeados de numerosos personajes atraídos por el dinero que ellos despilfarran, un enfermo debe ser adinerado para pagar a los médicos, boticarios y criados que cuidan de él, los amos deben tener economías para que sus criados las puedan sisar, los tutores suelen tener una buena dote que el novio le quita al mismo tiempo que a la «hija», etc. El resto de las clases medias lo constituyen los amigos o los miembros de la familia de estos personajes (marido o mujer, hijos o hermanos, etc.), sin más caracterización, y a menudo tan sólo dan la réplica a los demás o participan de la ilusión de vida de la escena.

En cuanto a las petimetras y a los petimetres, nunca aparecen en salones ni de visita mundana, al contrario: tan sólo uno o dos suelen intervenir simultáneamente y de manera breve para completar el panorama social de tal o cual lugar, de modo que aunque casi siempre sean risibles o ridículos, su modo de vestir, de vivir o de hablar son el blanco de la crítica de forma puntual y anecdótica. En *El modelo del nuevo peinado de París* (1778) Vázquez se las arregla incluso para criticar la vanidad de los nobles y de las clases acomodadas para vestir de moda sin poner a éstos en escena: enfoca la cuestión desde la perspectiva de una escofietera y de un peluquero que han conseguido fama y fortuna en poco tiempo y que asisten a la presentación de un nuevo modelo de peinado ridículamente alto. Por otra parte, Vázquez suele prescindir de los tradicionales enfrentamientos entre petimetres y majos —tan sólo se enfrentan bailando unas petimetras con unas majas en *Las delicias del canal...* (1774)—, y en general los cortejos de sus historias no son petimetres sino abates, capitanes, médicos o indianos.

Las clases populares son mucho más numerosas (cerca del 65 % de los personajes) y los títulos de los sainetes ya revelan de por sí que éstos son los verdaderos protagonistas: *Chirivitas el yesero* (1774), *El chasco de los cesteros* (1774), *El chasco del sillero* (1777), *El obrador de sastres* (1778), *El tío Vigornia el herrador* (1785) o *Perico el empedrador* (1787). Sin embargo, aunque se hace mención de su trabajo, lo más habitual es que tan sólo sirva para enmarcar a los protagonistas en un ambiente rápidamente reconocible para el público al principio del sainete. Además de los artesanos y de su familia —en el sentido más amplio de la palabra— aparece toda la galería de personajes tradicionales: unos ciegos que cantan por calles y plazas, estudiantes pobres y maliciosos, cocheros adictos al vino, soldados fanfarrones, cobardes o mujeriegos, vendedores de alimentos muy diversos, gallegos algo bobos salvo cuando se trata de conseguir dinero o comida, valencianos, murcianos, andaluces o extranjeros (en general franceses), y numerosos criados picarones y golosos o criadas respondonas más preocupadas por su propio bienestar que por el de su amo.

En cuanto a los majos, socialmente integrados por el trabajo que ejercen y su matrimonio, suelen conservar su indumentaria, su modo de hablar y de actuar tradicionales. Sin embargo, y aunque nunca los presente de manera negativa, no fascinan al sainetista: sólo aparecen en nueve sainetes con un papel secundario o un número de réplicas reducido. Más interés demuestra el sainetista hacia las majas, el doble de numerosas, y a quienes incluso dedica un sainete, *También es gremio las majas...* (1775-1776). Que sean vendedoras, criadas o cocineras, son para el sainetista las representantes más auténticas de España, con su natural forma de vestir, su garbo, su fuerte carácter, su desparpajo y su lenguaje colorido. A pesar de su pobreza y de cierta amoralidad —no vacilan en explotar a los petimetres—, reivindican su libertad y cierta «nobleza» que les da su majeza.

Exceptuando a los personajes que tienen dinero por necesidades propias de la historia, reina en los sainetes una pobreza generalizada. La de los usías y sus deudas se debe al tren de vida que llevan, muy superior al que se pueden permitir tan sólo para lucir vistiendo de moda, o sea a la francesa. En cambio, las causas de la pobreza de las clases populares no se identifican claramente: no se habla del paro, de los bajos sueldos ni de los problemas de alojamiento —aparece un sólo casero—, y cuando se especifica que la ropa de algún protagonista está estropeada, es en una perspectiva meramente cómica o para insistir en su extremada pobreza y justificar que más adelante en la historia robe comida.

La principal manifestación de la pobreza de las clases populares, en efecto, es la falta de comida, lo cual da lugar en los sainetes a una tradicional y generalizada picaresca. Los vendedores no tienen escrúpulos para infligir la ley vendiendo más caro sus productos a los ricos, se equivocan intencionalmente al dar la vuelta o sisan las mercancías. Roban también los esportilleros gallegos parte de lo que compran para los usías, y una vez la comida en casa, la sisan los cocineros y los criados. De hecho, varios sainetes giran exclusivamente en torno a las verdaderas comidas que organizan los criados gracias a dicho sistema —*La merienda desgraciada de plumistas y criados* (1782), *Paca la salada y merienda de horterillas* (1790)— o a los subterfugios a los que recurren varios personajes para comer a costa ajena: en *El hambriento en Nochebuena* (1774) por ejemplo, un abate hambriento logra que le inviten a la mesa de un vizconde y roba la opípara cena de Navidad, y en *Un criado ser dos a un tiempo* (1777), un criado decide servir a dos amos a la vez para cobrar y comer doble.

Conforme a la tradición teatral, las relaciones amorosas son otra de las bases de los sainetes. Por ejemplo, Vázquez propone numerosas historias en que un joven (o varios) se vale(n) de magia, disfraces, mentiras y engaños para conseguir casarse con su amada. El sainetista se muestra partidario —como otros muchos— de la libre elección de los amantes y condena los matrimonios desiguales por edad o clase social. También echa una mirada crítica y burlona sobre los comportamientos amorosos de las clases medias, tanto sobre el fenómeno del cortejo como sobre las infidelidades o la poca autoridad de los maridos, la afición de los amos a las faldas de sus criadas, o el incesante acoso de los petimetres a las majas. Los maridos de las clases populares, por su parte, no suelen ser infieles pero no están exentos de defectos tampoco: se les reprocha su holgazanería, su afición al vino o al juego, y el hecho de que peguen demasiado a su mujer.

A pesar de estas posturas ideológicas, de cierta manera educativas aunque ya corrientes en la época, Vázquez no era un arduo defensor de la moralidad. Aprovechaba sus historias para insertar numerosas picardías y alusiones sexuales a veces sorprendentemente explícitas («puede, que sombra y mujer / nos hacen crecer a palmos» [*La farfulla de las mujeres...*, vv. 317-318]), y lidió con vehemencia pero sutilmente con la censura durante años para que unos novios se abrazasen con expresión en escena. Si examinamos los títulos de los sainetes, suelen más bien aparecer las palabras «chasco», «travesuras», «embustes», «divertido», «gracioso» o «jocoso» que «escarmiento» o «castigo». Es significativo al respecto que *El chasco de la bebida* pasase a titularse *El marido desengañado y escarmiento de mujeres* no por deseo propio del sainetista sino a petición del censor Santos Díez González:

> He examinado el presente sainete intitulado *El chasco de la bebida*, título que no es el que principalmente le viene con propiedad, así porque de toda acción dramática se debe deducir alguna moralidad o doctrina importante (y no lo es *El chasco de la bebida*) [...] el objeto del sainete es desengañar y abrir los ojos a los casados y escarmentar a las mujeres de una conducta inconsiderada [Biblioteca Municipal de Madrid, tea 1-157-25 B].

La concepción que Vázquez tenía del teatro y de los sainetes no deja lugar a dudas en *Garrido ingenio* (1774) cuando sale un emisario del patio y dice al gracioso:

SIMÓN  Que yo mi dinero pago
      por venirme a divertir
      y no por estar llorando,
      y ésta es una casa de placer,
      no universidad de sabios [vv. 166-170].

Añade que no quiere ver sainetes moralizadores —a los que llama con desprecio «sainetes de moda»— y pide que se representen sainetes divertidos, aunque los efectos cómicos sean básicos y tradicionales:

SIMÓN  Y así broma, botón gordo,
      con esto ríe uno a pasto.
      ¿Dice el crítico? Que diga,
      que más vale en estos casos
      que enferme el entendimiento
      que no el alma [vv. 213-218].

Algo de verdad tienen estas palabras porque los pocos sainetes de contenido más abiertamente moral que escribió Vázquez no tuvieron ningún éxito: *El cuidado de ronda en Nochebuena* (1776), *El Míralo todo en la tarde de San Blas* (1778) y *La residencia de defectos* (1792) no se volvieron a representar —«apestó» aparece en la portada del segundo— y el público hasta interrumpió la representación de *Los payos de Trillo, con el anteojo descúbrelo todo* (1781) como figura también en la portada del manuscrito. Además, si exceptuamos a los pocos ladrones de profesión que por supuesto terminan encarcelados, Vázquez presenta con cierta magnanimidad algunos comportamientos populares reprehensibles, desde el robo de comida hasta la embriaguez. Y si acaso hay un castigo al final de un sainete, parece a menudo meramente convencional, hasta el punto de que se puede llegar a sospechar a veces que castigar un vicio era sobre todo un buen pretexto para enseñarlo detenidamente en escena: en *Los bribones descuidados por las mujeres chasqueados* (1777), por ejemplo, se enseña con regocijo la borrachera de los graciosos, sus traspiés, sus comentarios divertidos, sus cantos y sus bailes, y al final, tan sólo se llevan un susto ni siquiera a modo de escarmiento sino de chasco, como lo revela el título.

Es indudable que los sainetes de Sebastián Vázquez son deudores de la modernidad: por una parte, siguiendo el impulso dado por Ramón de la Cruz, están más vinculados con la realidad de la gente, y por otra, el sainetista no podía escapar totalmente de la censura o de la voluntad de los neoclásicos que el teatro fuera un instrumento de educación de las masas. A pesar de todo, los sainetes de Vázquez siguen siendo obras muy herederas del entremés en cuanto a las modalidades de la diversión.

MANUSCRITOS O IMPRESOS DE LOS SAINETES DE VÁZQUEZ UTILIZADOS

*El almacén de criadas,* Biblioteca Municipal de Madrid, tea 1-155-33 A, 1777.

*Amo y criado en la casa de vinos generosos,* Biblioteca Municipal de Madrid, tea 1-151-31 C, 1782.

*El astrólogo y el boticario,* Biblioteca Municipal de Madrid, tea 1-151-9 C, 1778.

*La boda del guarda,* Biblioteca Municipal de Madrid, tea 1-152-40, 1777.

*Los bribones descuidados por las mujeres chasqueados,* Biblioteca Municipal de Madrid, tea 1-152-45 (autógrafo), 1777.

*Los buenos consejos y función de Illescas,* Biblioteca Municipal de Madrid, tea 1-155-24 C (autógrafo), 1776.

*Las campanillas y el marido viejo,* Biblioteca Municipal de Madrid, tea 1-153-5, 1778.

*La casa del maestro de capilla tuerto,* Biblioteca Municipal de Madrid, tea 1-153-6, 1777.

*El castigo en diversión y petición de Polonia,* Biblioteca Municipal de Madrid, tea 1-154-29 (autógrafo), 1782.

*Ceder la novia y dar dinero encima,* Biblioteca Municipal de Madrid, tea 1-163-8 A, 1782.

*Los cómicos indianos,* Biblioteca Municipal de Madrid, tea 1-162-45, 1777.

*Coronado dormido,* Biblioteca Municipal de Madrid, tea 1-153-33 A, 1778.

*Los criados y el enfermo,* Biblioteca Municipal de Madrid, tea 1-163-24 (impreso), 1779.

*El cuidado de ronda en el Prado,* Biblioteca Municipal de Madrid, tea 1-162-44 (autógrafo), 1776.

*El chasco del sillero,* Biblioteca Municipal de Madrid, tea 1-154-11 B, 1777.

*El chasco de los cesteros*, Biblioteca Municipal de Madrid, tea 1-154-26, 1774.

*Chirivitas el yesero*. Biblioteca Municipal de Madrid, tea 1-153-18 (autógrafo), 1774.

*El degollado fingido y chascos del bodeguero*, Biblioteca Nacional de España, 14520/20, 1778.

*Las delicias del canal en barcos, merienda y bailes*, Biblioteca Municipal de Madrid, tea 1-183-42 B, 1774.

*El día de lotería*, Biblioteca Municipal de Madrid, tea 1-154-34 B.

*Los dos hermanos, uno glotón y otro sin memoria*, Biblioteca Municipal de Madrid, tea 1-154-40, 1785.

*El duende fingido (El gracioso engaño del duende fingido)*, Biblioteca Municipal de Madrid, tea 1154-37 A (autógrafo), 1777.

*El de las manías y médicos fingidos*, Biblioteca Nacional de España, 1452013, 1774.

*Los embustes creídos*, Biblioteca Municipal de Madrid, tea 1-183-63 C (autógrafo), 1783.

*La entrega de sainetistas*, Biblioteca Municipal de Madrid, tea 1-185-23 C, 1776.

*Escarmiento de estafadoras y desengaño de amadores*, Biblioteca Municipal de Madrid, tea 1-155-41, 1776.

*El esquileo o los amantes descubiertos*, Biblioteca Municipal de Madrid, tea 1-155-33 C, 1779.

*La farfulla de las mujeres y jardineros graciosos*, Biblioteca Municipal de Madrid, tea 1-155-26 C (autógrafo), 1777.

*El gabinete divertido de toda clase de figuras naturales*, Biblioteca Nacional de España, 14602/21 (autógrafo), 1780.

*Garrido ingenio*, Biblioteca Municipal de Madrid, tea 1-186-12, 1774.

*Los graciosos descontentos*, Biblioteca Municipal de Madrid, tea 1-212-37, 1779.

*El hambriento en Nochebuena*, Biblioteca Nacional de España, 14520/32, 1774.

*Hasta aquí llegó el sainete*, Biblioteca Municipal de Madrid, tea 1-183-31, 1775.

*Introducción jocosa para presentar a María Montéis en el teatro*, Biblioteca Municipal de Madrid, tea 1-184-1 (Y), 1779.

*Lo que es del agua, el agua se lo lleva*, Biblioteca Municipal de Madrid, tea 1-169-7 A (autógrafo), 1775.

*La locura fingida y amor logrado (y boda fingida)*, Biblioteca Municipal de Madrid, tea 1-210-11 B (autógrafo), 1793.

*La locura más graciosa en obsequio del monarca*, Biblioteca Municipal de Madrid, tea 1-166-50 B, 1789.

*Las locuras más graciosas por el engaño creído*, Biblioteca Municipal de Madrid, tea 1-156-37 A, 1782.

*El marido desengañado y escarmiento de mujeres*, Biblioteca Municipal de Madrid, tea 1-157-25 B (autógrafo), 1792.

*Los matuetas andaluces,* Biblioteca Municipal de Madrid, tea 1-157-12, 1780.

*La merienda desgraciada de plumistas y criados,* Biblioteca Municipal de Madrid, tea 1-157-11-A, 1782.

*El Míralo todo en la tarde de San Blas,* Biblioteca Municipal de Madrid, tea 1-157-8 D (autógrafo), 1778.

*El modelo del nuevo peinado de París,* Biblioteca Municipal de Madrid, tea 1-183-82 C (autógrafo), 1778.

*Las mujeres conjuradas,* Biblioteca Municipal de Madrid, tea 1-184-54, 1774.

*No se halla rato mejor que el de la Plaza Mayor,* Biblioteca Municipal de Madrid, tea 1-157-41 A, 1777.

*La novia satisfecha y novio amedrentado,* Biblioteca Municipal de Madrid, tea 1-157-43-A, 1783.

*El obrador de sastres,* Biblioteca Municipal de Madrid, tea 1-158-6 A, 1778.

*La Paca la salada y merienda de horterillas,* Biblioteca Municipal de Madrid, tea 1-167-30 A, 1790.

*El padre enfermo y la niña con amor,* Biblioteca Municipal de Madrid, tea 1-158-16 C, 1781.

*Los pasajes graciosos de un lugar,* Biblioteca Municipal de Madrid, tea 1-158-44 C, 1779.

*Los payos de Trillo,* Biblioteca Municipal de Madrid, tea 1-168-3 A, 1781.

*La pequeña folla,* Biblioteca Municipal de Madrid, tea 1-184-18, 1775.

*Perico el empedrador,* Biblioteca Municipal de Madrid, tea 1-158-10 C (autógrafo), 1787.

*Pues ya que lucro no tenemos trabajando noche y día,* Biblioteca Municipal de Madrid, tea 1-159-1 A, 1780.

*La quintaesencia de la miseria,* Biblioteca Municipal de Madrid, tea 1-159-18 C (autógrafo), 1777.

*La residencia de defectos,* Biblioteca Municipal de Madrid, tea 1-169-17 B, 1792.

*El retorno de Francia del viajante majadero,* Biblioteca Municipal de Madrid, tea 1-159-24 A, 1782.

*Sainete nuevo para empezar a ser graciosa la Nicolasa,* Biblioteca Municipal de Madrid, tea 1-184-21 C, 1782.

*Sainete para la tonadilla de la cucaña,* Biblioteca Municipal de Madrid, tea 1-184-1 (00), 1776.

*El soplo del contrabando,* Biblioteca Municipal de Madrid, tea 1-159-44, 1775.

*El sorteo de los milicianos,* Biblioteca Municipal de Madrid, tea 1-159-37 A, 1774.

*También es gremio las majas,* Biblioteca Municipal de Madrid, tea 1-156-20 B, 1775.

*El teatro renacido,* Biblioteca Municipal de Madrid, tea 1-183-3 D, 1779.

*El tío Vigornia el herrador*, Biblioteca Municipal de Madrid, tea 1-160-22 A1, 1785.

*El tramposo*, Biblioteca Municipal de Madrid, tea 1-132-8, 1775.

*Las transformaciones graciosas del sopista Cubilete*, Biblioteca Municipal de Madrid, tea 1-170-10 C, 1781.

*Las travesuras de un barbero*, Biblioteca Municipal de Madrid, tea 1-208-99 A1 (impreso), 1789.

*Los tres novios imperfectos, sordo, tartamudo y tuerto*, Biblioteca Municipal de Madrid, tea 1-160-17 (impreso), 1775.

*El trueque de las criadas*, Biblioteca Municipal de Madrid, tea 1-160-21 B, 1779.

*Un criado ser dos a un tiempo*, Biblioteca Municipal de Madrid, tea 1-154-3 D (autógrafo), 1777.

*Los volatines fingidos*, Biblioteca Municipal de Madrid, tea 1-152-43 A (autógrafo), 1779.

*La vuelta del arriero y boda fingida*, Biblioteca Nacional de España, 14520/21, 1776.

*Ya llegó el tiempo preciso en que nuestro curso acabe*, Biblioteca Municipal de Madrid, tea 1-183-80 A, 1779.

## XIII. Saineteros ilustrados, por *Jerónimo Herrera Navarro*

Los neoclásicos rechazaban los sainetes por motivos estéticos y morales. Estéticos, por no ajustarse a las reglas, romper la ilusión teatral al intercalarse entre las jornadas de la comedia, aparecer en muchas ocasiones los actores como tales llamándose por sus nombres reales y hablando de sus cosas, y, sobre todo, porque consideraban impropio del teatro el protagonismo del pueblo llano. Y morales, por retratar y describir de forma demasiado viva y natural los vicios y costumbres perniciosas que se daban en la sociedad de la época, aunque se hiciera con afán de corrección. De hecho, entre 1768 y 1771 los neoclásicos que se reunían en torno a Nicolás Fernández de Moratín en la tertulia de la *Fonda de San Sebastián*, llevaron a cabo una intensa campaña en contra de Ramón de la Cruz, poeta que se había alzado con la monarquía dramática del país gracias a sus sainetes, y al que consideraban máximo responsable de la decadencia y del estado deplorable en que se encontraba el teatro y del mal gusto que lo presidía [Coulon, 1993: 257-329; Herrera Navarro, 1996a: 492-493].

En julio de 1770, el conde de Aranda toma una serie de medidas encaminadas a reformar los teatros públicos de Madrid y las representaciones, y, entre ellas, la de sustituir los sainetes por bailes de contradanza o canto clásico. En poco tiempo fracasó este intento reformista y en 1773, coincidiendo con la caída del conde, se abandonó definitivamente este proyecto. Ese mismo año de 1773, Tomás de Iriarte publicó en su obra *Los literatos en Cuaresma* un ataque contra los «sainetes indecentes», metiendo en el mismo saco los de Ramón de la Cruz con otros realmente groseros y zafios, y las tonadillas. Más adelante, en 1792, cuando Ramón de la Cruz ya casi no escribía para el teatro, Leandro Fernández de Moratín en su *Plan de reforma de los teatros españoles,* recarga las tintas contra los intermedios por su carácter de obras populares: «se representan con admirable semejanza la vida y costumbres del populacho más infeliz: Taberneros, Castañeras, Pellejeros, Tripicalleros, Besugueras, Traperos, Pillos, Rateros, Presidiarios y, en suma, las hezes asquerosas de los arrabales de Madrid, éstos son los personajes de tales piezas» [Cabañas, 1944: 79]. Sin embargo, tal fue la popularidad y el éxito alcanzado por los sainetes de Ramón de la Cruz y otros autores, que entre las filas de los partidarios del neoclasicismo también salieron plumas que intentaron rivalizar, cuando no enmendar la plana, al maestro del género.

El primero fue el famoso escritor y periodista Francisco Mariano Nipho (Alcañiz, 1719-1803), que en *La sátira castigada por los sainetes de moda* (1765), rechaza los sainetes satíricos de Ramón de la Cruz, propone como modelo contrapuesto una «comedia graciosa en un acto» suya titulada *El juicio de la mujer hace al marido discreto,* y le ataca duramente, llamándole vanidoso, «hombre de poco sesso», «crítico sainetero» y «murmurador coplero». Es curioso que en 1763 Nipho está claramente alineado con los neoclásicos (así se demuestra en su *Diario estrangero*), y parece coincidir con Ramón de la Cruz en que la vía reformadora iniciada con sus sainetes es correcta. En 1765, sin embargo, aparece enfrentado con el sainetero y tampoco está en el campo neoclásico (recordemos que en 1764 había publicado *La nación española defendida de los insultos del Pensador y sus secuaces*). Lo que sí sabemos es que en los años ochenta y noventa los ilustrados lo incluían entre los «poetastros» y «copleros», lo que indica que no lo apreciaban demasiado.

Manuel del Pozo era un abogado madrileño, miembro del grupo de la *Fonda de San Sebastián,* que participó en la polémica antes mencionada publicando y estrenando en 1769 un sainete titulado *Apelación que hacen los poetas del Quijote juicioso al Quijote sainetero,* en que intenta demostrar que la pretendida corrección de las costumbres que promueve Ramón de la Cruz, es dañina porque se convierte en sátira ofensiva que, más allá del tipo concreto que presenta a la censura, se extiende a todo el colectivo representado —sea el de los maridos, petimetres, soldados o abates—. Manuel del Pozo intentó, sin éxito, desacreditarle sacando a las tablas las quejas de los personajes agraviados y la condena final, pero tuvo el mérito de responder al reto lanzado por el sainetero madrileño a sus adversarios de que se atrevieran a competir con él y escribió varios sainetes que subieron a los escenarios, y aunque imitaban sin rubor los criticados —evitando eso sí caer en los mismos errores señalados— adolecen de falta de chispa y de gracia. Pretende ser ingenioso y divertido y dar lecciones de moral, pero sus sainetes son insulsos y carecen de auténtica vena cómica. Así, en *Las ferias* (1766) no presenta más que una estampa costumbrista, un apunte de una feria en la plaza de la Cebada de Madrid con las típicas disputas entre majos. En *Los petimetres burlados* (1769) ridiculiza a los que pretenden hacerse pasar por petimetres sin serlo. En *Los ciegos llenos de ideas puestos a cómicos de la legua* (1769) echa mano de unos tipos muy populares y tradicionales —los ciegos— con la intención de hacer reír al auditorio cambiando el punto de mira desde el que se concibe la comicidad. Ciegos que quieren hacer de cómicos y representan una pieza disparatada e imposible. El resultado, más que cómico, se convierte en exagerado, excesivo y grotesco, incluso de mal gusto para la época y lo que se pretendía. Sin embargo, algunas escenas podrían considerarse como antecedente del esperpento valleinclanesco o del teatro del absurdo. Por último, en *El hidalgo Fantasías* (1770) se ridiculiza a la nobleza pobre que vive de las glorias de los antepasados y que rechaza enlazarse con plebeyos aunque sean ricos. Sin embargo, la pieza resulta poco creíble y no suscita en ningún momento la risa. En definitiva, son intentos fallidos, artificiales, que sin duda no gustaron al público.

Alrededor del famoso ilustrado peruano Pablo de Olavide se formó en Sevilla un activo grupo que trabajó en pro de la reforma neoclásica del teatro. En el género breve destacó Antonio González de León

(Sevilla, ¿1742?-1818), individuo de la Real Academia Sevillana de Buenas Letras, que dedicó en 1768 a Pablo de Olavide, a la sazón asistente de Sevilla, una zarzuela titulada *El hijo de Ulises*, que iba acompañada de un sainete —o «pequeña comedia»— en dos partes, titulado *El poeta cómico*.[7] La zarzuela pretende ser un modelo de drama trágico con música y canto escrito según las reglas del arte, y en los sainetes intenta poner en evidencia las impropiedades y disparates de las comedias que gustaban al pueblo, así como las ridiculeces en que incurrían los cómicos que gesticulaban y manoteaban sin cesar en las representaciones. El objetivo del autor es contribuir a la «reforma general del teatro» y, desde este punto de vista, los dos sainetes no son más que dos piezas didácticas en que se explican y ejemplifican los errores de que estaban plagadas las comedias de la época según el neoclasicismo, y la falta de propiedad y naturalidad de la práctica teatral. Aunque no se dedicó habitualmente a escribir para el teatro, se conservan otros dos sainetes suyos: *El francés por devoción,* «sainete crítico» que se representó en 1773 en el Teatro de Sevilla, en que se ridiculiza la extravagancia de algunos jóvenes que se educan en Francia y menosprecian todo lo español, y *Los madrileños adoptivos* (1790), «sainete nuevo» más largo de lo habitual por lo que podría considerarse más bien una comedia en un acto, en que pugnan sevillanos y madrileños por poner en evidencia los defectos y vicios de los contrarios. Se opone la visión cortesana y centralista de la vida española, y la reivindicación de la riqueza y variedad de la tierra sevillana desde una perspectiva defensora de la identidad andaluza. Además de contraponer dos formas distintas de pensar y de vivir, la obrilla está escrita en un lenguaje muy rico que refleja el habla de la época, con abundancia de términos coloquiales, giros y frases hechas, que son convenientemente explicados, ridiculizados o corregidos. Si Antonio González de León inicialmente utiliza el sainete como instrumento didáctico y aleccionador, finalmente lo convierte, más en línea con Ramón de la Cruz, en documento costumbrista con intención satírica y reivindicadora de la patria andaluza.

---

[7] Se ha atribuido erróneamente a Cándido María Trigueros. Pertenece a González de León porque así se declara en el prólogo que precede a la zarzuela.

Perteneciente al mismo grupo ilustrado, Cándido María Trigueros (Orgaz, Toledo, 1736-Madrid, 1798), beneficiado de Carmona (Sevilla) donde vivió casi treinta años, miembro de la Academia de Buenas Letras y de la Sociedad Económica de Sevilla, y de la Real Academia de la Historia, obtuvo en 1784 la plaza de bibliotecario de los Reales Estudios de Madrid. Fue amigo de Jovellanos y participó activamente en varias polémicas literarias. En 1784 ganó uno de los dos premios del concurso de obras dramáticas que convocó el Ayuntamiento de Madrid con su comedia *Los menestrales,* junto *a Las bodas de Camacho* de Meléndez Valdés. Escribió y representó en los teatros de Madrid y Sevilla comedias, tragedias y zarzuelas, originales, traducidas y refundidas. De su teatro menor, estudiado por Aguilar Piñal [1987: 225-229], sólo se han conservado seis piezas. Destaca por su originalidad *El pleito del cuerno* (s. a.), única impresa, gracioso sainete sobre cuernos y cornudos, presentada como una «inocentada», simple desahogo de los trabajos serios del autor, pero que esconde una afilada y divertida sátira contra la sociedad de la época «en estos cornudos tiempos». Ante un tribunal presidido por el abate Cornaquini «buen Saltimbanco, / amante como mil hombres [...] / ni Clérigo, ni Seglar, / por sí ni bueno, / ni malo: / en la vocación, anfivio [*sic*], / murciélago en el estado, / acosador de Paseos, / atisvador de Teatros; / en fin ni huele ni hiede» [II], la viuda doña Cornelia y la petimetra doña Cornificia actúan de acusadoras de los cuernos y el marqués del Cornil, petimetre y presuntuoso, y el dómine Cornejo, «escolarón afectado», de defensores. La sentencia final del abate, como era de esperar en tan poco objetivo juez, coherente con el tono irónico y burlón de toda la pieza, es a favor de los cuernos:

> ¿Es acaso esto otra cosa,
> sino deciros con esto,
> que para que ande este mundo
> con accion y pie derecho,
> en justicia debe ser
> cabrón todo el Universo?
> Triunfe, pues, como merece;
> triunfe y reine en todo el Cuerno,
> y sean todos cabrones,
> como yo se lo deseo [XI].

En *El sueño de bulto* (1776), introducción o loa escrita para festejar el día de San Carlos en Sevilla y para presentar la tragedia de *Los Guzmanes* del mismo autor, Trigueros concibe una original pieza alegórica en que aprovechando el poder evocador de una linterna mágica o tutilimundi, se representan en escena los sueños del *Ingenio* y de los dos *graciosos* alusivos a las circunstancias de ese día tan especial en que se festejaba la onomástica del rey, uniendo diversión y exaltación monárquica. Así, el Sueño le dice a la Imaginación:

> Te suplico
> que haciendo que a mí yo mesmo
> me vea, y conmigo todos
> el sueño sensible viendo,
> los internos embolismos
> que en sus cabezas fomento,
> se vean de bulto fuera
> como tú los fraguas dentro [3].

Y la Imaginación le contesta:

> Entre imágenes tantas
> cuantas muevo en su cerebro
> puedo hacer visibles solas
> las que son a nuestro cuento,
> y causar con mis pinturas
> gusto y claridad a un tiempo.
> Esta mágica lanterna [sic]
> que mi poder estupendo
> forma en todas las cabezas
> de los que yacen durmiendo,
> hará visible aquí fuera
> lo que yo muevo allí dentro.
> Ponte a ver que yo te alumbro [4].

Y la acotación precisa la escena: «el sueño se pone a ver en el tutilimundi p$^r$. el agujero: la Imaginación pone su luz dentro dél: se descorre un telón y se descubre la Alameda de Sevilla, vista por el lado de los Hércules» [4]. De esta manera, superando la concepción calderonia-

na, se proyectan los sueños en el escenario como si de una película cinematográfica se tratara. Las apariciones y los cambios de decorado, tan
del gusto del público, así como las escenas fantásticas, en vez de proceder de encantamientos y hechizos, son consecuencia de atrevidos efectos escenográficos basados en procesos mentales que se exteriorizan
gracias al poder de una linterna mágica que actúa como proyector de
las imágenes del sueño. Esta relación entre el sueño y la linterna mágica ya la había utilizado sor Juana Inés de la Cruz en su poema el *Sueño*,
pero aquí Trigueros va más lejos. Los neoclásicos se esfuerzan por encontrar procedimientos dramáticos que respondan a las exigencias de
verosimilitud que son esenciales a una obra arreglada al arte, y por eso
en esta piececilla se justifica, aunque sea de forma leve, la utilización de
lo fantástico aplicando algunos adelantos científicos y psicológicos que
son capaces de excitar la imaginación de los espectadores. Con la unión
de alegoría y linterna mágica, Trigueros sin saberlo se estaba acercando
a la cinematografía; está traspasando la frontera de la realidad por procedimientos científicos o seudocientíficos, lo que se pondrá tan de moda
en la literatura y en el cine de los siglos XIX y XX.

En las obras restantes, anteriores a sus afanes reformistas, se observa
una pervivencia de la tradición entremesil y al mismo tiempo la influencia del nuevo género sainetesco iniciado por Ramón de la Cruz.
*El muerto resucitado, Lengua de hacha, Cada loco con su tema y La comedia
casera* son cuatro entremeses fechados por Aguilar Piñal en 1763-1764
y probablemente representados en esa temporada por la compañía de la
famosa María Ladvenant. El primero, que trata de un loco que se cree
muerto y que quiere que le entierren, sólo intenta divertir y hacer reír
al auditorio. El segundo, hace referencia a un hombre misógino y maldiciente que suscita el rechazo de todos. El tercero es una sátira de una
petimetra que sigue las modas y se hace pasar por erudita y culta. El
último es una pieza de costumbres teatrales, pero aplicadas a las representaciones —muy frecuentes— que se hacían en casas particulares.

Más joven que ellos, pero heredero y continuador del mismo espíritu ilustrado y neoclásico, Justino Matute y Gaviria (Sevilla, 1764-1830),
fundador junto a Lista de la Academia Horaciana, antecedente de la
Academia de Letras Humanas de Sevilla, que llegó a ocupar cargos políticos en la época josefina, escribió tres «sainetes críticos». En *Las boleras* (1791), que se representó en los teatros de Madrid y Sevilla, critica

a los padres permisivos y despreocupados que por seguir las modas dejan excesiva libertad a las hijas, que, como en esta pieza, sólo se dedican a aprender bailes como las boleras, con un maestro libertino y aprovechado que se promete con ella en matrimonio a espaldas de los padres. En *Los duelos* (s. a.) critica los velatorios en que, menos rezar al difunto, se habla de todo: de modas, de cotilleos, de noticias de prensa, incluso la viuda aprovecha para concertar otro casamiento. Y por último en *Los palos de Segura* (s. a.) arremete contra los vagos ignorantes que emplean su tiempo en tertulias inútiles en que hablan de «Guerra; / de Política, de Estado, / de Gobierno, y lo que es más, / que asusta solo el pensarlo, / es que a las cosas divinas / aun no les vale el sagrado» [2]. Uno de los temas que tratan es el de los inventos, destacando la incredulidad que provoca el globo aerostático que ya se había probado con éxito y la risa que suscita la referencia a un inventor francés que ofrece «fabricar / navíos que anden por debajo del agua / sin que se les descubra cosa alguna» [9].

Por último, Tomás de Iriarte (La Orotava, Tenerife, 1750-1791) el más importante dramaturgo neoclásico después de Leandro Fernández de Moratín. Modernamente se han revalorizado sus comedias *El señorito mimado* (1787), *La señorita malcriada* (1788) y *El don de gentes o la habanera* (1790) [Iriarte, 1978]. A diferencia de Moratín, también cultivó el género breve en dos piezas traducidas y dos originales. Las traducidas son: *La pupila juiciosa,* drama en un acto en prosa, traducción de *La Pupille*, de Bartol Crist. Fagan, correspondiente a los años 1769-1772 en que Iriarte contribuyó con algunas obras a la reforma teatral impulsada por el conde de Aranda y el marqués de Grimaldi, y *El mercader de Esmirna,* comedia en un acto y prosa, de 1773, traducción de Champfort. Son dos obras serias en que se tratan de forma correcta, y sin casi concesiones al humor, la cuestión del casamiento desigual por la edad, en la primera, y la gratitud y humanidad aun entre distintas religiones, en la segunda.

Iriarte ofrece como alternativa a los sainetes populares, comedias breves francesas, las *petites pièces* que se representaban después de la obra principal. También Ramón de la Cruz utilizó como fuente de inspiración muchas de estas obritas pero las adaptaba convenientemente al gusto popular español. Más interesantes son las otras dos obras. Iriarte se aproxima al teatro realista y costumbrista breve mediante dos piezas originales con las que aspira, por un lado, a presentar un modelo arreglado al buen gusto en contraposición al popular, en *La librería* (1786), y, por otro, a competir con los ya admitidos y triunfantes sainetes de Ramón de la Cruz en *Donde menos se piensa salta la liebre* (1790). En las dos se plantea el mismo tema del matrimonio por amor frente a la obediencia paterna, aunque cambia el medio social en que se enmarca. La primera se ambienta en el mundo de la burguesía comerciante y la segunda, en el del campo. Así pues, coinciden con la mayor parte de los sainetes populares, que giran alrededor del tema del matrimonio desde todas las perspectivas posibles.

*La librería,* «drama en un acto», en prosa, lo escribió su autor para que sirviese de fin de fiesta en una comedia que se representó por aficionados en una casa particular de Madrid, y se publicó por primera vez en su *Colección de obras en verso y prosa* (1787). Se critica y se rechaza la costumbre, procedente del siglo anterior, de mantener tertulias en las librerías, que actuaban como lugares de reunión y centros difusores de la cultura. En el siglo XVIII se extendieron y proliferaron, sobre todo, las literarias. Por ejemplo, hay testimonios de que Forner acudía a varias tertulias de escritores que se reunían en librerías próximas a la Puerta del Sol [Álvarez Barrientos, 2006: 129]. En este «drama», los tertulianos (un poeta, un rico ocioso y un joven «medio majo» jugador) se inmiscuyen en el negocio del librero e incluso interfieren en su vida familiar, pues aspiran a casarse con su sobrina Feliciana, que sin embargo ama a Fermín, un empleado de la librería, honrado y trabajador que ha sido despedido injustamente por su tío. Al final, expulsa a estos personajes perniciosos y acepta el casamiento de los enamorados. Aunque Iriarte tomó como modelo a seguir las piececillas francesas, se nota cómo escribe teniendo presentes en todo momento los sainetes populares, aunque sólo sea para no parecerse a ellos. Sin embargo, el resultado no es tan opuesto como se pudiera pensar en un principio. De hecho, en *La librería* se observan los mismos presupuestos ideológicos ilustrados, burgueses y moralizadores que en la mayor parte de los sainetes populares de los autores más destacados de los años ochenta y noventa (Valladares, Comella, Moncín, etc.). Únicamente se diferencia éste de los otros en la mayor finura, precisión y cuidado del estilo y del lenguaje, a lo que contribuye también el uso de la prosa. Y sobre todo, en la posición de superioridad ética y estética que adopta Iriarte sobre los poetas populares, a los que ridiculiza en la figura de don Roque, «poeta estrafalario» que escribe a salto de mata y de todo, y que incluso amenaza con sacar al librero —por impertinente— en un sainete y exponerlo a la vista de todos en el teatro, sátira claramente dirigida contra Ramón de la Cruz, que hizo exactamente eso mismo en su sainete *El poeta aburrido* (1773) con el propio Iriarte [Coulon, 1995: 338], cuestión que malinterpreta Sebold [1995: 543-544].

*Donde menos se piensa salta la liebre,* «zarzuela en un acto» escrita en 1790 en Sanlúcar de Barrameda para que sirviera de fin de fiesta de su comedia *El don de gentes o la habanera,* se publicó en 1805 en el volumen VIII de la *Colección de obras en verso y prosa,* de Iriarte. Tanto la comedia como el fin de fiesta los escribió para representarse en casa de la condesa-duquesa de Benavente por la anfitriona y sus amigos Salazar, Albentos, Peña, Pedro Gil y el propio autor [Condesa de Yebes, 1955: 98]. Esta pieza, denominada «zarzuela», sin embargo, es un auténtico sainete en que Iriarte rivaliza con Ramón de la Cruz en su propio terreno, es decir, en el ambiente popular —y con todos los ingredientes requeridos: humor, gracia, baile, canto y música— y en casa de la condesa-duquesa, que dispensaba de protección al sainetero madrileño.

Cuatro personajes peculiares, Guillermo Bitter, comerciante inglés; don Hilarión Matamoros, hidalgo de Utrera; el licenciado Picazo, estudiante charlatán y poeta ridículo, y un marqués, petimetre enamorado, se hospedan en casa del boticario del pueblo de Sacedón, a donde han acudido para tomar los baños. Sus dolencias y sus artificiosas personalidades contrastan con la natural simplicidad, alegría y picardía de los lugareños. Sin duda, Iriarte refleja su propia experiencia en Sanlúcar, ciudad a la que viaja por indicación médica para recuperarse de un agravamiento de su salud. El boticario, padre obsesionado por mantener la integridad e inocencia de sus dos hijas, desconfía de tan refinados forasteros:

> Porque aquí se nos encajan
> mil troneras de Madrid
> hechos a muy malas mañas.
> Así nos cascabelean
> las mozas del pueblo; estragan
> la inocencia en que vivimos;

y dejan luego una rastra
tan fatal [249].

Pero resulta que las «inocentes» campesinas no lo son tanto. Se ríen de los «quatro valientes maulas». Del inglés «tan triste y seco» dice una: «a mí me espanta / Quando dice que si un hombre / Está aburrido, se mata» [268], referencia al *esplín*. Del «estudiantón faramalla» que escribe poesías y tragedias extravagantes, que no le entienden lo que habla. Del hidalgo dice la otra: «y ese Fanfarron / que dizque tiene tamañaz / Jaciendaz, y unoz molinoz / de aceite... y apénas gasta / Aquí al dia dos pesetas» [268]. Y del marqués: «que llama a unas pobres Payas / Ídolos, encantadoras, / Diosas, y qué sé yo quantas / Majaderías» [268-269]. Éstas son «aves de paso» y los que sí les interesan son dos mozos del pueblo, con los que no pueden hablar por el rigor con que su padre las guarda. Por eso, se les ocurre una estratagema para conseguir vencer los obstáculos y poder verse, a partir de la idea de un cuento popular. Consiste en revelarle «ingenuamente» al maestro Zacarías las supuestas intenciones de los jóvenes de verse ocultamente con ellas, enseñándole como prueba las cartas que les han enviado ellos y que realmente han sido escritas por ellas, con el propósito de que el maestro Zacarías les eche en cara a ambos jóvenes su proceder y les dé pelos y señales de los planes urdidos por las muchachas como prueba de que han sido descubiertos, y que incluso les entregue los «papelitos», siendo de esta manera, sin saberlo, el vehículo para hacerles llegar los mensajes que seguidamente ponían en práctica al pie de la letra, aprovechándose de que el padre, ajeno, sólo desconfiaba de los forasteros. Iriarte justifica tal proceder, inmoral e impropio, con los mismos argumentos que empleaban los dramaturgos populares en sus sainetes. No les queda más remedio que actuar así a las doncellas que están tan encerradas o cuando los padres las quieren casar con hombres que no son de su agrado. La argucia tiene éxito y el padre recibe el escarmiento que se merece, aceptando finalmente el casamiento de ambas con los hombres de su elección. El sainete termina con el juego del cucharón, bailado y cantado por todos.

La pieza, original y graciosa, reproduce con fidelidad, a través de diálogos chispeantes y animados, el habla correspondiente a cada personaje según su carácter y circunstancias, y, por tanto, encontramos tanto el lenguaje refinado y excesivamente edulcorado del marqués aquejado del mal de amores —parodia del lenguaje amoroso garcilasiano—, como el lenguaje seco y telegráfico del inglés, o el popular del boticario y las payas, sus hijas, sin olvidar las expresiones andaluzas del hidalgo o la charlatanería y pedantería del licenciado. Al mismo tiempo, se insertan canciones populares (coplas, seguidillas) y otras burlescas, de gran eficacia cómica, así como el baile final en que se cantan varias piezas (un rondó, un aria, una copla, un aria bufa, etc.) que dotan al conjunto de una gran variedad y espectacularidad, pero que en ningún caso permiten considerarla una zarzuela. Es un sainete divertido y de gran calidad literaria que puede competir sin sonrojo con cualquiera de los mejores de Ramón de la Cruz.

Por último, podemos concluir, con Sebold [García de la Concha, 1995: 543-544] que el estilo y el arte dramático de estos dos grandes dramaturgos, en la práctica, no se oponen tanto como se podría presumir por las polémicas y críticas que se produjeron en la época.

EDICIONES

GONZÁLEZ DE LEÓN, Antonio, *El francés por devoción* (sainete), Biblioteca Nacional de España, ms. 14530/2.

—, *Los madrileños adoptivos* (sainete), Biblioteca Nacional de España, ms. 14602/3.

—, *El poeta cómico* (sainete), primera y segunda parte, Sevilla, Manuel Nicolás Vázquez, 1768, junto con la zarzuela *El hijo de Ulises,* 89-122 y 123-144.

IRIARTE, Tomás de, *Donde menos se piensa salta la liebre* (zarzuela en un acto), en el vol. VIII de *Colección de obras en verso y prosa,* Madrid, Imprenta Real, 1805, pp. 240-315.

—, *La librería* (drama en un acto), Salamanca, Francisco de Tóxar, s. a.

—, *El mercader de Esmirna* (comedia en un acto y prosa), Biblioteca Nacional de España, ms. 17383, 1773.

—, *La pupila juiciosa* (drama en un acto en prosa), Biblioteca Nacional de España, ms. 16139.

MATUTE Y GAVIRIA, Justino, *Las boleras* (sainete crítico), Biblioteca Nacional de España, ms. 14520/7, 1791.

—, *Los duelos* (sainete crítico), Biblioteca Nacional de España, ms. 14601/9.

—, *Los palos de Segura* (sainete crítico), Biblioteca Nacional de España, ms. 14496/35.

NIPHO, Francisco Mariano, *La sátira castigada por los sainetes de moda*, Madrid, Imprenta de la viuda de Manuel Fernández, 1765.

POZO, Manuel del, *Apelación que hacen los poetas del Quijote juicioso al Quijote sainetero* (sainete nuevo), Madrid, Andrés Ramírez, 1769.

—, *Los ciegos llenos de ideas puestos a cómicos de la legua* (sainete), Biblioteca Nacional de España, ms. 17450/5, licencia de 1769.

—, *Las ferias* (sainete), Biblioteca Municipal de Madrid, tea 1-183-53, censuras de 25 a 27 de septiembre de 1766.

—, *El hidalgo Fantasías* (sainete), Biblioteca Nacional de España, ms. 14603/31, licencia en Madrid, mayo de 1770.

—, *Los petimetres burlados* (sainete), Biblioteca Municipal de Madrid, tea 1-158-42, censura de 25 de marzo de 1769.

TRIGUEROS, Cándido María, *Cada loco con su tema* (entremés), Biblioteca Nacional de España, ms. 14092 (entremés núm. 5 de los *Entremeses originales y autógrafos de don Cándido María Trigueros*).

—, *La comedia casera* (entremés), Biblioteca Nacional de España, ms. 14092 (entremés núm. 6 de los *Entremeses originales y autógrafos de don Cándido María Trigueros*).

—, *Lengua de hacha* (entremés), Biblioteca Nacional de España, ms. 14092 (entremés núm. 4 de los *Entremeses originales y autógrafos de don Cándido María Trigueros*).

—, *El muerto resucitado* (entremés), Biblioteca Nacional de España, ms. 14092 (entremés núm. 1 y 2 de los *Entremeses originales y autógrafos de don Cándido María Trigueros*).

—, *El pleito del cuerno* («obra graciosa»), Córdoba, Luis Ramos, s. a.

—, *El sueño de bulto*, «Introducción a la primera representación de la tragedia *Los Guzmanes*, día de San Carlos, 4 de noviembre de 1776, en el Teatro de la muy noble y muy leal ciudad de Sevilla», Biblioteca Universidad de Sevilla, ms. 256-78/3.

TERCERA PARTE:
SIGLO XIX

# EL ARTE ESCÉNICO

por *María Pilar Espín Templado*

## I. LA REPRESENTACIÓN TEATRAL

### 1. *De los cafés-teatros de Madrid a los teatros por horas*

Con la denominación de *teatro por horas*, se inició en los años sesenta del siglo XIX una nueva modalidad de organizar y ofrecer al público madrileño la representación teatral. Consistía dicha modalidad en fraccionar el espectáculo «de función completa», según la denominación de la época, que ofrecía una sola obra de larga duración (dos, tres y más actos), en varias funciones breves de un acto, cuya representación no podía exceder una hora de duración cada uno; de ahí el nombre de *teatro por horas* que se aplicó al mismo, además del de *teatro por secciones*. Este sistema nació partiendo de las breves representaciones que se ofrecían en los cafés teatros, numerosos y muy populares en la época.

Independientemente de que el café-teatro naciera como tal influenciado por la moda francesa del *café-concert*, su origen básico partía de algo mucho más antiguo y arraigado en el seno de la sociedad española: la enorme afición teatral de la gente. El teatro hecho por aficionados proliferó enormemente durante los años sesenta y setenta en pequeños tablados donde se representaban comedias por sociedades de aficionados. Esta afición a declamar versos, común a todas las clases sociales, fue satirizada en muchos sainetes de tema teatral, como el de Tomás Luceño, *El teatro moderno*, estrenado en 1870.

Chicote, en sus memorias personales [1944], recuerda tres teatros donde se realizaban funciones por aficionados: el Talía, en la calle de las Aguas; el Liceo Ríos, en la de Atocha; y el de Zorrilla, en la calle de la Reina; dichos teatros se alquilaban por una cantidad módica con toda clase de servicios, menos la compañía, para dar representaciones teatrales. Esta afición de la gente por recitar largas tiradas de versos de *La capilla de Lanuza, El puñal del Godo* o *El arcediano de San Gil* desembocó en la costumbre de montar escenarios en los cafés, costumbre que, explotada por sus dueños, produjo el fenómeno de los cafés-teatros. Fueron famosos los teatrillos de los cafés de San Isidro (calle Toledo), de los Artistas (calle de Santa Bárbara), de Lozoya (calle ancha de San Bernardo, 37), del Vapor (calle Hortaleza, esquina Infantas), de las Salesas, y San Miguel. En ellos «por sesenta céntimos el dueño servía café con media tostada, y los actores una obra a veces en cinco o seis actos. Los actores eran muchachos que comenzaban su carrera y cómicos de profesión no muy favorecidos por la fortuna. Cuando no lo hacían a gusto del respetable les arrojaban a escena terrones, platillos, restos de tostada y todos los sobrantes de consumo que hacían los parroquianos. De estos tablados salieron artistas notables: Ricardo Zamacois, José Mesejo, Vallés, Luján, etc.» [Chicote, 1944: 69].

Según Martínez Olmedilla [1947: 123], hubo muchos cafés-teatros entre 1860 y 1880, siendo el primero de ellos el de Capellanes, que había cobrado fama por sus bailes (Carnaval, fin de año, etc.). En Capellanes se presenciaba el espectáculo y los ensayos (esto último constituyó uno de los mayores alicientes de los cafés-teatros) por el precio de la consumición; la idea del Capellanes cundió en muchos otros locales, además de los ya mencionados: Paul, Iris, Carmen, Colón (calle del Arco de Santa María, actual Augusto Figueroa), Embajadores, San Bernardo, Eslava, La Infantil (posterior Teatro Romea), San Marcial, Calderón de la Barca, San Fernando, Morella, Industria, España, San Francisco, Sur, Amistad, Novedades, etc.

En el café-teatro El Recreo, sito en la calle de la Flor Baja, tres populares cómicos (Vallés, Riquelme y Luján) pusieron en práctica la idea de implantar un sistema de funciones «por secciones», cuya duración fuera de una hora para cada sección, en lugar de la normal «función completa» que se usaba en los teatros y que podía durar hasta cuatro y cinco horas; se sustituiría la copa o café con tostada de los cafés-teatros por un superior nivel de calidad artística en la obrita teatral, y se rebajaría el precio, que quedaría fijado más o menos en veinticinco céntimos por sección, como luego se divulgó: «a real la pieza», en lugar de cobrar un plus en el café o la copa que solía ser otro real, como era usual en los cafés-teatros mencionados, y en los de cante y baile flamenco, parece ser que a imitación de los cafés-conciertos de París [Deleito, 1949: 2-3; Ruiz Albéniz, 1953: «estampa primera»].

La idea de los cómicos-empresarios obtuvo tal éxito que en la temporada 1868-1869, coincidiendo con la caída de Isabel II, se trasladaron de El Recreo al teatro Variedades, de mayores pretensiones y categoría artística. En el Variedades, situado en la calle de la Magdalena, 38 (actuales 40 y 42), inmediato a la plaza de Antón Martín, comenzaron a estrenarse las comedias de Ramos Carrión, Matoses, Estremera, Vital Aza, Flores García, Calixto Navarro, Javier de Burgos, Tomás Luceño y Ricardo de la Vega. De las comedias se pasó a las revistas líricas, por estos mismos autores, y luego a las zarzuelitas Cejador y Frauca [1972: IX, 14].

El público del Variedades acogió favorablemente las breves piezas de los tres cómicos, que formaron una compañía de actores bastante aceptable en que figuraban Juanita Espejo, Concepción Rodríguez, y la pareja Andrés Ruesga y Salvador Lastra, otros dos buenos cómicos además de autores de infinidad de piezas. El repertorio con que se iniciaron las funciones por horas en el Variedades forzosamente no era todo original, ya que junto a las producciones iniciales de los autores mencionados, se representaban obras ya popularizadas anteriormente como *La mujer de un artista* (obra predilecta de Vallés, con la que había debutado el año 1866 en El Recreo), *La voluntad de la niña, A partir con el diablo, ¡Propósito de mujer!, Una emoción, Juan sin pena, La isla de San Balandrán, Influencias políticas,* etc.; además, zarzuelas en un acto ya muy populares entonces como *El estreno de un artista,* de Ventura de la Vega y Gaztambide; *Los dos ciegos,* de Olona y Barbieri; *¡En las astas del toro!,* de Fontaura y Gaztambide; *El loco de la guardilla,* de Narciso Serra y Caballero; *Una vieja,* de Camprodón y Gaztambide; *El Grumete* y *La vuelta del corsario,* de García Gutiérrez y Arrieta; etc. [Zurita, 1920: 13-14].

En la década de los ochenta los cafés-teatros fueron quedando postergados con el auge de los teatros por horas, en que, desde el inicio, el género lírico en un acto alternaba con juguetitos y comedias en un acto no líricas, abarcando por tanto la denominación de *género chico* las piezas breves con y sin música. Fue más tarde cuando este término se empleó exclusivamente para las obras líricas.

Fueron diversas las causas que coadyuvaron al éxito y proliferación de los teatros por horas, modalidad teatral que ya en el mismo año 1869 se extendió al teatro Novedades (calle de Toledo), al Barbieri (calle de la Primavera), y «a casi todos los Salones donde se representaban con éxito y eficacia de atracción, juguetes cómicos, diálogos, monólogos, todo en fin, lo que no exigiese más de tres o cuatro intérpretes y ningún decorado o atrezzo» [Ruiz Albéniz, 1953: «estampa primera»].

El sistema de los teatros por secciones sumó al acierto de abaratar los precios de las localidades la comodidad horaria que supuso en las costumbres nocturnas de la sociedad madrileña, convirtiendo los teatros, en opinión de Yxart, «en una variante de los cafés-conciertos donde la concurrencia se renueva continuamente y el espectador puede asistir a la función el tiempo que le parezca» [1986: II, 77]. La costumbre madrileña de cenar tardíamente impedía ir a los teatros antes de las nueve y media o las diez de la noche; en consecuencia, era frecuente que el público llegara a la mitad del espectáculo; esto no sucedía en los teatros por horas, razón de más para animar a varios teatros a establecer sus funciones por horas, en un país donde, en palabras de un estudioso de las costumbres teatrales de la época como Lyonnet: «il est d'usage d'aller au théâtre tous les soirs, parce que c'est le seul endroit où l'on se retrouve, où l'on cause» [1897: 10].

2. *Los teatros de Madrid instalan el sistema de «funciones por horas» o «por secciones». El teatro Apolo y su cuarta sección*

El éxito del nuevo sistema teatral y la inmediata conexión de las obras breves del género chico, en todas sus modalidades, con un público cada vez más amplio, desencadenó en años sucesivos la dedicación a este género de prácticamente la totalidad de los teatros existentes en la capital, además de muchos otros construidos especialmente para esta novedad teatral. En los teatros Apolo y Alhambra (calle de la Libertad, esquina San Marcos) comienzan las funciones divididas en secciones en 1880, y en el mismo año se construye un nuevo teatro también para este tipo de espectáculo: el Lara (calle Corredera Baja de San Pablo). En el año siguiente, 1881, se establecen asimismo las funciones por horas en el teatro Eslava (pasadizo de San Ginés, 3), y en toda esa década no dejan de construirse varios teatros veraniegos para que Madrid no quede sin su género chico durante la temporada estival: teatro Príncipe Alfonso (paseo de Recoletos, actuales 33, 35 y 37), teatro Recoletos (calle Olózaga, 6), teatro Felipe (junto al actual Palacio de Comunicaciones), teatro Maravillas (calle Malasaña, 6), teatro Eldorado (calle Juan de Mena, junto al paseo del Prado).

En resumen, desde 1870 hasta finales de la década del noventa (en 1897 el Salón Capellanes pasa a ser teatro Cómico dedicado a funciones por horas, y todavía se construye para las mismas el teatro veraniego Eldorado) en Madrid proliferan estos teatros de una manera escandalosa para los enemigos del género, que debían de encontrarse exclusivamente entre parte de la crítica y la prensa, a juzgar por el inmenso éxito del público que rebosaba en los teatros.

La afición de la alta burguesía y de la nobleza al género chico era un hecho consumado en la década de los noventa. Según Ruiz Albéniz: «encontráronlo tan de su gusto, que en realidad hubo épocas que un aristócrata no concebía el meterse en la cama sin antes haberse dado una vueltecita por Apolo, Eslava, la Zarzuela, o el Cómico para "ver" y para "dejarse ver", cumpliendo así con lo que vino a ser para ellos obligación ritual como el asistir a la caída de la tarde al paseo de Coches, o como el no quedarse sin su abono de barrera o contrabarrera del 1 o del 10 en la plaza de toros» [1953: «estampa primera»].

Consecuencia lógica del éxito del género fue un crecimiento de público aficionado, cuya procedencia social se amplió dependiendo de los barrios en que se situaran los teatros y de las categorías y las diversas localidades de los mismos. La captación de altas esferas sociales aficionadas al teatro por horas llegó a su cúspide cuando el teatro Apolo, apodado «la catedral del género chico», especialmente en la década de los noventa y primeros años del siglo XX, llegó a su máximo apogeo, aunque ya era usual la frecuentación por parte de la «buena sociedad» al Eslava en la década anterior. Pero el gran aforo del Apolo, con su variedad de localidades de todos los precios y sus cuatro «secciones» diarias, tenía capacidad de acoger a varios tipos de público, que en algunas

ocasiones, según días y horas, se identificaba más con un público popular o distinguido, maduro o juvenil.

Desde las iniciales secciones dobles en funciones de tarde, con que habían comenzado muchos teatros que se aproximaban tímidamente al nuevo sistema, hasta las cuatro secciones, la evolución había sido progresiva.
El teatro Apolo nos revela el triunfo paulatino del auge del teatro breve
representado en el sistema de funciones por horas, hasta el apogeo social
y artístico máximo logrado en su última sección: la famosa y conocida
«cuarta de Apolo».

Tradicionalmente se estableció como norma que los estrenos de
Apolo fueran en la sección segunda, a las diez y cuarto más o menos,
según la puntualidad que hubiera acompañado a la anterior sección. Los
estrenos en Apolo revestían la categoría de «acto social» de similar rango a la corrida de la Beneficencia o el Circo de Price la noche del sábado de Gloria. Los jóvenes varones sentados en el patio de butacas
solían «pasar lista» al resto del público, ayudados de unos gemelos que
les había proporcionado el acomodador por dos reales o una peseta, y
puestos en pie desde su mismo fila de butacas, o en el pasillo central,
según testimonio de Chistero [Ruiz Albéniz, 1953: «estampa quinta»],
nos podrían evocar los *snobs dandys* que Mesonero Romanos recrea en
su artículo de los abonados al teatro. En cuanto a la procedencia social
de este público estrenista de Apolo, la mayoría eran abonados a las diversas sociedades de palcos, y con esto se dice todo, pues, como vimos
anteriormente, los abonados procedían de la alta burguesía o de la aristocracia. A éstos se unían artistas, toreros de moda, escritores y, por supuesto, periodistas y críticos teatrales, junto con políticos, generales,
doctores, abogados, catedráticos y otras profesiones liberales, además de
los conocidos personajes.

El género chico apareció en Apolo en la década del setenta como
intermedio entre dos actuaciones dramáticas, pero con obras de poco
relieve. Su consolidación efectiva se debió a la reposición en 1886 de
dos grandes éxitos del teatro Felipe: *La Gran Vía* y *Los valientes.*

La primera temporada que en Apolo se estableció el espectáculo por
secciones fue en 1879-1880. Se fijaron dos: una a las ocho y media y
otra a las diez, siendo el precio de la butaca cuatro reales cada una; esta
innovación implicó una reforma en el local del teatro para evitar la confusión del público al término de la primera sección y comienzo de la

segunda (con esta finalidad se habilitó la salida del teatro por la calle del Barquillo mediante un pasillo de treinta metros de largo y dos de ancho). Esta novedad, en cuanto a costumbres de horarios teatrales, gustó al público ya que «permitía» que los pocos aficionados a salir de casa después de cenar asistieran a la primera sección, que terminaba justo a la hora en que Madrid tenía por costumbre iniciar el yantar nocturno, y en cambio los trasnochadores no tenían que apresurarse para ir a Apolo como hacían cuando el espectáculo comenzaba a las ocho y media y nueve de la noche [Ruiz Albéniz, 1953: 116-117]. En la temporada 1886-1887 ya encontramos las cuatro secciones típicas; por ejemplo, el 25 de septiembre figuran en cartel las siguientes obras:

1ª sección: *La Gran Vía*
2ª      ”    : *Los valientes*
3ª      ”    : *La isla de San Balandrán*
4ª      ”    : *La Gran Vía*

Y en el 87-88, «aunque el género chico invade los escenarios de Madrid», en la segunda temporada Apolo, «sin abandonar por completo el sistema de obras en un acto y por secciones, se entremezcló con el de función completa (obras de tres actos o dos de dos)» [Ruiz Albéniz, 1953: 144-149].

En la siguiente temporada observamos de nuevo la implantación de las cuatro secciones en la función inaugural que tuvo lugar el 15 de septiembre con:

1ª sección: *Los de Cuba*
2ª      ”    : *Cómo está la Sociedad*
3ª      ”    : *Dos canarios de café*
4ª      ”    : *¡Al agua, patos!*

Sin embargo, la consolidación definitiva del teatro por horas en Apolo no se produjo hasta la temporada 89-90 con el triunfo de la zarzuelita de Pastor: *Las doce y media y sereno* [Ruiz Albéniz, 1953: 163, 178-179]. Fue a partir de este momento cuando en Apolo se ofrecían siempre las cuatro secciones, aunque hubiese cambios horarios en el comienzo de las mismas. También se impuso la costumbre de poner los grandes éxitos en la primera y en la cuarta sección, así como de estrenar en la tercera. La «cuarta de Apolo» significaba el puesto de honor en la cartelera; para que la gente menos trasnochadora pudiera disfrutar del éxito de la temporada se daba también en primera sección. Era tradicional asimismo en Apolo dar funciones de tarde especialmente infantiles en los días de Pascua o festivos; en ellas era frecuente representar zarzuelas de espectáculo como *Los sobrinos del capitán Grant* o comedias de magia como *Los polvos de la madre Celestina.*

En la década de los noventa se produce la proliferación de teatros por horas y, tal como hemos observado en la historia del teatro Apolo, se implanta paulatinamente el establecimiento de las cuatro secciones hasta considerarse lo clásico en teatros dedicados al género chico, el teatro menor triunfante en el último tercio el siglo XIX.

En este afán noctámbulo del Madrid fin de siglo, entre cuyas diversiones se encontraba el teatro, especialmente la «cuarta de Apolo», es imprescindible mencionar a Fornos, el famoso café situado en la calle de Alcalá esquina a la de Peligros, tantas veces citado en las obras del teatro por horas. Fornos era lugar de encuentro de escritores, actores, tiples, políticos, toreros, pintores y de todos los personajes curiosos del último tercio del siglo XIX. En sus reservados, situados en el entresuelo, se congregaban numerosas tertulias, famosas en la época: «se daba cita la aristocracia, se daba cita el talento; se daba cita el dinero». No cerraba nunca, solamente a altas horas de la madrugada se entornaba la puerta; después de medianoche acudían al madrileño café los que esperaban la entrada a la «cuarta de Apolo». Asimismo, a la salida de esta última sección los habituales trasnochadores del mundo del teatro se refugiaban en Fornos, donde todavía podían cenar algún plato ligero. Pero no sólo parte del público de Apolo a su salida frecuentaba Fornos, sino que los cómicos, libretistas y maestros compositores muchas veces trasladaban la tertulia del famoso «saloncillo de Apolo» (situado en el fondo y en el ángulo izquierdo del escenario) por la de Fornos, donde se celebraron no pocos éxitos de este teatro breve decimonónico llamado género chico y se comentaron no pocas de sus obras. En Fornos celebró Ricardo de la Vega el estreno de *La verbena de la Paloma,* rodeado de sus amigos y admiradores, improvisando entre todos en los reservados otra verbena con mantones de manila, organillo, baile y churros incluidos. Fornos y Apolo se complementan al mostrarnos el retrato de la época finisecular madrileña en lo concerniente a la afición al teatro y asistencia al mismo a altas horas de la noche, en ese afán, tan característico del Madrid artista y bohemio, por trasnochar [Velasco Zazo: 1945].

## II. LA RECEPCIÓN CRÍTICA. EL GÉNERO CHICO Y LOS TEATROS POR HORAS EN LA PRENSA DE LA ÉPOCA

Contrariamente al favor que el teatro breve de los teatros por horas gozó siempre por parte del público, su aparición, desde sus inicios en el café-teatro El Recreo (1869), fue siempre unida a una amplia campaña de prensa negativa y demoledora. Esta reacción contenía en sí recelos y temores que afectaban a diferentes partes interesadas: por un lado, los empresarios, los cómicos y los autores de los teatros grandes (que eran todos cuando se inició el primer teatro por horas, salvo El Recreo) temieron verse perjudicados y apelaron a todos los medios posibles para desacreditar y destruir lo que consideraron una amenaza a sus intereses económicos [Flores García, s. a.: 84]. Por otro lado, algunos de los grandes paladines de la crítica teatral de la época dieron en atacar tanto al público como al sistema de funciones por horas y a las breves obras de dichos teatros. Al público se le acusó de gusto estragado a la vez que se le calificó de chabacano y vulgar. El sistema de varias «secciones» fue considerado como una «comercialización del teatro» o un «industrialismo literario»; finalmente, las obras del género chico fueron consideradas por cierta crítica como una especie de «subliteratura dramática» carente de todo valor artístico y de ínfima categoría literaria.

En resumen, los teatros por horas y sus obras breves denominadas género chico, según cierta crítica instituida, eran la vergüenza y el baldón del arte teatral del momento, el síntoma inequívoco de la definitiva decadencia en que se encontraba el arte dramático español; ellos en sí mismos eran la muestra objetiva de esta decadencia, pero, a su vez, habían producido la postergación y el definitivo hundimiento del verdadero teatro, el «teatro grande». Finalmente, y como colofón, las voces moralistas también achacaron a los «perniciosos» teatros por horas la perversión de las buenas costumbres de la sociedad, pues en ellos se atacaba la moral y la decadencia. Así pues, el nacimiento y desarrollo del teatro breve decimonónico, el llamado género chico, desencadenó la polémica que duró años, dando lugar a un maniqueo y simplista enfrentamiento: «teatro grande» frente a «teatro chico». Esta antinomia creada por la crítica más general no fue compartida por algunos escritores de gran talla que ejercían también la crítica teatral. El primer crítico de consistencia que empezó a conceder importancia a los teatros «baratos» fue Leopoldo Alas *Clarín*, que iniciaba entonces su brillante carrera como crítico teatral, «atendiendo más como era lógico, a la calidad que a la cantidad. El crítico satírico "pegó" mucho, pero también encontró mucho bueno» [Flores García, s. a.: 86-87]. Otros críticos que reconocieron obras de valor dentro del teatro breve del género chico fueron Yxart, a pesar de que lo criticó muy duramente en ocasiones, Juan Valera y Jacinto Benavente, quien contribuyó con no pocas obras escritas para este teatro breve.

También hubo, obviamente, artículos a favor de los teatros chicos y de su género, lo que nos da idea de la polémica desencadenada y de los ataques que se imputaban mutuamente con contrarios argumentos. Entre los defensores de los teatros baratos se encuentra Eusebio Blasco, muy ilustrativo por haber escrito ya en 1874, año en que, según el citado escritor, la cuestión de «si es conveniente o perjudicial al arte, a la literatura y a la cultura del país la abundancia de los que se han dado en llamar "teatros de a real" [...] es una cuestión muy debatida, y que ha tiempo se viene agitando entre los periodistas, los literatos y el público» [Blasco, 1880]. El autor nos revela los principales ataques que ya en el año 74 se achacaban a dichos teatros, definiéndose claramente a favor de ellos:

No participamos de la opinión que pide la desaparición de dichos espectáculos, ni podemos estar conformes con los que ven en ellos un perjuicio para los teatros en que se rinde culto al arte y a la literatura, y una pérdida para los intereses de las empresas de los teatros grandes [...]. La cuestión, aunque parece moral o mercantil, según quien la discuta, entrañaría una cuestión política y económica de importancia. Pretende que no deben existir teatros a los que va el espectador por un real porque perjudican a los teatros en que la entrada cuesta una peseta; es pedir el privilegio desembozadamente. Pretender que lo que se representa en dichos teatros es contrario a la moral y debe prohibirse es caer en esa lamentable equivocación reaccionaria de que el Estado sea maestro y tutor de los ciudadanos, y evitarles lo que ellos mismos, o sus padres y tutores, si son menores de edad, son los llamados a evitar antes que nadie.

Sale al paso contra los que opinan la manida «decadencia del arte y la literatura porque haya quien desatine o desbarre» recordando que «también hubo lamentaciones en ese sentido cuando surgieron los bufos y su aparición coincidió con el éxito de grandes dramas», para concluir que el estado de mayor o menor auge o decadencia de los teatros grandes no es consecuencia de la aparición de los chicos, sino en todo caso origen y causa de ellos, pues al no haber grandes autores teatrales como antes (Ventura de la Vega, Zorrilla, Bretón, Rubí, Ayala, Tamayo, etc.), escasean tanto los estrenos de éxito, que el público debe acudir para diversión y entretenimiento a las piezas de a real, accesibles además a todas las clases sociales. La clara y lúcida opinión de Blasco, más adelante compartida por otros grandes escritores, contrasta sin embargo con los críticos considerados en la época como las voces más autorizadas en cuestiones teatrales; entre ellos se encontraba sin lugar a dudas don Manuel de la Revilla, que se ocupó extensamente y en varias series de artículos de la situación del teatro español: «La decadencia de la escena española y el deber del Gobierno» (1876), «Comités de lectura y teatros oficiales. El teatro español» (1877), «La organización del teatro español» (1877).

En el primero de ellos, «La decadencia...», publicado en el periódico *El Globo* en enero de 1876, Revilla resume los fallos que en su opinión han llevado a la decadencia el teatro de ese momento; entre ellos se encuentra la existencia de los teatros por horas y sus funestas consecuencias de índole económica: al no aceptar el libre mercado competitivo de bajos precios de butaca, por considerar que arruinan al resto de los teatros caros; de índole artística: depravación creciente del gusto del público; y, finalmente, por atentar a la «moral pública». Manuel de la Revilla concluye:

> Los teatros populares, esos teatrillos de hora, donde se sirve al público el majar indigesto de una literatura baladí y corrompida, donde diariamente (con contadas excepciones) se ultrajan y profanan el arte, el sentido común y la moral, hacen dañosísima competencia a los teatros serios y causan notorios perjuicios a las letras. No combatiríamos a esos teatros si realmente contribuyeran (como piensan algunos críticos sobrado benévolos) a la educación artística y literaria del pueblo; pero persuadidos como estamos de que sólo cooperan a pervertir el gusto y el sentido moral de los especta-

dores, sólo vemos en ellos un peligro muy grave para los progresos del arte y para la moral pública y un perjuicio irrogado diariamente a los intereses de las empresas [1883: 457].

Ni qué decir tiene que estos tres desorbitados argumentos tan bien rebatidos en el anterior artículo de Blasco fueron injustamente enarbolados por la mayoría de los enemigos del nuevo sistema y género teatral breve.

Podemos observar las diferentes ideologías que subyacen en Eusebio Blasco y en Manuel de la Revilla al intentar aportar soluciones al problema, al parecer planteado como el nacimiento de los teatros por horas, o de «a real»; el primero de ellos aboga por el libre mercado de precios y por la libre autocensura moral de cada ciudadano responsable; el segundo se manifiesta a favor de un control estatal máximo, tanto en lo que concierne a precios (cuestión en que parcialmente se inclina Revilla por un favorecimiento de los teatros caros), como en lo concerniente a una censura moral ejercida por el Estado para el teatro. Las voces en torno a la decadencia del arte dramático no son exclusivas de los años setenta, ni tampoco exclusivas de Manuel de la Revilla; aparecen en cualquier cronista de la época y en cada década subsiguiente, casi siempre expresados en los mismos términos catastróficos e inculpatorios para el denostado teatro breve. Diez años más tarde, en 1886, idénticas razones se siguen repitiendo [Sepúlveda, 1887: 508].

Otra de las autoridades en cuestiones de crítica teatral fue Manuel Cañete, que aprovechaba su crónica sobre «Los teatros» en La Ilustración Española y Americana para atacar también los teatros por horas. Cañete sabe bien a dónde dirige sus críticas al afirmar que el «gravísimo inconveniente de estas piezas» reside en «atacar a clases respetables, vulnerando audazmente los fueros de la moral»; interrogándose entonces del siguiente modo, concluye: «¿Es éste, debe ser éste el fin a que se dirija el poema escénico? ¿Son éstas las ventajas que reporta la libertad en las representaciones teatrales?» [1887: 164-165]. Un cierto rechazo clasista respecto de que el teatro sea popular en sus personajes y en sus espectadores subyace en todas las críticas de Cañete, junto con un miedo feroz a que se ataquen a las «clases respetables», llevan al crítico a desear, del mismo modo que Revilla, la existencia de una censura teatral que controle estos «desafueros» a los que ha conducido una «excesiva libertad», en su opinión, muy negativa.

Creemos observar en estos críticos que, bajo el pretexto de la moralidad —aunque no es óbice para que considerasen inmorales asunto y modos de los nuevos teatros— abogan insistentemente por la existencia de una censura, que en su fuero interno suprimiría en la práctica la existencia de este teatro popular que tanto les molestaba, por razones no sólo de moralidad, sino sociales e ideológicas encubiertas en sus palabras. Es ilustrativo para mostrar la parcialidad de Cañete respecto de las obras de los teatros por horas, cuando califica a La Gran Vía —que hasta los críticos más duros, como Yxart o el mencionado Sepúlveda, reconocen su mérito— de «espectáculo desnudo de mérito y poco artístico», continuando, al año siguiente del anterior artículo reseñado (1888), con los consabidos anatemas contra los teatros por horas y su causa de la decadencia de la escena española [Cañete, 1888: 55].

Hacia la mitad de la década de los noventa el gran crítico catalán José Yxart trataba esta cuestión en sus artículos quincenales publicados en La Vanguardia (que luego se reunirían en sus dos famosos volúmenes) de la situación del teatro en España [Yxart, 1894: I, 82 y ss.]. Con el humor que le caracteriza se refiere Yxart a las crónicas y periódicas lamentaciones sobre la decadencia del teatro, que venían oyéndose en lo que iba de siglo. La que el crítico denomina «penúltima serie» de las lamentaciones es la que comienza a raíz del nacimiento de los teatros por horas, la invasión de las tradiciones francesas, etc., los bufos y la cancanomanía no pasa «sin su formidable coro de anatemas», con los consabidos lugares comunes de la crítica que hemos venido reseñando hasta ahora, y que Yxart va parodiando en sus expresiones típicas.

Como vemos, críticos de la categoría de Yxart están por encima de caer en los tópicos repetidos sobre la decadencia del arte, y mucho menos de inculpar de ella a los teatros por horas. Yxart ataca con mucha frecuencia en sus artículos a estos teatros y al género chico, pero defiende a sus obras y a sus autores cuando unas y otros le parecen dignos de mérito. Sus críticas nunca caen en esas vagas y sospechosas generalizaciones condenatorias a ultranza para defender una moral pacata y atacar una libertad de expresión conseguida gracias a un liberalismo ambiental.

En la misma década de los noventa, en pleno apogeo del género chico y de los teatros por horas, continúa la polémica en contra o a favor de éstos y sobre si hay o no decadencia en el teatro a causa de ellos o

de otros factores. Hay escritores que intentan explicar el momento que
atraviesa el teatro achacando los fallos de éste a la cantidad de obras que
se escriben, no a su condición de teatro breve, lo cual conlleva la baja
calidad de muchas de ellas [Picón, 1894]. Otros autores, como Juan
Valera, se niegan a aceptar el enfrentamiento género chico *versus* género grande, sino la comparación entre obras y autores buenos frente a
unas y otros de poca calidad, así como tampoco está de acuerdo con la
preconizada decadencia del teatro mientras haya escritores de categoría
como muchos de los que escriben en el momento:

> La razón que alegan algunos para probar que está decaída (nuestra lite-
> ratura dramática), acusándola de emplearse hoy en el género chico, me pa-
> rece una razón muy poco razonable. Para mí no hay género chico ni género
> grande: no hay más que género discreto y género tonto; de suerte que un
> sainete divertido y chistoso enriquece más el tesoro de la literatura patria
> que dos o tres dramas y otras tantas tragedias que cansen y enojen, aunque
> tengan cada una de dichas producciones cinco actos, prólogo y epílogo, y
> propenda a demostrar una tesis y encierre un caudal de profundos y filo-
> sóficos pensamientos. Siendo tal mi parecer, tampoco puedo yo declarar de-
> cadente la literatura dramática del día, ya que en el día escriben Ricardo
> de la Vega, Javier de Burgos, Miguel Echegaray, Vital Aza y otros, cuyos sai-
> netes casi siempre me divierten y en algunos de los cuales hallo no infe-
> rior mérito al de los buenos de don Ramón de la Cruz [1901: 94-95].

Con el nuevo siglo aparece el nombre de Eduardo Bustillo como
autor de los artículos de crítica dramática titulados «Campañas teatrales» en *La Ilustración Española y Americana*. En sus crónicas preconiza con
firmes augurios la próxima desaparición del género chico, lo que aprovecha para sus reiteradas invectivas contra ambos:

> Pero ese «género chico» viene cada vez más a menos. También está lla-
> mado a morirse; pero la misma enfermedad con que nació, de anemia, de
> pobreza del ingenio, de monotonía del procedimiento, de falta de arte, de
> exceso de codicia de la industria... Así marcha ese «monstruo» que espan-
> ta y «achica» ahora a los cultivadores del gran arte. Así marcha a la muer-
> te, pero no morirá tan depresiva como el otro monstruo, porque la
> necesidad, más que la costumbre del público, sostiene su vida... Cuando este
> segundo enemigo muera (si muerte), ¿podemos llegar a olvidar la invasión

asoladora de los chicos con una gloriosa dominación de los grandes? [1901: 298]

Sin embargo, no faltan dramaturgos de prestigio como Jacinto Benavente [1909: 13-21] que se declaran explícitamente partidarios del teatro chico por otros motivos que expone detalladamente, frente al teatro grande al que tacha de «anacrónico», aduciendo las incompatibilidades de la vida social moderna con los espectáculos diarios de larga duración; contrariamente, para Benavente el teatro chico «es, sin duda, muy apropiado a la vida moderna» por su brevedad, ya que «el asunto más interesante de cualquier obra dramática cabe en un solo acto sin violencia». Reconoce el dramaturgo los fallos en que ha caído el género chico, pero, no obstante, encarece sus valores y analiza las causas por las que, a veces, no se ha elevado tanto como hubiera podido ser. Benavente contrasta las ventajas del teatro chico frente a los inconvenientes del grande: la obra en un acto permite a los empresarios poder arriesgarse a estrenar obras de autores noveles sin correr demasiado riesgo de pérdidas económicas en el caso de su fracaso; en contra de las tópicas acusaciones de «negocio teatral» que se venían atribuyendo a las obras «chicas», Benavente acusa al género grande de «pequeñez».

Como vemos, a finales de la primera década del pasado siglo, cuando los teatros por horas comienzan a decaer visiblemente y el género chico está ya lejos de ser lo que fue doce o quince años antes, todavía continúa la polémica, desencadenada desde hacía cuarenta años, que enfrentaba al teatro chico frente al grande, y achacaba a la deformación del gusto del público el éxito de las breves piezas cómico-líricas o lírico-dramáticas, o simplemente piezas en un acto sin música, que los teatros por horas ofrecían a un precio asequible. La decadencia del arte dramático a consecuencia del éxito de estos teatros «malditos», con las inculpaciones al estragado gusto del público, y la responsabilidad de los buenos poetas de enderezarlo, son los *leitmotiv* que se repiten sin cesar en las crónicas teatrales o publicaciones de la época y aparecen todavía en la primera década del siglo:

[Debemos] educar nuestro gusto artístico, arrastrado por los suelos merced a la influencia del género chico y al humor jocoso que hace de los españoles la raza más escéptica e indiferente de la tierra [...]. Pero tampoco es justo culpabilizar por entero al público, éste está mal orientado, pero los autores deben tener la misión de educarlo [Alcalá Galiano, 1910: 93].

### III. La pervivencia del sainete

En realidad, en la década de los noventa todos los géneros dramáticos menores, representados en los teatros llamados por horas o por secciones, llegan a su apoteosis estrenándose las obras más representativas de los mismos; sin embargo, según los años, puede observarse cierta preferencia de autores y público por unos géneros más que por otros. Sin duda, dos géneros se destacan en esta década: la zarzuela cómica pueblerina y el sainete lírico madrileño. En opinión de Deleito [1949: 267], al mediar la década este último ganaba terreno sobre el ruralismo y, lo que es más, el sainete es la pieza, dentro del teatro menor, que se perpetúa con mayor éxito pasado el umbral del siglo XIX. El sainete madrileño, sin duda, —especialmente el lírico— se erige en un género prestigioso fundamentalmente con los sainetes-modelos: *La verbena de la Paloma* (1894), *La Revoltosa* (1897) y *Agua, azucarillos y aguardiente* (1897). Pero aunque éstos hayan sido los más y justamente encumbrados por el éxito y sigan siendo el paradigma del género, hubo sainetes famosísimos en la época, excelentes literaria y musicalmente, y que no han tenido la suerte de ser inmortalizados en el repertorio.

Al iniciarse el siglo XX, los autores de nuestro repertorio siguen escribiendo y estrenando obras, pero con otras preferencias en cuanto a los subgéneros dramáticos. Los sainetistas de más prestigio apenas se dedican ahora al sainete, que queda algo relegado por la moda de la zarzuelita de tipo melodramático, sentimental, romántica y regional, como indicamos anteriormente. En este regionalismo se incluyen casticismos y peculiaridades propias del sainete, el cual, bajo este punto de vista, no desaparece, sino que se perpetúa en esta «zarzuela asainetada». Ricardo de la Vega todavía estrena un sainete lírico el año 1909 en Apolo: *El guapo y el feo o Las verduleras honradas*, con música de Jerónimo Giménez; Luceño escribe tres sainetes de tipo literario para conmemorar la Fiesta del Sainete (instaurada a beneficio de la Asociación de la Prensa) u otras de tipo literario como lo indican los teatros en donde son estrenados: *La comediante famosa* (Teatro Español, 1908), *¿Cuántas, calentitas... cuántas?* (Apolo, 1912) y *¡Viva el di-*

*funto!* (Teatro de la Princesa, 1916). Estos estrenos ya no responden a una boga del género como sucedía diez años antes, sino más bien a una voluntad de que no se entierre, de resucitar el decadente sainete. López Silva y Fernández-Shaw estrenan varios, algunos de los cuales obtuvieron bastante éxito, como *El capote de paseo* (Silva/Chueca, Eslava, 1901), *El amo de la calle* (Silva/Arniches/Calleja/García Álvarez, Apolo, 1910), *Los pícaros celos* (Fernández-Shaw/Arniches/Jiménez, Apolo, 1904) y *El maldito dinero* (Fernández-Shaw/Arniches/Chapí, Apolo, 1906).

El sainete, salvo las excepciones mencionadas, está en decadencia y a partir de ahora casi los únicos éxitos en este género se deben a Arniches, que desde 1911 empieza a escribir sainetes en dos y hasta en tres actos, síntoma claro de la desvirtuación del género en un afán desmesurado por adaptarse a la nueva preferencia por las obras largas. No obstante, en la primera década del siglo Arniches mantiene el éxito del sainete en un acto algo modernizado con la serie *El terrible Pérez* (1903), *El pobre Valbuena* (1904), *El iluso Cañizares* (1903), *El pollo Tejada* (1906); los maestros que componen la música de estos sainetes son López Torregrosa, Quinito Valverde, Gómez Calleja y Serrano, cuyo éxito mayor fue *El alma de Dios* (1907).

# TIPOLOGÍA DE LAS FORMAS TEATRALES BREVES DENTRO DEL GÉNERO CHICO EL PROBLEMA DE LAS DENOMINACIONES

por *María Pilar Espín Templado*

Si la primera mitad del siglo XIX contempló una decadencia cierta en lo que se refiere a los géneros teatrales menores, por el contrario, el panorama del teatro breve varió profundamente en la segunda mitad del siglo XIX, llegando a su cenit en lo relativo a su encumbramiento y popularización, con el nacimiento de los teatros por horas en el último tercio del siglo. Tuvo lugar una amplia reestructuración formal, con una tipología mucho más variada de las piezas y un exacerbado desarrollo cuantitativo y cualitativo en que influyeron por un lado el auge del teatro musical y, por otro, una literatura dramática mixtificada, reflejo de la transición de la fórmula romántica a la realista en la escena española a partir de la década de los cuarenta. El resultado hacia mitad de siglo fue una anarquía en las denominaciones de las piezas teatrales según se decantaran en ellas influencias, tendencias e intenciones más o menos explícitas o acertadas de los dramaturgos. Esto desembocó en la inexistencia de unos criterios de definición genérica manifiestos en la denominación indiscriminada de muchas piezas (*apropósito, boceto de comedia, charla popular, enredo* o *humorada*) [García Lorenzo, 1967], sin una diferenciación temática ni estructural que la sustentara. Si en el teatro mayor apareció una vasta producción de piezas con diversas denominaciones (*drama histórico, comedia político-moral, comedia moral-sentimental, comedia de costumbres, comedia social,* etc.), en el teatro breve abundaron *sainetes, cuadros, apropósitos, pasos, entremeses, diálogos, escenas, juguetes,* etc., sin que se apreciaran diferencias formales o de contenido entre unas obras y otras [Garrido Gallardo, 1983].

Fue, sin embargo, el nacimiento del *teatro por horas*, nuevo sistema teatral surgido en los albores de la Revolución del 68, el que proporcionó a los géneros menores un cauce de expresión escénica, dando lugar a la formación de cierta tipología de subgéneros teatrales diversos, algunos de ellos de antiquísima tradición en nuestra historia literaria. La obligada brevedad de las piezas que se ofrecían en esta nueva manera de organizar el espectáculo teatral propició el triunfo del teatro breve, que en este siglo se llamó *género chico*, obras en un acto que no excedieran una hora de representación y que podían ir o no acompañadas de música, siendo en este caso piezas que alternaban el recitado con el canto [Espín Templado, 1988].

Los géneros teatrales menores, si bien habían experimentado una decadencia en la primera mitad de siglo, no habían desaparecido totalmente de la tradición. El triunfo de los teatros por horas o por *secciones*, y con ellos del género chico, enlaza con esta tradición renovando géneros tan antiguos como el *sainete,* el *pasillo* o la *zarzuelita,* y desarrollando otras formas de teatro breve que adquieren un carácter específico, como fueron el *juguete cómico* o *cómico-lírico, la revista,* la *parodia (lírica)* y la *opereta,* siempre en un acto [Espín Templado, 1995]. Al repasar los estrenos de los teatros por horas, lo primero que sorprende es la enorme variedad de denominaciones genéricas que los libretistas del género chico les aplicaron: *sainete lírico, juguete cómico lírico, disparate cómico, viaje extravagante, humorada, pasillo...* y un largo etcétera que bien podría llegar al centenar.

El análisis en estas obras de su acción, espacio, tiempo, personajes (número de ellos, procedencia social, tipología), lenguaje de los mismos (dialectos, jergas, argots, verso/prosa), unidad o pluralidad de cuadros (mutaciones) dentro del necesario acto único, ausencia o presencia del elemento musical y del coro, intencionalidad explícita en las fórmulas de despedida y cierre de la pieza, final cómico y feliz o semifeliz, ha permitido esclarecer la tipología de siete modalidades o subgéneros dramáticos dentro del género chico decimonónico: 1) sainete-pasillo; 2) revista; 3) juguete cómico; 4) zarzuela; 5) parodia; 6) comedia; y 7) opereta. Ahora bien, cada denominación indicadora de subgénero (las siete señaladas) suele acompañarse de innumerables adjetivos, entre los cuales los más frecuentes son: cómico, lírico, cómico-lírico, cómico-dramático, político, bufo, zarzuela (adjetivo: zarzuela-parodia, zarzuela-comedia), extravagante, etc. Estos adjetivos pretenden añadir una connotación más aclaratoria respecto de las características de la obras, especialmente el de «lírico», indicador obviamente de la presencia musical en ella, o el de «cómico» o «dramático» en el caso de las zarzuelas con final semidramático, novedad en el desenlace tradicional del teatro breve que, hasta el momento, siempre había sido cómico.

La tipología conformada dentro de estas siete denominaciones puede encontrarse bajo otra serie de denominaciones gratuitas, es decir, no indicativas de ninguna tipología temática ni formal, sino que responden tan sólo a la costumbre lúdica de estos autores; costumbre, a su vez, heredada de la tradición teatral anterior. Entre dichas denominaciones gratuitas, meras variantes de las que realmente son indicativas tipológicas, se encuentran más frecuentemente: acontecimiento, almanaque, almoneda, apropósito, apuntes, boceto (de costumbres lugareñas o madrileñas), cuadro (de costumbres), cuento, disparate, entremés, episodio, extravagancia, fantasía, humorada, pasatiempo, pasillo, panorama, paso (de comedia), pieza, proverbio, proyecto, viaje.

El empleo lúdico y gratuito de dichas denominaciones aplicadas a los pocos subgéneros reales hallados nos evidencia unas ciertas inclinaciones determinadas en este caprichoso modo de denominar a los subgéneros. Así, en el caso del sainete, observamos que para el mismo se emplean las siguientes denominaciones: pasillo, episodio, cuadro de costumbres, pieza cómica, juguete (escasamente) o zarzuela (en el caso del sainete lírico). La revista es por antonomasia el subgénero al que más denominaciones caprichosas se le aplican: acontecimiento, apropósito, apuntes, boceto, fantasía, humorada, locura, ópera, pasillo y viaje. El juguete cómico es a veces denominado humorada, pasatiempo o zarzuela (si es lírico). La zarzuela es denominación que a veces indica simplemente el hecho de que la pieza sea lírica y no se refiere al subgénero específico de zarzuela breve dentro del teatro por horas. Así, la parodia, por ejemplo, subgénero que puede ser o no lírico, en el caso de que vaya acompañada del elemento musical, es a veces titulada «zarzuela parodia» o la comedia musical es denominada a veces «comedia zarzuela» en lugar de comedia lírica. Asimismo, puede aparecer esta confusión en el caso de los sainetes y los juguetes líricos, donde el término «zarzuela» se emplea en su acepción designadora simplemente de obras que alternan el recitado con el canto.

A pesar de que la mayoría de las piezas del género chico se atienen a la tipología anteriormente enunciada, no dejan de existir piezas cuyas características son híbridas, ya que mezclan elementos de diversa procedencia tipológica, haciendo inútil, por inexacta, su clasificación en un tipo de obra específico. Estas formas de teatro breve son propias de toda trayectoria en la formación de los géneros menores y su interfluencia entre los mismos. A este respecto, es frecuente la costumbre en los autores del teatro por horas de utilizar ciertas denominaciones para las piezas, sin carácter propio definido, que no se atienen a ninguna tradición de un tipo específico; sucede esto con humorada y pasatiempo, que a veces son breves piezas cómicas en un acto, que mezclan elementos de diversa procedencia genérica. En otras ocasiones, la denominación está motivada por la finalidad de la pieza, como en el caso del llamado apropósito, indicando que la obra se representaba con ocasión de alguna celebración «a propósito» de algo: una fecha o fiestas como Navidades, Pascuas, Inocentes, fin de año, etc., alguna efeméride como el beneficio de algún actor o autor, o algún otro suceso de la actualidad del momento... En definitiva, la obra aludía a algo o a alguien, aunque admitía cualquier asunto y modo de desarrollarse.

La existencia de una diversidad de subgéneros dramáticos dentro del conjunto de las piezas teatrales en un acto que constituyeron el género propio de los teatros por horas, el género chico, demostrada por el análisis de las obras en sí mismas (en muchas revistas salen personajes que representan alegóricamente los diversos subgéneros del teatro por horas), queda reforzada además por la conciencia, en autores y público de la época, de la diferenciación de los subgéneros, patente en la prensa del momento, y por las críticas y referencias a estas obras en las historias de teatro coetáneas a los estrenos.

Veamos las características formales y de contenido de la tipología indicada.

## I. SAINETE. SAINETE LÍRICO. PASILLO

El *sainete* o *pasillo* del género chico supuso una evolución más en la trayectoria del género histórico paso-entremés-sainete [Espín Templado, 1987a y Huerta Calvo, 1992]. Este sainete de fines del siglo

XIX, resurgido paralelamente a la preferencia por las obras en un acto potenciadas por el sistema del teatro por horas, recoge, en su estructura temática y en su forma, la tradición histórica del género con personajes y costumbres de la época nuevamente tratada. La acción del sainete, salvo en los escasos sainetes de tema literario teatral, sucede en la «época actual», es decir, en la misma época en que son escritos y estrenados, remitiéndonos, pues, a una actualidad real. Es una acción única y desarrollada linealmente; en ocasiones apenas existe una acción, reduciéndose ésta a un mero desfile de personajes. En estos casos el sainete nunca posee más de un cuadro y es con frecuencia denominado «pasillo». La trama más común es una breve intriga amorosa. La duración de la acción dentro de la obra puede oscilar entre unas horas (en los sainetes de un solo cuadro) y uno o dos días en los de varios cuadros. Muy frecuentemente las acotaciones de los sainetes no nos informan acerca del tiempo, sino que éste se deduce simplemente de la acción; en caso contrario, los autores suelen limitarse a concretar si la acción transcurre durante el día o durante la noche.

Los espacios o lugares donde se desarrolla la acción de los sainetes se atienen siempre a la realidad más estricta y corresponden a los lugares frecuentados o hábitats de la clase social inferior urbana. La realidad es fidedignamente trasplantada al escenario, como se puede comprobar en los documentos y estudios de la época [Chicote, 1914; Hauser, 1902; Moral, 1974]. Nunca se dan en el sainete espacios imaginarios o irreales: son todos espacios reales y urbanos, exteriores o interiores, propios de la clase baja, obrera o artesanal. Los espacios pueden ser interiores y exteriores. Entre los espacios interiores más frecuentes se encuentran: el patio de una casa de vecindad, las viviendas privadas, servicios públicos (consulta médica, Registro Civil, juzgados, ministerios, la redacción de un periódico, una portería, cafés-cantantes, restaurantes, tabernas, teatros, talleres, fábricas, oficinas). De los espacios exteriores destacan: la calle (muchas veces se concretan los sitios de Madrid (Puerta del Sol, Arco de Cuchilleros...) o de una capital andaluza, alrededores de Madrid en torno al Manzanares (en los sainetes madrileños); sitios tan populares como La Bombilla, los lavaderos, los viveros, los baños públicos, etc.; también salen frecuentemente las verbenas populares como lugar escenario de la acción.

En síntesis, la norma general respecto de las tres unidades dramáticas del sainete es el respeto a la unidad de acción y de tiempo (esta última se sobrepasa raras veces), y ruptura frecuente de la unidad de lugar en el caso de la variedad de cuadros.

## 1. *Los personajes*

El número de personajes que participa en cada sainete es muy numeroso, oscilando frecuentemente entre veinte y treinta; muy rara vez es inferior a diez. La mayoría de ellos son representantes de la clase social inferior urbana, la clase de la época obrera o proletaria, siendo fiel trasunto de los oficios y trabajos propios de la misma; no obstante, ocasionalmente salen a escena personajes burgueses o aristócratas, aunque no desempeñan la función de protagonistas, sino de personajes secundarios. La mayor parte de los personajes que pueblan los sainetes se repiten en casi todos ellos, con independencia de sus autores, ofreciendo una tipología propia del género; entre los que se repiten con más frecuencia se encuentran los siguientes personajes-tipo según los oficios masculinos: aguadores, serenos, traperos, porteros, carteros, bolleros, carniceros, barrenderos, mozos de cuerda, fosforeros, cocheros, bomberos, guardias de orden público, chulos, toreros, murguistas, estudiantes, cesantes, caseros, etc. Los personajes femeninos, tipificados por los oficios más frecuentes, suelen ser: cigarreras, billeteras de lotería, lavanderas, amas de cría, modistillas, porteras, criadas, verduleras-fruteras, chulas, patronas de casa de huéspedes, mamá de clase media baja con hijas casaderas, beatas, etc. [Espín Templado, 1992]. Los personajes de la burguesía están tipificados en las figuras del «señorito» o la «señorita» por un lado, y, por otro, los políticos o profesionales liberales; de la aristocracia es típica la presencia de marqueses y barones.

En cuanto al lenguaje de los personajes que pueblan los sainetes, los autores acuden a los dialectos regionales, especialmente al andaluz y al madrileño castizo, y a usos coloquiales populares que recogen las formas de expresión propias del entorno, dotando así de una mayor veracidad y aproximación a la realidad a estas piezas del teatro breve. No obstante, aquí hace acto de presencia la estilización literaria, como lo muestra no sólo la deformación o exageración de ciertas jergas o «argots» sociales, sino el empleo frecuente del verso que, a veces, ocupa todo el sainete; de hecho, los sainetes fueron escritos en prosa o en verso, o alternando ambas formas, predominando más estos últimos, si tenemos en cuenta que los cantables de los sainetes líricos siempre se escribían en verso.

El porcentaje de sainetes líricos y sainetes no musicales es muy parecido, con una ligera ventaja numérica por parte de los musicales; en éstos, la música ocupa menos de la mitad de la totalidad de las escenas, exactamente una cuarta parte de ellas. En general, la estructura interna de los sainetes se presenta abierta respecto de la unidad o pluralidad de cuadros, y respecto de la presencia o ausencia de la música, y con ella, del baile.

La intención ética del sainete moderno propugna la no transgresión de la moral convencional social, aunque sí permite criticar las falsedades que se dan en esta moral. Propone, pues, una reforma dentro del sistema social establecido, pero nunca se cuestiona el mismo. La felicidad conseguida al final del sainete es consustancial al género, así como la despedida al público, tomada de la más antigua tradición del género [Espín Templado, 1987a].

Al repertorio actual nos han llegado tres sainetes modélicos en su género: *La verbena de la Paloma o El boticario y las chulapas, y celos mal reprimidos*, de Ricardo de la Vega, música de Tomás Bretón (Teatro Apolo, 1894); *La Revoltosa*, de José López Silva, Carlos Fernández-Shaw y música de Chapí, y *Agua, azucarillos y aguardiente*, de Miguel Ramos Carrión y Federico Chueca, estrenados ambos en el Teatro Apolo, en 1897.

La década de esplendor del sainete fue sin duda la del noventa. El sainete, salvo excepciones, está en decadencia, y, a partir de ahora, casi los únicos éxitos en este género se deben a Arniches, que desde 1911, como ya dijimos, empieza a escribir sainetes en dos y hasta en tres actos, síntoma claro de lo desvirtuado del género en un afán desmesurado por adaptarse a la nueva preferencia por las obras largas.

## II. Revista. Revista lírica

La modalidad de la revista en el género chico surge como una evolución de la revista política de los albores de la Revolución del 68. A esta pieza de contenido exclusivamente político se le añaden otros elementos de «actualidades» o «de espectáculo». El desarrollo de la acción de la revista no es lineal como en el sainete, sino que cada cuadro, o incluso cada escena, puede presentar unos personajes y una temática distinta. El hilo conductor de la acción puede ser: el diálogo entre dos personajes que comentan lo que sale a escena, como *La Gran Vía*, de Felipe Pérez y González, música de Chueca y Valverde (1886); el diálogo de uno o dos personajes con el público, el viaje de un personaje a Madrid o a otra capital: *De Madrid a París* (1889), de Jackson Veyán y Sierra, con música de Chueca y Valverde. Pero el nexo ilativo más frecuente del género es «pasar revista» a un período de tiempo revisando modas, acontecimientos, temporada teatral, etc., sobre todo al inicio de un año nuevo, por ejemplo, *El año sin juicio* (1877), de Ramos Carrión y Pina Domínguez; *El año pasado por agua*, de Ricardo de la Vega, titulada «Revista general de 1888»; o *El siglo XIX* (1901), de López Silva, Carlos Arniches y Sinesio Delgado.

La constante ruptura en la revista de las tres unidades —acción, espacio y tiempo— obliga con frecuencia a la titulación de los diversos cuadros para situar previamente al espectador, dándose en consecuencia una mayor riqueza y movimiento de decorados, con gran desarrollo de la parte escenográfica. Era usual el cierre de la obra con un cuadro plástico, sin texto, titulado «apoteosis».[1]

---

[1] El nexo ilativo que estructura las revistas en ocasiones motiva las arbitrarias denominaciones de estas piezas: «fantasía», «viaje», «locura», «sueño», etc. Romero Tobar [1967] clasifica temáticamente el teatro de Arniches del siglo XIX en revistas, obras de enredo amoroso, costumbristas, de miedo, políticas y de tema militar; y, para paliar las limitaciones que toda clasificación temática conlleva, propone el método de estudio morfológico expuesto por Brémond [1964]. De su aplicación precisamente a estas revistas de Arniches, Romero Tobar concluye que «el esquema general válido para todas estas obras es el siguiente: un personaje o grupo de personajes (A) en compañía de otro personaje o grupo (B) ven desfilar ante ellos una serie de *cuadros* que no guardan entre sí ninguna relación» [1967: 12]; éstas serían las variantes específicas o los datos particulares propios de cada obra individual, que se oponen a las variantes genéricas.

## 1. *Los personajes*

Los personajes de la revista, asimismo muy numerosos, pertenecen a todas las clases sociales, y no son sólo personajes-tipificados por el oficio como en el sainete, sino que incluso pueden representar a personas reales como políticos o actores famosos del momento. También son frecuentes los personajes alegóricos como «la patria», «la verdad», «la felicidad», o simbólicos de inventos modernos como la electricidad, el tren, el velocípedo, o personificaciones de teatros, periódicos, espectáculos, cafés, verbenas, etc.; en fin, se hace personaje a todo aquello a lo que se quiere «pasar revista», siendo este espectáculo crisol de la realidad político-social, susceptible por tanto de la sátira política, patente en los cuplés políticos.

La música siempre hacía acto de presencia, salvo en las primeras revistas puramente políticas.

Revistas de gran resonancia, además de las mencionadas, fueron *Certamen nacional* (1888) y *Cuadros disolventes* (1896), ambas de Perrín y Palacios con música del maestro Nieto. Otra que obtuvo gran éxito fue *El arca de Noé*, de Ruesga y Prieto, con música de Chueca (Teatro de la Zarzuela, 1890), a la que sus autores titularon «problema cómico-lírico-social»; *Cuadros disolventes*, de Perrín y Palacios/Nieto (Teatro del Príncipe Alfonso, 1896), supuso hasta el momento el mayor éxito dentro del género, superior incluso al que había conseguido diez años antes *La Gran Vía* y que era sin duda de más categoría artística; *Cuadros disolventes* se llegó a representar hasta cinco veces en el mismo día y en el mismo teatro, una en la función dominical de tarde y cuatro en las cuatro secciones nocturnas, de ocho y media a doce y media, que entonces se daban en los teatros por horas. Aunque, como toda revista de actualidades, incluía sus escenas dedicadas a la actualidad política, en el caso de *Los presupuestos de Villapierde*, tercera revista de gran éxito de los noventa, la política, especialmente la económica del ministro de Hacienda Fernández Villaverde, era el *leitmotiv* del argumento; esta revista, de muy poca categoría artística a pesar del éxito que obtuvo, fue escrita por Granés, García Álvarez y Paso con música de Calleja y Lleó, y estrenada en el Teatro Maravillas en el verano de 1899 [Deleito, 1949: 339, 128-132 y 141-143].

## III. Juguete cómico. Juguete cómico-lírico

Esta pieza cómica breve abundó mucho en la primera mitad de siglo para complementar la función principal, actualizando al clásico y conocido sainete. Dentro del género chico recibe la influencia del vodevil francés, y se diferencia de la revista en el respeto absoluto a las tres unidades dramáticas. La acción transcurre siempre en un espacio único: «Madrid, época actual», y nunca dura más de unas horas. Frente a la presencia de numerosos personajes en sainetes y revistas, en el juguete suelen ser cuatro o seis. La trama es siempre un breve enredo amoroso a consecuencia de un equívoco introducido por un personaje. Los espacios del juguete son siempre interiores y urbanos y los decorados intentan retratar con realismo el interior de viviendas o pensiones de clase media o casas de cierto lujo pequeño burgués.

El lenguaje de los personajes se adecua al ambiente que refleja el juguete en cada caso, oscilando entre el culto y el popular, sin aparecer el habla chulesca del sainete ni otras jergas barriobajeras. Cuando el juguete va acompañado de música, se suelen incluir bailes modernos con preferencia por los folclóricos, excepto alguna escena de flamenco, dada la enorme afición del cante y baile en Madrid. Debido al escaso número de personajes, no hacen acto de presencia los coros ni los bailes coreográficos, tan abundantes en revistas y sainetes.

Fueron famosos los juguetes cómicos de Vital Aza: *El pariente de todos* (1874), *Carta canta* (1882) y *Los tocayos* (1886); en colaboración con Ramos Carrión: *La ocasión la pintan calva* (1879), *De tiros largos* (1880) y *La calandria* (1880), con música de Chapí. El único juguete cómico-lírico que nos ha llegado al repertorio actual es el graciosísimo *Château Margaux* (1887), de Jackson Veyán y el maestro Caballero.

## IV. Zarzuela breve o chica

La zarzuela breve o chica, especie de «tonadilla-zarzuela» heredera de la tonadilla escénica que había triunfado en el siglo XVIII, adopta varias modalidades antes de mediar el siglo XIX: zarzuelita parodia, zarzuelita andaluza, o zarzuelita de costumbres madrileñas. Se representaban en los Teatros de la Cruz, el Príncipe, del Instituto (la Comedia, Tirso de

Molina) y Variedades [Cotarelo, 1934]. Si bien los historiadores de la zarzuela no consideran el verdadero nacimiento de este género español, nuestro teatro lírico, hasta 1849, con el estreno de las obras extensas en dos actos *Colegialas y soldados* y *El duende*, o incluso hasta la culminación del género con la primera zarzuela en tres actos: *Jugar con fuego* (1851), la zarzuela breve, como pieza de teatro menor, nunca había dejado de representarse. De hecho, la zarzuela chica ha sido considerada por muchos críticos un mismo género que la zarzuela grande, con la sola diferencia de las pretensiones diversas manifiestas en su extensión: «Cuando se engrandece es comparable a la ópera, poniendo en solfa los pasajes hablados (lo que fue hecho por Marina), cuando se empequeñece, se aproxima al sainete y da origen al género chico, legítimo sucesor de las pequeñas formas teatrales del XVII y XVIII, sin duda más de acuerdo con las experiencias hechas entretanto» [Salazar, 1972: 153].

Precisamente, una de las diferencias entre ambas zarzuelas, grande y chica, es la mayor fidelidad de la zarzuela breve con la tradición del teatro menor de anteriores siglos, evidentemente por su menor pretensión. Por todo ello conviene insistir en que la zarzuela «chica», o en un acto, no surge a finales del siglo XIX, error frecuente, sino que en las primeras tentativas del drama musical español en los años treinta y cuarenta abundaron precisamente más las zarzuelitas en un acto que las grandes zarzuelas, las cuales se fueron afianzando con el progresivo desarrollo de las pequeñas. En palabras de Subirá: «la zarzuela chica [...] había existido antes de la grande y originado ésta, en forma de zarzuela renaciente que muchos consideraron como ampliación de la tonadilla dieciochesca» [1945: 212].

Así pues, la zarzuela en un acto-pieza de carácter costumbrista, que alternaba el recitado con el canto y que incluía bailes y canciones populares regionales, renace con el resurgimiento del teatro lírico español en el segundo tercio del siglo XIX; heredera de la zarzuelita en un acto de costumbres cotidianas creada por Ramón de la Cruz en el siglo XVIII, de los bailes dramáticos propios de los entreactos heredados del teatro clásico y, fundamentalmente, de la tonadilla escénica, cuyos orígenes, a su vez, procedían, como es sabido, del sainete o entremés, quedó postergada por el triunfo de la zarzuela grande hacia la mitad del siglo XIX.

Los orígenes de la zarzuelita nos remiten, pues, al sainete, aunque dada la entidad que alcanzó la tonadilla escénica es más preciso decir que la zarzuela en un acto procede de la tonadilla (Barbieri llegó a afirmar que la zarzuela grande no es sino una tonadilla ampliada). A partir de estos orígenes, podemos entender las concomitancias que se producen entre ambos subgéneros del teatro breve de finales del siglo XIX: sainete lírico y zarzuela. Para el primero, sin embargo, los autores por horas parten de una conciencia más clara del género teatral histórico y adoptan sus formas clásicas con el fin de recrear la realidad del momento.

## 1. *Zarzuela cómica pueblerina*

Respecto de las zarzuelas cómicas, los patrones más estereotipados y más frecuentes fueron la *zarzuela cómica pueblerina* y la *zarzuela cómica histórica*.

Entre los dos tipos de zarzuelas cómicas, la diferencia fundamental estriba en la época en que sucede la acción: mientras que en las primeras transcurre en la «época actual», en las segundas sucede en cualquier fecha histórica, incluso de siglos pasados. En ambas la acción, consabida trama de enredo amoroso, se traslada a pueblos, pero sin caracteres regionales típicos según reza la acotación: «*un pueblo cualquiera de España*». En efecto, se trata siempre de un pueblo despersonalizado, convencional, cuyos personajes son asimismo convencionales y presentan una tipología estamental-institucional de cualquier pueblo español de la época: el alcalde, el cacique, el secretario del Ayuntamiento, el cura, la señorita rica del pueblo (hija del alcalde o del cacique) y el militar (normalmente joven pretendiente de la señorita).

Constituyeron grandes éxitos las siguientes zarzuelas cómicas pueblerinas: *Las doce y media y sereno* (1890), de Manzano, con música de Chapí; *El Monaguillo* (1891), de Sánchez Pastor, con música de Marqués; *Los aparecidos* (1892) y *El cabo primero* (1895), ambas de Arniches y Lucio, con música de Caballero.

## 2. *Zarzuela cómica histórica*

En la zarzuela cómica histórica, de los personajes enumerados anteriormente, cobra mayor relevancia el elemento militar, mediante el cual se produce la asociación, por parte del espectador, del patriotismo del pasado histórico recreado en la obra con el estado actual de la nación, involucrándose a veces la obra, de una manera sutil, en la política del momento real. El cuplé de intención política, tan frecuente en las revistas y prácticamente ausente en sainetes y juguetes, aflora de nuevo en este subgénero. Entre las zarzuelas cómicas históricas destacaron *El tambor de granaderos* (1894) y *!Viva el Rey!* (1896), ambas de Sánchez Pastor con música de Chapí; *El plan de ataque* y *La guardia amarilla*, las dos de Arniches y Lucio, estrenadas en 1897, la primera con música de Audrán y Vidal y la segunda musicada por Giménez.

## 3. *Zarzuela melodramática regional*

Dentro de la tipología del teatro breve que supuso la zarzuela en un acto, es de destacar que no todas fueron cómicas, esto es, de final feliz. Coincidiendo con el desastre del 98 se estrenaron algunas zarzuelas breves de final semifeliz. Estas zarzuelitas, más melodramáticas que cómicas, trasladan también su acción a espacios fuera del marco urbano del sainete, pero esta vez a pueblos y ciudades concretos y especialmente recreados en sus características locales y folclóricas. Se incrementa el regionalismo patente en vestidos, ambientes, canciones, bailes y lenguaje. Este regionalismo no se circunscribe a Madrid o a Andalucía, como ocurría en el sainete, sino que abarca todas las regiones de España, reflejando así el auge político cultural de los regionalismos. Si las zarzuelitas cómicas estaban protagonizadas por la clase pudiente y detentadora del poder —clero, alcalde o cacique, ejército—, las zarzuelas melodramáticas vuelve a protagonizarlas el pueblo llano, pero no sólo urbano (zarzuelas madrileñas), sino también y muy frecuentemente rural.

Fueron muy aplaudidas las zarzuelas melodramáticas de ambiente regional *Gigantes y cabezudos* (1898), de Echegaray, con música de Caballero; *La Tempranica* (1900), de Romea y Giménez; *La alegría de la huerta* (1900), de Paso y Álvarez, con música de Chueca; y *María de los Ángeles* (1900), de Arniches y Lucio, con música de Chapí.

En general, la zarzuela breve suele poseer variedad de cuadros (tres muy frecuentemente) dentro del acto único y se observa, en las melodramáticas, una tendencia a prolongar la duración de la obra, reflejada en una mayor extensión del libreto, leve indicio del paulatino acercamiento al género «zarzuela grande» a principios del siglo XX.

## V. Parodia. Parodia lírica

El género de la parodia triunfó en los últimos años del siglo, alternando con revistas de espectáculo, zarzuelas aldeanas y sainetes madrileños. Consistía en ridiculizar «obras mayores», dramas, óperas, operetas o zarzuelas grandes e incluso chicas que hubieran alcanzado gran éxito de público, caricaturizando los rasgos más exagerados de éstos y los elementos propicios a la burla. Hasta entonces el género era raro, siendo principalmente el *Tenorio* víctima de la parodia —*Tenorio musical, Tenorio modernista*—, pero a finales de la década de los noventa hubo bastantes parodias cuyas obras parodiadas eran fácilmente adivinables por lo similar de los títulos entre ambas; la mayoría de ellas se estrenó en los teatros Eslava y Zarzuela, siendo el autor que más se especializó en el género Salvador María Granés, citado a propósito de las revistas políticas de los años ochenta, que habían sido también género de su preferencia [Deleito, 1949: 303-304]. Las piezas de Granés parodiaron desde el teatro «grande», *Dos cataclismos, Cómo empieza y cómo acaba,* parodias de las obras de Echegaray *Dos fanatismos* y *Ni se empieza, ni se acaba,* pasando por la ópera *Carmela, La Golfemia,* parodias de las obras de Bizet y Puccini, respectivamente; hasta parodiar al mismo género chico en *El balido del Zulú,* parodia de *La balada de la Luz,* de Eugenio Sellés.

Fue la parodia cultivada desde antiguo por nuestros dramaturgos [Crespo Matellán, 1979], y, dentro de las formas breves del género chico, éste regocijó mucho al público finisecular, como lo prueba el rotundo éxito que acompañó a la abundante producción de parodias escritas por Navarro Gonzalvo, autor de *Tannhauser, el estanquero,* con música de Giménez, ejemplo de unión de los géneros de la revista política y la parodia, estrenada en Apolo, en abril de 1890. A la parodia de la célebre ópera de Wagner, unía Gonzalvo la actualidad de los sucesos políticos de aquel año tan movido de la España de la Regencia, término de la larga etapa fusionista y quinquenio en que Sagasta había implantado lo más resonante de su programa liberal con la aprobación en las Cortes del Sufragio Universal y la ley del Jurado [Deleito, 1949: 184-186].

VI. Opereta

Las primeras incursiones en España de la opereta habían sido traducciones del francés por la Compañía de los Bufos en los años setenta. Resurge este género de nuevo en nuestro país a principios de siglo
con traducciones e influencias de las operetas vienesas y alemanas de
moda en toda Europa, siendo adaptada al acto único propio del género chico para ser representadas en los teatros por horas. *La corte de Faraón*
(1910), de Perrín y Palacios, con música de Lleó, fue el ejemplo de opereta chica de más éxito. Pero la opereta extensa y cosmopolita, de varios actos, fue cobrando mayor auge a partir de la primera década del
pasado siglo, a la vez que iban decayendo las piezas breves. Todo prelu-
diaba el fin del triunfo de los géneros teatrales breves en pro del nuevo renacer de la zarzuela grande, que habría de producirse entre 1920
y 1936.

Los autores por horas se apuntan a la opereta en la primera década
del siglo xx: Javier de Burgos estrena *El barrio latino* en el Teatro
Novedades (1915), escrita en colaboración con Linares Becerra, Burgos
y Mesa, con música de Miguel Asensi; López Silva estrena en el Gran
Teatro de Madrid, en 1910, *Las romanas caprichosas*, y Carlos Fernández-
Shaw, *El triunfo de Venus* (Gran Teatro, 1906), *Las Grandes cortesanas*
(Teatro de la Zarzuela, 1902) y *Mam'zelle Margot* (Teatro de la Zarzuela,
1903). Pero los autores del género chico que quizá cultivaron más la
opereta cómica en un acto fueron Perrín y Palacios: *Cascabel, La favorita del Rey, El diablo verde, La bandera, Coronela, La cabeza popular*, todas
con música de Giménez y/o Vives. La obra que los consagró en el género fue, sin lugar a dudas, *La corte del Faraón* (Teatro Eslava, 1910), con
música de Vicente Lleó.

Finalmente, la revista y la opereta, al iniciarse el siglo, se continúan
cultivando, pero simultáneamente, en la segunda década del pasado siglo, el género chico comenzó a «desintegrarse», por así decirlo, en las
«variedades», a las que se llamó peyorativamente género ínfimo. En ellas
entraban la canción o cuplé y el baile, ambos procedentes en su mayoría de las piezas más famosas del género chico [Salaün, 1990].

Si nos distanciamos de la polémica que desató la crítica teatral y los
escritores del último tercio del siglo xix en torno a teatro Chico frente

a teatro Grande y a su carencia o no de categoría artística,[2] podemos valorar que el género chico no sólo consiguió legarnos un considerable número de obritas teatrales de gran categoría, sino toda una documentación riquísima para conocer la sociedad de la Restauración. Por otro lado, desde el punto de vista teatral, el género chico se adelantó y preparó el terreno para el triunfo de un realismo en la escena, que en España no acababa de sentar sus bases. Si el estreno de *Juan José* de Dicenta, en 1895, causó escándalo por presentar en escena personajes de la clase social más baja, los sainetes llevaban años siendo protagonizados por los mismos.

El género chico no es, como casi siempre se ha visto, un epígono de la Zarzuela Grande, sino que se sitúa en los orígenes de la misma. Es la zarzuelita breve la que, en el resurgir de la moderna zarzuela a mediados del siglo XIX, comienza a imponerse, y a partir de la cual los compositores españoles, ansiosos de crear un género operístico nacional que igualara a la ópera extranjera, y deseando por lo tanto un género grande, la van ampliando a dos y tres actos hasta que, de nuevo, el público encontrará más gracia en las pequeñas piezas de un acto que se le ofrecerán además en una forma de organizar el espectáculo asequible y de dúctil horario: el teatro por horas.

El género chico, a la vez que recuperó el auge de los géneros teatrales menores y salvaguardó la herencia de la tradición clásica, especialmente en los subgéneros del sainete y la zarzuela como hemos visto, preparó el terreno al teatro cómico posterior, ya que en el juguete cómico de ciertos autores, como Enrique García Álvarez y Carlos Arniches, se podía encontrar el germen de la posterior comedia de astracán de Muñoz Seca. El género teatral astracán «dislocó, y vistió con nuevos ropajes, para hacerlos parecer diferentes» las mismas situaciones, personajes y argumentos, con «la acumulación de retruécanos, la pérdida de la verosimilitud en relación al teatro anterior y la prevalencia de la caricatura» [Fuente Ballesteros, 1985].

---

[2] La polémica surgida en torno a los teatros por horas ocupa toda la prensa de la época (véase *La Ilustración Española y Americana*). A los artículos favorables de Eusebio Blasco se oponen las demoledoras crónicas de Revilla, Cañete o Bustillo. Es clásico ya citar las opiniones a favor del género chico de Picón, Valera, *Clarín*, Benavente y Galdós, entre otros. Romero Tobar [1967: 4] añade a estas opiniones favorables la de un gran crítico de la época: Gómez de Vaquero [1898].

Podríamos concluir con César Oliva [1978] que la huella de los géneros teatrales menores de la segunda mitad del XIX llegó hasta el teatro del pasado siglo reflejándose en la estética del esperpento valleinclanesco y llegando hasta los dramaturgos de mayor actualidad, como Miguel Romero Esteo, Francisco Nieva, Domingo Miras o Lauro Olmo, en los cuales se detecta la búsqueda de esa tradición teatral de géneros menores «que arranca del paso, sigue en el entremés y culmina en el esperpento, sumando en el recorrido elementos procedentes de otros campos afines —los títeres, el romance de ciegos— y de otros subgéneros populares —el cante, la revista, la zarzuela—, serias tentativas por recuperar la multidimensionalidad del hecho teatral, o sea, la fiesta popular» [Huerta Calvo, 1981; Romero Ferrer, 1993a].[3]

---

[3] Huerta Calvo [1981 y 1992] y Romero Ferrer [1993a] aplican al género chico los conceptos interpretativos de Bajtín (*Estética y teoría de la novela*), vinculándolo así al Carnaval entendido como una «situación» de libertad y un tiempo de folclore.

# LOS AUTORES Y LAS OBRAS

I. EL TEATRO BREVE DURANTE LA GUERRA DE LA INDEPENDENCIA, por *María Mercedes Romero Peña*

Estudiamos en estas páginas el teatro breve no patriótico ni político que se representó en los teatros madrileños durante los años de la Guerra de la Independencia (1808-1814). Aunque no es extraño, llama la atención las pocas composiciones nuevas que se escribieron y estrenaron, por lo que se tuvo que recurrir a la puesta en escena de las obras del repertorio del siglo anterior. La organización del espectáculo constaba de una comedia y un par de obras breves, generalmente una tonadilla y un sainete, aunque comienza a ser muy común en esta época que la función se componga de piezas cortas con intermedios de bailes y una tonadilla.

El Coliseo del Príncipe fue subvencionado por el rey intruso, José I, para poder servirse de él como instrumento político y orientar la opinión pública. Por este motivo, su repertorio, supervisado por el gobierno galo, pasó a componerse de traducciones francesas y de unas composiciones musicales breves, llamadas operetas, que fueron sustituyendo de forma gradual a los típicos intermedios españoles. La función más corriente en este teatro era la que se componía de comedia, opereta y baile, o la formada por dos operetas y un baile. El Coliseo de la Cruz, por su parte, al permanecer como empresa privada, mantuvo un repertorio más tradicional y acorde con los gustos del pueblo. Solía representar comedias heroicas o de magia, pues era la mejor forma de atraer grandes masas de público, y a lo largo de la contienda mantuvo siempre el mismo tipo de teatro breve en medio y al final de la función: tonadilla y sainete junto a bailes típicos españoles como boleros, fandangos, seguidillas manchegas, zapateados, etc., que habían sido aprobados por el corregidor y juez protector de teatros José Antonio de Armona en 1780. A pesar de esto, se fueron sustituyendo desde el segundo decenio del siglo por bailes populares más o menos tergiversados como el minué alemandado, afandangado, escocés, e incluso por bailes extranjeros. También observamos que la Cruz comenzó a sentir desdén por la tonadilla y empezó a incluir en el espectáculo piezas cantadas por niñas pequeñas.

El Teatro de los Caños del Peral, exclusivo para óperas, ofreció hasta 1810, fecha en que cerró sus puertas definitivamente, gran cantidad de bailes nuevos cada vez más sofisticados y de difícil composición, con el sobrenombre de divertimentos asiáticos, pantomímicos o anacreónticos. Los entreactos, en vez de tonadillas y sainetes, se nutrían con sinfonías de argumento, como la de *La caza* o la *Oriental*, cuya sonoridad instrumental les proporcionó un gran éxito. Por la prensa de entonces sabemos que en estas sinfonías no se advertía más que un estruendo que aturdía los oídos, y los críticos las ridiculizaron en sus escritos. Las más representadas, ya desde años anteriores a la guerra, fueron las dos piezas citadas, de mérito muy diferente según opiniones de la época. De la titulada *Oriental* decían que no era «más que un estruendo insignificante de instrumentos bárbaros, timbales, tamborón, sistros, campanillas, platillos, con los quales no se puede formar harmonía ni melodía, como que no producen sonidos músicos, sino ruidos indeterminados» [*Diario de Madrid*, 7-I-1802: 26-27]. La sinfonía de *La caza* era definida por el mismo crítico como la pieza más filosófica y divina de cuantas se habían oído en los teatros españoles.

Veamos ahora, más concretamente, cuáles fueron las obras y los autores más representativos de las piezas breves que se representaron en estos años.

## 1. *Loas y tonadillas*

Las únicas loas que se representaron a lo largo de los seis años de guerra fueron escritas a propósito para celebrar la victoria de Bailén y otras batallas o acontecimientos; eran llamadas «análogas a las circunstancias» y se representaron como preludio de funciones patrióticas. En cuanto a las tonadillas, el género vivió un estado de hipertrofia y decrepitud que había comenzado ya en 1791, como señala José Subirá. La influencia italiana, cada vez más acusada, hizo que esta composición musical, siempre pícara, espontánea y llena de naturalidad, se tornara artificiosa y ampulosa, aburguesándose y alejándose cada vez más de la raíz popular. Efectivamente, la situación del país inspiró obras patrióticas, aunque no existe noticia de que inspirase tonadillas, «sin duda porque este intermedio, con su espíritu y carácter italianizados, representaba lo extranjero dentro de nuestro país» [Subirá, 1928-1930: 238].

Un crítico de la *Gaceta de Madrid*, que firmaba con la inicial C., sostenía que el gran actor Isidoro Máiquez acertó cuando desterró de varias funciones «esos miserables intermedios que con el título de tonadillas perjudican visiblemente a los progresos del buen gusto», aunque les excusaba en parte diciendo: «Verdad es que el número de operitas que debieran terminar las representaciones es muy corto y que, generalmente hablando, tampoco contribuye la compañía de cantantes a que puedan executarse con más frecuencia; pero los actores debieran acostumbrarse a salir de sus trilladas rutinas» [*Gaceta de Madrid*, 22-V-1810: 598]. El mismo periodista alegaba que declaró sangrienta guerra a las tonadillas en los apéndices de este periódico y que acaso había contribuido con ellos a su total destierro del Teatro del Príncipe. Señalaba que la música de las tonadillas representadas era rutinaria y miserable, y que quien oía una podía hacer cuenta de que las había oído casi todas. Sin embargo, como estas piezas de música habían encontrado su refugio en la Cruz, publicó un violento artículo contra ellas: «Estos miserables intermedios han sido casi siempre escritos por plumas mercenarias. Las coplas que venden los ciegos suelen salir de los mismos obradores en que se fabrican las tonadillas [...] por lo regular reúnen a la mezquindad del lenguaje, a la impureza del estilo y a la total violación de las verdaderas reglas de versificar, unos argumentos disparatados y llenos de inmoralidad» [*Gaceta de Madrid*, 2-IX-1810: 1091-1094].

La prensa no solía concretar el nombre de la tonadilla que se cantaría en el día, pero por las facturas conservadas en el Archivo de la Villa de Madrid hemos podido conocer el título de algunas de ellas. Los principales compositores de este momento fueron Blas de Laserna y Pablo del Moral. A ellos pertenece la mayoría de las partituras y, en algunos casos, el libreto de las tonadillas representadas durante la Guerra de la

Independencia. También se cantaron composiciones de Antonio Rosales, Luis Misón, Antonio Moreno o José Lidón.

La mayoría de las tonadillas que se escucharon durante la contienda pertenecían a obras ya estrenadas en la década anterior. De Blas de Laserna son *La elección de su novio* y *La fingida ausencia* (1801), *El buen letrado* (1802), *El poeta, La apuesta de la sortija* (1804), *Al fin vence la mujer, La venida del soldado, La necia confidencia* (1805), *Los contrabandistas* (1806), *La curiosidad de las mujeres* (1807), *Uno paga y otro se lleva la alhaja* (1809), *El maestro y las discípulas* —tonadilla nueva interpretada por las dos hijas de la señora Carlota Michelet, primera actriz de música del Teatro del Príncipe—, y *La prueba de los cantores* (1814). De Pablo del Moral, *La equivocación, El pretendiente de amor* y *El celoso sin motivo* (1801). De Antonio Rosales, *El abogado* (1804); y de Antonio Moreno, *Los cómicos nuevos* (1805). Son anónimas muchas de ellas: *La tragedia* (1803), *El imán de la milicia* y *El campanelo* (1804), *El Choricero* (1808), *El tío y los sobrinos, La prueba de los cómicos* y *Los médicos fingidos* (1809), *El pretendiente cómico* y *El feliz desengaño* (1810), *Doña Toribia* (1812), *El tío y los soldados, La cachucha* y *La chiva* (1813).

## 2. Sainetes

A pesar de las críticas continuas que recibía en la prensa, como las tonadillas, el género pervivió en los escenarios de las primeras décadas del siglo XIX —sobre todo en el Teatro madrileño de la Cruz—, y se mostró como una fuerte reivindicación nacionalista en contraposición al teatro breve francés. Los actores españoles consiguieron que renaciera el teatro patrio ante las modas extranjeras para remarcar su fuerte espíritu nacional y la identidad hispana. Como es lógico, hubo muy pocos estrenos durante la contienda —sesenta y dos—, y muchos de ellos fueron anónimos; les supera en número el gran sainetista don Ramón de la Cruz, que cuenta con setenta y cuatro títulos llevados a escena en los años de la guerra. Hay una larga lista de sainetistas, si bien, por detrás de don Ramón, sólo destacaron González del Castillo y Sebastián Vázquez, por el número de obras; y Manuel Bravo, Luciano Comella, Luis Moncín y José López de Sedano, por el alto número de representaciones de alguna de sus piezas: *Tres recién nacidos, El café, Herir por los*

*mismos filos* y *La duda satisfecha*, respectivamente. En cuanto a los sainetes traducidos del francés, los que más éxito tuvieron fueron los de
Molière y Legrand.

Debido a la falta de sainetes originales durante la guerra, se repusieron muchos de los que habían sido escritos ya a finales del XVIII y representados por primera vez durante los primeros años del siglo XIX,
como *El fuera* (1801), de composición anónima, con quince representaciones; *Los tres recién nacidos o Ir por lana o Los parvulillos* (1805), de
Manuel Bravo, representado en nueve ocasiones durante 1812; *Las soca-
liñas de Madrid* (o *El tío Pedro Jiménez*), refundido por Comella en 1805;
y del mismo año *La cura de los deseos y varita de virtudes* y *Los zapatos*,
de González del Castillo. De 1806 es el estreno de *La diversión inesperada o El imitador de cómicos*, con muy poco éxito, y el de *El gato*, de
González del Castillo; *El chasco del mantón*, del mismo autor, de 1807.
De 1808 el sainete anónimo *Los locos*; *El disfraz al uso*, *El paje hablador*
y *Los payos tramposos* de 1809; de 1810, *El tío Pedro Paz*, *La beata habladora* y el sainete anónimo *Los valientes en la aldea*, que se puso en escena en la Cruz durante tres días seguidos del mes de diciembre, pero
nunca más se repuso. El fin de fiesta *El pleito del borrico*, o *El matrimonio
desigual* y *El escarmiento del tío Legaña* son de 1811. *Los palos deseados*, de
González del Castillo, se representó en 1812, y de este mismo año son
*Lo que puede la ambición*, *Lo que son dueñas*, *Maja, francesa y beata*, *La burla del pintor ciego*, *El cambio de la burra*, *El duelo fingido* y *El robo de la burra*. De 1813 es el sainete nuevo *La venganza de los payos*. Y, por último,
de 1814, *En tocando a descansar, acude todo el lugar*. Se estrenaron muchos
otros sainetes, pero dentro de la temática patriótico-política que aquí
no reflejamos.

Los festejos de Carnaval de 1813 fueron de los más festivos que
Madrid había vivido. Para ellos se representó el sainete titulado *El chasco de don Guillermo*, que reflejaba los ánimos más felices de los españoles, cada vez más confiados y sin temor, pues se daban cuenta de que
las tropas francesas ya sólo estaban de paso. Con una variación de título, *El entierro de don Guillermo*, «chistoso sainete», se representó en la
Cruz, y *El chasco en Carnestolendas y entierro de don Guillermo*, «fin de
fiesta nuevo, con todo el aparato chistoso que el público ha visto de un
chasco tan célebre», se montó para el Príncipe, donde se escenificaron
las bromas que habían realizado los comerciantes de la plazuela de San

Ildefonso. Cuenta Cotarelo que la obra fue inmediatamente prohibida y cinco cómicos del Príncipe encarcelados, por lo que el primero de agosto se clausuró el Coliseo de la Cruz; según Moratín, fue censurado porque, al parecer, atacaba a los franceses y su autor era el apuntador del Teatro del Príncipe, José Maqueda [Cotarelo, 1902: 340-341].

## 3. Operetas

Como el pueblo no se resignaba a carecer de música en el teatro surgieron y fueron aumentando en los seis primeros años del siglo XIX una especie de zarzuelitas de asunto, en general, francés, o algunas pocas italianas, en uno o dos actos, y con la música de sus autores extranjeros, denominadas operetas. Quien más contribuyó al auge y sostenimiento de este género dramático fue Manuel García, que también compuso la música de varias. Para Cotarelo, estas piezas sólo impidieron que floreciera la zarzuela escrita en español y musicada por maestros hispanos.

En el periódico *Efemérides de España* se escribieron en 1804 una serie de cartas que analizaban el estado actual de nuestro teatro. En la número cuatro el redactor de la misma contaba a otro corresponsal suyo en un país extranjero que los sainetes eran el zueco indecoroso de Talía, y las tonadillas, hijas de la insolencia y la torpeza. Añadía que en su lugar generalmente sólo se podían ver en el día de hoy operetas modernas, a las que definía como dramas cortos con canciones y arias, pero de los que no se conocían sobresalientes compositores de música, y, así, concluía: «Mientras no perfeccionemos la educación con los embelesos de la música, tendremos forzosamente que imitar o copiar los melodramas extranjeros» [1804: 43]. El periódico *Nuevas efemérides de España* definía las operetas como «sainetillos franceses salpimentados de música gangosa» donde se vienen «cuatro gasconzuelos machihembrados, haciendo pinitos, y charlando en gringo, a entonarnos cuatro lamentaciones y a pagarnos con un miserable quid pro quo o con un enredillos antes desecho que formado» [1805: 194].

Las operetas, que se representaron de forma incansable en los años de la guerra, eran casi todas traducciones del francés, muchas de ellas anónimas. De las que se conoce el nombre del autor destacan las de

Dalayrac, Dupaty, Duval, Marsollier. Los traductores con mayor número de piezas fueron Eugenio de Tapia y Enciso Castrillón. La música de
las más famosas fue compuesta por Cristiani, García, Bernardo Gil,
Cimarosa e Isouard. Podemos destacar, entre las más representadas, las
operetas *El secreto*, de Hoffman y Solié, traducida por Enciso en 1801,
que se representó sesenta y cuatro veces en el Príncipe; *El engañador engañado*, de Bernard-Valville, traducida por Rodríguez de Arellano en el
mismo año y que se llevó a las tablas cincuenta y tres días. Tuvo muchísimo éxito y estuvo en cartel cuarenta y dos días la opereta *Quien
porfía mucho alcanza*, traducida en 1802 de un original francés desconocido, con letra y música de Manuel García. *El Marcelino*, original de
Eugenio de Tapia y música de Gil, también de 1801, se puso en escena en treinta y una ocasiones; *Felipe y Juanita*, traducción de *Philippe et
Georgette*, de Boutet de Monvel, veintinueve veces; *El califa de Bagdad*,
traducción de la opereta cómica de d'Acourt de Saint-Just por Eugenio
de Tapia o María Rosa Gálvez, llegó a representarse veintidós días. Por
último, también sobresalieron la opereta anónima *El colérico*, escrita en
1803; *La esclava persiana*, de Marsollier; *El enredo provechoso*, de 1805, original de Eugenio Cristiani; y *El delirio o Las consecuencias de un vicio*, de
Révérony de Saint-Cyr, atribuida su traducción a Dionisio Solís.
También se representó alguna ópera en un acto, como *Los enemigos generosos*, de autor anónimo, estrenada en 1809 y una de las más representadas en los Caños del Peral durante la guerra.

## 4. *Piezas en un acto*

La mayor parte de las comedias en un acto son traducciones francesas del siglo anterior, tales *Los amantes engañados o Falsos recelos*, de
Moissy, o *La Florentina*, escrita por Rodríguez de Arellano en 1797. La
traducción anónima del francés *La corrección maternal* y *El cuadro*, de
Marsollier, traducido por Ferrer de Orga, se estrenaron en 1801 y se representaron diez veces durante la guerra. Jean Pierre Claris de Florián
escribió en 1802 *El buen padre* y en 1810 *La buena madre*, ambas comedias en un acto y de traductor desconocido. La primera se representó nueve veces, aunque ninguna durante los años de la guerra; la segunda
sólo tuvo tres representaciones. De 1804 es *La dama colérica o La novia*

*impaciente*, de Étienne, traducida por Comella en 1806. Una comedia breve desconocida es *Gusano roedor y duende del Evangelio*, estrenada en diciembre de 1808. *El Sueño*, de Étienne, traducida por Enciso Castrillón, fue una de las más representadas en 1809, y el año siguiente *Los rechazos*, de Picard, traducida por Sarralde. *Nina o La loca por amor*, de Marsollier, se estrenó en junio de 1810 en los Caños del Peral con anuncio de vestuario y decoraciones nuevas. *El cuento de la liebre*, comedia en un acto de Sarralde, se anunciaba como «nueva» en enero de 1812, pero no tuvo mucho éxito, pues solo estuvo dos días en cartel sin ninguna reposición. También de este año es el estreno de la comedia breve *La casaca*.

Como pieza heroica en un acto se estrenó *Armida y Reinaldos*, de Rodríguez de Arellano, que fue muy bien acogida por el público y repuesta en diferentes ocasiones. Y piezas jocoserias se estrenaron *La audiencia de Satini*, desconocida, *La óptica moral* y *La pieza cómica*, estas dos últimas de Zavala y Zamora. No faltaron tampoco melodramas en un acto, como *Fatme y Selima*, de Rodríguez de Arellano, que se representó tres días en octubre de 1811 en los Caños con todo su aparato teatral; *El negro sensible*, de Comella, y *El preso o El parecido*, de Duval, traducido por Eugenio Tapia. Ninguna de ellas alcanzó más de cuatro representaciones. Por último, destacamos la zarzuela en un acto de Ramón de la Cruz, *El tío y la tía*, estrenada en 1767, que estuvo nueve días en el escenario; y las farsas jocosas de música *Filandro y Carolina*, con música de Gnecco, que alcanzó las cincuenta y dos representaciones, convirtiéndose en la obra breve más representada, seguida de *La prueba de los Horacios y Curiacios*, ópera bufa traducida de *La prova d'un'opera seria*, con música de Gnecco, estrenada en 1806 con cuarenta y siete reposiciones, y de *Lo último que se pierde es la esperanza o Los amantes de la dote*, con música de Palma, que se estrenó en marzo de 1809 en los Caños del Peral y tuvo veinticinco representaciones.

5. *Bailes*

La mayor nómina de obras nuevas de teatro breve la encontramos dentro del género dramático de los bailes. La mayoría de ellos se estrenaron en el Coliseo de los Caños mientras éste estuvo abierto, pero luego no se dejaron de representar, sino que pasaron a formar parte del repertorio de la Cruz y, en menor medida, del Príncipe. La mayoría de ellos fueron compuestos por el maestro Lefebre, que había llegado a Madrid en 1806 con una compañía de bailarines, los hermanos Alexo y Fernanda Lebrunier, principales intérpretes de sus composiciones.

El año en que se realizaron más estrenos de bailes dramáticos fue 1808. En el mes de mayo se representó en el Príncipe *Telémaco en la isla de Calipso o El triunfo de la sabiduría*, que llegó a verse hasta diecisiete veces. Se trataba de un baile heroico cuyo autor era el francés Dauberval, aunque fue puesto en escena por Francisco Lefebre. También de Dauberval es *El desertor*, baile pantomímico tragicómico de 1790, dispuesto por Juan Medina, en que muchas veces los papeles masculinos fueron interpretados por mujeres, y viceversa. Son los únicos bailes de esta época que se conservan en la Biblioteca Nacional. Otros títulos de éxito fueron *Céfiro y Flora o El inconstante fixado*, baile grande que alcanzó las once representaciones; una más llegó a tener el baile pantomímico *Fígaro o La precaución inútil*, otras veces anunciado como *Fígaro o El barbero de Sevilla*, basado en la famosa ópera de Beaumarchais, con música de Paisicllo. La adaptación a drama jocoso en un acto la realizó Fermín de Laviano en 1789, con motivo de la proclamación de Carlos IV, y en esta ocasión el baile se representó en el teatro de los Caños para celebrar el día de Napoleón Bonaparte, con entrada gratuita e iluminación general. Veintidós veces fue puesto en escena *La hija mal guardada*, basada en el gran baile francés *La Fille mal gardée*, con libreto y coreografía de Dauberval. De julio es el baile grande *Las ninfas de Diana, Don Quixote de la Mancha o sea las bodas de Camacho*, compuesto por Lefebre, y *El juego de Paris o El monte de Ida*, baile pantomímico anacreóntico, ya estrenado en 1807, y puesto en el teatro por *monsieur* Lefebre, en que *monsieur* Lebrunier hizo el papel de Paris y *madame* Fernanda el de Enone. En diciembre se representó *Diana en la caza*, baile nuevo compuesto y ejecutado por Gaspar Ronzi, que sólo tuvo dos representaciones.

En enero de 1809 se estrenó *Anfión, discípulo de las musas*, que tuvo seis puestas en escena; en febrero, *Las modistas*; y en marzo, *El puerto de mar o Las mujeres vengadas*, aunque ninguna de ellas tuvo gran éxito. De abril y mayo son las cinco representaciones de *El nuevo fanático por la danza o La fiesta del señor Ballonne*, ejecutado por los Lebrunier y acompañado por un quinteto chinesco dirigido por el señor Taboni. En el mes de mayo tuvo lugar uno de los estrenos más espectaculares, el gran baile nuevo pantomímico, heroico y asiático de la composición de Lefebre *Los celos del serrallo*, «adornado con todas sus decoraciones, evoluciones, marchas, contramarchas, con varios pasos gladiadores, genízaros, eunucos blancos, negros, con un gran final, y su decoración correspondiente de transparentes». Su representación siempre vino acompañada y anunciada con el correspondiente aparato, muy similar al de las aplaudidas comedias heroicas, que se seguían poniendo en escena a principios del XIX. En octubre del mismo año se representó de nuevo «adornado con todas sus decoraciones y vestuario nuevo, participando en él todos los bailarines de esta corte».

Con todo, la composición que más éxito tuvo en 1809 fue el gran baile nuevo estrenado en julio *Las fiestas del otoño o Los vendimiadores de Modoque*, de *monsieur* Lefebre. Se añadía la novedad de que cuatro hombres y cuatro mujeres bailaban sobre zancos, a la manera de los habitantes de Bodoque, la alemanda y el vals. En agosto se estrenó el gran baile *Pierro o El Gallo del lugar o La lotería del amor*, pantomímico y cómico, y en noviembre, el anuncio de la primera representación del gran baile pantomímico heroico *La muerte del capitán Cook* en su tercer viaje al nuevo mundo, «adornado con todas sus decoraciones y trajes nuevos». El espectáculo no debió de agradar, pues no se representó más veces que ésta. Más éxito tuvo, en el mismo mes, *Cristóbal Colón en la isla de San Salvador*, que llegó a las cuatro representaciones. En diciembre se estrenó en los Caños un baile compuesto por *monsieur* Gallet, maestro de la Academia de Música, llamado *Amor y Citerea*, y también un baile pastoral pantomímico que agradó mucho al público, *Los inocentes o El amor que viene*. En 1809 se repusieron dos grandes bailes que habían sido estrenados en 1806 y 1807, respectivamente, por la compañía del Príncipe: *La danzomanía o El fanático por el baile*, interpretado, aunque no sabemos si compuesto, por el bailarín francés Armand Vestris y su hijo, y *Anita y Lubín*, representado seis veces en la Cruz.

1810 no fue un año de grandes estrenos, seguramente porque cerró sus puertas al público el Coliseo de los Caños del Peral. En enero se representó *Hijo del amor* y *La feria de Bacario*; y en febrero el gran baile nuevo, cómico, pantomímico *El Cubero o Los amores de Colin y Fanchete*. De 1811 es el estreno de *Los tenderos chismoso*, repuesto cuatro veces, y

*La vieja astuta*, pequeño baile pantomímico. En 1812 no hubo bailes y en 1813 se retomó el gusto por ellos con nuevas composiciones, tal *Los locos de Zaragoza*, que se representó tres días seguidos en la Cruz. En este mismo teatro se representó con gran éxito en mayo el primoroso baile *Las aldeanas en la corte o La inocencia premiada*. También estrenó la Cruz en este mes *La diversión campestre*, compuesto y dirigido por Andrés García, con otros siete días de permanencia en cartelera. Tres días se representó *El farsal del peluquero holandés*, y en julio se estrenó *Los indios sorprendidos*, con cuatro días en cartel. *El robo de la casada* lo anunciaban como baile nuevo de medio carácter los días del 22 al 25 de julio de 1813 en la Cruz. Se representó ocho veces, convirtiéndose así en uno de los de más duración en cartelera. Le sigue *Accis y Galatea*, con siete representaciones, el terceto de baile *Los arlequines*, en diciembre, que permaneció cuatro días seguidos, y *Las molineras caprichosas*, que sólo se llevó a las tablas en dos ocasiones. En octubre se bailó *La cachuchita de Cádiz*, que más tarde fue prohibida por la «indecencia de las actrices». Y, por último, de 1814 son los bailes *Apolo y Dafne*, *Las jardineras* y *Un efecto de violencia*, que duró un solo día.

EDICIONES

*Efemérides de España*, Madrid, Imprenta de Vega y Compañía, 1804.
*Nuevas efemérides de España históricas y literarias*, Madrid, Imprenta de Vega y Compañía, 1805.

II. BRETÓN DE LOS HERREROS, por *Ramón Martínez*

Manuel Bretón de los Herreros (Quel, La Rioja, 1796-Madrid, 1873) fue secretario perpetuo de la Real Academia Española tras su ingreso en 1873 y director durante años de la Biblioteca Nacional. Colaborador de varios periódicos y en ocasiones poeta festivo, Bretón de los Herreros ocupa un lugar importante en nuestra literatura por su producción dramática, que lo convierte en uno de los más importantes autores de todo el siglo XIX [Huerta Calvo, Peral Vega y Urzáiz Tortajada, 2005: 94]. Su obra breve, compuesta por un total de veinticinco piezas llamadas por él mismo «sainetillos», «juguetes cómicos», «dramitas» o «poemitas» fue compuesto, representado y publicado a veces entre 1838 y 1862 [Muro, 1991: 13-14]. En su producción podemos observar cómo, siguiendo de cerca la ideología teatral de Moratín, guarda siempre las unidades de tiempo, espacio y acción, así como persigue en todo momento una enseñanza moral, si bien Bretón se preocupa mucho más de los intereses del público y, con ello, consigue acercar por fin al espectador común la fórmula dramática moratiniana gracias a la aplicación de técnicas propias de un teatro más comercial como son unos personajes y una acción tipificados, con los que será posible la identificación del público [Muro, 1991: 127-128]. Así, mientras que, en la línea de don Leandro, será la verosimilitud una de las bases de su teoría dramática, el autor parece darle mayor importancia en muchas ocasiones a la comicidad, que acostumbra estar basada en la presencia de personajes ridículos y juegos de palabras; y que, unida en algunas obras a una importante carga de sentimentalismo, será su método para entretener al público, cosa prioritaria, para Bretón, dentro de la dramaturgia [Muro, 1991: 128]. Su teatro se caracteriza por la ausencia de toda espectacularidad, dejando que sea la palabra el único motor de la acción. De este modo, los personajes se ocuparán en muchas ocasiones de presentar con sus palabras los hechos que hacen evolucionar la historia [Muro, 1991: 119]. Estos personajes serán, además, siempre tipos bien conocidos por nuestra tradición dramática breve —tendente a la caricatura—, aunque durante un tiempo el prejuicio del realismo quiso encontrar detrás de las figuras personas reales de la época [Muro, 1991: 118].

Dentro de la producción de Bretón de los Herreros nos es posible diferenciar sólo dos tipos de obras. Por un lado, y en primer lugar, las que nos recuerdan los antiguos «entremeses de personaje», cuyo centro de comicidad es la presencia de uno o varios personajes grotescos, muchas veces cercanos al tipo del figurón barroco. Éste es el caso de *El hombre gordo*, donde un hombre de tales características intenta impedir la boda de su sobrina y acaba burlado por el galán de ésta. Ambos amantes consiguen huir después de ridiculizar a don Jerónimo, que no puede viajar con ellos puesto que, por su tamaño, debe ocupar dos asientos de la diligencia y el joven impide en todo momento que queden libres dos asientos contiguos. Quizá lo más interesante de la pieza sea el parlamento en que el propio gordo refiere varias situaciones ridículas motivadas por su gordura, presentándose a sí mismo, de este modo, como una figura ridícula. Otro figurón, esta vez caricatura del *petit maître* francés que viene a España imaginando el país con todos los tópicos que presentaban en sus narraciones los viajeros de la época, encontramos en *Un francés en Cartagena*. Este francés ridículo intenta casarse con una joven de Cartagena mientras comete errores variopintos debidos a su concepción de la realidad española. Resulta curioso, no obstante, que Bretón cargue contra la visión folclorista de España presentando dentro de la obra una realidad española llena de costumbres afrancesadas [Muro, 1991: 67]. El mismo caso del hombre ridículo que intenta casarse con la protagonista joven lo hallamos en *Frenología y magnetismo*, compuesto para la Nochebuena de 1845, donde el figurón se nos muestra en la variante del científico extravagante viejo y rico. Don Lucas —que es como se llama el tipo, relacionándose así con el célebre personaje de Antonio de Zamora— conseguirá a la joven, por despecho de ésta, si bien la mujer volverá pronto a los brazos del joven pobre que la pretende después de decirle al viejo, falsamente hipnotizada, que no lo soporta y nunca se casará con él. Por otra parte, la caricatura del perezoso la hallamos en *El hombre pacífico*, pieza con grandes parlamentos que muestra las continuas agresiones que perturban el descanso del protagonista hasta que éste pierde la paciencia; así como encontramos una burla realizada a un hombre vanidoso en *Los tres ramilletes*, donde un pisaverde intenta justificar ante otro su fama de mujeriego haciéndole pensar que le galantean tres mujeres. Don Narciso, que es como se llama, acabará burlado a su vez por quien fuera a soportar el chasco, que se presenta encarnando a los tres maridos que desfilan por la escena pidiendo explicaciones. Es interesante observar en esta pieza que, de forma contraria al modo habitual de Bretón de hacer teatro, ningún personaje aparece caracterizado de forma positiva [Muro, 1991: 98].

El desfile de figuras ridículas, tal y como aparecían los maridos de *Los tres ramilletes*, podemos encontrarlo en otras dos obras de Bretón como son *Medidas extraordinarias o Los parientes de mi mujer*, escrita para la Nochebuena de 1837 [Muro, 1991: 28], que presenta la llegada a la capital en las dichas fechas de diversos familiares a cual más grotesco, para tormento del protagonista, que no se salva de su presencia hasta el final de la pieza; así como en *La Minerva o ¡Lo que es vivir en buen sitio!*, compuesta para la Nochebuena de 1844, que hace un guiño a la procesión popular y religiosa de La Minerva, y la utiliza como excusa para introducir en la nueva casa de un matrimonio bien avenido un desfile de tipos grotescos, que serán expulsados de la casa con un ardid metateatral del marido, consistente en una pistola que asustará pero no será disparada, para que después los cónyuges decidan volver a cambiar de vivienda y alejarse del tumulto céntrico. También en *El poeta y la beneficiada*, de 1838, aparece un desfile de figuras, esta vez reunidas todas en torno a un dramaturgo a quien una actriz le pide una obra para su beneficio. Con este argumento, cuya acción se desarrolla en paralelo al proceso de creación de la pieza encargada, Bretón se permite poner en escena a diversos caracteres, especialmente molestos, que rodean la vida del autor teatral, como son falsos admiradores, autores románticos y actrices.

Personajes grotescos podemos encontrar también en la que durante mucho tiempo fue considerada una de las piezas más conseguidas de Bretón, *Ella es él*, que es, en efecto, una «excelente muestra de teatro simple y melodramático, de arquitectura teatral consistente y de buen aprovechamiento de recursos sencillos» [Muro, 1991: 31]. Su argumento es sencillo y nos presenta una inversión de roles dentro de un matrimonio en que la esposa se ve obligada a ocupar las funciones del hombre, dada la desidia de su marido. El problema aparece con la llegada, propiciada por una prima perversa, de un antiguo novio de la mujer que, si bien amenaza con desestabilizar el orden matrimonial, no termina dando problema ninguno después de que la esposa defienda la paz familiar. La aparición en escena de un duelo protagonizado por la mujer, así como algunos melindres del esposo, hacen de esta pieza un buen ejemplo del tópico del «mundo al revés» tan frecuente en el teatro breve del barroco.

Por otra parte, también abundan entre la producción dramática breve de Bretón las obras cuyo argumento se centra en un enredo amoroso. Es éste el caso de *Una de tantas*, donde una mujer que dispone de dos ventanas a diferentes calles galantea con dos galanes distintos por cada una de ellas. Se trata, parece ser, de una anécdota real de la vida de Bretón de los Herreros, que después del teatro llevó a la prosa costumbrista con el artículo *Pelar la pava* [Muro, 1991: 24]. Lo mismo sucede en *El pro y el contra*, quizá una de las obras menos afortunadas de Bretón, en que se nos ofrece el motivo de la joven con varios novios, si bien uno de ellos, de clase alta, galantea además de forma insólita con la criada. La obra no aporta más novedad que presentar en escena una mona que servirá como base para el enredo. *Por no decir la verdad* es otra de las equivocaciones de Bretón. En ella el embrollo llega a tal punto que el argumento parece carecer de sentido, ya que «la mayor parte de los elementos fundamentales no tienen ni la consistencia ni la concatenación debidas y prefiguradas» [Muro, 1991: 74]. Del mismo modo, *Pascual y Carranza*, compuesta para la Navidad de 1834, es una pieza de circunstancias que presenta las características habituales en este tipo de obras: «escasa gestación, vertiginosa redacción y producto estandarizado para consumir de inmediato» [Muro, 1991: 76]. Con algunos rasgos de melodrama, la pieza, ambientada en la guerra carlista, se compone con varios personajes más tópicos que típicos: una pareja enamorada, un hombre malvado que impide los amores y un salvador que los propicia. También es muy simple *¡Por una hija!*, que tiene el sencillo argumento de un galán que, después de abandonar a una mujer, vuelve a galantear a la madre de ésta, sin reconocer a la hija. Empieza entonces la peripecia en que la madre trata por todos los medios de apartar el interés del hombre por ella y desviarlo hacia su hija, con no pocos guiños sensibleros del amor maternofilial. Son interesantes, únicamente, la presentación del tipo de la hija, algo alelada por el amor que guarda hacia el hombre que la abandonó; y las «sandeces» que debe hacer la madre, como afearse lo más posible y apartar la mirada del galán hacia la niña. Mucho más interesante es *Lances de Carnaval*, obra con mucho movimiento escénico en que Bretón nos ofrece el motivo del equívoco carnavalesco provocado por los disfraces y el intercambio de ellos. En este caso, la enseñanza moral esperable al terminar la comedia varía comparada con las otras piezas, ya que «el humor, uno de los componentes básicos y más habituales de la fórmula dramática de Bretón en las piezas breves, es sustituido por la ironía» [Muro, 1991: 52].

Las técnicas de enredo aprendidas del teatro barroco pueden observarse en dos obras: *A lo hecho, pecho*, que añade algún recurso novedoso en el desarrollo de la intriga: «un padre vela a una niña para que no se la vicien; un tío de mucho seso no aprueba tal proceder; la niña engaña al padre; el pretendiente —sastre— engaña a la niña, fingiéndose caballero; y la criada burla a todos, organizando una intriga que pone a cada cual en su sitio» [Muro, 1991: 79]; y *Aviso a las coquetas*, con dos mujeres enfrentadas, una de las cuales coquetea con varios hombres —con el desfile de tipos correspondiente— ante la necesidad de elegir uno para poder acceder a una herencia, mientras que la otra se calla su amor por uno de los galanes. Al final, como es de esperar, la mujer coqueta no accede a casarse y queda entonces la herencia para la otra, que, ya rica, puede casarse con quien siempre quiso. Bretón vuelve al motivo de la «boda contrarreloj» para poder acceder a una herencia en *Por poderes*, si bien con resultados de menos calidad que en la pieza anterior.

El enredo amoroso lo encontraremos muy asociado al dinero en *Mi secretario y yo*, que pone en escena cuatro personajes bien definidos y una acción dominada por los criados, como explica muy apropiadamente Muro: «Un millonario que además es bien plantao, y honrao, y de buen corazón; una condesa que no tiene posibles, pero que es —fuerza manda— bella y gentil y algo mandona; una criada, de ella que se vende; un criado de él que lo quiere vender; el adonis que no sabe hablar de amor; la partenaire que quiere palabra y música; un engaño, de risa, urdido por él para engañar a ella; la presunta engañada que no se deja y señorea la intriga... y el amor: siempre el amor, o, mejor, el matrimonio» [1991: 60].

En la producción de Bretón hallamos dos obras que fueron denominadas «comedia zarzuela» por la parte importante de música que ofrecen, si bien en ambas prima siempre el aspecto no musical. Una es *Los solitarios*, donde se presenta el tema del matrimonio a través de una conjura urdida por el protagonista para «cazar» a la dama, aunque también cuenta con la presencia del amor erótico entre el amo y la criada, como ocurrió en *El pro y el contra*. La otra, *El novio y el concierto*, recurre al motivo de las dos mujeres que se enfrentan por motivos musicales, ya que una prefiere los cantes de España y la otra los aires italianos, peleándose también por el amor del novio de ésta, que finalmente se queda con la castiza.

Caso excepcional dentro del teatro breve de Bretón es *Una ensalada de pollos*, obra de enredo amoroso entre varios personajes, donde intervienen como galanes cinco hombres (pollos), una viuda joven, una mujer mayor que busca marido menor que ella, el hombre viejo y la indispensable madre. «Lo singular es que *Una ensalada de pollos* carece de moraleja final; con ello se respeta la lógica impuesta por una obra en que Bretón ha dejado de lado el designio moral adoctrinador —aun el de corto alcance que le caracteriza—, y ha optado por una visión de ribetes agrios» [Muro, 1991: 104]. Aunque más extraña aún es la obra *Entre santa y santo*, «pieza cómica ambulativa» y última pieza breve de Bretón, ideada más para la lectura que para la representación, dada la poca profusión de movimiento escénico y a la gran importancia que se otorga en el texto a la palabra. Se trata de una acción sencilla en que galán, dama y criada se encuentran compartiendo berlina a disgusto y, pese a demostrarse odio acérrimo en un principio, pronto empieza a galantear la pareja.

Por último, hemos de decir que, dentro de este enredo amoroso del que venimos hablando, en algunas de sus obras Bretón comienza a avanzar hacia un punto de vista más serio y cercano a las formas de la alta comedia, si bien en varios momentos «asoma la broma y la comedia pierde tensión sin ganar personalidad humorística» [Muro, 1991: 57]. Esta seriedad, al menos aparente, se nos presenta fundamentalmente en dos obras: *Pruebas de amor conyugal*, con el argumento clásico del intento de seducción de una joven recién casada poco inteligente por parte de un libertino, y *El intendente y el comerciante*, donde una joven pobre es seducida por un hombre acaudalado. Esta característica tan particular del teatro de Bretón de los Herreros ha suscitado que haya quien lo considere el autor que sirve de hilo conductor entre la fórmula moratiniana y la alta comedia [Lázaro Carreter, 1986: 118]. Este hecho, unido a las otras características del teatro bretoniano de que hemos hablado, sirve para justificar la importancia del autor dentro de nuestra tradición teatral.

## III. Los libretistas del género chico, por *María Pilar Espín Templado*

Ha sido un tópico repetido exhaustivamente la pésima fama literaria que acompañó siempre a los autores de zarzuela, grande y chica. Los autores de «libretos», término que se generalizó para la clasificación de las obras lírico-dramáticas (ópera, zarzuela grande y zarzuela chica) dotaron a la zarzuela de su estilo peculiar. El libreto de la primitiva zarzuela grande intentó, en un principio, reproducir en líneas generales el drama romántico, aunque rebajando lo altisonante de sus versos y escenas para hacerlos más asequibles a un gran público popular, puesto que el género así lo requería. Sin embargo, en esa búsqueda hacia lo popular se puede decir que fracasaron los grandes poetas románticos y pos-románticos, o al menos, no supieron dar con la fórmula acertada, según opinión de algunos historiadores de la zarzuela [Muñoz, 1965: 158-161; Alier Aixalà, 1982: 27].

Respecto de los géneros menores, no faltan tampoco continuas alusiones despectivas en relación a los libretistas del género chico, ya que, en muchos casos, el texto era, con mucha frecuencia, un mero sostenedor de la partitura, más o menos lograda, pero en que era difícil que no destacara ni uno sólo de sus números musicales; siempre o casi siempre, triunfaba este o aquel cantable de música popular o pegadiza, aunque su contenido literario dejara mucho que desear, o rayara, como sucedió con frecuencia, en el puro disparate. No obstante, había que exceptuar el caso de buenos libretistas, como así indica Deleito: «Cuando se trataba de saineteros como Ricardo de la Vega o Javier de Burgos, el libro tenía plenitud de valor con independencia de la música, y en rigor, no necesitaba de ésta» [1949: 350].

Sin embargo, la defensa de la obra literaria de los libretistas debe extenderse a bastantes autores, tanto de las obras líricas como de aquellas otras piezas breves sin música que fueron igualmente denostadas por cierta crítica en su época; es cierto que, como en toda producción masiva, en el teatro por horas hubo muchos textos de ínfima calidad literaria, pero no es menos cierto, y sin olvidar esa realidad, que hay que evitar caer en injustas valoraciones procedentes, en la mayoría de los casos, de una ignorancia profunda de esos textos, hasta el punto de que son omitidos los libretistas, mencionándose sólo como obras exclusivas de los compositores.

El general desprestigio del que gozaron los autores del género chico fue fruto de una más amplia campaña que la prensa tenida por autorizada y prestigiosa desencadenó contra todo el teatro breve, incluido el sistema de funciones por horas, las piezas en un acto, los compositores, pero, sobre todo, los autores: «éstos eran los verdaderos responsables de la "decadencia del teatro"»; en opinión de dichos críticos, casi nunca las obras de teatro por horas eran de calidad, pero si alguna lograba destacar se resaltaban los aciertos de la partitura musical más que la labor de los libretistas, mientras que lo contrario, culpar al libreto del fracaso de la obra, era cosa frecuente en las «crónicas teatrales» de *La*

*Ilustración Española y Americana* que escribían Manuel Revilla y Eduardo Bustillo.

Ante este panorama tan poco objetivo acerca de la labor de estos escritores, no se trata de volver los argumentos y achacar las limitaciones de muchos libretos a los compositores, pero no está mal recordar que hubo maestros tan poco o menos exigentes que los tan denostados libretistas, pues, siguiendo la expresión de la época, «"compusieron con monstruo", lo cual consistía en componer la música sin el texto literario previo, teniendo, a posteriori, los libretistas, que ajustar la letra a los compases y resultando de esto, como es de suponer, un verdadero "monstruo literario". Fácilmente se comprenderá que, a veces, "sudaban tinta" para ello los pobres poetas. Lo contrario y "ortodoxo" era y es componer sobre cantables» [Sagardía, s. a.: 34]. Un ejemplo de la mala prensa de que gozaron los libretistas del género chico es la semblanza que hace José Yxart de ellos [1987: 77-106], como personas que alardean de su desconocimiento de lo literario basándose en unas autobiografías que ellos mismos publicaron en *El Liberal*, en marzo y abril de 1894.

Un rasgo que sí nos parece relevante en una caracterización de estos autores del teatro por horas, y que sin embargo no destaca Yxart, es la costumbre de escribir en colaboración entre dos, tres y hasta cuatro de ellos. Las primeras colaboraciones nacen ya desde el principio del teatro por horas, en el Teatro Variedades, con Lastra, Ruesga y Prieto, autores de *De la noche a la mañana, Vivitos y coleando...*, etc.; entre los sainetistas, Luceño y Burgos se unen también de vez en cuando, igual que Carlos Arniches posteriormente escribe la mayor parte de sus piezas chicas en colaboración con varios y sucesivos autores: Gonzalo Cantó, Celso Lucio y López Silva, Jackson Veyán, Fernández-Shaw y, por último, con Enrique García Álvarez. Éste y Antonio Paso estrenaron juntos veinticinco obras en ocho años. Cuando se separaron, García Álvarez comenzó a colaborar con Arniches y Paso con Abati. Después de su colaboración con Arniches, García Álvarez se unió a Muñoz Seca, con Antonio Casero y, por último, de nuevo con Paso. Paso y Abati escribieron varias zarzuelas y comedias muy divertidas [Zurita, 1920: 11-116]. La colaboración de los hermanos Álvarez Quintero también atañe al género chico, aunque su contribución al mismo sólo fuera en la última etapa de éste y no con demasiadas obras.

EDICIONES

AZA, Vital, *Teatro moderno II*, Madrid, Viuda de Hernando y Compañía, 1894.

—, *Comedias escogidas*, con un estudio preliminar de Federico Carlos Sáinz de Robles, Madrid, Aguilar, 1961.

FERNÁNDEZ-SHAW, Carlos, *La Revoltosa*, Madrid, Hijos de E. Hidalgo, 1898; Barcelona, Daimon, 1985.

—, *La venta de Don Quijote*, Madrid, Ministerio de Cultura, 2005.

RAMOS CARRIÓN, Miguel, *El chaleco blanco*, Madrid, Imprenta Ruiz Velasco, 1890.

—, *Teatro*, Madrid, Viuda de Hernando y Compañía, 1894 (Teatro moderno).

—, *Agua, azucarillos y aguardiente*, Madrid, Imprenta Ruiz Velasco, 1897; Barcelona, Daimon, 1986.

LÓPEZ SILVA, José, *El siglo XIX, revista lírica en un acto... original de C. Arniches y J. L. S.*, Madrid, Sociedad de Autores Españoles, 1906.

—, *El amo de la calle, sainete lírico en un acto..., original de C. Arniches y J. L. S.*, Madrid, Sociedad de Autores Españoles, 1910.

ROMERO FERRER, Alberto, ed., *Antología del género chico*, Madrid, Cátedra, 2005.

VALENCIA, Antonio, *El género chico (Antología de textos completos)*, Madrid, Taurus, 1962.

## 1. *López Silva*, por *María Pilar Espín Templado*

José López Silva (1860-1925) nació en Madrid y fue amante de frecuentar los barrios bajos, tratando con chulos y chulaponas, lo que le valió como excelente retratista de la clase popular madrileña. Fue autodidacta en sus estudios hasta adquirir una notable cultura. Colaboró en el *Madrid Cómico, Heraldo de Madrid, La Lidia* y otros periódicos. Acabó dedicándose al teatro, siendo el más asiduo colaborador de Carlos Fernández-Shaw. Su contemporáneo Diego San José de la Torre le retrata como «último chispero [...] con sus negras y cuidadas patillas, su blanco pañuelo de seda al cuello y su capa bordada, llevada con el garbo peculiar de la gente madrileña y castiza. Nacido en plena manolería del Avapiés, siendo la calle de Toledo cantera viva de los personajes de sus sainetes que seguían las huellas de Ramón de la Cruz y Ricardo de la Vega» [1952: 71-73]. Como poeta castizo madrileño publicó los siguientes libros: *Migajas* (1890), *Los barrios bajos* (1894), *Los Madriles*

(1896), *Chulaperías* (1898), *Gente de tufos* (1905), *La gente del pueblo* (1908) y *La musa del arroyo* (1911). En opinión de Sáinz de Robles [1953: 676], sus poesías, no carentes de gracia, espontaneidad y localismo madrileño, adolecen de cierta vulgaridad y monotonía en sus formas, por lo que tiene más mérito literario como sainetista que como poeta. Sin embargo, Valera [1901: 51] opina favorablemente sobre sus breves narraciones en verso «en las que hay mucho de dramático, o sea bastantes diálogos, algunos de los cuales se han puesto en escena en los teatros con general aplauso y regocijo. Estas narraciones divierten leídas y en nada desmerecen de cuanto por el estilo se ha leído en España en otras edades. Menester es, por consiguiente, perdonar al señor López Silva sus desenfados frecuentes, la verdura en que abundan sus escritos y la sal y pimienta con que los sazona... En sus composiciones hay dos tonos o, mejor diremos, dos métodos: uno consiste en copiar la realidad tal como es, y otro consiste en valerse de la pintura de la realidad para hacer la parodia de lo trágico y de lo sublime».

López Silva tuvo varios colaboradores a lo largo de su vida de sainetero: Arniches, Monasterio, García Álvarez, Paso, Pellicer y Fernández-Shaw, pero con ninguno se compenetró tan bien como con éste último, tan distinto sin embargo en su estilo poético. En los comienzos de siglo marchó a Argentina, donde, según José de la Torre, «llegó a adquirir grande y justo renombre pintando "compadritos", "chinas" y "pebetas" con el mismo acierto que pintara en Madrid los que arrancara de los mismos barrios en que nació» [1952: 77].

Fueron muy famosos sus sainetes por lo que suponían de retrato de costumbres populares madrileñas como *La calle de Toledo* (1883). Escribió con varios libretistas en colaboración: con Ricardo Monasterio *Véase la clase* (1886); con Arniches *Los descamisados* (1893) y *El coche correo*, con música de Chueca, y *El amo de la calle* (1910), con música de Calleja y García Álvarez. En colaboración con Fernández-Shaw estrenó *Las bravías* (1896), *La Revoltosa* (1897) y *Los buenos mozos* (1899), los tres con música de Chapí. Otras colaboraciones de sainetes fueron con Jackson Veyán, como *Los arrastraos* (1899), y su refundición *El capote de paseo* (1901), con música de Chueca, *La chica del maestro* (1903), con música de Chapí, y el «pasillo cómico-lírico» con música de los maestros Valverde (hijo) y Barrera *La tremenda* (1901). Con Fernando Manzano escribió el «pasillo en un acto y verso» *Chismes y cuentos* (1889). Ya entrado el siglo XX, su colaboración sainetera fue con Julio Pellicer: *Ninfas y sátiros* (1909), con música de Vicente Lleó, *El arroyo* (1912), con música de los maestros Valverde y Foglietti; y *Las primeras rosas* (1912), sin música.

Sus revistas inauguraron su colaboración con Sinesio Delgado: *La clase baja* (1890), con música del maestro Bull, y *Los inocentes* (1895), con música de Ramón Estellés. Con Arniches estrenó *Instantáneas* (1890), música de los maestros Torregrosa y Valverde (hijo), y *El siglo XIX* (1901), con el maestro Montesinos.

En la zarzuela breve también triunfó López Silva escribiendo con sus colaboradores habituales; con Ricardo Monasterio y los maestros Brull y Mangiagalli *El cabo Baqueta* (1890); sus colaboraciones con Fernández-Shaw y Chapí sin duda constituyeron sus mayores éxitos: *La chavala* (1898), *El alma del pueblo* (1905). Con Jackson Veyán escribió *El barquillero* (1900), con música de Chapí, y *El puesto de flores* (1903), con los maestros Valverde (hijo) y Torregrosa; y con música de Chueca *La borracha* (1904). En colaboración con Julio Pellicer y los maestros Valverde estrenó *Sangre moza* (1907). En solitario escribió *El estudiante* (1907), con música de Chueca y Fontanals.

En cuanto a la opereta sólo escribió *Las romanas caprichosas* (1910), en colaboración con Asensio Más. Asimismo, sólo estrenó una comedia en un acto, *Zarzamora* (1905), escrita con Julio Pellicer.

## 2. *Luceño*, por *Julio Vidanes Díez*

Tomás Luceño y Becerra nació, vivió y murió en Madrid (1844–1933). En una época en que el teatro se surtía de piezas cortas traducidas del francés, Luceño veló por la pureza y el españolismo del sainete, logrando, junto a Ricardo de la Vega y Javier de Burgos, que este género bufo volviera a disfrutar del favor del público. Fue un escritor prolífico que, además de sus muchas obras dramáticas, también publicó libros, como *Romances y otros excesos* (1889) y *Memorias... a la familia* (1905), y colaboró en la redacción de *La historia cómica de España*. Como otros autores contemporáneos y del siglo XVIII, traduce comedias francesas, transformándolas y adaptándolas a su época: *El rival de sí mismo, La doncella de mi mujer, Tartufo* y *En la calle de la amargura*. Con la noble intención de difundir joyas de la literatura española entre el pueblo, refundió obras de Cervantes (*Es de vidrio la mujer o El curioso impertinente* y *Preciosilla que pasa*), Lope de Vega (*La hermosa fea, La moza del cántaro, El mejor alcalde, el rey*), Tirso de Molina (*Don Gil de las calzas verdes*), Juan Ruiz de Alarcón (*El examen de maridos*), Calderón de la Barca (*A secreto agravio, secreta venganza* y *El mayor monstruo, los celos*), Francisco de Rojas Zorrilla (*Amo y criado* y *Lances de amo y criado, Don Lucas del Cigarral*) y Agustín Moreto (*El licenciado Vidriera*). En la edición de *La niña del estanquero* [1897: 44] aparece el título *Gori, gori o El portugués de Madrid*, como sainete atribuido al mismo autor, refundición del entremés que escribió Luis Quiñones de Benavente en el siglo XVII.

Luceño también escribe libretos con otros colaboradores como Javier de Burgos (*Fiesta nacional, ¡Hoy sale, hoy!*), Federico Reparaz (*El rival de sí mismo, La doncella de mi mujer*), Luis Ricardo Cortés (*Tartufo*) y Carlos Fernández-Shaw (*Don Lucas del Cigarral*). Como Goldoni en Italia y Ramón de la Cruz en España, Luceño adapta y compagina la tradición literaria con la cultura popular, reflejadas ambas en su teatro breve, que es una verdadera escuela de costumbres y una tribuna de moralidad. Nuestro autor es un fiel exponente del dramaturgo que tiene gran cultura literaria y que conoce muy bien los gustos populares. Sabe que todos los espectadores quieren divertirse y que, si no lo consiguen, protestan. Recuperó el sainete dieciochesco y lo incorporó dentro del llamado género chico. Los sainetes decimonónicos tenían mayor autonomía que los clásicos y constituían uno de los tres o cuatro espectáculos que ofrecían diariamente los llamados teatros por horas. A principios del siglo XX, debido al éxito del cinematógrafo y del cuplé, el género chico fue perdiendo interés entre el público. Por ello, los autores dramáticos tuvieron que cultivar otros géneros como la comedia burguesa, la tragedia grotesca y el astracán. Sin embargo, nuestro autor siguió siempre fiel al sainete tradicional.

La mayoría de los sainetes de Tomás Luceño están ambientados en los barrios más castizos de Madrid. Tanto las viviendas (*El arte por las nubes*) y los lugares de trabajo (*Ultramarinos* y *Carranza y Compañía*) como las calles madrileñas (*Cuadros al fresco, ¡Hoy sale, hoy!...* y *¿Cuántas, calentitas, cuántas?*) sirven para circunscribir el espacio teatral de sus sainetes.

El teatro dentro del teatro permite enseñar deleitando, disminuyendo el peso didáctico de la moraleja y reforzando la comicidad. Luceño emplea este recurso en nueve de sus sainetes: cinco de ellos están ambientados en el siglo XVIII (*El corral de comedias, La comedianta famosa, ¿Cuántas, calentitas, cuántas?, ¡Viva el difunto!* y *El maestro de hacer sainetes o Los calesines*) y los otros cuatro en el siglo XIX (*La noche de «El trovador», El teatro moderno, ¡A perro chico!* y *La niña del estanquero*).

En los sainetes líricos de Luceño se incluyen entre cinco y siete números musicales, distribuidos en preludios (fandango para celebrar el primer aniversario de boda y el inicio de la siembra en *Fraile fingido* [vv. 1-33]), pasajes hablados (*Fraile fingido*, escena tercera), intermedios para mutaciones, bailes (seguidillas manchegas en *¡Viva el difunto!* [vv. 514-530]) y breves finales. El folclore popular —chotis, jotas, seguidillas, pasacalles y sevillanas— servía de inspiración a muchos temas musicales que eran reconocidos y memorizados fácilmente por el público, quien requería con insistentes aplausos la repetición de los números musicales más apreciados.

Con una sencilla y bien elaborada versificación nos fue pintando virtudes y defectos de los personajes[1] y ambientes más populares de Madrid. La mayoría de los sainetes de Tomás Luceño han sido escritos en verso romanceado, siguiendo el estilo clásico de Ramón de la Cruz. Sólamente utilizó la prosa en *Amén o El ilustre enfermo* y en algunas escenas de *Fiesta nacional* (VIII-IX y cuadro sexto), *¡Hoy sale, hoy!* (XVI a XX y XXII), *Las recomendaciones* (VIII a XII) y *La niña del estanquero* (I a VI del cuadro primero).

Tomás Luceño conocía perfectamente la estructura y función del sainete tradicional; por ello, su teatro breve constituye un verdadero cuadro de costumbres de su época, donde la acción dramática es mínima y sólo sirve como excusa para hacer reír y enseñar la lección moral que entraña su correspondiente moraleja. En sus sainetes, el argumento tiene una función secundaria; más bien se convierte en un pretexto para relacionar varias escenas costumbristas, a modo de variantes musicales del gran tema de la vida. Lo que interesa al autor es describir cuadros pintorescos de un mundo idealizado, representando pequeños trozos de

---

[1] «El personaje-héroe es el hombre vulgar, de pasiones, defectos y virtudes elementales, que resulta risible en extremo, pero que concita también la compasión y la identificación moral» [Huerta Calvo, 1985b: 85].

vida, ligeramente esbozados y nunca desarrollados. Mezcla realidad y fantasía en la configuración de espacios, tiempos y personajes, y ofrece un espectáculo total de humor, música, canción, baile y diálogos vibrantes, que era bien acogido por el público de su época. La mayoría de las obras de Luceño representan espacios madrileños de su época o de la vivida por su modelo literario Ramón de la Cruz. El tiempo que representan es el dedicado principalmente al ocio y a la diversión en cafés-teatro, teatros, universidad taurina, establecimientos comerciales, calles, plazas y viviendas.

Los principales rasgos que definen el teatro breve de nuestro autor son su costumbrismo y su comicidad. Esto se manifiesta en la riqueza lingüística y en la caracterización de personajes y cuadros entrelazados a través de una mínima acción dramática. He aquí algunos de los principales:

## 2.1. *Cuadros al fresco* (1870)

Fue el primer sainete que estrenó y el que mejor se encuadra dentro del paradigma de situación, pues representa un cuadro callejero del Madrid de la época. En un fresco amanecer y en una calle popular donde hay un puesto de bebidas diversos personajes hablan e interactúan sin orden prefijado. La vida cotidiana se representa con humor irónico y cierta carga de pesimismo. La frescura del cuadro costumbrista representado se interfiere con la de ciertos personajes que viven a costa de otros. Observamos los requiebros de dos enamorados, los apuros de un cesante hambriento y sablista, la actuación inútil de un sereno, un pobre barbero, los clientes de una casa de juegos, las pillerías de un golfo, la actuación honrada de un jornalero, las pendencias de dos verduleras, la vieja que engaña a un criado joven y que a su vez es engañada por un pilluelo, y la intervención de un guardia municipal que multa a un señorito al que su novia saca del apuro. Como muy bien señala la metáfora del título literario, observamos unos cuadros o escenas populares en una mañana fresca de Madrid. Los vicios de los vejetes masculinos son motivo de risa. El viejo rico don Tadeo invita al Cesante y presume de su éxito con las criadas jóvenes:

TADEO            Ya se ve, como yo soy,
                 aunque me esté mal decirlo,
                 un viejo bien conservado...
                 me dan cuanto yo las pido.
                 Tengo ochenta y cuatro años
                 y aparento treinta y cinco [vv. 205-210].

Un inválido (cojo, manco y tuerto) de la tercera guerra carlista vitorea patrióticamente a los soldados y manifiesta su deseo de ir con ellos.


## 2.2. *El arte por las nubes* (1870)

Un padre, agricultor acomodado, viaja a Madrid a visitar a su hijo, estudiante de pintura. Desde su punto de vista conservador y realista, juzga la vida precaria de los que quieren vivir del arte pero no consiguen más que hambre y miseria. El sainete ironiza sobre los artistas (poetas, pintores y murguistas) que viven en las nubes, en un cuarto piso situado en un barrio pobre, y tienen que ser invitados a cenar por un campesino inculto.


## 2.3. *El teatro moderno* (1870)

En un café-teatro había cuatro ámbitos: salón de café, escenario, camerino y salón de juego. Luceño escenifica en este sainete lo que ocurre en estos cuatro espacios, mezclando situaciones de forma intencionada. Por un precio reducido, la gente pasa la tarde-noche viendo una representación, tomando un café, jugando a la lotería y charlando. Se consigue que la realidad se mezcle con la ficción, recurriendo al tradicional truco del teatro dentro del teatro. El escenario se sitúa al fondo y a poca altura del suelo. En una puerta lateral hay un letrero que dice: «*Villar y Lotería*». En otra puerta se lee: «*Se proive la entrada en no siendo haptor*». Los versos finales dichos por Lucas, maestro pobre, invitan a reflexionar sobre el tipo de obras de teatro que podían escribir los autores de la época.

## 2.4. *Un juicio de exenciones* (1879)

Este sainete se encuadra con mayor pureza en el paradigma de personaje, pues los quintos de un pueblo de Salamanca tienen que someterse al examen médico y a las pruebas de un sargento antes de que el alcalde decida quiénes tienen que alistarse en el ejército. El público se ríe con las argucias ideadas por los jóvenes y sus familiares para librarse del alistamiento en el servicio militar. Se representan las ocho primeras escenas en una plaza. Tras una mutación, las seis últimas escenas tienen lugar en el salón de plenos del Ayuntamiento, donde se realiza el sorteo.

## 2.5. *¡A perro chico!...* (1881)

Un empresario de un café-teatro, entusiasmado porque tiene un actor que remeda a los animales, habla con otro empresario fracasado. El traspunte llama a Cosme y Lucas, primer y segundo actor. El peluquero catalán Rufino habla con el traspunte, atiende al primer actor y recibe las quejas del segundo. El empresario da órdenes al jefe de la claque. Braulio, el apuntador, tiene que acoger en la concha a la mujer e hijo del traspunte y al ama del empresario. Elena y Rufino representan el drama. Cosme y Lucas se enfadan pero actúan como si fueran amigos. Celedonio, padre de la actriz, se lleva a su hija. El público aplaude creyendo que es un final gracioso. Estalla un petardo y un agente pregunta por el autor. El empresario le presenta a los autores de la comedia. *¡A perro chico!* y *La niña del estanquero* (que viene a ser una ampliación y mejora del sainete anterior) escenifican un café-teatro madrileño y representan escenas de teatro dentro del teatro.

## 2.6. *Fiesta nacional* (1882)

Esta revista representa una ficticia universidad taurina en el cuadro primero. Aunque el paradigma de personaje estructura el cuadro segundo, donde los alumnos son examinados por un viejo Maestro del toreo, el resto de la obra sigue el modelo estructural de situación. Esta pieza es una de las más complejas de nuestro autor y supone una farsa en torno a la fiesta nacional, pues compara lo que ocurre en la sociedad con lo que acontece en el mundo taurino. Se trata de una parodia y homenaje a *El día de toros en Cádiz*, de González del Castillo. En la apoteosis final el toro voltea a los protagonistas de la academia taurina.

### 2.7. *¡Hoy sale, hoy!...* (1884)

El cuadro primero es una administración de lotería. El cuadro segundo tiene lugar en el espacio exterior de la Plaza Mayor de Madrid y el cuadro tercero en el paseo de Recoletos, cerca de la Casa de la Moneda. Al final, los perdedores van al Asilo del Pardo y un antiguo obrero da órdenes en su fábrica, que ha comprado con sus ahorros.

### 2.8. *El corral de comedias* (1885)

Cristóbal, Luciano Comella y Juan de la Concha hablan mal de Leandro Fernández de Moratín y se enfadan porque el público aplaude su comedia, a pesar de haber pagado a la claque para boicotearla. Antonio, que piensa como Ramón de la Cruz, se burla de Narciso y la marquesita, fervorosos seguidores del torero Pedro Romero. Ramón de la Cruz y el Corregidor elogian la comedia de Moratín:

> Aprobación, entusiasmo,
> delirio: la tal comedia
> será, mientras haya mundo,
> gloria y honor de la escena.
> ¡Qué sencillez de argumento,
> don Antonio! ¡Qué belleza
> en el diálogo! ¡Qué tipos
> todos los que allí presenta!
> Ninguno de ellos parece
> personaje de comedia,
> pues son, hablando y sintiendo,
> la misma naturaleza [vv. 637-648].

## 2.9. *Ultramarinos* (1886)

El único motivo de este sainete es la descripción costumbrista de una tienda de ultramarinos de un barrio popular de Madrid, por donde desfilan: el dueño, dos dependientes, el cochero de un simón, el sereno, la patrona y la criada de una casa de huéspedes, un marido que pretende los favores de una pantalonera, un pobre zapatero, un borracho, unos recién casados, un timador y un inspector de policía.

## 2.10. *¡Amén! o El ilustre enfermo* (1890)

Por la casa del presidente del Consejo de Ministros, que está muy enfermo, desfilan los siguientes personajes: médicos, mujeres de la «buena sociedad», inspector de policía, ayuda de cámara, criado, ayudante, doncella, chulos, secretario, hija, senador, niños y hombre de la funeraria. Todos pretenden conseguir algún favor, pero no se relacionan entre ellos, ni existe otra estructura organizativa.

## 2.11. *Las recomendaciones* (1892)

El ministro de Fomento recibe a diferentes personas que solicitan su ayuda. Todo el mundo necesita recomendaciones para trabajar, aunque no sean las personas más indicadas. En realidad, el ministro, más que árbitro o juez, es víctima de su posición política y de los que desfilan por su despacho solicitando una recomendación. El final irónico de este sainete es una moraleja, pues, siguiendo la recomendación del portero, el ministro huye y rueda por las escaleras.

## 2.12. *Carranza y Compañía* (1893)

La situación de un establecimiento de objetos de regalo también sirve para organizar la puesta en escena de este sainete. Desfilan por la tienda: un matrimonio de barones, dos señoras elegantes, dos costureras, mozo de tahona, gallego y un mendigo. Los empleados de la tienda velan por el negocio más que su dueño, que está más preocupado por salir elegido edil. Un ciego es el único que se queda como responsable de la tienda de Carranza, pues todos se han ido a votar y Narciso está con su novia. Al final, Felipe Carranza pierde las elecciones y es felicitado por sus dependientes, pues de esa manera podrá dedicarse más a su negocio y a su familia.

### 2.13. *Los lunes del «Imparcial»* (1894)

Desfilan por el café «El Imparcial» varios personajes. La vendedora de periódicos Rufina busca novio para su hija Rosario, que baila un tango, con el acompañamiento de las jaleadoras. Un sablista es invitado por un capellán y por otro señor. Llegan Felipe, marido borracho de Rufina, y doña Emilia con dos coristas. Rufina habla con el hijo de Celedonio, encerrado en el balcón por su madre, que tiene un amante. También habla de su hija con Anacleto, con Tomasa y Antonia, viejas emperejiladas, con un barítono fracasado y con el cochero Antolín.

### 2.14. *La niña del estanquero* (1897)

Diversos personajes con deficiencias físicas (un flaco, un gordo, un jorobado, un cojo y un sietemesino) acuden al estanco. Flora y Jerónimo regentan un estanco. Flora desea que su hija Juanita triunfe como actriz, pero su padre se niega. Agapito dice a Irene y a sus tres hijas que se va solo al teatro pues no tiene dinero para todas; pero un admirador les da cuatro entradas a condición de que animen con la claque. Alfredo, pretendiente ignorado por Juanita, intenta sabotear la representación de la zarzuela. En el café teatro intervienen el empresario, el tramoyista, el peluquero, dos actores y los abonados. El padre entra en el escenario y se lleva a su hija. El público aplaude. Un inspector de policía se lleva a los autores.

## 2.15. *La comedianta famosa* (1907)

Se construye en torno a la lección que María Ladvenant quiere dar a sus admiradores. En el primer cuadro, un alguacil quiere arrestar a una pareja de majos, pero un alférez dice al alguacil que le busca el corregidor. Gorito, admirador de la famosa actriz, habla con ellos. En el segundo cuadro, un duque celoso coquetea con María Ladvenant, la comedianta famosa. El tapicero Gorito se disfraza de marqués para estar con María. Un marqués se disfraza de tapicero. María sospecha y trama un escarmiento. Encierra al marqués en un cuarto con la excusa de que viene su mujer y dice a su criada que traiga a la mujer y al suegro de Gorito. María encierra a Teresita en el lugar donde se supone que está el marqués para que Gorito sienta celos. Al final, sale María, disfrazada de hombre, con Teresita, mujer de Gorito, y explica el embrollo.

En este sainete introduce algunos principios de la poética neoclásica. María Ladvenant dice al duque:

> Y quiero
> con un ejemplo probarte
> que naturaleza y arte
> van por un mismo sendero.
> Cuando en lienzo o en cristal,
> de manera magistral,
> se ve una rosa pintada,
> dice la gente admirada:
> «¡si parece natural!»
> Pero, si por creada
> en el jardín ves la rosa,
> cuanto más y más te agrada,
> porque la encuentras hermosa,
> dices: «¡parece pintada!»
> Esto te ha de convencer
> de que arte y naturaleza
> hermanos tienen que ser,
> pues vinieron a nacer
> de una madre: ¡la belleza! [vv. 287-306]

## 2.16. *¿Cuántas, calentitas, cuántas?* (1910)

Se estructura en torno al escarmiento que Javiera, viuda de carpintero y casada en segundas nupcias, quiere hacer a su marido Gorito, quien está enamorado de una castañera. Para conseguir este objetivo trama una farsa con la ayuda de sus amigas. La acción comienza en la calle, junto al típico puesto de castañas asadas, en recuerdo del castizo barrio de Lavapiés, que es el mismo espacio de *Las castañeras picadas*, de Ramón de la Cruz. La segunda parte transcurre en el taller de carpintería acondicionado para una fiesta con parodia teatral.

## 2.17. *Fraile fingido* (1911)

El espacio es un corral grande, cerrado con una tapia de una casa de campo en un pueblo salmantino del siglo XVIII. Francisco, marido de Casilda, invita a sus jornaleros antes de ir a trabajar al campo. Casilda se queda en casa con su tía Josefa y recibe la visita del estudiante que la pretende. Francisco vuelve y sospecha. Josefa se disfraza de fraile y convence a todos de que Casilda es una esposa fiel y piadosa que pidió confesión. Salen de la casa el estudiante, con el hábito de fraile que le ha dado Josefa, ésta y Casilda. El fraile bendice a todos utilizando palabras latinas y se va.

## 2.18. *¡Viva el difunto!* (1916)

La actriz María ensaya con otros actores *El mayor monstruo, los celos* y rechaza a Robles para el papel de protagonista. Narciso dice que la Caramba se ha retirado de la escena y le dedican unos versos. Los comediantes prefieren las tragedias francesas a las comedias antiguas. Cerezo, segundo marido de María, dice que el Corregidor prohíbe bailar seguidillas manchegas sin ver primero el ensayo. El cómico Máiquez, disfrazado del primer marido de María, a quien ésta creía muerto, discute con Cerezo y se lleva a María. Ésta se da cuenta de que no es su marido y el cómico dice que sólo quería demostrar que era un buen actor. María acaba contratándole y siguen todos ensayando.

## 2.19. *El maestro de hacer sainetes o Los calesines* (1919)

Ramón de la Cruz habla con su tacaño amigo Marcos, quien se va a casar, y trama un escarmiento con la ayuda de los otros amigos de la casa de la novia. Cosme, padre de la novia, dice que va a invitar a unos toreros. El tapicero, el criado y el alquilador reclaman dinero al novio. Se apaga la luz y desaparecen todos. Ramón dice a Marcos que todo ha sido una farsa para denunciar la tacañería y que va a escribir un sainete sobre el tema. Vuelven todos y aclaman a Marcos, quien afirma que ya no va a ser tan avaro.

## 2.20. *Un tío que se las trae* (1920)

El personaje principal es un alcalde de pueblo que viaja a la capital para conocer el mundo moderno y trasladar a su municipio los nuevos aires liberales sin leyes, sin normas morales y con violencia. El pueblo reacciona contra el alcalde y los anarquistas y elige como edil a un médico que defiende la buena civilización y el progreso. Un pequeño huerto con casa, bodega y un ciruelo, en un pueblo imaginario de la época, es el espacio donde se juntan los paisanos para resolver los problemas de la nueva civilización.

## 2.21. *Adula y vencerás o El caballo de Fernando VII* (1932)

Una familia burguesa trama una burla para escarmentar a su amigo Pedro Girón, famoso por ser un adulador excesivo. Luis, marido de Irene, no quiere entrar en el juego; pero sí lo hacen los demás: sus hijas, Mercedes, Ana y Leonor; sus novios respectivos: Pepito, Abelardo y Narciso; y los criados Gregoria y Colás. Todos hacen creer a don Pedro que doña Irene ha dado a luz un bebé, que es en realidad un mono. Tras las consabidas adulaciones, dicen a don Pedro que todo era para que dejara de ser tan adulador. Éste se venga y comienza a decir improperios e insultos. Al final, todos quedan tan amigos y acaban bailando un vals.

## 2.22. *La noche de «El trovador»*

Aunque no llegó a estrenarse, constituye un homenaje a *El trovador*, de Antonio García Gutiérrez, semejante al que hizo a *La comedia nueva o El café*, de Moratín, en *El corral de comedias*. Es un cuadro de costumbres de la época del Romanticismo en un acto y en verso. La acción transcurre en el día del estreno de dicho drama en el teatro Príncipe, dos años después de ser escrito y gracias a la recomendación de Espronceda. La enfermedad romántica cunde entre los jóvenes. Elena ama a Carlos Frías, pero su padre quiere casarla con Jacinto, hijo de un boticario. Vienen al estreno Mercedes y su hija Elisa que está orgullosa de tener la tisis. El alguacil Bermúdez y el acomodador Pedro alaban a los actores Latorre (Alfonso el Casto) e Isidoro Máiquez (Otelo y Pelayo). Asisten al estreno Mesonero Romanos, Bretón de los Herreros y Fígaro. Por primera vez el público exigió que subiera al escenario el autor, quien fue cubierto con un capote de miliciano por Ventura de la Vega. Un sereno consigue que Juan no rapte a Elena, que a su vez había sido raptada por Jacinto.

Otros sainetes atribuidos al mismo autor son: *¡Bateo, bateo!...,* música de Julián Romea, estrenado el 14 de octubre de 1876 en el teatro de la Comedia; *Enfermedades reinantes,* estrenado en el teatro Español. *[En] Los portales de la plaza,* estrenado en el teatro de la Comedia; *Pavo y turrón,* escrito con Javier de Burgos y con la música del maestro Nieto, estrenado en el teatro Eslava; y *Un domingo en el Rastro,* música de los maestros Chueca y Valverde, estrenado el 12 de febrero de 1885 en el teatro Lara.

## 3. *Pérez y González*, por *Fernando Doménech Rico*

El sevillano Felipe Pérez y González (1854-1910) se reveló como una de las grandes figuras del género chico a raíz del éxito de *La Gran Vía*, en 1886. Era por entonces un periodista poco conocido en Madrid, en donde se había instalado a partir de 1884, después de unos inicios prometedores en su ciudad natal. En la capital se dedicó fundamentalmente al periodismo, colaborando en periódicos radicales, como *El Motín, Madrid Político* y *El Progreso*. En 1892 entra a formar parte de la redacción de *El Liberal*, en que durante años publicó una sección diaria titulada «Revistas cómicas». Su éxito en el periodismo no fue menor que en el teatro. Colaboró prácticamente en todos los periódicos del momento. En 1909 se le declaró un cáncer en la boca. Murió en Madrid el 16 de marzo de 1910. Publicó libros de poemas, misceláneas, etc., además de numerosos artículos y poemas ocasionales en la prensa, utilizando seudónimos como *Urbano Cortés* y *Tello Téllez*.

Como dramaturgo fue un autor constante, aunque no excesivamente prolífico. Alberto Romero, Lola Vargas y María Jesús Bajo [2002] contabilizan treinta y cinco obras de Felipe Pérez, no todas localizadas hoy día. Aunque escribió algunas comedias, como *Casi, casi* (1883), *El conde de Cabra* o *La manzana* (1884), cultivó sobre todo el género chico en sus distintos aspectos, especialmente el juguete cómico, la parodia y la revista, subgénero éste último que contribuyó a popularizar y a dar forma. Fue el juguete cómico el género más frecuentado por Felipe Pérez. A esta denominación corresponden obras como *El oso y el centinela* (1883), *Un Simón por horas* (1885), *Pasar la raya* (1886), *Tío..., yo no he sido* (1888), *Las mentiras* (1890), *¡Pelillos a la mar!* (1891), *Los vecinos del segundo* (1892), *De P. P. y W.* (1894), *La jaula* (1894), *Gua-guá* (1897), *Las ligas verdes, Doña Inés del alma mía* (1898) o *La villa del oso*. En ocasiones estos juguetes cómicos incorporan música, para la cual el colaborador habitual de Felipe Pérez fue Ángel Rubio.

Los juguetes cómicos de Felipe Pérez responden a las características del género enunciadas por Pilar Espín [1995: 178 y ss.]: una localización contemporánea y urbana, una acción dominada por el enredo amoroso, escaso número de personajes y respeto de las unidades de tiempo y lugar. *Un Simón por horas,* escrita por Felipe Pérez y Salvador María Granés, estrenada en el teatro Variedades de Madrid el 7 de noviembre de 1885 y publicada ese mismo año, es un buen ejemplo de todo ello. El título parte de un juego de palabras entre el cochero Simón y el coche de alquiler que se conocía en España en esa época como «simón». Sucede que la señora de Simón, la joven viuda Nieves, debe aparentar ante su tío Donato, rico escribano de Segovia, que tiene un marido, ya que así se lo ha asegurado por carta al desconfiado tío cuanto estaba a punto de contraer nuevas nupcias con Eloy, que la ha abandonado casi al pie del altar por celos. Ante la visita inminente, Nieves convence a Simón de que consienta en pasar por su marido durante unas horas, lo que dure la estancia del tío segoviano en Aranjuez, donde se desarrolla la acción. Como se puede prever, toda ella consiste en los variados equívocos que se producen entre el tío, el marido de alquiler, Eloy, que vuelve a pedir perdón a Nieves, y la doncella segoviana Paula, antigua novia de Simón y cortejada recientemente por el tío Donato.

La comicidad, sin embargo, se basa más en el chiste y el equívoco verbal que en la situación. Así, Simón llamará siempre «Ato» a Donato pensando que el «don» es tratamiento, Paula responderá a las preguntas del criado Juan de esta guisa:

| JUAN | ¿Y a usted cómo la llaman? |
|---|---|
| PAULA | Yo le iré a usté... lo que es eso... |
| | Me llama la señorita |
| | por conduto del tío Pedro |
| | pa servirla de doncella... |

Este gusto por el chiste verbal es característico del autor, que no deja de hacer gala de él durante toda la obra hasta el final:

| SIMÓN | De hoy me dedico a este oficio |
|---|---|
| | y así lo anuncio. Señoras... |
| | me ofrezco a vuestro servicio: |
| | aquí está un Simón... por horas. |

*Doña Inés del alma mía,* que a menudo se considera parodia de *Don Juan Tenorio,* es otro juguete cómico que no tiene de la obra de Zorrilla más que el nombre de los personajes, don Juan e Inés, y un final en que ambos se dicen con pasión:

| DON JUAN | ¡Doña Inés del alma mía! |
|---|---|
| DOÑA INÉS | ¡Don Juan de mi corazón! |

Resulta evidente el juego con las expectativas del público, que a partir del título espera una parodia del *Don Juan,* pero el juguete va por otros derroteros: don Juan ha conocido a la joven Inés, quien se ha mostrado extremadamente corta, lo que hace que él la considere «tonta de capirote». En una segunda visita ella se hace pasar por tres hermanas gemelas suyas: la deslenguada Irene, la feminista Clara y la descocada Soledad. Ante este muestrario de mujeres, don Juan cae en la cuenta de que quien le gusta es Inés. Ella se descubre y acaban confesándose su amor.

Una auténtica parodia es *La de vámonos,* de 1894, parodia de *La de San Quintín,* comedia de Galdós, estrenada en enero de ese mismo año. Si Galdós jugaba ya en el título con la frase popular «se armó la de San Quintín» y el título de Rosario de Trastámara, duquesa de San Quintín, Felipe Pérez utiliza constantemente el mismo juego, de que es buena muestra el título y los nombres de los personajes. Rosario de Trastámara se convierte en Rosarito de Tracamundana, Rufina en Rufianita, don César en Telémaco, etc.

Una comicidad delirante, un humor grotesco y un diálogo chispeante que hace constantes referencias a la obra de Galdós, pero también a *El joven Telémaco* e incluso a *La Gran Vía,* del propio Felipe Pérez (cuando la Rosarito se decide a trabajar, lo hace de criada, lo que provoca que el Niño Bitongo exclame: «¡la duquesa de Menegilda!»), son las características de esta obra, buen ejemplo de la capacidad paródica de su autor. Son constantes los juegos de palabras así como las referencias a la actualidad: si se habla de la habilidad en la confitería de la familia del patriarca Noé, no se dejará de aludir al «pasteleo» propio del gobierno, cuando el Niño Bitongo se declara anarquista, se compara con Ravachol... Escrita en verso y con numerosos números cantables, resulta una comedia disparatada y muy acertada dentro de los esquemas del género, que depende de la relación muy estrecha con el original parodiado.

Otras parodias son *Viaje al Suizo,* de 1885, y *Mujer y ruina o Mariquita stoi-que-ardo,* parodia de la zarzuela de Mariano Pina y Domínguez *Mujer y reina,* estrenada en 1895.

De todas formas, el nombre de Felipe Pérez está ligado a una obra que nació como divertimento de un día y que se convirtió en el mayor éxito popular del «género chico», la «revista madrileña cómico-lírica fantástico-callejera» *La Gran Vía,* con música de Federico Chueca y Joaquín Valverde. Estrenada el 2 de julio de 1886 en un teatro provisional de verano, el teatro Felipe (por su empresario, Felipe Ducazcal), *La Gran Vía* alcanzó de inmediato un éxito fulminante. Se hicieron mil representaciones seguidas. Al terminar la temporada de verano, la obra pasó a Apolo, donde estuvo cuatro temporadas ininterrumpidamente. Al publicarse el libreto, el éxito no fue menor. En el mismo año de 1886 (es decir, sólo en un semestre, porque se había estrenado en julio) tuvo nada menos que diez ediciones, a las que siguieron siete en 1887, cuatro en 1888, dos en 1889, dos en 1891 y una en 1892. En menos de seis años alcanzó veintiséis ediciones, lo que probablemente es más de lo que ha conseguido cualquier otra obra de teatro editada en España.

Su éxito no se limitó a Madrid, ni siquiera a España. Se representó con éxito en París y en otras partes de Europa. En Turín la vio Friedrich Nietzsche, que, en una famosa carta dirigida a Peter Gast y fechada en Turín el domingo 16 de diciembre de 1888 mostraba su entusiasmo y su perplejidad ante *La Gran Vía:*

> Una importante ampliación del concepto *opereta*: opereta *española*. He oído dos veces *La Gran Vía*, una calle principal de Madrid. Algo que no es en absoluto de importación. Para ello hay que ser un granuja y un terrible individuo de instinto, y además *solemne*. Un terceto de tres solemnes gigantescos canallas es lo más fuerte que he oído y visto, incluso como música, genial, imposible de clasificar. Como ahora estoy muy enterado de Rossini, de quien conozco ya ocho óperas, he tomado para compararla la *Cenerentola*: es mil veces demasiado bondadosa en relación con estos españoles. El argumento mismo sólo puede concebirlo un granuja redomado, mil cosas que causan el efecto de juegos de manos, tan repentinamente aparece la *canaille.* Cuatro o cinco minutos de música que hay que oír [1989: 440-441].

El número de los ratas que impresionó a Nietzsche fue, efectivamente, uno de los preferidos de todos los públicos. Pero no menos famoso se hizo el número de la Menegilda, la criada deslenguada que vive de la sisa y de vender sus favores a los señores. El «Pobre chica» se repitió cuatro veces el día del estreno y pasó inmediatamente a la calle, donde se convirtió en uno de los primeros cantables que todo el mundo conocía y repetía hasta la saciedad. Precisamente la popularidad del número movió al autor a modificar su texto, introduciendo la réplica del ama de la Menegilda, doña Virtudes, que, con la misma música que la criada, le replica:

> Po-bres a-mas
> las que tienen que sufrir

a es-tas tru-chas
de criadas de servir.
Porque si una no tiene
por las mañanas mucho de acá,
crea usted, caballero,
que la dividen por la mitad.

No fue el de doña Virtudes el único número que se añadió a *La Gran Vía*. Animados por la favorable recepción de las novedades, que sin duda hacían que los espectadores volviesen a ver la obra para apreciar los nuevos números, Pérez y Chueca insertaron nuevas escenas musicales: la del sietemesino y la gomosa, caricaturas de la última moda; la de los sargentos y la del policía de seguridad, amén de una escena gemela de la de los ratas en que caballeros bien vestidos se saludan bajo los sones de la famosa jota. Todas estas novedades supusieron la desaparición de algunas escenas que, sin duda, no habían obtenido tanto favor del público, ya que la obra tenía su duración limitada. Así ocurrió con la escena del petróleo, el gas, la electricidad y el cirio, graciosa competición de luces en la ciudad que, al no ir acompañada de música, fue sacrificada en aras del éxito renovado de la revista. Estas novedades, que se añadieron a la décima edición, publicada aún en 1886, conforman una obra muy diferente de la estrenada el 2 de julio de aquel año. Muchas de ellas, sin embargo, son las que han pasado a la posteridad, aunque algunos números, como el de los sargentos y el del policía de seguridad, con su acerada burla del estamento militar y policial, han estado prohibidas durante las dictaduras que ha padecido España en el siglo XX. Lo cierto es que, con estos añadidos, la obra, de por sí muy dispersa, pierde gran parte de la unidad que le confería la idea inicial de pasar revista a la ciudad en vísperas de la apertura de la Gran Vía.

*La Gran Vía* responde perfectamente al modelo de revista que triunfó con el género chico: una simple articulación de escenas en que se hace un repaso de lo sucedido en los últimos tiempos en Madrid. No se busca ninguna historia que una los sucesos, de modo que el hilo conductor suele ser un personaje que le explica al público lo que está viendo o, como en el caso de *La Gran Vía*, una pareja que va comentando lo que ve. Esta falta de unidad irritaba profundamente a Yxart:

La *Revista* no es más que una serie de escenas sin ilación visible, el desfile de diversos panoramas sin carácter de continuidad y analogía, el paso de varios acontecimientos personificados en algunas figuras o simplemente recordados. El autor, lejos de verse sometido a ningún plan de conjunto, tiene, por el contrario, por primera ley de su obra, la más absoluta libertad, la fantasía y el capricho. En unos tres cuartos de hora, todo lo más, ha de pasar *revista* a sucesos que no tienen la menor conexión entre sí, presentarlos por su lado picaresco o satírico y retirarlos pronto. Es un exhibidor de linterna mágica, más en grande [1987: II, 156].

Con todo, *La Gran Vía*, dentro de este esquema libérrimo, es una de las que ofrecen mayor coherencia textual. La idea de presentar la ciudad como protagonista de la obra obligaba a una estructura episódica, itinerante, como el «espejo a lo largo de un camino» que algunos quieren que sea la novela. *La Gran Vía*, así, tiene sólo dos tipos de escenas: las que retratan la ciudad misma, sus calles, sus plazas, sus barrios marginales y las que nos hablan de las gentes que la habitan. La estructura es episódica y deshilvanada; el planteamiento alegórico y fantástico. Y, sin embargo, la visión que se nos ofrece de Madrid no puede ser más cierta: una ciudad donde los grandes proyectos contrastan con el abandono general de calles y plazas, donde los poderosos viven de la corrupción y todos esperan «turrón» del Estado. Una ciudad donde los humildes, para sobrevivir, tienen que recurrir a todos los medios. Una ciudad obsesionada por los toros y las diversiones. Una ciudad de criadas y rateros. Una ciudad, en fin, donde todo son proyectos que nunca se cumplen y cuando lo hacen es a costa del pobre.

La ideología progresista del autor aparece constantemente en la obra. A veces el autor se pone trascendente y, cual un tribuno, declama con toda seriedad:

> Tú, soberbio y altanero,
> luces, por torpe resabio,
> donde hay lujo y hay dinero.
> Yo en el bufete del sabio
> y en la casa del obrero.
> Tú, en bailes y en fiestas brillas
> donde el vicio anda tal vez,
> y yo en humildes boardillas

> donde vela, sin mancillas,
> trabajando la honradez.

Sin embargo, el tono general es el de la burla descarada de todo principio de autoridad, el amoralismo popular y libertario que se desprende de la intervención de los ratas y de la Menegilda y que impresionó a Nietzsche. Hay mucho de la alegría festiva que Bajtín ha señalado en la cultura popular y que Romero Ferrer considera característica de todo el género chico.

Escrita con indudable gracia, con un desparpajo y una facundia sin complejos, *La Gran Vía* cae, sin embargo, en el gran defecto que se le ha achacado al género chico, y es la irreprimible tendencia al chiste, al juego de palabras que se hace lo mismo con el nombre de una calle (si sale la de la Sartén, la tendrá por el mango, si sale el callejón del Perro, dirá «guau, guau») que con los nombres de los toreros o con el petróleo refinado.

A pesar de ello, es un ejemplo de sátira política y social de gran frescura que refleja toda una época con más fidelidad que muchas obras pretendidamente realistas. Con toda su dispersión, su tendencia al chiste fácil y su incoherencia, es un ejemplo de ese teatro popular que, sin contaminación del sainete costumbrista (que arrastra una visión moralizadora), llena algunas de las mejores páginas del género chico.

Después de *La Gran Vía* Felipe Pérez volvió a tentar el género de la revista de variedades con «humoradas» como *Champagne, manzanilla y peleón,* con música de Luis L. Mariani, estrenada en el teatro Apolo en 1887; u *Oro, plata, cobre y... nada,* subtitulada como «apuntes para escribir una obra cómico lírico fantástica y casi trascendente, presentados en un acto y cuatro cuadros», con música de Ángel Rubio, estrenada en 1888. Sin embargo, no se repitió el éxito de *La Gran Vía*: sería Ricardo de la Vega quien, con *El año pasado por agua,* recogiera el testigo de la revista.

EDICIONES

*La Gran Vía,* en Antonio Valencia, ed., *El género chico (Antología de textos completos),* Madrid, Taurus, 1962.

*La Gran Vía*, en Fernando Doménech Rico, ed., *La zarzuela chica madrileña*, Madrid, Castalia, 1998.

*La Gran Vía*, en Alberto Romero Ferrer, ed., *Antología del género chico*, Madrid, Cátedra, 2005.

CHUECA, Federico, y VALVERDE, Joaquín, *La Gran Vía, revista madrileña cómico-lírica fantástico-callejera en un acto*, libreto de Felipe Pérez y González, ed. R. Barce, Madrid, SGAE/ICCMU, 1996.

## 4. *Lucio*, por *Javier Cuesta Guadaño*

El comediógrafo burgalés Celso Lucio y López (1865-1915) colaboró con algunos de los más importantes libretistas del «género chico», como Carlos Arniches, Enrique García Álvarez, Antonio Palomero, Gabriel Merino o Mariano Muzas. Luego de sus tanteos periodísticos —en *El Globo, Madrid Cómico* o *Blanco y Negro*— y políticos —fue diputado en Cortes por Madrid—, se dedicó a la escritura de libretos para el «teatro por horas». Su producción dramática supera los doscientos títulos breves, entre los que se encuentran las revistas *A vista de pájaro* (1888) —donde aparecen personificados los cafés y teatros madrileños—, *El pobre diablo* (1897) o *Plantas y flores* (1901) —con música de Quinito Valverde y Torregrosa—; también los juguetes cómicos *Un vaso de agua* (1889), *Claveles dobles* (1891), *El comandante* (1909) o *El médico de las locas* (1914), por citar sólo algunos ejemplos representativos de su obra en solitario.

Otros títulos de su amplio repertorio son *La marcha de Cádiz* (1893) —zarzuela escrita junto a García Álvarez, con música de Quinito Valverde y Estellés—, *El palco del Real* (1894) —juguete cómico escrito con el anterior—, *Los pensionistas* (1903) —pasillo en colaboración con Mariano Muzas— o *El kilométrico* (1906) —juguete firmado con este mismo—. Puede citarse también la humorada *El juicio del año* (1896), en colaboración con Antonio Palomero y música del maestro Montero, que en realidad es una revista cuya estructura consiste en el recuento de los acontecimientos destacados del año. Sorprende el componente alegórico de la obra, pues que el «juicio» lo hacen los dioses desde el Olimpo, con alusiones constantes a los problemas políticos que surgen ya en las colonias americanas sólo dos años antes de perderlas definitivamente [Espín, 1995: 150].

Quizá una de las piezas más características de su producción es el sainete lírico en prosa *El gorro frigio* (Teatro Eslava, 17 de octubre de 1888), escrito en colaboración con Félix Limendoux y con música del maestro Nieto. La acción se desarrolla en la sala de redacción del periódico homónimo, cuyo director es suplantado durante unas horas por García, ante quien discurren una serie de personajes variopintos, que van desde el conspirador político o la bailarina que se hace pasar por italiana para darse importancia, hasta el autor que se queja de una mala crítica o la buñolera de Lavapiés que reclama mejor trato. Nos encontramos, en definitiva, ante un «impresionante desfile de homúnculos que buscan el reclamo, la gloria, el pan de cada día, la vanidad de verse en unas letras impresas» [Zamora Vicente, 1983: 101]. No en vano, Pilar Espín incluye la pieza entre aquellos sainetes «que no poseen acción, sino que son mero pretexto para el desfile de personajes-tipo» [1995: 117], aunque sin merma de su comicidad, gracias a lo que Deleito y Piñuela consideró «un aluvión de chistes, desde el principio al fin, que hacían desternillarse al auditorio» [citado en Espín, 1995: 118]. La confusión ya implícita en el argumento plantea de continuo situaciones cómicas, como la que sigue, referida al conspirador que pretende congraciarse con la dirección del periódico por su apoyo revolucionario:

| | |
|---|---|
| CONSPIRADOR | ¡Se conspira! |
| GARCÍA | ¿Y qué? |
| CONSPIRADOR | Que voy a hacerle a usted una confesión. |
| GARCÍA | ¿General? |
| CONSPIRADOR | No, señor; generales no hay ninguno, pero hay un oficial… |
| GARCÍA | ¿De artillería? |
| CONSPIRADOR | No, señor, oficial de zapatero; pero es recluta disponible. |
| GARCÍA | Bien, ¿y qué? |
| CONSPIRADOR | Que hemos leído el número de anoche. |
| GARCÍA | ¿Qué número? |
| CONSPIRADOR | El de *El gorro frigio*. |
| GARCÍA | ¡Ah! Sí. |
| CONSPIRADOR | Y como usted se declara en él partidario de la revolución, vengo a ofrecerle a usted cuarenta hombres… ¡armados! |
| GARCÍA | Gracias. |

| CONSPIRADOR | Nos reunimos y nos armamos en el taller de una modista. |
| GARCÍA | Eso es peligroso. |
| CONSPIRADOR | ¿Por qué? |
| GARCÍA | Porque pueden coger los hilos [Lucio, 1917: 10]. |

Entre sus colaboraciones cabe destacar la de Carlos Arniches, con quien firmó un buen número de piezas: *Panorama nacional* (1889) —«boceto cómico-lírico», con música de Brull—, *Calderón* (1890) —juguete cómico con música del maestro Nieto—, *Los secuestradores* (1892) —sainete con música del anterior—, *Vía libre* (1893) —zarzuela con música de Chapí—, *Los puritanos* (1894) —pasillo con música de Quinito Valverde y Torregrosa—, *El cabo primero* (1895) —zarzuela con música de Fernández Caballero—, *El príncipe heredero* (1896) —«viaje bufo» con música de los maestros Nieto, Brull y Torregrosa—, *El último chulo* (1902) —«sainete lírico de costumbres madrileñas» con música de Torregrosa y Valverde (hijo)— o *María de los Ángeles* (1900) —zarzuela con música de Ruperto Chapí—, entre otras muchas.

También tanteó Celso Lucio la parodia dramática con *Pepito* (Teatro de la Comedia, 21 de noviembre de 1895), pieza en verso escrita en colaboración con Antonio Palomero, que remeda el famoso drama *Juan José*, de Joaquín Dicenta, estrenado apenas dos meses antes de su versión paródica. Como ha señalado Peral Vega, «en *Pepito* se escamotean las posibles referencias al asunto social para presentarnos, desde la inversión total de las circunstancias originales, un disparate de amor a tres bandas, en el que Rosina ama a Frasquito, pobre de solemnidad, frente a Pepe, hacendado millonario del que nada se interesa» [2008b]; bien es cierto que la obra de referencia no es tampoco un drama social al uso, sino más bien un melodrama con el problema obrero como telón de fondo. Frente al personaje de Dicenta, pomposo y grave en sus parlamentos, Pepito es, en principio, un remedo «cursi y empalagoso» de su referente, que se convierte después en «golfo», a instancias de su amada —«¿Sabes lo que necesito? / Que te hagas *golfo*, Pepito, / y que me des mala vida» [Lucio, 1895: 18]—, y que da con sus huesos en la cárcel, aunque escapa posteriormente de ella. Las referencias metadramáticas son constantes, siempre con la intención de romper la ilusión teatral —véase, Frasquito, en su enfrentamiento con el protagonista: «y no le mato a usted en este instante, / porque si lo hago se concluye el drama» [14], o Pepito, antes de dar muerte a los amancebados: «Vengo a matar dos lo menos / para que termine el drama» [26]—, por no hablar de los versos del *Tenorio*, de Zorrilla, que se repiten a cada paso; también el final de la pieza —que parece inspirarse en *Manolo*, de Ramón de la Cruz, y prefigura, de alguna forma, *La venganza de don Mendo* [Peral Vega, 2008]—, contribuye a intensificar la intención paródica de la obra, hasta en los mecanismos propiamente dramáticos. Veamos, al respecto, un ejemplo del distanciamiento que adopta el personaje central en un momento previo al desenlace; cuando Pepito le cuenta a Rosita, en clave paródica, que ha matado a Frasquito:

| | |
|---|---|
| PEPITO | Sin armas fue, no des voces. |
| ROSITA | ¿Cómo luchasteis? |
| PEPITO | A coces, como luchan las personas. |
| ROSITA, | *(Gritando desesperada.)* ¡Favor! |
| PEPITO | ¡Es mi perdición! |
| ROSITA | ¡Socorro! |
| PEPITO | ¡Calla, imprudente! Muérete inmediatamente, porque esa es tu obligación. |
| ROSITA | Me moriré. ¿De qué quieres que me muera? |
| PEPITO | No me mires. ¡Chist! Cállate y no respires, verás que pronto te mueres. [...] ¡Y yo soy el que la mato queriéndola como un loco! *(Pausa. Se coloca como para hacer una fotografía.)* A ver cómo me coloco, para hacer un buen retrato [27-28]. |

Otras parodias del autor son *¿Cytrato?... ¡De ver será!...* (1899), en colaboración con Gabriel Merino y música de los maestros Caballero y Valverde (hijo), que imita en clave burlesca el *Cyrano de Bergerac*, de Rostand; o la zarzuela *¡A cuarto y a dos!* (1900), escrita con el anterior y con música de los maestros Calleja y Barrera, que es remedo burlesco del drama lírico *La cara de Dios*, de Arniches.

Ediciones

Lucio y López, Celso, *Pepito*, Madrid, R. Velasco, 1895.
—, y Limendoux, Félix, *El gorro frigio*, Madrid, R. Velasco, 1917.

## 5. Granés, por *Javier Cuesta Guadaño*

El madrileño Salvador María Granés (1840-1911), que utilizó en ocasiones el seudónimo de *Moscatel*, fue dramaturgo y periodista.[2] Dirigió
*El Iris, La Aurora Literaria*, y colaboró en revistas punteras del periodismo satírico —*La Viña* o *La Filoxera*—, del modernismo —*Gente Vieja*—
y del «teatro por horas» —*Madrid Cómico*—. Aunque escribió varias comedias, algunas muy exitosas, como *Don José, Pepe y Pepito* (1864), su
actividad dramática se desarrolló en el ámbito de las formas breves de
carácter cómico. Sus primeras obras formaron parte del Teatro de los
Bufos Madrileños —creado en 1866 por Francisco Arderius—, y en su
repertorio para esta compañía figuran títulos tales *El club de las magda-
lenas* (1868) —«can-can» en verso con música de varios autores—, *El
caballero feudal* (1871) —«zarzuela bufa» en verso con música de
Offenbach—, *El carbonero de Subiza* (1871) —«parodia histórico-burles-
ca» en verso, escrita con Miguel Ramos Carrión y con música de los
maestros Aceves y Rubio—, *La fuerza de voluntad* (1872) —zarzuela en
verso con música de D. B. de Monfort— o *Mi mujer y mi vecino* (1872),
muy bien resuelta desde el punto de vista escenográfico —un tabique
permite la interrelación de dos espacios dramáticos— para intensificar
la confusión misma de la trama.

Entre las más de un centenar de piezas cómicas del autor, caracterizadas también por el enredo amoroso y los inconvenientes de una relación a dos bandas o la oposición de los jóvenes al dictado de los viejos
y a los convencionalismos sociales, pueden señalarse las siguientes: algunas zarzuelas, la mayoría de ellas en verso, tales *1+1=0 (Uno más uno,
igual cero)* (1870) —con música de Joaquín Miró—, *Un viaje al otro mun-*

---

[2] Para una completa visión de la biografía y la obra del escritor, véase Pablo
Beltrán Núñez [1992].

*do* (1874) —con música de Manuel Crescj—, *Mis tres mujeres* (1876) —con música de Ángel Rubio—, *El fresco de Jordán* (1876) —con música de Isidoro Hernández—, *La liga de las mujeres* (1888) —con música de Guillermo Cereceda— o *Una opereta en Azuqueca* (1893) —con música de Francisco G. Vilamala—; la divertida comedia en un acto, «inspirada en un cuento francés», *Ceno con mi madre* (1902); el sainete lírico, escrito junto a Enrique Prieto y Eusebio Sierra, con música de Chueca y Valverde, *La plaza de Antón Martín* (1882); la opereta bufa refundida en un acto *El señor de Barba Azul* (1903), con música de Offenbach; o los juguetes cómicos en verso *Un Simón por horas* (1885) —escrito con Felipe Pérez y González—, que plantea el gracioso caso de un «marido de alquiler», *La pasión de Jesús* (1887) —cuyo título no es más que una chispa irónica, que nada tiene que ver con lo sagrado— o *Los enemigos del cuerpo* (1891), en verso y prosa, escrito junto a Eduardo Montesinos (hijo) y con música de Tomás Reig, donde se utiliza el motivo del disfraz —la mujer vestida de hombre— para resolver el conflicto dramático.

La vena cómica del autor se deja ver también en otras formas del teatro breve, sólo diferenciadas por su denominación genérica; así, en el pasillo *Te espero en Eslava tomando café* (1887) —escrito junto a Eduardo Lustonó y José Jackson Veyán, con música de Rubio y Nieto—, que responde a la costumbre de acudir al famoso teatro madrileño para hacer vida de sociedad;[3] o en la «película sensacional» en prosa *¡¡¡Delirium tremens!!!* (1906) —escrita junto a Ernesto Polo, con música de Joaquín Valverde (hijo) y Rafael Calleja–, en que «bulle el cine del momento, rápido, alborotado, desplazándose en torbellino de un lado para otro, y, fundamentalmente, inconexo, discontinuo» [Zamora Vicente, 1983: 173], pues que la pieza está en deuda con el séptimo arte, en tanto que, con un argumento disparatado, donde «se suceden las escenas de persecu-

---

[3] Esta pieza es quizá un precedente de las exitosas revistas que Luis Escobar —uno de los baluartes de la renovación escénica de posguerra— programara en el teatro Eslava de Madrid, luego de convertirse en director y empresario de esta sala madrileña a finales de los cincuenta; véase *Te espero en Eslava* (1957), *Ven y ven... al Eslava* (1958) y *Eslava 101* (1971). El título del pasillo forma parte, también, de un famoso cantable de *La Gran Vía* (1886), de Felipe Pérez y González, con música de Federico Chueca y Valverde.

ción, plagadas de incidentes, que presagian las películas cortas de Charlot» [174], se construye una puesta en escena rayana con la pantomima, el teatro de marionetas y lo grotesco. En todas estas piezas se explotan al máximo las posibilidades teatrales en pro de la risa y la carcajada del público, ya sea mediante la técnica del aparte, con juegos de palabras ingeniosos, con dobles sentidos o chistes lingüísticos, o mediante el remedo de rasgos dialectales o vulgares.[4]

No obstante, los mayores éxitos de Granés se deben a la parodia dramática, género éste en que llegó a ser uno de sus más importantes valedores [Zamora Vicente, 1983: 28 y ss.], pues «suyas son más de la mitad de las parodias que por entonces se perpetraron, sin perjuicio de que su fecundo numen se agotase» [Íñiguez, 1999: 83].[5] Es en este contexto en el que cabe señalar *Consuelo... de tontos* (1878), adaptación cómica de

---

[4] Muchas otras obras, la mayoría escritas en colaboración, hacen referencia al contexto político y social de la época con evidente intención paródica y burlesca: *Circo Nacional* (1886), «pasillo gimnástico-político», escrito junto a José Jackson Veyán, con música del maestro Nieto; *Manicomio político* (1886), «locura cómico-lírica-política», escrita con el anterior y con música de Fernández Grajal y Gómez; *Los presupuestos de Villapierde (reformados)* (1892), «revista cómico-lírica-financiera», escrita junto a Enrique Prieto y Eusebio Sierra, con música de los maestros Chueca y Valverde; *El señor Juan de las Viñas o Los presupuestos de Villa-Anémica* (1892), «pesadilla cómico-lírico-financiera», escrita con Eduardo Navarro Gonzalo, y con música de Joaquín Valverde (hijo); *La dinamita* (1900), «diario de la noche político-literario-musical y taurino», con música de Guillermo Cereceda; o *Jaleo nacional* (1902), «revista cómico-lírica», escrita con Carlos Crouselles y con música de los maestros Calleja y Lleó.

[5] Zamora Vicente recoge unos versos procedentes de una portada de *Madrid cómico* (16 de junio de 1900), donde se pone de manifiesto la reconocida capacidad de Granés para la burla: «Aunque alguien le quiera mal / porque toma el pelo al pelo / con ingenio sin rival, / Salvador es el Frascuelo / de la parodia teatral». También cita las palabras de Emilio Carrere en el *Retablillo literario* de la misma revista (13 de mayo de 1911), con motivo de la muerte de Salvador, donde se resume la vida y la obra del escritor: «Pertenecía a la pléyade regocijada de escritores chistosos, desordenados, bebedores y truhanes que constituían la bohemia española de hace cuarenta años» [1983: 28-29]. Por otra parte, en su *Historia del género chico* (1920), Marciano Zurita se refiere al parodista de la siguiente forma: «Tenía Granés un temperamento muy especial. Veía la faceta del ridículo con una clarividencia extraordinaria. Y además era un gran improvisador. Sin esas condiciones, y no obstante su talento y gracia natural, nunca hubiera conseguido romper el hielo» [citado en Íñiguez, 1999: 84].

*Consuelo*, de Adelardo López de Ayala; *Dos cataclismos* (1887), refrito burlesco de *Dos fanatismos*, de Echegaray, donde el autor «invoca directamente a la risa, a la broma gruesa y francamente irrespetuosa» [Zamora Vicente, 1983: 80]; o *El mojicón* (1890), remedo de *La bofetada*, de Pedro Novo y Colsón, que se había estrenado sólo un mes antes de ser parodiado. Entre estas versiones desmitificadoras destaca *Juanito Tenorio* (Teatro Martín, 27 de noviembre de 1886), un juguete cómico-lírico en verso —con música de Manuel Nieto— sobre el drama de Zorrilla, protagonizado por un mozo madrileño que se ha propuesto imitar patológicamente al burlador de mujeres («Desde la abonada al Real / a la artista de obrador, / ha recorrido mi amor / toda la escala social» [Granés, 1886: 13]). Juanito será víctima de su propia fabulación, hasta que varios amigos y su novia Lola consiguen curarlo de su «chifladura», luego de recrear la célebre escena del cementerio: «Yo no soy el verdadero, / el legítimo Tenorio. / Yo he sido un loco vulgar, / [...] fui tan sólo un mameluco / que le quiso parodiar» [27].

Granés fue, además, el primero en escribir parodias de óperas famosas, operetas y zarzuelas [Íñiguez, 1999: 84], para las que casi siempre contó con la música del maestro Luis Arnedo; así, en *Dolores... de cabeza o El colegial atrevido* (1895), parodia de la ópera *La Dolores*, de Tomás Bretón, basada a su vez en el drama homónimo de José Feliú y Codina; en *La golfemia* (1900), que pretendía ser caricatura de *La bohème*, de Puccini; en *La Fosca* (1904), contrapunto de *Tosca*, también del compositor italiano; o en *Lorenzín o El camarero del cine* (1910), planteamiento burlesco de *Lohengrin o El caballero del cisne*, de Wagner. Otras parodias son *Carmela* (1891), versión cómica de *Carmen*, la ópera de Bizet, con música de Tomás Reig; *Guasín* (1892), que lo es de la ópera *Garín*, de Tomás Bretón; *El balido del zulú* (1900), de la zarzuela *La balada de la luz*, de Eugenio Sellés y Amadeo Vives; o *La farolita* (1902), basada en la ópera *La Favorita*, de Donizetti, entre otras.

*Dolores... de cabeza* (Teatro Apolo, 13 de abril de 1895) y *La golfemia* (Teatro de la Zarzuela, 12 de mayo de 1900) son quizá las piezas más interesantes de su amplio repertorio paródico, amén de ser las mejor consideradas por el autor. Los personajes de la primera de ellas —una especie de «sainete trágico» con no pocos tintes grotescos— se acomodan a la clásica galería de tipos entremesiles: el soldado —así, en el caso de El Rojo, un coronel que llega al pueblo atraído por la fama de Dolores—, el vejete —don Patricio, alias *Perjuicio*, tildado de usurero—, el rufián —Melchor, amante de Lola y barbero del lugar, al que todos llaman *Malhechor*, «*con grandes patillas y aire de chulo, matón,* [con] *un gran garrote en la mano*» [Granés, 1895: 11]—, o el estudiante —Lazarillo, un pupilo de las Escuelas Pías, que pasa de ser niño ingenuo a jaque vengador, pues acaba siendo asesino de Melchor—, todos ellos enamorados de Lola Atienza, una moza desenvuelta de Carabanchel de Enmedio. La famosa copla sobre la joven de Calatayud se convierte aquí en cómica versión madrileñista: «Si vas a Carabanchel / pregunta por Lola Atienza, / que es una chica muy guapa… / y sin pizca de vergüenza» [15].

*La golfemia* se estrenó sólo tres meses después de reponerse la ópera de Puccini en el Teatro Real de Madrid. Pablo Beltrán Núñez [1997: 379-404] ha estudiado las peculiaridades de esta pieza en verso, que contó con un extraordinario éxito de público y de crítica, gracias a su ambientación castiza, su visión de la «golfería» —con la utilización incluso de una jerga propia—, sus constantes situaciones humorísticas o su parodia misma de la representación. La «bohemia» del París finisecular —inspirada en las célebres *Scènes de la vie de Bohème*, de Henri Murger— se trueca en «golfemia» madrileña, y los artistas pobretones que malviven en la capital francesa son, en este caso, representación de un Madrid «absurdo, brillante y hambriento». La deformación nominal de los personajes es, como en otras muestras del género, uno de los primeros mecanismos de la parodia dramática: la tísica Mimí de *La bohème* se convierte aquí en la chalequera Gilí; el periodista Rodolfo en el vendedor de periódicos Sogolfo; el artista Marcelo no pasa de ser un pintor de brocha gorda llamado Malpelo; el músico Schaunard es sólo el simple organillero Sonoro; y así en todos los casos. La propia descripción que los personajes hacen de sí mismos da cuenta no sólo de su gracejo popular y arrabalero sino de su caracterización paródica:

GILÍ     En todo Chamberí
         me llaman la Gilí,
         aun cuando es cosa cierta
         que mi nombre legítimo es Ruperta.
         […]
         Yo no tengo familia conocida
         ni la he echado de menos en la vida.

Soy joven y soltera,
en buen hora lo diga, muy decente,
y vivo independiente,
porque tengo un oficio: chalequera.
[...]
SOGOLFO   Pues yo soy periodista,
es decir, vendo *Heraldos* por la calle.
Tengo mi credencial de socialista
para el día en que estalle
el cataclismo, y mientras que triunfamos,
se va uno trabajando la peseta.
Hago versos también.
GILÍ                                  ¿Eres poeta?
SOGOLFO   Pero poeta libre, ¿sabes?...Vamos,
que yo también me siento independiente
porque no tengo escuela,
y que mido los versos mayormente
como tú pués medir varas de tela [Granés, 1900: 18].

Granés no sólo rebaja un peldaño la ascendencia social de los protagonistas con respecto a su modelo, sino que altera también los espacios en que se desarrolla la acción; así, la buhardilla del primer acto pasa
a ser un «desván desmantelado», y la fiesta del segundo en el Barrio
Latino de París se transforma en la verbena castiza de San Antonio. Con
todo, uno de los aspectos más destacados de la obra es su filiación con
*Luces de bohemia* [Zamora Vicente, 1983: 30 y ss.], en tanto que la parodia prefigura elementos de lo grotesco utilizados después por Valle-
Inclán para conformar su «realidad esperpéntica».

EDICIONES

GRANÉS, Salvador María, *Juanito Tenorio*, Madrid, R. Velasco, 1886.
—, *Dolores... de cabeza*, Madrid, R. Velasco, 1895.
—, *La golfemia*, Madrid, R. Velasco, 1900.

6. *Fernández-Shaw*, por *María Pilar Espín Templado*

La infancia de Carlos Fernández-Shaw (1865-1911) transcurrió en Cádiz, su ciudad natal, en el seno de una familia acomodada que al sufrir ruina, con el desastre de Cuba, se traslada a Madrid. Allí estudia la carrera jurídica que termina brillantemente en 1885, aunque la hace compatible con sus aficiones literarias, cuyo primer volumen de poesías data de 1883. Se relaciona con los poetas consagrados del momento, como Gaspar Núñez de Arce, y con José Zorrilla, siendo cronista en la fiesta de su coronación como poeta nacional en Granada. También cultivó, a través del Ateneo, amistad con Campoamor y con José Echegaray, bajo cuya presidencia Carlos fue nombrado secretario primero de la Sección de Literatura en 1885. Cinco años más tarde se casa con la gaditana Cecilia Yturralde y Macpherson, con quien tiene ocho hijos. El poeta, que sufre de una enfermedad nerviosa, compatibiliza a lo largo de su vida sus tareas literarias con otros trabajos y dedicaciones. De 1891 a 1896 fue diputado provincial por el distrito de Navalcarnero-San Martín de Valdeiglesias (Madrid) del partido conservador, presidido por Cánovas del Castillo. Se dedicó intensamente al periodismo como redactor de *La Época*, donde ejerció la crítica teatral relacionándose con escritores, músicos y actores del momento. En 1905 es nombrado presidente de la Sección de Literatura del Ateneo. También se le concede el primer premio de la Real Academia de Bellas Artes por su obra *La vida breve*, cuya partitura operística fue compuesta por Manuel de Falla.

Agravada su enfermedad, se retira a Cercedilla por prescripción médica, desde donde se inspira para su libro de poemas *Poesía de la Sierra*, publicado en 1908. Allí recibe a escritores, periodistas, músicos y amigos, y, a pesar de los tratamientos médicos, su estado de salud continúa agravándose. Todavía publica su último libro de poesía *El alma en pena*, antes de morir, en 1911, a los cuarenta y seis años de edad. En 1961, cincuentenario de su muerte, sus hijos celebraron diversos actos de carácter cultural en honor a la memoria de este poeta y dramaturgo, cuyas dolencias físicas y espirituales dieron la medida de su gran talla humana [Guillermo Fernández-Shaw, 1969]. Sáinz de Robles considera a Fernández-Shaw precursor del Modernismo, juntamente con Manuel Reina y Ricardo Gil, y lo califica de «poeta delicado, colorista musical, brillante» y dramaturgo «lleno de gracia andaluza, de zumba y

de garbo», que «compuso piezas escénicas deliciosas que se hicieron cen-
tenarias en los carteles y que aún hoy se representan con gran éxito
[…], especialmente sainetes y zarzuelas inolvidables con el graciosísimo
e ingenioso madrileño López Silva» [1953: 414]. Cejador [1918: 370-
373], sin embargo, opina que fue más poeta que dramaturgo, pues para
lo dramático le faltó inventiva, necesitando de colaborador, e inspirándose sobre todo en el teatro del siglo XVIII, especialmente en Ramón
de la Cruz.

Sin embargo, Carlos Fernández-Shaw quedará para la posteridad fundamentalmente por ser autor de uno de los sainetes cumbres del género chico, *La Revoltosa,* en colaboración con José López Silva y música
del maestro Chapí, estrenado con gran éxito en el Teatro Apolo el 25
de noviembre de 1897. Si *La verbena de la Paloma o El boticario y las
Chulapas y celos mal reprimidos,* de Ricardo de la Vega, con música de
Tomás Bretón, estrenado en el Teatro Apolo en 1894, había supuesto el
encumbramiento del sainete finisecular de tema amoroso, el estreno de
*La Revoltosa* tres años después venía a confirmar la plenitud de este género de nuevo con la total armonía y calidad de texto y música en una
pieza maestra en el género. La acción de *La Revoltosa* transcurre en dos
tipos de espacio que se alternan en tres cuadros: el primero y el tercero en el típico «patio de una casa de vecindad», y el segundo en la calle, en que se ve la entrada a una buñolería.

El argumento se basa en el enredo amoroso que se produce con la
llegada de Mari Pepa a la casa de vecindad. Es ésta una mujer joven,
hermosa y, aunque seria con los hombres, se comporta con ellos tan desenvuelta y coquetamente, que los trae locos a todos. Esto produce la
envidia y los celos en las mujeres del vecindario, Soledad, Gorgona y
Encarna, que no soportan que sus respectivos maridos, Atenodoro,
Cándido y Tiberio, estén en todo momento pendientes de ella. Felipe,
el vecino soltero, cae también en sus redes y, al conseguir que Mari Pepa
se enamore también de él, volverá a reinar la paz entre el vecindario femenino alterado por la «revoltosa» Mari Pepa. Deleito nos da testimonio de la representación del estreno con famosos actores del momento:
«Isabel Bru hacía de Mari Pepa, la chula resuelta y dominadora, como
en *Las mujeres* o en *Las bravías.* Emilio Mesejo, haciendo de chulo sensible, romántico y celoso, en este Felipe tan parecido al Julián de *La verbena…* nada dejaba que desear… La voluminosa Vidal, pintiparada para

los tipos de cincuentona colérica, hizo una "señá Gorgona" excelente; Luisa Campos [...] en su papel de tiple cómica, la novia de uno de los "alelados" por Mari Pepa, cantó y bailó muy bien las guajiras (el baile era una de sus especialidades). Ontiveros y Sanjuán compusieron sus papeles chulescos con la maestría que los cómicos de Apolo tenían siempre» [1949: 283-288].

Según Ruiz Albéniz, el día del estreno «hubo que *bisar* el preludio, reproduciéndose, y aun quizá superándose el entusiasmo; ya en esta tesitura empezó la representación, que fue un constante triunfo lo mismo para la música que para el libro y los intérpretes y no hay que decir que el dúo entre Felipe y Mari Pepa hizo que culminase toda aquella exaltación, teniendo que cantarlo tres veces la Bru y Mesejo [...]. Gran parte del público esperó al maestro Chapí a la puerta de "servicios" del teatro, en la calle del Barquillo, y se obstinó en llevarlo en andas a su casa, lo que evitó el maestro metiéndose en un simón preparado al efecto. Y al día siguiente, la crítica de todos los periódicos estuvo unánime en reconocer que *La Revoltosa* era "una obra perfecta del arte lírico nacional y con *La verbena de la Paloma* y *Agua, azucarillos y aguardiente,* constituía la trilogía que podía sustentar y sustentaría durante años la grandeza del que, siendo gigantesco y sin par aún se llamaba género chico [...]". En febrero, *La Revoltosa,* que desde su estreno había bisado sus representaciones casi diariamente, llegó el día cinco a ser centenaria, con lo que en Apolo hubo una gran solemnidad artística» [1953: 277-283].

Con iguales colaboradores que *La Revoltosa* había estrenado *Las bravías* (1896), sainete lírico basado en la comedia de Shakespeare *La fiera domada,* y, más tarde, *Los buenos mozos* (1899). Escribió otros sainetes con diversos colaboradores como *Los pícaros celos* (1904) y *El maldito dinero* (1906), con Carlos Arniches y los maestros Jerónimo Jiménez y Ruperto Chapí, respectivamente; *No somos nadie* (1909) y *La niña de los caprichos* (1910), con Francisco Toro Luna; *Viva Córdoba,* con Ramón Asensio Más y música de Valverde (hijo). Refundió el sainete *Las castañeras picadas* (1898), de Ramón de la Cruz, en un sainete lírico con música de Valverde (hijo) y Torregrosa.

Carlos Fernández-Shaw también fue autor de bastantes zarzuelas chicas, siempre dentro del marco del teatro por horas: *El cortejo de la Irene* (1896), *La chavala* (1898), *Polvorilla* (1900), *El tirador de palomas (1902),*

*El tío Juan* (1902), *Tolete* (1903), *El alma del pueblo* (1905), *Las tres cosas de Jerez* (1907), *Los timplaos* (1901), *La parranda* (1903), y de obras clásicas adaptadas a zarzuelas en un acto: *La venta de Don Quijote* (1902), *La buena ventura* (1901), *La segunda dama duende* (1902), *El certamen de Cremona* (1906). Colaboradores suyos en estas obras fueron Fiacro Iraizoz, López Ballesteros, Ramón Asensio, Manso Torres, Muñoz Seca, López Monís, Eusebio Blasco y Antonio Cavestany, además del ya mencionado López Silva.

Asimismo, cultivó el género de la opereta en un acto con *Las grandes cortesanas, Mam'zelle Margot, El baile del casino* y *El triunfo de Venus.*


## 7. *Estremera*, por *Elena Palacios Gutiérrez*

Madrileño de nacimiento (1884-1938), fue hijo del también escritor y dramaturgo José Estremera y Cuenca, por lo que conoció desde bien joven el ambiente teatral. De su vida apenas sabemos que fue secretario de la Sociedad de Autores Españoles y que en 1922 perdió a su hija Dolores a la edad de dieciséis años, hecho que debió suponer un duro golpe para él a pesar de ser padre de otros tres vástagos más. Quizás con menos renombre que su progenitor, Antonio Estremera cultivó ante todo dos facetas, la de libretista y la de compositor. Como comediógrafo, sus mayores logros vinieron de la mano de otros autores destacados del momento como Carlos Arniches, con quien compuso el famoso sainete en dos actos *Don Quintín el amargao* (1925), si bien con Antonio Paso sus colaboraciones fueron más frecuentes, pudiendo destacarse la comedia grotesca *De La Habana ha venido un barco* (1929) o la farsa *La atropellaplatos* (1929), entre otras muchas. Con ambos colaboró en la exitosa *Los celos me están matando* (1926). En su labor como músico, fue maestro en obras propias como *La reina alegre* (1917) o *El padre Cirilo* (1912), y también en ajenas, llegando a componer con grandes compositores como Tomás Barrera la partitura de *El agua del Manzanares o Cuando el río suena* (1918), uno de los libretos más destacados de Carlos Arniches.

A pesar de ser inferiores en cantidad y en calidad si las comparamos con las piezas en más de un acto, sus aportaciones al teatro breve no deben ser menospreciadas. En ellas muestra cierta predilección por la prosa, aunque en algún caso ésta aparece combinada con el verso, como en *El reloj de arena* (1911). Además, un gran número de obras están escritas en solitario. No obstante, también colaboró con otros dramaturgos, casi siempre de segunda fila. Así, tenemos a Luis Candela, junto al que compuso los disparates cómicos *El hombre pañuelo* (1909) y *El padre Cirilo* (1912); José Sabau, con el que presentó la comedia en un acto *El ogro*; Francisco Torres, coautor en el pasatiempo lírico *La milonga del paraguas* (1927); o César G. Iniesta, con quien estrenó en 1926 *Los siete pecados*.

Además de las anteriormente citadas, y ya sin otros colaboradores, escribió: pasillos, como *Las cuarenta horas* (1914) o *El hogar alegre* (1909); juguetes cómicos, como *El bajo cantante* (1908); zarzuelas, como *El gran demócrata* (1914); disparates cómico-líricos, como *El hombre del pañuelo* (1909); humoradas cómico-líricas, como *Libros usados* (1932); e incluso se atrevió con el género de la opereta en *El gran duque Simple IV* (1911) o *Le chic parisién* (s. a.).

Una de sus contribuciones más destacadas al teatro breve fue la ya citada *El bajo cantante* (1908), un juguete cómico en un acto y en prosa, cuya acción y comicidad se basaba en la confusión de identidades de los personajes. Inocencia y Eduardo esperan con ansia la llegada del padre de la joven y del tío del muchacho para poder celebrar su matrimonio. Feliciano, un miserable músico que no tiene donde caerse muerto, se hace pasar por uno u otro dependiendo de la persona con la que se encuentre, y se aprovecha así del buen trato y todos los placeres que se le van ofreciendo. La llegada del verdadero tío y la aparición de la madre de Inocencia devuelven todo a la normalidad y transportan a Feliciano a su situación inicial, aunque sin sufrir represalias por su actitud. La trama se complica según los personajes van creyendo al músico, aunque al final todo se resuelve de forma satisfactoria. La obra se destaca también por algunos de sus números musicales que, con un carácter satírico, causaron el agrado en el público.

Estrenada en el Teatro Novedades en 1917, *La reina alegre*, humorada cómico-lírica en un acto dividido en tres cuadros y un cablegrama, puede considerarse como otro de sus grandes aciertos. La acción nos sitúa en el espacio inventado de Aburrilandia, donde como su propio nombre indica las cosas no son nada divertidas. Debido a una confusión, la joven Martina es coronada reina de esta región, pero su carácter jovial le lleva a españolizar sus dominios y convertirlos en lo contrario de lo que eran, una tierra llena de júbilo y diversión. Todo se resuelve con la aparición de la verdadera soberana. Con esta obra, Estremera quería poner de manifiesto lo que él consideraba la esencia de España: un pueblo alegre y liberal en contraposición al lugar imaginario en que sitúa a los personajes. Así, Martina se convierte en una representación de este espíritu español. Por otra parte, el diálogo se encuentra cargado de expresiones populares y coloquiales que resultan de gran comicidad y efectismo al ser puestas en boca de la soberana, lo cual sorprende a los habitantes de la corte de Aburrilandia, que no pueden evitar llamarle la atención por su atrevimiento.

Entre sus últimas piezas en un acto tenemos *Los siete pecados* (1926), una fantasía lírica en prosa y en verso escrita junto a César G. Iniesta, con la que pretendían, cuando el género ya estaba en decadencia, emular los clásicos moldes de la revista y ofrecer una gran variedad en tipos y situaciones tanto literarias como musicales. Sin embargo, se les reprochaba quizás un exceso de números líricos, que otorgaban cierta pesadez al libreto, a pesar de que varios de ellos fueron repetidos la noche del estreno.

Si bien hoy en día es un autor completamente olvidado, en su época fue uno de los más representados en los escenarios de los años diez y veinte.

EDICIONES

ESTREMERA, Antonio, *El bajo cantante, juguete cómico en un acto y en prosa*, Madrid, R. Velasco, 1909.
—, *La reina alegre, humorada cómico-lírica en un acto*, Madrid, R. Velasco, 1917.

## 8. *Delgado*, por *Elena Palacios Gutiérrez*

Nació en el pequeño pueblo de Támara de Campos (Palencia), pero a la edad de catorce años fue enviado por su padre a Valladolid para cursar estudios de Medicina. Aunque terminó la carrera, su verdadera vocación fueron siempre las letras. En 1880 llegó a Madrid y comenzó a escribir en las revistas de la época, siendo *Madrid Cómico* la primera en que colaboró y llegándose a convertir más tarde y durante quince años en el director de este semanario satírico. Sin embargo, sus artículos aparecieron en más de cincuenta publicaciones periódicas y diarios españoles, entre los que destacan *ABC, Heraldo de Madrid, La Ilustración Española y Americana, El Imparcial, El Liberal, El Teatro, El Nuevo Mundo, El Teatro por Dentro, Blanco y Negro*, etc. Sus escritos prestaban especial importancia a temas como el patriotismo español y la no intervención española en los conflictos bélicos, la inserción de la mujer en el trabajo y su participación en el sufragio universal o la creación de un ejército profesional.

En 1895 fue nombrado director artístico del Teatro Apolo, cargo que ostentó durante dos años. Desde su llegada actuó como mediador entre dramaturgos, empresarios y editores, y empleó todo su esfuerzo en el proyecto más ambicioso de su carrera profesional: la creación de la Sociedad de Autores Españoles, hoy conocida como S. G. A. E. Con ella se intentaba defender los derechos de los autores, sin tener intermediarios y protegiendo en todo momento sus intereses. Para lograrlo, tuvo que luchar contra muchas adversidades, sufrir los ataques de la prensa y padecer numerosos desengaños, pero el final fue satisfactorio.

Además del periodismo cultivó diferentes géneros como la poesía, hacia la que siempre había tenido inclinación, y la novela. Una de sus grandes obras en prosa fue *Mi teatro* (1905), en que contaba desde un punto de vista autobiográfico lo que supuso para él la fundación de la Sociedad de Autores, así como reflexionaba sobre la evolución de su teatro desde finales de la última década del siglo XIX. A pesar de haber escrito alguna obrilla de juventud, fue a su llegada a Madrid cuando Sinesio Delgado entró en contacto con el mundillo teatral de la época y decidió dar sus primeros pasos como dramaturgo, lo cual supuso un nuevo impulso en su carrera literaria. En total, llegó a componer casi un centenar de piezas dramáticas, tanto en prosa como en verso, y la mayoría pertenecientes al género lírico, para lo que contó con la colaboración de los compositores más destacados de la época: Chapí, Chueca, Valverde, Torregrosa, Serrano, Luna o Estellés. Casi siempre le acompañó la polémica y así en algunas de sus obras se le recriminaba cierta falta de elaboración. Tal y como reconocía en *Mi teatro* [1905: 22], la mayoría de las piezas fueron escritas contra su voluntad, sin ilusión y deprisa y corriendo para sacar a alguien de un apuro y a sabiendas de que la crítica le machacaría tras su estreno. En su creación no resultaba demasiado organizado, puesto que, aunque comenzaba a escribir con una idea general en la mente, no contaba con un plan de trabajo, lo que hacía que aquellas obras que presagiaban éxito fueran decayendo según avanzaba el argumento hasta acabar en ocasiones en estrepitosos fracasos.

Con respecto a sus aportaciones al mundo del teatro breve, la mayor parte de sus piezas las escribió en un solo acto. Aunque en general solía componer en solitario, cabe destacar algunas colaboraciones con Emilio J. Pastor, Joaquín Abati o Carlos Arniches. Con este último fueron dos obras las que escribió, *El siglo XIX* (1901), también junto a López Silva, zarzuela en un acto dividido en siete cuadros en prosa y verso y con música de Montesinos; y *El paraíso de los niños* (1904,) zarzuela fantástica infantil en un acto, en verso y prosa y musicada por Valverde.

En lo referente a su producción en solitario, cuenta con más de cincuenta piezas breves de las cuales la mayoría son zarzuelas, entre las que pueden señalarse algunas como *El gran mundo* (1889), *La República Chamba* (1890), *Ligerita de cascos* (1900), *La obra de la temporada* (1904) o *La balsa de aceite* (1908). Otras muchas pertenecían también a este género, pero con ciertas matizaciones a la hora de denominarlas. Así, podemos encontrar zarzuelas de magia disparatada como *Quo vadis?* (1902) y su segunda parte *Plus ultra* (1902); zarzuelas extravagantes como *La tribu malaya* (1905); zarzuelas fantásticas como *La ilustre fregona* (1906), basada en la obra de Cervantes, *Los bárbaros del norte* (1907) o *La ley del embudo* (1916); o zarzuelas fantásticas extravagantes como *El carro de la muerte* (1907).

Sin embargo, también cultivó otros géneros como el sainete, especialmente en sus inicios teatrales, como, por ejemplo, en *Faldas por medio* (1910), *Paca la pantalonera* (1889) y *La baraja francesa* (1890); elaboró juguetes cómicos, como *La señá condesa* (1886); experimentó en *La madre abadesa* (1898) con el boceto lírico y en *Su alteza de casa* (1921) con el boceto de opereta; compuso la humorada satírico-fantástica *El galope de los siglos* (1900) y la revista fantástica *La leyenda dorada* (1905), así como algunas comedias en un acto entre las que se destaca *El diablo con faldas* (1909); y probó con el cuento infantil en *La infanta de los bucles de oro* (1906). Con respecto a este último no hay que olvidar que fue un hombre interesado por la infancia y por los niños, de modo que les dedicó una parte importante de obras tanto teatrales como de poesía y artículos en la prensa periódica.

A pesar de que sus inicios dramáticos vienen marcados por el fracaso, Sinesio continúa escribiendo y en 1890 le llega uno de sus primeros éxitos con *La baraja francesa* (1890). Por aquel entonces el autor formaba parte del Círculo Artístico y Literario, una especie de club presidido por Echegaray y con la presencia de otros escritores como Vital Aza, Ricardo de la Vega o Ramos Carrión, entre otros. Celebrado normalmente por la noche, tras las representaciones teatrales, en él se trataban asuntos relacionados con la defensa de sus intereses como autores. En una ocasión decidieron hacer una apuesta: se comprometieron a escribir un sainete en un mes de manera que el que no lo consiguiera debía pagar el almuerzo de todos los otros durante una semana. Cada uno puso un título en un papel y éstos se echaron a suerte. A Sinesio le correspondió *La baraja francesa*. Todas las obras fueron terminadas y además consiguieron grandes éxitos.

Otro de sus logros fue *El ama de llaves* (1893), un sainete sin música y con una sátira desprovista de retruécanos, que causó el aplauso general del respetable y la crítica, que valoraron que una obra carente de componente lírico hubiera podido triunfar en un teatro como el Apolo, cuyo público era profundamente musical. De nuevo, en 1897, consiguió la benevolencia de los espectadores del Apolo, a pesar de la ausencia de chistes exagerados, situaciones grotescas y efectos escénicos de relumbrón, con *La madre abadesa*. Se trataba de un boceto lírico original, cuyas partituras pertenecían a los maestros Brull y Torregrosa. Si bien era un género poco cultivado en este teatro, la trama sencilla y bien llevada y el logrado diálogo del autor hicieron que el público, a pesar de haberse mostrado un tanto frío al comienzo de la función, viera en ella una producción digna y atrayente, que no podía ser atacada desde el punto de vista literario.

Sin embargo, Sinesio no acababa de convencer y los pateos eran frecuentes en sus estrenos. Éste fue el caso, por ejemplo, de *La zarzuela nueva* (1897), donde con un tono crítico presentaba las malas costumbres imperantes en las gentes del Madrid de la época. El rechazo por parte de unos espectadores que se veían reflejados en la obra fue tal, que en el tercer cuadro los empresarios y autores determinaron no levantar siquiera el telón. En la pieza no sólo se censuraban los excesos que se cometían al hacer uso de las influencias en las esferas de la sociedad, sino que se intentaba mostrar al público lo ignorante que podía ser en determinadas ocasiones. Entre los fracasos más sonados podemos citar también *La obra de la temporada* (1904), que fue una de las que más recelos levantaron en toda la historia del Apolo. Con el teatro lleno a rebosar y siendo el beneficio de la actriz Joaquina Pino, se organizó un gran alboroto cuando Sinesio decidió suprimir uno de los cuadros y dejar la obra en cuatro, lo que causó las iras de los asistentes, que esperaban ver cinco. Hubo que llamar a la autoridad para evitar que los alborotadores saltaran al escenario y capturaran al autor.

A pesar de los fracasos, fueron muchas las obras dignas de mención, como *El galope de los siglos*, estrenada en 1900 en el Apolo. Esta humorada satírico-fantástica en un acto y dividida en ocho cuadros en prosa y verso resultaba una comedia inverosímil, con aire de cuento de hadas y diversidad de cuadros y efectos escénicos. A partir de ésta comienza una nueva etapa en la zarzuela en que se mezclaba el ambiente histórico, lo legendario, lo caricaturesco y lo festivo. Haciendo gala de su ingenio y de su vasta cultura, la fábula transcurría por diferentes épocas: comenzaba en la Edad Media, donde asistíamos a una revuelta entre nobles y plebeyos; seguía el siglo XV con el descubrimiento de América y Colón; en el XVI dábamos con Felipe II y El Escorial; el siglo XVII tenía por representante a Velázquez; el XVIII se valía de la figura de Carlos III y de la Puerta de Alcalá; y el siglo XIX se representaba con un guardia civil, una fábrica y un tranvía eléctrico. Al final, aparecía una pareja andando por Madrid a comienzos del siglo XX, que se encontraba con los personajes del pasado. Con *El galope* variaron de rumbo las payasadas y los trucos más o menos «circenses» con los que las compañías del género chico celebraban la conmemoración de los Santos Inocentes, día en que tuvo lugar su estreno. El éxito se debió también a la música de Chapí y permaneció durante casi un mes doblando función.

Alejándose del argumento de muchas de sus obras, que se basaban en la confusión provocada ante el cortejo de una joven por algún personaje, suscitando los celos de su novio, violentas increpaciones, y solucionándose con un final restaurador de la tranquilidad, escribió otras como *Quo vadis?* (1902), una zarzuela de magia disparatada, que puede

ser considerada como uno de sus grandes éxitos. Estrenada también el
día de Inocentes, en que Sinesio Delgado solía ser asiduo en el cartel,
el corte y estilo era similar al de *El galope de los siglos,* pues se desarrollaba en diferentes tiempos históricos. Su espectacular trama nos presentaba a un cesante, que vivía una de las más intrépidas y fantásticas
aventuras al convertirse en un ser poderoso. De esta manera introducía
al espectador en el mundo de la fantasía haciendo volar al protagonista a un palacio de cuento e involucrarse en la honrosísima tarea de liberar a una princesa, y todo gracias a un panecillo convertido en
talismán. Escenarios como la Edad Media, la Inquisición, los tiempos de
Nerón son de los que se valía el autor para crear situaciones graciosas
y mostrar su dominio de los resortes teatrales. Debido al triunfo cosechado, su segunda parte, *Plus Ultra* (1902), también zarzuela de magia
disparatada, no tardó en llegar, aunque era de menor valor literario y
obtuvo un éxito más modesto que el de su predecesora. Ambas piezas
contaron con la música de Ruperto Chapí.

En febrero de 1903 se estrenó *La leyenda dorada* en el Teatro Real
de Madrid con un reparto encabezado por María Guerrero y Fernando
Díaz de Mendoza, pareja de moda en la escena madrileña. Era una revista fantástica en seis cuadros en prosa y en verso, escrita a beneficio
de la Asociación de Artistas Dramáticos y Líricos Españoles. Basada en
la leyenda negra que acompañaba a España desde tiempos de Felipe II,
tenía como figura central a la reina Isabel la Católica, que al comienzo
de la obra salía de su sepulcro en la Catedral de Granada y, evocando
el pasado, hacía desfilar a los soldados de la Edad Media, a los galanes
del siglo XVII, al pueblo de la época de la Guerra de la Independencia
y, una vez reunidos todos, les encomendaba que lucharan por España.
Tal y como se había acordado, de la obra sólo se hizo una función, pero
el público salió entusiasmado y los beneficios fueron notables.

Aunque en algunas de sus obras mostró una leve misoginia, como
en *Ligerita de cascos* (1900), *Faldas por medio* (1910) o *Cabecita de pájaro*
(1910), en general puede decirse que la mayoría de sus piezas son ligeras y no plantean problemas especialmente profundos, situándose así en
la línea del sainete y la comedia fácil. Su producción resulta desigual,
con cierta inclinación a los motivos históricos y la recuperación del pasado, y, conforme evoluciona, muestra una mayor tendencia hacia las
obras en más de un acto.

## EDICIONES

DELGADO, Sinesio, *El galope de los siglos, humorada satírico-fantástica en un acto dividido en ocho cuadros, en prosa y verso*, Madrid, Sociedad de Autores Españoles, 1900.

—, *Quo vadis, zarzuela de magia disparatada en un acto dividido en diez cuadros, en prosa y en verso*, Madrid, Sociedad de Autores Españoles, 1902.

—, *La obra de la temporada, zarzuela en un acto en prosa*, Madrid, Imprenta de los Hijos de M. G. Hernández, 1904.

—, *La leyenda dorada, revista fantástica en un acto, dividida en seis cuadros, en prosa y verso*, Madrid, [Sociedad de Autores Españoles], 1905.

—, *Mi teatro: Cómo nació la Sociedad de Autores*, reedición facsímil de la edición de 1905, prólogo de Eduardo Bautista y estudio biográfico de María Luz González Peña, Madrid, Sociedad General de Autores Españoles, 1999.


## 9. *Blasco*, por *Elena Palacios Gutiérrez*

Eusebio Blasco (1844-1903) nació en Zaragoza y siempre sintió gran inclinación hacia su tierra, a pesar de que su vida transcurrió por múltiples lugares debido a sus frecuentes viajes y a los casi veinte años de exilio en París, como consecuencia de la participación en los disturbios relacionados con la Revolución de 1868. Provenía de una familia acomodada y con gusto por el boato, pero liberal en su pensamiento. Su padre, arquitecto de profesión, quería que su hijo estudiara esta carrera, mientras que el joven mostraba su interés por ingresar en el cuerpo militar. Sin embargo, sus pasos fueron finalmente bien diferentes y terminó por dedicarse a la literatura, siguiendo la vena artística que siempre había manifestado.

Escritor impertinente y polifacético, su vida está repleta de literatura y sus vivencias resultan casi tan novelescas como las de los personajes creados por su pluma. Explorador social, mordaz en muchas ocasiones, pero siempre tierno e ingenioso, su trayectoria profesional y personal es rica en clamorosos éxitos e inolvidables fracasos. Cultivó diferentes géneros: el periodístico, participando en diarios y revistas como *La Discusión*, *Gil Blas*, *La Época* o *Blanco y Negro* y fundando otros como *Vida Nueva*; la novela; la poesía; y por encima de todos el teatro, con un total de setenta y cuatro piezas dramáticas. Si bien la primera de ellas,

*Vidas ajenas* (1862), fue estrenada en Zaragoza con cierto éxito, fue poco después, a partir de su llegada a Madrid, cuando empezó a hacerse un hueco entre los dramaturgos de la época. Pese a su fecundidad, fue un hombre de talante vago y con gusto por la bohemia, por lo que sólo conseguía cumplir los plazos de entrega de las obras cuando contaba con algún colaborador o compositor que le insistía. A pesar de ello, la mayoría de ellas las escribió en solitario. Según Lacadena [1932: 17], Blasco cultivó todos los géneros y derrochó gracia, ingenio y talento, pero lo hizo desbordado, sin cauce y sin eficacia. Aunque era un trabajador incansable, sus compañeros comediógrafos no podían entender cuándo creaba, ya que por la noche salía y por el día dormía, ni se explicaban el elevado número de libros que llegó a escribir.

Sus aportaciones al teatro breve quedan reducidas a menos de la mitad de su producción dramática total. Muestra preferencia hacia el verso pero se vale también de la prosa. Sin grandes logros, su teatro es ameno, sencillo en la trama y el enredo, gracioso y bien versificado. Entre las piezas en un acto encontramos pasillos como *La corte del rey Reuma* (1866), *La señora del cuarto bajo* (1870) o *La fonda del potro* (1902); juguetes, entre los que destacan *La mujer de Ulises* (1865), *Un joven audaz* (1867), *El oro y el moro* (1868) o *Policarpito* (1900); comedias como *Mensajero de paz* (1898); o las zarzuelas *La molinera del Campiel* (1904) o *Los timplaos* (1901), esta última con Carlos Fernández-Shaw. Junto a las anteriores escribe otras con denominaciones genéricas menos comunes, como el cuadro íntimo *¡Madre mía!* (1901), varios proverbios en un acto, como *Moros en la costa* (1879) o *Ni tanto ni tan poco* (1879), o monólogos dramáticos, como *¡Duerme!* (1900).

*Los novios de Teruel*, estrenada en la Navidad de 1867, fue uno de sus grandes logros. Con música de Arrieta, la pieza estaba basada en *Los amantes de Teruel*, escrita por Juan Eugenio Hartzenbusch en 1837 y adaptada más tarde por el maestro Bretón en una majestuosa ópera. En su parodia los protagonistas eran tratados con cierta libertad adquiriendo los nombres de Isabel No Segura y Diego Marsilla. Blasco advertía además en el segundo cuadro que los personajes habían de ser los mismos, pero muy viejos. Aunque son presentados de forma paródica, no son tan prototípicos como en otras adaptaciones. Por su parte, la trama resulta sencilla: la pareja de enamorados no se puede casar hasta que Diego Marsilla no haga la fortuna necesaria, para lo cual se le concedían veintisiete años. Diego se va a la guerra y vuelve cuando apenas faltan horas para que se cumpla el plazo, mientras que Isabel acaba de casarse ese mismo día. El desenlace no puede ser sino fatal y así la obra termina con la muerte de ambos, aunque enmarcada en cierto sentimentalismo hiperbólico, que está presente en toda la obra. En lo referente al diálogo, el autor no utiliza ni los habituales giros aragoneses ni las referencias a los lugares de su patria chica; pero la nota cómica aparece cuando en todas las conversaciones entre los enamorados nos los presenta sin dejar de suspirar a él y a ella continuamente llorando. La comicidad se sustenta más bien en la utilización de variedades diafásicas, pues el autor introduce términos impropios para la situación, lo cual lleva a una ruptura del decoro y consecuentemente a la comicidad. Las palabras amorosas aparecen así intercaladas con otras expresiones cursis y ridículas, que suponen la destrucción del sentimentalismo propio de la obra original. Otros recursos empleados con la misma finalidad serán el uso de metáforas degradantes, ripios, dobles sentidos o equívocos, que evidencian cierta elaboración literaria por parte del autor. La obra se estrenó en el Teatro de los Bufos Madrileños, la Zarzuela, pero sin embargo Arderius no interpretó el papel de Marsilla sino uno más corto, el del marido de Isabel, cuya única intervención consistía en decir la palabra «bien», pero un total de dieciocho veces en toda la representación.

El triunfo de las formas breves en la escena española y el éxito obtenido por *El joven Telémaco* (1866), un pasaje mitológico-lírico-burlesco en dos actos y en verso, le llevaron a hacer en 1900 una nueva versión de la misma, a la que tituló igual, pero con la apostilla de «*refundición en un acto de la zarzuela en dos y en verso*». Ésta no obtuvo quizás tan buena acogida como el original, pero dejaba ver los esfuerzos del autor por adaptarse a los nuevos gustos teatrales.

Con música del maestro Jerónimo Jiménez y en colaboración con Carlos Fernández-Shaw escribió en 1901 una zarzuela en un acto llamada *Los timplaos*. La acción, situada en los barrios bajos de Madrid, nos presenta a cuatro «timplaos», es decir, un organista, un pastelero, un sacristán cesante y un zapatero, que aparecen totalmente borrachos. Procedentes de La Rioja, pero recién llegados de Zaragoza, son recibidos con hospitalidad por el señor Manazas, que intenta protegerlos y los esconde en una trampilla. Pero de poco sirve, pues acaban recibiendo palizas y vejaciones por parte de otros personajes. Al final de la pieza, los cuatro forasteros aparecen con múltiples heridas, vendas y muletas, pero con sus botas de vino proclaman con decisión su intención de seguir «timplaos», así como agradecen la actitud de aquéllos que les han ayudado. Aunque la trama es bastante débil y simple, resultan interesantes algunas de las referencias políticas que contiene, sobre todo a personajes como Prim y Narváez.

No debe olvidarse tampoco el juguete cómico *La fonda del potro* (1902), uno de sus últimos estrenos. La obra nos presenta a Ambrosio, un padre que se opone a la relación de su hija Milagros con Juan, pues considera que éste es un tonto. Sin embargo, el chico se vale de su astucia para demostrarle quién es realmente más listo de los dos. Decide así presentarse en la fonda que tiene por negocio y hacerse pasar por un rico viajante. Ante la mala situación que atraviesa su restaurante, Ambrosio se desvive por su cliente, pero Juan se las ingenia para no pagarle, impresionando así al padre por su inteligencia. Es entonces cuando le revelan que el fingido viajero es en verdad el novio de Milagros y el padre le acaba aceptando e incluso admite su ayuda para conseguir que su fonda adquiera más popularidad. La obra, que contó con una buena recepción, sirvió de pretexto para celebrar un banquete con los autores y amigos de Eusebio Blasco. Con ella se conmemoraba no sólo el triunfo de esa pieza sino el de toda su carrera artística. Sin olvidar nunca sus orígenes, falleció en Madrid en 1903 con una figura de la Virgen del Pilar en sus manos.

EDICIONES

BLASCO Y SOLER, Eusebio, *Los novios de Teruel, drama lírico-burlesco en dos cuadros en verso*, Madrid, El Teatro y Administración Lírico-Dramática, 1867.
—, *El joven Telémaco, pasaje mitológico-lírico-burlesco (refundición en un acto de la zarzuela en dos y en verso)*, Madrid, R. Velasco, 1900.
—, *La fonda del potro, pasillo en un acto y en prosa*, Madrid, R. Velasco, 1902.
—, *Obras completas*, Madrid, Librería Editorial Leopoldo Martínez, 1903-1906, 27 vols.
—, y FERNÁNDEZ-SHAW, Carlos, *Los timplaos, zarzuela en un acto, dividido en cuatro cuadros original, en prosa y en verso*, Madrid, R. Velasco, 1901.

## 10. *Pérez Zúñiga*, por *Elena Palacios Gutiérrez*

Juan Pérez Zúñiga (1860-1938) nació en Madrid y desde niño mostró su predilección por las artes. Cursó estudios de violín en el conservatorio de la capital con su tío Juan Lanuza, alternando sus clases con la interpretación. En 1882 finalizó la carrera de Derecho, pero no llegó a ejercer como abogado. Fue el también dramaturgo Vital Aza quien le animó a escribir teatro lírico y quien lo presentó en la redacción del semanario *Madrid Cómico*, iniciando así una labor periodística que le llevó a participar con sus artículos y versos en otras publicaciones como *ABC*, *Blanco y Negro*, *El Liberal*, *El Heraldo*, *Nuevo Mundo* o *Prensa Gráfica*, entre otras. En ellas utilizó frecuentemente el seudónimo *Artagnán*, aunque también los de *Sursum Corda* y *Perfecto Bombasí*. Su firma fue especialmente imprescindible en las revistas de carácter festivo, gracias a las cuales alcanzó enorme popularidad por su gran vis cómica, su humor singular y su amenidad inagotable. En este sentido, es considerado heredero de Martínez Villergas, a la vez que anticipa ya algunos rasgos cómicos que caracterizaron a «la otra generación del 27», discípula de Ramón Gómez de la Serna.

Además del periodismo, Pérez Zúñiga canalizó su vena artística a través del resto de géneros literarios. Destacó especialmente por algunos libros en prosa como sus *Viajes morrocotudos* (1901-1902), aunque tampoco deben dejar de citarse otras joyas literarias como sus *Amantes célebres puestos en solfa* (1912) o su *Arte de hacer curas* (1928). En el terreno poético muestra también su facilidad para la burla y la parodia, por lo que sus versos le proporcionaron fama algunas veces, pero también la enemistad de aquéllos a los que satirizaba. Además, se le considera pionero de la jitanjáfora, una especie de poema en que las palabras no significan nada. En 1935 publicó sus memorias con el título de *El placer de recordar. Algunas de las cosas ocurridas al autor o conocidas por él en medio siglo de vida literaria... Y de la otra.*

En el ámbito dramático cosechó también importantes éxitos, aunque nunca tan sonados como los de su prosa. De su vastísima producción literaria hay que cifrar aproximadamente unas cincuenta obras teatrales, de las cuales alrededor de la mitad forman parte de lo que denominamos teatro breve. Entre sus piezas en un acto encontramos sobre todo juguetes cómicos, de los que son ejemplo *La manía de papá*

(1881), *El señor Castaño* (1887), *Las goteras* (1894), *El gabán de pieles* (1899), *El descanso dominical* (1912) o *Los tíos* (1887), ésta última escrita junto a José Díaz de Quijano. Sin embargo, también cultiva otros géneros, como el pasillo en *La gente del patio* (1899); la fantasía cómico-lírica en *La lucha por la existencia* (1891); el sainete en *Muerte o dulzura o El merengue triste* (1915); el pasillo en *El quinto cielo* (1888); o la zarzuela, en que destaca *La india brava* (1894). También hizo alguna adaptación de obras extranjeras como *El néctar de los dioses*, zarzuela en un acto y dos cuadros, que tomaba por modelo a la opereta inglesa *Miss Kook of Holland*, de Hurgon, que en su versión española fue instrumentada por los maestros San José y San Felipe. Debido a su talante humorístico, realizó también una especie de parodia junto a Enrique López Marín y Luis Gabaldón en la que él firmó como *Artagnán* y que tenía por título *La romería del halcón o El alquimista y las villanas y desdenes mal fingidos,* presentimiento cómico-lírico y casi bufo en un acto y tres cuadros de *La verbena de la Paloma* (1894).

Sus piezas son ingeniosas y amenas, pero no abusan del retruécano tanto como otros autores, razones que algunos argüían para justificar que su teatro, aún siendo cómico, no llegara a los espectadores de la misma manera que el de otros de sus contemporáneos. A pesar del gran número de poemas que escribió, en su dramaturgia recurre más a la prosa y muestra también cierta tendencia a las obras en solitario, aunque bien es cierto que uno de sus libretos más populares fue *Los de la burra* (1915), en que contó con Manuel de l'Hotellerie. Subtitulada como humorada baturra y dividida en un acto y cinco cuadros, posee una trama débil, siendo lo más interesante de la pieza la presencia de dos personajes maños que, recién llegados a la capital, contrastan profundamente con sus habitantes y con sus hábitos. Los dos baturros, Pirulo y Casiana, viajan desde Zaragoza en burro y ya en Madrid siguen comportándose según sus costumbres, así como no dejan de sorprenderse por todo lo que les sucede y ven a su alrededor. Este hecho se convierte en generador de múltiples situaciones cómicas, entre las que pueden destacarse algunas como el momento en que Casiana se dispone a limpiar unas ostras y deja sólo las conchas, o la presencia de Pirulo en una peluquería en que revoluciona a todo el personal que allí se congrega. Al ser paletos, unos golfos intentan burlarse de ellos con un timo, pero al final resultan ser mucho más listos de lo que parecían y consiguen engañar a sus detractores.

Para *La india brava*, una zarzuela en un acto que se convirtió en una
de las más aclamadas del año 1894, contó con el maestro Valverde (hijo).
Como su nombre indica, Cabezón está obcecado con Lola la Torbellino,
conocida como «la india brava», y dispuesto a encontrarla donde sea.
Siguiendo unos rumores que sitúan a su amor en un convento, se presenta en el lugar para evitar que su amada profese en religión, haciéndose pasar por un médico para poder ver a su novicia. Sin embargo, las
informaciones eran falsas y la mujer es una verdadera religiosa. Los demás personajes, con el fin de burlarse de él y pasar un rato divertido, le
dicen que la india está en una de las barracas de feria que ha llegado al
pueblo y lo amañan todo para que parezca que realmente es ella, desde el cartel que anuncia su espectáculo hasta la aprobación del marido
a cambio de dinero. Sin embargo, pocas son las risas de éstos cuando,
por casualidad, la fingida india resulta ser la verdadera Dolores Torbellino.
Todo acaba con la felicidad de Cabezón, ya que la joven decide dejar
al marido y entregarse a los brazos de su galán ante la sorpresa de todos. La pieza, dividida en cinco cuadros, juega con el enredo y el engaño, y en ella se ridiculiza a los que quieren burlarse de un pobre
hombre enamorado. En cuanto al espacio, la obra reúne algunos de los
lugares más típicos de este tipo de teatro, como puede ser el café o la
feria y otros de tradición más longeva como el convento.

Por su parte, el sainete *Muerte y dulzura o El merengue triste* (1915)
fue quizás el que más alabanzas recibió. La acción nos presenta a una
pareja que, tras casarse en segundas nupcias, forma un negocio un tanto especial en que aúnan sus anteriores establecimientos. De esta manera, *El merengue triste* es a la vez un horno de pasteles y una empresa
de pompas fúnebres. Ante la posibilidad de casar a su hija con un joven, el matrimonio intenta demostrar al padre de éste que, a pesar de
que parezca un negocio un tanto disparatado, los beneficios son ópti-
mos y que no son tan dispares como podría parecer. En este momento la obra se convierte en un desfile de clientes que demuestran cómo
realmente puede haber una relación entre una pastelería y un cremato-
rio. Así, llega una mujer cuyo marido ha muerto por la intoxicación de
pasteles y va en busca de un ataúd, o un hombre que viene a arreglar
el asunto de un entierro y acaba comprando una bandeja de dulces.
Esto les sirve para demostrar al futuro suegro de su hija que la aprobación del casamiento es la mejor opción. Aunque el planteamiento es

verdaderamente original y absurdo, la trama pierde fuerza y se diluye con el devenir de los personajes.

EDICIONES

PÉREZ ZÚÑIGA, Juan, *La india brava, zarzuela en un acto y cinco cuadros*, Madrid, Imprenta de los hijos de M. G. Hernández, 1894.

—, *Muerte y dulzura o El merengue triste, sainete en un acto y en prosa*, Madrid, Sociedad de Autores Españoles, 1915.

—, *Obras completas*, Madrid, J. Pueyo, 1922.

—, *El placer de recordar. Algunas de las cosas ocurridas al autor o conocidas por él en medio siglo de vida literaria... y de la otra*, Madrid, Biblioteca Nueva, 1935.

—, y BARRADO, Augusto. *El néctar de los dioses*, zarzuela en un acto y dos cuadros, Madrid, R. Velasco, 1909.

—, LÓPEZ MARÍN, Enrique, y GABALDÓN, Luis, *La romería del halcón o El alquimista y las villanas y desdenes mal fingidos, presentimiento cómico-lírico y casi bufo en un acto y tres cuadros de «La verbena de la Paloma»*, Madrid, R. Velasco, 1894.

—, L'HOTELLERIE, Manuel de, *Los de la burra, humorada baturra en un acto*, Madrid, R. Velasco, 1915.

11. *Javier de Burgos*, por *Alberto Romero Ferrer*

Francisco Javier de Burgos Larragoiti (El Puerto de Santa María, Cádiz, 1840-Madrid, 1902) fue uno de los autores teatrales populares más fructíferos y originales del último tercio del siglo XIX, que dedicó la mayor parte de sus esfuerzos literarios al mundo del periodismo y al mundo del teatro como autor de libretos para la zarzuela y, fundamentalmente, para el género chico, donde se convirtió en una firma de referencia. De joven estudió ingeniería en Madrid, pero cuando murió su padre en Filipinas, abandonó esta carrera para, a partir de entonces, dedicarse al periodismo en su entorno natal, Cádiz. Algunos años más tarde, de 1863 a 1865, volvió a Madrid como redactor de *El Contemporáneo*; tras varios intentos de abrirse camino en los medios madrileños de la época regresó otra vez a Cádiz para ocupar el puesto de director de *La Palma de Cádiz* entre 1866 y 1868. También se dedicó a la política, llegando a ocupar el cargo de oficial primero en el Gobierno Civil gaditano para, tras la Revolución del 68, trasladarse definitivamente a Madrid, donde murió [Lozano Guirao, 1965; Romero Ferrer, 1993a].

Ambas tareas —la periodística y la política— las alternó con su otra vocación literaria y teatral, en que muy pronto logró hacerse con un lugar importante como autor cómico dentro del «teatro por horas» [AA. VV., 2005: 11-60; Espín Templado, 1995; Membrez, 1987; Romero Ferrer, 2003b], donde destacó especialmente con sainetes y zarzuelas de corte andalucista, aunque su producción dramática también abarcó otras formas y otros géneros [Romero Ferrer, 2002: 130-135]. Prácticamente cultivó todos los formatos de este nuevo modo de producción teatral, siendo su nombre una de las firmas más habituales entre la extensa nómina de libretistas del Madrid de finales de siglo. Por esta misma razón, y de acuerdo con lo que era habitual en el mundo de este teatro popular del género chico, colaboró con otros autores de libretos como Pina Domínguez, Tomás Luceño, José Carmona o Calixto Navarro, además de los músicos más habituales en este tipo de obras: Barbieri, Chueca, Isidoro Hernández, Gerónimo Giménez, Manuel Nieto, Reig, Rubio, Joaquín Valverde, formando lo que se ha querido ver, curiosamente y en cierto sentido, como la otra Generación del 98, la generación del género chico, cuyo pacto cultural [Salaün, 1983] determinó una forma de hacer teatro basada en la excesiva teatralización de la realidad [Romero Ferrer, 2000]. También, como hombre polifacético, cultivó el artículo de costumbres y otros géneros de inspiración popular como el cuento, la leyenda o el chascarrillo, con desigual fortuna. Estrenó y publicó más de cuarenta y seis piezas para el teatro [Romero Ferrer, 2002: I, 130-135]. La producción teatral breve, siempre de carácter cómico, de Javier de Burgos comprende: A) sainetes andaluces y B) otros géneros de zarzuela (zarzuela chica, pasillo cómico, juguete cómico, revista, parodia dramática).

## 11.1. Sainetes andaluces

Las aportaciones más importantes de Burgos al teatro las encontramos en el mundo del teatro breve, especialmente en el sainete, con música o sin ella, donde destaca sobremanera, además de su fuerte comicidad

[Versteeg, 2000], por la incorporación del andalucismo teatral, a través de personajes, situaciones, argumentos y ambientaciones de corte meridional que, con él, dadas sus fuertes dotes para la observación y la fuerte tradición teatral que arrastraba, consigue incorporar al canon del sainete del último tercio del siglo XIX las formas andaluzas [Romero Ferrer, 1999], como uno de los apartados más sobresalientes de esta factura escénica finisecular. En cierto sentido, Javier de Burgos recogía la fuerte tradición sainetera del sur que, desde González del Castillo en el último tercio del siglo XVIII y hasta las formas del «género andaluz» de mediados del siglo XIX [Romero Ferrer, 1998], había invadido la escena española hasta la llegada del género chico ya en el último tercio del siglo XIX. Una moda andaluza que también sacude la Europa romántica de la mano de hombres de teatro como el polifacético Manuel García o el músico Fernando Sor.

En esta línea estética del sainete andaluz podemos destacar sus obras más afortunadas, como son: *Boda, tragedia y guateque o El difunto de Chuchita* (1894), *La Boronda* (1894), *¡Cuidadito con los hombres! o El merendero de la Pepa* (1888), *¡De verbena!* (1885), *Juan Pitón o El rey de los metales* (1874*), La tragedia en el mesón o Los contrabandistas* (1891), *Zampillaerostation o Jalón y Lila y la niña* (1873), que se mueven entre el costumbrismo y el ruralismo andaluz de finales del siglo XIX [Romero Ferrer, 1999]. Todas estas obras se caracterizan fundamentalmente por su realismo y su carácter urbano, que se centra a su vez en los entornos sociales más populares y artesanales. Sus espacios más recurrentes son desde la casa de vecinos, la plaza o el lavadero hasta la plaza o los interiores de la vivienda modesta. El protagonismo suele ser coral y numeroso, y la galería de tipologías se concentran en esos mismos hábitats populares: serenos, lavanderas, caseros, majos, majas, gitanos, amas de cría, criadas. Destacan sobremanera los espacios gaditanos y los personajes de corte andaluz. Por eso es aquí donde encontramos sus tres piezas más importantes, como son *Los valientes* (1886) y los dos sainetes líricos *El mundo comedia es o El baile de Luis Alonso* (1890) y *La boda de Luis Alonso o La noche del encierro* (1897), ambas con la popular partitura de Giménez, y que son las dos obras que cuentan con ediciones modernas y actualizadas [AA.VV., 2005: 77-129; Burgos, 1997: 63-118; Romero Ferrer, 1997].

La primera obra que conviene subrayar —en esta ocasión sin música— es *Los valientes* (1886), un temprano sainete de inspiración andaluza, en la abigarrada línea inaugurada por Rodríguez Rubí del género andaluz y al que Yxart le dedicaría una de sus mejores críticas en *El arte escénico en España*: «Siempre será cierto que, en su forma castellana, es uno de los modelos más acabados del sainete contemporáneo, tan vivaz y tan breve como abrasadora llama de inspiración meridional, pronto fatigada» [1987: II, 117].

No obstante, la gran creación del sainetero de Cádiz es el personaje del vejete Luis Alonso pensado en el cómico Julián Romea Parra [Romero Ferrer, 2006], que ya había interpretado el papel de un gitano viejo en el tipo del *Tío Golondrino*, en su zarzuela histórica de reminiscencias galdosianas *Trafalgar*. Poco después, Gerónimo Giménez (los dos con *g* por expreso deseo del compositor) en 1896 añade la música al sainete original pensando, precisamente, en las posibilidades que le ofrecía el texto y, muy particularmente, el tipo recreado por el actor; todo ello, con la intención de poder incluir la obra en el repertorio del Teatro de la Zarzuela, dedicado, por aquellos años, al género musical. El éxito que acompaña este nuevo estreno anima al autor, compositor y actor a escribir (texto y música) e interpretar una tercera pieza original con aquellos mismos personajes y ambientes gaditanos, dándose así una nueva ocasión Julián Romea para lucir la extraordinaria creación que había hecho del que fue célebre gitano profesor de baile en Cádiz.

El primero de estos sainetes se estrena en el Teatro Español de Madrid la noche del 14 de diciembre de 1889, como un complemento, un simple fin de fiesta del drama *Lo sublime en lo vulgar*, de Echegaray, que interpretaba y dirigía Antonio Vico. El papel del maestro de baile Luis Alonso ya lo interpretaba Julián Romea, que por entonces pertenecía a la compañía del Español en calidad de primer actor cómico, conjuntamente con el gracioso Mariano Fernández. De inmediato la crítica reacciona resaltando «lo clásico de su factura, la maestría de aquel cuadro, que, según frase de *El Imparcial*, está rebosando color, exactitud y movimiento, dibujado, con cuatro rasgos, como Goya» [Deleito, 1949: 369]. Años después el compositor Giménez, también gaditano, le pone música y la obra se estrena tal y como la conocemos en la actualidad en el Teatro de la Zarzuela el 27 de febrero de 1896 con la denominación definitiva de sainete lírico. Por entonces Julián Romea ya había dejado el teatro en verso y había formado su propia compañía de género chico en el Teatro de la Zarzuela. Todo parece indicar, pues, que esta primera transformación surge del propio encargo del actor que, de esta manera, podía exhibir una vez más sus peculiares dotes cómicas e interpretativas. El estreno se realizó en función extraordinaria organizada por la Asociación de la Prensa de Madrid. El éxito y la trascendencia de la obra fueron tales, que animó a los autores, escritor, músico y actor a dar una nueva ocasión a los mismos personajes y a aquel seductor ambiente gaditano, con un nuevo sainete lírico: *La boda de Luis Alonso o La noche del encierro*, donde se repiten las mismas claves cómicas y costumbristas que llevaron al éxito la primera de estas piezas. La nueva obra subió al escenario del Teatro de la Zarzuela en la segunda sección del 27 de enero de 1897. Como primera y última obra compartía cartel con las piezas líricas *Château Margaux* y *El padrino de «El Nene»*, del maestro Caballero, además de la novedosa atracción del *Cinematógrafo Lumière*, que complementaba el final de las secciones primera y tercera. La escenografía corrió a cargo del prestigioso Muriel. Así nacía la famosa y popular *mini-saga de Luis Alonso* [Deleito, 1949: 368-377].

En estas obras se condensaba, pues, desde una minuciosa observación costumbrista del ambiente gaditano —uno de los elementos que, precisamente, más subraya la crítica a la hora de enjuiciar sus obras [Yxart, 1987]—, junto con una síntesis de diversas tradiciones dramáticas, como era el sainete gaditano dieciochesco y la hábil actualización de las máscaras más fijas de la tradición entremesil del Barroco, caso de nuestro cómico y burlado Luis Alonso, cuyo honor «está por encima / del honor de Carlos Quinto», como bien le asegura a la casquivana, que no adúltera esposa, María Jesús, casi al final del sainete del *Baile*.

Respecto de la configuración dramática de ambas obras, y en relación a la tradición costumbrista que avalan, nos encontramos con una situación bien distinta a la habitual, y que consiste en una hábil mezcla de varias perspectivas —la del tipo y la de la escena—, pues tanto en *El baile* como en *La boda* nos encontramos con una fuerte presencia del tipo cómico de Luis Alonso, pero también con una mirada teatral que tiene muy en cuenta todo el conjunto, de acuerdo con las iconografías que la tradición y las modas habían acuñado para Andalucía como un escenario literario, privilegiado, de cierto prestigio, muy colorista, incluso allende de nuestras fronteras. Otro problema que había que subrayar era la construcción estética de la periferia que aparece en el género chico, y que en el caso de la mini-saga de *Luis Alonso* también podíamos observar desde la misma ubicación meridional, gitana y flamenca por la que opta el autor. Unas pervivencias costumbristas que también daban cuenta del certero tópico de *la España de pandereta*. Un tópico provisto de una profunda superficialidad, no por ello menos significativa de ciertas *rarezas* o *exotismos*, de los que el género chico, y muy especialmente el sainete andaluz de Javier de Burgos, daba algo más que convincentes muestras [Romero Ferrer, 1999]. En otras palabras, el escenario andaluz de Javier de Burgos era bastante responsable, demasiado cómplice de aquellos rasgos que singularizaban este tipo de sainetes.

Sobre el costumbrismo andaluz, al que anteriormente hemos aludido, el estudio de los personajes y los escenarios de estos sainetes nos confirmaban las sospechas iniciales, así como su carácter ciertamente modélico dentro del género. Si centramos nuestra atención, por ejemplo, en los espacios, nos encontraremos con una «*habitación muy modesta. Puertas laterales y al fondo: ésta con cortinas de lana. Dos mesas de pino*», espacio que nos remite a unos interiores modestos, que contrastan con los exteriores siempre ubicados en las afueras de la ciudad: «*Telón corto de campo y marina, que representa el arrecife y carretera de Cádiz a San Fernando*». Sin embargo, el escenario más pertinente de este tipo de sainete es un espacio mitad privado y mitad público en que se desarrolla la mayor parte de la acción dramática; se trata, en la mayoría de los casos, de lugares que actúan como hábitats a los que tan sólo tienen acceso determinados grupos sociales. Y es aquí donde, precisamente, encontramos los espacios más principales en estas piezas: «*Salón de baile en casa de Luis Alonso*», «*Patio alegre de una casa muy modesta*», o «*Corral de la casa de Chano, limitado al fondo por vallas de troncos y tablones*».

A estos rasgos y técnicas dramáticas también podríamos añadir otros componentes, tales como el repentino final de las piezas (En *El baile* se indica al final: «*Dichos, un sereno que entra en la sala —de pronto— repartiendo palos con el chuzo*»), un aspecto que viene a incidir, aún más si cabe, en el sentido último del sainete, o la variedad y riqueza de tipos, resultado último de la vertiente folclorista del «hecho diferencial» en que se sustenta una buena parte de sus personajes y situaciones. Se trataba, en todo caso, de una herencia última de aquellas intenciones redescubridoras de España, que se proyectaban en la reacción del costumbrismo romántico, ahora nuevamente actualizado gracias a las modas casticistas del fin de siglo. Así, por ejemplo, frente al elenco primario del teatro corto anterior que tenía en la mujer, el estudiante, el bobo, el marido cornudo, el vejete y el sacristán un marco de posibilidades más o menos fijo y limitado; estas otras piezas muestran una mayor variedad de opciones derivadas del escenario elegido para la acción, en este caso Andalucía. Sin embargo, al margen de los factores y elementos de diferenciación social —según el caso—, la pieza decimonónica viene a repetir, también, algunas de las máscaras y algunas de las conductas exhibidas en las fórmulas ínfimas del Siglo de Oro; fundamentalmente aquéllas que referidas al mundo del torpe, el bobo, el ridículo o el bufón; esto es, su arquitectura se fundamenta en la síntesis o abreviatura dramática del *turpitudo et deformitas*. El tipo de gitano viejo, cojo, maestro de baile y marido semi-burlado que inmortalizara Julián Romea en Luis Alonso no era sino un ejemplo muy revelador de estas actualizaciones y, sobre todo, de cómo en el teatro el mundo del actor resultaba esencial en la configuración última de la creación dramática.

Otro elemento, también muy tradicional en este tipo de piezas, era, por ejemplo, la extraordinaria función demiúrgica del personaje femenino, verdadero desencadenante del mundo dramático de la escena corta del Seiscientos, y que ahora vuelve a reincidir como una auténtica *dea ex machina* de todo lo que acontece en la pieza dramática, con lo que nos encontramos con una galería mucho más diversa y rica en tipos femeninos, lo que se corresponde también con la estructura social matriarcal que se refleja de manera casi intuitiva, sin olvidarnos —claro está— de las modas y formas del cortejo dieciochesco, que colocan a la figura femenina en el centro de la nueva sociedad, y, por tanto, también en el centro de la nueva escena del sainete.

Nos encontrábamos, en definitiva, ante otro mundo al igual que aquél diseñado desde la *contractio* y la abreviatura, lo que delimita pero también justifica y da coherencia interna desde un punto de vista técnico y, por supuesto, intencional a todos y a cada uno de los elementos que configuran ese tipo de piezas dentro de los esquemas de producción del teatro por horas. Heredero, en cierto sentido, del entremés cervantino, consciente o no de su abolengo literario, el mundo abreviado que nos proponía este teatro, su abigarrada visión de la vida española a través del disparate o el trazo gordo no era, en última instancia, sino otro peldaño más de una rica y extensa tradición dramática que, por las paradojas del destino, desembocaría con bastante perplejidad en una de las fórmulas más brillantes de la escena europea contemporánea: los complejos espejos del esperpento [Romero Ferrer, 2000]. Las imágenes del género chico ya lo habían intuido y Javier de Burgos había contribuido considerablemente a ello gracias al nuevo sainete que nos proponía en su *Baile y boda de Luis Alonso,* un teatro cuyas claves del éxito había que buscarlas en la perfecta sincronía entre escritor y músico, pero fundamentalmente en las dotes dramáticas del cómico —Julián Romea— que le dio cuerpo y voz a esa nueva manera de interpretar la iconografía de una Andalucía flamenca [Burgos, 1997: 39-45], que se convierte a partir de ese momento en un *leitmotiv* del género.

## 11.2. Otros géneros de zarzuela (zarzuela chica, pasillo cómico, juguete cómico, revista, parodia dramática)

Junto con su exitosa actualización del sainete andaluz, también nos encontramos con el resto de géneros breves que pueblan el teatro por horas, desde parodias y juguetes cómicos, además de alguna que otra zarzuela grande, hasta revistas y zarzuelas chicas. Entre estos géneros zarzueleros podemos destacar las zarzuelas cortas *¡A Sevilla por todo!* (1880), *¡Hoy sale, hoy!...* (1884), *Fiesta nacional* (1882) —de ambiente taurino—; las zarzuelas fantásticas *Una aventura en Siam* (1876) y *El bergantín «Adelante»* (1883); las zarzuelas históricas *Cádiz* (1887) —uno de los grandes éxitos del género chico [Romero Ferrer, 1993a], también editada recientemente [Burgos, 1997]— y *Trafalgar* (1891); y las zarzuelas de viajes de corte más local, como *Cádiz a vista de pájaro* (1868) y *La vuelta a Cádiz en sesenta minutos* (1877).

Dentro del juguete cómico tenemos: *Candidita* (1893), *Caramelo* (1884), *El censo de población* (1878), *Los cómicos de mi pueblo* (1884); pasillos de crítica social y urbana, como *¡Cómo está la sociedad!* (1884), *Las cursis burladas* (1882), *La del principal* (1885), *Ellos y nosotros* (1883), *La familia de Sicur* (1899), *La futura de mi tío* (1876), *La gente pluma* (1890), *Las grandes potencias* (1890), *Magia blanca* (1886), *Mientras viene mi marido* (1872), *Las mujeres* (1896), *Un novio campanólogo* (1874), *Restaurant de* *las tres clases* (1889), *Los todos santos* (1877), *Las tres visitas* (1875), *El vil metal* (1893) y *Las visitas* (1887). También tenemos las parodias dramáticas *I dilettanti* (1880) y *El novio de doña Inés* (1884); y alguna que otra revista de corte político, como es el caso de *Política y tauromaquia* (1883) [AA.VV., 2005: 27-33; Romero Ferrer, 2003].

12. *Vital Aza*, por *María Pilar Espín Templado*

Nació en Pola de Lena (Asturias) en 1852. Cursó sus primeros estudios en Oviedo y en Gijón, donde trabajó como delineante y en la construcción del ferrocarril a Castilla, empleo que abandonó al trasladarse a Madrid para estudiar Medicina de 1871 a 1876. A pesar de cursar la carrera de médico con brillantez, nunca ejerció como tal sino que siguió su vocación literaria que ya apuntaba desde sus colaboraciones en los periódicos asturianos *El Norte de Asturias, La Estación, La República, La Aurora, El Federal Asturiano, El Eco de Asturias* y *El Productor*. Fue redactor de *El Garbanzo*, periódico dirigido por Eusebio Blasco, de *El Mundo Cómico* y del semanario festivo *Madrid Cómico*, que dirigía Sinesio Delgado [Pérez Martínez, 1884]. Se solía retirar cuanto podía a su finca solariega de Mieres del Camino, donde falleció.

Cejador lo considera «autor festivo de asombrosa facilidad en prosa y verso; de vena transparente y clara, de exquisito gusto, sin afectación de ningún género, de sano buen humor, sátira delicada, gran corrección de estilo, pero sobre todo, de espontánea y fina gracia» [1915-1922]. El humor fue el ingrediente fundamental de sus obras, que retratan el ambiente de la clase media donde estudiantes, patronas, pupilos de casas de huéspedes, contertulios de rebotica, curas, médicos... en fin, la vida de cada día se recoge en cuadros de gracia chispeante, con lenguaje castizo en que se da entrada a locuciones populares, pues como dijo *Clarín* en un *Palique*: «Vital no descubre horizontes, no rompe moldes, pero no pervierte el gusto ni la moral, y lo que explota es su ingenio, su habilidad, el tacto y la prudencia con que sabe elegir asunto, situaciones, chistes, caracteres» [Muñiz, 1978: 124]. Entre sus mejores piezas de más de un acto se cuentan varias en colaboración con Ramos Carrión, *El señor gobernador* (1888), comedia en dos actos y en prosa; *La primera cura* (1880), comedia en tres actos; *La almoneda del tercero* (1885), comedia en dos actos y en prosa; *El padrón municipal* (1887), juguete cómico en dos actos; y, sobre todo, la zarzuela en tres actos y en prosa y verso con música del maestro Chapí *El rey que rabió* (1891). *El señor cura* y *El sombrero de copa* se encuentran entre sus comedias extensas de más éxito.

Dentro de su producción del teatro menor abundó sobre todo en juguetes cómicos, que estrenaba en el Teatro Lara, muchos de los cuales escribió en colaboración con Ramos Carrión. Ambos reinaban en Lara tanto o más que Miguel Echegaray como soberanos del ingenio y dominadores de los públicos, por los años 1880 a 1900, ya separados, ya juntos en fraternal colaboración... [Deleito, 1946: 339]. Su contribución al teatro menor que aquí nos ocupa abarcó todas las modalidades del género chico. Sainetes y pasillos: *Horas de consulta* (1876), *Aprobados y suspensos* (1876), *Coro de señoras* (1886), *La sala de armas* (1899), *La rebotica* (1895), *Boda y bautizo* (1895), *Venta de Baños* (1902). Revistas: *De todo un poco* y *Un año más*, escritas en colaboración con Miguel Echegaray (sin fechas de estreno). Zarzuelas: *Los lobos marinos (1887).* Parodias: *La viuda del zurrador* (1874), en colaboración con Ramos Carrión, y *Amor, parentesco y guerra o El medallón de topacios* (1880), con José Estremera. Comedias en un acto: *Paciencia y barajar* (1877), *Pérez y Quiñones* (1878), *Tiquis Miquis* (1883), *El sueño dorado* (1890), *Su excelencia* (1890), *La Praviana* (1896), *La Marquesita* (1898) y *La clavellina*, «escrita sobre un cuento de Arturo Reyes». Pero en el género que más destacó Vital Aza, dentro del teatro breve, fue sin duda en el juguete cómico: *El pariente de todos* (1874), *¡Basta de matemáticas!* (1874), *Desde el balcón* (1875), *El autor del crimen* (1875), *Las codornices* (1882), *Pensión de demoiselles* (1884), *Parada y fonda* (1885), *Los tocayos* (1886) y *Francfort* (1904). Algunas de estas piezas se inspiraron en obras francesas como *Noticia fresca* (1876), en colaboración con Estremera, *La ocasión la pintan calva* (1879), *Carta canta* (1882), *Chifladuras* (1894), *De tiros largos* (1880), arreglo del italiano en colaboración con Ramos Carrión, y *Chiquilladas* (1905) «escrito sobre unas escenas de Najac» (sin fecha de estreno).

## 13. *Jackson Veyán*, por *Javier Cuesta Guadaño*

El madrileño José Jackson Veyán (1852-1935) fue hijo del también dramaturgo Eduardo Jackson Cortés, con quien escribió muchas piezas breves, tales *¡Una onza!* (1884), *¡El premio gordo!* (1886), *Los primos* (1888) o *Los baturros* (1888). Aunque se dedicó al periodismo —colaboró en *Blanco y Negro, Madrid Cómico, La Ilustración Española e Hispanoamericana*—, y a la literatura —véase su poemario *Primeros acordes* o el volumen de artículos y poesías *Ensalada rusa*—, su verdadera vocación fue el mundo de la escena. Sus obras, adscritas casi en su totalidad al sistema de producción del «teatro por horas», gozaron de mucho éxito, sobre todo en la primera década del siglo XX [Huélamo, 2003: 2534], aunque no tanto por la calidad de los libretos como por los compositores de altura que musicaron estas piezas, tales Ruperto Chapí o Federico Chueca. El autor escribió en colaboración con una extensa nómina de libretistas, como Carlos Arniches, José López Silva, Salvador María Granés, Felipe Pérez y González o Miguel Ramos Carrión, por señalar tan sólo algunos nombres representativos.

Entre sus más de doscientas piezas breves, donde suele presentarse un equívoco amoroso y cómico, cabe destacar el exitoso «pasillo cómico-lírico-marítimo» *¡Al agua, patos!* (Teatro Felipe, 25 de agosto de 1888), con música de Ángel Rubio, donde se ofrece una visión caricaturesca de una zona de baños en San Juan de Luz, convertido en lugar de veraneo de las clases pudientes a finales del siglo XIX. Uno de los mayores atractivos de la representación fue la presencia de coristas e intérpretes en provocativos trajes de baño, que ya pusieron de manifiesto el interés del autor por el género sicalíptico. Otra de sus obras más aplaudidas es el sainete lírico *Los arrastraos* (Teatro Apolo, 27 de mayo de 1899), escrito en colaboración con López Silva y música de Federico Chueca, que transcurre entre un patio de vecindad madrileño y la plaza de toros de Carabanchel, por donde vemos desfilar a personajes típicamente sainetescos, chulos, toreros y vecinos castizos. Tanto fue el éxito de la pieza que, dos años después, se estrenaría su refundición, *El capote de paseo* (1901). Cabe considerar, también, de verdadero éxito comercial la zarzuela *El barquillero* (1900) —con música de Chapí—, ambientada en los barrios bajos de Madrid y protagonizada por chulos, traperos, militares o menestrales, que, en definitiva, contribuyen a dibujar un clásico cuadro de costumbres populares. Sorprende que el papel del protagonista —un jovenzuelo golfo con cierta facilidad para atraer a las mujeres— fuera interpretado por una actriz.

Podríamos citar otras muchas piezas de Jackson gustadas por el público, como las siguientes: las zarzuelas *La indiana* (1893) —con música de Arturo Saco del Valle—, *El sí natural* (1897) —con música de Chapí— o *El puesto de flores* (1903) —con música de Quinito Valverde y Torregrosa— y *La borracha* (1904) —con música de Federico Chueca—, estas dos últimas en colaboración con José López Silva y enmarcadas dentro de la zarzuela melodramática; los juguetes cómicos *Triple alianza* (1893) —con música de Fernández Caballero—, *La tonta de capirote* (1896) —con música de Valverde (hijo) y Estellés—, *El cosechero de Arganda* (1897) —con música de Ángel Rubio— y el «pasatiempo lírico» *La fresa* (1910), junto a López Silva y música de Amadeo Vives; también el «viaje cómico-lírico» en verso *La caza del oso o El tendero de comestibles* (1891), escrito con Eusebio Sierra y con música de Federico Chueca. Entre todas estas obras, destaca el «juguete cómico-lírico» en verso *Los vecinos del 2º* (1892) —escrito en colaboración con Pérez y González y con música de Ángel Rubio—, donde se plantea el caso de la mujer burlada por su marido, que luego se convierte en burladora del engaño pergeñado contra ella; la pieza es, además, un buen ejemplo de gracia madrileña, habilidad versificadora y eficacia teatral en la incorporación de números musicales. Puede señalarse también el «pasillo cómico-lírico-filosófico» en verso *Buñuelos* (Teatro Eslava, 14 de octubre de 1889), protagonizado por mendigos, borrachos, chulos y manolas, y ambientado en una buñolería —espacio común a otras tantas piezas y anticipo de la que aparecerá en *Luces de bohemia*—, que aquí se identifica con la propia situación política, económica y social española:

| FRANCISCO | Cá día están más de moda |
| | en la corte los buñuelos. |
| ALIFONSA | ¿Madrid sólo? Tontería. |
| | Si hoy tó se vuelve patraña. |
| FRANCISCO | Tienes razón. ¿Qué es España |
| | más que una buñolería? [Jackson, 1889: 7] |

Buena parte de sus obras, con mayor o menor contenido erótico, entronca con la sicalipsis y el teatro de variedades; así, el «apropósito cómico-lírico-bailable» *El cake-walk* (Teatro Eslava, 13 de abril de 1905), con música de los maestros Rubio y Valverde, cuya acción tiene lugar

en el «*patio de una casa de campo*» de La Mancha. La obra es una de las
más representativas de la *maniera* cómica de Jackson, y plantea un clásico enredo amoroso protagonizado por Mariquilla, una joven garbosa y
resuelta —a quien su padre quiere casar con un «capitán retirao», que
hace las veces de vejete entremesil—, enamorada a su vez de un mozo
gallardo y ocurrente (Pepín), que está prometido con su hermanastra
(Solita) —«*vieja ridícula* [...] *muy redicha y cursilona*», muy similar a la
Flora de Trevélez arnichesca—. El contenido erótico de la pieza se pone
de manifiesto desde la primera aparición de Mariquilla, que todavía conserva el gracejo de su educación en Sevilla:

> Aunque mi padre se empeñe, me paese que no me caso con er capitán
> retirao. Yo quiero un marío en *activo*; pero muy *activo*. Si me saliera un ma-
> taor de toros... [Jackson, 1905: 9].

Las alusiones de carácter sicalíptico son después constantes, especialmente desde que se produce el encuentro entre la muchacha y el mozo
chulesco —«fijarse en los andares / que traigo de Madrid» [11] —, que
debe casarse con su hermana. La obra incluye, además, una suerte de
número musical, en que Mariquilla extrema las referencias a lo erótico:
«Yo tengo un novio torero, / que es matador de verdá, / y dice que el
mete y saca / es la mejor estocá» [19]. El motivo al que recurre la pieza alude al *cake-walk*, un baile sincopado de ascendencia afroamericana,
que hizo furor en Madrid y otras ciudades españolas en el período de
entre siglos:

| | |
|---|---|
| PEPÍN | ¡Cómo bailas, chica, cómo bailas! |
| MARIQUILLA | Pero esto es antiguo... ¿Si me vieses bailar er bailesito moderno? |
| PEPÍN | ¿Cuálo? |
| MARIQUILLA | El *cake-walk*. Lo he aprendío en Sevilla, porque te arvierto que hoy sin *cake* no pues ir a ninguna reunión desente. |
| PEPÍN | Pero, ¿qué me vas a decir a mí si estás hablando con el *cakevalista* mejor del globo esférico? |
| MARIQUILLA | ¿Lo sabes también? |
| PEPÍN | ¡Anda! Si se baila ya en tos los teatros de Madrid... Si no hay zarzuela sin *cake* [12]. |

Mariquilla consigue eludir el matrimonio de conveniencia con el militar y le impone a éste la necesidad de aprender a bailar para casarse con ella; circunstancia, claro está, que nunca llegará a producirse por la torpeza del viejo. En resumen, la intención de este divertido apropósito es la de sancionar el triunfo del amor y la pasión juveniles, de lo moderno y de la frivolidad, frente a la gravedad y los condicionamientos sociales impuestos por los mayores.

En el mismo sentido, puede citarse la humorada lírica *La gatita blanca*, escrita en colaboración con Jacinto Capella y con música de Vives y Giménez, cuyo éxito en Madrid condujo a su estreno en Barcelona, en 1906; o el sainete *La carne flaca* (1908), escrito con uno de los grandes maestros del género, Carlos Arniches, y con música del maestro Lleó, donde un seminarista que visita a su familia en Madrid sucumbe ante las tentaciones urbanas de la carne, a pesar de las prevenciones morales que antes había manifestado con demasiada ingenuidad. También con Arniches escribió Jackson las zarzuelas *Los granujas* (1902), *Los chicos de la escuela* (1903) y *Los guapos* (1905) o el «cuento cómico-lírico-fantástico para chicos y grandes» *Colorín colorao* (1905), entre otras.

La propia materia teatral es también un tema recurrente, ya sea como elemento central de la trama o como marco de referencia de la acción dramática; así, en la zarzuela *La estrella del arte* (Teatro Martín, 10 de febrero de 1888), con música de Nieto y Rubio, donde una dama de la escena —que quiere alejarse de las tablas, desengañada por la inconsistencia del mundo artístico— se ve requerida por el padre de un joven que se ha enamorado de ella, para que interprete una última comedia disuasoria de las intenciones del mozo; es entonces cuando la actriz se hace portavoz de una dignificación de su arte:

> Al arte despido ayer,
> y hoy me obligan sin querer
> a que haga una farsa más.
> ¿Quién muestra dolor profundo
> entre bufos personajes?
> ¡Ea, a preparar los trajes
> para el Carnaval del mundo!
> Con la careta fingida
> ocultaré mis agravios.

¡Risa, asómate a mis labios
y búrlate de la vida! [Jackson, 1888: 12]

Marcos quiere hacer ver a su hijo Ángel que Estrella no le conviene —pues es «mujer de teatro. / Tiene amantes más de cien. / [...] Y es
librepensadora / [...] Fuma y bebe Ojén. / En fin, una buena pieza»
[17]—, pero el joven no quiere renegar de su «estrella del arte», sino
que, finalmente, consigue casarse con ella, con el visto bueno del padre
—«el matrimonio / no es cariño, es interés» [18]—, consciente de la
ingente dotación económica de la dama. En el mismo sentido, el «apropósito cómico-lírico» *Folies Bergeres* (Teatro Príncipe Alfonso, 14 de junio de 1892), con música del maestro Rubio, está protagonizado por
un extravagante personaje (Fausto), deseoso de convertirse en empresario mediante la construcción de un teatro en el jardín de su casa. Ese
pequeño tinglado —con pretensiones de remedar la famosa sala parisina que da nombre a la pieza— se convierte en lugar de paso de artistas de toda clase, que hacen la exhibición de sus habilidades y permiten
la inclusión de números musicales. En la obra se opta muy claramente
por el teatro de variedades, tan gustado por Jackson; así, en estas palabras del protagonista, que hacen explícita censura de la cartelera madrileña y reivindican las formas breves de carácter cómico:

> Mi delicia es el espectáculo variado. [...] Éste es el arte moderno: una
> ensalada rusa, que no será muy saludable, pero que se chupa uno los dedos
> de gusto. [...] En Madrid me aburro por las noches soberanamente. Anteayer
> fui al Real y no hicieron más que cantar, y ayer fui al Español y se pasa-
> ron cuatro actos declamando... Eso no hay quien lo resista. Son muchas no-
> tas y muchos versos seguidos. Estoy por la menestra teatral. En la cocina
> del arte, me gustan los entremeses más que los platos fuertes: una aceituna
> lírica, un rábano dramático, un pepinillo jocoso, una cebolleta sentimental,
> y nada de *biftécks* filosóficos ni de chuletas problemáticas que pesan mucho
> en el estómago [Jackson, 1892: 7-8].

Por su parte, la «bufonada cómico-lírica» *El paraíso perdido* (Teatro
Eldorado, 17 de junio de 1898) —escrita junto a Gabriel Merino y con
música de los maestros Rubio y Estellés— plantea el clásico tema del
teatro dentro del teatro, de nuevo en relación con el género ínfimo. La
acción se desarrolla en Rinconete de Abajo, un pequeño pueblo al que

acude una compañía dramática para representar la obra que da título a la pieza, escrita a la sazón por un vecino del lugar (Sabino). Poco antes del comienzo de la función, el autor recibe la noticia de numerosas bajas en la compañía, que le obligan a improvisar un espectáculo protagonizado por tres cupletistas ligeras de ropa, motivo de estas falsas reservas del alcalde:

> ¡Ah! Que conozco el pueblo. Que yo necesito verlas a ustés en el teatro a puertas cerrás antes de salir en *El Paraíso*. Que yo antes de alcalde soy moral, aunque parezca raro, y que he suprimío aquí *La Pasionaria* y *Juan José* imitando a otros ayuntamientos ilustraos. Conque... ¡ojo con los trajes! [Jackson, 1898: 32]

EDICIONES

JACKSON VEYÁN, José, *La estrella del arte*, Madrid, Imprenta de M. P. Montoya, 1888.

—, *Buñuelos*, Madrid, Imprenta de M. P. Montoya, 1889.

—, *Folies Bergeres*, Madrid, R. Velasco, 1892.

—, *El cake-walk*, Madrid, Sociedad de Autores Españoles, 1905.

—, y ARNICHES, Carlos, *La carne flaca*, Madrid, Sociedad de Autores Españoles, 1908.

—, y MERINO, Gabriel, *El paraíso perdido*, Madrid, R. Velasco, 1898.

## 14. *Ramos Carrión*, por *María Pilar Espín Templado*

Nacido en Zamora en 1845, hijo de un ilustre abogado, Miguel Ramos Carrión sintió vocación por las letras desde niño. Prácticamente autodidacta, aunque dirigido por Hartzenbusch, publicó con catorce años sus primeras poesías y cuentos en *El amigo del Pueblo*, *El Museo Universal* y en *El fígón*. Su labor periodística fue abundantísima. Fundó *Las disciplinas* y *Doña Manuela*, dos semanarios satíricos, y colaboró en un tercero, *El Jeremías*. Escribió novelas cortas en *El Garbanzo* y diversos trabajos literarios en *Madrid Cómico*, *Blanco y Negro*, *La Ilustración Española*, *El liberal* y *Los Lunes del Imparcial*. Su nombre se leyó en periódicos durante cincuenta y ocho años [Cejador y Frauca, 1918: III,

385-389]. Sin embargo, se puede afirmar que vivió de su pluma como escritor dramático desde el estreno de su primera obra a los dieciocho años: *Un sarao y una soirée*, escrita en colaboración con Eduardo Lustonó y con música de Arrieta. Se inspiraba en el *Ayer, hoy y mañana*, de Antonio Flores, y fue estrenada en el Teatro Variedades en 1866 por la Compañía de los Bufos Madrileños. Como autor dramático llegó a poseer vis cómica sin excesivas complicaciones en la trama, ya que su mayor pretensión era hacer reír al público [Alonso Cortés, 1957: 322-324]. Pero su fama tanto en vida como en la actualidad se debe a sus libretos de zarzuela, que fueron acompañados por las partituras de los mejores maestros del género: Arrieta, Barbieri, Fernández Caballero, Chueca y Chapí. Sus obras de mayor resonancia y que todavía perduran en el repertorio actual son *La Marsellesa* (1876), la zarzuela de gran espectáculo *Los sobrinos del capitán Grant* (1877), cuya reposición año tras año no desgastaba su éxito ni entonces ni ahora, y zarzuelas grandes como *La tempestad* (1882), *La bruja* (1887), *El rey que rabió* (1891), las tres con música de Chapí.

Considerado continuador de Bretón de los Herreros [Deleito: 1946] por su gracia de buena ley y retrato de tipos y ambientes, destaca la naturalidad en los diálogos de sus personajes, que parecen plasmar episodios de la realidad observada [Picón: 1894]. La contribución de Ramos Carrión al teatro menor se plasmó en todas las tipologías del género chico: sainetes y pasillos, como *Agua, azucarillos y aguardiente* (1897), la que más popularidad le deparó, y otros sainetes muy famosos en la época, aunque ahora olvidados, como *El chaleco blanco* (1890), *Doce retratos, seis reales* (1874); revistas, como *El año sin juicio* (1877), titulada «revista cómica impolítica», en colaboración con Pina Domínguez; juguetes cómicos: *Perro 3, 3º izquierda* (1871), *Se continuará* (1872), *¡Chitón!* (1872), *De tiros largos* (1880), *La calandria* (1880), *La ocasión la pintan calva* (1879), en colaboración con Vital Aza; y parodias, como *El carbonero de Subiza* (1871) y *La viuda del zurrador* (1874).

Entre los varios colaboradores suyos, Carlos Coello, José Campo Arana, Eusebio Blasco, y su hijo Antonio Ramos Martín, destaca sobre todo su compenetración con Vital Aza, con quien obtuvo sus mayores éxitos.

*Agua, azucarillos y aguardiente*, «pasillo veraniego» con música de Chueca, estrenado en el Teatro Apolo el 23 de junio de 1897, ha sido, dentro de sus obras breves, la que más inmortalidad ha cosechado, permaneciendo hasta la actualidad en cartel. Su acción, desarrollada en dos cuadros, alterna un espacio interior («*Sala muy modesta* [...] *con muebles sencillos y viejos*») con otro exterior («*jardines de Recoletos*») en Madrid. El argumento está lleno de aciertos por sus situaciones cómicas: Asia, joven romántica y literata, exaspera a su madre doña Simona a causa de sus aficiones literarias; la madre obliga a su hija a que ponga un ultimátum a su novio Serafín, hijo de un político, para que éste pida su mano o, en caso contrario, rompa con él y acepte casarse con su primo del pueblo, rico y enamorado de ella. Atanasia o Asia, como prefiere ser llamada la joven literata, se resiste a esta última solución y acepta incluso que su madre le pida un préstamo a Serafín para poder pagar al casero. Por otra parte, el joven Serafín, exaltado y algo «calavera», trama dormir a doña Simona, mientras toma un refresco en Recoletos, y raptar «a la manera romántica» a Asia, presuponiendo que su novia estaría de acuerdo dado su carácter extravagante y novelesco. Serafín le cuenta todo su proyecto a Pepa «la aguadora», la cual, aunque le asegura que pondrá el somnífero a la suegra, llegado el momento y de común acuerdo con su chulo Lorenzo, confiesa a Asia las intenciones de su novio. Ésta, con la ayuda de ambos chulos, Pepa y Lorenzo, administra el somnífero a su novio Serafín, poniendo en evidencia sus planes de secuestro que le llevan a desengañarse de él y aceptar las proposiciones matrimoniales de su primo. Paralelamente a esta acción sucede otro enredo amoroso entre personajes de la chulapería castiza madrileña: Manuela y Pepa y sus novios los chulos Vicente y Lorenzo. Se reflejan, pues, en la pieza dos ambientes sociales: la clase media con estrecheces, que quiere salir de ellas, emparentando con la clase política, y la clase popular madrileña.

Por la presentación de ambos estratos sociales, la obra está plagada de datos de la época referentes a todo tipo de costumbres: juegos, horario de los teatros, paseo nocturno de los jóvenes por Recoletos, alusiones a revistas y semanarios: *Madrid Cómico, Blanco y Negro, El tío Jindama;* canciones que se harán famosas: «Tanto vestido blanco, tanta farola...», «¿Quién dirá que la carbonerita...»; alusiones políticas; en fin, un verdadero reflejo de la vida de aquel momento.

El sainete o pasillo alterna el verso con la prosa, tanto en los cantables como en las partes habladas. Según Deleito, «contribuyó muy positivamente al éxito de la obra la admirable interpretación de los cómicos de la compañía de Apolo» [1949: 278-283].

## 15. *Ricardo de la Vega*, por *Ramón Martínez*

Ricardo de la Vega (Madrid, 1838-1910), hijo del también dramaturgo Ventura de la Vega, a pesar de no tener más estudios que el bachillerato en filosofía y un curso de literatura en la Universidad Central, ocupó diversos trabajos de funcionario en los ministerios de Fomento y de Instrucción Pública y de Bellas Artes, sección de la que llegó a ser jefe. Desde joven, por influencia paterna, se aficionó a las letras e incluso desempeñó ciertos papeles en algunas representaciones [Lozano Guirao, 1963: 14-19]. Fue, posiblemente, el autor de sainetes que llevó el género a su cumbre, tal como dijo Ramón Pérez de Ayala, que lo señala como «el sainetero más cumplido y admirable de toda la historia teatral española» [Huerta Calvo, Peral Vega y Urzáiz Tortajada, 2005: 730].

De la producción teatral de Ricardo de la Vega —que escribió también algunas comedias extensas, realizó diversas traducciones y tenemos constancia de algunas obras suyas perdidas hoy [Lozano Guirano, 1963: 193-194]—, destaca su obra breve que le llevó a convertirse en uno de los dramaturgos de más importancia a fines del siglo XIX, con el principal mérito de «elevar el género chico a una mayor categoría literaria, creando un modelo teatral que tuvo larga descendencia» [Amorós, 1998a: 17]. Se inicia en el teatro con la pieza *Providencias judiciales* (1875), a la que siguen sainetes de tema madrileño, como *Los baños del Manzanares* (1875), *A la puerta de la iglesia* (1876), *Café de la Libertad* (1876) y *Vega peluquero* (1877). Posteriormente, manteniendo la ambientación madrileña de sus obras, aparece el sainete *La canción de la Lola* (1880), musicada por Joaquín Valverde y Federico Chueca, obra que fue «la primera de su género que se representó con música en España» [Lozano Guirao, 1963: 128]. El éxito del experimento llegó con *La abuela* (1884), sainete lírico-trágico-realista con música de Chueca y Valverde en que, según escribe el propio De la Vega a Tamayo y Baus, quiso «hacer un sainete trágico que se pareciera algo al *Manolo*, de Ramón de la Cruz» [Amorós, 1998a: 17]. La obra, con un argumento trágico atenuado por un uso ingenioso del lenguaje, produjo varias discusiones en la prensa de la época [Lozano Guirao, 1963: 132]. Le siguieron los sainetes *A casarse tocan o La misa a grande orquesta* (1889), con música de Chapí, y *El señor Luis el Tumbón o Despacho de huevos frescos* (1891), musicada por Barbieri, ambas quizá demasiado exquisitas para lo habitual en el género [Deleito, 1949: 105 y 191]; *Al fin se casa la Nieves o Vámonos a la Venta del Grajo* (1895), donde De la Vega vuelve a colaborar con Bretón, si bien no con el mismo resultado que obtuvieron en *La verbena de la Paloma* [Lozano Guirao, 1963: 140]; *Aquí va a haber algo gordo o La casa de los escándalos* (1897), de ambiente carnavalesco y con música de Jerónimo Jiménez, con quien da a la escena más tarde el sainete lleno de tipos *Amor engendra desdichas o El guapo y el feo y verduleras honradas* (1899); y *La familia de doña Saturia o El Salvador y los evangelistas*, musicada por Amadeo Vives, que presenta la célebre pareja de Colchón y Colasa, «frecuente en las zarzuelas, pero poco común en los sainetes» [Lozano Guirao, 1963: 144].

Además de su producción de sainetes líricos, el autor dio a la escena otras formas de teatro musical: dos zarzuelas propiamente dichas con argumento de enredo, *El casamentero* (1860), con música de Luís Martín, y *El paciente Job* (1870), con música de Cristóbal Oudrid; dos revistas en un acto, *Cuatro sacristanes* (1875), con música de Aceves, y *Una jaula de locos* (1876), con música de Caballero, ambas de tema político; también presente en las dos óperas «bufo-políticas», *La Quinta de la Esperanza* (1879) y *Un secreto a voces solas*, y de forma marginal en el refrán cómico-lírico *El ojo del amo*, con música de Bretón.

Pero, a pesar del éxito obtenido con el género chico musical, Ricardo de la Vega volvió en numerosas ocasiones a dar al teatro textos no musicados, como es el caso de los sainetes *Sanguijuelas del Estado* (1883), que ridiculiza la burocracia, y *Pepa la Frescachona o El colegial desenvuelto* (1886), de temática amorosa, con su poco enredo y sus muchos tipos sociales; el juguete cómico *El perro del capitán* (1873); el apropósito *La muerte de los cuatro sacristanes* (1876); el cuadro de costumbres *El amante de Paquita o La tertulia de don Francisco*; y el cuadro cómico-fúnebre *Acompaño a usted en el sentimiento* (1878), que presenta a un hombre que regresa de Filipinas a Madrid para encontrarse con su propio entierro, adelantando así, en parte, motivos propios del esperpento.

Con todo, entre toda la producción de Ricardo de la Vega son sólo dos obras las que presentan una calidad memorable. En primer lugar, una revista general estrenada en 1889, *El año pasado por agua*, en que aparecen personajes célebres y escenas importantes de 1888. La fábula que aporta unidad a la revista es la inundación de Madrid debida a las fuertes lluvias del año. Sirve como apertura la famosa «Mazurka de los paraguas», con que empieza la lluvia que irá anegando Madrid hasta el punto de que las aguas tapen los edificios y pueda aparecer Neptuno, escapado de la fuente en un carro para comentar sus percepciones de la vida madrileña. Con él, antes y después, van pasando por la escena el año 1889, una aguadora, una señora de Huelva que se queja de las inundaciones, la República, un emigrante, el Inquisidor de *La Bruja*, detrás de quien se esconde Sagasta, se hace un guiño a la Exposición Universal de Barcelona y aparece la mismísima Menegilda, escapada de *La Gran Vía*, que canta presentándose como el tipo mejor definido de chula que podemos encontrar en cualquier sainete. Hay quien ha señalado en la pieza un avance del distanciamiento de Brecht con la escena de los guardias cuya única utilidad es cambiar el decorado [Pérez Castillo, 1997: XVI]. En la obra se emplean «como recurso la gracia de escenas, situaciones y tipos, la viveza del diálogo, las oportunas alusiones a la actualidad del momento» [Deleito, 1949: 168].

En segundo lugar, el sainete que se ha convertido en paradigma de su género: *La verbena de la Paloma o El boticario, las chulapas y celos mal reprimidos* (1894), obra sobre la que la crítica ha hecho correr ríos de tinta y de la que, por ser tan conocida, poco se puede decir sino que su argumento, basado en una historia real [Lozano Guirao, 1963: 111], recupera la tradición del viejo verde cercano al figurón [Amorós, 1998a: 30], presentando a don Hilarión, que flirtea con Casta y Susana y provoca así los celos de Julián, enamorado de la última. Como acostumbra el autor, se reflejan a la perfección los ambientes y personajes característicos del Madrid de la época, retratándolos con sumo acierto [Amorós, 1998a: 32-53]. Destacan, además de los protagonistas, los opuestos de la señá Rita, buena consejera de Julián, y de la tía Antonia, carácter graciosísimo de la vieja deslenguada que recuerda de lejos a Celestina [Amorós, 1998a: 31] y recomienda a la joven Susana entretenerse con el viejo y desoír las buenas intenciones de Julián. Éste, por cierto, pronuncia unos versos de considerable interés:

> También la gente del pueblo
> tiene su corazoncito
> y lágrimas en los ojos
> y celos mal reprimidos,

que deja entrar en el mundo alegre y costumbrista del sainete la importancia de los asuntos del pueblo llano, guiñando el ojo al teatro social de la época. Que Julián tuviera la tipografía por oficio y pronunciara esa frase nos lleva a considerar si detrás de él el autor de *La verbena* no pudo haber insinuado la figura de otro importante tipógrafo de la época: Pablo Iglesias.

Vemos, en fin, en Ricardo de la Vega uno de los representantes más característicos del sainete de fines del siglo XIX, caracterizado por su madrileñismo, su alegría y la perfecta definición de los personajes populares, si bien abierto a pequeños experimentos fantásticos que, con el tiempo, convertirían el teatro breve popular en un género lleno de posibilidades, donde quizá debamos encontrar el origen de algunas formas del teatro de vanguardia.

CUARTA PARTE:
SIGLO XX

# EL ARTE ESCÉNICO

por *Eduardo Pérez-Rasilla*

I. LOS ESPACIOS: DE LOS TEATROS POR HORAS A LAS SALAS DE CÁMARA
Y ENSAYO

Una reflexión sobre los espacios de representación del teatro breve
debería empezar formulando unas preguntas acerca de la especificidad
de esos espacios. ¿Necesita el teatro breve unos locales dotados de condiciones particulares, diferentes de las que se precisan para la representación de los espectáculos de extensión «normal»? ¿Ha originado la
escritura del teatro breve la construcción o habilitación de espacios destinados exclusiva o preferentemente a su escenificación? ¿O, por el contrario, la posibilidad de disponer de ciertos espacios ha motivado la
escritura de determinadas obras de teatro breve? Es decir, ¿condicionan
los locales escénicos el género del teatro breve o viceversa? Y, para concluir provisionalmente este primer acercamiento, ¿hasta qué punto la
utilización de determinados espacios adquiere una significación estética
y, sobre todo, ideológica?

Una revisión del teatro breve representado en España durante el siglo
XX nos conduce a la conclusión de que, salvo excepciones, los espacios
utilizados para la escenificación de obras breves y de textos de duración
convencional son esencialmente los mismos. O, dicho de otro modo, no
hay espacios reservados en exclusiva para las obras breves y los teatros al
uso admiten —no sin algunos problemas, ciertamente— la representación
de obras breves en el marco de programas distintos, que abarcan desde la
dedicación al género chico a la utilización —casi siempre eventual en esos
teatros convencionales, públicos o privados— como teatros de cámara. Si

acaso, los locales se especializan en unos géneros o en unos estilos, pero no es pertinente una oposición entre teatro breve y teatro extenso, en lo que a la utilización de los espacios se refiere. Incluso los teatros caseros, las iniciativas teatrales de carácter experimental que buscaron locales distintos para sus trabajos, los teatros itinerantes que se representaron en espacios abiertos y públicos, los teatros alternativos o independientes, etc., compaginaron habitualmente el teatro breve con el teatro extenso sin distinción ninguna en lo que al uso del espacio se refiere. Es más, si atendemos no sólo a los espacios físicos, sino a los ámbitos estéticos desde los que se constituyen empresas o iniciativas escénicas, no encontraremos casi ninguno dedicado exclusivamente al teatro breve, aunque algunos den prioridad a estas manifestaciones dramáticas. Sin embargo, el teatro breve ha servido, en no pocas ocasiones, de cabeza de puente a la hora de emplear espacios inéditos o poco transitados por parte de un teatro que pretende la renovación estética o ideológica. Todo proyecto reformador en el teatro español del siglo XX ha encontrado en el teatro breve un banco de pruebas o un territorio en que poder ejercitar con mayor libertad sus aspiraciones de revisión estética, política, social, etc. Y toda configuración o habilitación de espacios novedosos para la representación teatral está asociada, en mayor o menor medida, a la exhibición de espectáculos breves.

Un sucinto recorrido por los lugares de representación utilizadas para el teatro breve durante el siglo XX en España puede contribuir, si no a extraer conclusiones definitivas, sí a perfilar tendencias en lo que al empleo de los espacios se refiere. Como ha explicado Barrera Maraver [1983: 161-162], el omnipresente género chico invade los locales dedicados a la comedia, al drama, a la zarzuela grande o incluso a sala de conciertos. No debe olvidarse que el Apolo, la famosa catedral del género chico, fue construido en 1873 para la representación de dramas y de la alta comedia y, sólo tras su fracaso de público en su exhibición de estos estilos, pasó a dedicarse al género chico, que se mostraba ya en otras salas. Ciertamente son muchos los locales tradicionales madrileños que acogen al género chico y a sus numerosas variantes en los años iniciales del siglo XX, sea de manera habitual u ocasional. Teatros como Apolo, Novedades, Romea, Moderno, Cómico, Zarzuela, Lara, e incluso eventualmente Eslava, la Comedia o el Martín, exhiben estas formas de espectáculo. A estas salas habría que sumar además algunos de los locales de verano. Así, los mismos espacios que sirven para el drama o a la alta comedia se utilizan para el teatro breve, aunque los teatros tienden a especializarse en un determinado género, acorde, habitualmente, con la condición social del público al que reciben, el barrio en que se ubican, su tradición, etc., especialización que, junto a la compañía titular y el elenco de los «autores de la casa», configura, en buena medida, la identidad de cada teatro. Pero las condiciones espaciales para la representación del sainete son muy semejantes a las que requieren otras modalidades del espectáculo escénico, por lo que no precisa de locales específicos.

La renovación del teatro, que en buena medida se apoya sobre la experimentación en el laboratorio del teatro breve, parecería, sin embargo, exigir espacios diferentes, dado que, sus propuestas se muestran más exigentes en sus planteamientos ideológicos y formales, y plantean una relación distinta con el público, que difícilmente tendría cabida en los teatros convencionales, pero los creadores de ese nuevo teatro se encuentran con que no existen espacios apropiados para la exhibición de sus trabajos. Las consecuencias de esa constatación son diversas. Frecuentemente se refugian en la publicación del texto y renuncian, al menos de momento, a la exhibición teatral de sus obras, precisamente porque carecen del lugar adecuado para hacerlo. Esto ocurre con no pocos textos de Benavente, Valle-Inclán, Unamuno, Max Aub, Gómez de la Serna, Antonio Espina, etc. No obstante, muchas de las piezas breves de Benavente pudieron estrenarse en los teatros comerciales, como ocurrió también con las piezas que componen la trilogía de *Lo invisible, de Azorín.*

En otras ocasiones los propios dramaturgos ponen en marcha iniciativas que tienden a habilitar espacios para escenificar sus obras. En algunas ocasiones se trata de lugares privados, no previstos inicialmente para la exhibición teatral, como son las estancias de algunos domicilios particulares, en que se constituyen algunos de los que se denominaron teatros de cámara o teatros íntimos. Lógicamente, la utilización de estos espacios fue ocasional y efímera. Las representaciones celebradas en ellos no se circunscriben necesariamente a obras teatrales breves, sino que su objetivo es mostrar aquellos textos cuyas características dramatúrgicas o su modo de llevarlos a la escena los alejen de los usos convencionales, independientemente de la extensión del texto o del espectáculo. No es extraño, sin embargo, que en el repertorio de ciertos teatros de cámara abunden las obras breves, muy adecuadas a las condiciones y a la situación de aquellos espacios eventuales. Y no es exagerado afirmar que fue el teatro breve el principal factor entre los que impulsó la búsqueda de nuevos espacios para el arte dramático más inquieto.

Aunque son muchas las tentativas que van surgiendo, ya desde finales del siglo XIX, con el Teatre Intim, de Adrià Gual, en Barcelona y algunas otras aventuras escénicas, como el Teatro de Arte, impulsado por Alejandro Miquis, o el teatro de títeres que se representa en Els Quatre Gats, *el más bohemio laboratorio artístico en opinión de Melendres* [*ADE-Teatro*, 1999: 208], fue en los años veinte cuando esta tendencia se intensifica. Acaso la referencia más significativa en lo que al teatro breve se refiere sea El Mirlo Blanco, ubicado en el salón del domicilio particular que Ricardo Baroja y su mujer, Carmen Monné, tenían en la calle Mendizábal de Madrid. El salón que se utilizó para las representaciones era una especie de dúplex, acondicionado por Ricardo Baroja y su familia con ingenio, originalidad y buen gusto, a pesar de la exigüidad de medios con que contaban, según los testimonios de que disponemos. El tiempo en que se utilizó este espacio se redujo a algunos meses de los años 1926 y 1927. Pero la iniciativa dio su fruto y de ella surgieron otros proyectos, en muchos de los cuales participaron personas que habían intervenido en los trabajos de El Mirlo Blanco. Alguna de estas iniciativas permaneció también en el ámbito del teatro íntimo, como sucedió con Fantasio, radicado en los salones del Hotel Ritz, propiedad de Rafael Martínez Romarate y Pilar Valderrama, en que ocasionalmente representó alguna pieza breve.

Otras veces se utilizaron espacios habilitados para la representación teatral en lugares que podríamos denominar semipúblicos, no vinculados a la escenificación del teatro comercial, como sucedió con El Cántaro Roto, promovido por Valle-Inclán en 1927, y que tuvo sus representaciones en el pequeño teatro del Círculo de Bellas Artes, pero el proyecto hubo de abandonarse en ese mismo año, entre otros motivos, por la falta de condiciones técnicas del local. Rivas Cherif dispuso de un «teatro de bolsillo» en la Sala Rex (que después sería el cine Pleyel), situado en Madrid, entre las calles Arenal y Mayor (a la altura del número 8). La sala, muy modesta, se servía de un escenario que era poco más que una tarima [Ucelay, 1996: 141]. El proyecto recibió el nombre

de El Caracol y la duración de sus actividades fue también muy escasa: de 1928 a 1929. Tanto El Cántaro Roto como El Caracol alterna-
ron las piezas breves con las obras de duración convencional. Poco
después, en 1934, Enrique Almarza encabeza la iniciativa denominada
también Teatro de Arte, con sede en el Ateneo de Madrid, que dio preferencia también al teatro breve. Fuera de Madrid ha de recordarse el
Teatro Mínimo, de Josefina de la Torre, en Las Palmas, que prestó atención también al teatro breve y, sobre todo, la reanudación de las actividades del Teatre Intim, de Adrià Gual, quien entre 1926 y 1927 en el
Coliseu Pompeia acogió en su programación alguna obra breve, como
*El prometatge*, de Chejov [Gallén, en Dougherty y Vilches, 1992: 166].
Alguna vez estos grupos teatrales accedieron al escenario del Teatro
Español, como sucedió con el Club Teatral de Cultura —luego
Anfistora—, de Pura Maortua de Ucelay, cuando puso en escena el *Amor
de don Perlimplín con Belisa en su jardín,* de Lorca, en programa doble con
*La zapatera prodigiosa.* Con motivo de la proclamación de la República,
y, más adelante, con ocasión del estallido de la Guerra Civil, sería la urgencia de las circunstancias la que impondría espacios diferentes para el
teatro, y, dentro de él, el teatro breve adquiría un especial relieve en determinadas empresas.

El espacio se carga de connotaciones en lo que a la intencionalidad
política y social se refiere. El deseo de las autoridades de la República y
de un amplio sector de la intelectualidad de crear un teatro verdaderamente popular y de llevar a cabo una difusión de la cultura entre todos
los ciudadanos, pero singularmente entre los colectivos que tenían un acceso más difícil a ella, tuvo como consecuencia inmediata la puesta en
marcha de varios proyectos teatrales itinerantes, como El búho —en y
desde Valencia—, La Barraca o el Teatro del Pueblo de las Misiones
Pedagógicas, que representaban sus trabajos en lugares insólitos, no habilitados para los espectáculos escénicos, en lo que constituía, por un lado,
la respuesta a una necesidad perentoria, pero, por otro, la adopción de
un compromiso que se formalizaba precisamente en la elección de ese
espacio, porque simbólicamente quería significar la devolución al pueblo
de lo que legítimamente le pertenecía. La renuncia a los espacios convencionales y la utilización de ámbitos públicos —plazas, calles, etc.— o
de lugares de trabajo y, ocasionalmente, en teatros o cines, se convertía
en elemento ideológico y adquiría un singular sentido estético, que pre-

tendía establecer otra relación radicalmente distinta con el público que acudía a presenciar los espectáculos. Esta necesidad y esta dimensión ideológica de la utilización del espacio se agudizan durante la Guerra Civil. En el bando republicano, sobre todo, pronto advierten la conveniencia de emplear el teatro como instrumento de concienciación y como medio para insuflar moral a los combatientes, y, en consecuencia, se entiende que debe ser el teatro el que se convierta en foco de agitación en la retaguardia o acuda a los lugares en que se lucha. Y esa misión descansa fundamentalmente sobre el teatro breve.

Así, el Teatro del Pueblo de las Misiones Pedagógicas realizó sus representaciones en un improvisado y modesto tabladillo [Bilbatúa, 1976: 30 y ss.], y lo mismo hizo El Búho en algunas ocasiones, cuyos actores, vestidos con el característico mono azul, se encargaban de poner en pie, como ha recogido Aznar Soler [Dougherty y Vilches, 1992: 418]. Dieste llevaría este espíritu a Nueva Escena, una de las iniciativas de la Alianza de Intelectuales Antifascistas al comienzo de la Guerra Civil, que pretende representar en los frentes las piezas breves compuestas por Sender, Alberti, el propio Dieste y tantos otros, aunque los avatares de la guerra impidieron el desarrollo que sus promotores habían deseado. Los continuadores de aquella labor, la Guerrillas del Teatro, de Alberti y María Teresa León, sí que pudieron mostrar su teatro, cuyo repertorio estaba constituido sustancialmente por piezas breves, en las plazas, en las calles y en las fábricas. Cualquier lugar, por perentorio e incómodo que parezca, resultaba adecuado para aquellas representaciones teatrales de urgencia, que tampoco desdeñaron los escenarios de los teatros convencionales cuando pudieron utilizarlos para esta finalidad. Nueva Escena se presentó en el Teatro Español. El Teatro de la Zarzuela se convirtió en la base de las Guerrillas del Teatro y el Teatro de Arte y Propaganda. En definitiva, el teatro experimental y el teatro de urgencia buscaron nuevos espacios para su representación y, aunque la presencia del teatro breve no es exclusiva, adquiere un especial relieve y se convierte además en el impulsor de esta búsqueda.

Tras la Guerra Civil, el teatro breve de carácter innovador o experimental alternó las salas convencionales con espacios no concebidos expresa o prioritariamente para la representación escénica. Eventualmente, además, se representaron obras breves en teatros comerciales, pero adheridas casi siempre a un espectáculo de duración normal, a título de fin de fiesta o de propina debida a una representación centenaria o al homenaje que se dispensaba a un actor o actriz. Los teatros institucionales, el Español y el María Guerrero acogieron ocasionalmente obras breves en programas de teatro de cámara, teatro universitario o similares, generalmente reducidas a la función única, en días o en horarios en que la programación habitual del teatro quedaba libre, situación que más tarde se extendió también a otros teatros, como el Infanta Beatriz, Lara, Goya, Recoletos, Gran Vía, etc. Entre los estrenos memorables de obras breves en los mencionados teatros institucionales pueden recordarse, a título de ejemplo, *El retablo de las maravillas,* de Cervantes, que escenificó el TEU de Modesto Higueras a comienzos de los años cuarenta en el María Guerrero, o el de *Las palabras en la arena*, de Buero Vallejo, en 1949 en el Teatro Español. En fechas ya muy posteriores los teatros institucionales siguen exhibiendo circunstancialmente espectáculos basados en piezas breves, bien mediante la fórmula de la función única o bien insertas en lo que podríamos considerar la programación regular de las salas. José Luis Alonso mostró un especial interés por este tipo de teatro, que en ocasiones ofreció mediante el recurso del programa múltiple para cubrir la duración habitual de las funciones. Así, con la compañía Teatro de Cámara ofreció *El bello indiferente,* de Cocteau, el 16 de noviembre de 1953 en el Teatro María Guerrero, para complementar *Soledad*, de Unamuno, obra en tres actos, pero de duración inferior a la habitual, y el 22 de febrero de 1954 pone en escena, también con el Teatro de Cámara y en María Guerrero *Lo invisible,* de *Azorín*. El 9 de octubre de 1962 en el mismo teatro y con su compañía titular repone *Soledad,* complementada ahora por una pieza breve unamuniana, *La difunta*. El 26 de noviembre de 1964 la fórmula se repite, esta vez con *Rinoceronte,* obra extensa de Ionesco, complementada con una pieza breve del mismo dramaturgo, *El nuevo inquilino.* También en el María Guerrero y con su compañía titular el 19 de enero de 1967 estrena un programa triple compuesto por *La cabeza del Bautista, La enamorada del rey* y *La rosa de papel,* de Valle-Inclán.

No fueron, desde luego, las únicas presencias de obras cortas en los teatros institucionales, pero la elección de estos títulos pone en evidencia la asociación entre el prestigio de los dramaturgos que los firman y el criterio para su programación, acorde con la línea seguida habitualmente por el Español y el María Guerrero, pero que se acentúa en el caso del teatro breve, al que parece exigírsele un *plus* de respetabilidad a la hora de acceder a tan ilustres coliseos.

Precisamente José Luis Alonso estuvo muy vinculado a uno de los fenómenos revitalizadores del teatro español en los años centrales del siglo. Desde el final de la década de los cuarenta hasta los comienzos de la década de los sesenta van surgiendo muchos grupos de teatro de cámara y ensayo que pretenden ofrecer al espectador textos dramáticos de mayor calidad y que no tienen cabida en el estrecho ámbito del teatro comercial, dominado por una férrea censura, por una dependencia absoluta de los ingresos de taquilla, por el mal gusto y la mediocridad dominantes y por la inercia de unas fórmulas mostrencas que amenazaban con perpetuarse. Frente a todo ello y desde perspectivas muy diferentes, surgen iniciativas diversas para representar textos emanados de los propios componentes del grupo o, más frecuentemente, para mostrar piezas escritas en otros tiempos o lugares. Naturalmente, la opción de los teatros de cámara llevaba consigo una noción de disidencia, implícita casi siempre, respecto de un sistema político, social y estético asfixiante, que se hacía efectiva mediante la exhibición de obras cuyo universo estético, intelectual y social se encontraba muy lejos del que delimitaban las estrictas y groseras prescripciones morales y políticas de la España de la dictadura.

Los grupos fueron numerosos, aunque sus perfiles, sus objetivos, sus contenidos, sus locales, sus destinatarios y sus procedimientos de trabajo distaron de ser homogéneos. De los que cultivaron el teatro breve cabe mencionar, entre otros muchos, a Arte Nuevo, Teatro Íntimo, Teatro del Duende, El Candil, Dido (Pequeño Teatro), Teatro de Cámara de Madrid, Teatro de Cámara de Barcelona, La Pipironda, Los Juglares, Los Independientes, Escena, La Carbonera, etc. Muchos de estos grupos carecían de local propio, por lo que buscaron acomodo en instituciones culturales o educativas que podían acogerlos o en teatros comerciales o públicos que les cedían el escenario para una sola función en días y horarios libres.

El Teatro del Duende, dirigido por Juan Guerrero Zamora, con la colaboración de José Luis Alonso y Alfonso Paso, presenta sus trabajos en el teatro Gran Vía. Merece recordarse el montaje de *Ligazón*, de Valle-Inclán, dirigido en este teatro por Alfonso Paso en 1950. La modesta, pero pujante, iniciativa de Arte Nuevo, dedicada de manera casi exclusiva al teatro breve, estrenó muchas de sus piezas en el Instituto Ramiro de Maeztu, pero otras pudieron verse —en función única— en salas como Lara o, sobre todo, el Infanta Beatriz. Dido (Pequeño Teatro), la iniciativa de Josefina Sánchez Pedreño alentada también por Trino Martínez Trives, prestó especial atención a un teatro breve ligado con la vanguardia de Beckett o de Arrabal. Tampoco dispusieron de sala propia y recurrieron a la función única en algunos teatros comerciales. El Teatre Viu, impulsado por Ricard Salvat en Barcelona a finales de los cincuenta, presentó sus improvisaciones y sus pantomimas en diversos espacios que se prestaron a acogerlos: desde el Teatro Candilejas al Romea, pasando por el Instituto Alemán o el Club de Tenis de Barcelona. Más tarde el Teatre Viu se transforma en la EADAG.

En 1959, y por iniciativa de Gustavo Pérez Puig, se celebró en el teatro Maravillas de Madrid el primer festival de Teatro de Cámara, cuyo jurado estaba constituido por redactores de la revista *Primer Acto*. En él estaba prevista la escenificación, por parte de Los Independientes, de Xavier Lafleur, de tres piezas breves —*Acto sin palabras,* de Beckett, *El hombre de la flor en la boca,* de Pirandello, y *El capitán Ulises,* de Lepoldo Martínez Fresno—, que finalmente no pudo llevarse a cabo. Pero Aitor de Goiricelaya, al frente del grupo Escena, presentó el primer espectáculo que se mostraba en España basado en un texto breve de Brecht: *El que dice sí y el que dice no.*

Otras de las iniciativas mencionadas pueden vincularse a la tradición de los teatros caseros, a la manera de El Mirlo Blanco, tradición que se mantuvo desde los últimos años de la década de los cuarenta hasta la de los sesenta, para desaparecer después radicalmente, al menos hasta el momento. Entre ellos, el Teatro Íntimo, dirigido por José Luis Alonso, quien en 1948 habilitó para este proyecto dos salones del domicilio de su tío, en la calle Serrano junto a la plaza de la Independencia, en Madrid. Poco después, el crítico Alfredo Marqueríe, asiduo asistente, propuso el nombre de Teatro de la Independencia, que quedó como definitivo. O el Teatro de la Carbonera, dirigido por Piedad Salas, que acogía a la aristocracia y al que acudían también algunos críticos teatrales madrileños, como Marqueríe, Rodríguez de León o Torrente Ballester. Ninguna de estas dos salas de cámara se circunscribió al teatro breve, desde luego, pero este modelo escénico tuvo alguna consideración en ellos. En el Teatro Íntimo se representaron, entre otras obras breves y como anécdota curiosa, tres piezas escritas por tres críticos madrileños: Alfredo Marqueríe (*El agua hierve*), Eduardo Haro Tecglen y Jorge de la Cueva. Tres dramaturgos, entre ellos Joaquín Calvo Sotelo, quedaron encargados de redactar la crítica. En el Teatro de la Carbonera se escenificó en 1953 *Antes del desayuno,* de Eugene O'Neill.

A las tentativas de los diversos teatros de cámara se suma el vasto tejido de los teatros universitarios. Creado bajo el impulso político de la Falange, poco a poco el teatro universitario se emancipa de las directrices del SEU, del que depende orgánicamente, para buscar su propio discurso. No fue extraño que recurriera para ello, con alguna frecuencia, a determinados textos del teatro breve, aunque no fue su opción preferente. Ha de destacarse cómo, entre las piezas cortas elegidas, las escritas por Valle-Inclán se convirtieron en una de las señas de identidad de este movimiento teatral, que se extiende por universidades y facultades de muchas ciudades españolas: Madrid, Barcelona, Valencia, Sevilla, Zaragoza, Salamanca, San Sebastián, Murcia, Santiago de Compostela, Tenerife, Oviedo, Granada, etc. La vigorosa actividad del fenómeno teatral universitario, acorde con el impulso que tomaba también en muchos otros países europeos, aporta con el tiempo actores, directores de escena y dramaturgos profesionales que contribuyen decisivamente a la transformación del teatro español.

Los salones de actos de los colegios mayores o los paraninfos de las facultades y, con menor frecuencia, las salas de teatro convencionales se utilizaron para exhibir aquellas producciones del teatro universitario, que parece haber nacido propenso a la itinerancia, acaso como consecuencia de la exigüidad de medios a la que se ve reducido o impulsado por una vitalidad que rebosa los límites de su propio ámbito o, en algunos casos, como consecuencia de su deseo de llegar a públicos populares, en lo que constituye una tentativa de continuidad de la labor desarrollada por los grupos universitarios como La Barraca, El Búho o las Misiones Pedagógicas, durante la República. Para este propósito el teatro breve resultaba extraordinariamente útil y así lo confirma, por ejemplo, el repertorio del TEU de Zaragoza, dirigido por Juan Antonio Hormigón, durante la campaña de extensión cultural de 1963 y 1964. Los grupos universitarios, además, se desplazan con frecuencia a otros lugares con motivo de encuentros o festivales.

Esta vocación itinerante la hereda el teatro independiente. Sus componentes se desplazaron incansablemente por pueblos y ciudades españolas, en cuyas plazas representaban siempre que podían sortear la mirada vigilante de la censura. Esta itinerancia parecía recuperar el espíritu de las Misiones Pedagógicas o de La Barraca y alcanzó tal intensidad que aquellas desvencijadas furgonetas se convirtieron en uno de los iconos del movimiento de los independientes. El teatro independiente había surgido en los primeros años de la década de los sesenta y su aparición tuvo mucho que ver con la crisis a que se vio abocado el teatro universitario, cuya dinámica trayectoria fue abortada por las autoridades de la dictadura. Muchos de sus componentes abandonaron entonces los viejos Teus y pusieron en marcha grupos con autonomía propia que conformaron uno de los movimientos más vitales y fecundos de la escena española contemporánea, que se puebla de colectivos de teatro independiente hasta comienzos de la década de los ochenta. Pero su origen ha de relacionarse también con la evolución de los teatros de cámara [Fernández Torres, 1987: 17], que pretenden abandonar una actitud considerada como elitista, en busca de un público más amplio, relacionado con segmentos sociales tradicionalmente ausentes del espectáculo teatral. Esta preocupación supone uno de los motivos recurrentes de debate y de revisión de propuestas a lo largo de la historia del independiente.

En los años ochenta algunos grupos se insertan en el sistema y adoptan una factura marcadamente comercial, otros evolucionan hacia estructuras más complejas, acordes con los vertiginosos cambios que se están produciendo en los años de la Transición, y otros, finalmente, se disuelven como tales colectivos, aunque muchos de sus componentes se integran en diversas modalidades y niveles del teatro profesional. Aunque alguno de sus colectivos continúa manteniendo una actividad testimonial, el movimiento puede considerarse concluido en los primeros años ochenta.

En muchos de los grupos independientes las piezas cortas ocupan un espacio considerable, aunque, desde luego, no exclusivo ni siquiera dominante. La agilidad y la frescura características del teatro breve se adaptaban muy bien al desparpajo y al espíritu inconformista y provocador propio del independiente, a su obstinada búsqueda de nuevos públicos, populares y juveniles, diferentes de las clases burguesas y acomodadas que poblaban las salas comerciales, a su intención crítica y burlesca o a su propósito didáctico y de agitación política.

La versatilidad que caracteriza a los independientes les lleva a representar en espacios muy distintos, a los que se adaptan por vocación o por necesidad. Los colegios mayores y los paraninfos universitarios o los salones de actos que ocasionalmente prestan otras instituciones públicas o semipúblicas, son algunos de sus locales preferidos, pero su voluntad de llegar a espectadores insólitos y lograr una mayor eficacia social llevan sus espectáculos a plazas y a calles de lugares poco frecuentados por el teatro, a los locales de asociaciones de vecinos, a canchas deportivas, a dependencias parroquiales, a cines de barrio, a clubes sociales, etc., e incluso establecen circuitos para llegar a los trabajadores en la emigración. Sin embargo, el teatro independiente pudo abrir salas teatrales, de posibilidades reducidas en ocasiones, aunque su uso resultó eficaz y adecuado sus propósitos. En un interesante trabajo sobre la cuestión, Guillermo Heras [1994: 49-60] menciona algunas de ellas: la Sala Cadarso en Madrid, Villarroel y Diana en Barcelona, Micalet y Valencia Cinema en Valencia o el Lebrel Blanco en Pamplona. Además, el independiente celebró actuaciones en algunas salas comerciales singulares, como los teatros Alfil o Lavapiés en Madrid o Capsa de Barcelona. Especial acogida dispensó también al independiente el Pequeño Teatro Magallanes, que funcionó entre 1971 y 1976, vinculado al Teatro Experimental Independiente (TEI) y que no fue ajeno tampoco al teatro breve.

En los años de la Transición se ponen en marcha algunas iniciativas que en cierto modo establecen un puente entre el independiente y el nuevo teatro alternativo. Algunas de ellas se ocuparon también del teatro breve, por ejemplo, el Teatro Fronterizo, promovido por José Sanchis Sinisterra en 1977, que establecería poco más tarde su sede en la Sala Beckett, y el grupo Estable del Gayo Vallecano, fundado en 1978 por Juan Margallo, y que alquiló una sala con la que se pretendía ofrecer un referente teatral en el marco de un barrio popular, pero que tuvo que cerrar definitivamente sus puertas en 1984. Y cabe mencionar también a la Tartana, colectivo que se establece en la Sala Pradillo, espacio que ha seguido funcionando hasta la actualidad.

Durante el período democrático se intensifica la escenificación del teatro breve, fundamentalmente desde la década de los ochenta. La Sala

Olimpia, sede del Centro Nacional de Nuevas Tendencias Escénicas, que dirigía el propio Guillermo Heras, acogió numerosas piezas breves de autores entonces emergentes (Marqueríe, Caballero, del Moral, Alas, Esteve Grasset, etc.), publicó los primeros trabajos de dramaturgas incipientes (Sara Molina, Itziar Pascual, Daniela Fejerman), coprodujo espectáculos basados en textos breves de creadores jóvenes (Sara Molina, Paloma Pedrero, Rodrigo García, Caballero, del Moral, etc.) y recuperó incluso algún texto breve de la vanguardia histórica (Bergamín, Gómez de la Serna) o de la posvanguardia (Francisco Nieva). El Centro Nacional de Nuevas Tendencias Escénicas se dedicó, como su nombre indica, a exhibir y contrastar las propuestas más arriesgadas e innovadoras que se producían en el panorama escénico español y el teatro breve adquirió en su programación un peso considerable, aunque no fue la manifestación teatral preponderante.

La Sala Olimpia ofrecía un interesante equipamiento técnico y escénico, una infraestructura que permitía ciertas audacias en el espectáculo y una atractiva combinación entre la prestancia de un teatro institucional y un cierto grado de informalidad y desenfado, que, sumada a la versatilidad de la disposición espacial de la sala, no sólo permitía una posibilidad constante de reformular la escenificación, sino que propiciaba una sensación de proximidad cómplice o inquietante, que parece inherente al mejor teatro breve.

Muchos de los colectivos que provenían del teatro independiente y otros grupos nuevos surgidos de aquel impulso o nacidos al calor de los acontecimientos sociales y estéticos que se iban produciendo apresuradamente en la España de los primeros ochenta trataron de que las artes escénicas ocuparan nuevos espacios físicos, ajenos a la convención teatral, tales como mercados en desuso, estaciones de ferrocarril o de metro, plazas más o menos concurridas, parques, etc., en un movimiento cuya continuidad parece haber quedado truncada en los últimos años, vencido acaso por un pragmatismo y una inercia paralizadora.

Mientras tanto, algunos de los creadores más inquietos ponen en marcha, tanto en Madrid como en Barcelona y en otras ciudades españolas, las salas alternativas, espacios reducidos y de condiciones materiales humildes, ubicados en lugares céntricos de las ciudades, pero fuera de los barrios en que tradicionalmente se sitúan los teatros. Se trata de salas como la Beckett, Pradillo, Cuarta Pared, Triángulo, El Canto de la

Cabra, Ensayo 100, Malic, Galán, etc., cuyas características de versatilidad, proximidad al público, aire informal y familiar, ausencia de elementos ornamentales y carencia de barreras entre el espectador y el actor —se han suprimido el telón de boca y la caja escénica, y el escenario se encuentra en el mismo nivel que el patio de butacas— han propiciado espectáculos más innovadores, menos pretenciosos y con un mayor grado de libertad estructural y formal, en que el teatro breve encuentra un espacio singularmente propicio. Muchas de estas salas han permitido que los creadores se ejerciten en el teatro breve —cuya escritura y exhibición han impulsado decididamente, aunque éste no aporte el grueso de su programación— como medio de formación de dramaturgos en ciernes o como ámbito de experimentación actoral y técnica. En estas salas se han dado a conocer textos breves de dramaturgos españoles contemporáneos, como Sanchis Sinisterra, Rodrigo García, Juan Mayorga, José Ramón Fernández, Luis Miguel González, Raúl Hernández, Paco Zarzoso, Lluisa Cunillé, Angélica Lidell, etc.

Lejos de ser práctica habitual, no es tampoco insólito que algunas salas comerciales u otros teatros institucionales hayan mostrado espectáculos a partir de piezas breves. Un caso significativo fue la programación de *El combate de Ópalos y Tasia,* de Nieva, en el Teatro Fígaro de Madrid, bajo la dirección de José Luis Alonso. Muy recientemente el Teatro María Guerrero ha habilitado la denominada Sala de la Princesa, un espacio de cien localidades, aproximadamente, en que se han exhibido sobre todo obras breves.

## II. Los actores. Las representaciones

La dedicación actoral al teatro breve sólo por excepción es exclusiva. No parece que la actuación en obras cortas requiera cualidades específicas, esencialmente distintas del teatro de duración convencional, por lo que los actores comparten su trabajo en las piezas cortas con su interpretación de otras fórmulas escénicas, ni que la actuación en aquéllas exija unas técnicas interpretativas diferentes. Si acaso, determinadas líneas seguidas por el teatro breve han estado asociadas a una cierta perentoriedad. El género chico ha estado sometido no pocas veces a cambios continuos y vertiginosos de repertorio, los teatros de cámara y experimentales abocados a la función única, determinadas iniciativas universitarias o del teatro independiente, sujetas a la arbitrariedad de la censura, de manera que, con alguna frecuencia, los actores se han visto obligados a preparar sus papeles sin saber con certeza si su esfuerzo podría lograr algún resultado o conociendo de antemano la exigüidad de la recepción con que esa labor quedaría recompensada.

Por lo demás, algunos cómicos se especializan en determinados géneros y ciertas tendencias escénicas parecen exigir, dadas sus peculiares circunstancias, actores con perfiles concretos, como ocurre, por ejemplo, con el teatro universitario o con el teatro de urgencia. Pero esa singularidad, cuando se produce, afecta a géneros o tendencias y rara vez a la extensión de la obra representada, aunque, ciertamente, en las modalidades y concepciones del arte dramático que suelen acoger con más prodigalidad al teatro breve, como el teatro de cámara, el teatro político de urgencia, el teatro experimental, el teatro universitario, el teatro independiente o el alternativo, por ejemplo, advertimos la presencia, junto a actores profesionales ya consolidados, de cómicos vocacionales, de actores incipientes, de aficionados ocasionales o de jóvenes voluntarios que se adhieren a una causa significada por ese teatro. Paralelamente, en el teatro comercial y el teatro público se han desarrollado fórmulas diversas en que el teatro breve tiene cabida —esporádica o continuada— y se han empleado en ellas muchos actores profesionales de reconocido prestigio. Tampoco en este aspecto el teatro breve es sinónimo de teatro menor.

El teatro español contaba con una fecunda tradición en lo que al actor cómico se refiere, de la que pudo nutrirse el género chico y sus variantes. Actores de intensa dedicación profesional, y de inequívoca vocación escénica, que contaban con la complicidad y la simpatía de un público entregado, al que le resultaban, sin duda, divertidos y entrañables, encarnaban una y otra vez a los estereotipos del género, que pedían una composición de los personajes hiperbólica, caricaturesca y cómicamente eficaz. Pero, además, la frecuente presencia de partes cantables requería algunos intérpretes capaces de afrontarlos, lo cual exigía un perfil actoral más completo y versátil. Algunas actrices de brillantes trayectorias y riqueza y variedad de registros, como Lola Membrives, Rosario Pino, María Palou, Joaquina del Pino o Leocadia e Irene Alba, entre otras, figuraron en su juventud como tiples en obras del género

chico. En los años finales del XIX y primeros del XX alcanzaron noto-
riedad en el teatro por horas en el Lara —donde se representaban las
obras habitualmente sin música— actrices como la veterana Balbina
Valverde, maestra de actrices cómicas, y actores como Rubio, Ruiz de
Arana, etc., y, en otros teatros, Emilio Mesejo, Ramona Valdivia, José
Santiago y otros muchos.

Pero, posiblemente, la compañía que durante más tiempo y con mayor asiduidad se dedicó al sainete y sus variantes fue la que encabezaba
la pareja compuesta por Loreto Prado y Enrique Chicote, quienes se establecieron en el teatro Cómico, aunque actuaron también en otras salas, como La Latina o Eslava. Chicote oficiaba de empresario, primer
actor y director de escena de la compañía, pero era su mujer, Loreto
Prado, la actriz cómica que concitaba las simpatías del público y la que
aporta una de las principales y más populares encarnaciones del género.
Muchos críticos y testigos de sus actuaciones alabaron su profesionalidad, su vis cómica y su simpatía. Zamacois hizo hincapié en que Loreto
Prado inspiró sustancialmente a los autores del género, que se esforzaban
en imaginar personajes para ella [Zamacois, 1991: 165]. También cultivó
con éxito el sainete la pareja formada por Valeriano León y Aurora
Redondo. Valeriano León se había formado en la compañía de Chicote
y Prado. Sin embargo, la mayoría de estos actores compaginaron en su
actividad profesional las obras breves con las de duración convencional
y se ocuparon de géneros y estilos muy diferentes. Algo semejante ocurre con quienes interpretaron muchas de las obra breves benaventinas. Y
puede recordarse cómo la compañía de Rosario Pino había estrenado
*Doctor Death de 3 a 5* y *El segador,* de *Azorín,* en el Teatro Pereda de
Santander.

Las obras que se presentaron en los teatros de cámara anteriores a la
Guerra Civil contaron frecuentemente con una combinación de actores profesionales y aficionados, muchas veces con preferencia para estos
últimos, como ocurrió en los inicios del Teatre Ìntim de Adrià Gual. La
decisión de diferenciarse de los teatros comerciales al uso y la voluntad,
en el caso de El Mirlo Blanco, por ejemplo, de convertir el espectáculo casero en una reunión social y, en cierta medida, en un pasatiempo
liberaba a sus promotores de las exigencias que imponían los teatros profesionales y de la necesidad de obtener resultados eficientes. En los repartos figuraron los propios promotores, sus familiares y sus amigos.

Entre ellos puede recordarse a Ricardo, Pío y Carmen Baroja, Rivas Cherif, Francisco Vighi, Natividad González —la más valorada por los componentes del grupo y por ciertos críticos—, Carmen Monné, Gustavo Pittaluga, Carmen Abreu, Raymonde Back de Goldemberg, Carmen Juan, Isabel Oyarzábal, Josefina Blanco, Eusebio Gorbea y otros amigos de la familia, de los que sólo dos o tres habían actuado profesionalmente en los escenarios. Algo semejante ocurrió con el Club Teatral de Cultura, que contó para el reparto del *Perlimplín* con Santiago Ontañón, Pilar Bascarán, Pilar García (madre de aquélla) y Lola Palatín. Varios de los intérpretes citados actuaron también en los grupos y espacios que sustituyeron a El mirlo Blanco.

A pesar de la condición de aficionados de sus actores, las representaciones de El Mirlo Blanco fueron cuidadas con esmero, no obstante la modestia de los medios, y sus promotores procuraron experimentar nuevas formas de teatralidad. La fascinación que habían producido los Piccoli de Podrecca influyó, sin duda, en la utilización de técnicas propias de títeres y marionetas para sus representaciones, en que los actores aparecen caracterizados como muñecos y remedan sus movimientos. Los decorados de Ricardo Baroja para *Ligazón* resultaron particularmente acertados e incluían un paisaje bañado por la luz de la luna y la construcción de una puerta y una ventana practicables, que dejaban ver una habitación en que transcurría una escena, a pesar de las reducidas dimensiones del improvisado escenario [Baroja, 1998: 187]. Los efectos especiales se atendieron también de una manera ingeniosa y eficiente.

Tampoco se nutrieron de actores profesionales iniciativas como las Misiones Pedagógicas, El Búho o La Barraca, sino de universitarios que se sumaron voluntariosamente a los proyectos. La Barraca, que no imprimía programas de mano, mantenía el anonimato de los actores, para resaltar así lo colectivo y diferenciarse de la férrea jerarquización propia del teatro comercial, auque conocemos sus nombres, ya que han sido publicados en trabajos y testimonios diversos, entre ellos el de Sáenz de la Calzada [1998], quien explica también con algún detalle las características de las representaciones, muy brillantes desde la perspectiva musical y plástica, aunque, a juzgar por otros testimonios, debieron de serlo menos en lo que a la interpretación actoral respecta. Cabe recordar el nombre de Modesto Higueras, quien, tiempo después, sería el director del TEU y del Teatro Nacional de Cámara y Ensayo. El Teatro de Arte y Propaganda y las Guerrillas del Teatro combinaron también actores profesionales —Edmundo Barbero, Juana Cáceres, Andrés Mejuto fueron los más notables— con muchachos jóvenes, como Salvador Arias, que se adhirieron a la iniciativa de María Teresa León, quien se sumó también en alguna ocasión al elenco.

El teatro de la primera posguerra verá excepcionalmente a los actores de las más prestigiadas compañías de comedia interpretar alguna pieza breve con motivo del centenario de alguna función o alguna otra circunstancia conmemorativa. Pedro Porcel, Amparo Rivelles, Guillermo Marín, Paula Martel, José María Mompín o Alfredo Landa, por ejemplo, figuraron en alguno de aquellos elencos de piezas escritas por Jardiel o Mihura.

En los repartos de Arte Nuevo nos encontramos con nombres de actores entonces incipientes, aunque muchos de ellos desarrollarán después una amplia carrera profesional, como Encarna Paso, Enrique Cerro o Fernando Dicenta, y también con nombres de creadores que han desarrollado su trabajo profesional en el ámbito teatral, pero, habitualmente, no en calidad de actores, como sucede con Miguel Narros o el propio Alfonso Paso. Junto a ellos figuran también nombres de personas que no siguieron la carrera teatral.

El Teatro de la Independencia de José Luis Alonso se encaminó enseguida hacia la completa profesionalidad. Contó con actrices como Berta Riaza o Margarita Lozano, cuya carrera ha continuado con especial brillantez prácticamente hasta nuestros días. El nombre de Miguel Narros figura también en sus repartos. La experiencia de José Luis Alonso y Carmen Troitiño al frente del Teatro de Cámara está apoyada por la presencia de actrices de la talla de María Luisa Ponte o María Fernanda D'Ocón, que intervienen en algunas de las piezas breves escenificadas por la compañía. En los elencos de los espectáculos de Teatro del Duende dedicados al teatro breve aparecen también nombres de actrices prestigiosas, como Julia Delgado Caro o Julia Pachelo.

Y en las piezas cortas montadas por José Luis Alonso para el María Guerrero figuran actores como Antonio Ferrandis, Florinda Chico, Manuel Gallardo, Félix Navarro, Margarita García Ortega, Rafaela Aparicio, Julia Trujillo, Ana María Ventura, Yolanda Cembreros, Alfonso del Real, etc. Vinculados a las iniciativas de Piedad Salas en La Carbonera aparecen los nombres de Adela Carboné, Pastor Serrador o Josita

Hernán. Dido (Pequeño Teatro) contó con actores profesionales y mantuvo un vigente nivel en sus representaciones, de modo que se convirtió en un indiscutible referente de calidad.

El grupo Escena, dirigido por Aitor Goiricelaya y José Moraleda escenificó *El que dice sí y el que dice no,* de Brecht, en 1959 en el marco del I Festival de Teatros de Cámara celebrado en Madrid. Era la primera vez que se presentaba una obra del dramaturgo alemán y el esfuerzo de Goiricelaya fue notable a juzgar por los testimonios y fotografías del evento, aunque el comentario crítico que Monleón publicó en *Primer Acto* muestra algunas reticencias. Precisamente Monleón, en un interesante trabajo de conjunto sobre el teatro de cámara [García Lorenzo, 1981: 411-421], insistía en los perjuicios que causaba la circunstancia de la función única, que impedía la formación de compañías estables y traía a los espectáculos la inestabilidad de los elencos, compuestos ordinariamente por actores de segunda fila, que interpretaban funciones poco ensayadas, en que se oía la voz del apuntador y las que las escenografías eran precarias.

Los teatros universitarios se nutrieron, lógicamente, de estudiantes que, inicialmente, se acercaron al teatro por afición, por el deseo de satisfacer sus inquietudes culturales o, también, a partir de los años cincuenta, con el fin de adoptar un compromiso de carácter político y social. Muchos de los estudiantes que militaron en el teatro universitario desembarcaron después en el teatro independiente o en la escena profesional, bien como actores o como directores, dramaturgos u otros oficios escénicos. La nómina de los intérpretes profesionales que se forjaron en el teatro universitario es amplísima y encontramos en ella a actores y actrices de diversas generaciones, estilos y trayectorias. A título de ejemplo puede recordarse a Jesús Puente, Julián Mateos, Alfredo Landa, Pedro Civera, Ramón Corroto, Juan Antonio Quintana, Santiago Ramos, Mariano Anós, Juan Meseguer, Gemma Cuervo, Amparo Baró, Mari Paz Ballesteros, Charo López, Rosa Vicente, etc.

El teatro independiente se nutrió en sus inicios de jóvenes que provenían de las universidades o de las escuelas de Arte Dramático, que se postulaban precisamente como una alternativa al teatro profesional del momento. Con el tiempo muchos de ellos se profesionalizaron y se insertaron en la vida escénica regular, ya como actores o, en otros casos, como dramaturgos, directores de escena, gestores, etc. Otros muchos, sin embargo, abandonaron definitivamente el teatro años más tarde. Aunque muchos actores y creadores se enorgullecen hoy de proceder del independiente, en su momento, prefirieron el anonimato y sus nombres se ocultan celosamente en los programas de mano, en que suele faltar la referencia al reparto.

Pese a su alejamiento inicial de los sectores profesionalizados —o quizás precisamente por ello— fueron los actores vinculados a cierto teatro universitario y —sobre todo— al teatro independiente quienes contribuyeron no sólo a renovar el arte de la interpretación, sino también la condición del actor en sus aspectos estéticos, sociales, políticos, laborales, etc. La consideración del actor como artista que contribuye decisivamente a la creación del espectáculo [Doménech, 1966: 111; Cornago, 2000: 180 y ss.] y la exigencia de que el cómico adopte un compromiso con su propia labor [Doménech, 1966: 115 y ss.] se convierten en dos principios inexcusables en la actuación escénica, que el teatro independiente procuró llevar a término. Desde estas convicciones los actores del independiente tratan de poner en práctica —a veces con una dosis de auto didactismo voluntarista muy superior a los conocimientos precisos sobre la materia— los métodos de interpretación enseñados por Stanislavsky, Brecht, Meyerhold, Grotowsky, etc., cuyos escritos, en la medida en que se podía acceder a ellos, eran leídos con avidez y discutidos con pasión. La intención de estos grupos era ofrecer a la escena actores nuevos, romper con una tradición de los cómicos convencionales, que consideraban anquilosados y estáticos.

Algunas de las consecuencias de esta actitud se encuentran en el énfasis que pusieron en el desarrollo de la gestualidad y la expresión corporal, en el predominio de una estética farsesca y un aire desenfadado y juvenil, o en la pretensión de destacar lo colectivo en detrimento del individualismo, como forma de contraposición a la tradicional jerarquía profesional, elementos que se convierten a veces en emblema de algunos grupos del teatro independiente. La comicidad satírica, crítica y sarcástica —a veces de sal gruesa—, el guiño cómplice y la utilización de las mallas y la cámara negra, completaría la iconografía del independiente. En el repertorio de teatro breve preferido por este movimiento destacan las obras de Brecht, Beckett, Ionesco, Mrozek, Valle-Inclán, Lorca, Arrabal, Rubial, etc.

La nómina de los grupos que cultivaron el teatro breve es amplísima, pero ha de recordarse a algunos como Los Goliardos, dirigidos por Ángel Facio, una de las formaciones pioneras de este movimiento, entre cuyas escenificaciones merecen citarse *Strip-tease* y *En alta mar,* de Mrozek, en 1967, *Acto sin palabras,* de Beckett, en 1968, y, sobre todo, *La boda de los pequeños burgueses,* de Brecht, en 1970; a Bululú, dirigido por Antonio Malonda y Jesús Sastre, que habían cultivado especialmente el mimo y el trabajo corporal, y llevaron a escena en 1967 *La excepción y la regla,* de Brecht; a Esperpento, de Sevilla, o a Tábano, dirigido por Juan Margallo, que escenificó en 1972 el *Retablillo de don Cristóbal,* de Lorca, espectáculo que el propio Margallo consideraba el mejor trabajo del grupo [Alonso de Santos y Cabal, 1985: 95], a pesar de que cierta crítica se mostró muy reticente ante aquel espectáculo.

Las representaciones de teatro breve en la Sala Olimpia contaron con medios técnicos estimables y, sobre todo, con el compromiso de su director, empeñado en reivindicar el valor tanto de las nuevas dramaturgias españolas —y extranjeras— contemporáneas como la vanguardia histórica, mediante una escenificación moderna, exigente y rigurosa, que pretendía recuperar el tiempo perdido y ponerse al día de los grandes movimientos escénicos europeos. Grupos y compañías entonces emergentes, de muy distinta orientación estética, como Producciones Marginales, Arena Teatro, La Tartana, La Carnicería, alumnos de la RESAD, etc., compartieron programación con actores, directores y grupos experimentados. El propio Guillermo Heras, Jesús Cracio, Emilio Hernández, el Teatro de la Ribera de Zaragoza, etc., se encargaron de poner en escena algunos espectáculos basados en piezas breves.

Las representaciones de teatro breve en las salas alternativas ha corrido generalmente a cargo de grupos y compañías jóvenes, con frecuencia incipientes, aunque, paulatinamente, las compañías titulares de las salas más veteranas —Beckett, Pradillo, Cuarta Pared, Galán, etc.— se han ido afianzando y han acometido, entre otras propuestas, la escenificación de obras breves. La exigüidad de recursos económicos se ha compensado frecuentemente con la energía, la ilusión y la pujanza de los actores, pero también con la imaginación de jóvenes directores de escena o, complementariamente, con una búsqueda de la estilización o el minimalismo en las escenificaciones, con la apelación a la complicidad del público, con el desarrollo de una estética austera, pero no carente de rigor, y de unos lenguajes escénicos que no requieran medios materiales abundantes, ni complejos resortes técnicos. Por lo demás, las salas han podido acoger a compañías que han ido perfilando trayectorias singulares dentro del territorio de la vanguardia, que muestran sus trabajos durante unos pocos días a un público —reducido— que sigue fielmente su evolución. Entre ellas, Matarile, La Carnicería, Atrabilis, Q Teatro, etc.

# LA TEORÍA DRAMÁTICA

por *Eduardo Pérez-Rasilla*

## I. Algunas reflexiones previas

El teatro breve se distingue, naturalmente, por su duración, muy inferior al tiempo que se dedica a los espectáculos dramáticos convencionales. Pero no resulta fácil establecer de una manera precisa cuál sea esa duración. Tradicionalmente se convenía en considerar teatro breve a las piezas que se limitasen a un solo acto y ese criterio podría servir como referencia para las obras breves de las primeras décadas del siglo XX, pero algunas circunstancias que han caracterizado la evolución del espectáculo dramático, como el debilitamiento de la noción de acto, la tendencia a una reducción temporal de las funciones o la proclividad a la mezcla de géneros y formas teatrales y parateatrales, entre otras que podrían mencionarse, plantean mayores dificultades a la hora de fijar taxativamente límites entre lo que es o no teatro breve. Por lo demás, a lo largo del siglo XX conviven piezas de muy diferente amplitud. Desde aquellas que incluyen varios cuadros y cuentan una historia estructurada, como si pretendieran apurar las posibilidades que la constricción a un solo acto exige el género, hasta las opciones de las denominadas *mini piezas*, que aparecen en los años de las vanguardias y cuya utilización se ha ido intensificando en distintos períodos hasta nuestros días, en que conoce un especial florecimiento.

Otro elemento relevante del teatro breve tradicional tenía que ver con su dependencia de las obras extensas, a las que acompañaba en el espectáculo, o con la necesidad de constituir programa con otras obras breves, como sucedía en el teatro por horas. Pero en el transcurso del siglo XX deja de ser extraña la representación autónoma de una pieza breve, bien en el marco de una situación excepcional o de urgencia o bien en el entorno del teatro de cámara, universitario, alternativo u otras fórmulas de índole muy diversa, bien como ejercicio de trabajo actoral de un solo intérprete o de una compañía con características muy definidas. Por lo demás, la escritura de la pieza breve constituye para los dramaturgos ocasión de ejercicio literario, cuyo fin inmediato no es necesariamente el escenario, sino la publicación destinada al lector común o especializado, o su uso como material de trabajo, bien para la docencia a través de cursos, talleres, seminarios, etc., bien como parte de un proceso de construcción de obras extensas o de ciclos diversos.

Significativamente, el cuestionamiento de los criterios de duración y la adquisición de una entidad propia, independiente de la obra extensa, han contribuido a prestigiar al teatro breve, que prefiere esta denominación a la de menor, más cargada de connotaciones peyorativas, y que conoce además el intento de reivindicarlo como teatro de calidad [García Lorenzo, 1983; Huerta Calvo, 1992: 285-294]. Paralelamente, los dramaturgos que han cultivado el teatro breve han enriquecido hasta lo insospechado sus posibilidades temáticas, estéticas y sociales y han roto los diques que tradicionalmente contenían esta forma escénica.

De modo paralelo, en el ámbito de la creación se han suscitado recientemente algunas reflexiones sobre el fenómeno del teatro breve. Eduardo Quiles con su revista *Art Teatral,* especializada en el teatro de corta duración y que viene publicándose desde 1987, ha aportado un interesante foro para la edición, la teorización y el debate de lo que él denomina *mini piezas,* lo que, a su vez, ha constituido una preocupación del citado editor y dramaturgo [2001]. Por su lado, Sanchis Sinisterra ha conducido hacia la pieza breve una parte de su reflexión dramatúrgica [2002, 2003]. A pesar de ello, las reflexiones teóricas específicas sobre el teatro breve no han alcanzado el volumen que parecería sugerir su empleo en el ámbito de la escritura. Sin embargo, ha de destacarse cómo a lo largo de todo el siglo XX se reivindica —casi siempre de forma más implícita que explícita— el teatro breve como expresión dramática de calidad y prestigio equiparables a la obra extensa, lo que implica una exigencia de rigor en la escritura y una responsabilidad acorde con esa exigencia, sobradamente cumplidas por los dramaturgos que se han acercado al género, conscientes de que el tea-

tro breve constituía una expresión artística de valor semejante al que ya
se concedía a la tragedia, a la comedia y al drama.

El tercer rasgo distintivo que tradicionalmente se asigna al teatro breve se relaciona con la comicidad [García Lorenzo, 1983: 182], característica atinada y pertinente para una buena parte del corpus, aunque la noción
de comicidad haya de ampliarse en muchos casos al concepto contiguo de
humor. Ciertamente, la larga tradición de la que procede el teatro breve
que se representa en España en los albores del siglo XX tiene mucho que
ver con la comicidad y con el cultivo de un costumbrismo que, en ocasiones, puede adquirir carácter satírico o moralizante y, en otras, explotar
el pintoresquismo de personajes y situaciones, consideradas, según la expresión que Torrente Ballester aplicaba al sainete, como *hecho diferencial*
[1968: 72]. Sin embargo, el teatro breve desborda pronto los estrechos límites del costumbrismo para explorar las insospechadas posibilidades de la
comicidad y el humor, lo cual genera una enorme variedad de modelos
estilísticos, pero también dramatúrgicos.

No obstante, algunas de las tendencias del teatro breve del siglo XX
han buscado caminos que divergen de la comicidad, acaso como alternativa a un paradigma que, pese a su extraordinaria versatilidad, dejaba
fuera perspectivas que podían tener cabida en el ámbito del teatro breve. Precisamente la experimentación formal y temática constituye otra
de las notas características del teatro breve en el siglo XX, liberado de
las rigurosas exigencias de la representación comercial. El resultado es
una formalización heteróclita de la pieza breve que propicia una muy
compleja tipología.

Cabe apuntar además la aparición recurrente de la violencia, sea física o verbal, consumada o simplemente insinuada, presentida o desarrollada, ejecutada o reducida momentáneamente al ámbito de la
amenaza, dolorosa o rebajada por la comicidad, como un elemento que,
si no es imprescindible, sí es frecuente en el teatro breve del siglo XX.

Para concluir provisionalmente con una primera relación de notas
caracterizadoras, hay que subrayar la obligada tendencia a la esquema-
tización, bien de la trama, reducida en ocasiones a un mero apunte o
a lo incisivo de una única situación, bien de los personajes, cuya evolución se ve drásticamente constreñida por la brevedad de la obra, lo
que explica la tendencia a la utilización de estereotipos, arquetipos, figuras corales, remedos paródicos o irónicos de mitos o de grandes per-

sonajes literarios o dramáticos, caricaturas evidentes de personajes sacados de la realidad, abstracciones simbólicas u otras fórmulas que liberen al dramaturgo de la imposible tarea de configurar y desarrollar un personaje a lo largo de tan exiguo lapso temporal. El espectador se encuentra con un personaje construido *a priori*, colocado *ad hoc* en una determinada situación. Esta circunstancia explica que, con escasas excepciones, el teatro breve no aporte grandes personajes originales a la historia del teatro reciente. El teatro breve, sin embargo, ha brindado excelentes situaciones dramáticas, chispeantes esbozos cómicos, acertadas y eficaces caricaturas, sugestivas formalizaciones simbólicas, interesantes soluciones constructivas y estructurales destinadas a la síntesis de la narración escénica, pretextos para ejercicios dramatúrgicos e interpretativos y, sobre todo, una magistral exploración de las posibilidades del lenguaje y de la insospechada capacidad de la pieza corta para el discurso crítico y revulsivo.

Para la propuesta de las siguientes tipologías, parece conveniente atender tanto a los criterios temáticos como a los formales. Entre los primeros se ha considerado especialmente lo referido a la intencionalidad del dramaturgo, al uso de motivos y referentes y a la relación que pretende establecer con la realidad circundante. Entre los segundos se examinan la codificación dramática y su relación con los géneros y modos tradicionales, la perspectiva y la actitud desde las que contempla sucesos y personajes, la concepción de la situación y la configuración de la trama, la construcción de los personajes, el tratamiento del espacio y del tiempo, y el lenguaje dramático, tanto desde la faceta de la verbalidad de los diálogos como de la gestualidad, la acción física y la relación con los objetos y la posibilidad que éstos tienen de adquirir significados que vayan más allá de lo funcional. Se da prioridad, por tanto, a los criterios sincrónicos, por cuanto se pretende rastrear la permanencia de una serie de rasgos ideológicos y formales a lo largo de etapas históricas diferentes, pero este análisis implica también la consideración de las relaciones entre los diversos paradigmas y los períodos históricos en que se desarrollan, o, en algunos casos, por los que son determinados.

II. Tipología del teatro breve contemporáneo: del sainete a la
    farsa

En efecto, el siglo XX arranca con un modelo de teatro breve poderoso y casi omnímodo. Desde 1870 el género chico había contribuido a
la contaminación del viejo sainete con la denominada zarzuela chica y
había creado ese territorio híbrido del teatro por horas —teatro popular
de corte sainetesco con o sin música—, cuyos epígonos parecen no concluir nunca, pese a los reiterados signos de agotamiento que viene ofreciendo esta fórmula al menos desde 1910 [Espín Templado, 1987a: 31].
Aunque, como han explicado Dougherty y Vilches [1990: 32], la crítica
más sagaz había tomado conciencia, ya en los años veinte, del agotamiento
del sainete, en 1934, sin embargo, el Ayuntamiento de Madrid convoca
el Premio Lope de Vega exclusivamente para sainetes castizos en un acto
[Pérez-Rasilla, 2004; Pérez-Rasilla y Checa, 2006]. La inercia de este modelo de teatro breve alcanza, al menos, hasta la década de los cuarenta.
Así, la nómina de sus cultivadores se muestra prácticamente inabarcable
y, pese a las inevitables peculiaridades de unos y otros, no se advierten diferencias esenciales en cuanto al modelo dramatúrgico que utilizan escritores tan variopintos como Arniches, los Quintero, Asenjo, Torres del
Álamo, Abati o Celso Lucio, por no citar sino algunos ejemplos.
    El hibridismo del teatro por horas y su dilación en el tiempo pro-
vocaron una notable confusión terminológica en lo que a la denominación de los géneros se refiere, como en su momento puso de relieve
García Lorenzo [1967] y en que han incidido después Dougherty y
Vilches [1990: 32]. Romero Ferrer habla del sainete y sus satélites dramáticos [2003b: 2033] y Manuel Seco los denomina alomorfos del género chico [1993: 15]. El sainete se muestra como una fórmula versátil
o proteica, que, en su momento, trató de elucidar Garrido Gallardo
[1983], quien abundó en la dificultad para delimitar sus características
como género. Poco ayudan, en este sentido, la tendencia del sainete a
presentarse también como espectáculo dramático extenso (en dos o más
actos) o la proclividad a la combinación con subgéneros muy diversos.
    De la tradición del teatro breve el sainete de principios de siglo he-
reda elementos dispares, como los aspectos satírico-costumbristas, el pretendido remedo del habla popular, la distorsión deliberada y humorística
del lenguaje, la afición a la hipérbole y a los tics verbales, la presentación

de tipos ridículos o pintorescos —populares o pseudo populares—, la acentuación de rasgos regionales, caracterológicos o gremiales, la exploración —menos realista que bienintencionada y paternalista— de ámbitos sociales relacionados con la pobreza, la marginalidad o la delincuencia, la utilización de una cierta violencia que no resulte dolorosa para el espectador, el gusto por la broma y el chiste, o la proclividad a lo sentimental o a lo melodramático. La consideración del sainete como «producto industrial» para la escena se asocia a la escritura en colaboración, circunstancia entendida por algunos críticos como la causa de muchos de sus males [Díez Canedo, 1968: I, 35]. La imagen amable y complaciente del mundo que reflejan mediante un falso realismo, la ausencia de un contenido crítico, o unos desenlaces que muestran el triunfo del bondadoso frente al malvado, el castigo de éste o la proclamación de una enseñanza moral que consolida valores tradicionales jamás sometidos a duda, muy ocasionalmente matizados por ligeros resabios regeneracionistas, completan el perfil del sainete de época.

La vitalidad de la fórmula durante las primeras décadas del siglo contrasta con la visión negativa que ofrece la crítica contemporánea. Huerta Calvo considera que el sainete que se representa a comienzos del siglo XX es una desvirtuación de la forma primigenia [1992: 286] cuya estirpe carnavalesca recupera posteriormente la farsa. Salaün sentencia que es la ideología dominante la que erige y fomenta el monumento cultural del género chico [1983: 257], muestra el reaccionarismo y el conformismo acrítico que evidencian las piezas y señala las carencias dramatúrgicas de un teatro al que considera falto de acción, reiterativo y previsible en la creación de tipos y escasamente elaborado en cuanto a su comicidad, que descansa en el lenguaje [1983: 252-253]. Algunos de estos reproches alcanzan incluso al teatro breve de Arniches, respecto del que Ríos Carratalá [1990] ha rechazado la consideración de dramaturgo crítico imbuido por el llamado espíritu del 98. A pesar de ello, la huella del sainete en el teatro —breve y extenso— del siglo XX es extraordinaria. Podemos percibirla en escritores tan dispares como el propio Benavente, Baroja, Llorenç Villalonga, Lauro Olmo, Rodríguez Méndez, etc., aunque sus obras rebasen las dimensiones del género y se alejen de sus pedestres supuestos estéticos.

Contigua a la del heteróclito sainete se presenta la fórmula del astracán, cultivado por Muñoz Seca, Antonio Paso o García Álvarez, entre otros muchos. El astracán, que provocó las iras de cierta crítica a partir de 1917 [Fuente Ballesteros, 1987: 47-57], más que un epígono, ha sido considerado una degradación del sainete [Torrente Ballester, 1968: 74] o una degeneración del viejo juguete cómico [Díez Canedo, 1968: II, 244], que combina sin escrúpulos rasgos de subgéneros diferentes y que acentúa hasta el desquiciamiento los chistes lingüísticos basados en anfibologías, juegos de palabras, retruécanos y recursos similares, que explora las posibilidades del disparate, del despropósito, o el juego del «mundo al revés», o que se sirve de las posibilidades que proporciona el ejercicio metateatral o su parodia.

La vieja fórmula del teatro breve cómico pronto se sustituye por nuevos paradigmas, que no renuncian ni a la brevedad ni a la comicidad o al humor, pero buscan una más acerada intención crítica y una mayor exigencia estética. El modelo para esta imprescindible renovación del teatro breve lo encontraron los dramaturgos en la farsa, cuyas posibilidades redescubrieron y realzaron [Peral Vega, 2001b]. El tradicional menosprecio de la farsa y su consideración como género popular y plebeyo en relación con el más noble de la comedia [Pavis, 1980: 218] experimenta tiempo más tarde una reformulación desde el pensamiento de Bajtín, cuyas ideas ha aplicado al estudio del teatro breve español Huerta Calvo, quien ha incidido en la relación que mantiene con la fructífera herencia del Carnaval. Ciertamente, la farsa se remonta a una tradición más larga aún, cuyo arranque cabría situar en el teatro de Aristófanes y que fecunda muchas manifestaciones de la historia del teatro, desde la comedia del arte al teatro breve cómico español de los siglos áureos. En el teatro de Aristófanes aparece ya la afición a lo burlesco, a lo irreverente, a lo procaz, a la sátira implacable y a la imaginación desmedida que concibe historias inverosímiles y fantásticas, elementos recurrentes en la historia de la farsa.

Sin embargo, la recuperación de la farsa requería una nueva estima, que la alejase del tradicional desdén estético con que era tratada y posibilitase su consideración como género estéticamente respetable, sin renunciar para ello ni al empleo de la comicidad ni a la proclividad a la distorsión que constituyen sus principales características. Las diversas corrientes que se desarrollaban en el teatro europeo desde la última década del XIX y buscaban alternativas al todopoderoso naturalismo coincidían en cuestionar la ilusión de realidad e incidían en una suerte de «desrealización» o de «reteatralización». La vieja farsa, debidamente remozada, podía resultar muy útil a tal efecto. Y, sin duda, contribuyó a su revalorización la circunstancia de que lo farsesco irrumpiera también en las obras extensas. El *Ubú, rey,* de Jarry, constituye un ejemplo elocuente.

En el teatro español la recuperación de la farsa está ligada inicialmente a la obra de Benavente y de Valle-Inclán. Benavente cultivó con profusión el teatro breve y buscó tenazmente nuevos caminos en los territorios de la farsa, como han explicado Huerta Calvo y Peral Vega [2001] y también en otros géneros. La insistencia de Valle-Inclán en *la superación del dolor y de la risa,* su renuncia a compartir emociones con sus héroes y su reivindicación de la deformación sistemática suponen un poderoso sustento estético de los procedimientos empleados en la farsa, que Valle aplicó tanto a su obra extensa como a sus piezas breves. Y no muy alejado de este paradigma se encuentra el teatro breve de Unamuno —*La princesa doña Lambra* y *La difunta*—, caracterizado por un humor sarcástico y mordaz, que tiene mucho de parodia deliberada del pensamiento del autor, pero que muestra también la capacidad para asimilar la herencia procedente del sainete y hasta del vodevil, para reelaborarla de una manera distorsionada, violenta y cómica.

Una vez lograda su dignidad en el ámbito del teatro europeo y español contemporáneos, la farsa recupera pronto su territorio natural en el teatro breve. Los títeres, los muñecos, los autómatas o las réplicas, los seres deformados, los animales con rasgos antropomórficos, los monstruos o las máscaras constituían un filón inagotable para la creación de personajes que sustituyesen a los modelos humanos tomados de la realidad, a las recreaciones e introspecciones psicologistas o a los estereotipos del teatro castizo, y una vía para la configuración de un teatro trasgresor e inquietante que cuestionase los rígidos modelos sociales y morales de un público tan reacio a los cambios como necesitado de ellos.

La dislocación y la propensión a lo hiperbólico trastornaban radicalmente la percepción del entorno. La acentuación de la teatralidad, frente a la pretensión de la ilusión de realidad, recalcaba precisamente esa posibilidad de transformación del mundo y presentaba una percepción dinámica, e inquietante, de la Historia. Valle-Inclán y Brecht llevarían a sus últimas consecuencias las posibilidades de la hipertrofia de la teatralidad y, aunque cada uno siguió su propio camino, a ninguno de los dos le fueron ajenos los procedimientos de la farsa. Se abría una nueva vía dramática para interpretar, y modificar, el mundo circundante y el teatro breve ha seguido explorándola hasta nuestros días.

Esa condición eminentemente teatral del espectáculo se destaca mediante procedimientos diversos, como el empleo de un narrador o un intermediario entre los personajes de la fábula y el público, el uso de elementos de carácter coral o el refuerzo del marco escénico a través de procedimientos metateatrales. Paralelamente, se da rienda suelta a la fantasía en la composición y narración de la fábula, que se aleja de las convenciones de la verosimilitud para adentrarse en los territorios de la imaginación, del sueño o de la fiesta popular —el carnaval irrumpe vigorosamente en estas piezas— que hace posibles mundos dislocados e insólitos. Por lo general, la fábula se muestra contundente y rotunda, bien perfilada, y festiva y gozosa en su desarrollo, aunque su desenlace pueda no serlo.

Las fuentes para la configuración de los personajes las encontramos, en ocasiones, en reinterpretaciones o relecturas de viejos motivos literarios o folclóricos, de tradiciones o mitologías populares. En otras se recurre a la estilización caricaturesca de arquetipos o, incluso, de personajes a los que es posible encontrar un correlato en la realidad. O, por último, se crean personajes desmesurados, animalizados, monstruosos o ridículos, compatibles también con aspectos ingenuos y entrañables. Los animales, los títeres, las siluetas, etc., ofrecen un inmenso caudal de posibilidades. Y, en cualquier caso, siempre se alejan del remedo indulgente de lo cotidiano practicado con voluntad de costumbrismo.

El tiempo en que se sitúa la acción se muestra con frecuencia irreconocible o difuso, y su desarrollo no se sujeta necesariamente a una percepción lineal, aunque, en ocasiones, pretenda aludir de manera inequívoca a un momento histórico muy concreto. Son frecuentes los cortes, las elipsis, las recurrencias, las dilataciones desmesuradas de los períodos, los desarrollos temporales circulares o en espiral, etc.

El lenguaje está habitualmente muy elaborado y suele combinar muy diversos registros. No es extraño que recoja, debidamente depurada, la herencia del sainete y del género chico, que se haga eco de jergas y lenguajes rufianescos o marginales, pero combinados con un intenso lirismo de muy variadas procedencias, con rasgos del lenguaje popular o infantil, con malabarismos verbales y con procacidades ingenuas y malintencionadas a un tiempo. En ocasiones se recurre a la inserción de cancioncillas incisivas, alusivas o provocadoras, en que la letra parece importar más que la música. Con frecuencia el lenguaje resultante ofrece la sensación de un denso barroquismo, en que se advierte una notable riqueza verbal, una tendencia al contraste entre lo grosero y lo bello y una proclividad a la mezcla entre lo humorístico o lo cómico y lo grave y lo violento, lo dramático y lo lírico.

A diferencia del sainete tradicional, la farsa se muestra inconformista y crítica, irreverente con los valores sociales y morales comúnmente admitidos que cuestiona de manera explícita o implícita, provocativa y transgresora. Sus desenlaces suelen consumar la burla de los poderosos o el escarnio de los valores establecidos y se oponen a los finales tranquilizadores del sainete tradicional. Por ello, la farsa ha sido en el teatro español del siglo anterior uno de los instrumentos más frecuentes para la expresión de la crítica política social y moral. La farsa adquiere pronto una extraordinaria vitalidad, pero es quizás esta circunstancia la que propicia su adaptación versátil a paradigmas diversos. Así, en el teatro español reciente, podemos distinguir algunas variantes del modelo general de la farsa: la farsa cómica grotesca propiamente dicha, la farsa intelectual de experimentación formal, la farsa alegórica expresionista o la farsa erótico-religiosa.

La farsa cómica grotesca representa el modelo dominante y de referencia. Sus rasgos específicos pueden buscarse en la intensificación del humor incisivo y cáustico, y de los procesos deformadores de los personajes y de la acción dramática, así como en la propensión a la hipérbole, la acentuación de la mordacidad del lenguaje, que se refuerza, además, con una desaforada acción física, a menudo dislocada y brusca, rica en carreras, caídas y golpes, o escondites forzados, que adquiere un peso al menos semejante a la expresión verbal en el conjunto del espectáculo. La farsa grotesca admite también la presencia del tratamiento ritual, pero tiende habitualmente hacia la ceremonia bufa, la transgresión festiva o la parodia del rito serio, y, paradójicamente, el desenlace cruento y brutal, no exento de una tragicidad compatible con lo cómico o con lo hilarante. La farsa admite también la presencia de un singular lirismo, en ocasiones delicado en la presentación de los sentimientos y brillante en su expresión lingüística, pero, incluso en estos casos, compatible con la violencia, con la crueldad y con la desmesura.

Este modelo de la farsa cómica grotesca se utiliza a lo largo de todo el siglo. Benavente, Valle-Inclán o Lorca recurren a él en algunas ocasiones, como lo hacen Dieste, Alberti, Blanco Amor y tantos otros en las primeras décadas del siglo y, algunos de ellos, en las décadas vividas en el exilio. Casona, al frente de las Misiones Pedagógicas, prepara adaptaciones de materiales literarios no dramáticos, de raigambre clásica, que transforma precisamente en farsas. Más tarde en España es ocasionalmente cultivada por dramaturgos como Rodríguez Méndez —*La tabernera y las tinajas*— o Lauro Olmo —por ejemplo, *Don Especulón* o *Un cierto sabor a angulas*— y de manera restallante y plena por Francisco Nieva, verdadero maestro de la farsa grotesca cómica, que revitaliza y recrea en su dimensión de ceremonia bufa de acentuado carácter erótico. Otra versión muy personal de la farsa grotesca, inclinada siempre hacia el desenlace trágico, pese a la comicidad de su planteamiento y su desarrollo, puede percibirse en algunas obras cortas de Fernando Arrabal (por ejemplo, *Pic nic*). Y está presente también en la creación de algunos de los dramaturgos que han comenzado su labor teatral en las décadas finales del siglo XX, sobre todo en la de Alfonso Zurro y, en menor medida, García May.

En un territorio contiguo a la farsa cómica grotesca, de la que conserva algunos de sus principales rasgos configuradores, se encuentra en un modelo de difícil denominación, que combina los rasgos de la farsa con una experimentación formal fuertemente intelectualizada, que a veces adquiere la condición de divertimento, pero sin renunciar a una profunda carga ideológica y crítica, y a un discurso intelectual muy elaborado, pródigo en elementos conceptuales.

El deseo de experimentación formal conduce en ocasiones al ensayo de fórmulas como la *mini pieza* o, quizás mejor, micro-texto, o a la utilización de recursos como la lección fingida, la supuesta confidencia o la narración directa al público convertido en eventual auditorio, las variantes sobre el monólogo o el falso monólogo, la parodia, el pretendido discurso académico, o hasta el *happening* o la pantomima, etc. Pero sus cultivadores no suelen tener reparo en practicar un cierto eclecticismo y recuperan también materiales de procedencias muy diversas, que incluyen géneros o estilos tradicionalmente menospreciados, como el sainete o el vodevil, o adaptan dramatúrgicamente materiales procedentes de otros géneros literarios, que tienden a depurar y a estilizar hasta conseguir un universo dramático original y vigoroso.

Con frecuencia proceden a una reinterpretación irónica de muy variados referentes literarios, filosóficos, míticos, plásticos, políticos, etc., cuya relectura tiene algo de homenaje, pero también de transgresión o de desafío, y en que se advierte principalmente esa dimensión intelectual que caracteriza a la tipología, acorde con una mirada distante y casi deshumanizada sobre sus personajes —con los que habitualmente no simpatizan— y a una voluntad de experimentación formal desprovista de solemnidad, aunque no de intencionalidad crítica. Su ámbito temático se extiende a lo político, a lo estético, a lo moral, a lo filosófico, a lo social y a lo personal.

En el lenguaje predominan la pulcritud, la precisión léxica y sintáctica y, con mucha frecuencia, el guiño o la broma metaliteraria. Lo grosero, lo procaz o lo excesivamente violento son elementos que suelen estar ausentes o muy rebajados. Lo grotesco es sustituido por una estilización intelectual casi siempre lúdica o irónica o por una tendencia hacia la conceptualización, que, sobre todo, advertimos en las piezas menos extensas o en que la tendencia vanguardista se muestra más acentuada. Además, en este tipo de farsas pueden tener cabida también el humor negro o algunas variantes de la «comedia perversa».

Esta versión intelectual y estilizada de la farsa es rica también en juegos de palabras, en sutilezas verbales y muestras de ingenio, en citas, explícitas o implícitas, desfiguradas o sometidas a un tratamiento irónico. La acción física se sosiega, relativamente, o se estiliza, y la interacción entre los personajes descansa en gran medida sobre la poderosa e incisiva verbalidad o en una estudiada codificación de los movimientos. El humor sutil, a veces delicado y a veces perverso, casi imperceptible en algunos casos, se convierte en otros en una comicidad burlesca e incluso desaforada y sorprendente.

Los personajes, de muy diversas procedencias, experimentan una proclividad hacia la transformación externa o interior: cambios de vestuario, de apariencia física, de nombre, de sentimientos, de convicciones, de condición, etc., son frecuentes en los procesos que experimentan los personajes de estas farsas. Como resultado de estos procesos, los personajes tienden a mostrarse inasibles, escurridizos o esquivos para el espectador.

En el tratamiento del espacio y el tiempo se tiende a la indeterminación o a la utilización de unos referentes de fuerte poder evocador o simbólico, o de carácter metateatral o metaliterario.

Esta farsa cómica o humorística intelectual podría encontrar los antecedentes acaso en algunas piezas breves de Benavente, planteadas como juego, como ejercicio metateatral o como experimentación literaria [Peral Vega, 2004b]. Este modelo de farsa adquiere un perfil más preciso en el período de las vanguardias, fundamentalmente en las tentativas de Bergamín, en alguna de las experimentaciones formales de Gómez de la Serna, u, ocasionalmente, en escritores como Corpus Barga o Antonio Espina, y se retoma en el período de la posvanguardia, fundamentalmente por Joan Brossa, quien da un toque personalísimo a este modelo de farsa, o, también, por Gabriel Celaya. Después dramaturgos como Martín Elizondo o Jerónimo López Mozo han recurrido a ella en algunos momentos.

El paradigma se ha continuado utilizando hasta nuestros días, como ocurre, por ejemplo, con algunas obras breves de Sanchis Sinisterra, de Rodolfo Sirera, de Ernesto Caballero, de Juan Mayorga o de José Ramón Fernández, y micro-textos del mismo Sanchis Sinisterra y de Javier Tomeo en algunas de las *Historias mínimas*. E incluso algunos de los textos breves de la vanguardia última podrían considerarse herederos de esta tipología, aunque, ciertamente, su escenificación aporta elementos que obligarían a establecer algunas diferencias.

Otra variante de la farsa, muy próxima a la anteriormente descrita, tanto que a veces las fronteras se muestran difusas, acentúa la estética expresionista, utiliza procedimientos propios de la parábola y de la alegoría, y muestra proclividad hacia actitudes combativas y de denuncia. Esta modalidad de la farsa propone la imagen de un ser humano oprimido y alienado, víctima de un sistema estúpido, irracional y cruel, pero riguroso, indiscutido, inflexible e inaccesible. La desproporción entre el individuo y el sistema se resuelve mediante la denuncia explícita o implícita, pero, sobre todo, genera un humor sarcástico e hiriente, irritante, porque el dramaturgo, consciente de la fuerza dramática que adquiere tal decisión, mantiene una cierta distancia o una cierta reserva frente a su personaje y asiste impávido a su destrucción o a su humillación, pese a que resulta evidente que se identifica con esa visión del hombre. Los personajes muestran precisamente su humanidad arrebatada y degradada, reducida habitualmente a su profesión, o a su condición pública, siempre limitada y casi ínfima. No hay lugar para la introspección psicológica o la exploración de la singularidad, y la identidad personal se disuelve en la función social que le es asignada. Muchas veces carecen de nombre propio, que es sustituido por referencias genéricas, por abstracciones o por fórmulas. Junto a los protagonistas —víctimas— pueden aparecer los poderosos, aunque en ocasiones éstos permanecen en un inquietante anonimato. Cuando irrumpen en escena, su trazo tiende al esquematismo: suelen mostrarse autoritarios, irritables, mendaces, carentes de solidaridad, etc. Este diseño de personajes suele implicar un diálogo conciso, escueto e incisivo, entrecortado, aunque en ocasiones se prefiere la verbosidad de unas instrucciones prolijas y desmedidas o la locuacidad de la confidencia íntima por parte del protagonista que convierte al espectador en el destinatario de su menesteroso relato.

La representación del espacio es más simbólica que realista y se caracteriza también por su hostilidad con el individuo. A menudo se muestra inaccesible, agobiante y opresivo, oscuro, plagado de obstáculos, etc. No es extraño que el espacio se pueble de objetos, cargados de valor simbólico, pero también de un volumen que amenaza con ocupar por entero el territorio. Y no es inusual tampoco la presencia de muñecos o marionetas a los que se confía una función múltiple o proteica. El tiempo pierde también contornos específicos, pero no puede hablarse propiamente de intemporalidad, porque ante todo se desea resaltar la idea de que lo representado es contemporáneo del espectador, a quien se invita, implícitamente, a tomar conciencia de su situación, análoga a la del personaje protagonista. La trama, frecuentemente esquemática y, en ocasiones simple, ingenua o hasta maniquea, adquiere un valor ejemplar, propio de la parábola.

Aunque pueden encontrarse antecedentes de este paradigma en algunas obras anteriores a la guerra, por ejemplo, en alguna de las piezas cortas de Max Aub, los ejemplos más significativos pueden verse en ciertos dramaturgos del exilio, como José Ricardo Morales, u otros de la denominada generación realista (Carlos Muñiz o, eventualmente, Lauro Olmo) y, con mayor profusión, por muchos de los autores del llamado teatro *underground*: Eduardo Quiles, Antonio Martínez Ballesteros, José Ruibal, Alberto Miralles, Luis Matilla, etc.

La farsa erótica religiosa o pseudo religiosa se caracteriza por la presencia de unos poderosos motivos temáticos, relacionados con el erotismo, la muerte y una religiosidad heterodoxa, cuando no sacrílega o blasfema, y, por extensión, con lo diabólico o lo maldito. La formaliza-

ción y la presentación de la trama, siempre intensa y de elaborado tratamiento, adoptan, en ocasiones, la forma de un rito riguroso y complejo,
a menudo cruento y brutal, aunque no falto de una cierta delicadeza. Este
rasgo ceremonial, y también algún otro, acercaría eventualmente esta tipología al modelo de la farsa grotesca, pero las farsas erótico-religiosas carecen, por lo general, de la comicidad y del desenfado de aquélla. Si acaso,
es perceptible en éstas un leve humor no exento de crueldad, sarcasmo,
violencia o perversidad, humor que procede, en su caso, de la trasgresión,
de la desmesura de los planteamientos y las pretensiones de los personajes, del imaginativo e incisivo lenguaje que se utiliza y, en definitiva, de
la desproporción entre unos actos y situaciones que podrían situarse en
el terreno de la cotidianidad y la dimensión abismal que adquieren en la
farsa.

Los referentes pueden ser motivos relacionados con tradiciones o narraciones de tema religioso —ortodoxas o heterodoxas—, o reinterpretaciones literarias muy libres de esos mismos asuntos. Pero también con
leyendas o relatos literarios o populares relacionados con el arte, la muerte, el misterio, con la omnipresencia del mal o con una sexualidad pasional y desbocada y, por supuesto, ejercitada al margen de la norma
social y moral imperante.

La historia se aleja en el tiempo o se sitúa en un ámbito intempo-
ral o, al menos, de contornos imprecisos. Algo semejante ocurre con el
espacio, que reviste a menudo notas exóticas o exquisitas, o las características del territorio mítico o legendario, aunque, en ocasiones, convi-
van con lo mítico elementos reconocibles, ligados incluso a la tradición
popular, pero insertos en un contexto ideológico y estético diferente,
que trasciende el aquí y el ahora para presentar un universo alejado de
lo cotidiano y próximo a lo onírico, a lo mágico, a lo ultraterreno o lo
mitológico.

El lenguaje, rico léxicamente y de registros variados, admite cierta
proclividad al tono arcaizante, a la grandilocuencia solemne y al lirismo, pero también hacia la distorsión imaginativa y violenta, a la admisión de jergas, variantes dialectales o sociales, e incluso el vocabulario
de germanía. Pero los rasgos más claramente pertinentes del lenguaje
dramático utilizado en este drama erótico-religioso tienen que ver con
la presencia de poderosos elementos simbólicos, tanto en la palabra como
en los objetos empleados y en las acciones físicas ejecutadas, vigorosas

hasta el efectismo y la desmesura, pero determinantes del sentido último del drama.

La disquisición o la especulación estética, asociada a un cierto malditismo, puede estar presente en estas obras, bien de una manera tangencial o, eventualmente, como elemento configurador de una situación que, en este supuesto, se sobrepone a la trama. El elemento preponderante en estos textos suele ser la relación entre los personajes, caracterizada habitualmente por la turbiedad, la morbosidad, la violencia y una extraña ritualización en el trato entre ellos.

Esta farsa erótico-religiosa se sitúa inicialmente en los territorios estéticos afines al modernismo, el simbolismo y el decadentismo. Los principales referentes de este paradigma son algunos de los dramas breves de Ramón Gómez de la Serna, escritos muchos de ellos en la primera década del siglo. Han de recordarse además las obras cortas del *Retablo de la lujuria, la avaricia y la muerte,* de Valle-Inclán, aunque estas últimas no aparecen del todo desprovistas de las adherencias de la farsa grotesca.

Insertas en esta tradición pueden considerarse algunas piezas breves de Fernando Arrabal, como *Fando y Lis, Oración, Los dos verdugos,* etc. Además, puede advertirse la huella de este paradigma en algunas manifestaciones del teatro breve que, sin ajustarse las condiciones estéticas expresadas, revelan el contagio de su atmósfera. Así con algunas de las piezas breves de Benavente —por ejemplo, *La sonrisa de Gioconda*— y, más tarde, de *Azorín* o Salinas. Y la huella de este paradigma alcanzaría también una variante del oratorio, que han cultivado, por ejemplo, Rodríguez Méndez —*Teresa de Ávila*— o Carlos Muñiz —*Miserere para medio fraile.*

En el filo entre la farsa y el sainete encontramos otro modelo de teatro breve, caracterizado por su tragicomicidad o, dicho con un menor grado de trascendencia, por su humor agridulce. Este paradigma podría entenderse como una depuración formal del sainete clásico, del que hereda algunos aspectos, como la mirada entrañable sobre personajes sencillos y vulnerables, que no rara vez responden a modelos relacionados con los tipos populares, o la relativa a la recuperación de motivos, temas y referencias costumbristas. Pero este modelo de teatro breve se exige a sí mismo una mayor intencionalidad crítica, un mayor grado de compromiso con la realidad social y una superior ambición intelectual y estética. Así, se renuncia a la actitud complaciente del viejo sainete y a la fácil tentación moralizante con la que reequilibraba la ligera convulsión provocada por unas tramas ingenuas y de escasos alcances. Y se atenúa también una comicidad disparatada, estridente y burlesca, a favor de una mayor armonía compositiva y un humor más sutil y complejo que atienda precisamente a las posibilidades de aquel sentimiento de lo contrario que sugería Pirandello.

Comparte con la farsa grotesca la rica herencia tragicómica generada por la tradición cultural española, y no es ajena a su proclividad al humor negro, a la dislocación súbita o a la risa sarcástica más o menos extemporánea, pero, frente a la comicidad más ácida y deshumanizada, de la farsa grotesca, este drama breve de humor agridulce prefiere precisamente la rehumanización del personaje y muestra su condición de ser dolorido desde una perspectiva que busca la empatía del espectador con el personaje. La mirada desde la que lo observa el dramaturgo está impregnada de humor e indulgencia, lo que produce un agudo y atractivo contraste dramático entre la situación del personaje y su formalización teatral.

Estos personajes resultan reconocibles y próximos, un tanto desvalidos y hasta cómicos, como consecuencia de su desamparo, pero entrañables y a veces ingeniosos, lúcidos o agudos. El lenguaje, de resonancias realistas, pero impregnado de humor y de poesía, reelabora con libertad registros coloquiales o característicos de un sector social, profesional o generacional específico. El tratamiento de los personajes parte quizás de una estética realista, que admite una ligera distorsión o una leve idealización, o recurre a la hipérbole a la hora construir su expresión o, a veces, deja que su lenguaje se empape de un singular lirismo Y es precisamente en la relación entre situación y expresión donde solemos encontrar los hallazgos más felices aportados por estas piezas.

Por lo general, se advierte en estas obras un cierto grado de compromiso, en cuanto que el dramaturgo plantea alguna suerte de reflexión sobre personajes que representan colectivos humanos desfavorecidos, económica, social, cultural o vitalmente, pero la intencionalidad última oscila entre un cierto paternalismo comprensivo —y hasta sentimental en ocasiones— y una voluntad más crítica, que cuestiona los principios social y moralmente establecidos, aunque rara vez formule esas críticas de una manera explícita, sino como sugerencia que se desprende de la situación dramática o de la trama.

Lo tragicómico o lo agridulce es perceptible en algunos de los mejores sainetes de Arniches, aunque nunca alcanza la intensidad lograda en alguna de sus obras extensas, y también en alguna obra corta de Benavente, por ejemplo, *Un par de botas.*

Su influencia llega hasta algunas de las obras breves de los llamados realistas, como sucede con algún título de Lauro Olmo, José Martín Recuerda o José María Rodríguez Méndez, y, más adelante, en alguna de las obras breves de Domingo Miras. En fechas más recientes, han cultivado con acierto esta fórmula Ignacio del Moral, referencia imprescindible a la hora de referirse a este modelo, en obras como *Oseznos, Papis, La noche de Sabina,* y también Ernesto Caballero (*A Cafarnaúm*), Paloma Pedrero (por ejemplo, en algunas de las piezas que componen *Noches de amor efímero*) y también los dramaturgos que compusieron los textos para los espectáculos de la Companyía T de Teatre —*¡Hombres!* y *Criaturas* (Belbel, Benet i Jornet, Pereira, Verdés, Mir, Plana, Iscla, Ollé, Peiró, García Serrano, Roca, Mollá).

Alejada ya de lo farsesco se encuentra otra tipología del teatro breve que tiene también su origen en la labor benaventina: la traslación del modelo de la alta comedia al teatro breve. La acción de estas piezas se sitúa en el tiempo presente y en espacios muy concretos y reconocibles por el espectador, asociados a las altas clases sociales —aristocracia o alta burguesía—, que llevan una vida acomodada y sin problemas acuciantes. Consecuentemente, la elegancia y el buen gusto en el modo de vestir, de hablar y de comportarse son rasgos que se presuponen en este subgénero.

La intención del comediógrafo oscila entre la voluntad censoria, de sátira o de burla, no demasiado acre, respecto de las conductas de sus personajes, y la actitud evasiva o despreocupada ante ellas, e incluso, en algunos casos, la exaltación de ese modo de vida o la nostalgia por su presumible desaparición. Pero la mirada sobre el mundo que refleja suele ser humorística o decididamente cómica en algunas ocasiones, comicidad que se sustenta en una mirada deshumanizada, despreocupada e insolidaria con sus personajes, aunque no exenta de una cierta fascinación ante ellos.

Dada la dificultad para urdir una trama compleja, por causa de la brevedad de la pieza, los comediógrafos suelen poner su empeño en la búsqueda de la agudeza en la expresión y, sobre todo, en imaginar situaciones teatralmente audaces, intricadas, paradójicas, insólitas o desmesuradas —sin que se pierda nunca la armonía ni la distinción del conjunto—, o esbozos de personajes caracterizados por algún rasgo excéntrico, expresado por medio de algún tic verbal o de alguna recurrencia en su conducta. Las piezas están pobladas por damas jóvenes, elegantes y bellas, caprichosas y extravagantes, ingeniosas y seductoras, sensuales y cínicas. O por caballeros de buena posición social, que a veces resultan inteligentes y deslumbran a las mujeres, y otras, por el contrario, se muestran torpes, faltos de imaginación y esclavos de las convenciones, por lo que resultan ridiculizados o burlados. O por mayordomos, porteros, criados y doncellas, fieles a las manías de sus amos, sagaces con frecuencia o necios en algunas ocasiones, pero revestidos habitualmente de una extraña seriedad que resulta cómica precisamente porque parece excesiva o desproporcionada.

Estas piezas, sin embargo, no suelen buscar un efecto cómico explosivo e inmediato, sino un humor más atenuado y sutil, ingenioso y elaborado, aunque nunca falta esa intención cómica, por leve que sea, que se convierte en el verdadero impulso de las obras que se sujetan a este paradigma. Entre los cultivadores de esta tipología puede recordarse en primer lugar, y de nuevo, a Jacinto Benavente y, más tarde, a Jardiel Poncela, Mihura, López Rubio, o, más ocasionalmente, a Calvo Sotelo y Ruiz Iriarte.

Y para concluir con el teatro breve de carácter cómico o humorístico, ha de hacerse referencia a un pujante fenómeno reciente. Durante los últimos años parece abrirse paso una tipología de teatro breve configurada por un monólogo, más cómico que humorístico, consistente en un relato directo al público, en que la narración predomina sobre lo estrictamente dramático y en que los asuntos de la actualidad inmediata aportan los motivos, los temas y las alusiones. El personaje suele quedar desdibujado o convertido en un *álter ego* o en una sencilla máscara del actor, que cuenta más que interpreta. Su condición de género híbrido entre el teatro y otras manifestaciones artísticas y comunicativas hacen difícil la ubicación precisa de este modelo, pero no puede pasar inadvertida su pujanza durante los años finales del siglo.

Ocasionalmente el teatro breve del pasado siglo ha renunciado a las sendas que ofrecían el sainete y la farsa, con sus respectivas variantes, y otros caminos determinados por el humor, como los que mostraba la

HISTORIA DEL TEATRO BREVE EN ESPAÑA

alta comedia. Desde esa renuncia se abre otro espectro de posibilidades tipológicas, aunque el conjunto de la producción ofrecida es desproporcionadamente inferior en lo que a cantidad se refiere. Nos interesan sobre todo los modelos ofrecidos por el teatro político didáctico y de urgencia y por el drama existencial y religioso.

La situación de emergencia en los años de la Guerra Civil encontró en el teatro breve un instrumento apropiado para el teatro político, aunque más para la propaganda, urgente y perentoria, que para el análisis ponderado y ecuánime. Si, a comienzos de la década de los treinta, Araquistáin y Sender habían expresado tesis antagónicas sobre la conveniencia de que el teatro buscase una finalidad política inmediata [Bilbatúa, 1976: 14-27], ahora se abría paso inequívocamente la necesidad inaplazable de un teatro de combate, un teatro decididamente antiburgués y esencialmente ideológico, según la apasionada pero certera opinión de Miguel Hernández [Bilbatúa, 1976: 5].

Y si bien se recurrió con frecuencia a los modelos que proporcionaba la farsa para ridiculizar al enemigo y elevar moral de los correligionarios, en algunas ocasiones se utilizó un tipo de teatro en que la comicidad estaba ausente, o era muy escasa y poco pertinente, y en que predominaban los tratamientos realistas, la reflexión, casi siempre condicionada por la necesidad de llegar a una conclusión expeditiva e inequívoca, o directamente a la propaganda y al imperativo moral inmediato, aunque otras veces la acción se empapa de un profundo lirismo, que suele implicar una intensa relación emocional del dramaturgo y de los eventuales espectadores con los personajes de la historia, rasgos todos ellos que lo alejan de los perfiles de la farsa. En el drama político de urgencia dramático tiene cabida, además, lo documental, la recreación realista-costumbrista, la parábola, lo onírico u, ocasionalmente, algún juego metateatral.

El esquematismo en el dibujo de los personajes, en el modo de abordar la situación y en la configuración de la trama, cuando ésta existe como tal, así como el maniqueísmo de los planteamientos son casi inevitables en este modelo dramático. Con frecuencia se recurre al proselitismo y al didactismo expreso, cuyas lecciones pueden ponerse en boca de un personaje relevante en la acción o de alguien que realiza funciones de narrador. No faltan los tonos solemnes, e incluso apocalípticos, las diatribas, las consignas perentorias, los discursos inflamados, etc., lenguajes todos ellos condicionados por la urgencia de la situación, pero entreverados en ocasiones con momentos de gran belleza poética, e incluso con levísimos atisbos de humor. Por lo general, las tramas son leves y sencillas, y están dominadas por situaciones únicas y contundentes. Los personajes son muchas veces anónimos, populares y perfilados exclusivamente por su condición profesional u otra suerte de papel público en la situación determinada en que transcurre la acción.

Entre sus cultivadores iniciales están Max Aub, Miguel Hernández, Germán Bleiberg, Santiago Ontañón, Pablo de la Fuente, y otros muchos que escriben durante la Guerra Civil en el bando republicano, impulsados en gran medida por Rafael Alberti y María Teresa León, quienes desarrollan un modesto, pero explícito, pensamiento sobre este tipo de teatro, que adquiere una poderosa identidad propia, pese a su carácter esencialmente circunstancial y efímero.

En el teatro político posterior a la Guerra Civil es patente la influencia de Brecht, que incide sobre algunos de los rasgos que no eran del todo ajenos al paradigma, como la utilización de un narrador que enmarca y sitúa la historia, el empleo de la parábola, un lenguaje contundente no exento de lirismo, una clara intencionalidad didáctica y política, etc. Sin embargo, presenta algunas diferencias fundamentales respecto del teatro político de urgencia, entre ellas la importancia que en este segundo modelo observa la trama, habitualmente muy elaborada y que adquiere preeminencia sobre los demás elementos del texto, y también la presencia de un discurso político más complejo y de intencionalidad más amplia y menos perentoria. La influencia brechtiana acerca de nuevo el teatro breve a los territorios de la farsa. Así puede verse, por ejemplo, en alguna de las piezas cortas de Alfonso Sastre, como *Historia de una muñeca abandonada*.

Una de las tipologías más alejadas, al menos *a priori*, de los paradigmas que tradicionalmente han regido el teatro breve está constituida por unas obras que renuncian radicalmente a la comicidad y al humor y se encaminan por una temática religiosa y existencial, que se presenta como una suerte de apelación moral al espectador, pero también de meditación personal sobre el sentido de la existencia individual y colectiva en un contexto histórico muy preciso. Es patente su relación con el pensamiento existencialista, por lo que no es extraño que en algunas de estas piezas resuene la noción del compromiso —político, social, estético o moral— casi siempre mostrado a través de la alusión, la parábola o la metáfora. Los textos se aproximan más a estéticas expresionistas o simbolistas que a las formas tradicionales del realismo. Los personajes, a menudo inspirados por modelos extraídos de la tradición religiosa cristiana, renuncian a la individualidad para aproximarse al arquetipo o adquieren dimensión simbólica o incluso alegórica. En algunos de los textos aparece un personaje que ejerce como narrador o como intermediario entre el espectador y los demás personajes de la acción.

Las influencias son muy diversas, lo que conduce a una cierta amalgama de motivos y lenguajes. El Antiguo y el Nuevo Testamento conviven con la filosofía existencialista, con la novela de H. G. Wells, con la literatura de Unamuno o con el teatro y la novela de Saroyan y, sobre todo, de Thornton Wilder, por el que algunos de los cultivadores de este modelo sienten predilección.

El diálogo tiende a abandonar las sendas del realismo y es proclive al énfasis, que a veces puede resultar pretencioso, a la sentencia incisiva, al aforismo y al contagio del lenguaje solemne y hasta apocalíptico de determinados lenguajes religiosos.

Las historias son ejemplares, cuando no parabólicas, aunque cabe en ellas un grado de incertidumbre, relacionado con la necesidad de preguntar y de preguntarse, de apelar a las conciencias, de exigir, más que una adhesión, una voluntad de cuestionar lo aparente y socialmente sancionado y de admitir la posibilidad de lo arduo y lo trascendente. La intención política no está excluida, aunque, cuando se manifiesta, lo hace de una manera velada o alusiva. Sí está presente de manera rotunda, y es especialmente comprensible en la sociedad que vive los años centrales de la década de los cuarenta, el alegato a favor de la paz.

Este teatro se reduce prácticamente a las décadas de los cuarenta y cincuenta y es cultivado ocasionalmente por alguno de los dramaturgos de Arte Nuevo —Sastre, Paso, etc.— o hasta por Buero Vallejo en *Las palabras en la arena.* Cuenta, sin embargo, con un interesante precedente en *La venda,* de Unamuno, que se ajusta a los perfiles de este paradigma.

Aunque este modelo no ha tenido continuidad, cabe advertir alguna semejanza con algunas piezas relacionadas con el paradigma de la farsa expresionista de carácter alegórico o parabólico, pero en el modelo al que nos referimos el humor está prácticamente ausente y, en vez de la distorsión farsesca, nos encontramos con la angustia metafísica y con el anhelo de la trascendencia.

### III. A MODO DE CONCLUSIÓN PROVISIONAL

La sugerencia de tipologías para las obras del teatro breve en España durante el siglo XX tiene, como es lógico, la condición de mera hipótesis de trabajo y se presenta como una propuesta abierta, no sólo porque podrían añadirse, suprimirse o matizarse paradigmas, sino porque, como es lógico, es difícil clasificar de forma inequívoca el ingente material dramático aportado por el teatro breve del pasado siglo. Muchas obras se encuentran en terreno fronterizo y exhiben características asignadas a varios de los paradigmas aquí propuestos. Más allá de esta circunstancia, merece tenerse en cuenta la intensificación que la escritura de textos teatrales breves ha experimentado en el ámbito de la dramaturgia española durante la década última del siglo XX, situación que apunta hacia nuevos perfiles tipológicos que, previsiblemente, se irán consolidando —o no— en las próximas décadas.

Estas consideraciones, y otras que probablemente pudieran plantearse, resaltan la provisionalidad de esta tipología, pero parece conveniente ir esbozando algunas de las líneas que perfilan el teatro breve en España durante el siglo XX, algunos de cuyos segmentos han sido analizados minuciosamente, pero faltan estudios que hagan balance de todo el siglo. Y, si las cuatro primeras décadas han merecido sólidos trabajos de síntesis, algunos de los cuales recogemos en la bibliografía, apenas se han publicado ensayos de conjunto sobre las seis décadas siguientes.

# LOS AUTORES Y LAS OBRAS

## I. LA TRADICIÓN SAINETESCA

### 1. *Arniches*, por *Juan Antonio Ríos Carratalá*

#### 1.1. El «ilustre sainetero» y el género chico

La obra de Carlos Arniches (Alicante, 1866-Madrid, 1943) delimita un antes y un después en el largo itinerario del sainete. Pocos autores como él resumen y ejemplifican las características de un género que cobró un nuevo impulso gracias a sus aportaciones. La combinación de costumbrismo, comicidad, casticismo y otros elementos que puso en juego contaba con una rica tradición. Nunca la intentó obviar un autor sin un espíritu renovador estrictamente individual. No pretendió imponer su criterio ni ser el Larra del género, como le calificara José Bergamín con entusiasmo propio de su condición de yerno. Consciente de su papel dentro de un engranaje teatral en que se acomodó desde el principio, Carlos Arniches lo fue modelando con precaución y de acuerdo con las tendencias que captó gracias a su instinto e inteligencia. Sin caer en la imitación, tuvo la voluntad de utilizar sus mejores y más personales rasgos a la hora de recrearlas con un peculiar acierto, el que le distinguió entre muchos saineteros que serían relegados al olvido.

Superada la fase inicial de tanteos y formación junto con otros colegas, Carlos Arniches pronto asumió la necesaria actualización de unos recursos sainetescos ya desgastados. Su labor guarda, en este sentido, un paralelismo con la de Ramón de la Cruz en el siglo XVIII. Se trataba en ambos casos de prestar mayor atención a una realidad concreta e inmediata, la del Madrid dieciochesco o la de una capital de finales del XIX a la que había llegado el joven alicantino con la ilusión de triunfar. El objetivo era teatralizar una contemporaneidad reducida a lo intrahistórico, delimitada por las materias habitualmente consideradas propias del costumbrismo teatral y fija por su voluntad de convertirse en una tradición que reforzara la identidad colectiva. Al mismo tiempo el sainete contaba con la frescura que le daba su relativa apertura a un presente que coincidía con el de los espectadores. Para alcanzar dicho objetivo, era preciso buscar nuevos tipos y ambientes populares que facilitaran la identificación con el público mayoritario. Esta renovación debía ir acompañada por la creación de un lenguaje teatral más cercano a sus espectadores, dispuestos a aceptarlo como si fuera real y hasta recrearlo fuera de los escenarios. También, por supuesto, era preciso conjugar la tradición del género con una orientación costumbrista, que llevaba a Carlos Arniches y sus colegas a los barrios populares o «bajos». No con una voluntad realista o documental, sino con el deseo de tomar notas para configurar la estilizada imagen de un Madrid alegre y satisfecho, inmerso en una intrahistoria que resultaba más reconfortante que la polémica y, a menudo, convulsa historia de la España de entresiglos.

Se aportaba así al sainete una savia capaz de superar arquetipos anclados en un pasado ya remoto y ajenos a unos espectadores deseosos de disfrutar con el retrato amable de una realidad cercana. La prolífica obra de Ramón de la Cruz dejó atrás los pasos y entremeses que seguían los modelos triunfantes durante los siglos XVI y XVII, con sus pastores apaleados y otros tipos a menudo procedentes de la tradición folclórica. Su concreción teatral apenas resultaba atractiva para quienes preferían ver como protagonistas a majos, cortejos y petimetres en un Madrid dieciochesco. Por su parte, la no menos abundante creación de Carlos Arniches sentó las bases de un sainete renovado con la presencia de tipos y ambientes en esencia similares a sus predecesores, pero actualizados gracias a unos rasgos específicos subrayados y repetidos hasta la codificación. Sus huellas se adentran, por distintos caminos, en diferentes manifestaciones creativas y culturales del siglo XX, que han mostrado la versatilidad y capacidad de adaptación de la materia sainetesca.

El paralelismo entre Ramón de la Cruz y Carlos Arniches también incluye el carácter hegemónico con que sus modelos triunfaron en sus respectivas épocas. Tanto es así que apenas nos han llegado aportaciones destacables de otros saineteros dieciochescos, a excepción del gaditano

Juan Ignacio González del Castillo. Tampoco suelen ser recordados los numerosos colegas que, en el marco de un pujante teatro por horas, cultivaron el género en su variante madrileñista durante el último tercio del siglo XIX y principios del XX. Existieron, a veces con notables éxitos populares, y en esta misma obra damos cuenta de sus aportaciones. Su recuerdo, no obstante, se difumina ante la abrumadora obra de un Carlos Arniches que para muchos quedó identificado con el sainete, al menos con un modelo histórico del mismo. No había apenas alternativas, salvo que, como en el caso de los hermanos Álvarez Quintero, se relacionaran con otro ámbito regional o se renunciara a participar en el marco de una industria teatral, que pronto encontró un modelo de probado éxito. Lo explotó hasta la extenuación.

La identificación del sainete con el autor no se corresponde con los datos que nos aporta un exhaustivo repaso de la producción teatral de Carlos Arniches, tan diversificada como múltiples fueron sus intentos de probar suerte en las variedades genéricas por entonces populares. Resulta difícil encontrar alguna que no fuera cultivada por un autor capaz de amoldarse a distintos registros y que necesitaba escribir varias obras cada año. Satisfizo así los cambiantes gustos de un público que evolucionó, con retrocesos y contradicciones, a lo largo de sus cincuenta años como dramaturgo en activo.

El propio Carlos Arniches reconoció en varias ocasiones su apego al sainete, el género que le había consagrado tras obtener los primeros grandes éxitos en el Apolo. Un apego sentimental y creativo que se refleja en su continuidad en el marco de la trayectoria del alicantino, así como en la permanente presencia de rasgos sainetescos en sus obras encuadradas en diferentes géneros: comedias, tragedias grotescas, zarzuelas, farsas, juguetes cómicos… También en la creación de modalidades de singular mezcolanza como la «humorada trágico-cómica», en realidad un vodevil sainetesco protagonizado por «los frescos» [Ríos Carratalá, 2005] —*El terrible Pérez* (1903), *El pobre Valbuena* (1904)…— y que cultivó con la colaboración de Enrique García Álvarez.

Esta insistencia en lo sainetesco se comprende a la luz de las escasas declaraciones del autor, que habría disfrutado escribiendo nuevos sainetes hasta los años cuarenta. Había un problema: el público ya no se los pedía, como reconoce Carlos Arniches cuando es entrevistado a su llegada a Argentina en 1937. Durante casi las tres últimas décadas de su producción, los sainetes se convierten en creaciones teñidas por la nostalgia, propicias para el recuerdo en medio de las tragedias grotescas que le aportaron reconocimiento crítico, las comedias y los melodramas que le procuraron la fidelidad de amplias capas del público y otras creaciones que habían dejado atrás aquellos tipos y ambientes costumbristas del teatro breve, tan necesitados de un específico marco teatral para triunfar. El resultado es que Carlos Arniches ha pasado a la historia, fundamentalmente, como «el ilustre sainetero», pero este género sólo es una parte de una producción capaz de abarcar distintos registros, todos los que le demandó su público a lo largo de cincuenta años.

Entre esa diversidad también se encuentran varios géneros encuadrados en el teatro breve. En ellos Carlos Arniches dio sus primeros pasos, a menudo en colaboración con otros autores, y se formó gracias a su capacidad para recrear modelos cuyos resortes captaba con facilidad. Su llegada a Madrid, procedente de Barcelona, casi coincide con el estreno de *La Gran Vía* (1886), de Felipe Pérez y González. Era inevitable la inmediata aparición de obras que siguieran la senda de una revista con tan notable éxito, sobre todo entre los jóvenes que también tenían apellidos comunes e intentaban descollar con ingenio y osadía para convencer a los empresarios.

El resultado, en el caso del alicantino y sus primeros colaboradores, es un conjunto de creaciones que hacen de la sencillez una cualidad. Leídas, nos parecen pobres, desprovistas de los signos de una teatralidad que es preciso imaginar en un marco comunicativo tan concreto como el del género chico. Sus textos están concebidos para el lucimiento de unos tipos de actores muy concretos, capaces de «colocar» la réplica con el tono adecuado y una gestualidad no menos codificada. Conseguían así el golpe de efecto, la sonrisa o la carcajada de un público más interesado por las «sales» bien repartidas que por la construcción de una trama argumental sólida o coherente. La misma se reducía a escenas concatenadas mediante un motivo común, tan flexible como previsible para el espectador.

No obstante, estas obras iniciales y en un acto resultan apreciables dentro de las coordenadas en que se sitúan. Buscan la distracción de un público deseoso de sonreír con innumerables juegos de palabras,[1] alusiones

---

[1] Según María Victoria Sotomayor, «si bien en un principio la comicidad arnichesca comienza por recursos heredados, es decir, juegos lingüísticos en un nivel de

satíricas a un presente costumbrista y un optimismo general reforzado con la alegría que también aportaban las partituras, a menudo fundamentales para comprender el porqué de los éxitos populares. Las revistas, con sus figuras alegóricas y su flexibilidad a la hora de la construcción dramática, son un buen ejemplo de esta primera época de un autor que, desde el principio, destacó por su ingenio humorístico, siempre bondadoso en su búsqueda de una «risa del pueblo» que no debía pasar por la sátira o la burla cruel. Abundan las réplicas ocurrentes, dichas con los brazos en jarra por parte de mujeres arremangadas y con una mano en el bolsillo del chaleco en el caso de los hombres, siempre con un aire de falsa superioridad. También son frecuentes los juegos de palabras en un permanente pugilato donde el ingenio determina el vencedor, rodeado por un coro que alienta y corrobora. Los cantables bien repartidos a la búsqueda del estribillo que quedara grabado en el recuerdo de los espectadores. Los diálogos con ritmo y frescura que añaden sabor popular para dar contenido a un espacio escénico que, antes de los sainetes madrileñistas, apenas está esbozado en las acotaciones de Carlos Arniches... Todo forma parte del atractivo de unas obras breves sin otros requerimientos que no sean los de la distracción de su público.

Carlos Arniches pudo continuar por esta senda. Nunca la abandonó, pero también fue consciente de su estrechez y problemático futuro. Si no hubiera mostrado otras inquietudes, habría quedado condenado a escribir obras en colaboración para sumarse a la legión de autores que abastecían la voraz cartelera de la época. También habría acabado en el olvido, como tantos otros que sólo en ocasiones excepcionales obtuvieron éxitos que jalonan la escasa evolución de unos géneros basados en la convención. Todos lo son de una u otra manera, pero más todavía aquellos que nunca pretenden sorprender a un espectador alegre y confiado. Para hacerlo, y con una relativa seguridad, era conveniente acudir a la tradi-

elementalidad que no supera los dobles sentidos, el juego fónico o el chiste más primario, su constante indagación sobre el lenguaje le llevará a las [...] dislocaciones expresivas. Las deformaciones de cultismos y frases hechas y la incorrección en el empleo de préstamos son, junto con las comparaciones, los primeros pasos de un camino que irá enriqueciéndose más y más en etapas posteriores, con perífrasis, deformaciones, derivaciones insólitas y toda una gama de recursos de gran eficacia cómica» [Arniches, 1995: I, XVII].

ción. Lo hizo un Carlos Arniches que llegó al sainete en el momento oportuno, cuando ya otros colegas lo habían rescatado del olvido y se daban unas condiciones inmejorables para su plasmación en los escenarios de los teatros por horas. No dejó pasar la oportunidad, la aprovechó mejor que los demás y algunas de sus obras se convirtieron en modelos del canon genérico. Pronto disfrutó del éxito profesional, el reconocimiento popular y el privilegio de ser imitado por quienes buscaban abrirse camino. No era fácil, pues el incansable Carlos Arniches se bastaba para dar vida a un género donde la variedad no es un rasgo fundamental. Sin dejar de contar, claro está, con sus numerosos colaboradores, siempre en un segundo plano salvo en el caso de Enrique García Álvarez.

¿Cuáles fueron esas condiciones inmejorables que explican su éxito? Habría que distinguir entre las del autor y las del marco teatral en que trabajó desde su llegada a Madrid. En realidad, tres años después, ya que entre 1885 y 1888 fue gacetillero en distintas redacciones hasta que, de manera casual, debutó con *Casa editorial*, una sátira literario-musical escrita en colaboración con Gonzalo Cantó. Al margen de las anécdotas que al respecto contó Carlos Arniches, tal vez no fuera tan casual. La prensa era uno de los orígenes profesionales más frecuentes entre los autores que cultivaron el sainete y otros géneros del teatro breve. En el ambiente de aquellas redacciones y sus tertulias surgieron vocaciones y también, claro está, inclinaciones por un trabajo rentable en el caso de triunfar. Muchos jóvenes, procedentes de otros lugares, confluyeron en un Madrid que era la meca de quienes pretendían vivir de su trabajo como escritores. Y, dentro del marco teatral, los citados géneros representaban una excelente oportunidad.

El espectacular desarrollo empresarial del teatro por horas obligaba a buscar innumerables obras para alimentar una cartelera cuyas cifras son de difícil valoración desde nuestra perspectiva. Las escribían, a menudo en colaboración, autores que encontraron una vía para triunfar, aunque siempre con la modestia de un contexto donde un éxito apenas aseguraba la supervivencia durante unas semanas. El alcoyano Gonzalo Cantó y su amigo Carlos Arniches se sumaron con entusiasmo a este trabajo. Era difícil hacerse un hueco. Tuvieron sentido de la oportunidad, suerte y acierto con sus primeras obras. También, en el caso del segundo, la necesaria continuidad hasta encontrar una línea propia, la única capaz de salvar del anonimato a quienes escribían a un ritmo frenético.

Una prueba ya la tenemos en 1888, el año del debut como autor teatral de Carlos Arniches. Antes de que finalizara, el joven alicantino había estrenado otras tres obras breves. Marcaría así una pauta de trabajo para las siguientes temporadas, donde se suceden las colaboraciones con diferentes colegas y músicos para conseguir algunos éxitos dentro del género chico. Su primer texto en solitario es *Nuestra señora*, un juguete cómico estrenado en 1890 que no aporta rasgos peculiares. Constituye una excepción —sólo habría otra, *La banda de trompetas* (1896)— con respecto a las demás treinta y ocho obras de una época de aprendizaje marcada por la colaboración con diferentes autores y músicos. Finaliza con su primer gran éxito en solitario: *El santo de la Isidra*, sainete lírico de costumbres madrileñas con música de Tomás López Torregrosa. La favorable acogida del público le catapultó tras el estreno en un Teatro Apolo ya convertido en «catedral del género chico». Corría el mes de febrero de 1898 y, poco después, a Carlos Arniches le llegaría la consagración con *La fiesta de San Antón*, otro sainete de similar estilo con música del mismo maestro y estrenado con excesivas prisas, también en el Apolo, para aprovechar el éxito de su precedente. Era una forma de prolongar el eco del primero, aunque no hiciera hincapié en lo más novedoso y peculiar. Lo fundamental, no obstante, es que con *El santo de la Isidra* el alicantino se convirtió en un autor capaz de renovar el género entre el beneplácito del público.

Carlos Arniches ya había cultivado el sainete a lo largo de sus primeros años como autor. En colaboración con Gonzalo Cantó estrenó títulos como *El fuego de San Telmo* (1889), *Las guardillas* (1890) y *Candidato independiente* (1891). Encontramos en sus textos apuntes del sabor casticista que le caracterizaría, aunque sin una peculiar vinculación con Madrid y subordinado a una construcción donde primaban los rasgos estrictamente cómicos. También escribió con José López Silva sainetes líricos de características similares: *Los descamisados* (1893) y *El coche correo* (1896), ambos estrenados en un Apolo donde su nombre ya sonaba entre los incondicionales del género chico. La suerte de estas obras fue dispar, pero sumadas a los juguetes cómicos, las zarzuelas, los pasatiempos, las farsas, las revistas y otras modalidades genéricas del teatro breve le aportaron experiencia y oficio, dos de las claves de su continuado éxito.

El salto cualitativo llegó con los estrenos de *El santo de la Isidra* y *La fiesta de San Antón*, dos sainetes cuyo éxito permitió que se incluyeran, sobre todo el primero, en el repertorio de obras repuestas con frecuencia. También se convirtieron en un modelo que sintetizaba las aportaciones arnichescas al género, aunque en el segundo encontremos elementos —caballos en escena para reforzar la espectacularidad, desgarros melodramáticos no siempre bien medidos...— que serían desechados posteriormente.

En 1898 se daban las circunstancias adecuadas para justificar tan brillantes resultados. Carlos Arniches contaba con una experiencia de diez años en el género chico. Había colaborado con varios colegas y músicos sin demasiados problemas, una circunstancia fundamental para comprender su futura trayectoria en un marco profesional donde eran frecuentes las rencillas. Conocía a los cómicos que triunfaban en este tipo de obras, trabajaba con ellos durante los ensayos y nunca, ni siquiera cuando había triunfado, rechazó sus sugerencias, que sabía bien encaminadas para obtener la respuesta favorable del público. Estaba familiarizado con unos empresarios a los que siempre sirvió con profesionalidad y puntualidad, una circunstancia poco frecuente que se basaba en un trabajo sistemático y alejado de ambientes literarios, más o menos cercanos a la bohemia, que nunca frecuentó. Y, sobre todo, Carlos Arniches era consciente de las expectativas de un público con el que mantenía un estrecho contacto gracias a los continuos estrenos. Era el mismo que había disfrutado con obras paradigmáticas como *La verbena de la Paloma* (1894), *La Revoltosa* y *Agua, azucarillos y aguardiente* (ambas de 1897). Su multitudinario éxito indica la existencia de una corriente favorable a la exaltación de un optimista y popular casticismo madrileño, que encontró en el género chico una plasmación deudora de la tradición sainetesca y, al mismo tiempo, actualizada por la habilidad de los autores a la hora de captar tipos y ambientes. Todo ello aderezado con unas partituras que pronto se convirtieron en referencias inexcusables en el imaginario popular.

Carlos Arniches siempre estuvo atento a la evolución de los gustos de un público con el que mantenía una respetuosa, fluida y constante comunicación. La de los frecuentes estrenos, que tanto temía un autor cuyo éxito debía ser revalidado una y otra vez. No resultaba fácil, pues el nivel de exigencia en los resultados económicos se correspondía con la confianza que las empresas depositaban en el autor alicantino. Sus estrenos eran recibidos con entusiasmo o protestas, sin mediar disimulos por parte de un público con una determinante capacidad de influencia. Esta reacción tenía una inmediata repercusión en la cartelera, rápida a la hora de eliminar las obras fracasadas y ágil a la búsqueda del éxito que salvara la continuidad de la empresa. Podía surgir gracias a un cantable pegadizo, repetido durante la representación a petición del público y pronto tatareado en talleres de costura, patios de vecindad, fiestas populares o en las múltiples ocasiones que encontraban unos espectadores predispuestos a cantar. La clave también podía radicar en la gracia peculiar de algunos cómicos, duchos en el arte de utilizar los más tradicionales recursos del gesto y la voz. A menudo, formaban parejas estables, como la de Loreto Prado y Enrique Chicote o Valeriano León y Aurora Redondo. En distintas épocas resultaron decisivas para los éxitos arnichescos, que también eran los de sus intérpretes. Estas parejas de pequeños hombres, convertidos en héroes cuando las circunstancias lo requieren, y menudas mujeres, dispuestas a tomar la iniciativa para preservar la unidad familiar o mantener a raya a su marido, resultaban adecuadas para los recursos de contraste, que favorecían un humor tan tradicional como es el del género chico. Y, por supuesto, la razón del posible éxito también recaía en la labor de unos autores capaces de salpicar el texto con réplicas ocurrentes, rápidas y ágiles. Estaban concebidas para que los intérpretes las «colocaran» con una peculiar dicción y entonación, a la espera de la respuesta inmediata del público, que pronto trataría de emular un lenguaje lúdico y creativo de acuerdo con los criterios examinados por Manuel Seco.[2] Un lenguaje basado también, claro está, en modelos reales y hasta cierto punto representativos para no perder la necesaria verosimilitud. Esta labor del autor, libreta en mano durante sus habituales paseos por los barrios populares, no iba en menoscabo de la naturaleza fundamentalmente teatral de su lenguaje y, por eso mismo, eficaz para alcanzar el objetivo humorístico.

---

[2] El tema del lenguaje arnichesco y su relación con el del Madrid contemporáneo ha sido un constante centro de interés de la bibliografía sobre el autor. Aparte del, tal vez, definitivo estudio de Manuel Seco [1970 y 1993], también cabe destacar los de Ricardo Senabre [1966] y Francisco Trinidad [1969].

Carlos Arniches no se separa nunca de estos mecanismos de la creación teatral. Acabaría explicando, de forma metafórica y en un apunte
autobiográfico, el porqué de su negativa a emprender aventuras creativas[3] y pronto fue consciente de cómo funcionaban los engranajes de un
mundillo donde se movió con discreción y seguridad. Sabía que su oportunidad radicaba en un eficaz aprovechamiento de sus cualidades como
autor teatral, tan adecuadas para el género chico. Junto con su público
acabaría evolucionando hacia cotas supuestamente más elevadas, como la
tragedia grotesca o la comedia costumbrista, a menudo asimilada a lo que
por entonces se consideraba un sainete en tres actos. Escribiría obras tan
fundamentales como *La señorita de Trevélez* (1916), *¡Que viene mi marido!*
(1918) o *Los caciques* (1920), que dan cuenta de la ambición de un autor obligado a renovar el éxito por distintas vías. Consiguió así el reconocimiento entre sectores alejados del teatro popular, pero nunca
renunció a su condición de sainetero. Le permitía dar un tono costumbrista a sus obras, incluir sus celebradas réplicas humorísticas, recrear su
peculiar lenguaje ya admitido como propio de los más castizos, resolver
con sencillez las escenas corales y simplificar las estructuras dramáticas,
utilizadas con la aparente naturalidad que da un continuado uso de la
convención teatral. Nunca dejó de ser el «ilustre sainetero», cada vez más
ilustre sin perder el reconocimiento popular ganado desde los estrenos
de sainetes como *El santo de la Isidra* o dramas de costumbres populares
como *La cara de Dios* (1899), que tan sólo un año después había mostrado la capacidad de lo sainetesco para amoldarse a diferentes marcos
genéricos.

---

[3] «Yo soy un hombre que tiene una gran fe en el silencio. He recorrido frecuentemente las carreteras de España, y algunas veces he encontrado en ellas unos
hombres animosos, que, con paso ágil, cara resignada, el cayado al hombro y la espalda al fardel, iban caminando con decisión y presteza. A estos hombres, unas veces les ladran los perros de las heredades; otras, a la puerta de una venta, bajo la
sombra de un emparrado, les invitan unos buenos amigos a un rato de charla y descanso; no pocas, unos sujetos hostiles, desde el borde del camino, les arrojan piedras. Pero estos caminantes animosos siguen siempre, no se detienen jamás. Son los
hombres que llegan. Imitemos este sencillo ejemplo. Seamos como esos animosos
caminantes; porque aun cuando nuestro camino nos lleve a un sitio humilde, debemos recorrerle» [*ABC*, 7-VI-1925].

También se amoldaba a lo entonces demandado por los escenarios madrileños, donde lo difícil era estrenar un drama o una comedia, cualquier obra alejada de los moldes de un género chico que había alcanzado una espectacular hegemonía. Fue motivo de preocupación para numerosos críticos y autores. Mostraron su alarma ante la proliferación de obras breves, capaz de arrinconar unos géneros tradicionales recluidos en los pocos locales que escapaban a una iniciativa privada decantada por el negocio que suponía el teatro por horas. Algunos críticos temían el efecto paralizante de esta circunstancia en la evolución del teatro culto, pero eran voces aisladas en un marco temporal donde el público acudía masivamente a los locales para buscar la chispa y el ingenio del género chico. Los empresarios le dieron cumplida respuesta y, alentados por ellos, unos autores que se incorporaron en masa a un género que, ya hacia 1880, estaba definido y asentado.

Carlos Arniches, pues, llega en el momento más oportuno. Su madurez como autor coincide con la de un género que, por su carácter hegemónico, define toda una época. Y, dentro de la misma, su nombre alcanzará una enorme popularidad alimentada por su incansable labor. Era un sinónimo de éxito, humor y madrileñismo, aunque en su prolífica trayectoria ya por entonces cosechara algún fracaso, se adentrara a menudo por los caminos de lo melodramático y no siempre ambientara sus obras en un Madrid castizo. Daba igual, el público, las empresas, los críticos y los cómicos le habían encasillado. Carlos Arniches aceptó con gusto y provecho un puesto tan favorable en el escalafón teatral.

Un escalafón que también fue respetado por la crítica. Sonaron voces discordantes en la misma, pero en general gozó de la acogida favorable de quienes veían en sus obras una gracia y una moderación incompatibles con algunas derivas del género chico protagonizadas por otros autores. Carlos Arniches cometió excesos, criticados en unas reseñas que le achacaban, por ejemplo, su tendencia a insertar diálogos un tanto forzados a la búsqueda del efecto cómico. Solían vaciar de contenido, además, situaciones dramáticas de indudable interés. Estos relativos defectos se evidenciaron con más fuerza cuando el autor afrontó la creación de las tragedias grotescas y las comedias, mientras que apenas eran percibidos como tales por los espectadores de los géneros del teatro breve, mucho menos exigentes en este sentido. En cualquier caso, esos excesos resultaban menores en comparación con los que derivaron en el «género ínfimo», cuya vulgaridad quedaba lejos del estilizado realismo costumbrista cultivado por el alicantino. Así lo reconocieron sus críticos, que —al igual que ocurriera en el siglo XVIII con Ramón de la Cruz y los reformistas neoclásicos— vieron en su obra una dignidad que, por desgracia, no era común a otros autores del género chico.

Todos, no obstante, tenían la misma escasa formación académica y cultural. Saineteros como José López Silva, colaborador del alicantino en obras como *Los descamisados* (1893) y *El coche correo* (1893), defendieron con gracia el autodidactismo que les era común. Su afición les había llevado a estudiar, por «simple curiosidad», la vida de modistas, sastres y cigarreras madrileñas: «gracias a esos estudios, hago coplas y zarzuelas, retratando como puedo las costumbres de mi tierra» [*El Liberal*, 27-III-1894]. Al igual que la inmensa mayoría de sus compañeros, se presenta como un trabajador tenaz que no deja de escribir, publicar y estrenar. Adquiere así, día a día, una técnica artesanal que perfecciona con la práctica a pie de escenario, en contacto directo con los cómicos, las empresas y el público.

Carlos Arniches no podía ser una excepción en ese marco. Cuando debutó, apenas cumplidos los veinte años, ya llevaba varios trabajando en diversos oficios. No tuvo oportunidad, ni voluntad, de ampliar sus estudios primarios. Se formó como autor al mismo tiempo que se sucedieron sus estrenos. También desarrolló una indudable capacidad de observación, que le llevó por algunas calles de Madrid a la búsqueda del apunte costumbrista y atento a determinados rasgos de un lenguaje castizo que captó para transformarlo en otro de carácter teatral. Contaba incluso con sus puntos de referencia dentro de los barrios populares, nunca marginales, donde podía charlar con individuos que le servían de inspiración.

Esa imagen del autor sin formación académica, autodidacta y en estrecho contacto con el pueblo era del agrado del público. No cabe hablar de identificación en una relación presidida, a menudo, por el paternalismo. Tampoco de una actitud hipócrita, al menos en el caso de un Carlos Arniches poco dado a los equívocos en su trayectoria pública. No obstante, esa imagen glosada por la prensa de la época no responde con exactitud a los rasgos de quien, en sus obras, evidencia una cultura literaria y teatral que va más allá de la imagen tópica del sainetero. Sería fundamental para explicar su evolución hacia distintos géneros, donde percibimos influencias que revelan sus lecturas e inquietudes creativas, corroboradas por quienes le trataron.

Esa cultura también ayudaría a explicar el éxito de Carlos Arniches como sainetero capaz de estilizar tipos y ambientes, jugar creativamente con el lenguaje hasta el punto de lindar con recursos vanguardistas y buscar estructuras teatrales cuya simplicidad va unida a la eficacia. No era tan fácil y, por supuesto, no estaba al alcance de la simple observación autodidacta, tantas veces glosada por quienes manifiestan una concepción del sainete tan ingenua como falsa.

Carlos Arniches leyó y estudió. Conservó una sensibilidad literaria atenta a lo que se movía a su alrededor, con una actitud de respeto hacia los colegas situados en otros ámbitos creativos o estilísticos que fue, en la mayoría de los casos, correspondida. Era una cuestión de carácter, propia de un elegante individuo que supo cultivar una imagen tolerante y comprensiva acorde con el sentido de sus obras. No obstante, tuvo el cuidado de no romper con estos rasgos una imagen tópica que fue cultivada por todos sus compañeros. Sabían que al público del género chico le gustaba tener a uno de los suyos como autor. Imaginaba con satisfacción la posibilidad de que cualquier individuo atento, observador y con chispa pudiera convertirse en un sainetero. Nunca fue tan fácil entrar en el gremio de los artesanos de la pluma, pero también resultaba complejo mantenerse en el mismo conjugando el favor popular con el respeto crítico.

La humildad formaba parte del estereotipo del autor asumido por Carlos Arniches, parco a la hora de hablar de sí mismo y moderado en la valoración de su propia obra. En las pocas entrevistas concedidas apenas cita algunos títulos concretos, casi siempre entre los que habían alcanzado un éxito multitudinario. Nunca se distancia del criterio de su público con la reivindicación de obras de indudable valor, reconocidas como tales por la crítica, pero que habían pasado entre la indiferencia de los espectadores. Prefiere, al igual que la mayoría de sus colegas, hablar de su trabajo en general. Lo presenta como el resultado de un paciente artesano que debe su acierto a la bondad de los materiales empleados. En este caso los que le facilitaba su observación de un entorno costumbrista, que él devolvía a sus protagonistas convenientemente aderezados. Así de sencillo, en apariencia. Sin atribuirse la condición de creador y, por supuesto, sin reivindicar un mundo teatral propio que se percibe con nitidez apenas conocemos varias de sus obras.

Esta humildad no debe ser considerada como una actitud forzada en el caso de Carlos Arniches, aunque resulte evidente su deseo de adecuarse a una imagen común con otros autores que así respondían a las expectativas de su público. Siempre fue humilde y moderado por convicción. Nunca hizo alarde de un espectacular ascenso social logrado gracias a ser «el rey del trimestre», en alusión a sus elevadas remuneraciones provenientes de unos derechos de autor que tanto le preocuparon. Era preferible que sus éxitos hablaran por sí solos y que sus fieles espectadores sintieran la proximidad de don Carlos. Así se le llamaba siendo todavía joven, con el respeto y la admiración de que gozaban los autores triunfadores, aunque fuera dentro del género chico.

Su imagen personal favorecía esta reacción: alto y distinguido, con un aire anglosajón comentado con admiración por varios periodistas, elegante en su porte, discreto en sus relaciones... Nada quedaba más alejado del aspecto de un tipo popular de «los barrios bajos». No lo era en realidad, sobre todo cuando se convirtió, gracias a sus éxitos, en un adinerado individuo cuya familia se codeaba con lo más selecto de la sociedad madrileña. No obstante, supo combinar esa superioridad económica y social con la prudencia en sus actitudes y declaraciones. Carlos Arniches pronto comprendió que ser un autor de éxito también le obligaba a modelar una determinada imagen pública, acorde con los géneros populares que cultivaba. Y no olvidemos que el anonimato del autor era una quimera en el Madrid teatral de la época. Cualquier obra del género chico se escribía con nombres y apellidos que eran de fácil identificación, excepto en el caso de los debutantes. Conviene tenerlo en cuenta.

Esa imagen la mantuvo Carlos Arniches hasta el final de sus días, en un Madrid de la posguerra donde el vitalismo del sainete se había convertido en un eco lejano. Salvo excepciones significativas como *El padre Pitillo* (1937), sus últimas y melancólicas obras las escribe a partir del recuerdo. El de una época conflictiva desde el punto de vista político, trágica desde el social y convulsa en muchos otros aspectos históricos. Pero, al mismo tiempo, con unas enormes ansias de diversión y alegría, que fueron reflejadas por el género chico en general y, de manera especial, por esos sainetes que compaginaron la más radical teatralidad con el reflejo de una vitalidad tan histórica como las circunstancias que quedaron fuera de los escenarios. No fue, por lo tanto, un teatro que diera la espalda a la realidad coetánea que consideramos más significativa. También formaba parte de la misma la presencia entusiasta de sus propios espectadores, dispuestos a disfrutar con obras que les proporcionaban diversión y olvido.

Ese recuerdo nostálgico y el consiguiente deseo de recuperar una imagen idealizada del pasado marcan el devenir del sainete una vez superada su etapa de plenitud, cuyo límite final podemos situar a principios de la segunda década del siglo XX. También en el caso particular de Carlos Arniches, que a partir de los años finales de dicha década vuelve con cierta regularidad a su género predilecto. Podía ser con motivo de alguna fiesta anual del sainete, que gracias a una iniciativa empresarial amparada por la prensa trataba de mantener viva una costumbre a medio camino entre lo teatral y lo social. O como respuesta a un encargo de alguna compañía para unas señaladas fechas en Madrid. Carlos Arniches solía responder favorablemente a estas llamadas. Muchos cómicos y empresarios agradecieron su predisposición, pero ya no cabía imaginar que sus obras marcaran una hipotética evolución dentro del género. Su tiempo, el del teatro por horas, había finalizado. Cualquier alternativa implicaba la existencia de un contexto teatral más flexible y estaba, por tanto, condenada al ostracismo del texto escrito pendiente de estreno. El destino más fructífero era el de la disolución en otros géneros cercanos o en manifestaciones como las cinematográficas, una vez superado el absurdo intento de la adaptación fiel de estas obras teatrales. El sainete como tal había dado paso a lo sainetesco [Ríos Carratalá, 1997], presente como parte fundamental en todos los géneros cultivados por Carlos Arniches hasta 1943. No fue, como es lógico, el único caso.

La aportación arnichesca al sainete ha resultado devaluada en múltiples ocasiones. Los montajes rutinarios y las interpretaciones apegadas a unos modos desgastados han marcado en exceso su suerte. Han sido frecuentes en los trabajos de numerosas compañías de aficionados o profesionales, más dispuestas a la nostálgica celebración compartida con los espectadores que a un trabajo específicamente teatral. Y, además, el sainete ha quedado al margen de las corrientes renovadoras, salvo en momentos coyunturales de los años cincuenta y primeros sesenta cuando fue abordado con sensibilidad y sentido crítico por autores como Lauro Olmo y críticos como José Monleón. También ha sufrido lamentables adaptaciones cinematográficas, incapaces de recoger el aliento de un género tan teatral, y ñoñas hasta la exasperación.

Sin embargo, ya en la época del teatro por horas el sainete padeció la estrechez, no precisamente temporal, de un marco teatral poco predispuesto a indagar otras posibilidades de estas obras, independizadas en apariencia de los dramas o las comedias pero subordinadas a una mentalidad refractaria a su potencial porosidad para recrear aspectos más conflictivos de la realidad contemporánea. Lo percibieron así Valle-Inclán y otros admiradores de un género del cual incorporaron determinados rasgos a su renovador bagaje. También el propio Carlos Arniches, consciente de que el sainete podía ser una realidad teatral más compleja que la llevada a los escenarios del Apolo y otros locales.

Una prueba la encontramos en los denominados «sainetes rápidos», publicados en *Blanco y Negro* (1915-1916) gracias a la invitación de Torcuato Luca de Tena y recopilados por primera vez en 1917 bajo el título *Del Madrid castizo* (Madrid, Sociedad de Autores Españoles). Hay una coincidencia temporal con sainetes como *El agua del Manzanares o Cuando el río suena...* (1918) y *La flor del barrio* (1919), estrenados en el Apolo y que no presentan novedades notables con respecto a los modelos que ya habían triunfado en el mismo marco. Carlos Arniches exalta de nuevo el madrileñismo más castizo y presenta la imagen de un pueblo caracterizado por la alegría, la honradez, la limpieza, la salud y, sobre todo, la capacidad para enfrentarse a sus mayores enemigos: la codicia, la golfería, la vagancia y la relajación moral. No debe, pues, extrañarnos la proclama final del primero de los citados: «¡bendita sea el agua del Manzanares, que es para el pueblo de Madrid limpieza y alegría, honradez y salud! ¡Viva el Manzanares!». Plasma estos principios de su filosofía doméstica, basada en un sentido común que anulaba cualquier hipotética discusión, con su habitual gracia teatral, compatible con una intención docente que nunca abandonó: «aspiro sólo —afirmó en carta dirigida a Julio Cejador— con mis obras, sainetes y farsas a estimular las condiciones generosas del pueblo y hacerle odiosos los malos instintos. Nada más». Los dos títulos arriba citados obtuvieron una respuesta favorable del público del Apolo, que no se extendió a otro sainete posterior: *Mariquita la Pispajo* (1921), estrenado en el Novedades.

Lo notable, sin embargo, es que Carlos Arniches ya había demostrado que era posible una alternativa a ese modelo o, al menos, una profundiza-

ción en algunos aspectos apenas apuntados en los sainetes que triunfaron
en los escenarios. Los publicados en *Blanco y Negro*, sin la presión de un
marco teatral, nos muestran a un autor más incisivo capaz de abordar «los
inmundos rincones de un Madrid lamentable y mísero, artimañoso y agen-
ciero». Su empeño se concreta en unos «edificantes y verídicos diálogos»
que resaltan la intención docente de un autor conservador con indudable
sensibilidad social. Esta circunstancia le permite abordar temas polémicos:
la mendicidad, el valor social del trabajo, el origen de la delincuencia, la
neutralidad española durante la Primera Guerra Mundial..., desde una perspectiva paternalista basada en el manido sentido común, tan recurrente en
una trayectoria creativa destinada a un público mayoritario. Son sainetes
que, con sus limitaciones, invitan a la reflexión, dan cuenta del pensamiento
del autor en temas como «la risa del pueblo» —fundamental para comprender su sentido del humor— y no ocultan la existencia de un Madrid
popular con graves problemas. Quedaron, por esa misma razón, al margen
de los circuitos teatrales hasta 1952. También porque Carlos Arniches pres-
cindió de las habituales estructuras corales, los cantables, los cuadros de costumbres populares, el esquema argumental de orientación melodramática...
y optó por la desnuda sencillez de un diálogo más reflexivo sin renunciar
al humor. El Apolo, el Eslava y los demás locales no admitían estas variantes, ni siquiera cuando iban firmadas por autores de probado éxito.
Carlos Arniches lo lamentaría en el silencio que guardó sobre tantos temas.

Poco antes de su colaboración en *Blanco y Negro*, había triunfado con
sainetes como *El amigo Melquiades o Por la boca muere el pez* (1914), un
excelente ejemplo de sus recursos humorísticos que ha merecido reposiciones y reediciones. Volvería a obtener el beneplácito del público con
títulos notables como *Los milagros del jornal* (1924), estrenado en el Eslava.
Su tono melodramático y folletinesco no impide que, en la medida de
lo posible en un escenario de la época, incorpore algunos temas propios de la sensibilidad social de Carlos Arniches, preocupado por la dificultad de sobrellevar la pobreza con honradez. Una sensibilidad de clara
orientación cristiana y conservadora que le diferenció de otros exitosos
autores del género chico, ajenos a cualquier planteamiento social.

En teoría, y ya en plena época de las tragedias grotescas y las comedias dirigidas a un público preferentemente burgués, Carlos Arniches
siguió cultivando el sainete, aunque fuera «en tres actos»: *Rositas de olor*

(1925), *El último mono o El chico de la tienda* (1926), *Las doce en punto* (1933), *Las dichosas faldas* (1933)... La realidad es que, en estos casos, resulta preferible obviar el criterio de catalogación empleado por el autor y hablar de comedias costumbristas que, como tales, incluyen un importante contenido sainetesco. El mismo y el protagonismo popular inclinaban a Carlos Arniches a una denominación aplicada con escaso rigor, reservando el epígrafe de comedias para las protagonizadas por grupos sociales acomodados. Quedaba atrás, por otra parte, el tiempo de un género revitalizado durante la etapa del teatro por horas. Otro público, menos popular, acudía a las representaciones de unas comedias donde siempre aparecía algún representante del pueblo dispuesto a dar la nota castiza y humorística. Necesidad y nostalgia se conjugaban en un recurso propio de un Carlos Arniches que avanzó con paso seguro, consciente de cuál era su localidad,[4] sin olvidar sus orígenes en los géneros del teatro breve. No tuvo otras alternativas factibles para mantener su puesto en el escalafón.

## 1.2. Sainetes y casticismo en el Madrid arnichesco de entresiglos

A lo largo de su primer decenio como autor teatral, Carlos Arniches cultivó todas las variantes del género chico en colaboración con otros autores (Gonzalo Cantó, Celso Lucio, Joaquín Abati, José López Silva...) y músicos (Ruperto Chapí, Tomás López Torregrosa, Joaquín Valverde...) capaces de componer melodías muy recordadas por los espectadores. Nunca abandonó la escritura en colaboración y, a menudo, volvió sobre sus pasos a la hora de recrear unos géneros que marcaron su debut teatral en el marco del por entonces triunfante género chico. La trayectoria de Carlos Arniches no es recta en una supuesta búsqueda de cotas teatrales más ambiciosas. Las alcanzó, pero sin dejar atrás las que le aportaron un nombre relevante entre los muchos autores del teatro cómico. Con ellos escribía en colaboración obras que permitían esta modalidad creativa gracias a su sujeción a una tácita preceptiva.

---

[4] Véase al respecto su «Autorretrato», escrito poco antes de morir y que reproduzco en Ríos Carratalá [1990: 157-159]. Se trata de un texto útil para comprender algunos de sus planteamientos como autor teatral.

Resultaba sencillo el reparto de las tareas porque las mismas estaban claras desde el principio. No se buscaba la originalidad más allá de alguna réplica brillante o algún cantable pegadizo, siempre sujetos a un esquema general repetido hasta la saciedad. Podía haber seguido por este camino, pero Carlos Arniches percibió una predisposición favorable del público a un reencuentro con la tradición del sainete, actualizada gracias a la incorporación de un Madrid casticista, tradicional, popular y divertido que supo cristalizar sobre los escenarios. El éxito fue espectacular y marcó un antes y un después en su trayectoria.

A pesar de que algunos críticos de la época establezcan una diferenciación radical a la hora de valorar el sainete y las distintas modalidades del género chico, debemos tener en cuenta la existencia de un nexo común: se dirigen a un mismo público con idénticos fines. Esta circunstancia queda reforzada en el caso de Carlos Arniches. Siempre evitó la deriva hacia el «género ínfimo», tan denostado por esos mismos críticos que veían en el sainete una alternativa más digna y, por esa razón, diferenciada. No lo es en su trayectoria, aunque el éxito de *El santo de la Isidra* le predisponga a cultivar el elemento costumbrista y casticista que había actualizado de acuerdo con el criterio arriba indicado. Se centró en Madrid al igual que su maestro Ramón de la Cruz, pero llegó a extenderlo con menos fortuna a otros ámbitos geográficos como Andalucía (*El puñao de rosas,* 1903), Aragón (*La maña de la mañica,* 1920) y Valencia (*Doloretes,* 1901; *La divisa,* 1902). Nadie se acuerda de estas últimas obras, pero sus sainetes madrileños marcaron toda una época.

*El santo de la Isidra* ha llegado a ser considerado como el *Hernani* del sainete moderno. Este honor tendría que compartirlo, en todo caso, con *La verbena de la Paloma,* de Ricardo de la Vega. Lo fundamental es que se trata del primer ejemplo perfecto de un género que, en lo básico, Carlos Arniches siguió cultivando hasta el final de su trayectoria. Su éxito popular le obligó a repetirse, pero en esta ocasión se apoya en una magnífica aportación elaborada de acuerdo con los más canónicos parámetros del sainete.

En pleno 1898 y con el patriotismo de la España satisfecha consigo misma que suelen respirar las obras de este género, Carlos Arniches escribe un sainete optimista y alegre como *El santo de la Isidra.* Obtuvo —junto con Tomás López Torregrosa, autor de la partitura— su primer

gran éxito en el legendario Apolo. Esta discordancia entre la ficción escénica y la realidad de la época es habitual en un teatro poco sensible
a las circunstancias históricas que marcaron la crisis finisecular. Tampoco
lo sería el público del Apolo, que buscaba un género vitalista capaz de
reconfortarle con una sonrisa. Llegaría al ver el feliz desenlace en la disputa entre Venancio y Epifanio por Isidra, bien aconsejada por la Señá
Ignacia y el Señor Eulogio.

Carlos Arniches encontró la fórmula al combinar elementos dispares
y complementarios en una obra tan coherente como *El santo de la Isidra*.
Humor en los personajes que integran la estructura coral alrededor del
conflicto central, música con indudable sabor popular y bien dosificada
para marcar los distintos momentos, ternura en el tratamiento de los tipos, costumbrismo basado en numerosos detalles recreados en unas escenas que tienen lugar en espacios identificables por parte de los
espectadores, amor como único conflicto posible, apuntes melodramáticos para intensificar la tensión, intriga bien sostenida hasta el desenlace… fueron combinados con acierto por un alquimista que conocía las
demandas de su público.

¿Por qué se produce esa combinación, tan característica de Carlos
Arniches y del sainete moderno tal y como él lo concibió? Tal vez la
atención del público se centrase en los momentos cómicos y musicales, teñidos del más popular casticismo. Sin embargo, el autor introduce otros de carácter melodramático que, al recordar la imagen global de
la representación, quedan diluidos a pesar de ser necesarios para la obra.
Lo son por facilitar la creación de una base argumental que, de antemano, es aceptada por el público. Éste sabe que no asiste a un melodrama lacrimógeno —como podría deducirse de algunas escenas
aisladas—, pero desea emocionarse de vez en cuando mediante personajes y situaciones que le reafirman en lo ya conocido. Prestaría tal vez
más atención a las escenas musicales y cómicas, pero las mismas no cubrían todas sus expectativas a la hora de asistir a la representación. Carlos
Arniches también le aporta una convencional trama argumental para
apoyar el conjunto del sainete. Utiliza, pues, lo melodramático en las
disputas amorosas para dar solidez e intensidad a unas obras cómicas que
aparecen así más «humanas». Al mismo tiempo, traza un sencillo argumento para mantener el interés de un público que sonríe tranquilo a la
espera del previsible final feliz.

Este recurso tan tradicional está al alcance de cualquier dramaturgo, pero el talento de Carlos Arniches reside en su dosificación y en saber pasar de los momentos melodramáticos a los cómicos sin brusquedad. No siempre se evita al yuxtaponer escenas de diferente índole, pero el adecuado y envolvente clima de ficción permite que todo quede encerrado en un escenario donde sólo rigen las normas de la verosimilitud teatral. El público lo sabe y acepta. En una misma sesión de aquellos teatros por horas, llora, se emociona y ríe ante la más estilizada ficción sainetesca. Al salir del teatro, todo ha acabado, pero el espectador se lleva el recuerdo de una sonrisa y el tarareo de una canción que evocaría junto con los amigos en cualquier ocasión propicia. Y las había en un Madrid cambiante que necesitaba dotarse de una identidad peculiar. La configuró en un imaginario popular donde el sainete arnichesco jugó un papel fundamental.

La citada combinación, por otra parte, nos recuerda la relación complementaria que tenía el sainete con los dramas o las comedias en el marco de las representaciones teatrales de épocas anteriores. El teatro por horas permitía ver obras breves sin esperar otras de diferente extensión y carácter. Podría haber sido una oportunidad para desarrollar al máximo el componente costumbrista, liberado de la estricta sujeción a un estrecho marco temporal. Había un problema: al público le seguía interesando un conflicto central, casi siempre de carácter amoroso, que diera coherencia genérica a ese mismo componente. Los autores, por su parte, apenas se dejaron llevar por la ruptura que habría supuesto un sainete donde el costumbrismo no girara alrededor de un conflicto recurrente y manido. Carlos Arniches y sus colegas, si hubieran tenido mayor ambición creativa, podrían haber acumulado escenas y tipos sin necesidad de insertar los consabidos amores de la joven pareja. Nos habríamos ahorrado así las escenas más endebles, las que lastran el interés actual de estos sainetes, pero esa ruptura era impensable en un marco teatral donde se intentaba dar lo mismo en menos tiempo y a menor precio.

*El santo de la Isidra* destaca por fijar un esquema que, con variantes circunstanciales, se convirtió en arquetípico para Carlos Arniches y otros autores que revitalizaron el sainete. De acuerdo con la caracterización ya esbozada por diferentes críticos, los elementos que lo componen son, en general, los siguientes:

Un chulo, que se hace el valiente, amenaza la pacífica convivencia en un ámbito popular e inicia una disputa amorosa guiado por el interés. Aparte de ser un vago, busca las artimañas para explotar a la mujer y, en el fondo, es un cobarde incapaz de dar la cara cuando debe enfrentarse a un hombre que, por honrado y cabal, tiene madera de héroe. Su antagonista es un joven trabajador, honesto, sencillo y pacífico. Enamorado de una virtuosa chica del barrio, debe superar su inicial timidez, que da pie a reiterados momentos cómicos donde el recurso al tartamudeo es un tópico. Lo conseguirá en el último momento, bien aconsejado por otros personajes mayores y ante la satisfacción de un público que disfruta con la ingenua venganza que su protagonista encarna. Saca fuerzas de su hombría de bien y se enfrenta, sin sangre por en medio, al chulo de turno para conseguir el amor de la muchacha, embaucada hasta entonces por la labia del bravucón. El aplauso casi está garantizado. Al menos, eso se pretende tras una escena final donde todos los personajes se reconcilian. Nadie pierde o es castigado, ni siquiera el chulo que ha tenido la oportunidad de reconocer sus errores.

Hasta aquí los tres personajes principales, siendo el femenino el menos caracterizado por su papel como objeto de la disputa. No ocurre así cuando el conflicto se relaciona con la posibilidad de perder su hombre, sea novio o marido. Entonces la mujer toma la iniciativa, se defiende con vigor y busca el asentimiento de unos espectadores que lamentan la inconstancia de los varones, siempre débiles ante los falsos encantos de las malas hembras. Como es previsible, estas luchas por recuperar a la pareja dan pie a momentos desgarrados, donde Carlos Arniches muestra un convencional talento. También cabe la posibilidad de que la protagonista femenina, en su lucha por el hombre para casarse, deba enfrentarse a otra mujer más guapa y seductora, que incluso podrá ser su hermana. Ella deberá hacer valer su honradez y honestidad mientras trabaja incansablemente. Al final, será recompensada y, como su paralelo personaje masculino, se transformará en una mujer con capacidad de iniciativa y atractiva, capaz de llamar la atención del hombre que estaba destinado a ella desde el principio.

Al lado del honesto pretendiente o la muchacha trabajadora, suele aparecer un matrimonio de edad avanzada que ayuda, protege y aconseja para facilitar la citada transformación y el consiguiente desenlace positivo. Está compuesto por una esposa siempre práctica y guiada por el sentido común y su marido, algo tarambana al principio para propiciar momentos cómicos. La intervención de ambos ayudará a resolver el conflicto con los «sabios consejos» dados al joven enamorado o la muchacha ignorada. Los sacan de su experiencia y los presentan envueltos en un indiscutible sentido común para propiciar el asentimiento del público. Finalmente, el buen chico o su homólogo femenino —cercanos a unos parámetros burgueses que no comparten sus derrotados antagonistas— triunfan con el anuncio de la inminente boda. El chulo o la mala mujer, siempre recuperables una vez restaurada la armonía, se arrepentirán tras recibir una lección de bravura, honestidad y honradez.

Carlos Arniches también utiliza este reiterado esquema argumental en otros géneros, que en su trayectoria nunca fueron completamente ajenos al sainete. El chulo se convierte en el guasón o el burlador, siempre vago y al acecho de alguna mujer a la que pretende engañar con malas artes. Su habitual antagonista conserva su inicial timidez y se gana, desde el principio, las simpatías de unos espectadores conscientes de que va con «buenas intenciones» en sus pretensiones amorosas. La disputada joven suele permanecer en un segundo plano, pero tampoco renuncia a su picardía cuando ve peligrar su futuro como esposa. El marido de avanzada edad y, a menudo, padre de la moza, es interpretado por cómicos de probada eficacia. Pequeños y hasta grotescos, hacen reír con sus pecadillos: algún pellizco, un piropo ingenioso, unos vinos de más..., pero llegado el momento se transforman en héroes ante el entusiasmo del público. Sus esposas, siempre más centradas, les acompañan a veces, y en otras ya han muerto para reforzar lo melodramático de una familia compuesta por un pobre viudo y una honesta doncella.

Estos y otros elementos fundamentales se repiten de acuerdo con una dosificación que varía en función de los diferentes géneros. La causa fundamental no es una supuesta falta de imaginación del autor. Tampoco la premura con que se escribían las obras. Hay que buscarla en la conciencia que tenían Carlos Arniches y otros colegas de que la reiteración de las estructuras argumentales y de caracterización tipológica facilitaba la comunicación con el público. Los espectadores no buscaban sorpresas o tipos extraños, sino las «sales» repartidas en unos esquemas que formaban parte de una tan implícita como férrea preceptiva. El alicantino mostró talento en este sentido. No debe extrañar-

nos, pues, que los críticos o comentaristas de sus obras destaquen escenas aisladas o diálogos ingeniosos sin hacer referencia a la obra en que
se encuadran. El argumento de la misma, en lo fundamental, se daba
por supuesto y la atención se centraba en el acierto y la gracia con que
se resolvían los pasajes obligatorios de la trama o la presencia no menos reiterada de algunos tipos.

La creación de un tipo costumbrista requiere un amplio período cronológico y, a menudo, es preferible hablar de diferentes caracterizacio-
nes que se suceden a partir de unos rasgos fundamentales insertos en
tradiciones como la folclórica. Carlos Arniches no pretende quedar al
margen de esta circunstancia. En *El santo de la Isidra* y *La fiesta de San
Antón* presenta un repertorio de tipos con claros antecedentes y, al mismo tiempo, actualizados gracias a su observación de la realidad contemporánea. Parecen sacados de los barrios populares de Madrid, de
aquellos que se identificaban con la misma ciudad hasta tal punto que
daba la impresión de no existir la capital más allá del ámbito de Lavapiés
y alrededores. Se integraban en un idealizado microcosmos social donde la armonía entre vecinos, pese a sus diferencias, regía la vida colectiva. El único conflicto posible era el amoroso y se podía resolver con
un final feliz. Lo fundamental no es su supuesto realismo, sino su adecuación a la teatralidad del sainete.

Carlos Arniches lo concebía todo en términos teatrales. Cualquier
aproximación suya a la realidad social de los barrios populares se justifica no por un afán de documentación, sino por la posibilidad de convertir lo captado en un elemento teatral. El propio autor lo explicó con
palabras no siempre tenidas en cuenta por quienes han analizado sus
obras: «en contra de lo que mucha gente supone, la vida no es teatral;
ni sus hechos ni sus personajes ni sus frases son teatrales. Su teatralidad
la llevan en potencia, en bruto, precisando que el autor amolde unos
hechos con otros, unos personajes con otros, que cambie frases y dichos, que pula, recorte y vitalice el diálogo... En esta labor, el autor teatral recoge del pueblo unos materiales que luego le devuelve,
aumentados con su observación y su trabajo. Por eso existe esa reci-
procidad mutua entre el pueblo y el sainetero, cuando éste ha tenido el
acierto de retocar la fisonomía del modelo sin que el interesado lo ad-
vierta» [*apud* Ramos, 1966: 150]. De forma paralela debe ser abordada
la cuestión acerca de la supuesta realidad del lenguaje teatral de los sai-

netes arnichescos. Ricardo Senabre afirma al respecto que «Se trata de hacer hablar a los personajes como si fueran gentes populares, pero para ello se requiere subentender previamente un determinado módulo de popularismo muy lejano de la realidad. El sainetero casticista y mimé- tico transcribe la jerga que oye con muy pocos retoques. El caso de Arniches es rigurosamente inverso: él mismo se crea su propio sistema jergal y, para no desconectarlo de lo verosímil, le añade giros, vocablos o expresiones efectivamente populares. La sempiterna acusación de que los tipos madrileños no hablan como los de Arniches salvo en muy con- tados momentos se convierte así, por consiguiente, en un involuntario elogio del escritor» [1966: 269].

El chulo de Chamberí da sobre un escenario un juego similar al que, siglos antes, aportaba el *miles gloriosus*. El joven virtuoso que, desde el principio, se gana las simpatías del público y se sobrepone a sus apa- rentes limitaciones para enfrentarse a su antagonista tiene una raíz tan tradicional como diversa. La mujer objeto de disputa entre el individuo honrado y el interesado está presente en cualquier manifestación del te- atro occidental. Lo mismo sucede con el anciano consejero, que ayuda al joven enamorado atemperando sus ansias e introduciéndole en las sen- das del sentido común. Da igual que los personajes se llamen Isidra, Venancio, Sidoro o Juan, que la acción se «sitúe» en algún barrio con- creto o que se utilice recursos lingüísticos propios del Madrid popular de la época. Lo importante es que la suma se traduce en una galería de tipos y en unos esquemas dramáticos tan tradicionales que casi son atem- porales. Fue el paradójico gran mérito de Carlos Arniches, que pasó a la historia teatral por una recreación de la capital donde lo específico se sumerge en lo tradicional.

Tras el éxito de *El santo de la Isidra* y su continuación, *La fiesta de San Antón*, Carlos Arniches prosigue su recreación del Madrid casticis- ta en *Sandías y melones* (1900). El resumen de su trama argumental com- plementa la ya esbozada con carácter genérico y también puede servirnos para otras muchas obras del mismo autor y sus imitadores: unos novios viven en un barrio popular. Se separan porque él, un tan- to inocente, se deja llevar por una mujer «capaz de todo». La novia, o en otras ocasiones la esposa, debe recuperar a su hombre porque éste nunca es malo, sino que los «hombres son así». Para restaurar la unidad de la pareja —objetivo encomendado a la mujer, muy activa hasta que, una vez conseguido, vuelve a quedar subordinada al hombre— es imprescindible la ayuda de un matrimonio de edad avanzada (suegros, tíos, vecinos...). Él, como de costumbre, es un viejo sensato, pero algo ridículo para permitir la inserción de momentos cómicos. Ella es una mujer dura en el trato, que sabe llevar a su marido y, en el fondo, tierna y bondadosa. Entre los tres, con ayudas circunstanciales, hacen un alegato en defensa del sentido común y alguna acción más directa para conseguir el reencuentro. El novio vuelve arrepentido, a pesar de los malos consejos de algún amigote, que a menudo acaba la obra recibiendo una reprimenda. El final feliz, anuncio de boda o armonía restaurada, se impone invariablemente.

Este esquema tan sencillo y eficaz de acuerdo con los planteamientos del género se repite ante un público poco partidario de las sorpresas. Tampoco le gustaba que la «cruda realidad» se asomara a los escenarios. El propio Carlos Arniches contó alguna anécdota al respecto, indicativa de hasta qué punto le resultaba difícil abordar determinados aspectos de su presente y, por supuesto, utilizar un lenguaje más real que su estilizado y teatral madrileñismo. Aceptó estas limitaciones cuando cultivó el género chico, así como la necesidad de adaptarse a una brevedad que tanto condicionaba la creación de los autores. En realidad, su caso fue a la inversa, pues su adaptación se hizo a la comedia costumbrista, la tragedia grotesca y otros géneros de la fase final de su trayectoria.

Esta adaptación fue más aparente que real. La relativa brevedad de las obras enmarcadas en el teatro por horas nunca fue un obstáculo para Carlos Arniches. Recurría a espacios comunes (plaza pública, patio de vecindad, lugar de recreo...) que permitían una rápida y verosímil presentación de los tipos, cuya actuación estaba en buena medida prefijada de acuerdo con los esquemas arriba indicados. Apenas necesitaba explicar nada ni, por supuesto, pretendía una profundización en la caracterización. Habría resultado incongruente con las pretensiones de su modelo sainetesco. El problema era llegar a los tres actos de las comedias o las tragedias grotescas. Este objetivo evidenciaba sus dificultades a la hora de construir las tramas argumentales y su excesivo recurso a las digresiones dialogísticas, adecuadas para incluir sus habituales juegos de palabras pero retardatarias de la acción dramática. Fue criticado a menudo por sus terceros actos, en realidad añadidos a unos segundos donde todo podía haber acabado. Nunca necesitó más tiempo del que disponía en el marco del teatro por horas.

El sainete es un género donde suele prevalecer la reiteración y lo tópico. No como un defecto consustancial, sino como parte de un modelo adecuado a las expectativas de un público concreto. De ahí el relativo interés que conservan las tramas y algunos de sus tipos. No obstante, estas obras aportan una información acerca de aquella época que no debemos desestimar. A pesar de lo dicho, Carlos Arniches y sus colaboradores trasladan al escenario imágenes, palabras, costumbres, circunstancias, anécdotas... que remiten a la España de entonces. Carecen de una estructuración, de un marco que les dé sentido histórico y nos permita comprender el porqué de su aparición. Pero esta carencia supone una dificultad relativa cuando, por otras vías, tenemos la información necesaria para captar el valor real de unos elementos que han quedado como testimonio de su momento. Ninguno es fundamental, pero resulta indudable que, salvada la tendencia del costumbrismo a recrear lo tradicional más allá de su efectiva presencia en la realidad coetánea, la lectura de estas obras nos revela aspectos de la intrahistoria o la cotidianidad de aquellas gentes.

Mucho se ha hablado del lenguaje castizo y de su relación con el popular de entonces. Siempre se ha señalado el interés de los espacios de sociabilidad, que se dan en torno a las fiestas, las reuniones en los patios de vecindad y otros lugares habituales en el sainete. Convendría, sin embargo, hacer hincapié en las acotaciones escenográficas de obras como *El santo de la Isidra*. La escasez de documentos gráficos no permite comprobar hasta qué punto esas indicaciones de los autores sólo fueron un deseo o se plasmaron efectivamente. No obstante, es indudable la voluntad de realismo de unas detalladas acotaciones que crean un espacio tan estilizado como los tipos, aunque con unos paralelismos con la realidad que facilitarían la rápida identificación por parte de los espectadores.

Recordemos la acotación inicial de *El santo de la Isidra,* que también supuso un antes y un después con respecto a las de anteriores obras por su voluntad de dar una imagen completa y detallada:

> *Una plazuela de los barrios bajos. Al foro, dos casas separadas por un callejón que da a la calle de Toledo, y en cuyo fondo se ve la plaza de la Cebada. La casa*

*de la izquierda tiene en su planta baja una tienda de ultramarinos con puertas practicables. La puerta de esta casa, practicable también, da al callejón. A la derecha, otra casa y debajo una taberna con un rótulo que dice: «Número 8. Vinos y licores. Número 8». La puerta de la taberna que da frente al público y la que da al callejón, practicables. En los laterales derecha, una casa de modesta construcción, y en el ángulo que forma esta casa con la taberna, el chiscón de un zapatero de viejo. En los laterales izquierda, otra casa, en cuya planta baja hay establecida una tienda de sillas, de las cuales vense algunas colgadas en la puerta. La muestra de la tienda dice: «La Mecedora. Se ponen asientos, se forran sillerías». El balcón de la casa de la derecha, que también es practicable, lleno de tiestos con flores.*

Obsérvese el paralelismo de esta acotación con la también inicial de *La fiesta de San Antón,* que nos recuerda las escenas panorámicas con que comenzaban las películas relacionadas con lo sainetesco:

*Calle que desemboca en una plazuela; al frente, a la izquierda, y formando ángulo con las casas laterales del mismo lado, una casa en cuya planta hay una taberna con puerta practicable, a cuyos lados habrá algunos banquillos. En el primer término izquierda, casa con puerta practicable, y al lado, una frutería en la que se verán cestos y cajones de fruta y verduras. A la derecha, en primer término, casa en cuya planta baja figura una tienda de guarnicionería; dicha puerta tendrá en el centro una puerta vidriera de dos hojas, practicable; a los lados, escaparates, con arreos, arneses, etc. Sobre la puerta, un rótulo que dice: «Antonio Olmedo. Guarnicionero». Uno de los balcones de esta casa, el último de la fachada, que da a la calle, practicable. Al foro, ángulo de una plaza con árboles y jardín, rodeada por una verja de hierro. Calle al foro. En la parte de la verja que da frente al público, figurará estar situado un punto de coches, de los cuales, la parte trasera del último simón debe ser vista del público.*

No cabe explicar que son la antítesis de las acotaciones valleinclanescas. Su precisión intenta crear un espacio identificable gracias a imágenes que remiten a espacios reales y unos detalles que aportan una indudable sensación de realismo. No se subraya nada en especial, sino que se intenta presentar un conjunto armónico en que cada elemento mantiene una relación complementaria con el resto. Al margen de las limitaciones técnicas de la época, imaginamos una iluminación plana para un escenario que debe dar la sensación de completo, de que no falta ni el más mínimo detalle para recrear esa imagen de un lugar concreto del Madrid coetáneo.

Esta escenografía, por otra parte, se integra en la acción dramática. Obsérvese la insistencia en las puertas y balcones «practicables», usados por unos tipos que viven o trabajan allí mismo. En realidad, nunca trabajan en escena, pues esta actividad apenas resulta pertinente para los objetivos del sainete, pero necesitamos situar laboralmente a quienes van a intervenir en la acción. Como es lógico, sus oficios nunca implican soledad o aislamiento. Hay tiendas, talleres, tabernas o lugares similares de manera que, además de la caracterización, aparezca un espacio público que permita la comunicación. Estas localizaciones deben tener un sabor castizo o tradicional, propio de los artesanos o tenderos que proliferan en los sainetes. Para hacer más evidente ese sabor aparecen, por ejemplo, las sillas colgadas. O los rótulos, sacados de la libreta que llevaba Carlos Arniches en sus visitas a los barrios, que bien podría ser su memoria visual. Y el moratiniano rasgo del número de la casa, otro dato con voluntad de realismo que sería impensable en el teatro anterior al del comediógrafo neoclásico. Otros elementos escenográficos intentan dar una sensación agradable o alegre. Las flores, los árboles, el jardín... evitan cualquier nota de aridez o dureza para un paisaje urbano que está obligado a ser el marco de una acción donde, aunque apunte lo dramático, se impondrá el final feliz.

El desenlace tendrá lugar en el espacio de la fiesta: «*la pradera de San Isidro el día del Santo*» y «*final de una calle que va a desembocar en la de Hortaleza*», en que se celebra la fiesta de San Antón. La lectura de las respectivas acotaciones es un ejemplo de los objetivos que en este sentido tenía Carlos Arniches, en contra incluso de la tradición de un género que no había destacado por su escenografía en épocas anteriores. En el primer caso, recurre a un merendero, espacio habitual en los sainetes para los encuentros y diálogos entre los personajes, pero rodeado en esta ocasión de vendedores ambulantes, tiovivos, barracones de figuras de cera, etc. Hasta conseguir una «animación extraordinaria». También se busca en *La fiesta de San Antón* mediante numerosos figurantes, al margen del ya de por sí extenso reparto. Vuelven a aparecer las tabernas y los comercios con puertas practicables, ahora acompañados por puestos ambulantes de juguetes, dulces, frutas y panecillos del santo. Incluso se propone la participación de jinetes cabalgando, aunque en una acotación posterior se indica una alternativa ante la presumible dificultad. El objetivo es, de nuevo, la creación de un ambiente de «*vida, luz y alegría extraordinaria en el cuadro».* Tal vez los medios para alcanzarlo no estuvieran a la altura de los deseos del autor, pero no cabe duda de su intención. Carlos Arniches habría disfrutado al ver plasmados estos ambientes en algunas de las películas de Edgar Neville, un admirador suyo que llevó al cine ese ambiente costumbrista y abigarrado de la fiesta popular y castiza.

Las citadas acotaciones son una propuesta escenográfica cuya selección de elementos y su presentación están condicionadas por las características de los sainetes. Hay observación de la realidad, pero sobre todo adecuación a los objetivos de las obras. No obstante, y sabido esto, cabe el análisis de esos detalles como un conjunto de imágenes que nos remiten a experiencias cotidianas de los madrileños de la época. Cuando Edgar Neville, entre los años cuarenta y cincuenta, llevó a la pantalla estos ambientes (*El crimen de la calle Bordadores, El último caballo, Mi calle...*) buscaba la evocación idealizada de un pasado perdido, coherente con su peculiar concepción del sainete. Pero, cuando se estrenaron las obras citadas, este abigarrado conjunto de detalles buscaba el reflejo de una contemporaneidad que, con el paso del tiempo, ha adquirido una nueva dimensión para los espectadores e investigadores.

Las citadas y otras muchas películas relacionadas con lo sainetesco han adquirido, en ocasiones, un valor testimonial incrementado con el paso del tiempo. Gracias a él, disfrutamos de una imagen bastante aproximada de la vivienda, el transporte, el ocio... en el momento de su rodaje. Sólo es preciso entresacar datos que suelen quedar en un segundo plano o en imágenes ajenas a la acción central. Son las más interesantes, frente al convencionalismo de las situaciones dramáticas y los protagonistas. No sólo eran los actores de reparto quienes aportaban interés a estas películas corales, sino también toda una puesta en escena que, probablemente, pasaría desapercibida para los espectadores coetáneos, por su verismo, mientras que ahora ha adquirido un valor documental a veces sorprendente. Algo similar ocurriría si pudiéramos ver plasmadas las acotaciones escenográficas de los sainetes.

Carlos Arniches nunca quiso moverse de la localidad que ocupaba en el teatro de la vida. Planteó con claridad sus objetivos y actuó en consecuencia. Sería absurdo, pues, exigirle lo que no buscó ni necesitó. Más provechoso resulta el análisis de su obra que se centra en aquello que podía aportar el sainete en el marco del teatro por horas. Tipos bien caracterizados, tramas sencillas, ambiente costumbrista... y, sobre todo, un amplio conjunto de detalles que nos aportan un sabor de época. Actúan como las fotografías que carecen de fecha o no sabemos en qué circunstancias fueron tomadas. No importa. Su capacidad evocadora nos impulsa a reconstruir lo que falta mediante la imaginación. Todo parece estar claro y masticado en los sainetes, pero siempre nos queda esa lectura o contemplación donde cabe ejercer una libertad que también fue propiciada por autores atentos al detalle como Carlos Arniches.

EDICIONES

ARNICHES, Carlos, *Teatro escogido,* Madrid, Estampa, 1932, 4 vols.
—, *Teatro completo,* Madrid, Aguilar, 1948, 4 vols.
—, *Obras completas,* vols. I y II, Madrid, Biblioteca Castro, 1995.

2. *Ramos Martín,* por *Jaeseon Kim*

Antonio Ramos Martín (Madrid, 1885-1970) entró en el mundo teatral demostrando una continuidad de la generación a la que pertenecía su padre, sainetero famoso, Miguel Ramos Carrión (1851-1915). A pesar de la pérdida de la fuerza del teatro por horas, continuó la fórmula breve e intentó rejuvenecer y restaurar el sainete de ambiente madrileño junto a compañeros como Carlos Arniches y los hermanos Quintero. Observó y acertó bien los momentos cómicos de la cotidianidad, que trasladó con cierta picardía y agradable naturalidad a la escena consiguiendo abundantes aplausos. Muy pronto su nombre se incorporó al mundo de los autores de éxito, lo que le permitió mantener sus obras durante ininterrumpidas noches en cartel. Así, por ejemplo, *El sexo débil* (1912) se representó millares de veces en Madrid, incluso en América, y fue traducido al inglés y al catalán. Con *La cocina* (1912) y *La real gana* (1915) cosechó los mismos éxitos. Por cierto, se afirma en una revista teatral que fue un sainetero «de los pies a la cabeza, de cuerpo entero, digno sucesor de los buenos maestros del género, por vocación, temperamento y capacidad» [*Las Máscaras*, 7 (1949)].

Veintiuna obras componen el corpus teatral breve de Ramos Martín: once sainetes, cinco entremeses, dos zarzuelas, un cuento, un pasillo y un monólogo, según la denominación propuesta por el autor. Sin embargo, como no existen diferencias notables entre el cuento (*La joroba*, 1906), pasillo (*Los niños de Tetuán*, 1908) y sainete, no resultará desacertado considerarlos como un sainete moderno.

## 2.1. Sainetes

El sainete decimonómico, o sea, sainete moderno continúa la tradición sainetil, si bien dobla su duración de veinticinco minutos a una hora y se representa autónomamente a diferencia de la forma intercalada. Como los antecedentes, traslada al escenario el ambiente alegre y pintoresco de los barrios bajos y retrata a sus habitantes como si fueran nietos de aquellos personajes creados por Ramón de la Cruz. También, como en el siglo anterior, Madrid y sus lugares típicos, sobre todo, las viviendas populares —las casas de vecindad—, talleres, tabernas se teatralizan de modo animado y atractivo en el sainete moderno.

En los sainetes de Ramos Martín destaca la variedad de los oficios populares recogidos de la realidad española de los primeros veinte años del siglo XX, en lo que constituye una estampa pintoresca de la época. Sin duda, a través de ellos llegamos a conocer los modos de ganarse la vida y la modesta condición de los personajes que pertenecen a las clases sociales medio-bajas de entonces: albañiles, carniceros, cigarreras, cupletistas, lavanderas, panaderos, patrones de casa de huéspedes, porteros, mozos de cuerda, toreros, zapateros, etc. En *Pasacalle* (1905) se describe a las cigarreras, gremio emblemático de la mujer castiza de entonces en el que se agrupaban mujeres famosas por su espíritu rebelde. Junto a la alegría de ellas y el amor entre una de ellas y un joven, el autor presenta un cuadro vivo de la industrialización. Fue un hecho real el que las cigarreras se levantaron contra su sustitución por máquinas y se calmaron felizmente con las palabras del gobernador.

En aquel tiempo los cuplés y las corridas aglutinaban el gusto de todas las condiciones sociales y sus funciones ocuparon los motivos prioritarios en el ocio de la gente. Por tanto, las cupletistas y los toreros recogen la gran popularidad y el afecto del pueblo y con mucha frecuencia aparecen en las obras de Ramos Martín. *La redacción* (1913) nos presenta un fresco en torno a la prensa coetánea y *Los niños de Tetuán* esboza el mundo taurino con los detalles del vestido de torero y la variedad de los toros. En *En capilla* (1920) los estudiantes abandonan las clases por la función cupletera e incluso en la víspera del examen charlan de las cupletistas y coplas, y convierten la sala de estudio en un café cantante con palmas y olés. Los taurófilos se presentan a sí mismos como partidarios de toreros famosos, debaten sobre las distintas suertes taurinas y defienden a sus toreros favoritos. Así, Dionisio y Vicenta, de *La afición* (1915), discuten y llegan a las manos en defensa del mejor torero, Joselito o Belmonte, y engañan al cuñado para sacar las localidades de una corrida. A continuación presentamos un fragmento de *A la sombra* (1924) que se desarrolla en el calabozo donde se reúnen cinco malhechores: un ladrón de bolsillo, un señor casado, un zapatero aficionado a las corridas en el pasado y ahora al fútbol, un panadero y librepensador disfrazado de mujer, un viejo estudiante y compositor. Aquí, Ulogio, como insinúa su nombre, explica su pasión taurina:

> ULOGIO      Decir eso a Ulogio Gutiérrez, *abonao* hasta hace tres años a un tabloncillo de grada del cinco, número, revertista después, pastorista más tarde, y en la *aztualidá* de Lalanda [*A la sombra*, rr. 999].

Otro oficio popular de las mujeres humildes de entonces era el de criada; en *La cocina* (1912) Ramos Martín nos dibuja dicho colectivo y manías, tales como romper, sisar, comer mucho, coquetear con el hijo de la casa, etc.

Por otra parte, la forma de despedida y la moraleja final en el sainete moderno también demuestran la sucesión respecto del sainete antecedente. En el siglo de las Luces la sociedad se apartaba de la ética cristiana y atendía a los nuevos preceptos construidos por la razón humana y el buen gusto. Este cambio se reflejó explícitamente en el teatro breve. Frente al entremés primitivo, que intentaba derrumbar o emanciparse de las instituciones morales y sociales tan firmes y rígidas que no se perturbaban ni rendían ante cualquier burla, el sainete emprendió el fortalecimiento de nuevas acciones dirigidas a reformar la sociedad. Como opina Vilches de Frutos, el sainete desempeñó un papel de «vehículo de transmisión de ideas morales y críticas sobre las actitudes erróneas o de planteamientos de modelos de comportamiento para una sociedad» [1984: 181]. Por eso, la inclinación hacia los valores morales de rechazo del mal y consolidación del bien se convirtió en uno de los componentes más destacados del teatro breve aunque no se tratara profundamente sino como pura represión.

Sobre esta base dieciochesca el sainete moderno intensifica el tono didáctico y se conforma al cambio de la sociedad, valorándose en mayor medida al pueblo e igualando las relaciones humanas entre amos y criados, maridos y esposas, padres e hijos. En «el género democrático por excelencia» [Zozaya, 1917: 8] ya no se presenta al pueblo como sujeto despreciable merecedor de burlas groseras, sino como una parte respetuosa e importante de la sociedad. Así, se nutre ahora el teatro de cierto optimismo respecto de las cualidades humanas, de las creencias en los valores decentes —amor, confianza, dignidad, voluntad— y del propósito de enseñar comportamientos ejemplares. Desarrolla con humor la ilusión de un pueblo bondadoso gracias a su buena voluntad y educación. Es decir, el mecanismo cómico del género induce al pueblo a que acepte sin resistencia la idea pedagógica y la aplique en la vida real en aras del fortalecimiento de las instituciones establecidas. Más allá sirve al propósito de que se puedan cambiar los defectos humanos y solucionar los problemas reales de la sociedad.

El teatro breve de Ramos Martín también distribuye el mensaje moral y pedagógico mediante la estructura del engaño que induce a la carcajada. Además, el motivo de la burla es más importante que la acción y determina el resultado triunfante o fracasado del que se extrae una moraleja. Si la intención del engaño es buena o sana, éste culmina con éxito, pero, en el caso contrario, fracasa el propósito. El pobre y honrado Colasín, de *La joroba*, engaña a todo el mundo salvo a la novia y su madre con su falsa apariencia de jorobado. Así, aguanta los desprecios y las burlas del pueblo, especialmente los del tramposo, brusco y rico Gasparón. El enfrentamiento amoroso entre ambos jóvenes se salda con la victoria del bueno frente al malo, quien todo lo pierde. Detrás, pues, del argumento se esconde cierto didactismo en que el bien siempre triunfa sobre el mal. Por si esto fuera poco, el engaño de Colasín corrige la superstición del padre de la novia, que cree todavía en la buena suerte de tener un jorobado en el negocio. En *La real gana* (1915) Ignacio hace teatro con su cuñada y obtiene el consentimiento de la boda por parte de su padre para legitimar a su hijo recién nacido. En *Los galgos* (no tenemos la fecha del estreno) Eladia finge una borrachera para corregir el mismo hábito del marido. Una vez más la benefactora intención del engaño satisface lógicamente a todo el mundo.

Por el contrario, la mala intención en un engaño siempre termina mal, proponiendo la moraleja de no actuar de ese modo. En *Los niños de Tetuán* el excesivo deseo de dinero lleva a Cornelio a fingir amor por Florentina. Se aborda así una imagen cómica y contrastiva con el otro deseo espiritual, el amor de Rafael por Lola. Naturalmente, sus oscuras intenciones terminan en castigo: cogida de toro y despedida de la novia y del empresario taurino. En *La afición* la pasión por las corridas de toros lleva a Vicenta y Dionisio al fingimiento de una enfermedad para engañar al cuñado. Dicho engaño compromete al farsante a pasar por los remedios revulsivos de purga, cataplasma y demás, mas logra el dinero. Pero la imprevista visita de aquél pone fin a la trama. En contraposición, pues, del engaño victorioso del entremés áureo, se percibe gran diferencia en el tratamiento de la risa. El doble proceso de engaño y fingimiento de la enfermedad y sufrimiento de extraños remedios producen en el público risa. En el mismo sentido, Espín Templado opina que «el sainete moderno propugna una ética de acuerdo con la moral social establecida; las críticas que sobre ella se ejercen son en orden al perfeccionamiento del sistema y a corregir las desviaciones debidas a la falta de honradez de algunos hombres o sectores de la sociedad, pero nunca a cuestionarse dicha sociedad» [1987a: 122].

El sainete moderno incorpora, respecto al teatro breve tradicional, nuevas tendencias; así, la temática de enredo amoroso con final feliz y la aportación de aspectos sentimentales o melodramáticos, circunstancias que lo acercan al género de la comedia. Muchas son las obras en que encontramos a jóvenes enamorados dispuestos a casarse a pesar de los obstáculos. En *La joroba,* por ejemplo, Colasín es capaz de viajar en dos ocasiones al lejano pueblo donde, tras varios días, consigue los documentos necesarios para la boda. En *Los niños de Tetuán* Rafael arriesga su vida e intenta torear dos veces para casarse con Lola. Esto puede interpretarse como reflejo del cambio del gusto del público y también como una consecuencia de la prolongación de la obra. Además, se trata de una visión del matrimonio distinto a la del entremés, donde se daba frecuentemente la infidelidad conyugal, o sea, la transgresión de la moral y de la institución social. Se presenta con frecuencia la brusca pelea, es decir, los consortes llegan fácilmente a los gritos, insultos, e incluso a peleas con golpes como los de los entremeses áureos. Pero la fidelidad nupcial se mantiene en todas las obras de Ramos Martín. En *El sexo débil* (1912) el dramaturgo se sirve de riñas brutales exageradamente ridículas y cómicas, de modo que se explica indirectamente que las peleas no están hechas para la vida conyugal. *El entierro de la sardina* (1915) aborda el tema del destino común de las parejas así como la participación conjunta en las diversiones para comprenderse mejor.

Más aún, los personajes configuran más los caracteres estimables del ser humano ajenos al mundo entremesil, como el amor, la lealtad, el valor, la generosidad, la abnegación y el honor. Ayudan, así, a aquellos vecinos con dificultades económicas o amorosas, contraponiéndose a los de la época áurea, que aprovechaban o usurpaban al otro para satisfacer sus intereses instintivos y materiales. Por ejemplo, Justa, de *El compañero cocido* (1921), se comporta con justicia y con corazón de oro, como indica su nombre. La mujer ofrece la única comida que le queda a un vecino en peor situación y, aunque habita una buhardilla miserable, se enfrenta a su hija, madre-soltera, que iba a ser ama de cría dejando a su niño por el dinero. El supersticioso tabernero Buenaventura, de *La joroba,* cuelga herraduras detrás de la puerta para proteger la casa y no mata arañas porque traen suerte. Un día se enfrenta al tunante amante de su hija —comprometida con otro— y exige la boda con un pagaré; por torpeza el truhán lo rompe, de modo que Buenaventura queda así libre de deuda y transmite una moraleja clara: la mala intención tiene su justa recompensa. Sin embargo, su honradez le lleva a pagar dicha deuda alejándose del propio personaje del teatro breve que engañaba a los demás para conseguir más ganancia material.

En cuanto a los vicios humanos, el sainete moderno los ridiculiza con un tono risible, admisible y perdonable, y al mismo tiempo los utiliza como recurso didáctico. En las piezas del sainete moderno los personajes no tienen la culpa de sus defectos porque se intenta crear en el público la ilusión de que son buenos, sólo descaminados por un medio social defectuoso, pero susceptibles siempre de regeneración y de hombría de bien. Como afirma Zozaya, «todo aquello está ya muy distante de los entremeses de Rueda» [1917: 5].

## 2.2. Entremeses

El entremés, género fundamental del teatro breve desde antaño, no cambió su duración en el marco del teatro por horas como le había ocurrido al sainete. Sin embargo, en el entremés del siglo XX ya no existe la comicidad vinculada con el Carnaval que viene de la apreciación del tabú y de la clase oprimida de la sociedad. Más bien, la risa carnavalesca se desarrolla de modo atenuado en la forma y la función y, finalmente, no alcanza la transgresión de los valores morales y sociales como en el entremés áureo. Pero, gracias a la atmósfera festiva el engaño y la búsqueda de placer y de un hueco en las debilidades del carácter humano y de los sistemas establecidos, el Carnaval sigue acompañando a la risa del teatro breve. De acuerdo con esto, Ramos Martín presenta la comicidad a través de las actitudes violentas y la discusión con zurra. Pepa y Doroteo en *Ni contigo ni sin ti* (1932) se insultan, se golpean, se tiran los platos o desordenan la casa, trasladando a la escena el ambiente lúdico. Y la inclinación y el deseo hacia lo material ofrecen continuamente el motivo del engaño y el objeto de la burla produciendo las risas carnavalescas. Pirracas, de *Dios te ampare*, miente a los transeúntes diciéndoles que su padre está enfermo para pedir limosna, pero en realidad éste también se dedica al mismo trabajo; aquí lo que provoca más risa al público no es la mentira ni el engaño sino la sinceridad desnuda de la familia mendicante y la insensibilidad ante la desvergüenza de preferir ese trabajo a uno decente como aprendiz, ya que puede comer mejor. Es un personaje ajustado a lo carnavalesco por la búsqueda de la buena mesa y el engaño, si bien en grado menor:

PIRRACAS    Eso que ya ahora se ha *modificao* mucho. Desde que nos hemos *dedicao* a la *mendicidá*, como entra más dinero en casa, hay mejor humor, y como en vez de judías comemos filetes, pues *tóos* estamos más contentos...

| RITA | Vamos, que unas chuletas han servido para que se acaben las otras. ¿Tu madre pide también? |
| PIRRACAS | No puede; como la infeliz está en tan buen año, quiero decir, que como está alrededor de los noventa kilos, nadie la cree que está sin comer... Lo más, lo más, que ha *terminao* de hacer la digestión. |
| RITA | Ella también *tié* trabajo, porque se quedará al *cuidao* de tus hermanitos. |
| PIRRACAS | ¿De qué hermanitos? |
| RITA | Toma..., de los que tienes. |
| PIRRACAS | Pero si ésos piden también. Dos van con mi padre, con una escrófula *imitá* que mete miedo, y los otros cuatro van, con su trajecito negro, haciendo de *güérfanos* de un albañil, con la *señá* Romualda, que los *tié tóo* el santo día *sentaos* al sol de la Ronda de Atocha y que luego nos da el veinticinco por ciento de la recaudación bruta [*Dios te ampare*, rr. 1036-1037]. |

Por otro lado, también podemos descubrir la finalidad moral de la risa del entremés. Como Hannah E. Bergman aprecia, el propósito moral que late en los mejores entremesistas del Siglo de Oro, «aunque muestran robos, adulterios, y otros actos inmorales, los entremeses mismos no son inmorales, ya que no inducen a nadie a imitar esa conducta» [1970: 14]. En las obras breves de Ramos Martín, más allá de las burlas divertidas, se denuncia los problemas de la realidad e induce a que el espectador no repita comportamientos absurdos. Esa risa entremesil, incluida con la crítica cómica, es una forma variada de fomentar la sociedad establecida y corregir las desviaciones debidas a la falta de honradez de algunos hombres. En *Calabazas* (1905) Ramos denuncia a unos estudiantes que se entregan todos los días en brazos de la juerga; en *Ni contigo ni sin ti,* a través de una pareja no casada se defiende del matrimonio como forma más razonable de unión entre las parejas; en *Dios te ampare* se reprocha la falsedad de las gentes que piden limosna por las calles. Aquí Rita regaña de modo directo a su amigo Pirracas, niño-mendigo:

| RITA | Hay que ser hombre, Pirracas; pero hombre cabal; que lo más feo de este mundo es un hombre embustero y |

trapalón. Y tú te pasas *tóo* el día engañando a la gente con esa monserga de: «*pa* mi pobrecito padre que
está enfermo». Y *miá* no te castigue Dios y te se en-
ferme de *verdá* y te se muera, y entonces... ibas a estar mejor que ahora, conque... eso no es castigo [*Dios
te ampare,* rr. 1041].

Mientras los tres entremeses comentados hasta ahora tratan de los
problemas sociales, los dos que siguen esbozan sencillamente situaciones cómicas provocadas por una pequeña confusión y los desarrollan sin
tensiones. En *El mejor de los mundos* (1914) Clarita, que está preparando el baúl para el viaje de novios, recibe un cesto lleno de las ropas interiores adecuadas para un viejo. Desilusionada y enfadada por el engaño
del novio, decide suspender la boda, pero en este momento la criada
trae otro cesto igual al anterior explicando que el criado del novio se
equivocó. En *¡Que nos entierren juntos!* (1914) dos jóvenes enamorados
y pobres deciden suicidarse con el fin de no sufrir más los desprecios y
disgustos de la madrastra de la novia. Para ellos no hay otro remedio
porque la novia había rechazado la propuesta del novio de vivir juntos
sin casarse. De este modo se asoma otra vez la voluntad de no trans-
gredir el sistema social establecido. Mientras dudan qué manera emplear —pastillas, pistola y estrangulación—, discuten y se sienta uno en cada
extremo del banco dándose la espalda. Pero después de un rato se acercan poco a poco y se abrazan con un gesto de reconciliación. En este
momento aparece el guardia del parque y les acusa de inmoralidad; además, la pistola que el novio enseña para excusar el abrazo les compromete todavía más. El guardia los considera una amenaza y sin escucharles
los retiene en comisaría para encerrarlos juntos.


## 2.3. Zarzuelas

Dos son las zarzuelas compuestas por el dramaturgo. *¡Lo que va de
ayer a hoy!* (1924) se compone de dos partes entre las que median cien
años de diferencia. La primera se desarrolla durante el verano de 1808,
una época trascendente de la historia por la invasión de los franceses.
Presenta con una cierta sátira a la sociedad española, cegada por la en-

vidia de la riqueza extranjera. Coteja asimismo el sentimiento «xenófobo» con un caso que contraste lo ocurrido en el siglo anterior cuando se pretendía conservar la dignidad nacional rechazando lo foráneo. Así, don Juan, del intermedio, comenta que «ya está muerta la arrogancia del ibero león», aunque, por otra parte, ridiculiza cómicamente la vagancia del chulo español de buena apariencia pero que no trabaja, comparándole con el novio alemán de Filo, nada atractivo, pero generoso y diligente. En esta obra también podemos encontrar la característica típica de la chula que es simpática, independiente, fiel e incluso digna. Está orgullosa de sí misma y de todo lo que la rodea, aspecto físico, vestido, barrio, oficio, novio, etc., y goza de una libertad plena sin temer a nada ni a nadie. Especialmente en el amor las chulas demuestran su lealtad, el desinterés por lo material y el sacrificio por aquellos que aman, como las majas del siglo anterior. En este sentido, esta obra es un ejemplo de lo que referimos y de la continuidad de la maja y la chula por la rebeldía en la oposición del amor. Aparte del argumento principal podemos descubrir el descaro, código propio del teatro breve tradicional, el cual se asoma a través del ciego cuando recoge las monedas después de una breve representación:

> CHICA *(Al CIEGO.)* ¡Ochenta y cinco céntimos, señor Sidoro!
> CIEGO *(Después de mirar las perras.)* ¡Y te han colao dos perras francesas!
> No sé pa qué quiés los ojos.
> CHICA       ¿Ande vamos ahora?
> CIEGO       Al veintirés, y ten más vista cuando recojas.
> [*¡Lo que va de ayer a hoy!*, rr. 962]

Otra zarzuela de Ramos Martín, *Mantequilla de Soria* (1917), acapara la atención en un personaje sólo: don Angelito. Es ignorante, necio e incapaz de cumplir sus cometidos y se asocia con la figura del bobo en la larga tradición del teatro breve. De este personaje se resaltan sus defectos y conductas cómicas hasta ser objeto de ridiculización. Lógicamente, el resto de personajes que aparece en escena, o sea, una serie de clientes que acuden a la casa de préstamos, ayuda a destacar el carácter ridículo de la figura central. En el final las bofetadas propinadas a Angelito, un atontado por su buen corazón, subrayan la estupidez de tener el corazón de mantequilla de Soria y, al mismo tiempo, recuerdan los finales a palos propios de los entremeses áureos. Lejos de entristecerse por la suerte de los damnificados, el daño físico es acogido con simpatía y buen humor por parte del público asistente.

## 2.4. Monólogo

Ramos Martín tiene sólo un monólogo en prosa dedicado al actor José Moncayo (1867-1941) en una función de beneficio: ¡¡¡*Pum!!!* (1916). Se habla del ocio de la caza en un encinar y de la ridícula pérdida en la captura de una perdiz. En esta pieza la voz en *off* de otro desarrolla un papel primordial porque el protagonista conversa con una voz lejana que finge como otro cazador y clama venganza por la matanza de su perro. También requiere otro efecto especial para dos perdices, una cantando y la otra saltando mientras se acerca a la anterior, que emprende entonces el vuelo. Lo más probable parece pensar que se sirviera de marionetas, lo cual aumenta la espectacularidad en el escenario sencillo.

Como hemos apuntado en las páginas precedentes, la aparición del sainete moderno y otras piezas ahondaba raíces estupendamente en la tradición del teatro breve, por un lado, y, por otro, desarrollaba la propia actualidad y la mentalidad de su tiempo satisfaciendo el gusto del público. Gracias a estos géneros breves y cómicos, durante el primer tercio del siglo XX se estrenaron incontables obras en los escenarios españoles a las que los espectadores acudieron con incansable entusiasmo. En los diarios del momento era raro no contar con una página teatral o una sección fija dedicada a ellos. Las obras de Antonio Ramos Martín fueron bien recibidas por parte tanto de los críticos como del público desde su primer estreno, *Pasacalle,* escrita en colaboración con su padre, Ramos Carrión. Nuestro autor, confirmado como buen sainetero, aportaba una observación fina y un conocimiento exacto de la realidad y desarrolla con naturalidad la gracia del asunto, la viveza del diálogo y las características de personajes.

## 3. *Los Álvarez Quintero*, por *Javier Cuesta Guadaño*

Ni la vida ni la obra de Serafín (1871-1938) y Joaquín (1873-1944) Álvarez Quintero han merecido en los últimos tiempos la atención debida,[5] y ello a pesar de formar parte de «una tetralogía incomparable de ingenios», junto a Linares Rivas y Benavente [Huélamo, 2003: 2536], a quienes podrían añadirse los nombres de Arniches y Muñoz Seca, entre otros, como grandes renovadores del «teatro por horas» a principios del siglo XX. Si atendemos al proceso de transmisión y recepción del teatro español en este período, los Quintero son quizá los autores dramáticos más representados y editados de toda la Edad de Plata, amén de ser los artífices de una forma de teatro cómico muy gustada por el público y buena parte de la crítica más exigente, desde *Azorín* [1925] hasta Cernuda [1962]; tanto es así, que el otras veces implacable Leopoldo Alas *Clarín* señalaba en 1901: «Estos autores son toda una revelación; significan un gran aumento en el caudal de nuestro tesoro literario. Traen una nota nueva, rica, original, fresca, espontánea, graciosa y sencilla: muy española, de un realismo poético y sin mezcla de afectación ni de atrevimientos inmorales» [citado en Paco, 2007a: 26]. Y es que, aunque nunca faltaron excepciones a esta consideración positiva del teatro quinteriano —véase, si no, la *boutade* de Valle-Inclán sobre el «fusilamiento» literario al que había que someter a los comediógrafos—, no puede obviarse el predominio casi absoluto de estos autores en la escena española contemporánea, ya fuera en el teatro «grande», ya fuera en las formas más características del teatro «chico» que vamos a tratar [Francos Rodríguez, 1908: 166].

La producción dramática de los Quintero plantea una visión costumbrista y tópica del paisanaje andaluz así como un concepto desdramatizado y alegre de la vida. Ruiz Ramón señala los que, a su juicio, son elementos fundamentales de esta fórmula teatral, desde *El patio* (1900) o *El genio alegre* (1906) hasta *Puebla de las mujeres* o *Malvaloca* (1912), por citar sólo algunos ejemplos de su teatro «grande»: «Visión

---

[5] Para completar su biografía siguen siendo fundamentales los estudios de José Losada de la Torre [1945] y Mariano Sánchez de Palacios [1971]. No son muchas las ediciones académicas del teatro quinteriano, aparte de la ya clásica de Gregorio Torres Nebrera [1989] y la más reciente de Mariano de Paco [2007a], que acaba de presentar una muy completa monografía sobre los autores [2007b].

sentimental de la realidad humana, acriticismo, visión pintoresca, atención al detalle típico y al hecho diferencial, evasión de lo conflictivo,
moral optimista y superficial que deshecha cuanto no es amable o simpático, voluntaria ceguera a cualquier tensión de carácter social, "cliché"
costumbrista color de rosa» [2001: 51]. Los propios autores refrendaron
esta particular mirada sobre el mundo en múltiples ocasiones; baste recordar las «Palabras preliminares» al primer tomo de sus *Obras completas*
definitivas (en adelante, *OC*), donde Joaquín, el menor de los hermanos, reconoce que «fue siempre norma nuestra librar al lector y al espectador de las tristezas remediables» [1947: I,V], o, en el mismo sentido,
la ya recurrente defensa vitalista que proclama Consolación en *El genio
alegre* (1906) —«¡Alegrémonos de haber nacido!»—, como declaración
de principios de todo el teatro quinteriano. Se trata, en definitiva, de
dar cuenta de la dimensión más amable de la realidad, en la que se impone el sentido común y se afirman los valores tradicionales con sencillez y optimismo.

   Una visión del mundo similar es la que ofrecen las piezas «menores» de
los Quintero, herederos de la mejor tradición del teatro breve, desde los sainetes de ambiente madrileño o regionalista de don Ramón de la Cruz hasta el «género chico», ámbito éste en que los hermanos se prodigaron con
verdadero conocimiento del «oficio». Más de la mitad de su producción dramática está constituida por formas breves, acompañadas o no de música, y
vinculadas, de una u otra forma, con el sistema de producción del «teatro
por horas»: entremeses y sainetes —las denominaciones más utilizadas—, junto a pasos de comedia, juguetes cómicos, zarzuelas, monólogos, apropósitos,
pasillos, comedias en un acto, humoradas, loas, etc. —subsidiarias todas ellas
de la fórmula entremesil y sainetesca—. Es aquí donde los Quintero alcanzan, quizá, el dominio absoluto de una técnica que ya no abandonarían, ni
siquiera cuando la decadencia del «género chico», a partir de 1910, les conduce por otros derroteros menos felices. Se ha señalado, incluso, que todo el
teatro quinteriano está constituido por «una sucesión de situaciones entremesiles, de sucesivos sainetes zurcidos» [Torres Nebrera, 1989: 25], que demuestran la capacidad de los autores para la construcción de pequeñas escenas
costumbristas, en las que su habilidad teatral está fuera de toda duda.[6]

⁶ Ya había apuntado Manuel Bueno que, por mucho que se empeñen en ensayar otras fórmulas teatrales, «su temperamento lírico les lleva al sainete», porque «tie-

Entre las más de un centenar de obras que conforman el teatro breve de los Quintero, destacan algunos entremeses ya clásicos, como *El ojito derecho* (1897), *La zahorí* (1903), *Fea y con gracia* (1905), *Los chorros del oro* (1906), *Las buñoleras* (1908), *Sangre gorda* (1909), *Solico en el mundo* (1911), *El cerrojazo* (1916), *La niña de Juana o El descubrimiento de América* (1918), *La sillita* (1921), *El cuartito de hora* (1922), *Ganas de reñir* (1923) o *La manga ancha* (1933); sainetes característicos de su dominio técnico, tales *La buena sombra* (1898), *El traje de luces* (1899), *La reina mora y Zaragatas* (1903), *El mal de amores* (1905), *La mala sombra* (1906) o *Isidrín y las cuarenta y nueve provincias*; pasos de comedia, como *Mañana de sol* (1905) o *¿A quién me recuerda usted?* (1916); juguetes cómicos, sólo cultivados hasta 1900, tales *Esgrima y amor* (1888), *La media naranja* (1894) o *Las casas de cartón* (1899); zarzuelas tan reputadas como *La patria chica* (1907), *La muela del rey Farfán* (1909) o *La casa de enfrente* (1917); monólogos frescos y originales como *Chiquita y bonita* (1914); pasillos de temática teatral, tales *El género ínfimo* (1901) o *Los meritorios* (1903); comedias en un acto, anticipadoras de sus obras mayores, como *La reja* (1897); y hasta una ópera, *Bécqueriana* (1915) —inspirada en una rima del poeta sevillano—, entre otras muchas formas dramáticas.[7] En ellas «queda, probablemente, el gracejo más positivo, las situaciones, la comicidad y el diálogo que más han sobrevivido al desgaste del tiempo» [Torres Nebrera, 1989: 15]. No sorprende, pues, que las compañías teatrales que incluyen a los escritores sevillanos en su repertorio recurran una y otra vez a esta manera cómica tan gustada por el público de ayer y de hoy.

Siendo el entremés y el sainete las fórmulas privilegiadas en este corpus dramático tan extenso, conviene que precisemos su filiación con los modelos más remotos del género. Los entremeses de los Quintero no comparten la poética carnavalesca del teatro breve de los Siglos de Oro

---

nen la regocijada frivolidad del que no ve más que la superficial[idad] de la vida» [1909: 203].

[7] Esta heterogeneidad en la denominación de las piezas breves —bien documentada por García Lorenzo [1967]—, se convierte incluso en motivo de la pieza radiofónica *En mitad de la calle o La prisa de las mujeres* (1943), un «coloquio femenino» en verso, protagonizado por Manolita y Sebastiana, que no se ponen de acuerdo sobre si su propia historia es coloquio, pasillo, sainete, entremés o romance.

[Huerta Calvo, 1992: 292], sino que más bien enlazan con la práctica de don Ramón de la Cruz o Juan Ignacio González del Castillo, tendente, en muchos casos, a la teatralización de aspectos cotidianos concretos y ambientes costumbristas.[8] Asimismo, los autores llevan a cabo una reformulación interna del sainete que cultivaban los primeros libretistas del «género chico», liberándolo «de su sal gruesa y mostrenca, del retruécano fácil y del chiste grosero, y sustituyendo en él progresivamente la mecánica de la comicidad grotesca a la que tendía y el estereotipo popularista, cuando no populachero, por el limpio cuadro de costumbres andaluzas, en donde buscaban menos la risa a todo trance que la emoción, aunque ésta fuera de no muchos quilates y rara vez pura de sentimentalidad» [Ruiz Ramón, 2001: 51-52].[9] Conviene que recordemos, en último término, las ideas teatrales que perfilan la «poética del sainete» quinteriana en sus aspectos formales y de contenido:

> El sainete, en mi concepto, ha de constar de *un solo acto* y ha de ser *genuinamente popular*, respondiendo así a su tradición y a su historia completa. [...] Ya sé que ahora, por circunstancias que no son del caso, tiende tan castizo género a ensanchar su campo de acción, pero siempre conservando como requisitos peculiares la pintura de costumbres del pueblo y las dimensiones de un acto sólo [*OC*, 1947: I, 439].

Como ahora veremos, en el teatro breve de los Quintero se tratan, *grosso modo*, los mismos temas de sus comedias y dramas —fundamentalmente relacionados con «amores y amoríos», por utilizar el título de una de sus obras—, aunque la propia materia teatral se convierte también en práctica metaliteraria. Presentan estas piezas una estilización mucho más acusada del «acento andaluz» —aunque haya también ejemplos cercanos al castizo madrileño (*Zaragatas,* 1903) o al aragonés (*Solico en*

___

[8] Como ha estudiado Romero Ferrer, los modelos dramáticos y técnicos del sainete dieciochesco coinciden con la estructura del artículo de costumbres decimonónico, y éste, a su vez, con los recursos formales del «género chico» en la construcción de espacios, personajes y argumentos [2003: 2041 y ss.].

[9] En este sentido, se ha señalado que los Quintero, como Arniches, «siempre prefirieron el humor con fundamento humano a la comicidad estrictamente verbal», más identificada con Muñoz Seca o García Álvarez [Ríos Carratalá, 2003: 2408].

*el mundo*, 1911)—,[10] un mayor dinamismo en el ritmo del diálogo, un predominio de los personajes de extracción popular o pequeño-burguesa, un desarrollo casi absoluto de la acción en Sevilla o en espacios imaginarios de la geografía andaluza —Guadalema, Arenales del Río, Puente Real, entre otros—, y unos recursos humorísticos basados no tanto en la ridiculización burlesca y negativa como en el equívoco de *vaudeville*, la exageración asociada al tópico, o el ternurismo melodramático que invita más a la sonrisa que a la carcajada. Torres Nebrera añade a estos rasgos «la creación de personajes femeninos inolvidables, que con cuatro trazos rápidos repiten el papel de la mujer voluntariosa que lleva siempre a su terreno al pretendiente, o bien recogen en diez páginas verdaderos cuadros costumbristas llenos de vigor y colorismo, o subrayan la poesía melancólica de un tiempo ido, haciendo del entremés una verdadera dolora campoamorina» [1989: 15].

La relación de los Quintero con el teatro breve se inicia el 30 de enero de 1888. Gracias al actor Pedro Ruiz de Arana —«a quien debemos la alegría de los primeros aplausos» [*OC*, 1947: I, 3]— consiguen estrenar su primer juguete cómico, *Esgrima y amor*, en el Teatro Cervantes de Sevilla. Cuatro meses después ve la luz *Belén, 12, Principal*, estrenado en el mismo coliseo sevillano. La acción de estos dos juguetes transcurre en Madrid y, aunque todavía no encontramos la tipificación lingüística propia de sus piezas más características, ya se intuye cierta desenvoltura en la construcción de los diálogos; se utilizan, también, recursos propios del teatro breve, tal la inclusión de una copla de cierre donde el autor se dirige a la sala para solicitar el aplauso del pú-

---

[10] Sobre el lenguaje utilizado en el teatro quinteriano, y, muy especialmente, en las piezas breves, siguen siendo certeras las palabras de José María Rodríguez Méndez: «El lenguaje andaluz de los Quintero es un lenguaje elaborado y artificioso; es una creación de los autores. [...] Por más que consigan un lenguaje sugestivo y gracioso, ese lenguaje no alcanzará los caracteres de "dialecto" que tiene la verdadera habla andaluza. [...] Quiere decirse que los Quintero no escriben "en andaluz", sino que escriben simplemente con "acento" andaluz, mediante una transcripción harto discutible. [...] Como sucede con Arniches, es en los entremeses breves y fugaces donde los Quintero consiguen sus mejores logros expresivos, tal vez porque en las obras de mayor envergadura acaba haciéndose más ostensible la arbitrariedad de su elaborado lenguaje» [1972: 316-317].

blico.[11] Cuando la familia se traslada a Madrid en 1889, los Quintero entran en contacto con la farándula de la capital y consiguen que el actor José Mesejo apueste por *Gilito*, otro juguete cómico con música del maestro José Osuna, estrenado en abril de ese mismo año en el Teatro Apolo. Desde entonces, esta incipiente fórmula teatral de ambiente madrileño parece consolidarse sobre las tablas con *La media naranja* (1894) o *El tío de la flauta* (1897), ambientada esta última en el *«jardín de una fonda en la costa cantábrica»*.

Pero no es hasta el estreno de *El ojito derecho* (Teatro de la Zarzuela, 2 de julio de 1897) cuando consiguen uno de sus más tempranos éxitos. En la obra se utiliza por vez primera la denominación de «entremés», así como el espacio andaluz, genuinamente quinteriano, que aquí se corresponde con las *«cercanías del barrio de San Bernardo, en Sevilla»* [Paco, 2007a: 35]. El motivo que inspira esta farsa es el engaño pergeñado por un astuto Vendedor —compinchado con otro personaje no menos taimado— contra un Comprador ingenuo, que adquiere un burro «desmedrado y canijo» —«ojito derecho» familiar de su propietario—, creyendo que ha ganado para sí un animal de calidad. Quizá el mayor interés de la pieza se deba a la utilización del habla andaluza o a su relación, mucho más cercana, con el entremés clásico, si lo comparamos con ejemplos posteriores. Un año después se estrenaría el sainete *La buena sombra* (Teatro de la Zarzuela, 4 de marzo de 1898), con música de Apolinar Brull, que fue también un éxito sonado, como apunta *Clarín* en una carta dirigida a los autores: «Queridos amigos: Acabo de leer de un tirón su *Buena sombra* […]. Me he reído hasta ponerme malo. Todo es graciosísimo, natural, andaluz de veras […]. Un sainete así honra el teatro español y el genio español. Abundancia y fuerza de ingenio, que es lo que menos se tiene hoy, son las notas principales de *Buena sombra*, en que es admirable prosa y verso. Ésta es, en resumen, mi opinión, que he de decir por todas partes» [citado en Losada, 1945: 57].

La reinterpretación de la clásica fórmula entremesil y sainetesca da lugar a pequeñas obras maestras del género. Entre los entremeses cabe

---

[11] Véase, en *Esgrima y amor*: «Señores, una palmada, / si es que os gusta este juguete; / y si a alguno no le agrada, / y silba, cojo un florete / y le doy una estocada» [*OC*, 1947: I, 17].

citar *Los chorros del oro* (Teatro Apolo, 8 de marzo de 1906), una escena hilarante protagonizada por Mercedes, «*una mujer que marea de guapa y de limpia*», y Juan Manuel, un cajista de imprenta, viudo como ella, pero menos aseado, que pretende sus amores. Obsesionada con la limpieza, la mujer mantiene un animado diálogo con el candidato sobre las condiciones que debe reunir quien se acerque de nuevo a ella:

| | |
|---|---|
| JUAN MANUEL | Yo no estoy contento mientras usté no se desida a quererme. *(Se sienta al lado de ella.)* |
| MERCEDES | Pos largo le va. El hombre que a mí me yeve otra vez a la iglesia, ha de hayarse en el agua tan a gusto como a la vera mía. |
| JUAN MANUEL | ¡Por vía e Dios! ¿Su difunto de usté era un sarmonete? |
| MERCEDES | Mi difunto era un hombre que daba gloria de mirarlo: limpio, colorao, escamondao… |
| JUAN MANUEL | Y engüerto en harina, sí, señora: lo estoy viendo en una freiduría. |
| MERCEDES | O se caya usté o tenemos un dijusto serio [*OC*, 1947: II, 1553]. |

Otro de los entremeses que, siendo aparentemente sencillo, mejor expresa el mundo dramático de los Quintero es *Sangre gorda* (Teatro Apolo, 30 de abril de 1909) [2000: 153-154]. En la obra se contraponen dos temperamentos representados por Candelita —«*ella es la pólvora, como suele decirse, y se halla, además, en un momento crítico de su corazón*»— y Santiago —«*un mozo del pueblo, pulido y simpático, pero despacioso de lengua, de movimientos y ademanes, hasta la desesperación*»—. La acción se reduce a la gracia y el ingenio verbal empleados por la muchacha para exigirle a su pretendiente una determinación sobre el futuro de la relación, después de dos años de visita diaria. La pieza ofrece altas dosis de comicidad, en tanto que frente a la actitud pacata y no poco ingenua del mozo brilla con fuerza el ánimo exaltado y vivaracho de la joven. Memorable es el monólogo inicial de la protagonista, que no logra concentrarse en sus labores por la desazón que le causa la indecisión de Santiago:

¡Por vía der merengue! ¡Ya cosí una manga ar revés! *(Suelta la costura y se levanta sofocadísima.)* ¡Señó, si no es posible; si no tengo la cabesa en la costura! ¡Ay, qué condenasión de hombres!... ¿Dónde he echao mi abanico? ¿Dónde he echao mi abanico? Aquí está. *(Se abanica con furia.)* Como San Lorenso voy yo a morí por ese *sangre gorda* de Santiago, ¡achicharrá! [...] ¡Ay! Es que se dise muy pronto, señó: dos años. ¡Dos años! [...] ¡Ay, qué sangre más gorda le ha dao su Divina Majestá! En to Arenales der Río no se encuentra otro. ¿Qué habré yo hecho, pa que Dios me castigue de esta manera? ¡Yo, que soy una tira de triquitraques, enamorá de un hombre que hasta en apagá un fósforo echa tiempo! [...] De hoy no pasa que aclaremos la situasión. O me dise sus intensiones, o le digo que me está perjudicando y que no güerva. ¡Que no güerva!... [*OC*, 1947: II, 2209-2210]

Una de las últimas muestras del genio entremesil de los Quintero es *La manga ancha* (1933), que contó para la ocasión con Celia Gámez y la música del maestro Cayo Vela. El equívoco y el motivo del disfraz caracterizan esta pieza de estirpe casi cervantina, en la que un cómico (Boquete) se ve obligado a interpretar de improviso el papel de un sacerdote ausente, requerido por una dama que busca «manga ancha» en asuntos de confesión. Como no podía ser de otra forma, el engaño se resuelve de forma un tanto simplona y edulcorada, a pesar del buen desarrollo del entremés.

Dos de sus sainetes más característicos, recientemente recuperados para la escena por Francisco Nieva (2004), son *El mal de amores* (Teatro Apolo, 28 de enero de 1905)[12] y *La mala sombra* (Teatro Apolo, 25 de septiembre de 1906), en ambos casos con música de José Serrano.[13] El primero transcurre en una venta del campo andaluz, donde se encuentra un pozo que, según reza la leyenda, es capaz de curar «el mal de

---

[12] Señalaba Nieva, en su discurso de ingreso en la Real Academia Española —*Esencia y paradigma del género chico*—, que este sainete representa «un dechado de esas virtudes fundamentales y pequeñas» del género [1990: 25].

[13] El músico valenciano puso música a otras piezas breves de los Quintero: *El motete* (1900) —entremés—, *La reina mora* (1903) —«sainete en dos cuadros»— y *Nana, nanita* (1907) —entremés—. También en *El amor en solfa* (1905) —«capricho literario en cuatro cuadros y un prólogo»—, con la colaboración de Ruperto Chapí, que, a pesar de ser una obra extensa, se compone de formas breves.

amores». La acción presenta una clásica estructura de desfile, en tanto que la posada del señor Cristóbal —el «Ventorrillo del Pozo»— se convierte en una suerte de escenario común, por donde pasan diversos personajes más o menos tipificados por la tradición entremesil. Buen ejemplo de ello es don Lope, clásico vejete de entremés y evocación paródica de Don Juan, que presume de sus conquistas y pretende cortejar a todas las mozas que llegan al lugar. La descripción del viejo ridículo —«*un señor chapado a la antigua, que está en su octubre, si no en su noviembre, y se figura que está en su abril, [que] lleva bigote lastimosamente pintado y con las guías punzantes como leznas*» [*OC*, 1947: II, 1323]— acentúa más si cabe el carácter grotesco del personaje. La trama central se desarrolla en torno a la historia de Carola, que huye de un matrimonio impuesto a la fuerza con quien no ama para encontrarse con Rafael. Como ha subrayado Esther Borrego, «el previsible desarrollo de la acción —llegada del novio "oficial" con su tío, escondida precipitada de la hermosa, inverosímil engaño a los perseguidores y final feliz para todos— no es más que un pretexto para un curioso desfile de personajes, a cada cual más gracioso, y para la inserción de bellas coplillas cargadas de tópicos andaluces» [2004: 14]. No faltan, en este sentido, ni el soldado fanfarrón, ni el estudiante poco aplicado, ni el criado anciano y rodrigón, ni el fraile inoportuno. Personajes similares protagonizan *La mala sombra*, sainete que repite una estructura similar a la anterior, donde Baldomero Meana —regente de un extraño comercio que hace las veces de «*betunería y tienda de aperitivos y refrescos*»—, se queja constantemente de la mala suerte que acarrea. Por su tienda pasan otros tantos tipos de ascendencia farsesca, como Taburete, «una versión dulcificada de los jaques y matones de la jácara barroca» [Borrego, 2004: 25], dispuesto a batirse en duelo con todo aquél que corteje a Pepa la Garbosa.

Mención aparte debemos hacer sobre las piezas de temática teatral, en las que esta cuestión se convierte incluso en motivo argumental único. Una de las primeras es la zarzuela cómica *El estreno* (1900), dedicada a la recién creada Sociedad de Autores Españoles, donde se satirizan «los disgustos, contrariedades y amarguras que experimenta todo autor dramático desde que comienza a ensayar hasta que los aplausos dan vida al fruto de su ingenio o los silbidos lo entierran para siempre» [*OC*, 1947: I, 457]. Le sigue *El género ínfimo* (1901), pasillo con música de los maestros Joaquín y Quinito Valverde y Tomás Barrera, en el cual los Quintero se desmarcan claramente, siempre en clave humorística, de esta forma del teatro de variedades. Y lo hacen mediante un mecanismo metateatral, que consiste en situar la acción en la propia sala donde se cultiva el «género ínfimo» —con escenario y butacas incluidos—, para dar cuenta de la recepción de este tipo de espectáculos, rechazados aparentemente por un público que no deja de acudir a ellos [Paco, 2007a: 14]. Otro pasillo es *Los meritorios* (1903), escrito para María Guerrero y Fernando Díaz de Mendoza, que encarnan irónicamente a Angelita y Ribete, respectivamente, dos actores que mueren por la escena y sueñan con la fama teatral. Se trata de un homenaje tácito a los dos grandes intérpretes de la escena española y, por extensión, al mundo de los comediantes.[14]

Una obra que destaca por su defensa de la tradición dramática española es el apropósito *El nombre de un teatro* (1931), estrenado en el nuevo coliseo madrileño de Fígaro. Son los propios actores que interpretan la pieza quienes discuten para buscar un nombre a la nueva sala, y esta circunstancia sirve de excusa perfecta para hacer un recorrido por los más importantes dramaturgos de la escena española. Lo más interesante, sin duda, es la reivindicación del teatro clásico español que aquí se lanza, poco antes de que «La Barraca» de Lorca y el «Teatro del pueblo» de Casona comiencen a dar sus frutos; así, en el diálogo entre Maldiciente y el Autor, en relación a Tirso de Molina, propuesto por la Dama:

| | |
|---|---|
| MALDICIENTE | ¡Tirso no es famoso más que como empresario! |
| AUTOR | ¡Bah! ¡Qué patochada! |
| MALDICIENTE | Al público le aburren nuestros clásicos, con raras excepciones. ¡Y a usted también! ¡Y en Francia y en Inglaterra aburren lo mismo! |

---

[14] Podríamos citar otros ejemplos, en que se tratan aspectos relacionados con la empresa teatral —el apropósito *La contrata* (1904)—, los temas que afectan directamente a los cómicos, como el de la actriz quejosa por el personaje que el autor ha escrito para ella —así, en el paso de comedia *El último papel* (1926)—, o las técnicas actorales de interpretación —en el paso *Visita de prueba* (1931).

|             | [...]                                                      |
|-------------|------------------------------------------------------------|
| AUTOR       | Sea lo que quiera fuera de aquí, en España es preciso lograr que las gentes amen a nuestros clásicos [*OC*, 1948: V, 6356]. |

Aunque se trata de una obra que, por su extensión, no cabe analizar aquí, *El género chico* —«apuntes para su historia, en tres actos divididos en catorce cuadros»— es quizá uno de los mayores homenajes al «teatro por horas» que se hayan escrito para la escena.[15] Está fechada en noviembre de 1939, pero no tenemos constancia de que fuera representada. Cada uno de sus cuadros constituye en sí mismo una pequeña pieza dramática; en el primero hace su entrada el actor Mosié Cancán —*«francés de chaqué, botines y perilla, que no puede pronunciar las erres ni las jotas»*—, empeñado en saber en qué consiste el «género chico» de la mano de Paco el Lanas —*«madrileño castizo, de los de hongo, roten y verruga»*—. Éste le ilustra con un pequeño recorrido verbal por lo más granado de dicha modalidad, donde no faltan referencias a las propias obras de los Quintero: «como buen madrileño, no distingo / de *Patria Chica*, porque todo es patria» [*OC*, 1949: VI, 8330] o «en aventuras mil y desventuras, / partí *La buena sombra* con *La mala*; / me abrasó el corazón *El mal de amores*» [VI, 8331]. En su defensa del mundo sainetesco, Paco el Lanas intenta explicar al intérprete francés en qué consistió esta particular fórmula teatral:

> Sí, Mosié Cancán, pa que ustez se entere, y pa que lo diga en ese *yurnal* adonde va a mandar sus artículos: el yamado *género chico*, anterior a *El género ínfimo*, que vino luego, fue como un sarampión que tuvo la zarzuela grande a fines del siglo diecinueve y principios del veinte. [...] De aquel sarampión salieron muy graciosos libros de revistas, estupendos sainetes y,

---

[15] Dos obras similares en la intención a ésta son *El amor en el teatro* (1902) —«capricho literario»— y *El amor en solfa* (1905) —segunda parte del anterior, con música de Ruperto Chapí y José Serrano—, que, aunque no son breves, incluyen pequeñas muestras de los géneros que aquí estamos tratando. En la primera de ellas se pintan «las fases del amor en nuestra escena», desde el teatro del siglo XVII al drama rural, sin olvidar el tratamiento del tema «en la comedia, con el dulce encanto / de lo alegre y lo tierno en maridaje; / en el sainete, cómico y chulesco, / y en el juguete, cándido y grotesco» [*OC*, 1947: I, 814].

sobre todo, un carro de partituras musicales que quitaban el hipo a propios y extraños [VI, 8332].

En el segundo acto de la obra, luego de introducir un soneto contra la destrucción del Teatro Apolo en 1929, se representa *El repertorio viviente*. La acción transcurre en un *«teatro popular en Madrid»*, donde un empresario se propone resucitar el «género chico», junto a varios actores que dicen haber trabajado en *La mala sombra*. Los Quintero —ya sólo Joaquín— no parecen querer resignarse al canto de cisne de un género, que en los años treinta ha evolucionado hacia otras formas como la opereta, las variedades, la sicalipsis, la revista e, incluso, la comedia flamenca, de cuya existencia da cuenta el tercer acto de la obra, en que se esbozan ejemplos dramáticos de cada una de ellas. Mosié Cancán se pregunta qué es lo que ha motivado la decadencia de un teatro «que aunque chico ega grande pog la gracia» [VI, 8345], a lo que el madrileño responde con su garbosa verborrea:

> Pues, Cancán amigo,
> se lo voy a decir en dos palabras:
> porque todo en el mundo finiquita,
> y lo que nace, muere, y santas Pascuas.
> Se cansó el publiquito, que es el amo,
> de chulos y de chulas y de guardias,
> de paletos, de golfos, de cesantes,
> de copas y de quepis y de capas,
> de corros y de carros y de curros,
> de Ritas y de rotos y de ratas,
> de tropas y de tripas y de trapos,
> y de tipos, de tupis y de tapas [VI, 8345].

Los temas teatrales dan paso a otros ejercicios metaliterarios o intertextuales, como en la loa *Pepita y don Juan* (1925), una función celebrada para costear el monumento a Juan Valera en el paseo de Recoletos de Madrid, donde la famosa Pepita Jiménez —interpretada por Margarita Xirgu— comparte espacio escénico con otros personajes literarios, tal la Frasquita alarconiana de *El sombrero de tres picos* o la Preciosa cervantina de *La gitanilla*. Un homenaje al autor de las *Novelas ejemplares* es también la loa *Los grandes hombres o El monumento a*

*Cervantes* (1926), que se representó para sufragar el que habría de construirse en la plaza de España de Madrid. No era la primera vez que los Quintero tanteaban la obra cervantina, pues ya habían realizado una adaptación escénica del capítulo XXII (primera parte) de *El Quijote*, titulada *La aventura de los galeotes*, que se representó en el Teatro Real en 1905, con Fernando Díaz de Mendoza en el papel del hidalgo manchego. Asimismo, otra de sus adaptaciones escénicas es la que realizaron, en dos cuadros, de la novela no poco entremesil *Rinconete y Cortadillo*, esta vez para conmemorar el tercer centenario de la muerte de Cervantes en 1916.[16]

Aunque siempre se ha negado el carácter regeneracionista del teatro quinteriano —si se compara con el de Arniches—, o su intención moralizadora —si lo equiparamos a Benavente—, varias son las piezas breves en que se alude a la función benéfica del arte —en nuestro caso, dramático—,[17] o a las ideas socializadoras que traen los nuevos tiempos.[18] Cierto es que los autores no intervienen en política, pero la proclamación de la República en 1931 les impele a tomar partido de una forma u otra, aunque nada más sea por tradición familiar; así, en *El reparto de mujeres* (1931), «charla popular por la ciudadana Rosita Rasco,

[16] Otro ejercicio de intertextualidad es *Las encuestas* (1932) —«charla popular por Mariquilla Terremoto»—, donde la protagonista, interpretada para la ocasión por Catalina Bárcena, se queja de la fama que le ha traído la comedia homónima —*Mariquilla Terremoto*— de 1930, firmada también por los Quintero.

[17] Véase el paso de comedia *Las benditas máscaras* (1922), donde Alejandrina se refiere a un teatro «que en estos tiempos y en España viene siendo inagotable fuente de caridad, paño de lágrimas de muchísimos necesitados» [*OC*, 1947: IV, 4716]. En el mismo sentido, proclama una defensa de la escena como arte al servicio de la sociedad: «¡Benditas sean las Máscaras que así pueden ser buenas y generosas! El teatro se gloría de ser un arte para todos, ¿verdad? ¡Pues por eso todos quieren ponerlo a cata; probar aunque sólo sean los relieves de su mesa de gran señor!» [IV, 4718]. Los Quintero participaron, además, en numerosas funciones de carácter benéfico; véase, si no, el apropósito *Carta a Juan Soldado* (1910), representado para enviar aguinaldos a los soldados de la última campaña de África, o el monólogo *Polvorilla el corneta* (1914), que conmemoraba el cincuentenario de Cruz Roja Española en el Teatro Real de Madrid.

[18] El entremés *Noviazgo, boda y divorcio* (1931) da cuenta, en clave humorística, de la nueva legislación sobre la disolución del matrimonio [Torres Nebrera, 1989: 21].

costurera», donde se deja ver una ligera apología feminista contra el modelo impuesto por los hombres, que en este caso pretenden hacerse un reparto de mujeres, al tiempo que se lanza una andanada a favor del nuevo régimen:

> Eso creen algunos locos y algunos sinvergüensas que es lo que ha traío la República. ¡La República, que lo primero que trae es justicia pa tos! [OC, 1948: V, 6347]

El patriotismo español se convierte en el tema principal de la zarzuela en un acto *La patria chica* (Teatro de la Zarzuela, 15 de octubre de 1907), que llegó a ser uno de los éxitos más populares de los Quintero, gracias a los números musicales de Ruperto Chapí;[19] no en vano, existe también una versión cinematográfica de 1943, dirigida por Fernando Delgado [Urrutia, 1984: 26]. Lo primero que llama la atención en esta pieza es que tiene lugar en París, en el estudio de un pintor español (José Luis), que busca fama y dinero en la ciudad de la luz con sus retratos, como el que a punto está de acabar para el inglés Mister Blay, «hombre extraordinario, rarísimo, con más oro que pesa y que tiene gran pasión por las cosas de nuestra tierra» [OC, 1947: II, 1793]. Sorprende aún más que el tema tratado sea el de un grupo de españoles emigrados —dos aragoneses (María Pilar y Mariano) y una andaluza (Pastora), entre otros—, perteneciente a una compañía folclórica estafada por un empresario, que se presentan en el estudio del pintor para pedirle ayuda económica. La convivencia entre personajes tan peculiares como éstos da lugar a situaciones cómicas, tal su inadaptación al idioma y a la tierra extraña en que se encuentran:

| | |
|---|---|
| MARÍA PILAR | Sí que es antipática esta tierra: ¡hasta los letreros de las calles están en francés! |
| MARIANO | Si eso sucediera en España, ya nos criticarían, ya. |
| JOSÉ LUIS | Yo, cuando vine, pasé también los grandes apuros. |

---

[19] No era la primera vez que el músico colaboraba en una pieza breve de los Quintero; así, en *Abanicos y panderetas o ¡A Sevilla en el botijo!* (1902) —«humorada satírica en tres cuadros»—, y en *El amor en solfa* (1905), en compañía de José Serrano.

PASTORA     Don José de mi arma, ¡qué angustia de idioma!
¿Querrá usté creé que a mí ni los loros me entienden? ¡Miste que enseñarles fransés a los loros! [II, 1790]

El dúo musical del aragonés y la andaluza —enamorado el uno de
la otra—, incluye jotas y soleares, con las que los personajes intentan
superarse a sí mismos en el canto a las virtudes de una y otra tierra de
procedencia; no en vano, este número es quizá el que hizo más famosa la obra y el mejor articulado desde el punto de vista musical [Iberni,
2004: 497]. La trama se resuelve favorablemente, gracias a la generosidad de Mister Blay, que costea el viaje de todos a España, con promesas de amor de Pastora. Otra pieza sobre el mismo tema, propio de una
ideología conservadora y tradicional —que no reaccionaria— como la
de los Quintero, es *Isidrín o Las cuarenta y nueve provincias* (1915), sainete con música de Gerónimo Giménez, cuyo reparto encabezaron Loreto
Prado y Enrique Chicote.[20]

Los autores contribuyeron también al teatro infantil con *La muela del
rey Farfán*, «zarzuela infantil cómico-fantástica en un acto», con música
de Amadeo Vives. La obra fue compuesta *ex profeso* para la «Función de
Inocentes» celebrada en el Teatro Apolo el 28 de diciembre de 1909 y
formó parte del «Teatro para niños» comandado por Jacinto Benavente.
La acción se desarrolla en torno al dolor de muelas que sufre el rey
Farfán y el conflicto sentimental de su hija Suspiritos —un nombre que
podría pasar por el de un personaje de drama o comedia—, enamorada del príncipe Lindo —con ascendencia de «figurón»—, cuyo matrimonio autorizado por el monarca es condición *sine qua non* para que la
condesa de Agravios proceda a la cura del soberano. Cervera se explica
las razones del escaso éxito de la pieza ante el público infantil por la
ingenuidad del argumento, lo inasequible del lenguaje pretendidamente ingenioso y la falta de caracterización de los personajes [1982: 376].

---

[20] La célebre pareja de actores protagonizó el entremés *Siete veces* (1940), después de tres años de ausencia sobre los escenarios por causa de la Guerra Civil. El
título de la pieza alude a las siete veces que se ha casado la protagonista (Paquita),
deseosa de concertar su octavo matrimonio con Carrete. Aparte del conflicto cómico planteado, se trata, en último término, de un homenaje a los actores, que se
convierten en intérpretes de sí mismos al final de la obra para dar las gracias al público por seguir aplaudiéndoles.

La fortuna del teatro breve de los Quintero sobre las tablas ha sido muy desigual. Aunque la repercusión social de su fórmula dramática es innegable, no fueron pocos los que, cuando la posguerra impuso un teatro realista y comprometido, le volvieron la espalda —recuérdese la polémica suscitada por el estreno de *El genio alegre*, bajo la dirección de José Tamayo, en el Teatro Español (1960)—, en parte por la imagen tópica de Andalucía que allí se defendía. No obstante, el teatro de los Quintero siguió representándose, siempre como expresión de la España más tradicionalista, o simplemente como reclamo de las jóvenes compañías teatrales andaluzas —así, la «Agrupación teatral Álvarez Quintero»—, atraídas por la sencillez y el humor de su teatro breve. Los ambientes y los tipos pintados en sus obras se han utilizado también como inspiración de otras piezas; es el caso de Juan Ignacio Luca de Tena en *Malvaloca y Consolación* (1950), o de José María Rodríguez Méndez en *La Andalucía de los Quintero* (1968), «paso de comedia tradicional en un acto», donde se recurre al modelo quinteriano, luego de hacer una relectura crítica de sus aspectos más discutibles [Paco, 2002].

En la actualidad pocas son las compañías andaluzas que no incluyen en su repertorio algunas muestras del teatro breve quinteriano; así, en la última edición del «Certamen del Teatro de los Patios», celebrado en Córdoba en mayo de 2007, donde se representaron varios entremeses dentro del espectáculo «Una noche con los Quintero». Pero fue quizá la recuperación de dos sainetes memorables —*La mala sombra* y *El mal de amores*— por el Teatro de la Zarzuela, en marzo de 2004, con dirección musical de Miguel Roa y escénica de Francisco Nieva, uno de los hitos más importantes en la reinterpretación «moderna» de los hermanos de Utrera.[21]

[21] Nieva se refiere a los propósitos del montaje con estas palabras: «Seguro estoy de que, si en la Guerra Civil hubiera triunfado la izquierda, éstas y otras obras paradigmáticas del género chico se hubieran conservado y representado con el mismo respeto que a Chéjov en Rusia. No ha sido así y aquí por muchos años, como ya hemos visto. Pero ya estamos en el siglo XXI, y este "distanciamiento" nos impele a ser objetivos. Y comparativos. Porque, al releer *La mala sombra*, he recordado la comedia napolitana, a Eduardo de Filippo y a Vittorio de Sica, incluso a Fellini. […] ¿Se puede esperar de mí otra cosa que un gran esfuerzo para estar a la altura de las circunstancias y de semejante recuperación afectiva del "género chico", una institución de teatro lírico español, que merece conservarse con todas las atenciones que requiere semejante legado cultural?» [2004: 51-52].

EDICIONES

ÁLVAREZ QUINTERO, Serafín y Joaquín, *Obras completas*, Madrid, Espasa-Calpe, 1947-1949, 7 vols.

——, *Entremeses*, Madrid, Alfil, Col. Teatro, núm. 180, 1958.

——, *Entremeses*, Sevilla, Editoriales Andaluzas Unidas, 1985.

——, *Chiquita y bonita*, en Eduardo Pérez-Rasilla, ed., *Antología del teatro breve español (1898-1940)*, Madrid, Biblioteca Nueva, 1997, pp. 273-279.

——, *Sangre gorda*, en Antonio del Rey Briones, ed., *Antología del teatro breve*, Barcelona, Hermes, 2000, pp. 151-166.

——, *La mala sombra. El mal de amores*, Madrid, Teatro de la Zarzuela, 2004.

——, *El ojito derecho. Amores y amoríos. Malvaloca*, ed. Mariano de Paco, Madrid, Castalia, 2007.

## 4. *García Álvarez*, por *Elena Palacios Gutiérrez*

Enrique García Álvarez (Madrid, 1883-1931) perteneció al grupo de comediógrafos que despuntaron en los años finales del siglo XIX y primeras décadas del XX. Con ellos proponía cierto desenfado intentando trasladar la farsa a la vida misma y llevando el humor a lo cotidiano. Al igual que su producción dramática, su vida estuvo marcada por esa búsqueda de lo irrisorio, de un humor desorbitado con el que pretendía siempre suscitar una sonrisa y una carcajada. Extravagante y divertido, ocurrente y conversador incansable, se caracterizó por su espontaneidad y una enorme generosidad y nobleza que le llevó a sufrir numerosos desengaños a lo largo de su vida.

García Álvarez cultivó una gran cantidad de géneros breves como sainetes, zarzuelas, pasillos cómico-líricos, fantasías cómico-líricas, extravagancias, diabluras o humoradas cómico-líricas, entre otros, que, a pesar de la variada denominación, distaban entre sí bien poco. Su obra está formada por más de ciento treinta piezas de las cuales la mayor parte de ellas cuenta con una estructura formal en un acto y varios cuadros, además de utilizar la prosa y hacer de la música un elemento importante junto a la palabra. Un número elevado de sus composiciones fue escrito en colaboración con otros dramaturgos de la talla de Carlos Arniches, Pedro Muñoz Seca, Joaquín Abati o Antonio Paso, que le impusieron la disciplina de la que él carecía para el trabajo.

Según García Álvarez, toda obra debía ser el resultado de la combinación de tres componentes sin los cuales no era posible triunfar en la escena: el interés, la emoción y la gracia. Rechazaba una creación basada en la tesis, la filosofía y los pensamientos subyacentes en favor del mero entretenimiento de un público que, durante el transcurso de la función, debía olvidarse de los problemas de la vida. Buscaba ante todo una comicidad que nacía de los personajes, del diálogo, de la intriga o de ciertas situaciones verdaderamente originales. No obstante, y a pesar del enorme éxito obtenido por la mayoría de sus obras, su teatro levantó recelos en algunos sectores de la crítica que se oponían fervientemente a esta dramaturgia por considerarla ligera y frívola. Sin embargo, sus aportaciones al llamado «género chico» no pueden ser entendidas como creaciones fáciles o inconscientes, pues los autores de las mismas eran verdaderos profesionales de la escena.

Si bien comenzó su labor literaria de forma temprana escribiendo relatos, crónicas y versos sencillos y fáciles, de temática variada, que aparecieron en diferentes publicaciones periódicas, tras dos obrillas de juventud de las que poco sabemos, *Apuntes al lápiz* y *Al toque de ánimas*, en 1892 llegó su primera aportación al llamado teatro breve a la vez que su verdadero debut dramático. *La trompa de caza* (1892), juguete cómico-lírico en un acto y tres cuadros escrito junto a Antonio Palomero, le hizo contar con el favor del público dando así comienzo a una carrera teatral plagada de triunfos. Sin embargo, su primer fiel colaborador y amigo fue Antonio Paso, con el que compuso gran cantidad de piezas que puede englobarse en los márgenes de nuestro objeto de estudio. A pesar de que la primera, *Salomón* (1893), juguete cómico-lírico en un acto, no contó con la aprobación general del respetable, siguieron colaborando exitosamente durante más de diez años.

Es precisamente en esta etapa inicial con Paso cuando más cultiva estos géneros menores, siendo así escasas otro tipo de composiciones. Entre sus aportaciones conjuntas se encuentran juguetes cómicos, sainetes líricos, diabluras, revistas cómico-líricas, disparates, extravagancias cómico-líricas y sobre todo un amplio número de zarzuelas en un acto, que generalmente reciben la denominación de cómicas o bufas. La primera de estas últimas fue *La candelada*, aparecida el mismo año que *El señor Pérez* (1894), un pasillo cómico-lírico en un acto que sirvió para que iniciara sus contactos con Carlos Arniches, quien años después se convertiría en su colaborador. A ésta le siguieron *Las escopetas* (1896), *El gran visir* (1896), *La zíngara* (1896), *Los rancheros* (1897), *Los cocineros* (1897), *El fin de Rocambole* (1898), que no era sino una refundición de la anterior, y *El Missisipí* (1900), reelaboración también de otra pieza, *Alta mar*, juguete cómico en un acto estrenado un año antes. Junto con *Los cocineros*, que supuso un paso importante para la consolidación de la pareja en el panorama escénico del momento, la zarzuela que les proporcionó mayor reconocimiento fue *La alegría de la huerta* (1900). Alejada de sus habituales ambientes madrileños, nos situaba en tierras murcianas con unos personajes populares que se valían de un característico lenguaje y un diálogo chispeante que, junto a la parte musical elaborada por el maestro Chueca, bien contribuyeron a que la obra se representara en más de trescientas ocasiones.

Al margen de las citadas zarzuelas, la pareja presenta otras piezas que se encuadran dentro de las características del teatro breve. De entre todas ellas cabe destacar alguna diablura cómico-lírica como *Los diablos rojos* (1896); sainetes líricos como *La casa de las comadres* (1896); revistas cómico-líricas entre las que se encuentra *Historia natural* (1897) o extravagancias como *Sombras chinescas* (1897). Por su parte, *Los presupuestos de Villapierde* (1899), que contó también con la participación de Salvador Granés, resultaba una revista curiosa basada en la polémica gestión llevada a cabo por el ministro de Hacienda Raimundo Fernández Villaverde. Las modificaciones que fue sufriendo, tales como la incorporación de personajes y el cambio de algunos pasajes, le llevaron a la adopción de un nuevo título, *Los presupuestos de Ex-Villapierde*, que en absoluto impidió que se continuara representando hasta alcanzar las más de quinientas funciones a que llegó. No menos interesante resultó la parodia *Churro Bragas* (1899), que hacía su particular versión del drama lírico *Curro Vargas*, escrito dos años antes por Manuel Paso y Joaquín Dicenta. Era frecuente en la época, a partir de piezas de mayor resonancia, la realización de este tipo de caricaturas que pretendían poner al descubierto los puntos flacos de su predecesora suscitando así las risas de los presentes.

Sin embargo, fue por aquel tiempo y al margen de sus trabajos con Antonio Paso, cuando otra zarzuela en un acto le condujo al éxito: *La marcha de Cádiz*, escrita junto a Celso Lucio en 1896, de la que se llegaron a realizar más de cuatrocientas representaciones, siendo así la primera centenaria de García Álvarez. La pieza, musicada por Ramón Estellés y Joaquín Valverde, contaba una historia realmente cómica en que un cesante llegaba a un pueblo donde se hacía pasar por un clarinetista que, aunque en realidad no sabía tocar ni una sola nota, debía interpretar junto a la banda del pueblo el famoso pasodoble de la zarzuela *Cádiz*, escrita en 1866 por Javier de Burgos y musicada por Federico Chueca y Joaquín Valverde. La obra estaba organizada en torno al engaño urdido con otro músico que tocaba mientras que él sólo realizaba los movimientos pertinentes. A pesar de que no se caracterizaba por su refinamiento, poseía mucha fuerza y diálogos de gran comicidad, así como unos números musicales que pronto se popularizaron, como el protagonizado por los murguistas o el dúo del pato y la pata.

En los primeros años del siglo XX García Álvarez comienza a colaborar con gran asiduidad con otro de los grandes del panorama teatral, Carlos Arniches. Dentro de su producción conjunta, estrenada en su mayoría en el templo del «género chico», el Teatro Apolo, pueden ponerse de relieve una serie de piezas que, basadas en enredos generadores de situaciones sin apenas lógica y cargadas de elementos costumbristas, tenían por protagonista al llamado «fresco». Este personaje cercano al pícaro intentaba todo tipo de artimañas que, sin ninguna maldad aparente, acababan llevándole al ridículo. Si bien no todas ellas pueden englobarse dentro de lo que consideramos Teatro breve, pues algunas están compuestas en más de un acto, cuentan con varias, entre ellas *El terrible Pérez* (1903), humorada tragi-cómica-lírica que inauguró esta serie. En ella, en que asistíamos a la humillante paliza recibida por el infeliz protagonista, se buscaba una finalidad clara: suscitar una comicidad que se alzaba como eje de sus creaciones. En la misma línea estarían las humoradas líricas *El pobre Valbuena* (1904), en que el protagonista era también un tenorio con una tranquilidad pasmosa para sortear los peligros, y *El iluso Cañizares* (1905), para la que además contaron con Antonio Casero; *El pollo Tejada* (1906), aventura cómico-lírica; o *El fresco de Goya* (1912) —para cuya elaboración se unió a la pareja Antonio Domínguez—, un sainete lírico en que el protagonista se dedicaba a concertar sus bodas y, una vez recibidos los regalos, las anulaba contando cualquier historieta.

Sin olvidarnos de otras muchas composiciones de tipo breve como el viaje cómico-lírico *El perro chico* (1905), el sainete lírico *La gente seria* (1911) o las zarzuelas *La reja de la Dolores* (1905), *El príncipe Casto, El método Gorritz* (1907) o *El cuarteto Pons* (1912), que fue su última obra conjunta, la que más popularidad les concedió fue *Alma de Dios*. En octubre de 1907 esta comedia lírica de costumbres en un acto se estrena con un éxito rotundo, llegando a alcanzar más de setecientas representaciones, gracias también al buen quehacer de los actores, con Enrique Chicote y Loreto Prado a la cabeza. Musicada por José Serrano, la pieza resultaba un cúmulo de situaciones graciosas y mostraba un trazado de los personajes y una acertada observación del natural que hacían de ella una de las mejores manifestaciones dentro del género, a pesar de que fuera acusada de cierto sentimentalismo, en general presente en los trabajos de la pareja.

A pesar de que García Álvarez no era muy dado al trabajo individual, por aquellas mismas fechas escribía un pequeño entremés que, con altas dosis de comicidad, logró causar las delicias del público: *El ratón* (1906). Junto con *El fuego* (1923) y *Las aceitunas* (s. a.), fue la única pieza breve que compuso en solitario durante su trayectoria teatral. Las tres aparecieron publicadas en un solo volumen en 1924 con el curioso título *El ratón. El fuego. Las aceitunas. Entremeses con enredos, sustos, equívocos, miedos y risas para seis meses, es decir, tres entremeses para chuparse los dedos.*

En 1912, por cuestiones ajenas a lo teatral, García Álvarez rompe su relación con Arniches. Es entonces cuando el autor colabora con diferentes comediógrafos con los que elaborará tanto piezas con un carácter más breve como largas. Entre las primeras nos interesa destacar la zarzuela cómica *El bueno de Guzmán* (1912), con Ramón Asensio Mas, o *La Venus de piedra* (1914) y *El alma de Garibay* (1914), zarzuela y revista fantástica, respectivamente, escritas junto a López Monís. Por su parte, Ernesto Polo será su compañero en la humorada *El maestro Vals* (1914). Sin embargo, fue Pedro Muñoz Seca quien se convirtió en el más asiduo de todos en unos años difíciles a nivel personal. Pero, tal y como afirma Conde Guerri [1998], en este momento García Álvarez intuye, antes que otros, que el futuro para el género cómico está en la comedia de tres actos. A partir de este momento sus composiciones buscan un mayor desarrollo, de modo que será escaso el número de piezas que pueden ser consideradas como menores. Del mismo modo, Conde Guerri señala que se produce una serie de cambios al percibir que, en sus trabajos con Muñoz Seca, el motivo cómico ya no es mantenido únicamente en unos o dos cuadros, sino en todo acto e incluso en los tres de la pieza. En todo caso, sus creaciones hacían gala de un humor desorbitado que se basaba tanto en lo estructural como en lo lingüístico. Entre las obras breves que compusieron, las cuales no fueron las más importantes de su producción conjunta, cabe destacarse *La casa de los crímenes* (1916), juguete cómico en un acto, el entremés lírico *La niña de las planchas* o el sainete *La Remolino* (1916).

Pero mientras que Muñoz Seca comenzaba a trabajar con mayor asiduidad con Pérez Fernández, García Álvarez iniciaba su andadura particular por diversos caminos tanto en solitario como en compañía, aunque ya con una cierta disposición al cultivo de géneros mayores alejándose así de sus primeras composiciones. Por estos años fueron frecuentes sus trabajos con Fernando Luque, entre los cuales sólo el sainete *Calixta la prestamista o El niño de Buenavista* (1925) presentaba una estructura en un acto único. En él, y en general en la mayoría de sus creaciones conjuntas, los autores hacían gala, ya desde los mismos títulos, de una técnica teatral basada en la asociación de ideas inesperadas, el juego con los significados de las palabras y todo tipo de recursos lingüísticos que produjeran un efecto cómico en el espectador.

En este período final el delicado estado de salud de García Álvarez le fue alejando poco a poco de los escenarios, si bien sus colaboraciones en la prensa seguían siendo frecuentes con artículos variados, siempre con un tono desenfadado. Además, su concepción teatral había cambiado y aquellas composiciones de mayor brevedad, escritas en un solo acto, habían desaparecido en favor de un teatro estructuralmente más complejo y desarrollado en varios actos. *El punto de mira* (1923), humorada sainetesca en un acto escrita junto a José de Lucio; *Las aceitunas*, entremés en solitario; y *La mala memoria* (1930), juguete cómico en colaboración con Joaquín Abati, pueden ser consideradas como sus últimas aportaciones dentro de lo que hoy podemos considerar teatro breve.

5. *Muñoz Seca*, por *Marieta Cantos Casenave*

Pedro Muñoz Seca (El Puerto de Santa María, Cádiz, 1879-Madrid, 1936) se dio a conocer en las tablas primero como actor en su ciudad natal a los dieciocho años, precisamente en una zarzuela, *El loco de la guardilla*, de Narciso Serra y Francisco Caballero. De aquella actuación la *Revista Portuense* decía: «es un actor para aficionado muy bueno y cantando con gran afinación y excelente voz». El 9 de enero de 1898 volvieron a repetir esta zarzuela y la de Frontaura y Gaztambides, *En las astas del toro*, siendo su actuación nuevamente celebrada. Por entonces Muñoz Seca cursaba la carrera de Leyes en Sevilla y había ido a El Puerto a celebrar las Navidades con su familia. Al año siguiente regresa el joven portuense para estrenar un sainete o «juguete escolar» con el título de *República estudiantil*. Al parecer, la esperada obra era un cuadro de costumbres estudiantiles, escrito en romance «fluido» y «castizo», y según la citada revista denotaba «una intuición artística que hace esperar grandes triunfos en lo porvenir» [*Revista Portuense* 31, XII-1898]. En la reseña de su estreno el articulista Mariano López Muñoz destacaba: «con versificación galana y fluida, con escenas cómicas llenas de animación y naturalidad, con chistes cultos que arrancaban generales carcajadas a los espectadores, ha hecho Perico Muñoz Seca un sainete notable, un alegre cuadro de costumbres estudiantiles en el que compiten la elegancia de la factura con los rasgos de ingenio de que está llena la obra». Y aún señala que, a pesar de los iniciales prejuicios que despertaba la primera obra de un escritor novel, era necesario admitir: «no es la producción del principiante inexperto ni mucho menos un "a propósito" para ser puesto en escena sólo por aficionados en los días de vacaciones; dicha obra es una producción acabada, tan artística cual si la hubiera concebido alguno de los maestros en el género festivo».

Al mismo tiempo Muñoz Seca seguía actuando en *El compromiso de un padre*, de Manuel Ramos —diciembre de 1899—, en el sainete *Los asistentes* —enero de 1900— y en *Los dos ciegos*, sainete cómico-lírico de Olona y Barbieri —diciembre de 1900—. En ese mismo año de 1900 —28 de octubre— Muñoz Seca publica en la *Revista Portuense* *Apunte para un monólogo. Lo que yo sueño*, y el 20 de marzo de 1901 estrenaría en el teatro sevillano del Duque un juguete cómico, *Las guerreras*, escrito en colaboración con José Luis Montoto y de Sedas con música de Manuel del Castillo, que recibió el favor del público. Poco después se estrena en su ciudad natal y por una compañía de aficionados el sainete *El maestro Canillas* (1903), que revisaría para su estreno en Madrid con el título de *El contrabando* (1904).

Ya en Madrid compagina su actividad teatral con un trabajo primero en el bufete de Antonio Maura y desde 1908 en el entonces Ministerio de Fomento, en la Comisaría General de Seguros. En la capital Muñoz Seca se dedica a arreglar comedias para la escena española y, a instancias del empresario Tirso Escudero, comienza con *Floriana*, obra de Tristan Bernard, representada en el Teatro de la Comedia con bastante buena acogida entre los espectadores. De aquí sus obras saltan al Teatro Apolo y comienzan sus colaboraciones con Pedro Pérez Fernández, una de las más fecundas y permanentes que tuvo. En 1907 comparte el interés de la crítica junto a Benavente.

Así, en estos años la escena está dominada, de una parte, por Benavente y sus seguidores (Echegaray, Feliú y Codina, Joaquín Dicenta, Manuel Linares Rivas, Federico Oliver, Martínez Sierra, incluso los hermanos Álvarez Quintero); de otra, al lado de este teatro más o menos serio, al que habría que añadir las socorridas formas del teatro poético (Marquina, Villaespesa, Jacinto Grau, López Pinillos, entre otros), había que desatacar la fuerte tradición cómica en que muy pronto se habría de insertar nuestro autor, al lado de firmas tan populares como Carlos Arniches, Antonio Paso o su prolífico colaborador teatral Pedro Pérez Fernández.

El nombre de Muñoz Seca se asocia al del *astracán*, pieza jocosa que consistía generalmente en la parodia del teatro —o de otros géneros— y la comicidad verbal basada principalmente en el juego de palabras, género en que destacaron también Enrique García Álvarez, Antonio Paso, José Ramos Carrión, José Ramos Martín, Joaquín Abati, entre otros que, siguiendo el modelo del sainete de costumbres madrileñas, en la línea de Arniches, o andaluzas, en que destacaron los hermanos Quintero, colaboraron en el auge del teatro de humor y en un cultivo masivo del género que al reproducir fórmulas cada vez más estereotipadas ocasionarían su degradación. Estos son los polos entre los que bascula el teatro breve de Muñoz Seca, el sainete de costumbres, andaluzas o madrileñas, el astracán.

Se puede decir que en *El contrabando* se hallan algunas de las claves que preludian su éxito como autor de sainetes costumbristas, pero en que no pueden dejar de reconocerse al mismo tiempo los rasgos que lo insertan en la tradición del juguete cómico y del género andaluz en que había triunfado su paisano José Sanz Pérez. En este tipo de obras, generalmente piezas en un acto, protagonizadas por toreros, gitanos, majos y otros tipos castizos, el fin principal era la comicidad y para ello se servía como vehículo jocoso de los chistes verbales, además la pintura costumbrista permite una mayor complicidad con el público. Precisamente el título de *El maestro Canilla* recuerda a *El tío Caniyitas*, ópera cómica del gaditano José Sanz Pérez. En *El contrabando* la acotación inicial nos sitúa en el escenario pintoresco de una ciudad cualquiera, donde tiene ubicado su taller de zapatero el maestro Canillas, descrito con toda suerte de detalles sobre los útiles del oficio, el mobiliario y un significativo cartel taurino:

> *Escena dividida. A la derecha, calle que se prolonga hasta el fondo. A la izquierda, accesoria, donde tiene su taller de zapatería el señor Paco, conocido por el maestro Canillas. En la pared que divide la escena, y en segundo término, puerta de entrada a la accesoria: en la del lateral izquierda, y en segundo término, puerta de cristales que se supone comunica con el interior de la casa. Junto a aquélla, y en primer término, la banquilla donde trabaja el maestro llena de herramientas y de algunos recortes de pieles, todo en gran desorden. De la pared cuelgan varias hormas y algunos pares de botas. Al pie de la silla donde trabaja, un barreño con agua, una botella, un martillo, pedazos de suela y botas viejas. Completan el mobiliario, además de las dos sillas bajas de anea y sin respaldo que ocupan el maestro y Pulguita, otra alta en lastimoso estado de vejez. Un cartel de toros en el testero que da frente al público y algunos grabados de La lidia. Es de día.*

A los elementos costumbristas de la acotación inicial, el desfile de clientes que entran y salen de la zapatería y la misma acción del contrabando, se añade el modo en que el cabo Remigio corteja a Carmen. Todo ello adobado por una acertada caracterización lingüística andaluza. Pero, además, el personaje de Joselito es un anticipo del fresco. Es ese personaje que no quiere trabajar, en este caso es aficionado a la bebida «el barril de los turbios». Vive y bebe de «vender» el «aire» de sus negocios. Por lo que respecta a Canillas, se define por no llegarle la camisa al cuerpo. Este personaje entronca con la tradición por su condición de zapatero y su cobardía. En él se reúne, además, el tipo del padre protector y el del viejo verde. En cierta manera es el contrapunto de Remigio. Finalmente, la protagonista, Carmen, es una nueva versión del famoso tipo de la «cigarrera» de Mérimée, tamizada por la visión cómica de la trama y simplificada por la necesaria brevedad de la pieza.

Otra modalidad del teatro breve cultivada por Muñoz Seca es la zarzuela, desde *Las tres cosas de Jerez* (Teatro Eslava, 30 de abril de 1907), en un acto con colaboración de Carlos Fernández-Shaw y música de Amadeo Vives, donde los protagonistas masculinos tratan de dilucidar qué vale más si el vino, los caballos o las mujeres jerezanas. Las escenas en la bodega, el cortejo de la protagonista y de la feria son los elementos más pintorescos. A ésta le sigue *El lagar*, en colaboración con Rafael de Santa Ana y música de Guervós y Carbonell.

En una línea similar se sitúa *¡Por peteneras!* (1911), sainete en un acto y un solo cuadro con música de Rafael Calleja, *Coba fina* (1912), sainete en un acto y en prosa, en colaboración con Pedro Pérez Fernández. La acción transcurre en el interior de una casa, en *«Romerales, pueblo que se supone de los de la provincia de Sevilla»*. La acción se fundamenta en el típico enredo amoroso: Consuelo quiere casarse con José Antonio y doña Amalia le dice que debe cortar sus relaciones porque han pedido su mano para Juanito Ledesma, uno de los más ricos del pueblo de Tomillares. Incluso la acotación que presenta a este pueblerino y a su padre es bastante cómica:

> *Don Nicasio Ledesma y Juanito Ledesma son dos pintorescos tipos de Tomillares. Don Nicasio es notario y Juanito es... ¡Juanito nada más! Vienen vestidos de fiesta. El padre, todo de blanco, con hongo y botas negras, y Juanito, todo de negro, con sombrero y zapatos blanquísimos. El sombrero es una plaza de toros de las más grandecitas; un sombrerito ancho con más alas que una cigüeña. Entran sin descubrirse, y así permanecen siempre. Los de Tomillares no se quitan el sombrero nunca, porque es lo que dirán ellos: ¡Para algo nos lo ponemos! El brutísimo de Juanito Ledesma es más feo que bruto, o más bruto que feo.*

El enredo cómico deriva del hecho de que todos quieren engañar y dar falso amor por dinero, a excepción de la pareja joven. Juanito tiene bastante del tipo del bobo, del lugareño, aunque con dinero y presumido. No obstante, frente al entremés, aquí la caracterización es más compleja. El personaje se retrata hablando y hay una caracterización falsa que luego parece verdadera en boca de José Antonio. El autor se permite pinceladas humorísticas en las acotaciones. El final recuerda a los tradicionales entremeses de pullas.

El género entremesil lo había cultivado en obras como *Una lectura* (1906), *Celos* (1907), *A prima fija* (1907) y *Mentir a tiempo* (1907); el juguete cómico, en *Floriana* (1907), y el sainete musical, que iniciaría con *La casa de la juerga* (1906), lo seguiría cultivando hasta el final de sus días con obras como *Seguidilla gitana* (1926), sainete musical en dos actos. Además, cultivó la humorada cómico-lírica-bailable, *La neurastenia de Satanás* (1910), *La canción húngara* (1911), opereta. En cuanto al astracán, suele señalarse *Trampa y cartón*, escrita en colaboración con Pedro Pérez Fernández y estrenada en Madrid el 12 de diciembre de 1912, como la obra que supuso el giro hacia esta nueva modalidad, así al menos lo ponía de manifiesto la crítica periodística del momento:

> *Hasta la de ayer, casi todas las obras de estos dos jóvenes comediógrafos se atenían [...] al patrón cortado por los Quintero. Ayer nos pareció adivinar que inician un nuevo rumbo de su camino. Del chiste comparativo, puramente quinteriano, han venido ahora [...] al retruécano retorcido, apurando hasta la saciedad una palabra de doble sentido [...] todo lo que ocurre es inaudito, inverosímil, increíble, pero está la acción aderezada con un diluvio de chistes, que, a pesar suyo, provocan la carcajada del público.*

No obstante, al tiempo que cultiva el astracán, que suele tender a los tres actos, Muñoz Seca realiza otros experimentos, con *El incendio de Roma* (1914), «película cómico lírica de largometraje», la humorada *Las infecciones o El doctor Cleofás Uthof vale más que Voronoff* (1927), y el pasillo cómico lírico *Ali-gui* (1928). También tomando como pretexto el género andaluz Muñoz Seca había explorado otras vías en *El parque de Sevilla* (1921), una farsa sainetesca en dos actos divididos en seis cuadros con un prólogo en que se realiza una proyección cinematográfica.

6. *Abati y otros autores*, por *Ramón Martínez*

6.1. Perrín y Palacios

Guillermo Perrín (1857-1923) y Miguel de Palacios (1863-1920) son, sin duda alguna, los principales saineteros dentro de los autores menores. Salvo casos especiales en que trabajaron solos —como sucede con *El que escupe al cielo* (1877), *Monomanía musical* (1880), *Colgar el hábito, El gran turco* (1883), *El faldón de la levita* (1883), *Cambio de habitación, La esquina del suizo, Católicos y hugonotes* y *La cuna* (1904), de Perrín; y *Por una equivocación, Pancho, Paco y Paquita, Modesto González* y *Bocetos madrileños* (1881), de Palacios, y otros en que colaboraron con terceros —en el caso de *El becerro de oro* (1909), con Capella, y *Cuerpo de baile* (1887), con Jackson y Prieto— su producción fue siempre conjunta y de su pluma salieron grandes éxitos del teatro breve. Son obras suyas los entremeses *La cadena* (1914) y *El morrongo* (1902), el pasillo *Al otro mundo* (1889), los cuadros *¡Quién fuera ella!* (1885) y *Apuntes del natural* (1888), las comedias en un acto *El doctor Mendoza* (1908), *Hay crisis* (1909), *El pájaro* (1909) y la parodia *El trueno gordo* (1903), donde se versiona *La tempestad*. Suyos son también los juguetes *Tarjetas al minuto* (1886), *Una señora en un tris* (1887), *Caralampio* (1887), *Las dos madejas* (1889), *La de Roma* (1889), *Entrar en la casa* (1891), *El novio de su señora* (1892), *Calar un novio* (1894), *Bettina* (1899), *La Soleá* (1901), *El automóvil, mamá* (1904), *Pepita López* (1908), *Trastos viejos, Solteros entre paréntesis* y *Se alquila un padre*; sainetes como *Muevles husados* (1888), *Misa de Réquiem* (1889), *Los belenes* (1890), *Hotel 105* (1891), *¡El primero!* (1891), *El sábado* (1894), *El traje de boda* (1899), *Las granadinas* (1905), *La reina* (1905) y *Pepe el liberal* (1909); apropósitos tales como son *Cuadros disolventes* (1896), *El testamento del siglo* (1899), *Correo interior* (1901) y *Enseñanza libre* (1901), donde aparece el famoso *Tango del morrongo*; las fantasías *Villa... y palos* (1885), *ABC* (1908), *Las mil y pico noches* (1909), *Las mujeres de don Juan* (1912), *Las castañuelas* (1915). Existe, además, un número importante de obras de Perrín y Palacios donde el género de la pieza es poco más que un invento *ad hoc*. Es el caso del almanaque *El zaragozano* (1886), los disparates *Chin-chin* (1886) y *Miss Eva* (1886), las extravagancias *El club de los feos* (1886) y *Los dos millones* (1891), el episodio madrileño *El 7 de julio* (1887), el proyecto *Certamen nacional* (1888), la almoneda *Liquidación general* (1889), el apunte *Amores nacionales* (1891), la silueta con luz *Madrid de noche* (1897), el viaje *El testarudo* (1895), el portafolio *Las españolas* (1897), el proceso *El juicio oral* (1901), el pasatiempo *Cuadros vivos* (1902), el entretenimiento *El general* (1903), el viaje extravagante *El rey del petróleo* (1906), el cuento *El paraguas del abuelo* (1911) y la leyenda *El harén* (1915).

Es de especial relevancia su teatro musical, con revistas como *Los inútiles* (1887), *Las primaveras* (1889), *Muestra sin valor* (1890), *Cinematógrafo nacional* (1907), *El país de las hadas* (1910), *La tierra del sol* (1911), *Su majestad el cupón* (1913), *Los dioses del día* (1914) y *Las tres BBB*; zarzuelas tales como *¡Don dinero!* (1887), *La cruz blanca* (1888), *La seña Frasquita* (1889), *Las alforjas* (1890), *La cencerrada* (1892), *El cervecero* (1892), *La salamanquina* (1892), *Las mariposas* (1893), *Las varas de la justicia* (1893), *El cornetilla* (1893), *El abate San Martín* (1893), *Los amigos de Benito* (1895), *La Pilarica* (1885), *La maja* (1895), *Roberto el diablo* (1895), *El saboyano* (1896), *El gaitero* (1896), *La batalla de Tetuán* (1898), *Pepe Gallardo* (1898), *El seminarista* (1898), *La chiqueta bonica* (1899), *Don Gonzalo de Ulloa* (1900), *La manta zamorana* (1902), *La Torre del Oro* (1902), *La Camarona* (1903), *La morenita* (1903), *El húsar de guardia* (1904), *La venta de la alegría* (1906), *La Mariflores* (1907), *La bandera coronela* (1907), *El barbero de Sevilla* (1907), *Los madrileños* (1908), *La guitarra del amor* (1916), *De caza*, *El hijo del amor,* y las operetas *La favorita del Rey* (1905), *Cascabel* (1905), *El diablo verde* (1906), *La cabeza popular* (1907), *La reina de los mercados* (1909), *El coche del diablo* (1910), *La veda del amor* (1912), *El príncipe Pío* (1913) y *Miss Australia* (1914). Entre todas éstas es necesario destacar la zarzuela *Bohemios* (1904), que sitúa su trama amorosa en la bohemia artística del París decimonónico, y la opereta *La corte de Faraón* (1910), posiblemente su mejor pieza, que, además, marca el comienzo de la decadencia del género chico [Víllora, 2007: 53], donde el genio de los autores no sólo se manifiesta en su fuerte e ingeniosa carga sicalíptica, sino también en un profundo conocimiento de la cultura del espectador —fundamentada en las Sagradas Escrituras— para llevar a cabo uno de los textos mejor diseñados de nuestro género chico [Moix, 1999].

## 6.2. Parellada

Pablo Parellada (1855-1944), que frecuentemente firmó con su seudónimo, Melitón González, fue coronel del Ejército y profesor en su Academia y publicó numerosos artículos y caricaturas en los semanarios humorísticos de la época [Huerta Calvo, Peral Vega y Urzáiz Tortajada, 2005: 537]. Gran parte de su producción dramática podemos encontrarla en sus misceláneas *Entremeses, sainetes, monólogos-diálogos y teatralerías* y *A reírse tocan*. Su primer estreno fue *Los asistentes*, en 1895, un sainete de calidad considerable donde el enredo lo provocan los desatinos de los criados de cuatro oficiales del ejército. El tema militar, tan cercano a su vida, lo retomaría en otras dos piezas de menos perfección: *Repaso de examen, La cantina* y *El regimiento de Lupión*. Podemos apreciar en su obra la frecuente aparición de tipos populares, normalmente aragoneses, como sucede en *El maño, Lo que hace el vino, La tomadora* y, sobre todo, *La güelta é Quirico* (1900), traducida luego al catalán como *La tornada del Baldiri*. El tema del matrimonio y sus problemas es también muy habitual, como sucede en *El teléfono* (1897), *De Madrid a Alcalá* (1905), *Lance inevitable* (1907) y *Baño de sol*, así como es frecuente el sainete de burlas, como en *La forastera* (1912) y *Los macarrones*. Son de especial interés las piezas *Pelé y Melé* (1917), con dos mendigos de exquisitos modales, y *Los peces* (1925), donde bajo el lema «también los animales tienen su corazoncito» Parellada presenta un argumento dramático que se convierte en cómico por ser sus protagonistas varios animales acuáticos. Obras de menos importancia son *La kermesse, De pesca, Los motes o El gran sastre de Alcalá, Los divorciados, El queso*, y las piezas brevísimas publicadas en su antología *A reírse tocan: Niños especiales, El sol y la luna, Gracia y fluidez* y *Chistorrea epidémica*.

Además, Parellada escribió en colaboración con Ángel Guimerá *La Basilia* (1897) y con Alberto Casañal las piezas «de alcalde» *El Gay Saber* (1911) y *La justicia de Almudévar* (1915). Fue también autor de varios monólogos, como *Las chimeneas, El gran filón, El idioma castellano, Mitin pro cocineras*, el interesante *Historia de Cristóbal Colón* y, de nuevo en colaboración con Alberto Casañal, *Recepción académica* y *Cambio de tren*.

Con todo, nuestro autor destaca en su producción de imitaciones y parodias, que demuestran su buen conocimiento de la escena tanto antigua como contemporánea. Así, *Amores sangre derraman* nos recuerda de lejos al *Don Gil de las calzas verdes*, de Tirso, *El buscador buscado* remeda a Ramón de la Cruz con un alcalde entremesil por protagonista, *La cocina* presenta el ambiente andaluz de los hermanos Quintero, *En los labios de la muerte* imita el estilo dramático y ampuloso de Echegaray, *Las olivas* recupera el argumento del célebre paso de Lope de Rueda y *El figón*, quizá el mejor de todos, versiona *La comedia nueva o El café*, de Moratín, criticando ahora el modo de hacer sainetes de sus contemporáneos, contra quienes también cargará en *En el sótano y en Leganés*, *Alza, morena, que me pisas*, donde se ridiculiza el personaje chulesco, y en el monólogo *Un apropósito para el beneficio de «La Chumbos»*. Su crítica, además, llega más allá de las fronteras y en la pieza *Il Cavaliere di Narunkestunkesberg* Parellada se burla sin miramientos de la ópera de corte wagneriano.

Más importantes que el resto son sus versiones del *Don Juan*, de Zorrilla, como *El Tenorio de Castro-viruta*, una reseña que adjunta algunas escenas arregladas por el notario de dicha localidad, que añade alguna que otra morcilla ridícula con la intención de que la obra se entienda mejor. Muy semejante es *Camelo Tenorio*, de 1925, donde los añadidos sirven para explicar incongruencias de la obra de Zorrilla o hacer comentarios ingeniosos sobre sus situaciones. En *El Tenorio musical*, de 1912, unos aficionados quieren representar la comedia de Zorrilla en una versión azarzuelada, para lo que recurren a la música de algunas obras, variando su letra, como *La corte de Faraón*, *Jugar con fuego*, *Gigantes y cabezudos*, *El huésped del sevillano*, *El dúo de la Africana* y muchas otras. Pero es en *El Tenorio modernista*, pieza de 1906 considerada la más perfecta del autor [Huerta Calvo, Peral Vega y Urzáiz Tortajada, 2005: 537], donde Parellada demuestra mejor su ingenio versionando la obra para parodiar el estilo ripioso de los autores modernistas, contra quienes dedicó muchas de sus obras no dramáticas [Gómez Abalo, 2000]. En esta pieza la sátira contra el léxico modernista llega a afectar a la parte formal del texto, llamando el autor «alicuantamiento» al *dramatis personæ*, «apulsos» a las escenas y «lapsos» a los cuadros (no actos, como opinan erróneamente Gómez Abalo [2000: 175] y Serrano Alonso [1996: 370]); y, por supuesto, también a sus personajes y su léxico especialísimo, cuya parodia se fundamenta en diversos juegos lingüísticos [Serrano Alonso, 1996: 379]. El estilo teatral de Pablo Parellada «que instruye y deleita sin acudir a resortes o recursos forzados ni convencionales» [Íñiguez Barrena, 1999: 85] bien puede considerarse, por lo acertado y correcto de su humor, un buen precedente de autores posteriores como Jardiel Poncela o Miguel Mihura.


## 6.3. Abati

Joaquín Abati (1865-1936) es uno de los autores más prolíficos de esta época, notable por sus múltiples colaboraciones con otros autores de importancia. A pesar de haber estudiado Derecho no llegó a ejercer nunca, si bien fue autor de un célebre manual de derecho administrativo para las oposiciones de abogado del Estado [Huerta Calvo, Peral Vega y Urzáiz Tortajada, 2005: 1]. Debutó en el teatro en 1892 con *Entre doctores* y *Azucena*, obras de enredo amoroso a que siguieron *Ciertos son los toros* (1894), *La conquista de México* (1896), *La enredadera* (1897), *Jesús, María y José* (1918), y dos obras de tema jurídico, inspiradas sin duda en su profesión: *Los litigantes* (1897) y *Condenado en costas*. Abati fue autor, además, de un buen número de monólogos, como *La buena crianza o Tratado de urbanidad* (1901), *Causa criminal* (1897), *El himeneo o La cocinera*, colaborando con Emilio Mario en *Un hospital* (1901) y con Antonio Paso en *El debut de la chica* (1913) y *La pata de gallo* (1914). Son de especial interés dos de ellos, *Las cien doncellas* (1907), donde un autor novel hace un repaso de autores y empresarios teatrales en Madrid; y el famoso *El conde Sisebuto*, del que aún hoy se recuerdan sus primeros versos: «a cuatro leguas de Pinto / y a treinta de Marmolejo / existe un castillo viejo / que edificó Chindasvinto».

Además de estas obras, la fama de Abati se debe en gran parte a sus colaboraciones con muchos de los autores más importantes de su época. Escribió junto a Carlos Arniches las piezas *El otro mundo* (1895) y *Café solo* (1914), uniéndose ambos autores a Alfredo Trigueros Candell para escribir *El conde de Lavapiés* (1920) y a García Marín para *La maña de la mañica* (1920). Con Emilio Mario dio a la escena *Los besugos, De la China* (ambas de 1899), *El tesoro del estómago* (1900) y *El intérprete* (1903); y con Sinesio Delgado la zarzuela *Lucha de clases* (1900) y *Tierra por medio* (1901). Francisco Flores García se unió a Abati para escribir *Los amarillos* (1900), igual que hizo Eusebio Sierra en el caso de *El Código Penal* (1901), Ricardo Cortés en *Las hijas políticas* (1902) y, en

1930, Enrique García Álvarez con *La mala memoria*. Su colaborador más habitual fue Antonio Paso, con quien diera a la escena la conocida obra en dos actos *El asombro de Damasco*, junto al que escribió *El aire* (1904), *El trébol* (1904), *La hostería del laurel* (1907), *Los hombres alegres* (1909), *¡Mea culpa!* (1910), *La partida de la porra* (1910), *El verbo amar* (1911), *El potro salvaje* (1914), *El dichoso verano* (1914), *España nueva* (1914), *Las alegres colegialas* (1915), *Sierra Morena* (1915), *Los vecinos* (1915) y *La taza de té* (1906), donde ambos autores colaboran además con Maximiliano Thous.

## 6.4. Paradas y Jiménez

Enrique Paradas (1884-1944) y Joaquín Jiménez (¿?-1937) son dos autores interesantes de la época que nos ocupa que trabajaron siempre en colaboración. Del segundo sólo sabemos el año de su muerte, si bien disponemos de más información sobre Paradas, que dedicó sus primeros años a la poesía de corte popular y andaluz, apadrinado por Manuel Machado, y fue director de la revista *La Caricatura* [Huerta Calvo, Peral Vega y Urzáiz Tortajada, 2005: 536]. Esta pareja de autores, famosa por producciones como *El sobre verde* o *La chula de Pontevedra*, trabajó al alimón en numerosas obras de un solo acto, como son las zarzuelas *La chicharra* (1904), *Matías López* (1913), *La suerte perra* (1915) y *La Cartujana* (1918), las revistas *La villa del oso* (1910) y *El Siglo de Oro* (1915), los sainetes *El nido del principal* (1915), *El corto de genio* (1917) y *Chiribitas* (1919), los juguetes *El primer rorro* (1908) y *La casa de los milagros* (¿1920?), el apropósito *¡Abajo la media!* (1907), el pasatiempo *El hambre nacional* (1912), el disparate *Los dos fenómenos* (1916), la fantasía *El viaje del amor* (1916), la humorada *Las corsarias* (1919), dividida luego en dos actos, y *La furcia Cuca* (1909), donde se parodia la benaventina *La fuerza bruta*. Ambos autores, además, con Francisco Torres, con quien escribieran la famosa pieza en dos actos *El país de los tontos*, compusieron *Duro con ellas* (1930), *¡Viva la cotorra!* (1928) y *Los faroles* (1928); con Adolfo Sánchez Carrere, *¡Arriba la liga!* (1914) y *El golfo de Guinea* (1912); con Ernesto Polo, *Con permiso de Romanones* (1913) y junto a Antonio Velasco *El chavalillo* (1914).

Si bien la mayor parte de su producción es de corte regional, destacando el andalucismo, como sucede en *La Cartujana* o *La casa de los milagros*, resulta mucho más interesante su producción con tintes de parodia política, como en la caricatura *¡Cayó a la una!* (1911) y, sobre todo, en el «fenómeno político» *¡El fin del mundo!* (1910), donde una mujer, caracterizada como España, lleva a su hijo, el Pueblo, a que el Maestro Iglesias lo instruya, mostrándole éste el panorama político del momento mediante la alegoría de los astros, entre los que destaca el cometa Maura que amenaza con destruir la tierra y, al final, se sabe que anda huyendo de otro aún mayor, el esperado por Iglesias: la libertad.

Además de éstos que hemos mencionado, la lista de autores de teatro breve en esta época es casi infinita. Fueron relativamente importantes los ya mencionados Emilio Mario hijo; Maximiliano Thous (¿?-1947), autor de *Moros y cristianos* junto a Elías Cerdá (1874-1933); Francisco Flores García (1845-1917), que fue el director artístico del teatro Lara; Eusebio Sierra (1850-1922); Francisco de Torres (1880-1958), autor de *Cuadros al fresco* con Aurelio Varela (¿?-1938); Adolfo Sánchez Carrere (1883-1941); Antonio Velasco (1884-1969); Ángel Guimerá (1845-1924); Jacinto Capella (1882-1935); Alberto Casañal; Ernesto Polo; Ricardo Cortés; Alfredo Trigueros Candell; García Marín; además de otros como Ramón Asensio Mas (1878-1917) y Gonzalo Cantó Villaplana (1859-1930), ambos colaboradores de Arniches; Manuel Fernández Palomero (1877-1949); Luis Fernández de Sevilla (1888-1974), famoso por producciones como *Los Claveles*, en colaboración con Anselmo C. Carreño (1890-1952); Emilio González del Castillo (1882-1940), autor de *Las Leandras* y *Las de Villadiego* en colaboración con José Muñoz Román (1903-1968); José Fernández del Villar (1888-1941); Emilio Ferrari (1850-1907); Pedro Pérez Fernández (1884-1956), colaborador frecuente de Muñoz Seca; Antonio Ramos Martín (1885-1974) y su hermano José (1892-1974), hijos de Miguel Ramos Carrión y autor el último de piezas célebres como *La alsaciana*, *Los gavilanes* o *Ramón del alma mía*. Todos ellos forman el inmenso grupo de autores de sainetes que abastecieron los escenarios españoles de piezas breves a principios del siglo XX.

II.  Los géneros ínfimos y el teatro de variedades,
   por *Ramón Martínez*

Cien años después de que el «género ínfimo» y las «variedades» se convirtieran en el centro de la atención de público, empresarios, escritores,
críticos y artistas, no existen aún más que unos pocos trabajos realmente
serios sobre el tema, que confunden o separan tajantemente uno y otro
género. Nosotros los consideraremos dos épocas del mismo tipo de espectáculo, que denominamos teatro de variedades, y no géneros ínfimos,
por ser este «ínfimo» un adjetivo que desmerece un tipo de teatro que,
en ocasiones, presentó mayor calidad que el teatro «grande».

El origen del teatro de variedades ha sido estudiado en diversas ocasiones, siendo tradicionalmente considerado un producto de importación francesa, nacido en España en 1893 con la aparición en el Teatro
Barbieri de Aurora Bergès cantando *La pulga*; se afirma que «las "varietés" son un género averiado de la sensibilidad francesa achabacanada y
pervertida del segundo Imperio» [Muñoz, 1965: 312]. Algunos autores
han puntualizado más, reconociendo las «varietés» como la culminación
de un proceso de «atomización» del teatro, cada vez más centrado en
ofrecer al público únicamente los números que le eran de su agrado,
menospreciando el hilo argumental que los uniese. De este modo, un
antecedente del género que nos ocupa sería el «Teatro de los Bufos»,
que tiene por su principal representante a Arderius, con *El joven Telémaco*,
de 1866; así como las «revistas» del último tercio de siglo [Huertas
Vázquez, 1993; Salaün, 1990: 23 y ss.]. La visualización del proceso íntegro explica, además, el fenómeno de la decadencia del género chico,
que se ha achacado siempre a las variedades, si bien él mismo introducía ya algunos elementos de éstas, que acabarían por exterminarlo [Espín
Templado, 1995: 56]. Con todo, es preciso remontarnos más allá en el
tiempo, considerando la afirmación que se ha hecho a veces, que señala la jácara y la tonadilla de los siglos XVII y XVIII como lejanos orígenes del cuplé [Salaün 1990: 19 y ss.; Zúñiga, 1954: 16], para pensar que
también el antiguo género de la «folla» llevaba a escena géneros teatrales menores de un modo similar a las variedades. En conclusión, podemos decir que el género teatral que agrupaba diversos espectáculos no
era extraño en España, si bien la influencia francesa le dio un contenido «sicalíptico» (erótico) en un primer momento, apareciendo entonces

la primera forma de las «varietés», el «género ínfimo», que se adecentó en 1911, cuando «la aparición de Aurora Mañanós Jaufrett La Goya coadyuvó a la definitiva transformación del género ínfimo en variedades» [Retana, 1967: 135]. En ese momento escenarios como el Trianón Palace o el Romea «iniciaron unos programas a base de cupletistas y bailarinas con repertorio tirando a decente, que atrajo a un público vespertino de familias respetables y nocturno de elementos con urbanidad y pacifismo» [Retana, 1967: 135]. El «género ínfimo» se había convertido en el «teatro de variedades», mucho más decente, y para todos los públicos, que ocupó la primera línea de la cartelera hasta el fin de la Guerra Civil, momento en que la atención del público se centró en un género reaparecido, la Revista, así como también en el nuevo «género folclórico» [Muñoz, 1965: 318-319].

Fueron muchas salas las especializadas en variedades que ofrecían únicamente espectáculos de esta clase. Así, por ejemplo, en Madrid, el Salón Japonés, el Trianón Palace, el Romea, el Salón Chantecler, el Kursaal Central... A principios de siglo todas las capitales, y aún pueblos, de provincias disponían de un gran número de locales de este tipo. Pero otras veces, para llamar la atención del público, teatros no especializados ofrecían variedades como fin de fiesta o en su última sesión, como sucedió con el Teatro Apolo, el Lara y el circense Price. También tuvieron su importancia, algún tiempo más tarde, los cafés y bares con orquesta [Salaün, 1990: 39 y ss.; López Ruiz, 1988: 35 y ss.]. El espectáculo que se ofrecía, como dijimos, era una folla barroca donde «la "estrella" suele ser una "cancionista", precedida de una bailarina, y el resto de atracciones se compone de ilusionistas, malabaristas, hipnotizadores, domadores de animales variados, cómicos, "cuadros plásticos"» [Salaün, 1990: 49-50]. También un cine recién nacido entró, frecuentemente, dentro del repertorio de las variedades. Retana [1967: 140] reproduce el programa del Trianón Palace para el 18 de mayo de 1911, gracias al cual podemos reconstruir la estructura del espectáculo. Se ofrecían cinco sesiones a lo largo de la tarde: a las seis y media la «sencilla», a las siete y media la «gran moda», y a las diez menos cuarto, diez y media y once y media las «especiales». Todas ellas comenzaban con una «sinfonía», seguida de una proyección cinematográfica. Después de esta obertura la función «sencilla» ofrecía una intérprete de canción francesa y un grupo de bailarinas, mientras que el resto de sesiones, más extensas, seleccionaban dos o tres números de un repertorio formado por las bailarinas y la canción francesa anteriores, añadiendo un cómico, un transformista y una cupletista de segunda clase, para terminar con la actuación de Chelito o Las Argentinas. Vemos así que, en su mayor parte, los números son musicales, con la importante presencia de otros muchos extraídos del circo, dedicados todos ellos a un único fin: el entretenimiento, fundamentado casi siempre en una comicidad conseguida gracias a motivos y temas costumbristas, políticos, de actualidad y, sobre todo, amorosos, observados desde un punto de vista paródico y burlesco, con un lenguaje que se recrea «en el placer del retruécano, del chiste, del juego verbal en general» [Salaün, 1990: 199]. El amor cómico fue, sin duda, el espectáculo principal, que muchas veces terminó en la «sicalipsis», en lo más puramente erótico, que era el tema que más atraía al público. Esto revolvió las conciencias de los bienpensantes, así como la de algunos artistas, que pretendían una forma de teatro más artística y, sobre todo, más decente. Esta decencia se consiguió, como dijimos, con La Goya en el cuplé, y otros artistas, como Ramper, en los números «complementarios». Aparecieron entonces creaciones que entroncan con la más alta estética literaria del momento, acercándose al modernismo de mayor calidad, como en el cuplé *La princesita está triste*, de Dolz y Toko, recuerdo del poema de Darío, siendo incluso posible encontrar ejemplos de obritas que se inspiran directamente en la *commedia dell'arte*, como es la *Comedieta de Pierrot*, de Ceferino R. Avecilla, con música de Zamacois, muy cercana a la pantomima, o los cuplés *Serenata Galante*, de Álvaro Retana, y *Amor de Muñecos*, de Martínez Abades. Incluso hubo una cupletista llamada Colombina.

Como venimos diciendo, son muchos los tipos de espectáculo que se presentan en el teatro de variedades. A continuación estudiaremos los más representativos.

## 1. *El cuplé y otros números musicales*

Los números musicales fueron los más habituales, de importancia central en el discurso de la representación. Y la pieza musical por excelencia fue el cuplé, la canción unipersonal, lejana heredera de la jácara y la tonadilla. La palabra «es importada de Francia donde designa una sola copla de una canción» [Salaün, 1990: 15]. En diversas ocasiones se ha intentado realizar una tipología del cuplé. Así, Zúñiga [1954: 60-70] pretende la existencia de los tipos sentimental, apache, de oficios, de folclore, de muñeca o niña educanda, de la guerra europea, de política y de nombres propios. Salaün [1990: 167-168], que cita a Susillo (quien resume en tres tipos: trágicos, sentimentales y flamencos), duda de toda tipología, por la imposibilidad de estudiar únicamente el texto sin tener en cuenta también la música. Personalmente me inclino hacia una tipología distinta, combinada, diferenciando entre cuplés «narrativos» o «no narrativos» (es decir, «de acción» o «de situación o descripción») dependiendo de si presentan una historia más o menos completa o simplemente una o varias situaciones (cómicas, normalmente, y relacionadas por un estribillo que se repite). Así, podemos distinguir entre el célebre *El Relicario*, de Oliveros, Castellví y Padilla, y el celebérrimo *Ven y ven*, con sus muchas y diferentes estrofas, original de Retana y Gómez. Más allá de esta clasificación nos es posible comenzar a detenernos en temas y motivos, englobados todos en otros dos grandes grupos: «sentimentales», como ya se llamaron, por referirse a cuestiones amorosas, ya desde lo cómico (con más sicalipsis que sentimientos), como *La llave*, de Cadenas y Spencer, ya desde lo trágico (importantes por aparecer como oposición a lo erótico de manos de La Goya y Raquel Meller, y por unirse luego al elemento folclórico para derivar en la «copla» de Conchita Piquer, entre tantas otras), como *Nena*, de Puche y Zamacois; o «costumbristas y testimoniales», que presentan motivos del folclore (madrileño, de provincias, o el «apache» de la bohemia), tomando de ejemplo el *Viva Madrid*, de Huete Ordóñez y Martí, o dejan constancia de elementos circunstanciales, como hechos históricos o importantes inventos e historias asociadas a ellos, como sucede con el cine en *Bartolo, si vas al cine*, de Retana, Villán y Quirós. En este grupo entraría el «cuplé político», estudiado en varias ocasiones [Espín Templado, 1995: 60-61; Salaün, 1990: 30-32], que entre burlas y veras se refiere a la política y los problemas sociales de la época (por ejemplo, *La Sindicalista*, de Cortadillo y Font de Antá, en la voz de Carmen Flores), así como los llamados «de oficios», en los que aparecen textos sobre cigarreras, modistillas, «taquimecas» (empleadas de oficina que saben taquigrafía y mecanografía), cocineras, peinadoras..., y los cuplés «de nombres», que no hacen sino presentar tipos (o sólo recurrir a una rima fácil relacionada con un nombre); así cuplés a Bartolo, Casiano, Serapio, Tadeo, Timoteo y, sobre todo, Ramón, que fue el nombre erótico por excelencia en la época, con varias obras a él referidas, como *El lindo Ramón*, de Retana y González Arijita. No es necesario decir que unos y otros motivos y temas se unieron muchas veces, produciendo piezas difíciles de catalogar.

Son muchísimos los autores de cuplés, si bien cabe destacar, entre los letristas, a Álvaro Retana, Juan José Cadenas, Juan Martínez Abades y Eduardo Montesinos, con la participación ocasional de figuras tan importantes como Jacinto Benavente y Valle-Inclán; y, entre los músicos, a Joaquín Valverde, Eduardo Zamacois, Martínez Abades, y otros de la relevancia de Jacinto Guerrero o Ruperto Chapí. Pero, en un mundo de autores masculinos, fueron casi únicamente las mujeres las responsables de la representación, con los nombres fundamentales de Fornarina, La Goya, Raquel Meller, Carmen Flores, La Bella Chelito, Amalia de Isaura, Adelita Lulú y un largo etcétera de cantantes que subieron a los escenarios para mayor o menor gloria. Las más importantes fueron muy imitadas por algunos hombres que, aprovechando la fama alcanzada por Frégoli, el famoso transformista, a su paso por España (debutó el 2 de febrero de 1895) [Deleito, 1949: 251], conformaron el género de los «imitadores de artistas». Monsieur Bertín, francés, fue el primer transformista que apareció en nuestro país especializado únicamente en este género, al que siguieron luego muchos nacionales, como Mirko, Freddy o, sobre todo, Edmond de Bries (seudónimo de Asensio Marsal), nacido en Cartagena en 1897, que triunfó, apoyado por Fornarina, sorprendiendo al público con la riqueza de su vestuario. Llegó incluso a estrenar obras, sin imitar a nadie, como el conocido *Las tardes del Ritz*, de Álvaro Retana y Genaro Monreal [Retana, 1921 y 1967: 178]. Pero no se quedan aquí los números musicales del teatro de variedades, pues tuvieron también relevancia las bailarinas, algunas tan importantes como La Argentinita, Antonia Mercé, Tórtola Valencia... [Díaz de Quijano, 1960: 197 y ss.; Amorós, 1991: 137 y ss.], con la aparición en ocasiones dúos y tríos, como los Zari-Zar, el Trío Palos, etc. [Sosa Cordero, 1978: 41-45].

## 2. *Los complementos*

Entre las piezas musicales aparecían en escena muchos artistas «propios del circo, como saltadores, malabaristas, hipnotizadores, ilusionistas, domadores» [Díaz de Quijano, 1960: 198]. Otros, herederos de la tradición centenaria de los títeres y los autómatas, fueron los ventrílocuos, y aún unos terceros, relacionados con el interés del público por los largos parlamentos humorísticos de las comedias, los caricatos.

Entre los ventrílocuos es necesario destacar aquellos pocos de los que se conservan grabaciones: Moreno, Toreski, Eugenio Balder y, sobre todo, Francisco Sanz, ventrílocuo valenciano que triunfó con una auténtica familia de muñecos, entre los que destaca el casi humano don Liborio, a quien continuamente se le presentaba a una señorita, malísima cantante, para que entablara relaciones con ella, si bien el títere no la soportaba. Sanz, que llegó incluso a alcanzar un importante éxito en Buenos Aires [Sosa Cordero, 1978: 135-137], tuvo también otros muñecos famosos, como el lorito y el borracho que daban vivas a la república (en 1911), o los niños, Pepito y Juanito, que presentaban una curiosa visión infantil —pero satírica— del mundo.

No obstante, los artistas de complemento «más específicos de aquellos programas eran los caricatos, de modalidad distinta a los actores cómicos de revista o de zarzuela, y también a los payasos. [...] Estos caricatos se distinguían también, como las cancionistas y bailarinas, por lo personal de su trabajo y de su repertorio, sin sujetarse a textos, generalmente, sino a monólogos y chistes de su cosecha» [Díaz de Quijano, 1960: 198]. Estos caricatos, que hoy llamaríamos simplemente humoristas, tuvieron una importancia capital en el teatro de variedades, siendo muchas veces el verdadero atractivo para el público. Quizá el más importante de todos sea Luis Esteso, a quien se apodó en la época el «Rey del hambre y de la risa». Sus monólogos, que buscaban la risa a través de situaciones e historias rocambolescas, parodiando en ocasiones mitos de la literatura, hicieron la delicia del público madrileño. Una variante de los caricatos, los «cantautores bufos», fueron también frecuentes. Eran artistas cuyo oficio era parodiar letras de cuplés de moda, imitando a las cupletistas que los representaban, o crear las suyas propias, siempre de forma burlesca, siendo los más importantes Pousinet y Genaro «el feo». Aunque, sin duda alguna, el más impresionante de todos estos artistas fue Ramón Pérez, Ramper, que «lanza el estilo del artista fino, sin maquillaje pero con smoking, y hace a la vez de cómico, acróbata y parodia a Tórtola Valencia y Raquel Meller interpretando *El Relicario*» [Salaün, 1990: 99]. Payaso, caricato, incluso transformista, los números de Ramper, un Deburau a la española, perduran aún hoy en la memoria de muchos. Se le pedían sátiras políticas contra todo gobernante, sin importar que fuera Primo de Rivera o Franco, e incluso se le lanzaban monedas a escena para contribuir a pagar la multa [Mejías, 1957: 314 y ss.]. A veces cantaba, imitando o no a alguna cupletista. Otras simplemente se pintaba, o no, la cara como un payaso, y salía a escena a decir sus monólogos, chistes, colmos, recetas... Ramper fue, posiblemente, el actor más completo de este teatro de variedades, género que es, como él mismo dijo: «quizá el más grande o culminante (aunque para otros sea ¡ínfimo!), pues el Varietés es la esencial de todo género teatral» [E.M.S., 1924: 179].

EDICIÓN

E.M.S., *La danza y el couplet*, prólogo de Marcos-Jesús Bertrán y Mario Aguilar, Barcelona, Tipografía Bonet, 1924.

## III. DEL MODERNISMO A LA GUERRA CIVIL, por *Emilio Peral Vega*

El período comprendido entre 1892 —fecha de publicación del *Teatro fantástico*, de Jacinto Benavente— y 1939 conoce el resurgir de un género, la farsa, que asentaba sus raíces en la Edad Media española y, sobre todo, europea. Varias son las razones que pueden argüirse para intentar explicar la adopción de la farsa como forma nuclear. En primer término, la pretendida *reteatralización* de la escena, de acuerdo a la cual los dramaturgos más renovadores conectaban con las formas primigenias del teatro, colocando un pie en el Siglo de Oro español —en especial en sus formas breves [Huerta Calvo, 2001a]— y otro en la vanguardia europea, también enfangada en depurar la condición de sus tablas por medio de formas tales como el teatro de títeres, ya en su expresión más grotesca —tal el caso de Alfred Jarry y Michel de

Ghelderode—, ya en su vertiente más teórica —con Gordon Craig como cabeza visible—. En segunda instancia, la farsa casaba mejor que ninguna otra forma con el aire lúdico y desinhibido que caracterizó la vanguardia en sus manifestaciones más genuinas. Y es que, como diagnosticó Gómez de la Serna, todos los ismos están traspasados por el sentido humorístico, hasta tal punto que «inunda la vida contemporánea, domina casi todos los estilos» [1975: 197], y, de forma más concreta, «el artista [...], gracias a ese recurso de elevación pone en extremos de luz el margen en que estará el porvenir con respecto a muchos usos y deja abierto el círculo en vez de cerrarlo de esa manera que ha vuelto insoportable muchas obras literarias por atosigación de su seriedad y de su calidad de género cerrado» [1975: 204]. Un espíritu farsesco que rebasa el marco teatral y se evidencia en la prosa (*Greguerías*, de Ramón Gómez de la Serna), en la poesía (*Yo era un tonto y lo que he visto me ha hecho dos tontos*, de Rafael Alberti), en el cine —gracias a los grandes cómicos americanos, con Charles Chaplin *Charlot*, Buster Keaton, Harold Lloyd, Stan Laurel y Oliver Ardy a la cabeza—, y también en la pintura (Cézanne, Regoyos, Gutiérrez Solana, Picasso, Juan Gris, Ensor, Miró, Chagall...), y en la música —y en subgéneros tan variados como la ópera, la pantomima y el ballet, de la mano de Ravel, Satie, Stravinsky, Prokofiev, Schönberg, Falla...

Desde un punto de vista más general, cabe explicar este *revival* farsesco dentro del prestigio que lo cómico obtiene en la modernidad; un fenómeno bien diagnosticado por Ortega y Gasset en sus *Meditaciones del «Quijote»* (1914), al subrayar la importancia de la comicidad en el nacimiento de la novela moderna. A su nombre habría que unir otros como Henri Bergson (*La risa*), Sigmund Freud (*El chiste y su relación con el inconsciente*), Luigi Pirandello (*El humorismo*) y, claro está, la aportación teórica del ruso Mijaíl Bajtín, el mejor censor del imaginario grotesco y carnavalesco.

## 1. *Benavente*, por *Emilio Peral Vega*

El sometimiento de un genio dramático sin parangón a los dictados de la más adocenada burguesía y su claudicación patética, tras haber sido defensor de la República, al régimen franquista han pasado una factura demasiado cara al teatro de Jacinto Benavente (1866-1954), más gravosa aún por cuanto sus obras de juventud supusieron no sólo la exposición de un ideario liberal y moderno —en la línea de Ibsen— sino, sobre todo, la apertura de nuevos caminos de expresión dramática que habrían de ser transitados, en pocos años, por los nombres de referencia de nuestro teatro contemporáneo: Ramón del Valle-Inclán, Federico García Lorca, Alejandro Casona, por citar tan sólo unos pocos. Justo es decir que, en los últimos años, venimos asistiendo a una tímida, aunque contundente, reivindicación del primer Benavente gracias a la labor de investigadores como María del Pilar Espín Templado [1987b], Andrés Amorós [1992], Francisco J. Díaz de Castro y Almudena del Olmo Iturriarte [1998], Javier Huerta Calvo [2001a y 2003] y Emilio Peral Vega [2001, 2003, 2004b y 2004c], Mariano de Paco y Francisco Javier Díez de Revenga [2005] y Virtudes Serrano [2002].

## 1.1. Teatro fantástico

En 1892 aparece un volumen que, firmado por un hasta entonces desconocido Benavente, y bajo el título *Teatro fantástico* [Huerta Calvo y Peral Vega, 2001],[22] presentaba como aval cuatro piezas —un número luego ampliado hasta ocho en su edición de 1905— a través de las cuales el bisoño dramaturgo colocaba las bases del modernismo dramático español, en un ejercicio acrobático que asienta un pie en las formas breves del Siglo de Oro y otro en los lenguajes dramáticos que, de forma coetánea, se estaban tentando en Europa como modelos de renovación. Así las cosas, el madrileño convoca a su barraca a las máscaras de la *commedia dell'arte*, que tanta presencia habían tenido y seguían teniendo en la literatura francesa —dramática y también poética— de entresiglos. Para *La blancura de Pierrot* tienta los acordes de la pantomima, género del silencio elocuente elevado a los altares por el simbolismo francés, a través del magisterio del mimo Jean-Gaspard Deburau [Storey, 1985], y acoge como protagonista al bufón irreverente y paté-

---

[22] Dejamos fuera de nuestro análisis *Cuento de primavera*, por su extensión convencional respecto del resto de las piezas.

tico moldeado por autores tales como Paul Verlaine, Joris-Karl Huysmans, Léon Hennique o Alfred Giraud, entre muchos otros [Peral Vega, 2007]; un ropaje decadentista éste que abandona para *Comedia italiana*, pieza en que insiste en la recuperación de esos tipos desde una óptica festiva más coherente con el modelo renacentista y farsesco. No en vano, el desenlace de la pieza sanciona, con la probable influencia de Nietzsche, su absoluta adscripción modernista, en tanto triunfa el ideal pagano, según el cual la idea de pecado se supedita a la necesidad del placer, ya que, a fin de cuentas, la vida, en toda su plenitud, se impone a los condicionamientos religiosos y morales. Una barraca farsesca que continúa en pleno vigor con *El criado de don Juan*, inscrita en esa misma línea de amoralidad nietzscheana levemente apuntada, en virtud de la cual no falta un buen disfraz para el engaño —el que ejecuta Leonelo a don Juan birlándole la dama— ni, claro está, la desacralización de la muerte como acto trascendente, pues a este conquistador licencioso y libertino no le duelen prendas en cortejar a la fémina con el cuerpo de su difunto criado presente.

Otra de las vías de renovación abiertas por Benavente es la del teatro de muñecos, tan caro a la vanguardia teatral europea luego de los experimentos de Alfred Jarry y las reflexiones teóricas de Gordon Craig y Meyerhold. En *El encanto de una hora* dos figurillas de porcelana, Merveilleuse e Incroyable, nacen súbitamente a la vida, lo que permite a Benavente, desde el distanciamiento que otorga la entidad de sus personajes, lanzar una mirada ácida contra lo anodino de la existencia humana, por mucho que al final prevalezca el poder redentor del amor. En *La senda del amor* ilustra, de acuerdo con el ideario modernista, la exaltación del amor ensoñado y efímero. La breve pieza, que presenta como principal interés el tópico del teatro dentro del teatro mediante un tablado de marionetas que despliegan ante la Marquesa el Poeta y su trujimán, contrasta la acción violenta y sanguinaria de los peleles con el mensaje amoral exhibido por aquélla, pues una vez acabada la representación reclama al trujimán para sí.

El volumen se cierra con *Amor de artista* y *Modernismo*, dos ejercicios metaliterarios que sirven a nuestro dramaturgo para exponer su credo estético; en el primero de los casos, tomando partido por una Literatura que concibe como capacidad de hacer palabra la vivencia personal y, nunca, caprichosa inspiración llegada a los oídos del poeta. En el segundo, y mediante un diálogo entre un novel Autor y un Modernista experimentado —trasunto escénico del propio Benavente—, haciendo un alegato por la tradición dramática castellana —fuente de la que extraer nuevas vías de expresión— frente a modas y marbetes —así el propio del «modernismo»— ya caducos en el momento de su gestación.

## 1.2. Un corpus amplio y variado

En sus más de cincuenta piezas breves Benavente mostró un decidido compromiso liberal que va más allá del espíritu inconformista y de la preocupación, un tanto liviana, por los nuevos tiempos y por los nuevos problemas de la sociedad exhibidos en sus primeros estrenos —*El nido ajeno* (1894), *Gente conocida* (1896), *Lo cursi* (1901)—. Benavente reflexiona, indaga y expone sus ideas —sin perder, justo es decirlo, su tendencia natural al sermoneo— en torno a algunos de los asuntos más controvertidos y debatidos en su tiempo. Así es el caso del enfrentamiento entre el pasado caduco y el presente renovador, uno de los temas más caros a los escritores del 98. En esta lucha dialéctica nuestro dramaturgo toma partido por la rebeldía del presente, encarnada en risueños jovenzuelos —proyecciones escénicas de su creador—, empeñados en gestar un nuevo orden moral y social. No le duelen prendas a este disoluto Benavente en mostrar su adscripción al ideario socialista (*Los primeros*) e, incluso, en censurar una sociedad que, basada en la división jerárquica, lleva a los menos privilegiados al robo y a la mendicidad (*¡A ver qué hace un hombre!* y, claro está, *Los intereses creados*).

Otro de los temas predilectos del ideario benaventino es la educación, asunto en el cual Benavente se hace portavoz de las nuevas generaciones, víctimas de una filosofía proteccionista que, lejos de hacer de los jóvenes seres libres y dotados para una elección juiciosa, les ha convertido en peleles serviles respecto del orden establecido. *La señorita se aburre* (1909), *La historia de Otelo* (¿?), *Por qué se quitó Juan de la bebida* (1922) son, todas ellas, piezas que esbozan dicho asunto, pero quizás sean *Sin querer* (1901) y *Por qué se ama* (1903) aquéllas en que se cargue más duramente contra un sistema de tutelaje anacrónico:

¿Cómo nos han educado? Con el sistema de los padres en España: de considerar a los hijos siempre como chiquillos; yo, en mi casa, soy siempre Pepito; tú, Luisita, siempre para tu padre; dos chiquillos de quien sólo se espera alguna travesura, de quien nada se toma en serio [*OC*, 1941: I, 640].

¿Cómo me han educado? Como nos educan a todos en España, como nos gobiernan... Los padres y los superiores nos consideran siempre como niños, como si siempre hubiéramos de vivir en tutela. Todos sus esfuerzos son para debilitar nuestra *voluntad* en vez de fortalecerla. La autoridad es una oposición constante en vez de ser un apoyo, y nos hacemos hombres y somos niños todavía... [*OC*, 1940: II, 84-85]

Un anacronismo en los modos que ha de sustentarse, a los ojos del siempre adelantado Benavente, sobre un modelo educativo laico y completamente desideologizado, frente a las voces defensoras de perpetuar una enseñanza religiosa de carácter represivo. Así se expone claramente en *Paternidad* a través de Ricardo:

Y yo, que te hubiera matado mil veces si hubiera sospechado siquiera que ese hijo de mi vida y de mi sangre no lo era, he consentido un adulterio espiritual; he consentido que infundan en mi hijo un espíritu que no es el mío... [...] Sí, la culpa es nuestra; es de los que nacimos entre los tiroteos de las barricadas, de los que aprendimos con sangre y con dolor del alma lo que cuesta la libertad de espíritu y de conciencia, y porque nos creíamos libres para siempre, fuimos tolerantes... Y no contamos con que vosotras, mujeres, resucitaríais en vuestros propios hijos a los enemigos de la libertad y de la tolerancia... [*Teatro rápido*, 52-53]

La voz crítica e incisiva de Benavente azota también a la burguesía que habría de encumbrarle a los altares de la fama e, incluso, llevarle en volandas a la consecución del Premio Nobel allá por 1922. El desencanto más evidente respecto de la clase burguesa lo expresa Benavente burlándose, con socarrona retranca, de la falsa rectitud moral que la caracteriza. *De alivio* (1897) exhibe el monólogo incongruente y compulsivo de una viuda, aún de buen ver, que, ante el espejo, se debate entre la satisfacción de sus pulsiones más íntimas y el mantenimiento de una falsa vida de apariencias representada en su sempiterno luto:

Como que este color no es natural...; es decir, natural, sí; porque yo no me pinto como Felisa, que es una viuda al cromo. Pero ya se lo he dicho al médico; este color y este aspecto de buena salud no son propios de mi situación de ánimo. [...] Me pondré de negro y tendré que llorar; sí, lloraré mucho, a ver si las aburro y no vuelven; si es preciso me dará un ataque de nervios. ¡Lo que es hoy no me ganan a sentimiento! [*OC*, 1941: I, 181 y 186]

Una provocación que alcanza su cima en *Cuento inmoral* (1905), curiosa pieza en que el solitario actor que puebla la escena se dispone, con aire conciliador, a recitar un cuento pecaminoso, cuyo objetivo no es otro que espolear a un auditorio pasivo, siempre dispuesto a presenciar argumentos repetitivos y a censurar costumbres que, en absoluto, les son ajenas:

Éste era un matrimonio, compuesto, como la mayor parte de los matrimonios, de una mujer, un marido y un... (ya se adelantan ustedes con malicia; ya les advertí a ustedes que de ustedes depende todo). De una mujer, un marido y un niño de pocos meses, de muy pocos... Como en todos los matrimonios, la mujer no quería nada al marido... ¿Encuentran ustedes demasiado categórica mi afirmación? Pues bien; yo la sostengo y me ratifico. No hay matrimonio en que la mujer quiera al marido... ¿Se escandalizan ustedes? ¿Necesitan ustedes una prueba?... En este momento estoy seguro de que me escuchan infinidad de señoras casadas... Si hay una, una sola, que quiera a su marido, yo la ruego que se levante y me diga en voz muy alta: Yo quiero a mi marido. (*Pausa.*) ¿Lo ven ustedes? ¡Ni una sola! Ya dije a ustedes que de su actitud dependía la inmoralidad de mi cuento. ¿Puede darse nada más inmoral que entre una porción de señoras casadas no encontrar ni una sola que quiera a su marido? Gané la apuesta. Y ahora soy yo el que se retira escandalizado [*OC*, 1940: II, 655].

La censura de las costumbres burguesas se tiñe de colores frívolos cuando de parodiar el divismo esnobista se trata, un mal del que adolece Rosendo (*Modas,* 1901), actriz de rompe y rasga tras de cuya inmaculada fachada se esconde la más absoluta cazurrería; y tonos patéticos cuando toca contrastar la civilización de la opulencia con los valores auténticos de la cultura popular. Tal es el caso de *Hacia la verdad* (1908), pieza que, pese a su subtítulo —«escenas de la vida moderna»—, ense-

ña la resignada actitud de Pepe, abocado a regresar, aun en plena conciencia de ella, a la falsedad maniquea de la burguesía:

ENRIQUE          ¡Qué loca eres!
PEPE             Locos nosotros, que sabemos dónde está la verdad y
                 volvemos hacia la mentira [*OC*, 1940: III, 405].

El afán de provocación de Benavente respecto del orden burgués establecido alcanza también a las relaciones amorosas, vistas desde una perspectiva socarrona y relativista. En este sentido resulta paradigmática la
pieza *Despedida cruel* (1899), protagonizada por una pareja poco convencional que ha vivido un año de amor fuera del matrimonio. Lo que a
todas luces parece un drama basado en el arrepentimiento de los dos jóvenes por haber accedido a una unión pecaminosa resulta, al fin, un cuadro ácido sobre las relaciones de pareja, aniquiladas a golpe de hipocresía
y fingimiento aprendidos por vía libresca. La pluma de Benavente se debate aquí entre la ironía, el escepticismo y el desencanto como piezas
medulares de su estilete verbal, tal y como puede observarse en las irri-
sorias palabras a que recurren sus personajes —casi peleles grotescos—
como forma de renunciar a su amor postizo: «es preciso tener juicio...
Ya es hora de que acaben las locuras. Nunca olvidaré... Recordaré toda
la vida... Mi porvenir... Mi conveniencia...» [*OC*, 1941: I, 432].

La provocación adquiere matices reivindicativos cuando Benavente
apoya, sin reservas, la igualdad femenina en obras como *Por la herida*
(1900), *El amor asusta* (1907), donde Eulalia tumba de un plumazo las
técnicas de seducción masculinas; *Maternidad*, pieza en que nuestro autor toma partido por las mujeres que consagran su juventud a la crianza de sus hijos para ser luego abandonadas, en la madurez, por sus
maridos, y, por supuesto, en *La señorita se aburre* (1909), donde se aboga por la independencia y libertad femeninas al margen de las convenciones sociales creadas por y para los hombres. Una reivindicación que
alcanza, también, las relaciones amorosas menos convencionales, ante las
cuales, un muy sensibilizado Benavente —mucho se habló en vida del
dramaturgo sobre su presunta homosexualidad [Díaz de Castro y del
Olmo Iturriarte, 1998; Huerta Calvo y Peral Vega, 2001; Peral Vega,
2004b] y mucha ambigüedad destiló en algunas de sus obras primeri-
zas [Cuesta Guadaño, 2008]— no duda en idear personajes de enigmá-

tica condición. Así es el caso de Ganímedes, «andrógino espiritual» protagonista de *Cuento de primavera*, que finge ser mujer y lleva disfraz masculino, o el de Stello, efebo de Leonardo da Vinci (*La sonrisa de Gioconda*),
cuya colosal belleza y su arrebatadora sonrisa eclipsan, hasta el punto de
sustituirla, las de la Monna Lisa.


EDICIONES

BENAVENTE, Jacinto, *Obras completas*, vol. I, Madrid, Aguilar, 2ª ed., 1941.
—, *Obras completas*, vol. II, Madrid, Aguilar, 1940.
—, *Obras completas*, vol. III, Madrid, Aguilar, 1940.
—, *Teatro rápido*, Barcelona, Librería Española, s. a.
—, *Los intereses creados*, ed. Francisco J. Díaz de Castro y Almudena del Olmo
    Iturriarte, Madrid, Espasa-Calpe, Col. Austral, 1998.
—, *Teatro fantástico*, ed. Javier Huerta Calvo y Emilio Peral Vega, Madrid, Espasa-
    Calpe, Col. Austral, 2001.


## 2. *Martínez Sierra*, por *Emilio Peral Vega*

Gregorio (1881-1947) y María Martínez Sierra (1874-1974) —o, si
se prefiere, María de la O Lejárraga— conforman una curiosa pareja
cuyos productos literarios parecen deberse, si no en su totalidad sí en
su gran mayoría, a esta última [O'Connor, 1977]. Es la propia María
quien, en sus memorias, alega las diversas razones por las cuales cedió
todo el protagonismo a Gregorio:

> Siendo maestra de escuela, es decir, desempeñando un cargo público, no
> quería empañar la limpieza de mi nombre con la dudosa fama que en aque-
> lla época caía como sambenito casi deshonroso sobre toda mujer «literata».
> [...] Casada, joven y feliz, acometióme ese orgullo de humildad que do-
> mina a toda mujer cuando quiere de veras a un hombre. «Puesto que nues-
> tras obras son hijas de legítimo matrimonio, con el nombre del padre tienen
> honra bastante» [1953: 75-76].

Aunque, a nuestros ojos, puedan resultar poco comprensibles las justi-
ficaciones aducidas, máxime cuando María siguió cediendo todo honor a

Gregorio una vez disuelto su matrimonio —luego de la relación del empresario con la primera actriz de su compañía, Catalina Bárcena—, lo
cierto es que bajo la firma «Gregorio Martínez Sierra» se esconde la labor callada de una mujer versátil y contumaz en el trabajo, que asumió,
sin ambages, la labor de creadora mientras que su esposo se volcaba en
otras actividades culturales, tales como el «Teatro de Arte», en que siempre, justo es decirlo, dejó su impronta renovadora.

Al margen de los experimentos iniciales —*Diálogos fantásticos* y *Teatro
de ensueño*—, el teatro de los Martínez Sierra —breve y largo— se caracteriza por el clima lírico que es común a todas sus expresiones, amén
de un desbordante optimismo vital que se deriva de la nobleza de los
sentimientos humanos y de la paz que se respira en el seno de la familia, ámbito dilecto para las andanzas de sus personajes. A dichas características habría que sumar ciertos aspectos que, repetidos una vez tras otra,
acaban por debilitar muchas de sus propuestas dramáticas. Me refiero a
una imagen estereotipada de la mujer, siempre redentora de los pecados
y deslices de los hombres —así en *Mamá* (1913)—, y cuyo ser no se entiende al margen de la maternidad — «mujer y madre, da lo mismo»,
dice la protagonista de *El ama de casa*—; y también a una evidente superficialidad en el dibujo de las *dramatis personæ*, claramente dominadas
por una instancia superior a ellas y cuyas acciones se encaminan, de ordinario en contra de la verosimilitud, a hacer el bien como máxima moral y en beneficio del prójimo. De todo ello obtenemos un teatro
femenino —en especial por el punto de vista adoptado— pero muy poco
feminista [O'Connor, 1966] y, desde luego, a años luz de la Nora de
Ibsen y de la rebelde Adela lorquiana.

## 2.1. *Diálogos fantásticos*

La línea simbolista de la farsa, iniciada por Jacinto Benavente en algunas de las obras de su *Teatro fantástico* —en especial *Amor de artista* y
*Cuento de primavera*— encuentra en los Martínez Sierra a sus principales sucesores, gracias, sobre todo, a los *Diálogos fantásticos* (1899), un volumen integrado por nueve piezas breves en que el poso benaventino,
incluso desde el propio título, late de forma evidente. En el
«Ofrecimiento» —dedicado al autor de *Los intereses creados*— se apues-

ta por una poética del *ensueño*, liberada del corsé de la verosimilitud y presidida por un mundo de sensaciones que se anclan, más que en el diálogo —ingrediente secundario en esta propuesta, como lo es en todos aquellos escritores «perlinos», de acuerdo a la denominación utilizada por Salvador Rueda en el prólogo—, en una rica paleta de colores y movimiento. Nueve piezas unidas por el lazo común de una «poética del mirar», en virtud de la cual todos los interlocutores ansían alcanzar una belleza *intelectualizada*, que se expresa a través de la palabra sencilla —de ahí la oposición entre el candor de la mariposa y el águila (palabra sonora de escuelas periclitadas)—, como ámbito de su particular redención. Interlocutores, sí, de entidad diversa —desde el Poeta que busca cobijo en los seres de la Naturaleza para recobrar su capacidad de fantasía (*Sursum corda*), pasando por el Artista pigmaliónico que busca dar vida a la idea a través de la materia («¡quién te diera la vida, la vida un solo instante, para morir después de haber sentido que podías amarme!» [*Hadas*, 1899: 42]), las figuras alegóricas de *Obra de amor* y *Esponsales*, el Hombre que claudica ante la Gloria, esto es, la certeza de vivir en un tiempo y un espacio al margen del suyo (*Sirenas*), para llegar al Amante y la Niña que encuentran remanso en el silencio no vulgarizado de la noche (*Noche*)—, pero unidos, todos ellos, por la búsqueda incesante y la quimera perpetua, estigmas caracterizadores de unos seres mágicos, redivivos por un poeta al cobijo del camino, y ajenos, por tanto, al tiempo de los hombres: «y con voz murmurante, como pasar de brisa sobre campo de lirios, dijo el poeta el cuento peregrino de risas y de besos… ¡Y aún habla!» [1899: 112].

## 2.2. *Teatro de ensueño*

La culminación de la línea simbolista llega con las cuatro piezas breves que integran *Teatro de ensueño* (1905): *Por el sendero florido*, *Pastoral*, *Saltimbanquis* y *Cuentos de labios en flor*. Se trata, en todos los casos, de piezas preñadas de imaginería maerterlinckiana [Salaün, ed., 1999], y no sólo por su condición de fábulas simbólicas comandadas por protagonistas e ideas esenciales, tales como la Muerte, el Amor o la dualidad realidad-sueño, sino también por constituir una propuesta basada en la atracción del ensueño y la prevalencia de la fantasía sobre la vida cotidiana, por mucho que la lucha entre una y otra pueda resultar traumática; así, el caso de *Por el sendero florido*, pieza en que se recrea la confrontación entre el mundo real, representado por los vecinos castellanos, y el ensueño, que viaja sobre la carreta de húngaros que atraviesa el paisaje; y también de *Cuentos de labios en flor*, donde dicho enfrentamiento, encarnado por Blanca y Rosalina, se proyecta en ambientes diversos: los rayos del sol, en correspondencia con el carácter activo y vivaz de la segunda, y la luna, ámbito de comunión simbólica con la condición tierna y soñadora de la primera. Una confrontación, en fin, que encuentra su más bella expresión en *Saltimbanquis*, pieza centrada en el mundo de la farándula y en la dual identidad de los cómicos, condenados a diseñar, cada tarde, un mundo creíble de fantasía, y enfangados, de ordinario, en un mundo de carencias irreversibles fuera del escenario.

La escena, en consecuencia, es concebida como un ámbito de integración sinestésica por el que transitan unos personajes que, lejos de constituir parte esencial de la obra, son un elemento más del cuadro, una mancha que añadir al abigarrado *collage* de luces y colores ideado por el poeta. Un proceso de disolución del actor que, apoyado en una concepción escenográfica de corte impresionista —en virtud de la cual el retablo de manchas y fogonazos de luz es invadido por sombras errantes de movimientos monorrítmicos— que encuentra ejemplo paradigmático en *Por el sendero florido*:

> *Es la mañana de un día de agosto. El cielo está* implacablemente azul *y parece mirar de hito en hito a la tierra, que está inmóvil, agobiada de sol. En los campos* pardean los rastrojos; *sobre ellos han nacido hierbas locas con tallos invisibles por ligeros y cabezas empenachadas. Rastrojos allá*, manchas de pradera verde amarillentas; *más lejos* la línea grácil de mimbreras, *que marca en tono fresco el paso del río; aún más lejos otras praderas; luego monte bajo, carrascas, helechos, roblaje menudo; a media vertiente el oro pálido de la avena loca; más alto el pedregal y la cima pelada con* la mancha blanca *de una nevera.* [...] *Una carreta de húngaros* [...] *proyecta una sombra de monstruo, que se achica a medida que va subiendo el sol. Dentro hay rumor de voces quedas y quejumbrosas* [1999: 151-152. Las cursivas son nuestras].

Un océano de correspondencias sinestésicas que no sólo encuentra acomodo en la acotación de raigambre poética sino también en el diálogo convencional. Tal el caso de las palabras de Eudoro (*Pastoral*):

Tiénenle: los sueños de los niños son blancos y llevan lentejuelas de plata; los sueños de los mozos tienen el carmín de las rosas y están recamados de oro; los sueños de los hombres son púrpura y topacio, del color de las puestas de sol; los sueños de los viejos tienen el color indeciso de las hojas que van a caer, color en que se funden y se anegan todos los colores que fueron, color de recuerdos [1999: 174].

Cuadros teatrales, en fin, que optan por el elogio pausado de la palabra evocadora, de la acción estática y, también, por las formas dramáticas favorecedoras de una y otra, tal es el caso de la pantomima (*Saltimbanquis*).

2.3. Otras piezas breves

Las obras dramáticas en un acto, censadas por Checa Puerta [1998: 522], adolecen de una sensiblería extensible, como queda apuntado más arriba, a buena parte de la producción de los Martínez Sierra. Poco importa que el ambiente elegido se revista de las galas del más tipificado modernismo (*El palacio triste* —*«sala de estudio en un palacio, como deben ser los palacios de cuento»*— y *El enamorado* —*«saloncito en un palacio real»*—), que adquiera tintes de comedia burguesa (*El pobrecito Juan*), o que descienda a la más cruda realidad, incluso en forma de prostíbulo (*Lirio entre espinas*), cuando de reivindicar el amor almibarado como motor de la acción se trata; un amor que adquiere matices diversos, pero que siempre coadyuva en la idea de la bondad del hombre, encarnada, de continuo, por una mujer que representa, de forma antonomásica, la maternidad devota, en hecho —así el caso de la princesa Teodora (*El palacio triste*), mujer decidida a inculcar en sus hijos valores puros y el poder de la fantasía por encima del bienestar material— o en deseo —expresado con afán por la Reina (*El enamorado*) y, sobre todo, por Mariana (*El pobrecito Juan*), que cifra su felicidad futura en una maternidad tras la que subyace la asunción de un papel subsidiario de la mujer, puesto que su futura condición de madre se vislumbra aún más deleitosa si se materializa en forma de varón:

| MARIANA | ¿Sabéis lo que me han dicho las chicas del taller? Que Dios me dé un buen novio. ¡Ojalá! |
| MAMÁ INÉS | ¡Ay, niña! ¿Para qué quieres novio tan joven? |
| MAMÁ PEPA | Para casarse, como todo el mundo. |
| MARIANA | Claro que sí… y para tener muchos hijos… lo menos diez… diez hombres como diez castillos, trabajadores, listos, valientes, atrevidos, que vayan por el mundo haciendo cosas grandes: caminos, casas, fábricas, escuelas, leyes, revoluciones. ¡Con diez hombres de veras me parece que se puede salvar un país! *(Viendo entrar a su padre.)* ¡Ay!... padrecito mío. ¿Cuántos ministros hacen falta en España? |
| DON CARLOS | Como hacer falta… ocho creo que hay. |
| MARIANA | Me sobran dos… uno para poeta y otro para filósofo… ¡Vaya una estatua que me va a levantar la patria agradecida! [1914: 178] |

Bien es cierto que, tras esa filosofía de recatada resignación, late una débil esperanza —quizás la pequeña rebelión de una María Lejárraga, al fin y al cabo mujer ilustrada y liberal— encarnada por la nueva generación, capaz de abolir las restricciones previas gracias al poder de entrega inculcado por la madre. Buen ejemplo de lo dicho es Marta, única hija —primogénita— de la princesa Teodora quien, tras abandonar el palacio que castraba los vuelos de su fantasía, regresa para liberar a su madre y hermanos de las ataduras asumidas sin elección:

No, señor; ahora tengo una casa mía, toda de madera, chiquita como un puño, pero donde hago siempre lo que me da la realísima gana; y al lado de la casa, un huerto, chico también, con una parra que da uvas blancas y otra que da uvas negras, y un cerezo, y un guindo, y un peral, y un manzano, y un cuadro de judías y otro de berzas y otro de guisantes, y muchísimas flores, y una colmena para que las abejas hagan miel, y una cabra que da una leche tibia ¡con una espuma! [1914: 38]

No obstante, no hay que perder de vista que se trata de una obra enmarcada en la *u-topía* y la *a-cronía* propia de los cuentos, extremos ambos que minimizan, y mucho, la leve subversión de la propuesta.

En la línea de *Canción de cuna* (1911), *Lirio entre espinas* ilustra el poder redentor de una religiosidad ligera, descrita en su cara más amable, la que representa Sor Teresa, remanso de paz que llega a un prostíbulo de muchachas descarriadas en medio de la turbamulta revolucionaria, y cuyo carisma acaba por convocarlas en torno a ella para rezar el rosario. Un lado afable de la religión bien encarnado también por el padre Domingo (*El ideal*), especie de sacristán quijotesco preocupado por mantener la causa monárquica y, sobre todo, por el lugar de las humanidades en la educación. Apuntes, en fin, de un teatro que, bien hilado en la forma, se hace portavoz de ideas añejas, aspecto este que, con asuntos de amores al fondo, casa bien con las palabras de la Reina en *El enamorado*: «¡hemos venido demasiado tarde a un mundo demasiado viejo!» [1914: 226].

### 2.4. Y una de títeres

Dentro de la copiosa producción dramática de los Martínez Sierra, al menos una pieza, *Hechizo de amor* (1908), «comedia de fantoches, en un acto y dos cuadros», se inscribe claramente en el teatro de muñecos, todos los cuales responden al elenco tradicional de la *commedia dell'arte*. Más allá del consabido lío de amores del tinglado farsesco, con el triángulo Arlequín, Pierrot y Colombina como protagonista, la obra destaca por la defensa de la magia y la imaginación sobre el realismo vacuo y la proclama que, hecha verbo por el Prólogo, se hace del fantoche, artífice máximo de la alegría y el gozo del teatro puro:

> ¡Fantoche! A esta sola palabra, en todos vuestros ojos se ha encendido una chispa de regocijo. ¿Y pensáis que es pequeña la *gloria* de poseer un nombre, que así es *perennemente engendrador de gozo*? ¿O imagináis que es menos, luego de poseerle, haberle sabido llevar a través de los siglos con *toda dignidad de locura*? Majestuosamente la hemos llevado, imperialmente, sí, damas y caballeros. Testigos de ello son *nuestros cuerpecillos*, que en honor a la risa *se descoyuntan*, se tuercen, se retuercen, lanzan al aire brazos y cabezas, pierden una pierna en un salto, la recobran en una pirueta. Miradnos, tan absolutamente *palpitantes*, que se diría que todo nuestro cuerpo es un corazón. Y, sin embargo, damas y caballeros, estamos hechos sin corazón. ¿Para qué tenerle, si vibramos sin él tan constante y prodigiosamente? [1911: 250. Las cursivas son nuestras]

EDICIONES

MARTÍNEZ SIERRA, Gregorio, *Diálogos fantásticos*, Madrid, Tipografía de A. Pérez y P. García, 1899.

—, *Hechizo de amor. Comedia de fantoches, en un acto y dos cuadros*, en *Comedias escogidas*, vol. I, Madrid, Biblioteca Renacimiento, 1911.

—, *El palacio triste. Lirio entre espinas. El ideal. La suerte de Isabelita. El pobrecito Juan. El enamorado*, Madrid, Renacimiento, 1914.

—, *Teatro de ensueño*, ed. Serge Salaün, Madrid, Biblioteca Nueva, 1999.

## 3. *Valle-Inclán*, por *Emilio Peral Vega*

El teatro de Valle-Inclán (1866-1936) se resiste a una clasificación más o menos satisfactoria y unánime, como así lo testimonian los diferentes intentos que se han sucedido. Siguiendo la perfilada por nosotros en otro trabajo anterior [Huerta Calvo y Peral Vega, 2003], reducimos su aportación al teatro breve a cuatro de las cinco piezas que integran *Retablo de la avaricia, la lujuria y la muerte* (1927), así como al esperpento en miniatura *¿Para cuándo son las reclamaciones diplomáticas?* (1922).

### 3.1. *Retablo de la avaricia, la lujuria y la muerte*

A las cuatro piezas breves que integran el retablo —*La rosa de papel, La cabeza del Bautista, Ligazón* y *Sacrilegio*— Valle añadió una más extensa y bastante anterior en el tiempo —*El embrujado* (1912)—, para componer este fresco que bien pudiera servir como cata ejemplar de su obra toda, pues avaricia, lujuria y muerte son los temas que una y otra vez afloran en sus tragedias, farsas y esperpentos. No es arbitraria la calificación de *retablo*, pues a ella responde tanto por su disposición —al modo de sus homónimos pictóricos dos obras breves se sitúan a cada lado de la mayor— como por su condición genérica —los retablos medievales consistían en representaciones de tema sagrado realizadas por títeres, entidad ésta que comparten los *dramatis personæ* valleinclanianos— [*Retablo...*, 1996: 64-66]. Adelantándose a las propuestas de Antonin Artaud en su *Teatro de la crueldad* (1932), Valle persigue entroncar con el sentido catártico del teatro, mostrando para ello el lado más salvaje de la esencia humana tanto desde una perspectiva visual y corporal como desde un punto de vista lingüístico, un objetivo para el que contaba con un fecundo bagaje dentro de nuestras letras —ahí está *La Celestina* como ejemplo de lo primero y lo segundo—, al que suma el tono de *Grang-Guignol* que alcanza la acción, entre efectista y truculenta [Perdomo, 1995; Iglesias Santos, 1998: 123-126].

*La rosa de papel* y *La cabeza del Bautista* comparten el subtítulo de «melodramas para marionetas», un órdago más de Valle, que apuesta por un subgénero no canónico, protagonizado además por peleles, lo que, a su vez, le otorga una capacidad de distanciamiento aún mayor respecto de sus criaturas. Así sucede en la primera de las obras, donde una cohorte de seres amorales se arremolina en torno a la agonizante Encamada con el único objetivo de conocer el paradero de los siete mil reales que deja como legado a sus hijos. Tras la muerte de la mártir, el espectador asiste, impávido, a la humillación del cuerpo grotesco, que rueda sin control a través de la escena —«*En la batalla de las cotillonas y el borracho, la difunta rueda de la tarima, y queda de bruces, con el faldón sobre la rabadilla*» [*OC*, 2002: II, 1119]—, ante la indiferencia de los suyos, con la única excepción de sus vástagos, que gritan, de forma descarnada: «¡ay, mi madre! ¡Mi madre! ¡Mi madre!». Sin embargo, Valle juega con el espectador y hace de su risa macabra aversión nauseabunda cuando no sólo le obliga a asistir a la escena de amor necrófilo consumada por Julepe —marido de la finada— sino que le hace partícipe —como apuntó acertadamente Juan Carlos Esturo [1986: 209]— «del impulso pervertido y desesperado que lo provoca», introduciendo de rondón referencia al *cuplé*, manifestación popular del arte provocador y canalla que poco o nada casa con las patéticas carnes del jaque y la afrentada difunta: «estoy en mi derecho. ¡Ángel embalsamado, qué vale a tu comparación el cupletismo de la Perla! […] Estoy en mi derecho al pedirte amor. ¡Fuera de aquí!» [*OC*, 2002: II, 1127].

Por su parte, *La cabeza del Bautista* explora, en clave expresionista, las relaciones entre la lascivia y la muerte, a través de un triángulo amoroso, de hondo sabor tradicional, protagonizado por don Igi, indiano amancebado con la Pepona, y el Jándalo, jaque fanfarrón que vuelve para saldar con el primero cuentas del pasado [Jerez Farrán, 1998]. Una vez más, un Valle juguetón trastoca el horizonte de expectativas del au-

ditorio, que, acostumbrado a un legado farsesco, que privilegia la juventud frente a lo caduco, espera que el consabido caso de cuernos acabe con la humillación del vejete. Por el contrario, la presumida
comicidad deriva en truculencia con la muerte del Jándalo como resultado de la connivencia del indiano y la casquivana jovenzuela, y en
doble patetismo, interpretado, en primera instancia, por don Igi, que se
muestra impotente para atajar la atracción necrófila que exhibe su mujer ante el cadáver del joven, y, en segundo término, por la Pepona, condenada en su cobardía a escuchar la salmodia de un viejo desprovisto
de los encantos que yacen entre sus brazos: «¡venir a morir en mis brazos, de tan lejos!... ¿Eres engaño? ¡Te muerdo la boca! ¡Vida, sácame de
este sueño!» [*OC*, 2002: II, 1189].

*Ligazón* y *Sacrilegio* llevan como subtítulo «autos para siluetas», lo que
nos sitúa, una vez más, en el marco del expresionismo, pues los personajes no son sino sombras iluminadas de soslayo por focos intensos de
luz que incrementan su dimensión irreal —matiz resuelto con gran destreza por José Luis Gómez en su montaje para el teatro de la Abadía
[Peral Vega, 2006]—. Por otro lado, Valle-Inclán parte del auto sacramental —de ahí la pertinencia del subtítulo— para ilustrar de forma
antitética y paródica su carácter ritual [Perdomo, 1999], ya sea mediante la profanación del sacramento de la Eucaristía —así en *Ligazón* cuando Mozuela, clavándose unas tijeras, da de beber su sangre impura al
Afilador y, a su vez, bebe de su cuello, con lo que queda revestida de
su poder satánico—, ya sea parodiando el sacramento de la Confesión
—así en *Sacrilegio*, una pieza protagonizada por personajes más propios
de jácara que de auto, todos los cuales interpretan una mascarada satírica disfrazando de fraile a uno de los suyos a fin de obtener la confesión de El Sordo de Triana.

### 3.2. *¿Para cuándo son las reclamaciones diplomáticas?*

Publicada en el semanario *España* de Madrid, el 15 de julio de 1922,
cabe ser incluida en el ciclo esperpéntico [García Barrientos, 2006] por
cuanto «el autor se eleva a la dignidad de demiurgo, mientras el personaje es degradado a la condición de fantoche» [Aznar Soler, 1992a: 97].
Y a fe que fantoches son los dos periodistas que encarnan la pieza, don

Herculano y don Serenín, director, el primero, y jefe de redacción, el segundo, del periódico *El Abanderado de las Hurdes*, publicación que pretende demostrar, a través de una serie de artículos, a mayor gloria del pelota Serenín, la preponderancia patria en el arte de cometer magnicidio, una técnica supuestamente copiada por la cientifista Alemania. Si la realidad deformada por el espejo esperpéntico era el depauperado ejército español en *Martes de Carnaval*, y la pretérita bohemia en *Luces*, el dardo se dirige en esta ocasión a la política, y en concreto al patrioterismo de chanza y pandereta propio de la derecha, tomando como referencia la «farsa novelesca» de Luis Araquistáin titulada *Las columnas de Hércules*, tal como ha demostrado Aznar Soler [1995]. Y todo ello a partir de un acontecimiento histórico, el asesinato del político alemán Walter Rathenau, apenas un mes antes de la publicación de la obra, que don Herculano emparenta con el cometido, más de un año atrás, contra Eduardo Dato, principio generador de una matizada técnica digna de la alabanza internacional —«¡parece un plagio!», dice sin ruborizarse don Serenín—. Un patrioterismo de segunda apuntalado no sólo en el ridículo diálogo que media entre los fantoches sino también en la caracterización escenográfica del no menos esperpéntico periódico: «*paredes patrióticas listadas de azafrán y pimentón*», «*[…] Retratos de celebridades: políticos, cupletistas y toreros. Los pocos que saben firmar han dejado su autógrafo*» [OC, 2002: II, 1763], sede al fin de unos profesionales de segunda a los que no duelen prendas *reclamar* la superioridad intelectual española, manipulando la *verdad* de los hechos y dando coba —ahí está la mayor de las paradojas— a una Alemania a la que se rinde devoción frente a las perniciosas «ideas bolcheviques».

EDICIONES

VALLE-INCLÁN, Ramón, *Retablo de la avaricia, la lujuria y la muerte*, ed. Jesús Rubio Jiménez, Madrid, Espasa-Calpe, 1996.
—, *Obra completa*, Madrid, Espasa-Calpe, 2002, 2 vols.

## 4. *García Lorca*, por *Emilio Peral Vega*

Federico García Lorca (1898-1936) constituye el ejemplo más acabado de la recuperación que de las formas breves de cuño tradicional realiza la vanguardia. Y lo es por cuanto alterna una labor de dirección, al frente de *La Barraca* —agrupación en el seno de la cual recorre gran parte de la geografía española interpretando pasos y entremeses de Lope de Rueda, Miguel de Cervantes y Calderón de la Barca, entre otros—, con otra estrictamente creativa, en virtud de la cual propende hacia la renovación de la maltrecha escena española —copada por un teatro realista en clave burguesa— sin perder de vista ese legado, que considera, sin ambages, referencia fundamental, aun cuando enriquecida con influencias intermedias tales como Maeterlinck[23] y, de forma genérica, el simbolismo de estirpe francesa [Peral Vega, 2001 y 2004].

### 4.1. Juvenilia

Las piezas juveniles de García Lorca están impregnadas de una estética de raigambre maeterlinckiana de acuerdo a la cual las fronteras genéricas se difuminan en largas acotaciones y extensos parlamentos que equiparan estas pequeñas piezas a los poemas en prosa de la misma etapa [Maurer, 1994]. En todas ellas, ya desde una perspectiva de reflexión trascendente —*Comedieta ideal* (¿1917?), *Teatro de almas* (1917)—, ya desde una óptica de inversión carnavalesca —*Dios, el Mal y el Hombre* (1917), *Del amor. Teatro de animales* (1919), *Sombras* (1920), *Jehová* (1920)—, y siempre a través de una estructura simple de confrontación dialéctica que remite a formas primitivas del teatro medieval, García Lorca plantea asuntos tales como el carácter ambivalente del hombre («el hombre es el mal personificado» defiende el Cerdo en *Del amor. Teatro de animales*) y de su propia existencia, a medio camino entre la desinhibición báquica y su entrega a una vida ascética. «¡Gloria a la pureza y a la lujuria!» [1996: 86] proclaman Mil Voces en *Comedieta ideal*, un mensaje

---

[23] Como bien apunta Andrés Soria Olmedo en su edición del *Teatro inédito de juventud*, «queda por hacer un cotejo sistemático entre la obra de Maeterlinck y la de Lorca» [1996: 15, n. 21].

en apariencia contradictorio que vuelve a ser reproducido en *Teatro de almas*:

VOZ 2          Oye a tu corazón. No refrenes tus instintos. Las pa-
               siones son los espíritus superiores. Pueden con nos-
               otros.
VOZ 1          La pasión es el sufrimiento. Sumérgete en los abismos
               de la espera al más allá [1996: 101].

Sin embargo, y por encima de esta condición mixta, se impone la idea —global a casi todas las piezas— de la finitud del hombre, de su pequeñez frente a la sucesión inconmensurable de infinitos, sólo atisba-dos a través de una idea difusa y dolorosa: «suponiendo que nuestra alma se eleve a un mundo superior, siempre será subordinada a algo más su-perior aún» [1996: 98]. Un hombre, en efecto, que no puede hacer nada por controlar su propio destino —uno de los grandes asuntos del tea-tro mayor del poeta—, y de cuya compostura el propio Dios se des-preocupa para delegar en otras de sus creaciones, ya León (*Dios, el Mal y el Hombre*), ya Paloma, ya Cerdo (*Del amor. Teatro de animales*), en la expresión de un ánimo de reconciliación armónica con la naturaleza muy próximo al explorado en *El maleficio de la mariposa* (1919), y ex-presado en una paleta de colores que pivota entre matices *naïve* y co-lores de impronta grotesca, pues que el hombre se manifiesta como un pelele en manos ajenas incluso cuando pierde su condición de tal; así es el caso de la Sombra (*Sombras*) que, habiendo sido empleada en el Ministerio de Hacienda, se ve relegada a lechuga, para luego esperar un nuevo destino en esta sucesión de reencarnaciones, mientras padece diá-logo celestial con otra sombra que expresa eternamente su añoranza por «la glorieta de Bilbao y los versos de Núñez de Arce» [1996: 306]. A la expresión de esta diezmada jerarquía del hombre, en manos de instan-cias ajenas a él mismo, contribuye una visión desacralizada de la muer-te, circunstancia que se dibuja en clave grotesca y desvestida de cualquier connotación trascendente: «estuve muchos días en cama, sufriendo lo indecible, hasta que una mañana (terrible mañana para mí) entró en mi cuarto una señora ordinaria y burlona, con los dientes llenos de hor-miguillo, portadora de una mellada guadaña» [*Sombras*, 1996: 305]. Un hombre aún más solitario y desasistido por cuanto su única referencia inmutable —Dios—, otrora omnipotente, queda revestido de ropajes ridículos, esclavo, como sus criaturas, de vicios carnales, suministrados con mesura por los angelotes rafaelescos que lo rodean [*Jehová*, 1996: 323], y claudicante ante la rebelión de un Coro de Hombres que niega su existencia [*ibíd.*: 326-327].

Las piezas teatrales de juventud testimonian, además, la querencia del joven Lorca hacia un teatro antirrealista, que prescinde de la circunstancia para centrarse en la sensación, y en que la palabra queda relegada a una condición subsidiaria en pro del evocador silencio. No es difícil encontrar en estos aspectos la presencia del ya citado Maurice Maeterlinck, máxime cuando, como bien demostró Fernández Montesinos [1985], el de Granada guardaba en su biblioteca un ejemplar de *El tesoro de los humildes* traducido, de forma extraordinaria, por Eusebio Heras. Una aproximación superficial al texto del dramaturgo belga nos permite perfilar el silencio como el ámbito sublime de comunicación entre los hombres, «porque el silencio es el elemento lleno de sorpresas, de peligros y de dichas, en que las almas se poseen libremente» [s. a.: 12], único capaz de servir de medio a sus pasiones más íntimas:

> Si en este momento os hablo de las cosas más graves, del amor, de la muerte o del destino, no toco a la muerte, ni al amor, ni al destino, y a pesar de mis esfuerzos, quedará siempre entre nosotros una verdad que no ha sido dicha, de la que ni se ha pensado hablar; y, sin embargo, esta verdad, que no ha tenido voz, habrá vivido un instante entre nosotros, y nosotros no hemos podido pensar sino en ella [s. a.: 14-15].

Pareciera que García Lorca hubiese querido transponer los principios de esta poética a sus primeros ensayos dramáticos, centrados en espacios simbólicos —«*la escena en el teatro maravilloso de nuestro mundo interior*» (*Teatro de almas*)—, en que se generan correspondencias sinestésicas de impronta modernista —«*la música de la melancolía hace sonar sus colores*» (*Teatro de almas*), «*anochecer doloroso*» (*Comedieta ideal*)—, en torno a las cuales se atisban personajes alegóricos, trasuntos de los estados íntimos del hombre, en un marco silencioso, de «elevación espiritual» (*Comedieta ideal*). Un teatro de silencios elocuentes, con un evidente componente ritual pautado por una palabra mínima, que se salmodia al margen del tiempo —«abaten los pegasos sus alas al sentir el viento de la eternidad» (*Teatro de almas*)—, y en el que se trasluce la verdad —trascendente o grotesca— del hombre, al margen de escenarios falsos que lo cobijen —principio generador, como percibirá el lector atento, de la diatriba en que habrá de sustentar, muchos años después, su propuesta surrealista más acabada: *El público* [Huerta Calvo, 2006]—. Una condición antirrealista, también, soportada en el carácter de sus personajes, meras sombras (*Sombras*), cuando no voces sin soporte corpóreo (*Comedieta ideal* y *Teatro de almas*), angelotes de cartón piedra (*Jehová*) o seres feéricos de sabor shakespeariano (*Comedieta ideal* y *Comedia de la Carbonerita*), todos los cuales preludian resoluciones dramáticas de mayor calado —recuérdense los duendecillos de *Amor de don Perlimplín con Belisa en su jardín*.

Desde el punto de vista genérico, los *juvenilia* lorquianos denuncian una versatilidad que transita, con facilidad, tanto por registros grotescos —sean para actores convencionales —*Dios, el Mal y el Hombre*—, sean para títeres —*Jehová, Comedia de la Carbonerita* (1921)— como por sendas tragicómicas —*La viudita que se quería casar* (1919)— y hasta simbolistas —*Cristo. Tragedia religiosa* (1919-1920) y *Elenita. Romance* (1921)—, por no hablar de los pequeños dramas y los diálogos desnudos preñados de sabor existencial —*Comedieta ideal* y *Teatro de almas*.

## 4.2. Teatro de títeres

El de Fuente Vaqueros sintió atracción muy temprana por el teatro de muñecos, y no sólo como medio de conectar con las tentativas vanguardistas que, a partir del magisterio de Jacinto Benavente, en España, y Alfred Jarry y Gordon Craig, en Europa, pretendían la deshumanización del actor, sino también como camino para alcanzar el aniñamiento del espectador que, allá por 1907, proclamara el Crispín de *Los intereses creados*. No en vano, y más allá de los *juvenilia* que puede inscribirse en esta tendencia, *El maleficio de la mariposa* había sido concebida, originalmente, y bajo el título de *La ínfima comedia*, como una obra para títeres, luego transformada —con desafortunado tino— en pieza convencional para su estreno comercial bajo la tutela de Gregorio Martínez Sierra [Gibson, 1985: 255-256].

Para una clasificación del teatro de títeres lorquiano, y por encima de un criterio estrictamente cronológico [Menarini, 1989],[24] convendría establecer una diferencia entre aquellas obras que se concibieron y culminaron para ser representadas por muñecos y aquellas otras para las que, en algún momento de su gestación, se pensó en una resolución vía fantoches, pero cuyas versiones finales se desviaron de ese propósito inicial. Entre las primeras, *La Niña que riega la albahaca y el Príncipe preguntón* (1923), *Tragicomedia de don Cristóbal y la señá Rosita* (1926) y *Retablillo de don Cristóbal* (1931); entre las segundas, la ya citada *El maleficio de la mariposa* y *Amor de don Perlimplín con Belisa en su jardín* (estrenada en 1933).

*La Niña que riega la albahaca…* es obra forjada para su estreno en el marco de la función que, celebrada la tarde de Reyes de 1923 en la Huerta de San Vicente, Andrés Soria Olmedo bautizó como «fiesta íntima de arte moderno» [1986; Hernández, 1992a: 33-48; Plaza Chillón, 1998: 85-142]. Este «viejo cuento andaluz en tres estampas y un cromo», imbuido por un aire del más puro guiñol infantil, presenta como interés básico el recurso al disfraz como motor de la acción dramática; en primer término, el Príncipe oculta su identidad bajo la apariencia de un vendedor de uvas para acercarse a la Niña; más tarde, la Niña se disfraza de mago para curar la dolencia de melancolía que afecta al Príncipe. Amén de las evidentes conexiones entre la protagonista lorquiana y la María Justina de *Farsa italiana de la enamorada del rey*, de Valle-Inclán, conviene destacar el carácter anticipatorio respecto de resoluciones dramáticas ulteriores, pues el disfraz y su paradójica capacidad de *re-velación* en la poética lorquiana no sólo remite a sus farsas mayores, la *Zapatera prodigiosa* y *Amor de don Perlimplín…*, sino también a experimentos surrealistas tales como *El público* —el disfraz de Arlequín blanco con que aparece ataviado el Director en el cuadro tercero implica un desvelamiento de su verdadera condición— y *Viaje a la luna*. El carácter tradicional de la pieza casaba bien con las que le sirvieron de antesala, el

---

[24] Establece el profesor italiano dos etapas: una primera, desde 1919 (fecha de composición de *La ínfima comedia*, luego titulada *El maleficio de la mariposa*) hasta 1926, año en que la *Tragicomedia de don Cristóbal y la señá Rosita* está definitivamente terminada; y una segunda, de 1934, en que se representa en Buenos Aires el *Retablillo de don Cristóbal*, a 1936.

*Auto de los Reyes Magos* —interpretada mediante técnica planista— y *Los dos habladores* —entremés atribuido a Cervantes representado con títeres de medio cuerpo y volumen completo—, para esta fiesta de «arte puro» en que el pasado teatral castellano ligaba con música de diversa condición: desde cantigas de Alonso X *El Sabio* hasta *La historia del soldado* (versión suite), de Stravinsky, interpretada por primera vez en España y arreglada para la ocasión por el maestro Falla.

Por su parte, la *Tragicomedia de don Cristóbal y la señá Rosita* y el *Retablillo de don Cristóbal* constituyen el homenaje de Lorca a la tradición titiritera andaluza, y de forma específica a los espectáculos, todavía vivos, de la Tía Norica de Cádiz [Aladro, 1976]. Una tradición por la que muestra fascinación continuada a lo largo de los años, tal y como puede comprobarse en diversos momentos de su *Epistolario* [Anderson y Maurer, 1997]. Así, en carta a Adolfo Salazar, con fecha del 2 de agosto de 1921: «los Cristobical los estoy *machacando*. Pregunto a todo el mundo, y me están dando una serie de detalles encantadores. Ya han desaparecido de estos pueblos, pero las cosas que recuerdan los viejos son picarescas en extremo y para tumbarse de risa» [1997: 124]. Una idea sobre la que vuelve en carta dirigida a su maestro y referente, don Manuel de Falla, sin duda la persona de sensibilidad más próxima a la del poeta en cuanto a la recuperación del acervo folclórico andaluz: «ya sabe usted la ilusión tan grande que tengo de hacer unos *Cristobícal* llenos de emoción andaluza y exquisito sentimiento popular» [1997: 153].

Lorca encuentra en estos viejos muñecos la expresión máxima del espíritu popular y la esencia misma del teatro, basada, de acuerdo a su personal poética, en la imaginación sin límite, en una siempre viva capacidad de sorpresa y en la risa como antídoto contra el aburrimiento, ingrediente consustancial de los teatros comerciales. Ideas todas ellas que expresa Mosquito en la «Advertencia» que precede a la *Tragicomedia de don Cristóbal*...:

> Yo y mi compañía venimos del teatro de los burgueses, del teatro de los condeses y de los marqueses, un teatro de oro y cristales, donde los hombres van a dormirse y las señoras... a dormirse también. Yo y mi compañía estábamos encerrados. No os podéis imaginar qué pena teníamos. Pero un día vi por el agujerito de la puerta una estrella que temblaba como una fresca violeta de luz. [...] Entonces, yo avisé a mis amigos, y huimos por

esos campos en busca de gente sencilla, para mostrarles las cosas, las cosillas y las cositillas del mundo: bajo la luna verde de las montañas, bajo la luna rosa de las playas [*OC*, 1997: II, 40].

Con todo, García Lorca adereza el legado andaluz con fuertes dosis de *commedia dell'arte* italiana —sobre todo en lo que toca a la caracterización de Cristobita, máscara híbrida que resulta de la superposición de rasgos de los Polichinela (joroba y panza), Pantalón (porta una porra de connotaciones fálicas, ronca, emite sonidos guturales) y Capitano Spavento (fanfarronería) clásicos— y de entremés áureo —prioritariamente en el papel rector que ejerce Rosita, sabia controladora de los peleles que vegetan a su alrededor—. Unos personajes que interpretan una nueva recreación del mundo al revés, con la consiguiente degradación de la muerte, máxime cuando de burlar al cuerpo grotesco se trata. La muerte de Cristobita inspira la algarabía generalizada de sus opositores y su entierro poco dista del interpretado por la sardina al final del Carnaval: «*traen un ataúd enorme, en el que hay pintados pimientos y rábanos en vez de estrellas. Los Curas vienen cantando. Marcha fúnebre de pitos*».

Como se ve, Lorca juega con la tradición a su antojo, y una nueva prueba de ello es el carácter ambiguo, a medio camino entre títeres, muñecos que creen ser humanos, y seres de carne y hueso, con que dota a sus personajes. Siendo todos ellos peleles, la acción se escinde en dos niveles, en virtud de los cuales Rosita, Cocoliche, Currito y los demás están convencidos de su condición humana, frente a Cristobita, que, muerto de celos, replica: «a carne humana / me huele aquí» [*OC*, 1997: II, 71], para luego expresar su turbulento estado en los siguientes términos: «estoy como si fuera de papel y me hubiera quemado con la llamita de mi corazón» [*OC*, 1997: II, 50], y acabar corrido y mártir exhibiendo su interior de autómata ante la sorpresa del resto: «don Cristobita tiene la cabeza de madera. ¡De madera de chopo! ¡Ja, ja, ja! *(La Niña se acerca más.)* Y mirad, mirad cuánta pintura… ¡cuánta pintura! ¡Ja, ja, ja!» [*OC*, 1997: II, 67].

El *Retablillo de don Cristóbal*, que sirviera a Lorca para recrear, en Buenos Aires y ya en 1934, la «fiesta íntima de arte moderno» que años atrás se había celebrado en la Huerta de San Vicente [Hernández, 1992b], supone una progresión lógica, por cuanto depuración estilística, respecto de la *Tragicomedia*, de cuyo espíritu primigenio se mantienen —y hasta se incrementan— los juegos lingüísticos próximos al absurdo — «me duele el cuello / donde me cae el cabello, / pero no había caído en ello / hasta que me lo dijo mi primo / Juan Coello» [*OC*, 1997: II, 398]—, las alusiones al bajo corporal —«yo soy la madre de doña Rosita / y quiero que se case, / porque ya tiene dos pechitos / como dos naranjitas / y un culito / como un quesito, / y una urraquita / que le canta y le grita» [*OC*, 1997: II, 403]— y hasta la desacralización de la muerte propia de la atmósfera entremesil: «abre tu balcón, Rosita, / que comienza la función. / Te espera una muertecita / y un esposo dormilón» [*OC*, 1997: II, 399]. Una muerte que, al fin, no llega a consumarse, luego de la irrupción del Director que, rompiendo la ilusión escénica, coge los muñecos para dar fin a sus andanzas. Frente al anticipado extremo, hay una exaltación de la vida en sus matices más escatológicos, gracias al parto múltiple de Rosita, fruto lógico de su lascivia desenfrenada. Las palabras finales del Director sirven de complemento natural a las pronunciadas por Mosquito en la «Advertencia» de la obra gemela, en tanto defensa de una vía teatral, la titiritera, que se hace necesario reivindicar:

> Llenemos el teatro de espigas frescas, debajo de las cuales vayan palabrotas que luchen en la escena con el tedio y la vulgaridad a que la tenemos condenada, y saludemos hoy en «La Tarumba» a don Cristóbal el andaluz, primo del Bululú gallego y cuñado de la tía Norica, de Cádiz; hermano de Monsieur Guiñol, de París, y tío de don Arlequín, de Bérgamo, como a uno de los personajes donde sigue pura la vieja esencia del teatro [*OC*, 1997: II, 411].

Al lado de todas estas piezas habría que colocar aquellas otras sobre las que, como quedó apuntado más arriba, el poeta granadino albergó la posibilidad de una resolución en clave muñequil. Hablamos, en primer lugar, de *El maleficio de la mariposa* que, inicialmente titulada *La ínfima comedia*, estaba destinada a dicho registro, una posibilidad abandonada luego de la intervención de Gregorio Martínez Sierra [González del Valle, 1980; *El maleficio...*, 1999: 32-37], mentor del primer estreno comercial de Lorca y responsable, a la postre, de haber variado su propósito inicial. Y es que el tono de inocencia y el ambiente fabulesco, próximos al cuento tradicional, casaban muy bien, al modo de *La Niña que riega la albahaca...*, con los muñecos que le hubieran dado vida. De hecho, en el «Prólogo» se evidencia la intención de separar la condición humana del espectador respecto de la *natural* de los actores: «¿y por qué [a] vosotros los hombres, llenos de pecados y de vicios incurables, os inspiran asco los buenos gusanos que se pasean tranquilamente por la pradera y tomando el sol en la mañana tibia?» [*El maleficio...; 1999: 88*]. Por otro lado, son muchos los aspectos que indican la posible adscripción de la pieza al corpus titiritero; y no sólo la sencillez en la descripción de los caracteres y el humor inocente, sino también la disposición de la acción a dos voces, técnica ésta muy propia del *guignol* en su estado más puro.

En segundo lugar, al menos las versiones B y C de *Amor de don Perlimplín...* —de acuerdo a la denominación que Pura Ucelay emplea en su edición del texto [1996]— pueden inscribirse dentro del teatro de muñecos. En la última de las versiones citadas García Lorca pone en la palestra una Muerte completamente infantilizada: «el gato maya. La gallina cacarea / Yo soy la muerte que está en la puerta / Pellizquito en el culo / ¡Abrid la puerta!» [1996: 81], lo cual se une a una comicidad de guante blanco, marcada por la presencia en escena de dos personajes (Perlimplín y Marcolfa; Marcolfa y la Muerte), limitación propia de este tipo de representaciones.

## 4.3. Diálogos

Algunos de sus diálogos —todos ellos de muy breve factura— sirvieron a Lorca para tentar formas dramáticas tales como la pantomima, rescatada por el simbolismo francés y elevada por sus valedores a los altares [Peral Vega, 2008]. Así sucede en *Diálogo mudo de los cartujos* (1925) y *Diálogo de los dos caracoles* (1926). En el primero de ellos, la acción mínima viene pautada por el movimiento silencioso de los frailes cartujos, cuya blancura es levemente manchada por la «rosa recién abierta» que contempla el Fraile más viejo. Manchas cromáticas, en fin, que se mueven en un hipotético escenario de pincelada impresionista, a través de un silencio inquietante tan sólo turbado por la acotación final, de evidente cuño cinematográfico y de factura daliniana:

*En una esquina del gran refectorio prismático de rumores y ecos difíciles, un cho-*
*rro de hormigas sube por la pared a los sazonados membrillos del techo* [OC, 1997:
II, 190].

Por su parte, el *Diálogo de los dos caracoles* supone la expresión límite del silencio escénico, favorecida por la elección de estos dos seres de
oposición cromática elemental —Caracol Blanco y Caracol Negro—.
Se trata de una propuesta que aniquila al espectador convencional, desde el momento en que sitúa la perspectiva en los ojos de los dos animales, fuente de la que emana el escaso acontecer argumental de la
pieza. Si el Caracol Blanco contempla la actividad anodina de La
Señorita, que intenta calmar su hastío acercándose al arroyuelo para leer
un libro que «a nadie le gusta», ajena a que estos «montes de azúcar están llenos de hormigas», el Caracol Negro observa los movimientos de
una misteriosa Rata, que, con retranca infantil, es descrita como «La
Rata mala. La Rata que se come las raicillas tiernas». García Lorca se
muestra burlón respecto de la posición pasiva que nos condena a asumir, de tal forma que, sabedor de nuestra mirada subsidiaria, la maneja
cual cámara de cine. Tan pronto hemos asumido la necesidad de ver a
través de los ojos de los caracoles, cambia la perspectiva a fin de que
descubramos, ahora mediante los de la Rata, «una nube larga», que no
es otra cosa que el vestido de la Señorita tendido sobre el «verde riba-
zo». Sin embargo, en esta aparente calma, aumentada por el silencio absoluto, queda por descubrir una sorpresa final, resuelta con el
rompimiento del mutismo, en un «¡ay!» que, proferido por el Caracol
Blanco, vuelve a cambiar nuestra perspectiva sin aclarar un final que
queda abierto a una doble interpretación.

En esta misma línea, y entendiendo el cine como la derivación natural de la pantomima, cabe interpretar *El paseo de Buster Keaton* (1925),
«una de las obras maestras del surrealismo español» [Huélamo Kosma,
1992] y un sentido homenaje al cómico norteamericano a partir de la
recreación de un espíritu de inocencia, casi infantil —«*la bicicleta de Buster*
*Keaton no tiene el sillón de caramelo, ni los pedales de azúcar, como quisieran*
*los hombres malos. Es una bicicleta como todas, pero la única empapada de ino-*
*cencia»*— y, sobre todo, al arte cinematográfico que se deleita en la contemplación del gesto, en los matices de un rostro que todo lo expresa
sin decir apenas nada:

*(Sus ojos infinitos y tristes como los de una bestia recién nacida, sueñan lirios, ángeles y cinturones de seda.*
   *Sus ojos que son de culo de vaso. Sus ojos de niño tonto. Que son feísimos. Que son bellísimos. Sus ojos de avestruz. Sus ojos humanos en el equilibrio seguro de la melancolía…)* [OC, 1997: II, 182].

Como puede verse, se trata de una apuesta apuntalada sobre imágenes inquietantes, el protagonismo de los objetos y la ruptura del haz de referentes inmediato. Aspectos todos ellos que se mantienen en *La doncella, el marinero y el estudiante* (1928) y *Quimera* (publicada en 1940), y se amplían, en el primero de ellos —partiendo de una estructura dramática de añejo sabor medieval—, a la quiebra de los principios morales básicos, gracias a la actitud desinhibida de la Doncella que, abierta al amor, se autocalifica de «sinvergüenza» y ofrece sus senos para saciar la sed del Estudiante; y gracias también al lenguaje procaz que nutre el diálogo: «bordar», «remar», «endulzar»… Necesidad inconsciente, al fin, de expresar nuestros deseos íntimos que se tiñe de frustración en *Quimera*, expresión del ansia por poseer en cada momento todo aquello que no está a nuestro lado.

## 4.4. *Amor de don Perlimplín con Belisa en su jardín*

Esta «aleluya erótica en cuatro cuadros» constituye el mejor ejemplo del proceso de síntesis entre diversas tradiciones a partir de un asunto y unos personajes pertenecientes a la añeja tradición entremesil [Canavaggio, 1983], pues que, una vez más, Lorca levanta ante el espectador el conflicto de la malmaridada, en esta ocasión labrado gracias a la unión entre Perlimplín, que ha gastado su vida entre libros, y la resuelta Belisa, muchacha espoleada por su madre para beneficiarse de las notables rentas del ridículo vejete. Sin embargo, Lorca es plenamente consciente de que la pirueta respecto de la tradición ha de resultar tanto más notable cuanto el barro del que parta parezca más gastado, de ahí que ni siquiera los nombres de sus protagonistas resulten originales: el primero, tomado del popular subgénero de las *aleluyas* [Ucelay, 1996], y el segundo, denominación común entre las damas de la comedia lopesca —véase *Las bizarrías de Belisa*.

Una obra tan en apariencia deudora del telar cervantino apoya su pretendido distanciamiento respecto de sus modelos en tres pilares de diversa condición. Por un lado, genérica. García Lorca se muestra reacio a hacer de *Amor de don Perlimplín*... una farsa más que, imbuida de espíritu carnavalesco, censure al vejete y proclame el triunfo de la juventud. Antes al contrario, la aparición de los duendes al final del segundo cuadro principia un viraje trágico de la acción, en virtud del cual Perlimplín queda revestido de una dignidad ajena a su condición de cornudo, y su suicidio final se interpreta ya no como cobardía claudicante sino como acto de generosidad suprema. En segundo término, metadramática. La elección de los espacios para los diferentes cuadros evidencia no sólo el pretendido distanciamiento de Lorca respecto de los modos teatrales más adocenados, sino también una relectura, en clave simbólica, de esos mismos espacios, ya adulterados por su recurrente aparición en obras de cortas pretensiones. Así sucede con los balcones enfrentados de Perlimplín y Belisa —cuadro 1— que, lejos de su mera condición de ambientación andalucista en el teatro de impronta quinteriana, se convierten en prefiguración del abismo que media entre uno y otro personaje; y así también con el salón de la casa matrimonial —cuadro 3—, marco tradicional para las escenas amables del teatro burgués que, para la ocasión, deviene espacio de la perversión de las convenciones asumidas, pues que Perlimplín consiente en los cortejos sensuales de Belisa, asumiendo su nuevo perfil de cornudo consentidor; por último, el jardín, lugar de unión tradicional entre amantes almibarados, se hace aquí ámbito de la entrega total y sincera del vejete, cornudo vengador y, a un tiempo, Don Juan paródico y Cristo devoto que entrega su sangre para dotar de alma a su contrariada esposa [Balboa Echeverría, 1982; Peral Vega, 2004c]. En tercera instancia, García Lorca hace de Perlimplín, pelele en manos ajenas por obra y gracia de una tradición carnavalesca, no sólo un personaje de honda condición trágica, sino, sobre todo, recipiente de variadas influencias, por cuanto cabe ser interpretado como síntesis del Pantalón italiano y de Pierrot, bufón lastimero encumbrado por el simbolismo francés e icono de referencia en la poética lorquiana [Hernández, 1990; Peral Vega, 2007].

EDICIONES

GARCÍA LORCA, Federico, *La Niña que riega la albahaca y el Príncipe preguntón*, *Anales de Literatura Española Contemporánea*, 9/1-3 (1984), pp. 295-306.
—, *Prosa inédita de juventud*, ed. Christopher Maurer, Madrid, Cátedra, 1994.
—, *Teatro inédito de juventud*, ed. Andrés Soria Olmedo, Madrid, Cátedra, 1996.
—, *Amor de don Perlimplín con Belisa en su jardín*, ed. Margarita Ucelay, Madrid, Cátedra, 1996.
—, *Obras completas II. Teatro*, ed. Miguel García-Posada, Barcelona, Galaxia Gutenberg/Círculo de Lectores, 1997, pp. 181-182, 189-190 y 190-191.
—, *El maleficio de la mariposa*, ed. Piero Menarini, Madrid, Cátedra, 1999.
MAETERLINCK, Maurice, *El tesoro de los humildes*, traducción de Eusebio Heras, Valencia, F. Sempere y C.ª Editores, s. a.

## 5. *Casona*, por *Emilio Peral Vega*

Dentro de la copiosa y variada trayectoria dramática de Alejandro Casona (1903-1965) son escasas las piezas que pueden inscribirse en el teatro breve. Estas manifestaciones, que se reducen a las cinco obrillas que integran el *Retablo jovial* y al romance-pantomima en dos tiempos titulado *El lindo don Gato*, surgen al calor del «Teatro del pueblo» de las *Misiones Pedagógicas*, comandado por nuestro autor y que cabe ser considerado como uno de los experimentos más encomiables entre los llevados a cabo por la Segunda República [Rey Faraldos, 1992].

### 5.1. *Retablo jovial*

Casona se acerca, sin recelos, a las formas teatrales breves del Siglo de Oro, en una especie de ritual festivo en que la farsa —esa «plata redonda de curso legal en todo tiempo y lugar», según palabras del propio autor— constituye género medular. Estas deleitosas burlas surgen del pleno convencimiento, nacido al calor de la experiencia misionera, respecto de su universalidad y de su radical vigencia, como así afirma explícitamente el dramaturgo asturiano en la «Nota preliminar» que antecede a los textos, en lo que constituye un elogio al público rural muy parecido al realizado por García Lorca en la «Advertencia» de la *Tragicomedia de don Cristóbal y la señá Rosita*:

> Allí comprobé una vez más que los grandes autores cómicos universales pueden divertir noblemente a un auditorio rural, y acaso más profundamente que a un público cultivado. Lo que en éste es previa disposición sumisa al prestigio de un nombre, es en aquél espontánea adhesión al tema fértil, a la expresión jocunda, a esa mezcla de honradez esencial y sabrosa malicia que le es tan familiar [*Retablo jovial*, 1998: 58].

Conservan, además, una de las condiciones primigenias de los retablos medievales, pues de títeres pueden calificarse a sus personajes, víctimas de pulsiones primarias bien dispuestas por el Casona demiurgo. La denominación de *retablo* no sólo remite, con todo, a los orígenes del teatro vernáculo sino también a la *reteatralización* propia de la vanguardia, como así lo atestiguan títulos tales como el *Retablillo de don Cristóbal* lorquiano o el *Retablo de la avaricia, la lujuria y la muerte*, de Valle-Inclán, un texto misceláneo éste que presenta importantes concomitancias estructurales con el de Casona. Y es que de la misma forma que Valle dispone su tabanque colocando dos piezas breves a cada lado de la pieza mayor —*El embrujado*—, así también Casona ordena la materia teatral otorgando a la obra central —*Farsa del cornudo apaleado*— el lugar de privilegio que, en rigor, merece, por cuanto en ella se condensan los ingredientes fundamentales de este redivivo tinglado de la antigua farsa. En primer lugar, la recuperación del *prólogo* [Peral Vega, 2001: 371-380] que, al modo de la *loa* clásica, supone otro rasgo más de la apuntada *reteatralización* —tal cual lo demuestra su presencia en obras como *Los intereses creados*, de Benavente, *Los cuernos de don Friolera*, de Valle-Inclán, y *La zapatera prodigiosa*, de García Lorca, por citar tan sólo algunos de los más emblemáticos ejemplos—, y no sólo en tanto recuperación de estructuras añejas, sino también como forma básica para la exposición de una poética dramática concreta. Así, un Prólogo personaje, ataviado para la ocasión con ropajes arlequinescos —«*luciendo un amplio tabardo pícaro a cuadros multicolores, con heráldica de naipes y juglaría*» [*Retablo jovial*, 1998: 115], expone sin ambages su apuesta por una risa desinhibida y preñada de insinuaciones lascivas:

Pero no se dejen engañar por el color de mis cabellos, porque acaso yo sea como el puerro, que por blanca que tenga la cabeza, siempre conserva verde la cola. [...] Respecto de las costumbres, yo no las inventé; no hago más que reflejarlas como un espejo fiel. Si ellas son licenciosas, ocúpense mis censores de reformarlas en lugar de tirar piedras al espejo. [119]

El segundo ingrediente consustancial a la farsa es el empleo del disfraz como medio de desarrollar el recurso al teatro dentro del teatro. Un «engaño a los ojos» que se perfila en dos ocasiones: primero, Anichino (*Farsa del cornudo apaleado*) rebaja su condición a la de un simple criado para acceder al corazón de su amada; después, el disfraz pasa a ser medio de ridiculización superpuesta para Egano, el cornudo ignorante que, fiado de su esposa, accede a travestirse y deshacer así el enrevesado entuerto. El triunfo de los burladores censura la adscripción carnavalesca de la farsa, pues que al fin el engaño no ha sido desvelado y Beatriz proclama: «¡es la primera vez que el amor hace felices a tres al mismo tiempo!» [142]. Un disfraz que es también elemento esencial en *Sancho Panza en la ínsula*, especie de entremés de desfile [Huerta Calvo, 2001] en que todos los personajes simulan la invasión de la ficticia isla para humillar al compañero de don Quijote. Como capital resulta en el *Entremés del mancebo que casó con mujer brava* el fingimiento —otro de los cauces del teatro dentro del teatro— del Mancebo, representante de un papel, el de loco, capaz de hacer variar el comportamiento de su histérica compañera y permitirle, así, campar a sus anchas; y así también en la *Fablilla del secreto bien guardado*, a través del juego de apariencias gestado por Juanelo, hábil manipulador que hace pasar a su mujer por loca a fin de que nadie le dé crédito:

| | |
|---|---|
| BRUNO | ¿Te das cuenta de lo que has hecho? |
| JUANELO | (*Triunfal.*) Lo más grande, padre. Más que pescar una liebre en el río, más que cazar una trucha en el bosque. ¡He conseguido que mi mujer guarde un secreto! No hay secreto mejor guardado que el que nadie quiere creer. (*Desperezándose feliz.*) ¡Y ahora, a dormir tranquilo! [161] |

Condimento esencial del tablado farsesco es también la exaltación de la heterodoxia, centrada en el triunfo de la gula, un pecado que encarna mejor que nadie Sancho (*Sancho Panza en la ínsula*) —también el Corregidor (*Farsa y justicia del corregidor*)—, quien, haciendo verdad universal su cultura refranera, antepone la buena pitanza a la hipócrita ciencia:

> ¿Y era tonto el que dijo que «ajo crudo y vino puro pasan el puerto seguro»? ¿Que «el pan, el vino y la carne hacen buena sangre»? ¿Que «al buen comer, tres veces beber»? ¿Y que «al catarro, dale un buen jarro»? ¡Éstos, éstos son los sabios que yo quiero y no doctores como vos que, de tanto cuidarme, acabarán con mi vida! [88]

Y de la lujuria, exhibida sin recato por Anichino en *Farsa del cornudo apaleado*, amén de la alabanza de la juventud frente a lo caduco, representada por el Mancebo (*Entremés del mancebo que casó con mujer brava*), y la censura, por vía de la parodia, de instituciones tales como la Iglesia y la Justicia (*Farsa y justicia del corregidor* [178 y ss.]).

## 5.2. Una pantomima infantil

*El lindo don Gato*, romance-pantomima en dos tiempos, es pieza muy posiblemente surgida a partir de la experiencia misionera de Casona. La acción, toda ella mimada, se acompasa al ritmo de una canción de niños, aquélla que reza: «estaba el señor don Gato...», pues es ésa la fábula popular que se dramatiza, a partir de una estructura de desfile —propia del entremés clásico— mediante la cual aparecen ante «*el estrado señorial de don Gato*» el Chambelán, «*con aspaviento de farsa*», los juglares, que ejecutan el viejo romance «*con detallada pantomima*», un corro de niñas, «*vestidas de blanco colegial*» y hasta tres Doctores molierescos caracterizados con objetos de proporciones imposibles: «*gorro poligonal con borla y grandes hopalandas de manga perdida*». Instrumentos, todos ellos, de una farsa que desacraliza la muerte —así la de don Gato, de cuya marcha fúnebre se mofan una comitiva de ratoncitos «*dando una vuelta alrededor del enemigo con cabriolas de burla*»— para ensalzar la vida en todo su apogeo, aquél que tiene que ver con la satisfacción de apetitos básicos tales como la comida —no en vano, resucita al olor de las sardinas con la consiguiente algarabía de la comitiva: «*al olor de las sardinas, / al olor de las sardinas, / don Gato ha resucitado, / marra-miau-miau-miau, / don Gato ha resucitado».*

EDICIONES

CASONA, Alejandro, *El lindo don Gato*, romance-pantomima en dos tiempos, en *Obras completas*, ed. Federico Sáinz de Robles, Madrid, Aguilar, 1967, vol. II, pp. 595-603.

—, *Retablo jovial*, ed. Gloria Rey Faraldos, Madrid, Castalia Didáctica, 1998.

## 6. *Alberti*, por *Hub Hermans*

Hecha excepción de la *Cantata por la paz y la alegría de los pueblos* (1950) y *Un tema peligroso* (1954), todo el teatro breve de Rafael Alberti (El Puerto de Santa María, Cádiz, 1902-1999) ha sido escrito y publicado en Madrid durante los años veinte y treinta del siglo anterior. Se trata de nueve obritas que se caracterizan por una curiosa mezcla de elementos vanguardistas, folclóricos y políticos. Mientras que en las primeras obras de Alberti predomina el aspecto juguetón y vanguardista, y en las últimas el aspecto de compromiso social, en todas ellas se nota una parecida mezcla de elementos populares y tradicionales, en que nunca faltan la ironía y la sátira, siempre con una estética innovadora.

Como observa también Eladio Mateos en su edición del teatro de Rafael Alberti, que aquí seguimos, habrá que distinguir entre las cuatro obras primeras, que no fueron publicadas en su momento y que apenas se representaron, y las piezas publicadas a partir de 1931, de las que tenemos edición príncipe, a la vez que algunos datos sobre la representación de la mayoría de ellas, generalmente estrenándose en el momento de su publicación. En el caso del teatro breve de Alberti la primera edición se puede considerar la definitiva y la correcta, que no se distingue de ediciones posteriores sino por leves modificaciones, supresiones o añadidos que apenas sobrepasan el nivel de pequeños retoques estilísticos [Mateos, 2003: 603-604]. Más que en las obras largas de Alberti, que los críticos suele subdividir en tres grupos, el teatro surrealista, el político (épico, comprometido, revolucionario) y el poético (la trilogía del exilio), se nota en el teatro breve una progresiva mezcla de todas estas tendencias, haciendo uso para ello de una gran diversidad de géneros: farsas, cantatas, teatro de marionetas, poemas escénicos y misterios, por ejemplo, pero siempre con un marcado carácter rebelde, ya sea de tipo estilístico o de tipo ideológico. No es osado afirmar que con el creciente predominio del teatro de urgencia hacia el final de los años treinta el experimento literario pierde importancia, dando prioridad a la manifestación de una preocupación civil, que lamentablemente es de un escaso interés literario.

En realidad, la primera pieza de teatro breve de Alberti que conocemos es una obra incompleta (probablemente concebida como obra en tres actos), de la cual sólo se publicaron un largo «Prólogo» y el Primero de los tres actos. Pero en vista de que se trata de una obra publicada y representada como tal, aquí no la dejaremos fuera de consideración. La obra, titulada *La Pájara Pinta* y subtitulada *Guirigay lírico-bufo-bailable, en un prólogo y tres actos* fue escrita en 1925 ó 1926 y estrenada por los alumnos del Instituto-Escuela de Madrid en los jardines del Campo del Moro, en presencia de Niceto Alcalá-Zamora y Manuel Azaña [Marrast, 1964: XI]. Según informa Eladio Mateos, esta representación, de junio de 1932, se hizo con marionetas, pero sin contar con la música concebida originariamente para esta pieza por el compositor Óscar Esplá. Fallida la colaboración entre estos dos artistas, Alberti conoció en París al compositor Federico Elizalde, que le compusiera una nueva partitura, estrenada (aunque tan sólo el «Prólogo») en la Salle Gaveau de París el 29 de junio de 1929. La obra se volvería a estrenar en Sevilla, en octubre de 1929, provocando en esa ciudad un gran escándalo artístico [Mateos, 2003: 610-611]. Pero había sido Esplá quien le había propuesto a Alberti escribir esta pieza, claramente inspirada en Vittorio Podrecca, que con su compañía de títeres había visitado Madrid en 1924. Su espectáculo total con marionetas, música, pintura y poesía gustaba mucho al joven Alberti, interesado ya en aquel entonces en esta mezcla interdisciplinaria de lo popular y lo experimental. Lo popular aquí todavía no roza a lo político, sino que más bien tiene el añejo sabor de los prólogos de la comedia clásica, acercándose así al teatro poético.

Los personajes que intervienen en la pieza proceden todos del canto popular español. La protagonista, la Pájara Pinta, la conocemos de la canción popular: «estaba la Pájara Pinta / sentadita en su verde limón / con el pico recoge la hoja / con el pico recoge la flor», y resulta ser una señora casamentera con un jardín donde proporciona bodas en el pueblo. Durante el «Prólogo» observamos, a lo largo de todo lo alto del telón, una aleluya popular con los nombres de los personajes encima de sus cabezas. Además de la Pájara Pinta, habrá personajes como Pipirigallo, la Carbonerita, Antón Perulero, Don Diego Contreras, el conde de Cabra, nombres todos algo estrafalarios, aunque entresacados de refranes y coplillas populares, que se prestan bien al juego de rimas, ritmos y de sonidos que tanto caracteriza esta obrita. Después de la presentación por don Pipirigallo de los otros personajes, en medio de bailes y de discursos jitanjafóricos ritmados, sigue el Primer acto, que difícilmente se deja resumir (en parte quizás por ser el primero de otros), pero que es una muestra de una gran diversidad estrófica, con reminiscencias de la literatura del Siglo de Oro. Este acto se desarrolla en un idioma inteligible, plagado de connotaciones eróticas [Peral Vega, 2001b: 311] y con juegos acústicos y visuales, entre populares, onomatopéyicos y vanguardistas, como, por ejemplo, el grito de socorro de la Pájara al final de la escena II:

> ¡Paralelepípedo,
> paralelepípedo,
> paralelepípedo,
> paralelepípedo,
> paralelepípedo,
> paralelepipípedo! [21]

Después de una serie de enamoramientos (con rechazos, equívocos y cuernos), se forman a lo largo del Primer acto las cuatro parejas, duraderas como la vida, que se despiden con un «¡vivaaaaaaaaaaa!» de la celestinesca Pájara Pinta, su «¡verde salvadora! / ¡verde bienhechora, verde protectora!» [44]. Como dice acertadamente Juan Cervera (quien considera la pieza una muestra de teatro infantil), se funden las dos concausas de la obra —la musicalidad de las palabras y las onomatopeyas— en una, componiendo así la estructura fundamental del juego con un efecto único, el del «guirigay lírico-bufo-bailable», tal como reza el subtítulo que le dio Alberti [1982: 389].

También la segunda obra de teatro breve de Alberti, *El colorín colorado* (1926), hace uso de lo visual y lo musical, dando un resultado de una gran expresividad y plasticidad, al menos sobre papel. Esta pieza, subtitulada «Nocturno español, en un solo cuadro» tiene música de Ernesto Halffter y decorados, trajes y máscaras de Benjamín Palencia. El título ya figura en *La Pájara Pinta*, donde tres personajes dicen: «el colorín colorado / va del jardín al tejado, / colorado y colorín. / Va del tejado al jardín» [Mateos, 2003: 27] y es a la vez un fragmento del *Cuaderno de Rute*, de Alberti. De nuevo se trata de un título entresacado de los muchos nombres de bailes y juegos de época condenados por la moral religiosa, e inventados por Luis Vélez de Guevara en su *El Diablo Cojuelo* [Mateos, 2003: 623]. De esta manera confluyen la tradición popular y el discurso jitanjafórico en un espectáculo totalizador a raíz de elementos visuales y musicales. Consta de ocho escenas que de nuevo forman una especie de guiriguay (que muy bien podía considerarse un nuevo género literario), pero que esta vez aparentemente carece de sentido. Sobre esta pieza dice el propio Alberti: «con un nuevo libreto —*El colorín colorete* [*sic*]— me fui a ver a Adolfo Salazar, proponiéndole se lo enviase a un músico francés: a Darius Milhaud, por ejemplo. Fracaso, como era natural, a pesar de estar escrito en un lenguaje inventado, que hacía innecesaria su traducción» [Alberti, 1978: 281]. A diferencia de *La Pájara Pinta* el texto nunca llegó a estrenarse, creyéndose perdido hasta que Eladio Mateos lo descubrió en 1998 en el archivo personal del compositor Ernesto Halffter Escriche. Se hace evidente su aspecto de farsa, con su correspondiente ironía en, por ejemplo, la intervención de un Cura y una Maja, que después de haber recitado fragmentos del «Gloria in excelsis Deo» concluyen juntos, bailando una sevillana:

> Chúver díro–dilérich,
> dálach- dilách- cho,
> chúlach véridolach- chi,
> dálach- dílách- cho.
> Dálach- dílách- cho
> chúver díro- dilévich
> véridolach- chi [53].

A pesar de la predominancia de los efectos rítmicos y acústicos sobre un posible significado de las palabras, que parecen reducirse a una sopa de letras y una escala musical, los soportes visuales y musicales consiguen dotarles de un sentido de burla de cualquier jerarquía establecida. Así, se encuentran personajes relacionados con la luz y la oscuridad, lo blanco y lo negro, lo espiritual y lo carnal (que evocan al famoso encuentro de un paraguas y una máquina de coser sobre una mesa de disección): bellos y fortuitos, pero no totalmente exentos de sentido.

*Auto de fe. Dividido en un gargajo y cuatro cazarrias* (1930) es una obra que volvió a aparecer, rescatada del archivo de José María de Cossío, en 1980. De poco valor artístico, pero pieza clave en la evolución del iconoclasta Alberti, en tanto que ejemplo de la revuelta artística y social que empieza a manifestarse en su autor alrededor de estas fechas y que anuncia su posterior revuelta política. En este caso significa la ruptura con el espíritu deshumanizado (¡aun presente en las dos obritas anteriores!) que reinaba en los círculos orteguianos. Así, los personajes de esta obrita panfletaria no son sino caricaturas de algunos de los grandes escritores e intelectuales del momento: Espina o Pituitario, Antonio Espina; El Maestro, José Ortega y Gasset; Ramón, Ramón Gómez de la Serna; y Paula y Paulita, Benjamín Jarnés. En dos escenas, tituladas «Primer vómito» y «Segundo vómito», el autor se burla vehemente de sus amigos artísticos, asegurándose así del odio eterno de más de alguno.

Después de haberse iniciado en el teatro social y comprometido con otras obras más largas, *El enamorado y la muerte* (¿1932?) significa la continuación de la tendencia neopopularista de algunas obras anteriores. Publicada por Manuel Bayo en 1973, es una obrita que se inspira, al igual que obras más largas como *Santa Casilda* (1930) y *Fermín Galán* (1931) en la rica vena popular, especialmente en la copla y el romance (de ciego). Viene a ser una ilustración perfecta de cómo Alberti ha sabido explotar los elementos dramáticos y pictóricos presentes en muchos romances tradicionales. La obra fue representada varias veces. Según declaraciones del propio Alberti, se montó en el Instituto Francés; según María Casares, en el Instituto Escuela de Madrid; y según Robert Marrast, también más tarde, precisamente el 20 de julio de 1936 por el teatro de marionetas de las Misiones Pedagógicas en Madrid [Hermans, 1989: 38-39]. Parecido a Pipirigallo en *La Pájara Pinta,* el Ciego en *Fermín Galán* o el Loro en *Auto de fe* hay en esta pieza un personaje, llamado el Lector,

que es una especie de álter ego de Alberti y hace las veces de un narrador épico, al dirigirse directamente hacia los espectadores comentando los
movimientos y las actuaciones que en ese momento están realizando los
(otros) actores. Lo que ve el público en el escenario son las ampliaciones
imaginadas de lo que cuenta de forma rápida y comprimida el original
romance sacado de la *Flor nueva* recogida por Menéndez y Pidal
[Robertson, 1984: 112-113]. No faltan la música, el ballet y la danza. El
diálogo entre el Enamorado (Galán), la Enamorada (Niña) y la Doncella
(la Muerte) termina con el triunfo de la última sobre los enamorados.
Un final tradicional, que nos recuerda el de la posterior trilogía poética
del exilio, pero también nos recuerda la anterior oposición entre la luz y
la oscuridad, lo blanco y lo negro, lo espiritual y lo carnal, cuyos extremos no llegan a conciliarse porque fuerzas mayores se lo impiden. Al final, la Muerte canturrea la melodía del *Dies Irae*.

También popular, pero ahora ya dentro de la línea maniquea de su
teatro político, en que el pueblo siempre sale vencedor, es el *Bazar de
la Providencia* (1934). Esta pequeña pieza, subtitulada *Negocio,* se representa, al igual que la *Farsa de los Reyes Magos*, durante el Congreso de
Escritores Soviéticos en Moscú. Las dos obras corresponden por completo a las características del así llamado teatro «agit-prop», y más concretamente las obras de «agitka» (propaganda) [Hermans, 1989: 56-59].
Se nota que, artísticamente hablando, Alberti retrocede un paso hacia
atrás, con lo que desaparece su afán vanguardista de experimentar con
formas literarias a favor del uso de la literatura como arma de combate. La ruptura definitiva con la tendencia deshumanizada, sin embargo,
encierra también elementos innovadores. Así, Alberti nos presenta una
mezcla de los recursos tradicionales (la tendencia neopopularista, el guiñol y la comedia del arte) con recursos modernos, emparentados con
el teatro revolucionario extranjero (el «agit-prop» y el distanciamiento
épico). Estas dos vertientes son enriquecidas por el propio Alberti con
un uso inteligente de poesía (no siempre popular), plasticidad y humor
[McCarthy, 1999: 21-29]. En este nuevo teatro político se combina una
feroz sátira contra la Iglesia con un tono ligero. Protagonista del *Bazar
de la Providencia* es un Obispo bisexual y mercantil que explota con los
suyos al pueblo. La obra generalmente se presentó con títeres y con música, aunque también ofrecía la posibilidad de una representación por

actores, como lo hiciera la compañía de teatro de Altavoz del Frente en Madrid a finales de octubre de 1936.

Mientras que en el *Bazar de la Providencia*, obra escrita en verso, predomina la sátira hacia la Iglesia, en la *Farsa de los Reyes Magos* (1934) Alberti expande esta crítica hacia otras fuerzas opresoras. A raíz de esta obrita Eladio Mateos observa acertadamente, a diferencia de Popkin (1976) y Torres Nebrera (1982) que ven en el carácter episódico de la pieza la influencia del entremés y la comedia prelopesca, que predomina el remedo satírico de los autos y piezas navideñas de Encina, Lucas Fernández y Gil Vicente. Es una obra en prosa, en que el autor intercala episodios en verso, y tampoco aquí faltan la música y el baile. Hay también reminiscencias de sus primeras obras vanguardistas (los efectos visuales y acústicos), pero ya no se trata de experimentos o de discursos jitanjafóricos, sino simplemente de imitaciones de sonidos de animales o de sonidos en función de la rima:

EL ESPANTAPÁJAROS  *(A el Amo.)* ¡Oooooh!
¡A ti te mato con la hoz!
*(A el Cura.)* ¡Uuuuuh!
¡Bajo el martillo, muere tú! [371]

Será evidente que el nuevo simbolismo de la hoz y el martillo triunfa sobre los valores tradicionales que representaban estos instrumentos de trabajo (el arma del terrateniente y la cruz del cura).

*Los salvadores de España. Farsa satírica para guiñol* (1936) es una obrita muy breve, en verso, que se asemeja mucho a las dos anteriores. Creyéndose perdida, Robert Marrast publicó en 1990 una versión arreglada en *Cuadernos Hispanoamericanos*. Después se encontraron también otras versiones, que en su forma definitiva publica Mateos [2003]. El holandés Carel Blazer sacó fotos de una representación de esta farsa durante el verano de 1937 en Valencia. Los salvadores de España son, por supuesto, un italiano, un alemán, un portugués y un moro, secundados por el Obispo y el General. Los parlamentos de cada uno de estos fantoches dan como resultado un guirigay internacional, acompañado de música bélica y sagrada, vino e incienso, que en nada recuerda el positivo carácter internacional del otro bando. Al final de esta farsa satírica sale el Campesino con un garrote, en tanto que representante del pueblo republicano, que termina simbólicamente (totalmente de acuerdo al código titiritero) con los «salvadores», asegurándose mediante sus palabras humorísticas del apoyo del público.

Igualmente popular, pero mucho más largo y mejor elaborado es *Radio Sevilla. Cuadro flamenco* (1938). En vista de que a finales de 1937 aumenta entre los republicanos la necesidad de un nuevo repertorio, un verdadero teatro por y para la guerra, Mateos es de la opinión que Alberti escribiera *Radio Sevilla*, precisamente con este propósito, durante 1938, año también de su representación [Mateos, 2003: 673-674]. Su semejanza con *Los salvadores de España* y su contenido (una burla de las famosas charlas radiofónicas de Queipo de Llano), sin embargo, hace probable que la fecha de composición sea anterior. No sólo emitió Unión Radio Sevilla «las charlas» tan sólo durante los primeros meses de la guerra, también el romance «Radio Sevilla» de Alberti (incorporado en la farsa) es de finales de 1936. El teatro de urgencia necesitaba sobre todo obras propagandísticas con una temática muy reciente. Además de los «Personajes» —el general Queipo, Clavelona (un prostituta), Catite (rejoneador) y militares españoles—, juegan en esta divertidísima farsa un papel unas «Personas» —el Soldado, la Muchacha y Gente del pueblo—. Estos últimos personajes representan, por supuesto, al pueblo republicano, pero a la vez hacen el papel de una especie de instancia épica que al comienzo y al final de la obra comenta los sucesos dentro del otro bando, como si de una farsa fantasmagórica se tratara, montada en forma de cuadro flamenco corrompido. A través de esta estructura enmarcada Alberti logra un efecto distanciador de «las personas» con respecto a «los personajes», reducidos éstos hacia abyectos fantoches guiñolescos. Pero, muy inteligentemente, hace disfrutar al público de una especie de «varieté» (el cuadro flamenco). Este género, ideológicamente tan diferente, gozaba también en el asediado Madrid de una gran popularidad. La obra llegó a representarse con cierta frecuencia por Las Guerrillas del Teatro y otras compañías teatrales.

La Guerrilla del Teatro del Centro monta el 20 de noviembre de 1938, bajo la dirección escénica de María Teresa León, la *Cantata de los héroes y de la fraternidad de los pueblos*. Esta obrita se escribió y se representó con motivo de la despedida a las Brigadas Internacionales, en plan de homenaje. Aunque muy diferente de obras anteriores, Alberti nuevamente hace uso de una estructura enmarcada y escénica, a la que dan voz dos Recitantes (una mujer y un soldado) que comentan las secuencias en que actúan respectivamente los Soldados (uno leal, otro faccioso y aun otro internacional); una Madre (España) y la Fraternidad de los pueblos. La *Cantata,* que se inspira en el teatro religioso del Siglo de Oro, es más épica que dramática y conserva de la cantata primitiva la intervención de personajes simbólicos, que concretamente hacen pensar en *El enamorado y la muerte.* Las intervenciones de los personajes van acompañadas de ilustraciones musicales, como *La obertura de* Egmont, de Beethoven, *La Internacional* y el *Himno de Riego.* Además de la música y el tono solemne de algunos de los parlamentos, también los colores y los movimientos deben ayudar a expresar la gratitud hacia los internacionales y comunicar (a pesar de todo) la pletórica sensación de fe en la victoria final [Torres Nebrera, 1982: 178]. La combinación de elementos tan heterogéneos es nueva, y original. Evidentemente, se trata de una obra de circunstancias cuyo interés reside sobre todo en la interpretación de un momento trágico de gran alcance para la historia de España. A pesar de todas estas urgencias, esta obrita, al igual que todas las anteriores, demuestra que el teatro breve de Alberti también en momentos difíciles ha sabido conservar su afán innovador.

EDICIONES

ALBERTI, Rafael, *Obras completas. Teatro I,* ed. Eladio Mateos, Barcelona, Seix Barral, 2003.
MARRAST, Robert, ed., *Rafael Alberti: Lope de Vega y la poesía española contemporánea, seguido de «La Pájara pinta»* [Prólogo y acto primero], Paris, Centre de Recherches de l'Institut d'Études Hispaniques, 1964.

7. *Aub,* por *Epicteto Díaz Navarro*

Durante largo tiempo las obras de Max Aub permanecieron marginadas o resultaban simplemente aludidas al repasar el teatro español anterior a la Guerra Civil o en el exilio. Arturo del Hoyo [1968][25] y José

---

[25] Véase su prólogo al incompleto *Teatro completo*, de Max Aub [1968]. Antes se habían publicado las *Obras en un acto*, 2 vols., México [1960]. Además del trabajo

Monleón [1971] están entre los que impulsan el estudio riguroso de su teatro, y en época reciente contamos con la excelente labor que supone la publicación de las *Obras completas*, en que el teatro breve ha sido editado y prologado por Josep Lluís Sirera y Silvia Monti [2002] y, entre otros, también tenemos que referirnos a las páginas que le han dedicado Manuel Aznar Soler [2003] y José Rodríguez Richard [2003], que suponen un documentado análisis de su obra dramática.

Gracias en parte a esta labor, desde hace unos años Max Aub viene siendo valorado como el dramaturgo más importante del exilio, y hay que insistir en lo que supone esa situación para un autor teatral, alejado del público para el que escribía y, en este caso, que ve su labor interrumpida, primero, por la Guerra Civil y, luego, por otras circunstancias adversas: fue detenido e internado en un campo de concentración en Francia y luego pasó a otro campo en Argelia, desde donde pudo escapar finalmente hacia México. Si tenemos en cuenta además que en su infancia, a causa de la Primera Guerra Mundial, su familia tuvo que trasladarse de Francia a España, vemos que la vida del escritor es una continua serie de persecuciones y azares, y es lógico que todo ello se refleje tanto en su teatro como en su obra narrativa y poética. Antonio Muñoz Molina recordaba en un emotivo ensayo que la biografía de Max Aub resulta más sorprendente si pensamos que, hijo de padre alemán y madre francesa, nacido en París y residiendo una buena parte de su vida en México, decidió voluntariamente ser español y con ello un destino adverso.[26] Al mismo tiempo que una decisión ética se trataba de una decisión artística, y esas dos caras se unen en su obra literaria de manera indisociable.

Ignacio Soldevila cree que la peculiaridad como escritor de Aub está en sus múltiples facetas: no solo es autor teatral y narrador sino que su contacto con el cine, durante la Guerra Civil y luego en México, le distinguen de otros escritores de la época [1974]. No obstante, su actitud sería esencialmente dramática, orientada hacia un auditorio, aunque éste

de Ignacio Soldevila sobre la dramaturgia de Aub, su aportación al estudio de su narrativa es fundamental.

[26] Antonio Muñoz Molina, «Destierro y destiempo de Max Aub» y «Max Aub: una mirada española y judía sobre las ruinas de Europa». El primero de ellos es el Discurso de ingreso en la RAE (1996), y ambos están incluidos en *Pura alegría*.

no existiera en realidad, lo que le relacionaría con Valle-Inclán y otros autores que escribieron sus obras más renovadoras presintiendo que cuando menos tardarían en ser llevadas a escena.

Lo que no cabe duda es que a lo largo de los años su distancia de la escena le preocupa, y no puede decirse que escribiera teatro sólo para ser leído. En el prólogo de *Morir por cerrar los ojos* (1944), recogido en el *Teatro completo* que edita Arturo del Hoyo, Aub se mostraba ya un tanto escéptico al denominar a su teatro «fantasma de papel», y afirmaba que esa obra tendría una finalidad que, según creo, podemos encontrar en otras: se trata de una obra histórica ejemplar, «ejemplar en cuanto a espejo y escarmiento» [1968: 469], con la que quería dar testimonio de una situación histórica y social. La amplitud en el número de personajes, en sus dramas extensos y novelas, deja ver esa intención de no querer reducirse a lo personal. Más que unas circunstancias personales le interesa reflexionar en torno a los acontecimientos que habían sacudido España y Europa en la primera mitad del siglo XX.

Aub fue siempre un escritor preocupado por los aspectos teóricos de las obras en que trabajaba, ya fueran narraciones o dramas. Y, así, al presentar su teatro breve en 1957 el autor repasa su trayectoria y se pregunta por su posible calidad y también por las causas del poco éxito que ha tenido en escena. No cree que con el tiempo no haya mejorado y, con la sobriedad y el sentido común que le caracterizaban, apuntaba que esto fundamentalmente se debería a su carácter político, un tipo de teatro ajeno a los gustos del público hispano. En ese momento ya se refiere al «público en lengua española», puesto que lleva más de diez años viviendo en México, y prefiere no disculparse sólo con el alejamiento de su país y su público, no atenerse a la excusa del exilio.

Así las cosas, como ha sido casi siempre un teatro leído, y no representado, se ha dicho que sus dramas son literarios y discursivos, que descuida el argumento, a la manera de su admirado Unamuno. Sin embargo, cualquiera que conozca su obra y, en especial, las que aquí examinamos, puede comprobar la inexactitud de esa visión. También se preocupa a lo largo de su vida por la teoría teatral, pues para él los problemas de la representación resultan patentes desde sus comienzos. En un artículo que había publicado en *Papeles de Son Armadans*, y que llevaba como sugerente título «Lo más del teatro español en menos que nada» [1960], revisaba con agudeza y distancia la trayectoria del teatro español desde comienzos de siglo, y, al analizar el panorama en que debía incluirse, emitía juicios precisos y que mostraban una especial atención al teatro como representación, a la escena española y no sólo al teatro como texto: así, los dramaturgos occidentales más importantes desde Ibsen no habrían tenido ninguna repercusión en el teatro español como espectáculo, sino sólo como literatura. José Antonio Pérez Bowie ha recordado que entre los intelectuales que viajaron a la Unión Soviética se encontraba Aub, y frente al entusiasmo por el teatro de masas que muestran otros, él es más escéptico en cuanto a sus resultados, a pesar de que en la década de los treinta se produce una politización que debía influir en la evaluación de cualquier autor [2004: 169-184]. Hacia 1933 nuestro autor, al hablar de ese teatro, como en otras manifestaciones, se muestra crítico porque afirma que sin un buen texto la espectacularidad carece de sentido. El teatro como simple espectáculo le parece evasión, entretenimiento intrascendente, defectos que para él podían encontrarse en el cine, pero que traicionaban los fundamentos teatrales, y al mismo tiempo hay que notar que se muestra también lejano de la estética que había sintetizado Ortega en *La deshumanización del arte* (1925). Según veremos, como a tantos otros, el cambio de circunstancias en los años treinta, su posterior trayectoria, le convertirán en un escritor comprometido.

En relación con los trabajos señalados se pueden encontrar en la obra dramática de Aub tres épocas, y en ellas nos referiremos sólo al teatro breve: la época de aprendizaje, anterior a la Guerra Civil, de 1923 a 1935; el teatro de circunstancias que escribe desde ese año y durante la contienda; y su obra madura, escrita ya en el exilio, casi toda durante su estancia en México, hasta 1964. En lo que respecta a su teatro breve, aquel en que más trabaja, ya desde sus comienzos tanto Sirera como Aznar Soler y Rodríguez Richard han visto una intención innovadora; y esto es así incluso en su primera obra, *Crimen*, aunque para la crítica lo mejor de su teatro se daría en la época de madurez, en que hay que señalar junto a sus dramas extensos, como *San Juan*, el gran número y variedad de piezas cortas, de estructuras que emplea buscando diferentes perspectivas: encontraremos interrupciones a la manera de Pirandello; diálogos imaginados que se combinan con reales; monólogos; o retrospecciones en breves fragmentos.

La primera época de su teatro, de 1923 a 1935, se caracterizaría por la influencia en ella de las corrientes vanguardistas, que conoció en sus viajes por Europa, especialmente el teatro francés, además de autores decisivos como Pirandello y Unamuno. Se trata de un teatro renovador, anti-realista y farsesco, que recuerda poderosamente la línea que había iniciado Valle-Inclán y que entroncaba con los recursos escénicos del teatro breve del Siglo de Oro. Está compuesto por las siguientes obras: *Crimen, El desconfiado prodigioso, Una botella, El celoso y su enamorada, Narciso* y *Espejo de avaricia*.

José Monleón cree que con Valle le relacionan diversos elementos: el uso de la farsa, la aparición de personajes que parecen muñecos de guiñol, la problemática de la identidad, etc. Además, también formaría parte del grupo que une arte popular y arte culto, autores para los que la investigación teatral no se quedaría en una mera continuación de la tradición [1971: 36]. La situación de que partieron los dramaturgos jóvenes e innovadores de su época supone intentar conciliar la renovación de las nuevas tendencias teatrales y la divulgación que pretenden La Barraca o las Misiones Pedagógicas,[27] esto es, la creación de un teatro popular que pudiera llegar a un público mayor que el habitual de los teatros. Entre otros, el autor ha señalado en diversos lugares la admiración que sentía hacia Gordon Craig y Jacques Copeau, y puede verse también en sus primeras obras, según señalan Sirera o Moraleda, el gusto por los juegos metateatrales, la implicación del público en la acción, efectos antiilusionísticos, etc. En alguna obra inicial, como *Narciso*, encontramos rasgos que pueden ser calificados como expresionistas: efectos de voz, utilización de luces intensas, etc., lo cual puede relacionarse con el conocimiento directo que tiene del teatro alemán en los años veinte, al viajar a ese país. Es evidente también el interés que presenta, y que ha rastreado bien la crítica, en el problema de la comunicación, a veces en obras que se aproximan al melodrama, sin caer en él, y otras a la farsa.

Así, creo acertada la opinión de aquéllos que ya en su primer drama, *Crimen* (1923), ven algo más que una tentativa melodramática. La acción se sitúa a comienzos del siglo XX, y aunque no se precisa en qué ciudad ocurre, sí presenta indicaciones sobre la intensidad de la luz, según avance la obra, y cómo debe producirse un efecto de profundidad

---

[27] Aub escribió la *Jácara del avaro* para las Misiones Pedagógicas; está fechada en Valencia en 1935, pero no se sabe si llegó a representarse.

en la escena, el color gris del fondo y las cortinas del mismo color, más cercanas al escenario, en que una mesa y otros objetos deben denotar que se trata del interior de una casa perteneciente a la clase obrera. La obra presenta una acción que podría provenir de una obra decimonónica o de un suceso del momento: la protagonista, María, después de varios años de matrimonio le confiesa al marido, Pablo, que está embarazada, y éste reacciona indignado pues a continuación dice que los médicos habían diagnosticado su esterilidad. La obra, tras la intervención de una tía y la aparición de un joven primo, sobre el que recaen las sospechas de Pablo, termina trágicamente. Al final, resulta de interés una larga intervención de diversos vecinos, que, asumiendo el papel del coro, comentan lo sucedido:

> ¿Quién se lo iba a figurar?... ¡Acuérdate de la Antonia!... Al fin y al cabo él se ha portado como un hombre [...]. Ya hablaremos... Ya lo creo que hablaremos... Y tanto... No me lo figuraba y me cuesta creerlo... ¡Con su carita de tonta!... ¡Hipocritonas! Fíese usted de las apariencias... Fuera. Paso, el juzgado [2002: 64-65].

No sólo nos encontramos ante dos versiones, ante dos verdades no contrastadas, dos puntos de vista opuestos, como aparecen también en otras obras —*Una botella* (1924)—, sino que aquí los comentarios, que en buena medida se situarían en la línea de los dramas de honor del Siglo de Oro, son gratuitos o erróneos. Los vecinos que comentan representan una visión superficial y desinformada, y además algunos exigen de manera insensata más violencia, aunque desconocen lo sucedido más allá del triste final de un joven. Parece que no estamos lejos de obras de Valle-Inclán (como *Los cuernos de don Friolera*), quien, según se sabe, en esa época trabajaba en las propuestas escénicas más innovadoras. El final de *Crimen* muestra con concisión el problema de la incomunicación en la pareja, y si tenemos en cuenta que ninguno de los hechos que se discuten resulta contrastado, el efecto que las palabras pueden causar.

La segunda etapa, el teatro de circunstancias, está formada por obras que en su mayoría se han conservado fruto de la casualidad, e incluye otras que se perdieron durante la guerra, y que, según decía el autor, debieron de ser bastantes. Nos han quedado *Jácara del avaro, La guerra, El agua no es del cielo, Pedro López García, Las dos hermanas, Fábula del bosque, Por Teruel, ¿Qué has hecho hoy para ganar la guerra?* y *Juan ríe, Juan llora* [Peral Vega, 2001b].

Monleón señalaba que este teatro de circunstancias comienza antes de la Guerra Civil, en el año 1935 cuando escribe para las Misiones Pedagógicas la *Jácara del avaro*, puesto que esta obra ya está dirigida al pueblo, como espectador «real», y no como una entidad abstracta, y tendría el objetivo didáctico incorporado explícitamente en la acción. Años más tarde, en 1960, cuando escriba la introducción para una de estas obras, que había sido redactada durante la Guerra Civil, muestra la distancia que ya le separaba de lo escrito entonces con intención militante. Aub no se arrepiente pero, de las que escribió, considera que *Pedro López García* es la única digna de recordarse.

En *Pedro López García*, como corresponde a este tipo de teatro, vemos una oposición absoluta entre los dos bandos y un sesgo claramente ideológico, pues los combatientes franquistas se comportan de manera criminal, mientras sus víctimas son campesinos que ni siquiera pueden explicarse el conflicto en que están inmersos, o lo entienden como un enfrentamiento decimonónico entre carlistas y liberales. Esta situación, probablemente, debió repetirse en numerosos lugares de la España rural, alejados de las ciudades, y en que la Historia llegó bajo la forma de la guerra. El obligado esquematismo no impide que la obra presente una original estructura pues se articulan tres episodios situados en el bando enemigo: en uno de ellos se ve involucrado el personaje que da título a la obra, un pastor que fue reclutado a la fuerza y que cuando piensa en pasarse de bando mantiene un diálogo con el espíritu de su madre asesinada y con la Tierra, que se levanta también frente a la agresión y que será el lugar al que vuelven todos aquellos que mueren defendiéndola. Esa imagen, la dimensión simbólico-mítica, dicho sea de paso, también puede verse en textos de Rafael Alberti referentes a la contienda.

A partir de los años cuarenta, cuando ya vive en el exilio, su teatro alcanza al mismo tiempo que la dimensión testimonial una calidad estética que será la de sus obras más relevantes. Para estas obras de madurez, para la mayor parte de sus piezas extensas y también su teatro breve, un crítico tan sagaz como Ruiz Ramón ha utilizado el término «ensayo dramático», aludiendo a su carácter político y comprometido, pero puede verse que no resulta muy ajustado si tenemos en cuenta especialmente sus piezas cortas.

Aub agrupa sus obras bajo diferentes epígrafes, a veces sugiriendo la posibilidad de que se representen agrupadas, para facilitar su puesta en escena. En la tercera etapa se incluirían: 1) tres monólogos y uno sólo verdadero: *De algún tiempo a esta parte, Monólogo del Papa* y *Discurso de la plaza de la Concordia*; 2) los trasterrados: *A la deriva, Tránsito, El puerto, El último piso*; 3) teatro de la España de Franco: *Los guerrilleros, La cárcel, Un olvido*; 4) las vueltas: *La vuelta: 1947, La vuelta: 1960* y *La vuelta: 1964*; 5) teatro policíaco: *Un anarquista, Los excelentes varones* y *Así fue*; 6) teatrillo: *Otros muertos, Uno de tantos, Nuevo tercer acto, Una no sabe lo que lleva dentro* y *Comedia que no acaba*; y 7) diversiones: *Una proposición decente, Entremés de «El director», Dramoncillo* y *Una criada*.[28]

La década de los años cuarenta es un período de intensa actividad para el escritor, y a partir de ahí trata los temas que le afectaron profundamente, como el exilio, la libertad y la opresión, la guerra, la vuelta del destierro, si bien habría que puntualizar que el escritor tiene una notable prevención contra lo autobiográfico y busca la objetivación en el espacio dramático. También se puede añadir que incluso en aquellos textos de resonancia más claramente política, como la *Comedia que no acaba*, no excluye la utilización de efectos que rompen la ilusión de la representación. Me detendré a comentar alguno de los primeros; por ejemplo, en «Teatrillo» Pilar Moraleda ha visto de manera acertada una representación de la «vida inútil», que en algunos casos recuerdan la crítica de la vida provinciana (a la manera de Unamuno) o de las convenciones sociales que específicamente atañen a las mujeres (como en Lorca). Silvia Monti ha afirmado que quizá en esta última etapa el teatro aubiano pasa de una visión más pesimista a otra más distanciada e irónica, que podría percibirse en obras como *Dramoncillo*, en que reflexiona sobre el mundo del teatro.

---

[28] En el volumen VII-A de sus *Obras* completas (editado por Sirera), dentro del «teatro de circunstancias» se incluye la adaptación de *La madre*, de Máximo Gorki (1938), y los «Tres monólogos y uno solo verdadero», que serían las tres primeras obras de su teatro de madurez. La última obra que se recoge en el volumen VII-B dataría de 1964, si bien se desconoce la fecha de redacción de *El hombre del balcón* («Diversiones»), que junto a *Los muertos* y *Deseada* («Teatrillo») son las obras que tienen más de un acto y la extensión habitual de un drama.

*De algún tiempo a esta parte* (1939) supone el comienzo de su etapa más fructífera. Es un monólogo que se sitúa en Viena en 1938, es decir, poco antes de que fuera escrita la obra, y ese contexto histórico se señala tanto en la acotación inicial como en las palabras de la protagonista. La acotación inicial es la única en la obra y vemos que contiene instrucciones para su desarrollo, según transcurra: así, el escenario debe ser primero un salón gótico, y luego los tramoyistas, a la vista del público, deben ir transformándolo en uno mucho más pobre, «*abuhardillado, con un camastro y una silla por todo ajuar*». También debe verse cómo cruzan la escena actores, electricistas y, añade la acotación, hay que tener en cuenta lo anterior para que la protagonista se mueva, en completa libertad, por el escenario.

La protagonista, Emma, se dirige a un marido ausente, Adolfo, y comienza por recordar detalles nimios de la época en que se conocieron, lugares que visitaron, un abrigo, así como alguna de las opiniones que él expresaba. Poco a poco conocemos sus terribles circunstancias, pues él y el hijo que tuvieron han muerto, y mientras la situación social, tras la anexión de Austria por el régimen nazi, estaría marcada por la opresión y la falta de libertad, de manera que incluso el canciller austriaco está prisionero y es sometido a torturas. A pesar de que Emma tiene estudios, ahora trabaja limpiando en el teatro, y se define a sí misma como católica que no quiere consuelo por la muerte que ha sufrido, la del hijo en España, en circunstancias desconocidas. Por lo que dice, podemos deducir que ella y el marido tenían origen judío, pues ha perdido su casa y ahora tiene que limpiarla para unos intrusos que a veces la desprecian, de modo que se ha convertido en criada en su propia residencia y ve cómo utilizan los objetos más personales que han dejado de pertenecerla. La paradoja surge cuando recuerda que el marido no había participado nunca en política, ni siquiera votaba, y según parece sus problemas surgieron con la anexión y el nuevo régimen. Por razones cronológicas, no pudo conocer nuestro autor *Más allá de la culpa y el castigo*, biografía de Jean Améry en que la situación de partida es semejante a la que aquí se representa. Por otro lado, parece que su hijo pudo perecer víctima de la represión de los «rojos», por las confusas informaciones que le han llegado desde España, donde trabajaba en una delegación diplomática, de manera que no sería una víctima de la guerra o de un accidente.

La obra ofrece un contraste buscado entre el fondo teatral que se encuentra detrás de la actriz y el desgarrado monólogo que busca convertirse en diálogo con el marido muerto. La angustia se deja ver después en algunos recuerdos juveniles, desde la vejez, que son muy diferentes del pasado inmediato y del presente. No cabe duda de que aquí ya está presente el rechazo de la falsa neutralidad de Daladier, Chamberlain y Bloom ante la Guerra Civil del 36, que tan funesta resultó para España y Europa. La eficacia de este monólogo está, al menos en parte, en que casi a la manera de una «monólogo interior» tenemos acceso a los pensamientos de Emma, y vemos cómo saltan de pequeños detalles sin importancia a hechos terribles. En la época en que se escribe no eran suficientemente conocidas las humillaciones que tuvieron que pasar los judíos y otras minorías: el miedo es la emoción que domina, no sólo a los humillados, sino también a los que sin participar dejan hacer y no se opusieron a la injusticia. Lo que los diarios de Victor Klemperer analizaron detalladamente —la rápida mutación de la sociedad tras la promulgación de las leyes que establecían la supremacía racial aria— aquí aparece en una rápida síntesis, por medio del recuerdo y de escenas de extrema violencia —un linchamiento, entre otras— que están contadas por la protagonista con una contención emocional que evita la caída en el melodrama y que tampoco incurre en lo discursivo.

Después de este monólogo Aub escribe obras que tratan temas que le afectaron profundamente, como el exilio y sus consecuencias, y para ellas el término «Los trasterrados» es una denominación precisa. No sólo encontramos el padecimiento del exilio, la experiencia de un tiempo transitorio, y las dudas o imposibilidad de «Las vueltas», también encontramos obras que se sitúan «en la España de Franco», la tierra en que ya no podía reconocerse.

*Tránsito* (1944), una de las obras pertenecientes a «Los trasterrados», es quizá una de las mejores, porque en ella se percibe de manera aguda el desgarro del destierro en un personaje situado entre dos mundos y dos vidas muy diferentes. El escaso número de personajes y el escenario único, la economía de medios expresivos, se ajusta muy bien a la situación que presenta, y recuerdan la admiración que sentía el escritor por la austeridad de Jacques Copeau. La acción se sitúa en el exilio y nos muestra al protagonista, Emilio, despierto en su cama, mientras Tránsito, su actual compañera, duerme. Como si fuera una acción habitual, comienza a hablar con Cruz, la mujer que ha dejado en España, y a preguntarle por los problemas que tiene. El diálogo que mantienen deja claro que su situación actual es, como indica el título y el nombre de la mujer, una situación dolorosa: no puede volver a España, pero también se niega a volver, y la incertidumbre se convierte en una situación permanente, en que ni siquiera el exilio supone el fin de la persecución. En una frase memorable el protagonista explica muy bien que la dimensión de su problema no es sólo espacial:

> Es curioso: de pronto el futuro ha desaparecido. Cada día es un paso en el vacío. Nadie sabe del mañana, como no sean los profetas. Por eso leer el porvenir en las rayas de la mano o en los naipes es hoy oficio tan productivo. La inseguridad es maestra de todo. Ya nadie está a cubierto. Mi hijo ya no es mi hijo, el que hubiese sido mi hijo. ¿Qué seré la semana próxima? ¿Otra guerra? ¿Dónde? [2002: 85]

Es en el diálogo ficticio con su mujer ausente en que se produce esta angustiosa reflexión, si se quiere con un matiz existencial. De la ironía con respecto al futuro cada vez más incierto, un ironía dolorosa, pasa a la reflexión sobre el tiempo que no ha sido, y sobre el que no llegará a ser: el presente y el futuro en que su hijo se convertirá en un desconocido, al no tener contacto con él y educarse en un sistema contrario a sus convicciones. No sólo esto afectará a su yo futuro sino también supone un país cada vez más ajeno. Sin duda, la incertidumbre que acecha la vida del autor, desde su Francia natal hasta su llegada a México, se refleja en las obras en que, aunque no presenten directamente el exilio republicano, el destierro se convierte en una situación sin salida; y es que tanto la vuelta como la continuación del exilio son soluciones negativas. Aquellos que pensaban en la posibilidad del regreso eran vistos y se veían a sí mismos como traidores, y sólo el presente resultaba justificable en vista de un hipotético futuro mejor. Se opondrían el deseo del retorno, que trasluce el diálogo con la otra orilla, y las convicciones ideológicas por las que se ha sacrificado el personaje. La obra está escrita en 1944 pero su pesimismo parece avanzar la situación posterior al año 1945, cuando progresivamente desaparece la esperanza en que la victoria de los aliados supusiera un cambio positivo en la situación española.

Otras obras de la madurez del autor exploran la dimensión moral y social del pasado inmediato que conoce bien y le obsesiona: *Un anarquista* (1946) se sitúa en Barcelona en 1914; *Comedia que no acaba* (1947), en la Alemania de 1935; y *Así fue* (1955) transcurre en una provincia española en 1921. Tanto si es en la España anterior a la II República, la del régimen franquista o la Alemania nazi, el individuo carece de cualquier derecho, los diferentes argumentos muestran un ejercicio del poder sólo limitado por la apariencia; como marco, una sociedad injusta y traicionera en la que descuellan la generosidad y entrega de unos pocos. Ahora bien, como es de esperar en un autor de la talla de Aub, su análisis no cae en planteamientos esquemáticos: a pesar del escaso desarrollo que tienen los personajes, pocas veces se distribuyen en una oposición maniquea de bondad/maldad, y la ambigüedad moral se mantiene hasta el final del texto. A pesar de la determinación que pueden imponer las circunstancias, vemos que muchos personajes que incurren en la bajeza, la traición y la mentira eran libres para elegir otro camino. De este modo, su «teatro policíaco» tiene que interpretarse en un sentido político, como el que trata del «buen orden y gobierno de la sociedad», según advierte el autor, y más que soluciones formula problemas básicos de la sociedad contemporánea. Hemos aprendido, parece decir, que a lo largo de la Historia del siglo XX el poder político no suele agotar las vías de resolución pacíficas sino que el recurso a la violencia se convierte en la vía más rápida y segura para alcanzar sus objetivos. Esto no por sabido debe dejar de ser representado en su crudeza, y a pesar de que comprueba la dificultad de acceder al público con tal problemática insiste en ella hasta sus últimos años.

La situación de que partía Europa, no sólo España, borraba la distinción entre violencia ilegal y la legalmente ejercida por el poder político. En sus últimas obras breves Aub presenta una defensa del individuo frente a todas las injusticias y atropellos. La situación que plantea el «estado de excepción», aunque no esté legalmente declarado, supone que el poder debe encontrar «en cada hombre la posibilidad de un sospechoso» (*Los excelentes varones*, 1946). De este modo no sólo denuncia el estado totalitario sino también la situación posterior a la Segunda Guerra Mundial, y alerta respecto de las formas de construcción silenciosa de ese tipo de régimen. Para Max Aub, bajo la coartada ideológica, el individuo quedaba devaluado y seriamente amenazado. En el monólogo

*Discurso de la plaza de la Concordia* (1950), y en otros lugares, dirige su crítica a las dos posiciones enfrentadas por la Guerra Fría, lo que le dejaba en una incómoda tierra de nadie, y ya desde el presente, terminado el enfrentamiento de los bloques y con un conocimiento que nadie podía tener en aquella época, podemos comprobar la agudeza de sus evaluaciones. Los valores que defiende enlazan con los de la Ilustración, especialmente la libertad y la justicia, el Estado de derecho, y se distancia tanto del comunismo (el socialismo real) como del capitalismo tal y como se manifestaban en la segunda mitad del siglo XX. Creo, en resumen, que el interés que mantienen sus dramas reside, junto a su profundo conocimiento de la dinámica teatral y su capacidad para presentar múltiples perspectivas y puntos de vista, en un planteamiento en que se cruzan la elección —la acción subjetiva— con el plano histórico, social y político, pues el escritor no creía ni en una visión optimista de un inevitable progreso ni que el individuo deba renunciar a una mínima capacidad de decisión.

EDICIONES

AUB, Max, *Obras en un acto*, 2 vols., México, Imprenta Universitaria, 1960.
—, «Lo más del teatro español en menos que nada», *Papeles de Son Armadans*, LV (1960), pp. 89-117.
—, *Teatro completo*, ed. Arturo del Hoyo, México, Aguilar, 1968.
—, *Obras completas. Teatro breve*, dir. Joan Oleza Simó, tomo VII-A, ed. José Luis Sirera y tomo VII-B, ed. Silvia Monti, notas y glosario de Carmen Navarro, Valencia, Biblioteca Valenciana/Generalitat Valenciana, 2002.

8. *Otros autores*, por *Emilio Peral Vega*

8.1. Linares Rivas

Prolija, aunque muy desconocida, es la producción breve de Manuel Linares Rivas (1867-1938) [López Criado, 1999], compuesta por más de una veintena de piezas que testimonian, más que la versatilidad del coruñés, la enorme variedad —común a muchos otros autores [García Lorenzo,

1968]— en la denominación de las formas menores, pues que nos encontramos con «juguetes cómicos» —*Porque sí* (1904), *Lo posible* (1905), *En cuarto creciente* (1905)—, «pasos de comedias» —*Lo que engaña la verdad* (1909), *Clavito* (1910), *El milagro* (1916), *Cada uno a lo suyo* (1918), *No hay dificultad* (1928)—, «humoradas» —*Huyendo del pecado* (1910)—, «sainetes» —*El señor Sócrates* (1917)—, «comedias líricas» —*La magia de la vida* (1910) y hasta «zarzuelas en un acto» —*Sangre roja* (1905), *La fragua de Vulcano* (1906) y *Santos e meigas* (1908)—.

Se observa en Linares un cierto desapego irónico respecto de las convenciones del teatro burgués, expresado, de ordinario, a través de las acotaciones. Y no sólo en cuanto al marco escenográfico, como en la que abre *La razón de la sinrazón* (1913): «*una salita bien puesta y elegante. En una mesa, un jarro con claveles. Cuando no sea tiempo de claveles, se sustituyen con otras flores...*», o geográfico, en el preludio a *No hay dificultad*: «*la acción en Madrid... o en Alicante. ¡Donde les coja más cerca! Es de día... o de noche. ¡Eso como quieran!...*», sino incluso en las actitudes que deben expresar los intérpretes: «(*con naturalidad, despidiéndose, da un beso a Elvira. Esto de la naturalidad queda a la discreción de la actriz y a la indiscreción del actor*)» [*En cuarto creciente*, 1905: 6].

Se trata, en cualquier caso, de cortinas de humo que esconden una filosofía del decoro y unos valores plenamente burgueses nunca discutidos, y tan sólo levemente matizados. *La razón de la sinrazón* aborda el eterno conflicto del triángulo amoroso, eso sí, revestido de moralidad, pues tan sólo existe flirteo y no engaño consumado. Un asunto añejo por mucho que se engalane de una supuesta modernidad, derivada de la condición *sportiva* de los litigantes, sobre todo de Gabrielito Sandoval, que aspira a desbancar al marido legítimo: «Gabrielito, cerebralmente, no es nadie: en cambio es premio de esgrima, accésit de natación y medalla de bridge...». La pieza es deudora de una visión estereotipada de la mujer, a la que se presenta como un ser voluble, movida por pulsiones que nada tienen que ver con la razón y siempre dispuesta al engaño como fuente natural de su consabida coquetería. Por su parte, *Porque sí* dibuja el poder redentor y el triunfo de un amor almibarado, capaz de disolver los ímpetus irrefrenables del Don Juan de turno —en este caso Gonzalo— y traducirse, como no podía ser de otro modo, en un matrimonio que no se atiene a razones y que, tal cual reza el título de la pieza y la intervención postrera de Piedad, se concibe como condición *sine qua non*, principio y fin de este discurso dramático disminuido. Algo parecido podría argüirse de *Clavito*, pues ñoñería desprenden los diálogos nacidos del reencuentro entre la protagonista —cuyo nombre no es sino apocorístico de Esclavitud— y Pelegrín; feliz coincidencia durante la cual este ricacho de Valladolid expresa su gazmoño ideal de vida: «una mujer con quien pueda hablar de todo, aunque de todo yo no necesite hablarla. [...] Una mujer que se refugiara en mí, confiada y tranquila; una mujer que no aborreciese la casa, ni le molestara leer un libro...» [13-14]. La querencia entre ellos nace espontánea, inocente, aderezada —aunque difícil sea imaginarlo— con versos de Zorrilla y fragmentos de canciones cultas y populares a mayor gloria de Linares Rivas: «puse una vez dos canarios / juntos en la misma jaula... / y luego por lo que he visto, / eran canario y canaria...» [14], por no hablar de los juegos de palabras que nacen del imposible nombre de la muchacha: «me gustaría ser martillito» [10]; «Clavito... me está usted claveteando» [18]. El tono dulzón alcanza cotas insoportables en *El cuarto creciente*, alegato en favor de los mimos pastelosos en el matrimonio como forma de mantener la llama de Cupido, y, aún más, en *Cuando ellas quieren...*, sobre todo cuando el espectador asiste, conmovido hasta el estertor, a la declaración que Micaela —dueña hacendada de un negocio textil— hace a su empleado, Angelito —bautizado con nombre parlante, pues santo es el varón—, que, lejos de detenerse en el almíbar del requiebro, desciende al pastiche lastimero: «como no he sido muy guapo que digamos, ni muy listo, me quisieron poco y yo no quise nunca a nadie. Sé que tuve padres porque otros chicos los tienen... Jamás sentí necesidad de novias, ni de amigos... así que todo el cariño de que soy capaz, lo llevo guardado como si fueran ahorros...» [1908: 30]. No menos patética resulta la moraleja de la obra, resumida en el título y explicada hasta el hartazgo por el beneficiario de los amores: «una vez más hay que confesar que en cuestión de amores los hombres no cogen sino lo que las mujeres dejan» [34].

Un horizonte de miras bastante reducido incluso cuando el protagonista de la obra en cuestión es hombre de ciencia. Nicéforo, artífice de *La magia de la vida*, asume su condición de investigador no por querencia natural a los misterios de la naturaleza, sino, bien al contrario, por su convencimiento juvenil de tener que apartarse de la vida pecaminosa que arrastraba: «¡cien vidas había de vivir y no volvería jamás a pe-

car!» [1910: 6]. Su logro es haber encontrado el elixir de la eterna juventud, que da a probar a todos cuantos le rodean y que incluso él mismo accede a ingerir. Ataviados los personajes con los dones de la plenitud
vital recobrada, el espectador es trasportado a una escena de Carnaval,
fiesta que pierde, en la obra de Linares, todo componente de subversión, por cuanto el consejo se impone a la conseja, personificado aquél
en una sermoneadora Locura: «¡y amad, mortales! La alegría y el amor
son eternos por el mundo, pero las horas de reír y de amar son muy
contadas para cada mortal. ¡Aprovechad las vuestras…! ¡La Locura os da
este buen consejo!» [19]. El resabio final acaba por aniquilar el juego de
identidades; y es que no hay más lección que la de resignarse, aprender
que cada edad tiene su virtud escondida y que el amor cura los achaques del tiempo: «y a nuestra vida, en vano es pedirla / que se eternice y que jamás concluya… / que el Tiempo nos la da para vivirla / y
el Tiempo se la lleva porque es suya» [36].

Son todas ellas piezas deudoras de una comicidad verbal que se sustenta en los dobles significados de las palabras, siempre referidos al matrimonio como estado civil del que mofarse levemente, sin ponerlo en
duda, claro está, como base estructural de la sociedad. Así en *La razón
de la sinrazón*:

| | |
|---|---|
| SATURNINO | ¿Tú solo? ¿Qué te pasa? ¿Neurastenia?… |
| | ¿Enfermedad?… |
| VICENTE | Angustias. |
| SATURNINO | ¿Mareos? ¿Desmayos?… |
| VICENTE | No, Angustias, mi mujer. |

Y en *Porque sí*, a propósito del proyectado matrimonio de Patricio,
afamado pelele y cómico representante de una periclitada dignidad:

| | |
|---|---|
| PATRICIO | Tengo una fortuna independiente; soy soltero… |
| ARTURO | Es usted un hombre. |
| PATRICIO | Y he pensado en casarme. |
| ARTURO | ¿Se cansó usted ya de serlo? [6] |

O, incluso, en *Cuando ellas quieren*…, con una dudosa gracia sainetera:

FÉLIX　　　　Estoy muy harto de bohemia y pienso formalizar mi
　　　　　　vida.
MICAELA　　¿Sentar la cabeza?
FÉLIX　　　　No, porque debe ser muy incómodo. Formalizarme,
　　　　　　decirle adiós a las aventuras y dedicarme seriamente a
　　　　　　los pinceles para formar una posición tranquila. Nada
　　　　　　de locuras ni de amores: un amor solo [14].

Basten estos breves apuntes para ilustrar cómo Linares Rivas, lejos de escoger —tal el caso de Benavente— las formas breves como ámbito de experimentación y heterodoxia, manifiesta un apego a las convenciones del teatro burgués mucho más evidente —y ya es decir— que en su teatro convencional, en algunas de cuyas piezas se esgrimen resoluciones arriesgadas para asuntos tales como el divorcio (*Aires de fuera*, 1903) o la prevalencia jerárquica de la sangre (*La raza*, 1911) [Huerta Calvo y Peral Vega, 2003: 2303-2305].

## 8.2. Grau

Huérfano de crítica reciente, el teatro de Jacinto Grau (1877-1958) presenta perfiles casi inexplorados que, más allá de *El señor de Pigmalión* [1971 y 2008], se inscriben dentro del teatro farsesco. En este grupo genérico habría que incluir piezas como *El tercer demonio. Esbozo de comedia* (1908), pieza breve que integra personajes y situaciones prototípicas de la farsa carnavalesca y un desenlace en clave simbolista, según el cual Gabriela, eje central de la obra, prefiere mantener idealizado el ensueño de su relación imposible con Aurelio antes que mancharlo con las convenciones de la sociedad burguesa en que se ve inserta contra su voluntad. En la misma línea cabe encuadrar *Horas de vida* (1902), *La redención de Judas* (1903) y *Sortilegio* (1905), todas ellas insertas en una lectura simbolista de la farsa según la cual, y sin renunciar al esquema del burlador-burlado, se minoriza la comicidad para presentarnos personajes de condición conflictiva a medio camino entre el hedonismo y la frustración.

## 8.3. Gómez de la Serna

El teatro primerizo de Ramón Gómez de la Serna (1888-1963) —aquél que cabe ser incluido bajo la denominación de *teatro breve*— no puede entenderse sin tener en cuenta el marco en que se publica de forma íntegra: la revista *Prometeo*, dirigida por el propio Ramón a partir de su número once, y que «durante los años 1908-1912 aglutinó en sus páginas […] una más que notable serie de autores españoles y extranjeros defensores de una renovación artística y literaria de gran amplitud y de espíritu cosmopolita» [*Teatro muerto*, 1995: 14]. De acuerdo al espíritu renovador de sus colaboradores —volcados en el *teatro artístico* por oposición al *comercial*—, la publicación participó activamente en dos de las iniciativas más destacadas en el arranque de siglo, a saber, el «Teatro de Arte» —en cuyo seno Ramón había previsto el estreno de *La Utopía*, finalmente frustrado [Rubio Jiménez, 1993]— y el «Teatro de los niños», comandado por un Jacinto Benavente que encargó al propio Gómez de la Serna una pieza, la titulada *Cuento de Calleja*, para en él ser estrenada, sin que tampoco deseo y realidad compartieran destino. Dos fracasos que, sin duda, debieron de doler, y mucho a un joven autor que parecía haber encontrado en el teatro la forma predilecta de expresar sus inquietudes intelectuales, máxime cuando tanto de sí había puesto y tanto entusiasmo había destilado respecto, sobre todo, del segundo de los proyectos, como así se demuestra en el «Epílogo» a la obra: «hoy Benavente ha planteado esa necesidad y va a ser un hecho el Teatro de los Niños que, si bien no será de Polinichinelas, creará del mismo modo, en otros niños, esbozos, proyectos, iniciaciones y barruntos… En el espíritu del niño ese repertorio claro, sin recodos, sin pasiones que le quiebren, tiene un valor de agitación íntima, de enunciaciones, de *soliloquio*, y de predisposición a todas las preguntas que le facilitara el porvenir…» [*OC*, 1996: II, 110]. Desilusiones que, al fin, le apartaron largo tiempo de una práctica dramática que se había iniciado con enormes bríos, y que constituye, a no dudarlo mucho, una de las apuestas más singulares entre las destinadas a la renovación de nuestro teatro. La poética de este proceso de reforma integral es expuesta en el «Prólogo» a *La Utopía II (Drama en un acto)*, en la búsqueda de un drama abierto que plantee nuevos caminos, sin desecar la vida toda; un drama que, al modo del «teatro bajo la arena» lorquiano, no se justifique a sí mismo, sino que, al contrario, sirva de mediador entre autor y público; un drama de ideas, en fin, que tenga en la contradicción su verdadero eje [*Teatro muerto,* 1995: 297 y ss.].

Una renovación, en efecto, que Gómez de la Serna apoya, tanto en sus dramas convencionales —*Beatriz, Cuento de calleja, El drama del palacio deshabitado, El laberinto, Los sonámbulos, La Utopía II, Los unánimes, Tránsito, Desolación* y *El lunático*— como en sus pantomimas y danzas —*La bailarina, Accesos de silencio* (*Las rosas rojas, El nuevo amor* y *Los dos espejos*), *Las danzas de pasión* (*El garrotín, La danza de los apaches, La danza oriental* y *Los otros bailes*) y *Fiestas de dolores*— en una idea básica: la búsqueda de la autenticidad frente a las convenciones establecidas, en tanto expresión de un vitalismo ajeno a implicaciones morales que toma directamente de Nietzsche [Sobejano, 1967], y tras el cual late un impulso biológico y erótico que Ramón entiende como única forma loable de afrontar la existencia [López Criado, 1988]; erotismo absoluto que, sin embargo, no está exento de una cierta crítica social, que se traduce en una reivindicación más o menos rotunda de la sensibilidad femenina, por oposición a la falta de comprensión de los hombres —así en *El Laberinto,* en torno al cual se dan citan un grupo de mujeres que buscan comprenderse entre sí tras haber sentido una cruel incomprensión y hasta la incapacidad asumida por desarrollar libremente sus instintos: «[los hombres] interpretan nuestro silencio como pobreza de espíritu… ¡No saben que sufren en nosotros todas las palabras que hablan en ellos!» [*Teatro muerto,* 1995: 123], o en diálogo posterior entre Nieves y Regina: «todos tienen el mismo deseo, aun los más feos y los más canallas. / Nuestra anulación» [*Teatro muerto,* 1995: 128]— y, también, en la censura de la religión como vehículo de freno para las pulsiones más íntimas —aspecto que alcanza su encarnación más efectiva en Gloria, la profesa (*El drama del palacio deshabitado*), uno de los muertos que transita por los severos recodos de esta decrépita mansión compadeciéndose del beso furtivo que nunca se atrevió a dar: «¡¿por qué llamé a la tornera?! ¡¿Por qué grité?!... ¡Fieros bigotes a la borgoñona!» [*Teatro muerto,* 1995: 237].

En el erotismo arrobado de este teatro —que encuentra expresión máxima en la serie pantomímica inspirada en los espectáculos del arrabal parisino interpretados por Colette Willy y La Polaire [Peral Vega, 2008a]— convergen tres estéticas diversas: de un lado el mirar ramoniano puede ser emparentado con el prerrafaelismo, por cuanto la mujer se sitúa en el centro del debate estético, convertida en un objeto de delectación, acariciado, en la distancia, por el artista, que se rinde ante la portentosa exhibición de su sexualidad directa. En efecto, en las pantomimas de Gómez de la Serna se da esa visión dual, común a todos los pintores prerrafaelitas, del referente femenino: casto y demoníaco, angelical y sacrílego, ideal y corpóreo. De otro lado, laten, aquí y allá, marcas de escuela de la mejor estética modernista, ya un sensualismo exacerbado, ya prolijas y voluptuosas descripciones del cabello femenino —el de Beatriz (protagonista del drama homónimo) es descrito en los siguientes términos: «es rubio pero desapercibe la riqueza aurífera de su pelo la torpe sencillez de su peinado... Un peinado alisado y prieto, que es un escondrijo...» [*Teatro muerto*, 1995: 194]; pero es el de sor María (*Las rosas rojas*) el que se yergue en metonimia de la liberación plena y turbulenta de la sensualidad femenina: un «pelo crespo y caliente, como un pecado» [*Teatro muerto*, 1995: 522]— y de las manos —así cuando El extraviado (*Los sonámbulos*) describe las de su amada: «sus manos no se podrían olvidar, son unas manos que se salen del cuadro... Unas manos que siempre hacen gestos y son como dos niñas pequeñas, que la hacen amar más, y por las que sólo se amaría a la madre» [*Teatro muerto*, 1995: 279]—, ya la «distanciada e irónica relación entre misticismo y erotismo», tan relevante en la génesis de *Beatriz* —reconversión ramoniana de *Salomé*—, mujer capaz de deleitarse en la contemplación de la cabeza cercenada de Yo'Kanaán (Juan el Bautista) —«miremos su cabeza rota y desperdiciada... Notad que no está en él el corazón, y, sin embargo, notad que lo tiene en la boca bondadosa y abnegada... [...] Después de haber visto esto y de haber estado en contacto con tan suntuosa emulación, ¿quién sentirá la lujuria, la envidia, ni el odio?» [*Teatro muerto*, 1995: 210]. Sin embargo, junto al prerrafaelismo y el modernismo —vástagos uno y otro de la estética simbolista—, Gómez de la Serna se nutre de un expresionismo grotesco —en la línea de Gutiérrez Solana—, patente, por ejemplo, en la descripción del rostro artificial de Colette en *Revelación (Accesos de silencio)* [*Teatro muerto*, 1995: 507], de La Chata en *La Utopía II* [313-314] y, sobre todo, de La Polaire en *El garrotín*:

Está tan desnuda, con esa desnudez *raspada* y *difícil*, porque no hay nada que desnude tanto como el movimiento acorde con la carnalidad de la postrera desnudez. [...] Abre el desnudo su movimiento, lo desgarra en hondas y *rigurosas desgarraduras* sin hemorragia y sin pavor, con tersuras y formas nuevas en el fondo, resultante el último desnudo de *aquel del blanco vulgar*, como una *cáscara amarga* y *negra*, de un *negro sucio*... [*Teatro muerto*, 1995: 549. Cursivas mías]

Íntimamente unido a la desinhibición erótica propia de estos dramas está el interés que Gómez de la Serna manifiesta por la máscara, una más de las marcas de su intento por *reteatralizar* el teatro y, claro está, proyección del pensamiento de su caro Nietzsche, cuyas palabras encabezan, en forma de lema, *El drama del palacio deshabitado*: «Todo lo que es profundo ama la careta» [*Teatro muerto*, 1995: 227], con la consecuente aparición de El Hombre anónimo, «cubierto el rostro con un antifaz y vestido de un traje incongruente» [*ibíd.*]. Y es que la máscara más que ocultar desvela, sobre todo la satisfacción instintiva por tanto tiempo ocultada, motivo éste central en *Los Unánimes* y *El lunático*, drama de fuerte impronta pantomímica que desarrolla como tema central la obsesión erótica, a partir de una estética de influjo modernista que une, en un binomio indisoluble, muerte y belleza, dando carta de naturaleza, ya desde el «Prólogo», al ideal erótico ensoñado:

La boca de la mujer bajo el antifaz es estupenda y grave sobre todo el resto, y el antifaz la hace sonreír hasta los pendientes en una ondulación en alto sobre sus labios, sin rasgarla, ni desdibujarla, conservándola más chica, más pitiminí, sumidos los lagrimales de sus extremos en una depresión suave y sutil, en dos hoyuelos conmovedores... [*Teatro muerto*, 1995: 441]

Una máscara que también es motivo central en *Tránsitos*, ante todo por la condición de actriz de su protagonista, Susana, convencida del proceso de alienación que ha supuesto para ella encarnar a mil y un personajes a lo largo de su trayectoria, e ignorante, sin embargo, de que esa *otredad* postiza constituye el mejor medio de conocimiento de sus debilidades y miedos:

Estoy tan ciega de mi rostro, este rostro que es para nosotros dos... Lo he pintado de tantas maneras, lo he encubierto tantas noches, que conozco más mis rostros de mentira... Además, lo he sentido con tantos caracteres distintos al de una, que también han influido las palabras en su rareza... [*OC*, 1996: II 438-439]

Gómez de la Serna ofrece, en fin, un conjunto de piezas en que laten ciertos ecos de Maeterlinck[29] —continua apelación al silencio escénico como medio de expresión elocuente (*Beatriz, Desolación, El laberinto, Los sonámbulos, El drama del palacio deshabitado*), gusto por una ambientación febril y decadente (*Tránsitos*), paso agónico del tiempo y hasta una presencia constante de la muerte—, algunos coletazos ibsenianos, sobre todo en lo que toca a «su común inconformismo social» [*Teatro muerto*, 1995: 39] y, por supuesto, una presencia indeleble de Oscar Wilde en la génesis de *Beatriz*.

## 8.4. Borrás

Piezas de muy diversa condición conforman el teatro breve de Tomás Borrás (1891-1976): desde aquellas que pulsan los recursos de la comedia burguesa hasta aquellas otras que exploran formas propias de la vanguardia, tales como la pantomima. En la primera de las líneas apuntadas cabe situar *Una mujer indecisa* (1915), obra escrita en colaboración con Manuel Merino. En ella se aborda la consabida dualidad en la existencia del payaso —Pipo, en esta ocasión— y de la artista del teatro, la admirada Tatiana, decidida a la retirada para ocuparse de su felicidad, que cifra en la elección entre dos hombres, el teniente Fedor y el capitán Gubareff, a los que pide una entrega sincera y no haberse enamorado simplemente de la artista. Más allá de esta manida escisión entre vida real y vida escénica —poetizada en *I pagliacci*, de Leoncavallo—, esta opereta adolece de encuentros líricos con muy dudoso gusto, amén de un sello burgués dibujado en la dignidad incólume de las mujeres —ajeno al carácter liberal propio de las artistas— y en la asunción de un papel sumiso res-

---

[29] En la revista *Prometeo* aparece —tal y como indican Muñoz-Alonso y Rubio Jiménez [1995: 36]— una traducción de *Aladina y Palomides*, y varios escritos del dramaturgo belga: «Miradas» (núm. 10, 1909) y «La medida de las horas» (núm. 38, 1912).

pecto de los hombres: «las mujeres siempre inocentes / no conocemos qué cosa es amar. / El hombre ha de poner / en el amor la sal» [1915: 30]. El triunfo final del amor entre el teniente y la artista, propiciado por Gubareff, adquiere tintes de melodrama azucarado muy poco acordes con la lira vanguardista del mejor Borrás: «todo ha pasado; / unidos por siempre estaremos. / Libre y triunfante / queda eterno nuestro amor. / ¡Hechizo de la hora / azul y seductora! / Pudimos al fin lograr / que el ensueño encantador / ya por siempre sea verdad» [36].

Curiosa resulta, por la mezcla de registros, *Noche de Alfama* (1930), obra que testimonia una deuda evidente respecto de *La cabeza del Bautista*, de Ramón María del Valle-Inclán. Se trata, en consecuencia, de una especie de jácara, situada en una Lisboa de ambientación tabernera. Sin embargo, tanto la adscripción genérica de la pieza como el marco elegido son pretextos gratuitos para desarrollar un melodrama de reencuentros fallidos, entre madre —María Luisa, mujer entristecida que llora sus penas cantando fados— e hijo —el Jovencito que vuelve de tierras brasileñas tras haber sido apartado de la tutela materna—, en que no faltan forzadas apariciones —tal el caso del fraile franciscano que pone un toque de paz a la noche alcohólica que pasa al son de tristes acordes—. La principal virtud de la pieza se encuentra en el recurso al viejo tópico del «teatro dentro del teatro», por cuanto Joao Estevao, jaque lisboeta, pergeña una tétrica burla encaminada a dar muerte a su sobrino —el Jovencito que llega desde el otro lado del Atlántico— para así burlar la deshonra a la que, en otro tiempo ahora lejano, fuera sometida su hermana, a la postre madre ignorante que presencia el fin de su vástago sin saberlo.

Pero Tomás Borrás es también el principal valedor de la pantomima como forma de experimentación en nuestro teatro de vanguardia. En el seno del Teatro de Arte, comandado por Martínez Sierra, estrena *El sapo enamorado* (1916). Era pretensión de tan entusiasta empresa hacer del teatro un «arte total», de acuerdo a la premisa wagneriana, y ello se tradujo en un elenco de excepción —la escenografía fue ideada por José Zamora, la música compuesta por el maestro Pablo Luna y la dirección musical corrió a cargo de Joaquín Turina—, volcado en llevar a escena la propuesta antirrealista y de ensueño gestada en el papel por Borrás, que se muestra deudor, a partes iguales, del *Teatro fantástico* benaventiano y de los *Diálogos fantásticos* de los Martínez Sierra; y antecesor de García Lorca, y no sólo por el cromatismo dual de la escenografía —en que también se soporta el guión cinematográfico *Viaje a la luna*—, sino, sobre todo, por esbozar el tema del amor imposible a partir de un aire fabuleso que nos recuerda, y mucho, el de *El maleficio de la mariposa*. La atmósfera de ensueño se ve incrementada en el caso de Borrás por la condición del personaje principal, un sapo, que, sin embargo, guarda íntima conexión con el Pierrot decadente, pues como él vive pegado a una quimera y encuentra en la luna el cobijo que otros le niegan:

> Y hay una luna de la pantomima, que es una careta humana, que es la luna que ha copiado la cara de Pierrot, que es la luna de cartón, la luna-payaso, que en vez de luz tiene literatura. Esta es la luna que asoma por detrás de la casita, porque la [*sic*] interesa lo que va a pasar [*Teatro*, 1942: I, 24].

La resolución del conflicto dramático nos habla del interés de Borrás por los lenguajes escénicos suscitados dentro y fuera de España al calor de las vanguardias. Y así es que la unión entre el Sapo y la Bella se ofrece al espectador a través de una pantalla que hace de ellos meras sombras chinescas, una técnica que conecta con la deshumanización del actor operada por Valle-Inclán en su *Retablo* —con *Ligazón* como ejemplo señero—, y con el recurso lorquiano, en *Amor de don Perlimplín…*, de ocultar acción a los ojos del público, a través de dos duendecillos que evitan que el engaño de Belisa sea presenciado por los espectadores, demasiados acostumbrados a asumir su condición de *voyeur* en un teatro que pretendía ser, sin más, el reflejo de un trozo de vida. El gesto final de la Luna —tan valleinclanesco, de nuevo— refrenda la clave festiva que preside la obra: «y la lunaza pone el punto final: saca la lengua» [*Teatro*, 1942: I, 28].

Ya en 1931 Borrás publica el precioso volumen *Tam, tam: pantomimas, bailetes, cuentos coreográficos, mimogramas*, pieza coral ilustrada con esmero por Rafael Barradas y compuesta por quince ensayos dramáticos de diversa índole, todos ellos agrupados bajo el criterio común de la ausencia total de palabra. Entre las composiciones que integran *Tam, tam* nos limitamos a destacar los aspectos más sobresalientes de las más innovadoras. Es el caso de *La sed*, pantomima que abre el volumen, y en que Borrás vuelve a explorar escénicamente la imposibilidad del amor,

encarnado para esta ocasión en una *genni* —esto es, un hada—, correlato de los miles de soñadores que cantan sus cuitas de amor en piezas
del teatro simbolista. Incapacitada para hacerse visible ante el «garzón
de enormes ojos negros» que embarga su corazón, se metamorfosea en
pantera; lleno de pavor, el joven le da muerte con una de sus flechas.
Borrás no sólo recurre a una imaginería de evidente poso mitológico
sino que se vale de la conexión, ya explorada en el simbolismo francés,
entre el espíritu soñador y Cristo, pues que el hada convierte su propia sangre en agua pura que redime al joven y le permite sentirse entre sus labios. De interés es también *El romántico molinero*, en que, al
margen de la imaginería tradicional de un Pierrot cantando a la luz de
la luna, subyace una reflexión metaliteraria, a partir del enfrentamiento
entre el Astrónomo y Pierrot, en torno a qué aspectos han de primar
en la creación artística: la reproducción fiel de lo que existe o, por el
contrario, la sublimación de la materia común para generar una nueva
realidad, estrictamente literaria, más bella y justa que la que le sirvió de
base. Como metaliteraria es también *El pintor cubista*, pantomima que
defiende la tradición como soporte del que ha de partir cualquier intento de renovación estética. Al modo de la popularísima pieza de
Yasmina Reza, *Arte*, la compra de un cuadro por parte de dos curiosas
figurillas —con mucho aire lorquiano—, Esnob y Esnobinilla, fantoches
sin criterio que siguen mecánicamente los dictados de la moda, genera
en el pintor una reflexión acerca de la falsedad de su labor creativa, apoyada en aires vanguardistas vacuos por no estar sustentados en una tradición que les otorgue sentido. En la misma línea puede situarse *La
botella borracha* [Mainer, 2005], envenenada diatriba lanzada contra el falso arte, vestido de vanguardia, que no hace sino dar carta de naturaleza a ejercicios malabaristas gestados sin una conciencia creativa definida.
No escapa Borrás al deseo por recuperar alguna de las formas teatrales
primitivas como medio de rehabilitar la decadente situación del drama
hispano. Así ocurre en *Nacimiento*, escena de natividad muy emparentada con la pieza *Navidad*, de Martínez Sierra, o *Nueva danza de la muerte*, en que el único ser capaz de parar la senda destructiva que va
sembrando la Huesa es el Bufón, estandarte de una risa que nunca acabará, siempre viva en el tinglado de la farsa.

También tentó Borrás el teatro de títeres de la mano de *Fantochines* (1923). En la línea del *Ubu roi*, de Alfred Jarry, Borrás concibe su obra como una alternancia entre actores de carne y hueso y títeres, con ámbitos de actuación diversos, aunque perfectamente integrados. Con todo, la mayor aportación de Borrás reside no tanto en solapar la actuación de títeres y actores cuanto en establecer una correspondencia entre el retablo y el escenario convencional. Apenas iniciada la segunda parte de la obra, los dos actores de carne y hueso —Doneta y Lindísimo— observan cómo dos títeres que les representan ejecutan un fragmento de su actuación. Por tanto, no sólo podemos hablar de interrelación muñeco-humano sino del retablo del guiñol como reflejo de la realidad teatralizada:

> *El muñeco que representa a Lindísimo se queda un momento parado y se marcha, como respirando el placer de la noche, a los primeros versos de una serenata que canta una voz interior, como en la lejanía de la encrucijada de diminutas calles. A poco de salir aparece el muñeco de una mujer, enmascarada según el clásico modelo de la máscara veneciana, y una dueña, también enmascarada, que la sigue. Llevan algún detalle en los muñecos que expresa que son Doneta y Doña Tía, las cuales, como acechando, van detrás de Lindísimo, hasta que desaparecen, siempre en pos, como persiguiéndole. La voz que canta la serenata se deja oír, prolongando el canto hasta instantes después de haber caído el teloncillo del guiñol* [*Fantochines*, 1923: 34].

## 8.5. Salinas

La obra dramática de Pedro Salinas (1891-1951), siempre ensombrecida por su trayectoria poética, dio a conocerse en 1952 con la publicación de tres testimonios —*La cabeza de Medusa*, *La estratoesfera* y *La isla del tesoro*—, luego ampliados hasta catorce. Un teatro que no debe entenderse como una veta subsidiaria, aunque sí tardía, del autor de *La voz a ti debida*, sino más bien como un punto de llegada, puesto que «la poesía dramática es la más visible forma de las transfiguraciones que opera siempre lo poético en la lengua de los hombres» [Salinas, 1983: 453]. No es hasta 1936 cuando se estrena en la escritura dramática con *El director* —drama en tres actos—, una dedicación que habría de retomar, con fuerzas renovadas, entre 1943 y 1947, período de tiempo en que, ya instalado en su exilio norteamericano, escribe el resto de sus piezas, todas ellas breves, a excepción de la ya citada y *Judit y el tirano* (1945). Salinas elabora, pues, una poética dramática preñada de lirismo[30] y basada en una ausencia casi total de la acción, una importancia crucial del lenguaje, una acendrada tendencia al intelectualismo y, en fin, una recurrencia a situaciones de índole sobrenatural que, en múltiples ocasiones, no son sino medios de trascender la realidad inmediata en busca de la esquiva esencia de las cosas. Con todo, y a pesar de esta querencia escapista, en algunas piezas de Salinas son muy evidentes ciertos resabios sainetescos, hasta el punto de que —haciendo nuestras las palabras de Rodríguez Richart— «las más sobresalientes son las tres localizadas en España, con personajes y lenguajes característicos de determinadas regiones peninsulares» [2003: 2684], a saber, *La estratoesfera* (1945), *La fuente del arcángel* (1946) y *Los santos* (1946).[31] La primera de ellas, subtitulada «Escenas de taberna en un acto», se desarrolla en un local del barrio madrileño de la Guindalera, espacio donde conviven variadas jergas: desde la impropiamente cultista de Álvaro, bohemio trasnochado que se define a sí mismo como poeta «neoparnasiano» y que, en calidad de tal, desprecia los versos del *Don Júan Tenorio*, de Zorrilla, hasta las propias del pueblo llano, tanto las nacidas de la espontaneidad iletrada de Felipa como las impostadas y ridículas de Julián —«sologismo», «ozjetiva», «soflisma»…—. En este cuadro estático de sabor solanesco no faltan resonancias trágicas, aun cuando tamizadas por el espejo valleinclanesco; así, las representadas por Liborio, ciego analfabeto que, al modo de Max Estrella, expone su capacidad visionaria —«¡el que no

---

[30] En un conocido ensayo de 1940 hablaba Salinas del «signo lírico» que traspasa a todos los géneros en los albores del siglo XX: «pues bien; para mí el signo del siglo XX es el signo lírico; los autores más importantes de ese período adoptan una actitud de lirismo radical al tratar los temas literarios. Ese lirismo básico, esencial (lirismo no de la letra, sino del espíritu), se manifiesta en variadas formas, a veces en las menos esperadas y él es el que vierte sobre novela, ensayo, teatro, esa ardiente tonalidad poética que percibimos en la mayoría de las obras importantes de nuestros días» [Salinas, 2001: 35].

[31] El corpus dramático saliniano se completa con las siguientes obras: *El parecido* (1942-1943), *Ella y sus fuentes* (1943), *La bella durmiente* (1943), *Sobre seguro* (1945), *Caín o una gloria científica* (1945), *El precio* (1947) y *El chantajista* (1947). Seguimos la cronología establecida por Moraleda [*Teatro completo*, 1992: 11, n. 7]

ve sabe mucho...!» [*Teatro completo*, 1992: 200]— frente a la falacia del cine —«si estuvierais como yo, no caíais en el garlito...!» [*ibíd.*], o las encarnadas por Álvaro, censor del séptimo arte por cuanto «avanzada de la legión yanqui» y resorte por el que «la poesía dramática está llamada a desaparecer» [*Teatro completo*, 1992: 200 y 201]. Más allá de este somero esbozo de caracteres, Salinas dibuja una confrontación metafórica entre realidad y ficción aparentes, en un proceso mediante el cual la primera queda trasmutada en la segunda; y todo ello a partir de un personaje, el ya citado Álvaro, de claras connotaciones quijotescas, capaz de convertir la vida mísera de Felipa en su sueño más anhelado. Un personaje, sí, ajeno a la realidad prosaica —incluso por su lenguaje sonoro y artificial— que, sin embargo, encarna a la perfección al caballero manchego, frente a César, actor que interpreta en el cine a don Quijote y que, muy al contrario, es su antítesis más acabada.

*La fuente del arcángel*, por su parte, se sitúa en Alcorada, un pueblo de Andalucía caracterizado por la pacata moral de sus habitantes, garantes, en su estulticia, de un orden moral trasnochado —«otra claudicación, Gumersinda, otra transigencia con la época... ¡Este siglo XX, este siglo XX! Tanto hablar del siglo XX... ¡Raro será que el tal siglecito no nos vuelva la cabeza a todos y acabe el mundo en una república!» [*Teatro completo*, 1992: 229-230], proclama Gumersinda al verse obligada a asistir a un espectáculo de magia—. Salinas plantea, una vez más, el asunto calderoniano de la realidad como juego de apariencias, a través de dos personajes: de un lado, el ilusionista, capaz de transformar artificialmente lo real ante los ojos crédulos del vulgo, y, de otro, el padre Fabián, sabedor de los secretos históricos de su pueblo, algunos de los cuales contradicen la irrisoria devoción de sus feligreses. Sin embargo, es la niña Claribel aquella que, en la inocencia de su mirar, consigue acceder a un nuevo ámbito, fabuloso, pero libre de cualquier encorsetamiento. Junto a los matices sobrenaturales, Salinas explora las posibilidades dramáticas nacidas del contraste entre un registro lingüístico burgués y el andaluz popular propio de los personajes más humildes, en lo que constituye un homenaje indirecto al teatro quinteriano, mechado, eso sí, de ciertos toques zarzueleros, que remiten, incluso en lo argumental, a *Las bribonas* (1908), zarzuela en un acto con libro de Antonio M. Viérgol y recientemente recuperada por el teatro de la Zarzuela de Madrid.

*Los santos* se desarrolla en Vivanca, un pueblecito de Castilla la Nueva, durante el período de la Guerra Civil. El poeta madrileño apoya el efecto de su pieza en un acto sobrenatural: los santos que se encuentra junto a un grupo de condenados republicanos cobran vida y suplantan la personalidad de aquéllos para liberarles de una muerte segura. Se trata, una vez más, de transfigurar la realidad y otorgar protagonismo a lo fabuloso, borrar, en definitiva, los perfiles objetivos para replantear la esencia objetiva de las cosas; en otras palabras, los santos adquieren condición de vivos puesto que la virtud de santidad reside más en los condenados que en sus figuras inertes.

### 8.6. Gutiérrez Gili

Hasta hace bien poco la labor dramática de Juan Gutiérrez Gili (1894-1939), uno de los más entusiastas animadores de la vanguardia española, permanecía inédita [*Obra dramática,* 2005]. Se trata, en su mayoría, de esbozos teatrales faltos de una revisión exhaustiva por parte del autor, quizás él más consciente que nadie de la imposibilidad de ser llevados a escena. En cualquier caso, todos ellos testimonian la clara intención por apartarse del realismo escénico; de ahí que explore formas tales como la pantomima (*El nieto de su abuela*), la farsa (*Careta de oro o Fuego de San Juan*), el drama deshumanizado (*Pantalla parlante*) y hasta el drama simbolista (*La ocarina perseverante*).

### 8.7. Blanco-Amor

El gallego Eduardo Blanco-Amor (1897-1979) es autor de un volumen que, bajo el título genérico *Farsas para títeres*, contiene seis pequeñas farsas[32] escritas, entre 1939 y 1942 (excepción hecha de *El refajo de Celestina*, de 1948), durante su exilio bonaerense; un exilio desde el que, lejos de provocar una ruptura con la tradición dramática española, rinde

---

[32] El corpus definitivo quedó fijado en la edición mejicana de 1962 (Mehnir), si bien contamos con una edición anterior que, publicada en Buenos Aires por Ediciones López Negri (1953), presentaba tan sólo tres obras: *Angélica en el umbral*

su particular homenaje al Siglo de Oro, eso sí, bien tamizado por el espejo deformante de su maestro Valle-Inclán, paladín de una estética paródica que encuentra en el fantoche su mejor medio de expresión. En la capital argentina desarrolló también una activa labor al mando del teatro Español de Cámara «El Tinglado», en que intervinieron algunos actores de la compañía de Margarita Xirgu, y gracias al cual pudieron exhibirse obrillas de Lope de Rueda, Miguel de Cervantes y Ramón de la Cruz, entre otros.

Así pues, en *Farsas para títeres* se dan la mano las dos tradiciones teatrales más genuinas de nuestra dramaturgia aureosecular: el entremés y el auto sacramental. Del primero son continuaciones naturales obras como *Amor y crímenes de Juan el Pantera* o *El refajo de Celestina*, pues la escena recobra su condición festiva y delirante de la mano de una tipología de *dramatis personæ* compuesta por mujeres lascivas y tejedoras de engaños —así, Contemplación (*Amor y crímenes...*) y Melibea (*El refajo...*), convertida para la ocasión en una resuelta prostituta chuleada por un ya no tan melifluo Calisto—, sacristanes más devotos del fornicio que de la oración —tal el caso del Sacristán (*Amor y crímenes...*) que, impedido para la consumación sexual accede a la condición de *voyeur*, y de Reverencia (*El refajo...*), que conserva, como recuerdo de petulantes entremesiles, el uso del latín macarrónico—, alcahuetas y cornudos pusilánimes —condición gravosa de la que son buenos ejemplos Juan el Pantera (*Amor y crímenes...*) y el propio Calisto, que accede a la cornamenta para costearse sus vicios sin fin.

Respecto del segundo, y en comunión con movimientos estéticos de vanguardia —en particular el Expresionismo—, Blanco Amor realiza una particular lectura, en *La verdad vestida*, de *El gran mercado del mundo* calderoniano, con el firme propósito de destapar las crueles trampas del capitalismo y de la sociedad contemporánea.

---

del cielo, *La verdad vestida* y *Amor y crímenes de Juan el Pantera*. Las otras tres son *Romance de Micomicón y Anhelada*, *Muerte fingida y veraz muerte de Estoraque el Indiano* y *El refajo de Celestina*.

## 8.8. Dieste

La producción dramática breve de Rafael Dieste (1899-1981) está íntimamente emparentada con las Misiones Pedagógicas, proyecto para el que el coruñés creó y dirigió el Teatro Guiñol; destinadas a él estaban *Farsa infantil de la fiera risueña* (1933) —fábula infantil emparentada con la *Farsa infantil de la cabeza del dragón* valleinclanesca en que se aborda el triunfo de la verdad sobre la mentira—, *El falso faquir* (1933) —farsa ejemplar de ambientación circense que, mediante el esquema del burlador burlado, censura la escasa sensibilidad artística del Empresario—, *Curiosa muerte burlada* (1933) —pieza tradicional que, basada en el *Curioso impertinente* cervantino, desarrolla el consabido tema de la malmaridada—, *La doncella guerrera* (1933) —curiosa pieza que denuncia, sobre todo en la figura del Juglar, el parentesco con el *Retablo de Maese Pedro*, de Manuel de Falla— y *Simbiosis* (1934) —obra que pivota entre la comedia de figurón y el entremés clásico.

Ya durante la guerra, y vinculado de forma decidida en la defensa de los ideales republicanos, compone una serie de obras de compromiso, algunas de las cuales rebasan su condición circunstancial. Es el caso de *Amanecer* (1936), pieza en un acto con la que María Teresa León y Rafael Alberti estrenaron la sección *Nueva Escena* en el teatro Español, y, sobre todo, de *Nuevo retablo de las maravillas* (1937), de evidente poso cervantino. Para la ocasión, la excusa que permite imaginar maravillas en el retablo no es la limpieza de sangre ni la legitimidad de nacimiento, sino que sólo puedan verlas aquellos que no estén manchados por la lacra marxista, sindicalista, anarquista y demás plagas del pensamiento moderno.

## 8.9. Altolaguirre

La relación de Manuel Altolaguirre (1905-1959) y el teatro comienza con los primeros acordes de la Guerra Civil, precisamente cuando —y de acuerdo a su propio testimonio— «en una junta de la Alianza [de Escritores y Artistas Antifascistas] fui nombrado presidente de la sección teatral. Mi trabajo consistía en dirigir el teatro Español» [*OC*, 1989: I, 85]. La agrupación teatral resultante, conocida como *Nueva escena*, tuvo vida efímera, a buen seguro por la reorganización del gobierno republicano, decidido a trasladar su centro de operaciones a Valencia. Sin embargo, la vinculación de Altolaguirre con el arte de Talía continuó vigente al ser elegido director de La Barraca, el mítico grupo que fuera liderado por Federico García Lorca; allí siguió con el repertorio siglodorista que había diseñado el poeta granadino, al que añadió *Mariana Pineda* —presentada, en el verano de 1937, durante el Segundo Congreso de Escritores y Artistas Antifascistas celebrado en Valencia—, amén de intentar enriquecerlo —sin que la propuesta llegara a buen puerto— con la representación de *La cabeza del Bautista*, *La rosa de papel* y *Farsa y licencia de la reina castiza*, todas ellas de Valle-Inclán. Ya exiliado en La Habana, Manuel —junto a Concha Méndez— fundó un grupo universitario que prolongó su andadura entre 1939 y 1943. Una vez radicado en México, parece ser que intentó levantar un «Teatro Español» con los miembros de la Sociedad de Autores Españoles y que, incluso, ya en los años cincuenta, pretendió crear su propia escuela, un proyecto abortado por su muerte prematura en 1959.

La producción dramática de Altolaguirre es deudora, lo mismo que su inclinación a las tablas, de las circunstancias políticas derivadas del conflicto bélico del 36. El estadio más acabado de este compromiso político es el representado por *Amor de madre* (1936) —de la que *Entre dos públicos* (1934) constituye primera versión—[33] y, sobre todo, *Tiempo, a vista de pájaro. Ensayo de representación* (1937) —respecto de la que cumple idéntica función *Amor de dos vidas* (1932)— [Torres Nebrera, 2005]. El carácter de «urgencia» de estas obras no empece la singularidad de la tentativa llevada a cabo por Altolaguirre, en tanto muestra de un intento por menguar el sermoneo panfletario preceptivo y centrarse en una cuidada estructura dramática como base para la eficacia del mensaje esgrimido desde el escenario. Así, *Amor de madre* presenta dos situaciones paralelas, correlatos escénicos de las dos Españas en litigio: aquella que vive en la opulencia, ajena al sufrimiento de los más desfavorecidos, y aquella otra que sorbe las lágrimas de sus muertos en medio de la más denigrante necesidad. Ambientes ambos que acaban unidos

---

[33] Una edición facsimilar de dicha pieza ha sido publicada por el Centro Cultural de la Generación del 27 (Málaga, 2005), acompañada de excelentes estudios introductorios de Carlos Flores Pazos y Gregorio Torres Nebrera.

al final de la trama como representación simbólica de un país que mira angustiado la demencia de sus hijos. Por su parte, *Tiempo, a vista de pájaro* testimonia la querencia de Altolaguirre al drama de reflexión más allá de la proclama y la arenga. Juan presencia, consciente de la escisión de su persona, diversos momentos de su pasado, hilos sueltos de una existencia marcada por la guerra. El «Cuadro Segundo» presenta un infierno mitológico desde el que nuestro protagonista, acompañado de su amada María, escucha a la Señora Muerte entonar una composición en honor de Federico García Lorca, uno más de los muertos cuya sangre permitirá «a España un futuro feliz» [*OC*, 1989: II, 245]:

> Desde los altos tronos, desde el cielo
> bajan: Ignacio, por quien él llora;
> Fernando Villalón, su buen amigo:
> Gustavo Adolfo Bécquer, Rosalía,
> Soto de Rojas, Garcilaso, Lope;
> baja la Zapatera Prodigiosa,
> Marianita Pineda, su heroína;
> baja Yerma llevando entre sus brazos
> una recién nacida criatura.
> Y con ellos, Virgilio, Dante, Homero…
> Todos a recibir al gran poeta [*OC*, 1989: II, 243-244].

A ese mismo espíritu de compromiso político en favor de la causa republicana responde *La estrella de Valencia o El triunfo de las germanías*, un texto éste que, escrito en colaboración con José Bergamín en 1937, ha sido hallado recientemente —durante años se había dado por perdido— y está siendo editado por Nigel Dennis [1978 y 2005]. Se estrenó en el teatro Principal de Valencia el 29 de enero del citado año —con escenografía, al parecer muy cuidada, de Alberto Sánchez,[34] y dirección de Max Aub—, con el objetivo —al modo de la adaptación de la *Numancia* cervantina realizada por Alberti— de evocar el movimiento popular del siglo XVI y, así, «ofrecer al pueblo, en lucha contra la tira-

---

[34] El propio Altolaguirre le dedica hermosas palabras en *El caballo griego*: «nunca se había presentado en Valencia una obra teatral con decorados tan espléndidos» [*OC*, 1989: I: 96].

nía, un paralelo, o más bien, una fusión de ambos movimientos, una actualización del pasado» [Gaya, 1937: 60; citado en Marrast, 1978: 195]. El propio Altolaguirre se refirió a este paralelo entre momentos históricos diversos en los siguientes términos:

> Los movimientos románticos, el de los comuneros de Castilla y el de las germanías de Valencia, podían relacionarse con las circunstancias de la nueva guerra civil española y aprovechando la antigua documentación sobre personajes y ambiente escribí dos actos de una comedia con el título de *La estrella de Valencia,* que fue cambiado luego por el de *Triunfo de las germanías* [*OC,* 1989: I, 98].

La producción teatral breve de Manuel Altolaguirre se completa con *Ni un solo muerto,* cuyo manuscrito sigue aún perdido. De impronta teatral es el guión cinematográfico, inspirado en *El retablo de las maravillas* cervantino que, con el título *Las maravillas,* está fechado en 1958, y cuyo acto tercero fuera representado por un grupo de teatro universitario de la Universidad Complutense en 1978 [Smerdou, 1978].

### 8.10. Un teatro bajo las bombas

Amén de los ejemplos ya aducidos (Alberti, Altolaguirre, Aub, Dieste), la Guerra Civil conoce el resurgir del teatro breve como modo de expresión y de transmisión de los ideales, tanto republicanos como nacionales, a las tropas en litigio y, de modo genérico, al pueblo encargado de espolear ambas causas. Entre los dramaturgos que se acercaron a este *teatro de urgencia* [Marrast, 1978; Gómez Díaz, 2006] destaca Miguel Hernández, autor de *Teatro en la guerra,* compuesto por cuatro piezas —*La cola, El hombrecito, El refugiado* y *Los sentados,* todas ellas del año 37— que van precedidas por unas palabras preliminares en que el poeta de Orihuela insiste en un nuevo concepto de teatro que, basado en el compromiso, se convierte en una necesidad de los intelectuales ante la contienda bélica: «creo que el teatro es un arma magnífica contra el enemigo de enfrente y contra el enemigo de casa. Entiendo que todo teatro, toda poesía, todo arte, han de ser, hoy más que nunca, un arma de guerra. De guerra a todos los enemigos del cuerpo y del espíritu que nos acosan, y ahora, en estos momentos de revolución y renovación de tantos valores, más al desnudo y peligro que nunca» [*Obra completa II. Teatro*, 1992: 1787]. Esta actitud de implicación política es la que guía, con mejor o peor suerte, la labor de una nómina bastante extensa de dramaturgos republicanos, entre los que cabe mencionar a César Muñoz Arconada (*La conquista de Madrid*, 1936), Santiago Ontañón (*El saboteador*, 1936), Germán Bleiberg (*Sombras de héroes*, 1938), José Herrera Petere (*Monólogo del fusil*, 1937; *Torredonjil*, 1937; y *La voz de España*, 1937), Pedro Garfias (*¡Que nos quitan nuestra tierra!*, 1938), Francisco Martínez Allende (*La farsa del patrono*, 1936), y un largo etcétera en que se incluyen no pocas piezas anónimas que contribuyeron de acicate para las conciencias políticas.

Si bien son menores las muestras de un teatro comprometido en el bando nacional, no faltaron tampoco testimonios contundentes: José María Pemán (*Almoneda*, 1937; y *De ellos es el mundo*, 1938), Luis Rosales y Luis Felipe Vivancos (*La mejor reina de España*, 1939), Adolfo Torrado (*El famoso Carballeira*, 1939), Eduardo Marquina (*La Santa Hermandad*, 1939), Juan Ignacio Luca de Tena (*Yo soy Brandel*, 1939), Sotero Otero del Pozo (*¡España, inmortal!*), entre otros.

## Ediciones

Alberti, Rafael, *et al.*, *Teatro de agitación política (1933-1939)*, ed. Miguel Bilbatúa, Madrid, Cuadernos para el Diálogo, 1976.

Altolaguirre, Manuel, *Obras completas, II. «Garcilaso de la Vega». Teatro. Guiones cinematográficos*, ed. James Valender, Madrid, Istmo, 1989.

—, *Entre dos públicos*, Málaga, Centro Cultural de la Generación del 27, 2005.

Blanco-Amor, Eduardo, *Farsas para títeres*, La Coruña, Edición do Castro, 1973.

Borrás, Tomás, *Una mujer indecisa, opereta en un acto y dos cuadros, música del maestro Millán*, Madrid, Sociedad de Autores Españoles, 1915.

—, *Fantochines, ópera de cámara en un acto*, Madrid, Editorial Marineda, 1923.

—, *El pájaro de dos colores, ópera de cámara en un acto, música de Conrado del Campo*, Madrid, Pueyo, 1929.

—, *Noche de alfama, drama en un acto*, Madrid, Espasa-Calpe, 1930.

—, *Tam, tam: pantomimas, bailetes, cuentos coreográficos, mimogramas*, Madrid, Compañía Ibero-Americana de Publicaciones, 1931.

—, *El sapo enamorado*, en *Teatro*, Madrid, Escelicer, 1942, vol. I, pp. 7-28.

DIESTE, Rafael, *Teatro*, ed. Manuel Aznar Soler, Barcelona, Laia, 1981.

GÓMEZ DE LA SERNA, Ramón, *Teatro muerto*, ed. Agustín Muñoz-Alonso y Jesús Rubio Jiménez, Madrid, Cátedra, 1995.

—, *Obras completas II. «Prometeo II». Teatro de juventud (1909-1912)*, ed. Ioana Zlotescu, Barcelona, Galaxia Gutenberg/Círculo de Lectores, 1996.

GRAU, Jacinto, *Teatro selecto*, ed. Luciano García Lorenzo, Madrid, Escelicer, 1971.

—, *El señor de Pigmalión*, ed. Emilio Peral Vega, Madrid, Biblioteca Nueva, 2008.

GUTIÉRREZ GILI, Juan, *Obra dramática*, ed. Javier Huerta Calvo y Emilio Peral Vega, Madrid, Residencia de Estudiantes, 2005.

HERNÁNDEZ, Miguel, *Obra completa II. Teatro*, ed. Agustín Sánchez-Vidal y José Carlos Rovira, Madrid, Espasa-Calpe, 1992.

LINARES RIVAS, Manuel, *Porque sí, juguete cómico en un acto y en prosa*, Madrid, Sociedad de Autores Españoles, 1904.

—, *En cuarto creciente, juguete cómico en un acto y en prosa*, Madrid, Sociedad de Autores Españoles, 1905.

—, *La fragua de Vulcano, zarzuela en un acto, música del maestro Ruperto Chapí*, Madrid, Sociedad de Autores Españoles, 1907.

—, *Santos e meigas, idilio campesino, zarzuela en un acto y tres cuadros, música de los maestros Lléo y Baldomir*, Madrid, R. Velasco, 1908.

—, *Cuando ellas quieren..., comedia lírica en un acto y en prosa, música del maestro Calleja*, Madrid, Sociedad de Autores Españoles, 1908.

—, *La magia de la vida, comedia lírica, música del maestro Ruperto Chapí*, Madrid, Sociedad de Autores Españoles, 1910.

—, *Clavito, paso de comedia*, Madrid, Sociedad de Autores Españoles, 1910.

—, *El milagro, paso de comedia*, Madrid, R. Velasco, 1916.

—, *El señor Sócrates, sainete en un acto y en prosa*, Madrid, Sociedad de Autores Españoles, 1917.

—, *Lo posible, juguete cómico en un acto*, La Novela Cómica, 85 (1918).

—, *Cada uno a lo suyo, paso de comedia*, Madrid, V. Rico, 1918.

—, *Sangre roja, drama en un acto*, La Novela Teatral, 287 (1922).

—, *La razón de la sinrazón*, La Novela Teatral, 292 (25 de junio de 1922).

—, *No hay dificultad, paso de comedia*, La Farsa, 41 (16 de junio de 1928).

SALINAS, Pedro, *Teatro completo*, ed. Juan Marichal, Madrid, Aguilar, 1957.

—, *Teatro*, ed. Gregorio Torres Nebrera, Madrid, Narcea, 1979.

—, *Ensayos completos*, II, Madrid, Taurus, 1983.

—, *Teatro completo*, ed. Pilar Moraleda García, Sevilla, Alfar, 1992.

## IV. De la posguerra a la posmodernidad

### 1. *Jardiel Poncela y otros autores*, por *Eduardo Pérez-Rasilla*

Algunos comediógrafos de la impropiamente llamada «otra generación del 27» —Neville, Jardiel, López Rubio, Mihura— y los de su entorno más próximo —Calvo Sotelo, Ruiz Iriarte— cultivaron ocasionalmente el teatro breve. En ningún caso su dedicación a este género fue preferente, sino que se subordinó siempre a lo que constituyó su tarea principal: la redacción y el estreno de las comedias extensas en los circuitos comerciales al uso. La escritura del teatro breve no supuso para ellos una especial preocupación temática o formal, sino que la acometieron de manera episódica y ligera, habitualmente con motivo de una celebración del centenar de representaciones de sus comedias o con ocasión de un homenaje a un actor. En otras etapas de su producción Jardiel, Mihura o Neville escribieron obras breves destinadas a la publicación en revistas literarias o de humor, sin pensar en su escenificación, porque se trataba de un ejercicio estilístico ligero, redactado sin demasiadas pretensiones, destinado a cubrir las colaboraciones que les solicitaban. No faltan tampoco piezas que constituyeron borradores de comedias extensas, ni tentativas que llegaron de forma autónoma a los escenarios de los teatros experimentales, universitarios o de cámara.

Edgar Neville (1899-1967) cuenta con una temprana aportación al teatro breve: en 1917 escribe un vodevil «en medio acto» para la Chelito, titulado *La Vía Láctea*, que fracasó y además fue suspendido por la autoridad. Se estrenó en Chantecler, Madrid, pero no ha sido publicado hasta el momento. Se refiere a este espectáculo María Luisa Burguera [1999: 43] y el propio Neville en su novela *La niña de la calle del Arenal*. Cita también Burguera otras obras breves que Neville escribió más tarde, como *Judith y Holofernes*, publicada en *La Gaceta literaria*, núm. 8, 15-IV-1927, y *Dalila y Sansón*, publicada en *La Gaceta literaria*, núm. 16, 15-VIII-1927. La primera se subtitula «Tragedia en un acto», la segunda, «Drama» y las dos pueden leerse como parodias sobre los respectivos motivos bíblicos de los que toman los títulos. Burguera menciona además *Producciones Mínguez S.A.*, una parodia sobre el cine mudo publicada en *La Codorniz* en 1944. No ha sido editada en libro ni tampoco estrenada.

De los comediógrafos de su generación es Enrique Jardiel Poncela (1901-1952) el que presta una mayor atención a la obra breve. Su temperamento intelectualmente inquieto y su deseo de búsqueda de nuevas fórmulas para una renovación teatral, siempre relativa y moderada por su paradójica aversión a lo experimental, le condujeron en algunas etapas a la pieza breve, aunque nunca le dedicara el sosiego necesario, apremiado como estaba casi siempre por necesidades más perentorias. En su teatro breve podemos distinguir tres grupos de obras. El primero estaría constituido por lo que él mismo denominó «teatro para leer». Son divertimentos que se publicaron en la revista *Buen Humor* entre 1924 y 1928, y, después, en *El libro del convaleciente*. Nunca se representaron, aunque el dramaturgo utilizó algunos de estos materiales para espectáculos radiofónicos. Entre ellas figuran las siguientes: *El conflicto de Lord Walpole*; *El sacrifico de Yogataro*; *El arrojo de Tom Walter*; *La desdicha de Louis Leroy*; *La cita de Rebeca*; *El crimen de René Plint*; *La abnegación de Domingo*; *La defunción del profesor Lerchundi*; *El vals*; *Caída del conde-duque de Olivares*, obras todas ellas en que se parodian tópicos relacionados con los géneros o con los lugares comunes vinculados a las diferentes culturas y países, como se desprende también de los respectivos subtítulos: *Un drama francés; Un drama japonés; Un drama suizo; Un drama tropical; Un drama norteamericano; Un drama de la medicina moderna; Una comedia inglesa; Una comedia judía; Una comedia madrileña del siglo XIX; Una comedia histórica del siglo XVII*. A ellos podrían sumarse otras piezas semejantes, como *El teatro y la realidad (A través de la alta comedia, del sainete y de la realidad)*, publicada en el semanario *Buen Humor* en 1927 y después en *El libro del convaleciente* en 1939, ejercicio de estilo consistente en el tratamiento de una misma situación —la reacción del hombre ante la infidelidad femenina— desde tres géneros teatrales distintos, y *Dos monólogos representables: Presentación del fakir Rodríguez; Cómo contesta el eco*, aparecidos en el semanario *Buen Humor* en 1928 y utilizados por Jardiel en 1938 para una de las películas que componían sus *Celuloides cómicos; El pecado de doña Clara* (incluido en el trabajo «Reglas y fórmulas para hacer teatro»), publicado en *Buen Humor* en 1926 —todos ellos recogidos también en *El libro del convaleciente*—. Todas estas piezas constituyen ejercicios de ingenio acordes con el tono de la revista en que se publicaron. En este grupo podrían incluirse además los que configuran el *Teatro irrepresentable (Sainetes deportivos): La Olimpíada de Bellas Vistas; Tadeo el grecorromano; El novio de la Beningna, El «once» del

*Amaniel F.C.; La natación de Anastasio; El gran «Premio» de la Arganzuela,* publicados en 1925, en el seminario de deporte *Aire Libre* y recogidos después en 1943 en el volumen *Exceso de equipaje*. Las características de estos textos son muy semejantes a las de los citados en las líneas precedentes.

El segundo grupo estaría constituido por los monólogos que Jardiel escribió para algunas actrices españolas. El primero de ellos fue *Cuentos y chismes del oficio,* monólogo en verso escrito en 1939, estrenado por Isabel Garcés en el Teatro Infanta Isabel de Madrid durante el invierno de 1939, y publicado en el volumen *Exceso de equipaje*. Después vinieron los destinados a Catalina Bárcena, quien los representaba como fin de fiesta de sus espectáculos: *Intimidades de Hollywood, La mujer y el automóvil* y *El baile,* monólogos estrenados en el Teatro Coliseum de Madrid en 1935. El primero de ellos se publicó también en *Exceso de equipaje* (1943). Y aún ha de añadirse el titulado *A la luz del ventanal,* estrenado por María Paz Molinero en el Teatro Barcelona de la ciudad condal en 1946.

El tercer grupo podría estar conformado por dos obras breves autónomas, pensadas para el escenario y con un elenco de varios personajes: *A las seis, en la esquina del bulevar* y *El amor del gato y del perro.* Son pequeñas comedias que reproducen algunas de las características del teatro de Jardiel: personajes excéntricos, situaciones insólitas, desparpajo expresivo e ingenio verbal. Todo ello en el ámbito de una sociedad acomodada y carente de preocupaciones económicas, políticas o morales.

*A las seis, en la esquina del bulevar, entremés en un acto y dos momentos* se estrenó en el Cinema Alcázar de Cartagena el 16 de julio de 1943, a cargo de la compañía Trujillo-Alguacil, con el reparto siguiente: Purita Viñas (Cecilia), Carmen Lázaro (Boni), Lucrecia Manzano (Casilda), Ángel Alguacil (Rodrigo). Posteriormente la puso en escena la compañía titular del Teatro Infanta Isabel de Madrid en esta misma sala, y la propia compañía de Jardiel en el Teatro Borrás de Barcelona, donde se representaba también *Las siete vidas del gato,* con motivo de la función número cien de aquella comedia, en diciembre de1943. En aquella ocasión el elenco estuvo conformado por Maruja Cuevas, Conchita Bardem, Carmen Alonso y Ángel Alguacil. El texto se publicó en 1943 y se recogió después en el volumen VII de sus comedias que compilaba Biblioteca Nueva (1946).

*El amor del gato y del perro* se estrenó el 5 de diciembre de 1945 en el Teatro de la Comedia con motivo de la centésimo segunda representación de *El pañuelo de la dama errante*. Pedro Porcel (Ramiro) y Amparo Rivelles (Aurelia) interpretaron los dos papeles de la pieza. En *A las seis, en la esquina del bulevar* se plantea una cínica apuesta que cruzan la esposa y la amante de un hombre ya maduro, sobre la imposible fidelidad a la pareja por parte del varón: una nota anónima en que se convoca al personaje masculino a una cita, de modo que su mujer y la amante, de quien ha surgido la iniciativa, puedan comprobar cómo el hombre acude a aquel falso encuentro. El aparente fracaso de la experiencia —el hombre no acude a la esquina del bulevar— sólo servirá para mostrar la hipocresía del personaje masculino, que llega a casa indignado, con una nota que el portero acaba de entregarle para una reunión que debía haberse celebrado esa misma tarde y era un negocio en que estaban en juego millones.

En *El amor del perro y del gato* asistimos a un proceso de enamoramiento entre una muchacha y un escritor al que aquélla entrevista, precisamente acerca del amor. El habitual ingenio verbal de Jardiel se combina con una caracterización de sus personajes, basada en la excentricidad y en una tipología frecuente en su escritura: el personaje masculino es maduro, sensible, inteligente, exquisito en el trato, escéptico y un tanto desengañado. El personaje femenino se muestra vital e intelectualmente inquieto, hasta rozar el desequilibrio, y dominado por manías inofensivas pero extravagantes. La obra fue recogida por Medardo Fraile en su libro *Teatro español en un acto* (1989).

José López Rubio (1903-1996) también abordó ocasionalmente el teatro breve. Estrenó en el Español el 23 de mayo de 1950 *Estoy pensando en ti*, subtitulada comedia en un acto para un solo personaje, un monólogo que interpretó Guillermo Marín en su función de homenaje. El texto fue publicado por Alfil en 1954. En *Estoy pensado en ti* un hombre se dirige a una mujer que no está presente, pero a la que dedica sus pensamientos y proyecta un encuentro con ella para cenar aquella noche; pero algo cambia sus planes: recibe un encargo de trabajo para el que recabará la ayuda de una secretaria por la que quedará finalmente deslumbrado y a la que transfiere sus planes previstos para la velada. ¿Se trata de una cínica infidelidad o se trata de una mujer soñada que repentinamente se materializa, o tal vez esa materialización es también un sueño que se perpetuará hasta que ese sueño se convierta en realidad? El teatro de López Rubio es justamente el teatro del ensueño, de la confusión entre realidad y deseo o, dicho de otro modo, de compensación, mediante el sueño, de los deseos inaccesibles o no cumplidos.

López Rubio compuso además guiones dramáticos para la televisión, en que buscaba nuevos cauces para la escritura dramática tradicional en un nuevo medio de comunicación, como hace también Ruiz Iriarte. López Rubio fue el guionista de las series *Al filo de lo imposible* (1970) y *Mujeres insólitas* (1977). Los guiones de la primera de las series de López Rubio aparecieron publicados con posterioridad (1971).

Joaquín Calvo Sotelo (1905-1993) escribió también algunas piezas cortas. El 12 de enero de 1949 estrenaba con éxito en el Teatro María Guerrero un espectáculo titulado *Historias de una casa*, compuesto por tres historias diferentes, aunque entrelazadas entre sí: *El río y la casa, El diablo y la casa, El marino y la casa.* La segunda de ellas fue titulada un tiempo más tarde *El ajedrez del diablo* y se representó y se editó por separado, en un número antológico de la colección Alfil (1954). *El ajedrez del diablo*, comedia en un acto y en prosa, constituye un ejemplo —humorístico— de la voluntad de ignorar la verdad como medio para evitar el dolor. El diablo se acerca a la casa de Augusto para aprender a jugar al ajedrez y éste le pide a cambio de sus enseñanzas la posibilidad de morir durante media hora y contemplar cuáles son las reacciones de las personas que le rodean. Así, se da cuenta de que su amante, Leopoldina, lo engaña con Benjamín, el sobrino de Augusto, y de que la criada es la única que lo quiere. El desenlace, bienintencionado y paternalista, pone además de manifiesto un notorio conservadurismo moral, puesto que le sirve para romper la relación con su amante, una relación que el propio diablo ha censurado. No falta la comicidad en la situación, determinada por la aparición de este elegante y delicado diablo de alta comedia que paradójicamente arregla la situación familiar y afectiva de Augusto.

Pero posiblemente su pieza breve más ambiciosa es *Cuando llegue el día* (1952). Fue estrenada el 16 de junio de 1952 en el Teatro Español, dentro del ámbito del Teatro de Cámara que dirigían José Luis Alonso y Carmen Troitiño, y en función única. Formaba parte de un programa que incluía además *La voz humana*, de Cocteau, y *Compás*, de Claudio de la Torre. El elenco estuvo formado por Elvira Quintillá, María

Francés, Rafael Calvo y Julieta, Gil. La crítica se mostró elogiosa con el trabajo de Calvo Sotelo.[35] A diferencia de lo que es habitual en los textos que incluimos en este epígrafe, *Cuando llegue el día* tiene carácter dramático y no cómico. Marta, una muchacha ciega, se niega a recibir a un misterioso doctor Lanuza, quien, a pesar de sus obstáculos, se entrevista con Paula, la madre de la chica, y le anuncia que es posible la curación de Marta. Así se lo ha dicho ya a la muchacha, pero Marta se niega a operarse, porque su marido quedó ciego de forma irreversible en la Guerra Civil y piensa que si ella puede recuperar la vista la relación con su marido habrá de edificarse de nuevo. Como sabe que su marido le aconsejaría realizar esa operación, ha evitado que se entere de la llegada del doctor. Su decisión resulta significativa: es preferible la ceguera voluntariamente aceptada que el riesgo de enfrentarse a la visión de la realidad. Cabría así entender este sacrificio como el miedo, existencial e histórico, a enfrentarse a una realidad dura y llena de riesgos. Más tarde compuso *La corona de dalias*, comedia en un acto, que se estrenó en el Teatro Bellas Artes el 28 de enero de 1963. Después la reelaboró y la convirtió en una comedia extensa titulada *La amante*.

Miguel Mihura (1905-1967) escribió algunas piezas para revistas como *Muchas Gracias* (1926), *Varieté* (1928), *Gutiérrez* (1928), *La Codorniz* (1943-1946) —incluidas en *Prosa y obra gráfica* (2004)—. En realidad, se trata de chistes, no siempre del mejor gusto, que adoptan, en ocasiones y de manera un tanto arbitraria, una forma superficialmente dramática. Se encuentran muy lejos del ingenio que Mihura exhibe en sus mejores comedias y revelan un quehacer rutinario y falto de cualquier sentido del compromiso. Pero dos de sus obras breves merecen alguna consideración: *Una corrida intrascendente* y *El seductor*. La primera de ellas no se estrenó nunca. Se publicó en *La Codorniz*, núm. 177, 22-XII-1944, aunque Mihura creía recordar que la obra había sido publicada antes de la Guerra Civil. El texto fue recogido más tarde en el volumen de Taurus dedicado a Mihura (1965). Pese a su brevedad, consta de cuatro actos, que representan cuatro momentos de la acción dramática en que se presenta al torero intelectual y aristocrático, enemigo de cualquier forma de popularismo, semejante al que protagonizará *El caso del señor vestido de violeta* —de la que constituye un claro precedente—

[35] Luis de Armiñán, *ABC* (17-VI-1952), p. 37.

y en que algunos han querido ver un trasunto caricaturesco del torero y escritor Ignacio Sánchez Mejías.

*El seductor,* pequeña alta comedia en un acto, se estrenó en el Teatro de la Comedia de Madrid el 26 mayo de 1965 para conmemorar las quinientas representaciones de *Ninette y un señor de Murcia,* y se exhibió después en Barcelona en el Teatro Poliorama el 21 octubre de ese mismo año con motivo de las cien representaciones de *La tetera.* En Madrid fue interpretada por Paula Martel, José María Mompín y Alfredo Landa, que formaban parte del elenco de *Ninette y un señor de Murcia.* El texto, que procedía de un guión pensado para la televisión, que no había llegado a mostrarse, se publicó en *Mundo Hispánico.*[36] *El seductor* apunta una situación humorística e insólita: un hombre maduro sigue hasta su domicilio a una mujer joven y casada, sólo por el placer de contemplarla. El marido, que toma la situación como una broma, se desentiende de ellos, pendiente como está de su trabajo y de evitar la multa que pudiera ocasionarle el mal aparcamiento de su automóvil. La intención última de la pieza es, una vez más, una sátira contra la monotonía del matrimonio y también un alegato a favor de las viejas formas de galantería frente a lo que el comediógrafo considera la falta de pasión de unos hombres jóvenes embrutecidos por las imposiciones laborales de la vida moderna. Pese a su simplicidad, Mihura imprime su sello en la creación del ingenioso y distinguido admirador platónico de la mujer, en quien no es demasiado audaz ver un trasunto del propio comediógrafo.

Víctor Ruiz Iriarte (1912-1982) es unos años más joven que los comediógrafos mencionados y escribe desde supuestos estéticos diferentes, aunque pueden encontrarse algunas concomitancias entre su obra y la comedia de López Rubio o Calvo Sotelo, por ejemplo. En sus comienzos como dramaturgo Ruiz Iriarte cultivó ocasionalmente el teatro breve. La obra que alcanzó una mayor resonancia fue *Un día en la gloria,*[37] estrenada primero en el Teatro Argensola de Zaragoza el 23 de septiembre de 1943 y el 4 de julio de 1944 en el Español de Madrid por el cuadro del Teatro Español Universitario, dirigido por José María Forqué. *Un día en la gloria* es una farsa que juega con la sustitución de los grandes personajes históricos en la memoria colectiva de las gentes

[36] Ofrece informaciones al respecto Julián Moreiro [2004: 355].
[37] La obra se publicó por primera vez en *Haz, Revista nacional del SEU,* II, 1943, s.p. Después ha sido recogida en el libro de Medardo Fraile [1989].

por aquellos que los habían interpretado en las populares versiones cinematográficas de sus historias, lo que sugería una reflexión entre humorística y ambiciosa sobre la identidad personal.

Otra de sus obras cortas, *Juanita va a Río de Janeiro*,[38] diálogo dramático, se estrenó en 1948 en la casa de José Luis Alonso, dirigida por el
mismo e interpretada por Mari Paz Molinero y Miguel Narros. De pretendido carácter novedoso, cuenta una historia un tanto pudibunda, en
que una joven pareja, tras pasar su primera noche juntos en una casa de
citas, se lamenta porque la relación entre ellos ha perdido el encanto de
la ingenuidad anterior. Víctor García Ruiz [1987] menciona otras obras
breves de Ruiz Iriarte no estrenadas ni editadas: *Al acorde del violín*, comedia en un acto (compuesta entre 1940 y 1945); *La boda es a las ocho*,
drama en un acto (compuesta entre 1940 y 1945) y *Para ser un poco tonta*, monólogo (compuesta después de 1945).

EDICIONES

CALVO SOTELO, Joaquín, *Cuando llegue la noche y Cuando llegue el día*, Madrid,
	Alfil, 1952.

—, *El ajedrez del diablo*, en *Número 100*, Madrid, Alfil, 1954.

JARDIEL PONCELA, Enrique, *Exceso de equipaje*, Madrid, Biblioteca Nueva, 1943.

—, *A las seis, en la esquina del bulevar, entremés en un acto y dos momentos*, Madrid,
	Escelicer, 1943.

—, *De «Blanca» al «Gato» pasando por el «Bulevar»*, Madrid, Biblioteca Nueva 1946.

—, *El amor del gato y del perro*, en Medardo Fraile, ed., *Teatro español en un acto*,
	Madrid, Cátedra, 1989, pp. 83-104.

LÓPEZ RUBIO, José, *Al filo de lo imposible*, Madrid, Guadarrama, 1971.

MIHURA, Miguel, *Tres sombreros de copa, Ninette y un señor de Murcia y La bella
	Dorotea*, Madrid, Taurus, 1965; incluida también en Miguel Mihura, *Teatro
	completo*, ed. Arturo Ramoneda, Madrid, Cátedra, 2004, pp. 519-527.

—, *El seductor*, en *Mundo Hispánico*, 226 (1967); en *Estreno*, X, 1 (1984); también en Miguel Mihura, *Teatro completo*, ed. Arturo Ramoneda, Madrid,
	Cátedra, 2004, pp. 1257-1267.

—, *Prosa y obra gráfica*, ed., introd. y notas de Arturo Ramoneda, Madrid
	Cátedra, 2004.

---

[38] El texto de la obra se publicó en *Número 100*, Madrid, Alfil, 1954, pp. 139-
148. Previamente, hacia 1949, se había publicado en la revista *Manantial*, de Melilla.

2. *Dramaturgos neorrealistas*, por *Raquel García Pascual*

Con el fin dirigista de uniformar la pluralidad de propuestas teatrales que habían sobrevivido a la Guerra Civil, la dictadura impuesta en 1939 cambió el rumbo de una brillante generación de autores teatrales, que quedó, cuando no amordazada o relegada al exilio, limitada a una labor sumergida. Frente a las formas autorizadas en el teatro comercial de la posguerra española, el circuito restringido y de cámara se vio obligado a desarrollarse en una menor o mayor clandestinidad, la debida a títulos que si llegaron a ser estrenados, lo fueron en el ámbito privado y con un auditorio minoritario. Pero los autores comprometidos también se habían hecho eco del teatro escrito en la Rusia posrevolucionaria, de la propuesta venida de los movimientos de izquierda franceses y alemanes, del referente del teatro antibelicista norteamericano, del neorrealismo italiano y, entre otras modalidades «protesta», de diferentes formas de actualización del drama clásico español que no lo convirtieran en instrumento afianzador del totalitarismo, frente a lo que había sucedido, de manera paradigmática, con el auto sacramental.

Uno de los pilares clave para la historiografía teatral del período es señalar que el formato breve pudo ser para los autores que analizamos el medio más eficaz para saldar una deuda contraída con los sectores silenciados, en cuyo retrato, análisis e interpretación insistieron para reflejar las duras condiciones de vida que éstos tienen en momentos de represión, de los que son víctimas olvidadas. Una mirada a su producción dramática nos revela en qué medida las piezas de reducidas dimensiones, con su peculiar mordacidad, colaboraron en la transformación de la escena del período, ya que, en gran parte, tuvieron en sus manos el poder condensar las sugerencias de reforma y pudieron denunciar a través de la burla y de su atención al personaje que la dramaturgia de prestigio tenía por «marginado». Estableciendo las deudas de estas formas menores con un ascendente que se remonta al Siglo de Oro [Huerta Calvo, 1992], expresamente relacionadas con una potencial participación del público, eran reclamadas como el paradigma genérico más propicio en el marco de estudio de la animalización, la parodia o el mimo que buscara la complicidad [Dougherty y Vilches, 1990].

Del mismo modo que se ha estudiado cómo el «teatro de urgencia» recurrió en tiempo de guerra a canciones populares y entremeses de

nuestro teatro áureo, en montajes funcionales que pudieran ser levantados en cualquier lugar del frente y con un espíritu festivo que tenía
como objetivo hacer olvidar los sinsabores de la guerra [Collado, 1989],
para el análisis del parámetro de las obras en un acto estrenadas durante las dos décadas posteriores remitimos a los ensayos de O'Connor
[1981] y, en concreto, a los escritos en colaboración con Pasquariello
[1980]. Se trataba de piezas que podían dar cabida a lo tosco, pero no
por ello estar privadas de ambiciones artísticas. El formato breve, de forma independiente o asociado en un retablo o colección, demostró sus
capacidades para conciliar tradición castiza con experimentación vanguardista. Con un tono lúdico-experimental o comprometido-militan-
te, fue especialmente relevante «un teatro breve de agitación», que pasó
«por distintos filtros históricos (la beligerancia de la contienda civil, la
represión de la dictadura, el desencanto posmoderno) y estéticos (vanguardias históricas, realismo social, teatro épico, absurdo, *happening*)»
[Muñoz Cáliz, 2006: 22]. Pudo aumentar con ello la eficacia incisiva de
sus escenas, superior a muchas producciones de mayor duración.

Ahondando en cómo este género es también un índice de transmisión
ideológica, los trabajos de Rubio Jiménez [1993] han definido el registro
farsesco como el punto de encuentro con los clásicos —Aristófanes, Plauto,
Cervantes, Molière, Shakespeare—, los autores de la vanguardia histórica
—el teatro funambulista de Banville, el simbolista de Jarry, Feydeau,
Crommelynck, el teatro *grottesco* italiano— y las formas populares, entre
ellas, y en cabeza, el entremés, la *commedia dell'arte* y los títeres. Todos ellos,
material inmejorable para los grupos experimentales, tenían en común ser
la *contracara* de la visión oficial que tradicionalmente habían ofrecido las
obras largas, «serias» y solemnes aliadas del discurso de poder que las sub-
vencionaba.

## 2.1. Buero Vallejo

Uno de los puntos fuertes en el discurso crítico que analiza la obra
de Antonio Buero Vallejo (1916-2000) ha sido la interpretación de la
naturaleza dual de sus dramas, basada en un pulso de costumbrismo crítico y proyección simbólica que ha recibido el nombre de «realismo
simbólico» [Paco, 1984], una de las formas de alusión a una coordena-

da oblicua que el autor convirtió en emblemática desde los inicios de su carrera dramática. De todas las fórmulas ambivalentes el despliegue de medios grotescos en su teatro breve se limita a una pieza, si bien las estrategias de la farsa están presentes en sus obras largas: con el recurso al bufón Estebanillo en *Las Meninas*; con los fantasmas grotescos de Goya en *El sueño de la razón*; gracias a las máscaras de carnaval en *La detonación*. Además de responder a marcas de estilo que apostaban por añadir un suplemento de desrealización, el marco de lo posible que permitió la dictadura le llevó a esquivar la tijera de la censura a través de un lenguaje alegórico y metonímico [Oliva y Vilches, 1999].

En su primera y única obra breve, la tragedia en un acto *Las palabras en la arena* (1948), Buero parte de la parábola bíblica de la mujer adúltera, en recuerdo del mensaje transmitido por las *Divinas palabras*, de Valle-Inclán. Aplica esta temática evangélica al problema de la identidad de género en la sociedad contemporánea: el escrito de Jesús se plantea ofrecer la verdad profunda frente a la verdad irracional encarnada por Asaf. Junto al sacerdote Joazar, el fariseo Matatías, el seduceo Gadi y el escriba Eliú, sus acciones son metáfora de las impuestas por un código de convivencia opresora. Para su reflejo, el autor ofrece una galería de personajes animalizados por su propia intolerancia y crispación:

FADI        *(Furioso.)* ¿Qué insinúas, perro?

ELIÚ        ¡Perro del señor, para morderte! *(Se han oído carcajadas cercanas, y Matatías volvióse para otear el camino.)* [59]

Comprometida con el rol social que le era impuesto a la mujer en el momento de su escritura, la obra se centra en la violencia de género: Asaf mata a Noemí, no sin antes martirizarla con coacción, celos y porfías: «¡ah, perra! ¡Yaciste con Marcio, el centurión de la torre Antonia! ¿Cómo pudiste tú prenderlo, rata escuálida? ¡Lapidada debieras ser, como la adúltera de esta mañana!» [66]. Sigue a estas palabras su uxoricidio, tras el cual asaltan al asesino los remordimientos y la cordura que nunca tuvo, sin que haya razón alguna que salve su conciencia ni la de todos los maltratadores.

## 2.2. Sastre

Alfonso Sastre (1926) ha desarrollado una incansable actividad en el marco de la creación de grupos, la crítica teatral, la redacción de manifiestos, la adaptación de clásicos y contemporáneos, el ensayo, la autoría como dramaturgo. Es autor de libros sobre teoría literaria del género breve, ha hecho trabajos filológicos en torno a las hablas marginales y ha sido promotor de grupos teatrales que defendieron las obras cortas de corte renovador, en que destaca su trabajo con «Arte Nuevo», «La Vaca Flaca», el «Teatro de Agitación Social» o el «Grupo de Teatro Realista». Específicamente, dividimos su producción breve en dos períodos: a) «Arte Nuevo», primera apuesta experimental y b) obras grotescas de madurez.

### a) «Arte Nuevo», primera apuesta experimental

Desde su primera etapa Sastre apostó por una poética experimental, que le llevó a crear, junto a una serie de dramaturgos comprometidos, el grupo llamado «Arte Nuevo», que, durante tres años se empeñó en ser uno de los cauces de difusión de obras experimentales.[39] Pudo anotarse en esta agrupación la huella de Pirandello, Shaw, Wilder, Saroyan, Kayser o Rice. El corpus de las obras presentadas incluía las modalidades de *comedia, drama, drama, farsa, sainete*, pero también géneros no convencionales, de los que dan ejemplo *reportaje escénico, poema escénico* o

---

[39] Ofrecemos esta nota con sus subtítulos detallados: *Un tic-tac de reloj (comedia en un acto)*, de Gordon y Paso; *El infierno negro (drama en un acto)*, de Gordon; *Un día más (comedia en un acto)*, de Paso y Fraile; *3 mujeres 3 (farsa para hombres, en prosa y original, aunque con alguna que otra influencia)*, de Paso; *Barrio del este (drama de ambiente en un acto)*, de Paso; *Compás de espera (drama en un acto)*, de Paso; *El hermano (drama en un acto)*, de Fraile; *Ha sonado la muerte (reportaje escénico en un acto)*, de Sastre y Fraile; *Comedia sonámbula (poema escénico en un acto)*, de Sastre y Fraile; *Cargamento de sueños (drama para vagabundos en un acto)*, de Sastre; *Uranio 235 (poema escénico en un prólogo y un acto)*, de Sastre; *Armando y Julieta (farsa en un acto y dos cuadros en prosa)*, de Palacio; *Tres variaciones sobre una frase de amor (fantasía para monomaniáticos, en un acto, dividido en un prólogo, un coro y tres acciones)*, de Palacio; *Cuando llega la otra luz (tragedia moderna en un acto)*, de Costa; *El 21 de marzo llega la primavera (sainete sin importancia en un acto)*, de Franco.

*fantasía para monomaniáticos.* «Arte Nuevo» ofreció una galería de obras breves, por una parte, para tener ocasión de presentar el mayor número posible de autores que no conocían estreno por otras vías y, por otra, por ser un movimiento consciente de estar moviéndose en una coordenada de vanguardia. Fue uno de los antecedentes de los más tarde conocidos como teatros experimentales o independientes. Fue también un paso adelante hacia la creación de los teatros dentro de la universidad.

En *Un tic-tac de reloj* (1946), el Autor, dirigiéndose al público, presenta a un Hombre Joven que se declara infeliz por exceso de sensibilidad e inteligencia, reflejo de la amargura del intelectual en momentos de dictadura. Le sirve de complemento *El infierno negro* (1947), en que una camioneta acaba con la vida y los sueños de libertad de Joaquín. Pero un cambio de referente ambiental supone *Un día más* (1949), desarrollado en el Central Park de Nueva York, y que constituye otro paso más en la superación del naturalismo y localismo iniciales de la obra farsesca *3 mujeres 3* (1948). En ella un Perro humanizado, con dotes de «tercero en amores», le presenta al Autor a una mujer —Magdalena—, jaleado por el Coro, la Niña Bien, la Mujer menos honrada, el Empleado y el Hombre que espera el tranvía, personajes estereotipados que dan cuenta de algunas de las tensiones más representativas de la convivencia vigilada. Igual de inquietantes resultan ser las risas perversas convocadas en el desenlace de la siguiente obra breve representada en el marco de «Arte Nuevo»: *Barrio del este* (1946).

En lo que supone una nueva llamada a abrir los ojos y no vivir de espaldas a la realidad, la existencialista y antibélica *Uranio 235* (1946) está protagonizada por el Profesor Rufus, álter ego del protagonista de la novela de Wells *El mundo se libera*. Estamos en un sanatorio, uno de los cronotopos favoritos de Sastre, donde conversan la Anciana, Mara, el Joven, el Cínico y la Mujer de Luto. El aparato sonoro acompaña a las pesadillas vividas en la guerra por los soldados, pues suenan letanías y la campana del manicomio hace las veces de prolepsis acústica, como antesala de la muerte. En una propuesta de teatro dentro del teatro el Joven y Mara recuerdan a Iván, a quien el primero había comprado *Uranio 235*, un libro con cuya lectura se cierra la misma obra a la que da título.

Presenta un corte muy diferente *Armando y Julieta* (1946). Una joven, tan tonta como atractiva, y el muchacho protagonista, tan rico como corto de entendederas, son tocados por las flechas de un Cupido que ya no es el joven griego de la mitología, sino un viejo provocador. Los jóvenes exhiben su imbecilidad y sus cumplidos llenos de cursilería cuando el nuevo dios del amor les une. Pronto se hace ver que la disertación sobre el suicidio del enamorado hecha por esta divinidad es un pretexto para sacar a colación la guerra. La sorpresa viene cuando Cupido y Armando se emborrachan, el uno por desmitificar su figura griega y el otro al ser rechazado por Julieta. Las referencias al cine —aluden a Clark Gable y Robert Taylor— contrastan con el anacronismo de que Julieta intuya que Armando había tomado el metro. A gritos él pide la mano de Julieta a sus padres, en un galimatías de voces. Terminan jugando los cuatro una partida de pócker y pidiendo el aplauso del público para reclamar juntos que se acabe con la falta de diálogo impuesta.

Vuelve a centrarse en el tema de la incomunicación, la familia y la guerra *Tres variaciones sobre una frase de amor* (1946). Invierno, Otoño y Verano juegan a las cartas con un atuendo alusivo a la estación que representan. La Primavera, que canta y dialoga con un Espectador del público real, hace alarde de su papel alegórico. Dando pie a una reteatralización, el Otoño representa la historia de Oscar Wilde y, de forma coral, las otras tres estaciones cantan a los matrimonios mal avenidos. La segunda pareja está compuesta por María Walewska y Napoleón. La tercera variación la protagonizan el trío Nerón-Séneca-Agripina, que mueve a risa con su habla ceceante. Nerón es un vate que recita poesías y luego ligotea con Popea, a la que mata, en una parodia de *Hamlet*, pues lo hace de una patada por estar escuchando tras la cortina. Cuando Nerón se dispone a suicidarse clavándose su espada, interviene de nuevo el Espectador, que ha venido a probarle el mal agüero que dicen tener las palabras «dientes», «cisne» y «pato». En momentos previos al desenlace se disculpa, sabiendo que el poder nefasto de esas frases tendrá como consecuencia una tragedia en 1939, preanunciada por Nerón con tonos proféticos. Lejos del disparate cómico que parecería en un nivel superficial, esta «fantasía para monomaníacos» es un serio replanteamiento de la identidad del ser humano y de las consecuencias bélicas.

Porque el tema de la locura es uno de los motivos «estrella» en Sastre, los brotes de esquizofrenia se apoderan de Apeen en *Cuando llega la otra luz* (1948). El protagonista, en una dolorosa agonía, se despide del mundo y de su mujer, Virginia. Recibe la visita del Doctor, pero también de una Idea, personaje alegórico que viene a inculcarle instintos asesinos. Su padre, Gift —«el regalo», otro nombre simbólico—, es el objeto de los pensamientos ocultos encarnados en la Idea: quiere que Apeen cometa un parricidio que tiene inequívocas lecturas políticas.

Tras estas propuestas farsescas, el neosainete *El 21 de mayo llega la primavera* (1948) se desarrolla en una casa de vecindad a la que entran dos pollos antropomorfizados, Pollo 1 y Pollo 2, simulando estar en un gallinero, símil de España con un corral cuyo dueño es, leído en clave, un dictador.

La alternancia de tonos y registros estaba calculada. Frente al realismo de *El hermano* (1948), fue melodramática *Compás de espera* (1948), centrada en la disolución del matrimonio de Fernando y Rosa, y en el apuñalamiento de Lorenzo por aquél. Nuevo retrato de una defunción violenta, en la pieza breve *Ha sonado la muerte* (1946), Henry Rudgwick —vuelven los apelativos exóticos— se presenta al público simulando conocer a los autores de la obra. En un lance propio del teatro del absurdo conocemos a Bernard, superviviente de un ataque bomba que ha matado a los Hérault, que ha venido a dar parte de su testimonio pacifista. La crítica a los medios de información va implícita desde el momento en que Henry, corresponsal en Europa del *New York Herald*, no da paso a Bernard porque da por concluido su reportaje, manipulado y parcial como puede serlo toda prensa tendenciosa.

Cumpliendo las expectativas de que las obras de «Arte Nuevo» iban a ser auténticas apuestas experimentales, se ha relacionado *Cargamento de sueños* (1949) con un título que se escribiría cinco años después [Doménech, 1964; Fraile, 1989]: *Esperando a Godot*, de Beckett. *Cargamento de sueños* fue fruto del desahogo contra la imposición de una estética de salón y olvido. En ella se abrazan el simbolismo en los nombres germánicos —Man, Frau— y extraños —Jeschona— con las resonancias existencialistas. Esta pieza, subtitulada «drama para vagabundos», incluye personajes mudos —el Médium, los Espiritistas y los Dos Hombres Indiferentes—, y nos presenta a Man arrastrando un cargamento de sueños, que no es metafórico, sino que ha tomado cuerpo en escena. El resto de sus recuerdos y anhelos toman también presencia en el escenario, como es el caso de las fieras: adquieren forma fantasmal para explicar que los sueños son físicamente «*un lastre para conocer la verdad*» [124].

## b) Obras grotescas de madurez

La tragedia compleja de Sastre intenta una conjunción de elementos lúdicos a través de héroes irrisorios en proceso de decadencia individual, de una presencia de caracteres mágico-fantásticos, de un tono grotesco y de una estructura fragmentada tomada directamente de la poética del género breve fundida con el código fílmico. Con el objeto de sostener que la catarsis compleja no se produce sólo a través del horror y de la piedad, como la aristotélica, sino a través de unos afectos más complejos, el autor donostiarra escribió «Un prólogo de cuatro perras» [1965: 23], en que se pronunciaba sobre la «estética del boomerang».[40] Quiso llamar a esta modalidad «efecto simultáneo», un recurso posbrechtiano —pues partía del *Verfremdungseffekt*, de Brecht— que consiste en la conjunción de identificación y distanciamiento, en la percepción de un mundo simultáneamente familiar y extraño [Johnson, 2005: 70]. Y es en las obras acogidas a este talante tragicómico —ni cómico distanciado ni trágico implicado— en que desarrolla una utopía carnavalesca, en que reconoce un resultado hecho a base de tragedia clásica más esperpento y distanciación brechtiana. Quizá la mejor de estas muestras es *Ahora no es de leil* (1974), neosainete ambientado en la guerra de Vietnam. Pese a ser calificada como «apunte chispeante» —nueva forma de despiste a la censura—, se centra la sanción de toda batalla a través del duro recuerdo de un chino inocente ejecutado en Cuba.

Lejos de este tono trágico, *El viaje infinito de Sancho Panza* (1984) presenta un mundo invertido para dar cuenta de la progresiva quijotización del escudero hasta el punto de que teme padecer la misma enfermedad que su amo. Al estilo épico, en una intención de hacer explícito el simulacro, el discurso de don Quijote es más deslenguado que el de Sancho, y la obra introduce el euskera en boca de uno de los galeotes, así como anacronismos, momentos oníricos y personajes fantásticos. Cuando dan con el caballero de la Banca Luna en el cuadro XIX, quien reta a don Alonso Quijano a que si es vencido en combate deberá olvidar su aven-

---

[40] «Su emoción tiene que ser más compleja que la catarsis aristotélica y el extrañamiento brechtiano; en él tiene que producirse una conexión entre extrañamiento e identificación, efecto que Sastre define como "estética del boomerang"» [Ruggeri, 1999: 20].

tura, tiene lugar un cuadro de derivaciones cómicas propio del Sastre más carnavalesco:

DON ANTONIO   *(Del que podría esperarse otra respuesta como personal de orden que es.)* Ah, está bien, está bien; pero en verdad con lo que ustedes han tramado me temo que tanto los Duques como otras personas y yo mismo hemos sufrido una grave pérdida: la de unos locos graciosísimos. Pero allá ustedes, con su Valdepiñas, o como se llame ese pueblo.

BLANCA LUNA   Valdepeñas.

DON ANTONIO   ¿Y ustedes en Valdepollas no saben que matar a un loco es una gran locura? [123]

Reservamos el comentario final a un título confesional, muestra de que posteriormente el autor ha recurrido de forma puntual a las obras breves con el fin de una puesta en escena en colecciones de varios autores, como es el caso de *Un drama titulado no* (2001), confesión del poeta José Larrea. Alejado siempre del teatro escapista, Sastre ha seguido manteniéndose firme en su estado de litigio contra los más diversos estados de imposición, con temática política, pero también comprometida con otras problemáticas sociales.

## 2.3. Rodríguez Méndez

En la última etapa conocida de su producción, José María Rodríguez Méndez (1925) ha dado cabida a un ámbito apocalíptico con numerosas concesiones a un espacio espiritual grotesquizado en que, desengañado de la vida consumista, y de ver descafeinarse la euforia en materia política, ironiza sobre la por él llamada «mala sociedad del bienestar». Sobran las razones para ver que sus personajes están vinculados a ambientes culturales, circunstancias sociopolíticas y comunidades lingüísticas, tan desatendidos como denunciaba lo estaba siendo su teatro, con el que reclamó se asumieran las correspondientes responsabilidades históricas. Conocedor del teatro breve, como demuestran tanto su faceta ensayística —*Ensayo sobre el machismo español* (1971)— como sus obras, es un apasionado de *La Celestina* y los clásicos Lope, Calderón o Tirso, pero sobre todo de la obra de Cervantes, con especial devoción por *El retablo de las maravillas*. Además de ser un lector incondicional de los místicos españoles —Santa Teresa de Jesús, San Juan de la Cruz—, es gran defensor del mundo del paso, entremés y sainete, con un no oculto apego por Ramón de la Cruz, más que por el lenguaje de Arniches, que considera en exceso literaturizado. Pueden ampliarse sus referentes anotando su compromiso con el grupo del 98 y la actitud crítica de Lorca [Fernández Insuela, 1986: 261].

En el teatro breve el gran mérito del dramaturgo se ha vinculado especialmente al ámbito estilístico; ha introducido dialectalismos y germanías actualizadas a la época retratada, por las que ha podido demostrar que es un profundo conocedor del código de comunicación jergal. Nos referimos a un léxico agermanado, como el de los jaques y las capas acanalladas de nuestra picaresca, sólo que traídos a nuestros días. Es un lenguaje recortado, chispeante, sembrado de vulgarismos, locuciones chulescas, parodias, sarcasmos y palabras malsonantes, con un sentido de oposición al «buen gusto» impuesto por la censura. Por este registro sus obras tuvieron una aparición fugaz en la escena comercial, en que alternó presencias y ausencias, una existencia visible con otra subterránea y sumergida, en las dos modalidades señaladas: a) sainetes grotescos y b) espectáculos suburbiales. Sus obras breves, lejos del teatro de salón, tienen lugar en escenarios deprimidos, con presencia de intermedios festivos en que la comicidad más que anestesiar, actúa como preludio crítico de un fin aciago.

## a) Sainetes grotescos

Rodríguez Méndez debuta en la codificación de un teatro breve que asume la herencia del registro carnavalesco en *El milagro del pan y los peces* (1953). El escenario escogido es un viejo convento castellano, en que a un grupo de monjas se les encarga la custodia de unas reclusas políticas durante la posguerra. Ello les provoca una crisis de fe y una rebelión contra la Superiora. El mensaje de esta pieza viene a reflejar la lucha abierta por el teatro del momento para romper sus ataduras con el Régimen, que dogmáticamente indicaba el orden de lo permitido. Si cuatro años más tarde, en 1957, muchos universitarios disidentes fueron expulsados de la universidad, y si hubo también fenómenos similares entre activistas obreros, que fueron sofocados con medios represivos, esta obra nos está contando nuestra propia memoria histórica desde el seno de la misma Iglesia.

La pieza de teatro breve a modo de entremés *Auto de la donosa tabernera* (o *La tabernera y las tinajas*) (1959) desarrolla, en clave de farsa y en un acto, la soez y grotesca carnalidad de un ambiente tabernario. Basándose en una historia popular y tradicional, el autor muestra el acoso sexual al que es sometida una tabernera por parte de las autoridades municipales que la pretenden. La joven bromista idea una treta con la que los acosadores salen escarmentados, en una puesta en marcha del proverbial motivo del «burlador burlado».

Un apropósito ejemplar es *Historia de forzados* (1962) que, junto a *El hospital de los podridos*, fue estrenada con «La Pipironda». Tuvo por objetivo demostrar la solidaridad de los obreros en tiempos de dictadura. Una ordenanza trata de ser sobornado por su jefe, quien, ofreciéndole a cambio de un coche para su hija paralítica, le tienta a ejercer como espía a su servicio.

Una nueva pieza corta de cuño comprometido es *Defensa atómica* (1963), sátira en que se ridiculiza a los poderes estatales que, en un pequeño pueblo, predican la necesidad de defenderse de un posible ataque nuclear. Las hipérboles y la desmesura de la tradición farsesca vuelven a salir a las tablas. Desarrollada de nuevo en un escenario rural, en *La Andalucía de los Quintero* (1966) los «señoritos» de antaño se dan cuenta de que los jornaleros, enriquecidos por la emigración alemana, les han dejado prácticamente en paro en los años cincuenta. Dos hermanos de esta villa andaluza se han arruinado mientras que sus antes subordinados, al emigrar, se han enriquecido en la sociedad del bienestar que a España le estaba siendo negada. Constituye una revisión de los tópicos de los dramaturgos que dan nombre a la obra —los hermanos Álvarez Quintero—, pero también una invectiva contra el caciquismo. No hay que olvidar que en la España de 1966, después de un referéndum manipulado, siguieron ilegalizados los partidos políticos, las elecciones libres y la libertad de asociación política. Acababa de imponerse el tiempo de la «democracia orgánica», forma de corporativismo y falso barniz de apertura que había sido uno de los pilares de los movimientos fascistas históricos.

b) Espectáculos suburbiales

Las piezas breves *El Marqués de Sade en Utrera, El sueño de un amor imposible, Real Academia, Los novios de la muerte* y *A mal juez, peor testigo* fueron escritas entre los años 2000 y 2003. El autor sugirió para ellas un posible rótulo que las englobara: *Espectáculo de calle del suburbio madrileño de estos tiempos.* Resumía así el espíritu de un teatro concebido para ser representado en escenarios callejeros, retomando el programa de «La Pipironda». En *El Marqués de Sade en Utrera* un «Segurata» de una casa en construcción en este barrio madrileño ha apresado a un «Ocupa» al que somete a vesanias y malos tratos. Inspirada en la *Filosofía del tocador,* del citado marqués, tiene lugar en los aledaños de Orcasitas, en que conocemos que dos guardas de seguridad son los álter ego de los «viejos ballesteros de la Edad Media con toda su desconocida ferocidad» [601]. Uno de ellos hace un tatuaje con sangre a uno de los jóvenes díscolos, con la actitud retadora de un anarquista que se opone al sistema:

SEGURATA        Te voy a dejar para la pasarela Cibeles, tío... Mira...,
                mira el coco que le está quedando al tete... No te po-
                drás quejar... Pa que veas lo que es la democracia... Pa
                que luego los neonazis ocupas como vosotros vayáis
                hablando del tema e la democracia... [604-605]

Con *El sueño de un amor imposible* conocemos a unos regeneracionistas del 98 que sueñan con ser europeos, sátira de que España haya tenido un pretendido complejo de inferioridad frente a otros países. Y nuevas ironías sobre el orgullo de casta aparecen en *La banda del Tisi.* Los jóvenes componentes de la banda del viejo Tisi, un delincuente de Lavapiés, quieren que su jefe se ponga al día en las técnicas del robo, lo que él entiende como una ofensa a su magisterio: «EL TISI ¡Te vas a reír de la Cibeles, niño! Sos vais a ir tos a hacer puñetas que no sos quiero ver» [56]. Analizada teniendo como pie la obra anterior, *Los novios de la muerte* nos presenta a dos viejos legionarios que pasean por Madrid hablando de sus tiempos «heroicos». Enlaza con la presentación del tema militar en *Vagones de madera,* que a su vez remite al Valle-Inclán de *Las galas del difunto* [Peral Vega, 2005]. Dos ex-legionarios, dos lejías presentados como «*residuos de la Historia de España*», hacen alarde de su hombría cuando a los ojos del espectador resultan irrisorios.

Con el fin de poner en solfa a todo el teatro acrítico que le rodea, *Real Academia* es el monólogo dramático de un indigente que afirma ser una gran figura de la farándula. Se siente incomprendido, como tantos otros cómicos, a los que convoca arrogándose diversos juegos de personalidad: Fabio León, un actor antisistema que arremete contra la Universidad Complutense y la Real Academia; don Anastasio Campoy, histrión de los corrales de comedia que echa de menos el habla castiza perdida; Manolo Calvo, sacado a escena para reclamar la grandeza del cómico como elemento primordial del espectáculo, y similares actitudes tienen sus Isidoro Máiquez, Juan Rana, Julián Romea, el gran Vico, Emilio Thuiller, José María Rodero o Paco Rabal. En este largo recorrido por la galería de intérpretes ilustres de nuestra escena, Rodríguez Méndez está reclamando un teatro antiburgués y verdaderamente popular. No de otro modo se acogen los parlamentos «en el Liceo me meo» o «mendigo con orgullo».

Nueva crítica a las instituciones oficiales, en este caso del ámbito del Derecho, es *A mal juez peor testigo*, en que una prostituta se lamenta de su profesión a través de un monólogo en que culpa al gobierno de haberla llevado a vender su cuerpo en la madrileña calle de la Montera.

A través de estas muestras puede percibirse que Rodríguez Méndez ha elegido las formas breves por ser una eficaz medida de corrosión al sistema [García Pascual, 2006]. Aún a riesgo de no acceder con ellas a las programaciones comerciales, sí le han permitido conectar con un público de diverso extracto que se siente identificado con sus retratos.

## 2.4. Olmo

Desde *El milagro* o la inacabada *El rubí del Inspector General* hasta *Instantáneas de fotomatón*, pasando por las piezas en un acto —*El perchero*, *El milagro* y *La señorita Elvira*—, o las misceláneas *La jerga nacional* y *Estampas contemporáneas*, la fórmula humorística elegida por Lauro Olmo (1922-1994) no se ha limitado a la comicidad verbal del sainete. Ha tomado referentes de la cantera de motivos del grotesco popular vinculado con la tradición española, pero también de la mejor vanguardia extranjera. Ha dado amplia cabida a un teatro de tendencia «absurda» y «surrealista» para poder querellarse con la falta de libertad de movimientos, con el mapa conceptual de la mente del consumidor compulsivo y con algunos de los roles de la marginación más sangrante, ejemplificados en las esferas tanto privada como pública. Responde a estos perfiles la clasificación que hizo de sus obras breves el propio autor: a) primeras obras: entre el sainete y la farsa; b) *El cuarto poder* (*La noticia, La niña y el pelele, Ceros a la izquierda, Nuevo retablo de las maravillas y olé, La metamorfosis de un hombre vestido de gris, De cómo el hombre limpión tiró de la manta*) y *Spot de identidad*; c) *La jerga nacional* (*La Benita, Los quinielistas, El pre-electo, Un cierto sabor a angulas, Las putifláuticas, ¿Qué hago con la vuelta?, José García* y *Ése que nos mira*); d) *Instantáneas de fotomatón* (*La señorita Elvira, La Benita* y *El orinal de oro*); e) *Estampas contemporáneas* (*El espíritu del pedestal, El hombre rechoncho, El maletín* y *Desde abajo*).

a) Primeras obras: entre el sainete y la farsa

En estas obras la gran degradada es la imagen tradicional de la mujer, tenida por un «ángel del hogar», fiel esposa y madre a la que se le había cercenado toda capacidad de determinación o independencia, de decisión política o de medro laboral. En este tema se centran la obra en un acto *El milagro* (1953) y la también breve *El perchero* (1953), en que el espacio se limita al dormitorio de Luisa, y el argumento a una rivalidad amorosa entre ésta y su hermana Berta. El perchero, omnipresente, hace las veces de árbol —símbolo erótico— o de persona, según cambia de plano. El alféizar y la ventana, son, a su vez, signos asociados al erotismo femenino, del que se explica ha sido proyectado por el hombre como un sujeto paciente y no activo. Las oposiciones constantes entre dos hermanas, dos camas, dos planos —sueño y realidad— y dos vidas —la íntima y la social— revelan un marco bipolar hecho de negaciones de libertades. No despista al espectador o lector el tono farsesco; el sereno es símbolo de esa autoridad oficial reprobada. Parece necesario recordar que, desde 1951, con Carrero Blanco como subsecretario de la Presidencia, con Arias Salgado como ministro de Información y con Ruiz-Giménez al frente del Ministerio de Educación Nacional —referencias políticas que Olmo no oculta—, el sistema represivo se había recrudecido. Estaban siendo los años de máxima exaltación del catolicismo, de recuperación del falangismo en la universidad y de instalación de un férreo control en el ámbito de prensa «orientada». Precisamente en este régimen de alusiones se lee la farsa inconclusa que lleva el significativo título de *El rubí del Inspector General (Carnaval)*. Datada en la temprana fecha de 1955 y, pese a que Olmo quizá nunca la terminó [Fernández Insuela, 1995], contiene el germen de su dramaturgia posterior. Cabe anotar que esta farsa circense se había titulado también *El Hombre, la Mujer, el Juglar y el... y Fiesta*, nombres que no satisficieron a Olmo tanto como el citado en primer lugar, pero que sí resultan ser decisivos para encauzar el estudio de su obra festiva. Por otra parte, la obra remite, en su subtítulo, a un elenco de *dramatis personæ* conformado por enmascarados; están disfrazados la mitad de ellos. El Hombre, la Mujer y el Juglar actúan sin máscara, frente a las Beatas 1 y 2, una Vieja-niña, la Jovencita perversa, el Petimetre, un Viejo lascivo, el Glotón y las Comparsas. Lo verdaderamente extrapolable de esta farsa respecto de su sello teatral posterior es que Olmo apuesta por un teatro breve que, por un lado, hace evolucionar a los tipos tradicionales —conviven el dieciochesco Petimetre y el Chófer contemporáneo— y, por el otro, combina diversas líneas del género, como la *commedia dell'arte*, el entremés, el circo, la pantomima, la tradición medieval de las danzas de la muerte y la juglaría llamada cazurra. Todas estas formas van a compartir un mismo espíritu de grotesco popular. El mejor botón de muestra es la Máscara 4: el Glotón, que no puede faltar en todo Carnaval que se precie. Asimismo, destaca la alegoría de hacer del Borracho la personificación de la Sinceridad, o del Petimetre el símbolo de la Estupidez —ideas éstas que aparecen en sus textos narrativos de los años cincuenta—; son notas carnavalescas tópicas de oportuna aparición.

En *La señorita Elvira* (1963) el personaje que responde a este nombre fue víctima de una educación represiva, en que no pudo entregarse a su primer amor a causa de una férrea educación religiosa que la convirtió, según la obra de Olmo, en una chica de vida gris crónica. Toda la acción es un interrogatorio en que pasa revista a su currículum sentimental. Un juez le pregunta el nombre y apellidos a Elvira, que, en lugar de contestar sin más, necesita hacer memoria de su juventud malgastada para encontrarle quizá un sentido. Ante la trágica percepción de que está siendo considerada sólo como un nombre, un reloj de arena y un libro de hojas en blanco son objetos-testigo de este reclamo, en tanto «las músicas que subrayan el tiempo de la obra» —música decimonónica de quiosco, para los padres; *Ramona*, para el amor juvenil; Machín, para la madurez; y el rock final— nos indican que estamos ante la imagen obsoleta de una mujer denunciada por los movimientos de liberación femenina. Como el O'Neill de *The Great God Brown*, Elvira irá poniéndose máscaras para marcar el paso del tiempo y escenificar su vida. El ambiente, por tanto, es irreal. Brotan del suelo objetos y las fotos de sus padres aparecen en proyección cinematográfica, equivalente al primer plano explicativo del cine. Como en el código fílmico coetáneo, se pide una apertura; estamos ante un conflicto cuyo reclamo no ha perdido vigencia: se expone el caso de tantas mujeres cuya autodeterminación les ha sido cercenada.

b) *El cuarto poder* y *Spot de identidad*

Las seis piezas cortas que componen *El cuarto poder* fueron escritas de forma espaciada, entre los años 1962 y 1965. Constituyen una firme apuesta vanguardista y un sólido compromiso frente a los mecanismos de represión: aunaron farsa y mensaje político. Por su versatilidad, estas minipiezas se han representado de forma independiente, como sucedía con las formas de teatro breve del Siglo de Oro respecto de la comedia en que se insertaban. Para todas ellas hay una ligazón a través de un personaje principal y de una voz en *off*, que comienza situándonos en la vieja ciudad de Tontonela, tiempo primordial en que los hechos insólitos se tenían por reales. Se destaca que ya por aquel entonces la prensa tenía el poder de modelizar opinión: actuaba El Cuarto Poder. Se pone sobre la mesa el problema de la información omitida, por lo que resulta sarcástico que tenga por subtítulo «tragicomedia en seis crónicas», que lleva a Olmo a un nuevo planteamiento de este término, reaparecido con tintes burlescos en su obra extensa *Cronicón del Medievo*.

Una alternancia entre alegoría fingida, espontaneidad infantil y lenguaje directo es la nueva opción de estilo de un Olmo que aspira a dar el salto a un retablo de cristobitas agonizantes, que documentan un mensaje crítico: su oposición a la malversación de opiniones, a la manipulación de conciencias ejercida en tiempos de dictadura por los medios de comunicación de masas. *La noticia* es precisamente un barómetro del juicio y el reportaje vendidos. Da entrada a una serie de luchas cuerpo a cuerpo con la burla de las prohibiciones, de la que fueron «cómplices de silencio» los toros, el fútbol y los propios corresponsales en el extranjero, que daban noticias bélicas para hacer pensar que fuera de España aún se vivía peor. Le sigue la obra breve *La niña y el pelele*, que leída en clave parabólica expresa el deseo de que se acabe con el borreguismo social. Desvela que, en la línea del realismo formalista brechtiano, su propuesta de integración genérica busca una escena popular abierta a la comunicación directa con el público, como ya había sucedido en los pasos y entremeses, en la comedia burlesca barroca y en la *commedia dell'arte*. En su homenaje paródico a la pretendida sinceridad del teatro realista, se incorporan cuerpos danzantes heredados de la pantomima. La tercera de las piezas de *El cuarto poder*, *Ceros a la izquierda*, nos enclava en la redacción de un periódico oficial ajeno a todo aire liberal, que ha puesto a sus clientes en huelga.

Aplicando el esquema bajtiniano a la segunda parte del montaje, que se abre con el *Nuevo retablo de las maravillas y olé*, el mundo al revés es patente en el hecho de que en lugar de canciones infantiles haya «nanas del estruendo» [301]; en que, en un guiño a *El Siglo en blanco*, de Larra, el periódico tenga las páginas vacías; o en que haya un sabio cuyo nombre es Tontonelo. Sigue el absurdo en el hecho de que el retablo de Montiel sea invadido por unos turistas al grito de «¡oh, typical!», y de que se mezclen en una disparatada escena de marionetas, al sonar de un pasodoble castizo. Y entre vítores entrará Montiel, ahora director de charanga, invitando a «tomar placer, sin escándalo alguno». Reinará el disparate en las situaciones, aunque no en el fondo temático: se está confirmando que no hay autonomía.

Tras la pieza antibélica *La metamorfosis de un hombre vestido de gris*, seguimos estando en la plaza pública porque, de hecho, en *De cómo el hombre Limpión tiró de la manta* parte del *atrezzo* es un tingladillo de periódicos que ha de ubicarse en un espacio escénico de marcado acento polifónico: una «sintética plazuela de mercado». En ella van a coincidir cinco personajes de lo más variopinto, siempre antirrealista: un Mimo (mudo y dando pasos de ballet), una Extraña Mujer, un Maniquí (que será personificado), un Juglar (ciego y acompañado de sus incondicionales coplas y romances) y el

Hombre Limpión, que no es sino el Hombre del Saco del folclore, sólo que ahora va desnudo y armado, para representar respectivamente la rijosidad y lo agresivo de la farsa, con un tema definido: animar a ser escépticos con la publicidad que imponga la necesidad de la guerra.Verdaderamente *El cuarto poder* es una obra que renueva los lenguajes escénicos. De hecho, en una advertencia Olmo alude a que en ella todo se anuncia en clave de pregón popular callejero. Sin traicionar al programa de teatro de muñecos y pantomímico —«el Mimo se halla al frente de un muestrario de máscaras. [...] Es mudo y sus pasos son de ballet» [298]—, se ponen en boca del Viejo Juglar similicadencias, aliteraciones y onomatopeyas que juegan con las posibilidades expresivas del código teatral: «en los viejos tiempos, / pum-pum-chin. / Tiempos del estruendo, / pum-pum-chin» [300].

Y si el tono se desplaza del código infantil al juguete cómico, éste es reconducido hacia la actuación a un maniquí que denuncia que las mujeres sean objetualizadas. Sucede en *Spot de identidad o Los maquilladores*. Olmo se pregunta en ella cuántas mujeres han tenido episodios de humillación similares a los de su protagonista, que es deshumanizada como una muñeca y coreada por todos, hasta que consiguen su *striptease* a ritmo taurino:

> *Al final del esperpéntico strip-tease, el* FUNCIONARIO 1, *alucinado del todo, abraza y besa con extraña furia a* ELLA. *Luego se la sube a hombros y, tambaleante, hace mutis sacándola por la puerta grande entre exclamaciones entrecortadas, jadeantes* [87].

c) *La jerga nacional* (1986)

Está constituida por una serie de minitragedias para cuya configuración el autor «rebusca lo que la realidad puede dar de sí como expresión jocoseria de los traumas, neuras y gracejos más o menos sainetescos del entorno». La primera de ellas es *La Benita*, ajustada de forma intertextual a la tradición del cuplé sicalíptico más satírico. Además de una invectiva contra quienes siguen aportando mensajes tradicionales sobre las mujeres, critica que las tertulias estuvieran vedadas a éstas. Esta obra crítica de corte sociológico revela una situación de ninguneo a la que Olmo se opone a través de la desinhibición sexual de su protagonista:

BENITA   ¿Casada?... El amor sin orgasmo, ¿qué es? Afecto, ternura y todo lo que usté quiera hasta llegar al tango
argentino; pero, ¿amor-amor?... [...] *(Bajándose las faldas.)* Hay que acostumbrarse a ver unas bragas con naturalidad. A propósito, ¿qué calzoncillos llevá usté?
[93-94]

El aire sainetesco no oculta, pues, una crítica al rol y al prejuicio ma-
chista que consideraba que determinados temas eran tabúes para la mujer, entre ellos el erotismo. Ocurre también en *Las putifláuticas* con las
prostitutas Apolo y la Mujer C, que, malhabladas y despectivas como
cumple la retórica de su papel contestatario, se mueven en una escena
*«un poco desaforada, distorsionada. Las risas pertenecen al expresionismo, no es
el naturalismo el que manda aquí»* [108-109]. Con eufemismos paródicos
hablan del Pre-electo, al que dedican palabras tan desenvueltas con las
dedicadas a temas «proscritos», entre ellos el sexo oral:

MUJER B   ¿Tú que pensarías de un tío que del amancebamien-
to con su mano acaba de pasar al foqui-foqui?
[...]
MUJER D   La fe de provincias ante el primer tanga es algo que
va a misa.
MUJER B   Pero, por si acaso, yo en el próximo encuentro le haría el sifón [109].

Las frases hechas de sabor popular —«hoy con detergentes ya no hay
putifláuticas» [109]— son algunas de las alocuciones de Apolo que levantan las risas de complicidad de sus compañeras. Se unen a ellas el
Pre-electo y su Primo, cuya pedantería disuena en este contexto:

MUJER C   *(Replicándole ya en plan de putifláutica, sin disimulos.)* ¡Y
del amor y del paisaje, lo mejor es el follaje! ¡No te
joroba el pollaboba éste!
[...]
PRIMO   *(Profesoral.)* ...poseyendo una idoneidad generacional
coordinada que equilibra la contingencia [111].

Cuando, a continuación, se injerta la pieza *José García*, el desprecio de este personaje a las mujeres llega al punto de confesar que es un maltratador. Su torturada pareja se mantiene muda, dejando que él se descalifique solo:

> Pero mi mujer es una inútil. [...] Y sé que si un día esto sigue así, un día la mataré, o la dejaré tirada en cualquier rincón de nuestra casa. De esta casa hecha de rodillas y en la que resuena un monstruoso grito de gracias [232].

A modo de cierre de *La jerga nacional*, en *Ése que nos mira* llega el Camarero anunciando el enredo que da título al espectáculo: «¡atención, señoras y señores!: / Que un variopinto enredo va a empezar, / juego de lo proteico y mil jergas / o, precisemos, juego teatral / en clave jocoseria que pretende, / burla-burlando, hacerles meditar».

Con la prensa comprada y la televisión vendida, el cuarto poder reflejado en estas piezas tiene la gran capacidad de crear estados de opinión. Pero Olmo refleja también que el Régimen, ante las presiones venidas de todos los sectores de la sociedad —escritores, cantantes, artistas plásticos, etc.— tuvo que darse cuenta de que, si no reformaba el sistema, sí debía aparentar una reforma. Fue sólo un lavado de cara, y esta colección critica que se quedara en este gesto.

d) *Instantáneas de fotomatón*

En los años noventa Olmo vuelve a la obra breve. Piezas cortas son las que componen *Instantáneas de fotomatón* (1992). Dos de ellas ya las conocemos: *La señorita Elvira* y *La Benita*. La tercera es *El orinal de oro*. Se publicaron junto a *José García* con el título de *Cuatro estampas en el tiempo*, y el tema que les da unidad se basa en la evolución de los roles de la mujer en la España de los últimos cincuenta años. La primera pieza breve, *La señorita Elvira*, que ya resumimos, representa, en clave de drama intimista, a la mujer a la que le ha sido abortado todo reto laboral, amoroso o de comunicación. Por el contrario, en la nueva versión de *La Benita* los adolescentes logran rebelarse contra la represión anterior. La tercera pieza, *El orinal de oro* (1991), da la voz a dos meretrices en animada conversación con su chulo. Denuncian que el apetito sexual de las casadas, que ya no son tenidas por abnegadas ni frígidas, las haya llevado a ellas a una situación de paro. Dada la relevancia del objeto que da título a la pieza, Olmo elige esta forma de recordar que, en sintonía con la vanguardia estadounidense, se podía hacer un *pop art* en que lo material cotidiano se convirtiera en objeto de arte. Esta pieza de «lumpenteatro», que no por su estilo ha descuidado la denuncia, hace «exaltación litúrgica del orinal» [Méndez Moya, 1994: 87] como protesta contra la represión sexual franquista [Paz Gago, 2004].

e) *Estampas contemporáneas* (1994)

Componen *Estampas contemporáneas El espíritu del pedestal, El hombre rechoncho, El maletín* y *Desde abajo*. En la primera de ellas Gabi oferta una suerte de *speaker's corner* en que cada uno tiene derecho a cantar las verdades que en la vida cotidiana le son vetadas: «¡pedestales! ¡Venta y alquiler de pedestales! ¡A veinte duritos el cuarto de hora en la postura que usted elija! [...] Dentro de cualquier ciudadano alienta un diputado, un senador, un rey!» [29]. A este reclamo del derecho de expresión se suma una posible ridiculización de figuras institucionales «intocables»:

VENDEDOR     ¡Figuritas! ¡Coleccione a los inmortales del momento! ¡Políticos, militares, eclesiásticos, seglares! ¡Ilústrese coleccionando la Peridis-Galery! [33]

GABI     ¿Usted cree que alquilar o vender pedestales pone en peligro la estabilidad nacional? ¿Hacia arriba o hacia abajo siempre habrá que hacer algo, no? ¡Pues, leche, lo hacemos hacia arriba y todos excelencias! [34]

La finalidad de la pieza la hacen explícita tres maniquíes, que solicitan una reforma estructural, una negativa a la imposición de orden, que entonan en forma de soneto: «quien quiera en un solo día ser ministro, / la jeri —aprenderá— gonza siguiente: / opción coyuntural, fase presente, / parcial reactivación, sutil registro» [37].

Una estructura de verticalidad en función de una pirámide social invertida reclama también *El hombre rechoncho*. El Alcalde encañona amenazante al Escultor por no tener su estatua ecuestre preparada; sin ella no podrá lucir su poder ante la mirada del pueblo sometido. Y una nue-

va sátira de este abuso de poder se da en *El maletín*. El lugar de los hechos es una fila frente a la puerta utópica, donde un semáforo marca la
frecuencia de paso para los ilusos ciudadanos, que lo que van a encontrar es la muerte, a manos de un representante de la autoridad militar:

> *El semáforo pasa de nuevo del rojo al ámbar y se estabiliza en el verde. El hom-*
> *bre del silbido, dado una zapateta en el aire, exclama:* ¡Yupi! *Y, jubiloso, atraviesa*
> *la puerta utópica. [...] Al fin, el del servicio de orden apunta con su pistola al hom-*
> *bre del silbido que, en este momento, dándole en la espalda al fondo, da uno o dos*
> *pasos de regreso. Se oye un disparo y cae al suelo, muerto. El del servicio de orden,*
> *enfundándose su pistola, se adelanta al primer término del escenario y, dirigiéndose*
> *al público, concluye:*
>
> GUARDIÁN     Sería fácil que a continuación atravesara yo la puerta
>             utópica; pero, ¿por qué tengo yo que proporcionarles
>             esa tranquilidad? Compréndanlo: también las utopías
>             tienen sus límites [74-75].

Finalmente, *Desde abajo* se define a sí misma, al final de la pieza, como
una fantasmagoría. Una vieja reaccionaria se muestra xenófoba, intolerante y anti–ecologista, pero un chico negro es el único que consigue
tocarle la fibra sentimental, nueva muestra de que Olmo eligió las formas breves por su eficacia subversiva. Ella, por su actitud, actos y lenguaje, demuestra que el que siembra el terror y se muestra intolerante,
pierde toda la razón:

> VIEJA         ¡Detente, desperdicio! Y aquí tienes mi cuello, ¡extín-
>              gueme! ¡Te lo agradecerá el municipio!
> VIANDANTE 2   *(A punto de mutis.)* ¡Lávese!
> VIEJA         *(Alzando la voz.)* ¿Me quieres restregar tú el mon-
>              dongo? *(Breve pausa. La Vieja, después de mirar a la*
>              *Señora, exclama.)* ¿A qué espera usté? Escucha, tía: por-
>              tugueses, marroquíes, gentes de África, de Asia, de
>              América, ¡plebe!, ¡lumpen!, ¡mierda!, ¿me oyes? [86]

## 2.5. Muñiz

La dedicación de Carlos Muñiz (1927-1994) al teatro quiso dar pronto cabida a una tendencia expresionista, que no tardó en mostrarse en *Un solo de saxofón* (1961), pieza breve centrada en el violento linchamiento de un chico negro a los ojos consentidores de la policía. Además de ser una denuncia del racismo, lo es también todo cuanto entorpece la lucha por la igualdad, ya que Jackie, el joven rebelde que defiende al apaleado, es vapuleado cuando intercede por él:

> *Durante unos momentos continúa la danza. Golpean brutalmente a* JACKIE. *La única variante es que ahora, cada vez que* JACKIE *recibe un golpe, exclama, con voz ahogada, palabras como* «¡*Trabajo!*», «¡*Linda*», «¡*Hijos!*», «¡*Cinturón!*» [197].

De este modo, *Un solo de saxofón* es la crítica del régimen de un *apartheid* urbano, de cualquier tipo de diferenciación social que margine a un sector a no tener plenos derechos, como, por ejemplo, poder transitar por áreas asignadas a blancos. Muñiz hace aquí toda una metáfora del «*fatum* de perdedores que tienen todos los "quijotes"» [García Ruiz y Torres Nebrera, 2002].

De quijotista desengaño vuelve a teñirse una de sus piezas breves más magistrales: *El caballo del caballero* (1965). La figura de un Prólogo nos introduce en la obra para satisfacer las expectativas de quien reclama una crítica no oblicua:

PRÓLOGO     Señoras y señores, nos encontramos en un confortable cuartito de estar de una familia burguesa. […] Del techo cuelga, en lugar de la clásica araña, una no menos clásica telaraña que esparce por la escena una desagradable luz verde-infierno. […] En el momento de empezar la «función», está sentado en la media mecedora […]. [Don Hermenegildo] padece del hígado, tiene flato crónico, ha cumplido cincuenta y cinco años y está encorvado de tanto hacer reverencias, en su vida, a los imbéciles importantes. Lee un periódico cuyo texto está al revés, […] es todo lo feo que nos habíamos imaginado. […] Ella se llama Teresa, tiene cincuenta y seis años y dos verrugas en la matriz.

> Los dos son flacos. Los dos visten de gris, como las
> paredes. *(El Prólogo hace una reverencia; se retira.)* [15]

Todo en Hermenegildo y Teresa es gris oscuro: su día a día, sus ropas, hasta las paredes de su casa, «*oscurecidas por el hollín de cuarenta años de cocer repollo*», ambientación en que Zeller ha querido ver un código simbólico neobarroco: «la búsqueda del Hombre de su libre albedrío es simbolizada por el deseo de sustituir los colores sin vida: el negro y el blanco» [1976: 45]. Estas notas de color emblemáticas son muy productivas cuando se abrazan erotismo y brujería —con claras alusiones a los grabados de Goya—, pero esta vez la que fustiga a su consorte es la mujer y no el marido:

| | |
|---|---|
| TERESA | ¡Arre, Hermenegildo! ¡Soy redonda y hermosa, ardiente y complaciente! ¡Si no obedeces no me tendrás! |
| HERMENEGILDO | ¡No quiero galopar! ¡Estoy cansado de galopar, Teresa! |
| SEÑOR DON | ¡Arre, imbécil! |
| HOMBRE | ¡Quieto! ¡Necesito tu mano! |
| SEÑOR DON | ¡Tararí, tararí! *(Imita un trompetazo miliar, Hermenegildo galopa hacia la puerta seguido por Teresa que se ha montado en una escoba.)* [17]. |

Cumpliendo el precepto clásico de que la tragedia es el reverso de la comedia en toda pieza grotesca, la farsa irrisoria se torna amarga. La dualidad, que también conoce el teatro de Muñiz, no tarda tampoco en aparecer en *Miserere para medio fraile* (1966), leída a través de unas acotaciones en que la música moderna —rockera, anacronismo voluntario— es el índice semiótico de la acción:

> *(Se hace un silencio impresionante. Fray Juan retrocede un paso. Los frailes le miran con expresión dura. Empieza a oírse una música estridente, moderna, concreta. Los frailes, haciendo movimientos bruscos, como exige la música, van aproximándose al pequeño fraile, que retrocede un paso. Los frailes se aproximan más a él. [...] Luchan con él. [...] La música se va haciendo más estridente por momentos. Termina siendo una espacie de alarido. Fran Juan, de rodillas, en el suelo, queda inmóvil, como deshecho y humillado. Los frailes le contemplan y ríen. Toda esta escena, muda; deberá montarse como una pantomima. Movimientos ágiles, rítmicos y en ciertos momentos estridentes.)* [153]

Reaparecen los Cronistas en el cuadro IV para explicar cómo el invencible fray Juan escribía en la celda el *Cántico Espiritual*, presagiando que algún día se fugaría y llevaría a cabo la reforma. Las escenas de tortura más violentas serán las aplicadas en la disciplina circular practicada por los miembros del convento de los Calzados sobre San Juan mientras entonan un *Miserere*, que da título a la pieza. Frente a lo «oficial», la propuesta del pacífico fraile, que por ello resulta ser ejemplar, no quiere ser imposición, sino reforma. Tengamos en cuenta que poco tiempo antes de la escritura de la pieza, en 1962, uno de los máximos dirigentes del Partido Comunista, Julián Grimau, había sido ejecutado de forma brutal, y que todos los antifranquistas se reunieron para protestar por ello en el conocido Contubernio de Munich. Las lecturas de *Miserere* no se limitan al caso de San Juan de la Cruz.

Articulada según la poética de la pieza breve, en extensión, estructura y motivos, está también *Los infractores* (1968). Vuelve a la alienante vida de oficina, con ecos kafkianos y marcada influencia de la literatura futurista de la alienación, a la manera de Orwell [Torres Nebrera, 1999: 333]. El oficinista Jan reconoce estar encerrado en las paredes de su despacho. Él y la azafata Marta Unker sueñan con mejorar el mundo. Cuando son arrestados por la policía, el «magnificente Director Principal» les niega el derecho a convivir en pareja, vida afectiva que también es controlada. Esta obra, de esta forma, opuso su pluma punitiva contra todo quien mantuviera que el franquismo estaba trayendo la paz, la estabilidad y un apoyo a la natalidad sin las metas que ésta tenía en realidad, entre ellas relegar a las mujeres a la esfera privada.

La contribución a la historia del teatro breve, pues, de Muñiz, pasa por una denuncia explícita de todo cuanto nos obliga a mantener el voto de silencio. Sus notas de tragicomedia y sarcasmo, quizá más eficaces que la visión trágica como estrategia de denuncia, entran dentro de una categoría liberadora como ninguna por contener todas las virtudes aparentemente inofensivas del registro evasivo y todas las ventajas de la temida denuncia sombría: el grotesco del formato breve. Con un camino que va del paso y el entremés al sainete, que complementa con manifestaciones parateatrales u otras formas espectaculares, y marcado por los rigores de la censura, la pieza corta había llegado a tener una efusiva acogida en el circuito alejado de los locales comerciales. El género llamado, de forma despectiva, «ínfimo», tenía ya una probada capacidad para ser la otra cara del teatro oficial. El teatro carnavalesco de reducidas dimensiones volvía a considerarse la base de la búsqueda de la especificidad teatral, facilitadora de un diálogo con unos personajes marginados que decían, patética o burlonamente, grandes verdades. Y por todo ello podía fiscalizar las emociones contenidas y a quienes las ordenan reprimir; no toleraba el rechazo silencioso, sino que pedía críticas abiertas. Su crítica implacable a los medios de autarquía y vigilancia estaba condenando, en toda su crudeza, la mano castradora y el asalto que obstaculizara la apertura de ventanas al exterior.

Muñiz dejó de escribir teatro breve en los setenta, momento en que el teatro experimental reunía temas críticos y formas revolucionarias, además de un planteamiento intelectual de difícil escenificación y numerosas referencias «en clave». Si en los setenta los movimientos de presión contra el dictador tenían acogida internacional, en España seguía el mismo «estado de excepción» que Muñiz había venido criticando en los sesenta. Pese al progreso material que vivía el país, era palpable el descontento.

## 2.6. Gala

Las piezas teatrales de Antonio Gala (1936) abarcan desde el parámetro expresionista hasta el realismo crítico, pasando por la alegoría histórica y el registro melodramático. Su teatro se representa siempre en un escenario opriment e, con un personaje central que ha perdido su libertad, generalmente mujer de edad madura cuya autonomía reclama. A la hora de hacer el balance de su producción, resulta evidente que su teatro es de fórmula. Por ella goza de una popularidad extraordinaria y sus títulos de un indudable éxito de taquilla. En esta programación temática los platos fuertes son la frustración y la soledad del hombre, la redención por las buenas obras, la esperanza y la justicia no vendida. Para dar cobertura a estas tramas, el autor emplea la herramienta lúdica con funciones catárticas, de que son especialmente significativos los casos de *Los verdes campos del Edén* y *Samarkanda*, piezas largas en que da la voz a dos de los tabúes del momento: la prostitución y la homosexualidad [Martínez Moreno, 1994]. No obstante, en su teatro breve quiso dejar claro que su talante se oponía al teatro de halago. El suyo era a menudo un drama grotesco trágico que presentaba al hombre degradado, alienado, cargado de símbolos de destrucción. En su teatro expresionista persiguió una partición de la escena, la expresión desnuda, la eliminación de los nexos lógicos, la irracionalidad, la destrucción de la gramática por hacer primar los gestos y la música. Pero, por encima de todo, es vital en su teatro la gracia expresiva, «mezcla del estilo paradójico de Bernard Shaw y del casticismo arnichesco, mejorado éste por un léxico rico y sustancioso, enraizado en *La Celestina*, los entremeses y la picaresca hasta llegar a Benavente» [Romera, 2003: 223].

Gala cautivó al auditorio con *Anillos para una dama* y repitió experiencia con *Las cítaras colgadas de los árboles*, obra a la que siguió un gran éxito a través de uno de los grandes mitos de la Antigüedad: *¿Por qué corres, Ulises?* Si se había sumado a la corriente de experimentación de la mano de los nuevos autores, que todavía conservó en una pieza breve como *El veredicto* (1983), marcó un desvío de este encuadre deshumanizador. Tampoco siguió en la línea de su obra breve musical *Spain's striptease* (1970) ni en *¡Suerte, campeón!* (1973). Quien se había iniciado en la línea del teatro comprometido de posguerra, se fue convirtiendo en el heredero de la tradición de la alta comedia, al articular su denuncia a través de un simbolismo edulcorado por el gracejo y el cante popular más castizo.

La evasión a través del alcohol y la autodestrucción son temas muy repetidos en Gala y sus compañeros de promoción. En pleno «destape», *Spain's strip-tease* (1970) reclamó abiertamente la asistencia a los cafés–cantantes herederos de los cabarés de antaño, en que la viabilidad de las críticas bufas se aleja de la represión y el remilgo de los ámbitos «serios»:

> Estripstis moral,
> estripstis social,
> estripstis mental.
> ¡estripstis!
> Desnudémonos, desnudémonos,
> porque desnudo se anda
> muchísimo mejor [334].

*El caracol en el espejo* (1970) es una pieza en siete microescenas antirrealista y estilizada en que se opone a la concepción barroca del auto sacramental con una alegoría filosófica y religiosa de fondo, centrada en el abuso de poder [Cazorla, 1985: 4]. En una misteriosa casa unos acusados no identificados son juzgados sin pruebas que los inculpen, por lo que deciden el asesinato de Su Excelencia, magistrado presente en la sala. Su procesamiento tiene una duración no detallada y una estructura circular, porque, una vez terminada la pieza, una voz en *off* vuelve a situarnos al comienzo de este juicio, con las mismas palabras y figuras. Se logra así un mensaje atemporal. Como en el teatro vanguardista de los años setenta, *El veredicto* incide en dos de los temas predilectos de Gala: la libertad frustrada y el encerramiento en un espacio opresivo —«*una sala de piedra*» con un «*muro ciego*»—, como lo era también el panteón de *Los verdes campos del Edén* y el caserón de *El cementerio de los pájaros*. Es, una vez más, la dificultad de ser libre la que articula la temática de su discurso. El tema de la tiranía vuelve a exhibir sus perfiles con connotaciones religiosas: «*en el centro, en ese mismo plano superior, un Púlpito, como de lector de refectorio*» [35]. Los abogados del caso, se mueven por una conducta autómata, propia de seres deshumanizados a los que se les ha dado cuerda, literalmente por su comparación con muñecos. Es una sátira del maquinismo de los funcionarios convertidos en peleles en este ritual penal cuyos hilos son movidos por una imposición conductista:

SEÑORÍA 1    *(Muy cerca de él.)* Escúcheme. ¿Es que no sabemos existe siquiera el Reglamento? *(Pequeña pausa.)* Se nos dice que todo está previsto; que el convoy marcha y marchará por rieles ya trazados; que cumplimos normas estatuidas hace miles de años. No obstante, Su Señoría, como yo, tiene la convicción, la íntima convicción, de que somos libres. Confiéselo. Repetimos cada día palabras y gestos que podríamos no repetir. ¿No ha pensado nunca en realizar libremente un acto nuevo? [38]

En un vaivén de intervenciones llenas de ironía y contradicciones se pone énfasis en la burla de los procesos y el lenguaje judicial. El Ponente trae razonamientos tan esperpénticos y crueles como el que recogemos, en que para quitarle culpa al agresor expone que todo crimen se comete en defensa propia:

| | |
|---|---|
| PONENTE | Gracias. En todo crimen, Señorías, hay dos víctimas: una, digamos, el muerto; otra, el asesino. Asimismo, en todo crimen hay dos responsables; uno, el asesino; otro, el muerto. De ordinario tienden a personificarse tanto el daño como la responsabilidad. Por comodidad judicial más que otra cosa. Se entiende que la víctima es el muerto sólo porque, externamente, su situación es más aparatosa; se ha quedado paralizado de repente; ha vertido, en ocasiones, sangre; no puede hablar, no puede defenderse. Sin embargo, esa calificación apriorística de víctima y verdugo trae consigo que todo el proceso, desde su principio, esté manchado de injusticia. Como se hace con una comedia, primero debería conocerse el crimen, y después repartirse los papeles entre los actores a nuestra disposición. Sólo así conseguiríamos una representación perfecta, y una adecuación de cada actor a su personaje [41]. |

El Coro de jurados clama la inocencia de uno de los miembros de las parejas que declaran. Él intenta lavar en vano su imagen ante semejante acusación: «no recuerdo haber sido condenado. Al menos, no recuerdo haber sido atendido. Sólo sé que me traen y me llevan para acabar en esta Galería indiferente, donde debo escuchar un crimen que no tiñó mi mano» [43].

Una nueva denuncia en clave cómica fue la más extensa *¡Suerte, campeón!* (1973), crítica del consumismo y de la medición del éxito por índices crematísticos. Víctor y Carmela nos hacen partícipes de una historia que es también la de la España del momento; es la sátira de la política de alianzas de Franco con Alemania en la Segunda Guerra Mundial:

| | |
|---|---|
| CARMELA | *(Viva.)* El pan, ¿con qué? |
| VÍCTOR | ...para conseguir que todos aunque quedemos menos, vivamos con las mismas ilusiones, es bueno el sacrificio. «Dulcis et honore est pro patria mori». |
| CARMELA | ¿Lo tomas con sal o sin sal? |
| VÍCTOR | ¿El qué? |
| CARMELA | El huevo. No va a ser el sacrificio. |
| VÍCTOR | Sin sal... La victoria en Alemania contra el peligro ruso... [597] |

En los duros años de guerra y hambre a Carmela no le queda otro remedio que vender su cuerpo en el extranjero. Víctor, su pareja, paga con su libertad y es encarcelado. Aparte de la historia amorosa, es amarga la combinación de situaciones absurdas y de claras alusiones al Gobierno: a través de una radio escuchamos la victoria de España contra Inglaterra en un partido de fútbol con lectura política. Salpimientan estos momentos de trágicas separaciones unas canciones folclóricas que invitan a «olvidar», cuya letra y sentido —vender la dictadura como una supuesta paz— Gala reproduce en las partes líricas, pero no comparte:

> A lo loco, a lo loco, con un «haiga», dinero y amor.
> ¡A lo loco, a lo loco, a lo loco,
> a lo loco se vive mejor! [644]

Tras una vida hecha de separaciones, Víctor morirá en el derrumbamiento de un centro comercial, acompañado de una cáustica música con la letra base de «¡Suerte, campeón!». Son las vidas negras y fines amargos que esperaron a todo torturado en tiempos de dictadura.

Otra obra breve del teatro musical de Gala es la ópera historicista *Cristóbal Colón*, una comedia musical muy lejana de la crudeza de *El veredicto* (1983), dura farsa protagonizada por fantoches sin rostro, en que somos testigos de un procesamiento judicial en que no hay juez y en que los acusados son sentenciados por un crimen del que no son culpables. Frente a todo realismo poético y sensual que había cultivado el autor, es una alegoría comparable a *El hotelito* (1984). Es quizá la obra breve más redonda de Gala. Articula un cruce de voces de diversas familias políticas que Gala reúne para hacer un balance histórico sobre los tópicos de género en función del extracto social («las señoritas son unas tontas. / No se divierten / como nosotras»); la objeción de conciencia («mi futuro es la marina, pero mercante, no de guerra»), o la xenofobia («¿por qué no trasteamos a esa extranjera un poquito por rumbas?») y todo ello con pasajes en que se alternan español, catalán y euskera, a tres voces, en torno al tema central del nacionalismo: «tú, cuando haces el amor, ¿piensas en catalán?», «eso será en vasco, en mi tierra es mear».

Si Gala se consideró inserto en una larga tradición heredera de las estructuras del sainete y del género chico, también acudió a la farsa como punto de encuentro con los clásicos, los autores de la vanguardia histórica y las formas populares. Además de adentrarse en la exploración formal, adoptó en estas obras un firme compromiso sociopolítico.

## 3. *Dramaturgos neovanguardistas*

### 3.1. Nieva, por *Emilio Peral Vega*

De todos los dramaturgos del llamado «Nuevo Teatro Español» o «Spanish Underground Drama» (Wellwarth), Francisco Nieva (Valdepeñas, Ciudad Real, 1924) es el que ha gozado de una mayor repercusión pública, justamente desde el 27 de abril de 1976, fecha en la que se estrenó, en el Teatro Fígaro de Madrid, *La carroza de plomo candente*, con la dirección de José Luis Alonso. Anteriormente, y luego de una larga y fructífera estancia en Francia y en Italia, Nieva había destacado como uno de los escenógrafos más imaginativos, al servicio de directores como José Luis Alonso (*El rey se muere* y *Macbett*, de Ionesco), Miguel Narros (*La marquesa Rosalinda*, de Valle-Inclán) o Adolfo Marsillach (*Marat-Sade*, de Peter Weiss). El oficio escenográfico le ha inculcado a Nieva un poderoso sentido plástico de la escena, una de las cualidades más notables de su teatro. No en balde Nieva estudió en la Real Academia de Bellas Artes de San Fernando, y dio sus primeros pasos como pintor en los círculos del postismo, junto a Eduardo Chicharro y Carlos Edmundo de Ory. Pero, eso sí, la barroca plasticidad con que el autor configura sus obras dramáticas nunca va en detrimento de su calidad literaria, que le hizo justo merecedor de un sillón en la Real Academia Española, en 1990.[41] En su discurso de ingreso Nieva no habló, como hubiera podido presumirse, del teatro más rabiosamente vanguardista, que él tan bien conoce, sino del género chico, a cuya recuperación ha contribuido también, en la temporada 2003-2004, con una acertadísima versión de dos sainetes líricos de los hermanos Álvarez Quintero, *La mala sombra* y *El mal de amores*, para el Teatro de la Zarzuela.

---

[41] Para un reciente *status quaestionis* del teatro nieviano, véase Barrajón Muñoz [2003: 2821-2853].

El hecho de que la poética teatral de Nieva se asiente sobre los pilares más sólidos de la vanguardia europea —Ionesco, Beckett, Artaud, Genet— no es incompatible con esta profesión de fe y entusiasmo que muestra siempre ante la tradición castiza del teatro español, en particular las formas breves: entremés, jácara, sainete, zarzuela chica... A ello hay que sumar su gran sentido musical de la escena; cierta afición por el drama romántico y la ópera, que le han llevado a bautizar algunas de sus creaciones con el nombre de *reópera* [Barrajón Muñoz, 1987]. Así la define el autor:

> La reópera es una modalidad de teatro de breve escritura, susceptible de un profuso desarrollo en manos de un «maestro de ceremonias». Teatro abierto, para introducir formas y reformas de carácter visual: bailes, desfiles, escenografía cambiante y efectista. Se trata, pues de un cañamazo inductor, un guión conciso sobre el que pueden engarfiarse otras intenciones y conceptos. El texto puede ser musicado, convertido en canción o melopea, e igualmente desarrollado en improvisaciones o en añadidos marginales. Busca ser una fiesta de variable duración y tanto admite su realización frontal y distanciada como su inserción agresiva en el público. Puede ser un espectáculo envolvente y su máxima aspiración sería aparecer como un desfile triunfal al modo barroco, con elementos decorativos montados sobre carrozas [*Teatro furioso*, 45].

Esta mezcla de elementos vanguardistas y tradicionales —de la tradición grotesca, naturalmente— da como resultado un teatro alucinado e intenso, con un innegable sello surrealista. Nieva concibe el espectáculo como una «ceremonia ilegal», al margen de toda convención realista y de toda norma moral; «un gran cercado orgiástico y sin evasión», ha llegado a escribir. Y este efecto producen en el público los espectáculos de Nieva: *Coronada y el toro*, *La señora Tártara*, *El baile de los ardientes* y, más recientemente, *Pelo de tormenta* y *El manuscrito encontrado en Zaragoza*.

La aportación primera de Nieva al teatro breve está representada por un grupo de piezas que, bajo el nombre genérico de *Centón de teatro*, fueron dadas a conocer por Juan Francisco Peña Martín en 1996. El propio autor diserta sobre ellas —con algún añadido posterior— en la recientemente publicada *Obra completa*, y no precisamente con el objeto de distanciarse de aquellos frutos tempranos sino, bien al contrario, para hacer partícipe al lector de «cómo en esas obras de juventud se estaba diciendo, en bruto, cuál había de ser la continuidad de mi teatro, lo fiel que he permanecido, en el fondo, a esos principios germinales» [2007: 3]. Dentro de la primera parte, titulada *Misterio, fantasía y humor*, destacan piezas como *La psicovenganza del bandido Nico Foliato. Drama en Calabria*, folletín grotesco de pasiones desmedidas en el que Nieva maneja con el tiento de siempre un registro arrabalero y sainetil —«mullecamas», «bruja condenada», «sucia envidiosa», «Dios nos brea, nos tunde, nos zurra la badana»—, como soporte de una distancia metateatral —con la tragedia griega, el teatro romántico y hasta el drama rural como punto de miras—, que constituye uno más de los recursos reincidentes de su arrobada poética: «Que venga el coro y haga comentarios» [10], gime Nunziata cuando muere a manos de Nico, espectáculo dantesco ante el que Benedetta no puede sino sentenciar: «¡Espanto doblado! Pero... sería una gracia poco vista que murieses de pie» [11]. Muerte carnavalizada, en fin, por cuanto aquellos que fenecen lo hacen de manera ilusoria, condenados, una y otra vez, a claudicar ante el cuchillo censor, pero inofensivo, del bandolero, especie de trasposición irrisoria del águila que roía, veces sin cuento, el hígado de Prometeo. Así también en *El muchacho perdido. Monólogo perverso con acompañamiento*, brevísimo cuadro en el que se invierte la perspectiva de los bailes de sociedad, otorgando las riendas a las mujeres —bacantes silentes a la espera de su turno— que observan la calidad del género, representado metonímicamente en un muchacho tirillas y barbilampiño al que se humilla en un *strip-tease* burlesco: «Es como un huso bien derecho y fregado, que no tiene humores ni huele a nada. Aquí os dejo a este bastoncito de palo dulce, alimento de régimen para las niñas» [29]. En efecto, y más allá de la heterodoxia y el poso siglodorista común a todo el teatro de Nieva, algunas de estas piezas caben ser entendidas como breves prefiguraciones de lo por venir, así el caso de *El dragón líquido. Monólogo perverso con acompañamiento*, en la que el ser fabuloso que da título a la pieza —símbolo de los deseos ocultos que se liberan— nos remite al Mal-Rodrigo de *Pelo de tormenta* —«Es de una avidez descomunal, no tiene hartura. Nosotros lo alimentamos con patos, conejos, alguna pieza grande de caza y hasta con desechos de casquería, pero está más que probado que lo que prefiere es la mujer. Es la mujer lo que más fascina a su apetito» [33].

Es la de Nieva una heterodoxia que se tiñe de jácara —con el Valle-Inclán de *Ligazón* y *Sacrilegio* como punto intermedio— en *El hijo sin madre, Nacho Tozuelo. Corrido mexicano*, en un proceso paródico de espejos consecutivos mediante el cual la condición demoníaca del jaque responde a la unión sodomita entre el cura Don Pito y el papa Pío nono. Y hasta *contrafactum* del inmortal drama de Zorrilla en *El fantasma del Novedades. Sainete trágico*, pues que la virginal doña Inés queda convertida en la Tirita, sirvienta achaparrada que si poco vale por su porte menos aún por las lindezas que salen de su boca —«¡Ay, yo me acharo, yo me derrito, yo me amanteco!» [55]—, para expresar el desasosiego ante la llegada de Ciclón Filipino, conquistador a la violeta revestido del «*traje endemoniado y rojo de Don Juan*» [56] que, pese a su condición fantasmal, muestra un perfil de romanticismo sincero, salpimentado de fuertes dosis folletinescas.

Se atreve incluso Nieva con una de las formas más prolíficas en la tradición del teatro breve y banco de pruebas para nuestros mejores dramaturgos de la Edad de Plata, a saber el teatro de títeres, en *Las aventurillas menudillas de un hijillo de puta*, divertimento verbal —«No me *afezzzta*, porque soy una tía inmortal y no puede *matárseme*, ni *morírseme* ni *enterrárseme* de ningún modo. Yo viviré por siempre, hasta *aburrírseme*» [86]—, en el que, remedando recursos de los títeres lorquianos —*Retablillo de don Cristóbal*—, los peleles cobran conciencia de su condición, aun cuando en clave de heterodoxia escatológica: «Llevo una coraza de mierda que me defiende y por eso soy inmortal» [86], argumenta la Barrientos, mientras que Frankenstein se despacha con contundencia: «Yo he follado en este mundo con damas de muy alto copete, pero ahora me gustan más los chicos. Con el culo bien sucio» [92].

La segunda parte, titulada *Las aventuras de Rubián y Leopoldis*, tiene como hilo conductor a los dos personajes que le dan título, «*dos aventajados y apuestos muchachos de la mejor sociedad* modernista, *decadentes y hastiados*» [99], capaces, en su desmesura de figurones, de cortejar, cual donjuanes de pacotilla, a una prima monja (*La prima sagrada. Alta comedia*), y poseerla con resignada aceptación de la religiosa: «Me he dejado violar como una santa» [106]; y hasta de jugar, en *Tengo que contarles horrores. Sueño en un acto*, con la contención de la intriga propia del drama burgués y con sus intrascendentes ridiculeces —así en *La uña larga. Comedia de costumbres perversas*», para acabar proyectando un mensaje nuevamente invertido mediante la unión extemporánea de estos dos calaveras disminuidos (*La comedia suspiro*):

| | |
|---|---|
| LEOPOLDIS | Los dos estamos enamorados de la misma mujer, amigo Rubián. ¿Quién se sacrificará por quién? |
| RUBIÁN | El que esté más enamorado del otro que de la mujer, querido Leopoldis. *(LEOPOLDIS baja la cabeza y suspira.)* ¡Ah, ése eras tú! ¡Abrázame! [187] |

La sección más acabada de la dramaturgia de Nieva, aquella que responde al título genérico de *Teatro furioso* —adjetivo que el propio autor explica por encerrar «mucho de violencia formal y conceptual contra la dictadura y la torpe censura de Franco» [«Apostillas al *Teatro furioso*», *OC*, 191]—, incluye una buena muestra de piezas breves, todas ellas surgidas como vehículo de expresión de «protesta y rebeldía, de ruptura de cánones y desinhibida sexualidad» [192]. Entre ellas destaca *Es bueno no tener cabeza*, una «función para luces y sombras» que surgió durante el proceso de gestación de *Pelo de tormenta*, y tuvo la fortuna de ser estrenada, escamoteando los barrotes de la censura, en la Real Escuela Superior de Arte Dramático de Madrid, aun cuando la desnudez de los actores fuera sustituida por unas muy efectivas sombras chinescas. Se trata de un alegato de liberación contra las convenciones de la apariencia, a través de un ejercicio de travestismo total que denuncia restricciones asumidas sin criterio: «Que no te horrorice nada de lo que te guste», arguye Rómulo, convertido en una esplendorosa doncella. Como también destaca *El combate de Ópalos y Tasia. Pequeño preludio orquestal*, en el que asistimos a la lucha entre una «verdulera» y una «espumadora de basuras», dirigida por Dama Vinagre —«*hiperbólico figurón barroco*» de «*revenida sensualidad cerebral*»—, en pro de un «mancebo de rubios molletes» [339]. El combate dialéctico entre una y otra, que bebe en la mejor tradición de las disputas medievales castellanas y de las habituales contiendas entre las marcas o daifas que cantaban las excelencias físicas de sus jaques, constituye una buena muestra de la artillería verbal de Nieva, creador de un léxico propio que se apoya en la adjetivación y la ruptura del campo referencial como expresión de un imaginario escatológico y sexual abigarrado: «moco gargantero», «trompetas del cuerpo», «desvanes», «se le enclavijan los colmillos», «pilón de estiércol», «lago de orines», «hueso agusanado de burro»... Y también *El fandango asombroso. Sainetillo furioso en alabanza a San Ramón de la Cruz*, una pieza que, como reza el subtítulo, se nutre de una tipología bien asentada en nuestro teatro costumbrista: la Viuda, la Sobrina, Maraúña —el majo— y la trémula Coronoda, con referencia explícita a calles y barrios que sirvieron de ambientación a los sainetes del XVIII —Cava Alta, Calle Barquillo, Campo del Moro, Vallecas—, eso sí, sometiéndolos a un proceso de muñequización heredero, como queda dicho, de uno de los referentes indelebles del universo nievano: Valle-Inclán.

En *Teatro de farsa y calamidad* se incluyen piezas como *Te quiero zorra. Apunte dramático* y *Carlota Basilfinder. Historia septentrional*, frescos ambos del mejor absurdo. En la primera, Zoé alcanza, de forma real y con rabo incluido, la condición animal que hasta entonces sólo había sido un apósito adjetivo, esto es el de *zorra*; la segunda exhibe, sin tapujos, la inclinación necrófila de su protagonista, más gustosa de vivir entre muertos que entre los pocos vivos que se le acercan. A dichas piezas habría que unir *Los viajes forman a la juventud* y *El mago lechuga*, ambas incluidas bajo el epígrafe de *Varia teatral*. En la que abre la serie Nieva da un paso más en su trayectoria, pues «sólo me faltaba escribir, bajo la misma pauta, verbal y argumental, teatro pornográfico puro y duro», que él mismo define como «*pornografía para dandis universitarios y gays*» [«Apostillas a *Varia teatral*», *OC, 1643*]. Se plantea la pieza como un diálogo entre Mosca, el abate, y Leone Volpi, su discípulo, empeñado, el primero, en hacer ver a su dilecto seguidor que el «apéndice de nuestro cuerpo» es capaz de procurar placeres aún más sabrosos que la mera sabiduría. Una verdadera lección sexual, a la postre, que encuentra en la metáfora —natural y culturalista, según el caso— un soporte expresivo idóneo a tal exhibición escénica: «Lo mismo da ser la copa que el vino. Todo es cuestión de probar y de invertir los papeles si os viene en gana. [...] Dejadme untar con el óleo ese miembro endurecido y así pasará por la puerta del triunfo como un atleta después de los juegos» [*ibíd.*, 1653], en la que no falta, de acuerdo a la poética paródica que nutre toda la producción de Nieva, un repaso por la historia de la humanidad al tiempo que los *iniciados* se enfangan en la práctica sodomítica: «Veo..., veo..., veo el pasado y el porvenir. Veo a los argonautas desnudos acariciar el lomo de los mares. [...] Veo a una civilización que cae y otra que se levanta, los estandartes de Lepanto y el parto público de María Antonieta» [*ibíd.*, 1653]. En *El mago lechuga* se acerca Nieva al mundo del lumpen penitenciario, haciendo gala de su manejo de las jergas marginales y, sobre todo, creando personajes —caso de El Lechuga— de extraordinaria elocuencia y que, pese a su incultura libresca, crean mundos paralelos a la acción dramática.

Ediciones

NIEVA, Francisco, *Obra completa*, vol. I, *Teatro*, ed. Juan Francisco Peña, Madrid, Espasa, 2007.

### 3.2. Martínez Ballesteros, por *Emilio Peral Vega*

En la producción dramática de Antonio Martínez Ballesteros (Toledo, 1929) pueden distinguirse tres etapas bien diferenciadas. Una primera, inscrita dentro del «nuevo teatro español» en la que, convencido de la necesidad de apartarse de los modelos naturalistas, desarrolla un buen corpus de piezas breves, en todas las cuales «utiliza conscientemente determinados medios de expresión dramática simplificados con la intención de que especialmente el espectador carente de formación pueda reconocer fácilmente su simbolismo, descifrarlo y reaccionar con la protesta» [Pörtl, 2000: 55]. En otras palabras, un marcado carácter crítico y político, a menudo expresado mediante una alegoría sencilla, y de ordinario aderezado por la sátira y un humor de tintes agrios.

Estas líneas generales se evidencian ya en la primera de las piezas breves gestadas por nuestro autor, a saber *Los peleles* —pieza que fuera traducida al inglés, con el título *The Straw Men*, para las páginas de la *Modern International Drama*—, y que con el subtítulo «Farsa contra la guerra» plantea una lectura en clave grotesca de la Guerra Civil española, la contienda bélica que enfrenta, mediante un simbolismo primario, al bando verde y violeta, el primero partidario de la «revolución» y el segundo de «la sumisión», y en la que los aviones han quedado sustituidos por patos voladores y los obuses por jamones que caen del cielo. El planteamiento casi infantil de la pieza no empece su crudeza irónica, en virtud de la cual queda al descubierto lo absurdo del enfrentamiento cainita y, aún más, la

manipulación de la que uno y otro bando fueron objeto en pro de intereses ajenos, expresada mediante una estructura paralela que multiplica
personajes y diálogos entre los verdes y los violetas.

De la poética fustigadora que caracteriza la producción breve de
Martínez Ballesteros dan buena cuenta las piezas representadas en *Farsas
contemporáneas* (Premio Guipúzcoa 1969), nacidas, como confiesa su propio autor, con el mismo espíritu de *Los peleles*; si aquella obra primeri-
za suponía, como queda dicho, un alegato contra la guerra, las nuevas
farsas se erigían «contra otras tantas lacras humanas igualmente nefastas»
[Martínez Ballesteros, 1970: 8]. Con todo, no perseguía Ballesteros una
reproducción mimética de la realidad, sino, bien al contrario, partir de
fenómenos sociales viciados para «adaptar[los] a un mundo con estructuras artísticas personales, diferentes, aunque paralelas a las de la realidad.
[…]. En una palabra, había que recurrir a una alegoría abstracta más rica
en posibilidades que un "realismo copiado"» [1970: 9]. Así, en *La opinión
(Farsa contra la violencia)*, se perfilan dos espinosos asuntos: de un lado, el
desarrollo del criterio personal, sin necesidad de tener que adecuarlo a
los cánones establecidos, y, de otro, el enfrentamiento metateatral entre
un teatro evasivo —representado por el Actor 2°, a quien no le duelen
prendas en sentenciar perlas como las que siguen: «Al teatro se viene a
olvidar» [1970: 17]; «Porque en el teatro, la verdad, la Verdad con ma-
yúscula, tiene un color rosa» [19-20] — y un drama de la verdad —encarnado por el Actor 1°, al fin apaleado, al modo de los entremeses
clásicos, con vejigas enormes que lo dejan lisiado—. Un teatro, en fin,
de reivindicación y denuncia en el que, por el contrario, la búsqueda obsesiva de la *conseja* acaba por anular el procedimiento simbólico, como
así sucede en *Los esclavos (Farsa contra el consumo)*, una proclama un tanto maniquea sobre las necesidades artificiales creadas en el pueblo como
droga que adormece su conciencia crítica, y así también en *Los opositores (Farsa contra el clasismo)*, pieza contra la ignorancia a que empuja el
sistema, y *El Hombre-Vegetal (Farsa contra el conformismo)*, en la que pone
en evidencia la vacuidad de términos tales como «progreso» y «libertad»,
desprovistos ya de su sentido originario. Una tacha ésta de la que el propio Martínez Ballesteros parece ser consciente y que pretende justificar
en la «Introducción» a *Teatro difícil*, con referencia a *Las bicicletas* —pieza originalmente inserta en *Las estampas*—: «Creo que sería muy eficaz
como teatro popular, pues cualquier clase de espectador, sea cual fuere

su formación, es capaz de captar lo que al autor le interesa expresar, que no es más que una burla —como se indica en el subtítulo de esos hombres que todo lo valoran por el dinero y no conciben que los demás puedan tener una valoración distinta a la suya. ¿Que esto es apenas nada? ¿Que es elemental? ¿Que es esquemático? Pues yo creo que es algo que puede hacer pensar y esto no es poco» [AA. VV., 1971: 38], y así también, con un evidente desapego autocrítico, en la «Introducción» a *Fábulas zoológicas*: «[Los críticos] tachan de elemental, superficial y esquemático lo que no es tal —aunque lo parezca por la forma—, sólo porque el estudio que han hecho ellos ha sido… elemental, superficial y esquemático» [1976: 7].

Conciencia crítica con fuertes dosis simbólicas que se mantiene en las obras que componen *Retablo en tiempo presente* (Premio Palencia 1970 [1972]), cuadros vivos de los males endémicos de la sociedad española. En *La colocación* dibuja Martínez Ballesteros, a partir de una acción mínima, el adocenamiento colectivo al que se somete a las nuevas generaciones, educadas en el convencimiento de tener que perpetuar un orden ético y jerárquico en virtud del cual el hombre —retratado en diversos momentos de su existencia (Niño, Joven, Viejecito)— ha de someterse a un proceso de humillación constante, primero víctima de la Madre y, después, de su superior (El Señor Importante), con el único objetivo de alcanzar una «colocación» segura que le blinde su existencia, aun cuando a costa de su propia entidad como ser humano; una educación, en efecto, basada en el inmovilismo y en la ausencia de un espíritu crítico capaz de cuestionar el estado de las cosas, extremos ambos que, como condenas atávicas, quedan reflejadas verbalmente en las preguntas machaconas de La Madre a su hijo, y en el empleo de la función fática como medio incisivo para el adoctrinamiento:

LA MADRE        […] ¿No lo comprendes, hijito? Si no nos quedáramos cada uno en el sitio que nos corresponde, el mundo sería un caos. Tiene que haber un orden y tú lo comprendes. ¿Verdad que lo comprendes, hijito mío? ¡Dime que lo comprendes! […] En la vida han de darte muchos golpes. Pero con que pongas el culito, no te dolerá. Para eso te ha estado preparando durante tantos años mamaíta. ¿Comprendido, hijito? [12 y 15]

En *La distancia*, Martínez Ballesteros aborda, con crudeza no disimulada, la incomunicación e indiferencia creciente entre los dos miembros de un matrimonio convencional, a partir de un elemental simbolismo que tiene en la cama marital su único elemento de referencia; un lecho que, unido en los primeros acordes de la pieza, va separándose hasta desaparecer del escenario, en una acción de carácter circular que acaba en el mismo punto donde empezó, eso sí, interpretada ahora por el descendiente de aquellos jóvenes casados y su esposa. Más allá de la anécdota argumental —que anticipa algunas piezas de José Luis Alonso de Santos (en concreto *Cuadros de amor y humor, al fresco*)— interesa señalar la eficacia verbal con que se desarrolla este cuadro, apuntalada en un léxico vacío de sentido —«querido», «querida», «primera noche de amor», «maravillosa», «inolvidable»...— que, aprendido por vía libresca, delata la falta de vivencias y la asunción de unos modelos rancios pero nunca discutidos. Cuadros alegóricos, en fin, que adquieren también tonalidades farsescas, encarnadas por personajes ridículos que interpretan, con desmesura grotesca, la estulticia de esa España alegórica que pretende ser retratada. Así cabe entender *El silencio*, diatriba escénica lanzada contra la desprotección de la cultura —recluida simbólicamente en una caseta a la que no puede accederse si no es haciendo blanco en la diana que cuelga en su parte superior— y aquellos que impiden su transmisión —bien cabría entender a «El de arriba», «El de en medio» y «El de abajo» como un denigrado homenaje a los hermanos Marx— mediante una parafernalia burocrática hiperbólica. Una locura grotesca que puede revestirse, incluso, de atavíos falsamente religiosos, como sucede en *El soplo*, parábola irónica sobre la esencia violenta del hombre, siempre enfangado en la tarea de imponerse sobre el prójimo, por mucho que la adorne de devoción y trascendencia. Variantes incisivas, en suma, sobre la realidad que se prolongan, de manera reiterativa, en *Las estampas* —conjunto integrado por *Las bicicletas*, *El superviviente* (incluida en el volumen *Farsas de ayer y hoy*), *Los secuestros* y *El orden chino*— y *Fábulas zoológicas* —a su vez, compuesta por *Fábula de los primates* y *Fábula de los perros*—. Aun cuando adolezcan de los vicios arriba apuntados, resultan más interesantes estas últimas, por cuanto reflexión escénica sobre el sentido profundo del lenguaje y la manipulación a que se ve sometido por diferentes instancias —incluida la divina— en virtud del control que se busca operar sobre el hombre.

En los primeros años después de la muerte de Franco, Martínez Ballesteros abandona el cultivo del teatro breve para insertarse en otros registros, tales como el drama histórico (*Volverán banderas victoriosas*, 1977) y, sobre todo, tentativas rayanas con el *vodevil* (*Pisito clandestino*, 1990, *Matrimonio para tres*, 1991, y *Romeo y Julieta se divorcian*, 1998, entre muchas otras), en lo que cabe ser considerada como su segunda etapa creativa. Sin embargo, los últimos años han sido testigos de una vuelta a las piezas de corta extensión, todas ellas englobadas bajo el título genérico de *Situaciones* —con dos entregas, una de 1998, y la segunda de 2002—, marbete bajo el que se cobijan propuestas de diversa entidad y a través de las cuales nuestro autor regresa a su primigenia concepción del teatro como estrado desde el que fustigar los males endémicos de nuestra sociedad, eso sí, priorizando ahora los elementos grotescos —y hasta entremesiles— frente al simbolismo de sus primeras propuestas. Son buena muestra de lo expuesto *El guaperas*, pieza en la que se exhiben, sin tapujos, los espurios hilos que tejen las relaciones laborales a partir de un personaje central, Calleja, que responde, en su desmesura, al figurón de nuestro teatro clásico, y la más efectista *Erotic-Stress*, un bien hilvanado cuadro sobre la alienación a la que conduce el llamado estado del bienestar, representado por una pareja de secretarios que, halagados por una consideración laboral ficticia, postergan *sine die* sus encuentros sexuales. En *Situaciones II*, Martínez Ballesteros avanza en esta continua búsqueda de nuevas perspectivas para el teatro breve ofreciéndonos, además de las referidas instantáneas satíricas, cuadros metateatrales que, unidos por unos subtítulos que mezclan formas dramáticas diversas y hasta antitéticas —«tragifarsa», «farsicomedia»…— caben ser interpretados como visiones distorsionadas de situaciones recurrentes en la tradición dramática española. Así es el caso de *Adúlteros*, en la que juega con el triángulo marido-mujer-amante, y *Amoríos*, pieza en la que Ballesteros aplica lente esperpéntica a la pareja Romeo-Julieta, pues el miembro masculino no es más que un gato por el que la joven, virgen casada con un insatisfecho Arturo, bebe los vientos.

EDICIONES

AA. VV., *Teatro difícil (Teatro-Club Pueblo)*, Madrid, Escelicer, 1971.

MARTÍNEZ BALLESTEROS, Antonio, *Farsas contemporáneas*, Madrid, Escelicer, 1970.

—, *Retablo en tiempo presente*, Madrid, Escelicer, 1972.

—, *Fábulas zoológicas*, Madrid, Fundamentos, 1976.

—, *La hora del diablo. Situaciones*, Madrid, Fundamentos, 1998.

—, *El tranquilizante. Situaciones II (teatro breve)*, Madrid, Fundamentos, 2002.

—, y MORENO ARENAS, José, *Farsas de ayer y de hoy*, Madrid, La Avispa, 1999.

## 3.3. Quiles, por *Raquel García Pascual*

Eduardo Quiles (1940) empezó a escribir teatro breve en 1972 y ha sido divulgador de este formato, no sólo desde la plataforma de creación sino también como editor: desde 1987, al frente de la revista *Art Teatral* —antología periódica de piezas breves de autores franceses, norteamericanos, mexicanos, gallegos, valencianos, argentinos, italianos, asturianos y andaluces—, y desde 1998, a través de la colección monográfica de libros de bolsillo *Autores de hoy*, que publica títulos inéditos. Ha cultivado un amplio abanico de obras: minipiezas, obras en un acto, monólogos y libretos de ópera. Desde sus primeras obras cortas —*Juicio a un paraguas, Un Carlos XXVI para el señor, El extravagante buscador de tesoros, Su majestad el rey pulpo* y *Teatro de la cacería*— ha dejado claro su apelación al movimiento del absurdo, que —ha explicado— concibió un género de farsa trágica diferente a las conocidas por Aristófanes, el Siglo de Oro o Molière, ya que incorpora el elemento simbolista. Sus escenas o *flashes* mezclan el habla coloquial con situaciones insólitas, el presente con las liberaciones de tormentos del pasado, las tensiones de la verborrea frente al silencio de los maniquíes. Las minipiezas le permiten una constante experimentación, que obliga al lector o espectador a leer entre líneas lo que el dramaturgo condensa:

> El teatro breve permite desarrollar la capacidad de síntesis, tan esencial. [...] Necesidad de que el dramaturgo sea un dialoguista ágil, sintético, con vigor expresivo, visual, virtuoso del diálogo a ser posible. Es decir, el teatro corto puede convertirse en laboratorio de experimentación para el autor [citado en Gabriele, 1996: 71].

El autor conoce bien la poética y una numerosa nómina de autores que se han acercado al formato breve, como el *Lied*, de Brahms, los relatos cortos de Melville, los monólogos breves de Strindberg, los pequeños grabados de Picasso o una modalidad aprendida de Octavio Paz: «leí en el suplemento de *Excelsior* unos diálogos teatrales firmados por O. Paz. Era lo más parecido a una minipieza, pero con cierta ausencia de teatralidad» [2002: 13]. Para añadirle el aporte teatral necesario, se inspiró en una síntesis de drama clásico y de vanguardia:[42] «el propio Shakespeare es autor de una máxima que de alguna manera alcanza al teatro corto: la brevedad es el alma del ingenio» [Quiles, 2001]. Pero no sólo veía en la obra breve una cuestión de «folios, sino de síntesis» [2001], sino que señalaba que se le debe añadir una marcada contravisión cómica, logrando así los tres ingredientes esenciales de su arquitectura básica. En estas obras el ser humano está desvalido, de ahí que sea muñequizado o convertido en maniquí mudo, al que sólo las diversas conquistas sociales podrán hacer reaccionar. Este programa se hace visible en estas tres modalidades: a) obras en un acto; b) minipiezas; y c) óperas.

a) Obras en un acto

Escrita *«para un actor y un actor maniquí»*, *El frigorífico* (1972) está protagonizada por Zeuxis y nueve de sus fantasmas mentales: las máscaras de su psicoanalista, su viuda, su banquero, un competidor, un amigo militar y otro de cabaré, su padre, su abogado y su confesor. Entre notas expresionistas —*«una luz cenital ilumina un bulto humano en forma de huevo cubierto con una fina corteza de gelatina o plástico»* [329]— y lances surrealistas —Zeuxis porta un paraguas, guiño al teatro de *clowns*—, conocemos la breve peripecia de un joven que acaba de romper el cascarón porque ha estado conservado en el frigorífico durante años, esperando poder despertar algún día de su estado de hibernación. Pero ha amanecido en un tiempo, el actual, que le tiene tan desencantado que opta por desaparecer, en lo que luego conocemos, a través de un re-

---

[42] Haro Tecglen califica la obra de «farsa moderna y perfectamente antigua», «farsa abultada» típica de la vanguardia antigua, teñida de expresionismo [1980: 33].

curso de teatro documento —un vendedor de periódicos—, es su muerte. En el mundo denostado al que ha llegado no tiene cabida un ser anacrónico que, leído en clave metafórica, alude a una sociedad que no acepta la diferencia.

*La navaja* (1971) es un espectáculo teatral concebido para dos intérpretes que tratarán de escapar de una cárcel —la de la vida misma, según Quiles— que no tiene barrotes. Samuel es un peluquero con talento que sin embargo es martirizado por sus compañeros de trabajo —alude al problema del acoso laboral o *mobbing*— y por su propia mujer. Es un nuevo, un personaje cuya libertad ha sido castrada, por lo que decide, de forma quijotesca, adoptar otras personalidades para huir de su realidad, y por ellas le llaman «desequilibrado», cuando en realidad es loco por elección. Es una pieza onírica en que los controladores de su libertad son unas marionetas de tamaño humano que están vigilantes en escena, como en los centinelas de *El observador*, de Matilla: adoptan las voces de su jefe y su mujer, que le atormentan hasta inclinarlo al degollar a un cliente, entre notas pantomímicas y grotescas:

| | |
|---|---|
| VOZ JEFE | Pero, ¿quién es aquí el jefe, Samuel? [351] |
| VOZ DE ROSA | Eres incorregible, Samuel [356]. |
| SAMUEL | *(Rozando la pantomima, ejecuta una exhibición con la navaja.)* Así. Y así. Y ahora por la mejilla... ¡Perfecto! *(Se distancia un poco del maniquí-cliente.)* [...] ¿Qué tal? ¿Qué puntuación me darían, eh? *(Pausa.)* En el Ejército mondaba cabezas de reclutas como si fueran patatas, je, je. [...] Y de súbito, ¡zas! Mi mano se descontrola y enjabono. *(Lo hace.)* Sus orejas, pestañas, nariz, nuca. ¡Vean! Toda la cara del buen hombre es una mancha de espuma [362]. |

Sentada en la cama la noche de bodas, la Alejandra de la pieza musical *El tálamo* (1973) baila a ritmo de un vals de Strauss —siempre es la música central en el teatro breve de Quiles—, ya que dice sentirse realizada sólo por haberse casado, sátira de una concepción decimonónica de la mujer que la identificaba con un «ángel del hogar»:

ALEJANDRA        Lo vomito ya... De quedarse soltera... De no realizarse
                 como novia, madre, amante y colega del hombre...
                 *(Pausa.)* Una vida sin un camino a recorrer no es vida...
                 *(Música. Alejandra da unos pasos de baile y canta.)*
                 Toda mi historia se cifró
                 en pensar cómo se tallaría
                 la flor de mi virginidad... [368]

Esta trágica fantasía satiriza que la única medida de realización de la mujer sea casarse con un hombre que la domine. La protagonista hace mención a un supuesto marido que la va a desflorar la noche de bodas, e inventa también una conversación telefónica con un exnovio. Hace recuento de sus días de noviazgo, del cortejo de su ahora marido, pero termina reflexionando sobre el paso del tiempo, entre neuróticas alusiones a sus muñecos —«*se desplaza donde se amontona el fardo de maniquíes*»—, coreografías y cabriolas que tienen por fin solicitar la atención de un interlocutor ausente: «eres un cómico genial. Estás a caballo entre Charlot y don Quijote... Ja. Ja. Ja. *(Se retuerce gradualmente.)* Te imagino debilucho, demacrado, con tu melena por los hombros evocando a un Cristo liberador y marginado» [378]. Descubrimos que todo ha sido, según propia confesión, una invención que repite todos los días antes de acostarse, el ritual —explica— «compensador de una frustrada solterona» [380].

Más extensa y de nuevo un monólogo en un acto, *El Virtuoso de Times Square* (1993) es una pieza musical que se abre con una canción interpretada por un personaje que alterna diálogo, canto y baile. Por boca del delincuente cubano Reynaldo Cossa, asaltado a la vista de todos en una ciudad —Nueva York— en que nadie se para a socorrerle, se presta la voz a diversos personajes al tiempo que son convocados por su recuerdo. Destaca entre ellos el atracador Chino Valdés, quien, pese a ser un delincuente, le salva la vida porque esa noche Reynaldo había decidido suicidarse por un desencanto laboral. Apela a entender la dignidad del marginado con nueva alusiones a la *commedia dell'arte*:

REYNALDO COSSA   Una muchacha
                 de ojos alunados
                 hace *jogging*

por la linde azul de un sueño,
y una ambulancia,
ojos de pulpo afarolado,
la acosa a lo lejos.
Dejadla,
es la loca de Washington Square,
con suéter negro
y medias de Arlequín [407].

Relectura posmoderna de la obra de Shakespeare, la protagonista de *Una Ofelia sin Hamlet* (1993), casada con un odontólogo, está obsesionada con que éste le pueda ser infiel. Como medida de defensa decide buscar al hombre perfecto fuera de su matrimonio; todos pueden ser buenos candidatos, hasta los inventados. Adapta sus discursos y su habla a la identidad de cada uno de sus interlocutores, sean éstos Clint Eastwood, Carlos Gardel o Toni Claqué, tres personajes que aparecen de forma episódica. La obra recurre nuevamente al personaje-maniquí emblemático de Quiles: ostenta este rol la madre de Ofelia, en un plano onírico que se opone al real, con huellas de la obra de Mihura incluso en el motivo de los sombreros de copa. Madre e hija intercambian sus papeles, canturreando fragmentos de ópera, cogiendo y soltando los sombreros. Cuando explica que estuvo internada en un psiquiátrico, entendemos que el concierto de quiquiriquíes y voces susurrantes de amantes que la reclaman no son sino fruto de su esquizofrenia. Es Ofelia sin Hamlet, porque no renuncia a encontrar su ideal masculino y opta por un malo conocido antes que por un bueno por conocer: reconsidera la opción de ser feliz con su marido —un dentista—, pese a que éste le arregla los dientes pero nunca le hace sonreír, muy sintomático de su relación: «¡qué frustración / shakespiriana / para una Ofelia con / sonrisa de porcelana» [432].

Basado en el relato corto del autor *Usted es ninguno*, *Con la sombra a cuestas* ofrece una nueva lectura del tema de la identidad, auténtico timón del teatro de Quiles. Es una sátira del nerviosismo que un ciudadano vive cuando su nombre no aparece en los documentos oficiales en que debería estar incluido. Sólo cuando «Ninguno» adopta este nombre para reconocer que no existe, sólo cuando autodeclara su inexistencia para el sistema, tiene la oportunidad de existir para la Administración que antes lo descartaba:

| PEPE PÉREZ | Ninguno Pérez... sí consta. |
| SEÑOR PIEDRAHITA | ¡Lo conseguimos! ¿Se da cuenta? Usted sí consta a partir de ahora. |
| PEPE PÉREZ | ¿Aunque sea Ninguno Pérez? |
| SEÑOR PIEDRAHITA | ¡Ajá, don Ninguno, ajá! |
| | [...] |
| VOZ | Ustedes son testigos. El Sr. Ninguno Pérez, sin poder escapar al vértigo de su nuevo nacimiento, abandona por su propio pie el Instituto Interactivo de Innominables [451]. |

b) Minipiezas

*El hombre que no debía hablar* está dedicada a Max Aub. Es una ácida parodia sobre la censura y el toque de queda del silencio impuesto:

| VOZ I | De acuerdo con lo establecido en el artículo 1002 de la ley del sellar el labio bajo el marco democrático, este organismo sugiere a usted que en el plazo de una semana, a partir de la fecha del oficio, deberá abstenerse en ejercer la facultad del habla, advirtiéndolo que si hace uso de la palabra, el peso de la ley del punto en boca se hará sentir a modo de extrañas jaquecas. Firmado C.E.S. (Otro matiz). Centro del Equilibrio Psicosocial, adscrito al Departamento del Silencio Sumergido [507]. |

Un efecto de inmersión en la mente de Estanilao es *Danza para un alicaído* (2001). Es citado por dos mujeres que jamás le corresponderían, alegoría de la búsqueda del ideal y de la utopía en el arte, pese a saber que es inalcanzable. En el mismo retrato del artista infravalorado, *Cuando Ionesco subió al cielo* fue escrita a raíz de la muerte del autor y en ella Ionesco puede ver programadas en el cielo todas sus obras, crítica a que no se programen suficientes títulos de autores vivos. Otra muestra de ensoñación y notas surrealistas es *Por los rieles y el sueño*, en que un bibliotecario se niega a *aggiornar* su método de trabajo, por lo que recibe el mensaje admonitario de personajes nacidos de un sueño que tiene mientras dormita en la biblioteca: son los fantasmas de

Flaubert, Dostoievski o el Quijote de Avellaneda los encargados de pedirle que acepte la modernidad.

Una atmósfera mágica invade también al propio título de *El señor de la noche (fantasía onírica en una evacuación)*, que comienza en la primavera de 1938, cuando un miserioso pasajero —la Muerte— desciende de un tren. Porta una guadaña y monta en una yegua blanca —mención lorquiana— y ha llegado al pueblo, que está siendo en este mismo momento bombardeado. El Río Palancia le acusa de asesino, la Fuente de los 50 caños le inculpa en el asedio de la aviación militar y un Alfarero le informa de que la República ha sido asediada. Las sombras de dos reyes moros y del duque de Medinaceli hacen que los tiempos mezclen la Hispania romana con Al-Andalus, con la Península en plena Reconquista, con diferentes momentos del mismo territorio en guerra. Los óleos de un Museo piden al visitante que se vaya de Segorbe, que coja el tren de la muerte que a ellos les traerá la paz.

Antibélica igualmente, *Oh misil* (1987) pone a competir, por el amor de T (la Tierra), dos pretendientes muy peculiares: a Humberto Pla, hijo de la OTAN, y a un colega misil (SS-21), hijo del Pacto de Varsovia. Irónicamente, han conocido a su pretendiente en un acto pacifista, y por su amor se autodestruyen tirándose por el retrete. En un epílogo que hace balance de un utópico fin de la guerra, han cambiado la actividad nuclear por el deporte, el odio por el amor y la destrucción por la creación de una convivencia afable:

MÓNICA T          Miré a los dos hombres, brazos en jarra. *(Pausa.)* Y ahora, ¿qué?
HUMBERTO PLA   Ahora nos vamos a hacer footing.
MÓNICA T          ¿Es que tenéis frío?
HUMBERTO PLA   Al contrario, amor vamos a celebrar lo lejos que dejamos el invierno nuclear [550].

Las ya citadas *El tálamo* y *Una Ofelia sin Hamlet*, junto a *El adiós de Elsa*, componen el denominado «teatro de la liberación» de Quiles, centrado en personajes femeninos que se libran del rol de represión y frustración que los sometían a las normas dictadas por el hombre [Pérez-Rasilla y Aragón, 2001: 34]. El libreto para una ópera de un acto titulado *El adiós de Elsa* (1988) es un monólogo centrado en la trágica vivencia de la soledad. En un café de la bohemia parisina la contradictoria, pirandelliana y neurótica Elsa dice unirse a un compañero que no ama para evitar la soledad. Sabemos que Elsa abandonó a Víctor para dejar de ser una esposa convencional y se unió a un poeta que basaba sus publicaciones en copiar sus ideas: «chupabas de mí. ¡Mierda! No podía contarte una idea, una intuición, un proyecto de escritura» [554-555]. Para denunciar el caso recurre a los servicios de un actor-maniquí, que aparece marcado por una luz cenital expresionista que destaca sobre la luz impresionista narrativa. Su interlocutor durante toda la obra es este maniquí que no habla ni se defiende, pese a los continuos insultos de la protagonista, que le llama «delincuente de las letras», «contrabandista del verso» y «mercachifle de las artes». Podrían ser las palabras de tantas mujeres que han sido autoras de un éxito que han firmado sus maridos.

Subtitulada «para un teatro de sombras», la pieza futurista *Dr. Honoris Causa* (1991), de nuevo una obra monologal, nos emplaza a un nuevo pecado en la convivencia: la envidia. En esta ocasión el espacio, con fondo escénico de una pintura de Chagall [Espinosa, 1998: 85], es el planeta Tierra, que recibe la visita de un extraterrestre al que todos colman de honores confiando en que pueda remediar el problema de la identidad de los terrícolas. Pero todo termina con un asesinato: con el agasajado visitante —«el planetícola»— en las fauces de una manada de leones celosos, hombres animalizados, que ven el peligro de que el doctor Honoris Causa extienda sus ideas progresistas. En un recurso narrativo se resume este desenlace:

| | |
|---|---|
| MAESTRO DE CEREMONIAS | Qué instante para la Humanidad, queridos amigos. Por fin, el gran sueño: una astronave disparada desde la estrella Barnard, mejor dicho, desde su astro que la acompaña, entró en nuestra atmósfera. [...] Emoción a raudales. Pisa la Tierra un habitante de otra Tierra. *(Pausa.)* Alto. Horror. No. Fuera. Ametrallen la manada de leones. *(Pausa.)* Piedad para la criatura que viajó seis años luz para estrecharnos su mano. ¡No! Rápido. Un misil contra la manada salvaje. ¡Oh, Dios mío! Lo devoran, se están comiendo al extraterrestre. ¡Quietos, fieras! No es carne terrícola, estáis devorando la sín- |

tesis de la civilización. [...] Seis años luz de intento de diálogo. Las fieras no respetan nada.
¿Quién nos respetará ahora? [519-521]

Vuelve a centrarse en la dificultad de comunicación la obra fantástica
*El hombre de las mil puertas* (1992), que convierte a una alegórica puerta
en la protagonista de la pieza, nunca mejor elegida, porque al hablar de
relaciones personales —se explica— no sabemos si «tener la puerta abierta», si «dar con la puerta en las narices», si «cerrar las puertas» o si ser «una
puerta abierta». En la obra Lalo Chamba comprende que en la propuesta sugerida por un desconocido Vendedor de puertas no estaba la fórmula
del éxito: le había propuesto que la solución para poder abrirnos el umbral a todo cuanto debemos flanquear es llevar, literalmente, la puerta a
cuestas, con la llave para los lugares en que, de lo contrario, no tendría-
mos forma de entrar. Pero Lalo asiste con desolación a un desfile de compañeros que también llevan puerta, es decir, su «enchufe» dispuesto; él no
goza de más ni menos favoritismo que ellos.

De tono surrealista es *Utópico de mi corazón* (1994). Dueña de una
casa de huéspedes, la matrona doña Margarita de Sax obliga a sus inquilinos a ser amamantados por ella, ayudada por un secretario muy peculiar, un *«enano con chaleco, manguitos y aire de escribano miope»*. Con ella,
Lino Alabau tiene ocasión de satisfacer su complejo de Edipo, entre conversaciones en torno al juego, al divorcio, al culto al cuerpo y a la borrachera, que se encarga de facilitarle Margarita.

Dedicada a un actor que interpreta a varios personajes, la minipieza
*Balada de un equilibrista* (1999) nos acerca a la personalidad de Bartolomé
Tous, un equilibrista *«empresario de circo con semblante de payaso hipocondríaco»* al que sus hijos —todo es exagerado: son septillizos— le quitan
el circo que tiene en propiedad. La obra es el retrato de su caída en la
ruina por no saber incorporar la veta artística, en lugar de atender a una
escena vendida. La actitud de sus sucesores es advertir que, sin no hacen caso del teatro de arte y experimental, el circo y la escena están
abocados a desaparecer. Explica Espinosa esta actitud: «¿no será una advertencia al Teatro hecha por las Bellas Artes, que son siete, como los
hijos del protagonista?» [1998: 98]. La séptima de estas artes, la mayor
competidora, es la televisión. El mensaje reabre el debate desarrollado
en torno al lugar común de la «crisis del teatro»:

VOZ DE MARGARITA    Querido, no puedo creerlo, el último de los septillizos acaba de decirme: resiste, mami, detrás
vienen nuevas oleadas de enanos con sombrero
hongo y con un salario fijo en el bolsillo, como
debe ser en esta era de esplendor donde la señorita Tecnología se luce con pases de lujo ante
del toro tristón del Paro.

*(A mitad de la perorata surgió Bartolomé Tous. El hombre se ciñe su nariz de
clown y toma entre sus brazos a la gran pepona.)*

BARTOLOMÉ    Margarita, es la noche de los televisores rotos y el
vértigo de los trapecios te reclama. *(Los focos les
abren una pista de luz bajo acordes del clarinete.)* [562]

Más realista, *A la puerta del mercado* (2001) tiene lugar en un supermercado. Una Carmen convertida en diana de ácidas ironías —«¿ves,
Carmen? Y luego hablan de crisis de valores, de insolidaridad y mira por
dónde un desconocido, sin mediar palabra, sin alboroto, sin exhibicionis-
mo de cortesía, ayuda a llevar la compra a casa» [565]—, saca a relucir en
conversación con un desconocido su relación de pareja —«mi marido
es... no, no nada posesivo, debo admitirlo, es muy serio, formal, riguroso
con sus moscas, ¿no se lo dije? Las moscas son su materia prima de trabajo» [566]— para quejarse de que el trabajo ha absorbido a su marido
y a su relación: «nunca creí que mi competidora sería un insecto, de veras» [566]. Entre menciones en clave y críticas directas, da con el problema de la desigualdad de género, porque se muestra como una mujer
desinhibida, capaz de objetualizar el cuerpo masculino: «CARMEN
¿Imagina a las pintoras del último tercio del siglo XIX pintando hombres
desnudos? Las hubieran lapidado, ¡seguro! [...] Pues pase ahí adentro, a mi
estudio, y póngase en pelota viva» [567].

Otro de los temas de la obra en torno a la desigualdad tiene un calado político. Tras preguntarle cuáles han sido sus verdaderas intenciones al ofrecerse a llevarle la ropa, y después de barajar la posibilidad de
que sea un asesino, un violador o un mudo, el desconocido sorprende
al espectador y a la propia Carmen con una secuencia que denuncia
que ni siquiera hablemos el mismo idioma para poder llegar a un con-
senso en tema de inmigración:

| CARMEN | ¿E? ¿Mi? ¿Emi? |
|---|---|
| DESCONOCIDO | Emi... Emi... |
| CARMEN | ¡Se llama usted Emilio! ¿Por qué vuelve a denegar? Lo veo un poco desaliñado... y es un pelín más moreno que... |
| DESCONOCIDO | Emi-gran-te [568]. |

Como monólogo narrativo se presenta *Subastador de metáforas ajenas,* sátira de los procesos judiciales basados en postulados y pistas ridículos:

> X    El Servicio de seguridad de Obras Originales me encargó que debía detener a T acusado de espiar a S, candidato al Premio de las Letras Inverosímiles. [...] Descarté el mundo de la col, pero me incliné por centrar la investigación en los aguacates no por ser una de las frutas más cotizadas, sino por ser una voz procedente del náhualt. Debo admitir que no encontré pista alguna en las entrañas del aguacate [571].

c) Ópera

Una ópera para títeres y marionetas, en un acto, es *El alquimista y los instrumentos musicales* (1995). Por indicación expresa en la acotación inicial, la estructura de la obra permite a los personajes desdoblarse. El dueño de una compañía de ópera, Papanatti, le pide ayuda al taumaturgo Trotapesquis para ir en busca de la pareja de enamorados formada por la Flauta y el Clarinete. Apreciamos el léxico y jerga de la música, además de un catálogo de personajes lúdicos —como las marionetas que son animadas por el alquimista— o circenses, como el mago y el titiritero:

> *En un ángulo, amontonados entre material de deshecho, se ven unas marionetas aguardando cobrar vida merced a las artes de la alquimia* [462].

> *(Flotan globos multicolores. Surgen algunos Instrumentos disfrazados e imitan, en pantomima, a un mago, una perfumista, un volatinero, un cuentacuentos ininteligible...)* [478].

## 3.4. Matilla, por *Raquel García Pascual*

Además de ser escritor, guionista y autor teatral, Luis Matilla (1938) es especialista en temas de imagen. Asimismo, en los últimos veinte años ha publicado varios libros sobre pedagogía de los medios de comunicación, nueva muestra del compromiso que ha adquirido con la defensa de un sector muy definido, el infantil. Tanto en Matilla como en otros autores nacidos desde los años veinte —Ruibal (1925)— hasta los años cuarenta —López Mozo (1942)—, y cuya producción se empieza a conocer en los sesenta, son notables los escarceos con el Living Theater, Grotowski o el Bread and Puppet, el teatro de *clowns*, los *collages* y *happenings*, las propuestas formalistas, el teatro del absurdo, la herencia del documento de Piscator y Brecht, con especial apego por un teatro que vuelve a sus orígenes a través del mimo y el rito. Tanto la tendencia de perfiles realistas como la cercana al ejercicio de la alegoría configuraron sus obras breves con los mimbres del teatro de muñecos, el tabanque de cristobicas, el juego, el circo y las estructuras de la máscara y del disfraz.

De su mano comprobamos que la apasionante renovación del mundo occidental escribió uno de sus capítulos en España con la recreación de rituales grotescos, el ceremonial y la participación de los espectadores, con menciones oníricas, con la concesión de un papel protagónico a los objetos presentes en la escena, dando lugar a toda una dramaturgia del objeto. Estos elementos eran productivos por su teatralidad —como reacción contra el realismo ilusionista— y porque con ellos anotamos que en el teatro antirrealista europeo se han establecido dos grandes líneas a partir de los años cincuenta: el teatro grotesco alemán, más racional y sujeto a la influencia de Bernard Shaw y Bertolt Brecht; y la línea de seguidores de Alfred Jarry y Antonin Artaud, defensora de un teatro que apuesta por dar mayor cabida a lo irracional [Wellwarth, 1966]. La primera sería una tendencia narrativizante y la segunda dramatizante, en la sistematización de Übersfeld [1981]. Con este estado de la cuestión, la segunda de estas categorías —dramatizante— tenía como precursoras a cuatro corrientes de finales del siglo XIX: simbolismo, modernismo, cubismo, expresionismo, surrealismo, futurismo, dadaísmo, creacionismo, expresionismo y *teatro grottesco*. Asimilada a estos parámetros, la pieza de reducidas dimensiones volvía a considerarse la base de una búsqueda de la especificidad teatral a la que podemos poner nombres —Pirandello, «abocado al estudio de los conflictos psicológicos de sus personajes, se introduce en el mundo escénico gracias a la pieza corta» [Quiles, 2001: 104]; Valle-Inclán; García Lorca; Beckett; Ionesco— y fijar lugares: el Concours National de l'Acte en Metz (Francia) o el festival del teatro corto en Estados Unidos organizado por el Actor's Theatre of Louisville.

En este contexto Matilla recurrió al teatro breve por su consabida eficacia: una menor duración es un aval para la condensación de la anécdota y facilita un mayor impacto. Además, ha defendido la risa festiva de la que participa la pieza corta como inofensiva a los ojos de la censura. La eligió por la «condensación, esquematismo, coralidad y capacidad de desrealización» [Barrajón Muñoz, 2000: 32]. En sus obras para niños ha querido ofrecer un universo imaginario que muestra un panorama social lleno de pobres y malvados diablos de actitud fagocitante, del que quizá la muestra más emblemática es *Teatro para armar y desarmar.* Su obra para adultos, en que nos centramos, presenta una clara división, por un lado, en una vertiente más cercana a la farsa, y, por otra, en otra sección que destaca por su registro simbolista: a) teatro farsesco y expresionista; y b) teatro surrealista, pantomímico y circense.

## a) Teatro farsesco y expresionista

La farsa en un acto *El adiós del mariscal* (1968) se centra en la incomodidad y hasta trastorno mental que causa en las capas altas una vida hecha de apariencias y un continuo tener que competir por popularidad. El mariscal de la obra muere en pleno acto de servicio, sólo que sexual, y con una prostituta en una casa de citas:

MUJER        *(Aguarda con signos de impaciencia.)* Bueno, ¿qué? Lo que más me cabrea son los tíos que no saben lo que quieren. *(Se aproxima más. Mira muy fijamente hacia la cama. Su voz se irá haciendo más insegura a medida que hable.)* Mariscal... estás... estás muy pálido. Mariscal, estás... estás muy quieto. [...] Mariscal, estás... estás muy muerto. *(Se aparta de la cama horrorizada, queda paralizada en el centro de la habitación. Habla hacia el lecho con tono de ren-*

*cor.)* ¿Por qué me has hecho esto? Te podía haber pasado con una de las eventuales, pero yo era de las fijas, o por lo menos eso me creía [61].

Cuando el Mariscal aparece muerto, nadie osa desvelar la identidad de su acompañante. Por su estrategia encubierta, la obra se acerca al registro de la farsa, que se abre a voces expresionistas y un registro de veladuras cercano al impresionismo. El humorismo al que se acerca no es un recurso de plana comicidad, sino una ruidosa manera de hacer escuchar su denuncia.

La no menos farsesca *Funeral* (1968) reúne en un velatorio a un grupo coral que, ciego ante la dureza de la muerte de un joven en una guerra, habla sólo por sus intereses. En *La ventana* (1968) se remite a esta misma dureza, en esta ocasión porque dos lesbianas son vigiladas por los transeúntes que las ven besarse a través de la ventana, y terminarán denunciándolas. Breve a pesar de ser una obra en dos tiempos, *Una guerra en cada esquina* (1968) escoge a tres prostitutas que no quieren que lleguen tiempos de paz, porque éstos supondrán su condición de paradas. En la problemática trabajo-guerra se circunscribe también *El piano* (1969), en que a un viejo músico se le prohíbe dar un concierto, pese a que arriesgó su vida quedándose en el país en guerra, creyendo que su sueño de cambiar el mundo con el arte tendría cabida en medio del sinsentido general.

Compone *El monumento erecto* (1969) una estructura piramidal construida con cientos de cascos de combate. Dos viudas de diferentes edades no han cesado de visitar este obelisco funerario desde que sus maridos fueron enterrados en él. Escena y parlamentos se ajustan a este tono macabro:

MUJER      Tengo unas ganas de que los huesos dejen de moverse de una vez. Ellos no me dijeron que mi trabajo iba a consistir en esto; pero un día me lo pidieron y después otro...Y hasta que todos los cuerpos no formen una sola pieza, no abrirán el monumento al público. [...] ¿Sabe? A veces la carne cede y se producen hundimientos. *(Señala hacia los casos situados de un modo desordenado.)* Por eso nos obligan a echar cal todas las mañanas. Dicen que después harán a cimentación definitiva. *(Transición.)* ¿Recuerda su casco?

CHICA          Como si lo tuviera delante. Iba a comenzar nuestra
               noche de bodas cuando le llamaron. Fue lo primero
               que se puso; después, ya no lo volví a ver [2-3].

Mientras buscan entre las rendijas un eco del cuerpo inerte de sus
maridos, a estas mujeres enajenadas les consuela hablar con los cascos
de sus esposos —«esto no es un cementerio, es un monumento»—, y
son caracterizadas grotescamente por sentirse orgullosas de las glorias
que recibirán: «mañana iré al departamento de victorias militares y les
contaré lo que ha ocurrido. Estoy segura de que mandarán una guardia de honor». Pronto descubrimos que trabajan a las órdenes del
Conservador, que dialoga con un Joven que ha preparado una caja de
explosivos para hacer saltar por los aires toda esa montaña que han eri-
gido los siglos de dominación: «*sus puños comienzan a descargar terribles
golpes; parecerá como si su odio por aquel hombre hubiera estado contenido durante siglos*» [18]. En su nombre y en el de todos los que quieren luchar
contra los dictadores, es el Niño quien pulsa la palanca del ajuste de
cuentas.

*Post mórtem* (1969) es una pieza alegórica que exige un plus de atención por parte del espectador por darse en coordenadas que juegan pre-
meditadamente al despiste. El mensaje es que la esperanza de liberación
de la sociedad opresiva y anestesiadora de libertades reside en los jóvenes. Deben luchar por oponerse a un orden establecido. El autor recurre nuevamente a personajes-tipo y no a protagonistas individualizados
para aumentar su validez universal. Se intercalan filmaciones en un cruce de códigos de representación en que cine y teatro difuminan sus
fronteras.

Con un título que remite a las prácticas circenses componen *Ejercicios
en la red* (1969) las piezas *Juegos de amanecer, El premio* y *El habitáculo*. En
la primera de ellas Él, un anciano, trata de poner en marcha un tocadiscos mientras su pareja se maquilla para terminar siendo un mascarón:
«me parezco a una muñeca pero es muy divertido»; «*el maquillaje blanco
colabora a dar a su cara una apariencia de grotesca muñeca de porcelana*». Él se
disfraza con ropa estrafalaria para dar lugar a un baile erótico con el que
huyen de su edad y desafían a las leyes de la naturaleza, que los han privado de la fogosidad de antaño:

*Él arrastra a la mujer por una mano hacia el centro de la escena, allí se unen en una frenética danza intentando seguir el vertiginoso ritmo que surge del tocadiscos. Bailan desesperadamente, como si en ellos les fuera la vida. Sus movimientos son rápidos, pero torpes, casi simiescos [...]. Toda la escena ha cobrado ahora la apariencia de un circo donde los payasos intentarán hacer reír con su dramática representación* [18-19].

El simbolismo y expresionismo de la iluminación contribuyen a enfatizar este mensaje: «*las luces que incidían sobre el panel les rozan también a ellos, pero ahora de un modo más pausado. Son diferentes capas de color que los envuelven efímeramente llegando a veces a sobreponerse unas sobre otras*».

De nuevo protagonizada por una pareja entrada en años, que «*se esfuerza por comunicar una apariencia de juventud que a todas luces quedó atrás para ellos*», *El premio* se centra en una competición al estilo de un *reality-show* en que la compensación es un inmueble. Como resultado, los ganadores han ganado una casa en que se disponen a entrar inútilmente porque no encuentran siquiera la cerradura. La obra incluye «*una estudiada interpretación mímica*» [23] y «*actitudes próximas a las actuales tendencias del ballet*» [26] para dar cuerpo a unos personajes guiados como marionetas, ya que representan el terrible estado de quienes son objeto de una clonación de conductas. Él es la víctima propicia para ser objeto de un lavado de cerebro, frente a Ella, decidida a oponerse a esta manipulación:

| | |
|---|---|
| ÉL | Todo el mundo terminará viviendo en este lugar. Yo creo que ellos intentan eliminar las diferencias. Todos deberíamos ayudar para que lo consigan [33]. |
| | [...] |
| ELLA | *(Con rencor.)* Una ve que he conseguido entrar en mi casa, nadie va a volver a decirme qué es lo que debo hacer. ¿Lo entiendes *(Con dureza.)*, verdad? [33] |

El marido termina cayendo al vacío, precipitado desde la estructura de metal que les han adjudicado como casa. Su mujer sigue cosiendo en un desenlace que declara una emancipación femenina conseguida a costa de la vida de su compañero: «es una preciosa casa a pesar de todo. Nunca pude hacer lo que quise en una casa. Ahora todo será diferente, absolutamente diferente» [38]. Sirve como complemento a esta visión *El habitáculo*, que analizamos en *Ejercicios para equilibristas*.

b) Teatro surrealista, pantomímico y circense

Entre 1968 y 1970 había comenzado el movimiento del teatro independiente, en que se tomaron, en muy gran parte, referencias del folclore y del mimo, como ya hicieran autores como Lorca en los años veinte: era un teatro total. En pleno *boom* del humor negro en los artistas gráficos, como Perich, Máximo, Summers, Forges y Ops, este último había hecho la escenografía de una obra que es menos farsesca y más surrealista que la anterior: el espectáculo *Ejercicios para equilibristas* (1989), integrado por *El observador* y *El habitáculo*. Su conformación fue un homenaje al surrealismo de Topor, Magritte y Ops. Aprovechando las posibilidades connotativas de un marco de pesadilla —por las que no pudo ser exhibido por cuestiones de censura— y centrado en el patrimonio de su propuesta, Matilla era plenamente consciente de ser uno de los protagonistas del movimiento conocido como neovanguardia. No era alegórico para disimular sus críticas, sino para actuar en consecuencia con una opción estética que asumía responsabilidades éticas y formales. Debido a la renovación de los códigos escénicos y coincidiendo con los autores del nuevo teatro americano, quiso contemplar un regreso a los orígenes rituales, a un estado primordial en que encontrar las señas de identidad de una dramaturgia de vanguardia [Marinis, 1988].

Porque el escenario en que los personajes de Matilla han de moverse es una gruta de marcada lectura psicocrítica, su espacio es el subterráneo y el tiempo escogido la noche. Sus personajes son nocturnos, siniestros, espantosos, insospechados, ambiguos. Pese a su cobertura trágica, obedecen a la norma estética del humor grotesco. Y si, además de lo sardónico, otra de las nociones del carnaval teatral es la duplicidad, también toma cuerpo en *Ejercicios para equilibristas* desde el momento en que va encabezada por una cita de Michel de Foucault: «la mirada exige pocos gastos. No hay necesidad de armas, de violencia física, de coacciones materiales. Basta una mirada. Una mirada que vigile». Como hiciera Foucault en *Historia de la locura* o en *La historia de la sexualidad*, Matilla se refiere a las similitudes de la vigilia y el sueño, las alucinaciones y las presencias, estados que no presentan grandes diferencias en el desarrollo conductista de la serie de desequilibrados que pueblan su teatro.

*El observador* (1967) es el Ejercicio número 1. Él y Ella no tienen nombre, pero tampoco son arquetipos. El autor quiere detenerse, en una larga acotación, en dar las pautas de la distorsión, conseguida con un inventario de sonidos expresionistas, fluidos grotescos, gestos luctuosos propios de un teatro genetiano, y animales —los peces—, con simbolismo fálico:

> *En la oscuridad total de la sala y el escenario, se escuchará de forma distorsionada los sonidos de un cuerpo cayendo al agua; de líquido penetrando a borbotones en el interior de los pulmones; de estertores de un ser humano a causa de la asfixia; de burbujas y precipitados movimientos dentro del agua; de coletazos de peces...* [22]

Los sonidos quejumbrosos proceden de un cuerpo vivo. La acústica es expresionista. El espacio sonoro *«habrá de ser un elemento fundamental para ayudar a transmitir la ascendente tensión emocional de la pareja»* [23]. Se oirá fuertemente el efecto de una llave abriendo la puerta y escucharemos la respiración de la mujer —un efecto de inmersión—, así como —huella del cine de terror— unos *«pasos que serán distorsionados y secos»* [29]. En plena crisis de identidad, Ella se queja de los monólogos que tiene su marido, que no le dejan conciliar el sueño. Su agresividad aumenta cuando comunica sus mórbidos y obscenos deseos acerca de la identidad secreta de sus vecinos:

ELLA    ¡Ah!, por fin consiguieron alquilar el piso de arriba. ¿Has visto a los nuevos inquilinos? [...] Esperemos que no tengan niños, y si los tienen... que no tengan piernas, y si los tienen... que no patinen por los pasillos, y si patinan... que las ruedas sean de goma, y si no lo son... bueno, y si no lo son, habrá que decirles a sus padres que se metan los patines donde la otra vez [24].

Llegado este momento, comienzan los sucesos paranormales: el teléfono gotea, y lo hacen también los grifos. Él comienza a recibir los fogonazos de unos *flashes* intermitentes, como si estuviera siendo fotografiado: es objeto de la observación que da título a la obra. El escenario llega a inundarse hasta transformar la escena en un mundo subacuático con un efecto de inmersión rescatado del principio de la obra, con el fin de configurar un eco circular:

*Por medio de efectos luminosos o de transparencia, el escenario cobrará, paulati-
namente, una apariencia de progresiva inundación. Los muebles se mecerán pausa-
damente, como impulsados por corrientes submarinas [...]. Se escucharán los mismos
sonidos que al comienzo de la obra, los estertores procedentes de un ser humano a
causa de la asfixia* [38].

En estas obras surrealistas de dimensiones reducidas se muestra una
notable violencia plástica y una gran capacidad de sugerencia. En el caso
concreto de *El habitáculo*, Ejercicio número 2, los protagonistas han localizado una casa a través de una agencia, en que están siendo vigilados
por el Celador y el Casero. Falta también la libertad y sobran los controladores de conciencias. Denuncia el caso el Muchacho, quien, des-
quiciado por el trato, presenta «*un gesto de desvarío*» [55], y en breve va
a ser soporte de una de las escenas más sardónicas de la obra: viene
cuando, en esta patética situación, al *clownesco* muchacho se le ocurre
bromear acerca de la humedad de su nueva casa. Tiene lugar en esta secuencia:

MUCHACHO     *(Intentando recordar vagos recuerdos juveniles.)* La hume-
             dad llega a formar charcos. Entonces se puede chapo-
             tear. Podríamos jugar con barcos de papel. *(Sin buscar
             respuesta alguna.)* ¿Nunca jugaste con barcos de papel?
             Se terminan deshaciendo; la tinta se corre y ya no es
             posible saber lo que escribimos en las hojas de nues-
             tros cuadernos [54].

La figura del estafador perpetuo ofrece sus servicios de acoso y de-
rribo de ideales a los propios espectadores:

VOZ CASERO     El casero tuvo que ausentarse. A partir de este mo-
               mento, yo defiendo los intereses del edificio. [...] Aquí
               nunca ocurrió nada y estamos dispuestos a seguir así.
               Para cualquier cosa que necesiten, no tiene más que
               accionar la cadena [56].

Con burlas al censor o frenéticos juegos visuales, las obras de Matilla
muestran al hombre corriente atrapado en situaciones absurdas. Sus cabriolas son en realidad un grito de guerra y demuestran que está al día

de las formas más punteras: el teatro del absurdo, el de la crueldad, el neosurrealismo, el drama abstracto, el teatro documento o el *happening*, subversivo utilizado por el arte de vanguardia.

La temática de sus títulos gira en torno a los efectos de la mala conciencia y la necesidad de escapar. Confía en un teatro que pueda despertar a la opinión pública, sólo eclipsado por momentos por la «canción protesta». Entre tanto, mientras Europa se preguntaba qué habría después del fascismo, España estaba viviendo más que nunca el nacional-catolicismo. En los cincuenta había dejado de mirar al Eje y se quedó en una autarquía marcada por el boicot informativo: la prensa oficial estaba hecha de un código que asimilaba la Guerra Civil a una cruzada y a los franquistas como unos guardianes de la paz. En este contexto el teatro subversivo podía dar cuenta de este desafío al «tinglado teatral establecido» [Pavis, 1980: 48]. En los años sesenta siguieron las respuestas disidentes, arriesgadas, que demandaban un público joven en busca de nuevos talentos, no sujeto a las existencias del circuito subvencionado. Se trataba de un espacio idóneo para los espectáculos satíricos de corta duración.

## 3.5. Miralles, por *Raquel García Pascual*

Presidente ejecutivo de la Asociación de Autores de Teatro, desde la que apoyó la difusión de los dramaturgos españoles vivos, Alberto Miralles (1940-2004) fue también director de escena, promotor cultural y un gran crítico teatral. Publicó varios ensayos sobre el sentido histórico de los componentes que han venido renovando la escena desde la década de los sesenta, generadores de nuevas formas de espectáculo, entre los que destacan *Nuevos rumbos del teatro* (1974), *Nuevo Teatro Español: una alternativa social* (1977) y *Aproximación al teatro alternativo* (1994), así como un valioso cuerpo de artículos publicados en *Yorick*, *Pipirijaina* y *Primer Acto*. Su obra estaba siendo también una acreditada forma de reafirmar su compromiso teórico. En el caso concreto del teatro breve, ofreció diversas teorías sobre la máscara y el títere, el teatro infantil y circense, el grotesco costumbrista y feérico, para llegar a la conclusión de que las formas farsescas han sido el gran combustible crítico del teatro que comenzó a escribirse en la posguerra española.

Se ha analizado la función de la contención y concreción de sus piezas cortas, con el fin de destacar la ironía, humor, diálogos ágiles, carpintería teatral y el espíritu crítico, confrontador y desmitificador que le son propios [Santolaria, 1999]. En ellas se muestra conocedor de todos los colores genéricos de la variedad estilística, con la ironía característica de su teatro, la misma por la que Ruggeri ha denominado estas piezas «*sketches* y picotazos a la sensibilidad» [1998: 18]. En ellos Miralles se pregunta quién representó la cultura oficial española de los años de represión franquista y cuál debía ser la obligación moral de los intelectuales en un país regido por la intolerancia.

Atendiendo a su temática, proponemos cinco apartados en esta obra breve: a) críticas a la política internacional de la Dictadura; b) sátiras de la política nacional franquista; c) condena del abuso de poder; d) conflictos en las relaciones de pareja; y e) teatro experimental: la máscara y el desdoblamiento.

a) Críticas a la política internacional de la Dictadura

Al frente de un teatro llamado «cátaro» como es el nombre de su propio grupo pudo estrenar *La guerra, El hombre, Experiencias 70, Cátaro-ovni* y *Fin del mundo, todooos al tren.* Son *sketches* que el autor llamó «punzaduras». Siete secuencias componen *La guerra* (1967) para ofrecer una relectura de los siete pecados capitales, con notable influencia de Artaud y el teatro viviente, sin olvidar la herencia del teatro-documento. La utilización de un referente fotográfico se produce a favor de una recuperación de nuestra memoria no sólo histórica, sino visual:

CÁTARO    (*Diapositivas.*); mil cuarenta y seis con defectos en el esqueleto, el sistema nervioso, la piel y los músculos...; cuatrocientos veinte con los órganos del olfato o del oído deformados; doscientos cincuenta y cuatro con deformaciones en los labios y en la lengua [55-56].

Las huellas del teatro hiperrealista más macabro reaparecen en la obra cuando «el CORO empieza a susurrar: *"Blanca Navidad"*, *mientras a ritmo entra los tres REYES MAGOS. Dos NIÑOS —dos coreutas— de rodillas parecen dormir»*, y se sugiere que sólo sobre los niños se puede edificar la paz. Pero la Muerte personificada va a invitarles a su danza: «¡bailad todos en mi danza macabra!» [71].

Todo un repaso de las etapas biológicas del ser humano desde que es feto hasta que es adulto, *El hombre* (1967) se enmarca en una estética coral asociada a una danza-teatro. El hecho de que el bebé hable desde el interior del cuerpo de su madre —«no he nacido aún. Escúchame»— ofrece al espectador una mayor perspectiva. En plena polémica sobre el aborto, el bebé pide protección, contra el «murciélago sorbedor de sangre» que le pueda engañar o dañar en un futuro, «que en potros de tormento me atormente me revuelquen en sangre» [91]. La obra sugiere que interrumpir un embarazo o un proyecto político es lícito si su gestación va a traer conflicto en la familia (política) en que verá la luz.

Como medida de provocación, *Catalocolón o Versos de arte menor para un varón ilustre* (1969) describe la anti-biografía de Colón, en un momento en que la dictadura rendía culto a los grandes mitos. Miralles rebaja su estatura heroica a través de la desmitificación. En consonancia con las protestas que habían llevado a escena el teatro radical americano con grupos como el San Francisco Mime Troupe, el Bread and Puppet, el Teatro Campesino, el Living Theater o las propuestas de Ronconi o Mnouchkine, quiso adoptar una postura antibelicista en que conciliar compromiso y forma vanguardista [Ragué, 2004: 41].

*Experiencias 70* (1970) son agresivas y presentan una gran violencia verbal a través de *sketches* que se hacen eco al teatro de la crueldad, documento de la herida sangrante de la represión. La cultura de la disidencia había sufrido momentos de especial persecución: en 1969 a Fraga le había sustituido, al frente del Ministerio de Educación y Turismo, Sánchez Bella, que es criticado en clave en estas piezas.

b) Sátiras de la política nacional franquista

Dentro de experiencias posteriores de teatro breve, encabeza la lista *¡Quedan detenidos!* (1993). Como consecuencia de una redada, la víctima expiatoria es un maestro que acaba declarando ante la policía, donde conoce a un diputado que se aprovecha de su cargo para ser liberado, pero luego olvida sus promesas de solidaridad con el resto de presos, que sufren su engaño y entienden que se llenó la boca con falsas promesas. Por ser marco de heterogéneos encuentros múltiples, la comisaría da lugar a un dialogismo que Miralles sabe aprovechar:

| | |
|---|---|
| MARUJA | ¡Los jodidos políticos! *(Se da cuenta de la presencia del* DIPUTADO *porque alguien le da un codazo.)* ¡Huy, perdone usted, es que las putas tenemos una lengua…! |
| MAESTRO | Se llama herramienta de trabajo. |
| | […] |
| DIPUTADOS | *(Defendiéndose, muy electoral.)* La relación sexual remunerada es un contrato que atañe exclusivamente a los participantes. Y en eso no nos metemos. El gobierno lo único que pretende es que no se induzca a menores y que no se lucren terceros [30-31]. |

Un guiño cervantino es *Inocencio o La verdad reluctante* (1994), recuperación de la novela ejemplar *El licenciado Vidriera* cervantino. Su Pepito Grillo le permite desvelar mentiras asentadas en la opinión pública, lo que le lleva a ser una figura incómoda para el Gobierno. Tiene la virtud de convertir en sincero hasta al más mentiroso. La pieza explica que, por no transigir con el toque de queda del silencio, se es el enemigo público número uno del Régimen. En otra alarma cultural se centra *Céfiro agreste de olímpicos embates (Come y calla, que es cultura)* (1981), análisis de una cuestión clave: la denuncia del teatro hecho a base de subvenciones, que Miralles tilda de acto manipulador. La obra es calificada de «contracara de esta celebración oficial» [Ragué, 2001: 65] a través de un «humor rebelde» [Paco, 2003: 197], por lo que se opone a que todo esté en manos de las volubles decisiones gubernamentales. En el tiempo histórico al que se alude, Iglesia y Falange se lanzaron a la conquista del nuevo estado con lemas a favor del imperialismo, tanto en su facción más tradicionalista como en la falangista. La pieza encierra una sátira de que esta «alianza» fuera instrumentalizada ya por la Contrarreforma, en su enaltecimiento del siglo XVII.

c) Condena del abuso de poder

En *Siglo de Oro tabernario* (1990) Miralles convoca a Quevedo, Lope, Góngora y Ruiz de Alarcón para que crucen sus voces en una taberna. Ebrios y parlanchines, discuten sobre la envidia española. Miralles ha convertido a los escritores en personajes de entremés que cantan a las virtudes del vino [Navarro, 1998: 118] y a las lacras de una sociedad que es también la contemporánea.

Un disparo dicta una alerta de escucha en *El volcán de la pena escupe llanto* (2004). Un falangista mata al Maestro, que recuerda a una serie de personajes que son convocados en forma de coro, en plena recreación de su propia muerte, que le permite la inclusión de un teatro dentro del teatro en que salen a escena todas las lacras de un Régimen que quiso eliminar su «perturbadora» disposición a recordar:

> *Se oye el disparo definitivo. El* MAESTRO *mima durante un segundo el gesto de la muerte: brazos en el aire, doblados por los codos como un ala rota, cabeza ladeada, ojos en blanco y boca abierta en estupor breve.*
> [...]
> De una patada me ladearon y caí en la fosa. Luego me cubrieron con tierra y comenzó la grosera descomposición, complicada en el olvido. Hasta la resurrección de la carne [144].

La obra salda las cuentas pendientes con un Régimen que manipuló movimientos y voces, incluso las de algunos escritores, utilizados como moneda de cambio para que se fingiera se empezaba a vivir una apertura:

| | |
|---|---|
| MAESTRO | De muerto necesario pasé a víctima ejemplar y para que no hubiera otro mártir, intentaron denigrar mi memoria. [...] |
| FALANGISTA | Maricón. |
| JEFE | Está casado. |
| FALANGISTA | Pues cornudo [147-148]. |

El docente protagonista cuenta el trato que se le dio a su obra póstuma: se trató de un homenaje tan fugaz que llevó a edificar un supermercado sobre su propia tumba.

En una línea que reaviva la carga crítica de sus obras a través de formas grotescas, *Van para polvo enamorado* (1980) recurre a una presentación expresionista de los personajes. Está relacionada con la fórmula del teatro por horas [Oliva, 1999: 16] con inclusión de una escenografía a medio camino entre lo onírico y mágico. El tema es la venta del alma al diablo, con lectura política, y el protagonista es Lorenzo, que se arrepiente de esta determinación.

Protagoniza *El producto contingente* (1997) un Candidato político que es concebido y manejado como un producto, concebido y esculpido previo contubernio del Ideólogo, el Profesor de Interpretación, el domesticador Monitor de Gimnasia y el Asesor de Imagen, que conspiran contra todo halo progresista utilizando su imagen pública y convirtiéndola en marioneta de manos dirigistas.

Se centra en el terrorismo de la convivencia y en el maltrato racial *Mongo, Boso, Rosco, N'Goe... Oniyá* (1997). N'Goe es linchado por ser negro, rojo, pobre y enfermo, y lo hace a manos de los cabezas rapadas Mongo, Boso y Rosco, quienes encarnan los rebrotes de nazismo y ultraderechismo que pueden tener lugar en un contexto democrático. Miralles expresa con ello su repulsa a todos los grupos minoritarios que enturbian la convivencia.

Con una estructura de novela policíaca, *El último caso de ser Loc O'Tormes* (1997) recupera el «caso» que el anónimo autor del Lazarillo hizo que Lázaro le revelara a Vuesa Merced, con intervención de un código de *clowns*, de alusiones a la novela policíaca, del teatro del absurdo y del teatro de marionetas. El motivo de la espera —como en *Esperando a Godot*—, parodia a los personajes de Conan Doyle, como Watson («¿has oído, Parson? —guason— ¡Marson!») o su compañero, el conocido inspector: «MUJER ¡Ha descubierto un plan! ¡Usted es Ser Loc O'Tormes! / O'TORMES Perspicaz. / MUJER No me interesa su segundo apellido» [128]. La obra es una sátira dirigida contra el policía que sea incompetente.

En la misma línea de parodia del género novelesco, sólo que con ocasión de las series de intriga, *El crimen perfecto* (1997) abre las puertas a una galería de transeúntes, televidentes y votantes que reflexionan sobre los remordimientos. Otros personajes venidos del mundo de la prostitución callejera están declarando ante un inspector. Esta obra de influencia pirandelliana por ficcionalizar ópticas distintas para que nos podamos ver a nosotros mismos, incluye trazos de «realismo maravilloso con sus voces de misterio, luces psicodélicas y plumas angelicales o "superrealismo"» [Torres Monreal, 1998: 135].

Nuevo análisis del tema del terrorismo, y a su vez un nuevo ejercicio técnico-dramático, *Patera. Réquiem* (2003) es un análisis crítico de los atentados del 11 de septiembre de 2002, en que se sopesa la labor humanitaria internacional a través de unos punzantes minidiálogos.

d) Conflictos en las relaciones de pareja

De peligro social, pero centrado en el marco de la vida en pareja, *Dorita Mayalde, cocinera* es un monólogo que relata en términos digestivos —«culinarios» según Salvat [1998: 77]— la venganza de la protagonista a su marido, por haberle sido infiel. Su plan es engordar a su esposo para que esté tan fondón que no atraiga a más mujeres. Pero va más allá, porque el burlador termina siendo burlado, desde el momento en que ella se enamora de su profesor de cocina.

Pieza realista y un nuevo ensayo de un teatro crítico, *César, es necesario que hablemos* (1996) se centra en la caída en la monotonía de un matrimonio. Después de que una frase malentendida desencadene la obsesiva confesión de infidelidad, ésta no se produce. Vuelve a estar presente el tema de las mujeres que luchan por definir su identidad, en una malla de redes personales que debe dejar de considerarlas —solicita Miralles— sujetas al yugo del hombre.

e) Teatro experimental: la máscara y el desdoblamiento

En *Álter ego* (1999) se plantea una fiesta de metamorfosis entre un emperador y su esclavo. Toda una lectura del poder, termina con la muerte del César, y con el Esclavo atribuyéndose su nombre y robándole su identidad —«CENTURIÓN Sometiste su reino. ¿Por qué hacerlo tu esclavo y no matarlo para evitar su venganza? / ESCLAVO/CÉSAR Porque era más peligroso que todos los reyes a los que vencí anteriormente» [175]. Cambia, a continuación, su rol por el del Centurión, obsesionado por conocer la opinión que los demás tienen de él.

Nueva pieza centrada en desdoblamientos es *A.M.* (2003), juego con las iniciales de Adolfo Marsillach, Amelia Márquez y Alberto Miralles, tiene por fin atacar el registro de la pedantería entre las gentes del teatro. Es un apropósito centrado en un lance tan patético como el de A.M., que cuida bien de que su entierro sea más llamativo que el de su amigo. Esta obra puede ser acogida dentro de la variante del «humor dislocado»

[Santolaria, 1998: 471]. Por el contrario, en el registro feérico, mágico y hasta almibarado se inscribe la comedia fantástica *Adórame, Tryalú* (1993), en que una escultura africana se convierte en fetiche de la alianza entre Dora y Juan, que veían peligrar su matrimonio. También en el ámbito de la convivencia, en el teatro de autómatas de herencia kantoriana se sitúa *¡Qué horrible familia tengo!* (2003), en que un adolescente convoca, a través de su recuerdo, a unos muñecos que hacen las veces de sus fantasmas personales o familiares. Al ver un álbum de fotos, Begoña pasa revista a su vida, en que su propia tía se presenta como un espíritu demoníaco. Es, una vez más, un documento de la vergüenza que en tiempos de transición y democracia se siente hacia la dictadura. Es también una diatriba contra los órganos de expresión ideológica que transitaban del fascismo falangista hacia un modelo nacionalcatólico.

## 3.6. Ruibal, por *Raquel García Pascual*

Con un acusado perfil que hace de sus piezas un parámetro desrealizado con tendencia a la abstracción, las piezas breves de José Ruibal (1925-2000) incluyen elementos futuristas, aire de fábula y proyección de niveles oníricos, propios del teatro de neovanguardia en que es clasificado. Con el nombre «piezas de café-teatro» consideró a sus obras breves ejercicios musicales, poéticos y metafóricos destinados a ser representados en escenarios de mínimas dimensiones. El empleo de figuras animales con finalidad temática y estructural, o el recurso al campo semántico de lo mecanizado le permitieron el cultivo de formas dramáticas como la farsa alegórica, la sátira o la fábula. Bestias y máquinas fueron su salvoconducto para encajar en su práctica del grotesco surrealista; son dos no-personajes, dos vehículos apropiados para su lenguaje poético y sus alegorías «de ocultación», que pueden ser clasificados en tres tipos: a) sátiras de las miserias humanas; b) reformas del estatuto del trabajador y de la cuestión de género; y c) teatro breve de las víctimas de una mala educación. Todas ellas denuncian la falta de libertad perfilada en un contexto: el franquista.

a) Sátiras de las miserias humanas

*La ciencia de birlibirloque* (1956) está basada en una leyenda popular gallega y en el lema «piensa mal y acertarás». Se centra en el complejo de inferioridad de una España que veía venir a turistas y por ellos se percibía que el país se había quedado atrasado como consecuencia de la autarquía. Después de que en 1959 comenzara a funcionar el Plan de Estabilización que se vendió como el saneamiento de la economía a base de los ingresos de un turismo que empezaba a dar grandes beneficios, pero cuyos efectos fueron terribles para los trabajadores —como apunta Mangini, fue «el primer paso hacia el desengaño» [1987: 93]—, Ruibal escribió sus obras más críticas. Leída en paralelo a los acontecimientos sociopolíticos, *El bacalao* (1960) es una incursión en el mundo de la empresa deshumanizadora, pero también de quien promueve la alienación desde el gobierno. En un sistema laboral en que el jefe de partido es un pez sin cabeza, la pesadilla onírica toma forma en las personas del Burócrata 1 y Burócrata 2. Con una nueva comparación del hombre con un animal paradigmático de la torpeza, en esta ocasión el burro, la más extensa *El asno* (1962) documenta, por un lado, el complejo de hermano menor de un país subdesarrollado ante la que se cree es una superpotencia, y por otro en los fraudes en la venta y la desprotección del consumidor. El catalizador de los dos conflictos es la compra de un robot multifunción. Sigue en la línea temática de la explotación del hombre por el hombre. Un extranjero llamado Míster, que vende asnos electrónicos —robots que hacen las labores domésticas y bursátiles—, le ofrece uno a Nicolás. Éste, ambicioso, recibe con gusto a una máquina que tiene por intestino un frigorífico, un ventilador por rabo y un cerebro artificial capaz de diseñar operaciones de cirugía estética. De momento parece que logra que los tenderos desaparezcan, ya que Nicolás se ha hecho dueño del mercado a través de esta máquina. Pero éste será finalmente burlado: al tener que pagar a plazos el asno a la empresa americana que se lo vendió, su economía no sale tan bien parada como su ambición. El Míster es el falso símbolo del progreso, por lo que el tono de fábula popular esconde sin embargo una moraleja propia de la sociedad contemporánea, que es un «no» a dejarse vender al imperialismo estadounidense.

Nueva lectura de oposición a la sociedad norteamericana, *El mono piadoso* (1962) es un libreto de ópera —llamada por Ruibal «ópera de bolsillo»— que abre puertas a la improvisación. Los actores, en sus múltiples apariciones, dan cuenta de una claustrofobia propia de los autores del teatro del absurdo. En un plano formal, la mecanización de los gestos, los movimientos clónicos y las palabras desarticuladas se apropian de nuevo del protagonista de *Los mutantes* (1968): se trata de un muñeco. En esta obra, de marcado acento impresionista, un matrimonio que vive bajo una piedra es aplastado por los aparatos de la vida moderna, coche incluido. No sólo es una crítica al sistema consumista, sino que en ella Ruibal invita a leer el escenario rompiendo con toda codificación realista: «*una piedra inmensa se ilumina. Bajo ella, aplastados, hombre y mujer conviven. [...] Hace movimientos mecánicos sobre una máquina electrónica invisible de la que, por momentos, se percibe el sonido*». Embarazada, confía la madre en que su hijo podrá salir de esa opresión de ese mundo mecanizado que les aplasta, pero el desenlace es trágico desde el momento en que escuchamos un disparo en la oscuridad: terminan siendo asesinados.

En busca de la difícil reconstrucción de una cultura rota, Ruibal se estaba oponiendo a todo miserabilismo y tremendismo, con los que quería distanciarse de toda presentación idealista. Hizo que sus personajes ya no fueran maniqueos. Optan por ser ambiguos, pues son víctimas de una sociedad absurda. El mundo no tiene sentido moral para ellos, por lo que se ajustan al que Ilie [1981], en torno a las teorías sobre el desencanto, califica de «escepticismo moral».Y en torno al mismo gira *Rumasa & Rumasina Cabaré* (1987), obra brevísima que parodia la expropiación de Rumasa: «TORRE 2 Señor ministro, / pare, por Dios / detenga la mano, / ¡haga al favor! / No somos una, / que somos dos» [41].

b) Reformas del estatuto del trabajador y de la cuestión de género

Lejos de toda experimentación gratuita, las obras de Ruibal luchan por el avance de las reformas sociales. Hay en *Los mendigos* (1957) una crítica demoledora del friso de políticos contemporáneos, a través de figuras animales como recurso satírico:

El Asno          *(Mirando a lo lejos.)* ¡Al instante tendremos informa-
                 ción oficiosa! Vuela hacia aquí nuestro dinámico mi-
                 nistro de Propaganda. Él sabrá con pelos y señales por
                 qué se ha congelado nuestra industria fundamental y
                 única.

    Llega El Loro, *muy fatigado. Viste color verde. Trae una cartera ministerial lle-
na de prensa extranjera. Despliega los periódicos, en que se ven fotos a toda plana
de los mendigos más caracterizados* [143].

Con el fin de descentralizar las actividades culturales, en los cafés-
teatros clandestinos, tan frecuentados por Ruibal, venían a desacralizar-
se los mitos del *establishment*, que el autor trató de forma implacable. En
la pieza de café-teatro *La secretaria* (1968) la protagonista encarna a tantas trabajadoras que, por cuestión de género, sufren una discriminación
laboral que queda ridiculizada a través de aplicaciones *clownescas*:

    *(Recibiendo una noticia agradable.)*
    ¡Oh, gracias, señor Nada Gerente! ¿De modo que debo presentarme en
el despacho del señor Menos Que Nada, un pisito más abajo? Hoy he tenido suerte: dos ascensos *(indicando descensos)* de un golpe. Buenos días.
    [...] *(Saca un cigarrillo y fuma haciendo piruetas con el humo. Transición al es-
tado actual. Se sienta de mala manera.)* [165]

Sus ironías denuncian la falta de paridad de puestos del mismo estatus: «un hombre puede comenzar en la portería y terminar siendo
Supergerente. En cambio las mujeres empezamos en el despacho del
Supergerente y terminamos en la portería» [165-166].
    Se perciben nuevas señales de ruptura en *El Supergerente* (1968), en
que toma cuerpo un universo robótico en que una incubadora hecha oficina alberga en su interior al ejecutivo que no sale de ella. Está sujeto a
su control, y el jefe de personal —por sinécdoque, la empresa— engulle
a sus empleados. Explota así la veta humorística para referirse al distanciamiento —de hecho en Ruibal la trama es irreal e irracional—, que se
produce con personajes mecanizados —son autómatas— o animalizados.
De ahí que se haya hablado del futurismo y los elementos primarios a
propósito de su obra. Los hombres escondidos tras animales son aplastados por la máquina, cuando no por su propia bestialidad. En esta misma
deshumanización por símil animal se centra *El rabo* (1968), en que unos

perros parlantes dan cuenta de su alienación. Y hacen extensiva la historia de la humanidad a la historia del perro, como reto a los grandes historiógrafos:

> PERRO 2    *(Al público.)* Os contaremos qué ha ocurrido en la historia, míster Toynbee. Hace miles de años, los perros de toda la tierra celebraron un gran baile de gala en honor de una perra hermosísima, la sin par Cleopatra. Su belleza era tan colosal que, pese a ser perra, volvió loco de amor a todo un patricio romano [182].

La obra se inspira en la tradición del cuento centrado en el motivo del cuestionar «el querer saber» si esa información va a traer consigo un castigo. Dos perros tienen censurado hasta la acción de olerse el rabo, natural a su raza, pero que resulta ser un tic en que los hombres ven un acto depravado. Estos canes con cualidades humanas consideran que los hombres ven alusión sexual en lo que para ellos es un acto reflejo: «nos olemos el rabo y ellos, los muy marranos, piensan lo peor»; «son capaces de levantarnos una calumnia o denunciarnos por depravados»; «los testículos, sublevados, se les suben al cráneo» [178].

c) Teatro breve de las víctimas de una mala educación

Una vez más, las obras ajustadas a esta tendencia no pueden ser entendidas fuera de los condicionantes sociohistóricos que despertaron su escritura. Si dos de las medidas «cosméticas» del Régimen más controvertidas fueron la Ley de Prensa, de 1966, y la Ley de Libertad Religiosa, de 1967, no fueron sino reacciones ante lo evidente: universidad, proletariado, clero e intelectuales se habían movilizado en contra de la dictadura. Esta coyuntura queda reflejada en las obras reseñadas a continuación: los colectivos citados están representados por el joven, en *Los ojos* y *El padre*, y por el trabajador, en *Currículum vítae*. Con el corte de denuncia a las víctimas de una mala educación, una de las composiciones más valiosas del crisol de piezas breves que es *El mono piadoso y seis piezas de café teatro* lleva por título *Los ojos* (1968). En ella un niño recibe martirio psicológico a través de un magnetófono en que está grabada la voz de una madre torturadora, que le atormenta con sus amenazas. Si el hijo tiene el papel de oprimido en clave política, ella es la figura del dictador. El primero terminará asesinándola. El matricidio se cierra con estas palabras: «ten cuidado, mamá. Arrópate bien, mamá. Come tu bocadillo, mamá. Tus ojos ya no lo verán todo..., todo..., todo...» [63]. Es el fin de la censura y la revancha ante todo control de conciencias. El mismo desenlace tiene *El padre* (1968), donde el hijo mata de un tiro a su progenitor, tras haber recibido su tortura, ya que llevaba toda la obra monologando como un loco.

Para denunciar que la sociedad en ciertos momentos nos valora más por el currículum laboral sin tener en cuenta también los valores éticos y morales que tenemos, en *Currículum vítae* (1970) mima las diversas etapas de una vida, que son narradas por una voz en *off*. Llega incluso a ser asfixiado por su propio dossier de méritos curriculares, en que el lenguaje, de puro sintético, denuncia un código de notificación telegráfica, en que se presume de trabajo más que de estabilidad en la vida privada, situada —y Ruibal lo critica— en un segundo plano en la obra. La obra termina con un coro de ancianos que canta ritualmente; son símbolo de una vida no competitiva, más sabia y menos malfiada.

Así pues, desde la perspectiva de pescados, mulos, sabuesos o niños que se comportan como bestias porque fueron víctimas de un maltrato, el hombre es un ser que, visto desde cualquier óptica —con tal de que ésta sea salirse de su egocéntrico arco de intereses—, resulta ridículo. Se comprueba que no todos los temas de la dramaturgia de Ruibal se centran en el franquismo o en la sátira de la política americana, sino también en los problemas de la convivencia de unos hombres que no reúnen mérito ninguno. Sólo se imponen, como medida de defensa, ante lo que consideran es un «peligro intelectual». Su obra quiere dar oxígeno a la lucha por un teatro público que represente a las voces disonantes del discurso oficial.

### 3.7. Riaza, por *Raquel García Pascual*

En su peculiar puesta en marcha de un ceremonial construido en función de aquelarres domésticos, interpretados por autómatas y levantados sobre un código de expresión escenográfico grotesco, Luis Riaza (1925) ha trabajado la fórmula del teatro ritual de denuncia. Buena parte de sus piezas parte del desencanto ante la llegada de una democracia a la que iba a costar traer consigo las libertades, mejoras sociales, ediciones de libros, proyecciones fílmicas y estrenos teatrales esperados. Con la ambivalencia sexual y las notas pantomímicas habituales en el dramaturgo, a nivel estilístico, con la intención de que «nuestra lengua autóctona y vernácula no se nos quede cadáver», su propósito siempre ha sido multiplicar las posibilidades de combinación léxica y gramatical. Alitera, usa paronomasias, acude a préstamos, crea neologismos, incluye disfemismos o vocablos malsonantes, y es notable su preferencia por la derivación conceptista. Con el ejemplo de la pauta de estilo barroco como guía, Riaza espera la revolución del pueblo, o que por lo menos puedan sublevarse «los muñecos (más o menos *kabukianos*) de actores pluriempleados (por pluridesempeñantes de personajes variados y surtidos) de perros sustituyentes, de teatros en el teatro y de los eternos trucos riacescos».

Como en el caso precedente, en todos los autoprólogos, pinceladas en cierto modo expresionistas, pero vitales para conocer la poética de sus piezas breves, Riaza denuncia la incomodidad ante la actuación de las instituciones que no favorecen las fórmulas vanguardistas. Muy plásticamente describe el asco que le produce todo lo que sabe a convención impuesta

> El asco se ha convertido en algo cenestésico, algo que se expande como un gas mal-huele en rededor nuestro, se cuela por todos los orificios corporales, desde los oculares a los cuales, y por las rendijas de nuestra madriguera existencial hasta inundar el microcosmo de nuestras tripas y el macrocosmo de nuestras conciencias.

Con una lectura a medio camino entre lo político y la poética de lo cotidiano, todo su teatro refleja la difícil aceptación del autor comprometido con el fomento de la materialidad de los lenguajes escénicos. Con corrosiva amenidad, centra su provocador teatro breve en la indefensión ante el poder. Da una visión cabal de él la reciente publicación en la revista *Alhucema* de «Cinco piezas concisas», en que vuelve a demostrar su compromiso con cinco constantes principales de la condición humana: «hombre contra mujer», «individuo contra sociedad», «vejez contra juventud», «vida contra muerte» y «mortal contra inmortal». Nuestra propuesta las divide en dos epígrafes: a) obras a favor de la igualdad efectiva entre mujeres y hombres; y b) piezas comprometidas con la rebelión al dictador.

a) Obras a favor de la igualdad efectiva de mujeres y hombres

*Los círculos* (1970) son una serie de piececillas que se ajustan a una estructura de teatro dentro del teatro para satirizar la vida dirigista del teatro burgués y evasivo. Son apuestas por el arte comprometido, a propósito de un pueblo que repara la muralla de su pueblo sin conocer su verdadero sentido: son víctimas de una manipulación porque esta restauración tiene el único fin de satisfacer la morbosidad de los extranjeros. Aspiraban a llenarse así las sacas del Régimen, que vendería después la prosperidad económica que trajo consigo el turismo.

Para apreciar la grotesca ambientación de *Antígona... ¡cerda!* (1982), nos pone en antecedentes la didascalia inicial: «*amontonados en ciertas partes y dispersos en otras, maniquíes o muñecos, enteros o troceados, unos desnudos y otros vestidos. También se hallarán algunos animales muertos. [...] Trozos de carne sanguinolenta. Por otro lado, piezas ortopédicas, brazos, piernas, etc.*» [39]. La escena que acabamos de presenciar preludia la sangría que se prepara: el coro quiere ver cuanto antes destripado a Polinice, acusado de traidor a Tebas, pero Antígona pide a su tío Creonte poder dar sepultura a su hermano, hijo, como es ella, de Edipo. Por alzar una voz de protesta, el coro —apunte de teatro documental y aliado de Creonte— la acusa de revolucionaria y de «trastocadora de universos» [46]. La Antígona de Riaza, pues es una heroína incomprendida cargada de valores positivos: no sólo es un personaje ultrajado que se opone al poder, sino que también encarna la oposición al rol que tradicionalmente se ha asignado a la mujer, a nivel doméstico y laboral. Pero desde arriba —físicamente una plataforma— se ha decretado un abuso de poder. Ella hace las veces de portavoz de los marginados, aunque éstos no admiten que se les convenza de que son perdedores. Contra todos, verdugos y víctimas, Antígona tiene la suficiente fuerza para envestirse en promesa de futuro y cambio: «¡engendrarás en mí reyes, yo pariré de ti reyes y reyes y colorín colorado!» [52]. Entre tanto, en la obra se suceden escenas con muñecos, maniquíes y animales muertos que se han dispersado en suelo del escenario. Son la triple encarnación de un pueblo masacrado.

Embrión de la más extensa *Retrato de niño muerto*, *Mazurka* (1983) es de nuevo una obra estructurada en dos niveles escenográficos y de actuación: por un lado, en un plano elevado hay un estrado que mira «desde arriba» al escenario medio; por el otro, se cuenta con personajes humanos o bien con actantes de trapo. Las hermanas Liola, Eula y Lilia van descubriendo telas que recubren las cabezas de porcelana que están en el escenario, cubiertas con antifaces. Entre los muñecos invitados a su danza macabra van a estar Chopin, Mussolini, Marlene Dietrich y un soldadito descuartizado. Eula da por concluida la función que, con el mismo componente grotesco, se repite a diario: «*corta las últimas cuerdas. Los muñecos quedan en el suelo como cagaditas de trapo. /* EULA [...] Hasta que termine el día eterno / y hasta que la noche del teatro / y de las llamas de la sustitución / de nuevo se levante» [75].

En la también obra breve *Epílogo* (1983) una actriz dice adiós a toda una vida dedicada a la farándula, en que a través de un espejo, un taburete y un biombo —objetos que facilitan a Riaza sus frecuentes travestismos—, ha sido títere de los autores y empresarios. Se siente manipulada por un sistema androcéntrico: «los expertos en la simulación de esgrima, los expertos en recoger las boñigas de verdad que los caballos de verdad cagaron en el escenario de mentira, los monosabios que conducían las mulillas sacadas al final de la pieza para arrastrar el montón de carne sanguinolenta e inútil del primer actor... Estamos todos, sí...» [81-95].

El personaje de la correveidile, tan productivo a nivel teatral, reaparece en *La emperatriz de los helados (relatos de terror)* (1987), sólo que para emborrachar a sus felinos. Leído en clave, explica que a las mujeres se les haya atribuido sólo emotividad o inteligencia intuitiva. Ahora, además, desembarazadas de alienaciones y engaños, encontradas con una subjetividad que estaba en conflicto, desenmascaran la impostura que las ha conducido a un corsé y a unos moldes que no las dejaban ocupar puestos laborales con paridad respecto de sus colegas masculinos. En la obra tres jóvenes han secuestrado a un profesor para ganar el dinero del rescate. Las escenas son de difícil descodificación, pero los temas quedan apuntados en torno a un núcleo central: la oposición vida/muerte y sueño/vigilia. Se perciben en esta secuencia:

RICARDO          Perdóname lo de antes. Debió ser que anda revolotean-
                 do entre nosotros, ya no un rey, sino toda una empera-
                 triz. Más poderosa que cualesquiera otros monarcas. La
                 llaman la emperatriz de los helados.
ANDREA           La muerte...
RICARDO          Ella, sí. Dicen que su proximidad excita las ansias de
                 amar y de vivir [183].

Una historia de amor y celos, a la vez que una ceremonia de sexo
y de muerte, perfila la obra. Después de que Ricardo califique la muerte de su abuelo como el día de su primera experiencia erótica, en una
dura secuencia —«mamá y su hermana, la mamá de mi prima, lloraban.
Y mi prima y yo, en su cama de niña todavía, hicimos torpemente el
amor» [184]— Andrea recibe al Visitador en un sueño en que éste le
narra la historia de la violación de una niña por parte de unos espec-
tros. Uno de ellos «*introducía una vulgar botella en el secreto vaso femenino.
Como la muchacha seguía gritando, perforaron y desgarraron, no sin indudables
esfuerzos, el otro orificio, cercano y más estrecho*» [192]. Temas duros, pues,
son los planteados por el teatro breve de Riaza.

b) Piezas comprometidas con la rebelión al dictador

El inédito *Díptico de madame Lamort* (1989) está constituido por cuentos escénicos de apenas veinte páginas cada uno: son dos muy breves,
*El buque* y *La ficha negra* (o *Rien ne va plus*). En el primero de ellos el
fletar un barco simula ser la muerte, por alusiones a la barca de Caronte.
En la segunda, el mundo del juego y la ludopatía, toman cuerpo en D.
y C., dos personajes *clownescos* con rostro de porcelana. Unidos por la
designación de la inicial de su nombre genérico están J. (Joven y
Jugador), D. (Dios y Director) y C. (Camarero y *Croupier*). Madame
Lamort (M.) aparece en las dos piezas. De nuevo encontramos una escena desnuda, a excepción de una mesa, unas sillas y la que es una constante en Riaza: la inclusión de un armario que facilite la guardarropía
de los diferentes objetos y atuendos que saldrán a escena. Da título a la
primera obra un barco —es la nave de los locos— que permite una
huida de todas las obligaciones. Es el lugar de «lo más lejos posible»:

D.                 ¡Sí...! ¡Un viaje por mar! ¡En un buque relleno de di-
sipación, de locura, de esplendor...! ¡Parte ya! ¡Qué el
olvido del tener que matar y el gozo de vivir sean
contigo! [13]

Este carnaval se perfila como una válvula de escape temporal, un paréntesis no tolerado por las «altas instancias»: «D. De vez en vez es posible salirse del papel que, también a mí, me fue encomendado por
altísimas instancias... Es como una pequeña rebelión, una punta de libertad que uno se permite inventar... Pero, al final, todo vuelve a sus
cauces escritos y al oscuro que señala el fin de la pieza...» [44]. El oscuro, traducción escénica del final de las luces de la fiesta, tomará forma cuando le muestre al joven los lujos del buque en que se dispone a
embarcar. Descubrimos que la embarcación se ha convertido en una alegoría de la muerte con reminiscencias de la citada barca que atravesaba
la laguna Estigia. Su obra no tiene como referencia la realidad exterior,
sino el propio objeto teatral, y, en lugar de un tiempo histórico, hay un
tiempo mítico, onírico, ambiguo.

Los innominados A., B. y C. son los protagonistas de *Dioses, reyes, perros y estampas*, que aparecen portando un atuendo de *«comienzos de la
era cristiana»*, aunque el personaje B. hace fotos con su moderna máquina *polaroid* a un perrito de trapo y serrín. Para añadir más histrionismo,
C. va disfrazado con una peluca, pero *«se sube las faldas y se baja las bragas»* [18], en actuaciones carnavalescas. Nueva muestra de ellas es que
sólo una ciega pueda poner la nota de cordura con su visión del horror que se está viviendo. Se culpa, en clave, a Herodes de la matanza
de los inocentes:

VOZ DE          ¡Resigna tu falsa corona, tú, el que te crees rey!
¡Resígnala! El verdadero Rey y sueño auténtico del
mundo nos ha llegado ya en forma de mejor amigo
del hombre. ¡Resigna tu falsa corona! ¡Resígnala! [30]

Con un título que nuevamente yuxtapone elementos vegetales con
animales y seres inertes —sucederá también en *Calcetines, máscaras, pelucas y paraguas (Antitragedia recosida con retazos de poetas muertos)*—, en
*Bonsáis, estatuas y cadáveres* (1996), «minidrama en un acto para un actor

monologante, otro que actúa casi solamente de muerto y una cucaracha que no escucha», un Hijo mata a su Padre con un piolet. Sus reflexiones corren en torno a los sucesos históricos, uno de ellos a propósito del bombardeo de Guernika:

> H. Volvamos a la historia en su lado más derecho y menos díscolo y con menos caballos, auténticamente populares, destripado en pleno ruedo ibérico o, si lo prefieres, en plena plaza del pueblo popular [14].

Los objetos han estado, de principio a fin, desordenados, dispuestos de forma caótica y preparados así para un ceremonial cruel, en que prima una presentación expresionista: Leidi es «*una muchacha de raza negra, vestida muy ligeramente de amarillo y con las uñas pintadas de un rojo rabioso*» [2], que conversa con una cucaracha. Con el gesto final de quitarle los auriculares a la cucaracha y lanzárselos al público, finaliza esta obra. Muestra de su resolución surrealista, objetos como un sombrero, una chaqueta, una alfombra o un billete, toman un protagonismo inusitado.

Por estas ceremonias, transposiciones animalescas y demarcaciones espaciales que enfatizan la oposición entre espacios elevados y subordinados, Ragué califica la obra de Riaza como «teatro de la sustitución» [1997: 63]. En él pueden establecerse grados, desde un grotesco trágico humanizado hasta una deshumanización muñequesca con intertextualidades kabukianas y kantorianas.

## 3.8. Martínez Mediero, por *Raquel García Pascual*

En la práctica del teatro breve Martínez Mediero se distanció de un parámetro costumbrista para evolucionar hacia planteamientos alegóricos con especial incidencia en un registro violento, que le han ayudado a traducir la conducta de los personajes opresores que describe. Pueden considerarse partes representativas de un todo las obras que se enmarcan dentro de corriente llamada por él mismo «antropofágica», integrada por *El convidado, El último gallinero, Las planchadoras* y *El bebé furioso* [Gabriele, 2000]. Las palabras de Alberto Miralles en el programa de mano del estreno de *El último gallinero* en el Centro Cultural de la Villa de Madrid —puesta en escena montada por su compañía «Grupo Cátaro»— describen este perfil: «lo peculiar de Mediero es que su visión crítica es siempre humorística. Un humor agresivo que pide explicación a la risa».

La obra ajustada a esta presentación siguió el camino habitual marcado por el teatro crítico de su promoción: del cauce independiente al extranjero, y de ahí a un teatro comercial español [Vilches, 1999]. En su producción breve el despliegue de lo estridente tiene el fin de romper con la perspectiva alienadora. En ella se da respuesta a planteamientos de problemas profundos, lúdicos sólo en apariencia. Su concepción del teatro pasa por la presentación al espectador de «verdaderos precipitados de sueños, donde su gusto por el crimen, sus obsesiones eróticas, su salvajismo, sus quimeras, su sentido utópico de la vida y hasta su canibalismo desborden en un plano no fingido e ilusorio, sino interior». Su aproximación al teatro de la crueldad tomó forma a través de la tradición del grotesco europeo, el surrealismo y el teatro del absurdo, sin ver mitigada por ello su admiración por Valle-Inclán y Gutiérrez Solana. Se ha establecido su recurso al símbolo como subterfugio para enmascarar sus referencias al franquismo.

En su teatro es central, asimismo, la noción de opresión política, social y psicológica, y la de libertad. Es un dramaturgo social comprometido que ha escrito a lo largo de cuatro décadas con unos resortes dramatúrgicos dentro del contexto del teatro de la resistencia y la urgencia social [Gabriele, 2000]. En este sentido, se vincula a la tradición europea del grotesco, pero con temas definidos por su alusión al contexto español del momento: a) el abuso de poder sobre el más débil; b) inquietud sobre la sucesión de Franco; y c) sátiras a políticos y a su política cultural.

a) El abuso de poder sobre el más débil

La protagonista de *Jacinta se fue a la guerra* (1965) se las ingenia para sobrevivir viviendo de las apariencias. Sus supuestas amigas la encierran en un asilo, donde ella seguirá soñando con el mar. Aunque Mediero se enternece con este personaje, la hace víctima de todo un sistema de incomprensión. El mismo tema reaparece en *El convidado* (1968). Se sitúa a medio camino entre el parámetro expresionista y el teatro de la cruel-dad. En ella el paradigma sacrificial lo protagonizan un Padre, un Hijo, un Mayordomo y un Convidado que, invitado a la mesa de los prime-ros a comer, es torturado de forma inhumana. La cólera paterna se ceba con el invitado sumiso, mudo e indefenso. Se centra en la imposibili-dad de la reconciliación con doble lectura política. Como en el teatro de la crueldad de Artaud, un personaje hace las veces de chivo expia-torio y cumple un papel higienizante. Tiene una lectura sociológica y política, ya no sólo de los tiranos, sino de quienes lo consienten:

> EL HIJO        Está acostumbrado a estas cosas. En la guerra le cor-taron unos la lengua y después vinieron los otros y le trepanaron los oídos. Está acostumbrado papá.
>
> EL PADRE     Pero si se muere se pondrá muy feo. Yo no puedo ver sufrir. Le tendríamos que dar un tiro de gracia [32-33].

Con continuos diálogos llenos de cinismo, llegan a darle con una fus-ta como a una bestia y a ofrecerle una bola de pan con alfileres, a servir-le un postre con excrementos de vaca que el Convidado devora entre gritos y «ayes» estremecedores, hasta que llega al centro del escenario y vo-mita sangre. El anfitrión no cesa de repetir que a él le gusta esta tortura. No muy lejos de este cinismo, *Perico Rey* (1969) está centrada en la false-dad política, con eco del *Quijote* y la utopía de la ínsula Barataria.

De traiciones, pero en el ámbito del matrimonio, trata la brevísima *Un hongo sobre Nagasaki* (1973), en que Yago y Belisa sólo pueden so-brellevar su vida en pareja proyectando diapositivas para no aburrirse. Lo hacen desde la misma noche de bodas, en que una de las proyec-ciones es el hongo de la bomba atómica. Han sido víctimas de un sis-tema de vigilancia. Esconden una sátira de que no sólo exista la censura previa, sino también la que puede vetar a que un texto se publique. Multas, expedientes y despidos se acumulaban en los anales del teatro crítico del franquismo en un contexto en que los periódicos sectarios rebajaban a «conflictos laborales» las huelgas que no cesaban de suce-derse. Este teatro, es por todo ello, una continua campaña de protesta. Reincide en este tema la grotesca pieza en un acto *La novia* (1978), pura desinhibición:

Cuando la acción da comienzo, dos viejos hermanos estrafalarios están en escena: AMADEO, quizá el de más edad de los dos, está sentado en el orinal cagando con gran postura aristocrática leyendo un libro piadoso. JACOBO, el hermano más pequeño, está sentado en la mecedora con las gafas a horcajadas y con una revista pornográfica, mientras se masturba de espaldas a su hermano como un chiquillo furtivo y encantado [225].

La posibilidad de reflexionar en torno a la censura en prensa en estos lances respectivos esconde las contradicciones de un Régimen que sigue sin tolerar la libre circulación de ideas. Jacobo le confiesa a su hermano que se va a casar con una chica con la pata de palo y el ojo de vidrio —de la que se detalla poco después: «*es como una figura deformada por millones de pequeños espejos cóncavos. Su cara pintarrajeada nos recuerda las máscaras hombrunas de gigantes y cabezudos*» [235]—, y éste estalla de celos. Cuando llega el momento de que Jacobo dé la talla en la cama es su hermano el que le sustituye, pero la sorpresa será que la llamada Rebeca es un hombre: «JACOBO ¿Has ganado? / AMADEO *(Llevándose la mano al trasero.)* Me han desflorado... / *(Aparece Rebeca.)*» [240]. El atrevimiento suma un grado cuando se expresa en términos de «desvirgarse» o en la presentación del acto de defecación y coito de los personajes Amadeo, Jacobo y Rebeca. La obra refleja un tira y afloja entre la represión y la lenta conquista de las libertades.

Otra forma de abuso de poder examina *Rosas para Carolina* (2002). Reivindica que la historia puede ser contada con muchos enfoques, en concreto desde la perspectiva de las imágenes de mujer. El teatro está especialmente facultado para una reescritura del pasado porque refleja la verdad desde el punto de vista feminista que explicita la protagonista:

CAROLINA-JOVEN Yo también quiero escribir teatro. [...] La humanidad necesita buscar la verdad antes que la perfección porque la primera te hace perfecta. Y dos personajes femeninos me hacen perder el sueño Santa Teresa, y Safo... Santa Teresa era la perfección y Safo era la verdad desnuda, la mujer que rompe con su pasado, que la alejaba de la verdad [205].

b) Inquietud por la sucesión de Franco

Farsesco y cruel es el estilo y el argumento de *Los herederos* (1973), definitorio de la pauta que sigue Martínez Mediero en las piezas breves en torno a la sucesión del Dictador a su muerte, ya que, en ella, unos necrófilos se disputan a un difunto. Y de nuevo el tema de la muerte ocupa la obra *Denuncia, juicio e inquisición de Pedro Lagarto* (1973), sólo que en un contexto medieval y en torno al tema de la hechicería. El maestro astrólogo es traicionado por su aprendiz de brujo (Ramírez), que denuncia al primero ante los inquisidores. Es una ridiculización de la censura, en un tiempo en que seguían estando prohibidos temas como el suicidio, el adulterio, la prostitución, el aborto, los anticonceptivos, las perversiones sexuales, la toxicomanía, el alcoholismo, la intimidad del amor conyugal, el falseamiento tendencioso de los hechos históricos, los ataques al Jefe del Estado o a la religión. Todos ellos son transgredidos en la obra.

Recurriendo pues a la historia del momento vemos que, aunque los autores no son realistas, sí aluden a la situación española coetánea: en 1973 se asesina a Carrero Blanco y tiene lugar la «Revolución de los claveles» y Pío Cabanillas es nombrado nuevo ministro de Información y Turismo, en una señal de apertura. Sólo a partir de 1976 se percibe una auténtica apertura en la prensa, que sin embargo, continúa siendo «ambigua y camaleónica» [Mangini, 1987: 240]. Como en 1966 tras la Ley de Prensa, nace un nuevo tiempo de desengaño en que las formas críticas están instaladas en todas las manifestaciones artísticas. Y los intelectuales en penumbra, ladeados, aprovechan el cauce del teatro breve para mostrar críticas comprimidas. En este marco, y de nuevo en unas apariencias que engañan, en *El nicho inteligente* (1996) parte del velatorio de don Olegario, que renace entre los muertos el día de su entierro, para reclamar un funeral más digno. Es la palabra de un dictador que eligió como heredero a un monarca que no estuvo dispuesto a mantener su sistema represivo, y facilitó el tránsito hacia un sistema democrático. De nuevo, se consolidan como valor sólido personajes leídos en clave:

CORRALES          Toda mi felicidad se la debo a don Olegario. Yo era
                  un hombre perdido. Violaba a mi mujer y a mi hija

cuando me apetecía. Él me mandó a Marbella subvencionado por la obra social, y gracias a su sol y a la
paz que allí se ha establecido, soy un hombre distinto. Marbella me ha cambiado [242].

La obra se configura al más puro estilo de la fiesta teatral barroca.
Un personaje hace las veces de Epílogo para cerrar un episodio reatea-
tralizador que responde a la estructura de las llamadas «cajas chinas», de
un teatro dentro del teatro:

CORRALES      Mande, don Olegario.
DON OLEGARIO  Enchufe el nicho inteligente, que me vuelvo ánima
              bendita del purgatorio... ¿Quieres venir conmigo,
              Martina...?
MARTINA       ¿A dónde, Olegario?
DON OLEGARIO  ¡Al otro mundo!
              *Y se abre el nicho y todos cantan «Macarena».*
DON ANTONIO   *(Al público.)* Y éste es, señoras y señores, el entremés
              de *EL NICHO INTELIGENTE*. Perdonad sus mu-
              chas faltas [256].

c) Sátiras a políticos y a su política cultural

En los años noventa la obra en un acto *Badajoz, puerto de mar* (1994)
nos presenta a un Mariano que acaba de perder las elecciones. Desde
que fue candidato a ellas ha vivido atormentado por ser el perfecto político, en lo que llega a prometer a los pacenses hacer un puerto de mar
en Badajoz, y ahora está al borde de la enajenación porque se siente
culpable. Morirá de un ataque al corazón al que le ha llevado la ambición de poder. Esta muerte estaba apuntada semióticamente desde el
principio, tanto a nivel acotacional —«*Mariano está con una especie de sud-
ario sobre un lecho blanco con los pelos crespos*» [327]— como en las obser-
vaciones que Mari Pili le hace sobre su madurez: «en política eres un
querubín»; «la ideología de tu partido te ha dejado inservible». No podían faltar los desnudos —«*están semidesnudos con gafas negras delante del
mar*»— y el erotismo que sigue a la muerte por estrés de Mariano, en
una escena en que su pareja se pasa al bando contrario por la erótica
de un poder que corrompe sus principios, si es que alguna vez los tuvo:

*Y el que muere es* MARIANO *de un ataque al corazón.* MARIANO *ha queda-*
*do en el suelo con los ojos vueltos.* MARÍN *y* MARI PILI *se miran.*
MARI PILI            Hola, Marín, guapo...
MARÍN                Ven aquí, negra...
*Y le muerde los pechos. Mientras se hace oscuro total* [339].

Escrita tras los atentados del 11 de septiembre de 2001, *El fantasma
del teatro Menacho* (2001) describe cómo, al igual que tantos inocentes,
el teatro Menacho sucumbe víctima del fanatismo de una especulación
con los bienes públicos de provincias que la administración central considera inservibles. Junto a un teatro de referente contemporáneo como
éste, su plan dramático también alude a nuestra memoria histórica. En
*El celoso iluminado* (2004) basa su argumento en las relaciones que los
dictadores mantienen en política exterior, en este caso a través del general Spínola, líder de los militares sublevados en Portugal, y el secretario de Estado estadounidense Kissinger. En *Esta noche cenamos con Antonio
Gala* (2002), obra «en un acto único y desesperado», son convocados
concejales con nombres en clave con connotación alusiva al organismo
que representan (Pepa de las Fuentes, Pepa del Rosal), cronistas oficiales y jefes de la oposición, funcionarios autonómicos, periodistas, archi-
veros y periodistas temen que el autor Antonio Gala, de inminente visita
en Badajoz, les vea crispados. Este fresco de la política del momento es
una pieza polifónica desarrollada en el reservado de un restaurante. Salen
a escena en ella temas de plena actualidad como la prensa del corazón,
en boca de Bustamante —«estoy doctorado en Carmina Ordóñez»—;
del mundo del famoseo hollywoodiense —«ha querido tener un amor
secreto con Catherine Zeta Jones». En la obra todo es burla e ironía, y
de ella no se libra nadie: «al final siempre tiene que elegir el bastón y
eso le lleva un tiempo», afirma Rebolledo de Gala, y con «acabo de llegar yo que soy de la oposición» queda ridiculizado Orduñales. Pero el
que se lleva la palma criticando es el Antonio Gala creado por Mediero:
«veo que hay aquí demasiados catetos y además huele a calamares, que
es el olor nacional» [178]. Pero más allá de los ataques, la crítica real se
produce a la figura del cuarto poder; la prensa fue tan manipulada como
revela este pasaje:

GALA          Sólo le quiero hacer un examen. ¿Hubo fusilamientos
              de republicanos durante la entrada de los nacionales?
CRONISTA      Déjame, Leonciano, que en este tema, yo suelo lucir-
              me. [...] Cooooooooomo el veeeeeeeerano de
              millllllllll novecientos treinta y seis, y en tos que llega
              el 14 de agosto... [...] Como decía el abuelo Gil
              Robles, la guerra civil estalló porque la media España
              fina y bien educada, la que había ido al colegio de
              pago y a la mili por cuota, se resistió a ser masacrada
              por la otra media, la llamada España de la hoz y el
              martillo.
              [...]
GALA          Aquí, hasta el alcalde es un traidor.
LEONCIANO     ¿Yo?
GALA          Sí, usted. Y el cronista también, que cuenta la historia
              como si contara garbanzos [179-180].

En definitiva, el autor analizado en líneas anteriores se opuso a los escaparates de la cultura oficial, que no permitía la presencia de un criterio
de calidad estética ni un fomento de la creatividad, por lo que fue desterrado de los cauces de difusión legal. De ahí que Martínez Mediero de-
nuncie el páramo cultural de los cuarenta, el acoso de los cincuenta, el
desengaño de mediados de los sesenta por una falsa apertura, las fórmulas
de control que sobrevivieron al dictador, y unos años ochenta en que fueron continuos los intentos de negar legitimidad a los partidos políticos para
un gobierno sin mordaza. En este panorama el teatro breve, llamado también formato corto, fórmula teatral reducida, microteatro o minipieza, fue
una de las fórmulas elegidas para sumarse a estos desencuentros. Desde el
punto de vista crítico, sea como propuesta experimental, vía posibilista, denuncia de una sistema represivo y documento de la forma de vida acelerada que nos lleva a una atención fraccionada, o como filosofía comprimida
y minimalista de los agentes de investigación y acción cultural que favorecen el pensamiento igualitario —recordamos que se ocupa de los sectores «marginados»—, puede ser analizada como una de las medidas de
«acción positiva» en relación con cuestiones de auténtico impacto social.

## 3.9. Martín Elizondo, por *Emilio Peral Vega*

José Martín Elizondo (1922) es uno de los autores más interesantes de la vanguardia, aunque su residencia en Francia, a donde emigró en 1947, le ha impedido un contacto más directo con la realidad teatral española. En 1950 creó en Toulouse la agrupación «Los Amigos del Teatro Español», con la que puso en escena un gran número de espectáculos, a través de los cuales dio a conocer al auditorio galo a autores como Valle-Inclán (*Luces de bohemia*) y Miguel Hernández (*El labrador de más aire*), amén de posibilitar la presencia en el país vecino de grupos tales como «Tábano» y «La Cuadra». En 1960 pasó a dirigir el Grenier de Toulouse, al frente del cual realizó montajes tan destacados como *Volpone*, *La sombra de un franco tirador* o *El Rey Lear*. Paralelamente a su trabajo de dirección, escribe y estrena *Durango* (1960), *Aniversario* (1961), *La guarda del Puente* (1966) y *La garra y la dura escuela de los Perejones* (1967), todas ellas en español; en francés, el Théâtre Daniel Sorano monta *Pour la Grèce* (1970), con el golpe de los coroneles en Grecia como fondo argumental. Tras un arduo peregrinar por los escenarios del exilio, su teatro encuentra cobijo, por vez primera en España, con su versión de *Antígona*, dirigida por María Ruiz —Festival de Teatro de Mérida y, después, Centro Conde Duque de Madrid (1988)—, en que el mito clásico es situado en una cárcel de mujeres, donde malviven doce presas políticas de la Grecia de los Coroneles. Para Wellwarth, la obra más ambiciosa de Elizondo es *Otra vez el mal toro* (1967), en que, con una técnica paródica del melodrama, critica los excesos revolucionarios y la tradición «teatral» de la vida política española, presidida por el símbolo ancestral del toro, que vendría a representar algunos de los males de nuestra historia: la sed de sangre, el machismo y la brutalidad. Otros títulos de su producción son *El retablo de Maese Pedro*, *Voltios* y *Numantina*, escritas en español, y *La faim*, *L'autre Pablo et le Minotaure* y *Les pombliers*, en francés. De extraordinaria originalidad es su obra dramática breve, constituida por tres pequeños volúmenes bajo el título de *Actos experimentales* (1971-1975). Se trata de piezas en que juega con diversos lenguajes teatrales: la sustitución de las palabras por una sucesión de gritos y ruidos en *Chirrismo*; la utilización de refranes en sarta para satirizar la pena de muerte en *Refranero y danza para tres ahorcados*; una suerte de pantomima con voces a la que denomina «signodrama»,

*Movimiento andante y movimiento perpetuo*, en torno a los mitos de don Quijote y Don Juan; el intento de aproximar el teatro al lenguaje de la pintura en *Pavana para una infanta difunta* —con personajes extraídos de *Las Meninas*—. En *Pinacoteca* saca también varias pinturas como pretexto para la experimentación dramática: *La Venus*, de Lucas Cranach, *El Ecce-Homo* y *El Clown*, de Rouault, con las cuales entabla un diálogo el Guardián del Museo, como voz que conecta con el público en relación con el sentido último de la obra de arte: «¡un cuadro!, ¿qué representa un cuadro exactamente para mí? No pegar ojo en toda la noche y ni el derecho de deshacerme el nudo de la corbata o desabrocharme un botón del uniforme». En el caso de Martín Elizondo, como en el de tantos otros compañeros de viaje suyos, es de lamentar que este gran esfuerzo de análisis y de renovación que implica su dramaturgia apenas haya tenido repercusión en los escenarios [Wellwarth, 1972].

## 3.10. López Mozo, por *María del Carmen Sánchez García*

Jerónimo López Mozo (Gerona, 1942) aparece, en los comienzos de su andadura como autor, vinculado al Teatro Independiente y al Nuevo Teatro Español. Hoy, sin embargo, parece necesario un cierto distanciamiento de esa primitiva ubicación, a la luz de su trayectoria posterior, y a lo controvertido de esas etiquetas. Quizá, por eso, con una perspectiva más adecuada a la actualidad, algunos estudiosos han optado por adscribirle a un grupo de autores que viven y trabajan en la democracia, dentro de toda una variedad estética, cuya única característica común sería la lucha por la supervivencia y, de manera particular en el dramaturgo que nos ocupa, una búsqueda permanente de nuevos cauces estéticos que le abocan a una habitual presencia en publicaciones y a cosechar los más prestigiosos premios, a la vez que, esto mismo, parece alejarle de la oportunidad de ver materializadas en el escenario sus piezas [Oliva, 2002]. Entre la producción de López Mozo, el teatro breve ocupa un lugar en absoluto desdeñable. De las setenta obras que lleva escritas hasta el momento, treinta y una corresponden a esa modalidad escénica. Hay que reseñar, además, que sus primeras incursiones en el campo teatral se produjeron en ese formato: *Los novios o la teoría de los números combinatorios* (1967), *La renuncia* (1967) y *El testamento* (1968), hasta su primera obra larga *Moncho y Mimí* (1968).[43]

Es sobradamente conocida en nuestro autor su vena experimental, el deseo de no anclarse en formas únicas, fruto posiblemente de su insobornable compromiso con la sociedad que le ha tocado vivir. Esto le ha llevado a transitar por una gran variedad de posibilidades expresivas, desde el teatro del absurdo al de la crueldad, pasando por el *happening*, los presupuestos brechtianos o beckettianos, el teatro poético y otras posibilidades que le colocarán después dentro de la órbita neorrealista o que le aproximarán a las perspectivas que los nuevos aportes tecnológicos han abierto al ámbito escénico. Todo esto unido a una cuidada utilización del idioma. No obstante, se puede afirmar que, donde más ampliamente ha cultivado la experimentación ha sido en el teatro breve. Corroborando esta afirmación, ya en fechas tempranas, la crítica destacaba en las piezas cortas de López Mozo «un riguroso y personal trabajo de investigación a partir de corrientes fundamentales: teatro del absurdo y *happening*» [Ruiz Ramón, 1975: 545].

Entre 1964, fecha de escritura de su primera obra, más arriba citada, y, 2005, de la última, *En aquel lugar de la Mancha*, han transcurrido cuarenta y un años, período de tiempo harto significativo en relación a la variedad de entramado de acontecimientos a los que ha asistido la vida española, sobre todo en lo tocante al tránsito de la dictadura a la democracia y las circunstancias de todo orden, social, político, económico y cultural que ha llevado consigo. López Mozo ha sido a la vez, espectador y cronista, valga la expresión, de todo ello. Muchos de esos aspectos van a estar presentes en sus obras, en estrecha fusión, cumpliendo una labor de denuncia social y política y valoración de nuestra historia intelectual y artística. Eso puede explicar la variedad de registros cultivados.

Podemos decir, pues, que es posible partir de dos características fundamentales a la hora de analizar la producción teatral breve lopezmo-

[43] De esta obra existen dos ediciones, ambas del año 1968, una, reducida, de la *Revista Yorick,* núm. 26 y, otra, no venal, en Madrid, de la Colección de Teatro Universitario, posteriores a su estreno en 1967. El hecho de que la primera edición completa sea de 1971 ha podido inducir a error en cuanto a reseñar (así aparece en alguna publicación) como primera obra larga del autor *Collage Occidental*.

ziana: el alejamiento de lenguajes y técnicas convencionales y la utilización funcional de las artes; rasgos estos que proporcionan a las piezas una cierta intemporalidad. Hay que añadir también que, como gran parte de la producción de nuestras piezas dramáticas cortas, ésta parece más propicia a ser publicada que representada.[44] Esto explicaría, por ejemplo, que su primera obra breve, *Los novios o la teoría de los números combinatorios* (1967) sirva para ilustrar un concepto tan finisecular como el de la posmodernidad, entendida ésta como «fenómeno que capta simultáneamente la inestabilidad de la realidad y la incapacidad de las prácticas artísticas tradicionales para representarla» [Gabriele, 2005: 229], aunque, desde otra perspectiva, sea la incomunicación y cierto infantilismo en los personajes que practican un diálogo simple su aspecto más destacable [Oliva, 1999: 409]. Todo ello potenciado por lo ocurrido entre una pareja de novios que, en una tarde rutinaria de salida, descubren que puede ser pura apariencia la infalibilidad de las matemáticas. El absurdo europeo y español preside toda la obra. En la misma onda podríamos situar *La renuncia* (1967), donde los protagonistas forman también una pareja que ahora sucumbe cobardemente al egoísmo, al miedo a la responsabilidad y al peso de los convencionalismos a partir de una realidad deformada que se les escapa. *El testamento* (1968), pieza que se sustenta asimismo en el absurdo, aparece en simbología clara de la coyuntura política del momento. Dos ancianos pretenden perpetuar, a través de su nieto, su legado de barbarie, represión y megalomanía. Tan macabra herencia es rechazada por el destinatario y destruida por el fuego. «*Negro en quince tiempos* (1969) y *Maniquí* surgen, traspasándola y superándola, de la experiencia del *happening*» [Salvat, 1986: 25]. El surrealismo, la improvisación, la mera sugerencia, diálogos apenas esbozados, el cromatismo, el movimiento actoral: en una palabra, Allan Kaprow y su aplicación al teatro del vocablo inglés.

Cambio de registro encontramos en *Los sedientos* (1971). En esta pieza un pueblo sediento y miserable pide agua. La tragedia de los marginados, de los que no cuentan, a los que el cacique utiliza para su personal

---

[44] Debemos hacer notar que, en el presente trabajo, sólo nos ocupamos de las obras publicadas, representadas o no. Permanecen inéditas *El retorno* (1968), *El caserón* (1972), *Compostela* (1980), *El escritor y su biógrafo* (2004), *Extraños en el tren/Todos muertos* (2004) y *En aquel lugar de la Mancha* (2005) (en prensa).

medro. Con técnica de oratorio y de teatro ceremonial, se ha visto en ella un antecedente de *Guernica* (1979) ya que, en esta última, «López Mozo alía [...] los poderes de la imaginación que ya había apuntado en una obra menor como *Los sedientos*, creando el único *happening* poético que conozco, *happening* literariamente valioso como simple texto, original y eficaz como drama y auténtico como testimonio» [Ruiz Ramón, 1975: 546]. Aquí, el famoso cuadro de Picasso, cobra vida de la mano de los actores que, encarnando cada uno de los personajes que aparecen reflejados en el mismo, van componiendo el cuadro a lo largo de la obra, escenificando la masacre sufrida por la ciudad vasca en el terrible bombardeo de aquel fatídico lunes de abril de 1937.

Charles Baudelaire inspira *La flor del mal* (1982), pieza que recrea la misma atmósfera turbadora que preside muchas de las obras del autor francés. Tiene, además, ecos valleinclanescos (animales y olores aparecen entre «los que intervienen»). Podríamos decir que, en el momento de su escritura y publicación se trataba de una obra prácticamente irrepresentable, al menos si nos atenemos a sus acotaciones; sin embargo, y debido a esa suerte de intemporalidad que puede proporcionar la liberación de las ataduras a lo convencional, hoy sería perfectamente posible su escenificación. La pieza entraría dentro del tipo de teatro practicado, por ejemplo, por el autor y director canadiense Luis Thenon, que desarrolla, aunque en formato largo, un tipo de obras muy parecido al de la que ahora nos estamos refiriendo, en perfecta comunión del texto dialogado con unas acotaciones sólo materializables con el apoyo de las modernas técnicas audiovisuales. Este fenómeno, que aparece por primera vez en la producción lopezmoziana, vuelve a repetirse en otras obras cortas, sobre todo aquellas de contenido más rupturista.

De 1985 es *Tiempos muertos*, volumen que recoge cinco obras breves, presididas fundamentalmente por la imaginación y, en algunos casos, el factor sorpresa, no exento de humor negro: *Viernes 29 de Julio de 1983, de madrugada; La maleta de X; La viruela de la humanidad; Sociedad Limitada, S.A.;* y *El adiós sin ceremonia y las ceremonias del adiós.* En la primera de ellas, y a partir de dos anécdotas referidas a Picasso y Buñuel, un hombre asiste impotente a la muerte de sus amigos y seres próximos en la medida en que va olvidando sus nombres, hasta que, ocurriendo lo mismo con el suyo, somos espectadores de un final macabro. En palabras de Wellwarth, «en este ensayo filosófico en forma dramáti-

ca, López Mozo nos está diciendo que no hay nada fuera de nosotros
[…] que el individuo no sólo es más importante que lo universal, sino
que a fin de cuentas ni siquiera están relacionados. La muerte de
Buñuel/Calanda es la muerte de su conciencia del universo y de su propia existencia. La obra de López Mozo, como toda buena obra de teatro corta es una afirmación, no un relato» [1987: 90]. En veinticuatro
tiempos con un elenco de veinticuatro personajes, aunque no guarde
ninguna relación lo uno con lo otro, y a pesar de su brevedad, está dividida *La maleta de X.* De marcado carácter experimental: la maleta puede ser el propio bagaje vital, a veces rechazado, a veces aceptado y, otras,
ocultado. Se puede colocar en la misma órbita de lo apuntado para *La
flor del mal. Sociedad Limitada, S.A.* es obra de equívoco, sarcástica, sor-
presiva. La temática gira en torno al trabajo con que, en el afán por
conservarle, el hombre puede llegar a perder la dignidad e incluso a la
muerte. Es la contemplación de una escultura de Eduardo Chillida lo
que inspira *La viruela de la humanidad.* Pieza brevísima, la plasticidad de
la acotación primera, que ocupa casi dos páginas, alternando con textos poéticos, da vida, en el contexto de la dictadura argentina, a una
madre de mayo que se erige en madre de todos los seres anónimos enterrados en las fosas y, por tanto, éstos pierden el anonimato, puesto que
ya tienen madre. En *El adiós sin ceremonia y las ceremonias del adiós,* hay
un enorme porcentaje narrativo en primera persona de un espectador
que cuenta lo que presenció en una representación teatral, aunque él
no figura entre los personajes, reproduciéndose, desde el punto de vista formal, los diálogos que escuchó. Se trata, en suma, de una reflexión
sobre dos posibilidades de morir, la inevitable y aquella que viene de la
mano del hombre.

En 1986 López Mozo publica, aunque escrito años atrás, otro *happening, Blanco en quince tiempos*, técnica que, hasta el momento no ha
vuelto a practicar. Dentro de esa línea ya apuntada de valoración de
nuestro bagaje cultural existen tres obras en homenaje a dos artistas españoles claramente vanguardistas, Joan Brossa y Ramón Gómez de la
Serna: al primero, con *Representación irregular de un poema visual de Joan
Brossa* (1987) y, al segundo, *Madrid-París* (1988), junto con *A telón corrido*, publicada en el mismo año. En las tres la incomprensión y rechazo
a que se ve sometida la innovación es el tema que las vertebra. Nueva
inspiración en el universo del arte le proporcionan a López Mozo René

Magritte e Isidore Ducasse, en este caso para concebir *La boda de media noche* (1989).

En 1994 publica *La otra muerte de Flor de Otoño,* en claro reconocimiento a otro famoso autor teatral, José María Rodríguez Méndez y, tres años después, *La diva.* La farándula y sus gentes, tan proclives, a veces, al divismo, le llevan a dar vida a una actriz que quiere demostrarse a sí misma que puede desprenderse del estancamiento al que la aupaba su endiosamiento. Un integrante de la vanguardia histórica, Luís Buñuel, es objeto también de su particular homenaje en *Objeto del deseo* (1998), con el planteamiento de una disyuntiva, ¿cuál es el objeto del deseo?: ¿lo crematístico o lo sensitivo?, ¿lo material o lo espiritual? En comparación con la producción larga de López Mozo, la temática de carácter político parece menos abundante en las obras de formato breve. Aparece, no obstante, en *Los ojos de Edipo* (1998), donde las consecuencias de la represión pueden desembocar en la venganza. Cómo podría haber continuado *Historia del zoo,* de Edward Albee, contada a un inspector por el asesino de Jerry, es lo que se plantea en *La misma historia poco después* (1999).

El nuevo siglo es recibido por nuestro autor con la publicación de una obra donde se conjugan la denuncia política y la inspiración en el arte, *Puerta metálica con violín* (2001). En ella «López Mozo, hijo de una generación adiestrada en la lucha contra la dictadura, y autor de tendencia experimental desde sus comienzos, dirige su voz contra el poder criminal y acerca su escenario al de Tàpies mediante la estética del *collage* y la abstracción vanguardista» [Serrano, 2004: 81]. Una obra breve más ha publicado nuestro dramaturgo hasta el momento, *Menina Teresa* (2002). Se trata, en realidad, de una versión reducida de *La infanta de Velázquez.* Muy pocas páginas le sirven para trazar un crudo fresco de Europa. Velázquez, la infanta Margarita, y otros personajes de *Las Meninas,* junto a Kantor y los actores de Cricot, son los encargados de discurrir históricamente por el Viejo Continente y recordarnos que los pueblos sin memoria están condenados a repetir su historia.

EDICIONES

LÓPEZ MOZO, Jerónimo, *Los novios o la teoría de los números combinatorios, Revista Yorick,* 21 (1967), (separata).

—, *La renuncia, Revista Yorick*, 21 (1967), (separata).

—, *La renuncia*, en *Variaciones para una cama sola*, prol. José Monleón, Madrid, Catacumba de Gambrinues, 1969, pp. 13-41.

—, *La renuncia*, en *Contemporany Spanish Theater. Seven one-act plays*, Carles Scribner's Sons, 1980, pp. 31-58.

—, *El testamento*, en *Teatro*, prol. Joaquín Arbide, Madrid, Carrero, 1968, pp. 79-110.

—, *El testamento*, en *Modern International Drama*, núm. 1, vol. 4 (1970), pp. 47-60.

—, *El testamento*, en *New Generation Spanish Drama*, Montréal, Engendra Press, 1976, pp. 159-179.

—, *Negro en quince tiempos, Primer Acto*, 106 (1969), pp. 15-17.

—, *Negro en quince tiempos*, en *Cuatro happenings*, Murcia, Universidad de Murcia, Col. Antología Teatral Española, núm. 4, 1986, pp. 55-66.

—, *Los sedientos, Fablas*, 24 (1971), pp. 28-32.

—, *Maniquí, El Urogallo*, 7 (1971), pp. 67-75.

—, *Maniquí*, en *Cuatro happenings*, Murcia, Universidad de Murcia, Col. Antología Teatral Española, núm. 4, 1986, pp. 71-79.

—, *Guernica, Estreno*, 1 (1975), pp. 19-31.

—, *Guernica, Nueva Estafeta*, 9-10 (1979), pp. 20-30.

—, *Guernica, Teatruniversotário*, 7-8 (1983), pp. 63-76.

—, *Guernica*, en *Cuatro happenings*, Murcia, Universidad de Murcia, Col. Antología Teatral Española, núm. 4, 1986, pp. 87-104.

—, *Guernica, Assaig de Teatre*, 16-17 (1999), pp. 155-166.

—, *Guernica*, Biblioteca Virtual Miguel de Cervantes, Universidad de Alicante, www.cervantesvirtual.comp/portal/AAT/Jeronimolopez/.

—, *Guernica, Revista Galega de Teatro*, 28 (2001), (cuaderno central).

—, *La flor del mal, Nueva Estafeta*, 41 (1982), pp. 20-30.

—, *Viernes 29 de julio de 1983, de madrugada*, en *Tiempos muertos*, Madrid, La Avispa, 1985, pp. 15-39.

—, *Viernes 29 de julio de 1983, de madrugada, Modern International Drama*, 1, vol. 21 (1987), pp. 53-66.

—, *La maleta de X*, en *Tiempos muertos*, Madrid, La Avispa, 1985, pp. 43-68.

—, *La viruela de la humanidad*, en *Tiempos muertos*, Madrid, La Avispa, 1985, pp. 71-77.

—, *Sociedad Limitada, S.A.*, en *Tiempos muertos*, Madrid, La Avispa, 1985, pp. 81-89.

—, *El adiós sin ceremonia y las ceremonias del adiós*, en *Tiempos muertos*, Madrid, La Avispa, 1985, pp. 93-122.

—, *Blanco en quince tiempos*, en *Cuatro happenings*, Murcia, Universidad de Murcia, Col. Antología Teatral Española, núm. 4, 1986, pp. 45-51.

—, *Representación irregular de un poema visual de Joan Brossa*, El Urogallo, 12, (1987), pp. 52-56.

—, *Representación irregular de un poema visual de Joan Brossa*, Primer Acto, 277 (1999), pp. 52-54.

—, *Madrid-París, Cuadernos El Público*, 33 (1988), pp. 24-29

—, *A telón corrido, Boletín Ramón*, 7 (2003), pp. 16-19

—, *La boda de medianoche*, en *Teatro Breve, VI Certamen Literario 1989*, Santurce, Ayuntamiento de Santurce, 1990, pp. 45-59.

—, *La boda de medianoche*, en *Antología de teatro para gente con prisas*, Granada, Ediciones Dauro, 2001, pp. 43-54.

—, *La otra muerte de flor de otoño, Art Teatral*, 6 (1994), pp. 33-34.

—, *La diva*, en *Monólogos [4]*, Madrid, Asociación de Autores de Teatro, 1997, pp. 63-90.

—, *Objeto del deseo, Tramoya*, 57 (1998), pp. 55-58.

—, *Los ojos de Edipo, Tramoya*, 57 (1998), pp. 59-71.

—, *La misma historia, poco después, Albufera Literaria*, 6 (1999), pp. 72-84.

—, *Puerta metálica con violín*, en *II Premio de Teatro «Doña Mencía de Salcedo»*, intr. Adelardo Méndez Moya, Madrid, La Avispa, 2001, pp. 13-24.

—, *Puerta metálica con violín*, en *Teatro breve entre dos siglos*, ed. Virtudes Serrano, Madrid, Cátedra, 2004, pp. 157-166.

—, *Menina Teresa*, en *IV Certamen Literario de Textos Teatrales*, Úbeda, Alkymya, 2002, pp. 143-167.

## 4. *Las nuevas promociones*, por *Emilio Peral Vega*

No resulta sencillo realizar una selección entre los numerosos dramaturgos que, en los últimos años, se han asomado al teatro breve, máxime cuando dicho género goza, en la actualidad, de bríos renovados —de ello da buena fe la revista valenciana *Art Teatral. Cuadernos de minipiezas ilustradas*, que durante los últimos años viene abriendo sus páginas a autores más o menos consagrados de nuestra actualidad—. Las líneas que siguen no deben ser interpretadas, en consecuencia, más que como una nómina tentativa de autores, en cuyo análisis hemos optado por detenernos tan sólo en algunas de sus piezas más significativas, a partir, sobre todo, de antologías y aproximaciones previas, tales como la que, con el título *Panorámica del teatro español actual*, fuera realizada por

Candyce Leonard y John P. Gabriele; la también firmada por Leonard, en colaboración con Iride Lamartine-Lens, y titulada *Nuevos manantiales. Dramaturgas españolas en los noventa*; o la reciente *Teatro breve entre dos siglos*, de la profesora Virtudes Serrano. No obstante, sí es posible bosquejar algunas de las características esenciales de esta nueva dramaturgia que bulle en nuestro país, a menudo confinada al ámbito de la literatura y rechazada, por ello, de los escenarios. Denominador común a estas manifestaciones es su afán de representatividad, y hasta —si se quiere— su tendencia al realismo, si bien matizada por un cierto histrionismo de cuño farsesco y una más que singular querencia al absurdo, marcas ambas de su interés por trascender una realidad en exceso vulgarizada. En segundo término, es de notar la marcada presencia femenina, quizás sin antecedentes similares en la historia de nuestra cultura [O'Connor, ed., 1988; Serrano, 1993], cada vez más evidente cuanto más cercanas son las promociones, con ejemplos tan significativos como los de Carmen Resino (1941) y Concha Romero (1945), por lo que toca a la primera hornada, y los no menos relevantes —aun cuando con una trayectoria todavía por aquilatar— de Lluïsa Cunillé (1961) e Itziar Pascual (1967), entre otras muchas de las más jóvenes. Particular interés tiene, entre las primeras autoras, el teatro breve de Carmen Resino, compuesto de diálogos y monólogos que suelen tener como protagonistas a gentes del teatro —así en *Auditorio*— enfrentadas por distintos modos de concebir el arte dramático, tal como concluye el actor contra los criterios estrictamente comerciales del director:

> Señoras y señores: nos aconsejan que ejerzamos la frivolidad, que aspiremos la vida como un perfume y nos lancemos a los abismos de la más ostentosa estupidez. ¡Mierda! Que cultivemos el cuerpo como apolos clásicos pero dejando la inteligencia en la inactividad más absoluta [...]; que nos dejemos llevar por la música fácil, por entre las nalgas de hermosas mujeres siempre dispuestas e incansables de sexo... ¡Mierda! Que nos olvidemos de nuestros horarios rígidos, de todas nuestras obligaciones y servidumbres, que seamos felices y prósperos entre todas las desdichas y sobre todas las miserias [...] que rechacemos el humanismo, ese gran fracasado de esta segunda Edad Media que vivimos y no menos trágica... ¡Mierda!

Un asunto similar al de la obra anteriormente comentada es el del diálogo titulado *La actriz*: una presunta estrella, aspirante a diva, se niega a asumir los sacrificios físicos que le impone su manager a fin de hacerle triunfar en Hollywood. En *La bella Margarita,* una pieza con su punta de suspense —a lo Allan Poe— aparece un actor cuarentón a quien el testamento de una de sus amantes ha arruinado su profesión. La obligación que en él se estipula de atender a la gata de la finada, hasta su muerte, ha terminado por alejar al actor de los escenarios, confinándole en su casa, donde se consuela interpretando los papeles de protagonista que en activo nunca pudo hacer: *Enrique IV*, de Pirandello; *Lorenzaccio*, de Musset; *Hamlet*, de Shakespeare; y *Don Juan*, de Molière... No siempre el metateatro exige el concurso de profesionales de la escena. La representación continúa fuera de los teatros y puede invadir las esferas más íntimas de la vida. Los personajes de Resino muestran, en este sentido, su vocación de intérpretes e, incluso, de directores. En *Fórmula tres (¡Stress, mucho stress!)*, el marido impone a su mujer que represente ante él todos los días antes de acostarse: debe contarle cosas de su pasado, por escabrosas que sean y aunque en realidad no se hayan dado nunca. El relato puede ser dramatizado; basta con poner un maniquí delante al que se adjudica el papel de antiguo amante de la esposa. El marido dirige la acción, como se encarga de recordarnos esta didascalia: «*Se inclina hacia Ella interesado y crítico. Parece un director de escena que presencia un ensayo*». La escena se rememora con todo lujo de detalles, y el maniquí parece cobrar la forma del amante, al que obliga a abrazar. No es extraño que, cuando se haga el oscuro al final de la obra, el único objeto que quede iluminado sea el maniquí, un personaje más de la pieza o tal vez el más importante de ella, como ocurría con la gata de *La bella Margarita.*

Las difusas fronteras entre la realidad y la ficción reaparecen en la pieza *Diálogos imposibles*, calificada por la propia autora de «diálogo disparatado y un tanto surrealista» entre una Vedette, que entra a pesarse en una farmacia, y un Mancebo de botica, que para distraerse del aburrido oficio que ejerce deshoja margaritas. Un idéntico contenido dramático caracteriza a *La sed*, una de las piezas mejores entre las escritas por Resino. La protagoniza una Nieta, fea y reprimida, frente a su Abuela que, postrada en una silla de ruedas, sólo sabe decir «¡Agua!». La representación aboca aquí a una ceremonia llena de crueldad, en la cual la

Nieta actúa también con un espejo delante como testigo y colaborador de su interpretación ante un amante imaginario.

Este mismo grado de representación se da en otra de las piezas mejores de Resino, *La boda*, un monólogo inspirado por una circunstancia de la vida española reciente, y protagonizado por una mujer que quiere hacer de su asistencia al evento un hecho extraordinario en su vida; un hecho que exige una gran capacidad de representación; de ahí el ensayo imposible que hace de nuevo ante el espejo. Como antagonista, su madre, enemiga de las apariencias que salpican el teatro de la vida, y a quien la Hija detesta y odia.

Por último, un tercer denominador común a la última dramaturgia breve es la decantación por formas habitualmente relegadas a un segundo plano dentro de nuestra tradición, en especial el monólogo [O'Connor, 1991], de ordinario valiéndose de una mujer como vehículo de expresión; son ejemplos de ello *La fosa*, de Maribel Lozano, que plantea un conflicto entre tres personajes con la presencia de uno solo; *Balada de una mujer fea*, de Paloma Pedrero; los varios monólogos de Pilar Pombo: *Remedios, Amalia, Purificación, Isabel* y *Sonia*; o *Sorpresa*, de María José Ragué-Arias.

## 4.1. Alonso de Santos, por *Emilio Peral Vega*

José Luis Alonso de Santos (1942), junto a sus exitosas obras de extensión convencional —*Bajarse al moro, La estanquera de Vallecas, Yonquis y yanquis, ¡Viva el Duque, nuestro dueño!...*— es autor también de un importante corpus de teatro breve, buena parte del cual ha quedado recogido bajo el título común de *Cuadros de amor y humor, al fresco*, un volumen editado muy recientemente por Francisco Gutiérrez Carbajo en la Editorial Cátedra. Se trata, de acuerdo con la tendencia a la representatividad propia de nuestro autor, de pequeños retales de vida, cuyos personajes, extraídos de aquí y de allá, insertan al espectador en ambientes fácilmente reconocibles y en situaciones que, a pesar de su originalidad e, incluso, de su carácter absurdo, no difieren en lo sustancial de muchas otras a las que el auditorio tiene que enfrentarse en su vagar cotidiano. Destacan, entre ellos, dos testimonios: *Confidencias de mujer* y *Problemas conyugales*.

En la primera de ellas, Alonso de Santos nos sumerge en una cafetería «elegante y silenciosa» para presenciar la conversación o, a mejor decir, el monólogo a dos voces entre una Funcionaria y una Profesora que peroratan en torno al tema central del amor y sus frustraciones, sin posibilidad real de *diálogo*, pues abordan el asunto ensimismadas en su propia soledad. Pese a sus puntos de partida dispares —uno más idealista y el otro más apegado a la realidad—, acaban por arribar, aunque ellas no sean capaces, ensimismadas como están en sus propias palabras, de percibirlo, a una conclusión común; hasta tal punto es así que el diálogo entrecortado de una y otra bien podría constituir la sucesión discontinua de un mismo emisor monologante:

| FUNCIONARIA | …A lo mejor es que le pido demasiado a la vida… |
|---|---|
| PROFESORA | …Pero eso del amor… |
| FUNCIONARIA | …O no… |
| PROFESORA | …Un abismo… |
| FUNCIONARIA | …Quiero estar bien… |
| PROFESORA | …A sentir verdadera pasión por alguien… |
| FUNCIONARIA | …Tengo derecho a sentirme viva… |
| PROFESORA | …Ese escalofrío que sentía antes, a veces… |
| FUNCIONARIA | …Y que todo tenga un sentido… [95] |

Sin embargo, la profunda soledad que embarga a las protagonistas no impide a Alonso de Santos, de acuerdo a una poética constante que guarda píldoras de comicidad en las tragedias cotidianas, reservarnos, por vía de la sorpresa inherente al género, la risotada final. Y es que las dos mujeres resultan no conocerse, en la demostración desgarradora de su necesidad por agarrarse a un clavo ardiendo y de contar sus cuitas a la primera alma caritativa que se cruce por el camino:

| FUNCIONARIA | ¿Sabes que me ha encantado que me llamaras para tomar un café juntas y hablar un rato después de tanto tiempo sin vernos, Carmina? |
|---|---|
| PROFESORA | *(La mira, fijamente, por primera vez.)* ¿Cómo dices? No, no… Yo me llamo Mercedes. Mercedes Sosa. |
| FUNCIONARIA | *(La mira también por primera vez, incómoda.)* Perdona, pero tú ¿no eres Carmina, la mujer de Jesús el dentista? [96] |

En *Problemas conyugales* el marco de la acción vuelve a revelársenos cotidiano: «*en una cama una pareja hace el amor en la semioscuridad. Se escuchan los últimos ruidos característicos del final de un orgasmo triste y rutinario*» [99]. Tanto Él como Ella interpretan, una vez más, un diálogo de voces calladas, empeñadas en no comprenderse, pues que, aun cuando compartan código lingüístico, están muy lejos de compartir horizonte vital de expectativas. En lo trágico de la situación —una mujer insatisfecha, cansada de no sentir, y un hombre hastiado, anhelante de pasiones lejanas— Alonso de Santos encuentra lugar para el humor absurdo, basado en la relación incongruente —al modo de Mihura— entre realidades que, en apariencia, nada tienen que ver. No de otro modo hemos de entender la relación que se establece entre la insatisfacción conyugal y la ingesta de huevos, culpables, de acuerdo a la teoría disparatada del marido, de las tendencias depresivas de su cónyuge:

| | |
|---|---|
| ÉL | ¿Y la salmonela, qué? Ése es otro problema, ¿o no? |
| ELLA | ¿Otro problema de qué? |
| ÉL | *(Puntualizando.)* ¡De los huevos! Si no se lavan bien te da salmonela. Pues no ha muerto gente de salmonela… Luego está también el colesterol… Nosotros comemos muchos huevos. |
| ELLA | Normal… Los que come todo el mundo. |
| ÉL | ¿Cuántos comemos? Dos al día, por treinta días al mes… unos… sesenta al mes. Con un poquito que te deprimas por cada huevo… sesenta veces al mes… por doce meses al año… figúrate… *(Calcula murmurando en voz alta.)* Sesenta por doce… seis por dos doce, me llevo una, seis por una es seis… ¡Setecientas veinte veces que te deprimes al año! [100-101] |

## 4.2. Gordon, por *Emilio Peral Vega*

Más conocido por su faceta de cineasta, Rafael Gordon (1946) es autor de un importante corpus de piezas teatrales breves, recientemente antologadas por Santiago Trancón [2006]. En ellas, Gordon no sólo manifiesta un extraordinario dominio de la carpintería dramática sino también una evidente querencia por el recurso al teatro dentro del teatro, lugar común de su poética, salpimentado por una contención de la intriga que, como reflejo de su formación cinematográfica, hace virar, con habilidad, hacia soluciones no imaginadas por el espectador. Se trata de una apuesta que se ajusta a los esquemas de la farsa por cuanto gusta de dislocar los resortes de la verosimilitud para ofrecer instantáneas grotescas como medio de evidenciar, por un lado, la falsedad que se parapeta tras convencionalismos sociales, ideológicos y hasta léxicos de diversa índole, y la estulticia humana, por otro. De todo ello son buenas muestras piezas como *La última voluntad* (1992), cuadro en que Gordon lleva a cabo una desacralización de la muerte —momento de falsa trascendencia que hace coincidir con la iniciación sexual del protagonista, Federico—, un proceso hilarante tras el cual, sin embargo, se esconde una ácida reflexión sobre la incapacidad del hombre para compartir su dolor físico y espiritual; *Entrenamiento* (1993), sátira sobre las nuevas funciones asumidas por los ejércitos, disfrazadas tras el marbete de «misiones humanitarias». No obstante, más que por el objeto parodiado la pieza destaca por una estructura que recuerda, y mucho, la empleada por Valle-Inclán en el esperpento de *Los cuernos de don Friolera*. Tanto es así que la acción de los peleles —en esta ocasión, soldados que se preparan en las remozadas labores de la milicia— está enmarcada por un prólogo y un epílogo en que dos personajes simbólicos —una paloma y un águila real, representantes de las dos realidades en litigio: guerra y paz, respectivamente— disertan acerca de los excesos antes y después representados; *El pudor y la víscera* (1997), hermoso diálogo entre un hombre minusválido y una prostituta que, con toques del mejor absurdo, evidencia la nueva dimensión de la existencia humana, convertida en una constante sobre-interpretación que hace de nosotros ridículos comparsas, y *Tormenta de cerebros* (1998), farsa de la desmesura que, de modo similar a *El método Gronholm*, de Jordi Galcerán, exhibe los excesos de la sociedad mercantil, simbolizada ésta metonímicamente por unos publicistas que, convencidos de su falsa trascendencia, acometen uno de los mayores retos profesionales de su vida.

## 4.3. Pedrero, por *Emilio Peral Vega*

La producción breve de Paloma Pedrero (1957) —en su mayor parte estrenada con peor o mejor suerte— forma un grupo compacto de piezas —nueve en total— que, hace algunos años, fueron editadas por la profesora Virtudes Serrano bajo el título común de *Juego de noches*. Todas ellas abordan uno de los temas dilectos de la dramaturga: las relaciones personales y el amor como fuerza motriz que las inspira, crea y destruye a un tiempo. La acción dramática enfrenta a los personajes a la liberación traumática de la verdad, proceso irremediable y fortuito ante el cual nada pueden. Así ocurre, por ejemplo, en *La llamada de Lauren* (1985), pieza en que las máscaras de Carnaval —las de Lauren Bacall para Pedro y Bogart para Rosa— sirven de excusa intrascendente para desvelar una verdad de mayor calado: la homosexualidad del hombre y la frustración que se deriva de la relación con su pareja. Otros títulos interesantes de la serie son *Resguardo personal*, cuyo principal acierto reside en el tratamiento del tiempo, en un equilibrio mesurado entre acción y realidad que se basa en los once minutos que restan para que cierre la perrera municipal y el perro de Gonzalo y él mismo sean desahuciados; y *El color de agosto*, una obra que se plantea a partir del diálogo entre María y Laura, dos pintoras que fueron amigas durante años y que ahora se enfrentan a la más descarnada soledad, travestida en la falsa prepotencia que una y otra exhiben.

Aun cuando el monólogo resulta forma reincidente entre los dramaturgos actuales, *Balada de la mujer fea* constituye una excepción en la producción de Paloma Pedrero. Destila en esta pieza fuertes dosis de patetismo —representadas por una mujer que, acomplejada por su fealdad, accede a mostrarse tal cual es a través de una cámara de vídeo— unidas a otras tantas de humor negro, por cuanto Amada —de nombre parlante, aun cuando sea en sentido irónico— se muestra capaz de tomar conciencia de sus limitaciones físicas, de reírse de sí misma, y hacer ver, en consecuencia, la superficialidad del *otro*: «¿cuántas veces te has masturbado con mis mensajes? No te enfades, yo nunca te engañé. Desde el primer contacto te dije cómo era. Lo puse en el asunto del imeil: Monstruita busca novio. Joder, Jaime, no me digas que pensaste que era una forma de hablar» [62]. Sin embargo, el inesperado final —con el suicidio de Amada— esconde el verdadero mensaje de la obra, un cuadro abierto para denunciar la insuficiencia del hombre, su soledad, y su necesidad patológica de ser contemplado y valorado por una instancia ajena a sí mismo.

Con todo, nos detenemos aquí en una obrilla que la ya citada Virtudes Serrano ha incluido en su excelente antología *Teatro breve entre dos siglos*: *Yo no quiero ir al cielo (Juicio a una dramaturga)*. Ya señalamos anteriormente cómo Jacinto Benavente constituye eslabón fundamental en el cultivo del teatro breve a principios del siglo XX y cómo dicha forma teatral es utilizada por el Premio Nobel madrileño como modo de exhibir escénicamente un ideario heterodoxo, liberal y, por qué no, denunciante de los excesos de un ámbito, el teatral, con unos autores adocenados y, lo que es peor, con un público no menos enclaustrado en el pasado. Pedrero, a buen seguro sin conocer de forma directa las piececillas que integran el corpus breve de Benavente, parece haber querido seguir la estela del autor de *Los intereses creados* en *Yo no quiero ir al cielo…*, con el fin de denunciar, al modo de aquél en *Cuento inmoral* (1905), la situación del teatro español contemporáneo —a la altura del año 2002 en que gesta su obra— y las continuas dificultades que los autores jóvenes —y de modo más específico, las dramaturgas— se encuentran para llevar sus piezas a los, por otra parte, escasos espacios teatrales de nuestras ciudades. Para ello plantea un marco teatral de extraordinario efectismo. La propia Paloma Pedrero se sitúa en una situación límite en virtud de la cual debe decidir entre alcanzar el paraíso o, por el contrario, ser condenada eternamente a cambio de ingresar en los cánones literarios de la posteridad. Como no podía ser de otro modo, la autora se empeña en la segunda de las opciones; sin embargo, para conseguirla, ha de convencer al auditorio —silente, pero determinante, como se verá con posterioridad— de la pertinencia del camino elegido. Enfangada, pues, en la consecución de la gloria literaria, inicia un monólogo —sólo cortado por sus respuestas a una voz, supuestamente divina, pero, paradójicamente, inaudible para el auditorio— a través del cual la Pedrero derrocha hiel respecto de los mecanismos teatrales de nuestro país. Remeda, para ello, la estructura de la novela picaresca, de modo que inicia su relato contando sus orígenes y la procedencia de su insana afición al arte de Talía; continúa después con lo que es, a todos los efectos, una declaración de principios que no deja títere con cabeza, cabezas algunas de ellas bien reconocibles para un público mínimamente informado en el organigrama rector del teatro público:

Miren, ahí abajo —o arriba, que no sé dónde estamos—, al menos en mi país, todo se ha convertido en un gran mercado. Se venden desde cremas para el clítoris, hasta caras postizas, cargos públicos… hasta la inspiración quieren venderte, fíjense. Todo menos teatro escrito por autores vivos. Por cierto, ahora que me he muerto seguro que me representan en el Centro Dramático Nacional. Pues saben lo que les digo, que me importa un bledo, que ya me importaba un bledo cuando estaba viva, que para qué tanta ansia de llegar al María Guerrero si luego te hacen cuatro días y van a verlo cuatro monos. *(Escucha.)* ¿Por prestigio? Qué va. Ya desde que lo invadieron las termitas y la mafia rosa el María Guerrero perdió el prestigio. Ya estoy hablando más de la cuenta. Si es que ni muerta aprendo a ser correcta con los mamarrachos. Sí señores, mamarrachos, que el mundo del teatro está lleno de machitos, mariquitas y mamarrachos. Una pena, de verdad. Pues imagínense qué lugar más grato para ser dramaturga y encima buena. Porque, perdonen ustedes, pero a mí la falsa modestia no me va. Además ya hay otros por ahí que se encargan de ponerme a caldo. Bueno, ahora dejarán de hacerlo. Ay, me encantaría, me encantaría de verdad, leer las necrológicas que me han escrito algunos de esos mamarrachos [Serrano, 2004: 319].

Tras hacer un repaso por lo más granado de su trayectoria dramática, con no poco sentido del humor y capacidad de distanciamiento autoparódico —no deja pasar la oportunidad, por ejemplo, para mofarse de la escasa relevancia de los premios dramáticos, aun cuando ella consiguiera uno de los más importantes—, ejemplifica, en sus propias carnes, la indiferencia y la cosificación respecto de la mujer en los círculos intelectuales, hasta límites que resultarían risibles y hasta grotescos si no tuvieran, como lo tienen, un correlato en la realidad:

Pues que en el 87, estaba yo muy bue… muy joven por aquel entonces, y cuando me dieron el prestigioso premio Tirso de Molina, me llamaron de *Interviú*. Sí, me llamaron para pedirme una portada en *topless* para su revista. Como lo oyen. Un millón de pesetas me ofrecieron [Serrano, 2004: 326].

Antes de colocar al público en el brete de su salvación, arremete, sin recato, contra los no pocos críticos que han denunciado la reincidencia de la Pedrero —a veces, apuntamos nosotros, con una cierta tendencia a la sensiblería— en los temas sentimentales. Sin aludir directamente a ellos, la dramaturga se despacha a gusto respecto de los dramas desprovistos de realidad y pagados de una falsa trascendencia, síntomas ambos de la incapacidad manifiesta para desarrollar una propuesta dramática contundente:

> Eso es lo más difícil para un autor, engendrar criaturas vivas. Porque hacer entes, Hombre 1, Aspirante 2, y ponerles a filosofar, o a decir frases poéticas, o a hacer acciones estéticas, eso no tiene arte, arte dramático, por muy de moda que esté entre los intelectualoides de la cultura. Eso es simple y llanamente, un rollazo [Serrano, 2004: 328].

Pero la vuelta de tuerca final está por llegar. Paloma Pedrero —o su álter ego escénico—, después de arenga tan brutal, inutiliza al auditorio para expresar, siquiera mínimamente, su conformidad o disgusto ante lo escuchado y visto, pues de lo contrario recaerá sobre él la culpa eterna. Juega, en fin, con su público con la única intención de mostrarles su poder y su capacidad decisoria para cambiar el rumbo de ese mismo teatro que, hace unos instantes, ha sido vilipendiado:

> Señores del jurado, esto ha llegado a su fin. *(Escucha.)* Sí, claro que escucho. ¿Que me levante y avance un poco hasta el jurado? Sí, señor. *(Lo hace.)* ¿Me van a dar el veredicto? *(Escucha.)* Ah, que si se quedan en silencio durante un minuto significa que no voy al cielo. *(Avanza otro paso.)* Por favor, señores del jurado, soy inocente. Les ruego, les suplico, un minuto de silencio. *(Asiente ante la voz que da el tiempo de salida. Pausa. La dramaturga, conteniendo la respiración, espera mirando el reloj. Pasa el tiempo.)* Tiempo. Eso es. *(Feliz.)* Gracias. Muchas gracias [Serrano, 2004: 329].

## 4.4. Caballero, por *Emilio Peral Vega*

Estrenada el 17 de septiembre de 1991 en la Sala Mirador de Madrid, bajo la dirección de Roberto Cerdá, *Retén* (1991) constituye una de las muestras más acabadas del teatro breve de Ernesto Caballero (1957). La pieza, que podría definirse como un entremés de situación, presenta a dos reclutas en una noche de guardia, uno de ellos veterano y a punto de licenciarse, y otro un impresionable novato. La comicidad, a ratos hi-

larante, se deriva, por un lado, del marco elegido, una garita claustrofó-
bica en cuyos reducidos márgenes estos dos soldaditos se ven abocados
a pasar la noche; de otro, viene marcada por el juego de alternancias
que, en un proceso esquizofrénico, uno y otro interpretan, hasta el punto de intercambiar sus personalidades cuando, requeridos por un teniente ausente que les habla a través del interfono, protagonizan un
número con resabios de comedia americana. De manera subyacente, late
en el texto una mirada escéptica respecto de la inutilidad del servicio
militar y el adocenamiento al que eran condenados nuestros jóvenes.

Recientemente repuesto en el Teatro Lara con Carmen Machi como
cabeza de cartel, *Auto* conoció su estreno el 2 de noviembre de 1992
en el también madrileño Teatro Alfil. La pieza podría definirse como
una delirante sucesión de diálogos, estructurados entre sí como la confesión coral de un grupo de personajes que, reunidos para declarar por
un cercano accidente, aprovechan la ocasión para experimentar una catarsis verbal mediante la cual colocan sobre la mesa sus más íntimas miserias y van asumiendo la cambiante condición de burladores y burlados.
Dos aspectos destacan en la apuesta de Caballero: en primer lugar, la
dependencia que las cuatro *dramatis personæ* testimonian respecto de un
personaje ausente, un camionero que ha trasfigurado, de manera fortui-
ta, la existencia de estos cuatro parias; en segundo término, el sorprendente final sartriano en virtud del cual la «*sala de espera*» que sirve de
marco a la acción parece ser la antesala para una mejor vida, pues que,
como sentencia el Marido en las palabras finales de la pieza «eso es, estamos bien muertos» [*Auto*, 35].

Otros textos breves son *Mientras miren* (1992) y *A Cafarnaún* (1995),
insertos ambos en el espectáculo *Precipitados* —junto a *La pasión de madame Artu*, de Leopoldo Alas, y *Papis y Oseznos*, de Ignacio del Moral—,
dirigido por Jesús Cracio. El primero constituye una efectiva metáfora sobre la inmigración, a partir de un marco simbólico —la puerta de entrada de una discoteca—, desde la cual se prohíbe sistemáticamente el paso
a musulmanes y negros por cuestiones de estética. El diálogo entre el
Portero y el Representante trasluce, con retazos directos y entrecortados,
la hipocresía de la sociedad del bienestar, empeñada en cortar las alas de
la diferencia y, sin embargo, siempre dispuesta a aprovecharse de los más
débiles. *A Cafarnaún*, por su parte, pretende retratar, en una breve instantánea, las diversas formas de sublimar una realidad que, a los ojos de

Caballero, resulta siempre muy poco amable; poco importa que sea a través de los cantos de sirena proyectados desde la religión (Cerillera) o mediante los no menos hipnóticos de las drogas (Enferma). Por último, en *Solo para Paquita (estimulante, amargo, necesario)* (1997), Caballero se sirve del monólogo de una enferma de amor, primero, y de la actriz que la interpreta en el escenario, después, en un proceso de liberación verbal tras el que se esconde el alma desconsolada de una mujer harta de querer trasplantar a su vida las imágenes idílicas que de aquel sentimiento ha recibido desde niña, y harta también de encontrar, en cambio, abusos, soledad e incomprensión por parte de los hombres que le van saliendo al paso, pues que al fin personaje y actriz acaban por ser una misma persona, ultrajada y violada que sólo puede aferrarse a esa taza de café, estimulante, amargo y necesario, como único aliado a su vacía existencia.

## 4.5. Mayorga, por *Emilio Peral Vega*

De entre la producción breve de Juan Mayorga (1965) me detendré en algunas de las piezas que componen un pequeño volumen que, con el título *Teatro para minutos*, apareció en la editorial Ñaque allá por el año 2001. En las palabras preliminares a los textos el dramaturgo madrileño realiza una serie de reflexiones muy pertinentes a propósito del teatro breve, encaminadas todas ellas al encomio cualitativo de un género que, a pesar de su extraordinario cultivo entre nuestros dramaturgos, no ha tenido ni tiene el refrendo escénico que mereciera: «la importancia de un cuadro no se mide por la cantidad de pared que ocupa, sino por la fuerza con que termina esa pared. Sin embargo, en el medio teatral domina la opinión de que un texto importante ha de durar por encima de la hora y media». Y continúa: «lo cierto es que el valor de una obra teatral no depende de su extensión, sino de su intensidad. Depende de su capacidad para recoger y transmitir experiencia. De la generosidad con que enriquezca en experiencia a sus espectadores». Para terminar resaltando el valor exento de cada una de las obras que presenta, aun cuando asuma, de forma consciente, su condición de teatro para leído, por la evidente dificultad de encontrar un espacio apropiado para su desarrollo en escena: «cada uno de los textos que constituyen este volumen quiere ser leído no como esbozo o boceto de un

texto más amplio, y mucho menos como los restos de un largo texto
fallido. Cada una de estas piezas quiere ser leída como una obra completa» [*Teatro para minutos*, 6-7].

Sea como fuere, Mayorga presenta ante nosotros una serie de retazos de soledad, metáforas todos ellos de una sociedad enferma, empeñada en perder los escasos terrenos de dignidad que aún le quedan. Así
sucede en la obra que abre el volumen, *La mala imagen*, cuya acción, estructurada en sendos diálogos paralelos —Edi y Lola, de un lado, y el
Modelo y la Fotógrafa, de otro—, resulta ser, en realidad, una perorata
monologada de cada uno de ellos. En ambos casos, los personajes femeninos buscan la alienación de sus compañeros haciéndoles claudicar
con ruedas de molino, inconscientes una y otra de que no son más que
marionetas de instancias superiores y de que, a pesar de su aparente dominio de la situación, ejecutan movimientos ajenos. Poco importa que
Lola intente convencer a Edi de que los directivos de la multinacional
que pretenden ficharlos hayan decidido ya por ellos el rumbo de su carrera musical, o que la Fotógrafa intente aniquilar la iniciativa personal
de su modelo para convertirlo en un pelele no-pensante que satisfaga,
sin miramientos, los cánones del mercado publicitario. La salida al conflicto que se plantea es, por el contrario, distinta. Si el Modelo asume,
sin más, las directrices de su particular demiurga, Edi, por su parte, abandona la escena en búsqueda de su inspiración original, no pervertida,
en una defensa de su derecho a la resistencia.

En *BRGS* Mayorga parte de una situación propia del teatro del absurdo. Dos hombres, Jorge y Luis, se encuentran solos en la Biblioteca
de Buenos Aires. Al primero, que se ha leído ya todo el fondo de la
institución, sólo le resta por leer el libro que Jorge tiene entre sus manos, un ejemplar que, por lo demás, lleva veinte años leyendo sin haber pasado de la primera página. Más allá de las connotaciones absurdas
que, como digo, soportan la acción, el sentido profundo de la pieza resulta, a todas luces, amargo. En primer lugar, por la conciencia de entes solitarios que asumen los dos protagonistas, incluso respecto del
bibliotecario, quien «a veces tengo la impresión de que no está, de que
nos ha dejado solos» [35]; en segunda instancia, por el sentimiento de
posesión que, representado por Luis, enfanga la resistencia culturalista
de estos dos individuos apocalípticos: «se lo diré claramente: usted no
merece este libro. Usted no es hombre para este libro» [36]; en último

lugar, por la resolución final del conflicto. Los excesos de uno y de otro —a saber, la consumición voraz de cultura que confunde cantidad con calidad y, de otro lado, el sentimiento de su posesión exclusivista— acaban con la anulación total de la palabra, de ahí que termine por ser sustituida —en una resolución que nos recuerda los entremeses clásicos— por los golpes que se propician uno y otro protagonista.

## 4.6. Pascual, por *Emilio Peral Vega*

Itziar Pascual (1967) gusta de recrear en sus piezas breves las existencias turbulentas de personajes al límite, escindidos, que intentan buscar un nuevo sentido a sus olvidados anhelos. Muestra de ello son piezas como *El domador de sombras* (1994), en que se dan cita los últimos representantes del circo, parias repudiados por la sociedad y que cantan, con la carpa que les cubre como único aliado, las excelencias de una magia antes sentida y compartida con el público. «Los tiempos se han fraguado sobre nuestros deseos, haciéndonos pequeños y absurdos. [...] He aprendido que no hay juramentos de fidelidad que resistan un partido de fútbol televisado», proclama el ya difunto payaso Grock al final de la pieza, un ser que, siempre acompañado por su espectro, espera volver a construir su particular ámbito de fantasía, junto a los también proscritos Mujer Barbuda y Acróbata, un hombre este que moja en alcohol el nunca asumido repudio hacia su persona. En *Jaula* —pieza incluida en el volumen *Exilios*— acomete una de las formas de destierro y ostracismo más dolorosas en la vida contemporánea: el Alhzeimer, a partir del diálogo entre un hombre, que padece la enfermedad, y su mujer, que la soporta como recipiente pasivo. Ambos, como víctimas de una misma situación, se cuestionan, tomando la enfermedad como base, el problema de la comunicación y hasta qué punto necesitamos del *otro* para establecerla: «¿tiene obligatoriamente que haber alguien para que mi discurso sea inteligible, comprensible, *real*? [...] ¿Por qué necesitamos seguir manteniendo las convenciones? ¿A quién alimentan estas viejas mentiras? ¿Si hablo en soledad, no quedará en el aire la sospecha de que hablo por hablar? ¿Si hablo solo, no quedarán inmediatamente devaluadas mis palabras? ¿Las palabras serán expoliadas de su sentido y convertidas en mero ruido de fondo, en rellenos inútiles del espacio y el tiempo? ¿Será el medio el mensaje? ¿Y a estas alturas todavía con McLuhan? ¿Si no existe el otro, ni comunicación, ni verdad? ¿Si no existe un alguien a quien interpelar, nada de lo que aquí diga tendrá sentido?» [*Exilios,* 96-97]. Por lo demás, la pieza, de una profunda efectividad emocional, se plantea como la sucesión incansable de frases entrecortadas, pronunciadas por uno y otro, sin que sea posible una hilazón efectiva entre ellas. Es en ese sentido desde el cual debe explicarse el título, revestido de una doble y paradójica significación: el hombre siente el confinamiento espacial derivado de la protección de su esposa, pues su mente enferma se mueve ajena a las limitaciones racionales; por el contrario, ella siente la claustrofobia mental derivada de una cordura atentada, de continuo, por las balas de la incongruencia lanzadas desde el otro extremo.

### 4.7. Vallejo, por *Francisco Gutiérrez Carbajo*

Alfonso Vallejo (1943) ha publicado hasta la fecha las obras breves siguientes: *Toby-después, 6-6-06, Colt, Amicus ómnibus, El matrimonio es un asco, Razón y sinrazón, El parado horizontal, Laura, Irstel, Jasmín, Kip, Kiss, Soraya, Lux, Una nueva mujer, La Inmolación* y *La confesión.* La primera de ellas, *Toby-después,* apareció en el número 3 de *Art teatral* en el año 1991. Las restantes, escritas a lo largo de estos últimos años, fueron recogidas en el libro *Una nueva mujer nueva* (2006). Alfonso Vallejo, que ha abordado todas las cuestiones que preocupan al individuo, ha centrado la atención de estas piezas en la mujer. Para presentar dramáticamente a las mujeres actuales, Vallejo ha elegido el género breve, una forma dramática de gran tradición literaria, renovada y potenciada en nuestros días. Algunos personajes de estas obras muestran un pensamiento político típicamente ilustrado, que sirve de corrección profunda a la antigua concepción eclesial e incluso a un pretendido democratismo postmoderno. Heni, la protagonista de *Razón y sinrazón,* es una de estas mujeres racionalistas, cartesiana y anticartesiana al mismo tiempo. En las obras de Vallejo el discurso de las mujeres no es un discurso de dependencia ni tampoco de excelencia sino de igualdad. Sigue aquí fundamentalmente los postulados de Locke, según los cuales los seres humanos, aunque biológica y socialmente evolucionen de manera diferente, nacen libres e iguales.

Si Vallejo se está planteando en cada construcción artística nuevos retos, en estas piezas ha dado una vuelta más de tuerca y ha logrado presentar dramáticamente conceptos como los de sujeto, identidad, representación, familia, corporeidad... en que tienen una intervención decisiva las mujeres. Los conceptos de identidad y de sujeto han sido motivo de diversas críticas y debates, animados, entre otros, por Jacques Derrida; en esta línea Alfonso Vallejo deconstruye y desmonta en sus piezas lo que de cerrado entrañan esas categorías. La mujer ha experimentado grandes transformaciones y así lo ponen de manifiesto Natalie en *6-6-06,* Verónica en *Colt,* Pamela en *Amicus ómnibus,* Amparo en *El matrimonio es un asco,* Heni en *Razón y sinrazón,* Amparo en *El parado horizontal,* Estrella en *Lux,* Amparo en *Una mujer nueva* y Jazmín, Soraya, Laura, etc.

Vallejo está en la línea de Braidoti de que urge elaborar versiones alternativas a fin de aprender a pensar de un modo diferente en relación con el sujeto, a fin de inventar nuevos marcos de organización, nuevas imágenes, nuevas formas de pensamiento. A la hora de presentar nuevos modelos, los minidramas de Vallejo ofrecen paradigmas alternativos a las funciones que tradicionalmente se les venían asignado a las mujeres. El autor, siguiendo algunas concepciones postestructuralistas, pone el acento en las limitaciones de un enfoque logocéntrico, desplazando el énfasis a otras formas y modos de representación. Se trata de representaciones en que el lenguaje sigue desempeñando su importante función pero despojado de su veta autoritaria y monológica. Vallejo saca a la escena en cada una de estas piezas una nueva forma de materialismo que desarrolla y amplía el concepto de materialidad corporal o corporeidad. El cuerpo, o la corporeidad del sujeto, no la concibe sólo como una categoría biológica y sociológica, sino también como el punto de convergencia y de unión de lo físico, lo sociológico y lo simbólico.

Por otra parte, lo que sucede en el plano político y social se prolonga en el ámbito familiar y doméstico. Y de la misma forma que los sistemas postmodernos, con su fragmentación y pérdida de unidad, pueden reproducir globalmente las relaciones de poder a pequeña escala, dando lugar a «microfascismos», en el ámbito que nos ocupa llegan a intercambiarse los papeles sin que desaparezcan las relaciones de dependencia. Que se lo pregunten a Ricardito en *El matrimonio es un asco.* Y todo ello, a pesar del discurso de la igualdad. En estas piezas se instala una nueva concepción del sujeto que se encarna en mujeres como Amparo, la protagonista de la última obra citada. En este sentido, Vallejo no hace sino revisar el mito de la liberación a través de la razón –considerado como una conquista del movimiento ilustrado– en la línea propugnada por Foucault, Derrida, Deleuze… La afirmación de Merleau-Ponty en su *Fenomenología de la Percepción* de que «el cuerpo es nuestro medio general de tener un mundo» ha encontrado una magnífica representación en el teatro de Alfonso Vallejo. En estas piezas el cuerpo aparece unas veces exultante, como el de Heni en *Razón y sinrazón,* otras politraumatizado, como el de Soraya, y otras ya despojado de cualquier signo de vida, como el del sujeto al que le dirige su madre un monólogo en *Toby-después.* En todos los casos asumimos la convicción de que no tenemos un cuerpo sino de que somos un cuerpo. Un cuerpo como fuerza y como imán. Así funcionan los cuerpos de Verónica en *Colt* y de la joven Natalie en *6-6-06.* De forma semejante, el de Juliet es el foco de la atracción de Tony en *Kiss,* y el responsable de toda la ternura y la gracia de la obra. En *Soraya* el cuerpo de la mujer, aunque esté con un brazo escayolado, en cabestrillo, con muletas y con una bota ortopédica, domina la escena con su presencia y su plurilingüismo. La *fisicidad* de Amparo en *Una mujer nueva* es el símbolo más ostensible de la transformación que afortunadamente ha experimentado la mujer.

El teatro moderno es ante todo un teatro del cuerpo y, en relación con ello, el de Alfonso Vallejo potencia todas sus posibilidades físicas, energéticas, expresivas, plásticas, emotivas… Alfonso Vallejo ha sacado a las mujeres del ámbito de la privacidad, las ha hecho testigos y protagonistas de auténticas heroicidades y las ha implicado en guerras, como a *Jasmín* en la de Irak, o en catástrofes, como la de *Irstel* en Tailandia. Las obras de Vallejo presentan las grandes batallas que se libran en la esfera internacional, social, familiar y en la más íntima de la persona, constituyendo, dentro de su singularidad, un todo perfectamente articulado, es decir, una organización dramática del caos que es la vida. Se comprobará en una mirada sintética a cada una de estas obras.

Una buena parte de las grandes batallas en nuestros días se libran no sólo en los escenarios bélicos sino también en los medios de comunicación y por los medios de comunicación, entre ellos internet, como nos testimonia Natalie en la pieza *6-8-06*. La relación entre educandos y educados es uno de los núcleos estructurales de *Colt*. Aquí el autor plantea una confrontación entre un alumno y su profesora. Esta tensión se incrementa por las distintas edades de los protagonistas. Pero, a pesar de ello, existe la pasión, capaz de desatar un drama de dimensiones incalculables, un choque de trenes de alta velocidad. Estamos ante la *ananké*, ante el *fatum*, ante una violencia latente y ante un fuerte erotismo. Es también la dialéctica de Eros y Tanatos. Este minidrama ha sido reutilizado en la obra larga *Culpable¿...*

La mujer es igualmente la protagonista de *Amicus Ómnibus*, aunque aquí su presencia no sea real sino aludida. Pamela, ausente físicamente en escena, ocupa el centro de la conversación de Pichi y Troncho. No falta en esta pieza un componente italiano, petrarquesco, boccacciano, pero también nos recuerda obras largas del autor, como *Tuatu*. Los conflictos interpersonales están en la base del monólogo *El matrimonio es un asco*. Se trata del discurso de Amparo, una Agustina de Aragón moderna. Otro tipo de mujer que sabe imponer su criterio y su personalidad es Heni, la protagonista de *Razón y sinrazón*. La obra pone sobre las tablas un doble asunto de gran actualidad: el de las relaciones padres-hijos y el del estímulo intelectual de aprender en relación con el bienestar y el ocio. Las relaciones laborales y de ocio de nuestros días —radicalmente distintas de las de épocas pasadas— estructuran el conflicto de *El parado horizontal*, que ofrece ciertas analogías con *Bartleby, el escribiente*, de Herman Melville. Es una caricatura de la sociedad moderna y de sus contradicciones en la mejor línea de Jardiel Poncela. *Laura* es otro buen ejemplo de la simbiosis de patetismo y de comicidad en una pieza breve, otro aguafuerte vallejiano, con la fuerza y la intensidad de las pinturas negras de Goya.

Las situaciones extremas de supervivencia se subrayan en *Irstel (una decisión correcta)*. Estamos ante otra escena extraída de la realidad. El conflicto de *Medea* se queda corto ante esta tragedia de estricta supervivencia. No estamos ante los dramas de orden político de Shakespeare, sino ante una crónica de nuestros días. La crónica de alcance político y militar encuentra su concreción en *Jasmín*, con la guerra de Irak como escenario. La violencia y las relaciones amorosas no están ausentes en *Kip*, otra obra corta incrustada en *Culpable¿...* Más calmados que Kip son los adolescentes de *Kiss*, mientras la mujer emerge de nuevo con gran fuerza en *Soraya* y en Estrellita, la protagonista de *Lux*. La mujer se impone hoy retos desconocidos y auténticas heroicidades, como la de Agustina en *La inmolación*, que se autodestruye públicamente. El discurso público se convierte en privado en *La confesión*, en que Greta se pregunta dónde está la verdad y quién la conoce.

Para Rossana, la protagonista de *Toby-Después*, la verdad que le interesa es la de la pérdida de su hijo, como nos manifiesta en su monólogo. Otro monólogo estructura la pieza *Una nueva mujer*. Es el discurso del desamor y de la incomprensión entre una mujer de nuestros días y su compañero, anclado en los patrones de la conducta patriarcal. El sujeto dramático de Alfonso Vallejo —en la mayoría de estas obras breves, la mujer— protagoniza un proceso de redescubrimiento, de iluminación de zonas ocultas y de plasmación escénica de crónicas actuales que remueven las conciencias de todos. Alfonso Vallejo, si por una parte presenta una conciencia de quiebra del mundo, por otra nos proporciona los instrumentos necesarios que nos ayudan a interpretar e incluso a recomponer este mundo descompuesto.

EDICIONES

VALLEJO, Alfonso, *Toby-después*, Art Teatral. *Cuadernos de Minipiezas Ilustradas*, 3 (1991), pp. 71-73.
—, *Culpable¿/ Pssss...* ed. Francisco Gutiérrez Carbajo, Granada, Dauro, 2005.
—, *Una nueva mujer*, ed. Francisco Gutiérrez Carbajo, Granada, Dauro, 2006.

4.8. Otros autores, por *Emilio Peral Vega*

Como se advertía en la entradilla a este capítulo, son muchos los autores y las obras que podrían añadirse a este necesariamente incompleto recuento, anárquico en cuanto que contempla dramaturgos de distintas promociones y tendencias, pero todos unidos por haber despuntado como tales en tiempos más o menos recientes. De Lidia Falcón (1935), la más veterana entre las dramaturgas aquí antologadas, es la pieza breve *¡No moleste, calle y pague, señora!* (1984) [*Mujeres sobre mujeres*, 1998], un alegato contra la falta de implicación de que las instituciones hacían gala respecto de la violencia de género, una desidia mil veces re-

petidas, como así queda atestiguado con la entrada de un nuevo personaje, al final de la acción, que preludia comportamientos similares, amén
de un cuadro vivo de la educación retrógrada que, entre los hombres
—más atentos a los avatares de la liga de fútbol que a la seguridad de
sus féminas—, resultaba moneda de uso común: «¡y todavía querrá de-
nunciarlo! Un pobre hombre, cansado de trabajar, que regresa a su casa
para disfrutar con el inocente recreo de escuchar un partido de fútbol,
final de Copa, además, y competición contra el Madrid en su propio
campo. Y se encuentra con una mujer llorona y unos niños gritones que
no le dejan oír con tranquilidad... ¡Pero si es para matarlos a todos!
¡Poco le ha hecho!» [1998: 151].

Rosa Figuero (1938) es autora de *Otoño en réquiem* (2000) —accésit
del premio «María Teresa León 2000»—, drama en un acto que se plantea a partir del encuentro entre varios amigos del pasado, que se van
desnudando ante nosotros «en un carrusel de confesiones y reproches»
[Vieites, 2001: 20]; conversaciones, al fin, inscritas en una atmósfera de
derrota, de sueños aniquilados a costa del prójimo, en que laten, sin pudor, reminiscencias del mejor Tennessee Williams.

Jesús Carazo (1944) firma *Extraña madrugada en nuestra casa* (2006)
[Miguel Martínez, ed., 2006: 127-146]. Con la frase «todos somos con-
sumados actores en el gran teatro del mundo» como punto de partida,
esta obra, situada en el escenario de un teatro cualquiera, constituye una
aguda reflexión sobre el concepto de verdad en el arte y, de modo más
amplio, sobre la innecesaria tendencia reproductiva del teatro actual, tanto más verdadero cuanto más alejado de la reproducción mimética de
la realidad.

De Amestoy (1947) es la pieza *El seguidor lo sabe (Documento escénico)*
(1998), integrada en el volumen *Al borde del área*, proyecto colectivo a partir de la VI Muestra de Teatro Español de Autores Contemporáneos. La
apuesta del autor de *Cierra bien la puerta* destaca, ante todo, por la perfecta
compenetración que logra entre la materia dramática —un afamado portero graba en vídeo, momento antes de un fatal accidente, la confesión
de su comportamiento ilícito en el estadio— y la disposición escenográfica, pues que el público «estará rodeando el espacio escénico» de acuerdo a una estructura circular en que aquél es su elemento exterior, la
cámara que graba el espacio intermedio, el corrupto cancerbero su punto central y la pantalla de vídeo en que se proyecta lo grabado el segun-

do de los elementos mediales, una vez más completado por el público que, en el otro extremo, la envuelve. De esta forma, Amestoy logra sintetizar visualmente el proceso de alienación que, a través de la metáfora del fútbol, pretende denunciar en la sociedad moderna, hasta tal punto que la esencia del hombre, definitivamente perdida y desnortada, resulta intercambiable —«*el actor que representaba a* EL CANCERBERO *puede transformarse en Carlos María Sánchez, estrella de la televisión deportiva*» [*Teatro breve entre dos siglos*, 258]—, y siempre sometida a instancias ajenas que se esconden tras denominaciones tan variadas como falsas: colores, club, patria o engranaje. También es suya *Camino de Madrid* (2001), un diálogo descarnado a tres voces en que, a partir de un viaje abortado en coche, se evidencia la incapacidad radical para la comunicación y, sobre todo, el sentido mercantilista de nuestras relaciones.

De Concha Romero (1948) son las piezas *¿Tengo razón o no?* y *Allá él*, ambas incluidas en *Mujeres sobre mujeres* (1998). En ambas piezas la autora dibuja, desde perspectivas dispares —la primera resulta del monólogo de un marido abandonado, mientras que la segunda se plantea como la reubicación mental de una esposa preterida en favor de una jovenzuela— el proceso de alienación a que se ha visto sometida una generación de mujeres, educada en el convencimiento de una posición subsidiaria respecto de sus parejas. La Romero juega con el espectador a partir de la palabra dicha, tan alocada y falta de coherencia interna como la mente turbulenta de sus personajes, de forma que el pensamiento vira con rapidez desde la comprensión hacia el otro hasta su desprecio a lo largo de sendos monólogos. Con todo, queda el regusto amargo de lo inevitable, pues que tanto Carlos —protagonista de *¿Tengo razón o no?*— como Pepa —de *Allá él*— son incapaces de trascender los papeles que, en grado menor o mayor, han asumido; el primero, inventándose el regreso de su esposa para perpetuar el dominio sobre ella:

> Pasa, pasa, estás en tu casa. Siéntate, ¿quieres tomar una copa? Lo suponía, nunca bebes, es igual, aunque deberías aceptarla por hacerme compañía. ¿Qué, te lo has pasado bien con ese pollo? Muy bien no estarías cuando has vuelto tan pronto. Si es lo que yo te digo, ¿adónde vas a ir tú con esa pinta y esa edad? ¿Y dónde vas a encontrar un marido más atractivo que yo? ¡Así, así las tengo a todas, locas por mí, porque soy un superdotado, un *superman*, un todoterreno, un Don Juan, un Rodolfo Valentino, un macho ibérico! [*Mujeres sobre mujeres*, 101]

La segunda, por cuanto su liberación emocional respecto del ausente marido queda en un estadio de ambigüedad e irresolución de acuerdo al cual no sabemos si se trata de una interpretación ensoñada —al fin y al cabo Pepa dice haber sido actriz en su juventud— o de la realidad en sí.

Pilar Pombo (1953-1999) firma *Remedios* (1987) [*Dramaturgas españolas de hoy*, 1988], un monólogo encarnado por mujer homónima que sirve a su autora para, adentrándose en registros próximos al sainete, diagnosticar el sentido utilitario que los abuelos han pasado a desempeñar en nuestra sociedad moderna, siempre al servicio de los intereses cambiantes de sus hijos. Es de destacar el proceso de desdoblamiento que, en su rebelión, encarna Remedios, capaz de prever y de encarnar las posiciones de su hija, yerno y nieta, y hasta de imitar sus bien remedados dejes.

Ignacio del Moral (1957) es autor —como queda dicho con anterioridad— de dos piezas breves incluidas en el espectáculo *Precipitados*: *Papis* y *Oseznos*. Ambas obras testimonian, desde planteamientos muy diferentes, los anhelos acallados de sus intérpretes, al modo de instantáneas recogidas en momentos vitales muy diversos. Así, en *Papis*, el diálogo entre El Papá y La Mamá no es sino la expresión del tiempo volcado sobre los hijos, excusas liberadoras en que acallamos la miseria de nuestras frustraciones; en *Oseznos*, y a partir de una estructura bueriana de confrontación dialéctica entre planteamientos opuestos ante la vida, Del Moral explora el horizonte de expectativas que se abre ante dos adolescentes, Ángel y Miguel, congraciados por el influjo sincero del alcohol.

Lluïsa Cunillé (1961), por su parte, estrenó *Libración* (9 de marzo de 1994, sala Beckett de Barcelona), bajo la dirección de Xavier Albertí. Se trata de una pieza protagonizada por dos mujeres, designadas con esquematismo expresionista como Mujer 1 y Mujer 2, que entablan un diálogo absurdo mediante el cual espantan el fantasma de una realidad que subyace a lo largo de todo el texto: la soledad. Desasistidas, una y otra, de la más mínima referencia exterior, inventan quehaceres y seres como pretexto para atraer la atención de la otra, convencidas de que su pérdida entrañaría el regreso a la situación original. Dos mujeres, en fin, que se necesitan y que apelan a la palabra compartida como bálsamo que contrarreste su cruel existencia.

Margarita Sánchez Roldán (1962) dibuja, en *Sobre ascuas* [*Panorámica del teatro español actual*, 1996: 195-206], una cruenta acuarela pintada con colores naturalistas, a través de la cual lanza un grito, atemporal y sentido, contra la humillación padecida por las mujeres, en este caso Pepa, una muchacha de dieciséis años obligada a consentir el incesto al que le somete su padre, Antonio, y contra el que se rebela cuando sabe que está pronto a morir.

Antonio Álamo (1964) es autor de una literatura descarnada y esencialista —tanto en su faceta dramática como narrativa— que se proyecta también en sus escasas aportaciones al teatro breve. Prueba de ello es *Dos exiliados* —pieza incluida en el volumen colectivo *Exilios*—, en que Álamo explora dos procesos de alienación paralelos: el protagonizado por una prostituta jamaicana, rendida en los brazos de cualquiera a cambio de sesenta euros, y el del hombre que en esta breve instantánea le otorga tal condición. La relación mercantilista, ajena al más mínimo sentimiento, se hace aún más sangrante por cuanto se apoya en un léxico desnudo que tan pronto parece acercarse al campo de las sensaciones —«guapo», «bonito»— cuanto se desplaza a la pulsión más elemental: «¿vas a follarme?», «¿vas a mearme encima?» [*Exilios*, 2003: 72].

Raúl Hernández Garrido (1964) llevaba *La persistencia de la imagen*, gracias a la iniciativa de Gerardo Vera, a la sala Princesa del María Guerrero en 2005. La apuesta valió, sin duda, la pena, pues permitió ver sobre las tablas un texto hermoso, a medio camino entre el desgarro y la sensibilidad más acendrada, que relata el encuentro entre una prostituta —designada como el Cuerpo— y su cliente, cuya condición de pagador le da también nombre. Me quedo con las palabras del propio Alberto Jiménez —intérprete privilegiado del segundo— para quien *La persistencia de la memoria* es, básicamente, una historia de amor, «casi un *Romeo y Julieta* oscuro y tenebroso en el que se habla de la imposibilidad del ser humano para encontrarse con el otro, de ahí que también este espectáculo sea en parte un viaje de búsqueda del otro».[45]

Yolanda Pallín (1965) es autora de *La mirada* (1996), una inquietante pieza en que se perfilan, con palabras entrecortadas e hirientes, dos

---

[45] Rosana Torres, «El CDN acoge a jóvenes creadores escénicos con una obra de Raúl Hernández», *El País* (30-5-2005), p. 45.

relaciones fortuitas: la establecida entre una joven y un señor maduro que han coincidido en el mismo banco de un parque, y la que se entabla entre una mujer y un chapero tras consumar un encuentro sexual. Más allá de la anécdota, Pallín explora los oscuros recodos de la soledad, aún más grande puesto que se sitúa en un marco genérico y es sufrida por personajes de entidad universal —tan sólo un Hombre y una Mujer—; una soledad tan profunda que pretendemos sea aniquilada por una sola mirada, venga de quien venga, con tal de que en su interior se dibuje una verdad ausente siempre de nuestras relaciones cotidianas.

Son muchos los nombres que se han quedado en el tintero. Baste aquí una breve relación de ellos, y de algunas de sus obras, siquiera como modo exculpatorio de un tratamiento más detallado: Eduardo Quiles (1940), con *A la puerta del mercado*, un alocado monólogo que evidencia, una vez más, la necesidad de la palabra como terapia global; María José Ragué-Arias (1941), con *Sorpresa* (1995), un monólogo delirante que permite la liberación verbal —y quizás vivencial y profesional, pues el final queda abierto— de una actriz de *varietés* decidida a dar un salto cualitativo en su carrera; Alfonso Zurro (1953) es autor, entre otras, de *Farsa de la Lunar y la Muerte*, una irrisoria desacralización de la muerte en que se dejan sentir resabios paródicos respecto de Maeterlinck y, sobre todo, un sabor valleinclanesco muy evidente; María Manuela Reina (1958), con *El llanto del dragón*; Antonio Onetti (1962), con *La puñalá* (1986), pieza de marcada truculencia en que se reúnen algunas de las constantes de la dramaturgia de su autor, tal el caso de «la presencia de los seres más marginales del mapa social, la localización andaluza y el habla de su región» [Serrano, 2004: 90]; Mariano Gracia (1962), con *Orléans* (1989), una obra preñada de lirismo que recuerda, en sus personajes esquizoides y en el contraste entre el marco dramático y su expresión verbal, a Arrabal, junto a un bien resuelto ritualismo catártico a lo Artaud; Laila Ripoll (1964), autora de *El día más feliz de nuestra vida*, escrita a partir de la noticia de la Primera Comunión de las cuatrillizas de Socuéllamos en 1964 y, ante todo, cuadro vivo de la educación represora a la que fueron sometidas varias generaciones de españoles; Ignacio García May (1965), autor de *Últimos golpes de Busch Cassidy*, pieza en que mezcla registros propios del entremés clásico y ciertas reminiscencias de Valle-Inclán; Rafael González (1966) y Francisco Sanguino (1964) —dos de los componentes del grupo *Jácara* de Alicante— que firmaron, al alimón, *013 varios: informe prisión* —Premio Marqués de Bradomín 1987 (también, entre otras *Escarabajos*, accésit de ese mismo galardón en su edición de 1990)—, una pieza de impecable factura concebida como una serie de instantáneas, monologadas o dialogadas, que permiten reconstruir la andadura de los asesinos recluidos en la prisión, todas las cuales testimonian la búsqueda patológica de una identidad en medio de la alienación contemporánea; y Diana de Paco (1973), autora de *Su tabaco, gracias* (2002), una inteligente reflexión sobre nuestro aislamiento y la incapacidad progresiva de escuchar al *otro*; y Blanca López Baltés (1973), con *Intruso* (1999), texto que formó parte del IX Ciclo de Lecturas Dramatizadas de la SGAE —dirigido por Ignacio García May—, y Eva Hibernia (1973), con *El arponero herido por el tiempo* (1997) —accésit del «Marqués de Bradomín» 1997—, y tantos y tantos otros. En fin, es cuento largo, de palabras breves y rotundas, que sigue escribiéndose —y, a veces, aun las menos, representándose— ahora.

EDICIONES

AA.Vv, *Precipitados*, Madrid, Ministerio de Cultura, 1992.

—, *Exilios. 18 obras de teatro de autores argentinos, españoles y mexicanos*, Buenos Aires, Biblos, 2003.

ALONSO DE SANTOS, José Luis, *Cuadros de amor y humor, al fresco*, ed. Francisco Gutiérrez Carbajo, Madrid, Cátedra, 2006.

AMESTOY, Ignacio, *Camino de Madrid*, Art Teatral. *Cuadernos de Minipiezas Ilustradas*, 15 (2001), pp. 9-15.

CABALLERO, Ernesto, *Auto. Retén*, Madrid, Sociedad General de Autores de España, s. a.

FALCÓN, Lidia, *Tu único amor (Obra en un acto)*, Art Teatral. *Cuadernos de Minipiezas Ilustradas*, 3 (1991), pp. 19-24.

FIGUERO, Rosa, *Otoño en réquiem*, en AA.VV., *Premio «María Teresa León, 2000»*, Madrid, Publicaciones de la Asociación de Directores de Escena de España, 2001, pp. 109-164.

GALÁN, Eduardo, *El espantapájaros de Mojapiés (Minipieza teatral en un cuadro)*, Art Teatral. *Cuadernos de Minipiezas Ilustradas*, 3 (1991), pp. 27-30.

GONZÁLEZ, Rafael, y SANGUINO, Francisco, *013 varios: informe prisión*, en *Marqués de Bradomín 1987. Concurso de textos teatrales para jóvenes autores*, Madrid, Ministerio de Cultura/Instituto de la Juventud, 1988, pp. 13-42.

GORDON, Rafael, *Teatro breve (1992-2004)*, ed. S. Trancón, Madrid, Fundamentos, 2006.

GRACIA, Mariano, *Orléans*, en *Marqués de Bradomín 1997. Concurso de textos teatrales para jóvenes autores 1989*, Madrid, Ministerio de Asuntos/Instituto de la Juventud, 1990.

HIBERNIA, Eva, *El arponero herido por el tiempo*, en *Marqués de Bradomín 1997. Concurso de textos teatrales para jóvenes autores*, Madrid, Ministerio de Trabajo y Asuntos Sociales/Instituto de la Juventud, 1998, pp. 63-100.

LEONARD, Candyce, y GABRIELE, John P., eds., *Panorámica del teatro español actual*, Madrid, Fundamentos, 1996.

—, y LAMARTINA-LENS, Iride, eds., *Nuevos manantiales: dramaturgas españolas de los 90*, Ottawa, Girol Books, 2001, 2 vols.

MAYORGA, Juan, *Teatro para minutos*, Ciudad Real, Ñaque Editora, 2001.

MOLINA FOIX, Vicente, *El piso 35 (Tragicomedia mínima para tres personajes)*, *Art Teatral. Cuadernos de Minipiezas Ilustradas*, 3 (1991), pp. 33-36.

QUILES, Eduardo, *El hombre de las mil puertas*, *Art Teatral. Cuadernos de Minipiezas Ilustradas*, 4 (1992), pp. 49-55.

—, *A la puerta del mercado*, *Art Teatral. Cuadernos de Minipiezas Ilustradas*, 15 (2001), pp. 65-68.

O'CONNOR, Patricia W., ed., *Dramaturgas españolas de hoy. Una introducción*, Madrid, Fundamentos, 1988.

—, *Mujeres sobre mujeres: teatro breve español (One-Act Spanish Plays by Women about Women)*, Madrid, Fundamentos, 1998.

PEDRERO, Paloma, *Juego de noches: nueve obras en un acto*, ed. V. Serrano, Madrid, Cátedra, 1999.

—, *Balada de la mujer fea*, *Art Teatral. Cuadernos de Minipiezas Ilustradas*, 15 (2001), pp. 61-63.

SERRANO, Virtudes, ed., *Teatro breve entre dos siglos*, Madrid, Cátedra, 2004.

ZURRO, Alfonso, *Farsa de la Lunar y la Muerte*, *Art Teatral. Cuadernos de Minipiezas Ilustradas*, 5 (1993), pp. 59-63.

# BIBLIOGRAFÍA GENERAL

AA. VV., *Homenaje a la memoria de don Pedro Muñoz Seca*, Puerto de Santa María, Talleres de «Gráficas Andaluzas», 1950.

—, *Ocho años de Teatro Universitario (1967-1985)*, Murcia, Universidad de Murcia, 1975.

—, *Teatro español actual*, Madrid, Fundación Juan March/Cátedra, 1977.

*ADE-Teatro*, núms. 77 (1999), 82 (2000), 84 (2001), 97 (2003), 98 (2003).

AGUILAR PIÑAL, Francisco, *Bibliografía de autores españoles del siglo XVIII*, Madrid, CSIC, 1983.

—, *Un escritor ilustrado: Cándido María Trigueros*, Madrid, CSIC, 1987.

AGUILERA SASTRE, Juan, ed., *María Martínez Sierra y la República: ilusión y compromiso*, Logroño, Instituto de Estudios Riojanos, 2002.

—, ed., *Ante la República: conferencias y entrevistas (1931-1932)*, Logroño, Instituto de Estudios Riojanos/Gobierno de La Rioja, 2006.

—, y AZNAR SOLER, Manuel, *Cipriano Rivas Cherif y el teatro español de su época (1891-1967)*, Madrid, Publicaciones de la Asociación de Directores de Escena de España, 1999.

ALADRO, Carlos, *La tía Norica de Cádiz*, Madrid, Editora Nacional, 1976.

ALBERTI, Rafael, *La arboleda perdida. Memorias* (1959), Barcelona, Seix Barral, 1978.

ALCALÁ GALIANO, Álvaro, *Impresiones de arte*, Madrid, Victoriano Suárez, 1910.

ALCALDE, Pilar, «La hermandad entre mujeres como espacio para la autoridad textual en el teatro de María de Zayas y Ana Caro», *Revista de Estudios Hispánicos*, 29.1-2 (2002), pp. 233-243.

ALENDA Y MIRA, Jenaro, *Relaciones de solemnidades y fiestas públicas de España*, Madrid, Est. Tip. «Sucesores de Rivadeneyra», 1903.

ALIER AIXALÁ, Roger, dir., *El libro de la zarzuela,* Barcelona, Daimon, 1982.

ALONSO CORTÉS, Narciso, «El teatro español en el siglo XIX», en *Historia general de las literaturas hispánicas*, Guillermo Díaz-Plaja, dir., Barcelona, Editorial Barna, 1957, vol. IV, 2ª parte, pp. 261-337.

ALONSO HERNÁNDEZ, José Luis, «Los lenguajes de la jácara en su metamorfosis», en *El teatro español a fines del siglo XVII. Historia, cultura y teatro en la España de Carlos II,* Javier Huerta Calvo, Harm den Boer y Fermín Sierra Martínez, eds., Amsterdam, Rodopi, 1989, vol. II, pp. 603-622.

—, «Ausencias y presencias del carnaval en los entremeses de Quevedo», en *Teatro y carnaval,* Javier Huerta Calvo, dir., Madrid, Compañía Nacional de Teatro Clásico, 1999, pp. 101-129.

—, «Transformaciones carnavalescas en los entremeses de Quevedo», *Foro Hispánico,* 19 (2001), pp. 41-53.

ALONSO DE SANTOS, José Luis, y CABAL, Fermín, *Teatro español de los ochenta,* Madrid, Fundamentos, 1985.

ÁLVAREZ BARRIENTOS, Joaquín, «El actor español en el siglo XVIII: formación, consideración social y profesionalidad», *Revista de Literatura,* 100 (1988), pp. 445-466.

—, «La teoría dramática en la España del siglo XVIII», *Teatro. Revista de Ideas Teatrales,* I (1992), pp. 57-73.

—, «La República de las letras y sus conciudadanos», en Joaquín Álvarez Barrientos, François Lopez e Inmaculada Urzainqui, *La República de las letras en la España del siglo XVIII,* Madrid, CSIC, 1995, pp. 7-61.

—, «Problemas de método: la naturalidad y el actor en la España del siglo XVIII», *Quaderni di Letteratura Iberiche e Iberoamericane,* 25 (1996), pp. 5-21.

—, «El cómico español en el siglo XVIII: pasión y reforma de la interpretación», en Evangelina Rodríguez Cuadros, coord., *Del oficio al mito: el actor en sus documentos,* Valencia, Universitat de València, 1997, vol. II, pp. 287-309.

—, «Risa e "ilusión escénica". Más sobre el actor en el siglo XVIII», *Scriptura,* 15 (1999), pp. 289-321.

—, «El arte escénico en el siglo XVIII», en Javier Huerta Calvo, dir., *Historia del teatro español, vol. II: Del siglo XVIII a la época actual,* Fernando Doménech Rico y Emilio Peral Vega, coords., Madrid, Gredos, 2003, pp. 1473-1517.

—, «Pantomima, estatuaria, escena muda y parodia en los melólogos (A propósito de González del Castillo)», en Alberto Romero Ferrer, ed., *Juan Ignacio González del Castillo (1763-1800). Estudios sobre su obra,* Cádiz, Fundación Municipal de Cultura de Cádiz/Servicio de publicaciones de la Universidad de Cádiz/Grupo de Estudios del Siglo XVIII, 2005.

—, *Los hombres de letras en la España del siglo XVIII: apóstoles y arribistas,* Madrid, Castalia, 2006.

— y LOLO, Begoña, eds., *Teatro y música en España: los géneros breves en la segunda mitad del siglo XVIII,* Madrid, CSIC/Universidad Autónoma de Madrid, 2008.

ÁLVAREZ MARTÍNEZ, María Salud, *José de Nebra Blasco: vida y obra*, Zaragoza, Institución Fernando el Católico, 1993.

—, «Pantomima, estatuaria, escena muda y parodia en los melólogos (A propósito de González del Castillo)», en Alberto Romero Ferrer, ed., *Juan Ignacio González del Castillo (1763-1800). Estudios sobre su obra*, Cádiz, Fundación Municipal de Cultura de Cádiz/Servicio de publicaciones de la Universidad de Cádiz/Grupo de Estudios del Siglo XVIII, 2005, pp. 259-293.

ÁLVAREZ DE MIRANDA, Pedro, «Una voz de tardía incorporación a la lengua: la palabra *espectador* en el siglo XVIII», en Rinaldo Froldi, ed., *Coloquio internacional sobre el teatro español del siglo XVIII*, Abano Terme, Piovan, 1988, pp. 45-66.

ÁLVARO, Francisco, *El espectador y la crítica* (desde 1958 a 1984), Valladolid, edición del autor, 1959-1986.

AMBROSI, Paola, «*Amor de don Perlimplín*: farsa e dramma», en Paola Ambrosi y Maria Grazia Profeti, eds., *Federico García Lorca: la frustrazione erotica maschile. Dal teatro alla poesia*, Roma, Bulzoni, 1979, pp. 13-69.

AMORÓS, Andrés, *Luces de candilejas (Los espectáculos en España. 1898-1939)*, pról. de Eduardo Haro Tecglen, Madrid, Espasa Calpe, 1991.

—, «Benavente y el teatro modernista», *Actas del X Congreso AIH*, Barcelona, Promociones y Publicaciones Universitarias, 1992, pp. 1601-1608.

—, ed., Carlos Arniches, *La señorita de Trevélez. ¡Que viene mi marido!*, Madrid, Cátedra, 1995.

—, «Introducción» a Ricardo de la Vega, *La verbena de la Paloma*, Madrid, Biblioteca Nueva, 1998a.

—, «Muñoz Seca y el Astrakán», *Cuadernos de Música y Teatro*, 1 (1998b), pp. 93-107.

—, «Muñoz Seca, sin prejuicios», en Alberto Romero Ferrer y Marieta Cantos Casenave, coords., *¿De qué se venga Don Mendo? Teatro e intelectualidad en el primer tercio del siglo XX: actas del Congreso Internacional conmemorativo del 125 aniversario del nacimiento de Pedro Muñoz Seca*, Puerto de Santa María, Fundación Pedro Muñoz Seca, 2004, pp. 21-33.

ANDIOC, René, *Teatro y sociedad en el Madrid del siglo XVIII*, Valencia, Fundación Juan March/Castalia, 1976.

—, «Organización y características de la actividad teatral», en Víctor García de la Concha, dir., y Guillermo Carnero, coord., *Historia de la literatura española. Siglo XVIII*, Madrid, Espasa Calpe, 1995, vol. I, pp. 295-312.

—, «Introducción» a Ricardo de la Vega, *La verbena de la Paloma*, Madrid, Biblioteca Nueva, 1998.

—, y COULON, Mireille, *Cartelera teatral madrileña del siglo XVIII (1708-1808)*, Toulouse, Presses Universitaires du Mirail, 1996, 2 vols.; nueva edición: Madrid, Fundación Universitaria Española, 2008.

ANGULO EGEA, María, «Una tonadilla escénica. *La Anita* de Joaquina Comella, con música de Blas de la Serna», *Salina*, 12 (nov. 1998), pp. 76-90.

—, «El gracioso en el teatro en el siglo XVIII», en Luciano García Lorenzo, ed., *La construcción de un personaje: el gracioso,* Madrid, Fundamentos/RESAD, 2005, pp. 383-412.

—, *et al.*, *Doña Inés de Castro. Escena trágico lírica*, Salamanca, GES XVIII, 2005.

ANTONUCCI, Fausta, y ARATA, Stefano, *La enjambre mala soy yo, el dulce panal mi obra,* Sevilla/Valencia, UNED/Universidad de Sevilla/Universitat de València, 1995.

ARAQUISTÁIN, Luis, *La batalla teatral*, Madrid, Mundo latino, 1930.

ARELLANO AYUSO, Ignacio, «Una adaptación anónima de la mojiganga para el auto sacramental *El primer duelo del mundo,* de Bances Candamo», en *Estudios en los Siglos de Oro y Literatura Moderna. Homenaje a Alberto Porqueras Mayo,* Kassel, Reichenberger, 1989, pp. 95-107.

—, «*El triunfo de las mujeres,* loa mariana y sacra del poeta dieciochesco Eugenio Gerardo Lobo (Materiales para el estudio del género y su evolución)», *Criticón*, 55 (1992), pp. 141-161.

—, *Historia del teatro español del siglo XVII*, Madrid, Cátedra, 1995.

—, «La loa», en *El gran mundo del teatro breve,* número monográfico de *Ínsula,* 639-640 (marzo-abril 2000), pp. 8-9.

—, «El teatro de Antonio Hurtado de Mendoza», en Ignacio Arellano, coord., *Paraninfos, segundones y epígonos de la comedia del Siglo de Oro,* Barcelona, Anthropos, 2004, pp. 115-125.

—, *Comedias burlescas del Siglo de Oro,* Madrid/Frankfurt am Main, Iberoamericana/Vervuert, vol. VI, 2005.

—, y GARCÍA VALDÉS, Celsa Carmen, «El *Entremés del marido pantasma,* de Quevedo», *La Perinola*, 1 (1997), pp. 41-68.

—, «*Entremés de la ropavejera,* de Quevedo», *La Perinola*, 5 (2001), pp. 25-38.

—, «El *Entremés de la venta,* de Quevedo», *La Perinola*, 10 (2006), pp. 345-359.

—, y ZUGASTI, Miguel, «La loa sacramental del *Primer duelo del mundo.* Materiales para el estudio del género en Bances Candamo», en *Homenaje a Hans Flasche,* Stuttgart, Franz Steiner Verlag, 1991, pp. 205-224.

ARENAL, Electa, y SABAT DE RIVERS, Georgina, «Una hija de Lope, escritora», *Ínsula: Revista de Letras y Ciencias Humanas*, 42.484 (1987), p. 5.

ARIBAU, Bonaventura Carles, ed., Nicolás y Leandro Fernández de Moratín, *Obras*, Madrid, Ed. Rivadeneyra, 1846 (BAE, 2).

ARMONA Y MURGA, José Antonio, et al., *Memorias cronológicas sobre el teatro en España (1785)*, prólogo, edición y notas de Emilio Palacios Fernández, Joaquín Álvarez Barrientos y María del Carmen Sánchez García, Vitoria, Diputación foral de Álava, 1988.

ARNAU, Juan, y GÓMEZ, Carlos María, *Historia de la zarzuela*, Madrid, Zacosa, 1979-1981, 4 vols.

ASCUNCE ARRIETA, José Ángel, coord., *Once ensayos en busca de un autor: Alfonso Sastre*, Hondarribia (Guipúzcoa), Argitaletxe Hiru, 1999.

ASENJO BARBIERI, Francisco, *La zarzuela*, Madrid, Imprenta de José M. Ducazcal, 1864.

—, *Biografías y documentos sobre música y músicos españoles*, ed. Emilio Casares, Madrid, Fundación Banco Exterior, 1986-1988, 2 vols.

ASENSIO, Eugenio, «Hallazgo de *Diego Moreno*, entremés de Quevedo y vida de un tipo literario», *Hispanic Review*, 27 (1959), pp. 397-412.

—, *Itinerario del entremés: desde Lope de Rueda a Quiñones de Benavente*, Madrid, Gredos, 1965; 2ª ed. revisada, Madrid, Gredos, 1971a.

—, «Introducción» a Miguel de Cervantes, *Entremeses*, Madrid, Castalia, 1971b.

—, «Entremeses», en Edward C. Riley y Juan Bautista Avalle-Arce, coords, *Suma Cervantina*, London, Tamesis Books, 1973, pp. 171-197.

ASTRANA MARÍN, Luis, *Obras completas de Don Francisco de Quevedo Villegas: obras en verso*, Madrid, Aguilar, 1932.

AZNAR SOLER, Manuel, ed., Rafael Dieste, *Teatro I y II*, Barcelona, Laia, 1981.

—, *Valle-Inclán, Rivas Cherif y la renovación teatral española (1907-1936)*, Barcelona, Cop d'Idees/Taller d'Investigacions Valleinclanianes, 1992a.

—, *Guía de lectura de «Martes de Carnaval»*, Barcelona, Anthropos, 1992b.

—, «Esperpento e Historia en *¿Para cuándo las reclamaciones diplomáticas?*», en Manuel Aznar Soler y Juan Rodríguez, eds., *Valle Inclán y su obra: actas del Primer Congreso Internacional sobre Valle-Inclán (Bellaterra, 16-20 de noviembre de 1992)*, Barcelona, Cop d'Idees/Taller d'Investigacions Valleinclanianes, 1995, pp. 565-578.

—, ed., *Veinte años de teatro y democracia en España, 1975-1995*, Barcelona, Cop d'Idees, 1996.

—, *Los laberintos del exilio. Diecisiete estudios sobre la obra literaria de Max Aub*, Sevilla, Renacimiento, 2003.

AZORÍN, «Los Quinteros», en *Discursos leídos ante la Real Academia Española en la recepción pública de Don Joaquín Álvarez Quintero*, Madrid, Imprenta Clásica Española, 1925, pp. 43-62.

BAJTÍN, Mijaíl, *La cultura popular en la Edad Media y el Renacimiento. El contexto de François Rabelais*, Barcelona, Barral, 1974; reimpr. Madrid, Alianza Editorial, 1987.

BANÚS IRUSTA, Enrique, y PÉREZ-RASILLA, Eduardo, *Medio siglo de teatro (1950-2000): un balance*, RILCE, 18.2 (2002).

BALBÍN, Rafael de, «Tres piezas menores de Moreto, inéditas», *Revista de Bibliografía Nacional*, 3, 1-2 (1942), pp. 80-116.

BALBOA ECHEVERRÍA, Miriam, «The Inner Space in *The Love of Don Perlimplín and Belisa in His Garden*», *Romanic Review*, LXXIII/1 (1982), pp. 98-109.

BAQUERO GOYANES, Mariano, «El entremés y la novela picaresca», en *Estudios dedicados a Menéndez Pidal*, Madrid, CSIC, 1956, vol. VI, pp. 215-246.

BARBOSA MACHADO, Diogo, *Biblioteca lusitana, histórica, crítica y cronológica*, vol. III, Lisboa, Antonio Isidoro da Fonseca, 1741-1759.

BAROJA Y NESSI, Carmen, *Recuerdos de una mujer de la generación del 98*, prólogo, edición y notas de Amparo Hurtado, Barcelona, Tusquets Editores, 1998.

BARRAJÓN MUÑOZ, Jesús María, *La poética de Francisco Nieva*, Ciudad Real, Diputación de Ciudad Real, 1987.

—, «Formas de desrealización en algunas manifestaciones del teatro breve de los años sesenta y setenta», *Ínsula*, 639-640 (2000), pp. 29-32.

—, «Nieva, Arrabal y el teatro de vanguardia», en Javier Huerta Calvo, dir., *Historia del teatro español, vol. II: Del siglo XVIII a la época actual*, Fernando Doménech Rico y Emilio Peral Vega, coords., Madrid, Gredos, 2003, pp. 2821-2853.

—, ed., *Francisco Nieva*, Madrid, Editorial Complutense, 2005.

BARRERA Y LEIRADO, Carlos Alberto de la, *Catálogo bibliográfico y biográfico del teatro antiguo español desde sus orígenes hasta mediados del siglo XVIII*, Madrid, Rivadeneyra, 1860; ed. facsímil, Madrid, Gredos, 1969.

BARRERA MARAVER, Antonio, *Crónicas del género chico y de un Madrid divertido*, Madrid, El Avapiés, 1983.

BARRERO PÉREZ, Óscar, «Imágenes de Safo en la literatura española. I. El siglo XVIII», *Dieciocho*, 28-2 (2005), pp. 101-117.

BARTHES, Roland, «Introducción al análisis estructural de los relatos», en *Análisis estructural del relato*, Buenos Aires, Editorial Tiempo Contemporáneo, 1972, 2ª ed., pp. 7-46.

BATAILLON, Marcel, *La Célestine selon Fernando de Rojas*, Paris, Didier, 1961.

BELTRÁN NÚÑEZ, Pablo, *Salvador María Granés: autor del género chico y periodista satírico*, Madrid, Universidad Complutense de Madrid, 1992.

—, «Las parodias del género chico. La golfemia», *Anales de Literatura Española Contemporánea*, 22 (1997), pp. 379-404.

BENAVENTE, Jacinto, *El teatro del pueblo*, Madrid, Librería de Fernando Fe, 1909.

BENÍTEZ CLAROS, Rafael, *Obras poéticas de don Antonio Hurtado de Mendoza*, Madrid, Real Academia Española, 1947, 3 vols.

BENOT, Eduardo, «Prólogo» a Ricardo de la Vega, *Teatro escogido,* Madrid, Viuda de Hernando, 1984.

BERENGUER, Ángel, «¿De qué se venga Don Pedro?», en Alberto Romero Ferrer y Marieta Cantos Casenave, coords., *¿De qué se venga Don Mendo? Teatro e intelectualidad en el primer tercio del siglo XX: actas del Congreso Internacional conmemorativo del 125 aniversario del nacimiento de Pedro Muñoz Seca,* Puerto de Santa María, Fundación Pedro Muñoz Seca, 2004, pp. 57-86.

BERGMAN, Hannah E., *Luis Quiñones de Benavente y sus entremeses,* Madrid, Castalia, 1965.

—, «Juan Rana se retrata», en *Homenaje al Prof. Rodríguez Moñino,* Madrid, Castalia, 1966, vol. I, pp. 63-73.

—, ed. y prólogo a Luis Quiñones de Benavente, *Entremeses,* Salamanca, Anaya, 1968.

—, *Ramillete de entremeses y bailes nuevamente recogido de los antiguos poetas de España. Siglo XVII,* Madrid, Castalia, 1970.

—, «*Los refranes del viejo celoso* y obras afines», *Nueva Revista de Filología Hispánica,* 24 (1975), pp. 376-397.

BERNÁLDEZ MONTALVO, José María, *Las tarascas de Madrid,* Madrid, Ayuntamiento de Madrid/Delegación de Cultura, 1983.

BEVIS, Richard W., *English Drama: Restoration and Eighteenth Century, 1660-1789,* London/New York, Longman, 1992 [1988].

BILBATÚA, Miguel, *et al., Teatro de agitación política, 1933-1939,* Madrid, Edicusa, 1976.

BITTOUN-DEBRUYNE, Nathalie, «Ramón de la Cruz, traductor y adaptador», en Josep Maria Sala Valldaura, ed., con la colaboración de Nathalie Bittoun-Debruyne, Ramón de la Cruz, *Sainetes,* Barcelona, Crítica, 1996a, pp. LVII-LXIV.

—, «*Petite pièce* y sainete», en Josep Maria Sala Valldaura, ed., *El teatro español del siglo XVIII,* Lleida, Universitat de Lleida, 1996b, vol. I, pp. 95-113.

BLASCO, Eusebio, *Malas costumbres. Apuntes de mi tiempo seguidos de algunos bocetos biográficos y poesías por...,* Madrid, Oficinas de La Ilustración Española y Americana, 1880.

BLASCO, Francisco Javier, *Cervantes, raro inventor,* Alcalá de Henares, Centro de Estudios Cervantinos, 2005.

BLECUA, José Manuel, ed., Francisco de Quevedo, *Obra poética,* Madrid, Castalia, 1969-1981, 4 vols.

BLEIBERG, Germán, y MARÍAS, Julián, *Diccionario de literatura española,* Madrid, Revista de Occidente, 1972.

BOBES NAVES, Carmen, «El teatro expresionista de Valle-Inclán: *Retablo de la avaricia, la lujuria y la muerte*» (1987), en *Estudios de semiología del teatro,* Madrid/Valladolid, La Avispa/Aceña, 1988, pp. 89-109.

BOLAÑOS, Piedad, «Doña Feliciana Enríquez de Guzmán y sus fuentes literarias: examen de la biblioteca de don Francisco de León Garavito», *Teatro de Palabras: Revista sobre teatro áureo,* 1 (2007), pp. 1-28.

BOOTH, Michael R., *et al., The «Revels». History of Drama in English. Vol. VI: 1750-1880,* London, Metheun, 1975; y London/New York, Routledge, 1996.

BORREGO GUTIÉRREZ, Esther, ed.,Vicente Suárez de Deza, *Teatro breve, I y II,* Kassel, Reichenberger, 2000.

—, *Un poeta cómico en la corte. Vida y obra de Vicente Suárez de Deza,* Kassel, Reichenberger, 2002.

—, «Donaire andaluz en el Teatro de Apolo: dos sainetes líricos de los Quintero», en *La mala sombra. El mal de amores,* Madrid, Teatro de la Zarzuela, 2004, pp. 9-31.

BOURGOING, Barón de, *Un paseo por España durante la Revolución francesa,* en José García Mercadal, ed., *Viajes de extranjeros por España y Portugal. Siglo XVIII,* Madrid, Aguilar, 1962, vol. III, pp. 933-1075.

BOYD, Malcom, y CARRERAS LÓPEZ, Juan José, eds., *La música en España en el siglo XVIII,* Cambridge, Cambridge University Press, 2000.

BRATOSEVICH, Nicolás, «Reflexiones semióticas sobre el *Retablillo de don Cristóbal*», *Filología,* XX (1985), pp. 261-278.

BRAVO VILLASANTE, Carmen, «Un sainetero del siglo XVIII: González del Castillo», *Cuadernos Hispanoamericanos,* 341 (1978), pp. 383-393.

BRECHT, Bertolt, *La ópera de la perra gorda,* Barcelona, Aymá, 1965.

BRIOSO SANTOS, Héctor, «Vélez de Guevara y la sátira barroca: el tema de los encochados», en *Luis Vélez de Guevara y su época. IV Congreso de Historia de Écija. Écija, 20-23 de octubre de 1994,* Sevilla, Fundación el Monte/Ayuntamiento de Écija, 1996, pp. 227-236.

BUENDÍA, Felicidad, ed., *Antología del entremés (desde Lope de Rueda hasta Antonio de Zamora). Siglos XVI y XVII,* Madrid, Aguilar, 1965.

BUEZO, Catalina, «Del entremés burlesco a la mojiganga», en Javier Huerta Calvo, Harm den Boer y Fermín Sierra Martínez, eds., *El teatro español a fines del siglo XVII. Historia, cultura y teatro en la España de Carlos II,* Amsterdam, Rodopi, 1989, vol. II, pp. 553-568.

—, *La mojiganga dramática. Historia y teoría,*Tesis Doctoral, Madrid, Universidad Complutense de Madrid, 1991.

—, «El niño ridículo en el teatro breve, plasmación dramática de una práctica festiva», *Criticón,* 56 (1992), pp. 161-168.

—, *La mojiganga dramática. De la fiesta al teatro I. Estudio,* Kassel, Reichenberger, 1993.

—, «*El rufián viudo llamado Trampagos:* una boda burlesca entremesada de Cervantes», en José Ángel Ascunce Arrieta, coord., *Estudios sobre Cervantes en la víspera de su Centenario,* Kassel, Reichenberger, 1994, vol. 2, pp. 371-380.

—, «Mecanismos de género: algunas mojigangas anónimas de la escuela de Calderón», en Theo Reichenberger y Kurt Reichenberger, eds., *Calderón: protagonista eminente del barroco europeo*, Kassel, Reichenberger, 2000, vol. I, pp. 397-414.

—, *Prácticas festivas en el teatro breve del siglo XVII*, Kassel, Reichenberger, 2004.

—, ed., *Mojigangas dramáticas (siglos XVII y XVIII)*, Madrid, Cátedra, 2005.

BURGOS, Javier de, *Cádiz. El baile de Luis Alonso*, Alberto Romero Ferrer, ed., Cádiz, Servicio de publicaciones de la Universidad de Cádiz, 1997.

BURGUERA, María Luisa, «Edgar Neville y el teatro», en José María Torrijos, ed., *Edgar Neville. La luz en la mirada*, Madrid, Ministerio de Educación y Cultura/Instituto Nacional de las Artes Escénicas y de la Música, 1999, p. 43.

BUSTILLO, Eduardo, «Resumen histórico-crítico de la campaña de 1900-1901», *La Ilustración Española y Americana*, XII (15-V-1901), Madrid, p. 298.

—, *Campañas teatrales (Crítica dramática),* Madrid, Sucesores de Rivadeneyra, 1901, pp. 9-10.

CABAL, Fermín, y ALONSO DE SANTOS, José Luis, *Teatro español de los ochenta*, Madrid, Fundamentos, 1985.

CABALLERO AUDAZ, El, *Galería: más de cien vidas extraordinarias contadas por sus protagonistas y comentadas por El Caballero Audaz*, Madrid, Caballero Audaz, 1943.

CABALLERO FERNÁNDEZ-RUFETE, Carmelo, «Baile dramático», en Frank. P. Casa, Luciano García Lorenzo y Germán Vega García-Luengos, dirs., *Diccionario de la comedia*, Madrid, Castalia, 2002, pp. 25-30.

CABAÑAS, Pablo, «Moratín y la reforma del teatro de su tiempo», *Revista de Bibliografía Nacional,* V (1944), pp. 63-102.

CADALSO, José, *Los eruditos a la violeta,* ed. José Luis Aguirre, Madrid, Aguilar, 1967.

—, *Cartas marruecas. Noches lúgubres,* ed. Joaquín Arce, Madrid, Cátedra, 1988.

CALDERA, Ermanno, «Il riformismo illuminato nei *Sainetes* di Ramón de la Cruz», *Letterature*, 1 (1978), pp. 31-50.

—, «Le iperboli di González del Castillo», en *Aspetti e problemi delle letterature iberiche. Studi offerti a Franco Meregalli*, Roma, Bulzoni, 1981, pp. 79-94.

CALDERONE, Antonietta, «Los sainetes de José López de Sedano», en Josep Maria Sala Valldaura, ed., *El teatro español del siglo XVIII*, Lleida, Universitat de Lleida, 1996, vol. I, pp. 181-208.

—, *Il teatro di José López de Sedano. I. Il refundidor*, Messina, Armando Siciliano Editore, 2001.

CALVO REVILLA, Luis, *Actores célebres del Teatro del Príncipe o Español*, Madrid, Imprenta Municipal, 1920.

CANAVAGGIO, Jean, ed., Miguel de Cervantes, *Entremeses*, Madrid, Taurus, 1982.

—, «García Lorca ante el entremés cervantino: el telar de *La zapatera prodigiosa*», en Luciano García Lorenzo, ed., *El teatro menor en España a partir del siglo XVI: actas del coloquio celebrado en Madrid, 20-22 mayo de 1982*, Madrid, CSIC, 1983, pp. 141-152.

CANET, José Luis, ed., Lope de Rueda, *Pasos*, Madrid, Castalia, 1992.

—, «Lope de Rueda y el teatro profano», en Javier Huerta Calvo, dir., *Historia del Teatro Español, vol. I: De la Edad Media a los Siglos de Oro*, Fernando Doménech Rico y Abraham Madroñal Durán, coords., Madrid, Gredos, 2003, pp. 431-474.

CANO, José Luis, «El teatro de Pedro Salinas», *Cuadernos Hispanoamericanos*, 103 (1958), pp. 102-104.

CANTOS CASENAVE, Marieta, «Del humor y la comicidad en el teatro. Muñoz Seca y sus precedentes», en *Actas del VI Congreso del Carnaval. Literatura y Humor*, Cádiz, Fundación Gaditana del Carnaval, 1992.

—, «Juegos metateatrales: el astracán», en Marieta Cantos Casenave y Alberto Romero Ferrer, eds., *Pedro Muñoz Seca y el teatro de humor contemporáneo (1898-1939)*, Cádiz, Servicio de publicaciones de la Universidad de Cádiz/Fundación Pedro Muñoz Seca, 1998, pp. 45-61.

—, «El humor de Pedro Muñoz Seca entre la tradición y la vanguardia: una reflexión», en Alberto Romero Ferrer y Marieta Cantos Casenave, coords., *¿De qué se venga Don Mendo? Teatro e intelectualidad en el primer tercio del siglo XX: actas del Congreso Internacional conmemorativo del 125 aniversario del nacimiento de Pedro Muñoz Seca*, Puerto de Santa María, Fundación Pedro Muñoz Seca, 2004, pp. 87-98.

—, y ROMERO FERRER, Alberto, eds. *Pedro Muñoz Seca y el teatro de humor contemporáneo (1898-1936)*, Cádiz, Servicio de Publicaciones de la Universidad de Cádiz/Fundación Pedro Muñoz Seca, 1998.

CAÑAS MURILLO, Jesús, «Hacia una poética del sainete: de Ramón de la Cruz a Juan Ignacio González del Castillo», en Josep Maria Sala Valldaura, ed., *El teatro Español del siglo XVIII*, Lleida, Universitat de Lleida, 1996, vol. I, pp. 209-241.

CAÑETE, Manuel, «Los teatros», *La Ilustración Española y Americana*, XXXV (22-IX-1887), Madrid, pp. 164-165.

—, «Los teatros», *La Ilustración Española y Americana*, III (22-I-1888), Madrid, p. 55.

CAÑIZARES BUNDORF, Nathalie, *Memoria de un escenario. Teatro María Guerrero. 1885-2000,* Madrid, Instituto Nacional de Artes Escénicas y de la Música/Centro de documentación teatral, 2000.

CARDONA, Ángeles, CRUICKSHANK, Don, y CUNNINGHAM, Martin, eds., Pedro Calderón de la Barca, *La púrpura de la rosa,* Kassel, Reichenberger, 1990.

CARDONA, Rodolfo, «El esperpentillo olvidado de Don Ramón del Valle-Inclán», en Roberta Johnson y Paul C. Smith, eds., *Studies in Honor of José Rubia Barcia,* Lincoln (Nebraska), Society of Spanish and Spanish-American Studies/Dept. of Modern Languages and Literatures/The University of Nebraska-Lincoln, 1982, pp. 39-45.

CARMENA Y MILLÁN, Luis, *Crónica de la ópera italiana en Madrid desde 1738 hasta nuestros días,* Madrid, Imprenta de Manuel Minuesa de los Ríos, 1878.

CARNER, Robert J., *The Loas, Entremeses and Bailes of D. Agustín Moreto,* Tesis Doctoral, Harvard University, 1940.

CARO BAROJA, Julio, *El carnaval (Análisis histórico cultural),* Madrid, Taurus, 1979, 2ª ed.

—, *Temas castizos,* Madrid, Istmo, 1980.

CARREÑO, Antonio, ed., Luis de Góngora, *Romances,* Madrid, Cátedra, 1984, 2ª ed.

CARRETERO NOVILLO, José María. Véase CABALLERO AUDAZ, EL.

CARRO, Xavier, *A obra literaria de Eduardo Blanco-Amor,* Vigo, Galaxia, 1993.

CASADO, José, *Las pirámides de sal,* Madrid, Imprenta Artística, 1919.

CASALDUERO, Joaquín, *Sentido y forma del teatro de Cervantes,* Madrid, Gredos, 1966; 2ª ed., Madrid, Gredos, 1974.

CASARES RODICIO, Emilio, *et al.,* *Diccionario de la música española e hispanoamericana,* Madrid, Sociedad General de Autores y Editores, 1999-2002, 10 vols.

—, dir., *Diccionario de la zarzuela, España e Hispanoamérica,* Madrid, Instituto Complutense de Ciencias Musicales, 2002-2003, 2 vols.

—, y TORRENTE, Álvaro, eds., *La ópera en España e Hispanoamérica,* Madrid, Instituto Complutense de Ciencias Musicales, 2001, 2 vols.

CASONA, Alejandro, «Nota preliminar» a *Retablo jovial,* Madrid, Edaf, 1983, pp. 35-39.

CASSOL, Alessandro, «El teatro de Juan Bautista Diamante», en Ignacio Arellano, coord., *Paraninfos, segundones y epígonos de la comedia del Siglo de Oro,* Barcelona, Anthropos, 2004, pp. 173-181.

CASTELLÓN, Antonio, *El teatro como instrumento político en España (1895-1914),* Madrid, Endymión, 1994.

CASTILLA, Alberto (ed.), Miguel de Cervantes, *Entremeses,* Madrid, Akal, 1997.

CASTRO, Américo, «Obras mal atribuidas a Rojas Zorrilla», *Revista de Filología Española,* 3 (1916), pp. 66-68.

CASTRO JIMÉNEZ, Antonio, *Teatros históricos de Madrid. Edificios singulares,* Madrid, Centro Cultural de la Villa, 2006.

CASTRO DE MOUX, María E., *La casa de los linajes. Oficios y gentes marginados en el entremés barroco español,* New Orleans, University Press of the South, 1997.

CÁTEDRA, Pedro M., y ROJO, Anastasio, *Bibliotecas y lecturas de mujeres, siglo XVI,* Salamanca, Instituto de Historia del Libro y de la Lectura, 2004.

CAVALERY PAZOS, José, ed., Miguel de Cervantes, *Ocho entremeses,* Cádiz, por D. J. A. Sánchez en su imprenta de Hércules, 1816.

CAZORLA, Hazel, «*El veredicto* de Antonio Gala: un *antiauto* de nuestros tiempos», *Estreno,* XI.1 (1985), pp. 4-5.

CEJADOR Y FRAUCA, Julio, *Historia de la lengua y literatura castellanas,* Madrid, Imprenta de la Revista de Archivos, Bibliotecas y Museos, 1915-1922; Madrid, Gredos, 1972, 14 vols.

CENTENO, Enrique, *La escena española actual. (Crónica de una década: 1984-1994),* Madrid, Sociedad General de Autores y Editores, 1996.

CERNUDA, Luis, «Los Quintero» (1962), en *Obras completas,* ed. Derek Harris y Luis Maristany, Madrid, Siruela, 1994, vol. II (Prosa I), pp. 722-730.

CERVERA, Juan, *Historia crítica del teatro infantil en español,* Madrid, Editora Nacional, 1982; en particular: «Álvarez Quintero: *La muela del rey Farfán* (1909)», pp. 374-377.

CHAUCHADIS, Claude, «Risa y honra conyugal en los entremeses», en *Risa y sociedad en el teatro español del Siglo de Oro,* Paris, CNRS, 1980, pp. 165-178.

CHECA BELTRÁN, José, *Razones del buen gusto (Poética española del Neoclasicismo),* Madrid, CSIC, 1998.

—, *Pensamiento literario del siglo XVIII. Antología comentada,* Madrid, CSIC, 2004.

CHECA PUERTA, Julio Enrique, *Los teatros de Gregorio Martínez Sierra,* Madrid, Fundación Universitaria Española, 1998.

CHEVALIER, Maxime, *Folklore y Literatura: el cuento oral en el Siglo de Oro,* Barcelona, Crítica, 1978.

—, «Caricatura quevediana y figuras del entremés», en Luciano García Lorenzo, ed., *Los géneros menores en el teatro español del Siglo de Oro* (X Jornadas de Teatro Clásico de Almagro, 1987), Madrid, Ministerio de Cultura, 1988, pp. 149-161.

CHIABÒ, Maria, y DOGLIO, Federico, eds., *Teatro Cómico fra Medio Evo e Rinascimento: la Farsa: convengi di studi, Roma, 30 ottobre-2 novembre 1986,* Roma, Centro di Studi sul Teatro Medioevale e Rinascimentale, 1987.

CHICOTE, César, *La vivienda insalubre en Madrid,* Madrid, Imprenta Municipal, 1914.

CHICOTE, Enrique, *La Loreto y este humilde servidor: (recuerdos de la vida de dos comediantes madrileños),* Madrid, Aguilar, [1944].

—, *Cuando Fernando VII gastaba paletó... Recuerdos y anécdotas del año de la nanita*, Madrid, Instituto Editorial Reus, 1952.

CIENFUEGOS ANTELO, Gema, *Edición anotada y estudio de dos entremeses y un baile dramático del siglo XVII*, Tesis de Maestría, Ottawa, University of Ottawa, 1996.

—, *El teatro breve de Francisco de Avellaneda: estudio y edición*, Madrid, Fundación Universitaria, 2006.

COLLADO, Fernando, *El teatro bajo las bombas en la Guerra Civil*, Madrid, Kaydeda Ediciones, 1989.

CONDE GUERRI, María José, «Pedro Muñoz Seca, cincuenta años después», *Anales de Literatura Española*, 5 (1986-1987), pp. 25-37.

—, «Los colaboradores de Muñoz Seca: Enrique García Álvarez, un olvidado del teatro cómico», en Marieta Cantos Casenave y Alberto Romero Ferrer, eds., *Pedro Muñoz Seca y el teatro de humor contemporáneo (1898-1936)*, Cádiz, Servicio de Publicaciones de la Universidad de Cádiz/Fundación Pedro Muñoz Seca, 1998, pp. 81-88.

—, «Yo soy Ortiz y menda es don Mendo: el teatro psicológico frente a Pedro Muñoz Seca», en Alberto Romero Ferrer y Marieta Cantos Casenave, coords., *¿De qué se venga Don Mendo? Teatro e intelectualidad en el primer tercio del siglo XX: actas del Congreso Internacional conmemorativo del 125 aniversario del nacimiento de Pedro Muñoz Seca*, Puerto de Santa María Fundación Pedro Muñoz Seca, 2004, pp. 99-108.

COSSÍO, Francisco de, «En memoria de Muñoz Seca», *ABC* (28-XI-1960).

CORNAGO, Óscar, *La vanguardia teatral en España, 1965-1975. Del ritual al juego*, Madrid, Visor, 1999.

—, *Discurso teórico y puesta en escena en los años sesenta: «la encrucijada de los realismos»*, Madrid, CSIC, 2000.

COTARELO Y MORI, Emilio, *Estudios sobre la historia del arte escénico en España. I. María Ladvenant y Quirante, primera dama de los teatros de esta corte*, Madrid, Sucerores de Rivadeneyra, 1896.

—, *Iriarte y su época*, Madrid, Sucesores de Rivadeneyra, 1897.

—, *Estudios sobre la historia del arte escénico en España. II. María del Rosario Fernández, la Tirana*, Madrid, Sucesores de Rivadeneyra, 1898.

—, *Don Ramón de la Cruz y sus obras. Ensayo biográfico y bibliográfico*, Madrid, Imprenta de José Perales y Martínez, 1899a.

—, *Traductores castellanos de Molière*, Madrid, Victoriano Suárez, 1899b.

—, *Isidoro Máiquez y el teatro de su tiempo*, Madrid, Imprenta de José Perales y Martínez, 1902.

—, *Controversias sobre la licitud del teatro en España*, Madrid, de la Revista de Archivos, 1904.

—, *Colección de entremeses, loas, bailes, jácaras y mojigangas desde fines del siglo XVI a mediados del XVIII*, NBAE, vols. 17 y 18, Madrid, Bailly-Bailliére, 1911; reimpr. Granada, Universidad de Granada, 2000, con un estudio preliminar de José Luis Suárez y Abraham Madroñal.

—, *Don Francisco de Rojas Zorrilla. Noticias biográficas y bibliográficas,* Madrid, Imprenta de la Revista de Archivos, 1911a.

—, «Luis Vélez de Guevara y sus obras dramáticas», *Boletín de la Real Academia Española*, 3 (1916), pp. 621-652, y 4 (1917), pp. 137-171, 269-308 y 414-444.

—, *Orígenes y establecimiento de la ópera en España hasta 1800*, Madrid, Imprenta de la Revista de Archivos, Bibliotecas y Museos, 1917.

—, *Historia de la zarzuela, o sea el drama lírico en España desde su origen a fines del siglo XIX*, Madrid, Tipología de Archivos, 1934; introducción de Emilio Casares Rodicio, Madrid, ICCMU, 2000.

COTARELO VALLEDOR, Armando, «El teatro de Quevedo», *Boletín de la Real Academia Española*, 24 (1945), pp. 41-104.

COULON, Mireille, «El sainete de costumbres teatrales en la época de don Ramón de la Cruz», en Luciano García Lorenzo, ed., *El teatro menor en España a partir del siglo XVI: actas del coloquio celebrado en Madrid, 20-22 mayo de 1982,* Madrid, CSIC, 1983, pp. 235-247.

—, ed., Ramón de la Cruz, *Sainetes*, Madrid, Taurus, 1985.

—, *Le «sainete» à Madrid à l'époque de don Ramón de la Cruz*, Pau, Publications de l'Université de Pau, 1993.

—, «Un exemple d'*afición* dans la seconde moitié du XVIIIᵉ siècle: le sainete *Los buenos consejos y función de Illescas* de Sebastián Vázquez», *Bulletin Hispanique, Hommage a Bernard Barrère,* 96:2 (1994), Bordeaux, Ed. Bière, pp. 377-395.

—, «Originalidad y significado de Ramón de la Cruz», en Víctor García de la Concha, dir., y Guillermo Carnero, coord., *Historia de la literatura española. Siglo XVIII*, Madrid, Espasa Calpe, 1995, vol. I, pp. 335-347.

—, «De lo difícil que es devolverle al César de los saineteros lo que le pertenece», en Josep Maria Sala Valldaura, ed., *El teatro español del siglo XVIII*, Lleida, Universitat de Lleida, 1996, vol. I, pp. 267-287.

COTARELO VALLEDOR, Armando, *El Teatro de Cervantes: estudio crítico,* Madrid, Tipografía de Revista de Archivos, Bibliotecas y Museos, 1915.

CRADDOCK, Patricia, *The World of London Theater-1660-1800,* http://www.nwe.ufl.edu/~pcraddoc/lonthe1.html, 1996. Versión ilustrada, http://www.nwe.ufl.edu/~pcraddoc/lonmen1.html, 2000.

CRESPO MATELLÁN, Salvador, *La parodia dramática en la literatura española (Esbozo de una historia de la parodia dramática en la literatura española y análisis de «Los amantes de Teruel», comedia burlesca de Vicente Suárez de Deza),* Salamanca, Universidad de Salamanca, 1979.

—, «Recursos paródicos en *La venganza de Don Mendo*», en Marieta Cantos Casenave y Alberto Romero Ferrer, eds., *Pedro Muñoz Seca y el teatro de humor contemporáneo (1898-1936)*, Cádiz, Servicio de Publicaciones de la Universidad de Cádiz/Fundación Pedro Muñoz Seca, 1998, pp. 127-136.

CROSBY, James O., *En torno a la poesía de Quevedo*, Madrid, Castalia, 1967.

CUERVO-ARANGO, Francisco, *Don Francisco Antonio de Bances y López-Candamo. Estudio bio-bibliográfico y crítico,* Madrid, Imprenta de los Hijos de M. G. Hernández, 1916.

CUESTA GUADAÑO, Javier, «La poesía de Jacinto Benavente. Estudio y edición crítica de *Versos*», *Cuadernos para Investigación de la Literatura Hispánica*, 33 (2008), pp. 387-446.

DAVIES, Gareth A., «Antonio Hurtado de Mandoza: biographical notes», *Bulletin of Hispanic Studies,* 34 (1957), pp. 79-88.

—, *A Poet at Court: Antonio Hurtado de Mendoza (1586-1644),* Oxford, Dolphin, 1971.

DAVIS, Charles, y VAREY, John E., *Actividad teatral en la región de Madrid según los protocolos de Juan García de Albertos, 1634-1660. Estudio y documentos,* London, Tamesis Books, 2003, vol. I.

DEACON, Philip, «El autor esquivo en la cultura española del siglo XVIII: apuntes sobre decoro, estrategias y juegos», *Dieciocho*, 22, 2 (1999), pp. 213-236.

DELEITO Y PIÑUELA, José, *Estampas del Madrid teatral fin de siglo*, Madrid, Saturnino Calleja, 1946.

—, *Origen y apogeo del «Género Chico»*, Madrid, Revista de Occidente, 1949.

DELGADO CEBRIÁN, Alberto, *Sinesio Delgado y su obra. Ensayo sobre el ilustre escritor que fundó la Sociedad de Autores*, Madrid, Ediciones de Conferencias y Ensayos, 1962.

DENNIS, Nigel, «Apostillas sobre *El triunfo de las Germanías*, de Manuel Altolaguirre y José Bergamín», *Revista Canadiense de Estudios Hispánicos*, III, 1 (otoño 1978), Toronto, pp. 87-89.

—, «*El triunfo de las germanías*, de Manuel Altolaguirre y José Bergamín», ponencia leída en el marco del congreso internacional sobre Manuel Altolaguirre celebrado en la madrileña Residencia de Estudiantes en 2005 [inédita].

DEPRETIS, Giancarlo, *L'entremés como genere letterario,* Torino, Edizioni dell'Orso, 1999.

DI PINTO, Elena, *La tradición escarramanesca en el teatro del Siglo de Oro*, Madrid/Frankfurt am Main, Iberoamericana/Vervuert, 2005.

DI PINTO, Mario, «Indicios románticos en la escena española de finales del XVIII», en Ermanno Caldera y Rinaldo Froldi, eds., *Actas del Congreso Entre Siglos. Cultura y Literatura en España desde finales del siglo XVIII a principios del XIX*, Roma, Bulzoni, 1993, vol. II, pp. 109-122.

DIAGO, Manuel V., «Lope de Rueda y los orígenes del teatro profesional», *Criticón*, 50 (1990), pp. 41-65.

DÍAZ DE ESCOVAR, Narciso, «Don Jerónimo de Cáncer y Velasco», *Revista Contemporánea*, CCXXI (1901), Madrid, pp. 392-409.

DÍAZ DE QUIJANO, Máximo, *Tonadilleras y Cupletistas (Historia del Cuplé)*, Madrid, Cultura Clásica y Moderna, 1960.

DÍEZ BORQUE, José María, ed., Pedro Calderón de la Barca, *Una fiesta sacramental barroca*, Madrid, Taurus, 1983.

—, dir., *Teatro y fiesta en el Barroco. España e Iberoamérica*, Madrid, Ediciones del Serbal, 1986; en particular, «Relaciones de teatro y fiesta en el barroco español», pp. 11-40.

—, «Liturgia-fiesta-teatro: órbitas concéntricas de teatralidad en el siglo XVI», *Dicenda*, 6 (1987), pp. 485-499.

—, «Órbitas de la teatralidad y géneros fronterizos en la dramaturgia del XVII», *Criticón*, 42 (1988), pp. 103-124.

—, «Los autos del 98», en Javier Huerta Calvo, Harm den Boer y Fermín Sierra Martínez, eds., *El teatro español a fines del siglo XVII. Historia, cultura y teatro en la España de Carlos II*, Amsterdam, Rodopi, 1989, vol. II, pp. 435-449.

—, ed., *Teatros del Siglo de Oro: corrales y coliseos en la Península Ibérica*, Madrid, Ministerio de Cultura/Instituto Nacional de las Artes Escénicas y de la Música, 1991.

—, *Los espectáculos del teatro y de la fiesta en el Siglo de Oro español*, Madrid, Ediciones de Laberinto, 2002.

DÍEZ CANEDO, Enrique, *Artículos de crítica teatral. El teatro español de 1914 a 1936*, México, Joaquín Mortiz, 1968, 4 vols.

DÍEZ CRESPO, Manuel, «La creación quinteriana», en *Serafín y Joaquín Álvarez Quintero, Azorín, Enrique García Álvarez, José Serrano*, Madrid, Sociedad General de Autores y Editores, 1973, pp. 7-28.

DÍEZ TABOADA, Juan María, «Alejandro Casona en su primera época», en Dru Dougherty y María Francisca Vilches de Frutos, eds., *El teatro en España entre la tradición y la vanguardia (1918-1939)*, Madrid, CSIC/Fundación Federico García Lorca/Tabacalera, 1992, pp. 111-119.

DOMÉNECH, Ricardo, «Tres obras de un autor revolucionario», en *Alfonso Sastre. Teatro*, Madrid, Taurus, 1964, pp. 30-41.

—, *El teatro hoy*, Madrid, Edicusa, 1966.

DOMÉNECH RICO, Fernando, ed., *Antología del teatro breve español del siglo XVIII*, Madrid, Biblioteca Nueva, 1997.

—, «Feliciana Enríquez de Guzmán: una clasicista barroca», en Mercedes de los Reyes Peña, ed., *La presencia de la mujer en el teatro barroco español*, Sevilla, Junta de Andalucía/Consejería de Cultura/Festival de Almagro, 1998a, pp. 99-124.

—, ed., *La zarzuela chica madrileña: La Gran Vía. La verbena de la Paloma. Agua, azucarillos y aguardiente. La Revoltosa,* Madrid, Castalia, 1998b.

—, «El teatro breve en el siglo XVIII», en *El gran mundo del teatro breve,* número monográfico de *Ínsula,* 639-640 (marzo-abril 2000), pp. 20-23.

—, ed., Antonio Hurtado de Mendoza y Francisco de Quevedo, *Los empeños del mentir,* Madrid, Fundamentos, 2002.

—, «El teatro escrito por mujeres», en Javier Huerta Calvo, dir., *Historia del Teatro Español, vol. I: De la Edad Media a los Siglos de Oro,* Fernando Doménech Rico y Abraham Madroñal Durán, coords., Madrid, Gredos, 2003, pp. 1242-1259.

—, «Trufaldines y cobielos. (La influencia de la *commedia dell'arte* en el gracioso del siglo XVIII», en Luciano García Lorenzo, ed., *La construcción de un personaje: el gracioso,* Madrid, Fundamentos/RESAD, 2005, pp. 413-424.

DOMÍNGUEZ DÍEZ, Rosalía, «La tonadilla dieciochesca y sus intérpretes: tonadilleras y graciosos», en *Cuatro siglos de teatro en Madrid,* Madrid, Consorcio la Organización de Madrid, Capital Europea de la Cultura, 1992, pp. 201-211.

DOUGHERTY, Dru, y VILCHES DE FRUTOS, María Francisca, *La escena madrileña entre 1918 y 1926,* Madrid, Fundamentos, 1990.

—, eds., *El teatro en España entre la tradición y la vanguardia, 1918-1939,* Madrid, CSIC/Fundación Federico García Lorca/Tabacalera, 1992.

—, *La escena madrileña entre 1926 y 1936,* Madrid, Fundamentos, 1997.

DOWLING, John C., ed., notas y documentos, Leandro Fernández de Moratín, *La comedia nueva,* Madrid, Castalia, 1970.

EBERSOLE, Alva V., *Los sainetes de Ramón de la Cruz: nuevo examen,* Valencia, Albatros, 1983.

ENTRAMBASAGUAS, Joaquín, «Un éxito inopinado de Eusebio Blasco», *Segismundo,* VII, 15-16 (1972), pp. 281-292.

EQUIPO PIPIRIJAINA, *Tábano, un zumbido que no cesa,* Madrid, Ayuso, 1975.

EQUIPO RESEÑA, *Doce años de cultura española,* Madrid, Encuentro, 1989.

ESCOBAR, José, «La mímesis costumbrista», *Romance Quaterly,* 35 (1988), pp. 261-270.

ESPÍN TEMPLADO, María Pilar, *El teatro por horas en Madrid (1870-1910). Subgéneros que comprende, autores principales, y análisis de algunas obras representativas,* Madrid, Universidad Complutense, 1988, 2 vols., Tesis Doctoral defendida en 1986.

—, «El sainete del último tercio del siglo XIX, culminación de un género dramático en el teatro español», *EPOS,* III (1987a), pp. 97-122.

—, «Jacinto Benavente, autor de género chico», en Andrés Amorós y Carlos-José Costas, eds., *La zarzuela de cerca,* Madrid, Espasa Calpe, 1987b, pp. 165-205.

—, «La zarzuela: esquema de un género español», en Andrés Amorós y Carlos-José Costas, eds., *La zarzuela de cerca*, Madrid, Espasa Calpe, 1987c, pp. 21-35.

—, «El casticismo del Género Chico», en Ana-Sofía Pérez-Bustamante Mourier, Alberto Romero Ferrer y Nieves Vázquez Recio, eds., *Casticismo y literatura en España*, Cádiz, Universidad de Cádiz, 1992, pp. 25-58.

—, «M. Ramos Carrión (1845-1915) y el Género Chico», en Luciano García Lorenzo, ed., *Ramos Carrión y la Zarzuela* (Actas-Jornadas sobre Ramos Carrión, noviembre de 1988), Zamora, Instituto de Estudios Zamoranos/ Diputación de Zamora, 1993, pp. 107-147.

—, «Auténtica y falsa historicidad del teatro de fin de siglo», en Jacqueline Covo, ed., *Las representaciones del tiempo histórico*, Lille, Presses Universitaires de Lille, 1994, pp. 187-193.

—, *El teatro por horas en Madrid (1870-1910)*, Madrid, Instituto de Estudios madrileños/Fundación Jacinto e Inocencio Guerrero, 1995.

ESPINOSA, Joaquín, «Las minipiezas de Eduardo Quiles en *Art Teatral*», *Art Teatral. Cuadernos de minipiezas ilustradas*, 11 (1998), pp. 93-98.

—, «El teatro corto de Eduardo Quiles», en Eduardo Quiles, *Teatro del personaje. Obra escogida*, Madrid, Asociación de Autores de Teatro, 2001, pp. 55-63.

ESQUER TORRES, Ramón, «Las prohibiciones de comedias y autos sacramentales en el siglo XVIII», *Segismundo*, I (1965), pp. 187-226.

ESTEPA, Luis, «Noticia sobre un género dramático desconocido: la folla», *Revista de Literatura*, LV, 110 (1993), pp. 523-540.

—, *Teatro breve y de carnaval en el Madrid de los siglos XVII y XVIII: estudios sobre los géneros dramáticos del baile y la folla*, Madrid, Comunidad de Madrid/Consejería de Educación y Cultura/Centro de Estudios y Actividades Culturales, 1994.

ESTÉVEZ ORTEGA, Enrique, *Nuevos escenarios*, Barcelona, Lux, 1928.

ESTURO VELARDE, Juan Carlos, *La crueldad y el honor en el teatro de Valle-Inclán*, A Coruña, Ediciós O Castro, 1986.

FABBRI, Maurizio, ed. Anónimo, *Diálogo entre dos tunantes*, Rimini, Panozzo, 2002.

FACI BALLABRIGA, Mariano A., *Don Eusebio Blasco y Soler: zaragozano, aragonés y pilarista*, Zaragoza, Ayuntamiento de Zaragoza/Área de Cultura, Acción Social y Juventud, 2003.

FALIU-LACOURT, Christiane, «El niño de la rollona», *Criticón*, 51 (1991), pp. 51-56.

FALK, Heinrich R., «Eulightenment Ideas, Attitudes and Values in the *Teatro menor* of Luis Moncín», en Douglas y Linda Jane Barnette, eds., *Studies in Eighteenth-Century Spanish Literature and Romanticism in Honor of John Clarkson Dowling*, Newark, Juan de la Cuesta, 1985, pp. 77-88.

FARRÉ VIDAL, Judith, *Dramaturgia y espectáculo del elogio. Loas completas de Agustín de Salazar y Torres,* Kassel, Reichenberger, 2003, 2 vols.

FEAL DEIBE, Carlos, «Crommelynck y Lorca: variaciones sobre un mismo tema», *Revue de Littérature Comparée,* 44 (1970), pp. 403-409.

FERNÁNDEZ ALMAGRO, Melchor, «Sinesio Delgado o el gracejo», *ABC* (12-XII-1959).

FERNÁNDEZ ANTÓN, María Asunción, *Análisis de la obra dramática de Rafael Gordon,* Madrid, Huerga y Fierro Editores, 2000.

FERNÁNDEZ CABEZÓN, Rosalía, «Los sainetes de Gaspar de Zavala y Zamora», *Castilla,* 12 (1987), pp. 59-72.

—, «Las loas de Gaspar Zavala y Zamora», *Boletín de la Biblioteca Menéndez y Pelayo,* 65 (1989a), pp. 191-203.

—, «Pervivencia de Calderón de la Barca en los albores del siglo XIX: de Gaspar Zavala y Zamora», en Javier Huerta Calvo, Harm den Boer y Fermín Sierra Martínez, eds., *El teatro español a fines del siglo XVII. Historia, cultura y teatro en la España de Carlos II,* Amsterdam, Rodopi, 1989b, vol. III, pp. 623-635.

—, «*El confitero y la vizcaína*: Sainete inédito de Gaspar Zavala y Zamora», *Dieciocho,* 17.1 (1994), pp. 43-64.

FERNÁNDEZ CIFUENTES, Luis, *García Lorca en el teatro: la norma y la diferencia,* Zaragoza, Prensas Universitarias de Zaragoza, 1986.

—, «El viejo y la niña: tradición y modernidad en el teatro de García Lorca», en Dru Dougherty y María Francisca Vilches de Frutos, eds., *El teatro en España entre la tradición y la vanguardia: 1918-1939,* Madrid, CSIC/Fundación Federico García Lorca/Tabacalera, 1992, pp. 89-102.

FERNÁNDEZ GÓMEZ, Juan F., *Catálogo de entremeses y sainetes del siglo XVIII,* Oviedo, Instituto Feijoo de Estudios del Siglo XVIII, 1993.

—, «El sainete y la Ilustración», en *El mundo hispánico en el Siglo de las Luces,* Madrid, Editorial Complutense/Sociedad Española de Estudios del Siglo XVIII, 1996, vol. I, pp. 593-604.

FERNÁNDEZ GUERRA, Aureliano, ed., *Obras de Francisco de Quevedo,* Madrid, Rivadeneyra, vol. I, 1876.

FERNÁNDEZ INSUELA, Antonio, *Aproximación a Lauro Olmo. (Vida, ideas literarias y obra narrativa),* Oviedo, Universidad de Oviedo, 1986.

— «Una temprana e incompleta farsa de Lauro Olmo: *El rubí del Inspector General* (1955)», *Teatro,* 8 (1995), pp. 193-205.

— et al., *Actas del «Homenaje a Alejandro Casona (1903-1965)». Congreso Internacional en el centenario de su nacimiento. Universidad de Oviedo, 5-8 noviembre de 2003,* Oviedo, Fundación Universidad de Oviedo/Ediciones Nobel, 2004.

FERNÁNDEZ MONTESINOS, Manuel, *Descripción de la biblioteca de Federico García Lorca*, Memoria de Licenciatura, Madrid, Universidad Complutense de Madrid, 1985.

FERNÁNDEZ DE MORATÍN, Nicolás y Leandro, *Obras,* Madrid, Atlas, 1944.

FERNÁNDEZ DE MORATÍN, Leandro, *La comedia nueva,* ed., notas y documentos de John C. Dowling, Madrid, Castalia, 1970.

FERNÁNDEZ OBLANCA, Justo, *Literatura y sociedad en los entremeses del siglo XVII,* Oviedo, Universidad de Oviedo, 1992.

FERNÁNDEZ-SHAW, Guillermo, *Un poeta de transición. Vida y obras de Carlos Fernández-Shaw, 1856-1911,* Madrid, Gredos, 1969.

FERNÁNDEZ TORRES, Alberto, ed., *Documentos sobre el teatro independiente español*, Madrid, Centro Nacional de Nuevas Tendencias Escénicas/Ministerio de Cultura/Instituto Nacional de las Artes Escénicas y de la Música, 1987.

FILIPPO, Luigi de, «La sátira del "bel canto" en el sainete inédito de D. Ramón de la Cruz: *El italiano fingido*», *Estudios Escénicos*, 10 (1964), pp. 47-101.

FLECNIAKOSKA, Jean-Louis, *La loa*, Madrid, Sociedad General Española de Librería, 1975.

—, «Un sainetero olvidado: Juan Ignacio González del Castillo», en *Actas del IV Congreso Internacional de Hispanistas (celebrado en Salamanca, agosto de 1971),* Salamanca, Asociación Internacional de Hispanistas/Consejo General de Castilla y León/Universidad de Salamanca, 1982, vol. IV, pp. 507-525.

FLOECK, Wilfried, «¿Arte sin sexo? Dramaturgas españolas contemporáneas», en *Teatro español contemporáneo*, ed. Alfonso de Toro y Wilfried Floeck, Kassel, Reichenberger, 1995, pp. 57-76.

—, y VILCHES DE FRUTOS, María Francisca, eds., *Teatro y sociedad en la España actual*, Madrid/Frankfurt am Main, Iberoamericana/Vervuert, 2004.

FLORES GARCÍA, Francisco, *Memorias íntimas del teatro,* Valencia, F. Sempere y Compañía, s. a.

FLÓREZ, María Asunción, *Música teatral en el Madrid de los Austrias durante el Siglo de Oro,* Madrid, Instituto Complutense de Ciencias Musicales, 2007.

FRAILE, Medardo, ed., *Teatro español en un acto (1940-1952),* Madrid, Cátedra, 1989.

FRANCÉS, José, «Los maestros de alegría. Los modernos humoristas españoles», *Por Esos Mundos* (1-X-1911), Madrid, pp. 26-27.

FRANCESCHETTI, Antonio, «Il problema della riforma del teatro e la critica del teatro francese», en Christian Bec e Irène Mamczarz, eds., *Le Théâtre italien et l'Europe (XVII\*-XVIII\* siècles)*, Città di Castello, Leo S. Olschki Ed., 1985, pp. 21-31.

FRANCOS RODRÍGUEZ, José, *El teatro en España*, Madrid, Nuevo Mundo, 1908.

FROLDI, Rinaldo, «La tragedia *El Numa* de Juan González del Castillo», *Dieciocho*, 22.2 (1999), pp. 385-396.

FUENTE BALLESTEROS, Ricardo de la, «En torno al astracán», *Castilla*, 9-10 (1985), pp. 23-44.

—, *Introducción al teatro español del siglo XX (1900-1936)*, Valladolid, Aceña, 1988.

—, «Astracán y vanguardia», en Alberto Romero Ferrer y Marieta Cantos Casenave, coords., *¿De qué se venga Don Mendo? Teatro e intelectualidad en el primer tercio del siglo XX: actas del Congreso Internacional conmemorativo del 125 aniversario del nacimiento de Pedro Muñoz Seca,* Puerto de Santa María, Fundación Pedro Muñoz Seca, 2004, pp. 109-118.

FUNDACIÓN JUAN MARCH, y BIBLIOTECA DE TEATRO ESPAÑOL CONTEMPORÁNEO, *Catálogo de obras de teatro español del siglo XIX,* Madrid, Fundación Juan March, 1986.

GABRIELE, John P., «Una charla con Eduardo Quiles», *Anales de la Literatura Española Contemporánea,* 21.3 (1996), pp. 431-439.

—, «Sacrificio ritual y convención dramática en *El último gallinero*, de Manuel Martínez Mediero», en Florencio Sevilla y Carlos Alvar, eds., *Actas del XIII congreso de la Asociación Internacional de Hispanistas, Madrid 6-11 de julio de 1998*, Madrid, Castalia, 2000, pp. 582-589.

—, *Jerónimo López Mozo: forma y contenido de un teatro español experimental*, Madrid, Fundamentos, 2005.

GARCÍA, Rafael, «Un rato de charla con Muñoz Seca», *Revista Portuense* (18-II-1925).

GARCÍA-ABAD GARCÍA, María Teresa, *Perfiles críticos para una historia del Teatro español: La voz y La libertad. 1926-1936,* Nueva York, Society of Spanish and Spanish-American Studies, 2000.

GARCÍA BARRIENTOS, José Luís, «Esperpento y periodismo: *¿Para cuándo son las reclamaciones diplomáticas?* de Valle-Inclán», en José Antonio Hernández Guerrero, María del Carmen García Tejera, Isabel Morales Sánchez y Fátima Coca Ramírez, eds., *Retórica, literatura y periodismo. Actas del V Seminario Emilio Castelar, Cádiz, noviembre-diciembre de 2004,* Cádiz, Ayuntamiento de Cádiz/Universidad de Cádiz, 2006, pp. 193-207.

GARCÍA CASTAÑEDA, Salvador, «Introducción» a Pedro Muñoz Seca, *La venganza de don Mendo*, Cátedra, Madrid, 1992, pp. 13-54.

GARCÍA DE ENTERRÍA, María Cruz, «Antonio Hurtado de Mendoza», en *Siete siglos de autores españoles*, Kassel, Reichenberger, 1991, pp. 151-154.

GARCÍA GARROSA, María Jesús, «*El amor conyugal o La Amelia* (1794), de Luciano Francisco Comella, y otras adaptaciones dramáticas desconocidas de F. T. Baculard d'Arnaud», *Boletín de la Biblioteca Menéndez Pelayo*, LXXVI (2000), pp. 193-227.

García Lorca, Federico, *Epistolario completo*, ed. Andrew A. Anderson y Christopher Maurer, Madrid, Cátedra, 1997.

García Lorca, Francisco, *Federico y su mundo,* ed. Mario Hernández, Madrid, Alianza, 1981.

García Lorenzo, Luciano, «La denominación de los géneros teatrales en España durante el siglo XIX y el primer tercio del XX», *Segismundo*, III (1967), pp. 191-199.

—, «*Entremés del Conde Alarcos*», *Prohemio*, V (1974), pp. 119-135.

—, «*Entremés famoso de los invencibles hechos de don Quijote de la Mancha* de don Francisco de Ávila», *Anales Cervantinos*, XVII (1978), pp. 259-273.

—, ed., *Documentos sobre el teatro español contemporáneo*, Madrid, Sociedad General Española de Librería, 1981.

—, ed., *El teatro menor en España a partir del siglo XVI: actas del coloquio celebrado en Madrid, 20-22 mayo de 1982,* Madrid, CSIC, 1983.

—, ed., *Los géneros menores en el teatro español del Siglo de Oro* (X Jornadas de Teatro Clásico de Almagro, 1987), Madrid, Ministerio de Cultura, 1988.

—, «La escenografía de los géneros dramáticos menores», en John J. Allen y Aurora Egido, eds., *La escenografía del teatro barroco,* Salamanca, Universidad de Salamanca, 1990, pp. 127-139.

—, ed., *Ramos Carrión y la Zarzuela* (Actas-Jornadas sobre Ramos Carrión, noviembre 1988), Zamora, Instituto de Estudios Zamoranos/Diputación de Zamora, 1993.

—, ed., *Aproximación al teatro español universitario (TEU),* Madrid, CSIC, 1999.

—, ed., *Autoras y actrices en la historia del teatro español,* Murcia, Universidad de Murcia/Festival de Almagro, 2000.

García Pascual, Raquel, *Formas e imágenes grotescas en el teatro español contemporáneo*, Madrid, Fundación Universitaria Española, 2006.

García Pavón, Francisco, *Textos y escenarios*, Barcelona, Plaza y Janés, 1971.

García Péres, Domingo, *Catálogo razonado de los autores portugueses que escribieron en castellano,* Madrid, Imprenta del Colegio Nacional de Sordomudos y Ciegos, 1890.

García Ruiz, Víctor, *Víctor Ruiz Iriarte, autor dramático,* Madrid, Fundamentos, 1987.

—, «Los autos sacramentales en el XVIII: un panorama documental y otras cuestiones», *Revista Canadiense de Estudios Hispánicos*, XIX (1994), pp. 61-82.

—, *Continuidad y ruptura en el teatro español de la posguerra*, Pamplona, EUNSA/Ediciones Universidad de Navarra, 1999.

—, y Torres Nebrera, Gregorio, dirs., *Historia y antología del teatro español de posguerra (1940-1975),* vol. V: 1961-1965, Madrid, Fundamentos, 2002.

García Teba, Javier, «Antonio Martínez Ballesteros y José Moreno Arenas: dos autores para el teatro de la provocación», en *Farsas de ayer y de hoy*, Madrid, La Avispa, 1999, pp. 11-30.

García Valdés, Celsa Carmen, «*El sordo* y *Don Guindo*, dos entremeses de "figura" de Francisco Bernardo de Quirós», *Segismundo*, XVII, 37-38 (1983), pp. 241-269.

—, ed., *Antología del entremés barroco*, Barcelona, Plaza & Janés, 1985.

—, ed., *Entremesistas y entremeses barrocos*, Madrid, Cátedra, 2005.

Garrido Gallardo, Miguel Ángel, «Notas sobre el sainete como género literario», en Luciano García Lorenzo, ed., *El teatro menor en España a partir del siglo XVI: actas del coloquio celebrado en Madrid, 20-22 mayo de 1982*, Madrid, CSIC, 1983, pp. 13-22.

Gassent, Basilio, «La alegría de vivir en el teatro de los Quintero», en AA.VV., *Serafín y Joaquín Álvarez Quintero, Azorín, Enrique García Álvarez, José Serrano*, Madrid, Sociedad General de Autores y Editores, 1973, pp. 125-149.

Gatti, José Francisco, «Una imitación de Goldoni por Juan Ignacio González del Castillo», *Revista de Filología Hispánica*, 5 (1943), pp. 158-161.

Gaya, Ramón, «Teatro», *Hora de España*, 2 (1937), p. 60.

Gaylord, Mary Malcom, «La poesía y los poetas en los *Entremeses* de Cervantes», *Anales Cervantinos*, XX (1982), pp. 173-203.

George, David, «The *Commedia dell'arte* and the Circus in the Work of Jacinto Benavente», *Theatre Research International*, 6/2 (1981), pp. 92-108.

Gerli, Michael, «*El retablo de las maravillas*: Cervantes. Arte nuevo de deshacer comedias», *Hispanic Review*, 57:4 (1989), pp. 477-492.

Gibson, Ian, *Federico García Lorca. 1. De Fuente Vaqueros a Nueva York. 1898-1929*, Barcelona, Grijalbo, 1985.

Gies, David T., y Lama, Miguel Ángel, eds., Nicolás Fernández de Moratín, *La petimetra. Desengaños al teatro español. Sátiras,* Madrid, Castalia/Comunidad de Madrid, 1996.

Gómez, Jesús, «El entremés de *Melisendra* atribuido a Lope de Vega y los orígenes de la "comedia burlesca"», *Boletín de la Real Academia Española,* 81 (2001), pp. 205-221.

Gómez, Julio, e Iglesias, Antonio, *Escritos de Julio Gómez: recopilación y comentarios*, Madrid, Alpuerto, 1986.

Gómez Abalo, María Ángeles, «La sátira antimodernista de Pablo Parellada», en Javier Serrano Alonso, ed., *Literatura modernista y tiempo del 98: actas del congreso internacional, Lugo, 17 al 20 de noviembre de 1998*, Santiago de Compostela, Universidade de Santiago de Compostela, 2000, pp. 171-183.

Gómez de la Serna, Ramón, *Ismos*, Madrid, Guadarrama, 1975.

GÓMEZ DÍAZ, Luis, *Teatro para una guerra (1936-1939)*, Madrid, Centro de Documentación Teatral/Instituto Nacional de las Artes Escénicas y de la Música/Ministerio de Cultura, 2006.

GÓMEZ GARCÍA, Manuel, *Diccionario Akal de teatro*, Madrid, Akal, 1997.

GÓMEZ LABAD, José María, *El Madrid de la zarzuela: visión regocijada de un pasado en cantables*, Madrid, Juan Piñero G., 1983.

GÓMEZ MORENO, Ángel, *El teatro medieval castellano en su marco románico*, Madrid, Taurus, 1991.

GÓMEZ RODRÍGUEZ, José Antonio, y MARTÍNEZ DEL FRESNO, Beatriz, eds., *Bances Candamo y el teatro musical de su tiempo (1662-1704)*, Avilés/Oviedo, Ayuntamiento de Avilés/Universidad de Oviedo, 1994.

GONZÁLEZ CAÑAL, Rafael, «Rojas Zorrilla ante el entremés», en *Edad de Oro Cantabrigense. Actas del VII Congreso de la Asociación Internacional del Siglo de Oro (Robinson College, Cambridge, 18-22 de julio de 2005)*, Madrid/Frankfurt and Main, Iberoamericana/Vervuert, 2006, pp. 311-317.

GONZÁLEZ FREIRE, José Manuel, *Bio-bibliografía de don Sinesio Delgado*, Madrid, Universidad Complutense de Madrid, 2001.

GONZÁLEZ MAYA, Juan Carlos, *Jerónimo de Cáncer y Velasco, Poesía completa. Edición crítica*, Madrid, Fundación Universitaria Española, 2007.

GONZÁLEZ RUIZ, Nicolás, *La Caramba. Vida alegre y muerte ejemplar de una tonadillera del siglo XVIII*, Madrid, Ediciones Morata, 1944.

—, y GÓMEZ ORTEGA, Ricardo, «Juan Ignacio González del Castillo y el teatro popular español del siglo XVIII», *Bulletin of Spanish Studies*, 1 (1924a), pp. 135-140.

—, «J. Ignacio González del Castillo. Catálogo crítico de sus obras completas», *Bulletin of Spanish Studies*, 2 (1924b), pp. 35-50.

GONZÁLEZ TROYANO, Alberto, «Teatro y cultura popular en el siglo XVIII», *Draco*, 2 (1990), pp. 193-211.

—, «El sainete, un testimonio del vivir gaditano: *La casa de vecindad* en la ciudad dieciochesca», *Cuadernos de Ilustración y Romanticismo*, 3 (1994a), pp. 199-204.

—, «El petimetre: una singularidad literaria dieciochesca», *Ínsula*, 574 (1994b), pp. 20-21.

—, «La figura teatral del majo: conjeturas y aproximaciones», en Josep Maria Sala Valldaura, ed., *El teatro español del siglo XVIII*, Lleida, Universitat de Lleida, 1996, vol. II, pp. 475-486.

GONZÁLEZ DEL VALLE, Luis T., «El fracaso de ser: la dimensión simbólica de *El maleficio de la mariposa*», en *El teatro de Federico García Lorca y otros ensayos sobre literatura española contemporánea*, Lincoln, Society of Spanish-American Studies, 1980, pp. 3-23.

GORDÓN, José, ed., *Teatro experimental español*, Madrid, Escelicer, 1965.

GRAHAM-JONES, Jean, «"Tuya soy": The Ecomomics of Marriage in Cervantes's *Entremés del rufián llamado Trampagos*», *Bulletin of the Comediantes,* 44.1 (1992), pp. 151-161.

GRANJA, Agustín de la, *Entremeses y mojigangas de Calderón para sus autos sacramentales*, Granada, Curso de Estudios Hispánicos, 1981.

—, «Cinco obras cortas atribuibles a Calderón», *Bulletin Hispanique*, LXXXXVI, 3-4 (1984), pp. 355-378.

—, «Hacia una bibliografía general del teatro breve del Siglo de Oro. Primera parte: Estudios I», *Criticón*, 37 (1987), pp. 227-246.

—, «El entremés y la fiesta del Corpus», *Criticón*, 42 (1988), pp. 139-153.

—, «Hacia una bibliografía del teatro breve del Siglo de Oro. Primera Parte. Estudios II», *Criticón*, 50 (1990), pp. 113-124.

—, «El entremés: la larga risa de un teatro breve», en Ignacio Arellano Ayuso y Víctor García Ruiz y Marc Vitse, eds., *Del horror a la risa. Los géneros teatrales clásicos. Homenaje a Christiane Faliu-Lacourt*, Kassel, Reichenberger, 1994, pp. 161-189.

—, y LOBATO, María Luisa, *Bibliografía descriptiva del teatro breve español (siglos XV-XX)*, Madrid/Frankfurt am Main/Pamplona, Iberoamericana/Vervuert/Universidad de Navarra, 1999.

HALSEY, Martha T., y ZATLIN BORING, Phyllis, eds., *The Contemporary Spanish Theater. A Collection of Critical Essays*, Lanham, University Press of America, 1988.

HARO TECGLEN, Eduardo, «La vieja vanguardia», *El País* (2-III-1980), p. 33.

HAUSER, Philip, *Madrid bajo el punto de vista médico-social,* Madrid, Establecimiento Tipográfico Sucesores de Rivadeneira/Impresores de la Real Casa, 1902; ed. preparada por Carmen del Moral: Madrid, Editora Nacional, 1979, vol. I., pp. 322-424.

HEERS, Jacques, *Fêtes des fous et carnavals*, Paris, Fayard, 1983.

HEGSTROM, Valerie, y WILLIAMSEN, Amy, eds., *Engendering the Early Modern Stage: Women Playwrights in the Spanish Empire,* New Orleans, University Press of the South, 1999.

HENDRIX, William S., *Some Native Comic Types in the Early Spanish Drama*, Columbus, The Ohio State University, 1924.

HENRÍQUEZ-SANGUINETTI, Carolina, «Modelos culturales en la dramaturgia femenina española contemporánea», en Derek Flitter, ed., *Actas del XII Congreso de la Asociación Internacional de Hispanistas: 21-26 de agosto de 1995, Birmingham*, Birmingham, Dept. of Hispanic Studies/The University of Birmingham, 1998, vol. 5, pp. 116-121.

HERAS, Guillermo, *Escritos dispersos: Centro Nacional de Nuevas Tendencias Escénicas 1894-1994,* Madrid, Centro Nacional de Nuevas Tendencias Escénicas, 1994.

—, *Miradas a la escena de fin de siglo (Escritos dispersos II),* Valencia, Universitat de València, 2003.

HERMANS, Hub, *El teatro político de Rafael Alberti,* Salamanca, Ediciones Universidad de Salamanca, 1989.

HERMENEGILDO, Alfredo, *El teatro del siglo XVI,* ed. Ricardo de la Fuente, Madrid/Gijón, Júcar, Col. Historia de la literatura española núm. 15, 1994.

HERNÁNDEZ, Mario, «La polémica de los autos sacramentales en el siglo XVIII», *Revista de Literatura,* XLII (1980), pp. 19-35.

—, *Libro de dibujos de Federico García Lorca,* Madrid, Tabapress/Grupo Tabacalera/Fundación Federico García Lorca, 1990.

—, «Retablo de las Maravillas: Falla, Lorca y Lanz en una fiesta granadina de títeres», *Teatro de títeres y dibujos, con decorados y muñecos de Hermenegildo Lanz,* Santander, Universidad Internacional Menéndez y Pelayo/Fundación Federico García Lorca, 1992a, pp. 33-48.

—, «Federico García Lorca y la ciudad de Buenos Aires: de *Bodas de sangre* al *Retablillo de don Cristóbal y la doña Rosita»,* introducción a *Retablillo de don Cristóbal y doña Rosita. Aleluya popular basada en el viejo y desvergonzado guiñol andaluz. Versión inédita de Buenos Aires, 1934,* Fuente Vaqueros, Diputación Provincial de Granada/Casa-Museo Federico García Lorca, Colección Soto de Roma, 1992b, pp. 7-29.

HERNÁNDEZ ARAICO, Susana, «El teatro breve de Quevedo y su arte nuevo de hacer ridículos en las tablas: lego-pro-menos a una representación riescénica», *La Perinola,* 8 (2004), pp. 201-234.

HERRERA NAVARRO, Jerónimo, *Catálogo de autores teatrales del siglo XVIII,* Madrid, Fundación Universitaria Española, 1993.

—, «Ramón de la Cruz y sus críticos: la reforma del teatro», en Josep Maria Sala Valldaura, ed., *El teatro español del siglo XVIII,* Lleida, Universitat de Lleida, 1996a, vol. II, pp. 487-524.

—, «Los Planes de Reforma del teatro en el siglo XVIII», en *El mundo hispánico en el Siglo de las Luces,* Madrid, Editorial Complutense/Sociedad Española de Estudios del Siglo XVIII, 1996b, vol. II, pp. 789-804.

—, «Precios de piezas teatrales en el siglo XVIII. (Hacia los Derechos de Autor)», *Revista de Literatura,* LVIII, 115 (1996c), pp. 47-82.

—, «La consideración social e intelectual del sainetero en la España de la Ilustración», en *Juan Ignacio González del Castillo (1763-1800). Estudios sobre su obra,* ed. Alberto Romero Ferrer, Cádiz, Fundación Municipal de Cultura de Cádiz/Servicio de Publicaciones de la Universidad de Cádiz/Grupo de Estudios del Siglo XVIII, 2005, pp. 33-65.

HERRERO GARCÍA, Miguel, *Madrid en el teatro,* Madrid, CSIC, 1962.

HERRERO VECINO, Carmen, *La utopía y el teatro: la obra dramática de Ramón Gómez de la Serna,* Boulder (Colorado), Society of Spanish and Spanish-American Studies, 1995.

HESS, Rainer, *El drama religioso románico como comedia-religiosa y profana: (siglos XV y XVI),* Madrid, Gredos, 1976.

HORMIGÓN, Juan Antonio, *Teatro, realismo y cultura de masas,* Madrid, Edicusa, 1974.

—, ed., *Teatro de cada día de José Luis Alonso,* Madrid, Asociación de Directores de Escena de España, 1991.

—, ed., *Autoras en la historia del teatro español,* Madrid, Asociación de Directores de Escena de España, 4 vols., 1996, 1997, 2000 y 2000.

—, ed., *Directoras en la historia del teatro español,* Madrid, Asociación de Directores de Escena de España, 3 vols., 2003, 2004, 2005.

HUÉLAMO KOSMA, Julio, «Lorca y los límites del teatro surrealista español», en Dru Dougherty y María Francisca Vilches de Frutos, eds., *El teatro en España entre la tradición y la vanguardia (1918-1939),* Madrid, CSIC/Fundación Federico García Lorca/Tabacalera, 1992, pp. 207-214.

—, «Transmisión y recepción del teatro [en el siglo XX]», en *Historia del teatro español, vol. II: Del siglo XVIII a la época actual,* Madrid, Gredos, 2003, pp. 2527-2574.

HUERTA CALVO, Javier, «Para una poética de la representación en el Siglo de Oro: función de las piezas menores», *1616. Anuario de la Sociedad Española de Literatura General y Comparada,* 3 (1980), pp. 69-81.

—, «La pervivencia de los géneros ínfimos en el teatro español del s. XX», *Primer Acto,* 187, 2ª época (dic. 1980-1981), pp. 122-127.

—, «Los géneros teatrales menores en el Siglo de Oro: status y prospectiva de la investigación», en Luciano García Lorenzo, ed., *El teatro menor en España a partir del siglo XVI: actas del coloquio celebrado en Madrid, 20-22 mayo de 1982,* Madrid, CSIC, 1983, pp. 23-62.

—, *Teatro breve de los siglos XVI y XVII. Entremeses, loas, bailes, jácaras y mojigangas,* Madrid, Taurus, 1985a.

—, *El teatro en el siglo XX,* Madrid, Playor, 1985b.

—, «Anatomía de una fiesta teatral burlesca del siglo XVII (Reyes como bufones)», en José María Díez Borque, dir., *Teatro y fiesta en el Barroco. España e Iberoamérica,* Barcelona, Ediciones del Serbal, 1986, pp. 115-136.

—, «Entremés de *El carnaval.* Edición y estudio», *Dicenda,* 7 (1988), pp. 357-387.

—, ed., *Formas carnavalescas en el arte y la literatura: seminario de la Universidad Internacional Menéndez Pelayo (Santa Cruz de Tenerife, marzo de 1987),* Barcelona, Ediciones del Serbal, 1989.

—, «Los géneros menores en el teatro del siglo XVII», en José María Díez Borque, dir., *Historia del teatro en España. Tomo I: Edad Media, Siglo XVI. Siglo XVII*, Madrid, Taurus, 1990.

—, «El teatro en la plaza. La plaza en el teatro», en José María Díez Borque, ed., *Espacios teatrales del Barroco español. XIII Jornadas de teatro clásico (Almagro, 1990)*, Kassel, Reichenberger, 1991.

—, «La recuperación del entremés y los géneros teatrales menores en el primer tercio del siglo XX», en Dru Dougherty y María Francisca Vilches de Frutos, eds., *El teatro en España entre la tradición y la vanguardia (1918-1939)*, Madrid, CSIC/Fundación Federico García Lorca/Tabacalera, 1992, pp. 285-294.

—, *El nuevo mundo de la risa. Estudios sobre el teatro breve y la comicidad en los Siglos de Oro*, Palma de Mallorca, José J. de Olañeta, 1995.

—, ed., *Una fiesta burlesca del siglo de oro: «Las bodas de Orlando» (comedia, loa y entremeses)*, Viareggio, Mauro Baroni, 1998a.

— «Imágenes de la locura festiva en el siglo XVIII», en Javier Huerta Calvo y Emilio Palacios Fernández, eds., *Al margen de la Ilustración. Cultura popular, arte y literatura en la España del siglo XVIII: curso de verano de la Universidad Complutense de Madrid, celebrado en Almería del 17 al 24 de julio de 1994*, Amsterdam/Atlanta, Rodopi, 1998b, pp. 219-245.

—, dir., *Teatro y carnaval*, Madrid, Compañía Nacional de Teatro Clásico, 1999a.

— «Comicidad y marginalidad en el sainete dieciochesco», *Scriptura*, 15 (1999b), pp. 51-76.

—, «El teatro de Juan Rana», *Acotaciones*, 2ª época, 1 (1999c), pp. 9-37.

—, ed., *Antología del Teatro Breve Español del siglo XVII*, Madrid, Biblioteca Nueva, 1999d.

—, coord., *El gran mundo del teatro breve*, número monográfico de *Ínsula*, 639-640 (marzo-abril 2000).

—, «Preliminares a un viaje entretenido», en *El gran mundo del teatro breve*, número monográfico de *Ínsula*, 639-640 (marzo-abril 2000), pp. 3-5.

—, *El teatro breve en la Edad de Oro*, Madrid, Ediciones del Laberinto, 2001a.

—, «Los espejos de la burla. Raíces de la comedia burlesca», en Javier Huerta Calvo, Emilio Javier Peral Vega y Jesús Ponce Cárdenas, coords., *Tiempo de burlas. En torno a la literatura burlesca del Siglo de Oro*, Madrid, Verbum, 2001b, pp. 161-176.

—, «Entremés», en Frank P. Casa, Luciano García Lorenzo y Germán Vega García-Luengos, eds., *Diccionario de la comedia del Siglo de Oro*, Madrid, Castalia, 2002, pp. 125-128.

—, «El metateatro de Muñoz Seca», en Alberto Romero Ferrer y Marieta Cantos Casenave, coords., *¿De qué se venga Don Mendo? Teatro e intelectua-*

*lidad en el primer tercio del siglo* XX: *actas del Congreso Internacional conmemorativo del 125 aniversario del nacimiento de Pedro Muñoz Seca,* Puerto de Santa María Fundación Pedro Muñoz Seca, 2004, pp. 123-133.

—, ed., Federico García Lorca, *El público,* Madrid, Espasa, 2006.

—, BOER, Harm den, y SIERRA MARTÍNEZ, Fermín, eds., *El teatro español a fines del siglo* XVII. *Historia, cultura y teatro en la España de Carlos II,* Amsterdam, Rodopi, 1989, 3 vols.

—, y PERAL VEGA, Emilio, eds., Jacinto Benavente, *Teatro fantástico,* Madrid, Espasa-Calpe, Col. Austral, 2001.

—, dir., y DOMÉNECH RICO, Fernando, y MADROÑAL DURÁN, Abraham coords., *Historia del teatro español, vol. I: De la Edad Media a los Siglos de Oro,* Madrid, Gredos, 2003.

—, dir., y PERAL VEGA, Emilio, y DOMÉNECH RICO, Fernando, coords., *Historia del teatro español, vol. II: Del siglo* XVIII *a la época actual,* Madrid, Gredos, 2003.

—, y PERAL VEGA, Emilio, «Valle-Inclán», en *Historia del teatro español, vol. II: Del siglo* XVIII *a la época actual,* Madrid, Gredos, 2003, pp. 2311-2363.

—, y PERAL VEGA, Emilio, «Benavente y otros autores», en *Historia del teatro español, vol. II: Del siglo* XVIII *a la época actual,* Madrid, Gredos, 2003, pp. 2271-2310.

—, PERAL VEGA, Emilio, y URZÁIZ TORTAJADA, Héctor, *Teatro español [de la A a la Z],* Madrid, Espasa Calpe, 2005.

HUERTAS VÁZQUEZ, Eduardo L., *El teatro musical español en el Madrid ilustrado,* Madrid, El Avapiés, 1989.

—, *El teatro de los bufos madrileños,* Madrid, Ayuntamiento de Madrid/Instituto de Estudios Madrileños, 1993.

—, «El singular escenario del barrio de la comadre», en Josep Maria Sala Valldaura, ed., *El teatro español del siglo* XVIII, Lleida, Universitat de Lleida, 1996, vol. II, pp. 525-548.

IBERNI, Luis G., «*La patria chica*», en Emilio Casares Rodicio, ed., *Diccionario de la Zarzuela: España e Hispanoamérica,* Madrid, Instituto Complutense de Ciencias Musicales, 2002-2003, pp. 496-498.

IBRAHIM SOHEIM, El Sayed, *Don Antonio Valladares de Sotomayor, autor dramático del siglo* XVIII, Madrid, Editorial de la Universidad Complutense de Madrid, 1993.

—, «Los sainetes de Antonio Valladares de Sotomayor», en Josep Maria Sala Valldaura, ed., *El teatro español del siglo* XVIII, Lleida, Universidat de Lleida, 1996, vol. II, pp. 549-572.

IGLESIAS DE SOUZA, Luis, *El teatro lírico español,* La Coruña, Diputación Provincial, 1992-1997, 4 vols.

IGLESIAS SANTOS, Montserrat, *Canonización y público. El teatro de Valle-Inclán*, Santiago de Compostela, Universidade de Santiago de Compostela, 1998.

ILIE, Paul, *Literatura y exilio interior*, Madrid, Fundamentos, 1981.

INIESTA COULLAUT-VALERA, Enrique, «El teatro de nuestra identidad (que no es teatro)», introducción a Serafín y Joaquín Álvarez Quintero, *Entremeses*, Sevilla, Editoriales Andaluzas Unidas, 1985, pp. 11-43.

ÍÑIGUEZ BARRENA, Francisca, *La parodia teatral en España (1868-1914)*, Sevilla, Universidad de Sevilla, 1999.

IRIARTE, Tomás de, *El señorito mimado. La señorita malcriada,* ed. de Russell P. Sebold, Madrid, Castalia, 1978.

JAMMES, Robert, «La letrilla dialogada», en Luciano García Lorenzo, ed., *El teatro menor en España a partir del siglo XVI: actas del coloquio celebrado en Madrid, 20-22 mayo de 1982,* Madrid, CSIC, 1983, pp. 91-118.

JAURALDE POU, Pablo, *Francisco de Quevedo (1580-1645)*, Madrid, Castalia, 1998.

JEREZ FARRÁN, Carlos, *El Expresionismo en Valle-Inclán: una reinterpretación de su visión esperpéntica*, Ann Arbor, Michigan, 1988.

JOHNSON, Anita, «La recreación del mito en el teatro de Alfonso Sastre: inversión e intertextualidad en *El viaje infinito de Sancho Panza*», *Foro Hispánico,* 27 (2005), pp. 65-72.

JONARD, Norbert, «La nature du comique dans le théâtre de Goldoni», en Christian Bec e Irène Mamczarz, eds., *Le Théâtre italien et l'Europe (XVIIᵉ-XVIIIᵉ siècles)*, Città di Castello, Leo S. Olschki Ed.,1985, pp. 181-200.

JONES, Joseph R., «María Rosa de Gálvez, Rousseau y el melólogo en la España del siglo XVIII», *Dieciocho*, 19 (1996), pp. 165-179.

JOVELLANOS, Gaspar Melchor de, *Memoria sobre espectáculos y diversiones públicas. Informe sobre la Ley Agraria,* ed. Guillermo Carnero, Madrid, Cátedra, 1998.

*Juegos de ingenio y agudeza. La pintura emblemática de la Nueva España*, México, Consejo Nacional para la Cultura y las Artes, 1994.

KAMINSKY, Amy, «María de Zayas and the Invention of a Women's Writing Community», *Revista de Estudios Hispánicos*, 35.3 (2001), pp. 487-509.

KENNEDY, Ruth L., «Studies for the Chronology of Tirso's Theatre», *Hispanic Review*, 11 (1943), pp. 42-46.

KIM, Jaeseon, *El teatro breve de Antonio Ramos Martín: estudio y edición,* Tesis Doctoral, Madrid, Universidad Complutense de Madrid, 2002.

KIRSCHNER, Teresa J., «Cervantes, director de sus entremeses», en Catherine Poupeney Hart, Alfredo Hermenegildo, César Oliva, coords., *Cervantes y la puesta en escena de la sociedad de su tiempo: actas del Coloquio de Montréal 1997,* Murcia, Universidad de Murcia/Servicio de Publicaciones, 1999, pp. 159-184.

KLEINERTZ, Rainer, ed., *Teatro y música en España. Siglo XVIII: actas del Simposio Internacional, Salamanca 1994*, Kassel/Berlín, Reichenberger, 1996.

LABRADOR LÓPEZ DE AZCONA, Germán, «Rasgos culturales de trascendencia sonora en la tonadilla escénica. A la búsqueda de un registro musicado del Madrid de finales del s. XVIII», en *III Jornadas Nacionales de Folclore y Sociedad*, Ciudad Real, 2006, pp. 151-172.

LACADENA BRUALLA, Ramón, *Eusebio Blasco, periodista. Boceto para una biografía*, Zaragoza, R. Berdejo Casañal, 1932.

LAFARGA, Francisco, «Sobre la fuente desconocida de *Zara*, sainete de Ramón de la Cruz», *Anuario de Filología*, 3 (1977), pp. 361-371.

—, «Tradición y modernidad en el teatro de Ramón de la Cruz», en Antonietta Calderone, ed., *De místicos y mágicos, clásicos y románticos. Homenaje a Ermanno Caldera*, Messina, Armando Siciliano, 1993, pp. 333-351.

—, «Ramón de la Cruz y el teatro europeo», *Ínsula*, 574 (octubre 1994), pp. 13-14.

LAGARMA BERNARDOS, Juan, «Enrique García Álvarez», *Caja de Ahorros y Monte de Piedad*, 80 (marzo 1988), pp. 34-35.

LAGRAVE, Henri, *Le Théâtre et le Public à Paris de 1715 à 1750*, Paris, Klincksiek, 1972.

LARRA, Fernando José de, *Tres poetas autores del siglo XIX: Eusebio Blasco, Carlos Fernández-Shaw y Sinesio Delgado, s.l., s.n.*, [1957].

LÁZARO CARRETER, Fernando, *Estudios de poética*, Madrid, Taurus, 1986.

LENTZEN, Manfred, *Carlos Arniches. Von género chico zur tragedia grotesca*, Genève/Paris, Droz/Minard, 1966.

LEONARD, Candyce, «Women Writers and their Characters in Spanish Drama in the 1980s», *Anales de Literatura Española Contemporánea*, 17/1-3 (1992), pp. 243-256.

—, y GABRIELE, John P., ed., *Teatro de la España demócrata: los noventa*, Madrid, Fundamentos, 1993.

—, *Panorámica del teatro español actual*, Madrid, Fundamentos, 1996.

LEZA, José Máximo, «El teatro musical», en Javier Huerta Calvo, dir., *Historia del teatro español, vol. II: Del siglo XVIII a la época actual*, Fernando Doménech Rico y Emilio Peral Vega, coords., Madrid, Gredos, 2003, pp. 1687-1713.

LIHANI, John, «Égloga», en Frank. P. Casa, Luciano García Lorenzo y Germán Vega García-Luengos, dirs., *Diccionario de la comedia del Siglo de Oro*, Madrid, Castalia, 2002, pp. 122-124.

LIMA, Robert y DOUGHERTY, Dru, *2 ensayos sobre el teatro español de los 20*, Murcia, Universidad de Murcia, 1984.

LOBATO, María Luisa, «Mojigangas parateatrales y teatrales en la corte de Carlos II (1681-1700)», *Diálogos Hispánicos de Ámsterdam*, núm. 8, 3 (1989), pp.

569-588 (ejemplar dedicado a: *El teatro español a fines del siglo XVII. Historia, cultura y teatro en la España de Carlos II. Representaciones y fiestas*).

—, «Dos nuevos entremeses para Juan Rana», en Christoph Strosetzki, ed., *Teatro español del Siglo de Oro. Teoría y práctica*, Madrid/Frankfurt am Main, Iberoamericana/Vervuert, 1998, pp. 191-203.

—, «Cornudo y apaleado, mandadle que baile: del refrán al entremés», en Heraclia Castellón Alcalá, Agustín de la Granja y Antonio Serrano Agulló, coords., *En torno al teatro del Siglo de Oro: actas de las Jornadas I-VI celebradas en Almería*, Almería, Instituto de Estudios Almerienses de la Diputación de Almería, 1991a, pp. 19-30.

—, «Tres calas en la métrica del teatro breve español del Siglo de Oro: Quiñones de Benavente, Calderón y Moreto», en *Homenaje a Hans Flasche*, Stuttgart, Franz Steiner Verlag, 1991b, pp. 113-154.

—, «Mecanismos cómicos en los entremeses de Calderón», *Anthropos*, extra I (1997), pp. 136-141 (número extraordinario coordinado por Ignacio Arellano y Ángeles Cardona, sobre *Pedro Calderón de la Barca. El teatro como representación y fusión de las artes*).

—, «La mojiganga», en *El gran mundo del teatro breve*, número monográfico de *Ínsula*, 639-640 (marzo-abril 2000), pp. 15 y 18-20.

—, *Loas, entremeses y bailes de Agustín Moreto (I)*, Kassel, Reicheberger, 2003, vol. 1.

—, y GARCÍA GARCÍA, Bernardo José, eds., *La fiesta cortesana en la época de los Austrias*, Valladolid, Junta de Castilla y León/Consejería de Educación y Cultura, 2003.

LOFTIS, John, *et al.*, *The «Revels». History of Drama in English. Vol. V: 1660-1750*, London, Metheun, 1976; y London/New York, Routledge, 1996.

LOLO, Begoña, «La tonadilla escénica, ese género maldito», *Revista de Musicología*, vol. XXV, 2 (2002), pp. 439-469.

LOSADA DE LA TORRE, José, *Perfil de los hermanos Álvarez Quintero*, Madrid, Editora Nacional, 1945.

LÓPEZ CRIADO, Fidel, *El erotismo en la novela ramoniana*, Madrid, Fundamentos, 1988.

—, *El teatro de Manuel Linares Rivas*, A Coruña, Editorial Diputación Provincial de A Coruña, 1999, 3 vols.

LÓPEZ MORALES, Humberto, *Tradición y creación en los orígenes del teatro castellano*, Madrid, Ediciones Alcalá, 1968.

LÓPEZ RUBIO, José, «¿Quién me compra este misterio de Enrique García Álvarez?», en Manuel Díez Crespo, *Serafín y Joaquín Álvarez Quintero. Azorín. Enrique García Álvarez. José Serrano*, Madrid, Sociedad General de Autores y Editores, 1973, pp. 179-197.

LÓPEZ RUIZ, José María, *Aquel Madrid del Cuplé*, Madrid, El Avapiés, 1988.

LOZANO GUIRAO, Pilar, *Vida y obras de Ricardo de la Vega*, Murcia, Sucesores de Nogués, 1963.

—, «Vida y obra de Javier de Burgos», *Revista de Literatura*, 55-56 (1965), pp. 39-64.

LUCEÑO Y BECERRA, Tomás, *La niña del estanquero: sainete en tres cuadros, en prosa y verso*, Madrid. R. Velasco, 1897.

LUNA, Lola, *Ana Caro, una escritora profesional del Siglo de oro. Vida y obra*, Tesis Doctoral sin publicar, Universidad de Sevilla, 1992.

—, «Ana Caro, una escritora "de oficio" del Siglo de Oro», *Bulletin of Hispanic Studies*, 72.1 (1995), pp. 11-26.

LUZÁN, Ignacio de, *La Poética. Reglas de la poesía en general y de sus principales especies*, Russell P. Sebold, ed., Barcelona, Labor, 1977.

LYONNET, Henry, *Le théâtre en Espagne,* Paris, Paul Ollendorff Éditeur, 1897.

MACKENZIE, Ann L., *La escuela de Calderón: estudio e investigación*, Liverpool, Liverpool University Press, 1993.

—, *Francisco de Rojas Zorrilla y Agustín Moreto: análisis*, Liverpool, Liverpool University Press, 1994.

MADROÑAL DURÁN, Abraham, «El contador Gaspar de Barrionuevo (1562-*c.* 1624), poeta y dramaturgo toledano amigo de Lope de Vega», *Voz y Letra. Revista de Filología*, 4-2 (1993), pp. 105-127.

—, «Vida y versos de Luis Quiñones de Benavente», *Revista de Filología Española*, 71 (1993), pp. 345-367.

—, *Nuevos entremeses atribuidos a Luis Quiñones de Benavente*, Kassel, Reichenberger, 1996.

—, «Estructuras teatrales de la comedia en el entremés barroco», *El Escritor y la Escena*, VI (1998), pp. 167-178.

—, «El entremés en el reinado de Felipe II y su relación con el entremés barroco», en Felipe Blas Pedraza Jiménez y Rafael González Cañal, eds., *El teatro en tiempos de Felipe II: actas de las XXI Jornadas de teatro clásico, Almagro, 7, 8 y 9 de julio de 1998*, Almagro, Universidad de Castilla-La Mancha/Festival de Almagro, 1999, pp. 137-162.

—, «Quiñones de Benavente y el teatro breve», en Javier Huerta Calvo, dir., *Historia del Teatro Español, vol. I: De la Edad Media a los Siglos de Oro*, Fernando Doménech Rico y Abraham Madroñal Durán, coords., Madrid, Gredos, 2003, pp. 1025-1068.

—, «Entre Sancho Zancas y Juan Rana», en Luciano García Lorenzo, ed., *La construcción de un personaje: el gracioso*, Madrid, Fundamentos/RESAD, 2005, pp. 141-165.

—, «Obras "menores" de Rojas Zorrilla, un laberinto mayor», *Revista de Literatura*, 59, 137 (2007), pp. 333-369.

MAESTRO, Jesús G., *La escena imaginaria. Poética del teatro de Miguel de Cervantes*, Madrid/Frankfurt am Main, Iberoamericana/Vervuert, 2000.

—, «Miguel de Cervante», en Javier Huerta Calvo, dir., *Historia del Teatro Español, vol. I: De la Edad Media a los Siglos de Oro*, Fernando Doménech Rico y Abraham Madroñal Durán, coords., Madrid, Gredos, 2003, pp. 757-782.

MAINER, José-Carlos, «Literatura y coctelería», en Mechthild Albert, ed., *Vanguardia española e intermedialidad. Artes escénicas, cine y radio*, Madrid/ Frankfurt am Main, Iberoamericana/Vervuert, 2005, pp. 37-57.

MAMCZARZ, Irène, *Les intermèdes comiques italiens au XVIII<sup>e</sup> siècle en France et en Italie*, Paris, Éditions du CNRS, 1972.

MANCINI, Guido, *Gli entremeses nell'arte di Quevedo*, Pisa, Libreria Goliardica Editrice, 1955.

MANGINI GONZÁLEZ, Shirley, *Rojos y rebeldes: la cultura de la disidencia durante el franquismo*, Barcelona, Anthropos, 1987.

MARAGALL, José Antonio, «Teatro, fiesta e ideología en el barroco», en José María Díez Borque, dir., *Teatro y fiesta en el Barroco. España e Iberoamérica*, Barcelona, Ediciones del Serbal, 1986, pp. 71-97.

MARÍN MARTÍNEZ, Juan María, «La *Comedia de Sepúlveda*: algunas notas sobre la técnica de composición de los dramas de mediados del siglo XVI», *Segismundo*, 13/25-26 (1977), pp. 9-42.

MARINIS, Marcos de, *El nuevo teatro, 1947-1970*, Barcelona, Paidós Ibérica, 1988.

MARISCAL DE GANTE, Jaime, *Los autos sacramentales desde su origen hasta mediados del siglo XVIII*, Madrid, Biblioteca Renacimiento, 1911.

MAROTO CAMINO, Mercedes, «María de Zayas and Ana Caro: The Space of Woman's Solidarity in the Spanish Golden Age», *Hispanic Review*, 67.1 (1999), pp. 1-16.

MARQUERÍE, Alfredo, «Visón y revisión del teatro de los Álvarez Quintero», *La Estafeta Literaria*, 466 (1971), pp. 4-11.

MARRAST, Robert, ed., prólogo y acto primero a Rafael Alberti, *Lope de Vega y la poesía española contemporánea, seguido de La Pájara pinta*, Paris, Centre de Recherches de l'Institut d'Études Hispaniques, 1964.

—, *Aspects du theâtre de Rafael Alberti*, Paris, Société d'Édition d'Enseignement Supérieur, 1967.

—, *El teatre durant la guerra civil espanyola: assaig d'història i documents*, Barcelona, Institut del Teatre, 1978.

MARTÍN, Eutimio, *Federico García Lorca, heterodoxo y mártir. Análisis y proyección de la obra juvenil inédita*, Madrid, Siglo XXI, 1986.

Martín Fernández, María Isabel, «La innovación lingüística en Luis Quiñones de Benavente (I)», *Anuario de Estudios Filológicos*, 22 (1999), pp. 265-286; (II), 23 (2000), pp. 307-327; (III), 24 (2001), pp. 343-353.

Martín Gaite, Carmen, *Usos amorosos del dieciocho en España*, Madrid, Siglo Veintiuno, 1972.

—, *Usos amorosos del dieciocho en España*, Madrid, Anagrama, 1988.

Martín Martínez, Rafael, ed., *Antonio de Zamora, Teatro breve (entremeses)*, Madrid/Frankfurt am Main, Iberoamericana/Vervuert, 2005.

Martín Moreno, Antonio, *Historia de la música española. 4. Siglo XVIII*, Madrid, Alianza Editorial, 1985.

Martín Recuerda, José, «Introducción» a Lauro Olmo, *La pechuga de la sardina. Mare Vostrum. La señorita Elvira*, Barcelona, Plaza & Janés, 1985, pp. 11-64.

Martínez, Ramón, «Figurones afeminados en el teatro breve del Barroco: Estudio y edición de la mojiganga anónima *El mundo al revés*», en Luciano García Lorenzo, coord., *El figurón: texto y puesta en escena*, Madrid, Fundamentos, 2007, pp. 293-320.

Martínez Alfonso, Manuel, «Pedro Muñoz Seca y la gracia portuense», en *El Puerto de Santa María en la Literatura Española*, Madrid/Medusa, Agrupación Cultural Portuense, 1962, pp. 259-285.

Martínez Ballesteros, Antonio, «Cuatro piezas para un solo programa», en *Farsas contemporáneas*, Madrid, Escelicer, 1970.

Martínez de la Riva, Ramón, «Muñoz Seca, el hilarante conversador», en *La España de Hoy*, Madrid, Imprenta de G. Hernández y Galo Sáez, 1926, pp. 87-93.

Martínez Expósito, Alfredo, *La poética de lo nuevo en el teatro de Gómez de la Serna*, Oviedo, Universidad de Oviedo, 1994.

Martínez López, María José, *El entremés: radiografía de un género*, Toulouse, Presses Universitaires du Mirail, 1997.

Martínez Mediero, Manuel, *Obras completas*, Madrid, Fundamentos, 1999-2005.

Martínez Moreno, Isabel, *Antonio Gala: el paraíso perdido*, Madrid, CSIC, 1994.

Martínez Olmedilla, Augusto, *Los teatros de Madrid, anecdotario de la farándula madrileña*, Madrid, Editorial José Ruiz Alonso, 1947.

Martínez Sierra, María, *Gregorio y yo: medio siglo de colaboración*, México, Biografías Grandesa, 1953; ed. Alda Blanco, Valencia, Pre-Textos, 2000.

Mata Induráin, Carlos, «Don Quijote salta al teatro breve: el *Entremés famoso de los invencibles hechos de don Quijote de la Mancha*, de Francisco de Ávila», en Germán Vega García-Luengos y Rafael González Cañal, eds., *Locos, figurones y quijotes en el teatro de los Siglos de Oro. Actas selectas del XII Congreso de la Asociación Internacional de Teatro Español y Novohispano de los Siglos de Oro. Almagro, 15, 16 y 17 de julio de 2007,* Almagro, Universidad de Castilla-La Mancha, 2007, pp. 299-313.

MATEOS, Eladio, ed., Rafael Alberti, *Obras completas., Teatro I,* Barcelona, Seix Barral, 2003.

MATTEINI, Carla, «Voces para el 2000», *Primer Acto,* 272 (1998), pp. 6-15.

McCARTHY, Jim, *Political Theatre during the Spanish Civil War,* Cardiff, University of Wales Press, 1999.

McCLELLAND, Ida L., *The Spanish Drama of Pathos (1750-1808),* Liverpool, Liverpool University Press, 1970, 2 vols.

McCLELLAND, Yvys, *«Pathos» dramático en el teatro español de 1750 a 1808. II: La tragedia menor,* Liverpool, Liverpool University Press, 1998.

McGAHA, Michael, «Who was Francisco de Villegas?», en Charles Ganelin y Howard Mancing, eds., *The Golden Age Comedia: Text, Theory and Performance,* West Lafayette, Purdue University Press, 1994, pp. 165-177.

McKAY, Douglas R., *Carlos Arniches,* New York, Twayne Publishers, 1972.

McKENDRICK, Melveena, *Woman and Society in Golden-Age Spanish Drama: A Study of the «Mujer varonil»,* London, Cambridge University Press, 1974.

MEDINA, Miguel Ángel, «Un autor de vuelta: Eduardo Quiles», *Reseña,* 89 (1975), p. 20.

MEDINA VICARIO, Miguel, *El teatro español en el banquillo,* Valencia, Fernando Torres Editor, 1976.

—, *Veinticinco años de teatro español (1973-2000),* Madrid, RESAD/Fundamentos, 2003.

MEJÍAS, Leocadio, *Ramper, una vida para la risa y el dolor,* Madrid, Sucesores de J. Sánches Ocaña y Cía, 1957.

MELÉNDEZ, María Carmen, «La loa en el Siglo de Oro. Aproximación bibliográfica», en Ignacio Arellano, Kurt Spang y María Carmen Pinillos, eds., *Apuntes sobre la loa sacramental y cortesana. Loas completas de Bances Candamo,* Kassel, Reichenberger, 1994, pp. 103-123.

MELERO DE PABLO, Esther, *El lenguaje en el teatro del género chico: aportaciones al estudio del lenguaje popular madrileño (1880-1910),* Tesis Doctoral, Madrid, Universidad Complutense, 1978.

MEMBREZ, Nancy J., *The «Teatro por Horas»: History, Dynamics and Comprehensive Bibliography of a Madrid Industry, 1867-1922 («género chico», «género ínfimo» and Early Cinema),* Santa Barbara, University of California, 1987.

MENARINI, Piero, «Gli anni dei burattini», en Laura Dolfi, ed., *L'imposible/posible di Federico García Lorca: atti del convegno di studi, Salerno, 9-10 maggio 1988,* Napoli, Edizioni Scientifiche Italiane, 1988, pp. 139-154.

MÉNDEZ MOYA, Abelardo, «El teatro breve de Lauro Olmo desde 1975», *Art Teatral. Cuadernos de minipiezas ilustradas,* 6 (1994), pp. 85-88.

—, ed., Antonio Martínez Ballesteros, *La hora del diablo. Situaciones,* Madrid, Fundamentos, 1998.

MENÉNDEZ ONRUBIA, Carmen, «Felipe Godínez: Auto y coloquio de los pastores de Belén», en Luciano García Lorenzo, ed., *El teatro menor en España a partir del siglo XVI: actas del coloquio celebrado en Madrid, 20-22 mayo de 1982,* Madrid, CSIC, 1983, pp. 173-188.

MENÉNDEZ PELAYO, Marcelino, «Calderón y su teatro», en *Estudios y discursos de crítica literaria,* Santander, Aldus S.A. de Artes Gráficas, 1941, vol. III, pp. 85-388.

MENÉNDEZ PIDAL, Ramón, *Poesía juglaresca y orígenes de las literaturas románicas,* Madrid, Instituto de Estudios Políticos, 1957.

MEREDITH, Joseph A., *Introito and Loa in the Spanish Drama of the Sixtheenth Century,* Philadelphia, 1928.

MERINO QUIJANO, Gaspar, *Los bailes dramáticos del siglo XVII,* Tesis Doctoral, Madrid, Universidad Complutense, 1981.

MESA Y ROSALES, Enrique de, *Apostillas a la escena,* Madrid/Buenos Aires, Renacimiento, 1929.

MIGUEL MARTÍNEZ, Emilio, ed., *Los trabajos de Thalía. Perspectivas del teatro español actual,* Gijón, Cátedra Miguel Delibes/Libros del Pexe, 2006.

MILLÁ GACIO, Luis, *Tratado de tratados de declamación,* Barcelona, Biblioteca Teatro Mundial, 1914.

MIRALLES, Alberto, *Teatro breve,* Madrid, Fundamentos, 1998.

—, *Teatro breve (II),* Madrid, Fundamentos, 1999.

—, *Teatro breve (III),* Madrid, Fundamentos, 2003.

—, *Teatro escogido,* Madrid, Asociación de Autores de Teatro, 2004.

MOIX, Terenci, «¡Ritorna cornutissimo!», en *La corte de Faraón,* Madrid, Teatro de la Zarzuela, 1999, pp. 9-13.

MOLERO MANGLANO, Luis, *El teatro español contemporáneo,* Madrid, Editora Nacional, 1974.

MÓNACO, Gabriella del, «Appunti su Antonio Valladares de Sotomayor», *Annali della Facultà di Lettere e Filosofia dell'Università di Napoli,* XXII (1980), pp. 263-277.

—, «Un autore "con" magia», en Ermanno Caldero, *Teatro di Magia,* Roma, Bulzoni, 1983, pp. 165-184.

MONLEÓN, José, *El teatro de Max Aub,* Madrid, Taurus, 1971.

—, *El mono azul, teatro de urgencia y romancero de la guerra civil,* Madrid, Ayuso, 1979.

—, *Tiempo y teatro de Rafael Alberti,* Madrid/Cádiz, Primer Acto/Fundación Rafael Alberti/Diputación de Cádiz, 1990.

MONTANER, Joaquín, *La colección teatral de don Arturo Sedó,* Barcelona, Seix y Barral Hermanos, 1951.

MONTERO ALONSO, José, *Pedro Muñoz Seca. Vida, ingenio y asesinato de un comediógrafo español,* Madrid, Ediciones Españolas, 1939.

—, «Vida, humor y drama de Enrique García Álvarez», en Manuel Díez Crespo, *Serafín y Joaquín Álvarez Quintero. Azorín. Enrique García Álvarez. José Serrano,* Madrid, Sociedad General de Autores y Editores, 1973, pp. 79-100.

MONTERO PADILLA, José, ed., Carlos Arniches, *La pareja científica y otros sainetes,* Salamanca, Anaya, 1964.

MONTOTO DE SEDAS, Santiago, *Doña Feliciana Enríquez de Guzmán,* Sevilla, Imp. de la Diputación Provincial, 1915.

MORAL RUIZ, Carmen del, *La sociedad madrileña fin de siglo y Baroja,* Madrid, Turner, 1974.

MORALEDA, Pilar, «Rasgos unamunianos en el teatro de Pedro Salinas», *Alfinge,* 1 (1983), pp. 113-120.

—, *El teatro de Pedro Salinas,* Madrid, Ediciones Pegaso, 1985.

—, *Temas y técnicas del teatro menor de Max Aub,* Córdoba, Servicio de Publicaciones/Universidad de Córdoba, 1989.

—, «Pedro Salinas: el dramaturgo y las fases de la realidad», en Enric Bou y Elena Gascón-Vera, eds., *Signo y memoria: ensayos sobre Pedro Salinas,* Madrid, Pliegos, 1993, pp. 161-174.

MOREIRO, Julián, introducción, notas y actividades, Miguel Mihura, *Cuentos para perros,* Madrid, Bruño, 1994.

MUNDI PEDRET, Francisco, *El teatro de la Guerra Civil,* Barcelona, Promociones y Publicaciones Universitarias, 1987.

MUÑOZ, Matilde, *Historia del teatro dramático en España,* Madrid, Tesoro, 1948.

—, *Historia de la Zarzuela y el Género Chico,* Madrid, Tesoro, 1965.

MUÑOZ-ALONSO LÓPEZ, Agustín, *Ramón y el teatro (La obra dramática de Ramón Gómez de la Serna),* Cuenca, Universidad de Castilla-La Mancha, 1993.

—, ed., *Teatro español de vanguardia,* Madrid, Castalia, 2003.

MUÑOZ CÁLIZ, Berta, «El teatro de urgencia: la brevedad al servicio de la eficacia», *Cuadernos del Ateneo,* 21 (2006), pp. 17-22.

MUÑOZ MOLINA, Antonio, *Pura alegría,* Madrid, Alfaguara, 1998.

MUÑOZ MORILLEJO, Joaquín, *Escenografía española,* Madrid, Real Academia de Bellas Artes de San Fernando/Imprenta Blass, 1923.

MURO, Miguel Ángel, *El teatro breve de Bretón de los Herreros,* Logroño, Gobierno de la Rioja/Instituto de Estudios Riojanos, 1991.

NAVARRETE PRIETO, Benito, *La pintura andaluza del siglo XVII y sus fuentes grabadas,* Madrid, Fundación de Apoyo a la Historia del Arte Hispánico, 1998.

NAVARRO DURÁN, Rosa, *Poemas inéditos de Félix Persio, «Bertiso»,* Sevilla, Diputación Provincial de Sevilla, 1983.

—, «Presentación a *Siglo de oro tabernario*», en Alberto Miralles, *Teatro breve,* Madrid, Fundamentos, 1998, pp. 117-119.

—, «El entremés, espacio para la transgresión. Los disparates de *La infanta Palancona*», en Olivia Navarro y Antonio Serrano, eds., *En torno al teatro del Siglo de Oro. Jornadas XVI-XVII,* Almería, Instituto de Estudios Almerienses, 2003, pp. 101-115.

—, «Introducción a *Catarocolón*», en Alberto Miralles, *Teatro escogido,* Madrid, Asociación de Autores de Teatro, 2004, pp. 95-99.

NEBRA, José de, y GONZÁLEZ MARTÍNEZ, Nicolás, *Para obsequio a la deidad, nunca es culto la crueldad y Iphigenia en Tracia. Zarzuela,* ed. María Salud Álvarez Martínez, Zaragoza, Institución Fernando el Católico, 1997.

NICASTRO, Guido, *Metastasio e il teatro del primo Settecento,* Roma/Bari, Laterza, 1981.

NIEVA, Francisco, *Esencia y paradigma del «género chico»: discurso leído en abril de 1990, en su recepción pública,* Madrid, Comunidad de Madrid/Consejería de Cultura, 1990.

—, «Los propósitos de este montaje», en *La mala sombra. El mal de amores,* Madrid, Teatro de la Zarzuela, 2004, pp. 51-52.

NIEVA DE LA PAZ, Pilar, «Luces y sombras de la nueva identidad femenina en el teatro español actual», en Wilfried Floeck y María Francisca Vilches de Frutos, eds., *Teatro y sociedad en la España actual,* Madrid/Frankfurt am Main, Iberoamericana/Vervuert, 2004, pp. 65-86.

NIETZSCHE, Friedrich, *Correspondencia,* Madrid, Aguilar, 1989.

O'CONNOR, Patricia W., *Women in the Theater of Gregorio Martínez Sierra,* New York, The American Press, 1966.

—, *Gregorio and María Martínez Sierra,* Boston, Twayne Publishers, 1977.

—, ed., *Plays of protest from de Franco era,* Madrid, Sociedad General Española de Librerías, 1981.

—, «El monólogo y la mujer: una minimeditación», *Art Teatral. Cuadernos de minipiezas ilustradas,* 3 (1991), pp. 91-92.

—, *Dramaturgas españolas de hoy. Una introducción,* Madrid, Fundamentos, 1992, 2ª ed.

—. y PASQUARIELLO, Anthony Michael, *Contemporary Spanish Theater: Seven One-Act Plays,* New York, Scribner's, 1980.

OCTAVIO PICÓN, Jacinto, «Prólogo» a *Cuadros al fresco,* Madrid, Viuda de Hernando y Compañía, 1894a.

—, «Prólogo» a *Teatro de M. Ramos Carrión,* Madrid, Viuda de Hernando y Compañía, 1894b.

OEHRLEIN, Josef, *El actor en el teatro español del Siglo de Oro* (1986), Madrid, Castalia, 1993.

OJEDA CALVO, María del Valle (1995), «Nuevas aportaciones al estudio de la *commedia dell'arte* en España: el *zibaldone* de Stefanello Bottarga», *Criticón,* 63 (1995), pp. 119-138.

OLIVA, César, *Antecedentes estéticos del esperpento,* Murcia, Cuadernos de teatro de la Universidad de Murcia/Ediciones 23-27, 1978.

—, «Tipología de los *lazzi* en los pasos de Lope de Rueda», *Criticón,* 42 (1988), pp. 65-79.

—, *El teatro español desde 1936,* Madrid, Alhambra, 1989.

—, «Otro catarofausto de Miralles», en Alberto Miralles, *Teatro breve (II),* Madrid, Fundamentos, 1999, pp. 15-20.

—, *Teatro español del siglo* XX, Madrid, Síntesis, 2002.

—, *La última escena,* Madrid, Cátedra, 2004.

—, y VILCHES DE FRUTOS, María Francisca, «El teatro», en Santos Sanz Villanueva, coord., *Época contemporánea: 1939-1975, Primer Suplemento,* vol. 8.1., en Francisco Rico, ed., *Historia y crítica de la literatura española,* Barcelona, Crítica, 1999, pp. 559-604.

OLMO, Lauro, *Teatro completo,* Madrid, Asociación de Autores de Teatro, 2004.

ONRUBIA DE MENDOZA, José, *El teatro de José de Cañizares (Resumen de tesis),* Barcelona, Universidad de Barcelona, 1965.

ORDUÑA, Javier, *El teatre alemany contemporani a l'estat espanyol fins el 1975,* Barcelona, Institut del teatre, 1988.

ORSINO, Margherita, «Errances d'Arlequin: Pierre-François Biancolelli aux théâtres de la Foire entre 1708 et 1717», en Irène Mamczarz, dir., *La commedia dell'arte, le théâtre forain et les spectacles de plein air en Europe.* XVI^e^-XVIII^e^ *siècles,* Paris, Klincksieck, 1998, pp. 115-127.

ORTEGA Y GASSET, José, *Meditaciones del «Quijote»,* ed. Julián Marías, Madrid, Cátedra, 1984.

OTEIZA, Blanca, «*Quien es quien premia amor* de Bances Candamo: propuesta de estructuración dramática», en Odette Gorsse y Frédéric Serralta, coords., *El Siglo de Oro en escena: homenaje a Marc Vitse,* Toulouse, Presses Universitaires du Mirail, 2006, pp. 695-706.

PACO, Mariano de, ed., *Estudios sobre Buero Vallejo,* Murcia, Universidad de Murcia, 1984.

—, ed., *Creación escénica y sociedad española,* Murcia, Universidad de Murcia, 1998.

—, «El teatro de los Quintero en la posguerra: dos visiones en la escena», en María del Mar Albero Muñoz y Manuel Muñoz Cortés, eds., *Homenaje al académico Manuel Muñoz Cortés*, Murcia, Real Academia Alfonso X el Sabio, 2002, pp. 239-247.

— «Proveedores de la Real Casa», en Alberto Miralles, *Teatro breve (III)*, Madrid, Fundamentos, 2003, pp. 193-197.

—, «Introducción» a Serafín y Joaquín Álvarez Quintero, *El ojito derecho. Amores y amoríos. Malvaloca*, Madrid, Castalia, 2007a, pp. 7-49.

—, *El teatro de los Hermanos Quintero. Análisis y recepción*, Murcia, Universidad de Murcia, 2007b.

—, y DÍEZ DE REVENGA, Francisco Javier, eds., *Jacinto Benavente en el teatro español*, Murcia, Fundación Caja Murcia, 2005.

PALACIO, Jean de, *Pierrot fin-de-siècle ou Les métamorphoses d'un masque*, Paris, Séguier, 1990.

PALACIOS FERNÁNDEZ, Emilio, *Vida y obra de Samaniego*, Vitoria, Fundación Sancho el Sabio, 1975.

—, «La descalificación moral del sainete dieciochesco», en Luciano García Lorenzo, ed., *El teatro menor en España a partir del siglo XVI: actas del coloquio celebrado en Madrid, 20-22 mayo de 1982,* Madrid, CSIC, 1983, pp. 215-233.

—, «El teatro en el siglo XVIII (hasta 1808)», en José María Díez Borque, dir., *Historia del teatro en España. Tomo II: Siglo XVII. Siglo XIX,* Madrid, Taurus, 1988, pp. 57-376.

—, «La comedia de santos en el siglo XVIII: críticas a un género tradicional», en Francisco Javier Blasco, Ermanno Caldera, Joaquín Álvarez Barrientos, Ricardo de la Fuente, eds., *La comedia de magia y de santos*, Madrid, Júcar, 1992, pp. 245-260.

—, «Breve noticia sobre Luis Moncín, actor y poeta dramático en los coliseos del siglo XVIII», en Joaquín Álvarez Barrientos y José Checa Beltrán, eds., *El siglo que llaman ilustrado. Homenaje a Francisco Aguilar Piñal*, Madrid, CSIC, 1996, pp. 689-706.

—, «Teatro», en Francisco Aguilar Piñal, coord., *Historia Literaria de España en el siglo XVIII*, Madrid, Editorial Trotta/CSIC, 1996, pp. 135-233.

—, «Ramón de la Cruz, pintor del paisaje urbano de Madrid», *Anales del Instituto de Estudios Madrileños*, XXXVII (1997), pp. 359-380.

—, *El teatro popular español del siglo XVIII*, Lleida, Editorial Milenio, 1998.

—, ed., Félix María de Samaniego, *Obras completas,* Madrid, Biblioteca Castro, 2001.

—, «Samaniego en la corte de Carlos III: gestiones políticas, tertulias literarias, polémicas teatrales», en *Félix María Samaniego y la literatura de la Ilustración,* ed. Emilio Palacios Fernández, Madrid, Biblioteca Nueva/RSBAP, 2002a, pp. 129-201.

—, *La mujer y las letras en la España del siglo XVIII*, Madrid, Ediciones del Laberinto, 2002b.

—, «Loas cómicas de Luis Moncín: pervivencia de un género breve a finales del siglo XVIII», en Patrizia Garelli y Giovannu Marchetti, eds., *«Un hombre de bien»: saggi di lingue e letterature iberiche in onore di Rinaldo Froldi*, Alessandria, Edizioni dell'Orso, 2004, vol. II, pp. 249-261.

—, ÁLVAREZ BARRIENTOS, Joaquín, y SÁNCHEZ GARCÍA, María del Carmen, eds., José Antonio Armona y Murga, *Memorias cronológicas sobre el teatro en España (1785)*, Vitoria, Diputación Foral de Álava/Servicio de Publicaciones, 1988.

PALLARÉS MORENO, José, «Una apuesta teatral de Tomás de Iriarte: *Guzmán el Bueno*», en *El mundo hispánico en el Siglo de las Luces*, Madrid, Editorial Complutense/Sociedad Española de Estudios del Siglo XVIII, 1996, vol. II, pp. 1001-1014.

PAVIS, Patrice, *Diccionario del Teatro. Dramaturgia, estética, semiología,* trad. de Fernando de Toro, Barcelona, Paidós, 1980.

PAZ GAGO, José María, «*El orinal de oro*», en Lauro Olmo, *Teatro completo*, Madrid, Asociación de Autores de Teatro, 2004, vol. II, pp. 581-583.

PELÁEZ MARTÍN, Andrés, ed., *Historia de los Teatros Nacionales*, Madrid, Centro de Documentación Teatral, vol. I, 1993, vol. II, 1995.

PELÁEZ PÉREZ, Víctor Manuel, «*Los amantes de Teruel* de Hartzenbusch en solfa», *STICHOMYTHIA. Revista de teatro español contemporáneo*, 2 (2004), 42 p.

PEÑA, Juan Francisco, *El teatro de Francisco Nieva*, Alcalá de Henares, Universidad de Alcalá, 2001.

PEÑA, Margarita, «Juan Ruiz de Alarcón: biografía y comedias», en Ignacio Arellano, coord., *Paraninfos, segundones y epígonos de la comedia del Siglo de Oro*, Barcelona, Anthropos, 2004, pp. 61-68.

PEÑA MUÑOZ, Manuel, «El sainete gaditano de Juan Ignacio González del Castillo», *Nueva Revista del Pacífico*, 7-8 (1977), pp. 38-50.

PERAL VEGA, Emilio, «*Farsas para títeres* de Eduardo Blanco-Amor: tradición y vanguardia», *Cuadernos para Investigación de la Literatura Hispánica*, 24 (1999), pp. 43-57.

—, «Burla clásica-burla moderna: el personaje de Perlimplín», en Javier Huerta Calvo, Emilio Javier Peral Vega y Jesús Ponce Cárdenas, coords., *Tiempo de burlas. En torno a la literatura burlesca del Siglo de Oro,* Madrid, Verbum, 2001a, pp. 223-244.

—, *Formas del teatro breve español en el siglo XX (1892-1939),* Madrid, Fundación Universitaria Española, 2001b.

—, «*La verdad vestida*, de Eduardo Blanco-Amor: del auto sacramental al entremés», en Javier Huerta Calvo, Emilio Peral Vega y Héctor Urzáiz Tortajada, eds., *Calderón en Europa: actas del seminario internacional celebrado en la Facultad de Filología de la Universidad Completense de Madrid, 23-26 octubre 2000,* Madrid/Franckfurt am Main, Iberoamericana/Vervuert, 2002, pp. 101-111.

—, «El concepto de farsa en el teatro de Casona», en Antonio Fernández Insuela, *et al.*, eds., *Actas del «Homenaje a Alejandro Casona (1903-1965)»: congreso Internacional en el centenario de su nacimiento,* Oviedo, Fundación Universidad de Oviedo/Ediciones Nobel, 2004a, pp. 439-450.

—, «El teatro breve de Jacinto Benavente», *Cuadernos para Investigación de la Literatura Hispánica,* 29 (2004b), pp. 17-37.

—, «Morir y matar amando: *Amor de don Perlimplín con Belisa en su jardín*», *Crítica teatral y cánones del gusto,* número monográfico de *Arbor,* 699-700 (marzo-abril 2004c), pp. 691-702.

—, «Aspectos de la modernidad en el teatro de Jacinto Benavente», *Jacinto Benavente. 50 años de su muerte,* número monográfico de *Cuadernos del Lazarillo,* 26/1 (2004d), pp. 40-43.

—, «Introducción a *Los novios de la muerte,* de José María Rodríguez Méndez», en *Obras completas,* Madrid, SGAE, 2005, vol. II, pp. 597-600.

—, «El *Retablo* de La Abadía», *Valle-Inclán en escena,* número monográfico de *Ínsula,* 712 (2006), pp. 17-18.

—, *La vuelta de Pierrot. Poética moderna de una máscara antigua,* Madrid, Edinexus, 2007.

—, *De un teatro en silencio: la pantomima en España de 1890 a 1939,* Barcelona, Anthropos, 2008a.

—, «Entre denuncia y melodreama: *Juan José* y el teatro de Joaquín Dicenta», *Revista de Literatura,* 139 (2008b), pp. 65-82.

PERDOMO, Unvelina, «El *Grand-Guignol* y el *Retablo de la avaricia, la lujuria y la muerte*», en Manuel Aznar Soler y Juan Rodríguez, eds., *Valle Inclán y su obra: actas del Primer Congreso Internacional sobre Valle-Inclán (Bellaterra, 16-20 de noviembre de 1992),* Barcelona, Cop d'Idees/Taller d'Investigacions Valleinclanianes, 1995, pp. 609-615.

—, *El «Retablo de la avaricia, la lujuria y la muerte» de Ramón María del Valle-Inclán y la tradición satírica,* Barcelona, 1999 [Tesis Doctoral].

PÉREZ BOWIE, José Antonio, «La recepción del cine en la práctica teatral de Muñoz Seca», en Marieta Cantos Casenave y Alberto Romero Ferrer, eds., *El teatro de humor en la guerra y la posguerra española: actas del III Congreso Internacional de Historia y Crítica del Teatro de Comedias, El Puerto de Santa María, 26, 27 y 28 de agosto de 1998,* Cádiz, Servicio de Publicaciones de Universidad de Cádiz/Fundación Pedro Muñoz Seca, 2001, pp. 195-208.

—, *Realismo teatral y realismo cinematográfico. Las claves de un debate (España 1910-1936)*, Madrid, Biblioteca Nueva, 2004.

PÉREZ CASTILLO, Belén, «Introducción» a Federico Chueca y Ricardo de la Vega, *El año pasado por agua: revista general de 1888 en un acto*, Madrid, Instituto Complutense de Ciencias Musicales, 1997.

PÉREZ DE AYALA, Ramón, *Las máscaras*, Madrid, Biblioteca Castro, 2003.

PÉREZ DE LEÓN, Vicente, *Tablas destempladas: los entremeses de Cervantes a examen*, Alcalá de Henares, Centro de Estudios Cervantinos, 2005.

PÉREZ MARTÍNEZ, José V., *Anales del teatro y de la música*, Madrid, Librería Gutenberg, 1884.

PÉREZ PRIEGO, Miguel Ángel, «Sánchez de Badajoz y otros autores», en Javier Huerta Calvo, dir., *Historia del Teatro Español, vol. I: De la Edad Media a los Siglos de Oro*, Fernando Doménech Rico y Abraham Madroñal Durán, coords., Madrid, Gredos, 2003, pp. 371-388.

PÉREZ-RASILLA, Eduardo, «Notas para la caracterización de la joven literatura dramática española. Entre la farsa y la vanguardia», *Primer Acto*, 249 (1993), pp. 26-30.

—, «Dramaturgas españolas contemporáneas», *ADE-Teatro*, 50-51 (1996), pp. 87-90.

—, ed., *Antología del teatro breve español (1898-1940)*, Madrid, Biblioteca Nueva, 1997.

—, «El teatro desde 1975», en Javier Huerta Calvo, dir., *Historia del teatro español, vol. II: Del siglo XVIII a la época actual*, Fernando Doménech Rico y Emilio Peral Vega, coords., Madrid, Gredos, 2003, pp. 2855-2883.

—, y ARAGÓN PIVIDAL, Agustina, «Introducción» a Eduardo Quiles, *Teatro del personaje. Obra escogida*, Madrid, Asociación de Autores de Teatro, 2001, pp. 27-46.

—, y CHECA PUERTA, Julio Enrique, *El Premio Lope de Vega: historia y desarrollo*, Madrid, Publicaciones de la Asociación de Directores de Escena de España, 2006.

PÉREZ TEIJÓN, Josefina, *Contribución al estudio lingüístico del siglo XVIII. Los sainetes de Juan Ignacio González del Castillo*, Salamanca, Ediciones de la Universidad de Salamanca, 1985.

—, *Aportaciones al estudio de la literatura popular y burlesca del siglo XVIII (léxico y fraseología)*, Salamanca, Universidad de Salamanca, 1990.

—, «El amor como "substancia". Expresiones metafóricas ocasionales en dos sainetes de Juan Ignacio González del Castillo», en *Estudios dieciochistas en homenaje al profesor José Miguel Caso González*, Oviedo, Instituto Feijoo de Estudios del Siglo XVIII, 1995, vol. II, pp. 253-261.

PEYRONNET, Pierre, *La Mise en scène au XVIIIᵉ siècle*, Paris, Nizet, 1974.

PEYTAVY, Christian, *Les sainetes de Sebastián Vázquez: entre tradition et modernité (1773-1793)*, Pau, Tesis Doctoral sin publicar, 2006.

PICÓN, Jacinto Octavio, «Prólogo» a *Teatro de Miguel Ramos Carrión*, Madrid, Viuda de Hernando y Compañía, 1894.

*Pipirijaina*, edición facsímil digital, Madrid, CDT, 2002.

PLAZA CARRERO, Nuria, «La catalogación bibliográfica de las loas del siglo XVII: problemática general», en María Luisa Lobato y Francisco Domínguez Matito, eds., *Memoria de la palabra: actas del VI Congreso de la Asociación Internacional Siglo de Oro, Burgos, La Rioja, 15-19 de julio 2002*, Madrid/Frankfurt am Main, Iberoamericana/Vervuert, 2004.

PLAZA CHILLÓN, José Luis, *Escenografía y artes plásticas: el teatro de Federico García Lorca y su puesta en escena (1920-1935)*, Granada, Fundación Caja de Granada, 1998.

POBLACIÓN, Félix, «Lauro Olmo, la vieja jerga nacional», *El Público*, 33 (1986), p. 13.

POPKIN, Louise Betsy, *The Theatre of Rafael Alberti*, London, Tamesis Books, 1976.

PÖRTL, Klaus, «El nuevo teatro español. La quiebra del sistema político y social en Antonio Martínez Ballesteros y Miguel Romero Esteo», *ALE*, 4 (1985), pp. 363-381.

—, «El teatro de Eduardo Quiles», *Hispanorama*, 71 (1995), pp. 41-46.

—, «La obra dramática de Antonio Martínez Ballesteros», en *Estudios de Literatura Española de los siglos XIX y XX. Homenaje a Juan María Díez Taboada*, Madrid, CSIC, 1998, pp. 682-695.

—, «El teatro posfranquista de Antonio Martínez Ballesteros: ¿un cambio de postura y temática?», en Herbert Fritz y Klaus Pörtl, eds., *Teatro contemporáneo español posfranquista. Autores y tendencias*, Berlín, Edición Tranvía/Verlag Walter Frey, 2000, vol. I, pp. 55-64.

PORTÚS PÉREZ, Javier, *La antigua procesión del Corpus Christi en Madrid*, Madrid, Comunidad de Madrid/Consejería de Educación y Cultura/Centro de Estudios y Actividades Culturales, 1993.

PRATS RIVELLES, Rafael, «Eduardo Quiles nos habla de su teatro» y «Un teatro para la libertad», *Valencia Atracción*, 531 (abril 1979).

PRÉ, Corinne, «L'utilisation des timbres dans les pièces en vaudevilles des théâtres de la Foire», en Irène Mamczarz, dir., *La commedia dell'arte, le théâtre forain et les spectacles de plein air en Europe. XVIᵉ-XVIIIᵉ siècles*, Paris, Klincksieck, 1998, pp. 137-147.

*Primer Acto*, núms. 1-300, edición facsímil digital, Madrid, CDT, 2004.

PROFETI, Maria Grazia, ed., Luis Vélez de Guevara, *El verdugo de Málaga*, Zaragoza, Ebro, 1975.

—, «Una *Loa sacramental* en jerga morisca», *Segismundo*, 35 (1982), pp. 59-77.

—, «*La escuela de danzar* di Francisco Navarrete y Ribera», *Dicenda*, 7 (1987), pp. 439-448.

PROPP, Vladimir, *Morfología del cuento*, Madrid, Fundamentos, 1981, 5ª ed.

PUCHADES, Xavier, «De la brevedad a la intensidad en el teatro de Lluïsa Cunillé», *Art Teatral. Cuadernos de minipiezas ilustradas*, 15 (2001), pp. 93-99.

PULLINI, Giorgio, *Il teatro in Italia. III. Settecento e Ottocento*, Roma, Studium, 1995.

QUILES, Eduardo, *El Carnaval del relajo*, Valencia, Prometeo, 1981.

—, «El teatro corto. ¿Cuestión de folios o de síntesis?», *Las Puertas del Drama*, 4 (2000), pp. 7-9.

—, *Teatro del personaje. Obra escogida*, Madrid, Asociación de Autores de Teatro, 2001; en particular «Mi teatro del personaje», pp. 81-84; y «Compromiso ético y estético del autor teatral», pp. 85-101.

—, «Escenarios del exilio», *Las Puertas del Drama*, 12 (2002), pp. 8-13.

QUINTANA JATO, Beatriz, «Vida y obra del palentino Sinesio Delgado», en *Actas del III Congreso de Historia de Palencia: 30, 31 de marzo y 1 de abril de 1995*, Palencia, Diputación Provincial de Palencia/Departamento de Cultura, 1995, vol. III, pp. 339-353.

—, *Sinesio Delgado y el Madrid del 98: una aproximación al ilustre fundador de la Sociedad de Autores y a su época*, Palencia, Cálamo, 1999.

RAGUÉ-ARIAS, María José, *El teatro español al final del milenio*, Barcelona, Ariel, 1996.

—, «La creación del primer espectáculo cátaro: *La guerra y el hombre*», en Alberto Miralles, *Teatro breve*, Madrid, Fundamentos, 1998, pp. 39-44.

—, «Cataluña: textos y representaciones», en José Romera Castillo y Francisco Gutiérrez Carbajo, eds., *Teatro histórico (1975-1998): textos y representaciones. Actas del VIII Seminario Internacional del Instituto de Semiótica Literaria, Teatral y Nuevas Tecnologías de la UNED: Cuenca, UIMP, 25-28 de junio 1998*, Madrid, Visor Libros, 1999, pp. 205-220.

—, «El público: repercusión social del teatro contemporáneo y función de la crítica, o la insatisfacción de un crítico teatral», *ADE-Teatro*, 85 (abril–junio 2001), pp. 31-36.

—, «La creación del primer espectáculo cátaro: *La guerra y el hombre*», en Alberto Miralles, *Teatro escogido*, Madrid, Asociación de Autores de Teatro, 2004, pp. 39-44.

RAMOS, Vicente, *Vida y teatro de Carlos Arniches*, Madrid, Alfaguara, 1966.

RECASENS BARBERÀ, Albert, *Las zarzuelas de Antonio Rodríguez de Hita (1722-1787). Contribución al estudio de la zarzuela madrileña hacia 1760-1770*, Louvain-la-Neuve, Université Catholique de Louvain, 2001.

RECK, Isabelle, «El teatro español de los noventa: el "humorismo" como clave estética», en Wilfried Floeck y María Francisca Vilches de Frutos, eds., *Teatro y sociedad en la España actual*, Madrid/Frankfurt am Main, Iberoamericana/ Vervuert, 2004, pp. 321-334.

RECOULES, Henri, *Les intermèdes des collections imprimées. Vision caricaturale de la société espagnole au XVIᵉ siècle*, Tesis Doctoral, Lille, Université de Lille III, 1973, 2 vols.

—, «Romancero y entremés», *Segismundo*, 40 (1975), pp. 9-27.

—, «Motivos entremesiles en el "Don Juan" de Molière», *Boletín de la Real Academia Española*, 60 (1980), pp. 143-163.

REED, Cory A., *The novelist as playwright: Cervantes and the Entremés nuevo,* New York, Peter Lang, 1993.

RETANA, Álvaro, *Los favoritos de la fama: Egmont de Bries*, Madrid, R. Caro Raggio, 1921.

—, *Historia de la canción española*, Madrid, Tesoro, 1967.

REVILLA, Manuel de la, «La decadencia de la escena española y el deber del gobierno» (1876), en *Obras de D. Manuel de la Revilla,* Madrid, Imprenta Central a cargo de Víctor Sáiz, 1883.

REY FARALDOS, Gloria, «El teatro de las Misiones Pedagógicas», en Dru Dougherty y María Francisca Vilches de Frutos, eds., *El teatro en España entre la tradición y la vanguardia (1918-1939)*, Madrid, CSIC/Fundación Federico García Lorca/Tabacalera, 1992, pp. 153-164.

REY-FLAUD, Bernardette, *La Farce ou la machine à rire. Théorie d'un genre dramatique (1450-1550),* Genève, Droz, 1984.

REY HAZAS, Antonio, *Miguel de Cervantes: literatura y vida*, Madrid, Alianza Editorial, 2005.

REYES PEÑA, Mercedes de los, «Una fiesta teatral española en la corte de Viena (1667)», en Heraclia Castellón Alcalá, Agustín de la Granja y Antonio Serrano Agulló, coords., *En torno al teatro del Siglo de Oro: actas de las Jornadas I-VI celebradas en Almería*, Almería, Instituto de Estudios Almerienses de la Diputación de Almería, 1995, pp. 193-232.

—, ed., *La presencia de la mujer en el teatro barroco español*, Sevilla, Junta de Andalucía/Consejería de Cultura/Festival de Almagro, 1998.

—, y BOLAÑOS, Piedad, «El Patio de las Arcas de Lisboa a finales del siglo XVII: comparación con el corral castellano», *Diálogos Hispánicos de Ámsterdam,* núm. 8, 3 (1989), pp. 811-842 (ejemplar dedicado a: *El teatro español a fines del siglo XVII. Historia, cultura y teatro en la España de Carlos II. Representaciones y fiestas*).

—, «Presencia de comediantes españoles en el Patio de las Arcas de Lisboa (1608-1640)», en Heraclia Castellón Alcalá, Agustín de la Granja y Antonio

Serrano Agulló, coords., *En torno al teatro del Siglo de Oro: actas delas jornadas VII-VIII celebradas en Almería*, Almería, Instituto de Estudio Almerienses, 1992, pp. 105-136.

RHOADES, Duane, «Bibliografía anotada de un olvidado género neoclásico en el teatro hispánico: escena sola, monólogo, soliloquio, lamentación, declamación, unipersonal, o llámese como se quisiere», *Revista de Literatura*, LI (1989), pp. 191-216.

RIANDÈRE LA ROCHE, Josette, «La satire du "monde à l'envers" et ses implications politiques dans la *Hora de todos* de Quevedo», en *L'image du monde renversé et ses représentations littéraires de le fin du XVIᵉ siècle au milieu du XVIIᵉ: colloque international, Tours, 17-19, Novembre 1977: études*, Paris, Librairie Philosophique J.Vrin, 1979, pp. 55-71.

RIAZA, Luis, *Revolución de trapo*, Madrid, Valldum, 1990.

RICH GREER, Margaret, y VAREY, John E., eds., *El teatro palaciego en Madrid: 1586-1707*, Madrid, Tamesis Books Limited, 1997.

RICO, Francisco, «Para el itinerario de un género menor: algunas loas de la *Quinta parte* de comedias», en David Kossoff y José Amor y Vázquez, eds., *Homenaje a William L. Fichter*, Madrid, Castalia, 1971, pp. 611-621.

—, dir., *Historia y crítica de la literatura española. Vol. 8/1: Época contemporánea: 1939-1975, Primer suplemento*, Barcelona, Crítica, 1999.

RÍOS CARRATALÁ, Juan Antonio, «González del Castillo, algo más que un autor de sainetes», *Dieciocho*, 10, 2 (1987), pp. 159-167.

—, ed., *Arniches*, Alicante, Caja de Ahorros Provincial de Alicante, 1990.

—, *Estudios sobre Carlos Arniches*, Alicante, Instituto de Cultura Juan Gil-Albert/Diputación de Alicante, 1994.

—, ed., Carlos Arniches, *La señorita de Trevélez. Los caciques*, Madrid, Castalia, 1996; 2ª ed, 1997.

—, «Las parodias del melólogo: Samaniego frente a Iriarte», *Scriptura*, 15 (1999), pp. 89-98.

—, *Cómicos ante el espejo: los actores españoles y sus memorias*, Alicante, Universidad de Alicante, 2001.

—, «Los hermanos Quintero», en Javier Huerta Calvo, dir., *Historia del teatro español, vol. II: Del siglo XVIII a la época actual*, Fernando Doménech Rico y Emilio Peral Vega, coords., Madrid, Gredos, 2003, pp. 2407-2411.

—, *La memoria del humor*, Alicante, Universidad de Alicante, 2005.

RÍPODAS ARDANAZ, Daisy, ed., Sebastián Rodríguez Villaviosa, *La vida holgona. Entremés*, Madrid, Atlas, 1991.

RIVEIRO, José, «Valle-Inclán y Blanco-Amor», *Anthropos*, 158-159 (1994), pp. 116-125.

ROBERTSON, Sandra C., *The Resurgence of the Theater of Popular Poetry: Federico García Lorca and Rafael Alberti*, San Diego, University of California, 1984.

RODRÍGUEZ, Alberto, *Comedias burlescas del Siglo de Oro*, Madrid/Frankfurt am Main, Iberoamericana/Vervuert, vol. IV, 2003.

RODRÍGUEZ ADRADOS, Francisco, *Fiesta, comedia y tragedia*, Madrid, Alianza, 1983.

RODRÍGUEZ CUADROS, Evangelina, *La técnica del actor español en el Barroco. Hipótesis y documentos,* Madrid, Castalia, 1998.

—, «La sonrisa de Menipo: el teatro breve de Calderón ante su cuarto centenario», en Luciano García Lorenzo, ed., *Estado actual de los estudios calderonianos,* Kassel, Festival de Almagro/Reichenberger, 2000, pp. 99-186.

—, y TORDERA, Antonio, *Calderón y la obra corta dramática del siglo XVII*, London, Tamesis Books, 1983a.

—, «Intención y morfología de la mojiganga en Calderón de la Barca», en Luciano García Lorenzo, ed., *Calderón: actas del Congreso Internacional sobre Calderón y el Teatro Español del Siglo de Oro: Madrid, 8-13 de junio de 1981,* Madrid, CSIC, 1983b, pp. 817-824.

—, «Ligaduras y retórica de libertad: la jácara», en *El teatro menor en España a partir del siglo XVI: actas del coloquio celebrado en Madrid 20-22 de mayo de 1982,* Madrid, CSIC, 1983c, pp. 121-136.

—, *La escritura como espejo de palacio*, Kassel, Reichenberger, 1985.

—, *Calderón*, Madrid, Síntesis, 2002.

RODRÍGUEZ G. DE CEBALLOS, Alfonso, «Teatro y espacio sacro en el Barroco», en José María Díez Borque, *Espacios teatrales del Barroco Español. XIII Jornadas de teatro clásico (Almagro, 1990),* Kassel, Reichenberger, 1991, pp. 101-120.

RODRÍGUEZ MÉNDEZ, José María, «Lo que queda de los hermanos Quintero», *Revista de Occidente*, 117 (1972), pp. 307-329.

RODRÍGUEZ RICHART, José, *Vida y teatro de Alejandro Casona*, Oviedo, Instituto de Estudios Asturianos, 1963.

—, «Sobre el teatro de Pedro Salinas», *Ínsula*, 540 (1991), pp. 22-23.

—, «Casona y el teatro del exilio», en Javier Huerta Calvo, dir., *Historia del Teatro Español, vol. I: De la Edad Media a los Siglos de Oro*, Fernando Doménech Rico y Abraham Madroñal Durán, coords., Madrid, Gredos, 2003, pp. 2665-2685.

RODRÍGUEZ SÁNCHEZ, Tomás, *Catálogo de dramaturgos españoles del siglo XIX*, Madrid, Fundación Universitaria Española/Centro de Documentación Teatral, Instituto Nacional de las Artes Escénicas y la Música/Ministerio de Cultura, 1994.

RODRÍGUEZ SÁNCHEZ DE LEÓN, María José, «Poética y teatro. La teoría dramática en los siglos XVIII y XIX», en María José Vega, *et al.*, eds., *Poética y teatro. La teoría dramática del Renacimiento a la Posmodernidad*, Barcelona/Pontevedra, Seminario de Poética Europea del Renacimiento/ Universitat Autónoma de Barcelona/Mirabel Editorial, 2004, pp. 229-267.

RODRÍGUEZ VILLA, Antonio, ed., *La corte y monarquía de España en los años 1636 y 1637*, Madrid, L. Navarro, 1886.

ROMERA CASTILLO, José, «Sobre el *Entremés de Las visiones* de Bances Candamo», en Javier Huerta Calvo, Harm den Boer y Fermín Sierra Martínez, eds., *El teatro español a fines del siglo XVII. Historia, cultura y teatro en la España de Carlos II,* Amsterdam, Rodopi, 1989, vol. II, pp. 527-542.

—, «El buen humor (en el teatro) de Antonio Gala», en *La comedia española, entre el realismo, la provocación y las nuevas formas (1950-2000): actas del IV y V Congreso Internacional de Historia y Crítica del Teatro de Comedias, El Puerto de Santa María, abril de 2000 y 2002,* Puerto de Santa María, Fundación Pedro Muñoz Seca, 2003, pp. 213-224.

ROMERO FERRER, Alberto, «Un ataque a la estética de la razón. La crítica ilustrada frente a la tonadilla escénica: Jovellanos, Iriarte y Leandro Fernández de Moratín», *Cuadernos de Ilustración y Romanticismo*, I (1991), pp. 105-128.

—, *El género chico. Introducción al estudio del teatro corto fin de siglo*, Cádiz, Universidad de Cádiz, 1993a.

—, «Un perfil educador del siglo ilustrado: lujo y teatro en el Cádiz del XVIII», en *De la Ilustración al Romanticismo. VI Encuentro: Carlos III: dos siglos después: Cádiz, 7-9 de abril 1988,* Cádiz, Universidad de Cádiz, 1993b, vol. I, pp. 97-105.

—, «El sainete *La boda de Luis Alonso o La noche del encierro* (1897) de Javier de Burgos: estudio y edición», *Cuadernos de Ilustración y Romanticismo*, 4-5 (1997), pp. 173-232.

—, «En torno al costumbrismo del *Género Andaluz* (1839-1861): cuadros de costumbres, tipos y escenas», en Joaquín Álvarez Barrientos y Alberto Romero Ferrer, eds., *Costumbrismo Andaluz*, Sevilla, Universidad de Sevilla, 1998, pp. 125-148.

—, «La tradición del sainete andaluz en el teatro cómico del siglo XIX», *Scriptura*, 15 (1999), pp. 77-88.

—, «Del género chico al sainete arnichesco», *Ínsula*, 639-640 (2000), pp. 23-26.

—, «Algunas notas sobre las ediciones de González del Castillo», *Cuadernos de Ilustración y Romanticismo*, 9 (2001), pp. 135-147.

—, *et al., Catálogo de Autores Dramáticos Andaluces (1800-1897)*, Sevilla, Consejería de Cultura de la Junta de Andalucía/Centro de Documentación de las Artes Escénicas de Andalucía, 2002, 2 vols.

—, «Tras el rastro de González del Castillo en la historia del teatro breve: un estado de la cuestión», *Dieciocho,* 26.2 (2003a), pp. 223-240.

—, «El género chico», en Javier Huerta Calvo, dir., *Historia del teatro español, vol. II: Del siglo XVIII a la época actual,* Fernando Doménech Rico y Emilio Peral Vega, coords., Madrid, Gredos, 2003b, pp. 2031-2050.

—, ed., *Antología del género chico,* Madrid, Cátedra, 2005a.

—, ed., *Juan Ignacio González del Castillo (1763-1800). Estudios sobre su obra,* Cádiz, Fundación Municipal de Cultura de Cádiz/Servicio de Publicaciones de la Universidad de Cádiz/Grupo de Estudios del Siglo XVIII, 2005b.

—, «Julián Romea y el andalucismo del género chico. La mini-saga de *Luis Alonso*», en *El baile de Luis Alonso y La boda de Luis Alonso,* Libro del Teatro de La Zarzuela, Madrid, Ministerio de Cultura, 2006, pp. 9-23.

—, «El sainete y la tonadilla en los orígenes del costumbrismo andaluz», en Joaquín Álvarez Barrientos y Begoña Lolo, eds., *Teatro y música en España: los géneros breves en la segunda mitad del siglo XVIII,* Madrid, CSIC/Universidad Autónoma de Madrid, 2007 (en prensa).

—, y CANTOS CASENAVE, Marieta, eds., *Entrada general y Los morenos, o, Estreno del episodio dramático, en verso, original de Don Ananías Gómez titulado ¡Ay de mí!,* El Puerto de Santa María, Fundación Pedro Muñoz Seca/Hogar Sur, Jerez, 1995.

, coords., *¿De qué se venga Don Mendo? Teatro e intelectualidad en el primer tercio del siglo XX: actas del Congreso Internacional conmemorativo del 125 aniversario del nacimiento de Pedro Muñoz Seca,* Puerto de Santa María Fundación Pedro Muñoz Seca, 2004.

—, y MORENO MENGÍBAR, Andrés, eds., *Manuel García: de la tonadilla escénica a la ópera española (1775-1832),* Cádiz, Universidad de Cádiz/Centro de Documentación Musical de Andalucía, 2006.

ROSE, Constance H., y OELMAN, Timothy, eds., Antonio Enríquez Gómez, *Loa sacramental de los siete planetas,* Exeter, University of Exeter, 1987.

ROUGEMONT, Martine de, *La Vie théâtrale en France au XVIIIᵉ siècle,* Paris/Genève, Champion/Slatkine, 1988.

ROYO LATORRE, María Dolores, ed., Francisco Mariano Nipho, *Escritos sobre teatro, con el sainete El tribunal de la poesía dramática,* Teruel, Instituto de Estudios Turolenses/Ayuntamiento de Alcañiz/Centro de Estudios Bajoaragoneses, 1996.

RUGGERI MARCHETTI, Magda, «Presentación», en Alberto Miralles, *Teatro breve,* Madrid, Fundamentos, 1998, pp.17-20.

—, «Itinerario creativo de una actividad dramática», en José Àngel Ascunce Arrieta, coord., *Once ensayos en busca de un autor: Alfonso Sastre,* Hondarribia (Guipúzcoa), Argitaletxe Hiru, 1999, pp. 13-110.

RUBIO JIMÉNEZ, Jesús, *El teatro poético en España. Del modernismo a las vanguardias*, Murcia, Universidad de Murcia, 1993.

—, *El conde de Aranda y el teatro,* Zaragoza, Ibercaja, 1998.

—, «El difícil arte de la caricatura escénica: astracán, tragedia grotesca y esperpento», en Alberto Romero Ferrer y Marieta Cantos Casenave, coords., *¿De qué se venga Don Mendo? Teatro e intelectualidad en el primer tercio del siglo XX: actas del Congreso Internacional conmemorativo del 125 aniversario del nacimiento de Pedro Muñoz Seca,* Puerto de Santa María Fundación Pedro Muñoz Seca, 2004, pp. 201-224.

RUIZ, María Reina, *Monstruos, mujer y teatro en el Barroco: Feliciana Enríquez de Guzmán, primera dramaturga española*, New York, Peter Lang, 2005.

RUIZ ALBÉNIZ, Víctor (*Chispero*), *Teatro Apolo: historial, anecdotario y estampas madrileñas de su tiempo (1873-1929)*, Madrid, Prensa Castellana, 1953.

RUIZ RAMÓN, Francisco, *Historia del teatro español. Siglo XX*, Madrid, Cátedra, 1975.

—, *Historia del teatro español (desde sus orígenes hasta 1900),* Madrid, Cátedra, 1996.

—, «Los hermanos Álvarez Quintero: Serafín (1871-1938) y Joaquín (1873-1944», en *Historia del teatro español (Siglo XX)*, Madrid, Cátedra, 2001, 12ª ed., pp. 49-53.

RULL, Enrique, «Apuntes para un estudio sobre la función teológico-política de la "loa" en el Siglo de Oro», en Ignacio Arellano, Kurt Spang y María Carmen Pinillos, eds., *Apuntes sobre la loa sacramental y cortesana. Loas completas de Bances Candamo*, Kassel, Reichenberger, 1994, pp. 25-35.

SABAT DE RIVERS, Georgina, «Literatura manuscrita de convento: Teatro y poesía de la hija de Lope en el Madrid del XVII», *Anuario de Letras*, 39 (2001), pp. 435-450.

SÁENZ DE LA CALZADA, Luis, *La barraca. Teatro universitario*, Madrid, Publicaciones de la Residencia de Estudiantes/Fundación Sierra-Pambley, 1998.

SÁEZ RAPOSO, Francisco, «Cosme Pérez, actor tudelano», *Teatro*, 19 (diciembre 2003), pp. 57-77.

SÁINZ DE ROBLES, Federico Carlos, «El Teatro español del siglo XIX. Ciclo realista», en *El teatro Español. Historia y Antología,* Madrid, Aguilar, 1942-1943, vol. VII, pp. 11-49.

—, *Ensayo de un diccionario de la Literatura*, Madrid, Aguilar, 1964, vol. II.

SAGARDÍA, Ángel, *La Zarzuela y sus compositores,* Madrid, Conferencias y Ensayos, s. a.

SALA VALLDAURA, Josep Maria, «Singular y plural de Juan Ignacio González del Castillo», *Estudios Escénicos*, 19 (1975a), pp. 103-115.

—, ed., *El aprendiz de torero. La boda del Mundo Nuevo. La casa de vecindad, segunda parte. El desafío de la Vicenta*, Estudios Escénicos, 19 (1975b), pp.117-183.

—, *Juan Ignacio González del Castillo*, resumen de Tesis Doctoral, Barcelona, Universitat Autónoma de Barcelona, 1979.

—, «Recursos cómicos no lingüísticos en González del Castillo», *Scriptura*, 3 (1987), pp. 58-76.

—, «Por una morfología tipológica del sainete (A partir de González del Castillo)», *Cuadernos para la Investigación de la Literatura Hispánica*, 9 (1988), pp. 53-61.

—, «*Hannibal*, de González del Castillo, en los inicios del melólogo» *Anuari de Filologia*, XIV (1991), pp. 49-76.

—, «Bases y tópicos morales de los sainetes de Ramón de la Cruz», *Anales de Literatura Española*, 8 (1992a), pp. 157-173.

—, «El payo y la ciudad en los sainetes de Ramón de la Cruz y González del Castillo», *Cuadernos de Ilustración y Romanticismo*, 3 (1992b), pp. 115-133.

—, *El sainete en la segunda mitad del siglo XVIII: la Mueca de Talía*, Lleida, Universitat de Lleida, 1994.

—, «"Guillotinar la hidra francesa": dos textos de González del Castillo contra el monstruo de la Revolución», en Angels Santa, Marta Gine y Monserrat Sarra, eds., *1793, naixement d'un nou món a l'ombra de la República*, Lleida, Universitat de Lleida, 1995, pp. 489-507.

—, ed., *Sainetes*, Barcelona, Crítica, 1996a.

—, *Los sainetes de González del Castillo en el Cádiz de finales del siglo XVIII*, Cádiz, Fundación Municipal de Cultura del Excmo. Ayuntamiento de Cádiz/Cátedra Adolfo de Castro, 1996b.

—, «Las voces del *Manolo*, de Ramón de la Cruz», en *El mundo hispánico en el Siglo de las Luces*, Madrid, Editorial Complutense/Sociedad Española de Estudios del Siglo XVIII, 1996c, vol. II pp. 1163-1179.

—, «El majismo andaluz en los sainetes de González del Castillo», en Javier Huerta Calvo y Emilio Palacios Fernández, eds., *Al margen de la Ilustración. Cultura popular, arte y literatura en la España del siglo XVIII*, Amsterdam, Rodopi, 1998, pp. 145-168.

—, «Talía juguetona: el teatro de Torres Villarroel», *Revista de Literatura*, LXI, 122 (1999), pp. 427-447.

—, «Ramón de la Cruz y el teatro breve», en Javier Huerta Calvo, dir., *Historia del teatro español, vol. II: Del siglo XVIII a la época actual*, Fernando Doménech Rico y Emilio Peral Vega, coords., Madrid, Gredos, 2003a, pp. 1653-1686.

—, «La mentalidad burguesa en las primeras comedias neoclásicas. Nicolás Fernández de Moratín y Tomás de Iriarte», en *Historia social y literatura*, vol.

II, *Familia y burguesía en España (siglos XVIII-XIX)*, eds., Roberto Fernández y Jacques Soubeyroux, Lleida, Milenio, 2003b, pp. 109-126.

—, «Tradición teatral y realidad social: del sacristán al abate en el teatro breve del siglo XVIII», en *Historia social y literatura*, vol. III, *Familia y clero en España (siglos XVIII-XIX): III Coloquio Internacional Acción Integrada Franco-española, Maison méditerranéene des sciences de l'homme, Aix-en-Privence, septiembre de 2003*, eds., Roberto Fernández y Jacques Soubeyroux, Lleida/Saint-Étienne, Milenio/Universitat de Lleida/Université Saint-Étienne, 2004, pp. 39-57.

—, *Història del teatre a Catalunya*, Lleida/Vic, Pagès/Eumo, 2006.

SALAÜN, Serge, «El género chico o los mecanismos de un pacto cultural», en Luciano García Lorenzo, ed., *El teatro menor en España a partir del siglo XVI: actas del coloquio celebrado en Madrid, 20-22 mayo de 1982*, Madrid, CSIC, 1983, pp. 251-261.

—, *El cuplé (1900-1936)*, Madrid, Espasa Calpe, 1990.

—, «Maeterlinck en Espagne», en Jean René Aymes y Serge Salaún, eds., *Le métissage culturel en Espagne*, Paris, Presses de la Sorbonne Nouvelle, 2001, pp. 221-241.

SALAZAR, Adolfo, *La música en España. Vol. 2: Desde el siglo XVI a Manuel de Falla*, Madrid, Espasa Calpe, 1972.

SALINAS, Pedro, «El signo de la literatura española del siglo XX», en *Literatura española. Siglo XX*, Madrid, Alianza Editorial, 2001, pp. 35-47.

SALINAS DE MARICHAL, Solita, «Introducción a *Los santos*, de Pedro Salinas», *Estreno*, VII/2 (1981), pp. 10-11 y 20.

SALOMON, Noel, *Lo villano en el teatro del Siglo de Oro*, Madrid, Castalia, 1985.

SALVAT, Ricard, «Introducción» a Jerónimo López Mozo, *Cuatro happenings*, Murcia, Universidad de Murcia, 1986.

—, «*Dorita Mayalde, cocinera*», en Alberto Miralles, *Teatro breve*, Madrid, Fundamentos, 1998, pp. 77-81.

SAN JOSÉ DE LA TORRE, Diego, *Gente de ayer: retablillo literario de los comienzos del siglo*, Madrid, Instituto Editorial Reus, 1952; en particular «Enrique García Álvarez», pp. 126-133.

SÁNCHEZ DE PALACIOS, Mariano, *Serafín y Joaquín Álvarez Quintero*, Madrid, Gráficas Valera, 1971.

SÁNCHEZ DEL ARCO, Manuel, *Algo más que Andalucía (Estudio del teatro quinteriano)*, Madrid, Prensa Española, 1945.

SÁNCHEZ ESPINOSA, Gabriel, «Un episodio en la recepción cultural dieciochesca de lo exótico: la llegada del elefante a Madrid en 1773», *Goya*, 295-296 (2003), pp. 269-286.

SÁNCHEZ IMIZCOZ, Ruth, *El Teatro Menor en la España del siglo XVII. La contribución de Agustín Moreto*, New Orleans, University Press of the South, 1998.

SÁNCHEZ LÓPEZ, Rafael, *Teatro menor del siglo XVII: Francisco Navarrete y Ribera*, Memoria de Licenciatura, Madrid, Universidad Complutense de Madrid, 1984.

SANCHIS SINISTERRA, José, *La escena sin límites*, Ciudad Real, Ñaque, 2002.

—, *Dramaturgia de textos narrativos*, Ciudad Real, Ñaque, 2003.

SANSUÁN SÁEZ, Jesús, *La solemnidad del Corpus y el auto sacramental*, Zaragoza, 1989.

SANTOLARIA, Cristina, «Obras breves, que no menores», en Alberto Miralles, *Teatro breve (II)*, Madrid, Fundamentos, 1999, pp. 469-476.

SANZ VILLANUEVA, Santos, coord., *Época contemporánea: 1939-1975, Primer Suplemento*, vol. 8.1., en Francisco Rico, ed., *Historia y crítica de la literatura española,* Barcelona, Crítica, 1999.

SASTRE, Alfonso, «Un prólogo de cuatro perras», en Bertolt Brecht, *La ópera de la perra gorda*, Barcelona, Aymá, 1965, pp. 10-25.

SCARTON, Cesare, *Il melologo: una ricerca storica tra recitazione e musica*, Città di Castello, Edimond, 1998.

SCHACK, Adolfo Federico, conde de, *Historia de la literatura y del arte dramático en España*, Madrid, Imp. y Fundición de M. Tello, 1885-1887.

SCHEVILL, Rudolf, Y BONILLA, Adolfo, eds., Miguel de Cervantes, *Comedias y entremeses,* Madrid, Impr. de B. Rodríguez, 1915-1922, 6 vols.

SCHOLBERG, Kenneth R., «Las obras cortas de Calderón», *Clavileño*, 25 (1954), pp. 13-19.

SEBOLD, Russel P., ed., Tomás de Iriarte, *El señorito mimado. La señorita malcriada*, Madrid, Castalia, 1978.

—, «El teatro de Tomás de Iriarte», en Víctor García de la Concha, dir., y Guillermo Carnero, coord., *Historia de la literatura española. Siglo XVIII,* Madrid, Espasa Calpe, 1995, pp. 541-550.

SECO, Manuel, *Arniches y el habla de Madrid*, Madrid, Alfaguara, 1970.

—, ed., Carlos Arniches, *El amigo Melquiades. La señorita de Trevélez*, Madrid, Espasa Calpe, 1993.

SENABRE, Ricardo, «Creación y deformación en la lengua de Arniches», *Segismundo*, vol. II, núm. 2 (1966), pp. 247-277.

—, «Una temprana parodia del *Quijote: Don Pascual Rábano*», en *Estudios sobre arte y literatura dedicados al profesor Emilio Orozco Díaz*, Granada, Universidad de Granada, 1979, vol. III, pp. 349-361.

—, «El lenguaje del entremés» (1979), en *Capítulos de historia de la lengua literaria*, Cáceres, Universidad de Extremadura/Servicio de Publicaciones, 1998, pp. 85-122.

SENTAURENS, Jean, «Bailes y entremeses en los escenarios teatrales sevillanos de los siglos XVI y XVII: ¿géneros menores para un público popular?», en Luciano García Lorenzo, ed., *El teatro menor en España a partir del siglo XVI: actas del coloquio celebrado en Madrid, 20-22 mayo de 1982,* Madrid, CSIC, 1983, pp. 155-168.

SEPÚLVEDA, Enrique, *La vida en Madrid en 1886,* Madrid, Librería de Fernando Fe, 1887, 4ª ed.

SERRÀ CAMPINS, Antoni, *El teatre burlesc mallorquí, 1701-1850,* Barcelona, Curials Edicions Catalanes, 1987.

SERRALTA, Frédéric, «La comedia burlesca: datos y orientaciones», en *Risa y sociedad en el teatro español del Siglo de Oro,* Paris, CNRS, 1980, pp. 99-114.

—, «Antonio de Solís y el teatro menor en palacio (1650-1660)», en Luciano García Lorenzo, ed., *El teatro menor en España a partir del siglo XVI: actas del coloquio celebrado en Madrid, 20-22 mayo de 1982,* Madrid, CSIC, 1983, pp. 155-172.

—, «Nueva biografía de Antonio de Solís y Rivadeneyra en el tercer centenario de su muerte», *Criticón,* 34 (1986), pp. 51-157.

—, «Juan Rana homosexual», *Criticón,* 50 (1990), pp. 81-92.

—, «Una loa *particular* de Solís y su refundición palaciega», *Criticón,* 62 (1994), pp. 111-144.

SERRANO, Virtudes, «La pieza breve en la última dramaturgia femenina», *Art Teatral. Cuadernos de minipiezas ilustradas,* 5 (1993), pp. 93-97.

—, «Hacia una dramaturgia femenina», *Anales de la Literatura Española Contemporánea,* 19/3 (1994), pp. 343-364.

—, «El renacer de la dramaturgia femenina en España», en Kirsten Nigro y Phyllis Zatlin, eds., *Un escenario propio/A Stage of Their Own,* vol. I: *España,* Ottawa, Girol Books Inc, 1998, pp. 9-17.

—, «Dramaturgia femenina de los noventa en España», en Martha T. Halsey y Phyllis Zatlin, eds., *Entre actos: diálogos sobre teatro español entre siglos,* University Park, Estreno, 1999, pp. 101-112.

—, ed., Jacinto Benavente, *Señora ama. La malquerida,* Madrid, Cátedra, 2002.

—, ed., *Teatro breve entre dos siglos,* Madrid, Cátedra, 2004.

—, «Alberto Miralles: rebeldía y experimentación», en Alberto Miralles, *Teatro escogido,* Madrid, Asociación de Autores de Teatro, 2004, vol. I, pp. 11-25.

SERRANO ALONSO, Javier, «La parodia del modernismo: *El Tenorio modernista,* de Pablo Parellada (1906)», en *Anales de la Literatura Española Contemporánea,* 21 (1996), pp. 365-383.

SEVILLA, Florencio, y ALVAR, Carlos, eds., *Actas del XIII congreso de la Asociación Internacional de Hispanistas, Madrid 6-11 de julio de 1998,* Madrid, Castalia, 2000.

SHERGOLD, Norman D., y VAREY, John E., *Representaciones palaciegas 1603-1699,* London, Tamesis Books Limited, 1982.

—, *Genealogía, origen y noticias de los comediantes de España*, London, Tamesis Books Limited, 1985.

SIMÓN DIAZ, José, *Bibliografía de la Literatura Hispánica*, Madrid, CSIC/Instituto «Miguel de Cervantes» de Filología Hispánica, 1960-1994, 16 vols.

SIMÓN PALMER, María del Carmen, *Manuscritos dramáticos del Siglo de Oro de la Biblioteca del Instituto del Teatro de Barcelona*, Madrid, CSIC, 1977.

SMERDOU ALTOLAGUIRRE, Margarita, «*El engaño a los ojos*: un motivo literario», *1916. Anuario de la Sociedad Española de Literatura General y Comparada*, 1 (1978), pp. 41-46.

SMITH, Susan M., «Notes on a Newly Discovered Play: Is Marcela de San Félix the Author?», *Bulletin of the Comediantes*, 52.1 (2000), pp. 147-170.

SOBEJANO, Gonzalo, *Nietzsche en España*, Madrid, Gredos, 1967.

SOLDEVILA DURANTE, Ignacio, «Max Aub, dramaturgo», *Segismundo,* 19-20 (1974), pp. 139-192.

SOLERA LÓPEZ, Rus, ed., Jerónimo de Cáncer y Velasco, *Obras varias*, Zaragoza, Prensas Universitarias de Zaragoza, 2005.

SORIA OLMEDO, Andrés, «Una fiesta íntima de arte moderno en la Granada de los años veinte», en Andrés Soria Olmedo, ed., *Lecciones sobre Federico García Lorca*, Granada, Edición del Cincuentenario, 1986, pp. 149-179.

—, ed., *La mirada joven. Estudios sobre la literatura juvenil de Federico García Lorca*, Granada, Universidad de Granada, 1997.

SOSA CORDERO, Osvaldo, *Historia de Las Varietés en Buenos Aires (1900-1925)*, Buenos Aires, Corregidor, 1978.

SOTOMAYOR SÁEZ, María Victoria, *El teatro de Carlos Arniches,* Tesis Doctoral, Madrid, Universidad Autónoma de Madrid, 1992.

—, *Teatro, público y poder. La obra dramática del último Arniches*, Madrid, Ediciones de la Torre, 1998.

SOUBEYROUX, Jacques, «Sátira y utopía de la Corte en *Aventuras de Juan Luis* de Rejón y Lucas (1781)», en *Carlos III, Madrid y la Ilustración*, Madrid, Siglo XXI, 1988, pp. 379-417.

SOUFAS, Teresa S, *Dramas of Distinction: A Study of Plays by Golden Age Women*, Lexington, University Press of Kentucky, 1997.

SPELL, Jefferson R., *Rousseau in the Spanish World before 1833*, New York, Octagon Books, 1969.

SPENCER, Forrest Eugene, y SCHEVILL, Rudolph, *The Dramatic Works of Luis Vélez de Guevara. Their Plots, Sources and Bibliography,* Berkeley, University of California Press, 1937.

STOLL, Anita, y SMITH, Dawn L., eds., *The Perception of Women in Spanish Theater of the Golden Age*, Lewisburg, Bucknell University Press, 1991.

—, *Gender, Identity and Representation in Spain's Golden Age,* Lewisburg, Bucknell University Press, 2000.

STONE, George Winchester, *et al.*, eds., *The London Stage 1660-1800*, Carbondale, Southern Illinois University Press, 1960-1968, 11 vols.

STORES, Robert, *Pierrot on the Stage of Desire. Nineteenth-Century French Literature Artists and the Comic Pantomime*, Princeton, Princeton Universtiy Press, 1985.

SUBIRÁ, José, *Una batalla musical inédita: El asalto de Galera*, Madrid, Imprenta Municipal, 1924.

—, *La tonadilla escénica*, Madrid, Tipografía de Archivos, 1928-1930, 3 vols.

—, *La participación musical en el antiguo teatro español*, Barcelona, Instituto del Teatro Nacional, 1930.

—, *La Tonadilla Escénica. Sus obras y sus autores,* Barcelona, Labor, 1933.

—, *Historia de la Música teatral en España,* Barcelona, Labor, 1945; en particular, «La música teatral en la segunda mitad del siglo XVIII», pp. 119-162.

—, *El compositor Iriarte (1750-1791) y el cultivo del melólogo*, Barcelona, CSIC, 1949-1950, 2 vols.

—, *Un vate filarmónico. Don Luciano Comella*, Madrid, Real Academia de Bellas Artes de San Fernando, 1953.

—, «Repertorio teatral madrileño y resplandor transitorio de la zarzuela, 1763-1771», *Boletín de la Real Academia de la Lengua*, XXXIX (1959), pp. 429-462.

—, *Catálogo de la sección de Música de la Biblioteca Municipal de Madrid,* Madrid, Artes Gráficas municipales, 1965a.

—, «La ópera castellana en los siglos XVII y XVIII», *Segismundo*, 1 (1965b), pp. 23-42.

—, «Loas escénicas desde mediados del s. XVIII», *Segismundo*, 7-8 (1968), pp. 73-94.

—, *Temas musicales madrileños; evocaciones históricas,* Madrid, Instituto de Estudios Madrileños, 1970.

TARAVACCI, Pietro, ed., Jerónimo de Cáncer y Velasco, *Teatro breve*, Madrid/Frankfurt am Main, Iberoamericana/Vervuert (en prensa).

TAVIANI, Ferdinando, y SCHINO, Mirella, *Le secret de la commedia dell'arte: la mémoire des compagnies italiennes au XVI*, *XVII* et *XVIII* siécle,* Firenze, La Casa Usher/«Contrastes» Bouffonneries, 1984.

TEJADA PELUFFO, José Luis, «Hacia una estimación del teatro de Muñoz Seca», *Gades*, 17 (1988), pp. 133-147.

TEJERO ROBLEDO, Eduardo, «El entremesista arenense Francisco Benegasi y Luján», *Cuadernos Abulenses*, 2 (1984), pp. 89-111.

THOMPSON, Peter E., «*La boda de Juan Rana* de Cáncer y Velasco: el travestismo y la identidad matrimonial-sexual», *Revista Canadiense de Estudios Hispánicos*, 29.1 (otoño 2004), pp. 157-167.

THOMPSON, Stith, *Motif-Index of folk-literature. A Clasification of Narrative Elements in Folktales, Ballads, Myths, Fables, Mediaeval Romances, Exempla, Fabliaux, Jest-Books and Local Legends,* Copenhague/Blomington, Indiana University Press, 1955-1958, 6 vols.

TICKNOR, George, *Historia de la literatura española*, Buenos Aires, Bajel, 1948, 3 vols. [1ª ed., 1851-1856].

TOBAR, María Luisa, «Para una protohistoria del entremés. Gil Vicente autor de piezas entremesiles», *Nuovi Annali della Facoltà di Magistero dell'Università di Messina,* 1 (1983), pp. 601-627.

—, «Gil Vicente», en Javier Huerta Calvo, dir., *Historia del Teatro Español, vol. I: De la Edad Media a los Siglos de Oro*, Fernando Doménech Rico y Abraham Madroñal Durán, coords., Madrid, Gredos, 2003, pp. 317-348.

TORRENTE BALLESTER, Gonzalo, *Teatro español contemporáneo*, Guadarrama, Madrid, 1957; 2ª ed., 1968; en particular, «Intermedio sobre el fresco».

TORRES MONREAL, Francisco, «*El crimen perfecto*», en Alberto Miralles, *Teatro breve*, Madrid, Fundamentos, 1998, pp. 133-137.

TORRES NEBRERA, Gregorio, «Manuel Altolaguire, dramaturgo», *Segismundo*, 25-26 (1977a), pp. 349-379.

—, «Teoría del teatro en Pedro Salinas», *Ínsula*, 370 (1977b), p. 10.

—, *El teatro de Rafael Alberti,* Madrid, Sociedad General Española de Librería, 1982.

—, «Introducción» a Serafín y Joaquín Álvarez Quintero, *El genio alegre. Puebla de las mujeres,* Madrid, Espasa Calpe, 1989, pp. 9-42.

—, *De Jardiel a Muñiz. Estudios sobre el teatro español del medio siglo,* Madrid, Fundamentos, 1999.

—, «Dos títulos, y dos tiempos, para una obra comprometida», en Manuel Altolaguirre, *Entre dos públicos,* Málaga, Centro Cultural de la Generación del 27, 2005, pp. XLVII-LXXVI.

TORRIONE, Margarita, ed., *España festejante. El siglo XVIII,* Málaga, Servicio de Publicaciones/Centro de Ediciones de Diputación de Málaga, 2000.

TRANCÓN, Santiago, ed., *Castañuela 70: esto era España, señores*, Madrid, Rama Lama Music, 2006.

TRIGO EHLERS, Abril Jorge, *El género chico español: semiótica de la intrahistoria de la Restauración,* Tesis Doctoral, Madrid, Universidad Complutense de Madrid, 1984.

TRINIDAD, Francisco, *Arniches: un estudio del habla popular madrileña*, Madrid, Góngora, 1969.

TROTT, David, «De l'improvisation au "Théâtre des Boulevards": le parcours de la parade entre 1708 et 1756», en Irène Mamczarz, dir., *La commedia dell'arte, le théâtre forain et les spectacles de plein air en Europe. XVI<sup>e</sup>-XVIII<sup>e</sup> siècles*, Paris, Klincksieck, 1998, pp. 157-165.

TUGUES, Pep, «Perspectivas del teatro español para el año 2001: un enfoque sociológico», *Siglo XX/20th Century*, XII, 1-2 (1994), pp. 277-290.

TURNER, Elbert D., *Some Aspects of the Dramatic Art of Quiñones de Benavente*, Tesis Doctoral, Chapel Hill, University of North Carolina at Chapel Hill, 1939.

UCELAY, Margarita, ed., Federico García Lorca, *Amor de don Perlimplín con Belisa en su jardín*, Madrid, Cátedra, 1996, 3ª ed.

—, «Apéndice», en Federico García Lorca, *Así que pasen cinco años*, Madrid, Cátedra, 1988, 4ª ed.

ÜBERSFELD, Anne, *Lire le théâtre II: L'école du spectateur*, Paris, Éditions Sociales, 1981.

URRUTIA, Jorge, «El cine sobre los Quintero: una visión de Andalucía, una simbolización de España», en *Imago Litterae*, Sevilla, Alfar, 1984, pp. 23-29.

—, «Teatro naval de las Españas», en *Sevilla en el imperio de Carlos V: encrucijada entre dos mundos y dos épocas. Actas del Simposio,* Sevilla/Cologne, Universidad de Sevilla/Universidad de Colonia, 1991, pp. 235-242.

URZÁIZ TORTAJADA, Héctor, «El teatro breve de Luis Vélez», en *Luis Vélez de Guevara y su época. IV Congreso de Historia de Écija. Écija, 20-23 de octubre de 1994*, Sevilla, Fundación el Monte/Ayuntamiento de Écija, 1996, pp. 283-288.

—, «El *Entremés del hambriento*: una obra desconocida de Vélez de Guevara», *Boletín de la Real Academia Vélez de Guevara*, 1 (1997a), pp. 177-194.

—, «Un entremés olvidado de Luis Vélez de Guevara: *Los atarantados*», *Criticón*, 71 (1997b), pp. 127-157.

—, «Matones y rufianes a escena: la jácara dramática», en *El gran mundo del teatro breve,* monográfico de *Ínsula*, 639-640 (marzo-abril 2000), pp. 9-12.

—, «Burlas y fiesta teatral en tiempos de Carlos II: *El templo de Palas*, de Francisco de Avellaneda», en Javier Huerta Calvo, Emilio Javier Peral Vega y Jesús Ponce Cárdenas, coords., *Tiempo de burlas. En torno a la literatura burlesca del Siglo de Oro*, Madrid, Verbum, 2001, pp. 199-221.

—, *Catálogo de autores teatrales del siglo XVII,* Madrid, Fundación Universitaria Española, 2002.

VALERA, Juan, *Ecos argentinos: apuntes para la historia literaria de España en el siglo XIX*, Madrid, Librería de Fernando Fe, 1901.

*Valle-Inclán en escena*, número monográfico de *Ínsula*, 712 (2006).

VAREY, John Earl, y DAVIS, Charles, *Los libros de cuentas de los corrales de comedias de Madrid, 1706-1719: estudio y documentos*, London, Tamesis Books Limited, 1992.

—, *Los corrales de comedias y los hospitales de Madrid, 1615-1849: estudio y documentos*, London, Tamesis Books Limited, 1997.

VÁZQUEZ I ESTÉVEZ, Ana, *Impresos dramáticos españoles de los siglos XVI y XVII en las bibliotecas de Barcelona. La transmisión teatral impresa*, Kassel, Reichenberger, 1995, 3 vols.

VELASCO ZAZO, Antonio, *El Madrid de Fornos. Retrato de una época*, Madrid, Librería General de Victoriano Suárez, 1945.

VÉLEZ-SAINZ, Julio, «Alabanza política y crítica literaria en la *Tragicomedia de los jardines y campos sabeos* de Feliciana Enríquez de Guzmán», *Bulletin of the Comediantes*, 57.1 (2005), pp. 57-77.

—, «Sor Juana como décima musa en la *Inundación Castálida*», *Revista Canadiense de Estudios Hispánicos*, 31.2 (2007), pp. 325-336.

VERSTEEG, Margot, *De fusiladores y morcilleros. El discurso cómico del género chico (1870-1910)*, Amsterdam/Atlanta, Rodopi, 2000.

VIDANES, Julio, *El teatro breve de Tomás Luceño: edición crítica,* Tesis Doctoral, Madrid, Universidad Complutense de Madrid, 2003.

VIEITES, Manuel F., «Creación dramática, genio y compromiso», presentación a AA. VV., *Premio «María Teresa León», 2000*, Madrid, Publicaciones de la Asociación de Directores de Escena de España, 2001, pp. 7-22.

VILCHES DE FRUTOS, María Francisca, «El habla popular en los sainetes de don Ramón de la Cruz», *Dieciocho*, 6 (1983), pp. 116-137.

—, «Los sainetes de Ramón de la Cruz en la tradición literaria. Sus relaciones con la Ilustración», *Segismundo*, 39-40 (1984), pp. 173-192.

—, «Don Quijote y el *Entremés famoso de los invencibles hechos de Don Quijote de la Mancha*, de Francisco de Ávila: dos exponentes del paso de la novela al entremés a través de la parodia», *Criticón*, 30 (1985), pp. 183-200.

—, «La generación simbolista», en Martha T. Halsey y Phyllis Zatlin, eds., *Entre actos: diálogos sobre teatro español entre siglos*, University Park, Estreno, 1999, pp. 127-136.

—, dir., *Mitos e identidades en el teatro español contemporáneo. Foro Hispánico*, Amsterdam/Nueva York, Rodopi, 2005.

VÍLLORA, PEDRO M., «Introducción» a *Teatro frívolo: El joven Telémaco, La corte de Faraón, Las leandras,* Madrid, Fundamentos, 2007, pp. 7-97.

VITSE, Marc, «Burla e ideología en los entremeses», en Luciano García Lorenzo, ed., *El teatro menor en España a partir del siglo XVI: actas del coloquio celebrado en Madrid, 20-22 mayo de 1982,* Madrid, CSIC, 1983, pp. 163-176.

—, «El hecho literario», en en José María Díez Borque, dir., *Historia del teatro en España. Tomo I: Edad Media. Siglo XVI. Siglo XVII,* Madrid, Taurus, 1984, pp. 507-612; Madrid, Taurus, 1990, pp. 507-612.

—, «Burla e ideología en los entremeses», en Luciano García Lorenzo, ed., *Los géneros menores en el teatro español del Siglo de Oro* (X Jornadas de Teatro Clásico de Almagro, 1987), Madrid, Ministerio de Cultura, 1988, pp. 170-175.

—, «Teoría y género dramáticos en el siglo xvii», en Javier Huerta Calvo, dir., *Historia del Teatro Español, vol. I: De la Edad Media a los Siglos de Oro,* Fernando Doménech Rico y Abraham Madroñal Durán, coords., Madrid, Gredos, 2003, pp. 717-756.

VIRGILI BLANQUET, María Antonia, VEGA GARCÍA-LUENGOS, Germán, y CABALLERO FERNÁNDEZ-RUFETE, Carmelo, eds., *Musica y literatura en la Península Ibérica, 1600-1750. Actas del Congreso Internacional Valladolid, 20-21 y 22 de febrero, 1995,* Valladolid, Sociedad V Centenario de Tordesillas, 1997.

VOLLENDORF, Lisa, *The Lives of Women: A New History of Inquisitional Spain,* Nashville, Vanderbilt University Press, 2005.

WARD & TRENT, *et al., The Cambridge History of English and American Literatur,* New York, G. P. Putnam's Sons, 1907-1921; New York, Bartleby.com, 2000 (www.bartleby.com/cambridge/), vols. IX, X y XI.

WARDROPPER, Bruce W., «El entremés como Comedia Antigua», en Elder Olson, *Teoría de la comedia,* Barcelona, Ariel, 1978.

WELLWARTH, George E., *Teatro de protesta y paradoja: la evolución del teatro de vanguardia,* Barcelona, Lumen, 1966.

—, *Spanish Underground Drama,* Pennsylvania, The Pennsylvania State University Press, 1972.

—, «Introducción», a Antonio Martínez Ballesteros, *Fábulas zoológicas,* Madrid, Fundamentos, 1974, pp. 5-7.

WHITE, Anita, *The Afterpiece: How and Why,* http://www.nwe.ufl.edu/~pcrad-doc/afterp.html, 1996.

WILSON, Edward M., «Félix Persio Bertiso's *La harpa de Belén*», *Atlante,* II (1954), pp. 126-136.

—, y DUNCAN, Moir, *Historia de la literatura española. 3. Siglo de Oro, teatro, 1492-1700,* Barcelona, Ariel, 1979, 3ª ed.; Barcelona, Ariel, 1985, 6ª ed.

YEBES, Condesa de, *La condesa-duquesa de Benavente: una vida en unas cartas,* Madrid, Espasa Calpe, 1955.

*Yorick,* edición facsímil digital, Madrid, Centro de Documentación Teatral, 2002.

YXART, José, *El año pasado. Letras y Artes de Barcelona.* Barcelona, Librería Española de López, 1890.

—, *El arte escénico en España*, Barcelona, Alta Fulla, 1987; ed. facsímil, Barcelona, Imprenta «La Vanguardia», vol. I, 1894, y vol. II, 1896.

ZAMACOIS, Eduardo, *Desde mi butaca: apuntes para una psicología de nuestros actores*, Barcelona, Maucci, 1911, 2ª ed.

ZELLER, Loren L., «La evolución técnica y temática en el teatro de Carlos Muñiz», *Estreno*, 2.2 (1976), pp. 41-49.

ZIMIC, Stanislav, «Sobre dos entremeses cervantinos: *La elección de los alcaldes de Daganzo* y *El rufián viudo*», *Anales Cervantinos*, XIX (1981), pp. 119-160.

—, *El teatro de Cervantes*, Madrid, Castalia, 1992.

ZOZAYA, Antonio, «Javier de Burgos y el moderno sainete», *La Novela Cómica*, 22 (1917), pp. 3-8.

ZURITA, Marciano, *Historia del género chico*, Madrid, Prensa Popular, 1920.

ZÚÑIGA, Ángel, *Una historia del cuplé*, Barcelona, Barna, 1954.

ZURDO RUIZ DE AYÚCAR, María Teresa, ed., Hans Sachs, *Pasos de carnaval*, Madrid, Cátedra, 1996.